중국 전통법률문화 총론

예와 법

주필 정셴이(曾憲義)
　　　마샤오훙(馬小红)
번역 채복숙, 전영매 외
감수 김승일

Korea Wisdom China

경지출판사

经典中国国际出版工程
China Classics International

머리말

기나 긴 인류역사의 발전과정에서 서로 다른 문화 간의 전통과 계승, 교류와 융합은 인류문명이 끊임없이 발전하여 온 주선율이라고 할 수 있다. 그 중 법률문화는 더욱 선명하고 더욱 직접적으로 인류문명 발전의 좌표와 특색을 보여주고 있다. 역사를 돌이켜 보면 동방의 법률에 대한 고대 중국 등 4대 문명국의 영향, 유럽 법률에 대한 그리스와 로마의 영향, 일본 법률에 대한 고대 중국과 근대 서방전통의 영향, 대륙법 문화에 대한 미국, 영국, 프랑스 문화 등의 영향은 모두가 서로 다른 문화 간의 상호 교류와 상호 촉진의 결과임을 알 수 있다. 세계문명 흥망성쇠의 역사는 한 국가나 한 문명 문화 자체의 문화주체성을 유지하는 동시에 개방적으로 기타 문명의 우수한 성과를 흡수하고 소화하며, 시대의 발전에 발맞추어 자체적 전통문화의 주체성을 유지하는 동시에, 부단히 새로운 것을 받아들이고 낡은 것을 버림으로서 왕성한 생명력을 유지할 수 있게 하고, 영구히 발전을 유지할 수 있게 하며, 새롭고도 찬란한 문명의 성과를 창조할 수 있다는 것을 웅변저으로 증명해 주고 있다.

중국은 인류의 문명과 문화를 가장 일찍 개척한 선두주자의 나라 중 한 나라이다. 몇 천 년 동안의 역사 발전과정에서 중화민족은 찬란한 중화문명을 창조하였으며, 독특한 풍격과 완비된 체계로 내용이 풍부한 고대 법률제도를 창조하였다. 이는 인류문화의 보물창고로서 인류의 발전과 진보를 위하여 거대한 공헌을 해주었다. 중국역사에서 한(漢), 당(唐) 등의 왕조는 강성 대국의 품위를 보이며 대담하게 외래문화를 흡수하였으며, 한(漢)나라 천자의 위엄과 당(唐)나라 성세시대의 문치, 그리고 완벽한 문물제도, 계통적인 법률제도를 해외로 전파하였다. 그러나 1840년 이후 서방문화가 열강의 군함과 대포의 비호 아래 강박적이며 야만적인 형태로 중국에 쳐들어오는 바람에, 이러한 일련의 야만적인 침략은 대외문화에 대한 중국인의 심리를 변화시키고 말았다. 민족의 존망 위기에 처한 급박한 시각에 외래문화에 의해 억눌림을 받아야 했던 굴욕과 본토문화에 대한 애착심, 그리고 구국 구족의 강렬한 소명감은 이성을 압축하지 않을 수 없었으며, 객관적으로 외래문화를 배척하기 위한 도의적이며, 심리적인 지원을 제공해 주었다. 청나라 말기 큰 영향을 가져다준 "중체서용(中體西用, 중국의 것을 본체로 하고 서방의 것을 이용하다)"이라는 이론은 바로 이러한 자존과 방위적인 심리상태에서 태동된 결과였다. 이와 같은 독특한 문화적 심리상태는 근대 중국이 외래문화를 어떻게 대할 것인지, 특히 법률제도를 포함한 서방문화를 어떻게 대할 것인지에 대한 문제로 인해 더욱 흔들리게 되었다. 중국은 메이지유신 후의 일본처럼 법제의 서방화 문턱을 직접 넘지를 못했다. 이는 객관적으로 중국사회의 진보를 방해한 것은 물론, 다른 한편으론 중외문화와의 대결과 선택 중 고금을 참조하여 법치의 시점에서 "옛것을 오늘날에 응용하고, 외국 것을 중국에 응용한다(古爲今用, 外爲中用)"고 하는 중국 법률 발전이 걸어온 길을 더욱 심각하게 인식하고 이해하게 하였다.

중국의 전통법률문화를 연구하고 중국법률교육의 발전을 촉진시켜야겠다고 하는 것은 필자가 지향해온 두 가지 목표였다. 이는 필자 인생에 있어서 서로 다른 단계마다 계속적으로 전력투구하며 전공해온 두 가지 영역이기도 했다. 필자는 미국 독립전쟁시기의 정치가 벤저민 프랭클린이 말한 "생명의 모든 위치에서 인생의 책임을 다 한다"고 하는 말을 매우 숭상한다. 필자 역시 이 두 가지 목표를 추구하는 것을 가장 열정적으로 달성하고자 하였으며 실천하고자 했다. 이제 얼마 남지 않은 여생이지만 끝까지 심혈과 땀방울을 아끼지 않고 이를 위해 헌신하고자 하는 것이다.

필자는 1960년 중국인민대학 법률학과를 졸업하고 학교에 남아 교편을 잡게 되었다. 필자는 법률학과에서 중국 법률역사를 가르치고 연구에 종사하였다. 이를 통해 필자는 중국 전통법률문화의 신성한 전당에 들어서게 되었으며, 학술생애의 고된 여정이 시작되었다. 필자는 중화민족 법률문화의 보물이 차서 넘치는 학술전당에서 고금의 법률에 관한 모든 것을 관찰하고 사색하였으며, 몇 천 년 동안의 기나 긴 중국법률의 역사발전 흐름을 탐색하고 추구해 왔다. 이러한 과정 속에서 필자는 중국 전통법률문화에 대한 이해가 점점 깊어지게 되었으며, 이에 대한 애착심이 뿌리 내리게 되었다. 이때부터 필자는 비록 문화대혁명의 고통을 겪게 되었고, 인민대학이 해산되어 학술연구를 중단하게 되기도 했지만, 초지일관 그 애착심만은 버리지 않았다. 그러다가 1978년 결국 다시 이 학술영역으로 되돌아오게 되었다. 지금도 잊지 못할 것은 1978년 중국공산당 제11차 3중전회 후에 이미 젊을 때의 패기가 지나버린 동료 법률학자들이 법률계로 돌아와 함께 새로운 도전을 할 수 있는 기회를 갖게 되었다는 희망에 찼던 당시의 환희와 격동은 지금도 잊을 수가 없다. 당시 너무도 감격한 나머지 눈물을 금치 못하고 밥도 거르며 밤새도록 학술에 전념하던 일들이 지금도 주마등처럼 지나치곤 한다.

이렇게 하여 마음속 깊게 간직했던 오래 된 연구 성과가 논문과 저작을 통해 발표되기 시작하였다. 1990년부터 2005년까지 필자는 중국인민대학 법학원 원장에 임명되었다. 이 자리는 중국의 법률교육에 관해 깊게 생각하지 않으면 안 되는 자리였다. 동시에 이는 필자의 인생에 새로운 책임을 짊어지게 된 계기가 되기도 했다. 15년간 필자는 인민대학 법률학원을 관장하면서 자강 자립하고 진취성을 북돋아 주는 가운데 두 가지 중요한 목표를 달성하였다. 첫째는 전국 대학 법학교육계의 선두주자가 되었다는 것이었고, 영도자적 위치를 확보하였다는 점이었다. 둘째는 중국과 미국, 중국과 유럽, 그리고 세계 100대에 드는 유명한 법률학원 원장들의 논단 등 중대한 의의를 갖는 국제법률교육대회를 성공적으로 주관하였다는 점이다. 이와 같은 프로젝트를 통해 중국의 법률교육은 국제화 발전의 궤도에 진입하게 되었으며, 중국 법률교육이 세계로 진출하고 세계의 법률학 교육이 중국으로 들어오는 국제적 법률교육의 교류사업을 활발하게 진행할 수 있게 되었다. 이와 같은 사업을 전개하면서 법학원의 성원들은 서로를 이해하게 되었으며 사상적으로도 한결 승화되어 갔다. 그렇게 됨으로서 중국인민대학 법학원이 안정적으로 발전할 수 있는 터전을 닦아놓을 수 있었다. 1998년 중국인민대학 법학원은 국가에서 수여하는 5.1노동메달을 수여받게 되었다. 이는 당시 전국의 대학에서 유일하게 수여받은 영예로운 유일한 학부가 되게 하였다. 2000년 12월 3일 인민대회당에서는 세계 5대주 152개 유명한 대학의 법학원 원, 교장과 4천여 명이나 되는 학우들이 "21세기 세계 100내 유명내학 법학원 원장 심포시엄 겸 중국인민내학 법학원 성립 50주년 경축대회"를 개최하였는데, 이때 많은 사람들은 감동의 눈물을 흘렸다. 대회 참석자들은 "역사는 영원히 이날을 기억할 것이다"라고 말하며 감격을 금치 못했다. 이처럼 세계의 법률학에 거대한 영향을 준 심포지엄은 중국에서나 세계적으로나 처음 있는 일이었다. 이는 중국 법학교육사에 길이길이 기록될 역사의 한 쪽이 되었으며, 이 날은 필자의 일생에서 영원히 잊지 못할 가장 행복한 하루였다. 이날은 중국의 법학교육이 세계로 진출하여 세계적으로 중국의 법학을 인정받는 가장 완벽한 날이었으며, 당시 중국 법학교육사업의 여러 가지 직책을 담당하고 있던 필자에게 있어서 그야말로 책임을 다한 후회 없는 인생에 대해 답한 날이기도 했다.

2005년 5월 필자는 인민대학 법학원 원장에서 은퇴하면서 다시금 학술의 본 고장으로 되돌아오게 되었다. 비록 사회적으로 책임 맡은 일들이 여전히 적지 않아 매우 바빴고, 이미 일흔이 넘어 기력도 없었지만, 필자는 아직 중요한 소원 하나를 완성하지 못하였다는 점을 잘 알고 있었기에 그대로 안주해 있을 수만은 없었다. 그것은 바로 필자의 마음속에 자리 잡고 있던 중국의 전통법률문화에 대해 종합 정리하겠다는 욕심이었다.

몇십 년 동안 법률을 가르쳤고 연구에 종사했던 생애를 통해 필자는 중국 전통법률문화의 넓고 깊은 내역을 이해할 수 있었고, 그 깊이와 우수성에 대해 줄곧 감동하고 있었다. 그렇기 때문에 필자는 일찍부터 전면적이고 계통적인 중화민족의 전통법률문화를 정리하고 연구하고자 했던 것이다. 필자의 이러한 욕망은 1990년대부터 발동되어 일련의 학자들과 함께 움직이기 시작했다. 그 첫 번째 연구 결과물로서 100여 만 자에 달하는 원고를 탈고하였다. 이와 같은 작업은 두번째 단계에서 계통적이며 전면적으로 연구를 할 수 있는 기반을 닦아 놓게 되었다. 그러나 당시 행정업무가 번잡하여 두번째 연구사업이 계속 뒷전으로 밀리게 되었다.

2005년 교육부는 필자를 수석으로 하는 "중국전통법률문화연구" 프로젝트를 정식으로 받아들여 "철학사회과학연구 중대 과제 돌파 프로젝트"에 올려놓았으며, 신문출판총서에서는 "제11차 5개년 계획 국가 중점 도서출판 기획"에 올려놓았다. 법학원 원장에서 물러난 후 시간적 여유가 생기게 되어 곧바로 이 계획안에 들어 있는 연구과제를 실천에 옮기기 시작하였다. 2005년 12월 전국 대학과 과학연구기구에 있던 50여 명의 법률사가와 학자들이 북경에 모여 이 프로젝트의 과제 팀을 결성하였으며, "중국전통법률문화연구" 국가 중대 과제 프로젝트의 실시에 따른 심포지엄을 개최하였다. 열렬한 토론과 반복적인 논증을 거쳐 회의는 최종적으로 각 과제의 연구방향과 집필계획을 확정하였으며, 프로젝트 실시과정에서 각 단계에 따른 구체적 요구를 책정하였다.

각 과제 팀이 이 프로젝트를 제 시간 내에 완수하기 위하여 경주한 노력과 어려움을 이 프로젝트의 조직자와 영도자인 필자는 잘 알고 있다. 동시에 이 프로젝트에 참여한 학자들의 학술적 용기와 진취정신도 잘 알고 있다. 진실하게 생동적인 당시 사회의 법률과 생활을 이해하고 검증하기 위하여, 각 과제 팀은 각 가지 어려움과 애로점을 극복하면서 대량의 자료와 귀중한 도표들을 열독하였으며, 책임감을 가지고 고증하고 선택하였다. 이밖에도 기나 긴 역사의 흐름 속에 침전되어 있는 서로 다른 시기의 복잡한 요소의 각종 유형에 따른 전통법률문화의 성과를 또한 책임감을 갖고 심사 분석 연구하였다. 이 프로젝트를 실시하는 2006년부터 2009년까지 각 과제 팀은 각자가 부여받은 과제의 주제에 따라 심포지엄과 조사연구회를 여러 차례 가졌다. 필자도 7차례의 대형 회의를 소집하여 프로젝트 실시 및 학술문제를 토론하였다. 과제 연구 중 중점적이고 어려운 학술문제를 둘러싸고 "화해사회의 법률사 고찰", "중국 전통법률문화의 현대화 가치", "중국 전통법문화의 기본정신", "예와 법-중국전통문화총론" 등 10여 차례에 걸친 심포지엄을 개최하였다. 과제 팀의 성원들 외에도 여러 동인들을 심포지엄에 초청하여 학술문제를 토론하였다. 이러한 조치는 프로젝트를 완성하는 데에 적극적인 역할을 하게 하였다.

법률의 역사를 연구하는 필자는 본 프로젝트의 연구를 촉구하고 심화시키기 위해 기타 동인들과 함께 법률사학이 태동된 지 백여 년간의 성과를 종합하고 정리하여 《백년 회고, 중국에서의 법률사 연구》라는 책을 출판하였으며, 《법률문화연구》라는 학술간행물을 발간하여 과제연구와 관련된 여러 방면의 연구 성과를 세상에 내놓았다. 지금까지 이미 총 5집, 4백만 자나 되는 결과물을 출간하였다. 이밖에도 국내외 법률사학자들을 초청하여 30여 차례나 "명덕법률문화논단"이란 모임을 소집하여 과제연구와 관련되는 문제들을 둘러싸고 강연을 진행하였고, 프로젝트 성원들과 함께 학술교류와 대화를 진행하였다. 그리고 "중화법률문화사이트"를 개설하여 이를 프로젝트 교류와 중국 전통법률문화의 플랫폼으로 정하고 이를 통해 프로젝트의 실행 진척 상황을 소개하였고, 프로젝트의 연구 성과를 발표하였으며, 프로젝트의 사회적인 영향을 확대하여 프로젝트 연구를 위한 학술자원을 제공하여 주었다.

본 프로젝트에 참여한 여러 학자들의 노력이 있었기에 과제연구는 순리적으로 진척되었으며, 2009년 말 프로젝트 결과물 초고를 완성하였다 이 프로젝트 연구 성과의 질을 보증하기 위하여, 문장은 기술한 사람이 책임진다는 원칙하에 각 권의 주필이 각 원고를 통일적으로 종합하였고, 중국 간행물 사이트의 검측 계통을 통해 모든 원고를 세심하게 검측하였으며, 문제가 발견되면 즉시 수정하였다.

본서는 필자의 학술인생에서 추구했던 하나의 성과이며, 필자가 줄곧 갈망하여 오던 소원을 이룬 결과물이라고도 할 수 있다. 본서는 필자와 각 과제 팀 성원들의 지혜와 땀이 응결되어 나타난 결과물이다. 그러나 학술의 발전은 영원한 완벽함이란 없다는 것을 잘 알고 있는 필자이기에, 이 책에도 이런 저런 부족함이 존재할 것이라고는 생각한다. 필자는 이 책이 세상에 태어난 후 학계와 독자들을 실망시키지 않게 되기를 바라마지 않는다. 이 책의 출판으로 인해 더 많은 사람들이 우리 조국의 전통법률문화를 더욱 잘 이해할 수 있게 되기를 기대하며, 중국 전통법률문화의 연구를 더욱 진일보적으로 발전시키고 심화시킬 수 있기를 기대하는 바이다.

2010년 9월 3일
정센이

차 례

5편. 중국 전통법률문화의 제도구조

이끄는 말

　　중국역사의 성인 사마천(司馬遷)은 "목표는 같으나 각자의 생각은 다 다르며 걸어온 길도 다르나 결국은 모두 같은 곳에 도달한다"고 했다.[1) 이는 역사 발전법칙에 관한 종합이라고 할 수 있다. 춘추전국시대에는 먼저 5패가 있었고, 후에는 7웅이 있었으나 이들을 진(秦)나라가 통일하였다. 진나라의 통일은 정치 법률제도 면에서 "천하를 군과 현으로 나누어 관리하며 통일적인 법령을 실행한다"[2)는 데에 그 골자가 있었다. 세계 역사의 발전 역시 이 법칙을 증명해주었다. 즉 서로 다른 민족과 지역의 문화는 접촉 초기 이런 저런 충돌이 있게 되며, 이들 충돌 중 사람들은 강약을 기준으로 영웅을 논하게 된다. 그러나 역사가 일정한 단계에 이르면 서로 다른 문화의 우수 성분이 융합되어 승패와 강약으로 문화의 우열을 가르는 가치관을 변화시키게 된다. 서로 다른 민족과 국가의 우수한 전통은 자기 민족과 국가의 특색을 수호하는데 십분 중요할 뿐만 아니라, 오늘날 세계문화가 광범위하게 접촉하는 국제환경하에서 인류사회의 발전에도 중요한 의의를 갖게 하고 있다.

　　중서문화의 전면적인 접촉은 19세기 중엽에 시작되었다. 당시 중국인들은 여전히 "천조대국의 백성"이라고 자처하면서 서방을 적이(狄夷, 오랑캐)라 불렀다. 아편전쟁, 8국 연합군과의 전쟁, 중러전쟁, 중불전쟁, 갑오중일전쟁을 치르면서 중국은 연속해서 패배하

---

1) 《史記·太史公自序》
2) 《사기·진시황본기》

였다. 이때 중국문화에 대한 사람들의 평가는 거의 편협한 악평이나 다름이 없었다. 서방 열강들이 중국문화를 거의 송장이 된 미이라처럼 인식하였을 뿐만 아니라, 중국인 스스로도 전통에 대한 믿음을 상실하였다. 전통에 대해 반성하는 동시에 많은 사람들은 고인들을 지나치게 질책하면서 중국문화는 세계적인 발전에 적응할 수 없으며, 그렇기 때문에 반드시 전면적으로 서방을 본받아야 한다고 주장하였다. 그러나 역사의 발전에는 자체적인 발전의 법칙이 있기 마련이다. 백 년이 지난 지금 중국문화는 다시금 세계의 주목을 받기 시작했다. 사람들은 풍부한 중국의 전통문화는 세계 기타국가와 지역의 우수한 문화와 상통되는 점과 비슷한 요소가 있다는 것을 발견하게 되었고, 중국 전통문화에 응결된 지혜와 경험은 세계의 발전에 유익한 참고가 된다는 것을 발견하였다. 일부 서방학자들은 중국문화에 대하여 백 년 전처럼 엽기적으로 기술하든가, 자신들의 가치관을 표준으로 하여 판단하지만은 않았다. 전통법률문화에 대해 말할 때, 비록 중국 고대사회의 법률제도는 이미 해체되었지만, 그러나 그 제도설계의 현실성, 합리성, 이를테면 "시세에 따라 입법한다", "법률과 도덕은 표리가 다르다"는 관념, 그리고 일부 가치관의 보편성, 이를테면 화해, 형벌의 시행을 중시한다는 등의 가치관은 현실 법률 발전에 영향을 주었을 뿐만 아니라, 적극적인 향도 역할을 발휘하기도 했다. 서방학자들은 자신들의 법치전통에 관하여 자신하는 한편 현실 중에서 전통법치의 결함도 느끼게 되었다. 예를 들면 이상과 현실의 이탈, 법률조목이 점점 많아지지만 법률적 허술함 역시 점점 많아지는 것 등을 체험하게 되었던 것이다. 이것은 일부 서방학자들이 주의력을 중국의 전통법률 쪽으로 돌리는 원인 중의 하나였다. 그들은 지금까지 해온 것처럼 중국의 전통법률을 통해 자신들의 결함을 메워왔던 걸어온 길을 찾으려고 하고 있다.

이와 같은 배경 하에서 중국 전통법률문화를 종합적으로 정리한다는 의의는 너무도 의미 있는 일이라 할 것이다.

1. 연구의 연혁과 현상

고대부터 중국의 법률사 연구 상황을 살펴보면 대체로 다음과 같다. 고대에 있어서 법률사는 법률 연구내용의 전부라고 할 수 있다. 상대적으로 폐쇄되고 안정된 사회에서, 특히 중국의 고대와 같은 안정된 생활을 누리며 즐겁게 일하는 농업사회에서는 경험이 인류의 현실생활 중에서 중요한 정신적 재부였다. 사(史)는 학술연구의 주요한 대상일 뿐만 아니라, 현실생활 중 정권과 제도의 합법화된 권위의 근거가 되는 것이기도 하다. 《유럽법학사도론》에서도 이와 같이 사를 학술의 중심으로 인식하고 사를 현실제도의 의거로 정하는 상황은 고대유럽도 마찬가지라고 주장하였다 "유럽의 역사에서 법률사는 장기적으로 이와 같은 핵심적인 위치를 차지해 왔다. 과거 낡은 제도 하에서 지배적인 위치를 차지하는 것은 전통주의의 합법적인 구조였다. 이에 근거하여 낡은 것은 좋은 것이다. …… 심지어는 지금도 법률사를 통해 한 민족의 법률과 정치적 신분을 분별할 때, 우리는 이와 유사한 주장이 나타남을 보게 된다. 19세기 초기 독일 역사법학파의 법률철학의 핵심은 바로 이와 같은 가설에 기초한 것이었다. 즉 법률은 민족정신에 의하여 태동된 것이며, 이 민족의 문화전통과 법률전통에 의하여 구성된 것이라고 보았던 것이다.[3] 정확하게 조상들의 업적을 서술하고 역사를 거울로 삼으며 그에 따라 실행하든가 시대의 변화에 맞추어 변혁하는 것 등은, 고대사회에서 차지하는 법률사의 학술적 가치였으며 사회적 가치였다.

엄격하게 말해서 현재의 학과구분은 지난 세기 초 서방학술에 근거하여 진행된 것이었다. 학과의 형성과정과 역사의 연혁은 밀접한 연관성이 있었다. 19세기 이래 중국은 전대미문의 재난에 봉착하게 되었다. 민족이 생사존망의 위기에 처하게 된 상황에서 서방을 따라 배우고 민족과 국가를 구하고자 하는 조류가 당연히 학과에도 반영되었던 것이다. 중서문화의 충돌 중 법의 차이점이 유난히 사람들의 이목을 이끌었다. 중서 법률전통을 비교하는 가운데서사의 합법성, 권위성이 상실되어 전락되었다 양계초(梁啓超)는 "진나라와 한나라 이후 …… 법률은 아무런 변화를 가져오지 않았다. 지키려고 하여도 더 지킬 것이 없었으며 법률은 있으나마나였다. 모든 법률조항이 무효가 되고 말았다. 서방의 그리스와 로마에서는 법을 연구하는 학자가 전자의 법률 성과를 이어받아 발전시켜 줄곧 쇠락하지 않고 유지되어 왔다. 백여 년간에 새로운 발전도 있었다. 이로써 수십 명의 뜻 있는 사람들이 천하의 시비를 논했고, 백여 넝이 님는 폭군들도 법을 준수해야지 함부로 일을 처리하지 못하게 되었다. 국가의 상하 권한이 잘 구분되어 정부에서는 절차에 따라 국사를 토의하고 처리했으며, 규장제도가 점차 많아지면서 세계가 문명의 대동경지에 이르게 되었다"고 했다.[4] 서방의 모델을 견본으로 평가하는

---

3) (포르투칼) 에스펑, 《유럽법학사도론》, 呂評義, 蘇健譯, 3-4쪽, 북경, 중국정법대학출판사, 1998.
4) 《음빙실합집 · 문집1 · 論中國宜講究法律之學》, 북경, 중화서국, 1989.)

것은 중국사회에 존재하는 법률사의 합법성, 권위성을 전복시키는 것일 뿐만 아니라, 가치관을 변화시키는 일이기도 했다. 조상을 숭배하던 것으로부터 영국과 미국 등의 나라를 추켜세우게 되었다. 19세기 후기 서방 각국의 식민지가 점점 더 확장되면서 학자들이 다룬 중국문화는 하나의 괴이하고 보수적이며 야만적이고 공포적이며, 그 어떤 생기도 없는 미이라 같은 문화였다. 서방인의 눈 속에는 중국의 철학, 종교, 법률, 과학기술, 심지어는 언어까지도 다 유치한 것으로 보였던 것이다. 18세기 말부터 19세기 초까지 미국을 포함한 유럽의 그 어느 사상가도 중국문화를 질책하지 않은 사람이 없었으며, 차별 시 하지 않는 사람이 없었다.[5] 1940년 이후의 중국역사를 평가할 때, 우리는 당시의 많은 사람들이 서방문물, 물론 서방의 법치학설에 대해 배척하고 반감을 가졌던 것에 대해 지나치게 질책할 필요는 없다. 그러나 다행이라면 일부 원견(遠見)이 있는 정치가, 사상가와 학자들은 민족이 생사존망의 위기에 비록 처해 있기는 했지만, 편협한 민족적 편견을 버리고 서방을 통하여 구국의 길을 탐색하고자 노력하였으며, 동시에 전통에 대해서도 반성하고 비판하기 시작했다. 마땅히 긍정해야 할 것은 19세기 말은 중서문화의 대규모 충돌과 융합의 시대였으며, 또한 민족의 생사존망이 걸렸던 위기의 시대였다는 점이다. 당시 많은 지식인들이 서방의 문물을 통해 구국강국의 길을 탐색하려는 노력과 서방의 학술방법을 학습하고 서방의 일부 학술관점을 받아들이는 것은 필연적인 것이었으며, 또한 필요했던 것이다. 이러한 탐색과 학습, 그리고 흡수하여 중국 근대민족의 독립과 해방, 그리고 중국의 법을 근대로 전환시키는 과정에서 새로운 길을 개척하게 되었던 것이다. 우리는 당시의 연구를 통해 이른바 중국의 전통법률이란 이미 서방의 학술무기에 의하여 형편없이 비판받았다는 것을 알 수 있으며, 일부 성숙되지 못한 비교에 따라 갈기갈기 찢어져 있었다는 것도 발견하게 되었다. 서방의 법률 변혁이 전통을 동력으로 간주하는 것과는 달리 우리는 근대화의 길에서 역사와 전통을 부담스러운 것으로 간주하였다. 1904년 양계초는 〈중국 성문법 편제의 연혁과 득실〉이라는 논문을 완성하였다. 이 논문은 중국법률 학술발전사에서 개척자적인 위치를 차지하는 중요한 논문이었다. 논문은 서방의 법률문화를 기준으로 삼고 몇 천 년이래 변하지 않고 있는 중국 전통법률의 결점을 지적하였다. 주로 "법률의 종류가 완벽하지 못하다",

---

5) 《독일》, 샤뤄이춘 편, 《德國思想家論中國》 陳愛政 등 옮김, 남경, 강소인민출판사, 1995, 周寧 편저, 《2000年西方看中國》, 북경, 단결출판사, 1999. (미) 밍언버, 《중국인의 특성》, 匡雁鵬 옮김, 북경, 광명일보출판사, 1998. (미) 허텐줘, 《眞正的中國佬》 鞠方安 옮김, 북경, 광명일보출판사, 1998, 참조.

"사법부분이 모두 결여되었다", "법률의 고정성이 너무 지나쳤다", "법전의 체제가 완벽하지 못하다" 등을 지적한 것이었다.[6] 지금 보면 뚜렷한 편견이 있는 이 문장은 당시 역사적 조건에서 태동된 필연적인 산물이며, 심지어는 전통에 대한 이와 같은 "과분한 지적"은 국민들을 각성시키는데 큰 역할을 하였던 것이다.

1930년대부터 중서문화교류가 더욱 활발하게 진행되면서 중국인의 전통적인 자신감이 일부 회복되었다. 이 시기 중국법률사학의 연구방법과 체계는 이미 형성되었다. 그 주요한 결과는 대학의 중국법률사 교재가 초보적으로 체계가 잡힌 것이라고 할 수 있다. 예를 들면, "역사를 경선(經線)으로 하고 법을 위선(緯線)으로 한다"고 한 것이나,[7] "법을 경선으로 하고 역사를 위선으로 한다"[8]고 한 연구서는 중서법의 이동을 비교하고, 단대사의 고증을 위주로 한 것이었다. 이 시기 많은 학자들은 법률사의 위치와 범위에 대한 인식이 비교적 명확하고 명석하였다. 한편으로 학술적 입장에서 중국 법률에 대하여 역사적이며 객관적으로 고찰하고 서방의 법률과 비교하였고, 다른 한편으로는 비록 사회와 학계의 주류는 "낡은 것을 극복하지 않으면 새것을 확립하지 못한다", "단절하지 않으면 흐를 수 없다"고 하는 급진적인 입장으로 중국의 전통법률을 분석하였지만, 그러나 많은 학자들은 이성을 살려 전통법률과 서방 법률의 결합 점을 찾기에 주력했으며, 중국의 법률 유산이 향후 세계에 공헌할 것이라고 강조하였다. 19세기 전반 중국의 법률사학과는 전통에 대한 반성과 질의를 하는 속에서 형성되었다. 당시 사회는 개방적이며 변혁시기였다. 그러나 그것은 피동적이며 핍박적인 개방이었고 변동이었다. 따라서 변동의 방향을 심도 있게 토론할 여지가 없었던 것인데, 이는 서방의 모델이 이미 기성모델이 되어 중국인들에게 제공되었기 때문이었다. 이 단계에서 법률사는 법률 연구의 주도적인 내용이 아니었으며, 현실법률의 합법성과 권위성의 근거가 되지 못하였다. 그러나 비판과 비교의 필요에 따라 법률사는 한 학과로 독립하였으며, 결코 삭막한 분야는 아니었다. 1940년대 중국 법률사 방면의 저작과 교재는 이미 50여 종이나 되었다. 석지 않은 학술성과 정론성을 구비한 논문에서도 종종 법률사 영역을 다루곤 하였다. 여기에는 헌법과 전통 간의 관계에 관한 연구와 민사법률 중 습관과 관례에 대한 연구가 포함되어 있었다. 19세기 후반 이후 중국 법률사학과의 발전은 탐색, 정지,

---

6) 《陰氷室合集・文集16・中國成文法編制之沿革得失》, 북경, 중화서국, 1989.

7) 楊鴻烈, 《중국법률발달사》, 북경, 상무인서관, 1930.

8) 陳顧遠, 《중국법률사》, 북경, 상무인서관, 1935.

회복, 발전의 과정을 경유하였다.

1949년 10월 중화인민공화국이 성립되었다. 이는 획기적인 사회변혁이었다. 이 변혁은 학계에도 반영되어 마르크스 · 레닌주의를 지도로 하고, 마르크스 · 레닌주의 의 연구방법에 의해 각 학과의 연구를 진행하는 것이 학자들이 추구하는 시대적 조류였으며 신념이었다. 법률사학계의 학자들은 우선 마르크스 · 레닌주의 이론을 법 연구과정에서 어떻게 체현해 내며, 어떻게 역사 유물사관과 변증법적으로 중국 역사의 법률에 관하여 과학적인 비판과 분석을 진행할 것인가 하는 것이 과제였다(여기서 말하는 과학이란 당시에 습관적으로 사용하던 과학이란 개념이다). 1957년 후 중국법률사(학과를 중국국가와 법 혹은 법권)의 역사로 개명하였다. 1959년 법률출판사에서 북경대학 법률학부의 국가와 법의 역사 교연조에서 편찬한《중국국가와 법의 역사참고서, 제1분책》을 출판하였다. 1963년부터 1965년 중국인민대학의 "국가와 법권역사 교연실"에서 《중국 국가와 법권역사 강의》3책을 편집 출판하였다.9) 이 교과서는 당시 학과의 연구수준을 보여주는 대표작이었다. 이 교재는 아래 몇 가지 방면에서 성공적이라는 것을 보여 주었다. 첫째는 처음으로 마르크스 · 레닌주의 계급분석 방법으로 중국 역사에 나타난 법률을 네 가지 유형으로 분류하였다. 즉 노예사회의 법, 봉건사회의 법, 반식민지 반봉건사회의 법, 인민민주법제로 분류하였다. 둘째 국가와 법의 관계를 논증하였으며 될수록 법률을 역사문화 환경 속에서 고찰하였다. 셋째 교과서의 격식, 내용과 글자 수라는 시점에서 볼 때 저자는 후금박고(厚今駁古)의 입장을 취했다. 4천년 고대사회 부분은 전체 내용의 3분의 1밖에 차지하지 않았다. 1840년부터 1949년까지 백여 년간의 역사가 모든 내용의 3분의 2나 되었다. 근대 부분은 이왕의 저술과 비교할 때 자료가 충분하고 논증이 상세하였다. 넷째 이전의 연구에서 다루지 않은 영역도 논하였다. 예를 들면 고대 농민 봉기자들이 반포한 법령, 태평천국과 혁명근거지의 법제 등이 망라되어 있었다. 어떤 의미에서 볼 때 이와 같은 탐색은 "법률과 문화", "법률과 사회", "법률과 정권"을 연결시킨 것으로서 학과의 연구 시야를 넓혔다고 하겠다.

1970년대 이후 10년이란 긴 시간에 걸친 문화대혁명이 끝났다. 이 시기에는 사상 이론 방면에서의 논쟁이 뜨겁게 퍼져갔다. 완벽하고 정확하게 마르크스 · 레닌주의, 마오쩌둥 사상을 이해하고 사상적 속박을 타파하기 위하여 덩샤오핑이 사상해방이란 슬로건

---

9)《中國國家與法權歷史講義》, 북경, 중국인민대학출판사, 1963, 1965. 이 강의는 張晉藩, 曾憲義, 范明辛, 張希坡 등이 편찬하였다.

을 제시하였다. 이 주장에 근거하여 "진리를 검증하는 유일한 표준은 실천이다"라는 마르크스·레닌주의 기본 원칙이 제기되었다. 이로서 학술계에서는 이론적 구속을 또 다시 넘어갈 수 있었고, 중국법률사 연구도 회복되게 되었다. 1979년 9월 장춘에서 중국법률사학회 창립대회를 가졌다. 이 학회는 전국적인 학술단체였다. 이번 회의의 중심의제의 하나가 법률사와 법률민상사를 연구대상으로 정하자는 것이었다. 일부 회의 참석자는 중국법률사, 중국법률민상사는 반드시 독립학과로 설치돼야 한다고 주장했다. 그들은 학과 분류의 원칙이란 시점에서 출발하든, 혹은 학과 자체가 분담한 연구 임무라는 시점에서 출발하든 간에 "중국법률사", "중국법률민상사"는 정치나 국가정권과 연계시켜 연구하는 것은 합당치 못한 일이라고 지적하면서 독립적인 학과로서 설치돼야 한다고 주장했다. "법률사상을 정치사상 체계에서 분리해야 만이 충분하게 발전할 수 있는 기회를 얻을 수 있으며, 사회기능을 충분하게 발휘할 수 있다"고 주장하였다.[10] 희의 참석자들은 이 주장에 대해 동조하였다. 1978년부터 지금까지 30년간 중국법률사의 발전은 아주 빨랐다. 발표한 관련 논문 건수는 이미 4천 건이 넘었으며, 게재한 출판물이 백여 종이나 되며, 교재는 백여 종, 공구서는 몇십 종에나 달했다.

그러나 30여 년간 중국 법률사연구의 발전은 순탄한 것만은 아니었다. 이 30여년 동안의 중국법률사 연구는 직접적 혹은 간접적으로 사회변혁과 학술적 발전을 보여주었다. 30여 년 전 법률사학과는 법률 계를 통솔하는 학과였다. 1970년대 말부터 80년대 초까지 법률사학과의 동향은 전 학계의 주목을 받았다. 20세기 초에 형성된 법률사학과는 근 백여 년간의 찬란한 시기를 구가했다. 이러한 영예스러움은 당시의 사회적 수요와 관련된 것이었으며, 학술 및 법학연구의 전반적인 상황과 관련되었으며, 이는 학과의 전통과 관련되었던 것이었다. 당시의 사회는 문화대혁명을 지나온 상황이었기에 학술계는 완전히 침체된 상태였다. 당시의 학계는 유치했고 또한 공백 상태나 다름없었다. 당시 법학이 정치학으로부터 벗어나 독립할 수 있을지 없을지 하는 문제는 학계에서 답하기 이려운 문제였다. 중국 법률의 실천을 볼 때 법학 계는 아주 난처한 저지에 빠져 있었던 것이다. 당시 학계의 많은 사람들은 "법치란 서방 자본주의와 연계된 일시적이고 부수적인 학문에 지나지 않는다"고 했다.[11] 중국은 1940년 입법하는 일에 그다지 열

10) 饒鑫賢, 〈中國法律思想史研究對象商榷〉, 《법률사논총》, 제1집, 북경, 중국사회과학출판사, 1981. 〈20世紀中國法律思想史學及其蠢測〉, 《법률사논집》, 제1권, 북경 법률출판사, 1998.
11) 王曉暉, 《新技術革命與我國法制建議》, 125쪽, 심양, 요녕대학출판사, 1988.

성적이지 않았다. 이 시기 책정된 법률은 얼마 되지 않았을 뿐만 아니라, 문화대혁명시기에 이르러 얼마 되지 않았던 이 법률마저 형식만 갖춘 글에 불과하였다. 법률을 인민대중들의 혁명 열정을 속박하는 밧줄로 치부하며 역사의 쓰레기통에 던져버렸던 것이다. 1987년 "전국인민대표대회 상무위원회에서 1978년 이전 반포한 법률을 정리하였는데, 고작 134건의 법률과 법률에 관한 결정이 있었으며, 그나마 이미 실효된 것이 111건이나 되었다. 말하자면 81%나 되는 법률이 이미 실효되었던 것이다. 30년간 중국인민정치협상회의, 중국인민정부위원회, 전국인민대표대회 상무위원회에서 제정한 법률은 겨우 134건에 불과했었다는 것을 통해, 사회생활 중 법률의 위치와 역할이 어떠했는가를 짐작할 수 있을 것이다. 이처럼 정리를 거쳐 효력을 가진 법률 23건은 당시 중국 법제건설의 주요한 터전이 되었다."[12]

　법률의 결여는 문화대혁명이 일어날 수 있었던 주요 원인이었다. 이러한 결론은 덩샤오핑이 신 중국 성립 이래 당의 노선방침과 정책을 되돌아보면서 반성한 후 내린 결론이었다. 1978년 12월 13일 덩샤오핑은 중앙사업회의 폐막식에서 "사상을 해방시키고 실사구시를 견지하며 한마음으로 단합하여 앞으로 나아가자"라는 연설을 하였다. 그는 연설에서 "인민민주를 보장하려면 반드시 법제를 강화시켜야 하고, 민주를 제도화해야 하며, 법률화시켜야 한다. 이러한 제도와 법률은 영도자가 변한다고 해서 변화돼서는 안 된다. 영도자의 견해와 주의력이 변화된다고 하여도 변화돼서는 안 된다. 지금의 문제는 법률이 아주 완벽하지 못한 것이 문제다. 아직 많은 법률을 제정하지 못했다. …… 따라서 반드시 힘을 한 곳에 모아 형법, 민법, 소송법과 기타 각종 필요한 법률을 제정해야 한다. 예를 들면 공장법, 인민공사법, 삼림법, 초원법, 환경보호법, 노동법, 외국인투자법 등 법률을 민주절차를 거쳐 토론하여 통과시켜야 한다. 뿐만 아니라 검찰기관과 사법기관을 강화하여 법을 지켜야 하고, 법을 제정했으면 반드시 법을 준수해야 하며, 법을 엄격하게 집행해야 하며, 법을 위반하는 자는 반드시 추궁해야 한다"[13]고 강조했던 것이다.

　덩샤오핑 사상은 즉시 전당과 전국 인민에게 전달되었다. 1978년 12월 18일 소집한 중국공산당 제11기 3중전회는 "사회주의 민주를 발양하고, 사회주의 법제를 강화한다"고 정식으로 제기하였다. 사회주의가 법제의 완벽화를 요청하고 있는 형세와 법제가 전

---

12) 信春鷹, 《中國的法律制度及其改革》, 19쪽, 북경, 법률출판사, 1999.
13) 《등소평문선》, 2판, 제2권, 146-147쪽, 북경, 인민출판사, 1994.

무한 상태에서 법제를 주요 연구대상으로 한 법학이 어디서 어떻게 돌파구를 찾고 법학을 발전시킬 것인가 하는 문제는 오로지 법률사학과 만이 담당할 수 있으며, 오로지 법률사학과 만이 법학을 진흥시키는 역사적 중임을 담당할 수가 있었다. 첫째, 당시 법률사의 연구는 다른 법학과는 서로 다른 점이 있었는데, 그것은 바로 대량의 숫자적 지지를 보유하고 있었다는 점이다. 이는 현실 중 법률이 결핍되어 있다는 것과 선명한 대조를 이룬다. 연구의 전제조건은 충분한 자료가 있어야 한다. 당시 법학계의 상황을 보면 법률사학과 만이 이 조건이 구비되어 있었다. 둘째 법률사 연구에 관련된 문제에는 다른 기본 법률학의 이론문제가 많았다는 점이다. 예를 들면 법의 기원과 본질, 법의 계급성, 법의 역사와 사회적 역할, 법의 역사적 유산에 대한 비판과 계승, 인치와 법치의 관계 등의 문제들이 법률사에서 모두 다룰 수 있기 때문이다. 이러한 이론문제를 회피하든가 심지어는 금지해야 한다고 생각하면, 법제의 발전은 거의 불가능했다. 각 조항의 법률을 제정하기 전에 사상을 해방시키는 것이 우선적으로 중요 문제였다. 법률사학과의 연구는 이론적 금지를 벗어나갈 수 있는 가장 적당한 영역이었다. 셋째, 중국은 역사학전통이 깊은 나라이다. 문화대혁명 기간 동안 정치적 필요성에 따라 사학은 더욱 현학(顯學)으로 부상되었다. 사학 영역에 속하는 한 전문학과이며, 정치성을 띤 법률사 연구는 문화대혁명기에도 중단되지 않았다. 예를 들면 "국가와 법의 관계", "법의 역사 발전단계", "진나라 이전 법 투쟁의 성질" 등의 연구가 계속되었던 것이다. 학술을 연속적으로 진행해야 했기 때문에 법률사학도 일부 우수한 연구인재를 집중시켰다. 지금과 다른 점이 있다면, 당시 많은 부문의 전문가들이 법률사 연구에 종사하는 것을 선호하였다는 점이다. 풍부한 통계자료를 보유하고 있었기 때문에 법률사 연구가 기타 다른 법학 영역보다 심도 있게 연구를 진행할 수 있었기 때문이었다. 또한 당시 중국은 문호를 열지 않았기 때문에 현실에 미치는 전통의 영향이 외래에서 오는 영향보다 훨씬 더 컸었다. 이 역시 법률사가 당시에 있어서는 기타 학과가 구비하지 못한 학술성을 구비하고 있있으며, 동시에 중요한 현실적 의의도 구비하고 있었나는 것을 설명해 준다. 사회 환경과 학과 자체의 특징이 법학사학과가 30여 년 전의 법학계에서 통솔하는 위치에 처하게 되었던 원인이다.

1990년대 이후 법률사의 연구가 점차 위기에 처하게 되었다. 30여 년간 법학발전의 상황을 돌이켜 볼 때, 법률사학과는 법학계의 통솔자 위치에서 점차 밀려나게 되어갔다. 법률사학과가 통솔자적 위치에서 밀려나게는 되었지만, 발전한 사회에서는 이를 느끼지 못했으며, 날로 번영하는 학술계에서도 별로 애석해 하지 않았다. 즉 법학계 인사들도 법률사 연구와 교학에 종사하지 않는 학자들은 이 변화에 대하여 별로 큰 관심이 없었던 것이다. 그러나 법률사학계는 이 변화를 가만히 지켜볼 수만은 없었다. 그리고 심리적으로도 그리 편안하지는 않았다. 법률사학과 입장에서 보면, 외부환경에서 오는 압력은 기타 다른 학과와 비교할 때 주로 사회적으로 법률사에 대한 사회적 필요성이 점점 줄어들고 있었던 것이다. 즉 법률사가 현실과 점점 멀어져 갔던 것이다. 과학연구 방면의 상황에서 볼 때도, 법률사학과에서 프로젝트를 따는 것이 다른 학과보다 어렵게 되었다. 연구 성과도 세상에 빛을 보이기 힘들어졌다. 설사 출판하였다 하더라도 사회의 반향을 불러일으키기는 힘들어졌다. 대학에서 법률사의 시간이 점차 줄어들었고, 법률사를 배우려는 학생들의 학습열정을 불러일으키는 것도 점점 힘들어져 갔다. 학생들은 졸업 후의 취직문제에 눌려 일부 학생들이 비록 법률사학과에 흥미를 가지고 있다 하더라도 현실적으로는 현실적인 과목에 대해 훨씬 많은 정력을 집중해야 했다. 법률사학과의 내부 압력은 비록 법률사학과가 비교적 성숙된 학과라고 할 수 있기 때문에, 교재 체계나 연구 영역에서 원래 있던 수준을 넘어서기가 아주 어려운 일로 간주되었던 것이다. 30여 년 전과 서로 다른 점이라면 법률사학과에 종사하는 연구자들 중 일부가 법률사 연구에서 탁월한 성적을 발휘하였으며, 영향력이 상당한 학자들이 사업상의 필요성이나 혹은 학술적 흥미에 따라 점점 더 다른 영역의 연구에 종사하게 되었다는 점이다. 따라서 법률사 연구는 다른 분야와 더불어서 진행하든가 아니면 포기해야 했다. 가령 30년 전 법률사의 영도자적 위치가 역사적으로 필연적인 일이었다고 한다면, 현재는 영도자의 위치에서 밀려나는 것이 또한 역사적 필연성이라고 할 수 있을 것이다. 그것이 필연적이라고 하는 것은 지금의 사회와 30년 전의 사회는 이미 엄청난 변화가 있었기 때문이었다. 사회의 변화는 학술의 발전에 결정적인 영향을 끼친다. 예를 들면 중국의 고대에서 경제, 정치, 사회, 사상, 문화와 관련이 아주 깊었던 경학(經學)은 한나라 중기 이후 줄곧 학술의 주도적 위치에 놓여 있었다. 그러나 근대에 들어 사회의 발전과 더불어 경학은 그 위치를 유지할 힘이 쇠약해져 가는 추세가 되었다. 한 학과의 발전은 그에 대응하는 학술가치와 사회가치를 겸유하게 된다. 그 중에 어느 하나도 결여되어서는 안 되며, 학술성이 결여되면 학과의 발전을 유지할 수가 없고, 사회성이 결여되면 학과의 생명력이 사라지게 마련이다. 19세기 후반은 정치 혹은 정권과 학술이 분리되지 않았던 시기였다. 법률사학과의 흥성과 쇠약은 정치적 변화에 따라 변화되었다. 1980년대 법률사학과가 법학계의 통솔자적 위치에 있게 되었던 데는 여러 가지 정치적 요소를 떠나서는 생각할 수 없는 일이었다. 그 시기를 경유한 많은 법률사학자들도 당시 법률사의 현학적 위치가 확보된 데에는 특수한 역사적 원인이 있었다는 것을 부정하지 않는다. 이는 정상적인 사회발전이 이루어지는 상태에서 나타난 학술적 위치가 아니었던 것이다.

발전이 신속하게 진행되고 개방된 사회에서 경험의 학술적 가치와 실용적 가치는 안정되지만, 폐쇄된 사회와는 비견할 수 없는 것이다. 우선 경험은 보편성을 띠지 못하고 있기 때문에, 일시적인 성패경험은 천변만화하는 사회발전에서 충분한 근거가 되지 못하는 것이다. 비록 경험이 누적되어 있다고 할지라도 발전하고 개방된 사회의 그 미묘한 변화에는 응수할 수가 없기 때문이다. 현대사회는 더는 과거처럼 경험을 믿지 않게 되고 있다. 다음으로 우리가 경험을 학술화시킬 때 경험은 반드시 이론 혹은 추상적인 법칙으로 승화돼야 한다. 말은 하되 기록하지는 않는다(述而不作)라는 전통적인 역사학의 원칙은 사람들이 경험의 뜻을 이해하는 데 장애가 되었다. 사회발전에 따라 경험의 기능이 감퇴되든가 위축되어 법률사학과의 사회적 가치가 약해져 간 것은 필연적인 일이었다. 한 학과의 학술적 가치는 연구 내용과 방법을 넓게 개척하는 것과 변혁을 기대하게 된다. 그러나 사회가 지금 이처럼 정상적으로 발전을 유지하여 간다면 법률사의 사회적 요구는 확대되지 못할 것이다. 따라서 우리는 30년 전에 있었던 법률사의 찬란함이 다시 나타나리라는 것을 기대해서는 안 될 것이다. 그리고 민법, 경제법 등 학과와 함께 사회적으로 요구하는 방면에서 그 높고 낮음을 겨루지 말아야 할 것이다. 법률사의 자리는 상대적으로 초탈된 학술분야이다. 법률사는 법률역사를 연구한다. 법률사 연구를 통해 추구하는 것은 법칙이며, 탐색하는 것은 미래이다. 때로는 현실을 해석하고 경계하는 역할도 담당한다.

학술의 발전은 언제나 시대와 연결되어 있다. 21세기 서방의 식민지 정책은 이미 지나간 역사이다. 국세의 강약으로 문화의 우열을 논하고 서방의 법을 모델로 하여 법률이 도달한 정도를 판단하는 유일한 표준은 반드시 질의를 받아야 할 것이다. 우리가 여유를 가지고 우리 조상들이 남겨준 기나 긴 역사와 전통을 다시 대할 때, 우리가 여유를 가지고 백여 년간 전통에 대한 반성과 비판을 다시 비판할 때 우리는 백여 년간 우리 자체의 전통에 너무 깊은 편견을 가지고 있으며, 오해하였다는 것을 어렵지 않게 발견하게 된다. 예를 들면 중국의 고대법은 이미 존재하지 않은지 백여 년이 넘는 현재 이 시각, 학계의 많은 학자들은 여전히 백 년 전의 관점을 따르고 있다. 즉 중국 고대는 독재사회이며 법이 없는 사회라고 인식하고 있으며, 중국 고대사회는 법에 대한 개념이 너무 협소하며, 중국 고대사회는 법학가라는 계층이 없었으며, 중국 고대의 진통법은 가치인증과 추구하는 바가 없었다고 인식하고 있다. 이에 비해 일부 학자들은 중화의 법제계통 체계를 증명하면서 중국에서는 서방에 있는 것보다 벌써 있었다는 주장을 펼치기도 한다. 이처럼 역사를 곡해하였기에 과거 한 때 우리는 전통법률의 정신을 찾아볼 수 있는 기회조차 갖지를 못했던 것이다.

이와 같은 편견과 오해가 19세기 말 내지 20세기 초의 시점에서 볼 때, 시대적 압박에 의하여 부득이하게 나타난 것이라고 말할 수는 있겠지만, 지금도 이와 같은 견해를 가진다는 것은 선입견이나 습관에 젖어 있거나 학술적 자각성의 부재가 그 원인이라고 하겠다. 습관의 관성과 자각성의 부재는 역사에 대한 사람들의 편견과 오해를 더욱 심화시키게 된다. 일부 학자들이 제기한 것과 같이 "낡은 전통과 제도를 청산할 때 우리가 마음대로 고인들을 질책하고 조상을 질책하고 그들이 창조한 관념과 제도를 질책하며, 그 내부에 잠재하고 있는 지혜와 지식, 그리고 보편적인 도덕을 무시하는 것은 19세기 중국인들의 문화병이었다. 즉 중서 문화충돌이 가져다 준 하나의 강박증이었던 것이다."14)

21세기 문턱을 넘어선 지금, 법률사학에 관하여 많은 학자들이 많은 예측을 진행하고 있다. 예를 들면 당대의 법 역사를 발전시키고, 부문별 법 역사의 연구를 발전시켜야 한다는 주장과 법의 사회학적 비교학적 방법을 운용하여 다각적인 고찰을 진행해야 한다는 등의 주장을 펼치고 있는 것이다. 최근의 중국 법률사 연구는 연구방법이나 내용을 막론하고 과거의 중국법률사나 중국법률민상사로는 개괄할 수가 없게 되었다. 다각적인 시점과 풍부한 연구방법, 광범위한 영역은 모든 것을 포괄할 수 있는 전통법률문화라는 이 술어로 개괄할 수밖에 없다. 현재 중국 전통법률문화에 관련된 연구논문은 해마다 백 편이 넘는다. 전문적인 저서도 몇십 종에 달하고 있다. 2000년을 예로 보면 정확하지는 않지만 중국 전통법률문화에 관련된 저술서가 40여 부를 출판되었으며, 200여 편의 논문을 발표하였고, 중국법률민상사 논문 백여 편을 발표하였다. 이와 같은 상황은 대학교 연구생 모집에서도 잘 반영되어 있다. 법률사학과에 속하는 전공방향이 많이 증가되었는데 어떤 것은 대여섯 가지나 되었다. 발전과 발전이 가져다 준 문제는 문화적 시점에서 출발할 것을 요청하는 것이지, 전통적인 제도나 사상에서 분리하여 중국 전통법률을 정리하는 것은 바람직하지 않은 것이다

---

14) 夏勇 주편,《走向權利的時代-中國公民權利發展硏究》, 21쪽, 북경, 중국정법대학출판사, 2000년.

2. 이 책이 해결해야 할 문제

이 책은 총서의 첫 번째 저서로서 주로 이론적 문제를 탐색하였다. 예를 들면 중국 전통법률의 문화모델의 원 모습은 어떠한 것이었으며, 과거의 연구에는 어떤 문제들이 존재하였고, 중국의 전통법률문화의 핵심적인 관념은 무엇이며, 그 제도적 구축과 관념 간의 관계는 어떤 것이며, 중국 전통법률이 지금의 현실법률 발전에 참조할 가치가 있는지 없는지 하는 제 방면의 문제들이 그것이다. 이러한 문제는 아래 몇 가지 면에 집중되어 있다.

1) 예(禮)를 법에 포함시켜야 한다는 연구시각

근대 이후 우리는 중국법률에 대한 서방학계의 서술을 받아들였다. 그 요점은 중국 고대 법률은 "형벌을 위주로 한다"는 견해로서 법률 개념이 아주 협소했다는 평가다. 사실 이는 우리가 예를 연구시각에 포함시키지 않았기 때문에 조성된 것이다.

중국 전통문화는 화해를 가장 높이 추구해야 한다고 인식하였다. 가족 속의 친인들 사이, 사회에서 서로 다른 업종 사이, 조정에서의 군신 사이, 인류와 자연 사이에서 서로 화목하게 상거하는 것은 태평성세의 표지였다. 고대인들이 인식하는 인류에게 있어서 가장 행복한 것은 바로 태평성세였다. 농업사회인 중국에서 고대인들은 발전을 목표로 삼지 않았다. 그 대신 화해, 아름답고 원만한 것, 행복 등의 관념은 중국인들의 의식 관념 중 발전보다 더 중요한 것이었다. 볼테르는 다음과 같이 중국인들의 정신생활을 평가했다. "중국인들은 그 어떤 정신예술도 완벽할 정도로 승화시키지는 못했다. 그러나 그들은 그들이 익숙한 것은 마음껏 향유하였다. 전체적으로 말해서 그들은 인성의 수요에 따라 행복을 누렸던 것이다."15)

조화를 추구한 결과 중국문화는 원융이란 특징이 형성되었다. 원융이란 형상적으로 말해서 중국문화를 하나의 원으로 비유한다면, 사회의 모든 것은 다 이 원 속에 속한다는 것이다. 정치, 경제, 군사, 교육, 법률, 도덕, 철학, 종교, 과학기술 등이 다 이 원 속의 일부분이다. 각 부분은 서로 의뢰하고 서로 갈라질 수가 없다. 이 원의 핵심을 한마디로 개괄한다면 바로 예라고 할 수 있다. 그렇기 때문에 우리가 중국의 고대 정치와

---

15) (프) 볼테르,《풍속론》, 하책, 461쪽, 북경, 상무인서관, 1995.

경제를 연구할 때, 예를 떠나서 할 수는 없는 것이며, 중국 고대의 군사와 교육을 연구할 때도 예를 떠나서는 할 수 없는 것이다. 중국 고대의 철학, 과학기술을 연구하고 중국 고대의 인간관계를 연구하고 일상적인 사회생활을 연구하고, 심지어는 건축 등을 연구할 때도 예를 떠날 수는 없는 것이다. 예는 중국 고대사회의 각 방면에 침투된 중국 고대문명의 표지이다.

중국 고대사회의 예와 법의 관계는 일찍부터 중외 학자들의 관심을 받았다. 그러나 반드시 제기해야 할 문제는 예라는 것이 아주 복잡하여 근대 이후 예와 법에 관한 연구는 그 진척이 늦어졌다는 점이다. 17, 18세기 서방의 계몽사상가 몽테스키외의 《법의 정신을 논함》과 프랑스 중농학파 사상가 쿠이나이(魁奈)의 《중화제국의 독재제도》에서 다룬 중국의 예에 관한 이론적인 분석은 오늘날에도 여전히 학계에서 자주 인용하고 있다.

몽테스키외는 다음과 같이 중국의 예를 분석하였다. "중국의 입법자들이 한 일은 여기서 끝나는 것은 아니다. 그들은 종교, 법률, 풍속, 예의를 단 하나로 묶어 이 모든 것을 도덕에 귀속시켰다. 이들 4자의 규범이 소위 예교인 것이다. 중국의 통치자들은 이러한 예교를 엄격하게 준수하였기 때문에 성공하였다." "이러한 예교가 쉽사리 중국인들의 심령과 정신세계에 뿌리 내릴 수 있는 데는 두 가지 원인이 있는데, 첫째 중국의 문자는 글쓰기가 아주 복잡하다. 글을 배우려면 반드시 책을 읽어야 하고 책에서 말하는 것은 모두가 다 예교에 관한 것이다. 그 결과 중국인들은 태어나면서부터 아주 많은 시간과 정력을 예교에 관한 책을 읽는데 주입해야 한다. 둘째 예교에는 정신적인 내용물이 없다. 보통 일상생활에서 실행하는 규칙만이 있을 뿐이다. 따라서 지력을 투입해야 배울 수 있는 것보다 훨씬 쉽게 이해할 수 있으며, 쉽게 사람들의 심금을 울릴 수가 있다." "중국인들의 생활은 완전히 예를 지침으로 한다. 그러나 그들은 지구상에서 사람들을 가장 잘 속이는 민족이다." "예가 아니라 법으로 나라를 다스리는 군주들은 형벌을 이용하여 형벌의 힘이 완성하지 못하는 일을 성사시키려고 하는데, 그것은 곧 도덕을 수립하는 것이다."[16]

쿠이나이는 다음과 같이 말했다. "중국의 조기 몇몇 제왕은 아주 훌륭한 통치자였다. 그들이 제정한 법규나 그들이 종사한 주요 활동은 흠 잡을만한 곳이 없었다. 사람들은 그들이 공평한 법규를 반포하고 유용한 기술을 창도하고 그들이 통치하는 왕국의 번영

---

16) 몽테스키외, 《論法的精神》, 상책, 張雁深 옮김, 313, 314, 316, 317쪽, 북경, 상무인서관, 1987.

을 추진하는데 열심이었다고 믿고 있다. 그러나 후의 군주들은 안일과 주색에 탐닉하고 포악스러웠으며, 황음무도(荒淫無道)한 군주들이었다. 그들은 사악의 전형이었다. 그들의 행위는 중국의 황제가 신하와 백성들의 멸시와 원한을 초래케 한다면 폐출될 위험이 있다는 것을 인식하게 하였다. 과거 병권을 농락하는 군왕이 있었다. 그는 무력으로 독재를 실행하였다. 그 결과 군인들은 나라를 망치는 일을 해서는 안 된다고 인식하였다. 병사들이 할 수 있는 일은 무기를 버리고 그 군왕을 배반하여 떠나는 것이었다. 그 어느 나라의 백성도 중국의 백성처럼 자신의 군주에 순종하는 백성은 없다. 그들은 훌륭한 교양을 받았으며 통치자는 신하와 백성들의 직책이 서로 연관된다는 것을 깊이 알고 있었다. 그들은 자연법칙을 위반하고 도덕윤리를 먹칠하는 사람들을 아주 멸시했다. 그들의 윤리와 법률은 국가의 종교가 되게 하였으며, 오래도록 사람들이 탄복하는 교육제도의 기초가 되게 하였다."[17]

몽테스키외와 쿠이나이가 중국의 예의와 도덕 그리고 법률을 논한 것을 보면 지역, 문화, 언어,관념의 장벽으로 인하여 서방사상가들이 중국사회의 예에 관한 정확한 인식과 이해를 가지기 어렵다는 것을 알 수 있다. 몽테스키외의 비판이나 쿠이나이의 찬양을 불문하고 편견과 오해가 넘치고 있다. 몽테스키외는 중국의 예에 대해 정신적 요소가 부족하며 사소하고 표면적이며 허위적인 규칙이라고 평가하여 중국의 예를 논할 때 "중국에서는 사기가 허락된다"[18]고 결론을 내리기도 했다. 쿠이나이는 중국의 윤리도덕을 서방의 자연법으로 간주하고 상세하게 자연법을 연구하는 것은 군주와 그가 임명한 행정사무를 관장하는 학자들의 주요 목표였다"[19]라는 적당하지 못한 결론을 내렸다.

중국 학계의 학자들은 고대인들에 있어서 예와 법은 뗄 수 없는 관계라는 견해를 논하였다. 삼례(三禮), 역대 《형법지(刑法志)》, 지금까지 전해 내려온 당, 송, 명의 율서(律書), 정치가와 사상가들의 저서, 대신들의 주장이나 상주서, 심지어는 과거시험의 내용을 보면 예와 법의 관계를 논하는 내용물이 많다. 고대인들의 사상 관념 중 예와 법의 관계는 아주 지명한 일이다. 즉 별로 교육을 받지 않은 농민도 예와 법의 연계와 구별을 아주 정확하게 터득하고 있는 것이다.

《대덕예기 · 예찰(大德禮記 · 禮察)》에는 다음과 같이 기술하고 있다. "사람들이 아는

---

17) (프) 쿠이나이, 《中華帝國的專制制度》, 35쪽, 앞의 책.

18) 몽테스키외, 《論法的精神》, 상책, 316쪽, 앞의 책.

19) (프) 쿠이나이, 《中華帝國的專制制度》, 72쪽, 앞의 책.

것은 이미 발생하여 보이는 것이다. 아직 발생하지 않아 보이지 않는 것이 아니다. 예란 발생하기 전에 그것을 방지하는 것이며 법이란 이미 발생한 것을 금지하는 것이다. 따라서 법은 쉽게 보이지만 예는 잘 알 수 없다." "예라고 하는 것은 싹트기 전에 악을 단절하는 것이며, 사소한 것도 공경할 줄 알게 하여 평민백성들이 자연스럽게 선을 행하고 악을 멀리하는 것이지 저절로 알게 되는 것이 아니다."

《후한서 · 진보전(後漢書 · 晉寶傳)》에 진총(陳寵)이 예와 법의 관계를 논하는 대목이 있다. "신이 알건데 주례는 3백 조목이 있고 엄숙한 위용(威儀)에는 3천 조목이 있다고 하옵니다. 고로 보형(甫刑)에 2백 가지를 피해야 한다고 밝혔으며, 5형은 무려 3천 가지나 되옵니다. 예를 행하고 형을 취하되 예를 상실하면 형에 따르게 되므로 실은 서로가 겉과 안이 되는 것이옵니다."

《당률소의(唐律疏儀)》권1《명례(名例)》에는 다음과 같이 소의하였다. "중국은 문자가 있은 후부터 예교로 천하를 다스렸다. 백성들을 위로하는 것이 정치요, 올바로 잡는 것이 형법이다. 정치든 형법이든 모두 다 예교를 유지하기 위한 것이다. 고로《상서》에서 이르기를 5형을 분명히 하는 것으로써 5교를 보좌한다. 그리고 또 인사제도나 백성들은 법제 하의 교육으로 덕을 대치한다. 고대 선인들이 형법을 제정했던 뜻이 바로 여기에 있다."

이상의 서술은 중국 고대사회의 사람들에게 있어서 예와 법의 관계에 관한 이론이 주된 인식이었다는 것을 말해준다. 즉 예는 법의 근본이며 핵심이었다. 그러나 법률은 집행과정에서 각종 복잡한 상황에 봉착하게 마련이다. 일반적으로 말해서 사람들의 인식과 이론의 귀납 범위를 훨씬 초월하는 것이다. 고대의 어떤 재판을 통해 우리는 하층 관리, 심지어는 아직 벼슬자리에 오르지 못한 선비들도 예와 법의 관계를 아주 정학하게 논술하고 있음을 알 수 있다.

지금까지 전하는 고대의 판결문은 지금 우리의 분석과 비슷하다. 사법 실천과정에서 일정한 문자의 수식을 행하는 것을 응시 연습문제의 내용으로 편성하기도 했다. 예를 들면 돈황문서 P3813권에는 당나라 초기의 판결문 19건을 수록하고 있다. "판결문은 모두 당나라의 사건으로 율령 조목을 인용하여 재판하였다. 그런데 표기한 인명은 고대인 것으로 보인다. …… 이 모든 것은 현실에서 취한 것이지만 허구적인 윤색이 첨가되어 만들었다. 판결문은 법률의식이 아주 강하며 문필이 소박하고 해석도 구체적이다. …… 아마도 법제관리의 손을 거친 것처럼 보인다."[20]

---

20) 劉俊文, 《敦煌吐魯番唐代法制文書考釋》, 450쪽, 북경, 중화서국, 1989.

이들 19건의 판결문 중에는 판사의 이런 물음도 있다. "봉판(奉判), 진란(秦鸞)의 모친이 중한 병으로 고생하고 있지만 가정이 빈한하여 치료할 수 없었다. 그의 아들은 효심은 있지만 모친의 병을 치료할 방도가 없었다. 그는 도둑질을 하여 돈을 모아 모친을 모시려 했다. 이는 확실히 효자임에는 틀림이 없다. 그러나 절도법에 의하면 그를 반드시 처벌해야 했다. 이 두 가지 처리방법 중에 어떤 것을 취해 판결해야 할 것인가?"[21]

이러한 물음은 예와 법의 문제와 관련된다. 한 빈궁한 사람이 모친의 병을 치료하기 위하여 도둑질을 하였고, 신의 보호를 받으려고 기도를 올렸다. 법을 위반하면서라도 효성을 바치려고 절도를 단행한 것이다. 예에 따르면 그 효심은 반드시 표창을 받아야 할 것이다. 그러나 그의 절도행위는 또한 반드시 법에 따라 처벌을 받아야 하다. 이 물음에 대해 판결서는 다음과 같이 답했다. "진란의 모친이 병에 걸려 오랫동안 침대에서 일어나지 못했다. 정말 안타까운 일이다. 자상스런 어머니의 정을 잃어버릴까 두려웠다. 반드시 대소 2승에 기탁하여 8난을 해소해야 하고 경사자집(經史子集) 4부에 마음을 담아 평민백성의 재앙을 면케 해주어야 할 것이다. 하지만 집이 빈한한 그는 자산이 전무하여 생각대로 할 수 없기에 원한만 늘어났다. 그러나 비록 가난하다고 하지만 본성은 지켜야 하거늘 절도행위를 저질렀으니 이는 공리에 어긋나는 것이다. 사심에 따라 도둑질로 자금을 해결하고 자식된 도리를 지키려 했다. 그는 물건을 도둑질한 후 훔쳐온 물건으로 부처에게 재(齋)를 지냈다. 그런데 이러한 행위로써 효성을 지킨다는 미명을 얻는다면 그 결과는 도둑질을 하는 원인이 되는 것이요, 부처가 바로 죄악의 뿌리가 되는 것이다. 절도가 성공하여 장물로 복을 얻게 되면 후세 사람마다 다 이를 따를 것이요 집집마다 효성이란 이름을 띠고 도둑질을 할 이유가 서게 될 것이다. 예에 근거한다고 하여 모든 것이 다 효도가 되는 것은 아니고, 법에 준한다고 할 때는 형의 이름이 있어야 한다. 절도죄를 재판하려면 장물이 있어야 그 죄를 어떻게 구형해야 하는가를 규정할 것이다. 그런데 구체적인 장물 숫자가 없다. 그러나 판결을 미루어서는 안 되므로 속히 그 장물을 찾아내어 판결해야 할 것이다."

판사는 모친을 위하여 절도행위를 저지른 것은 비록 예에 따른 행위이지만, 이러한 절도행위를 효성으로 판결한다면, 그 실질은 "(부처님께) 재(齋)를 지내기 위한 것이 절도의 원인이요, 부처가 악의 뿌리"라는 것을 인정하게 되기 때문에, 신명을 부정하고 효심을 오해케 할 수 있다고 판단을 내렸다. 비록 판사의 이름은 누구인지 밝히지는 않았

---

21) 위의 책, 437쪽.

지만 그 판사는 '예와 법'의 관계를 아주 적절하게 논술했다는 것을 통해 고대사회의 법률 환경에 대해 알 수 있게 해주었다. 즉 풍속의 교화와 영향, 일상적인 교육은 예와 법을 모든 사람들의 마음속에 심어 주었던 것이다.

21세기에 들어선 우리의 입장에서 보면 고대사회는 우리와 멀리 떨어져 있다. 고대인들에게 있어서는 관습화되었고 정상적인 것일수록 현대인들은 이해하기 어렵고 오해하기 쉽게 되어 있다. 비록 중국 법의 역사를 연구하는 학자들이 중국 고대사회에서의 '예와 법'의 밀접한 관계를 강조하지 않는 사람은 없지만 유감스럽게도 지금 통행되는 법 역사의 전문적 저서나 교재를 보면 중국 고대사회의 법제에 대한 인식은 주로 형, 율에만 국한되어 있으며, 예와 법의 관계에 대해서는 주로 지도사상이든가 일부 구체적인 방면, 예를 들면 "예는 율의 범주에 속한다"라는 조목에서 언급되었다. 예를 들면, 8의(八儀)가 율의 범주에 속하고, "5복에 준하여 죄를 정한다"는 것이 율에 들었다. 사실 이와 같이 국부적으로 예와 법의 관계를 논하는 것은 예와 법의 국부적인 통일을 강조한 것이며, 실은 예와 법의 대립을 확대한 것이다. 즉 예를 법의 연구범위 밖으로 배척한 것이다. 이러한 국한된 연구로 인하여 학계에서는 중국 전통법을 편면적으로 인식하게 되었다. 예를 들면 중국의 고대법은 "형벌을 위주로 한다"거나 "법률의식이 천박하다"는 등의 견해가 이와 같은 편견이라고 하겠다.

과분하게 고대사회의 예와 법의 모순에 관심을 두는 것은 20세기 이래 전통법을 해독하는 가장 큰 실책이었다. 이러한 실책이 발생하게 된 주요 원인은 우리가 전통법의 정체적인 구조와 전통법 중 주요 개념에 대한 정리가 부족한 조건하에서 급하게 중서의 법을 비교하였기 때문에 나타난 결과였다. 그 결과 중국 고대법, 현대법, 서양법 등을 함께 뭉뚱그려 논하고 있는 것이다. 예를 들면 우리가 고문 중의 "법이란 형법이다"라는 말의 뜻을 강조할 때, 고문 중의 법이란 글자가 체현하고 구비하고 있는 자연법칙, 예법, 풍속습관 등의 의의를 잊고 있는 것이다.[22] 우리는 이미 확대된 현대적 의의에서의 법으로써 고대인들의 법을 좁게 분석하고 있는 것이다. 다시 말해서 고대법, 전통법, 현대법 체계에서는 우리가 예의 적당한 위치를 찾을 수가 없다는 것이다. 19세기 엄복(嚴復)은 《몽테스키외 법의 내용》이라는 책을 번역할 때 그 해설문에 다음과 같이 서술했다. "서방사람들이 말하는 법은 실은 중국인들의 의전(儀典)을 겸하고 있다. 중국은 예와 법을 분간하였다. 예로써 미연에 범죄를 방지하고, 형으로써는 이미 발생한 범죄를 징벌

---

22) 《康熙字典》 참조.

한다. 그러나 서방 사람들은 모든 것을 방책으로 명기하고, 전 국민이 다 이에 준해야 한다고 하고 있다. 이를 법전이라고 하는데, 법을 준수하지 않아 취하는 형벌은 법전 중의 일부로서, 이를 형법이라고 하는데,[23] 이는 법전의 전부가 아니다. 우리나라의 《주례(周禮)》, 《통전(通典)》과 《대청율례(大淸律例)》, 《황조통전(皇朝通典)》 등의 책과 유사하다. 이를 서양 사람들은 법이라고 한다.[24]

애석하게도 당시와 그 이후의 학계에서는 아주 정확한 엄복의 이 비교논법을 중시하지 않았고, 여전히 예를, 심지어는 법전, 법례 등을 다 법 역사의 연구범위에서 배제하고 편면적으로 중국 고대의 법은 형이라 하거나, 혹은 형을 위주로 하는 것이라고 인식하고 있다. 목전에 편찬되고 있는 일부 교재들도 모두 죄명 형명, 형벌원칙 등의 내용만 있다. 학계의 많은 학자들은 율을 중국 고대법의 전부로 인식하고 율문을 중국 고대 법률의 주체로 인식하고 있다. 법률제도사와 법률민상사의 강의에서도 서로 모순되지만 이것을 제대로 알려주지 못하고 있다. 중국의 고대 법률은 "형벌을 위주로 한다"고 강조하면서도, 다른 한편으로는 "덕이 위주이고 형은 보조적이다"라는 것이 중국법률사상의 핵심이라고 설하고 있다. 진나라 이전의 법률은 차치하고라도, 그리고 복잡한 예 또한 차치하고서라도 진나라 이후의 격식(程式), 과(科), 비(比), 격(格), 식(式), 령(令), 전(典), 예(例) 등은 사실 형률로써 개괄할 수 없는 것이다. "중국의 고대 법률은 오로지 형률"이라는 견해는 중국 고대의 형률이며 실은 법률의 일종이라는 사실을 뒤엎은 견해이다.

중국 전통법률문화에 대한 학계의 오해를 시정하기 위해서는 예(禮)를 연구 시야에 포함시켜야 하는 것이 급선무이다. 하, 상, 주 등 예치(禮治)시기의 예는 "친친, 존존, 장장, 남녀유별"의 도덕규범이었을 뿐만 아니라, 또한 사람들의 각종 관계를 조율하는, 이를테면 부부관계, 장유관계, 존비관계, 재산관계 등을 조율하는 법률 규범이기도 했다. 춘추전국시기에 "예절이 무너지고 악(樂)이 사라졌다"고 하는 것은 가치관의 붕괴일 뿐만 아니라, 제노석인 붕괴를 두고 하는 말이었다. 한나라 이후에는 예를 법의 지노사상으로 정하고 법을 제정하였다. 예는 사법 실천 중에 아주 중요한 역할을 발휘하였던 것이다.

---

23) Penal code-원 편자 주(注).
24) Laws-원 편자가 보주(補注)함. 따라서 법관이 모든 율례를 다 취해야 하고 포기하지 말아야 한다.
   (프), 몽테스키외 , 《몽테스키외 법의 내용》 嚴復 옮김, 7쪽, 북경, 상무인서관, 1981.

한나라의 춘추결옥(春秋結獄)[25]은 사법실천 중 예와 법의 융합의 첫 발단이었다. 위진남북조시기의 8의와 5복에 준하여 죄를 정한다고 하는 것 등은 유가가 창도한 예치원칙이 법전에 직접 반영되었다는 것을 설명해 준다. 죄의 성질을 확정하고 형벌을 정하는 형법을 제외한 형법 중에서 예는 향도성을 구비하고 있으며, 심지어는 주도적 역할을 발휘하는 것 외에도 민사, 가족, 이웃 등 사이에서의 분규처리에서 예는 더욱 중요한 위치에 처해 있었기 때문에, 우리가 중국 전통법률문화가 아주 심후하다고 하는 것은 예를 말하는 것이며, 예는 법의 정신적 기둥이었던 것이다. 예는 서로 다른 차원에서 법률 규범으로 체현되어 나타났던 것이다. 예를 들면 율에 관한 정부당국의 주석이나 가법 족규, 향규, 민약 등이 여기에 속한다.

이상의 사실에 근거하여 필자가 중국 전통법률문화에 대한 연구가 급선무라고 하는 것은, 사료에서 근거를 찾아 본인이 미리 말해둔 이론체계를 증명하고자 하는 것도 아니고, 수많은 사료 중에서 현대법, 서방의 법과 대응되는 개념을 찾기 위한 것도 아니다. 전통법률을 정확하게 정리하는 것, 특히 예의 기본개념을 정리하는 것은 중국의 전통법률구조와 진정한 그 특색을 구명하고자 하는데 있는 것이다. 개념적인 면에서 출발한다면 "예, 법, 예제, 예치, 예의, 법제, 법치, 형, 율, 형률" 등이 있고, 구조에 대해 말한다면 "율령(律令)체계, 율례(律例)체계, 예법(禮法)체계" 등을 들 수 있다. 이러한 작업을 착실하게 진행해야 만이 우리는 중국 전통법률문화를 올바르게 이해할 수 있으며, 본토의 법 자원을 발굴하여 세계에 공헌할 수 있고 미래에 공헌할 수 있는 것이다.

2) 비교연구 중 태동된 오해와 편견을 시정해야 한다

비교연구는 20세기 후반에 나타난 연구방법이다. 미시적인 비교연구와 거시적인 비교연구로 분류할 수 있다. 《간명 브리태니카 백과전서》는 미시적인 비교연구와 거시적인 비교연구에 관하여 다음과 같이 해석했다. "전자의 목적은 동일한 법계의 각종 법률

---

25) 경의결옥(経議決獄)이라고도 했는데, 고대 중국의 재판 기준의 하나이다. 전한(前漢) 중기의 동중서(董仲舒)가 제창한 것으로 공자(孔子)가 정리한 유학사상을 중심으로 하는 육경(六経)의 기재에 근거를 두고 범죄자를 심판하고 처벌하는 결정을 말한다. 법령 체계의 규정이 존재하지 않는 경우 사법관은 유학 사상에 따라 판결을 내렸는데, 유학 사상을 법률체계의 위에 둔 것이다. 범죄의 동기가 유학사상에 부합하는 경우 가벼운 처벌을 내리거나 또는 죄를 사면해 주는가 하면, 범죄의 동기가 유학 사상에 어긋나는 것으로 판결될 경우 결과가 어떻든 상관없이 중죄로 처벌하는 경우도 있었다. 때문에 사법관이 임의로 단죄를 내릴 수 있게 되는 등 폐해도 적지 않았다.

을 분석하여 그 분기점을 관찰하는 것을 통해 합리적인지 비합리적인지 그 여부를 결정하고, 타국 법률의 창의성에 가치가 있는지 없는지를 분석하는 것이다. 거시적인 비교방법은 우선 피차간의 차별이 아주 큰 법률과 제도를 연구하며 연구자가 익숙하지 못한 제도와 사상을 깊이 이해하려는 것이다. 미시연구 학자들의 주된 임무는 자료를 수집하는 것인데, 예를 들면 미국의 50개 주는 각자가 다 자체적으로 법을 제정하고 보통법을 제정한다. 이를 수집하고 비교하는 것이 필요하다. 거시학자들은 이와는 다른데, 그들은 비교를 할 때 새로운 표준에 준하여 연구한다. 예를 들어 그가 서방사람이라면 극동에서는 정직한 사람이 법원을 통하지 않는다는 것을 알아야 하고, 그들은 주관적인 권리가 있음을 인정하지 않으며, 반대로 공민의 행위는 조상으로부터 내려온 예의에 의해 속박을 받는다는 것을 알아야 한다는 것이다."26)

비교법 연구의 장점은 학술적 시야를 넓히고 역사를 참고하든가 기타 국가와 지역의 서로 다른 법적 계통의 경험을 참조하여 자아를 완벽하게 하는 것이다. 그러나 여기서 반드시 설명해야 할 것은 서로 다른 유형의 법이 형성된 데는 자체적 필연성과 합리성을 구비하고 있기 때문에, 우열, 좋고 나쁨, 진보 낙후라는 구별이 없다는 점이다.

20세기 이후 중국 학계에서 서방의 연구방법을 참착하여 중국 역사의 법에 관한 연구를 진행해 왔으며 "중국법률사"와 "중국법률민상사"라는 두 학과가 형성되었다. 이와 같이 서방의 연구방법과 이론을 차용한 것은 1904년 양계초의 〈중국법리학 발달사론〉과 〈문자화된 중국 기성법제의 연혁과 득실을 논함27)〉이라는 논문으로부터 시작되었다. 이때부터 1930, 40년대의 연구 성과는 이미 상당한 축적이 있었다.28) 이왕의 연구 성과를 종합하고 분석한 결과 과거의 비교법 연구에 심각한 결함이 존재한다는 것을 발견할 수 있었다. 그 주요 표현은 서방 율법의 발전모델을 준칙으로 삼고, 중국 역사의 문화배경을 이탈하여 중국 전통법률은 너무 간단하다고 질책했다는 점에서 나타난다.

예를 들면 양계초는 1896년에 집필한 〈중국에서 법률학을 강구해야 한다〉는 논문에서 "문명적이고 야만적인가 하는 구분은 비록 성해시시 않았지만, 문명의 뿌리란 무엇인

---

26) 《간명 브리태니카백과전서》, 제1책, 685쪽, 북경, 중국대백과전서출판사, 1985.

27) 양계초, 《음빙실합집》 제2책, 《문집 15, 문집 16》 참조, 북경, 중화서국, 1989)

28) 중국의 법률사 연구 상황은 아래 저서들을 참조하였다. 정센의, 정딩 편 《중국법률제도사연구통견》, 천진, 천진교육출판사, 1989. 劉海年, 馬小紅 편, 〈50년간 중국 법률사 연구서의 개요와 전망〉, 《시대와 함께 전진하는 중국법학》, 북경, 중국법제출판사, 2001. 중국법률사상사의 연구 상황은 아래 저서들을 참조하였다. 曾憲義, 范忠信 편, 《중국법률사상상연구통람》, 천진, 천진교육출판사, 1989. 馬小紅, 〈중국법률사상사학과의 설치와 발전〉, 《법률사론집》, 북경, 법률출판사, 2002.

가 하는 것은 원칙적으로 정했다. 원칙적으로 정해졌다는 것이란 무엇인가? 법률이 완벽하면 완벽할수록, 공정하면 공정할수록 더 문명적인 것이다"라고 했다. 그러므로 중국도 "이제 법률학을 발명하지 않으면 자립할 수가 없다"[29]라는 문제의식을 제기하였던 것이다. 양계초가 제시한 문명의 표준은 서방의 완벽하고 공정한 법이었다. 그렇기 때문에 그는 "서방사람들이 우리나라를 3등 야만국이라고 하면서, 천지간에 이런 사람들이 존재하는 것을 인정하지 않는다"고 했는데, 그 원인은 서방은 고대 그리스, 고대 로마 때부터 법이 계속적으로 발달해 온 데 비해, 중국은 진나라와 한나라 이후 법률이 날로 쇠퇴되어 갔기 때문이라고 분석했다.

양계초는 서방을 표준으로 하여 중서 법률의 발전에서 보여준 서로 다른 점을 다음과 같이 서술했다. "진나라와 한나라 이래 이러한 학설이 중단되었다. 그 결과 종족은 날로 번성하여 갔지만 법률은 날로 미약해져서 구속할 수 없게 되었다. 사물이란 변화무쌍한데 법률은 요지부동 변함이 없어, 더 지키려고 하여도 지킬 것이 없게 되었다. 법을 준수하려고 하여도 준수할 것이 없기 때문에 조정하고 단속하고 교화할 조목들이 하나도 남지 않았다. 그러나 서방은 그리스, 로마 때부터 법학자들이 대를 이어 계속 법을 연구하였기 때문에 단절되지 않았다. 최근 백 년 이래 그 법적 정신을 살려 몇 십 명 심지어는 백 명이 넘는 폭군도 함부로 권력을 남용하지 못했다. 그리고 전국적으로 군민 상하의 권한이 분명하게 갈라지게 되어 이에 따라 관아에서 의사를 결정하고 사실을 처리하였으며, 그 규정은 날로 더 많아지면서 세계가 점차 문명지국으로 들어서게 되었다."[30]

양계초의 이러한 논술은 양계초가 서방의 법을 제대로 알지 못했으며, 중국의 법과 서방의 법을 비교하는 그 요점에 한해서도 애매모호하다는 것을 볼 수가 있다. 글 중에서 그는 비록 진나라와 한나라 이후 이 학설과 서방의 법가학설은 각기 그 개념이 모호하며 내용이 서로 다르다고 했지만, 그가 서방의 법을 숭상하고 중국의 전통법률을 폄하했던 것은 너무도 선명하게 드러나 있는 것이다. 서방 법률의 발전모델을 표준으로 중국의 전통법률을 재단하는 것은 연구를 시작할 때부터 이미 서방의 법률이 합리적이라는 것을 "미리 설정해 놓은 것"이며 자연히 서방의 법에는 있지만 중국의 법에는 없다는 인식에만 국한되어, 중국법의 결함만을 지적하게 된 것이다. 중국의 법에는 있지만 서방의 법에 없는 것은 오히려 중국법이 번잡하고 보수적이며 낙후하다는 식으로 지적

---

29) 양계초, 《음빙실합집》 제1책, 《문집 1, 論中國宜講究法律之學》, 앞의 책
30) 양계초, 《음빙실합집》 제1책, 위의 책.

하였다.

이밖에도 고대법과 현대법을 비교하는 면에서도 우리는 중국법과 서양법을 비교하는 것보다 더 난처한 경우에 처하게 되었다. 문화배경, 언어 환경과 법적체계와 특징 등 방면을 살펴볼 때, 중국의 고대법과 현대법은 아주 큰 차이점이 존재하는데 이러한 차이는 시간의 흐름에 따라 그 구간이 점점 더 벌어지고 있음을 볼 수가 있다. 고대법의 원래 모습에 관하여 정체적인 인식이 결핍되어 있다면, 고대법의 태동에 관하여 점점 더 많은 오해와 편견이 생길 수 있는 것이다.

19세기 말부터 20세기 초까지의 일부 법 역사가들은 중국법과 서양법을 비교하는 과정에서 전통법의 특징을 논하면서 한마디로 요점을 찍어 냈는데, 그 견해가 매우 탁월하여 지금도 시간이 지난 견해라는 느낌이 없으며, 지금의 연구 중에도 종종 그들의 견해를 인용하고 있다. 예를 들면, 청말 법률을 주관한 청나라 조정의 대신 심가본(沈家本)은 중서법을 비교할 때 "도리란 하늘과 땅에 있는 것이니 도의 진의를 논하는 방면에서는 고금이나 중서에서도 결국은 일치하게 된다. 그 어느 한 쪽을 감싸든가 비호할 바가 아니다"라고 지적하였다. 중서법의 이치는 "중국은 대체로 경험에서 출발한 것이고, 서방은 학술적 이론에서 출발하였다. 이러한 논리를 모른다면 경험으로 출발한 학자는 통할 수 없으며, 경험에 익숙하지 않은 사람은 그 논리를 증명할 수가 없다. 경험과 논리는 서로 보완하는 작용을 한다."[31] 정수덕(程樹德)는 1926년에 집필한 《9조의 율법고찰》에서 중국 고대의 율이 대대손손 계승되어 온 것에 관한 논술은 매우 훌륭하다. "9장의 율은 이리(李悝)의 《법경(法经)》에 처음 나오는 개념으로서 《법경》은 여러 나라의 형전에 근거하여 그 원류가 가장 오래된 것이다. 춘추시기 제나라에는 "관자(管子) 7법"이 있고, 초(楚)나라에는 부구법(仆區法), 모문법(茆門法)이 있으며, 진(晉)나라에는 형서형정(刑書刑鼎)이 있으며, 정(鄭)나라에는 형서(刑書) 죽형(竹刑)이 있다. 이상 여러 형전을 참조하여 기록했다. 그런데 군주의 언행이 시세와 풍속을 살피지 않고 국가의 기본을 고려하지 않는다면, 법을 세워도 백성들의 난이 일어나게 된다. 한나라 이후 당나라와 송나라, 그리고 후세의 원나라와 명나라에도 비록 증보와 삭제가 있었지만, 이미 규칙화 된 것은 함부로 경시하지 않았으며 본국의 기본을 살려 백성들이 준수하도록 하였다.[32] 이와 같이 고대율법에 관한 간명하면서도 정확한 논술은 고대법과 고대법이

---

31) (청) 沈家本, 《歷代刑法考》 제4책, 《王穆伯佑新注無冤錄序》, 2217쪽, 북경, 중화서국, 1985.
32) 程樹德, 《九朝律考》 1쪽, 북경, 중화서국, 1963.

태동되는 문화에 대하여 투철한 인식과 이해가 있었기 때문이었다. 19세기 말부터 20세기 초 중국의 고대법은 비록 해체단계에 진입하였지만, 당시 사람들에게 있어서 고대는 생소한 것이 아니며 고대법은 하나의 완벽한 체계로서 여전히 존재하였다. 이는 당시 연구자들이 비교연구를 진행하는 방면에 정확한 대상을 제공하여 주었다. 그렇기 때문에 국학을 익힌 학자들이 고대법과 그 전통을 이해하는 데는 별로 어려움이 없었다.

시간의 추이에 따라 고대 법률이 해체되게 되었고, 사람들은 고대 법률의 원래 모습에 관한 인식이 모호하게 되었으며, 연구자가 국학을 멀리하였기에 전통문화와 고대법을 파악하는 것이 점점 어려워지게 되었다. 1930년대 이후 학자들은 중국의 고대법을 형법총칙, 형법분칙, 민법총칙, 민법분칙으로 분류하였다. 지금 유통되고 있는 일부 교재와 전문서에는 오히려 고대법을 민법형법경제법행정법 등으로 분류하는 등 현대법의 분류법으로 고대 법률을 분할하였다. 이에 근거하여 고대법의 일부 자료 등을 현대법의 내용에 귀납시켰으며 현대법의 원류로 분석하였다. 현금의 학계를 보면 이러한 연구 상황이 완연히 하나의 기풍으로 되었다. 사실 우리가 힘겹게 전적을 통하여 중국 고대의 민법, 경제법, 행정법을 귀납시킬 때, 법에 관한 고금의 비교는 이미 기로에 들어서게 된다. 우리가 학생들에게 가르치는 것과 독자들에게 전해주는 것은 현대법의 언어 환경과 체계에서 근본적으로 존재하지도 않는, "중국의 고대법률"을 거세한 것이다. 다른 한편 일부 연구자들은 현대법의 표준을 통해 전통 법률을 질책하면서 고대법의 규칙, 체계, 정신은 현대법과 도무지 일치하지 않는다고 지적하고 있다. 전통법의관념은 현대법의 발전을 방해한다고 역설하고 있는 것이다. 많은 사람들은 심지어 현실 중 일부 미흡한 점, 이를테면 법률제정의 비 완벽성, 법률 집행 중의 오차, 사법 실천 중의 부패 등을 모두 중국 고대법이 서방의 법보다 우수하지 못했기 때문이라고 말하였다. 사실 우리가 중국 전통법률에 대한 정체적인 연구가 충분하지 못하다고 하여 유기적으로 통일된 고대법을 기계적으로 분할하여 제도, 사상 등 조목으로 나누는 것은 "원래의 모습"을 상실케 하였다. 사실 우리가 말하는 고대법의 결함이란 우리가 만들어 낸 것에 불과하다. 즉 우리의 고대법과 고대법이 태동하게 되는 문화배경에 대한 편견과 오해에 기인된 것이다. 둘째로 우리의 고대법에 대한 일부 결함은 오늘의 표준을 가지고 보면서 발견한 것이다. 고대사회에 생활한 사람들에게 있어서 그 결함은 전혀 존재하지도 않을 수도 있었던 것이다.

중국의 전통법률에 대해 말할 때, 목전의 비교연구에서 가장 큰 난제는 고대법 원래의 모습 그대로가 들어 있는 원전을 찾아보기가 어렵다는 것이며, 고대법에 관한 인식이 모호할수록 비교법을 통해 연구하는 중에는 오해와 편견이 더 깊어질 수 있는 현상이 존재할 수 있다는 점이다. 전통법의 정수를 발굴하기가 어려울수록, 법치 발전의 전통적 동력을 추구하는 것은 더욱 어렵게 되었다. 이러한 상황에 근거하여 이 책은 역사의 진실을 추구하고, 중국 전통예법의 공동체 원래 모습을 복원하는 것을 통해 비교연구를 하는 중에 출현할 수 있는 혼란을 미봉하고자 한다.

3) 중국 전통법률의 발전법칙을 탐색한다

법의 발전법칙과 발전모델은 법학연구에서 가장 기초적인 문제이다. 인류발전사에서 인류사회의 공통성에 근거한 법의 태동과 발전은 당연히 보편적인 법칙이 있기 마련이다. 그러나 인류사회는 그 초기부터 생존형태, 사회조직방식, 원시신앙 등 방면에서 생활지역의 지리환경과 밀접한 연관을 가지게 되었다. 서로 다른 지리환경은 서로 다른 문화유형을 조성하게 되고, 이에 따라 법률의 태동, 치중 점의 내용, 추구하는 이상, 발전의 법칙과 사회에 끼치는 영향 등이 서로 다르다. 따라서 서로 다른 지역과 국가의 법은 서로 다른 발전 모델을 갖고 있는 것이다.

지금까지 중외학자, 그 중에서도 고대 법률의 발전법칙이나 모델에 관한 이론연구 중 탁월한 성과를 취득한 서방학자들은 법률의 발전법칙과 모델을 연구하는 과정에 근거한 자료는 주로 서방의 고대사회였다. 이런 저런 원인으로 인하여 중국 전통법률 방면의 자료에 대한 그들의 발굴과 이용은 아직 미흡한 상태이다. 그런데 중국은 또한 세계적으로 사학이 가장 발달하고 사료가 가장 풍부한 국가이다. 세계에는 둘도 없는 5천 년의 유구한 역사가 있을 뿐만 아니라 2천 7백 년이나 되는 문자기록의 역사가 있다.[33] 중국은 사학이 발달하였기 때문에 우리 조상들이 우리에게 물려준 풍부하고 계통적이며 진실한

---

33) 중국에서 문자가 있는 역사는 적어도 상대(商代)의 갑골문으로부터 시작하였다고 말할 수 있다. 이는 지금으로부터 4천 년 전의 일이다. 왕실과 각 제후국은 이미 전문적으로 역사를 기록하는 사관이 있었다. 지금 우리가 보게 되는《춘추》는 노나라 은공 원년, 즉 기원전 722년부터 왕실의 사실을 기록했다.《좌전·소공 2년》은 진나라 사신 한선자가 노나라로 갔을 때 "대사씨의 장서를 보았는데《역》,《상》과 노나라의《춘추》등이 있는 것을 보았다. 이에 이르되 주 천조(周天朝)의 예는 노나라에 다 있다. 나는 주공의 덕과 주가 왕으로 된 원인을 이제야 알게 되었다라고 말하였다." 楊伯俊은 선인들의 관점을 종합하여 韓宣子가 그 때 본《춘추》는 노나라의《춘추》원본이라고 판단했다. 따라서 주공의 사실을 기록하는 것부터 시작했다는 것이다.《춘추좌전주》참조, 제4책, 1226-1227쪽, 북경, 중화서국, 1981.

역사자료는 세계의 그 어느 나라나 지역도 비견할 바가 못 된다. 과거 우리는 법률발전의 일반적인 법칙을 강조하였기 때문에 중국의 전통법률 자료로 서방의 이론을 해석하고 설명하는데 주력했다. 그 결과 자아적 특색이 있는 연구가 경시되었으며, 서로 다른 사회 환경에서의 법률에 대한 서로 다른 발전법칙과 모델에 관한 연구를 경시하였다. 예를 들면 우리는 사실에도 불구하고 중국의 예로써 서방의 민법을 설명하려고 했고, 중국의 고대 법률체계를 형법과 민법으로 분할하여 연구했다. 즉 실사구시적으로 중국의 전통법률에서 예와 법이 조화를 이룬 구조적 특색을 연구하지 않았다. 중국의 전통법률자료의 운용이 부족한 것은 고대법 연구 중의 중대한 결함이 아닐 수 없었다. 서방의 법학 저작 중 일부 법의 발전법칙과 모델에 관해 총화한 것을 보면 일정한 정도에서 법의 발전법칙을 반영하였다고 말할 수 있으며, 서방 법률의 발전모델도 여러 가지 모델 중의 하나일 뿐이라고 말할 수가 있다. 객관적으로 계통적으로 법의 발전법칙과 모델을 고찰하려면 서방 고대의 법률 자료만을 근거로 하는 것은 매우 부족한 것이다.

중국의 전통법도 법의 한 유형이다. 중국의 법은 발전 과정 중 자연히 서방의 법과 비슷하거나 같은 점이 있다. 예를 들면 발전과정에서 신의 재판시대를 시작해서 점차 습관법시대, 법전시대를 경유하였다. 법전이 태동하던 초기 "그들의 주요 성질이 어떻게 다르던 간에 그들 간에는 종교적, 민사적, 그리고 단순한 도덕적인 명령이 섞여지게 되었다."[34] 중국 고대사회의 가족제도는 십분 발달하여 개인은 가족의 부속물로 여겨져 왔다. 역사 발전 중 "개인은 계속 가족을 대체하여왔으며 민사 법률이 살펴보아야 하는 하나의 단위로 되었다."[35] 이 법칙은 세계에서 다른 지역이나 국가나 별반 다름이 없다. 서주시기 자녀에 대한 가장의 권력은 제한을 받지 않았다. 동시에 가족에 대한 권리와 의무도 당연한 일이었다. 그러나 춘추전국시기, 특히 진나라와 한나라 이후 자녀에 대한 가장의 권력은 법률의 보호를 받는 동시에 법률의 제한도 받았다. 혈연가족의 사슬을 벗어난 사람과 사람 간의 사회관계가 발전하게 됨에 따라 출신 성분은 이미 한 사람의 일생의 존비귀천과 영욕을 결정하기 어렵게 되었다. 중국 고대사회의 예는 혈연사회의 규범으로부터 관료정치사회의 규범으로까지 연결되었던 과정 역시 이와 같은 발전법칙을 증명해 주고 있다.

풍부한 중국의 전통법률자료는 법률의 일반적인 발전법칙을 증명하고, 법의 이론을

---

34) (영) 메인, 《고대법》, 沈景一 역, 9쪽, 북경, 상무인서관, 1984.
35) 위의 책, 96쪽.

연구하는 방면에서 대량의 증거를 제공하여 준다는 것은 더 설명할 필요도 없는 사실이다. 현재의 입장에서 더욱 중요한 문제는 중국의 전통법률 만이 구비한 특징이 무엇인가를 해명하는 일이다.

백여 년간 우리의 연구는 줄곧 중서문화의 비교를 통해 진행되었다. 이 비교과정에 중국의 전통문화는 또한 줄곧 약세적 위치에 처하여 있었다. 우리는 서방학자들의 영향을 받아 중국 전통법 특유의 특징을 소극적으로 평가해 왔다. 예를 들면 메인은《고대법》에서 한 국가의 민사제도의 변화와 발전은 정지적인 사회와 진보적인 사회의 원인이라고 설명하였다.

메인은 다음과 같이 동방의 법률을 평가하였다. "세계의 물질문명은 문명이 법률을 발전시킨 것이 아니라 법률이 문명을 제한하였다. 지금도 원시상태에 있는 각 민족을 연구한다면, 우리는 어떤 사회가 발전이 정지되게 되었는지 그 단서를 발견하게 된다. 브라만교인 유도는 아직 모든 인류 각 민족의 역사에서 발생된 단계를 벗어나지 못하였다는 것을 우리는 어렵지 않게 발견할 수 있다. 즉 법률적 통치가 아직 종교적 통치에서 구분되어 나오지 않은 단계에 처해 있다는 것이다. 이러한 사회의 성원은 종교적 명령을 위반하였을 때에 반드시 보통 형벌로 처벌하게 되어 있다. 그러나 민사의무를 위배하였을 때는 과실자가 신의 징벌을 받게 된다. 중국은 이러한 과정은 이미 지나갔지만 그러나 아직 이 단계에 머물러 있다. 중국의 민사 법률에는 이 민족이 상상할 수 있는 모든 관념이 동시에 다 망라되어 있다."[36]

우리는 메인의 영향을 받아 중국 전통법에는 발달한 민사제도가 없다는 사실을 두고 아주 자괴감에 빠지기도 하였다. 그러나 사실상 우리는 고대의 향규민약, 가족법과 금기 중에서 지금의 민사법적 성질을 띤 세칙을 발견하게 된다. 심지어 국가에서 제정하고 반포한 법률에도 "모든 공민 간의 관계"에 관한 법률내용이 있다. 몽테스키외는 민법에 대해 다음과 같이 정의했다. "사회를 유지하기 위하여 사회에서 생활하는 인류는 통치자와 피통치자와의 관계를 반드시 법률적으로 규정해야 한다. 이것이 정치법이다. 그리고 인류는 모든 공민간의 관계도 법률적으로 규정해야 한다. 이것이 민법이다."[37] 토지, 주택과 모든 물품의 임대와 전당, 그리고 매매 등에 대한 규정은 중국전통법에서 없어서는 안 되는 부분이었다. 임대하고 전당을 잡히고 매매를 진행할 때의 계약체결은

---

36)《영국》메인,《고대법》沈景一 옮김, 14쪽, 북경, 상무인서관, 1984.
37) (프) 몽테스키외,《법의정신》상책, 張雁深 옮김, 5쪽, 북경, 상무인서관, 1987.

교역자 쌍방을 제외하고도 보증인이 도장을 찍어야 하며 사인을 해야 한다. 쌍방이 자원적이며 평등한 원칙에서 태동된 계약도(형식적으로나마) 법률적 구속력을 가지고 있었다. 일단 쌍방에 분규가 발생하면 계약은 정부당국에서 시비곡직을 판단하는 법률근거가 되었다. 중국 고대에 민법과 형법이 존재하지 않았으며 지금 중시되고 있는 민간법, 국가법이라는 법률 유형으로 구분된 것도 존재하지 않았다. 그렇다고 하여 중국 고대에 민법성질의 법률규칙이 없었다고 말하는 것은 근거가 없다. 중국 고대 민간에서 가족과 가족 간, 사람과 사람 간의 관계에 관한 법규가 없었다고 말하는 것 역시 근거가 없는 말이다. 다만 중국 고대사회의 법률유형에 대한 분류법이 독특한 자체적 표준이 있었을 뿐이다. 예를 들면, 거시적으로 볼 때의 예와 법, 법적 체계로 볼 때 한대(漢代)의 "율령과비(律令科比)", 당나라 때의 "율령격식(律令格式)" 등이 좋은 본보기이다. 이러한 구분의 표준은 반드시 당시 중국사회의 실제 상황에 부합된 것이었다고 보는 것이 마땅하다.

몽테스키외는 또 중국법률을 다음과 같이 평가하였다. "중국에서 부패한 통치는 곧바로 징벌을 받게 된다. 이는 사물의 성질이 결정한 자연스러운 결과이다. 인구가 많기 때문에 백성들의 생계에 어려움이 발생하게 되면 즉시 동란이 발생하게 된다. 기타 국가에서 악정, 즉 정치폐단을 개혁하기가 아주 어려운 것은 악정의 영향이 별로 선명하지 않기 때문이다. 그러나 중국의 상황은 이와는 다르다. 군주는 곧바로 현저한 경고를 받게 된다." "중국의 황제가 생각하는 것과 우리의 황제가 생각하는 것은 다르다. 우리의 군주들은 그가 통치를 제대로 하지 못하면 내세의 행복이 적을 뿐만 아니라, 금세의 권력과 재부도 적게 된다고 생각한다. 그러나 중국의 황제는 그의 통치가 제대로 되지 못한다면 그는 제국과 생명을 상실하게 된다고 생각한다." "중국은 비록 영아를 저버리는 일이 발생하여도 인구는 계속 증가한다. 그 때문에 부지런히 일을 해야 한다. 토지를 경영하여 생산하는 것으로 인민들의 생활을 유지할 수 있어야 한다. 이는 정부에서 지극히 관심을 두는 일이다. 정부는 시시각각 관심을 돌려 모든 사람들이 다 노동할 수 있고, 또 그들의 노동과실을 타인이 탈취해 가는 것을 방지해야 했다. 그 때문에 중국의 정부는 민정관리인 것이 아니라 가족관리인 것이다" "이것이 바로 사람들이 말하는 중국 전장제도의 유래이다."[38]

몽테스키외의 이러한 논술은 중국 전통법 연구에 커다란 영향을 가져다주었다. "중국

---

38) (프) 몽테스키외, 《법의정신》, 상책, 96쪽, 앞의 책.

의 전통법은 종교 신앙의 지지가 부족하였다." "중국의 전통법은 법률의 억제역할만 강조할 뿐 법의 가치를 경시하든가 무시했다." "중국 고대사회의 독재는 법이 없는 사회이다." "중국 고대에는 법은 있되 법학은 없다"는 등의 결론은 현대인들이 신봉하는 정론 혹은 교재의 통설로 되었는데, 이러한 관점이 여기에서 출발한 것이다.

사실 풍부한 중국의 전통법률 자료 중 이와 같은 정론과 통설을 부정하는 예증은 많이 있다. 중국 고대의 현(縣)과 주(州)의 아문(衙門) 법정에서 관리의 의지로 모든 것을 결정하지는 못했다. 황제 또한 법률을 무시하면서 마음대로 하였던 것이 아니다. 중국의 고대 법률은 관리가 백성을 다스리는 근거를 제공하여 주는 동시에 억울한 백성들을 보호하는 길을 제공하여 주었다. 적어도 진나라 때에 벌써 독국(读鞫, 판결문을 읽는 것-역자 주), 걸국(乞鞫, 재판에 불복하여 상소하는 것 - 역자 주)이라는 상소제도가 있었으며, 이 상소제도는 법을 함부로 어기거나 왜곡하거나 부적당한 것을 억제할 수 있었다. 가령 상소에 실패하면 사람들은 다시 등문고(登聞鼓, 억울한 사람이 관청 때문에 걸어 놓은 북을 두드려서 억울함을 호소하는 것 - 역자 주)를 두드려 억울함을 전하든가 직접 황제에 상소를 올리는 형식을 취해 억울함을 표할 수 있었다. 송나라의 마린(馬麟)이라는 사람은 몸싸움을 하던 중 상대방에게 중상을 입혔다. 그 결과 관아에 압송되었다. 율에 따르면 피해자기 일정한 시기에 사망하면 치사죄로 실형을 내리게 되었다. 그러나 그 시한을 넘어 사망하면 상해죄로써 정했다. 피해자는 4각(약 50분 정도)이란 시간을 넘은 후 사망하였다. 이때 관아에서는 마린을 치사죄로 인정하고 사형이라는 실형을 내렸다. 마린의 아들 마종원(馬宗元)은 율의 규정에 근거하여 상소를 올렸고 관아에서는 원래의 판결을 부결시키고 상해죄로 다시 판결하였다.[39] 법률 문서 자료 중 이처럼 법률이 걸어온 길을 통해 개인의 권리를 수호한 예가 적지 않다. 중국 고대의 입법 또한 어떤 사람들이 말하듯이 제멋대로 한 것이 아니며 허술한 것도 아니었다. 당나라 측천무후시기 서원경(徐元慶) 복수사건이 발생하였다. 측천무후는 서원경이 부친을 위해 복수한 거사를 대견하게 여겨 그의 사형을 면해주고 그를 유배 보낼 것을 주장하였다. 그러나 간관(諫官)인 진자앙(陳子昂)은 이 사건을 세밀히 분석한 후 서원경에게 사형을 내려 "국법을 제대로 실행해야 한다"고 했고, 그를 사형시키는 대신 그 아들에 대해서는 효자비를 세워 그의 효성을 표창하는 것이 좋을 것이라고 간하였다. 결국 진자앙의 건의가 받아들여졌다. 백 년 후 유종원(柳宗元)은 이 사례를 또 다시 분석하였

---

39) 《折獄龜監 권4 議罪, 馬宗元 군에 소송》 참조.

다.[40] 이러한 예로 보아 고대인들은 아주 신중하게 법을 제정하고 집행하였다는 것을 알 수 있다. 황제와 각급 관리들은 자체의 통치를 유지하고 국가를 잘 다스리려면 법을 따르지 않고 마음대로 해서는 안 되었던 것이다.

중국의 전통법은 결코 일부 학자들이 제기한 것처럼 법적 정신이 결여된 형벌 조목을 나열한 것에 불과했던 것이 아니었다. 체계적이며 완벽한 법률도 고대인들이 마음대로 제정했던 것이 아니었다. 중국과 일본에서 지금까지 보유하고 있는 300여 부에 달하는 중국의 고대 법률저작물들을 보면 중국 고대에 법학이 존재하지 않았다는 관점은 선입견에 불과하다는 것을 증명해 준다. 법학자료 중 우리가 본 정황을 보면 법의 최종 가치의 실현이 중국 전통법의 전형적인 특징이라는 것을 발견하게 된다. 중국의 전통법의 가치는 도덕이상에 대한 추구를 통해 나타났다. 다시 말하여 도덕은 법의 정신이며 영혼이었다. 도덕을 배려하지 않은 상황에서 법적 조례나 사법 실천이 보편적으로 인증을 받게 되어 있지만, 그렇지 않을 때 법률이 도덕을 위배하였다면 사람들의 비난을 불러일으키게 될 것이며, 심지어는 집법자로부터 저촉을 받게 된다. 중국 고대의 법망은 아주 촘촘하고 빈틈이 없었다. 그러나 효자, 열녀, 협객, 의사 등에 한해서는 너그럽게 대해 주었다. 이것은 표면적으로 보면 법을 곡해한 것 같지만 그 목적은 법제 배후에 있는 법적 정신을 추구했음을 알 수 있는 것이다.

이상의 상황을 감안한다면 다음과 같이 이해하는 것이 더 합리적일 수 있을 것이다. 즉 중국 전통법률의 발전은 법률의 일반적인 법칙을 표현한 것 외에 그 자체의 특수한 발전법칙이 있으며, 중국 고대사회의 자연환경, 문화배경에 부합되고 상호 보완하는 법적 모델을 갖고 있었다는 점이다. 서방의 법도 이와 다를 바 없었다. 과거는 물론이거니와 현재, 나아가서는 장래에도 법의 발전모델에 유일한 모델이 있을 수는 없다. 중국의 법과 서양의 법은 그러나 절대 대립되는 것은 아니다. 일정한 조건에서 상호 보완할 수 있는 것이다. 예를 들면 중국의 법은 사람들의 자율을 강조하고 서양의 법은 제도의 제약을 강조하였으며, 중국의 법은 실체를 중시하였고, 서양법은 절차를 중시하였으며, 중국의 법은 예교의 문화배경 하에서 법률은 도덕을 수호하는 형체라고 인식되는 가운데 도덕신앙이 형성되었고, 서양의 법은 종교적 분위기에서 법률지상의 법치 신념이 양성되었던 것이다. 중국의 전통 이념에서 법이 추구하는 목적은 사회의 조화이며, 법의 핵심은 인류의 천성에 부합되는 인정에 두었다. 그러나 서방의 법은 시종 정의를 법이 추

---

40) 《유종원집, 권4, 駁復仇議》 참조.

구하는 목적으로 정했고, 법의 핵심은 사람들이 태어나면서부터 향유하고 있는 권리에 두었다. 입법 상황을 볼 때 중국의 법은 경험을 중시하고 법은 사람이 제정하였다는 것을 강조하였지만, 서방의 법은 학리를 중시하고 법관은 법률의 하인이라는 점을 강조하였다. 법의 실시 상황을 볼 때 중국의 법은 인정에 부합되도록 변통하는 동시에 법의 부작용을 될수록 제한했지만, 서방의 법은 규범적인 것을 중시하여 공평함을 수호하며, 법의 적극적인 역할을 충분하게 발휘토록 하였다. 이와 같은 중국과 서방의 법적 차이는 교통이 불편하고 정보가 소통되지 않았으며, 상대적으로 폐쇄되었던 고대사회에서는 각자 나름의 당위성이 있었다. 메인과 몽테스키외가 주장하는 서방의 법은 사회 진보의 동력이었고, 동방법은 사회의 발전을 방해한다는 견해가 있으나, 서방의 법이 동방의 법보다 우월하다는 견해는 사실 편견에 불과한 것이다. 중국과 서방의 전통 법률의 차이는 원래부터 우열이 없었으며, 선진적이라거나 낙후했다는 구별은 없는 것이다. 모든 것은 환경과 역사의 다름을 나타냈을 뿐이다. 법의 미래의 발전은 중국과 서방의 법률 중에서 그 정수를 현대법의 영양분으로 섭취하는데 달려 있다고 할 수 있는 것이다.

3. 본서 각 장절의 내용

본서는 5편으로 편찬하였다. 중국의 지리환경, 중국 전통법률의 형성과 발전과정, 중국 전통법률의 독특한 체계와 구조, 중국 전통법률문화, 치밀하고 훌륭한 논술과 중국 전통법률제도의 설계 등 다섯 개 방면으로 나누어 중국 전통법률문화에 대해 거시적으로 논술하였다.

제1편 "중국 전통법률문화의 성장환경"은 주로 중국이 처한 지리환경이 중국 전통법률문화의 형성과 발전에 가져다 준 영향을 서술하였다. 인류사회는 물론 공동적인 발전 법칙이 있다. 그러나 서로 다른 국가와 서로 다른 지역에 따라 사회의 발전은 그 자체의 특성을 지니게 된다. 이러한 특징은 고대사회에서는 더 선명하게 나타난다. 그것은 서로 다른 지리환경과 사회가 상대적으로 폐쇄되어 있었기 때문에 조성된 것이다. 인류사회의 발전 초기 서로 다른 지리환경은 서로 다른 문화모델을 조성하였다. 고대인들은 각자 자체의 지리환경에 근거하여 각자 자체의 생활습관을 형성하였으며, 각자 자체의 가치관을 형성하였다. 중국의 지리환경은 이곳에서 생활하는 중국 고대인들의 물질문명

과 정신문화생활을 결정하게 되었으며 이것이 바로 전통법률문화의 성장 터전이 되었던 것이다.

중국은 유럽과 아시아 대륙 동쪽에 위치하였으며, 서쪽으로는 산맥과 사막을 뒤로 두었고, 동남쪽으로는 망망한 태평양을 앞에 두고 있어, 이 모든 것은 천연적인 장벽이 되어 기타 다른 문명과 분리되었다. 이러한 지리환경에서 형성된 형세는 서북부의 폐쇄형 문화와 동남부의 개방형 문화가 서로 보충토록 했으며, 큰 틀에서의 폐쇄와 틀 안에서의 유동성이 서로 조화를 이루었다 이로 말미암아 전반적인 문화 분위기는 상대적으로 안정된 상태에서 일정한 동태적 특징을 구비하게 되었다. 이는 중국으로 하여금 장기간 집권태세를 유지할 수 있게 했으며, 국가를 통제할 수 있는 범위에 두어 장기적으로 자체적 사회조직이 외부의 압박을 받지 않고 파괴를 받지 않도록 힘써오게 했다. 다른 한편으로 중국문명과 기타 문명 간에 소량적이며 연속적이지 못한 접촉을 가지게 되었는데, 이는 한족문명과 경내의 기타 민족문화가 부단히 충돌되고 융합되면서 새로운 문화메커니즘이 형성토록 했다. 필자는 이러한 사실에 근거하여 민족성격이나 사상이념 방면으로 볼 때, 농경문명이 중국 법률문화에 커다란 영향을 가져다주었다고 본다. 우선 농경문화인 중국의 전통적인 정치 법률사상은 심각한 농업 형 사회의 것이라는 낙인이 찍히게 되었다. 이 점은 중국 전통법률문화를 이해하는데 있어서 아주 중요하다. 중국인들의 태평치세에 대한 동경이 바로 이 방면에 대한 가장 선명한 예가 되고 있다. 예를 들면 춘추전국시기 제자백가가 백가쟁명을 할 때 겉으로 봐서는 물불이 되어 서로 타협이 불가능한 것 같아 보였지만 농업 형의 정치 법률사상은 너무나도 일치하였다. 다음으로 농경문화는 계절성이 아주 선명하기 때문에 서로 다른 계절성에 따른 법률을 제정하는 것이 국가의 주요 임무가 되었다. 이는 세계 역사에서도 보기 드문 현상이었다. 그러나 중국은 아주 분명하고 아주 공고한 전통이 형성되어 고대 사법에서의 계절성 제도가 형성되었던 것이다. 사회경제생활이 상대적으로 간단하기 때문에 전통법률 제도도 이에 대응하여 단순하고 간단하며 또한 안정적이었다. 셋째 중국 고대민본사상 역시 농경사회라는 배경 하에서 생성된 산물이었다. 농경사회의 사람들은 정치사회생활에서 일련의 군주, 국가, 백성이라는 명제에 봉착하게 되는데, 그 중 핵심적인 것이 바로 군민(君民)의 관계였다. 민본론은 사실상 군민관계론이었다. 몇천 년을 이어온 중국 고대의 민본사상은 아주 풍부하고 다채로웠다. 그 중에는 지금도 차용할 수 있는 적극적인 사상이 적지 않다. 경제방면을 보면 소농경제를 유지하고 지키려는 내용이 담겨 있다. 이를테면 토지겸병을 제한하고 소농경제에 필요한 사회적 재부의 평균적인 국면을 유지하고자 했던 것이다. 법률은 관원들과 부자들이 토지를 너무 많이 소유하는 것을 제한하였을 뿐만 아니라, 부모가 자식들을 분가시켜 재산을 나누는 것을 금지하였으며, 여러 자식들이 유산을 평균적으로 계승하는 유산상속법률을 제정하였다. 이러한 조치를 통해 모든 사람들이 농사를 지을 땅이 있는 소농경제의 목표를 실현하고자 하였다. 농업사회에서 농업에 종사하는 것은 법률적 보호를 받을 뿐만 아니라 농사에 종사하는 것은 정부에서 제창하는 업종이었다. 그 대신 상업은 엄격하게 제한을 받았다. 국가는 농업을 중시하고 상업을 억제하는 일련의 엄격한 정책을 실시하였고 법령을 제정하였다. 사회조직 면을 보면 농업사회의 기초 하에서 형성된 종법사회조직은 법률의 제정과 집행에 커다란 영향을 가져다주었다. 예를 들면 후대들이 조상의 후광을 입어 형을 감하여 주는 것, 연좌하는 것, 외동아들은 고향에 남아 부모를 섬기는 것, 제사를 주관하는 것, 복수하는 것, 5복에 근거하여 죄를 정하는 것, 친속의 죄를 은폐하는 등의 제도는 모두가 다 종법과 혈연제도와 관련된 내용들이었다. 조정제도는 더욱 종법제도의 기초 하에서 형성되고 완벽하게 되었음을 밝혔다.

제2편 "중국 전통법률문화의 역사연혁"은 중국 전통법률문화의 발전을 다섯 시기로 나누어 설명하였다. 즉 하·상의 신권법 시대. 서주의 예치시대, 양한과 위진남북조의 예와 법의 융합시대, 수·당·송·원의 예와 법의 합일시대, 명·청의 예법 합일시대와 후기발전으로 분류하였다. 필자는 중국의 법률문화는 주나라와 진나라 이후 청 말에 이르기까지 당시의 사회에 효율적으로 적응하였으며, 당시의 사회가 현명하게 나아가도록 통제하였다고 평가하였다. 법률문화와 기타 문화 간의 서로 다른 점이라면, 법률문화는 시종 아주 높은 순수 일관성을 유지하여 왔다는 점이다. 비록 외부 문화의 영향을 받았지만 그 영향은 별로 크지 못했다. 중국의 많은 문화유산에는 거의 모든 시기나 혹은 왕조의 특징을 구비하고 있는 데 반해, 법률문화 계통만은 시종 그 일관성을 유지하였음을 알 수 있다. 구체적으로 말한다면 중국의 신권법사상은 습관법에서 기원되었는데, 하나라 시대에 형성되어 은·상에 들어서 흥성하였고, 서주시기에 동요되었다. 은·상 시기 신권법사상은 완벽하고 계통적인 발전을 가져왔다. 은나라 사람들은 통치자는 하느님 후예라고 인식하였다. 통치자가 하늘의 명을 받고 하늘에 답한다고 하는 것은 왕의 의지를 하느님의 의지로 전환시켜 신성한 권위성을 획득하고자 했던 것이다. 주나라가 상나라를 대체한 후 예치시대에 진입하였는데, 주나라 사람들이 상나라를 탈취한 것은 신권사상에 대한 큰 배격이 아닐 수 없었다. 이는 현실이 전래 관념의 어느 한 방면을 분쇄시킨 것이었다. 서주는 "덕으로써 하느님을(上帝) 보좌한다"는 슬로건을 내걸어

군권은 신이 수여한 것이라고 설명하였으며, 이러한 이론으로 주나라가 상나라를 대체하게 된 원인을 해석하였다. 이로부터 "하느님은 누구를 더 가까이 하는 것이 아니며, 오로지 덕으로써 하느님을 보좌할 뿐이다"라는 관념이 생성되게 되었던 것이다. 덕으로써 하느님을 보좌한다는 관념은 신권정치가 세속정치로 전환하는 통로를 열어주었다. 주례는 바로 서주의 근본법으로서 주로 사회의 상부구조를 조정하는데 응용하였다. 그 범위는 아주 넓었으며 그 역할 또한 아주 컸다. 주례로써 조정하는 범위는 상부구조의 모든 영역을 모두 망라하였다. 주례는 종법제도를 수호하는 것을 핵심으로 한 서주 귀족 정치제도의 종지였다. 주례는 당시의 계급관계를 체현하였을 뿐만 아니라 귀족내부의 서로 다른 등급의 권리와 의무관계도 반영하였다. 이때부터 상하에 대한 구별이 있게 되었고, 존비의 질서가 있어야 한다는 예절의 목적에 도달하게 되었던 것이다. 예와 법이 융합된 양한의 400여 년 동안은 전통법률문화가 유가화(儒家化)되는 과정이었다. 그 사이에 사상으로부터 체제에 이르기까지 몇 차례의 반복이 있었다. 그러나 법률의 유가화 진척은 시종 변함이 없이 일관되었다. 한나라 초기 예와 율이 혼합한 60편으로 된 한나라의 법률구조는 후기의 춘추결옥(春秋決獄)을 광범위하게 응용할 때까지 법률의 유가화가 시종 심화되는 과정이었다. 삼국시기, 위진남북조시기의 350여 년간 각종 정권이 교체되어 등장하게 되는데, 통치자들은 대치와 겸병 중에 생존과 발전을 도모하고 흥망성쇠를 종합하여 정치적으로 변혁을 가져왔다. 이와 같은 정치적 변화가 법률에 영향을 주어 입법 활동은 계속 전통유가학설의 영향을 받게 되었으며, 법학사상이 아주 활발하여 법률제도에 커다란 발전이 있게 하였다. 이로서 통일되고 완벽한 수당 왕조의 법률제도와 예율(禮律)의 터전을 닦아 놓았던 것이다. 중국 고대 법률제도 중 《당률》이 가장 완벽하고 대표적이라 할 수 있다. 이때부터 예와 법이 합일되는 시대로 진입하게 되었다. 수나라를 이은 당송시기 중국의 전장문물이 해외로 전파되어 나갔으며, 중화의 법계는 《당률》이라는 완벽한 표지가 만들어지게 되었다. 이후 전통법률문화의 발전은 기본적으로 이를 떠나지 않았으며, 5대와 송나라는 기본적으로 《당률》을 이어받았다. 원나라는 아주 적은 내용에서만 고쳤다. 명·청시기는 예와 법의 합일단계의 후기에 진입하였으며, 입법 지도사상에 비교적 큰 변화가 일어났다. "명형필교(明刑弼教, 형법을 맑게 함으로써 오륜의 가르침을 돕는 것·역자 주)"로부터 "중전치국(重典治國, 법전을 중시하며 나라를 다스림·역자 주)"의 전환을 거치게 되었는데, 이러한 전환은 심층 차원에서 예와 법의 관계에 대한 인식을 반영한 것이었으며, 명·청 두 나라의 입법 실천을 지도해 주었음을 밝혔다.

제3편 "중국 전통법률문화의 체계와 구조"는 중국 고대 법률의 개념을 정리한 기초 위에서 중국 전통법률의 구조체계를 분석하였으며, 중국고대 법률의 규범 중 서로 다른 차원과 법률의 집행, 그리고 선교체계에 관하여 귀납하였다. 필자는 중국 전통법률문화는 그에 해당하는 생장환경이 있으며, 5천 년이라는 기나긴 역사가 있으며, 역사 발전과정에서 예와 법을 기초로 하는 구조가 형성되었고, 자체적인 특색을 구비한 예법에 대한 개념이 형성되었다고 인식하였다. 이러한 개념에 대한 정리와 전통법률체계와 구조에 대한 해석을 통해 우리는 입법, 집법(執法), 법률 선전 교양 등 방면에서 더욱 심도 있게 중국 전통법률문화의 특색을 이해할 수가 있을 것이다. 동시에 중국 전통법률의 체계를 전면적으로 인식할 수도 있을 것이다. 우선 중국의 법언법어(法言法語)에서 자주 나오는 법, 율, 법제, 법치, 예, 예치, 예교, 덕교(德敎) 등의 개념은 중국 고대의 특정된 역사 환경에서 사용하는 의의와 오늘날 이해하는 의의 상에는 구별이 있다. 이와 같은 개념에 대한 해석을 통해 중국전통법의 구조는 예와 법의 공동체라는 것을 알 수 있으며 예와 법의 완벽한 결합이라는 것도 알 수 있다. 구조를 구축하는 방식으로 전통법 중의 법을 분석한다면 법이란 국가에서 제정한 것이며, 이 법의 핵심내용은 법령과 예이다. 전통법 중의 예는 두 부분으로 나눌 수 있는데, 한 부분은 제도적 층면으로 여기에는 정규적인 국가의 전례가 포함된다. 예를 들어 황제, 왕실의 제사, 서로 다른 사회등급에 상응하는 서로 다른 규격의 거마(車馬), 여복(輿服), 음식, 주택 등이 이 범주에 속한다. 제도적 층면의 예는 서로 다른 지역, 서로 다른 가족의 사람들이 장기적으로 공동생활을 영위하는 중에 형성된, 국가에서 인정하고 묵인하는 풍속습관이 포함되는데 여기에는 향규·촌약·가법·족규 등이 포함된다. 둘째는 가치 층면에서 볼 때 예는 중국 전통법의 가치추구가 응결되어 있으므로 조화, 도덕 등이 여기에 속한다. '예와 법', 그리고 관련 개념을 이해하는 것은 중국 전통법률문화를 연구하는 전제조건이다. 법률체계는 한 국가의 모든 현행 법률규범의 분류조합이 서로 다른 법률부문에 의하여 형성되었으나 유기적으로 통일된 정체이다. 그 내부의 각종 법률규범 간에 분공과 합작이 내포되어 있으며, 안정과 변통 간에 유기적으로 연계된 정체를 이루고 있다. 중국고대 입법체계의 구축은 고대 법률이 담당한 임무와 직접 관련이 있다. 역대의 통치자들은 범죄를 단속하고 관리를 관리하는 것을 법률조정의 주요 내용으로 하였다. 이에 대응된 법률규범인 법전(法典)과 영전(令典)은 법률체계에서 주도적이며 지배적인 위치에 처해 있으며 안정된 법률형식으로 형성되었다. 동시에 사회의 발전과 법률을 관철하는데 필요한 수요에 적응하여 각 왕조는 또한 효율적이고 변통된 법률형식인 과(科), 격(格),

칙(敕), 비(比), 예(例) 등과 지방성 법규 등이 율과 영(令)의 내용을 발전시키고 완벽화
시켰다. 안정과 변통이 유기적으로 결합되어 중국 고대의 입법체계 내부에 상대적으로
자족적인 계통을 형성하였다. 동시에 중국 고대의 법률은 자연과 도덕과 여론 등의 조
화로운 통일을 추구하였으며, 윤리도덕, 자연법칙은 국가 입법체계의 외부적인 법률적
근원이 되어, 가법족규(家法族規), 예의금기(禮儀禁忌) 등의 형식이 표현되고 체현되어
입법체계 외에 일정한 규범역할을 발휘하게 되었으며, 국가 입법체계의 효과적인 보충
작용을 했고, 그러한 작용을 연장시키게 되었다. 집법체계에 대해 말할 때 천자, 국군,
황제란 개념의 뜻에는 각기 서로 다른 의미가 있다. 독재 집권국가의 정치체제에서 황
권은 봉건국가 권력 체계의 핵심적 위치와 지배적 위치를 점하였고, 시종 최고 권력의
주체였으며, 입법, 행정, 군사, 사법, 감찰 등 대권을 한 손에 쥐고 있었다. 천하의 모든
권력을 한사람에게 집중시킴으로서 언제 어디서나 황권의 위력이 닿았으므로 역사적으
로 전대미문의 강대한 독재주의 권력체계를 건립할 수 있었던 것이다. 동시에 모든 독
제 군주들은 비록 "천하를 홀로 차지"하고 "모든 것을 직접 처리"하려고 했지만 사실 그
는 한 사람의 일인 통치를 실현할 수는 없었다. 그는 "관원을 배치하고 등급을 나누어
주어 체통을 지키면서 격식을 지켰다." 즉 일련의 방대한 관료기구를 건립하고 그에 의
거하여 광범한 민중을 다스리고 대일통의 제국을 효과적으로 통치할 수 있었던 것이다.
이로서 중국의 고대는 상하 수직적인 엄밀한 법률 집행기구가 형성되었다. 법률의 선동
과 교양체계에 대해서 볼 때 중국 고대의 어린이교육은 중국 전통문화의 유기적인 구성
부분으로서 중국의 우수한 전통문화의 찬란한 빛을 뿜냈던 것이다. 고대 몽학교육의 우
수한 전통문화정신을 계승하고 발양시키는 것은 우수한 중국의 고대전통법률문화를 계
승하고 발양시키는데 큰 도움을 주었다. 중화민족은 몇 천 년 동안 극히 풍부한 도덕문
화를 창조해 냈다. "어린이에 대한 교육을 시작할 때부터 도덕교육을 우선으로 하는 전
통적인 어린이교육 이상은 인생의 지향점이 되도록 인식케 했으며, "사람이 되는 것을
교육의 기초로 정했으며, 인재교육을 중점으로 하고, 어린이 교육을 통해 어린이들의
품덕과 지혜를 배양시켰다." 어린이 교육은 아동들에게 지식을 배워줄 뿐만 아니라 도
덕성을 발전시켰으며, 아동들로 하여금 "포부를 갖고 이상을 실현"하도록 하였다. 중국
고대의 교육과 윤리도덕교육이 구비한 통일성적 특징은 교육으로 하여금 "인륜도덕을
알게 하는 것"을 목적으로 삼았으며 부모에 대한 효성과 형제에 대한 사랑을 주요 내용
으로 삼았다. 즉 교육의 소명은 시종 유가의 윤리도덕을 계승하고 전파하는 것이었음을
밝혔다.

제4편 "중국 전통법률문화의 이념과 사상"은 중국 고대사회의 보편적인 법률적 가치 이념을 서술하였으며, 서로 다른 시대 유가 대표인물의 사상과 그 영향에 관하여 종합 하였다. 필자는 조화롭고 공정하며 질서 있고 선을 권장하고 악을 징벌하는 것은 중국 고대 사회의 전형적인 법률이념이라고 인식하였다. 조화에 대해 말할 때 진나라 이전으로부터 명나라 청나라까지 중국의 역사는 우리 앞에 대란과 대치가 상호 교체되는 장면을 펼쳐주었다. 중화민족의 완강한 생명력은 이 역사 속에 시종 관철되고 있던 화해사상과 떼놓고 싶어도 떼 놓을 수 없는 것이었다. 중국의 전통문화는 일찍부터 비교적 성숙된 조화이념을 출현시켰다 일찍이 "여러 경서의 으뜸"이며 "삼현(三玄)의 앞자리를 차지"하는 《역경》에는 이미 화해에 관한 사색이 출현되어 있었다. 《역경》에 나오는 "적당한 자리를 차지하고(居爭得中), 반복적으로 도를 행한다는 것(反復其道)"은 바로 소박한 화해(和諧)사상을 체현한 것이다. 이를 제외하고도 《상서》, 《주례》에도 집중(執中, 어느 한쪽으로 치우침이 없이 공정한 도리를 취함 - 역자 주)이란 관념이 많이 나타나고 있다." "비록 화해라는 개념이 진나라 이전의 문헌 중에 나타나지는 않았지만, 그러나 화해이념을 대표하는 충(忠), 화(和) 등의 사상 관념은 진나라 이전의 경사(經史)와 제자백가의 저술 중에 아주 많이 나타난다. 중화문화의 발전에 따라 조화라는 이 이념은 부단히 새롭게 풍부한 의미를 갖고 있었다." 공정하게 말할 때 고대 중국은 예제를 핵심으로 하여 등급이 엄격하고 질서가 엄연한 사회를 건립하였는데, 전통법은 이 등급사회를 지키고 통치 질서를 유지하는 공구임에는 틀림이 없었다. 그러나 법으로 이 기능을 실현할 때 한편으로는 국가의 강제적인 힘이 필요했고, 다른 한편으로는 그 자체 본신이 사회에서 인증하고 받아들이는 내부조건을 구비해야 했다. 이들 조건이란 법률이 일정한 공정성을 구비하고 체현해야 한다는 조건이었다. "법률은 동시에 외재적인 강제성과 일정한 내재적인 공정성을 구비하였을 때만 효과적으로 국가의 통치를 유지하고 사회질서를 안정시키며, 사회관계를 조정하는 역할을 발휘할 수 있는 것이다." 비록 중국 고대사회의 법적 공정성의 체현과 현대적 의미에서의 법의 공정성은 아주 큰 구별이 존재한다. 그러나 중국 전통문화에서 공정이념에 관한 내용은 아주 풍부하다. 질서에 대해 말할 때 이상적인 사회질서는 중국 전통사상가들이 공동으로 추구하는 이상적인 경지였다. 진나라 이전 중국사회는 장기간 분열과 전란에 처해 있었기 때문에 질서가 문란하고 공동 질서가 없는 것이 사실이었다. 이는 사회의 동란을 초래하였으며, 자원이 손실되고 민중이 유리걸식하게 되는 등 패쇄적 현상이 존재하게 된 원인이기도 했다. 이것이 당시 사회에서는 정상상태였지만 그러나 질서의 우선적 관념이 각 유파에 심입되어

질서 혹은 질서를 추구하는 것이 중국 고대사상가들의 사상체계와 가치추구에서 중심적 위치를 점했던 것이다. 각 파벌 간 사회질서에 관한 구체적인 견해와 이상적인 질서를 실현하고자 걸어온 길이 서로 다를 따름이었다. 사회질서는 인류사회 생존과 발전의 기본적인 조건이다. 중국 고대사회는 서방과는 완전히 서로 다른 질서관이 있었다. 중국 고대에서 질서를 유지하는 자원은 주로 예와 법이었다. 사회질서를 유지하는 효과적인 수단은 "덕례정형(德禮政刑)"과 종합 관리였다. 중국의 역대 사상가들은 이에 관하여 적지 않게 서술하였다. 권선징악은 법의 정의성과 관련되었다. 무엇이 정의인가? 이는 한 마디로 밝히기 어려운 문제이다. 정의에 관한 고금의 논술은 헤아릴 수 없이 많고 많다. 그러나 그 어느 답안 하나 사람들이 납득하고 믿을 만한 답안은 없었다. 그러나 한 가지 긍정할 수 있는 것은 바로 정의란 도덕과 법이 영원히 추구하는 목표라는 점이다. 도덕은 일관적인 여론과 상대적으로 안정된 풍속으로 고착되어 어느 한 시대의 정의감을 추구하는 것을 표한다. 법률은 또한 법률의 독특한 강제력으로 정의의 이념을 추구하며 행한다. 서로 다른 시대, 서로 다른 국가에서 도덕과 법률로써 지키고자 하는 계급질서는 서로가 달랐다. 그렇다면 정의의 내용도 완전히 다르게 된다. 이런 의미에서 말할 때 정의의 내용은 역사의 변화에 따라 변화한다고도 말할 수 있을 것이다. 따라서 서로 다른 사회형태, 서로 다른 통치계급이 추구하며 행하는 정의관도 차이점이 존재하게 되는 것이다. 고대 중국을 볼 때 정의가 가지고 있던 의미는 지금 혹은 동시대 서방국가의 가치체계와는 반드시 다를 것이다. 필자는 역대 유가 대표 인물들의 사상을 분석하고 서술한 바가 있다. 춘추전국시기 백가쟁명 중 법률방면에서 여러 학파들은 법의 사회역할과 내원 등의 문제를 둘러싸고 각자 자신의 견해를 발표하였다. 이들의 견해 중 후세에 영향이 비교적 큰 것이 유가, 법가, 음양가, 도가, 묵가 등 여러 학파들이다. 각 유파의 사상은 첨예하게 대립되는 점도 있고, 또 서로 받아들이는 융합점도 있다. 이러한 상황은 전국 중기, 후기에 이르러 상호 간의 융합이 더 선명하게 나타났다. 춘추전국시기 제자백가의 대립과 융합은 후의 중국의 전통적인 통일문화를 위하여 튼튼한 터전을 닦아 놓았음을 밝혔다.

　제5편 "중국 전통법률문화의 제도적 구조"는 앞의 글에서 유가정신을 충분하게 논술한 기초 위에서 중점적으로 중국법률제도에 대한 법가의 심후한 영향을 설명하였다. 이 역시 이 책의 창의적인 요점의 하나이다. 필자는 중국고대의 법전형제(法典刑制)를 정리하여 법가제도 중에 체현된 법가정신과 법가정신을 열 가지로 나누어 귀결시켰다. 필자는 고대의 동서방 국가에서 공포한 법률, 즉 성문법 사건의 차이점은 다음과 같다고

인식하였다. 즉 중국 고대의 성문법은 봉건사회의 특이한 산물이지만, 고대 그리스, 고대 로마의 성문법은 노예사회에서 출현된 것이라고 인식하였다. 중국 고대노예사회의 법률, 이를테면 우형(禹刑), 당형(堂刑), 구형(九刑), 여형(呂刑) 등은 다 비밀리에 정하고 공개하지 않았다. 성문법 사건의 발생은 제도의 근본적인 전환을 의미한다. 이러한 전환을 둘러싸고 수구파 노예주 귀족은 금방 역사무대에 등장한 신흥세력인 봉건귀족을 비난하였다. 이런 의의에서 볼 때 숙향(叔向)이나 공자는 성문법 사건을 국가의 존망에 관련된 중대한 사건이라고 인식하였다. 주형정(鑄刑鼎, 형정을 주물하여 제조한 솥)은 법률을 비밀적인 것으로부터 공개적인 것으로 전환시켰다. 비록 이것은 형식적인 방면의 변화이기는 하지만, 그러나 여기에 새로운 의의가 있었다. 즉 새로운 형률의 형태를 취한다는 것을 공시한 것이다. 그 법률 형태가 바로 봉건법제율이다. 그 중 가장 유명한 것이 전국시기의 《법경(法經)》이다. 춘추말기의 주형정 과정을 거쳐 각 제후국은 변법과 개혁을 실시하여 법전을 제정하였다. 이로부터 성문법 운동이 활발하게 형성되었으며 많은 법전이 출현하게 되었다. 그 중 가장 유명한 것이 《법경》이다. 당나라는 중국법률이 가장 발전했던 시기였다. 근 300년이나 되는 통치기간 동안 각 황제는 모두 다 입법을 행하였다. 그 중 당 태종 정관 연간에 제정한 〈정관률(貞觀律)〉, 〈명례(名例)〉, 〈위금(衛禁)〉, 〈직제(職制)〉, 〈호혼(戶婚)〉, 〈구고(廄庫)〉, 〈천흥(擅興)〉, 〈적도(賊盜)〉, 〈투송(鬪訟)〉, 〈사위(詐僞)〉, 〈잡률(雜律)〉, 〈포망(捕亡)〉, 〈단옥(斷獄)〉 등 그 조목만도 무려 500여 조목이나 되었다. 당시의 율학에 대해 법적인 해석이 없었기 때문에 해마다 진행하는 명법(明法)에 관한 과거 고시에 통일적인 표준 답안이 없는 어려움이 존재하였다. 그리하여 652년에 당 고종이 장손무기(長孫無忌) 등에게 명하여 율학인재를 광범위하게 모집하여 《영휘율(永徽律)》을 한 조목 한 조목 해석하여 그 의미를 밝히고, 그 정확한 의의를 해명하게 하였다. 653년 율문에 대한 해석문 30권이 편찬되었다. 당 고종의 비준을 거쳐 이를 천하에 반포하게 하였다. 이는 율문과 동등한 법률효력을 구비하고 있었다. 이를 《율소(律疏)》라고 명명했다. 후에 이 율소를 《영휘율》에 첨부하여 《영휘율소》라고 통칭하였다. 원나라 이후 이를 《당률소의》라 개명하여 불렀다. 당나라 이전의 법전은 일찍 실전되었기 때문에 《당률소의》가 중국 봉건사회, 심지어는 세계 범위 내에서 현존하는 가장 빠른 가장 완벽한 법전의 하나이다. 이를 세계 4대 유명한 법전의 하나라고 평가하고 있다. 양하 유역의 《함무라비법전》, 고대 로마의 《차스딩니국법대진》과 1804년의 《프랑스법전》과 함께 어깨를 나란히 하게 되었으며, 각국의 한 학자들이 연구 대상이 되었다. 《당률소의》는 중국 봉건사회 전기 법률을 집대성한 문서이며 당나라 이후 각 나라 입법의 규범이 되었다. 오대와 송나라의 법률은《당률소의》를 그대로 옮긴 것이나 다름이 없다. 1960년대부터 제3차 외래문화의 수입과 발맞추어 서방 법률문화와 근 반세기간 조화와 절충단계를 경유하게 되었다. 20세기 초에 이르러 중국법률의 개혁은 대륙법, 즉 일본, 독일법률을 참조하기로 결정하였다. 이것은 청나라 말기 내지는 중화민국시기 법률의 근대화가 걸어온 길에 영향을 주었다. 그후부터 중국의 근대법률, 법학 및 법학교육은 일본과 갈라질 수 없는 연관을 가지게 되었다. 법률제도 면에서 필자는 5형, 육형, 도형의 연혁을 상세하게 연구하였다. 5형이란 중국의 다섯 가지 형벌의 총칭으로서 그 유래가 유구하다. 그러나 5형이 어느 시기에 기원되었으며 구체적으로 그 어떤 다섯 가지 형벌을 포함하는 것인가 하는 점은 여러 가지로 견해가 분분하다.《국어(國語), 노어(鲁语)》의 기록을 보면 5형은 황제시기에 이미 존재하였다. 당시의 5형은 갑병(甲兵), 부월(斧钺), 도거(刀鋸), 첩착(鉆凿), 변복(鞭扑) 등이 있었는데, 중국에서 가장 오래된 사서인《상서 · 여형(尙書 · 吕刑)》에서는 5형은 묵(墨), 의(劓), 월(刖), 궁(宮), 대벽(大辟) 등으로 소개하고 있다. 이것은 최초로 동이족 수령 치우(蚩尤)가 창제한 것이다. 순(舜)이 고도(皋陶)를 대법관으로 임명하고 사회질서를 유지하기 위하여 치우가 창제한 5형을 받아들였다. 이때부터 중국 고대 중원지역에는 다섯 가지 형벌이 있게 되었다. 비록 5형이 언제 기원되었는가라는 문제에 대해서는 아직 논쟁이 남아 있지만, "형은 군인들부터 시작되었다"는 관점과 "병과 형은 분리할 수 없다"는 견해는 학술계의 공동한 인식이다. 중국 역사에서 육형(肉刑)의 폐지와 부활에 관한 의견도 우여곡절의 과정을 경유하였다. 육형의 회복론자의 이유는 아래의 몇 가지가 있다. 첫째 육형은 고대 성왕(聖王)이 창제한 것이다. 따라서 이를 변화시켜서는 안 된다. 둘째 오른쪽 발가락을 자르는 형을 사형으로까지 올리는 것은 너무 과중한 일이기 때문에 반드시 원래의 법으로 회복시켜야 한다. 셋째 사형과 생형(生刑) 간의 차이가 너무 크다. 따라서 육형을 중간형으로 정하고 과도시켜야 한다. 넷째 육형은 범죄수단을 없애 버리기에 특수한 예방 역할을 발휘할 수 있으며, 동시에 타인을 경계할 수 있으므로 범죄를 예방하는 역할을 할 수 있다. 다른 한편 육형 회복을 반대하는 사람들의 이유는 다음과 같다. 첫째 육형은 너무 잔인하고 야만적이기 때문에 인정과 덕치에 어긋나며 쉽게 동란을 초래할 수 있다. 둘째 육형은 유도하는데 불리하며 죄인을 교육하여 악을 버리고 선을 행하도록 하는데 불리하다. 도형(徒刑)은 중국 고대에 이미 존재하였다. 이것은 각자가 다 공인하는 사실이다. 그러나 도형이 중국 어느 시기에 창제되었는가 하는 물음에 "주나라 때부터 시작되었다"는 견해를 가진 학자들이 있었다. 근대

학자들은 그 시기를 더 앞당겨 상나라 때에 도형이 있었으며, 늦어도 진나라 때라는 견해를 내놓았다. 이와 같은 학술상의 논쟁은 도형이 고대 중국에서 유일하게 문명적인 형벌로서 사람들의 주목을 끌고 있었다는 점을 설명해 준다. 중국의 도형이 근대화의 길을 걸어온 과정을 고찰할 때는 이 뜨거운 논란을 떠날 수 없다. 노예사회에서는 죄인을 관노예로 재판하던 것을 전환시켜 봉건사회에서는 노역에 참가하는 도형으로 대치하였다. 이와 같은 전환은 도형 관념의 진화를 보여주는 것이며, 이는 역사 발전의 필연적인 추세였다. 또한 형벌제도가 야만적인 것으로부터 문명적인 것으로 전환하게 되었다는 표식이기도 하다. 진나라와 한나라 이후 도형은 역대 봉건 법전을 통해 계승하게 되어, 봉건형벌체계의 아주 중요한 한 구성부분으로 자리매김하게 되었다. 그 발전과정은 대체로 다음의 두 단계를 거쳤다. 첫째 단계는 춘추전국부터 진, 한, 위진남북조까지로 도형의 형성발전단계이며, 그 특점은 도형의 명칭과 형기의 변화가 일치하지 않는다는 점이다. 두 번째 단계는 수당시기부터 명청시기까지이다. 이 단계는 성숙되고 고정된 단계로서 그 특점은 고정된 명칭인 도형이란 칭호가 있으며 형기도 고정되었다. 중국 고대도형의 발전은 형벌 발전의 일반 법칙에 부합되는데 복잡다양하며 중하게 처형하던 것으로부터 간단하고 획일적이며 가볍게 처형하는 것으로 전환되어갔다. 법가이론이 전통법률에 가져다 준 영향을 고찰할 때 필자는 법가정신과 그 정신이 중국문화에 관철 집행되는 것을 감안하면서 논술하였다. 필자는 법가의 주요 정신은 군주를 존중하고 형법을 숭상하는 것이며, 공중을 위하여 법을 세우고 형벌에는 등급이 없으며, 시세에 따라 법이 변한다는 사상이라고 인식하였다. 이러한 사상은 중국 고대 집권통치, 역대 변법과 역대 율전, 역대 혹리, 역대 청백리, 법학전통, 법률교육, 법률예술 및 죄형법정주장을 충분하게 체현시켰다. 더욱이 관리에 대한 관리방면에는 법가의 정신이 유감없이 나타났다. 관리는 국가기능을 이행하는 중요한 도구였다. 한 국가의 관리에 대한 다스림이 어떠한가는 직접 이 국가의 통치효과에 영향을 가져다준다. 따라서 진나라 이전의 법가는 줄곧 관리에 대한 관리를 매우 중시하였다. 그 근본원인은 전국시기 초 신흥 지주계급이 정권을 탈취하는 임무를 완성한 후 통치집단 내부의 권력투쟁이 날로 두드러지게 나타나면서 대중들과 비교할 때 군주에게 미치는 관리의 영향이 더욱 직접적이며 더욱 큰 위협성을 띠고 있었기 때문이었다. 어떻게 중앙집권의 군주독재 정치체제를 강화하는 것인가 하는 문제는 법가들이 봉착한 가장 우선적으로 해결해야 할 문제였다. 신불해(申不害)는 군신관계를 연구하기 시작하여 술치설(術治說)을 제시하였다. 한비자에 이르러 이것이 더 발전되어 "현명한 군주는 관리를 다스리지 백성을 다스리지 않는다"라는 유명한 주장을 내놓게 했다. 법, 세(勢), 술(術)을 결합하여 일련의 관리를 다스리는 방법을 제정하였다. 이전의 중국 법률문화연구를 볼 때 주로 법률에 대한 유가사상의 영향에 치중하였다. 비록 한나라 사람들도 국가를 관리하는데 있어서 왕도와 패도를 겸해야 한다는 것을 강조하고 학계에서도 법가사상은 비록 한나라에 이르러 절멸되고 말았지만, 제도에 대한 그들의 영향은 중단되지 않았다는 것을 인정하였다. 그러면서도 연구과정에서 법가의 주장과 영향을 등한시해왔다. 본서에서는 고대 형법제도의 정리를 통해 이러한 점들을 보충하고자 하였다.

1편. 중국 전통법률문화의 성장환경

인간성에는 공동성이 존재하기 때문에 서로 다른 지역과 민족의 인류사회적 문화발전에는 비슷한 점이 존재한다. 하지만 우리는 반드시 지리환경과 종족 간의 특성에 차이점이 존재한다는 것에 관심을 가져야 하며, 서로 다른 국가나 지역사회의 문화발전은 자체의 독특한 속성, 즉 문화개성이 존재한다는 것에 관심을 기울여야 한다. 이와 같은 문화의 특수한 속성 혹은 문화적 개성은 고대사회에 있어서 더욱 선명하다. 이것은 서로 다른 지리환경 중 인류종족 혹은 사회가 상대적으로 폐쇄되었기 때문이다. 인류사회의 발전 초기 서로 다른 지리환경과 종족특징이 서로 다른 민족의 공동적인 문화모델을 형성케 하였다. 말하자면 각자 자체적 지리환경, 생존방식에 따라 서로 다른 생활습관이 형성되게 되었고 가치 관념이 형성되게 되었기 때문이었다. 중국의 지리환경도 여기서 생활하는 중국인들의 물질문화와 정신문화의 생활양식을 결정토록 하였다. 이것이 바로 중국 전통법률문화의 성장터전인 것이다.

중화민족의 법률문화 양식은 일찍부터 서방, 이슬람 등의 법률문화 양식과 갈라져 나와 자체적인 독특한 풍격을 형성하였다. 다년간 우리는 중서의 법률문화를 비교하고 연구하는 과정에서 법률전통 간에 공동적인 화제를 찾기가 아주 어렵다는 사실을 발견할 수 있었다.

법률전통이란 상대적으로 독립된 지역과 사람들의 법률제도와 그 관념이 대대손손 전해 내려오는 체계, 혹은 모델이라고 할 수 있다. 그러한 법률제도가 내재적인 체계를 형성하고, 자연적으로 연속되면서 복제된다는 것은 이미 모종의 전통이 형성되었다는 것을 설명하여 준다. 즉 모종의 특징, 풍격을 구비한 문화체계를 형성하였다는 것을 설명해 주는 것이다. 이와 같은 법률전통의 형성은 문화적 의의에서의 기후와 토양이 상호 작용한 결과이다. 그렇다면 중국의 법률전통이라는 이 거목이 생장할 수 있는 기후와 토양은 어떠한 것이었던가?

법률전통은 상부구조이다. 상부구조를 결정하는 것은 우선 경제적 터전이라고 할 수 있다. 그렇다고 생산관계와 생산력만이 법률전통의 특색을 결정한다고 간단히 말할 수는 없다. 상부구조의 기타 방면도 법률전통에 중요한 영향을 가져다주기 때문이다. 이러한 인식에 근거하여 우리는 과거에 다년간 초보적인 고찰을 진행하여 왔다. 우리는 이와 같은 연구를 통해 아래와 같은 네 가지가 중국 전통행정법률 문화의 기후와 토양이라는 것을 발견하였다. 첫째는 유라시아대륙의 특수한 기후, 혹은 자연환경, 둘째는 농경문명이라는 생산모델, 셋째는 소농경제라는 생산방식 혹은 경제형식, 넷째는 종법사회의 조직모델이다. 이네 가지가 결합하여 중국의 법률전통의 성질과 특색을 결정하였던 것이다.

본 편에서는 이상의 네 가지 중국법률전통의 성장환경, 배경 혹은 조건이 중국 법률전통의 성격에 끼친 영향, 혹은 결정적인 역할을 한 것에 관하여 탐색을 행하고자 한다.

1장.
지리환경과 중화의 법률전통

　　우리는 중국문화를 추적하는 초기부터 준 폐쇄형 주체 활동의 배경에 주의를 기울였다. 중국은 유라시아 대륙의 동부에 위치하여 있다. 서쪽으로는 일련의 험산준령과 넓고 넓은 고비사막이 하나의 천연적인 장벽인 듯 가로 놓여 있고, 동남쪽으로는 무한대로 펼쳐진 태평양이 넘실거리며, 중국과 기타 문명을 격리시켰다. 이처럼 주변이 모두 천연장벽으로 되어 있는 공간은 당연히 상대적으로 독립된 문명생장의 환경을 조성하게 되었다. 황하유역 나아가서는 장강과 황하 두 강 유역을 중심으로 한 거대한 이 분지는 인류문명의 원천이라고 할 수 있다. 이와 같은 문명 생장 권역은 다음과 같은 몇 가지 특징을 구비하고 있다.

　　첫째는 지리적 폐쇄성이다. 주변의 사방은 규모가 비교적 크고 혹은 차원이 비교적 높은 인류생활권과 접경되어 있지 않았고 그에 따른 경쟁도 없었다. 그리고 이 생활권 밖의 문명과 규모가 비교적 큰 문명교류도 없었다. 이 문명권 밖은 동이(東夷), 서융(西戎), 남만(南蠻), 북적(北狄)으로 불리는 야만인들이 사는 곳이라고 인식하였다. 그리고 그들과의 관계는 일반적으로 말해서 그들이 귀화하든가, 하화민족이 그들을 왕화(王化)시키는 관계로써 인식하였다. 여기에서 평등적인 문화교류는 없었다. 이들 문명권 내에서 생장한 모든 문명은 완전히 권내에 사는 사람들 자체의 작품이었다. 당연히 특별한 외래문화의 영향도 없었다(불교가 전래하기 전에는 더욱 그러했다).

　　둘째는 계절성 농업이다. 이 지역은 1년 사계절이 아주 분명했다. 계절과 농업의 관계는 아주 밀접하다. 그리하여 일찍부터 계절성 농업이라는 모델을 형성하였다. 토지는 비록 상대적으로 풍부하고 기후도 상대적으로 아주 온화하여 인류가 정착하여 생활하기에 편리하였다. 그러나 계절에 따라 기후의 변화가 비교적 크며 지역의 토질에 현저한 차이가 있었기 때문에, 농업은 시작부터 정성을 들여 경작하지 않으면 안 되었으며, "하늘을 보며 경작하기와 하늘을 믿고 경작하기"라는 특수성이 형성되었다. 특히 기후의 변화와 절기의 변화에 맞춰 농업의 법칙과 방법을 강구해야 했다.

셋째는 수재와 한재가 빈번하였다.[1] 중국이라는 지리환경에서 서북으로부터 동남향까지 토지의 가뭄과 사막화 범위가 점차 확대되어 갔으며, 이에 대응하여 중국의 농업은 일찍부터 수리관개 농업이라는 형식을 취하지 않으면 안 되었다. 이는 국가가 대규모 수리공사의 조직 주체가 되게 했으며, 국가가 실질적인 토지왕유제를 실시하여 공용사업을 시행하지 않으면 안 되게 되었다. 이는 중국이 할거하였다가도 또 다시 통일되지 않으면 안 되는 계기를 가져다주었다.

넷째는 북방의 위협이다. 북방의 위협은 이 문명권 내 사람들이 반드시 심각하게 대처하지 않으면 안 되는 가장 현저한 위협이었다. 여기에는 기후의 위협도 포함되지만 유목민족의 위협도 포함된다. 북으로부터 내려오고 서북으로부터 내려오는 한류와 건조한 폭풍은 화하지역 선민들의 생활구역을 잠식하여 사막화가 확대되었기에 농경에는 아주 불리하였던 것이다. 기마에 능하며 궁술에 능한 북방유목 민족은 부단히 남하해 오면서 농업에서 얻은 이익을 약탈하여 갔다. 이는 화하민족에게 커다란 불행을 가져다주었으며 이들을 대비하는 일에 급급해야 했다. 이들 양자는 모두 화하민족에 대해서 커다란 우환이었다.

이상의 네 가지 조건을 총괄한다면, 첫째 주변의 지리적인 장벽이 뚜렷하고, 둘째 농경생활에 대한 계절성이 아주 선명하며, 셋째 수리관개농업의 필요성과 이에 대한 국가의 공적 기능의 지원, 넷째 북방 유목민족과의 모순이 첨예화되었다는 것 등이고, 이 4대 요소가 종합적으로 작용하여 중화문명, 특히 정치법률 문명을 생성시킨 토양 혹은 배경이 되었던 것이다

프랑스의 한학자인 게르네트(謝和耐)는 "중국의 문명은 발달한 농업유형과 관련이 있다. 이러한 농업은 거의 평야와 하천이 흐르는 지역에 국한되어 있는데, 한족지역과 이

---

1) 영국의 유명한 한학자 리조셉은 중국역사서에 근거하여 통계한 결과 "중국은 6년에 한 번씩 농업이 실패하였다. 12년에 한 번씩 큰 재해가 들었다. 과거 2200여 년간 중국은 1,600여 차례의 대 수재를 겪었고 1,300여 차례의 대가뭄을 겪었다"고 설명하였으며 중국을 재해의 나라라고 평가했다. 傅築夫, 《중국고대경제사 개론》, 111쪽, 북경, 중국사회과학출판사, 1981, 이외에 홍콩중문대학에서 가진 리조셉의 연설 참조, 홍콩 《대공보》 1974. 04. 29.

미 한화된 지역의 산지는 개발되지 않았으며, 농민들과는 서로 다른 사람들의 영역이 되었다"라고 분석하였다. 농업과 목축업이 기타 지역과 결합할 때쯤 "동아시아는 세계의 유목민계와 농경민계로 명확히 구분되었던 유일한 지역이었다."[2] 중국문명의 특징에 관한 이와 같은 그의 인식은 탁월한 견해라고 할 수 있다. 그는 중국은 문명의 지역폐쇄성과 농경문명의 속성, 그리고 유목민족과의 대립이라는 세 가지 특징을 파악했으며, 또한 중국문명에서 공공의 공적 사업에 대해 특히 주목했던 것이다.[3]

　이와 같은 자연지리와 인문지리 환경, 즉 이와 같은 문명의 성장배경이 중국의 전통적 정치법률 문화에 어떠한 영향을 주었으며 혹은 어떠한 결정적 의의가 있는가?

　이 문제는 상당히 복잡한 문제이다. 이 문제, 즉 지리환경과 문명모델 간의 내재적인 연관성에 관한 그 어떤 추론도 모두 주관적인 억측과 견강부회라는 의문을 자아내기 마련이다. 그럼에도 불구하고 중국 법문화 유전자의 형성원인을 인식하기 위하여 우리는 부득불 이와 같은 연구와 추론을 진행할 수밖에 없는 것이다. 논술의 편리를 기하기 위하여 우리는 계절성 농업, 농경문명을 하나의 장으로 분류해서 연구하였다. 본장에서는 동아시아대륙의 지리적 장벽이 뚜렷하고 국가의 수리공사 등 공공기능 및 북방유목민족과의 모순 등 세 가지 요소가 중국의 법률전통에 남긴 각각의 축적물을 연구한 것이다.

1절. 지리적 폐쇄성과 중국의 법률전통

　동아시아대륙의 자연지리 환경은 지구상에서 상대적으로 독립된 곳이다. 고대 중국인들은 이 폐쇄성 환경에서 생활하였다. 삼면이 자연적 장벽이며, 한 면만이 바다에 임하고 있다. 서북 변경은 고비사막이 있고, 더 멀리에는 설산이 있으며, 대부분의 이들 지역은 사람이 살고 있지 않았다. 북쪽은 춥고, 바람이 많이 부는 황토고원이든가 동토지역이다. 이 지역에서는 농사를 지을 수가 없었다. 서쪽은 남으로부터 북으로 곤륜산, 파미르고원, 알타이산맥 등 고원 산맥지역이 가로 놓여 있고, 서남쪽은 세계의 지붕으로 불리는 청장(靑藏)고원이 있다. 이들 지역에는 8000미터 이상 높이의 14좌 고봉 중 절

---

2) (프) 케르네트, 《중국사회사》, 耿升 옮김, 27쪽, 남경, 강소인민출판사, 1995.
3) 위의 책.

반 이상이 중국 서부에 자리하여 중국과 서부아시아로 분리시키고 있다. 남방은 산지로서 험한 준령이 펼쳐져 있어 맹수들의 천지였으며, 남쪽으로 한 발자국을 내디디려 해도 무성한 들판을 헤쳐가야 했다.[4] 동남쪽은 또 세계에서 가장 큰 바다인 태평양이 놓여 있어 바다에 사람들은 그곳에서 걸음을 멈추고 더 이상 나아가지를 못했다.

이와 같은 지리환경의 폐쇄성은 대체로 중국 전통 정치 법률제도의 폐쇄성을 초래하는 배경이 되었다.[5] 이와 같은 폐쇄성은 정치 법률관념, 정치 법률제도 및 기타 많은 전장의 형태 등으로 나타났다.

1. 오랑캐 방어를 중시하다

중국 전통정치의 관념에서 화하민족과 이(夷, 변방의 소수민족)를 갈라놓고 논하는 것은 오랜 관념의 하나이다. 오랑캐를 방어하는 것은 정치 법률시각에서 볼 때 정치 법률 제도의 순수성을 지키기 위한 것이었다. 맹자는 "화하가 이(夷)를 변화시켰다는 말은 들었으되, 이가 변화되었다는 말은 듣지 못하였다"[6]라고 말할 정도였다. 고대 중국의 문화전통에서 가장 두려워했던 것이 "이(夷)에 의하여 변화되는 것"이었다. 즉 이적(夷狄)의 문화나 전제(專制)를 접하거나 받아들이는 것을 두려워했고, 이적의 풍속이 중국에 영향을 주는 것을 두려워했으며, 그것은 가장 큰 죄악이라고 인식하였기 때문에 고대부터 청나라 말기에 이르기까지 "이(夷)로써 중화를 변화시키려 하는 것"은 개혁자를 공격하는 가장 큰 죄명이었다. 중국의 문화는 언제나 "내부는 모두 화하민족이며, 외부는 모두 이적이다"[7]라는 점을 강조하였다. 즉 "우리 종족이 아닌 사람은 그 본바탕이 다르다"[8]는 것을 강조해 왔다. 그리고 "이적과 함께 공동으로 중국을 관리하지 않는다"[9]는 것과 "중국은 귀하고 이적은 비천하다"[10]라는 견해를 강조해 왔다. 이에 근거하

---

4) 《좌전·선공 12년》
5) 폐쇄성의 의미에 관해서는 張中秋, 《중서법률문화비교연구》, 수정판 185쪽, 남경, 남경대학출판사, 1999년 참조.
6) 《맹자·등문공 상》
7) 《춘추공양전, 성공15년》
8) 《좌전·송공 4년》
9) 《춘추공양전·희공 21》
10) 《陸九淵集》 권2, 《대학춘추강의》

여 "만이(蛮夷)가 중국을 속이는 것"[11]을 방지해야 한다는 점을 강조하였는데, "오랑캐를 방지하는 것을 남녀관계를 방지하는 것"과 같은 위치에 놓았던 것이다. 그러니 폐쇄성을 말하지 않더라도 그 정도를 헤아릴 수 있는 것이다.

2. 국가기구를 설치하는 데 있어서의 폐쇄성

고대 중국의 정치기구 설치와 실시에 있어서도 법률문화의 폐쇄성은 명확히 나타났다. 예를 들면 중국 고대의 국가기구는 6이란 숫자를 숭상하였다. 이는 고대 중국인들의 인식 면에서의 폐쇄된 시공관념이 내포된 개념이었다. 《주례》의 6관(官=6卿), 한나라 때의 상서(尚書) 6조(曹), 당나라로부터 명나라, 청나라에 이르는 상서 6부(部), 그리고 전장제도(典章制度)를 기록한 전적 6전(典) 등의 개념은 사실상 중국 고대인들의 폐쇄적인 시공관념에서 나타나게 된 것이다. 고대 중국인들이 인식하는 6면(面) 공간(천·지·동·서·남·북)은 사실상 폐쇄된 박스형 공간이었다. "진(秦)왕이 6합(合)을 휩쓸다"라는 말은 이 6면의 공간을 깨끗하게 쓸어버렸다는 뜻을 내포하고 있는 것이다. 이 6면 공간의 폐쇄관이 전장제도에 반영된 것이 천지춘하추동(天地春夏秋冬)이라는 6관(官)이다. 이 6관으로 모든 행정기능의 수요를 다 감당할 수 있다는 것이었다. 이밖에도 《주례》의 6관으로부터 명, 청시기의 6부는 사실상 정규적인 외교부와 같은 외교기구를 설립하지 않았다. 비록 추관사구(秋官司寇) 산하에 대빈(大賓)의 예를 관장하고 방국 빈객의 예적(禮籍)을 관장하는 대행인(大行人), 소행인(小行人)과 같은 관직이 있기는 하였지만, 그 직무는 국제적 왕래를 관장하는 것이 아니라, 제후국, 부속국에서 천자를 알현하러 왔을 때 지켜야 하는 예적 업무를 처리하던 곳이었다. 청나라 말기에 이르러서도 열강들의 압박 하에 외교부를 설립하기는 하였지만, 여전히 폐쇄적이었고 배타성이 강한 명칭인 총리각국사무아문(總理各國事務衙門)이라는 명칭을 사용하였던 것이다. 이것은 여전히 스스로를 중앙 나라의 대소행인으로 가정하고 각 제후국의 조공사무를 처리하겠다는 것과 같은 의미였다.

---

11) 《상서·순전(舜典)》

3. 법전의 폐쇄적 격식과 관념

중국 고대법전의 폐쇄적 격식은 중국의 지리적 폐쇄성의 영향을 받은 것으로 볼 수 있다. 고대 중국의 법전은 격식 면에 있어서 그 폐쇄성이 아주 선명하게 나타나 있다. 예를 들면 명·청시기 과거 범죄의 종류에 따라 명명한 법전 편명(篇名)인 위금(衛禁), 직제(職制), 호혼(戶婚), 도적(盜賊), 투송(鬪訟) 등을 이, 호, 예, 병, 형, 공 등 6률(律)로 하였는데, 이는 폐쇄성이 아주 선명한 발상이었다. 이는 사실상 각종 범죄를 중앙 6부(部)에서 관리하는 각종 정치업무가 취급하는 질서를 위반했다는 것을 말하는 것인데, 중앙 6부의 업무범위는 세간의 모든 범죄 객체 혹은 대상을 다 개괄할 수 있다는 발상이었다. 즉 6부의 업무와 관련된 사무를 제외하고는 범죄가 없다는 말로 통할 수 있는 것이다. 고대 중국의 법전 관념의 시점에서 볼 때, 역시 전형적인 폐쇄성을 띠고 있다고 할 수 있다. 거의 모든 왕조는 개국 시의 법전을 자기 왕조의 완벽하고 변해서는 안 되는 법으로 간주하였던 것이다. 즉《당률소의》는 "금의 전장제도를 보면 고대 성현의 법전 중 장점이 유실되었고, 중요한 것과 사소한 것이 섞여 있다"라고 자처하였다.[12] 또《대청률》은 "과거의 법전을 절충한 것으로 천추만대로 빛날 것이다"라고 하였는데,[13] 이들은 스스로의 법률에 아주 득의만만하였던 것이다. 그 결과 적지 않은 나라들은 개국 당시의 법전을 후세에 수정하면 안 된다고 규정하였다. 명 태조가 제정한《대명률》은 심지어 "자손들이 이를 지키고 신하들이 이를 조금이라도 변경하려고 하는 것은 조상의 제도를 문란케 하는 죄이다"[14]라고 규정할 정도였다. 이와 같은 입장은 법률은 반드시 시세의 흐름에 따라 변한다는 필요성을 부정한 것이었으며, 심지어는 기타의 법률문명을 학습할 필요성까지도 부정했던 것이다. 이밖에도《당률》로부터 시작하여 《청률》에 이르기까지 "외국인의 범죄를 교화시킨다"는 규정을 볼 때도 중국의 정치 법률문화의 폐쇄성을 엿볼 수가 있다. "외국인을 교화시키겠다는 개념" 자체가 왕화(王化) 구역과 문화의 배타성, 혹은 "자기와 다르다(異己)"고 하는 것처럼 멸시하는 속성을 드러냈던 것이다. 이는 이역문화와 인민을 존중하지 않는다는 것으로 극단적인 폐쇄성을 보여 주었다. 당나라로부터 청나라에 이르기까지 이 규정은 점점 더 악화되어 갔다. 《당률》은 "어느 외국인을 교화시키던 중 같은 죄를 범하게 되면, 그는 국가의 법에 준

---

12)《당률소의 · 명례》
13)《사서전서총목》·《당률소의 제요》
14)《명사 · 형법지1》

하여 처벌하고, 다른 종류의 죄를 범한 자가 있다면 법률에 따라 처벌한다"[15]고 규정하였다. 이는 비록 화하문화 중심주의적인 배타성을 나타낸 것이지만, "외국인을 교화시키는 과정"에서 "당지의 법에 따른다"는 것을 존중한 것인데, 이는 일반적인 "외국인 교화"에만 한하는 사항이었다. 《명률》과 《청률》에 이르러 이 규정은 "귀화한 외국인 범죄자에 대한 교화는 율에 따른다"고 변화하였다.[16] 즉 "외국인을 교화시키는 것"을 귀순한 사람에게만 국한시켰던 것이다. 그러나 유학, 상업경영, 관광 등 다른 이유로 입국한 외국족인들의 상황은 고려하지 않았다. 혹은 그들을 묵인하든가 "본국의 법에 따른다"는 법규를 중국에 입국한 외인들 동족인들 사이의 상해와 도둑, 손해배상 등 안건에도 적용시키지 않았던 것이다. 다시 말해서 모든 것을 다 《대청률》에 근거하여 처리한다는 것이었다. 이것은 "화하(華夏)가 만이(蠻夷)를 변화시킨다"는 관념이 한결 더 강화된 것이며, "이(夷)가 화하를 변화시킨다"는 공포심이 한결 더 심화되어 나타났다는 점을 보여주는 것이다.

2절. 북방의 위협과 중국의 법률전통

고대 중국은 장기간 동안 북방 유목민족으로부터 오는 위협을 받아야 했다. 이러한 북방으로부터의 위협은 중국의 법률전통에 선명하게 나타나 있다.

1. 북음남양(北陰南陽), 음형양덕(陰刑陽德)이라는 관념

음양오행설에 따르면 북방은 음을 대표하고 남방은 양을 대표한다. 북방의 기는 형살기(刑殺氣)이며 남방의 기는 경상기(慶賞氣)이다. 따라서 감옥은 주로 궁성 혹은 성 북문 밖에 설치하였으며, 죄수는 북문으로 출입하게 한 것이 고대의 관례였다. 이러한 관념은 아마도 선민들이 가을과 겨울의 한랭한 북풍에 의해 얻게 된 체험에서 나타난 것일 것이다. 뼈를 에이는 듯 하는 차가운 북풍은 형살과 같은 두려움이 있었던 것은 아닌

---

15) 《당률 · 명례6》
16) 《대명률 · 명례률》, 《대청률 · 명례률》

지? 북풍이 휩쓴 곳은 초목이 말라 죽고 말게 하니 그 북풍은 형살과 같은 것이 아닌가? 가을과 겨울의 북풍 혹은 서북풍은 매섭고 만물이 다 얼어 붓는 음기가 위주이며, 봄과 여름의 남풍은 성할수록 만물이 소생하고 생장하는 양기가 위주이다. 따라서 사람들은 봄과 여름을 만물이 생장 하는 기쁜 계절로 인식하였으며, 가을과 겨울은 형살의 절기로 인식하였던 것이다.

2. 성의 북문과 관련된 금기 관념

중국문화에서는 성의 북문을 아주 명확하게 꺼렸다. 유명한 문화지리학자인 천정상(陳正祥)은 "대부분의 성은 북쪽에 성문을 내지 않는다. 안휘성의 풍양성(風陽城)이 그 좋은 예이다. …… 중화민족의 주된 외환은 장기적으로 북방에서 왔다. 인민대중은 시시때때로 북방을 경계하고 방비하였다. 그렇기 때문에 북쪽으로 문을 내지 않는 것이 가장 좋은 방법이라고 생각했다. 이처럼 무의식적으로 잠재되어 있는 심리적 위협은 점차 풍수지리 관념으로 전환되었다"[17]고 주장하였다. 이러한 관념은 성의 북문에 대한 명명과 수호신의 선택에서도 나타났다. 당나라 장안성(長安城)의 북문은 현무문(玄武門)이라 명명했으며, 남경성의 북문도 현무문으로 불렸고, 청나라 북경성의 북문도 현무문(후에 神務門이라 개명함)이라 명명하였다. 수호신은 바로 현무였다. 현무는 물의 신(水神)이며 뱀과 거북이 함께 형상화되어 있는 동물이다. 북방은 음이며 음은 물에 속하기 때문에 수신으로 이를 눌러 지킨다는 뜻이었다. 동시에 북방의 색상은 흑색에 속하는데 현무는 또한 흑색을 상징한다. 흑색은 쓸쓸하고 살기가 있으며 애닯은 비통한 색으로 형벌을 상징하는 색이다. 현무신, 흑색, 물은 모두 사람들에게 쓸쓸한 느낌을 준다. 현무신은 중국의 고대문화에서 사방의 신(좌 청룡, 우 백호, 전 주작, 후 현무)에서 가장 신비스럽고 애처로운 속성을 구비하고 있다. 현무로 북문을 지키게 하는 것은 선민들의 가장 신비스럽고 특수한 위력을 지닌 토템을 가장 위험한 곳에 보내 그곳을 수호하게끔 한다는 뜻이 내포되어 있다. 이밖에도 북방에 대한 외구심과 꺼려하는 마음은 북이란 발음과 패(敗)라는 동의어에서도 잘 나타난다. 삼전삼북(三戰三北), 패배 등의 단어는 북쪽을 꺼려하는 민중의 심리가 반영되어 있는 것이라고 볼 수 있다. 북방에 패

---

17) 陳正祥, 《중국문화지리》, 80쪽, 북경, 삼련서점, 1983.

배하고 혹은 북방에서 패배하여 퇴각하는 고통에 대한 경험이 이러한 단어의 뜻을 내포하게 된 것이다.

3. 북방 정통관(正統觀)과 북방의 위협

중국의 전통정치에서 북방 정통관은 북방 위협과 관련되었을 것으로 사료된다. 중국의 정치는 북방에 수도를 정하는 것을 정통으로 간주해 왔으며, 남방에 서울을 정하는 것을 편안(偏安, 원래 살던 중원을 떠나 작은 곳에 내려가 안주한다는 의미 - 역자 주)이라 인식하였다. 북방에 서울을 정한 나라는 대체로 강대하였으며 남방에 수도를 정한 나라는 대체로 취약하였다. 중국에서 통일사업을 이룩한 나라는 모두 북방에 서울을 정하였다. 명 태조는 한때 남쪽에 수도를 정하였다가 북방으로 천도하였는데, 이것은 첫째 북방은 문명의 발상지 혹은 조상들의 성공한 곳이며, 둘째는 북방의 유목민족에게 위압을 주고 북방 변방을 튼튼히 방어하기 위한 것이었다. 명 성조가 도읍을 금릉에서 북경으로 천도하려고 한 것이나 원세개가 북경에서 총통으로 취임한 것, 그리고 신 중국이 북경에 수도를 정한 것 등은 이러한 요소가 하나의 요인이 되었던 것이다. 몽테스키외는 아시아 대제국의 도읍을 정하는 법칙을 언급할 때 "한 대국의 군주 입방에서 보면 정확하게 제국의 수도를 정하는 것은 아주 중요한 일이다. 만일 그가 수도를 남방에 정하였다면 북방을 상실할 위험성이 존재하지만, 수도를 북방에 정하면 남방은 쉽게 지킬 수 있다."[18] 여기서 말한 것은 중국의 역대 통일국가가 수도를 정했던 시각과 완전히 일치함을 알 수 있다.

4. 남쪽을 향해 앉는 자는 왕이고, 북쪽을 향해 앉는 자는 신하다라는 관념

중국의 전통정치에서 "등을 북으로 하고 남쪽을 향해 앉으면 왕이다"라는 말이 있다. 무엇 때문에 "등을 북으로 하고 남쪽을 향해 앉으면 왕이다"라고 말하고, "등을 남으로 하고 북쪽을 향해 앉으면 왕이다"라고 말하지 않는 것인가? 한나라 때의 유생들은 "천도

---

18) 몽테스키외, 《論法的精神》, 상책, 279쪽, 앞의 책.

(天道)는 좋은 것은 살리고 악한 것은 죽이며, 좋은 것은 상을 내려주고 악한 것은 벌을 내려준다. 따라서 양을 충실하게 하고 덕치를 실행해야 한다. 음은 진실한 것이 아니며 양을 보좌해야 한다. …… 때문에 왕은 남쪽을 향해 앉고 천하의 일을 다스려야 한다. 등을 음지로 돌리고 양을 향해 앉는다는 것은 먼저 덕치를 실행한다는 것이고, 형벌은 후에 취한다는 것이 된다."[19] 이것은 북방의 기가 음기이기 때문에 형살기이며, 남방의 기는 양기이므로 덕을 생성시키는 기라고 설명하는 것이다. 따라서 남방을 향해 앉은 왕은 덕정을 숭상하고 형살을 억제한다는 뜻이 내포되어 있는 것이다. 사실상 중국의 정치 판도를 보더라도 북으로부터 남으로 내려갔는데, 북방의 통치자가 "남쪽을 향해" 남방의 낙후한 부락을 정복하는 과정을 밟아왔다. 남방의 부족은 북방으로부터의 남진을 방어하든가 정복당하는 길밖에는 다른 길이 없었다. 남방 사람들은 중앙정권을 두고 "북을 향해 신하로 자칭하고 통치를 받는 일"이 자주 발생하였다. 중원정권이 약세에 처했을 때 북방의 유목민족에 굴복하고 신하라고 자칭한 역사적 사실도 있었다. 예를 들면 후진(后晋)의 고조 석경당(石敬塘)은 거란에 굴복하고 거란의 아들황제(兒皇帝)라고 칭하였다. 남송의 고종은 금나라에 굴복하고 조카황제(侄皇帝)라고 자칭했다. 따라서 "북을 향해 앉는 것"은 신하가 된다는 것을 의미하는 것이고, 남을 향해 앉는 것은 굴복시켰다는 것을 설명하여 준다. 이것은 화하민족이 장기간에 걸쳐 누적된 심리적 잠재의식이다. 따라서 "남쪽을 향해 앉는 것"과 "북쪽을 향해 앉는 것"이 상징하는 것은 단순하게 음양학설 자체에서 온 것만은 아니다. 몇천 년이 넘는 역사의 변천과정 중 사람들이 남과 북에 대한 자연체험과 인사경험에서 초래된 것이다.

5. 장성(長城)의 의의와 북방 위협

장성은 어떤 의미에서는 화하민족, 혹은 화하 농경문명의 북방 장벽이며, 공동적인 자아 보호선이다. 전 민족이 일어나 북쪽을 막고 북문을 내지 않는다는 심리적 결정체인 것이다. 진시황이 장성을 수리 축조하기 전에 진(秦), 조(趙), 연(燕) 삼국은 각자가 자국의 북부변강에 장성을 수리 축조해 놓았었다. 진시황은 이들 삼국의 장성을 하나로 이어 서쪽의 임조(臨洮)로부터 동쪽에 요동(遼東)에 이르기까지의 만리장성을 완성하였

---

19) 《鹽鐵論 · 論災》, 문학어를 인용함.

던 것이다. 진, 조, 연 등 삼국이 싸울 때, 그 중에서도 조와 연이 호랑이 같은 진의 위협을 받을 때도, 그들은 자신의 국토에 장성을 쌓을 계획은 없었다. 그러나 이 삼국은 약속이나 한 듯이 북부 변경에 있는 공동의 적인 흉노에 대처하기 위한 장성을 쌓은 것이다. 이는 사실상 문화의 동종 동류감이 정치군사상의 위협보다도 더 짙었다는 것을 설명해 준다. 따라서 장성은 화하 농경문명과 북방 유목문명의 경계선이라고 말할 수 있다. 이 경계선 혹은 인공장벽은 중국 민족이 북방의 침공을 막고 북문을 내지 않는다는 관념을 잘 나타낸 것이었다. 북쪽에 대한 위협을 덜기 위해 장성을 쌓았던 것이다. 유명한 역사학자 황인우(黃仁宇)는 "중국의 농민과 장성 이북의 유목민은 2천여 년이나 장기적으로 투쟁한 기록이 있다. 이를 돌이켜 보면 서로 사이좋게 지낸 일들이 적고 원한을 갖는 요소가 많다"고 설명하였다. 유목민족의 약탈을 방지하기 위하여 "국방적으로도 중앙집권이 필요했었고" 화하민족의 역량을 단합시키는 것이 필요했기에 장성을 수리 축조하였던 것이다. 장성은 화하민족의 공동적인 국방선이며, 대체로 강우량이 15인치 정도 되는 선과 일치한다.[20] 사실 이 장성은 또한 농경 생산방식과 유목 생산방식의 자연적인 경계선이라 할 수 있다. 명나라에 이르러 장성 옛터에다 계속 장성을 구축하였는데, 이를 변장(邊墙) 혹은 변성(邊城)이라 불렀다 "이 변성이 중국인에게 가져다 준 민족 심리의 안전감은 실질적인 방어를 위한 가치를 훨씬 초과하는 것이었다."[21] 심지어 중원을 차지한 소수민족 정권마저도 장성을 수리 축조하였다. 이를테면 탁발부(拓跋部)가 화북을 정복하고 북위(北魏) 정권을 건립한 후 장성을 수리 축조하는 것을 통해 북방의 유목민족인 유연(柔然)의 침공을 방어했다. 이로보아 장성은 민족의 혈통에 의하여 갈라진 것이 아니라 생산활동 방식에 의하여 분리된 것이라 할 수 있다.

　장성이 대표하는 이 문명 방어선(혹은 화하문화의 국방선)은 중국 고대법제에 깊은 영향을 주었다. 일반적으로 말해서 화하 혹은 중원의 법제는 이미 중국 판도에 들어 온 방어선 밖의 이민족 인민들에게 강요하지는 않았다. 중원의 정권은 일반적으로 북방 이민족의 습관법의 효력을 인정해주었다. 혹은 아예 각 민족의 습관법에 근거하여 법령을 제정하여 그들을 관리하였다. 예를 들면 청나라 때 북방지역의 몽골족에 한하여《몽골율례》를 제정하였던 것이 그것이다. 후에는 이를《이번원칙례(理藩院則例)로 수정하였다. 청해지역의 몽골족과 티베트족 혼거지역에는《서녕청해번이성례(西寧青海番夷成

---

20) (미) 王仁宇,《중국대륙사》, 25-26쪽, 북경, 삼련서점, 1997.
21) 陳正祥,《중국문화지리》, 163, 164쪽, 북경, 삼련서점, 1983.

例, 藩例로 간칭함)》를 제정하였다. 티베트 지역의 티베트족에게는 《흠정서장장정(欽定
西藏章程)》을 책정하였다가 후에 《서장통례》로 수정하였다. 신강지역의 소수민족지역
의 위그루족과 하사커족 등 이슬람교를 신봉하는 사람들에 한해서는 《회강칙례(回疆則
例)》를 책정하였다.[22] 소수민족 지역을 관리하는 법규는 거의가 다 유목민족의 습관에
서 출발하여 제정했으며, 당지의 왕공귀족들과 합의를 거친 후 황제의 확인을 받은 다
음 반포하였다. 번이(番夷)에 관한 법률의 적용범위는 거의가 다 15인치 강우량 선을
경계선으로 하였다. 이와 같이 법률의 농경구역의 법제와 유목구역의 법제의 경계선을
분명하게 나누었음을 알 수 있고, 법제적 장성을 구축하였다고 말할 수 있다. 우리는
이와 같은 번례성 법률의 내용을 통해, 그 내용과 중원 농경구역의 법제와 서로 다른
점을 발견할 수 있다. 예를 들면, 죄를 지은 다음 벌금을 부여하는 방식으로 속죄케 하
는 방법을 취했으며, 심지어는 살인죄도 양이나 말 등 가축을 대신 내는 것으로 죄를
속죄하게 하였다. 그리고 맹세를 통해 증거를 얻는 방식을 취하였다. 그리고 북방지역
의 왕공귀족들의 많은 습관적인 권익을 존중하였다. 중국 판도에 정식으로 들어온 유목
민들에게도 중화문명의 법을 강요하지는 않았으며, 여전히 습관법으로써 그들을 관리하
였다. 이와 같은 법제적 장성의 의의는 우리가 특별히 관심을 기울여 살펴볼 필요가 있
다. 중앙정권이 법률을 제정할 때 비록 "외족이 중국에 귀화하면 중국인이다"라는 내용
을 추기하기는 하였지만, 법률의 내용을 보면 여전히 번이성(藩夷性) 예를 취하고 있었
다. 이는 양종의 문명 하에서의 법제의 불가초월성을 표현한 것이었다. 유목민족을 유
도하여 그들을 통제하는 방식을 취하였으니 유목민들의 번례가 중국의 강상(綱常)을 어
떻게 위반하였던 간에, 번례(藩禮)는 번이(藩夷)에게만 사용하였지 한족 등 중원지역의
인민들에게 적용하지는 않았던 것이다.

3절. 수리공정과 중국의 법률전통

중국은 수재와 한재가 아주 빈번하게 발생했는데, 특히 황하의 흙모래의 흐름과 홍수
의 범람이 대표적이다. 황하의 홍수기와 갈수기의 낙차가 아주 크고, 수자원에 대한 쟁

---

22) 張晉藩, 《청률연구》, 147-148쪽, 앞의 책. 鄭泰, 鄭定 주필, 《중국법률사교정(敎程)》, 253-254쪽,
북경, 법률출판사, 1998.

탈이 극심한 가운데 "모든 자원을 통일적으로 동원할 수 있고 많은 부역자들을 지휘할 수 있는 황하 상류에 중앙집권이 있어야 황하의 위협에도 안전을 확보할 수 있었다."[23]

중국 전통사회의 문명 모델은 일찍이 마르크스와 엥겔스가 말했듯이 아시아적 생산 방식이다. 아시아적 생산방식의 특징은 토지의 국유제 하에서의 자연경제이며, 고도로 집중된 중앙집권 국가만이 대형 수리공사와 군사 방어공사를 주관할 수 있었기 때문이 었다. 마르크스는 "동방은 문명의 정도가 너무 낮고 강토가 넓고 인구가 많기 때문에 자연적인 연합을 이룰 수가 없다. 중앙집권적 정부가 이를 관장해야 한다. 따라서 아시 아의 모든 정부는 경제적 기능을 집행하지 않으면 안 되었다. 즉 공공사업 기능을 발휘 해야 했다. 중앙정부에서 인공방법으로 토양의 비옥도를 제고시키는 조치를 직접 관장 해야 했다. 중앙정부에서 관개나 배수를 경시하게 되면 이와 같은 시설은 금방 황폐하 게 된다. 이는 해석할 수 없는 하나의 사실을 설명하는 것으로 과거 경작이 잘 되던 넓은 땅이 지금 황폐해지게 된 원인이다."[24] 마르크스는 이어 아시아적 생산방식을 영 위하는 동방국가는 "고대로부터 일반적으로 말해서 하나의 정부 부문이 있었을 뿐이다. 재정 부문, 혹은 대내로 약탈을 진행하는 부문과 전쟁 부문, 혹은 대외로 약탈하는 부문 이 있는데 이 두 부문은 결국 모두 공공사업 부문으로 귀결된다."[25] 중국의 전통적인 정치 법률문화는 이러한 공공사업을 나타내고 있다는 특징을 구비하고 있는 것이다.

1. 수리공사를 조직하는 것은 정부 주요기능의 하나

대우가 치수를 하던 때로부터 중국의 역대 왕조는 계속 황하의 치수를 중시해 왔다. 중국의 군주 혹은 국가 정권은 수리공사의 조직자나 자금 조달자의 역할을 담당하였으 며, 수리기구와 그 기능은 역대 정부의 중요한 조직 부문의 하나였다.

《주례》에 기록된 동관사공(冬官司空)은 국가 6관(官)의 하나로 수리공사 등 공공사 업을 관장하는 국가의 전문기관이었다. 이 기관은 역대 왕조가 모두 보유하였다. 한나 라 때의 사공은 국가 삼공(三公) 중의 하나였다. 그러나 사공은 직접 공공시설을 관장했 던 것이 아니라, 산하에 장작소부(將作少府)를 설치하여 각종 공사의 수리축조를 관장

---

23) (미) 黃仁宇, 《중국대륙사》, 22쪽, 앞의 책.
24) 《마르크스·엥겔스 선집》, 제2판, 제1권, 762-763쪽, 북경, 인민출판사, 1995.
25) 위의 책, 762쪽.

하였으며, 수형도위(水衡都尉)를 설치하여 수리시설을 관리하였다. 위진남북조시기에는 기본적으로 이와 같은 제도를 계승했다. 서위(西魏)와 북주(北周)시기에는 직접《주례》에 따라 6관을 설치하였다. 동관 대사공은 공사시설을 관장하는 가장 높은 장관이었다. 수당 때의 상서성(尚書省)에는 이, 호, 예, 병, 형, 공 등 6부를 설치했는데, 공부는 수리공사와 토목공사를 관리하였고, 기술자들의 관리를 담당하였다. 이밖에 도수감(都水監)을 설치하여 수리시설을 관장하게 하였다. 명청시기의 공부와 기타 5부는 직접 황제에 예속되는 기관으로 부상하였는데, 강하와 호수, 바다 등 수리공사 시설을 관리하는 각종 부서를 설치하였다. 예를 들면 하도총감(河道總監) 등의 부서를 두었다. 그 직책은 "강하의 치수를 관장하여 수로를 통하게 하고 댐을 수리 축조하는 등 모든 정부의 지령을 집행한다"[26]고 했다. 이밖에도 일단 수재가 발생하였을 때면 황제는 중신을 직접 파견하여 황하 등 수리공사의 수리와 축조를 감독 관리하게 하였다. 때로는 황제 자신이 직접 수리공사의 총 지휘를 담당하기도 하였다. 명 청시기의 황제들은 자주 황하 치수공사 현장에 직접 내려가 현장을 시찰하고 치수공사에 관한 지시를 내렸다. 강희제는 몸소 무릎을 넘는 진흙밭에 들어가 치수사업에 참여하는 민공들과 함께 흙을 날랐다고 한다.[27] 서방의 일부 학자들이 중국의 고대 정권을 치수정권이라고 평가하였는데, 이처럼 치수는 법제에도 깊은 영향을 가져다주었던 것이다.

2. 수리사업 문제는 국가 율령에서 신속하게 처리하였다

중국 역대왕조의 율령에서 수리사업에 관한 법률의 규범 문건은 상당히 풍부하였다. 일찍이《진률(秦律)》중에는 수리공사에 관한《공률(工律)》,《요율(徭律)》,《사공률(司空律)》등이 있다. 한나라《구장률(九章律)》에는 수리공사와 관련된《흥률(興律)》이 있다. 그 후 조위(曹魏)시기 새로 제정한 신률(新律) 18장으로부터《수율(隋律)》과《당률》에 이르기까지《흥천(興擅)》, 혹은《흥률(興律)》,《천흥(擅興)》,《흥선(興繕)》등 수리시설에 관련된 전문적인 편장(篇章)을 보유하였다. 명청 두 왕조의 율전을 보면《공률》이 있는데 그 중에는《영조(營造)》,《하방(河防)》등 2권이 있다. 역대에서 정률(正

---

26) 《청사고 · 직관지3》
27) 《청사고 · 고종기3》《고종실록》 등 참조.

律)을 제외하고도 많은 수리공사에 관한 단일한 법령을 제정하였다. 예를 들면 한나라 때의 《수령(水令)》, 송나라 때의 《농토수리법》, 청나라 때의 《공부칙례(工部則例)》 등이 그것이었다. 관개농업을 특징으로 하는 농업국가의 이와 같은 공공시설, 특히 수리공사에 관한 법률의 중요성은 자명한 일이다. 이와 같은 법령의 중요성에 대한 인식은 경제 활동에 관한 법령의 중요성을 초월하였다. 《한률(漢律)》의 9장(章)에 《홍률》이 있지만 시장에 관한 법률은 없었다.

이밖에도 춘추시기 나타난 중국에서 가장 이른 국제조약도 수리공사와 관련된 것이었다. 기원전 651년 제환공(齊桓公)이 규구(葵丘)에서 제후들과 동맹을 맺을 때 다섯 가지 협정이 합의되었다. 그 중 "무곡방(無曲防, 堰堤를 수리, 축조하지 않는다는 뜻 - 역자 주)"이라는 조항이 있다. 무곡방에 관해 주희는 "무곡방이란 강에 제방을 쌓아 물길을 막고 자신의 작은 이익을 도모하여 이웃나라에 피해를 주지 않는 것"[28]이라고 해석했다. 이것은 상호 간의 계약으로서 각국의 수리공사가 이웃나라에 피해를 가져다주면 안 된다는 것을 명기한 것이었다. 이것은 수리공사에 관한 국제적 공약이었다. 이 또한 중국문화가 "오랫동안 갈라져 있으면 반드시 다시 합쳐지게 된다"고 하는 동력에 대한 가장 좋은 해석이라고 할 수 있다.

3. 수리공사와 민중들의 요역부담

중국 고대에는 수리공사 등 공용시설 건설의 수요가 아주 거대한 공사였기 때문에, 중국의 역대 왕조를 보면 백성들의 요역 부담이 특별하게 많고 무거웠다. 고대의 요역은 대부분 치수 등 공용시설을 수리, 축조하는데 사용되었다. 공용시설을 수리, 축조하는 것은 죄인들이 복역하는 방식의 하나이기도 했다. 시설 요역을 도피하는 죄형은 상당히 엄했으며 엄중하게 처벌하였다. 예를 들면 전국시기 진(秦)나라에서 정국기(鄭國渠)를 수리하고, 홍구(鴻溝)를 파서 골라강(汨羅江)을 통하게 하는 공사에 수십만 명의 요역을 동원하였다.[29] 남조 양무제는 종리산(鍾離山)에서 부산언(浮山堰)을 수리, 축조할 때 요역 일꾼은 20만 명이나 되었다.[30] 수양제 때 "하북 각 군의 백여 만 대중을

---

28) 《좌전·희공 9년》 《맹자·고자 하》 주희 《맹자·장구》
29) 《秦會要》 권17, 〈식화·수리〉 참조.

다"[31] 중국 고대의 사법 중 수리축조공사에 요역으로 나가는 것을 유기도형을 집행하는 방식의 하나로 정하였다. 진·한 두 나라를 볼 때, 죄인과 형인(刑人)들이 자주 수리공사 현장에서 복역했다. 이밖에도 역대 법률은 부역을 도피하는 사람들을 아주 엄하게 단죄하였다. 《진률》을 볼 때 요역에 징용되었는데 제때에 도착하지 않은 사람들에게 가벼우면 벌금을 물게 했고, 중하면 참수까지 행하였다. 역대 법률에서 요역 관련 단속의 중점은 "요역을 도피"하거나 "사칭하여 요역을 면제"받고 "거짓명의로 부역을 도피"하는 요역 도피행위였다.

* * *

백여 년 전에 천재 몽테스키외는《법의 정신》이란 책에서 법률과 지리환경의 관계에 관하여 아주 뛰어난 분석을 하였다. 중국의 지리환경과 중국의 풍속 법률 간의 관계에 관한 그의 논술 중 어떤 부분은 사실에 상당히 부합되고 정확한 분석을 했다. 그러나 어떤 부분은 견강부회하고 억지적인 면도 있었다. 그는 중국은 인구 증가가 아주 신속하고 토지가 부족하기 때문에 특별히 사치풍조를 방지해야 했다고 지적했다. 따라서 법률적으로도 이에 대응하는 근검절약에 관한 법률이 필요했었다고 주장하였다.[32] 그는 중국정부가 부패한 것은 "기후의 물리적 원인이 도덕에 유리한 영향을 주었기 때문이다"라고 지적하였다. 이 때문에 서방국가보다 더 큰 구속을 받았다고 분석하였다.[33] 그는 중국의 전장제도는 중국정부가 인민대중을 감독하여 소농생산의 가족관리를 보장하는 것을 특별히 중시해야 하는 필요성에 대응하여 제정되었다는 논리를 폈다.[34] 그리고 중국에서 입법수단으로 인구증가를 추진한 것은 기아로 인해 소멸된 인구가 자연증가되는 속도보다 더 빠르기 때문이라는 결론을 내렸다.[35] 이와 같은 견해는 어느 정도 견식이 있는 분석이라고 할 수 있다. 그러나 다른 한 편 그의 일부 판단은 사실에 부합

---

30) 《梁書 · 康絢》 참조.

31) 《수서 · 식화지》

32) (프) 《법의 정신》 상책, 102쪽, 앞의 책.

33) (프) 《법의 정신》, 위의 책, 128쪽.

34) (프) 《법의 정신》, 위의 책, 129쪽.

35) (프) 《법의 정신》, 위의 책, 117쪽.

되지 않았다. 예를 들면 그는 열대지역의 백성들은 게으르고 인품과 덕성이 없으며 쉽게 충동적이고 노예적 복종에 쉽사리 따라가는가 하면, 미래를 생각하지 않는다는 판단을 내렸다. 그 때문에 이를 제대로 단속하려면 중국의 법률은 부득불 잔혹하고 가혹해야 했다는 것이다. 엄한 법률로써 백성들을 핍박하여 노동에 종사하도록 하며, 더구나 목전의 생활의무를 이행할 것을 강조하였다는 것이다.[36] 이와 같은 주장은 사실에 어긋나는 판단이었다. 우선 중국은 열대지역의 국가가 아니며 중국 고대법과 북방 서방국가의 법을 비교하여 보더라도 더 잔혹하고 가혹한 것도 아니었다. 그는 기후조건에 의해 여성들이 일찍 늙기 때문에 "일부일처제 법은 아시아의 기후에 적합하지 않다"고 하면서 아시아의 기후는 다처제에 더 적합하다고 분석하였다.[37] 이런 견해는 아주 독단적인 것이었다. 본장을 집필하는 과정에 서방인들은 주마간등식, 혹은 표면적인 것만 보았던 관계로 중국을 제대로 이해하지 못했으며 중국의 지리기후와 민족정신 및 법률전통의 관계를 제대로 인식하지 못하였다는 것을 알게 되었으며, 이 방면의 연구는 우리 스스로가 해야 할 과제임을 재차 인식하게 되었다.

본장의 분석 중 중국의 특수한 지리적 요소를 세 가지 방면으로 분석하였다. 이러한 구분이 합당한가 하는 것은 각자 서로 다른 견해가 있을 수 있다. 이 세 방면의 요소에는 자연지리적 요소도 있고 인문지리적 요소도 포함되어 있다. 먼저 자연지리적 요소를 살펴보았고, 두 번째로 인문지리 요소를 위주로 살펴보았다. 그러나 여기에는 자연지리적 요소도 포함되어 있다. 세 번째는 양자를 겸해 설명했다. 이상의 요소가 법률전통에 어떤 영향을 가져다주었으며, 어떤 범위 내에서 얼마나 큰 영향을 가져다주었는가 하는 것은 쉽게 결론을 내릴 일은 아니다. 여기서 특별히 부언할 것은 이 책에서 열거한 중국 법률전통의 일부 특징은 한두 가지 지리적 요소의 영향을 받아 나타난 것이 아니라 여러 국가의 지리적 요소도 포함된 종합적인 영향을 받아 나타난 결과라는 점이다. 우리가 이 내용을 일종의 지리적 요소에 귀속시킨 것은, 이 요소의 영향이 아주 컸다는 점을 설명하기 위한 것이다. 이밖에도 우리는 법률전통에 대한 지리적 요소의 영향만을 보아서는 안 될 것이다. 우리는 반드시 법률의 반작용에도 주의를 기울여야 할 것이다. 특히 인문지리적 요소에 대해 말할 때 법률전통은 역으로 인문적 요소의 특징이 더 강화되었을 가능성이 있음을 경시하지 말아야 할 것이다.

---

36) (프) 몽테스키외, 《論法的精神》, 232, 282쪽.
37) 위의 책, 260쪽.

2장.
농경문명과 중화 법률전통

고대 중국의 법률전통은 농경문명의 토양에서 성장하였다. 동아시아 대륙의 황하 중하류 연안, 특히 연안 평야지역을 중심으로 한 토지에서 우리 조상들이 일찍부터 정성을 다해 계승해 내려온 농업은 찬란한 농경문명을 발전시켜 왔다. 농경문명은 사실상 중화 법제문명, 혹은 중국 전통법률문화 성장환경의 일부분이며, 또한 중국 전통법률문화토양의 한 구성부분이다. 고대 그리스, 고대 로마의 법제문명은 지중해 연안의 상업문명을 토양으로 한 상황에서 조성된 것으로서 중국 전통법률문명과 명확하게 대조된다. 농경문명의 영향 하에서 발전한 중국의 전통법률문명은 매우 전형적인 농업형 특징을 구비하게 되었다.[1] 이와 같은 특징은 고대 중국의 계절성 농업, 농업입국과 내재적인 연계성을 가지고 있다.

1절. 농경문명과 농경형 정치이상

1. 국가정권의 농경형 특징

고대 중국의 각 왕조 정권은 상고시대 때부터 비교적 명확한 농업형 정권의 특징을

---

1) 중국 문명의 농업형 특징에 관한 내용은 (프) 세허나이, 《중국사회사》, 耿升 옮김, 27쪽.

구비하고 있었다. 중국의 전설 가운데 최초의 군주인 염제(炎帝)와 황제(皇帝)는 바로 농사(農師)로서 세상에 알려졌다. 최초의 정권인 이들은 경작을 지도 감독하는 권위자들이었다. 염제인 신농씨(神農氏)는 태양신으로 불렸고, 황제인 헌원씨(軒轅氏)는 토지신으로 숭배되었다. 태양과 토지는 농업의 가장 기본적인 조건이다. 염제는 "농민들에게 농사를 짓는 것을 배워준 것"으로 유명하다. 그리하여 그를 신농씨(神농氏)라고 공경하였다.[2] 황제 헌원씨도 백성들에게 경작법을 배워준 것으로 유명하다. "절기의 변화를 연구하고 오곡을 심고 만민을 다스리고 이끌었다.", "시절에 맞춰 오곡을 심고 가축을 길렀으며 그는 일월성진(日月星辰)까지 포함하여 관장하였다."[3] 그의 부인 누조(嫘祖)도 백성들에게 양잠과 직포를 가르쳐 준 것으로 유명하다.[4] 그때로부터 역대 왕조는 농업을 지도하고 농업생산을 감독하는 것을 게을리 하지 않았다. 심지어 국가기관을 계절의 특징에 따라 분류하여 설립하기까지 하였다. 《주례》의 6관으로부터 시작하여 천관, 지관, 춘관, 하관, 추관, 동관을 설치하였으니, 이것이 바로 이부, 호부, 예부, 병부, 형부, 공부 등 6대 기구이다. 이 6대 기구는 중국 왕조에서 가장 중요한 기둥이며, 이 기구는 청나라까지 계승되어졌다. 농업생산의 특징과 기후에 알맞게 중앙기구를 구분하여 설립한 것은 세계적으로 없었다. 천관은 태양과 기후를 대표하고 지관은 물과 토양을 대표하며, 춘하추동 4관은 서로 다른 계절의 농업생산에 관련된 서로 다른 사무를 관장하였다. 봄에는 하늘과 땅에 제를 지내고, 산천귀신에 제를 지내며 1년 동안의 풍년을 기원하였다. 이 직책은 춘관 종백(宗伯, 후의 예부)이 담당했다. 여름은 군사를 정돈하고 북방 민족의 침공과 약탈을 방지하는 것을 위주로 하였는데, 이 직책은 하관 사마(司馬, 후의 병부)가 담당하였다. 가을이 되면 1년간 누적된 사건을 처리하고 분규를 해결하고 처리하였다. 이 직책은 추관 사구(司寇, 후의 형부)가 관장하였다. 겨울 농한기에 접어들면 사람들이 농사일이 한가하게 될 때라 이들을 조직하여 수리축조공사를 하였는데, 이는 동관 사공(司空, 후의 공부)이 관장했다. 이와 같은 정부기구의 설치는 중국의 고대관념 중 국가의 정치 법률제도와 사부는 농가에서 농사를 짓는 것과 같이 "봄과 여름에는 상을 주고 가을과 겨울에는 형벌을 주는 것"으로 "봄에 싹이 터서 여름에 성장하고 가을에 거둬들인 다음 겨울에 보관"하는 1년 사계절 농사일과 서로 맞물려 있

---

2) 《白虎通 · 號》
3) 《사기 · 오제본기》
4) 《路史 · 後記 5》

었다. 국가는 농업생산을 권장하는 각종 농사(農師)와 농관(農官) 등을 설치하였다. 《주례》를 보면, 조기의 지방 행정장관의 주요 직책은 일반적으로 말해서 "백성들에게 농사짓는 것을 배워주고" "백성들을 유도하여 경작하게 하는 것"이었다.[5] 심지어 가장 높은 통치자도 "농업을 유도하는 사람"이라는 신분을 잊지 않았다. 주 무왕(周武王)으로부터 시작하여 청나라 말기에 이르기까지 국가의 가장 중요한 길례(吉禮)의 하나가 바로 임금 혹은 황제가 직접 "농사일과 양잠일"에 참가하는 대전(大典)이었다. 즉 천자 및 왕(皇)이 매년 봄이면 한 차례 성대한 행사를 치렀다. 그것은 즉 "몸소 경작"하고 "몸소 양잠"하는 일에 참가하여 본보기를 보여주는 것을 통해 천하의 남녀들이 경작하고 옷감 짜는 일을 권고했던 것이다.

2. 정치이상의 농경형 특징

중국의 전통에서 보여준 정치 법률이상의 농업특성은 여러 방면으로 해석할 수 있다 그 중 가장 대표적인 것이 농업형 태평치세에 대한 동경이었다. 예를 들면 춘추전국시기 제자백가의 쟁명 중 각 유파 간의 관계가 물불과 같이 상극으로 보였지만, 농업형 정치 법률이상은 약속이나 한 듯이 일치하였다. 유가의 이상은 "5무(畝)의 땅에 뽕나무를 심고, 닭, 돼지, 개 등 가축이 번식하고, 관청에서는 100무를 경작하여 생산하는데 방애를 하지 않는 것"이었다.[6] 유가들은 백성들이 기한에 얽매이지 않고 편안하게 사는 자급자족의 생활을 제대로 영위하기만 하면 된다고 생각하였다. 유가는 부동산이 있어야 일정불변의 마음을 갖게 된다고 주장하면서 백성들이 부동산, 즉 토지와 가옥이 있을 때라야 "변하지 않는 마음" 즉 본토인 고향에 안주하고 쉽사리 고향을 떠나지 않을 것이며, 이렇게 되어야 사람들은 소송을 하지 않아 "형벌이 필요 없고" "소송이 없는 이상경지"에 도달할 수 있다고 역설하였다. 법가의 정치이상 역시 "농업과 전쟁으로 입국하는 것"이므로 "국가를 발전시키는 것은 농업과 전쟁이다.", "성인은 국가를 다스리는 방법을 알아 백성들이 안심하고 농업에 종사하게 하고 마음을 농업에 두어야 소박하고 정직하게 된다는 것"이었다. "성인이 나라를 다스릴 때 가장 중요한 하나가 바로 농업을

---

5) 《주례 · 지관 · 사도 하》
6) 《맹자 · 양혜왕 상》

중시하는 것이다"7)라고 주장하였다. 법가는 대내적으로는 농업을 중시하고 대외적으로는 전쟁을 중시하는 국가체제를 건립하는 것을 바랐기에 농전지상(農戰至上)의 치국경지를 이룩할 것을 주장하였다. 그들은 백성들이 생각하고 말하고 행동하는 모두 것이 농경과 전쟁이라고 역설하였다. 이것이 바로 이상적인 정치 상태라는 것이었다. 국가의 모든 상벌은 농업과 전쟁에서 이룩한 공로에 따라 실시하였으며, 농업과 전쟁에 따라 법률을 제정하였다. 정치를 가장 거부했던 도가의 정치이상도 사실은 농경생활을 이상으로 삼았다. "한 국가는 강토가 너무 크지 말아야 하며, 인구가 적고 부유하면 전쟁, 요역, 제사 등에 지출하는 것이 적게 되며, 백성들은 자신의 생명을 중시하여 고향을 등지고 타향살이를 하지 않을 것이다……. 닭소리와 개짓는 소리를 서로 듣더라도 백성들은 죽을 때까지 서로 왕래를 하지 않게 된다."8) 이것이 전형적인 소농경제의 전원낙도(田園樂圖)였던 것이다.

2절. 농경문명과 하늘을 중히 여기고 시기에 따르는(重天順時) 법제

1. 농사의 계절과 정치적으로 적합한 것과 금기시한 것

고대 중국의 법률전통은 "자연에 따른다"는 것과 "하늘에 따르고, 하늘을 경외하는 것"과 "천인감응(天人感應)"9)설 등을 중시하였다. 이러한 전통은 농경문명의 토양에서 생장한 것이 분명하다. 이 전통은 주로 농업생활의 경험과 농업에 대한 사유로부터 출발한 것이다. 자연법칙에 대한 탐색과 존경 등은 부차적인 것이다. 주나라 때의《예기·월령》은 농업활동 중 적합한 것과 금기시할 것을 시절에 따라 정했는데, 이를 정치적으로 "시절에 따라 적합한 것과 금기시할 것"과 비교하면 매우 근사하다는 점을 알 수 있다. 봄이면 "감옥에 투옥하는 것을 감면해 주고, 수갑을 풀어주고 군사행동을 취하지 않으며 소송을 중지해야 한다"고 규정하였다. 여름이면 초목이 말라 죽고 밀을 거둘 때

---

7)《상군서·농전》
8)《노자》제80장.
9) 한나라 유학자 동중서(董仲舒)의 말로 "군주는 하늘을 대표하며 하늘로부터 명(命)을 받는다." 즉 "정치를 못하면 하늘이 벌을 준다"는 의미.

라 반드시 "중한 죄수도 음식을 개선해 주어야 한다(즉 중한 죄를 범한 죄수의 감금조건을 개선해 주어야 한다)"고 규정하였다. 가을이 되면 "찬바람이 불어오고 찬 이슬이 내리며 귀뚜라미의 울음도 잦아드는 시절이라 이때부터는 형벌을 가해도 된다"라고 규정했다. 가을은 식물의 도태가 시작되는 계절이기 때문에 사람들도 "죄를 재판하고 엄하게 형벌을 집행한다"는 것이다. 가을은 수확의 계절이며, 가을바람이 서늘해지는 계절이기 때문에 "각종 범죄를 단속하고 참수할 것은 즉시 집행해야지 사사로이 돌봐주어 이 계절을 넘기게 해서는 안 된다"는 것이었다. 겨울이 오면 농업생산은 끝나고 농한기를 맞게 되므로 "감옥의 죄수들에 대한 재판을 신속히 하고 안건을 다음 해로 넘겨서는 안 된다"고 했다. 이와 같이 농업의 계절에 따라 국가의 서로 다른 계절의 정치 법률의 주요임무를 결정한 것은 세계적으로도 전무하였다. 그러나 중국에서는 이러한 작풍이 전통으로 굳어져 고대 중국의 사법 계절제도로써 형성되었던 것이다.

2. 농사계절과 사법계절

고대의 사법계절제도란 형벌을 집행할 때 반드시 자연계의 변화에 준하여 집행한다는 제도이다. 천도(天道)에 순응하여 봄과 여름에는 상을 내리고 가을과 겨울에는 형을 집행하였다. 《상서·설명(說明)》은 "겸손하고 시절에 따라 열심히 힘써 학문을 닦아야 한다"고 서술하였다. 정현(鄭玄)은 《주례·지관(地官)·사씨(師氏)》에다 다음과 같은 주를 달았다. "덕에 통한 사람은 인을 지키고 의를 지키며 시절에 따르는 사람이다." 이러한 모든 주장은 군주가 정치를 베풀 때 봄과 여름에 상을 내리는 것은 인이며, 가을과 겨울에 형을 집행하는 것은 의라는 것이었다. 이것이야말로 인의를 지키고 시절에 따르는 덕을 베푸는 행위라는 것이다. 유가적 관점에서 볼 때, 봄과 여름은 만물이 생장하는 시기로서 이때는 살생을 금기시하였다. 가을과 겨울은 만물이 메마르고 천지가 소슬할 때라 이 시기에 사형을 집행하는 것 역시 하늘의 뜻에 따르는 것이라고 인식하였다. 그렇기 때문에 유가는 봄과 여름에 상을 내리고 가을과 겨울에 형을 집행할 것을 주장하여 봄철에는 방생을 하고, 가을에는 벌을 가한다는 덕을 중히 여기고 형을 가볍게 처리하는 사상을 나타내 보였던 것이다.

한나라 때부터 봄과 여름에는 형벌을 연기하고 가을과 겨울에는 죄수를 처벌한다는 제도를 실행하였다. 역사 문헌을 통해 알 수 있듯이 황제는 봄철에 종종 조서를 내려

관리들이 형사안건을 입건하거나 재판하는 것을 금지시키고 당사자를 구속시키는 것을 금지시켰다. 그리고 될수록 경한 죄인을 사면시킬 것을 독촉하였다. 한 문제(漢文帝) 원년(기원전 179년) 정월, "봄철이 되어 죄수들을 본 고장으로 돌려보내라"는 사면령을 내렸다. 즉 유기 도형자를 출옥시켜 귀가하게 했던 것이다.[10] 후한 장제(章帝)는 원화(元和) 2년(기원전 85년)에 조서를 내려 "봄철은 생장발육시기라 만물의 싹이 트고 양기가 형성될 때이므로 만물의 생장과 발육에 유리한 시절이다. 관리를 명하여 반드시 사형에 처하지 않으면 안 되는 것을 제외하고는 죄증을 조사하지 말고, 관리들이 조목을 분류하여 올린 문서를 받지 말도록 하라. 될수록 분쟁을 그치게 하고 서로 편안하게 상거하도록 하며 천기에 봉헌하도록 해야 한다. 입추에도 이와 같다"[11]라고 명을 내렸다. 당나라의 《옥관령(獄官令)》은 "입춘에서 입추까지 사형 건을 상주하지 말도록 하라"고 명을 내렸다. 《진회요》 권17에는 "입춘 이후 입추 이전에 사형을 재판한 자에게는 1년 도형을 내린다"라고 규정하였다. 이밖에도 불교사상의 영향을 받아 당나라 때는 또 단도월 금살일 즉 십직일(十直日)[12]에는 살생을 금지하여 죄인을 사형하는 것을 결정해서는 안 된다고 규정하였다. 비록 겨울철이라고 하여도 대형 제사활동 등을 못하게 하였다. 삭망일(朔望日), 상하현(上下弦), 24절기, 비가 그치지 않고 날이 밝지 않았을 때와 황제의 생일 등 법적 휴일에는 사형을 상주하지 않는다. 이렇게 계산하면 1년 중 사형을 집행하는 기간은 10월, 11월, 12월 등 석 달밖에 안 되었다. 약 59일 좌우였다.[13] 송나라와 명나라 때는 이 규정을 그대로 지켜왔다. 그러나 포악무도한 죄에 한해서는 역대 왕조 모두에서 때를 기다리지 않는다는 규정이 있었다. 즉 계절제도의 제한을 받지 않았던 것이다.

사법계절제도도 농업생산의 정상적인 진행을 십분 고려하였다. 고대에 있어서 투옥하게 되면 많은 사람들이 거기에 관련되어 구속되었다. 범죄 용의자와 그에 연좌된 친인척을 제외하고도 증인지보(地保, 하층 보장 등 지방에서 일하는 사람) 등 일련의 사람

---

10) 《한서》《진회요》 권17.

11) 《후한서·장제기》

12) 삭망일 매달 초하루와 보름, 혹은 그 이튿날

13) 여기서는 중남재정대학 법학원 2005년 학부생 萬軍偉, 翟允華 학생의 계산결과에 의거했다. 중국 법률사를 강의하는 范忠信 교수는 학부생에게 당대 사형 집행시간을 계산하는 숙제를 냈는데, 萬軍偉, 翟允華 두 학생이 이 숙제를 완성했다. 그들은 사형집행 금기일을 제외하고도 당나라 때에는 법에 따라 사형을 집행할 시간은 대체로 59일 내지 65일이라는 결론을 내렸다.

들은 모두 구속되었다. 그뿐만 아니라 고대 죄인에 대한 재판에는 규정된 시일이 없어 종종 긴 시간이 걸렸는데, 때로는 몇 년씩이나 걸리는 일도 자주 발생했다. 이 모든 것은 농업생산에 큰 지장을 주었기 때문에 봄여름에는 처형을 완화하고 가을과 겨울에 이들을 재판하고 형을 집행했던 것이다. 이는 농업생산에 유리하도록 운영했던 것이다. "왕이 사형을 실행하는 것도 시와 때를 맞추어 시행한다."14) 그러나 이와 반대로 "때를 위반하고 농업생산에 피해를 주는 것"은 국가 경제와 치안에 심각한 손실을 초래하게 되자 후에도 한나라 때의 사법 계절제도를 발전시켜 《무한법(無限法)》을 제정하였다. 당나라의 《잡령(雜令)》은 "가옥, 혼인, 채무 등 안건에 한해서는 10월 1일부터 이듬해 3월 30일에 증거를 확보하고 재판해야지 기타 다른 시기는 적합하지 않다. 그러나 문안이 이미 완벽하여 상호 침탈하는 경우에는 여기에 속하지 않는다"15)고 규정했다. 이 제도가 발전되어 송나라 때에는 《무한법》을 제정했던 것이다. 음력으로 매년 2월 초하루부터 시작하여 입무(入務)라고 하는데, 이 말은 농번기에 들어서기 시작했다는 뜻이다. 이 기한 내에는 각 주와 현의 관청은 가옥, 채무, 소작료 등 민사안건의 심리를 정지해야 했다. 이 기간은 9월 30일에 끝났다. 10월 1일부터 무개(務開)라고 하여 이 시기는 민사안건을 입건, 처리를 시작하는 기간이었다.16) 이 제도는 청대까지 유지되었다.

3. 농사철과 열심(熱審) · 추심(秋審)

명 · 청시기의 열심, 추심, 조심(朝審) 등의 제도는 이와 같은 전통을 한층 더 전형적으로 나타낸 것이었다. 열심이란 소만(小滿) 이후 더운 계절에 행하는 것인데, 이는 《예기 · 월령》에 의하면 "여름에는 형벌을 가볍게 처리하고 죄가 경한 죄수는 내 보낸다"는 뜻이 내포되어 있다. 조심과 추심이란 입추 이후에 행하는 것인데 《예기 · 월령》에 의하면 "가을에는 형벌을 처리하기 시작한다"와 "엄하게 죄를 단속한다"는 것에 부응하는 것이다. 이 제도는 서주 이후, 특히 한나라 사법계절제도에서 연유된 것이다. 그 이론적 기초는 《예기》와 《주례》에 두고 있다. 《관자 · 사시(四時)》에서 밝힌 "덕은 봄에 시작되어 여름에 생장하고, 형벌은 가을에 시작되어 겨울에 널리 집행한다"는 주장이 후세에

---

14) 《후한서 · 장제기》
15) (일) 仁井田陞, 《唐令拾遺》, 栗勤, 霍存福 등 편역, 788쪽, 창춘, 장춘출판사, 1989.
16) 《宋刑統 · 斷獄》〈婚田入務〉 조목 참조.

영향을 주었다. 서한시기 사상가 동중서는 이와 같은 농업계절과 정치적으로 적합한 금기사항 간의 관계를 이론적으로 잘 정리하였다. 즉 "봄 기운은 애기(愛氣)이며, 가을 기운은 엄기(嚴氣)이며, 여름 기운은 낙기(樂氣)이며, 겨울 기운은 애기(哀氣)이다"[17]라고 주장하였으며, "하늘에는 4계절이 있으며, 왕에게는 사정(四政, 네 가지 정치사항)이 있다. 사정이란 마치 사계절과 같아서 이는 서로 통한다. 천인(天人)의 도리가 같은 것이다. 봄은 경축이요, 여름은 상을 내리며, 가을에 벌을 내리고, 겨울에 형을 집행한다. 경상형벌(慶賞刑罰)이 없어서는 안 된다. 이는 마치 춘하추동이 없어서는 안 되는 것과 다를 바 없다."[18] "봄철은 하늘이 생기를 내리는 시절이라 인자한 군주는 이를 선호하고, 여름에는 하늘이 만물을 생장하게 하는 시기라 덕을 베푸는 군주는 이를 육성하며, 서리가 내리는 계절은 하늘이 살기를 내리는 계절이라 형에 준하여 군주는 이 계절에 형벌을 집행한다."[19] 그렇기 때문에 "왕은 하늘의 뜻에 따라 국사를 처리하며 큰 덕을 베풀고 형벌은 가볍게 처분한다"는 것은 불변의 진리라고 인식하였다. 이러한 이론은 후세 통치자들이 보편적으로 받아들여 "하늘의 뜻에 따라 제도를 세운다"는 음양형덕(陰陽刑德) 이론과 사시행형(四時行刑)이라는 법제가 중국 고대법제의 명확한 전통의 하나로 고착하게 되었던 것이다.

이밖에도 한나라부터 청나라 말기에 이르기까지 《사기 · 천관서(天官書)》에 의하면 "날씨가 변하면 덕정(德政)을 강화하고, 달이 변하면 형벌을 감하도록 해야 한다"는 관례적인 법제가 형성되었다. 천상에 심상치 않은 변화가 있을 때(예를 들면 가뭄이나 수재, 지진, 일식, 월식 등), 통치자는 즉시 덕정을 강화하고 인정을 베풀며 형살(刑殺)을 감하는 것으로써 하늘의 질책을 받아들이고 하늘을 공경한다는 것을 표하였다. 지금 우리가 이러한 이론을 다시 살펴보고 이와 같은 제도를 다시 고찰할 때, 우리는 경험 있는 농민이 계절 농업의 금기에 따라 국가 정치사건을 배치했음을 알 수 있다. 어느 계절에는 어떤 농사를 하고, 날씨가 변하면 그에 따라 어떤 농사를 해야 하는 것도, 모두가 계절에 순응하여 그 변화에 따라 변하였다는 것을 보여주는 것이다.

---

17) 《한서 · 동중서전》
18) 동중서, 《춘추번로 · 사시지부》
19) 《한서 · 동중서전》

3절. 농경문명과 법규체계의 간략화

법학자 몽테스키외는 "법률은 각 민족의 생계방식과 아주 밀접한 관련이 있다. 상업과 항해업에 종사하는 민족은 토지를 경작하는데 만족하는 민족보다 필요한 법전과 범위가 더 넓고 광범위하다. 농업에 종사하는 민족은 목축을 위주로 하는 민족보다 법전과 그 내용이 더 많다. 목축업에 종사하는 민족은 수렵에 종사하는 민족보다 법전과 내용이 더 많다"[20]고 주장하였다. 그의 판단은 중국 법률문명에도 아주 적합했다.

전형적인 농경민족인 중국은 공업과 상업이 아주 발달한 민족과 비교할 때 법전이 상당히 간단했다. 먼저 민법과 상업에 관한 법률이 없었다. 형사법이 사회생활의 모든 방면에 다 적용되었다. 5천 년의 문명사를 자랑하는 중국의 법률역사를 볼 때 율전 중에 있는 일부 형벌 속에 계약을 위반한 민사나 침권 행위에 대한 조항이 약간 있는 것 외에, 또 "령(令), 격(格), 칙례(則例)" 등 단독적인 행정법령에 나타난 일부 민사규범을 제외한 외에는 국가에서 제정한 단독적인 민사수단으로 민사문제를 해결하는 단독 법률규범은 볼 수 없었다. 《법경(法經)》으로부터 《대청률》에 이르기까지 모두가 형법전이었다. 그 중에 민법 조항은 한 조항도 없다. 율전 중에는 주로 매매, 채무, 혼인, 침권(侵權), 상속 등 방면의 범죄에 대한 형사처벌 규정은 있으나, 이 방면에서 준수해야 할 민사규칙을 정면으로 규정한 것은 한 조항도 없었다.[21] 국가는 민법과 상법을 정식으로 제정하지 않았으며, 심지어는 민간에서 형성된 민상사법(民商事法)을 정식으로 인정하는 방식도 취하지 않았다. 민상사(民商事)에 관한 규칙은 예와 풍속 습성에 내포되어 있었다. 그 때문에 법전에 따로 명기할 필요가 없었던 것이다. 이런 의미에서 볼 때 중국 법률 전통은 사법(私法)이 거의 없었다고 해도 과언이 아닐 것이다.

둘째 법률체계가 간단했다. 법률체계에 많은 부문이 결여되어 있는 것이다. 중국 역대 법률체계를 본다면 엄격하게 말해서 두 가지 밖에는 없었다. 하나는 형사법이고, 다른 하나는 관제(官制)와 관규(官規)였다. 전자는 형사절차에 관환 규정이 부대적으로 일부 포함되어 있었고, 후자는 행정사무 절차에 관한 규정이 일부 포함되어 있었다. 이를 제외하고 단독적으로 성문화된 민법, 상법, 행정법, 소송법에 관해 법률적으로 규정한 문건은 없었다. 이러한 상황은 고대 로마와 비교해 볼 필요가 있는데, 고대 로마의 《국

---

20) (프) 몽테스키외, 《論法的精神》, 상책, 앞의 책, 284쪽.
21) 范忠信, 〈《明淸律》的構造與司法的位置〉, 《현대법학》, 2004.

법대전》에는 이러한 법률 부문이 모두 단독적으로 규정되어 있었다. 그 내용도 많았고 분류 또한 상세했다. 예를 들면《차스딩니법전》의 제2권부터 8권은 사법이었고, 제9권은 형법이었으며, 제10-12권은 행정법이었다.《법학계제(法學階梯)》제1권은 민사가 주체인 인법(人法)이며, 제2, 제3권은 물법(物法)이며 제4권은 소송법이다. 비교적 발달한 부문별 법 체계가 다 구비되어 있었다. 그러나 중국의《대청률례(大淸律例)》나 청나라의 법률체계를 보면 이러한 법적구조가 없었다. 따라서 고대 중국의 전통법률체계는 사회 각 방면의 관계를 조정하는 공동적인 법체계가 없었다고 할 수 있다. 다만 일부 사회관계를 조정하는 법체계가 있었을 뿐이다. 그나마 형사수단으로써 조정하는 것에만 국한되어 있었다.[22]

셋째 고대 중국의 법률전통 중 법률로 규정된 사회관계의 조정방식도 상대적으로 간단했다. 형법을 사용하면 되었기 때문이다. 채무 분쟁, 혼인 분규, 상속 분규, 침권 손해 등의 문제는 정식 법률규범으로 규정한 시점에서 볼 때, 일률적인 형벌로 과오를 저지른 자를 징벌하는 방식을 취했다. 법률은 기타 조정방식을 설정하지를 않았다. 민사조정이나 행정조정 방식이 없었다. 고대 중국의 법률전통 중 소송도 권리 확인에 대한 청구관계를 해제할 것을 요구하거나, 이익을 보장하는 것을 청구하거나, 방해를 취소하는 것을 청구하거나, 비합법적 혼인을 취소하고 배상 손해를 청구하는 등의 소송은 없었다.(고대 로마법에는 이런 방면의 내용이 아주 많았다. 이를테면 ……에 관한 소송 등의 규정이 그것이었다.) 자신이 피해를 보았다고 생각하는 사람이 관청에 고소하여 관청에서 악한 무리를 처벌할 것을 호소하였다. 그러나 소송결과는 법관이 죄의 유무를 판정하였다. 물론 고문을 통해 자백을 강요하기도 했다. 이것이 법적으로 사회관계를 조정하는 주요 방식이었다. 방해를 해소하거나 영향을 제거하고 물건을 되돌려 주고 손실을 배상하고 원상을 회복하는 것, 권리를 확인하고 관계를 취소하는 것 등은 형사조정의 부대적인 결과였지 독립적인 조정방식을 취하여 단독으로 소송청구를 행한 것은 아니었나. 물론 송나라 이후부터 상품경제가 발날되고 인분성신이 발전함에 따라 이와 같은 상황은 변화되기 시작했다.

---

22) 張中秋,《中西法律文化的比較研究》, 91쪽, 107쪽, 앞의 책.

4절. 삶의 터전을 떠나지 않으려는(安土重遷) 농경성격과 변법에 대한 염려

유목민족, 수렵민족, 어업민족, 공상항해(工商航海) 등의 민족적 차원에서 말한다면, 농경문명은 가장 안정된 문명이다. 농경문명은 가장 완강한 수구적 성격을 구비하고 있으며, 모험정신과 탐구정신이 가장 부족했다. 문화사학가 천정샹(陳正祥)은 중국 지명에서 사용 빈도가 가장 높은 한자가 안(安), 정(定), 평(平), 순(順) 등의 글자라고 통계하였다.[23] 지명에 관한 이러한 선호는 농경문명 정신의 잠재적인 표현이라고 말할 수 있다. 농경민족이 고향에 안주하고 경험을 중시하고 옛것을 답습하는 것을 중시한 것은 중국고대 법률전통 중에 잘 나타나 있다.

먼저 중국의 법률전통 중 변법을 기피하는 성격은 농후했다. 상앙(商鞅)이 변법을 실시할 때 사회적으로 광범위하게 뿌리내린 관념은 "성인은 민풍 민속을 변화시키지 않고 교화하며, 총명한 사람은 변법을 실행하지 않고 관리한다.", "이로운 점이 백 가지가 되지 않으면, 변법을 시행하지 않는 게 좋고, 열 배의 효과가 없으면 원래 있던 기구를 변화하지 않는 게 좋다.", "고대의 것을 따르면 틀림이 없고, 예를 준수하면 요사스럽지 않다"라는 개념이었다.[24] 왕안석이 변법을 실행할 때 통치자들이 가지고 있던 관념은 "조상의 법은 변경시켜서는 안 된다"는 것이었다.[25] 이와 같은 관념은 농경방식의 산물임에 틀림이 없다. 농경문명은 경작을 경솔하게 변화하는 것을 금기시한다. 경솔하게 개작하였다가는 농사를 완전히 망치고 말기 때문이다. 유가사상에서 가장 전형적으로 이와 같은 개작금기의 문명성격을 반영하였다. 공자는 "여전히 옛 관습에 따를 것이지 무엇 때문에 개작하려 하는가"[26]라고 말했다. 고대의 풍속을 "위배하지 않고, 잊지 않고, 옛 규정을 준수해야 한다."[27] "백성을 존중하고 법률 등의 문서를 간편하게 한다."[28] "하지 말아야 할 것은 하지 않는 것으로써 관리한다"[29]라는 견해를 역설하였다. 맹자는

---

23) 陳正祥,《中國文化地理》제8장,〈대만의 지명〉, 앞의 책.

24)《상군서 · 更法》

25)《司馬溫公文集 · 司馬溫公行狀》

26)《시5경 · 대아 · 가락》

27)《논어 · 선진》

28)《논어 · 옹야》

29)《논어 · 위령회》

"정치를 하는 데 있어서 선왕의 제도를 지키지 않는 것을 지혜롭다고 할 수 있는가?", "선왕의 법제를 준수해서 잘못된 것은 아직 없다"[30]라고 주장하였다. 순자는 군주의 법은 "고대를 따르는 것"이고, "정치원칙은 하, 상, 주 삼대를 초월하지 않으며, 실행하는 법도는 당대 제왕의 법을 떠나서는 안 된다"[31]라고 주장하였다. "왕이 변화하지 않았다면 고대의 법제를 그대로 통하는 게 좋다."[32] 이와 같은 주장은 거의 다 후세에 실시한 정치 법률의 근본적인 원칙으로 고착되었다. 그 기본 뜻은 옛 법을 변화시켜 새로운 법을 창제하는 것을 반대한다는 것이었다. 유가들이 국가의 통치자에게 이런 요구를 한 것은, 농가에서 효자가 "삼 년간 부친의 원래 했던 방식과 방법을 변화시켜서는 안 된다"[33]는 것이나 다를 바가 없었다. 이와 같은 사상으로 지도한 결과 중국 역대 왕조에서 변법을 하는 것은 아주 어려웠다. 변법자는 공격과 비난을 받아야 했고, 그러한 정도는 일반 사람이 받아들이기 어려운 것이었다. 따라서 변법자는 종종 희생자가 되었던 것이다.

다음으로 중국 역대 법전의 변화 상황을 볼 때 중국의 전통을 준수하는 수구적인 성질이 충분하게 나타났다. 《법경》 6편으로부터 《진률》, 한나라의 《9장률》, 위나라의 《신률》 18장, 《진률》 20편, 《명청률》에 이르기까지 대대손손 고대 법률전통을 계승해온 흔적이 아주 역력하다. 한나라는 진나라의 법제를 이어받았고, 송나라는 당나라의 법제를 이어받았으며, 청나라는 명나라의 법제를 이어받았다. 그나마 그저 간단하게 베껴 왔던 것이다. 소하(蕭何)가 《9장률》을 제정할 때 《법경》 6편을 그대로 베꼈다고 전한다. 비록 호(戶)부, 홍(興)부, 구(廐)부 3편을 증보하였다고는 하지만, 그 9율은 원래의 지위를 변화시키지 않았던 것이다. 그 결과 그 내용을 전 5편과 후 3편 사이에 끼워 넣거나 총칙을 세칙 사이에 끼워놓은 식이 되었다. 위나라 때 《신률》이 18편에 이르러 이를 형명으로 변화시켜 앞에다가 놓았다.[34] 그리하여 법전의 배판 격식이 과학적 체계를 세우게 되었다. 총칙을 율법의 앞에다 놓은 것과 같은 아주 간단한 격식의 변화도 《법경》(기원전 430년)으로부터 《위율》(기원 229년)에 이르기까지 약 6백 년이나 걸렸다. 말하자면 수구적 사상의식이 얼마나 강했던가를 알 수 있다. 《송형법》은 《당률소의》를 그대로 옮겨다 놓은 것이며 《대청률》은 《대명률》을 그대로 베낀 것인데, 심지어는 각주의 글자

---

30) 《맹자 · 이루상》
31) 《순자 · 왕제》
32) 《순자 · 천론》
33) 《논어 · 학이》
34) 《晉書 · 형법지》 참조.

마저도 고치지 않았다. 예를 들면 법률문안 중 "《대고(大誥)》에 준하여 감면한다"라는 문안을 그대로 옮겨놓았다. 그런데 청나라 때는 대고가 없었다. 그렇기 때문에 청나라 사람 담천(談遷)은 "《대청률》은 《대명률》을 개명한 것일 뿐이다"[35]라고 조소했던 것인데 일리가 있는 말이다. 고대 중국의 각 왕조는 모두 다 입국 초기 율전을 반포한 후에 그것을 절대 수정해서는 안 된다고 규정해 놓았다. 《명률》을 반포한 후 명 태조 주원장은 자손들이 대대로 그대로 이어받아야 하지 조금이라도 수정해서는 안 된다고 하는 칙서를 내렸다. "신하들이 조금이라도 수정하려고 한다면 조상의 법제를 변경시킨다는 죄로 단죄해야 한다"[36]라고 규정하였다. 심지어는 "한 글자도 고쳐서는 안 된다"[37]고까지 했다. 그 결과 명나라 200여 년간 《대명률》을 조금도 증보 수정하지 않았다. 청나라 때의 특별한 법령, 예를 들면 예(例, 곧 條例, 定例)는 십 년에 한 번씩 큰 수정을 할 수 있고, 5년에 한 번씩 적게 수정할 수 있다"고 규정했으나, 《대청률》 본문은 건륭 5년(1740)부터 160여 년간 한 글자도 고치지 않았다. 이는 비록 법전의 연속성과 안정성을 추구한 것이지만, 실은 낡은 법을 그대로 답습하고 "조상의 제도를 변화시키지 않는다"고 하는 관념을 지켰기 때문이라고 할 수 있다.

셋째로는 중국 고대의 법률은 백성들이 이사하여 자리를 옮기는 것을 특별히 제한하였다. 관중(管仲)이 제(齊)나라를 관리할 때 "농민의 자식은 영원히 농민"이어야 하고. "수공업자의 자식은 영원히 수공업자"이어야 하며 "장사꾼의 자식은 영원히 장사꾼"이어야 한다고 규정했다. 즉 가업을 이어받아 이사를 하지 말아야 한다는 규정이었다. "수공업자는 관부에 거주해야 하고, 장사하는 사람은 시장에 거주해야 하며, 농사를 짓는 사람은 전야에 거주해야 한다"[38]고 규정하였다. 상앙이 진나라에서 변법을 실행할 때 "무직업자와 게으른 사람"을 특별히 단죄하였다. "백성들이 함부로 이사를 해서는 안 된다"는 법을 제정하여 "백성들이 농사일에 안주하도록 해야 한다"[39]라는 것을 법의 종지로 삼았다. 맹자는 입법 시 백성들이 "평생 고향을 떠나지 않고 고향에서 한 우물물을 마시고 서로 사이좋게 지내며, 서로 살펴주고 병이 생기면 서로 도와주도록 해야 한다"[40]고

---

35) (청) 談遷, 《北遊錄. 紀聞 下》
36) 《명사. 형법지 1》
37) 《명태조실록》 권82.
38) 《국어 · 제어》
39) 《상군서 · 농전》
40) 《맹자 · 등문공 상》

주장하였다. 이와 같은 주장은 역대 법률에 잘 나타나 있다. 《당률》은 농민이 게을러서 논밭을 황폐하게 하면 태형 30대 내지 70대를 때린다고 규정했다. "유랑자가 되어 떠도는 사람"에 한해서도 태장형을 내린다고 규정했다.[41] 《청률》은 경작지를 속이고 호적을 고의로 누락한 자나 논밭을 황폐하게 한 자에게 태장형을 내린다고 규정했다.[42]

5절. 농경문명과 민본(民本)적 정치관

농업을 바탕으로 나라를 세운 국가에서는 농경을 통해 양식을 해결하는 것이 주요 생존방식이었다. 따라서 특별히 농업을 중시하였으며 여기에 따른 기본 조건을 중시하게 되었다. 기술수준이 낮았던 고대 중국의 농업생산은 밀집형 산업이었다. 그 중 가장 중요한 조건이 바로 기후조건과 노동력이었다. 기후조건이 좋고 노동력이 충족한 것이 기본조건이었다. 본장 제2절에서 "자연기후를 중시하다"라는 농업관념의 국가 정치 법률에 대한 영향을 논술하였다. 본 절에서는 "노동력을 중시하다"는 농업관념이 전통 중국의 정치와 법률에 미친 영향을 논하고자 한다. "노동력을 중시하다"는 관념은 국가정치라는 입장에서 볼 때, 민본주의적 정치 법률관념으로 나타났다. "국가는 백성을 기초로 한다"고 하는 정치관은 국가 통치자 입장에서 볼 때, 사실상 농가에서 노동력과 소를 농가의 기본으로 인식하고 특별하게 중시하는 것과 비슷하다.

중국의 전통적인 민본사상은 상주시대에 발아하였다. 《고문상서·5자지가(五子之歌)》에 "백성은 국가의 기초이며 기초가 공고하면 국가가 안녕하다"라는 말이 있다. 이것은 민본사상에 관한 가장 빠른 개괄일 것이다. 그 기본 뜻은 "인민은 국가 사직의 기초이고 밑천이며, 백성을 다스리는 군주정치의 요점이 바로 여기에 있다"는 뜻이 내포되어 있다. "백성을 보살펴주어야 군주가 되는 것이다"라는 말처럼 안정된 민생관계는 국가의 흥망과 관련되는 대사였다. 서주 초기 주공은 상나라 때 주왕(紂王)이 "하늘에 어긋나고 백성들에 원한을 심어 주었기 때문에 멸망되었다"고 하는 교훈을 살려 "덕성으로 하늘에 배합하고 덕치로 백성들을 보살펴 준다"는 주장을 제기했다.

춘추시기에 이르러 생산력이 발전하고 사회의 변혁이 거대하고 또한 갈등이 심각하

---

41) 《당률·戶婚 中》《당률·捕亡》
42) 《대청률·호율》 참조.

고 불안하여 하늘이 내려주었다는 신권사상은 더욱 더 동요되게 되었으며, 백성들을 중히 여기고 신을 경시하는 사상이 한층 더 발전하게 되었다. 즉 민본사상이 새로운 단계에 진입하였던 것이다. "백성들의 요구가 있으면 하늘도 그에 따라 주어야 한다."[43] "어진 임금은 백성을 먼저 생각해 주어야 하고 후에는 신에게 공을 돌려야 한다"[44]라는 사상이 바로 민본주의 사상의 새로운 이정표가 되었다. 이 시기 백성들은 "국가의 기초"일뿐만 아니라, 심지어는 "백성이 신의 주인"이다[45]라는 위치에까지 오르기도 했다. 이른바 "국가가 흥성하려면 백성의 뜻에 따라야 하고, 국가가 망하려면 신의 말을 들어야 한다"[46]고 인식하게 되었으니, 이즈음에서는 신도 백성들의 말을 들어야 했다. 인민은 신의 의지를 대표하든가 반영한다는 것이었다. 이른바 "천도(天道)는 멀고 인도(人道)는 가깝다"[47]고 하는 것은 바로 위정자의 집정 중심이 백성으로 전향하였다는 것을 반영하여 주는 것이었다. 관중은 이러한 관념을 "인본위(人本位)"라고 명확하게 종합하였고, "패왕의 첫 통치도 백성을 근본으로 하였으니 기초를 잘 닦으면 국가가 공고해지고 기초가 흔들리면 나라가 위태롭다"[48]고 주장하였다. 유가의 창시자인 공자의 사상체계도 백성들의 중요성을 최우선 자리에 놓았다. 《논어 · 요왈》에 "그 중요성을 말할진대, 백성과 먹는 문제와 상(喪)을 지내는 것과 제(祭)를 지내는 것이다"라고 강조하면서 백성을 최우선에 놓았다. 공자는 통치자는 우선 백성을 중시해야 한다고 주장하였다. "백성을 대하는 것이 마치 제사를 지내는 것처럼 신중해야 한다"[49]고 강조하였던 것이다. 그 다음은 백성들을 부유하게 해야 한다고 주장하였다. 공자는 "인구가 많으면 또 어떻게 해야 합니까?"라고 제자가 묻자, 답하기를 "부유하게 해야 한다"[50]고 하면서 "그 다음으로는 백성들을 후하고 너그럽게 대하여 주어야 한다"고 했다. 이와 같은 공자의 중민, 부민, 관민사상은 후기 유가들의 민본사상의 기초가 되었다. 유가의 아성(亞聖)인 맹자는 "백성이 중요하고, 사직은 두 번째이고 군주는 맨 마지막이다"라는 민주적인 명제를 제시하였다. 그는 "민심을 얻는 자가 천하를 얻게 된다"는 주장도 펼쳤다. 그는 "주걸(紂

---

43) 《상서 · 秦誓》
44) 《좌전 · 환공 6년》
45) 《좌선 · 환공 6년》
46) 《좌전 · 장공 32년》
47) 《좌전 · 소공 18년》
48) 《관자 · 覇言》
49) 《논어 · 안연》
50) 《논어 · 자로》

桀)이 천하를 잃은 것은 백성들의 민심을 얻지 못했기 때문이다. 백성들을 잃으면 그들의 진심을 사지 못하게 된다. 천하를 얻는 것도 다 이치가 있는 것이니 백성이 옹호하면 천하를 얻게 된다. 백성들의 옹호를 얻는 것도 도리가 있어야 하는 것이니, 바로 그들의 진심을 얻는 것이다. 이때라야 백성들의 옹호를 받게 된다."51) 그는 통치자는 반드시 백성들과 함께 동고동락해야 하며 "백성들이 좋아할 것을 좋아하면 백성들도 그것을 좋아하게 되고, 백성들이 걱정할 것을 근심하면 백성들도 그것을 걱정한다"라고 역설하였다.52) 민본사상은 후에 봉건사회의 주류정치 관념으로 부상하였으며 중국 봉건사회의 역사발전에 영향을 주었다. 당나라의 통치자들은 "군주는 나라에 의존하고 나라는 백성에 의존해야 한다"53)라는 관점을 여러 번 강조하였으며, "군주는 마치 배와 같고 백성은 물과 같다. 물은 배를 띄울 수도 있고 배를 뒤 짚을 수도 있다"54)고 인식하였다. 바로 이와 같은 관념이 후세의 전형적인 대표사상으로 고착되었던 것이다. 명말 청초 황종희(黃宗羲)가 "천하는 주인이고 군주는 손님이다55)라는 사상을 주장했고, 심지어 민본사상을 민주계몽의 근거라는 데까지 올려놓았다.

* * *

이상의 분석을 통해 독자들이 중국의 정치 법률 전통에 가장 큰 영향을 준 배경 혹은 자연지리 환경과 인문지리 요소는 무엇인가 묻는다면 우리는 농업이라고 곧 대답할 것이다. 즉 농경에 적합한 지리환경과 농경생활방식이 가장 큰 영향을 주었다고 할 수 있다는 말이다.

중국의 농업은 자고이래 대륙형, 가뭄형 농업이다. 관개공정이 가장 필요한 농업이었다. 사계절이 분명한 기후와 주변의 유목민족, 어업민족, 수렵민족과 화전경작농업 등 생존방식과 명확한 경계선이 있는 농업이었다. 이들 요소는 모든 지리적 요소와 통하였고, 이래 몇 장에서 언급하기 될 소농경제의 생산방식과 종법형 사회조직형태와노 통하고 있다.

---

51) 《맹자 · 離類 上》
52) 《맹자 · 양혜왕 하》
53) 《자치통감》 권192.
54) 《정관정요 · 정체》
55) 《명이대방록》

이와 같은 인문지리 배경 뒤에 자리 잡고 있는 자연 지리적 요소란 무엇인가? 그것은 즉 폐쇄된 지리조건과 농업에 적합한 토양, 대체로 가뭄형인 기후조건(이 점은 화하문명 중 조기의 중심지역을 두고 하는 말임), 그리고 자연재해가 빈번하고 사계절의 변화가 분명한 것 등의 요소를 들 수 있다. 이와 같은 자연배경 요소는 중국의 전통농업이 세계의 기타 지역과 기타 민족의 농업과 다르게 된 것을 결정하였다. 이러한 지리요소는 중화민족 특유의 풍부한 특색을 구비한 농업을 조성하게 되었으며, 이러한 특색은 자연히 정치 법률에 반영되게 되었던 것이다.

마지막으로 한마디 더 언급하고 싶은 것은, 이와 같은 지리환경 요소야말로 필연적으로 고대 중국에서 중국 특색의 농업이 출현하게 된 원인이라고 할 수 있는가 하는 문제인데, 이는 지금 당장 긍정하기는 어렵다. 생물학적 유전 변이 관계와 마찬가지로 한 민족의 특정된 생존방식이 형성되는 데는 일정한 지리환경을 제외하고도 기타 우연성적인 요소의 영향도 있을 수 있기 때문이다.

3장.
소농경제와 중화 법률전통

소농경제는 몇천 년 동안 중국 전통사회에서 주도적으로 경영되어 온 경제 형태이다. 《상서》, 《시경》에서 서술하고 있는 하, 상, 주 시대로부터 청나라 말기 격변의 시대 전까지 4천여 년 동안 소농경제는 줄곧 고대 중국사회의 경제생활 혹은 물질자료 생산의 주요 방식이었다. 대규모 노예제 농업생산 혹은 대규모 고용노동제의 농업경제, 혹은 기타 공업, 상업경제 생활형태가 비록 국부적으로 출현하기는 하였지만, 중요한 위치를 차지하지는 못하였다.

생산력 시점에서 볼 때, 소농경제 생산방식의 특징은 간단한 생산력 수준이 장기적으로 연속되었다는 점이다. 춘추 말기 철제 농기구가 출현하여 청말 서양 농기구가 전래될 때까지 2천여 년 동안 중국의 농기구는 특별한 변화는 없었다. 농기구가 간단하며 그 용도도 단일하였다. 직접 사람이 손으로 잡고 쓰든가 혹은 축력을 사용하는 농기구가 가장 주요한 생산도구였다. 조립적이고 다종 용도의 농기구, 특히 기계라고 말할 수 있는 농기구는 2천여 년 동안 거의 출현하지 않았다. 혹은 개별지역에 한두 번 출현하기는 하였지만 널리 보급되지는 못하였다. 일부 풍력과 수력을 이용하는 자연의 힘을 이용한 도구(예를 들면 풍차방아와 수차) 등을 제외하고는 인력과 축력을 사용하지 않고 쓰는 다른 농기구가 있었다는 말을 들어본 적이 없다. 청나라 말기와 민국시기, 심지어는 신 중국 건립 초기까지도 수많은 농촌에서 사용한 주요 농기구(예를 들면, 철제 칼, 낫, 도끼, 호미, 곡괭이, 괭이, 삽 등, 그리고 목제 수차, 풍선, 도리깨, 써래, 파종기 등) 등과 박물관에 진열되어 있는 춘추전국시기의 농기구와 비교할 때 그 변화가 크지 않다는 것을 발견하게 된다. 낙후한 생산도구와 함께 소농경제 하에서의 생산기술도 아주 낮았다. 기후 관찰, 토질 식별, 종자 선택, 재배, 제초와 시비 등 농업기술을 보면, 춘추전국시기부터 청말 민초에 이르기까지 커다란 변화는 없었다. 농부가 생산에 종사하면서 일정한 경험과 농업지식을 체득하여 그것을 자손들에게 가르쳐 주는 것이 다였다. 즉 소농경제를 운영하는 데서 축적된 생산기술을 계승 전파하는 것이 주요 방식이었다. 2천 년 후의 농부나 2천 년 전의 농부 사이에서 생산기술의 높고 낮음, 경작단위당 생산량은 별로 큰 차이가 나지를 않았다.[1]

소농경제는 생산관계 방면에도 현저한 특징이 있었다. 우선 지주의 토지소유제가 중심이 되었고, 자작농 토지사유제가 보조적이었던 것이 가장 큰 특징이었으며, 두 번째는 황제를 대표로 하는 지주계급이 농민자작농(소작농, 고농 포함)을 압박 착취하고 농민들은 지주에 의지하는 관계였다는 것이며, 세 번째는 부세(賦稅), 요역, 토지세, 고리대, 자금대출, 자축한 양식, 소량판매, 가정 부업 제품의 교환 등 형식으로 제품의 분배형식을 나타냈다는 점이다. 농경제 하의 토지소유제는 명의상으로는 토지국유제 혹은 왕유제(王有制)를 취하였다. 명의상으로는 비록 "천하의 땅은 모두 왕의 것이다"[2]라고 했고, "봉해 준 땅 중에서 그 어느 땅도 왕의 땅이 아닌 것이 있는가?"[3]라고 했지만, 진나라에 와서는 "제왕(帝王) 소유제를 변화시켜 정전(井田)을 폐지하고 백성들도 토지를 매매할 수 있다"[4]고 하는 정책을 실시한 후부터 실질적인 토지사유제가 형성되었다. 이와 같은 토지사유제 성분은 주로 두 가지가 있었다. 하나는 황제가 하사한 것, 그리고 약탈하거나 위협하여 차지한 것, 매매나 개간 등 방식으로 형성된 지주(일반지주, 상인지주, 관료지주, 군공지주 포함)의 토지사유제였고, 다른 하나는 국가에서 등급에 따라 나누어 준 토지, 자체로 개간한 것, 유산을 상속받아 분할한 것, 매매와 군공(軍功), 그리고 기타 명예로써 상을 받는 형식으로 형성된 자작농 토지사유제였다.

소농경제 하의 생산조직 혹은 진행방식과 생산과정에서 나타난 서로 다른 계급의 위

---

1) 호북성 영산현 노농의 기억에 따르면 민국시기 자작농이 생산한 1무(畝) 당 생산량은 380여 근에 불과하였다. 이 생산량은 《한서·식화지》에 기록된 전국시기 때 이리가 위나라에서 토질을 개량하여 농사를 지어야 한다는 시기, 즉 농업개혁시기의 무당 산량인 한 섬 반과 거의 비슷하다. 한 섬 반이란 약 180여 근인데 2천 년간에 곡물의 1무 당 생산량이 180여 근에서 겨우 380여 근으로 증가했던 것이다.

2) 《시경. 소아 북산》

3) 《좌전, 소공 7년》

4) 《한서, 식화지 상》

치와 상호관계를 살펴보면, 소농경제 경영방식과 농민들이 지주계급에 의지해야 하는 상황에서 압박 착취관계가 형성되었다. 우선 경제방식 면을 볼 때, 대지주의 대형 토지 사유제라든가, 혹은 중소 지주의 중소형 토지사유제라든가, 혹은 개체 자작농의 소토지 사유제이든 간에 토지면적의 다소에 관계없이 생산경영방식은 모두 일치하였다. 즉 한 가정에서 작은 면적의 토지를 경영하는 소농형 경제였던 것이다. 대·중지주의 토지는 일반적으로 소작을 주는 방식을 취해 여러 농가에 나누어 주어 경작하게 하였다. 소지주나 부농의 토지는 소작을 주든가 머슴을 두어 경작하도록 했다. 중국 고대의 대규모 노예제 농업노동생산과 고용노동제 농업생산경영은 농업경영방식으로 고착되었다. 자작농과 소작농 및 고용농민의 생산 활동은 거의 다 개체가정이 생산단위로 되어 경작했고 자급자족했다.[5] 부친, 즉 가장이 이 생산단위의 총경리가 되었고, 가정(토지 등 생산자료를 소유하거나 임시 생산자료를 임대한 가정을 지칭)은 이 생산단위의 주주이며, 기타 가정의 성원은 가장의 관리 하에서 일하는 노동력에 불과했다. 그들과 가장의 관계는 기본상 의부(依附) 관계였다. 호(戶) 혹은 연호(烟戶)는 가족의 조직이었고, 역시 경제 단위였다. 다음으로 서로 다른 사회성원의 위치와 상호관계를 보면 앞에서 말한 생산조직 하에서 형성된 인신의부(人身依附) 관계, 즉 압박착취 관계는 모든 사회관계에서의 핵심관계였다. 한 가정을 단위로 하는 소농(小農, 지주소작농과 고농의 경우 지주에 의부해야 하든가 국가자작농의 경우)은 지주에게 의부해야 했다. 한편 중소지주는 대지주에 의부해야 했고, 지주계급은 국가나 황제에 의부해야 했다. 그들은 의부하는 대상에 대해 무상으로 수확물의 일부를 바치는 의무가 있으며, 이를 통해 보호를 받든가, 경작기회를 얻게 된다. 엄격하게 말해서 소작농이나 고농은 진정한 독립적인 인격과 인신자유가 없었으며, 심지어는 압박을 받고 착취를 받는 계약을 스스로 해제할 권리조차도 없었다.

소농경제 하의 제품분배 형식을 보면 주로 국가의 부세와 지주의 소작료라는 이중 방식으로 나타낼 수 있는 착취관계였다. 자작농은 획득한 일부분(한나라 초기에는 30분의 1을 바쳤다)을 부세 명의로 국가에 바쳐야 했다. 곡물을 바치거나 혹은 화폐를 바쳐 법적으로 규정한 요역을 대치할 수도 있었다. 사실 요역에 참가하는 것 역시 국가에 바치는 부세형태의 하나였다. 그것은 노동으로 납부하는 것이라 "요역으로 바치는 토지세"라고 할 수 있었다. 소작농은 일반적으로 말해서 지주에게 소작료를 바친다. 소작료

---

5) 傅筑夫,《중국 고대경제사 개론》, 90-94쪽, 북경. 중국사회과학출판사, 1981.

는 자작농이 국가에 바치는 부세의 몇 배나 되었다. 이러한 상황에서 토지세, 인구세 등은 지주가 국가에 납부했다. 소작농이 지주에 소작료를 바치고도 또 국가에 토지세와 인구세를 납부해야 하는 상황도 있었다. 고농은 완전히 지주의 머슴이었다. 모든 수확물을 모두 지주에게 바쳐야 했다. 그 대신 일정한 보수를 받아 가정을 유지했다. 모든 세금은 지주가 국가에 납부했다. 소작농이던 고농이던 인구에 따라 규정한 요역은 자신이 국가에 바치는 부세인 셈이며 때로는 돈과 물건으로 대치할 수도 있었다.

소농경제는 아주 낙후하고 아주 취약한 경제였다. 소농경제의 낙후성에 관하여 마르크스는 "이와 같은 생산방식은 토지와 기타 생산재의 분산을 전제로 한다. 이러한 생산방식은 생산 자료의 누적을 배척할 뿐만 아니라, 협동으로 경작하는 것도 배척하며, 동일한 생산과정의 내부적인 분공도 배척한다. 자연에 대한 사회의 통치와 지배도 배척하고 사회생산력의 자유발전도 배척한다"[6]고 분석하였다. 이와 같은 낙후성을 간략하게 말한다면, 생산규모가 너무 작고 생산단위가 분산되어 확대재생산이 불가능하며 분공하여 협동경작도 할 수 없으며, "노동의 사회형식"도 배척했던 것이다.[7] 이와 같은 원시적인 낙후성은 그 생산관계의 취약성을 결정케 하는데, 이에 대해 마르크스는 "소생산자가 생산조건을 유지하든가 상실하게 되는 것은 무수한 우연의 사고에 의하여 결정된다. 일단 사고가 발생하든가 소유물을 상실하게 되면 빈곤화를 의미하게 되며, 고리대라는 기생충이 이 틈을 타게 된다. 소농들 입장에서 말한다면 어미 소 한마리가 죽어도 원래 있던 규모로 재생산을 시작할 수 없게 된다. 그 결과 그는 고리대업자의 말을 들어야 하고 일단 이런 처지에 떨어졌으면 그는 영원히 자립할 수 없게 된다"[8]고 했다.

이것이 바로 소농경제의 생산방식이다. 이러한 생산방식은 경제 터전으로서 몇천 년 동안 중국의 상부구조를 결정하든가 상부구조에 영향을 주었다. 중국의 정치 법률전통은 물론 이러한 생산방식과 이러한 생산관계 하에서 형성된 산물임이 역연하게 들러나고 있다. 아래에서 우리는 국가의 기본체제, 민사, 행정 등 세 방면으로 나누어 소농생산방식이 중국의 정치 법률 전통에 대해 미친 영향을 분석하고자 한다.

---

6) 《자본론》 제1권, 830쪽, 북경, 인문출판사, 1975.
7) 《자본론》 제3권, 위의 책, 910쪽.
8) 《자본론》 제3권, 위의 책, 678쪽.

1절. 소농경제와 국가의 기본체제

중국의 전통적인 국가체제는 소농제의 국가체제이다. 국가는 비록 크고 인구는 많지만, 그 기본은 자급자족적인 소농가정을 기본구조로 하였던 것이다.

1. 소농경제와 사회정치이상

전통적인 중국에서 근본체제를 구축하는 기본적인 기둥은 유가사상을 주체로 하는 사회이상과 정치이상이다. 이 이상은 소농경제를 원본, 혹은 궁극적인 목표로 한다. 《맹자》는 "천하의 기본은 국가에 있고, 국가의 기본은 가정에 있고, 가정의 기본은 자신에 있다"9)고 하였다. 《대학》은 "군자는 집을 나서지 않고도 국가를 다스리는 법을 배운다"고 했다. 이는 국가의 기본 정치원칙과 소농가정의 원칙이 동등하다는 것을 말해준다. 즉 가정을 이끄는 원칙으로 정치를 설계하고 국가를 다스린다는 것이다. 소농가정의 화목함이 이미 국가의 부유함과 안정함을 잉태시킨다는 것이다. 공자는 국가를 가진 제후나 봉읍(封邑)을 가진 대부(大夫)들은 "가난한 것을 근심하는 것이 아니라 분배가 공평하지 못한 것을 근심하며, 인구가 적은 것을 우려하는 것이 아니라 사회가 안정하지 못한 것을 우려한다. 사회의 재부가 공평하게 분배되면 빈궁하지 않게 될 것이고, 국내가 안정되고 화목하다면 그 힘이 약하지 않게 될 것이므로 국가가 전복될 위험은 없게 된다"10)고 강조해서 말했다. 그의 평균분배가 지향하는 이상은 보편적으로 자급자족의 소농가정을 건설하고 졸부와 빈궁을 소멸시켜야 한다는 이상이다. 맹자의 정치이상은 "5무(畝)의 토지에 집주위에는 뽕나무를 심고 여성들에게 누에를 기르게 한다면 늙어서도 입을 옷이 있고, 암탉 다섯 마리, 암퇘지 두 마리를 때에 맞춰 잘 기르게 되면 늙어도 먹을 고기가 있다. 남자들이 백무의 땅을 경작하면 여덟 식구가 굶을 근심이 없을 것이다"라는 것이다. 따라서 그는 "평민 백성들이 굶지 않고 추위에 떨지 않는데도 왕이 망하는 것은 고금에 보지 못하였다"11)라고 외쳤다. 맹자는 가가호호 정상적으로 농사를

---

9) 《맹자 · 이류 상》
10) 《논어 · 계씨》
11) 《맹자 · 양혜왕 상》

짓고 베를 짜며 평민 백성이 춥고 배고픈 것을 모르고 사는 정치상황이 가장 이상적인 정치상황라고 인식하였으며, 이것은 바로 왕도를 실현한 것이라고 인식하였다. 이러한 정치이상은 중국 역대 법제, 특히 토지제도에 큰 영향을 주었으며 그 속에 그대로 나타났다. "지방에서 900무의 토지를 9필지로 나눠, 1필지가 100무로 되게 하여, 여덟 집에서 1필지씩 소유하고 중간의 백무는 여덟 집에서 공동으로 경작하게 한다"[12]라는 정전제(井田制)에 이와 같은 사회이상과 정치이상이 나타나 있다. 북위로부터 수당에 이르기까지 근 4백 년을 실행한 균전제(均田制)는 전형적인 소농경제 제도 혹은 이상이었다. 서한 말에 왕망이 실행한 왕전제(王田制)도 이와 같은 사상과 정치이상을 보여주었다. 역대의 농민봉기를 볼 때 거의 다 이와 같은 정치이상을 실현코자 했음을 알 수 있다. 당나라 말기 왕선지(王仙芝)는 봉기를 하면서 자칭 천보(天補)평균대장군이라 자처하였으며, 황소(黃巢)도 봉기할 때 천태보균평(天太保均平)대장군이라고 자칭하였다.[13] 이 모든 것은 소농경제의 이상적인 질서를 건립하려는 소망을 보여준 것이었다. 북송시기 왕소파(王小波)가 봉기할 때 "나는 빈부격차가 큰 점을 고쳐 이를 평균적으로 분배할 것이다"[14]라고 선포하였다. 종상(鍾相), 양마(楊麼)는 봉기 시에 "귀천을 평등하게 하고 빈부를 평균케 한다"[15]라는 슬로건을 정치이상으로 정하여 공포했다. 명나라 말기 이자성(李自成)이 봉기할 때 "토지를 평균적으로 분배하고 토지세를 감면하겠다"는 것을 정치이상으로 정했다. 이른바 "츰왕(闖王, 흉악하고 포악한 왕)이 오면 양식(나라에 바치는 토지세인 공량 - 역자 주)을 바치지 않는다"[16]라는 것은 전형적인 일가일호(一家一戶), 남경여직(男耕女織), 자급자족식이며 확대재생산을 추구하지 않고, 사회 공동복지사업, 건설이 없는 공공시설은 객관적으로 납세해야 한다는 소농사회에 대한 소망을 말하는 것이었다. 태평천국의 《천조전무제도(天朝田畝制度)》는 더욱 소농사상을 나타내는 전형적인 제도였다. "천하의 땅은 천하의 사람이 다 같이 경작한다." "토지를 같이 경작하고 밥을 같이 먹으며…… 그 어디를 가든 다 공평하고 균등하며 그 누구든 배불리 먹고 등 따스하게 살아야 한다." "토지를 분배할 때는 인구에 따라 남녀를 불문하고 각 가정인구의 다소에 따라 결정한다. 인구가 많으면 많이 분배하고 인구가 적으면 적

---

12) 《맹자 · 등문공 상》

13) 《자치통감》 권252.

14) (송) 양중량, 《통감회편기사본말》 권13, 〈이순지변〉

15) (송) 徐夢莘 《三朝北盟會編》 권137.

16) (명) 張岱, 《石匱書後集》 권 63, 〈도적열전〉

게 분배한다." "천하의 어디서나 집 둘레에는 뽕나무를 심고 여성은 누에를 기르고 옷을 짓는다. 천하의 집집마다 암탉 다섯 마리, 암돼지 두 마리를 때에 맞춰 기른다." 이상의 사실은 소농경제식 정치와 사회이상적인 면에서 노예주 귀족계급의 대변인이나 봉건 지주계급의 대변인, 그리고 농민혁명시대의 대변인까지 다 약속한 듯 똑 같았다는 것을 보여 주는 것이다.

2. 소농경제와 가천하(家天下) 산업

소농경제 상황에서 농업은 군주독재 국가는 제왕이 취득한 산업으로 인식되었다. 이는 각 가정의 토지, 가축, 주택 등 소농경제의 가업과 다를 바가 없었다. 진시황은 천하를 가업으로 정하고 "2세, 3세, 나아가서는 만세까지 영원히 계승"토록 하겠다고 했다.[17] 한 고조는 천하의 국가는 자기가 "석자 검을 휘둘러 쟁취한 가업"이라고 인식하였다. 천하를 얻은 한 고조는 득의양양한 소농처럼 부친에게 "어르신은 자주 저를 무뢰한이라고 욕하셨으며, 가산을 지키지 못하니 중형(仲兄, 형)보다 못하다고 나무하셨습니다. 이제 누구 재산이 더 많습니까?"[18]라고 말했다. 명나라 사람 황종희는 이를 비판하여 후세의 군주들은 "천하를 자기의 산업이라 간주하여 자손들에게 물려주고 대대로 향유케 하였다. 군사를 일으켜 천하를 도탄에 빠지게 하는 것도 이 산업을 취득하기 위한 것이었으며, 자손을 위하여 창업하기 위한 것이었다. 천하가 안정되면 백성들을 착취하여 향락을 즐겼으며 이것을 산업의 이자라고 인식하였다"고 말했다. 황종희는 이로부터 "천하에 대 재난을 가져다주는 것이 바로 군주이다"[19]라는 결론을 내렸다. 따지고 보면 이는 소농경제 성격의 군주독재제도가 가져다 준 재앙이며 화였다. 국가의 정권을 이렇게 인식한 기초 위에서 국가의 법률은 황제의 위치를 부모에 비유하였으며, 천하의 백성을 지손에 비유하였고, 황제에 바치는 충성을 부모에 드리는 효성과 동등한 것으로 인식한 것은 너무도 자연스러운 일이었다. 《당률소의》는 "왕이란…… 억만 백성의 부모이다. 신하는 오로지 충성해야 하고 효도해야 한다"[20]라고 하였다. 국가의 모든 제도설

---

17) 《사기 · 진시황본기》
18) 《사기 · 고조본기》
19) 《명이대방록 · 원군》
20) 《당률소의 · 명례1》

계는 황제 일가 한 성씨의 사유자산 관리유형에 따라 설계하였으며, 황제의 부모를 태상황, 태후로 존대하였으며, 황제의 장인을 국장(國丈)이라고 불렀고, 정실과 여러 첩을 황후와 비빈(妃嬪)이라고 불렀으며, 백부, 삼촌, 자제를 제후로 봉했는데, 이들은 모두 다 국가의 관원이며, 국가의 봉록(俸祿, 封賞)을 받았다. 관직을 내려주고 직무를 안겨주는 것은 가정 성원 간에 산업을 분할하여 향유하는 것이며, 이자를 함께 합쳐 받는 소농적인 구상이었다. 생산규모를 확대하여 농업생산을 사회노동으로 전환시켜 부단히 재생산을 확대하려는 농업경영자는 이러한 경지에 머물러 있지는 않을 것이다.

3. 국가 정치체제의 소농식 설계

황제는 천자, 즉 하늘의 아들이다. 또한 천하 만백성의 가장이기도 하다. 모든 신하와 백성은 황제의 아들이며, 그 중 일부는 관원으로서, 이는 마치 형과 같이 가장을 도와 일부 가업을 관리하는데 참여했다. 《주례》 이후 천, 지, 춘, 하, 추, 동 6관의 설치는 바로 소농가정에서 서로 다른 계절에 따라 배치한 서로 다른 농사일과 같다. 국가가 중시하는 것은 두 가지가 있는데, 그 하나가 농경이며, 다른 하나는 독서다. 될수록 농사를 독려하는 한편 독서와 과거를 숭상하고 장려하였다. 이것은 마치 한 소농가정에서 경독전가(耕讀傳家, 대대로 농사를 지으며 학문에 힘쓰는 전통 - 역자 주)를 숭상하는 것과 다를 바 없는 것이다. 국가의 인사 임용은 반드시 황제의 은혜가 담긴 베풂이라고 분명하게 인식해야 하는데, 이는 마치 소농가정에서 자손의 표현에 따라 서로 다른 부상을 주는 것과 같은 것이다. 국가에서 석학과 유가를 초빙하여 황위계승자의 교육을 담당하게 했는데, 이는 소농가정에서 가정교사를 초빙하여 자제를 배워주는 것과 같은 것이다.

4. 국가 정치의식의 소농적 속성

고대 중국에서 국가가 태평하고 백성들이 풍족하면 이를 소강(小康)시기라고 했다. 이때면 제왕들은 태산에 올라 하늘에 제를 지낼 생각을 하게 되고, 태산(泰山)에 올라 땅에 제를 지낼 생각을 한다. 이 의식은 사실상 국가의 정치성적을 자기의 부친인 하늘과 모친인 땅에 보고한다는 성격을 갖고 있었다. 이것은 흡사 소농가정에서 풍수를 거둬들인 후 조상에게 제를 올려 저 멀리 구천에 있는 부모와 조상에게 좋은 소식을 전하는 것과 본질적으로 일치하는 일이었다. 자연재해에 봉착하여 백성들이 고난에 허덕이게 되면 황제는 종종 죄기조(罪己詔, 조정에 문제가 발생하였거나 국가에 재앙이 발생하였을 때 제왕이 반성하거나 혹은 자신의 과실을 검토하는 것 - 역자 주)라는 각시놀음 놀이를 한다. 이론적으로는 천상의 부친에 자신의 과실을 참회하고 자신이 가업을 제대로 관리하지 못하였다는 점을 반성하고, 자제들을 제대로 관리하지 못한 것을 반성하며, 천부의 노여움을 사게 되었다는 것을 반성하는 것이다. 이밖에도 1년에 한 번씩 황제가 "몸소 경작하는 것", 황후가 몸소 "직포를 짜는 것" 등의 의식을 거행했는데, 이 또한 소농가정의 가장이 자손들에게 경작과 직포기술을 보여주며 배워주는 것과 같았다. 국가에서는 1년에 한 번씩 존3로(尊三老) 경5갱(敬五更) 등의 대례를 지내는데, 이 또한 소농가정에서 자손들과 처첩 등에게 어르신을 존경하는 것을 보여주고 자손들에게 부모에 효도할 것을 가르쳐주는 것과 같은 것이었다.

5. 식조세(食租稅)라는 분봉체제 속의 소농원칙

중국 정치의 전통적 근본원칙의 하나가 봉건제이다. 이것은 사실 소농경제 정신과 상통한다. 전국시기 이전에는 기본적으로 이 봉건제를 위주로 했다. 봉건제를 폐지하고 군현(郡縣)제를 건립한 후에도 여전히 봉건정신은 남아 있었다. 진나라 이전의 봉건제도는 정식으로 "방국(邦國)을 책봉하여 건국하게 하는 것"으로 제후들이 각 책봉지의 백성들을 주재하는 진정한 주체였다. 한나라 이후에도 여전히 봉방(封邦) 건국이 존재하였으며, 청나라까지 "왕과 제후를 봉하는 제도"가 존재하였다. 다만 이들은 그 어떤 행정권한도 없고 봉을 받은 만큼 조세를 빈있을 뿐이었다. 국가의 토지와 백성들의 조세를 자제, 동본, 인척, 공신들에게 분할하여 주는 것은 마치 소농가정에서 자제들에게 가업을 분할하여 주는 것과 같았다. 토지와 가업을 분할하여 주는 것은 소농경제가 지속적으로 유지할 수 있는 전형적인 원인 중의 하나였다.[21] 주나라 초기의 봉건은 "형제 중 왕으로 책봉 받는 것은 열 중 다섯이나 되었고, 희씨(姬氏) 성이 왕으로 봉 받은 것은

---

21) 傅築夫, 《중국고대경제사개론》, 89쪽. 앞의 책.

40명인데, 이들은 모두 친척이었다."[22] 한나라 초기에는 자제종실을 모두 왕으로 봉해 주었다. 다른 성씨가 왕으로 되는 것을 방지하기 위해 유방(劉邦)은 백마를 목 잘라 보이면서 "유씨가 아닌 사람이 왕으로 된다면 천하의 사람들이 그를 공격할 것이다"[23]라고 맹세하였다. 진시황 때 한 신하가 "황제폐하께서 천하를 통일하셨지만 자제들은 백성들이다"라는 것을 이유로 자제들을 왕으로 봉할 것을 상주하였으나 진시황은 이를 거절하였다. 신하가 올린 이유는 중국 봉건사회 소농들의 일반적인 관념에서 출발한 것이었다. 맹자는 "인자(仁者)는 동생에게도 노여움을 숨기지 않고, 원한을 묵이지 않고 자기처럼 사랑한다. 친절하기 때문에 그가 귀할 것을 바라고 사랑하기 때문에 그가 부유할 것을 바란다. …… 군주가 천자인데 동생이 백성이라면 그 어찌 친절하고 사랑한다고 할 수 있겠는가?"[24]라고 역설하였다. 이는 제왕은 반드시 자제들을 왕으로 봉해야 하는 이유를 서술한 것이다. 이것은 전형적인 소농제에서 비롯된 생각이었다. 부친으로서 혹은 형으로서 황제가 되었으면 천하가 다 그의 재산으로 되는데 그 일부를 자제들에게 나누어 주지 않을 수 있는가? 이것은 소농가정에서 같은 재산을 같이 공유한다는 관념을 나타냈던 것이다. 사람들이 부유한 소농에게 말하기를 "당신은 창고에 양식이 가득 찼는데 동생은 가출하여 유리걸식한다면, 어찌 형님이라 할 수 있겠는가? 너무 냉정한 것이 아닌가?"라고 말하는 것과 같았다. 맹자는 이어서 군주는 천하를 가지게 되었는데 이것은 사실상 가족을 함께 부유하게 하기 위한 것이기에 "효자의 극치는 어른을 잘 모시는 것이며, 어른을 잘 모시는 극치는 천하의 재산으로 어른을 모시는 일이다"[25]라고 갈파하였다. 천하와 국가는 군주가 친인척을 모시는 가업이며 밑천이라는 것이다. 이러한 관념은 소농 관념의 반영이었다. 천하와 국가는 황제와 그 자제들이 분할하여 향유하는 가업이라는 것이며, 이것은 어른을 봉양하고 모시는 밑천이 된다고 본 것이다. 개체 소농의 마음속에 비바람을 이기려고 아껴 쓰고 부지런히 일하여 한 평생 이룩한 가업은 어른을 봉양하고 가족을 이끌어 자손들의 행복을 도모하기 위함이었는데, 이를 외면한다면 어떤 고상한 의의나 역할이 있다고 하겠는가?

---

22) 《좌전 · 소공 28년》
23) 《한서 · 왕릉전》
24) 《맹자 · 만장상》
25) 《맹자 · 만장 상》

2절. 소농경제와 민사(民事)재산 법제

　고대 중국은 서방식 단독 민사법 규범이 없었다. 민사활동의 규칙은 예나 풍속에 존재하든가, 혹은 〈호령〉, 〈전령〉 등 행정규정 속에 존재하여 있든가 혹은 형사조목에 있었다. 이와 같은 민사법 규범, 그 중에서 재산제도는 소농경제생산방식의 큰 영향을 받아왔다. 혹은 많은 민사규범은 소농경제의 생산방식을 보호하든가 기본경제 질서를 보호하기 위하여 존재한 것이었다.

1. 토지를 나누고 제한하는 규정과 소농경제

　고대 중국에서 개명한 나라는 일반적으로 토지를 수여하고 토지의 겸병을 제한하는 정책을 취하여 소농경제를 보호하였다. 구체적으로 말해서 토지를 분산된 농호에 나누어주어 1가 1농호 개체농민의 소규모 토지를 경영하는 것을 기본 경제 질서로 규정하였다. 토지면적을 제한하고 토지를 겸병하는 것을 제한하는 것으로서 소농의 토지 상실을 방지하는 방식을 취해 소농 경영조건이 장기적으로 연속되는 것을 보증하였다.

　중국은 일찍이 정전제를 실시한 시기부터 법률과 국가의 행정수단을 통해 소농경제를 창출하여 맹자가 말한 "백성들을 관리하려면 고정자산이 있어야 한다"는 사상을 실현하고자 하였다. 이로써 기타 경제형식의 출현을 방지하였던 것이다. "지방에서는 정자로 토지를 분할하되 한 정자의 토지면적은 900무이다. 그 중간은 공용토지다. 그리고 여덟 농가는 각각 100무의 토지를 경작하고 공동으로 공용토지를 경작한다. 먼저 공용토지의 일을 마친 후에 자기 집의 일을 한다"[26]고 말한 맹자의 이 사상은 중국에서 가장 일찍이 정부에서 농가에 토지를 나눠주었다는 기록이다.

　당시의 100무는 지금의 30무 정도에 해당된다.[27](그러한 근거가 어디 있는지는 알 수 없다.) 농민들은 공동 전지를 경작하는 방식으로 부역과 토지세를 납부하는 것 외에

---

26) 《맹자 · 등문공 상》
27) 《한시외전》 권4에 이르기를 너비 1보, 길이 100보를 1무라 한다. 《한서 · 식화지》는 6자를 1보라 하고 백 보를 1무라 한다고 기록했다. 고대의 1자는 지금의 1자보다 작다. 1보 6자란 지금의 3자에 해당한다. 이렇게 계산할 때 고대의 백무는 지금의 30무 가량 된다. 傅築夫는 고대의 100무는 지금의 70무라고 언급했다. 《중국고대경제사략》 93쪽.

1가 1농호를 단위로 한 개인소유 토지 100무를 경작한다. 이와 같은 질서를 파괴하지 않기 위하여 국가에서는 토지매매를 금지했는데(토지가 개인 간에 유통되는 것을 금지한 것), "땅을 팔아서는 안 된다"는 것이었다.[28] 진나라에서 상앙이 변법을 시행하던 시기 "정전을 폐지하고 밭 사이에 길을 내며 농민들이 토지매매를 행하도록 한다"는 규정을 내린 이후 토지사유제는 점차 발전하기 시작했다. 그러나 국가는 여전히 직접 혹은 간접적으로 정전제를 회복시키기 위해 노력해왔으며, 여전히 공용전에서 땅을 내어 나누어주었으며, 공공전을 백성들에게 소작으로 내어 주었다. 한 선제(漢宣帝)시기 "군국의 토지를 빈궁한 백성들에게 나누어주었다." "공공전을 나누어 주고 곡물과 종자를 대출해 주었다."[29] 왕망 때에는 정전제를 회복하여 토지매매를 허락하지 않았다. 후한 장제(章帝)시기 "군국(郡國)은 땅이 없어 타지로 이동하여 비옥한 땅에서 일하려는 사람을 모집하여 그들에게 공공전을 내주어야 한다"고 결정하였다. 북위정권으로부터 북제, 북주, 그 후 수당시기에 이르기까지 중국은 4, 5백 년 동안 균전제를 실시했다. 이 제도에 근거하면 국가는 호에 따라 인구에 따라 토지를 나누어주었는데, 1인당 몇십 무, 세대당 100무 좌우를 나누어 주었다. 나누어준 땅은 두 몫으로 나뉘었다. 하나는 가정에서 대대로 이어갈 수 있는 것으로서 영원토록 국가에 돌려주지 않아도 되었다. 이를 상전(桑田), 세업전(世業田), 영업전(永業田)이라고 했다. 다른 한 몫은 인구에 따라 평생토록 사용하되 늙으면 부세를 면하고 사망 후에는 국가에 반납하는 것인데, 이를 노전(露田), 구분전(口分田)이라고 불렀다. 이들 토지는 매매를 엄격하게 제한하였다. 북위시기 노전의 매매를 금지하였고 상전(세업전)은 그 여유분을 팔 수 있었다. 인구가 감소된 후 많아진 부분만을 팔 수 있다고 규정했던 것이다. 그러나 "한 가정의 근본이 되는 토지는 판매해서는 안 된다"[30]고 명확하게 규정했다. 즉 가정 인구에 해당하는 영업전은 팔아서는 안 된다는 것이었다. 당나라에 이르러 여전히 이 제한을 유지하였다. 세업전, 구분전을 마음대로 매매해서는 안 되었던 것이다. 세업전은 "타향으로 이사를 가든가 빈궁하여 장사를 지낼 수도 없을 때"만 매매가 가능했다. 구분전은 "땅이 적은 곳에서 땅이 많은 곳으로 이사 갈 때"만 매매가 가능했으며, 주택이나 방아 같은 것을 팔 때"만 가능했다.[31] 《당률》은 "구분전을 파는 행위"를 엄하게 단속하였다. "구분전을 팔았을 때

---

28) 《예기 · 왕제》
29) 《한서 · 선제기》
30) 《위서 · 시화시》
31) 《신당서 · 식화지1》, 《당률소의 · 호혼 상》

는 1무에 매 10대, 20무는 1등을 가하여 처벌하며 100대까지 때린다. 토지는 주인에게 반환하고 매입자의 손실은 상환하지 않는다"[32]라고 규정했다.《대청률》은 밭이나 주택을 저당 잡히고 팔면 저당기가 넘어 저당물을 되찾지 못하게 되지만, 토지 주인이 저당물을 되찾으려고 한다면 여전히 원가로 되찾을 수가 있었으며, 저당 잡은 주인은 이를 거절해서는 안 되었다. 거절한다면 매 40대를 때린다고 규정했다.[33] 이와 같은 제도는 모두 소농의 생산 질서를 유지하고 소농경영의 기본조건이 상실되지 않도록 보증했던 것이다. 그러나 본질적으로 보아 토지매매를 하지 못하는 부분은 사유재산이 아니었다. 국가에서 무이자로 소농가정에 대출해준 기본적인 경영밑천일 뿐이었다. 이것은 소농생산을 연속시키고 소농의 파산을 방지하자는 제도적인 장치였던 것이다.

2. 여러 자식들이 재산을 평균적으로 나누어 갖는 것과 소농경제

고대 중국의 상속제도를 보면 종법성적 권익문제에서는 적장자 상속제를 실행하였으나, 재산 상속에서는 여러 자식들이 골고루 나누어 분할하는 균분제를 실행하였다. 한 사람이 죽으면 그의 아들들은 재산을 평균 분할하여 상속받는다. 여러 자식들의 평균 상속제도는 개인이 점유한 토지면적이 점차 분할되고 작게 나누어져 소농경영이 불가피하게 되었으며 소농경제의 바탕을 창조하였다.

중국에서 실행된 여러 자식들이 평균적으로 재산을 분할하여 상속하는 제도는 토지 사유제와 동시에 시작되었다. 상앙 변법 이래 정전을 폐지하고 토지 매매를 허락한 후부터 "가정에 두 성년 남성이 있지만 분리하지 않은 것은 조세를 배로 상납한다"[34]는 법을 실행하였다. 즉 성년으로 된 남성이 한 가정에 동거해 있으면 안 된다는 것이다. 비록 이는 국가의 세금 납세 가정을 증가시키기 위한 것이지만 토지 등 생산 자료는 또한 부단히 분가와 더불어 더 작은 규모로 분할되어 농민들의 농업경영은 작은 토지규모로 경영하는 개체경영으로 될 수밖에 없었다.《당률》에는 "몰래 합쳐서 한 가정을 이루면 2년 도형을 내리고…… 법에 의하여 분가해야 하는데, 분가하지 않으면 주사(主司)에게 매 백 대를 때리게 한다"라고 규정했다. 이 법은 상앙이 성년 남성은 분가해야 한

---

32) 《당률소의 · 호혼 상》
33) 《대청률 · 호률 · 전택》 참조.
34) 《사기 · 商君列傳》

다는 법과 그 종지가 같은 것이었다. 즉 가정이 부단히 작은 소 가정으로 분할되고 토지가 점점 더 작은 규모로 분할되어 경영하게 되었다. 토지 등 가정재산이 분할하는데 관하여 《당률》은 "동거했다가 가산을 분할할 때 평균적으로 분할하지 않으면 그것을 침점한 것으로 정하고 이럴 경우는 장물을 숨긴 것에 비하여 3등을 내려 처분한다"고 규정했다. 당나라 《호령(戶令)》은 "땅과 주택 및 가산을 분할할 때 형제들에게 평등하게 분할해야 한다"라고 규정했다.[35] 여러 자식들이나 형제들이 재산을 분할할 때 반드시 평균적으로 분할해야 한다고 규정한 것은 사람마다 소농규모로 경영할 기회를 준다는 것이 그 종지였다. 이로서 농사를 짓는 사람들에게 농사를 지을 땅이 있게 하여 토지의 집중을 방지하고 "빈궁한 사람은 입추의 땅도 없는 상황"이 출현하는 것을 방지하려 했던 것이다. 여기에는 부친이나 조부가 유언에 따라 재산 분할이 불평등하게 할 수 있는 권리를 인정하지 않았던 것이다. 이로서 부단히 소농경제가 출현하게 되었고 농업의 대규모 사회적 협동경작 혹은 사회화 경영이 두절되게 되었던 것이다.

3. 국가에서 소농경영의 구체적 표준을 규정했다

고대 중국에서는 국가에서 소농의 소규모 경영을 지도하여 소농생산의 숫자적 표준을 규정하였다.

중국의 옛 정치 중 정치설계자들은 대규모 농업에 관한 설계가 전혀 없었다. 법률도 대규모 경영을 유도하지 않고 소규모 경영을 유도하였다. 맹자는 "현명한 군주가 백성들의 재산을 정할 때 백성들이 부모를 충분하게 봉양하고 처자를 충분하게 먹여 살리고 오래오래 살더라도 배불리 먹을 수 있고 흉년이 들어도 죽지 않도록 하는 것이다." "백성들이 굶지 않고 추위에 떨지 않도록 하는 것이다"[36]라고 말했다. 이것이 바로 농업생산의 목적이었던 것이다. 이러한 목표는 아주 낮은 수준의 소농경영의 목표였다. 집집마다 논과 밭이 있고 가렴잡세가 없고 굶지 않고 추워 떨지 않으면 가히 만족할 수 있다는 것이다. 따라서 가가호호 "5무의 땅에 뽕나무를 심고, 100무 밭에다가 때를 어기지 않고 농사지으며, 암탉 다섯 마리, 암퇘지 두 마리를 기르면 만족이다"[37]라고 했던 것이

---

35) 《당률소의·호혼 상》
36) 《맹자·양혜왕 상》
37) 《맹자·양혜왕 상》, 《맹자·진심 상》

다. 한나라에 와서는 지방관이 이러한 정신에 근거하여 아예 지령을 내려 "한 사람이 비술나무 한 그루를 심고 백 포기의 산채(山菜)를 재배하고, 50포기의 파, 한 뙈기의 부추, 두 마리의 암 돼지, 다섯 마리의 닭을 길러야 한다"고 규정했다.[38] 북조의 서위(西魏)시기에는 《6조 조서(詔書)》를 반포하였는데 그 중에는 이런 규정이 있었다. 봄갈이 할 때면 지방관이 "백성들의 농사를 재촉하고 감독하여 노소를 불문하고 농기구를 사용할 수 있는 사람이면 모두 밭에 나가 농사일에 종사하도록 해야 한다. …… 가정 형편이 좋지 않아 소가 없는 가정은 서로 그것을 빌려 쓰도록 해야 한다"[39]고 했다. 즉 국가가 주도적으로 법적 장치를 제정하여 소농경경에 있어서 존재할 수 있는 노동력과 소의 부족문제를 해결해 주었다. 당나라의 《전령(田令)》은 "가정 내 영업전은 매 무(畝) 당 뽕나무 50그루 이상을 심어야 하고, 느릅나무와 대추나무를 각각 10그루씩 심어야 한다. 토질이 마땅하지 않으면 당지의 규정에 따라 처리한다"[40]고 규정했다. 국가에서 소농가정의 소형 경영 중 경제작물의 경영규모를 숫자적으로 규정하여 농민들이 제대로 소농경제를 경영하지 못할 것에 대비하여 그들을 유도하고 독촉하였던 것이다.

4. 소농경제와 호적을 별도로 두어 가산을 분할시키는 것을 금지함

고대 중국에 있어서 많은 나라의 법제를 보면 부모의 생전에 형제들이 분가하여 호적을 나누어 가산을 따로 분할하는 것을 금지한 것 역시 소농경제의 목표를 보증하기 위한 것이었다.

《당률》로부터 《청률》에 이르기까지 "조부모와 부모가 생전에 있을 때 자손들이 분가하는 것"은 범죄로 치부한다고 규정했다. 이것은 앞에서 강제적으로 분가하고 재산을 나누는 것과 땅과 주택을 분할하여 농업경영규모가 작게 변하지 않으면 안 되는 법칙과 모순되는 것이었다. 그러나 여기서 주의할 것은 소농경제의 목적은 맹자가 말했듯이 "50살에는 입는 것을 걱정하지 않고, 70세에는 고기를 먹을 수 있어야 하며, 백발이 된 노인이 짐을 지고 길을 가지 않도록 하기 위함이었다"고 했다. 그렇다면 이런 수준에 도달하려면 소농가정에서 노인들을 봉양하여 노인들에게 노후 근심이 없도록 해야 했

---

38) 《한서 · 순사전 공수》
39) 《주서 · 소탁전》
40) 《당률소의 · 호혼 중》

다. 따라서 성년 자손이 분가하여 재산을 나누어 나간다면 노인들에 대한 봉양이 문제 시되었던 것이다. 따라서 법률적으로 아예 조부모나 부모가 생존할 때는 자손들이 성년 이 되고 결혼을 하더라도 분가하여 재산을 분할해서는 안 된다고 규정했던 것이다. 《당 률》은 심지어 조부모나 부모가 자손들을 억지로 분가시키면 "2년 도형"을 내린다고까지 규정하였다. 송나라에 와서는 명교를 중시하였는데 이에 대한 처벌을 더 중히 다루었 다. 《송률》은 송 태조 개보 2년(969년)에 칙서를 내려 "사천(四川) 협곡 지대의 여러 주 에서 부모가 계신데 분가하여 호적을 따로 내고 재산을 나누는 자는 사형에 처한다"[41] 라고 규정했다. 명청 시대와 당송 시대를 비교해 보면 이 방면에서 많이 유연해졌다. 즉 비록 자손들이 부모 생전에 분가하여 나오면 매 백 대를 때린다고 규정은 해놓았지 만, 부모의 동의 하에 자손들이 호적을 따로 내고 재산을 가르는 것은 허락하였던 것이 다. 앞에서 언급한 바처럼 호적을 따로 내고 재산을 분할하는 것을 허락하지 않는 것은 윤리도덕적인 면에서 출발했던 것이다. 이는 부모의 상(喪) 기간에도 호적을 따로 내는 것을 허락하지 않는다고 규정한 것을 통해 알 수 있는데, 이는 소농경제하에서 부모의 공양목적을 실시하는 것을 보증하기 위한 것이 그 원인의 하나라 볼 수 있다.

3절. 소농경제와 국가경제의 행정법제

고대 중국의 제도에서 국가의 행정과 관련된 법규는 소농경제의 생산방식을 보증하 는 것을 기본 종지로 삼았다. 이는 주로 토지를 다량 겸유하는 것을 배격하고 지방 세력 가들이 토지를 겸병하는 것을 단속하고 호적을 고쳐 탈세 혹은 세금이 빠져나가는 것을 금지케 하고자 한 것으로, 농사에 게으르고 토지가 황폐화되지 못하도록 하기 위함이었다.

1. 토지의 과다 점유를 배제하고 토지겸병을 억제시키다

소농가정이 토지와 재산을 상실하지 않도록 하는 보증하기 위하여 국가에서는 토지 매매를 제한한 것 외에도 토지점유를 제한하여 토지를 다량 점유하는 것을 단속하였다.

---

41) 《송사·태조본기》

그 목적은 토지 겸병을 억제하기 위한 것이었다. 관자는 "다소를 조정하고 재산을 분할하고 누적됨을 해산시켜야 한다"고 주장하였다. 즉 겸병을 억제하려면 먼저 "돈 많은 집"[42] 즉 세도가들의 여분의 재산을 몰수하여 빈궁한 백성들에게 나누어 주는 것부터 시작해야 한다고 했던 것이다. 맹자는 "인정이란 경제로부터 시작해야 한다"고 주장하였으니, 그 뜻은 농사를 짓는 사람들에게 땅이 있어야 하고 세도가들이 토지를 겸병하는 것을 제지케 해야 한다는 것이었다. 서한 무제시기 "부유한 사람은 토지가 끝없이 넓게 펼쳐져 있는데 빈곤한 사람은 발붙일 땅도 없다"는 토지겸병의 위기를 벗어나게 하기 위해 동중서는 백성들의 토지 점유를 제한하여 토지가 부족한 부분을 보충하여 주는 것으로써 토지겸병을 방지해야 한다"[43]고 강조했다. 애제(哀帝)시기에는 사단(師丹), 공광(孔光) 등의 건의를 받아들여 토지 점유를 제한하는 령을 내렸다. 제후 이하 평민 백성들이 차지하는 토지는 30경(頃, 약 100畝)을 넘어서는 안 된다고 규정했다.[44] 왕망이 집정할 때는 "남정(男丁)이 8명이 안 되는데 토지가 900무 이상을 점유했으면, 그 여분을 9족 내 친인척과 이웃들에게 나눠주어야 한다"[45]고 규정했다. 서진(西晉)시기에는 점전제(占田制)를 실행하여 "남성은 일인 당 70무, 여성은 30무"를 가질 수 있으며, 관원 관품 제1로부터 제9에 이르기까지 그 귀천에 따라 토지를 점유하되 관품이 제1인 자는 토지 5,000무를 점유하고 …… 제9품은 1000무를 점유할 수 있다"[46]고 규정했다. 북위시기에 실시한 균전제는 "토지가 부족한 사람은 부족한 부분만큼 매입할 수 있고……. 그러나 규정에 넘치게 토지를 매입해서는 안 된다"[47]고 규정했다. 이 역시 토지를 많이 점유하는 것을 제한하는 정책적 장치였다. 당나라에도 토지 점유를 제한하는 규정이 있었다. "왕이 제정한 법에 따라 농토 100무를 점할 수 있고, 관원의 영업전은 관품에 준한다"고 규정했다. 《당률》은 "규정한 액수보다 토지를 더 많이 점유하면 1무에 매 10대, 10무에 죄 1등을 가한다. …… 상한선은 도형 1년이다"[48]라고 했고, "관원이 농민의 땅을 침탈했을 때 1무 이하는 매 60대, 2무일 경우는 1등을 가하고…… 상한선

---

42) 《관자・輕重甲》
43) 《한서・식화지 상》
44) 《한서・식화지 상》 참조.
45) 《한서・왕망전 중》
46) 《진서・식화지》
47) 《위서・식화지》
48) 《당률소의・호혼 중》

은 도형 2년 반이다"[49]라고 규정했다. 《대청률》도 "관리는 현직 주재지에서 땅과 주택을 매입해서는 안 된다. 이를 위반했을 때는 매 50대에 면직시키고, 그가 매입한 토지와 주택은 몰수한다"[50]고 규정했다. 관원이 토지를 겸병하는 것을 단속하는 것은 소농생산 조건을 상실하지 않게 하는 것을 보증하여 주는 주요 조치였다.

이 밖에 역대 왕조는 부호들을 이사시키는 방식을 취해 토지겸병을 억제시켰다. 진나라 때부터 부호를 이사시키는 방식이 토지 겸병을 억제하는 중요한 수단으로 되었다. 진시황 26년(기원전 221년) 천하의 부호 12만 세대를 함양으로 이사시켰다.[51] 이러한 조치는 그들을 강압하여 각지에서 점유한 토지를 땅이 없거나 적은 농민들에게 분할하여 농사를 짓게 하려는 의미가 있었다. 한 고조 때에는 강제로 6국의 왕족, 호족과 대가문 및 제나라의 전씨(田氏), 초나라의 소씨(昭氏), 굴씨(屈氏), 경씨(景氏), 회씨(懷氏) 등 5대족 십여 만 명을 관중(關中)으로 이사시켰다. 한 무제 때는 "군국(郡國)의 호걸, 그리고 재산이 300만 이상 되는 사람들을 무릉(茂陵)으로 이사시켰다."[52] 그 의도는 진시황의 사정과 같은 것이었다. 명문세도가들을 강제적으로 이사시키고, 그들이 가지고 갈 수 없는 토지는 국가에서 접수하여 상징적으로 대가를 지불하여 매입한 후 땅이 적거나 없는 농민들에게 나누어 주든가 팔았다.

2. 농업을 중시하고 상업을 억제하며, 상인은 천하고 농민은 고귀하다

중국 고대의 통치자는 상업은 소농경제 질서의 가장 큰 적이라고 인식하고 있었다. 따라서 역대 왕조의 법률은 "상업을 억제하는 국책"을 취했다. 첫째 상업세를 높게 징수하였다. "높은 상업세를 징수하는 것으로써 상업을 금지시키려 했던 것이다." 상앙의 변법에서 "경영이 제대로 되지 않아 빈궁하게 된 상인은 노예로 받는다"[53]고 규정했다. 즉 파산한 상인을 노예로 받아들이겠다는 것이었다. 그리고 또 "농업에 종사하지 않으면 부역이 많고 상업에 종사하면 조세를 많이 징수한다"[54]고도 규정했다. 한 무제 때

---

49) 《당률소의 · 호혼 중》
50) 《대청률 · 호률 · 전택》
51) 《사기 · 진시황본기》
52) 《한서 · 고제기하》
53) 《사기 · 상군열전》

상인에 한해서는 인두세를 배로 징수하였고 재산세 위법상인 고발 등의 방식으로 상인들을 억제하였다. 그 결과 "상인들 중 중등 수준 이하 사람들이 대거 파산하였다."[55] 상인들에게 가중한 세를 징수하는 것은 상업 발전을 제지하기 위한 것이었다. 둘째로 상인이 관원이 되는 것을 금지했다. 한나라 초기 "상인은 토지를 점유해서는 안 되며 관리로 되어서도 안 된다. 이를 위반하면 법률로 처벌한다"[56]고 분명하게 규정했다. "시정의 장사꾼은 그 자손도 관리가 돼서는 안 된다"고 했다.[57] 북위 때는 법률로써 수공업자, 상인, 말단 역군 등은 청류에 들지 못한다"[58]고 명기하였다. 당나라의 〈선거율〉은 "관원 중 대공(大功) 이상이라도 자신이 직접 수공업이나 상업에 종사하면 벼슬을 할 수 없다"[59]고 규정했다. 명청시기에 이르러서도 여전히 3세대 이내의 수공업자나 상인의 자제는 과거에 참가할 수 없다고 규정했다. 셋째로는 직접 상인을 죄인으로 취급하여 그들을 강박하여 변방으로 유배를 보냈다. 진나라 때부터 상인을 죄인으로 취급하여 변방으로 유배시켰다.[60] 한 무제 때는 《발칠과적(發七科謫)》에 상인이란 1과가 있었다.[61] 이렇게 상인들을 변경으로 강제 이전시킨 것은 주로 상인들이 토지를 겸병하는 것을 방지하기 위한 것이었다. 넷째로는 상인들이 토지를 점유하는 것을 제한하였다. 한 고조 때는 영을 내려 "상인들은 토지를 점유해서는 안 된다"고 규정했다. 한 무제 때는 "상인들은 도시에서 살고 그 가족이 농촌에 살아도 토지를 소유하여 농사를 지어서는 안 된다. 이를 위반하면 토지와 미성년인 사내아이를 몰수한다"[62]고 규정했다. 다섯째 거마(車馬)와 복식 방면에서도 상인들에게 모욕을 주었다. 예를 들면 한나라에서는 "상인들은 명주비단옷을 입지 못하고 거마를 사용하지 못한다."[63] "상인은 비단 옷을 입지 못하고…… 말을 타지 못한다"[64]고 규정했다. 《진률》은 "장사꾼은 이마에 흰 수건을 둘

---

54) 《상군서 · 외내》
55) 《사기 · 평준서, 《한서 · 혜제기》
56) 《한시 · 애제기》
57) 《사기 · 평준서》, 《한서 · 식화기 하》
58) 《위서 · 효문제기》
59) 《당률소의 · 사위》
60) 《사기 · 진시황본기》
61) 《한서 · 무지기》
62) 《사기 · 평준서》
63) 《사기 · 평준서》
64) 《한서 · 고제기 하》

러쓰고 거기에 이름을 적고 파는 물품명을 적어야 하며, 한쪽은 흰 신을 신고 다른 한쪽은 검은 신을 신어야 한다"[65]고 규정했다. 이와 유사한 규정은 명청시기까지도 여전히 존재했다.[66] 상인을 법률적으로 이렇게 각박하게 규정한 것은 상앙이 말했듯이 "농민을 존중하고 상인을 멸시하기 위함"이었다. "농업으로 상업을 눌러 백성들의 마음을 농업으로 쏠리게 하기 위함"이었다.[67] 즉 소농생산 질서가 상업의 사악한 힘에 눌려 와해되지 않도록 하기 위한 보증차원에서 시행한 정책이었다. 농민들이 상업에 별다른 흡인력을 갖지 않도록 하기 위해 "수공업자, 상인 등에 대해 백성들이 경시하고 마음놓고 농업 생산에 종사하기를 기대한 것이었으며, 상인들이 토지를 겸병하는 것을 제지시켜 농민들의 파산을 방지하기 위함이었다.

프랑스 철학가 몽테스키외는 "일부 국가는 특수한 원인으로 근검절약에 관한 법률이 필요하다. 기후의 영향으로 말미암아 인구가 아주 많고 생계가 안정되지 못하기 때문에, 가장 좋은 것은 사람들이 농업에 종사토록 해야 한다. 이런 국가에서 사치란 위험한 일이다. 근검절약에 관한 법률이 아주 엄해야 한다"[68]고 분석하였다. 여기서 말하는 일부 국가란 중국일 가능성이 있다. 중국의 자급자족 경제 형태에서 상업은 사치를 대표하는 것이었으며, 상업은 사람들이 농업을 떠나게 하기 때문에 상업을 억제하고 농업을 공고히 하는 것은 법률의 필연적인 선택이라고 보았던 것이다.

3. 부역(負役)의 불균형으로 농업에 지장을 주는 것을 엄격히 방지함

가렴잡세와 엄중한 부역은 소농경제가 파산하는 중요한 원인의 하나였다. 따라서 중국의 고대 법률은 부역의 균형을 아주 중시하며 소농경제를 보호하였다. 《당률》은 "불법적이든가 함부로 부역과 세금을 징수하든가, 법에 규정한 것을 초과하였을 때"는 그 금액을 전부 몰수하며, "초과한 액수는 장물을 숨긴 것으로 간주하고 처벌한다"고 했다. 그 금액이 어느 한 개인의 수중에 들어갔으면 법을 위반한 것으로 보고 처형하든가 유배(사형보다는 한 단계 낮은 형벌)를 보냈다. 부역과 세금 징수는 "먼저 신체가 건강하

---

65) 《태평어람》 권828.
66) 범충신, 진곽민, 조효경, 〈중국고대법 중의 농업중시 상업 억제 전통의 원인〉, 《중국인민대학학보》, 1996, 5.
67) 《상군서 · 농전》
68) (프랑스) 몽테스키외, 《법적 정신에 관하여》 상책, 張雁深 옮김, 102쪽, 북경, 상무인서관, 1982.

고 부유한 사람, 다음으로는 가난하고 약한 사람, 먼저 남성이 많은 집, 후에 남성이 적은 집" 등을 순서로 하여 진행하되 빈궁한 농민을 못살게 굴어서는 안 된다고 규정했다. 그리고 노약자와 장애자 등이 부역을 면하도록 속여서는 안 된다고 규정했다. 이를 위반했을 때는 태장형을 내린다고 규정했다.[69] 명 태조는 《명대고(明大誥)》를 반포했는데, 거기에 규정하기를 "관리가 향간에서 함부로 세금을 징수하고 부역을 가중시켜 농민의 이익을 침범했을 때"는 민간에서 덕성이 높고 선량한 사람이 나서서 장골이 크고 힘이 센 사람을 뽑아 그를 서울로 압송하여 단죄케 한다고 규정했다.[70] 《대청률》은 부역은 법에 따라 상, 중, 하 등의 농호로 나누고, 그 등급에 따라 징수해야 한다고 규정했다. "재산이 많고 부유한 사람에게 함부로 부역을 면제시켜주고 법이나 규정을 어기고 부당하게 가난한 사람에게 과분한 노역을 부여한 자는 피해자 백성이 직접 공소할 수 있으며…… 그 관리에게는 100대의 태형에 처한다"고 규정했다. 그리고 "백성들의 부역이 불평등하게 부여되면" 주관한 관리는 태형을 받는다고도 규정했다.[71] 이처럼 부역 관련 조항에서 "우선 부유하고 체력이 좋은 사람, 후에 빈궁하고 체력이 약한 사람"이라고 한 규정은 빈약한 소농을 보호하여 과중한 부역으로 인하여 파산되는 것을 방지하기 위한 것이었다. 이러한 법률적 보호를 받았기에 취약한 소농경제(1가 1농호식 단순 농업재생산)가 단절되지 않고 계속 이어져 올 수 있었던 것이다.

4. 경작하는 일에 태만하고 전지를 황폐케 한 자는 단속한다

소농생산 질서의 연속성을 보증하기 위하여 중국의 역대 법률은 토지를 점유하였으나 그 토지를 경작하지 않는 사람을 처벌하였으며, 농토를 황폐하게 놔두던가 농민의 경작을 감독하지 않은 관리도 엄벌에 처했다. 《당률》은 관할 속지 내의 논밭이 10분의 1이상 황폐되면 관련 관리에게 태형 30대 내지 1년의 도형을 내린다고 규정했다. 이정 등 향촌의 말단 관리가 형벌을 받을 뿐만 아니라, 여기에 연계된 현과 주의 관원들, 그들을 보필하는 관원 등도 모두 다 처벌을 받아야 했다. 관원을 처벌하는 외에도 세대주(지주 혹은 농민)에 대해 징벌을 내렸는데, "세대주가 범했을 때는 땅을 5할로 계산하여

---

69) 《당률소의·호혼중》
70) 《대고속편·민나하향관리제 18》
71) 《대청률·호율·호역》

처벌하는데, 1할이 황폐되었을 때는 태형 30대를 내리고, 매 1할이 증가됨에 따라 1등씩을 더해서 처벌한다."[72] 즉, 한 세대의 논밭에서 5분의 1이 황폐되었다면 즉시 국가의 처벌을 받게 된다는 뜻이었다. 《대청률》은 "무릇 이장의 관할 하에 호적을 둔 논밭이 이유 없이 황폐해지든가, 반드시 재배해야 할 뽕나무나 삼을 규정대로 심지 않았을 때 그 면적이 10분의 1을 넘었다면 형사처벌을 받게 된다"고 규정했다. 주와 현의 장관들과 그들을 보필하는 관원 등은 2등을 감하여 처벌하였다. 논과 밭이 황폐하게 한 농민은 태형을 받았다. 이밖에 청률은 또 "환향하여 농업에 종사한 사람은 인력이 부족하고 토지가 많아도 가능한 한 그 토지를 잘 경작하고 관가에 등기하여 토지세를 내고 부역에 참가토록 해야 한다. 그러나 땅을 과분하게 많이 가져 황폐하게 한다면 태형에 처한다"고 규정하고, 그 토지는 정부에서 몰수한다고 했다.[73] 이와 같은 입법은 "땅을 효율적으로 충분히 이용하기 위한 수단"이었으며, 될수록 많은 사람들이 소농생산을 경영할 수 있는 기본 조건을 갖도록 하기 위한 것이었으며, 한 사람이 많은 땅을 점유하여 땅을 황폐화시키는 것을 방지하기 위함이었다.

5. 승려와 도사(道士)를 배척하여 소농경제를 보장하다

고대 중국에서는 소농경제의 질서를 유지하기 위하여 사찰과 도관(道館)에서 노동력을 쟁탈하고 토지를 침점하는 것을 억제하였는데, 이것은 국가의 중요한 사무의 하나였다.

중국의 고대 통치자들은 사원과 도관이 소농생산에 커다란 위협을 준다고 인식하였다. 따라서 역대 법률은 극소수의 숭불시기를 제외하고는 지나친 도첩(度牒)을 방지하고 절과 도관이 토지를 겸병하는 것을 방지하였으며, 절과 도관이 농업노동력과 생산재를 탈취해 가는 것을 제지하는 것으로써 소농경제를 보호하였다. 우선 법률은 사사로이 출가하여 승려가 되는 것을 단속하였다. 북위시기, 증립(曾立)이 《승제(僧制)》 47제(制)를 정했는데, 그 중에는 "출가하여 승려가 되는 것을 제한하여…… 큰 주(州)는 100명이며 중등의 주는 50명이며 작은 주는 20명으로 제한한다"라는 규정이 있다. 명 수 제한을 초과하여 평민이 승려나 도사가 되는 것을 함부로 허락한다든가 품행이 악랄하여 전과

---

72) 《당률소의·호혼 중》
73) 《대청률·호율·전택》

가 있는 사람을 승려나 도사로 인정해 준다면 엄격한 처벌을 받았다. "자사(刺史)를 위수로 하여 성지(聖旨)를 위반하면 죄로써 단속했는데 태수(太守)와 현령(縣令) 등 관원을 연좌시켜 벌한다"[74]고 규정했다. 당나라에 와서는 천하의 절과 도관을 숫자로 규정하였으며, 절과 도관마다 승려와 도사의 숫자가 제한되어 있었다. 《당률》은 "사사로이 승려로 되거나 도사가 된 자는 태형 100대, …… 이에 관련된 관원이 사사로이 도첩을 내려준 자는 한 사람에 대해 100대, 두 사람에 대해서는 1등을 가해 처벌한다"[75]고 규정했다. 이러한 법률은 모두 승려나 도사가 되어 조세를 피하고 부역을 피하는 것을 방지하기 위한 것이었으며, 사관 세력이 국가와 농업노동력을 쟁탈하는 행위를 방지케 하기 위한 것이었다. 다음으로 법률은 승려나 도사 혹은 사관이 토지를 점유하는 것을 제한하였다. 북위시기 승려나 도사가 재산으로 토지를 구입하는 것을 엄금했다.[76] 북송시기 "절이나 도관에서는 토지를 점유하지 못한다"라고 규정했다.[77] 명나라 건문제(建文帝) 때에는 "승려나 도사의 토지점유를 제한하여 10무가 넘어서는 안 되며, 초과한 부분은 빈궁한 농민에게 나누어 준다."[78] 다음으로 국가는 행정적으로 승려나 도사를 직접 귀농시키기도 했다. 북주 무제시기에는 한때 "절과 도관을 폐지하고 승려와 도사들을 환속시켰다." 그리하여 승려, 도사 300만 명을 "군으로 편입시키든가 귀향시켜 호적에 등기케 하였다."[79] 당나라 회창(會昌) 연간에는 "천하의 승려와 도사 26만 5천 명을 환속시켰다."[80] 이 모든 것은 다 소농경제의 질서를 보호하기 위한 조치였다.

6. 농경을 장려하고 소농경제를 독려하다

고대 중국의 여러 나라는 효도를 장려하고 농사에 힘쓰는 농민을 장려하였으며, 게으른 사람을 징벌하였고, 소농경작을 독려하는 등 방식을 취해 소농경제의 질서를 지켰다.

소농경제 질서에 대하 가장 중요한 보장은 두 가지가 있었다. 하나는 생산조지인 가

---

74)《위서 · 석로지》
75)《당률소의 · 호혼 상》
76)《위서 · 석로지》참조.
77)《속자치통감》권36,《송기 인종》
78)《명사 · 우겸전》
79) (수) 초장방,《역대삼보기》권11, 탕용통,《한우양진남북조시기 불교사》, 393쪽, 북경, 중화서국, 1983.
80)《당회요, 권84, 호구수 잡록》참조.

정의 화목함과 단합으로서 다 같이 힘써 시련을 이기는 것인데, 가장은 권위를 가지고 있고, 처자들은 가장의 배치에 복종해야 했다. 다른 하나는 생산자(노동력)로서 부지런하고 힘든 것을 마다하지 않는 정신으로 농사에 열중하고 게으름을 피우지 않게 하는 것이었다. 중국의 고대 통치자들은 이 점을 너무 잘 알고 있었기 때문에 국가의 법률과 정령(政令)도 효도를 장려하고 농사를 잘 짓는 사람을 장려하는 것을 중시하였다. 상앙의 변법은 "본업에 열중하고 직물을 많이 짠 사람은 노역과 조세를 감면한다"고 규정했으며, "백성들에게 여력이 있으면 곡물로 관작을 살 수 있다"[81]고 규정했다. 이것은 부역을 감면하고 식량으로 관작을 사는 방식을 통해 농민들이 근면하게 농사를 잘 짓고 직포를 열심히 짜도록 고무시키는 방법이었다. 서한 혜제(惠帝)는 영을 내려 "효성이 극진하고 농사에 열중하면 관직을 내린다[82]고 반포했다. 그리고 각 군국(郡國)에서는 "효성이 극진하고 농사에 열중하여 2천 석을 생산한 사람 1명을 선발한다"고 했다. 이것은 조세를 감면시키고 부역을 감면시키는 방식과 관작을 수여하는 방식으로 가정에서 부모에게 효도하고 농사를 짓는 일에 게으르지 않는 농민이 될 수 있도록 격려하기 위한 것이었다.

한 문제 때는 "각 지방에 삼로(三老), 효제(孝弟), 역전(力田) 등 말단 관원을 두어 백성들이 효도하고 농사에 열중할 것을 독려하도록 하였다."[83] 즉 향에서 효도로 유명하고 농사 실적이 높은 농민을 뽑아 향의 관리로 선발했는데, 그 직책을 효제, 역전이라고 불렀다. 이들이 하는 일은 어른들에게 효도하고 농사에 힘쓰도록 농민들을 관리하는 책임을 주었던 것이다. 한나라 때는 국가의 재정으로 효도하고 농사에 열중하는 농민에게 상을 내려 주었다. 한 문제부터 한 애제에 이르기까지 거의 해마다 상사(賞賜) 노사(勞賜), 가사(加賜) 등의 이름으로 효성이 지극하고 농사에 성과가 있는 농민을 장려하였다. 어떤 때는 한 해에 두세 번이나 장려하기도 했다. 한나라 때 효성이 지극하고 농사에 큰 성과를 낸 농민을 경성에 보내 관리로 임용한다는 정책을 법적으로 규정하였다. 예를 들면 선제 3년(기원전 67)에 "군국에 명하여 효도로 항간에 이름난 사람 각 1명을 추천하여 임용한다"[84]고 규정했다. 이러한 제도는 명청대까지 이어져 내려왔다. 명나라 때는 농민들이 곡식으로 종6품까지 관직을 살 수 있다고 규정했다.[85] 청 옹정제 때는

---

81) 《사기 · 상군열전》, 《상군서 근령》
82) 《한서 · 혜제기》
83) 《한서 · 문제기》
84) 《한서 · 선제기》

각 주와 현에 영을 내려 본보기가 되는 농민을 추천하여 관모를 수여하는 장려방식을 취하기도 했다.[86] 이밖에 국가는 법률을 제정하여 효도하지 않고 화목하지 않는 행위를 엄격하게 단속하였다. 부모와 조부모에 불효한 자는 중죄로써 처벌했다. 이로서 소농생산 경영에서의 가장의 절대적인 권위를 보장하여 주었다. 이러한 장려책을 실시하는 외에도 건달과 게으른 농민을 징벌하는 일에도 법률적으로 관심을 기울였다. 상앙의 변법은 "게을러서 빈궁하게 된 사람은 노예가 되게 한다"라고 규정했다. 한나라의 지방장관은 "당지의 농민에게는 생업에 전력할 것을 권장해야 하며, 이에 따른 처벌 조목을 제정하여…… 일을 하기 싫어하는 사람은 농사를 짓고 뽕나무를 기르는 데에 부역을 시키는 등 엄격하게 단속하는 형법을 제정해야 한다"[87]고 규정했다. 북조 서위 때는《6조의 조서》를 반포하였는데, 그 중에는 "일하기 싫어하고 일터로 늦게 나갔다가 일찍 돌아오며. 게으름을 피우며 농사일에 등한한 농민은 이장이 군과 현에 첩을 올려 이장이 사실에 따라 처벌하도록 한다. 이는 한 사람을 징벌하여 백 사람에 경고하는 일벌백계 책이다"[88]라고 규정했다. 당의《당률》은 외지로 유랑하며 농사를 짓지 않고 부역을 피하는 행위를 엄격하게 단속하였다. 엄중한 자는 3년의 도형을 내렸다.[89] 원나라 때에《농상지제(農桑之制)》14조를 반포하였는데 그 중 50세대가 한 농업사를 설립하고 사장이 산하 사람들을 감독하고 관리하는 책임을 지게 했다. "그 중 부모형제를 존중하지 않고 흉악하게 구는 자는 관청에 보고하여 징벌하도록 하였다." 경한 자는 "그가 범한 죄를 크게 써서 대문에 붙이고, 중한 자는 본사(本社, 농업사)의 사람들을 대신하여 부역토록 한다"[90]고 규정했다. 원나라 성종 때도 법령을 반포하여 "농사에 전력하는 사람을 장려하고 게으른 사람은 처벌한다"[91]고 규정했다. 농경제의 경영질서에 대해 말하면 이와 같은 법률제도와 그 제도를 만드는 일은 지극히 중요했다. 생산력이 낙후한 상황에서 농민들이 조금이라도 게으르면 즉시 파산하게 되며, 국가의 조세도 낼 수 없게 되기 때문이었다.

---

85)《명사·식화지》참조.

86) 曹貫一,《중국농업경제사》, 813쪽, 북경, 중국사회과학출판사, 1989.

87)《후한서·순리전·수람》

88)《주서·소탁전》

89)《당률소의·포망》참조.

90)《원전장·호부·농상》,《원사·식화지1》

91)《원사·식화지1》

몽테스키외는 "중국은 비록 어린이를 버리는 일도 있지만, 그 인구는 나날이 크게 증가하여 부지런히 일해야만 토지로부터의 생산물로 백성들의 생활이 유지될 수 있었다. 이에 관하여 정부에서는 아주 깊은 관심을 두었다. 정부는 시시각각 농사일에 관심을 기울여 사람들이 힘들여 노동한 소득을 타인이 탈취하지 못하도록 지켜주었다. 따라서 이 정부는 민정을 관리한다기보다는 가정을 관리한다고 하는 것이 더 합당할 듯하다"92) 고 분석했다. 게으른 사람을 징벌하는 것은 바로 "가정을 관리"하는 전형적인 표현이었다.

7. 빈곤에 대한 지원 및 농업 대출과 소농경제

중국 고대의 역대 왕조를 보면 소농생산을 돕기 위한 소농 생산재를 보조해 주는 빈궁부축제도 혹은 농업대출제도가 있었다. 한나라 때는 "농민이 자리를 옮겨 땅을 개척할 때 소와 농기구를 해결해 준다." "농민이 땅은 있으나 그것을 경작할 여력이 없는 자에게는 종자와 식량을 대출"해 주는 정책이 있었다. 농민을 모집하여 변경에서 땅을 개척할 때는 "땅과 주택, 그리고 농기구를 대여해 준다. 쟁기, 소, 종자, 식량 등을 대여하여 준다." 이러한 대여는 무이자 대여였다. 즉 "변경의 군과 주에서 대여해 주는 소는 이자가 없다." "대여해 주는 종자와 식품은 이자가 없다"93)고 규정했던 것이다. 진나라도 소를 대여해 주었는데 그것은 이자가 있었다. "종우 3만 5천 마리를 관리, 사대부, 서민들에게 대여해 주어 봄갈이를 하게 하고, 곡물을 수확하면 소 한 마리에 곡물 3백 되를 바쳐야 한다"94)고 이자율을 규정했다. 송나라 때의 왕안석은 변법을 시행했는데, 그 중에는 청묘법(青苗法)이라는 제도가 있었다. 청묘법이란 국가의 창고를 열어 식량 (혹은 그 식량을 판 돈)을 자본금으로 하여 농민들에게 대여해 주어 봄철과 여름철 보리고개를 넘기게 했던 제도였다. 이에 대한 환납은 가을에 수확한 작물에서 본전에다 2할 이자를 붙여 국가에 상환하면 되었다.95) 이러한 변법은 보릿고개 때 농민들에게 생산자본금을 대주는 제도였는데, 이는 마치 푸른 묘목을 대주는 것이나 마찬가지라고 해서 청묘법이라고 불렀던 것이다. 이처럼 생산재를 대여하여 주는 빈궁부축제도는 국가가

---

92) (프) 몽테스키외, 《법의 정신》, 상책, 張雁深 옮김 129쪽, 앞의 책.

93) 《한서 · 소제기》 《한서 · 평제기》, 《후한서 화제기》

94) 《진서 · 식화지》

95) 《송사 · 식화지 상4》, 《송회요람 · 식화4》

농가의 소농생산 경영에 직접 참여했다는 중요한 표지였다.

8. 소농경제와 소금, 철제품, 주류, 차의 국가전매와 민영 금지제도

국가의 재정수입을 증가시키고 국민경제를 통제하며 상품경제의 발전이 소농경제에 대한 파괴 작용을 방지하기 위하여 춘추시기 관중이 제나라의 재상으로 있을 때, 국가에서 "자연자원을 관리"하기 위해 고대 중국의 역대 왕조는 전매와 금지제도를 실시해 왔다. 국가 경제와 백성들의 생활에 관련된 중요한 물품의 생산과 판매를 국가에서만 경영하게 되어 있었으며 민간에서는 경영하지 못하도록 규정했던 것이다.

고대 중국에서 그 어떤 상공업을 막론하고 조그마한 이익이라도 얻을 수 있다면 국가는 그것을 모두 전매하였으며 민영을 금지하였다. 관중이 제나라의 재상으로 있을 때 국가에서 "산과 바다의 이익을 관리한다"고 규정했으며, 상앙이 변법을 실행할 때는 일산택(壹山澤)이라는 정책을 실시하였다. 한 무제 때 소금, 철제품, 주류, 차, 청동, 연, 아연, 초석, 유황, 심지어는 도자기, 담배, 대황 등을 일괄적으로 관에서 관리하는 범위를 확대해서 국가 전매제를 실시하였다. 역대 왕조는 엄격하게 법을 제정하여 조정과 이익을 쟁탈하는 상인을 처벌하였다. 한나라 때는 "감히 사사로이 철기를 제련하고 소금을 생산하는 자는 왼쪽 발을 자르고 그의 모든 재산을 몰수한다"[96]고 규정했다. 당나라에 와서는 "사사로이 소금 한 섬을 생산하면 사형에 처한다"고 규정했으며, 5대시기에는 "소금을 사사로이 생산하면 그 수량에 관계없이 사형에 처한다"고 했다. 5대에 와서는 "소금 3근을 생산하면 사형에 처한다"고 했고, 원나라는 "소금 1근 이상 생산하면 도형에 처하고 재산을 몰수한다"[97]고 했으며, 명청시기에는 "사사로이 소금을 제련한 자는 곤장 백 대에 2년 도형에 처한다. …… 나포되기를 거절하는 자는 목을 자른다"[98]고 규정했다. 소농경제를 기초로 한 중국봉건사회에서 개인의 수공업이나 상업이 발전하는 것은 아주 불리했다. 수공업의 발전이 해롭다는 것은 주로 소농경제의 기초를 흔들어 놓을 수 있기 때문으로 보았던 것이다.

일반적으로 말해서 개인 수공업자나 상업 혹은 민간에서 소금, 철제, 주류 등을 경영

---

96) 《사기·평준서》
97) 沈家本, 《역대형법고·鹽法考》
98) 《대명률》, 《대청률》의 〈염법〉 참조.

하는 것이 국가에 가져다주는 해로운 점은 다방면이었다. 그러나 가장 중요한 손해는 소농경제 질서에 대한 위협이었다. 구체적으로 말한다면 농업생산과 노동자원을 빼앗고 백성들이 농업에 안주하는 것을 동요시키며 심지어는 논과 밭이 황폐하게 되어 국가의 기본을 흔들어 놓고 소농경제를 와해시켰기 때문이었다. 상앙은 "농민이 적고 상인이 많으면 귀한 사람도 빈궁하게 된다"[99]고 말했으며, 순자는 "수공업자와 상인이 많으면 국가가 빈궁하다"[100]라고 말했다. 한나라의 가의는 "기본을 떠나 지엽적인 것을 추궁하면 일하지 않고 먹는 자가 많아지는데 이는 천하의 큰 재앙이다"[101]라고까지 말했다. 한나라의 왕부유는 당시에 "농업과 뽕나무 재배를 포기하고 상업에 종사"하는 것이 사회적 분위기로 변하자 "농민 한 사람이 100명을 먹여 살려야 하고, 한 여성이 짠 직포로 100명의 옷을 만들어야 한다"[102]고 역설하기까지 했다. 이러한 주장은 공상업이 소농경제 질서에 대한 위협을 이야기한 것이었다. 따라서 고대인들은 "상인을 줄이고 농부를 늘려야 한다"[103]고 주장했던 것이다. "백성을 농업에 종사하게 하는 것은 기본을 살리는 것이며, 천하의 사람들이 각자가 다 자신의 힘을 다하게 해야 한다. 지엽적인 공상업으로 인해 농사는 짓지 않고 밥을 먹는 사람을 논밭과 인연을 맺도록 해야 한다"[104]고 강조했다. 따라서 "농부가 많게 하고 수공업자와 상인이 적어지게 해야 한다"[105]고 했다. 고대 중국은 농업입국이기 때문에 농업이 국가의 근본이었다. 민중들이 농업을 포기하고 상업에 종사하면 농전(農田)이 황폐화되고 양식이 극히 부족하게 되며 수재나 가뭄이나 전쟁 같은 재앙을 만나게 될 때는 국가가 위험에 처하게 된다고 생각했던 것이다.

이상의 원인으로 인해 역대 조정에서는 상업을 강제로 꽁꽁 묶는 정책을 취했는데, 부자 상인이 국가와 이익을 쟁탈하는 것을 극력 반대하였으며, 조정에서 소금, 철제, 차와 주류 등을 전매하는 정책을 취하고 민영을 금지시켰다. 조정은 직접 관련된 관원을 두고, 관련된 공장을 설립하여 소금, 철기 주류와 차 등의 물품에 대한 전매 독점을 실행

---

99)《商君書·去强》
100)《순자·부국》
101)《新書·대정》
102)《潛夫論·浮侈》
103)《순자·군도》
104)《한서·식화지》, 가의의 말.
105)《歷代名臣奏疏》권257, 蘇轍의 말.

하였다. 상업이 농업노동력을 쟁탈하는 것과 농업에 대해 위협을 주는 것에 반대하여 조정에서는 상업에 한해 높은 상업세를 징수하는 정책을 실시하였으며, 화폐를 개혁하는 등의 조치를 취했다. 그 목적은 "상업세를 높게 징수하여 상인들로 하여금 별로 이득을 볼 수 없게 하여 저절로 상업을 그만두게 한다는 것"[106]이었으며, "시장의 부역을 높여 농민들이 상인을 꺼리게 하고 상인이 게으름을 피우려는 마음을 발동케 하여 이익이 없으면 상인들이 상업에 종사하는 것을 두려워하고 상업에 종사하는 것이 두려우면 농업에 종사하게 된다"[107]고 생각했던 것이다. 그리고 "음란하고 돈을 많이 소유한 자를 무너뜨린다"[108]는 생각 하에 이러한 조치를 취했던 것이다.

* * *

이상 국가의 기본체계와 구상, 국가의 민사재산 법률제도, 국가의 경제행정법제 등 세 방면에서 중국 전통법률문화와 중국사회의 경제생활형태와 소농경제의 내재적인 연계성을 설명하였다.

이상의 서술을 통해 우리는 중국 전통사회의 정치 법률제도와 행정조치의 과정을 살펴볼 수 있었는데, 주로 세 가지 중요한 요소를 나타냈다는 것을 알 수 있었다. 첫째는 소농 관념을 견지하고, 소농설계와 구상을 견지하였으며, 소농원칙을 견지하였다는 점이다. 둘째는 소농경제의 터전 혹은 전제를 구축하는데 전력하였고, 셋째는 소농경제를 지키고 보장하기 위한 외부환경을 구축하는데 전력을 기울였다는 점이다. 이러한 세 가지 형태는 법제 및 시정과정에서 충분히 나타났다. 이에 근거하여 우리는 중국 전통법률문화를 소농경제의 법률문화라고 말할 수 있는 것이다.

첫째 요소에 대해 말한다면, 소농경제라는 사회의 영향 하에 중국의 정치 이상, 정치 구상은 소농의 범위를 벗어나지 못했고, 중국의 모든 체제구상은 소농가정을 기반으로 히고 기정을 국가의 기본으로 하였다. 5무의 주택에 100무의 땅, 암닭 다섯 마리와 누 마리 암돼지라는 규모로 간단히 설계했던 정치와 법제였다. 백성들이 굶지 않고 추워 떨지 않는 극히 낮은 경제생활수준을 왕도의 실현이라고 간주했던 것이다. 재부의 균형

---

106) (명) 李贄, 《藏書》 권50, 《富國名臣總論》
107) 《상군서・墾令》
108) 《사기・평준서》

적인 향유, 이익의 평균적 점유(자식들의 재산 평균분할제, 제후분봉제, 균전제)를 정치의 궁극적인 원칙으로 정하였던 것이다.

둘째 요소는 법률과 시행과정에서 소농경제의 터전 혹은 전제문제인데, 이는 주로 땅을 분여(백성들이 고정자산이 있어야 한다는 사상)하고 토지매매를 억제시키고, 여러 자식들이 가산을 평균적으로 분할하여 상속하는 토지분할제도로 나타났으며, 소농경영 규모를 유도하고 규정을 초과하여 토지를 점유하는 것을 배격하고, 상인이 토지를 상업적으로 경영하는 것을 배격하는 등 방면으로 나타냈다. 토지를 작은 필지로 분할하여 가정마다 땅이 있고, 사람마다 경작할 땅이 있게 하는 것, 즉 "경자유기전(耕者有其田)"을 원칙으로 한 아주 작은 경영규모를 이상으로 정하였기 때문에, 농업을 소농경영형 농업에 국한시키게 되었던 것이며, 경영단위를 가정에 국한시키게 되었다. 물론 토지겸병을 억제하는 것은 객관적으로 소농경제의 연속성을 보호할 수 있게 했지만, 그렇다고 토지겸병을 억제하지 않았다면 기타 경제형태가 출현할 수 있다고는 말할 수 없는 것이다. 지주, 권세가, 상인들이 대량으로 토지를 겸병한다고 하여 토지경영의 규모가 확대되거나 경영방식이 진보하게 된다고는 말할 수 없기 때문이다.[109]

세 번째 요소에 대해 보면, 소농경제의 외부환경을 보호하는 문제인데, 이에 대해서는 앞에서 이미 간략하게 서술하였다. 앞에서 예로 든 것은 일부분일 뿐 많은 법제와 조치를 상세하게 예로 들지는 못했다. 어떤 법제는 그 골자가 소농경제의 생존을 보호하기 위해 설립한 것이라고 말할 수 있을 것이다. 다만 그와 같은 법제와 소농경제의 내재적인 연관성을 제대로 파악해 내지 못하였다는 점을 밝혀둔다.

---

109) 傅築夫은 중국은 비록 대대로 토지 겸병이 심하여 양적으로 거대하게 되어 그 결과 주와 현을 넘어선 대지주가 태동하기도 했지만, 토지에 대한 투자를 영원히 행할 수는 없었으며, 땅을 소작 내어 농업을 경영하는 전문 농업기업가가 출현할 수 없었다고 지적하였다. 즉 토지는 비록 부단히 집중되었지만 경영단위는 오히려 부단히 분산되었다는 것이다. 그리고 토지가 집중될수록 토지를 상실한 농민이 많아지고 농민들은 점점 더 빈궁에 처하게 되어, 토지 경영단위가 점점 더 분산 축소되었다는 것이다. 傅築夫,《중국고대경제사개론》, 73-76쪽, 북경, 중국사회과학출판사, 1983년.

4장.
종법사회의 조직과 중화 법률전통

개개인은 통일적인 단체를 형성해야 생존할 수 있다. 진나라 이전의 사상가 순자는 "사람들은 태어나서 동아리로 묶지 않으면 안 된다"[1]고 주장하였다. 즉 단체, 동아리는 인간이 세계를 주재하는 메커니즘이다. 인류는 "힘은 소보다 약하고 걷는 것은 말보다 못하다." 그러나 우마는 결국 인류에 의하여 부려진다. 이것은 무엇 때문인가? 그것은 인류는 함께 뭉쳐 단체를 이루었기 때문이다. "사람은 뭉칠 수 있는데 동물은 뭉칠 수 없다." 단체가 없으면 인류도 다른 동물과 다를 바 없으며 생존할 수 없게 되고 발전할 수 없게 된다. 무리, 동아리로 사람과 동물이 구별된다. 사람이 무엇 때문에 동물과 달리 사회를 구축할 수 있는가? 순자는 명분이 있기 때문이라고 주장하였다. "사람이 어떻게 뭉칠 수 있는가? 그것은 이름 하여 명분이 있기 때문이다. 명분은 어떻게 확립될 수 있는가? 의무가 있기 때문이다. …… 사람은 태어나서 무리를 짓지 않으면 안 된다. 무리에서는 명분이 없으면 서로 다투게 된다."[2] 순자가 말한 명분은 신분구별과 상응되는 의무를 말한다. 의란 예의와 인륜도덕이다. 순자는 인류가 하나의 사회를 이룩할 수 있는 것은 예의와 인륜도덕을 내용으로 하는 귀천, 존비, 장유 등의 명분과 서로에 대한 의무가 선명하고 그것을 실행하기 때문이라고 지적했다.

개인이 사회로 조성되는 것은 마치 염주를 한 줄에 꿰는 것이나 다름없다. 염주를

---

1) 《순자 · 부국》
2) 《순자 · 왕제》

꿰려면 줄이 있어야 한다. 개인이 사회를 조성하려면 하나의 기본원칙 혹은 표준이 있어야 한다. 그 원칙 혹은 표준이란 한 단체 내의 서로 다른 성원들의 위치와 권리에 대한 의무와 책임, 혹은 상호 약속을 말한다. 각 민족 성원들이 서로 다른 사회를 결성할 때 준수해야 하는 원칙은 하나만이 아니다. 일반적으로 말해서 서로 다른 성질의 사회를 결성할 때 서로 다른 원칙이 있다. 그러나 종합적으로 말해서 한 사회가 기타 사회의 모본이 되든가 기초가 될 때는 공동성을 갖는 원칙이 있으며, 그 원칙은 기타 모든 원칙의 지침이 된다. 우리는 이 양자를 표준사회 혹은 표준원칙이라고 명명할 수 있다.

종법사회(형태)는 중국 고대 사회조직 형태의 표준사회 모델이며, 종법의 인륜 도덕원칙은 중국 고대의 모든 사회원칙의 표준원칙이다. 이것은 유럽의 문화전통에서 시민사회가 표준사회이며 시민의 윤리도덕이 유럽세계의 기타 사회를 결성하는 표준원칙이 되었던 것과 같은 것이다.

무엇이 종법사회인가? 종법사회란 종법윤리도덕을 원칙으로 하고 결성된 인류단체이다. 무엇이 종법 윤리도덕의 원칙인가? 이 문제는 종법제에 대한 인식을 하는 것으로부터 시작해야 한다. 이른바 종법제란 서주시기 창립한 친족관계에서 장유, 적서(嫡庶), 원근관계에 따라 정치적으로 서로 다른 위치를 결정하여 국가정치시스템과 왕족 가족의 조직구조를 결합한 제도이다. 간단히 말해서 "종족을 법"으로 하는 것이며, 즉 "종족의 맏아들을 법"으로 한 것이다. 주나라 초기 국가와 산하 각급 제후국(대부들의 식읍) 내 최고 통치권의 상속문제를 해결하고, 장기적으로 안정된 통치권력과 작위를 건립하고 계승하기 위하여, 주나라 통치자들은 하상(夏商) 두 왕조의 교훈을 받아들인 기초 위에서 정실 맏아들 상속제를 확립하였다. 다시 말하여 정실이 낳은 장자가 권력과 작위를 계승한다는 제도였다. 이 제도를 확립한 후 기타 부친뻘의 권력과 작위를 계승하지 못한 형제들을 어떻게 배려해야 하는가에 대한 문제가 초미의 문제가 되었다. 그들이 국가와 하급 정치구조 하에서 어떤 위치와 권리를 소유할 수 있겠는가? 국가는 어떻게 하급의 정치적 제후국, 식읍(봉읍)을 관리하고 통제할 것인가? 이러한 문제를 해결하는 과정에서 대종과 소종의 구별이 나타나게 되었다. 대종은 왕위와 제후를 계승하고 대부의 위치를 계승하며, 대종은 소종을 거느리고 지휘하고 소종은 대종에 복종하는(즉 대종을 법으로 받든다) 제도이다. 주왕은 주나라 사람들의 왕이며 자칭 천자라고 불렀다. 주나라 사람들의 족보를 이어받아 조상에게 제를 지내고 모든 주나라 사람들은 전국의 대종이며 정실의 장자가 왕위를 계승한다. 기타 형제들과 여러 자식들은 제후로 봉한다. 이들은 천자에 한해서는 소종이지만 그의 봉국에서는 대종이다. 제후국도 정실의

장자가 작위를 계승받아 대종으로 된다. 기타 여러 자식들은 경(卿)이나 대부(大夫)로
봉한다. 그들은 제후에 한해서는 소종이지만 그의 봉읍에서는 대종이다. 그 직위도 적
장자가 계승한다. 경대부의 자식들을 사(士)라 하는데, 사는 경대부에 한해서는 소종이
나 그의 가문에서는 대종이다. 사의 적장자가 사라는 직위와 권리를 계승받고 그의 여
러 자식들은 서(庶)라고 한다. 서란 백성인데, 가정에 종족조직이 있는지 없는지 주나라
때에는 명확하지 못하였다. 그러나 적장자가 가장 혹은 족장의 위치와 권리를 계승받는
것은 의심할 바가 없다. 이렇게 분봉하여 계승하게 되는데, 적장자를 종자(宗子)라 하여
조상의 제를 지내는 주관자이며, 법을 실행하는 주재자이다. 이와 같은 종족 내부의 각
종 명분과 권리, 의무관계를 보면 대종이 소종을 인도하고 지휘하며, 소종은 여러 동생
들을 인도하는데 이것이 곧 중앙과 지방의 영도와 예속관계이다. 종족 내부의 이와 같
은 가법관계가 근본으로 되어 국가의 정치예속관계가 건립되었다. 국가로부터 사, 서,
민의 가정에 이르기까지 정치조직과 친척조직은 아무런 구별이 없다. 왕족과 아무런 동
종관계가 없는 기타의 귀족은 혼인관계를 통해 제후로 분봉을 받을 수 있고 종법관계망
에 들어설 수 있다. 그들은 공동으로 종법 망에 들지 못한 사람들을 통치하게 된다. 즉
통치자 종족과 아무런 혈연관계나 혼인관계가 없는 사람들을 통치하게 된다. 그러나 사
실을 볼 때 주도적으로 왕족에 귀순한 왕족이 왕족과 혼인관계를 가지지 않은 친족은
아주 적다. 진정으로 종법 망에 들지 않은 종족과 개인은 대체로 피정복 지역의 종족이
며 백성들이다. 그러나 그들의 씨족 내부의 관계도 통치가족의 종법제의 영향을 받아
그들 자체의 종법 망을 형성하게 되며, 종법제가 그들 가족 내부가정의 관리유형이 된
다. 동시에 그들은 통치가족에 복종하는 자민(자식과 백성)이 되기 때문에 그들의 심중
에는 자연히 통치가족을 대종으로 모시게 되고 자기를 소종이라고 인정하게 되는 것이다.

　　종법제는 이러한 과정을 통해 자연히 중국 고대 각 계층(각종 사회단체)의 표준유형
으로 고착되었다. 국가 통치계통도 성공적으로 종법계통으로 전환될 수 있었다. 국가를
유지하고 수호하는 통치의 규장법규도 지연히 宗法法規에 준하였다. 이러한 종법법규는
종법윤리의 도덕원칙이다. 종법윤리의 도덕원칙은 중국 고대 모든 사회의 가장 큰 정신
적 기둥이며 유대관계였다. 종법 윤리도덕은 주나라에서 종법제가 형성되는 과정에서
점차 형성되었으며 완벽하게 되었다. 그 핵심내용이 "친친(親親), 존존(尊尊)"이다.

　　"친친, 존존" 원칙의 핵심내용은 친족(특히 친족을 존중하는 것)을 존경하고 사랑하는
것과 윗사람을 존중하고 그에게 복종하는 의무이다. 이 두 의무를 개괄한 것이 인과 의
라고 할 수 있다. "인자하다는 것은 친족을 사랑하는 것으로, 이를 인이라 한다."[3] "인이

라고 함은 사람을 사랑하는 것을 말하는데, 친족을 사랑하는 것이 가장 큰 인이다. 의라 함은 분수에 맞게 처신하는 것인데 현명한 자를 존중하는 것이다."[4] 인의 핵심은 친족을 사랑하는 것이며 의의 핵심은 윗사람을 존중하는 것이다. 이 양자는 천하의 공동적인 미덕이며, 사람들의 양식이다. "어린아이라고 해도 친족을 사랑할 줄 모르는 사람이 없어야 하고, 후에 자라나 크게 성장하였다고 해서 형을 존중할 줄 모르는 사람은 없다. 친족을 친절하게 대하는 것이 인이요, 윗사람을 존중하는 것이 의이다. 다른 것이 아니라 바로 이것이 천하의 도리이다."[5] 모든 윤리도덕 혹은 미덕의 표준은 모두 다 가족 내에서 정해진 것이다. 친친(親親, 부모를 사랑하고 친절하게 대하는 것)은 부모에 대한 본능적인 사랑이고, 존존(存存)은 윗사람을 존경하는 것이다. 이것은 곧 친족윤리와 정치윤리가 일체화된 것이다. 한편 친친의 인인 혈연윤리는 정치에 관철돼야 했으므로 모든 사람을 다 친족처럼 사랑해야 하는 식으로 연계되어야 했는데, 이는 곧 "노인은 자신이 노인이라는 신분에서 다른 노인을 잘 대해 주어야 하고, 어린이는 자기가 어린이라는 신분에서 다른 어린이를 잘 대해여 주어야 한다"는 것이고, "친인척을 먼저 사랑하고 그 다음에 백성들을 사랑하고 그 후에야 사물을 사랑한다"[6]는 순서로 정착되어, 순수한 친족관계를 정치적으로 연계시켜야 하는 문제로 제시하였던 것이다. 다른 한편 존존의 의는 정치윤리를 "친족의 정"에 비하였다. 윗사람을 존경하고 존귀한 사람을 존중하고 그에 복종하는 것은 본래 순수한 정치 윤리적 요구이다. 그런데 그것을 친족윤리에 비유한 것이다. 상급자를 존경하는 정치적 의무는 동생이 형님을 존경하는 혈육의 정과 같은 관계를 자연스럽게 연장시킨 것이다. 말하자면 유가에서 말하는 존장의 실질은 여전히 친친(親親)이다. "사람마다 자신의 친족을 친절하게 대하여 주고 윗사람을 윗사람으로서 모시게 되면 천하가 태평스럽게 된다."[7] 모든 사람들이 다 부모에게 효도하고 윗사람을 존경한다는 것은 곧 국가의 정치적 의무를 이행하는 것과 같다는 논리였다.

 "친친, 존존" 두 원칙 중 친친이 선위(先位)이며 핵심이다. 존존은 친친에 종속되어 있는 개념이다. 유가는 친친에 존존을 귀속시켜 종법정치를 철저하게 구축하였다. 모든 윤리생활은 친친에서 출발하는 것처럼 정치생활 중 지위와 명분이 자기보다 높은 사람

---

3) 《국어·진어1》
4) 《예기·중용》
5) 《맹자·민심 상》
6) 《맹자·양혜왕 상》, 《맹자·진심 상》
7) 《맹자·이루 상》

에게는 존존을 보여 주어야 한다. 충효를 강조하고 존중을 강조하는 것은 국가 차원에서 보면, 이는 마치 임금을 반대하지 않는 것은 가정에서 효를 강조하는 것과 같아 가정과 국가가 혼연일체가 돼야 한다는 개념이었다. 이로서 윤리와 정치의 일체적 질서가 철저하게 완성되었으며, 정치조직과 사회조직의 일체성이 철저하게 완성되었던 것이다.

이러한 사회조직의 구조와 원칙은 현실적으로 존재하여 수천 년간 중국의 법률전통에 깊은 영향을 주었는데, 이는 중국 법률전통의 성격과 특징을 결정하게 하였다. 다른 한편 정치를 위해 봉사하는 도구였던 중국의 법률전통은 계속적으로 종법사회의 조직과 그 원칙을 지킨다는 소명을 지켜왔다. 종법원칙에 부합되는 체제를 설계하고 집행하여 왔으며 종법체제와 원칙에 어긋나는 행위를 엄격하게 배격해 왔던 것이다.

이러한 점을 네 방면으로 나누어 중국법률전통에 끼친 종법사회 조직형태의 내재적인 영향을 분석하고자 한다.

1절. 종법의 원칙과 국가의 정치유형

중국 고대국가의 기본구상 혹은 체제원칙은 종법제였다. 이는 각 방면에서 구체적으로 나타났다.

1. 국가의 가정화, 군중의 부친화

중국 전통적 정치철학 중 국가는 가정과 같다고 그 위치를 확정지었다. 즉 국(國)이란 가(家)인 것이다. 《예기·예운》편에는 "현명한 사람은 천하를 하나의 가정으로 간주하고 국가를 한 사람으로 간주한다. 그들은 주관에 따라 마음대로 처신하는 것이 아니라, 그 중의 심오한 뜻을 해부하고 분석하여 그들의 이해관계를 파악하고 그들의 충돌을 처리하게 되는데, 이 때문에 그들은 일정한 업적을 갖게 된다. …… 부친은 자상하고 자식은 효도하고 형은 어질고 동생은 형을 존경하며 아내는 남편의 말에 따르고 윗사람은 어린 사람을 사랑하고 어린 자는 윗사람에게 순종하며, 임금은 인자하고 신하는 충성해야 한다"고 말했다. 말하자면 백성들로 하여금 종법윤리인 10의(十義)에 눈이 밝아야 하고, 10의에 준하여 처신한다면 천하일가라는 정치구조를 구축할 수 있으며, 국가를 가정화할 수 있다는 뜻이었다. 이와 같은 국가구조에서 "천자는 국민의 부모이며 천하의 왕이다."[8] "즐거워라 군자여, 그대는 백성들의 부모이다."[9] "천자는 부모로서 천하의 일을 맡아보며 그 자손은 만민이다."[10] 군왕은 천하 백성의 공동적인 부친이라는 것이었다. 군주는 백성들을 자식처럼 사랑하고 적자처럼 보살펴[11]주어야 한다. 그의 행정(行政)은 반드시 "백성들의 부모와 같은 행정이어야 하고, 백성들의 부모와 같은 행정을 함에 있어서의 관건은 자식을 교육하는 것이며, 사농공상 각 분야에 각자의 할 일을 할 수 있게 해야 한다. 그러므로 폭군은 백성들의 부모가 돼야 한다는 천직을 위배한 군왕이다."[12] 이처럼 군왕과 부친이 일체가 되고, 국가와 가정이 일체가 되는 원칙을 정식으로 법전에 기록하였다. 《당률소의》는 "왕은 천하의 지존으로서 하느님의 명을 받들며, 천지의 위용을 담아 억만 백성들의 부모가 되어야 하기 때문에, 자식들과 신하들은 오로지 충성하고 효도해야 한다."[13] 이처럼 법률은 군왕과 부모에 대한 의무를 민중들의 가장 높고 가장 중요한 의무로 정해졌으며, 군왕과 부친에 대해 해를 끼치는 것은 "하늘의 도를 위배하는 것"이라고 정하여 가장 엄한 범죄로 처벌했던 것이다.

2. 관민관계에서의 부자(父子)의 구조

중국 고대의 관민관계는 고대 중국의 정치철학에서 정치적 부자관계로 미화되었다. 관리를 부모관(父母官)이라 하였고, 백성들은 자민(子民, 자식과 같은 백성)이라고 그 신분을 정했다. 비록 군왕이 부친으로 되어 있는 천하일가의 구조에서는, 관리가 백성들의 형님처럼 존중해야 하는 대상이긴 했지만 이것은 정치적인 형님에 불과했다. 그러나 장형여부(長兄與父, 큰 형은 부친과 같다고 하는 원리에 따라 군주로부터 멀리 떠나 있는 지방의 관리는 군주의 대리자이며 화신으로 간주되어 형님관이 아니라 부모관이

---

8)《상서·홍범》
9)《시경·소아》
10) (한) 동중서,《춘추번로·교제》
11)《상서·강호》
12)《맹자·양혜왕 상》,《맹자·공손추 상》
13)《당률소의·명례1》

되었던 것이다. 백성에 대한 부모관의 의무는 포유(젖을 먹여 주는 것 - 역자 주)였다. 자사와 현령은 "평민 백성들의 부모로서 백성들에게 힘껏 포유해야 하는데, 그럼에도 어찌 백성들로부터 상처를 받을 수 있다는 말인가?"[14] 이 말은 곧 법률적으로 볼 때 관리도 부모와 같이 특별보호를 받았음을 말해주는 것이다. 《당률》로부터 《청률》에 이르기까지 "본 지방의 부주(府州), 자사, 현령과 관리를 살해하였든가, 본부(本部)의 5품 이상 관원을 살해하였을 때는 불의(不義)라는 중죄로 취급하고, 이를 10악(惡)에 든다고 하여 친족의 부모와 형을 살해한 죄와 같이 취급하였다. 이에 대한 형벌은 일반 사람들의 살상죄보다 훨씬 더 중하게 처벌했다.

3. 모든 사회관계의 종법화

　정치관계의 종법화를 제외하고도 중국의 법률전통은 비정치적이며 비 혈연관계에서도 종법화를 실행하였다. 예를 들면 교육방면의 스승과 제자와의 관계를 준 부자관계로 간주하였다. 스승과 제자 간의 윤리원칙은 거의 모두 혈연적인 부자윤리 원칙과 같았다. "하루 동안의 스승도 평생의 부친처럼 모셔야 한다." 법률도 이러한 준 부자관계를 인정하였다. 예를 들면 《당률》로부터 《청률》에 이르기까지 모두 다 "스승을 살해하는 것"을 불의의 중죄로 취급하여 10악에 귀속시켜 평상인보다 아주 중하게 처벌했으니 부모를 살해한 죄와 거의 비슷하게 그 원인을 묻지 않고 사형에 처하였다. "스승을 상해하였다"면 "일반인보다 2등급을 올려 처벌"하였다.[15] 강호(江湖)사회의 관계를 보더라도 대체로 혈연관계의 틀에 맞춰 그 구조를 형성하였다. 당주(堂主), 용두(龍頭) 등을 사부, 큰형, 사백(師伯, 叔)으로 존칭하였다. 성원들은 결의형제를 맺는 방식으로 결합하였다. 법률은 비록 이러한 관계를 정식으로 인정하지는 않았지만, 이러한 관계가 법률의 종법화 윤리설계를 강화하였다는 것은 의심할 여지가 없는 것이다.

　비혈연관계의 종법화에서 가장 전형적이며 대표적인 것은 종교관계의 종법화였다. 종교는 원래 정치와는 연계성이 없는 혈연관계를 멀리 떠난 사회관계의 한 종류인데, 중국의 고대법은 종교관계도 종법관계로 규정하여 준 혈연관계를 형성시켰다. 예를 들

---

14) (송) 王溥, 《五代會要》 권9, 〈정장〉
15) 《당률소의·鬪訟2》

면《당률》에 절이나 도관의 주지를 삼강(三綱)이라고 정했다.[16]《당률》은 일반 승려와 도사가 사부와 삼강을 침해했을 때, 속인이 숙부모를 침해한 것과 같은 죄로 처벌하였고, 관사의 사병이나 노비가 삼강을 침범했을 때는 사병이나 노비의 근친도 그와 같은 죄로 처벌한다고 규정했다. 양자는 일반인의 침해죄보다 더 엄중하게 처벌했던 것이다. 이와 반대로 삼강이나 사부 등이 제자(일반 승려와 도사)를 침해했을 때는 보통인이 자식을 침해한 것과 동등하게 처벌했다. 그들이 관사의 사병이나 노비를 침해했을 때는 속세에서의 주인이 사병이나 노비를 침해한 것과 같거나 혹은 주인의 친척이 사병이나 노비를 침해한 것과 같은 차원에서 처벌했다. 양자의 처벌은 일반인의 침해죄보다 가볍게 처벌하였다.[17]《당률》은 또 절과 도관의 사병이나 노비가 사관의 도사 여관과 비구니와 관계가 발생하였을 때 일반 사병이나 노비가 주인의 비교적 가까운 친척과 문제가 발생했을 때도 동등하게 처벌했다[18] 이처럼 번잡하게 규정했던 결과 "부친이나 종친이 없는 종교"도 결국은 출가라는 특징이 없게 되었다. "사찰과 도관 내의 숙질관계"는 중국 전통법률의 종법화의 전형적인 표지의 하나였던 것이다.

4. 종법화를 위해 복무하는 행정제도

종법원칙 혹은 종법화와 관련된 복무에 대한 일관된 행정제도는 중국 전통법률문화에서 헤아릴 수 없이 많고 많았다. 아래 몇 가지 예를 들어 이를 간단히 설명하고자 한다.

첫째는 분봉제(分封制)와 추은제(推恩制)이다.

종법제에서 가장 기본적인 원칙은 친족 간에 친절하게 지내고 사랑하는 것이다. 맹자는 "어진 자는 동생을 대할 때 노여움을 숨기지 않고 원한을 감추지 않으며 친절하게 대하고 사랑할 뿐이다. 친절하기에 그가 고귀할 것을 바랐고 사랑하기에 그가 부유할 것을 바란다"고 했다. 순 임금은 품행이 추악하고 악한 짓을 하는 동생을 유비(有庳)로 내려보내 군(君)으로 봉하였다. 그야말로 부귀(富貴)하게 된 것이다. 가령 이렇게 하지

---

16) 삼강이란 불교와 도교의 사찰과 도관에서 세 부류의 사람을 지칭한 말인데, 도관에서는 "上座, 觀主, 監齋"라 하였으며, 불교사찰에서는 "上座, 寺主, 都維那"라고 불렀다. 이는 부모와 같은 위치로서, 삼강이란 이름 자체가 君父의 뜻을 내포하고 있다.

17)《당률소의 · 명례6》

18)《당률소의 · 명례6》

않게 되면 순 임금은 문제시되는데, 그것은 "천자로서 동생이 필부인데 그를 친절히 사랑한다고 말할 수 있는가?"[19] 하는 문제가 대두되는 것이다. 친족 간의 사랑에서 가장 중요한 표현의 하나가 바로 친족 간 "복을 같이 향유하는 것"이며, "은덕을 친족에게 주어 재산을 함께 공동으로 소유하는 것"이다. 분봉제란 바로 이와 같은 종법원칙의 표현이었던 것이다. 주나라 초기에는 봉읍(封邑)을 건립하였는데, "총 71개국을 세웠고, 그 중 희씨(姬氏)가 53명이나 된다. 주의 자손들은 분별이 없이 황당하게 노는 사람을 제외하고는 천하의 제후가 아닌 사람이 없다"[20]고 했다. 한나라 때도 분봉제를 실행하였다. 그러나 제후 왕들의 권력은 주나라 때보다 적었다. 한 무제 때는 "추은령(推恩令, 한 무제 유철이 제후 왕들의 세력을 삭감하기 위하여 반포한 중요한 법령으로, 구체적인 방법은 제후 왕이 다시 자손들에게 땅을 분봉하여 소 제후국을 건립하게 했던 것이다 - 역자 주)"을 실행하였다. 제후 왕들에게 분봉한 땅을 다시 분할하여 자제들에게 분봉하여 주어야 한다는 법령이었다.[21] 이것을 추은이라고 한 것은 "사랑을 널리 펴게 한다는 뜻이며, 이러한 사랑의 덕이 친족들에게 골고루 다 미친다는 뜻이 내포"되어 있었던 것이다. 물론 분봉제를 실시한데는 다른 의도가 있었던 것이니 분할하여 나간 제후국이 왕실을 둘러싸고 왕실을 보호하며 가업을 지켜간다는 뜻이 포함되어 있었던 것으로써 주나라 초기에는 "친족들로 하여금 널리 제후국을 분봉하여 건립하게 하는 것으로써 주 왕실의 통치를 공동으로 보호"[22]하였으며, "변방의 평안을 지키고 왕실을 받들게 했다"[23]는 것이 그 주요 의도였다. 천하의 강산은 우리 가족의 공동산업이며, 다른 성씨를 가진 이성이 이를 눈여겨봐서도 절대 안 되며, 가족의 자제들을 각지로 내려보내 각 지역의 행정을 관장토록 하였으며, 공동으로 중앙을 수호하고 공동으로 천하의 가업을 보호한다는 것이었다. 진나라가 6국을 통일한 후 박사 순우월(淳于越)이 진시황에게 자제들에게 분봉해 줄 것을 건의하였다. 그렇게 요구한 원인은 "주나라가 천여 년을 이어왔는데 자제들과 공신들에게 봉지를 분할하여 주어 중앙왕실을 보좌하게 하기 위한 것입니다. 지금 폐하께서 천하를 차지하게 되있는데 자제들은 아직 필부로서 지내고 있습니다. 만일 6경(卿)의 신하 중에 강산을 찬탈하려는 사람이 있음에도 그를 막을 사람이

---

19) 《맹자 · 만장 상》

20) 《순자 · 유효》

21) 《한서》 권16. 64.

22) 《좌전 · 희공 24년》

23) (청) 嚴杰, 《춘추열국강역표후서》, 《經義叢鈔》 권2.

없다면 이를 어떻게 할 것입니까?"[24] 하는 염려에서였다. 진시황은 그러나 끝내 그의 건의를 받아들이지 않았다. 유방은 죽기 전에 공신들 앞에서 백마를 죽인 다음 다음과 같이 맹세하였다. "유씨가 아닌 사람이 왕이 된다면 천하가 그를 공격할 것이다!"[25] 이와 같은 모든 언행 제도의 동기는 다름 아닌 바로 천하의 강산은 왕족의 공동 재산이며, 이 재산은 반드시 공동으로 향유해야 하며, 공동으로 수호해야 하며, 타인이 찬탈하게 해서는 안 된다는 것이었다.

둘째는 은음제(恩蔭制)이다.

중국 고대 정치에서 "한 사람이 득도하면 그 집의 닭과 개도 승천한다"는 것이 법률제도의 실질적인 원칙의 하나로 되어 있다. 한 사람이 공을 세웠든가 관직에 나가 있으면 그들의 처자들이 그 덕택을 보게 되고 은혜를 향유하게 된다는 것이다. 심지어는 자손들이 대대로 그 이익을 계승하여 받을 수 있다는 말이기도 했다. 진시황 때 특수신분의 사람을 규정한 법이 있었다. 한나라 때는 《임자령(任子令)》이 있었다. 《임자령》은 "2천 섬 이상 봉록을 받는 관리가 3년간 봉사했으면 공동재산을 가진 자(형제)나 아들 한 사람을 랑(郎)으로 임명한다"[26]라는 규정이었다. 청나라 때도 여전히 음감법(蔭監法)이 있었다. 만주족이나 한족 관원 중 일정한 품계 이상일 때, 혹은 전사한 군관은 자제 한 명을 국자감(國子監)에서 감생의 신분을 획득할 수 있으며 7품, 8품 봉록을 탈 수 있다고 규정했다. 시험을 치른 후에는 적당한 관직을 내려주었다. 그러나 역대 은음(恩蔭)의 혜택을 받아 관직으로 나간 사람은 많지 않다. 주로 은음의 혜택을 받아 봉록을 받았을 뿐이다. 청나라 때의 추봉제(推封制)는 현임 관원의 부모처자에게 일정한 작위와 일정한 봉록을 지급하는 정책이었다. 추봉의 범위는 1품부터 3품까지는 증부모, 4품부터 7품까지는 조부모까지 음봉하였다. 8품 이하는 부모가 음봉의 혜택을 받았다.[27] 은음제는 "친친, 존존" 원칙의 전형적인 표현이었다. "친절하기에 그가 고귀할 것을 바라고 사랑하기에 그가 부유하기를 바란다"는 "복을 함께 공유한다"는 원칙의 표현이다. 법률적으로 이와 같이 친족들이 계속해서 고귀하게 되고 부유하게 되는 제도를 규정한 것은 천하의 백성들이 다 이를 본받아 친친 존존할 것을 고무 격려하기 위한 제도였던 것이다.

셋째는 양로제(養老制)이다.

---

24) 《사기 · 진시황본기》
25) 《한서 · 周勃傳》
26) 《한서》 권11, 應劭注.
27) 《청사고》 권108, 권110, 《선거지》 3, 5참조.

한나라 때《양로령》이란 법규를 제정하였다. 한 문제 때 보통 세말 세시 때가 되면 고령의 노인에게 음식, 주류, 의복 등을 주었는데, 지방 관원에게 명하여 관원이 직접 그 집에 가져다주도록 했다. 그 의미는 "천하 자손들에게 부모를 잘 모시라는 것을 보여 주기 위한 것"이었다.[28] 한나라 때는 또한 왕장제도(王杖制度)가 있었다. 이른바 왕장제도란 국가에서 나이가 많은 사람들에게 비우절(比于節)에 비둘기머리 모양의 지팡이(鳩頭丈, 황제가 시여한 신물)를 내려주어 백성들이 이를 보면서 특별히 노인들을 존중하도록 하였고, 관원이 그들을 볼 때 그들 앞에서 태만하지 못하도록 경계시켰던 것이다. 왕으로부터 상을 받은 사람을 "감히 부역에 내보내고 그를 욕되게 하면 이를 대역무도한 죄로 처벌하였던 것이다."[29] 이처럼 크게 예우하는 것은 덕망이 높고 사람들이 존중하는 노인들의 본보기를 국가에서 선발하여 천하 노인들을 대표하는 그들에게 황제가 경의를 표함을 받아들이게 하는 의식이었다. "천자가 3로(老)와 형제 5경(頃)을 맞이하여 몸소 고기를 썰고 술잔을 들어 술을 권하는 의식"으로 그들을 높이 모신다는 뜻이 담겨 있었다.[30] 이와 같은 의식을 진행하는 목적은 "제후들에게 서로 사랑하고 존중할 것을 보여주는 것이었으며" 백성들로 하여금 "이를 칭송하고 효도를 수련하고 노래를 부르게 하며…… 부자, 군신, 장유(長幼)의 도를 알도록 교화하기 위한 것"이었다.[31] 각종 각양의 양로에 대한 표현은 조정에서 개설한 종법윤리도덕에 관한 교육이었으며, "친친, 존존"의 공개교육이었다.

이와 관련된 다른 한 양로법이 있으니 바로 "면역양로법(免役養老法)"이었다.

《예기 · 왕제(王制)》에 "80세가 되면 자식 하나는 부역에 나가지 않는다. 90세가 되면 그 집 사람은 부역에 나가지 않아도 된다"는 것이다. 이처럼 고령의 노인들에게 자식한 사람이나 온 가정이 부역에 나가지 않고 집에 있도록 하는 것은 고령의 노인을 봉양케 하기 위한 제도였다. 주나라에서 이런 제도를 내실 있게 집행했는지 어떤지에 관해서는 관계없이 후세에 이를 모방했던 것은 의심의 여지가 없다. 진나라 때《예기》의 이런 내용과 완전히 같은 율령이 있었으며,[32] 딩나라 때에는 "시정면역세(侍丁免役制)가

---

28)《한서. 문제기》

29)〈武威新出土王杖詔令冊〉,《漢簡研究文集》, 蘭州, 甘肅人民出版社, 1984, 羅鴻瑛,《漢簡中敬老養老法令析》에서 인용, 간행하지 않은 원고임.

30)《通典》권20,《직관 2, 3老 5頃》

31)《通典》권67,《예》27,《양로》

32)《晉書》권50.

있었다. "남성이 75세 이상이고 여성이 70세 이상일 때는, 중년 남성 한 사람을 집에 남겨 시중들게 한다." "나이가 80이 되었든가 중병이 있으면 한 사람을 남겨 시중들게 하고, 90세면 두 사람, 100살이면 다섯 사람을 집에 남겨 시중들게 한다"[33]고 규정했다. "시중드는 사람은 규정에 따라 부역을 면하고 조세만 납부한다"[34]고 했다. 국가에서는 부역을 면제해 주는 것으로서 백성들이 노인을 모시는 것을 고무 격려해 주었던 것이다. 이 또한 종법의무를 이행하도록 촉구했던 방법이었다.

2절. 종법원칙과 국가의 사법제도

중국 고대의 소송제도 및 사법체제에 종법제 원칙 혹은 종지가 관철된 상황이 많았다. 이러한 문제에 대해서 분석해 보고자 한다.

1. 사법모델의 종법성

전통적인 중국의 사법모델은 부모관(父母官)이 사법(司法)을 겸하여 관리하는 것이며, 그들이 자민(子民, 자식과 같은 백성)에 대해 진행하는 심판은 가장, 족장이 불효자식을 징벌하는 형식을 취하였다. 이른바 "국가에서는 형벌을 함부로 행해서는 안 되고, 가정에서는 태장과 매를 없애서는 안 된다"[35]는 것이었다. 법률은 이로써 가장의 지팡이와 채찍과 같은 것이 되었다. 백성들이 소송을 할 때 처음부터 "어르신이 저를 대신하여 살펴주십시오"라는 말을 하는데, 관원이 이미 가장의 위치에 처해있음을 보여주었다. 심판 과정에서도 원고, 피고, 증인을 불문하고 모두 신문을 받아야 하는데, 이는 마치 자식을 대하는 것과 별반 다른 것이 없었다. 상소하는 자는 법관을 "노부대(老父台), 노공조(老公祖), 청천부모(靑天父母)"라고 부르고, 법관은 "적자(賊子), 역자(逆子)"라고 불렀다. 심문 중에도 "묵직한 형벌을 내린다"라고 하는데 이는 마치 가정에서 가장이 자손

---

33) 《通典》 권7, 〈식화 7〉
34) 《당률소의 · 名例 3》 소의, 《신당서 · 식화지 1》
35) 《당률소의. 名例》

들에게 "가법을 사용한다(곤장)"를 사용하는 것과 같은 의미였다. 안건의 판결도 사법관이 당사자의 소송내용을 떠나 판결하고, 때로는 소송자를 도와 소송 청구 외의 혼인문제, 재산분배문제, 봉양문제, 후대 선정문제, 입학문제 등을 해결해 주었다.[36] 이로서 "백성들의 부모관"이라는 미명을 얻었던 것이다.

2. 음비(蔭庇) 감형제도

음비 감형제도는 종법제의 "친친, 존존"의 원칙을 아주 전형적으로 나타낸 것이었다. 《주례》의 팔벽려방법(八辟丽邦法)으로부터 관료와 귀족, 공신과 그 친척에 한하여 법률적으로 형벌을 감면하는 우대조목이 있었는데, 이는 중국 법률전통 중 헌법성(憲法性)의 원칙으로 자리매김하였다. 한나라에서는 《주례》에 근거하여 의친(議親), 의현(議賢), 의귀(議貴)라는 관례(慣例)가 있었으며, 조위(曹魏)시기에는 팔의(八議)를 정식으로 법률에 넣었다. 그 후부터 명청대에 이르기까지 절대로 삭제해서는 안 되는 제도로 고착되었다. 당나라를 예로 들 때 당나라의 8의는 상청(上清), 예감(例减), 속(贖) 등의 우대가 있었는데, 이러한 우대는 관원, 귀족 본인에 한한 것만이 아니라, 관귀(官貴)의 친족까지 그 우대를 향유한다고 규정했다. 예를 들면 의친(議親) 중 황제, 태황태후, 황태후, 황후와 먼 친척관계가 있는 사람이 죄를 지었을 때는 먼저 그 관계를 의논하고, 죄를 1등급 감해 주었다. 예를 들어 상청이라는 조목을 보면 태자비, 대공(大功) 이상의 친척, 8의에 속한 사람의 기친(期親) 이상의 친척들이 죄가 있을 때는, "상청성재(上請聖裁, 조정에 올려 황제가 결정하게 하는 것)"하게 되는데, 일반적으로 죄를 1등급 감면받았다. 또 예감을 보면 상청자의 조부모, 부모, 형제자매, 처, 자손 등이 유배를 보내는 처벌 이하의 죄를 범했을 때는 1등급을 감면하여 처벌하였다. 속을 보면 "의(議), 청(請), 감(減)"의 대우를 받는 자와 그 조부모, 부모, 처, 자손들이 유배 이하의 죄를 범했을 때는 감형해 주었다. 이상 네 개의 층으로 되어 있는 보호망은 계속 확대되어 뒤의 보호망이 앞의 보호망을 감싸주게 되어 있어 한 사람이 2, 3층으로 된 보호망의 보호를 받을 수 있었다. 그야말로 관원이나 고귀한 사람들은 법률적으로도 특권대우를 받도록 규정했던 것이다. 이와 같은 제도를 제정하는 의미는 조정에서 법률적으로 "친친, 존존"

---

36) 范忠信, 〈중화법계의 親倫精神〉, 《남경대학법률평론》, 1999년 봄호.

을 실행하고 있다는 것을 보여주기 위한 것이 그 첫째 의도이며, 둘째로는 모든 친척들과 귀족 대신들이 황제의 은혜를 자신의 친족들에게 널리 전해줄 수 있어 법률적인 음비제를 통하여 형벌을 감면할 수 있다는 것에 감사하도록 하며, 친친의 원칙을 표현하여 친족도 연대적으로 우대를 받을 수 있다는 원칙을 나타낸 것으로서, "친하기에 그가 고귀하기를 바라는 것"을 실현할 수 있다는 사실을 강조하기 위한 것이었다. 죄를 지었어도 형벌을 감면하는 음비제도와 선거방면의 관직을 수여받을 수 있는 등의 여러 방식은, 사실 그 성격이 완전히 같은 것이다. 모두 다 친척들이 후광을 입을 수 있도록 한 것이며, 이를 통해 친친의 중요성을 표현했던 것이다.

3. 보증과 연좌제도

보증하고 연좌하는 제도 역시 친친의 원칙에서 연유된 것이다. "친족을 사랑하는 것이 인자함이다." 이에 근거하여 은음제도가 형성되었고, 다른 한 편으로는 보증과 연좌제도가 출현하였던 것이다. 친족을 사랑한다면 친족이 죄를 범하지 않도록 보증하는 의무가 있기 마련이다. 이러한 보증이 친족 보증이다. 가령 범죄를 미리 예방하지 못하고 친족의 범죄를 제지하지 못하였다면, 반드시 형사책임을 지어야 하는 것이니 이것이 친족연좌이다. 혹은 이를 "한 사람이 잘 나가면 다 같이 잘 나가고, 아내와 자식들이 덕을 보는 것"이며, 반대로 "한 사람이 망하면 다 같이 망하는 것"이니 "친척들까지 연관되게 되는 것"이다. 이는 친친이란 윤리도덕 원리 자체가 자연히 발산되는 결과였다. 관중이 제나라를 관리할 때, 상앙이 변법을 실행할 때 모두 다 보장제도를 설립하여 서로 연좌시키는 법을 제정하였다. 그 핵심이 바로 친척들의 보증과 연좌였다. 그 다음은 백성들의 담보연좌였다. 서한시기에는 관리들의 담보와 연좌제가 매우 엄했다. "광록대부(光祿大夫) 이하 낭(郎)에 이르기까지는 부모와 같이 보증해야 한다는 조항이 있다."[37] 《한률(漢律)》을 보면 대역무도한 죄를 범한 자는 허리를 자르고, "부모와 처자들도 그와 같이 사형에 처했다."[38] 조위(曹魏)의 《신률(新律)》은 "대역죄를 범한 자"는 허리를 자르고, 친족들은 연좌되나, 조부모와 손자들은 연좌하지 않는다"라고 규정했다.[39] 《당률》

---

37) 《한서 · 元帝紀》
38) 《한서 · 李陵傳》
39) 《진서 · 형법지》

은 모반죄를 지었든가 대역죄를 지었을 때는 무조건 참수하였으며 부친과 아들 중 16세 이상 되는 자는 모두 다 사형에 처했다. 15살 이하인 부자, 모녀, 처첩, 조손, 형제와 자매는 관청의 노예로 삼았으며, 그 재산과 논밭, 노복 등은 몰수하여 국고에 넣었다. 백부와 숙부, 형제들의 아들은 모두 3천리 밖으로 유배를 보냈다.[40] 이처럼 엄격한 연좌법은 관대하다는 정평이 나 있는《당률》조차도 별반 다를 바 없었으니, 기타 다른 왕조는 더 이상 말하지 않아도 알 수 있다.《명청률》은《당률》보다 더 엄했다. 법률제도를 이처럼 엄하게 설계한 목적은 법가가 말한 것처럼 "범죄를 엄하게 처벌하고 그것을 연좌시키는 것은 백성들이 두려워 죄를 범하지 않도록 하기 위한 것"이었다.[41] 또 "친족들이 연좌되어 같이 형벌을 받게 되므로 법을 중시하게 되고 범죄를 멀리하게 된다."[42]는 점도 있었다. 종죄를 지은 자는 죄를 짓기 전에 한 사람이 죄를 지면 전 가문이 연좌되어 친족들이 재앙을 입게 된다는 것을 생각하지 않을 수 없게 했던 것이다. 이것 또한 친친의 원칙이 관철되어 나타난 것이다. 즉 친족을 사랑한다면 죄를 짓지 말아야 한다는 것이었다. 대역죄를 범한다는 것은 나라의 칼을 빌어 자신의 부모와 친척들을 살해하는 것이나 다름이 없었던 것이다.

4. 존류(存留) 양친과 승사(承祀)제도

죽을죄를 진 자라도 양친을 모실 수 있는 사람이 없으면 집안에만 있게 하면서 양친을 봉양케 하고, 양친이 세상을 떠나면 다시 판결을 내리게 하거나, 후대가 없으면 승사(承祀, 가문의 대를 잇는 사람이 조상의 제사를 책임지고 받드는 것)할 수 있도록 하는 제도는 언제부터 있었나? 사료에 의하면 대략 북위시기부터임을 알 수 있다. 북위시기의《법례률(法例律)》은 죽을죄를 지었을 때 부모나 조부모의 연령이 많고 성인 자손이 없거나 또한 기친(期親, 상을 당하였을 때 만 1년 동안 상복을 입는 친족)이 없을 때는 황제에게 보고를 올려야 한다고 규정했다. 이럴 경우 황제는 대체로 죄인을 집에 남겨두어 어른을 모시도록 하게 했다. 부모나 조부모가 돌아간 다음 사형을 집행하든가 아니면 유배 보내는 것을 다시 판결했다.[43]《당률》의 존류 양친제도는 완벽했다. "죽을죄

---

40)《당률소의·賊盜1》
41)《상군서·賞刑》
42)《사기·文帝紀》

를 지었지만 10악에 들지 않거나 조부모나 부모의 연세가 높고 병이 중할 때는 반드시 시중할 사람이 있어야 하는데, 집에 기친이나 성년 남정이 없을 때는 상청(上請)한다"고 규정했다. 이때는 일반적으로 존류양친하도록 관대하게 처벌했다. 윗사람이 사망한 후에는 대체로 사형범을 유배 보내는 것으로 다시 판결했다. 그러나 "유배죄를 지은 자는 존류양친할 수 있지만, 그 집에 성년 남성이 있던가, 어른이 사망하여 기년이 되었으면 유배를 보낸다." "도형에 처한 죄인은 집에 성년 남성이 없을 때 곤장을 치는 것으로 도형을 대체할 수 있는데, 곤장을 친 후에는 집으로 돌려보낸다."[44] 《청률》은 죽을죄를 지은 자의 존류양친에 관한 규정은 대체로 당나라와 같았다. 다만 유배를 보낼 죄는 곤장 백 대로 다시 판결했고, 다른 죄의 경우는 다른 것으로 상쇄시켜 존류양친하게 하였다.[45] 수속은 더욱 간편하게 하였다. 청나라에 와서는 존류양친제도를 제외하고도 사형범의 존류승사제가 있었다. 청나라 때의 추심은 보통 네 가지 결과가 나왔다. 하나는 사실이 확실하면 사형에 처했고, 둘째는 연기하여 판결하게 했고, 셋째는 가련하게 여겨 처분했고, 네 번째는 유양승사(留養承祀, 남겨두어 봉양케 하고, 제사를 모시도록 함)하게 했다. 옹정 11년 "남편이 아내를 구타하여 치사시켰더라도, 무고하게 다른 사람을 살상한 죄가 없고 부모가 이미 사망했고 가내에 대를 이을 사람이 없으면, 황제에게 상주하여 존류승사(存留承祀)를 허락받도록 한다"고 하는 조항을 증보하였다. [46]

《청률》의 존류승사제도는 "친친, 존존"이란 종법원칙을 관철시킨 전형적인 산물이었다. 백성들에게 효도케 하고 윗사람을 존중하는 책임을 실현시키는 것을 가르쳐서 이끌게 하는 것(종법사회의 가장 큰 목적을 이어가는 것)을 만족시키게 하기 위해 국법은 중범을 가볍게 처벌하였으며, 형과 죄가 서로 적응되지 않는 것을 허용하였다. 국가 입장에서 보면 백성들에게 친친과 양친을 촉구하는 목적이 형벌로 죄인을 징벌하는 목적보다 더 크게 보았던 것이며, 백성들의 가정에 자손을 이어갈 수 있도록 한 것이며, 이것은 죄인 육체에 대한 징벌보다 더 크다고 인식하였기 때문이었다. 유가에서는 "후대가 없는 것이 가장 큰 불효"라고 인식하였으며, 조상에 대한 가장 큰 상해라고 인식하였던 것이다. 따라서 승사(承祀)를 인정한 것은 백성들을 도와 효도를 실행하게 하는 것이었

43) 《魏書》 권7 하, 권111.
44) 《당률소의·명례 3》
45) 《대청률·명례율》
46) 《대청률·명례율》의 존류양친 조목 참조. 존류승사란 말은 이 조목의 부록 제9조의 예문에 기록되어 있다. 《청사고. 형법지1》에도 이 술어가 나온다.

으며, 조상에 대한 효도의 책임을 실현토록 하게 했던 것이다.《청률》에서는 유양승사의 경우 사실상 부모를 봉양할 수 있는 사람에게 내려주어야 한다고 특별히 규정해 놓았다. 반대로 "그가 죄를 범했는데 심사 결과 그가 직업이 없이 타향에 나가 부모를 멀리떠나 있다면, 그는 부모를 모르는 불효자이기 때문에 비록 존류승사의 조건에 부합된다하더라도 그를 남겨두어 부모를 봉양하게 하지 않는다", "과거 전과가 있고 관습범이어서 부모가 그를 집에서 내 쫓았을 경우에는, 부모가 연로하여 다른 성인 남성이 없더라도 그를 집에 남겨 부모를 봉양토록 하지 않는다."47)고 했다. 따라서 존류승사는 죄인 개인에 대한 특사나 유도적인 대우가 아니라 그 가족에 대한 종법적인 윤리적인 관심에서 출현한 법이었던 것이다.48)

5. 친족엄폐 원칙과 제도

친족은 죄를 엄폐할 수 있다는 법률원칙과 관련한 제도는 "친친, 존존"의 윤리도덕성을 가장 선명하게 반영해 준다. "친척의 죄를 숨긴다", "존귀한 자의 죄를 숨긴다"는 것으로 친척 고귀한 사람의 잘못, 또는 죄악을 엄폐하는 방식은 친자와 존자에 대한 무원칙, 심지어는 공공질서에 해를 끼치는 사랑과 존경을 표한 것으로서 종법윤리도덕원칙의 지배 하에서 보여주었던 극단적인 법례였다. 물론 "친족의 죄를 감춘다"는 제도는 역시 따지고 보면 "한 사람이 망하면 온 집안사람이 모두 망하고, 한 사람이 흥하면 온 집안사람이 모두 흥한다"고 하는 종법원칙에 적용되는 것으로서, 사람들은 친척의 죄를 감추는 것을 통해 자신과 가족의 영예와 이익을 보호한다는 당위성을 인정했던 것이다. 유가에서 말하는 "부자(父子)는 죄를 서로 감추어 줘야 한다"라는 원칙이 처음으로 법률로 전환된 것은 한선제(漢宣帝) 지절(地節) 4년(기원전 66년)의 일로 "친척들은 서로 죄를 감추어 줄 수 있다"라는 조령을 내린 때부터였다.49) 그 후 역대 법률에는 이 제도를 그대로 받아들였을 뿐만 아니라, 친족들의 죄를 감추는 친족의 범위를 점점 넓혀갔다. 한 선제 때는 부모, 자녀, 조손, 부부 간에만 서로 죄를 감추어줄 수 있다고 규정했었는

---

47)《대청률례·명례율》"존류양친"조목 부록.

48) 금나라 때는 관청에서 관심을 가지고 보살핀다는 방법으로 존류양친이란 제도를 취소했다.《금사》
    권5《해릉기》권7《세종기》참조.

49))《한서·선제기》참조.

데, 당나라 때에 와서는 같이 동거하지 않는 대공(大功) 이상의 친척과 남편 형제, 형제들 아내, 외조부모, 외손, 손부와 동거하는 먼 친족 등이 모두 망라되었다. 명청시기에는 이밖에도 장인, 장모와 사위까지 포함시켰다. 《대청신형률》은 오복구도(五服九圖)[50]에 드는 모든 친척들이 다 망라되었다.[51] 종법윤리 겸 법률원칙으로서 "친족들 간에 죄를 숨길 때" 주로 강조하는 것은 비유(卑幼, 항렬이 낮거나 어린 사람 - 역자 주)의 존장에 대한 엄폐의무였다. 비유가 존장을 고발하든가, 혹은 존장의 죄를 증명하는 것은 범죄에 속했다. 이와 반대로 근친의 존장이 비유를 고발하든가 심지어 무함을 하더라도 그것은 죄에 들지 않았다. 좀 먼 친족의 존장이 비유를 고발하는 것은 유죄가 되었다. 그러나 그 죄를 판결할 때는 동급의 친족관계 중에서 비유가 존장을 고발한 것보다 훨씬 가볍게 양형을 판결했다. 종족 내의 존비귀천과 장유의 원칙은 "비천한 자가 귀한 자를 받들고, 아래 사람이 윗사람을 받든다"는 윤리적 의무를 법률원칙과 의무로 전변시켜 국가가 종법윤리의무의 실현을 강제적으로 보증하였던 것이다.

6. 보복원칙과 제도

고대 중국의 전통법률에서 보복관념과 관례는 기타 국가나 민족과 같이 원시사회의 혈친보복이 습관화되어 내려 온 것이다. 그러나 중국역사에서 보복관념은 아주 깊게 뿌리 내려져 왔으며, 과거 몇천 년 동안 입법과 사법을 곤혹에 빠지게 한 요소의 하나였다. 이 또한 기타 다른 민족에서는 보기 어려운 상황이었다. 청나라 말기에 이르러서도 입법과 사법상 확실하게 이 문제는 해결되지 못했다. 그 원인을 살펴보면, 종법윤리원칙과 밀접하게 연결되어 있다는 것을 어렵지 않게 볼 수 있으며, 국가의 정치원칙과도 불가분한 관계가 있다는 것을 쉽게 발견할 수가 있다. 효는 충의 원천이다. 충효는 국가에서 가장 우선시하는 정치원칙이었다. 따라서 "칼을 들고 부친의 원수를 갚는 방식은, 부친의 원수는 불공대천의 원수이므로 이는 부친에 대한 효도를 표하는 것으로써 금지시키는 것이 불가하다"고 하였다.

그러나 중국 법률사를 보면 입법 상 보복하는 것은 대체로 금지하는 입장을 취했다.

---

50) 五服 : 옛날에 행해졌던 다섯 등급의 상복(喪服). 죽은 자와의 관계에 따라 복(服)의 종류와 입는 기간에 차이가 있어서 斬衰(참쇠)·齊衰(자쇠)·大功(대공)·小功(소공)·시마(緦麻) 등의 구별이 있다.
51) 판중신, 〈중외법률전통 중의 친친상음〉, 《중화사회과학》, 1973.

비록 보복을 허락한다 하여도 엄격하게 제한하였다. 《주례·추관사구》에는 주나라 때 "복수하려는 사람이 사(士)에 글을 올린 다음 사살하면 죄가 아니다"라는 규정을 제정하였다. 그러나 이것은 "도적, 군인, 향읍 및 집안사람"에 한했던 것이다. 즉 공개적으로 불사르고 살해하고 강탈한 자에 대해서만 했던 말이다. 그러나 기타 다른 정황에 대해서는, "아무리 이유가 있어 살인을 했더라도…… 복수는 하지 말아야 하는데 복수를 한다면 사형에 처한다"52)고 규정했다. 진한시기에는 사사로운 투쟁조차 특별히 금지하는 법을 제정했다. 즉 복수를 하지 못하게 했던 것이다. 조위(曹魏) 초기에는 "복수하는 자가 있으면 멸족시킨다"라는 조령이 있었다.53) 그러나 《신률 18장》을 제정할 때는 "싸우는 과정에서 살인하였을 때 확실히 사람이 사망하였다면 고대의 뜻에 따라 자제들이 상대를 살해해도 된다. 그러나 과실로 살상했을 때는 보복해서는 안 된다."54)라고 규정했다. 《당률》은 보복해서는 안 된다고 규정했다. 즉 "조부모와 부모가 타인에게 구타당했다고 자손이 구타한다면…… 상하게 된 것이 분명하면 상해죄에서 3등을 감하여 처벌한다. 사망했다면 정상적인 법률 규정에 따른다"55)고 했다. 이것은 정당방위 시 타인을 구타하여 사람이 죽게 되더라도 여전히 사형에 처한다는 말이었다. 이와 같은 조목을 볼 때 《당률》은 그 어떤 복수도 허락하지 않았다는 것을 설명해 준다. 그러나 《명청률》이 명의상으로는 복수를 금지한다고 규정했지만 사실상 복수하는 자에 한해서는 관대하게 처벌했다. 《대청률》은 "만일 조부모가 타살되어 자손이 관청에 보고하지 않고 사사로이 복수하여 살상하였다면 곤장 60대를 때린다. 그 당시 즉시 사망했으면 사형에 처한다."56) 이것이 복수를 금지하는 조목이었는데, 사실상 복수를 허락하는 뜻이 담겨 있음을 알 수 있다. 효자로서 매 60대가 두려워 복수해야만 하는 윤리적 책임을 피할 사람이 어디 있겠는가?

　중국 고대 사법에서 복수하는 행위는 대체로 관대하게 처벌했다. 곽성위(郭成偉)가 편찬한 《중화법계대사전》에는 역대 복수한 사건 40여 건을 기록했다. 양한(兩漢)의 설황(薛況) 복수사건, 진공사(陳公思)의 복수사건, 후옥(餱玉)의 복수사건, 조아(趙娥)의 복수사건과 민국시기의 시검교(施劍翹) 복수사건 등을 보면 대체로 "사형에서 1등급을 감면"하는 관대한 처벌이었다. 어떤 것은 심지어 아무런 형벌도 주지 않았다. 그러나

---

52) 《주례·지관사도. 조인》
53) 《삼국지·이지·문제기》
54) 《진서·형법지》
55) 《당률소의·투송 하》
56) 《대청률·형률·투구 하》

동한시기 제효자(齊孝子) 복수살인죄, 당라나 때의 장항(張瑝), 장수(張琇) 형제의 복수살인죄 등 세 사건을 보면 관대하게 처리하지 않은 사건도 있었다. 이들 사건에서는 복수한 효자를 즉시 사형에 처했던 것이다. 그러나 여기서 주의하여 볼 것은 복수한 자들을 관대하게 처벌하지 않았던 것은 사법암흑기의 사건을 예로 들었기 때문이었다.

중국 고대의 입법과 사법에서 복수한 자를 관대하게 처분했다는 상황을 볼 때 중국법률전통에서 종법윤리에 대한 높은 공감과 그것을 철저하게 집행 관철하려는 정신을 엿볼 수 있다. 국가는 "친친, 존존"이란 종법윤리 질서를 수호하기 위하여 국부적으로 국가의 치안질서를 희생하는 것도 마다하지 않았다. 국가는 본래 백성들을 위해 공권력을 실시하든가, 혹은 정상적인 사법수단을 이용하여 복수의 목적에 도달하는 식의 복수를 일체 금지해야 했고, 동시에 사법상 엄격하게 복수한 자를 단속해야 했는데, 사실상 이렇게 실행하지는 않았다. 종법윤리가 이렇게 하는 것을 허락하지 않았던 것이다.

3절. 종법원칙과 국가의 형사법제

중국법률전통의 종법성은 형사범죄에 대한 규정방면에서 더욱 선명하게 나타났다. 죄명의 설정이나 형벌의 설정을 막론하고 중국 고대의 법률은 종법사회의 사회조직형태의 중대한 영향을 선명하게 받았으며, 종법윤리 혹은 종법조직의 질서를 수호하는 것을 소명으로 삼았다.

종합적인 형사법 원칙과 구체적인 죄형규정 등 두 측면에서 이 방면의 영향과 특징에 대해 설명하고자 한다.

1. 형사법의 원칙

중국 고대 형사상의 입법과 사법 원칙이 종법윤리를 반영하였다는 이유에는 두 가지가 있다. 첫째는 "군친(君親)에 반역해서는 안 되고, 반역하면 사형에 처한다"는 원칙이었고, 둘째는 "5복(五服)에 준하여 죄를 정한다"는 원칙이었다.

1) "군친(君親)에 반역해서는 안 되고 반역하면 사형에 처한다"

국가에서 입법하고 형벌을 설정하는 첫 번째 목적은 군왕, 가부장의 절대권위를 보장하기 위한 것이었다. 따라서 군왕과 부권에 손상을 가져다주는 행위는 모두 형법이 단속하는 중점사항이었다. 군왕과 부친의 인신을 침해하는 행위는 더더욱 만악(惡)의 첫 번째 자리에 놓고 처형했다. 법률은 "군친을 반역해서는 안 되고 반역하면 사형에 처한다"는 원칙이 이 입법취향을 반영하였다. 《춘추공양전》에서 이 원칙을 제시한 후 역대 통치자들은 이를 규범으로 간주하고 형사법의 영혼으로 고착시켰다.

"군친을 반역해서는 안 되고 반역하면 사형에 처한다"는 것은 《춘추공양전 · 장공 32년》에 처음으로 기록되었다. 당나라 이현(李賢)은 이에 "반역은 시역죄(弑逆罪)다"[57]라고 주석했다. 《당률소의》에는 "반역심이 있어 군왕과 부친에 해를 끼치는 것은 무조건 사형에 처한다"[58]고 주석을 달아 설명하였다. 송나라의 배인(裵駰)은 《사기집해》에 주를 달기를 "장(將)이란 반역하는 것을 말한다"[59]고 하였다. 그 뜻은 군주와 양친을 해할 마음을 가져서는 절대 안 된다는 것이었다. 해칠 마음만 가져도 사형에 처한다는 것이었다.

역대 형법에서 이 원칙에 관한 직접적인 서술은 없어도, 그 중의 중요한 죄목은 모두 이 원칙의 직접적 혹은 간접적인 표현이었다. 한나라 때부터 "대역무도, 모반, 모역, 대불경, 불효" 등 직접적으로 왕권과 부권, 혹은 그들의 신체를 침해하는 것을 중죄로 취급하여 극단적으로 엄한 형벌을 취했다. 그 중 황제를 침해한 자는 3족, 5족, 9족을 연좌해서 처형했다. 《북제율(北齊律)》로부터 사면 불가에 속하는 중죄 10가지를 확정했는데, 그 조목은 청나라 말까지 이어왔다. 그 10악 중에는 직접 혹은 간접적으로 군주의 위치와 신체에 "모반, 대역무도, 반역, 대불경" 등 4조가 있으며, 가부장 혹은 친족의 위치나 신체를 침해한 것은 "악역, 불효, 불목" 등 3조가 있다. 기타 신분이 군주와 부친과 유사한 장관, 남편의 신체를 침해한 것에 관해서는 불의(不義)라는 조목을 두었다. 이상의 죄명을 볼 때 10악 중 여덟 가지 조목은 "군친을 반역해서는 안 되며, 반역하면 사형에 처한다"는 원칙을 법률조목으로 고정시켰던 것이다. 이 원칙의 형법 응용에는 두 가지 의의가 있으며, 그 영향력은 글자 그 자체를 훨씬 초월하여 더 넓고 깊은 뜻을

---

57) 《후한서 · 樊宏傳 · 唐人李賢注》
58) 《당률소의 · 명례1》
59) 《사기 · 劉敬叔孫通傳》 裵注.

내포하고 있었다. 첫째 형법이 특별하게 보호하는 대상은 법률적인 군주와 혈연적인 가부장만이 아니라, 윤리적 도의적으로 이와 유사한 사람(조부모, 부모가 아닌 기타 혈친 친척, 상급, 선생, 남편 등)까지 확대되었다. 둘째로는 형법에서 이해하는 반역이란 신체 침해만이 아니라, 모든 침해(명예, 위치, 권위에 대한 침해)까지 확대하였다.

이 두 가지 확대현상을 볼 때, 고대 형전에서 규정한 범죄 조목은, 《당률》에서는 502 조나 되는데(그 중 죄명이 있는 조목은 445조), 이중 거의 절반 이상은 "군친을 반역해서는 안 된다"는 원칙을 보여주고 있다. 이것은 직접적으로 혹은 간접적으로 군주와 가부장 및 그들과 유사한 사람들의 종법위치와 권위를 보장하기 위한 것이었다. 이와 같은 보장조치를 통해 국가의 통치 질서를 지키는 기초인 "친친, 존존"이란 종법질서를 수호하고, 왕권과 부권을 보호하는 것을 중국 전통법률에서 우선시 했던 목적이었다. 따라서 "군친을 반역해서는 안 된다"는 것이 중국 고대 형률에 깊게 내재되어 있는 첫째 가는 원칙이라는 점에는 이의가 없는 것이다. 다시 말해서 중국 고대 사법과정에서 이 원칙을 충분하게 관철하였는데, 입법상 명문으로 규정하지는 않았지만, 사법관은 "부자의 정, 군신의 의리"라는 것을 빌어 군주와 가부장을 위한 것을 목적으로 한 것이라면 가능한 한 가볍게 처리했던 것이다. 그러나 군주와 가부장을 침해하였다는 것을 확인하게 되면 "그 뜻이 사악하여 법에 따라 사형에 처한다"는 이 원칙은 형사사법의 중요한 원칙의 하나였던 것이다.

2) "5복에 따라 죄를 정한다"

"5복에 따라 죄를 정한다"라는 말은 중국 전통법률의 다른 한 중요한 원칙이다. 이 입법원칙은 친족이 죄를 범했을 때 그 죄명과 형벌을 결정하는 사법과정에서 친족관계의 가깝고 먼 것, 존귀하고 비천한 것 등을 가려 처리한다는 것을 나타낸 것이다. 사법 원칙으로서의 이 원칙은 사법관이 심판을 진행할 때 종종 윤리적 시비로 안건의 사실적인 시비를 대체할 수 있었다.

5복에 따라 죄를 정한다는 원칙을 정식으로 제기한 것은 《진률》이다. 《진서, 형법지》에서 《진률》은 과거의 형률과 비교할 때 중요한 개선점이 있었는데, 그 하나가 바로 "예교의 제방(堤防)을 강화하여 5복에 따라 죄를 정한다"라는 조목을 넣었다는 점이다. 즉 상복(喪服 : 斬衰, 齊衰, 大功, 小功, 緦麻)이 나타내는 친족 관계의 가깝고 먼 관계와 친밀하고 소원한 관계, 그리고 존비귀천 등의 차이에 따라 범행자 친족의 죄명 성립과 책임의 경중을 결정한다는 것이었다. 이를 통해 예교, 즉 종법윤리의 제방을 강화하고 종법 질서를 수호하였다. 그 후부터 중국 역대 형률과 사법은 모두 다 이 원칙을 유지했다. 《당률》의 5복 내에서 서로 다른 친족관계에 따른 서로 다른 죄명에 대한 규정은 아주 번잡하기 짝이 없었다. 예를 들면 비유(卑幼)가 존속 및 친족을 구타하였으나 상하지 않았을 때, 사마(司馬) 등급의 친속을 구타한 것은 1년 도형, 소공 친족을 구타한 것은 1년 반 도형, 대공 친족을 구타한 것은 2년, 제쇠 등급의 백부모, 숙부모 등을 구타한 것은 3년 도형에 처하고 쇠존 친척부친과 조부 등을 구타하여 사망하게 한 것은 사형에 처한다고 규정했다. 이와 반대로 존장이 비유를 구타하여 상처를 내지 않았을 때는 무죄로 되고 상처가 났을 때는 사마급의 비유를 구타한 상해죄는 보통 사람보다 1등급을 감하고 소공 비유를 구타한 상해죄는 보통 사람보다 2등급을 감하며, 대공 비유를 구타한 상해죄는 보통 사람보다 3등급을 감한다. 제쇠(비유제쇠 형제의 자손, 외손 등)를 구타한 것은 무죄가 되며, 참쇠(비유의 아들과 손자 등)를 구타한 것은 더욱 무죄로 조치했다. 종합적으로 말해서 친족들 간의 인신 상해죄 처리 중 존장이 비유를 침해했을 때는 친족관계가 가까울수록 형벌을 더 가볍게 처벌하고, 비유가 존장을 침해했을 때는 친족관계가 가까울수록 형벌을 중하게 처벌했던 것이다. 친족 간에 상간(相姦)이 발생했을 때는 존비를 막론하고 친족관계에서 원근만을 따져 가까울수록 형벌을 중하게 처벌하였다. 이처럼 번잡한 규정은 "사랑에는 구별이 있다"는 원칙을 잘 나타낸 것이었으며, 친친, 존존의 원칙을 충분하게 나타낸 것이었다. 송나라 때 황제가 친족 간에 범한 죄를 양형하는 규정을 정한 《5복칙(五服敕)》이 있었는데, 어떤 사람은 《5복상범법찬(5復相犯法纂)》을 편찬하기도 하였다. 원나라 때부터 모든 친족관계 형벌제의 등급을 도표로 표시하여 5복5도(五服五圖)를 《원전장(元田章)·예부(禮部)》에 첨부하였다. 법관이 사법처리할 때 참조할 수 있도록 편리를 제공하여 주었던 것이다. 명청시기에는 《본종9족5복정도(本宗九族五服正圖)》, 《처가 남편 가족에 범한 죄의 등급 도표(妻爲夫族復圖)》, 《첩이 가장 가족에 범한 죄의 등급 도표(妻爲家長族復圖)》, 《출가녀가 본가에 범한 죄의 등급 도표(出嫁女爲本宗降復圖)》, 《외친 죄의 등급도표(外親復圖)》, 《처첩죄의 등급도표(妻親復圖)》, 《3부 8모 죄의 등급도표(三父八母復圖)》등 7개나 되는 5복에 관한 시의도(示意圖)를 작성하여 율전에 편성하여 이것으로써 율법을 참조하도록 하였으며 법관이 사법처리할 때 참조하도록 하였다.

"5복에 준하여 죄를 결정한다"라는 형법은 사법치리 하는 중에 "5복 이내의 소송에 한해서는 우선 먼저 부자간의 친의(親義)와 군신간의 의(義)를 분석하여 그 죄를 판단케 한다. 경중의 순서를 분석하고 양형의 장단을 분석하여 구별한다"[60]는 규정이 있었다. 중국 전통 사법에서 이른바 "그 마음을 분석하여 죄를 결정한다"는 것은 대체로 종법 윤리적 신분과 의무를 분석하여 죄의 유무와 대소를 결정한다는 것이었다. 따라서 "마음을 분석하여 죄를 결정한다"는 것은 "정분을 분석하여 죄를 결정한다"는 것과 같은 의미였다. 어떤 정분을 분석하는가 하는 것은 주로 군신부자 등의 윤리관계에서의 명분과 의무의 경중을 분석하는 것이었다. 이것이 "5복에 준하여 죄를 결정한다"는 의미였다. 명나라 해서(海瑞)의 작법이 아주 전형적이다. "소송에서 의심되는 것은 형님이 억울하게 하는 것보다는 동생을 억울하게 하고, 숙부나 백부를 억울하게 하는 것보다는 조카를 억울하게 하는 것…… 체통에 부합된다"[61]고 했다. 체통이란 종법윤리 질서였다. 명나라 사람 여곤(呂坤)은 사안건을 처리한 경험을 논할 때 "5복에 준하여 죄를 결정한다"의 사법원칙을 분명하게 서술하였다. "존장과 비유(卑幼)의 소송이 있을 때 관원이 그 시비를 물어 고문을 하는 것은 우둔한 짓이다. 비유가 존장을 소송했을 때 법률적으로 존장의 자수를 허락하고 비유에게 여러 책임을 묻는다. 이런 일이 발생했을 때 존장이 정말 틀렸다고 하더라도 관대하게 처리하며 언어로써 관원을 반박하더라도 고문을 하지 말아야 한다. 가령 이 때문에 고문을 하였다면 사람들은 비유 때문에 존장에게 고문을 하는 것이 윤리에 관련되는 일이라고 비난하게 된다"[62]고 했다. 친족 간의 소송일 때는 우선 존비명분을 따져야지 시비곡직을 따지지 않아야 한다는 것이었다. "아무리 잘못한 존장"이라고 하더라도 그를 관대하게 처리해야 한다는 말이었다. 윤리적으로 볼 때 여기서 잘못된 것은 먼저 비유라고 보았던 것이다. 이와 같은 윤리교화는 "친친, 존존"의 종법윤리에 의한 것이었다. 청나라 사람 서동(徐棟)은 소송사건을 심리할 때 "종친 안건을 심리할 때는 우선 서로 어떻게 부르는가를 물어야 한다. 그에 따라 죄를 결정하는 기준이 있게 된다"[63]라고 역설하였다. 사법처리는 사실을 조사하고 시비를 가르는 것이 아니라 우선 존비서열을 따지고 윤리적인 명분과 의무를 분명히 하였는데, 이것이 바로 "5복에 준하여 죄를 결정한다"라는 판결의 핵심이었다.

　국가의 입법과 사법처리에 있어서 당사자 간의 가정, 혹은 종족 내의 상호 위치관계가 문제를 처리하는 중요한 요인이 되었던 것이다. 심지어 5복 내의 존비관계가 죄의

---

60) 《예기 · 王制》

61) (명) 海瑞, 《해서집 · 興革條例》

62) (명) 呂坤, 《實政錄 · 刑戒》경솔하게 구타하지 말아야 한다"라는 조목

63) (명) 徐棟, 《牧令書輯要 · 刑名》상 《審理雜案》

유무, 경중의 중요한 표준이 되었다. 윤리적 시비로 사실의 시비를 대치하는 것은 종법 질서를 수호한다는 일면에서 보면 확실히 많은 배려를 했음을 알 수 있다. 국가의 입법 과 사법이 가사에 개입하여 시시콜콜 간섭한다는 인상을 주며 공동 질서가 가내질서보 다 중요하지 않다는 인상을 주었지만, 사실 종법정치에서 가내질서인 종법질서가 바로 공동정치질서의 중요부분이었다. 즉 가사는 국사의 일부분이었던 것이다. 이 점을 알지 못한다면 왜 "5복에 준하여 죄를 결정한다"라고 했는지 그 뜻을 이해할 수 없게 되는 것이다.

2. 범죄와 형벌규정

중국의 전통형률은 구체적인 범죄와 형벌의 규정방면에서도 종법질서를 수호하고 종 법윤리에 아주 관심을 두었음을 알 수 있다. 종법질서를 수호하는 관건은 왕권, 부권(父 權), 부권(夫權) 등 3권이었다. 왕권은 부권(父權)을 연장하여 미화한 정치권력으로서, 이것은 가족 혹은 친족 내의 권위가 아니었다. 부권(夫權)은 부권(父權)에서 전개되어 형성된 가장권(家長權)의 일부분이었다. 부권(父權)은 3자 중 핵심위치에 있던 권위인 데, 종법질서 중 가장 주요한 권위였다. 따라서 본장에서는 정치화된 부권 - 왕권은 언급 하지 않고 《당률》과 《청률》 중 부권(父權)과 부권(夫權)에 관련된 전통적인 형벌이 어 떻게 전력하여 종법질서를 수호하였는가 하는 문제를 다루고자 한다. 다음의 네 가지 주제로 나누어 설명한다.

1) 존속의 인신 침해행위를 엄격하게 단속하다

부권(父權)에 대한 가장 큰 침해는 부친, 남편, 형 등 가장권을 행사하든가 향유하는 사람들에 대한 인신침해였다. 《당률》과 《청률》은 이 방면에서 많은 죄명을 나열하였다. ① 기친(期親) 존장, 외조부모, 남편, 남편의 조부모, 부모 등을 모살한 죄, ② 사마 이상 존장을 모살한 죄, ③ 처첩이 이미 사망한 남편의 조부모와 부모를 모살한 죄, ④ 처첩 이 남편을 구타하거나 상해한 죄, ⑤ 사마, 소공, 대공의 형제자매를 구타하거나 상해한 죄, ⑥ 사마, 소공, 대공 존속을 구타하거나 상해한 죄, ⑦ 형과 언니(누이)를 구타하거 나 상해한 죄, ⑧ 백부모와 숙부모, 고모, 외조부모를 구타하거나 상해한 죄, ⑨ 조부모와 부모를 구타한 죄, ⑩ 조부모와 부모를 과실로 살상한 죄, ⑪ 처첩이 남편의 조부모와 부모를 구타하고 상해하였거나 과실로 살상한 죄, ⑫ 처첩이 사망한 남편의 조부모나 부모를 구타하거나 상해한 죄, ⑬ 계부를 구타거나 상해한 죄, ⑭ 처첩이 남편의 사마 이상 존속을 구타하거나 타살한 죄 등의 명목이 있다.

이상 14가지 죄명에서 반드시 아래 몇 가지 내용에 주의를 기울여야 한다. 첫째는 법적으로 보호하는 대상은 세 부류의 사람이었는데, 그들은 부모, 조부모와 그에 동등한 기타 존속들(남편과 형, 누이, 언니) 등이었다. 이들 세 부류의 사람들 중에서 핵심은 부친이었다. 기타 사람들은 부모 신분의 연장이며, 그들의 권위는 부권에서 왔다. 둘째로는 조부모와 부모, 백부모와 숙부모, 고모, 형과 누이(언니), 외조부모, 남편과 남편의 조부모, 부모 등인데, 모살을 도모하였다면 그것을 행동으로 옮겼던 옮기지 않았던 간에 악역(惡逆), 불목(不睦) 등의 중죄로 정하고 사형에 처했다. 심지어는 처첩이 이미 사망한 남편의 조부모, 부모를 살해하려고 도모하였더라도 2천 리 밖으로 유배를 보냈다. 셋째 처첩이 상기 존속과 이미 사망한 남편의 존속에 대하여 구타하였는데, 그 어떤 피해가 없어도 모두 범죄로 취급하여 형벌에 처했다. 그 중 조부모와 부모, 백부모와 숙부모, 고모, 형과 누이(언니), 외조부모, 남편, 남편의 조부모와 부모를 구타하면 악역 혹은 불목 등의 중죄로 판결하는데, 엄중한 것은 사형에 처했다. 가장 가볍게 처벌하는 것도 2년 반이라는 도형에 처했다. 인신에 대한 상해가 있거나 사망하였다면 더욱 엄중하게 판결했다. 넷째 비록 과실로 존속에 피해를 주었든가 살해하였다면 역시 중형을 내리는데 과실로 조부모와 부모를 살해하였으면 3천 리 밖으로 유배를 보냈다. 과실로 형이나 누이(언니), 백부모, 숙부모를 살해하였다면 3년 도형을 내렸다. 과실로 상해를 초래했을 때도 도형에 처하였다. 다섯째 상기 존속이 상응한 비속을 모살, 구타하여 상해하고 구타하여 살해하였다면, 대다수는 무죄로 판결했고, 존속이 비속에 한해서는 기본상 구타 죄가 없었다. 구타로 인하여 상해했을 때만이 범죄에 속하였다. 비록 문죄하더라도 비유가 존장을 침범한 죄보다 훨씬 가볍게 처리했다. 예를 들면 기친 존장, 외조부모, 남편, 남편의 조부모가 비유를 모살하였다면 "각각 고의로 살해한 죄보다 2등급을 감해 처벌한다." 조부모와 부모가 자손을 구타 살인하였을 때는 1년 도형에 처했다. 칼로 살인하였다면 2년 도형에 처했다. 고의로 살해한 경우는 2년 반 도형에 처했다. 자손의 부인을 구타하여 병이 생기고 폐인이 되었으면 곤장 백대를 때렸다.[64]

---

64) 이상의 형벌의 범위는 《당률》에 준한 것이다. 《청률》은 일부 변화가 있지만 소개하지 않았다.

　이상 몇 가지 내용과 특징을 살펴볼 때 법률의 목적이란 다른 것이 아니라 존비친족 간에 극히 엄중한 불평등을 보호하기 위한 것임을 알 수 있으며, 이 또한 존장의 존엄권위를 극단으로 치켜 올리는 대신 비유를 극단적으로 압제하였다는 것을 알 수 있다. 이로서 종법질서를 유지하고 비유가 존장을 절대적으로 존중하는 질서를 수호하여 "친친, 존존"의 원칙을 벗어난 행위를 두절하려 하였다. 비록 모든 사람들이 마음속으로 받아들여 "친할 자를 친절하게 대하고 존중할 자를 존중한다"는 것을 지켰는지는 몰라도 적어도 겉으로 봐서는 존장을 감히 침범하지 못하게 하였던 것이다.

2) 존속의 존엄에 대한 권위를 침범하는 행위를 엄격히 단속하다

　존속을 고발하고 모욕, 비방하는 것은 가장의 권위에 대한, 혹은 광의적인 부권에 대한 침해이며, 종법질서에 대한 침해였다. 따라서 역대 형률은 이를 엄격하게 단속하였다. 《당률》과 《청률》을 보면 다음과 같이 죄명을 규정했다. ① 조부모와 부모를 고발한 죄, ② 기친 존장, 외조부모, 남편, 남편의 조부모와 부모를 고발하든가 무함한 죄, ③ 대공, 소공, 사마 존장을 고발하든가 무함한 죄, ④ 조부모와 부모를 모욕한 죄, ⑤ 처첩이 남편의 조부모와 부모를 모욕한 죄, ⑥ 처첩이 이미 사망한 남편의 조부모와 부모를 모욕한 죄, ⑦ 처첩이 남편의 기친 이하 사마 이상의 존장을 모욕한 죄, ⑧ 형과 누이(언니)를 모욕한 죄, ⑨ 백부모와 숙부모, 고모, 외조부모를 모욕한 죄 등의 죄목이 있었다.

　이상 9종 죄명의 공동적인 특징은 종법윤리의 시각에서 볼 때, 존속의 인격, 존엄 혹은 권위를 침해한 죄명이다. 첫째 고발, 즉 존속을 관청에 고발하면 존속이 피고가 되는데 관청의 손을 빌어 존속을 징벌하려는 것이 그 목적이었다. 이것은 더 말할 것도 없이 존장 위치와 권위에 대한 일종의 침해였다고 본 것이다. 고발하는 사실 여부가 어떠할 것일까 하는 문제와는 관계없이 존장을 고발한다는 그 자체가 바로 친친지심이 없다는 것을 설명해 주는 것이며, "패악불손하고 불효하고 윗사람을 거스르고 반역을 꾀하는 마음이 있다"는 것이니, 반드시 엄격하게 징벌해야 한다고 했던 것이다. 가령 그것이 무함일 때는 보통사람 간의 무함죄보다 더 엄중하게 처벌하였던 것이다. 존속을 보호하기 위하여 비유(卑幼)가 존속을 고발하였을 때 법률은 존속의 범죄사실이 확실하더라도 존속이 자수한 것으로 판결하였다(즉 관대하게 처리했다). 그러나 존장을 고발한 비유(卑幼)에 한해서는 엄하게 처벌하였다. 물론 조부모나 부모가 대역무도한 반역죄와 같은 중요한 국사에 관한 죄를 지었을 때는 자손이 이를 고발하여도 무방하며 처벌을 받

지 않았다. 그러나 존장이 자손(외손, 자손의 아내 등을 포함)과 자기의 첩을 무함하여
도 처벌하지 않았다.[65] 둘째 모욕한다는 것은 지금의 말로 해석하면 비방한다는 것인
데, 고대의 법률에서 이에 대한 배격은 지금보다 그 범위가 더 넓었다. 비유가 존장을
대할 때 그 어떤 불손한 말도 모두 모욕하는 것에 속했으며, 존장 권위에 대한 침해로
판결했다. 법률은 존장이 비유를 모욕한 것에 대한 처벌은 없었다. 비유가 존장을 모욕
한 것에만 죄명이 붙었던 것이다. 기타 다른 친족이 죄를 범한 것과 비할 때와는 상황이
달랐다. 기타 친척 간에 침해사건이 발생했을 때 존장이 비유를 침해한 여러 죄명(아래
에 상세하게 설명함)이 있지만 유독 모욕이란 조목만은 없었다. 이 두 가지 범죄를 규정
한 것을 보면, 중국의 전통법률은 존속의 권위를 보호하여 준다는 것을 설명해 준다는
것과 종법윤리 질서방면 하에서 아주 주도면밀하게 성립되어 있다는 것을 알 수 있다.

3) 존속에 대한 불경과 소홀함을 엄격하게 단속했다

종법윤리를 수호하고 종법질서를 지키기 위해 중국의 전통법률은 존속의 인신침해와
권위 침해 행위를 엄격하게 단속하는 한편 존속에 대한 불경과 소홀한 태도도 엄격하게
단속하였다. 이 방면에서 《당률》과 《청률》이 보여주는 배격행위는 다음과 같은 몇 가지
가 있다. ① 자손이 교령(敎令)을 위반했을 때, ② 부양을 제대로 하지 않았을 때, ③
부모와 조부모가 타인에게 구타당하여 자손이 구호할 때 과실로 부모와 조부모를 상해
했을 때, ④ 존장이 타인에 살해되었는데 흉악범과 사사로이 해결했을 때, ⑤ 부모의
사망과 남편의 사망을 속였을 때, ⑥ 부호나 관명이 부모와 조부모의 명칭에 관한 금기
를 범했을 때, ⑦ 부모가 사망했는데 다른 친족의 사망이라고 속이고 관직을 내놓고 상
을 치르지 않았을 때, ⑧ 조부모와 부모 그리고 남편이 사망했다고 허위 신고할 때, ⑨
상중에 있는데 자식을 낳았을 때, ⑩ 상중에 있는데 혼인을 치렀을 때, ⑪ 조부모와 부
모가 감옥에 투옥되었는데 혼인을 치르고 향락을 누렸을 때, ⑫ 상중에 있는데 향락을
누릴 때, ⑬ 상중에 있는데 혼인을 주관했을 때, ⑭ 상중에 있는데 간음하였을 때, ⑮
애상(哀喪)기간에 벼슬을 구했을 때, ⑯ 상중에 있는데 분가하여 재산을 분할하였을 때,
⑰ 양친을 버리고 외지에 나가 관직을 찾았을 때, ⑱ 상제(喪制, 부모나 조부모의 거상
중에 있는 사람 - 역자 주)가 끝나지 않았는데 거상을 마치고 길한 것을 추구했을 때 등

---

65) 《당률소의 · 鬪誦 4》 참조.

의 조목이 있다.

시상의 18종의 조목은 조부모, 부모, 남편 등 존속에 대한 불경과 소홀한 태도를 징벌한 것이다. "부양하는 것이 제대로 되지 않았을 때"와 "양친을 떠나 관직에 나가는 것" 등은 지금의 유기죄(遺棄罪, 노인, 불구자, 병자 등을 보호할 자가 보호하지 않을 경우의 죄 - 역자 주)에 속하는 것인데, 부모를 제대로 부양하지 않든가 포기하여 외지에 나가 관직에 있는 행위를 배격한 것이다. 이것은 부모와 조부모의 생명과 건강에 대한 소홀함을 징벌한 것이다. 자손이 부모를 구할 때 과실로 조부모와 부모를 상해하게 된 것은 과실 그 자체가 "친친, 존존"의 윤리에 어긋나는 일이었기 때문이었다. "존장이 타인에 의해 살해되었는데 사사로이 해결하는 것"은 자손이 복수심이 없음을 징벌한 것이다. 조부모는 자손의 하늘이었다. 하늘이 타인에 의하여 살해되었는데 재물을 탐하여 사사로이 처사하는 것은 효심이 없다고 본 것이며, 비명에 사망한 존친에 대해 마음 아파하지 않는 것이니 당연히 중하게 처벌하였다. "부호와 관명이 조부와 부친의 명칭 금기를 위반했을 때"라고 하는 것은 조부모의 명칭을 존중하지 않은 불공죄(不恭罪)로 취급한 것이다. "조부모와 부모의 죽음을 허위신고 하는 것"은 보모의 생사와 같은 중대한 문제도 경시하는 태도를 배격했던 것이다. 부모가 건재한데 사망했다고 허위보고하는 것은 부모를 저주하는 것이기 때문에 이를 배격하였다. "상중에 있는데 벼슬자리를 찾는 것"과 "부모가 사망했는데 다른 친족이 사망했다고 허위보고하고 관직에서 물러나 상을 치르지 않는 것" 역시 "친절하게 대해 주어야 할 것을 친절하게 대해주지 않는 행위"라고 하여 배격했던 것이다. 부모의 상중은 아주 침통한 시기인데 이때 권력을 탐낸다는 것이 말이 되는가? "상중에 있는 시기에 혼인, 향락, 간음, 자식을 보든가 길함을 추구하고 분가하는 것" 등은 상중에 있을 때 애통해 하는 마음이 없는 사람을 배격한 것이다. 부모의 상중 시에는 반드시 비통할 때인데 향락을 누리고(아내와 동침하는 것) 재산을 탐내고 권력을 탐내는 것은 애통한 마음이 없는 것이니 이것은 곧 효심이 없는 것이라고 해서 반드시 배격 대상이 되었던 것이다. "부모가 감옥에 투옥되어 있는데 혼인하고 향락을 취하는 것" 역시 애통해하는 마음이 없는 표현으로 보았다. 부모가 투옥되었다는 것은 본래 마음 아픈 일인데 이때에 혼인을 하고 향락을 누린다는 것은 효심이 없다는 것을 보여주는 것이라고 인식했던 것이다.

4) 종법질서를 수호하는 기타의 형법규정

종법질서는 비유(卑幼)의 자유와 이익을 박탈하는 것만으로 지키는 것이 아니라 존장도 반드시 준수해야 하는 윤리의무였다. 전통윤리는 "자애로운 부친, 효도하는 자식, 형님은 동생을 사랑하고 동생은 형님을 공경하며 부부 간에 화목한 것", 즉 존비친족 간의 의무는 쌍방향적이지 일방통행이 아니라는 것을 강조한 것이었다. 비록 쌍방 간의 의무는 대등한 것이 아니지만 존친 간의 의무를 완전히 부인하지는 않았다. 따라서 법률도 존장에 상응하는 법률의무를 긍정하였던 것이며, 이를 위반할 때는 배격하게 되는 것이다. 법률은 비유(卑幼)에 대한 존친의 "자애, 우애, 화" 등의 윤리의무도 종법질서를 유지할 때 없어서는 안 되는 것이라고 인식하였다. 존장이 존장의 권위를 남용하여 비유를 대하는 것 역시 종법의 윤리질서를 파괴하는 것이라고 인식했던 것이다. 이 방면에서 중국의 전통법률은 다음과 같은 행위를 배격하였다. ① 친족상간, 주로 존친이 비유친족을 상간하는 것, ② 친족 간에 도적질하는 것, ③ 친족을 강제로 매매하는 것, 주로 존친족이 비 친족을 매매하는 것, ④ 구타와 상해, 비 친족을 살해하는 것, ⑤ 비 친족을 고발하는 것 등이 있었다.

중국의 역대 형법에서 친족 상간죄에는 내란이라는 중죄를 내려 대체로 사형에 처했다. 남녀가 성인이 되면 서로 방비하는 것은 종법윤리의 중대한 방법 중 하나였다. 종족 혹은 친족권 내의 "남녀는 더 방비해야만 한다"는 것은 종법질서를 보호하는 중요한 하나의 방법이었다. 역대 법률을 보면 친족상간 조목이 기타 다른 친족 간에 범한 상황과 다르게 처리했다. 존친이 비친을 범했든, 아니면 비친이 존친을 범했든 간에 모두 같이 중죄로 처벌했다. 예를 들면 《당률》은 비유가 부친과 조부의 첩, 백모와 숙모, 고모 등 존친을 상간한 죄는 존장이 누이와 여동생, 자손들의 아내, 형제의 딸을 상간한 것과 같이 취급하여 사형에 처했다. 《청률》의 규정도 이와 비슷했다. 이때 존비를 구별하지 않고 평등하게 처형한 것은 주로 음란금기에 기초한 것으로서, 어떤 존장이든 권세를 남용하여 비유를 간음하는 특권은 없다는 것을 설명해 주는 것이다. 가령 존장에게 감형우대를 해준다면 "금수와 같은 행위"를 함부로 저지르는 것을 고무시키는 것이 되므로 이러한 죄는 종법질서에 미치는 해가 너무 큰 것이었다.

역대 법률에서 친족 간의 도적질은 친족관계의 원근을 따져 다르게 처벌하였지 존비를 따지지는 않았다. 친족관계가 가까울수록 도적질하는 죄는 가벼웠다. 《당률》은 시마, 소공 친족의 재물을 도적질하였다면, 일반 도적의 범죄에 비하여 1등급을 감하고,

대공 친족의 재물을 도적질하였다면 2등을 감하며, 기친자의 재물을 도적하였다면 3등을 감한다고 규정했다. 여기서 기친 존장(백부모, 숙부모, 고모)이 비유의 재물을 도적질한 것과 존장이 비유의 재물을 도적질한 것을 대등하게 처벌했다. 이러한 규정은 존장이지만 비유의 재물을 도적질할 특권이 없다는 인식에서 출발한 것이었다. 존장의 명분과 의무를 별도로 고려하지 않았으며 도적질은 개와 짐승과 다를 바 없다고 인식했던 것이다. 따라서 이러한 죄는 우대하지 않았다. 동시에 친족관계가 가까울수록 공동재산에 대한 의무가 있었기 때문에, 도적질 하는 죄는 상대적으로 경감하여 처분하였던 것이다.

기타 친족 간에 서로 범한 정황(구타, 모욕, 고발, 사살, 상해)을 보면, 존비를 구분하고 비유를 중하게 처벌했고 존장을 가볍게 처벌했다. 친족상간과 도적질의 정황을 보면 존비를 구별하지 않고 평등하게 처벌했는데 그 원인은 무엇 때문이었을까? 가장 중요한 원인은, 전자는 존장이 정상적인 관리권과 교육권의 "한도를 넘게 사용하여 조성된 범죄"이기 때문에 경감했던 것으로, 이렇게 해서 존장의 권위를 지켜 주었으며, 후자는 존장이 "지나치게" 사용한 것이 없고, 비유를 보호해 주어야 하는 중대한 의무를 띠고 있었기 때문이었다. "금수와 같은 행위"와 "개돼지 같은 행위"를 더 중하게 처벌하지 않은 것만 해도 이미 가볍게 처벌한 것인지라, 죄를 더 경감해 줘서는 안 된다는 것이다. 이와 같은 죄를 경감해 준다면 종법윤리에 어긋나는 것이었다.

친족을 강제로 매매하는 것과 매출하는 죄명에 한해서는, 존장이 기친 이하의 비유 동생, 여동생, 자손, 형제의 자손, 외손, 자손의 아내, 종부의 동생(여동생)을 매출하는 죄만을 규정했다. 질투(妬殺)죄와 동등한 형벌로 처벌한다고 규정, 3년 혹은 1년 반 도형에 처했다. 이것은 보통 사람들이 인신매매 시 사형에 처하든가 3천 리 밖으로 추방하는 것보다 아주 가볍게 처벌한 것이었다. 그러나 종합적으로 존장이 권세를 남용하여 비유의 이익을 침해한 행위를 처벌한 것은 가내(家內)의 화목을 보호하려는 종법질서의 요구에서 출발한 것이었다.

비천한 친족에 대한 구타와 상해, 살해에 관한 법률을 보면 일반인이 이와 같은 죄를 지었을 때 처벌하는 것보다 경감하여 처벌하였지만, 결국은 이와 같은 범죄를 배격한 것이었으며, 이 또한 존장이 권세를 남용하여 비유의 이익을 침해하는 것을 방지하고자 하였던 것이다. 부모와 조부모가 비유에게 상해를 입힌 것을 제외하고, 법률은 비유가 자신의 권익을 침해한 기타 친족의 사실을 고발하여 자체의 권익을 보호하는 것을 허락하였다. "기친 이하, 사마 이상, 재물을 침탈하든가 그를 구타한 것 등은 고발을 받아들였다." 그러나 다른 범죄는 고발하지 못한다고 규정했다. "연고 없이 침범한 기타 다른 사실은 고발하지 못한다"[66]고 규정했다.

과거 우리는 비유 친족의 죄를 고발하는 것에 대해서는 특별히 경시하였다. 일반적으로 과거 법률에 비유가 존장을 고발하는 것을 중시했던 대신, 존장이 비유를 고발하는 것을 징벌한 것은 제대로 중시하지 않았다. 《당률》과 《청률》은 사마, 소공의 비유를 고발했을 때 사실이 분명해도 곧장 80대로 처벌했으며, 대공 이상은 1등급씩 경감하여 처벌했다. 무고한 자에 한해서는 가중하여 처벌했다.[67] 이와 같은 규정은 친척 간 죄를 감춘다는 원칙을 비교적 잘 관철했기 때문이었다. 즉 존장도 비유의 죄를 은폐할 윤리의무가 있다는 것을 나타낸 것이었으며, 존장이 비유의 죄를 은폐하는 것 역시 종법질서를 유지하는데 필요하다고 여겼음을 보여준 것이다. 친족관계가 가까울수록 비유의 죄를 고발하고, 무고한 죄를 가볍게 처벌했다. 이 역시 존장이 한도를 넘는 정당한 교육적 권위를 사용하였다는 요소가 내재되어 있었던 것이다.

4절. 종법의 원칙과 국가의 민사법제

고대 중국에서 성문화된 법규를 보면 정식으로 민법규범에 관한 문건을 거의 볼 수가 없다. 이는 모든 민사안건도 결국은 형사로 해결하였기 때문이다. 그러나 이와 같은 법규 중 가정(假定), 처리(處理)" 부분을 보면, 그리고 이러한 법규조목 혹은 그 주석에서 인용한 "찰(札), 경(經)"에 관한 내용을 보면, 국가의 "영(令), 격(格), 식(式), 칙례(則例)" 등 법률형식 중의 일부 규범에 민사문제를 사실적으로 해결한 규범이 있다. 이런 의의에서 살펴볼 때 중국의 전통법률에도 민사법률 규범이 존재하였음을 알 수 있다.

민사문제에 관한 중국 전통법률의 규범은 세밀한 사정에 특별히 관심을 두어 종법윤리질서를 지키고자 하였으며, 종법사회의 조직구조를 수호하였고, 그 어떤 미세한 파괴도 허락하지 않았다. 아래에서는 몇 가지 방면으로 이 문제를 분석하고자 한다.

---

66) 《당률소의 · 투송 4》
67) 《당률소의 · 투송 4》, 《대청률 · 형률 · 소송》 참조.

1. 적자 확립과 계승문제

적자를 확립하고 계승하는 문제는 종법질서에서 첫째로 중요한 문제이다. 종법은 우선 종가의 맏아들을 종족의 제사를 주재하는 사람으로 확립하고 법을 집행하는 사람을 확립하였다. 윗세대의 "종가 맏아들"이 권력을 계승하는 것은 "친친, 존존"의 질서가 문란하게 되는 것을 방지하는 가장 중요한 수단이었다. 역대 법률은 "적자를 확립하는 것을 위배한 행위"를 특별히 배격하였다. 예법에 따라 "적자가 있으면 적자를 확립하고 적자가 없으면 서자 중 장자를 확립"하였다. 부친뻘의 신분, 작호(爵號), 권력의 제1 계승자(정실의 아들 장자가 우선)여야 한다. 정실이 50세 이상인데, 아들이 없을 때라야 첩의 아들을 적자로 정하고 계승자로 확립할 수 있었다. 정실에게 아들이 있는데 애증관계로 첩의 아들을 적자로 확립하는 것은 위법행위였다. 종법 윤리질서를 교란시킨다는 이유였다. 《당률》은 이러한 위법행위에 한하여 1년 도형에 처하게 했다. 《청률》은 곤장 80매를 때린다고 규정했다.

이와 관련된 문제로서 정식 적자가 아닌 사람이 거짓을 꾸며 부모와 조부모의 작위와 권리를 계승하는 것을 법률적으로 특별히 방지하였다. 《당률》은 "정실의 아들(자손)이 아닌 자는 작위를 계승할 수 없는데, 거짓을 꾸며 작위를 계승하였다면 2년 도형에 처했다. 적자 자손이 아닌데 거짓을 꾸며 계승했을 때는 허위 관직을 탈취한 것과 같은 등급으로 처벌(2천 리 유배)한다"[68]고 규정했다. 말하자면 법에 따라 정식으로 적자를 확립한 사람만이 부친과 조부의 공작, 후작, 백작, 자작, 남작 등 작위권리와 기타 정치 혹은 종법권리를 계승할 수 있고, 기타 적자로 확립되지 않은 자손들은 그 작위 등을 계승하지 못했고, 외인은 더욱 말할 것 없었다.

종족 이익이 "밖으로 흘러 나가는 것"을 방지하기 위하여 옛 법률은 다른 성을 가진 사람을 입양하여 자손으로 받아들여 종족을 교란시키게 하는 것을 엄하게 배격하였다. 《당률》은 "다른 성의 남성을 입양하면 1년 도형에 처한다", "잡스러운 가정의 남성을 입양하여 자손으로 받아들이면 1년 반 도형에 처한다"[69]고 규정했다. 《청률》은 "다른 성의 입양자를 받아들여 종족을 교란시킨 자는 곤장 60매를 친다"고 규정했다. 포기한 어린이를 입양하였다면 그 성씨를 쓰게 하지만 그렇다고 아들이 없다는 것을 이유로 대

---

68) 《당률소의 · 詐僞》
69) 《당률소의 · 호혼 상》

를 있는 아들로 삼을 수는 없다고 규정했다. 아들이 없으면 동종 내의 동등한 항렬의
대응되는 사람을 사자로 정할 수는 있었지만, 그러나 존비질서는 지켜야 했다.

2. 재산관리와 분할

"친친, 존존" 원칙에 합당한 재산관리와 분할질서는 종법가정이 화목하게 지내는 중
요한 요소의 하나이며, 또한 종법질서의 한 부분이었다. 중국의 전통법률은 이 질서를
상당히 중시하였다. 전통적인 중국의 윤리화 법률은 예의 원칙을 준수하고 의를 중히
여기고 이(利)를 경시하여 재산문제를 도덕문제로 전환시켰다. 사람들이 법에 따라 그
어떤 재물(즉 재산권)을 향유하는가 하는 것은 중요하지 않았다. 중요한 것은 여러 사람
들이 종법윤리 도덕을 준수하여 일련의 관계질서를 건립하는 것이었다. 그 결과는 권리
에 있는 것이 아니라 의와 종법질서, 그리고 가족의 화목에 있었다. 형사법률 조목에
"동거하는 비유(鄙儒)가 사사로이 자기 집의 재물을 도적질하는 행위에 대하여 배격하
는 조목이 있는 것 외에도 민사법률 조목방면을 보면, "동거하는 비유가 사사로이 재물
을 남용하는 것"을 배격했고, "조부모와 부모가 건재한데 자손이 분가하여 재산을 분할
하는 행위"를 배격한다는 내용이 있었다. 《당률》은 "동거하는 비유가 사사로이 재산을
남용"하였을 때는 엄한 경우는 곤장 백 대를 때린다는 규정이 있었다. 이것은 주로 "동
거자로서 반드시 윗사람을 존중해야 하고 존장이 건재하면 자손은 재물을 마음대로 사
용하면 안 된다"[70]고 하는 윤리에서 출발한 것이었다. 존장의 가정 재산관리권은 가장
권위의 일부분이라는 것을 강조한 것이었다. "분가하여 재산을 따로 나누는 행위를 배
격한 것은, 한편으론 자손이 분가하여 재산을 분할하여 조부모와 부모에 대한 부양에
손해를 가져다주는 것을 배격하기 위함이었고, 다른 한편으로는 자손이 조부모와 부모
가 가정 재산을 총괄 관리하는 권위를 침범하는 것을 법률적으로 배격하기 위한 것이었
다. 봉건 대가족은 다세대가 함께 생활하는 것인데, 가족이 많은 대 가문을 보면 백여
명이 넘는 경우도 있었다. 이는 혈연관계에 기초한 것도 있지만, 더욱 중요한 조건은
가족재산의 공유제를 실행하기 위함이었다. 이것은 종법질서의 전제였다. "친친, 존존"
이란 원칙에 합당한 가정재산관리와 분할질서는 종법조직이 존재하고 유지하는 가장 중

---

70) 《당률소의·호혼 상》

요한 요소의 하나이며 종법질서의 일부분이었던 것이다. 중국의 전통법률은 이 질서를 유지하는 것을 상당히 중시하였다. 종법조직의 경제터전을 보호하기 위하여 법률은 비록 일가 내에서 반드시 몇 세대가 함께 생활한다는 것은 규정하지 않았지만, 분가하고 가산을 분할하는 것은 명문으로 금지하였다. 이 규정은 처음 《당률》에서 시작되었다. 《당률》은 이 조목을 10악 중의 불효죄로 정하였다. 《당률·호혼률》은 "조부모와 부모가 건재한데 자손들이 분가하여 재산을 분할한 행위는 3년 도형에 처한다"라고 규정했다. 송나라 때는 명교를 중시할 때라 분가하여 재산을 분할하는 행위에 대하여 더 엄하게 처벌했다. 송 태조 개보 2년(969)에 "사천 협곡의 여러 주의 백성들이 부모가 건재한데도 분가하여 재산을 분할하는 것은 사형에 처한다"[71]는 칙소를 반포하였다. 명청의 법률은 당송의 법률보다 아주 관대하게 처벌했다. 자손이 분가하여 재산을 분할한 죄는 곤장 백 대를 때린다고 규정했다. 《당률》에서 조부모와 부모가 자손에 명하여 분가하게 한 조부모와 부모를 처벌한다고 규정한 것(재산을 분할하게 한 것은 무죄)은 이해가 되지 않는다. 종법가정의 완정성을 보호하기 위하여 가정을 분열시켜 종법질서에 위협을 주는 것을 허락하지 않은 데서 출발한 것이다. 말하자면 적어도 두 세대가 동거해야 가정 내에 존비귀천·장유 등 윤리질서를 유지하는 조건을 구비하게 된다는 것이었다.

3. 친자관계 문제

중국의 전통법률은 아주 짙은 종법윤리의 영향을 받아 친자관계를 합법적으로 해제하는 것을 인정하지 않았다. 즉 입양, 출가 등의 상황에서도 여전히 혈연적인 친자관계를 일반관계로 전환되는 것을 법률적으로 인정하지 않았다. 과거의 법률은 조부모와 부모가 자손이 "타인의 후대"로 되게 하는 것을 허락하지 않았으며, 자손을 동종 이외 다른 집에 입양시켜 그 집의 자손으로 되게 하는 것을 허락하지 않았다. 이는 조부모와 부모가 스스로 법률상의 친자관계를 해제하는 것을 인정하지 않았던 것이다. 《당률》은 "자손이 다른 집의 후대로 입양시키면 2년 도형에 처한다"[72]고 규정했다. 《청률》은 자손을 다른 성씨의 사람에게 사자로 보내면 곤장 60매를 때린다고 규정했다.[73] 비록 가

---

71) 《송사·태조본기》
72) 《당률소의·戶婚 상》 참조.
73) 《대청률·예율·호역》 참조.

난하여 살길이 어려워도 자손을 매매해서는 안 되었던 것이다. 《당률》은 자손을 팔면 질투죄와 동등하게 처벌한다고 규정했다.[74] 이는 존장이라고 하더라도 자손을 부양하고 교육하는 종법의무를 도피할 권리가 영원히 없다는 것을 말해주는 것이었다. 자손 입장에서 말할 때 비록 같은 문중에 입양되었든가, 혹은 전란 등 재앙이 들어 타인에게 입양되었다고 하더라도 생부모에 대한 종법윤리의무를 해제할 수는 없었다. 비록 그가 생부모의 장례를 치르는 등의 경우에는 1등급을 내리게 되었지만, 생부모와 생조부모를 침범한 죄는 감해 주지 않았다. 그가 생부모를 구타, 고발, 모욕, 상해, 살해하였든가 과실로 살상하였다면, 입양하지 않은 자손들과 동등한 형벌을 내렸지 보통 사람들이 그 죄를 범한 것과 동등하게 처리하지 않았다. 즉 비록 타인의 입양아로 갔지만 생부모와의 종법윤리 의무는 감하지 않았다[의무라는 것은 복상(服喪)의무이며 면제하는 것은 법적 부양의무였]. 즉 실질적으로 법률은 종법적 친자관계를 해제하는 합법성을 인정하지 않았던 것이다. 이밖에 자손은 출가를 이유로 부모에 대한 모든 종법윤리의무를 해제할 수가 없었다. 《청률》은 "승려나 비구니. 도사와 도관도 보통사람들처럼 부모에 절을 올려야 하고, 조상의 제를 지내야 하며 복상해야 한다. 이를 위반했을 때는 곤장 100대를 때리고 환속시킨다"[75]고 했다. 이 규정은 사실 출가자도 종법윤리의 법망을 벗어나지 못하며 친자관계를 해제하지 못한다는 것이며, 종교의 교의와 명의로 종법 윤리질서를 파괴해서는 안 된다는 것을 설명해 주는 것이었다. 부자관계는 모든 종법관계의 기초였다. 이 기초를 동요시킨다는 것은 군신 간의 질서를 동요시키는 것과 다를 바 없으므로 법률적으로 중점 방비하였던 것이다.

4. 혼인관계 문제

중국의 과거법률 중 혼인에 관한 규정은 종법질서를 유지하는 것을 종지로 정하였으며 집안일을 간섭하는 것을 동요시켜서는 안 되는 원칙으로 정하였다.

과거의 법률에서 결혼에 관한 규정을 보면 줄곧 동성혼을 금지했는데, 이는 우생학적 면에 대한 사려가 있기는 한 것이지만 그보다는 종법질서를 유지하는 것이 우선이었다.

---

74) 《당률소의 · 賊盜 4》 참조.
75) 《대청률 · 예율 · 의제》

동성혼은 일반적으로 말해서 동족 혹은 동성 방계 간의 결혼을 두고 하는 말인데, 종족 내 존비장유의 질서가 혼란해질 수 있는 가능성이 아주 높았다. 심지어는 객관적으로 종족 내부의 간음내란을 부추길 수도 있었다. 이는 종법 질서에 아주 큰 손상을 가져다 줄 수 있었다. 중요한 것은 동성혼에서 태어난 자식의 명분이 종법관계망에서 혼란해질 수 있다는 점이었다. 그의 부족(夫族), 모족(母族)이 중첩될 수 있으며 혹은 한 종족이 될 수도 있었다. 이렇게 되면 부족, 모족의 서로 다른 명분과 의무를 확정하기가 어렵게 되며, 또 그것을 이행하기가 어렵게 된다. 만일 부부간에 엄중한 모순과 갈등이 빚어졌거나 갈라지면, 동족동종 간의 내부적 화목관계의 파열을 초래하게 된다. 이것은 직접 혹은 간접적으로 종법 윤리질서를 위협하게 되는 것이다. 법률은 이밖에도 "비유(卑幼)가 자주 아내를 받아 들여서는 안 된다"고 규정했다. 이것은 부모나 조부모의 주혼권(主婚權)을 보장하기 위한 것이며 비유가 종법이익을 고려하지 않고 사사로이 혼인대사를 결정하는 것을 방지하기 위한 것이었다. 종법윤리라는 시각에서 볼 때 혼인은 "두 성이 하나로 되어 위로는 종묘에 제사를 지내고, 아래로는 후대를 이어가는 종족의 대사이지 사사로운 일"76)이 아니었다. 따라서 반드시 혼인의 종지를 보장해야 했다. 비유가 사사로이 혼인을 결정하는 것을 제외하고, 혼인에 위배되는 행위는 주로 주혼인, 소개인의 죄를 문죄하였다. 결혼한 남녀에 한해서는 죄책을 추궁하지 않든가 경감시켰다.

　이혼에 관한 규정을 보면 옛 법률은 종법원칙에 준하였다는 것을 알 수 있다. 일방적으로 이혼을 요구한다면 이혼을 허락하는가 하지 않는가 하는 것은 우선 종법과 가족이익이란 각도에서 정했다. 개인의 정감은 이혼의 이유가 되지 않는다. 7거3불거(七去三不去)라는 법이 이에 관한 전형적인 규정이다. 7가지 이혼 이유(자식이 없는 것, 음란과 방탕, 시부모를 모시지 않는 것, 구설수가 많은 것, 도적질, 질투, 엄중한 병에 걸린 것)에서 도적질과 엄중한 병에 걸린 것이란 두 조목을 제외하고 나머지 다섯 조목은 모두가 종족의 이익에 관한다는 이유였다. 그 중 "아들이 없는 것", "시부모를 모시지 않는 것"이라는 두 조목이 아주 전형적이 있다. 아들을 낳지 못하여 후대를 이어가지 못한다는 것과 시부모를 부양하는 임무를 제대로 못한다면 사람을 바꾼다는 것이다. "음란하고 방탕한 것", "구설수가 많은 것", 질투 등 세 조목은 주로 종법 내에서 음란하고 종족 간의 단합을 이간질하고, 남편이 첩을 두는 것을 방해하는 것 등 종법 가족질서와 이익에 관련된 행위였다. 이른바 3불거란 이혼을 허락하지 않는 세 가지 이유인데 그 첫

---

76) 《예기·昏義》

조항은 (시부모를 3년 이상 복상하였다) 바로 종법성이었다. 그녀가 종족을 위해 의무를 이행하였기 때문에 이혼해서는 안 된다는 것이다. 두 번째 조목은 (아내로 받아들일 때는 비천했는데 시집온 후에 부귀하게 된 것) 역시 종법윤리성을 띠고 있었다. 가난한 집에 시집와서 모든 고생을 다 겪으며 창업하여 가문을 일으켜 세웠기 때문에 이혼해서는 안 된다는 것이었다. 종법원칙을 가장 전형적으로 나타낸 것은 의절이혼(义絶离婚, 부부간 어느 한 쪽이 상대방의 친족을 살해했거나 상해했거나 간음한 죄가 존재하였을 때는 정부에서 강제적으로 이혼시키는 것 - 역자 주)에 관한 규정이다. 《당률》은 "의절자가 존재하면 이혼해야 한다. 이를 위반하면 1년 도형에 처한다"라고 규정했다. 《청률》은 "의절 이혼해야 하는데 이혼하지 않으면 곤장 80매를 때린다."77)라고 규정했다. 의절이란 주로 부처 쌍방가족 간 윤리적인 관계가 단절되었다는 것을 뜻한다. 남편이 아내의 조부모, 부모를 구타하였든가 아내의 외조부모, 백부모, 숙부모, 형제, 고모, 누이 여동생을 구타한 것과 아내의 모친을 간음한 것, 그리고 아내가 남편의 조부모를 구타하든가 모욕한 것, 남편의 외조부모, 백부모, 숙부모, 형제, 고모, 언니와 여동생을 구타하든가 모욕한 것과 남편을 상해하려고 한 것, 혹은 남편이 사마 이상 친족과 통간한 것, 부부 쌍방의 상기 친족 간에 상호 참살한 것 등의 내용이 망라되었다. 이상의 여러 가지 행위는 모두 의절행위에 속하였다. 이와 같은 상황은 반드시 이혼해야 했다. 비록 "부부간 금실이 좋아도" 여전히 이혼해야 했다. 이혼하지 않는 것은 법에 위배되었다. 이는 완전히 종법 혹은 가족 이익에 근거하여 판단한 것이라 할 수 있다. 물론 중국의 옛 법률은 어느 때건 양자가 원하면 이혼하는 것을 허락하였다. 양자가 이혼을 원한다면 상기의 이유 등이 필요 없이 이혼할 수 있었다.78) "부부간에 조용히 이혼한 것은 죄로 치지 않았다."79) 그러나 혼인불화를 유지하는 것이 종족이익에 불리할 수 있고, 이혼이 오히려 종족 이익에 유리할 수 있었다.

중국의 옛 법률은 처첩의 명분문제를 아주 중시하였다. 아내가 있는데 재취하는 것을 금지하였으며, 처를 첩으로 전환시키는 것을 금지하였고, 첩을 처로 전환시키는 것을 금지하였다. 종법질서가 문란하게 되는 것을 방지하기 위한 것이었다. 아내가 있는데 재취하는 것은 일부일처제를 위배한 것이며, "두 정실이 한 남편을 모시는 것"은 그 가

---

77)《당률 · 호혼 하》,《대청률 · 호율 · 혼인》

78)《당률 · 호혼 하》

79)《대청률》, 출처(出妻) 조항.

정이 반드시 문란하게 되며 처가 첩으로 되고 첩이 처로 되는 것은 가내의 귀천존비 질서를 파괴하는 것이며, "부부간의 정도가 기울어지고 인륜 관례에 먹칠하는 것이며, 관복을 전도하고 예경을 문란하게 하는 것"[80]이었기 때문에 엄격하게 제지하였다. 《당률》은 이런 죄를 지면 1년 내지 2년의 도형에 처한다고 규정했다. 《청률》은 곤장 백 대 혹은 90대라고 규정했다."[81] 지금의 시각으로 보면, 부부 간의 경중과 친소(親疏)는 완전히 개인의 사사로운 일이며 가내의 일인데 국가가 간섭할 필요가 없었다. 그러나 종법윤리에서는 처첩의 존비질서는 종법질서의 중요한 부분이기 때문에 처첩의 질서가 상실되면 종법질서 내지 국가질서에 해를 끼치게 된다고 인식하였다.

중국의 옛 법은 부부관계에서 유가의 경전에 근거하여 "아내란 남편과 하나가 되는 것이다"라고 선포하였으며, "일체가 되면 존비(尊卑)가 상동하다"고 강조하였으며, "남편에게 시집갔으면 그와 동등하다"라고 역설하였다. 그러나 사실 법률은 그 어떤 방면에서도 아내에게 남편과 동등한 권리를 부여하지 않았다. 인신관계에서 아내가 남편을 범하면 중형을 내렸으나, 남편이 아내를 범하면 형벌은 보통 사람들에 비하여 경감하여 처벌했다. 예를 들면 아내가 남편을 고발하면 불목죄(不睦罪)로 취급하지만, 남편이 아내를 무고하여도 형벌을 경감하여 처벌했다. "아내는 비록 비유는 아니라도 의무는 기친비유와 동등하다"[82]고 했는데, 후에 와서는 "남편은 아내의 하늘이다"라는 관념을 더욱 명확하게 규정하고, 여성들의 독립적인 인격을 아예 무시하였다. 재산관계 방면에서도 이혼 시 아내는 혼전 재산의 일부를 가져갈 수 있는 외에는 가내에서 아무런 재산권리가 없었다. 가정의 재산은 모두 남편이 통제하였다. 이와 같은 부부 간의 부존처비(夫存妻卑) 관계는 종법질서의 기초이며, "부부간에 의무가 있게 된 후에 부자간에 사랑이 있으며, 부자간의 사랑이 있은 후에야 군신 간의 정도가 있다. 따라서 혼인은 예의 기본이다"[83]라고 했던 것이다.

* * *

이 편에서는 비교적 많은 면을 할애하여 종법사회조직과 중국 법률전통의 관계문제

---

80) 《당률소의 · 호혼 하》
81) 《당률 · 호혼 하》, 《대청률 · 호률 · 혼인》 참조.
82) 《당률소의 · 투송 4》
83) 《예기 · 혼의》

를 살펴보았다. 이 문제를 토론할 때 필자는 사회조직 원칙에 치중하였지 사회조직형식에 중점을 두지는 않았다. 종법사회의 조직형식은 중화민족이 자고이래 형성된 생활 군체의 주요 조직형식이며 혹은 기본 형식이었다. 중화민족 역사상 사회- 정치사회, 경제사회, 종교사회, 혹은 문화사회, 복지사회는 모두 다 다다소소 종법가정의 확대였으며 변종으로서 종법가정 모델에 기준에 맞춰졌던 것이다. 이러한 사회조직의 기본모델은 중국 법률전통의 성질과 특징에 많은 영향을 가져다주어 중국의 법률전통에 종법성이 충만하게 되었다. 이 점에 한해서는 의심할 여지가 전혀 없다고 해도 과언이 아니다. 그렇다면 이러한 사회조직모델이 어떻게 구체적으로 법률전통에 영향을 주었을까? 물론 모델 자체가 영향을 준 것은 아니다. 모델 배후의 원칙이 영향을 주었다고 하겠다. 말하자면 종법조직 원칙이 법률의 각종 주요 방면에 침투되어 주도적 역할을 했던 것이다. 법률은 일종의 사회관계를 규범화한 것인데, 이 관계에 침투된 모든 사람들이 바로 사회 혹은 군체를 형성했던 것이다. 법률이 이 사회관계를 조정하고 이 군체를 관리할 때 주로 종법원칙을 응용하였으며, 이 군체와 사회는 종법조직의 속성을 띠고 있다고 말할 수 있다. 따라서 본 절에서 가부장제의 가정을 원본으로 하는 종법조직모델이 어떻게 직접 혹은 간접적으로 중국 전통 법률사 속의 기타 사회조직에 영향을 주었는가를 논하지 않고, 주로 종법사회의 직정신인 "친친, 존존"의 원칙이 법률적으로 기타 사회관계를 조정할 때 끼친 영향 혹은 결정적 역할을 분석하였던 것이다.

앞에서 이미 논했던 바와 같이 본 절도 중국 법률전통이 생성하고 계승 발전시킨 기후토양의 종법사회조직이 법률전통의 특징에 대한 영향과 결정적 의의와 중국 전통법률이 각종 사회관계를 수호하는 과정의 종법원칙을 수호하기 위한 노력을 구분해서 분석하지 않았다. 전자는 종법토양이 맺은 종법성 법률이라는 결과이며, 후자는 법률의 종법성이 역으로 사회관계 혹은 조직형태가 종법성의 원인이 되었음을 밝혔다. 즉 종법정신에 일관된 법률규범은 결과이면서 또한 원인이 되었던 것이다. 이러한 원인 즉 "결과와 원인의 결합"이라는 결과의 관계가 바로 중국 고대종법사회의 토양과 법률전통 특징 간의 실제관계의 묘사였다고 하겠다.

마지막으로 다시 강조하고 싶은 것은 "친친, 존존"은 종법사회조직의 근본 원칙으로서 가사와 국정이 합쳐지게 된 원인이며, 가정과 사회에서 통행하는 원칙이었다. 그렇기 때문에 친친과 존존이란 이 양자를 분리해서는 안 된다. 가정 내에서는 친친이 위주가 되었고, 그것이 존존에 미치게 되어 가정 밖의 모든 사회조직 형태에서는 존존이 위주가 되는 것이다. 말하자면 가정 내에서 가장 바람직한 친친은 "존장을 존경하는 것"이고, "공경하고 부양하며 복종하는 것이며, 가정 밖에서 가장 좋은 존존은 존자를 부형으로 섬기고 존경하는 방식으로 숭상하는 것이다. 그러기 위해서는 먼저 가정 내에서 "친친경형(親親敬兄)"해야 만이 사회와 국가에서 군주를 공경하고 관리를 존중하게 된다는 것이었다. 즉 친친이 단지 가정 내에서의 윤리원칙이고 존존은 정치윤리 원칙이라고 단순하게 말할 수는 없다. "친친, 존존"은 그 최초의 정체성은 가정 내의 조직원칙이었지만, 후에는 국가에 서 넓게 알리면서 국가의 정치원칙으로 자리매김하게 되었던 것이다. 이 점을 이해해야 만이 중국의 정치 법률전통의 종법속성을 이해할 수 있는 것이다.

2편. 중국 전통법률문화의 역사발전 과정

5장.
신권법(神權法) 시대

중국의 신권법 사상은 습관법에서 기인되었는데 하나라 때에 형성되어 은상(殷商)시기에 전성기를 이루었고, 서주시기에 들어서서는 동요되기 시작하였다. "하(夏)나라는 천명을 받든다"라는 말이 있듯이 하나라의 통치자는 통치권은 하늘의 뜻을 따라 얻게 되었다고 인식하였다. 통치 질서에 복종하지 않으면 하늘을 대표하여 천벌을 내렸다. 그러나 하나라 통치자는 무엇 때문에 천명을 얻을 수 있었는가 하는 물음에는 말문이 막혔다. 통치권에 대한 보편적이고 권위적이며 합법적인 근거를 댈 수 없는 것이다. 은상시기에 진입하여 신권법사상이 극도로 발전하였으며 이미 완벽한 체계가 잡혔다. 통치자는 하늘의 후예라고 강조하였다. 이로서 무엇 때문에 통치자가 천명을 받을 수 있는가 하는 문제에 명확한 회답을 주었다. 이때부터 상왕(商王)의 의지를 하늘의 의지로 전환하여 신성한 권위성을 획득하게 되었다. 그러나 주나라에 이르러 신권사상에는 커다란 배격이 가해졌다. 주나라가 건립되면서 은상시기의 관념이 형편없이 깨졌던 것이다. 서주시기는 "덕으로써 하느님을 보좌한다"고 하는 관념을 내세워 군주의 권력은 신이 수여하였다는 군권신수(君權神授)설이 창설되었던 것이다. "덕으로써 하느님을 보좌한다"는 것은 이론적으로 천명(天命)을 수여했다는 근거가 되었다. 은상시기에 주장했던 혈연관계가 아닌 하늘이 내려준 덕을 부여받았다는 것이다. 그 결과 "덕으로써 하느님을 보좌한다"는 것이 신권정치로부터 세속정치로 전환하는 통로를 열었던 것이다.

1절. 신권법의 기원

인류사회에서 가장 빠른 법의 존재형태는 습관법이다. 기나긴 인류발전 과정에서 인류사회는 점차 많은 습관이 형성하게 되었으며, 이것이 누적되어 습관법으로 고착되었다. 습관법은 사회관계를 조정하고 사회질서를 유지하며 사회의 발전을 추진하였다. 그러나 이러한 습관법은 적지 않은 원시 규범적 특징을 갖고 있었으니 이 또한 일종의 신권법에 속하는 것이었다.

1. 사회교환의 발전과 신권법의 태동

기나긴 원시사회는 생산력이 아주 낮기 때문에 사람들은 자신의 직접적인 소비를 충당하기 위하여 생산했을 뿐 분공(分工)이 없었으며 교환도 없었다. "이와 같은 원시유형의 합작생산 혹은 집체생산은 개인 힘의 대소에 의한 결과이지, 생산재 공유화의 결과는 아니었다."[1]

이후 생산력의 발전에 따라 사회대분공이 형성되었으며 생산품의 잉여분이 생기게 되었고, 간혹 진행하던 교환이 자주 진행하게 되었던 것이다. "각각 서로 다른 부락 성원 간에 교환을 진행하게 되었으며, 이러한 교환이 정상적인 제도로 발전하고 공고화되는 모든 조건이 다 구비되었다."[2]

그 중에서도 사유재산의 출현은 개인 간의 교환이 씨족 수령을 대표로 진행하던 교환을 대체하게 되었으며, 점차 우세한 지위를 점하게 되어 교환의 주요 형식으로 자리매김하였다. 나날이 광범위하게 진행되는 개인 간의 제품 교환 행위 및 관련 제품의 생산, 소유, 소비 등 행위는 매년 중복되면서 점차 일정한 규칙이 형성되었으니 이것이 습관법의 연원인 것이다.

---

1) 《마르크스·엥겔스 전집》 제19권 434쪽. 북경, 인민출판사, 1963.
2) 《마르크스·엥겔스 전집》 제21권 183쪽. 북경, 인민출판사, 1965.

2. 신화 속의 법

신화관련 기사의 깊은 뜻을 통해 우리는 화하(華夏)민족의 형성과정과 동반한 국가와 법률의 최초 맹아와 초창기의 일부 원칙과 제도를 짐작할 수가 있다. 고서에서 언급했듯이 "태고 시에는 상하 고하가 없었으며 자연적인 순서가 형성되었고, 아직은 상제(上帝)를 받들지 않았고 군주를 세우지 않았다." 서한시기에 완성된 《회남자 · 범론훈(氾論訓)》도 "신농은 법률을 제정하지 않았지만 백성들은 그를 받들어 따랐다"고 기록했다. 《상군서 · 화책(畫策)》에는 "형벌과 정치가 없이 나라를 관리하였으며, 전쟁을 하지 않고 임금을 추대했다"고 기록했다.

이들 신화를 통해 우리는 어떻게 법의 기원을 해명할 수 있을 것인가? 법의 기원을 해명하기 위해서는 신화속의 심층적인 의미를 찾아내야 한다. 토템이란 것은 씨족사회와 동반되어 나타난 산물이다. 씨족은 한편으로는 혈연관계에 의해 형성된 것이므로 혈연에 의해 조상을 찾는 전통 관념이 아주 농후하였다. 다른 한편으로는 자연계와 인류 자체에 대한 인식이 국한되었기 때문에 외계의 변화와 자체의 생사 등 현상에 관한 말 못할 의구심과 숭배심은 혼합된 복합심리로 형성되었다. 이러한 관념이 그 어떤 자연현상(예를 들면, 바람, 우뢰, 물, 불, 흙, 해, 달 등)과 동식물(예를 들면 새, 뱀, 곰, 호랑이, 뽕나무, 계수나무 등) 및 산천에 의거하여 본 씨족의 시조, 비호신(庇護神), 토템이라고 인식하였으며, 토템을 숭상하여 제사를 지내고 절을 올리는 등의 습관이 대대로 유전되어 내려왔다. 중국에서는 이러한 현상이 계통성, 이야기성이 부족한 채 신화 속에 많이 기록되어 있다.

중국인은 자칭 염황자손이라고 한다. 그렇다면 이 두 조상은 도대체 어떤 사람이었을까? 고대의 전적을 분석하여 보면 염황 중의 염(炎)자는 염제족(炎帝族)의 집단을 말해주는 것이다. 이 족속의 주요 활동지역은 지금의 중원지대, 즉 하남성 이락(伊洛)평원 일대이다. 이 씨족은 불을 숭배했다. 두꺼를 씨족의 휘장(族徽)로 삼았다. 산동 대문구(大汶口)에서 출토된 신석기 유물 중에서 제사용으로 쓰였던 도자기에 이들 집단을 상징하는 휘장 성격의 무늬를 새긴 것이 출토되었다. 그 도형은 도끼였다. 신(辛)이란 글은 갑골문에서는 신(薪)이라고 하는데 도끼자루를 신(薪)이라고 불렀다. 또 신은 불을 일으킬 수도 있었다. 이 씨족은 염제 - 수인(燧人) - 축융(祝融)을 시조신으로 삼았다. 염제의 호는 또 고신씨(高辛氏)라고도 하는데, 신(辛)자를 고대에는 요(堯)자로도 읽었다.[3] 이를 통해 이른바 염제 고신씨는 사실은 유명한 제요(帝堯, 요 황제)라는 것을 알 수 있다. 《상서(尙書)》가 《요전(堯典)》부터 시작하는 것은 우연한 일이 아니라는 것을 알 수 있다. 염제는 또한 신농씨(神農氏)라고도 하는데, 고대의 신화는 신농 - 후직(后稷) - 염제는 한 사람이라고 인식했다. 전설 중의 염제는 인신우수(人身牛首, 몸체는 사람인데 머리는 소머리)로 되어 있는데, 이것은 염제와 소와의 관계를 암시해 준다. 이를 통해 염제족은 농업을 주요 활동으로 하는 족속임을 알 수가 있다. 이 씨족의 기원지가 강수(姜水)라는 데서 성을 또 강씨(姜氏)라고도 한다. 주나라의 시조가 강원(姜原)이라고 하는 것으로 보아 이들은 같은 강 씨라는 것을 알 수 있으며 주나라 사람은 염제족의 직계 후예라는 것을 알 수 있다.

충국의 다른 한 조상인 황제의 발원지는 산동 곡부 일대의 한 씨족집단이었다. 고서의 기록에 의하면 황제 씨족은 태양을 숭배하는 씨족이었다. 전설 중 황제 자신은 사람의 얼굴에 뱀의 몸을 한 형상이었다.(용을 상징으로 하는 토템을 신봉했던 씨족) 고양씨(高揚氏)라고도 불린다.(馬王帛書 《16경(經)》 중 황제의 다른 이름이 高揚이다.) 《사기·천관서(天官書)》는 "헌원(軒轅, 황제의 이름)은 황룡의 몸체를 하고 있다"고 기록했다. 《산해경·해외서경(海外西經)》에는 황제가 "사람의 얼굴에 뱀의 몸"을 가진 형상이라고 기록했다. 히브라이 신화 중의 Minotaur가 소머리를 한 사람 몸통이며 사람의 고기를 식용하며 크리트 미궁(迷宮)에서 자랐다고 하는 내용이 있다. 고대의 신화를 연구하는 학자의 분석에 의하면 전설 속의 복희(伏羲) - 태호(太昊) - 고양(高揚) - 제준(帝俊) - 제곡(帝嚳) - 황제는 같은 한 사람(혹은 神)이라는 것으로, 즉 태양신의 다른 이름이라는 것이다. 그러나 제곡(帝嚳)의 이름은 준(俊)으로, 곧 우씨(虞氏)인 순(舜)이다. 전하는 바에 따르면 순의 아들은 상(商)인데 모두 상(商)나라에서 봉해주었기에 결국 상나라라고 불리게 되었다는 것이다. 상나라 사람은 자기들의 시조는 계(契)라고 하는데 이들은 제곡고의 후예이다. 이 씨족은 봉황새를 태양의 상징(이들 씨족의 휘장)으로 했다.

희성(嬉性)을 가진 남자는 대대로 강(姜)씨 성을 가진 여자를 아내로 삼았다. 이 점은 고대 전설 속 미녀 중에 왜 맹강(孟姜)이라는 이름이 많았는가를 설명해 준다. 이와 같은 혼인관계를 통해 이 두 씨족은 혈연적으로만 아니라 종교, 심리와 문화적으로도 전면적인 융합이 발생되었다는 것을 알 수 있다. 이 융합과정에 황제가 탁록(涿鹿)에서 치우(蚩尤)를 주살한 고대전설은 특별히 중요한 의의가 있다. 염제 씨족은 처음에 황제 씨족보다 강대하였다. 황제의 호는 소호(少昊), 국명을 소전(少典)이라고 정했다. 북상

---

3) 《설문해자》

한 남방의 묘여(苗黎) 씨족의 수령 치우는 한때 염제의 신하로 있었다. 염제는 첫 도읍지인 하남성의 진(陳, 太昊의 폐허지)에서 황제씨족의 고향인 곡부(曲阜)로 자리를 옮겼다. 황제는 염제와 치우의 연합군을 당할 수가 없어서 이전하게 되었다. 《제왕세기(帝王世紀)》에 "염제는 진(陳)나라 영도(營都)에서 노나라 곡부로 왔다"라는 기록이 있다. 《한서》는 "치우는 부친을 배반하였고 황제는 강을 건넜다"라고 기록했다. 황제족은 "자주 여기저기 전전했던 씨족"이었다. 《사기》에 기록한 것을 보면 "절기에 따라 곡식을 파종하고 각종 금수를 기르는 유목민족"이라는 것을 알 수 있다. 후에 치우가 염제에 반역하고 자기가 곡부를 차지하고는 새로운 염제라고 자칭했을 것이다. 염제는 후에 황제에게 구원을 요청하여 탁록에서 치우에게 승리하였다. 이로서 염황 두 씨족이 공동 영수(大帝)가 되어 존경받고 숭상되었다.

다른 신화의 기록에 의하면 상고시대에 제왕 당요(唐堯), 우순(虞舜)이 출생하였는데, 이들은 모친이 이상한 물체에 의하여 잉태하게 되었다는 것이다. 그 심층 적인 뜻은 곧 이들이 출생한 시기는 모친만 알고 부친은 모르는 모계사회라는 것을 설명해준다.[4] 요순으로부터 우 임금에 이르기까지의 고대 신화는 후세에 중요한 정보를 제공하여 주었다. 우의 출생, 나아가 우의 부친 곤(鯀)의 출생을 "전욱(顓頊)이 곤(鯀)을 낳았고 곤이 문명(文命) 우(禹)를 낳았다"라고 하였다. 이것은 사실상 부계사회의 현상이었다. 전하는 바에 의하면 우 임금이 치수하면서 집을 세 번이나 지나갔지만 집에 들르지 않았다고 하는데, 그가 말하는 집은 대부(大婦, 장자의 처, 정실)의 집이었던 것이다. 모계사회에서는 이러한 현상이 발생할 수가 없었다.

일찍이 염황 초기에는 씨족 부락 간의 생존과 발전을 위한 충돌이 자주 발생하였다. 당시 사람들이 많이 거주하는 곳이면 "어린아이가 장성하여 어른이 되면 장대한 사람을 두려워하고 힘이 센 사람이 현명한 사람이며 조폭한 사람을 존중하였다."[5] "지혜로운 사람은 우둔한 사람을 얼리고 힘이 센 사람은 힘이 약한 사람을 업신여겼다."[6], "강대한 자기 약한 자를 이겼고 많은 사람이 적은 사람을 난폭하게 대하였다."[7]

---

4) 《태평어람 · 항왕》 권80, 권82 참조. "여기서 설명할 것은 모계사회와 모권제가 다르다는 점이다. 마르크스는 몰겐의 《고대사회적요》에서 "그 시대는 자주 자신의 씨족의 생존을 위해 혈족들이 복수하는 시대였다, 남자가 추장이 되는 것이 더 실정에 부합된다고 역설했다. 즉 여기서 중요한 것은 요 · 순의 선양은 원시적인 민주의 표현이 아니며, 그들이 권세를 상속하려고 하지 않은 것이 아니라 부친과 아들이 같은 모계가 아니라는 것, 즉 서로 다른 씨족이라는 것을 말해준다"고 했다.

5) 《여씨춘추 · 恃君》

6) 《관자 · 君臣 하》

그러나 위의 성씨 부락 간의 싸움을 통해 우리는 중국 고대법의 최초 기록과 그 발단을 찾아 볼 수가 있다. 전하는 말에 의하면 황제가 처음으로(기원전 약 26세기) 법을 제정하여 권한을 제한하였으며 서로 단속하도록 하였다고 한다. 즉 "황제가 5법을 정하고 천하에 공포하였다.8) 황제가 천하를 다스릴 때…… 법령은 투명했고 숨기지 않았다. 9) 법을 설치하여 변하지 않게 하여 백성들이 평안하게 그 법을 따르도록 해야 한다"고 했던 것이다.10)

전하는 말에 의하면 황제가 이 법을 제정하였다고 한다. 요순시대에 와서(기원전 약 23세기 말에서 기원전 23세기 중엽) 범죄를 징벌하기 위하여 최초의 형을 제정하였는데, 역사상 이를 "형전에 기록"한 최초의 습관법이라고 했다.

《상서》속의 〈요전(堯典)〉, 〈순전(舜典)〉, 〈하서(夏書)〉의 기록은 거의 다 이와 같은 주장에 근거한 것이다. 특히 고도(皐陶)가 형법을 제정했다는 주장은 이미 후세의 많은 사람들이 논증한 결과 후세의 견강부회한 내용이라는 정설이 나 있다. 예를 들면 다음과 같은 것들이다. "순임금이 고도에게 명하여 3년간 형법을 제정했다."11) "약탈, 횡령, 살인, 살해 등의 형법은 고도가 명기한 죄명이다."12)

그러나 이를 상나라 이전의 율법이라는 주장은 믿을 만하다.13) "순 임금이 우를 임금으로 추천하여 자기를 계승하게 하였다"는 시기, 즉 "우가 천자의 작위를 계승한 시기"는 대략 기원전 21세기 전후이며, 우의 아들 계(啟)가 하족의 왕이 되었다고 했는데, 이 시기 이후 약 500여 년간을 하나라라고 하는 것이다. 일반적인 견해는 이 시기가 중국 법률의 기원이라고 인식하고 있다.

---

7) 《상군서 · 畵策》

8) 《상군서 · 화책》

9) 사마천, 《素王妙論》

10) 《관자 · 任法》

11) 《죽서기년》

12) 《좌전 · 소공 14년》

13) 여기서 예를 하나만 들었는데, 그것은 고대의 사료를 인용하는 방면에서 아주 신중한 태도를 취했기 때문이며, 쓰인 글자 그대의 내용으로 확정한 것은 아니다.

2절. 하상(夏商) 신권법의 발전과 흥성

1. 하나라 때의 예와 형의 법률적 규조의 맹아

하나라 때는 부락연맹이 국가로 전환되는 시기로서 습관법에 따라 예의형살(禮仪刑殺)이라는 역사시기[14]로 전환되었다. 이 발전시기에 상응하여 법률이 발전하게 되었는데 대체로 아래의 연혁 과정을 경유하였다. 씨족 습관에 근거하여 습관법이 형성되었고, 습관법을 기초로 예의형살이 형성되었다. 예의형살에 근거하여 법(일반적인 의미에서의 법)이 태동되었다. 물론 하나라나 그 시기에 맹아상태인 법률 상태는 너무 오래 전의 일이며, 계통적인 문자기록이 없기 때문에 고고학에 근거하여 발견한 하나라 문화의 특징은 아주 적다고 하겠다. 그저 대부분의 판단은 논리적인 추론에 불과하다. 그러나 이와 같은 논리적인 추론이 아무런 가치가 없다는 것은 아니다. 상나라와 주나라에 대해 말할 때 고고학적 발견을 기록한 근거에 의해서 진행된 추론이기 때문에 그 진실성을 어느 정도는 뒷받침해 주고 있다고는 하겠다. 이에 대한 호적(胡適)이 한 명언이 있다. "대담하게 가설을 설정하고 신중하게 이를 증명하라." 국가에서 추진하는 "사회과학제9차 5개년 계획" 중의 한 중대한 프로젝트가 "하, 상, 주 3대의 역사구분"이다. 이 중대한 문화역사공정이 이루어지게 되면 이 역사시기의 법률발전에 관해서도 새로운 인식이 가능하게 될 것으로 본다.

1) "천명을 받든다"는 천하일가 관념의 확립

하나라는 우 임금으로부터 걸에 이르기까지 14대 17왕이 있었다. 우 임금이 치수에 공을 세워 여러 부락 수령들에 받들어져 하후씨(夏后氏)로 추거되었고 최고 군주가 되었다.[15] 양성(陽城, 지금의 하남성 登封)에 도읍을 정했다. 전통적인 서양제(禪讓制)에 따르면 우 임금이 사망한 후 왕위는 반드시 동이(東夷)의 백익(伯益)이 계승해야 하는데

---

14) 마르크시즘의 법학 관점에 의하면 법은 국가의 태동과 함께 출현한 사회역사 현상이다. 모계사회가 부계사회로 전환되고 부계사회가 부락연맹으로 전환되고 부락연맹이 국가로 된다. 엥겔스 《가정, 사유제와 국가의 기원》 참조, 《마르크스·엥겔스 선집》 제2권, 제4판, 앞의 책.

15) 우공이 회계 지금의 절강(소흥)에서 제후연맹대회를 주최하였는데, 우공은 방풍씨(防風氏)가 지각하였다는 이유로 그를 참수하였다. 《국어, 노어》 참조. 이는 우와 각 부락 수령과의 관계가 불평등하게 됐다는 것을 설명하여 준다. 후에 "지각하는 자는 참수한다"는 것은 전통 군법의 한 항목이 되었다.

우 임금은 생전에 빈틈없이 주변을 정리한 후 아들 계(啓)에게 선양해 주었다. 계는 무력으로 백익을 몰아냈다. 사서에는 다음과 같이 기록하였다. "송사하는 서류를 백익에게 올리지 않고 계에게 올렸다. 사람들은 백익을 칭송하지 않고 계를 칭송하였다.[16]

계는 자기가 하의 제2대 임금이라고 선포하였다. 이에 이르러 부락연맹의 맹주는 계급사회의 국왕으로 변하였다. 이로부터 "천하의 왕은 한 집에서 태동되었다. …… 한 종족에 속한 사람만이 천명을 받아 천자로 될 수 있게 되어"[17] 천하일가의 제도가 형성되게 되었던 것이다. 비록 그 사이에 호씨(扈氏)가 반대하고 태강(太康)이 나라를 망치고, 소강(少康)이 다시 나라를 부추겨 세우는 등 역사적 반복이 있었지만, 그 결과를 볼 때 세습제는 "그들이 처음에는 속으로 기대했다가 후에 요구하기에 이른 것이고, 마지막에 가서는 본분을 초월하여 이와 같은 세습제를 차지하였다. 왕권을 세습하고 귀족권을 세습하는 터전이 이미 잘 다져진 때문이었던 것"[18]이었다고 볼 수 있다.

2) 예와 원시종교

예와 원시종교는 떼놓을 수 없는 관계이다. 예는 인류가 최초에 자연현생과 생명의 기원을 해석할 수 없을 때 태동한 공포심과 경외심의 반영이었다. "신을 모셔다가 복을 기원하는 제사를 지내는 가운데 점차 일정한 예절과 의식이 태동되게 되었던 것이며 동시에 이에 필요한 금기(禁忌)가 나타나게 되었던 것으로 볼 수 있다. 예[19]는 바로 이렇게 태동되었던 것이다. 《좌전》에는 다음과 같은 말이 있다. "나라의 대사는 제사와 전쟁이다."

융(戎)이란 부락 간의 전쟁을 말한다. 전쟁에서 공동으로 관리하는 관례가 나타났으며, 다른 부족의 부락을 토벌하고 살육하는 수단이 나타났다. 이것이 최초의 형(刑)이다.[20] 형(刑) 자는 칼 도자가 옆에 붙어 있는데 고대인들은 군사를 풀어 토벌할 때 대형을 취했다. 군사를 관리하는 기율도 위의 내용을 법률화시키게 된 하나의 요소였다. 따라서 전쟁에서 군사를 관리하기 위해 형이 태동하게 되었다는 관점이 점차 중국의 고대

---

16) 《맹자 · 만장 상》, 이밖에도 《죽서기년》에 "익이 계의 위치를 노려보아 계가 그를 살해했다"라고 기록했다.

17) 夏曾佑, 《중국고대사》 상책, 271쪽. 북경, 단결출판사, 2006.

18) 《마르크스 엥겔스 선집》 2판, 제4권, 165쪽, 북경, 인민출판사, 1996.

19) 禮 : 예자라는 글자의 조합을 보면 고대 술을 담은 주기와 관련되었다.

20) 《설문해자》의 설명을 보면 형을 살육이라는 뜻으로 해석했다.

법률이 나타나게 된 기원이라고 개괄적으로나마 정리되었다. 고대에 사법을 "사(士), 사(師), 사구(司寇)"라는 군관 명칭을 명명한 것이 이를 증명하여 준다.

이와 같은 예의형살은 어느 의미에서 볼 때, 예가 법률규범의 가정(假定)·처리(處理) 부분이 되었고, 형은 법률규범의 제재(制裁) 부분이 되었다. 당시 예는 이미 사람들의 일상생활 중에 공동으로 준수해야 하는 행위준칙으로 자리매김하였다. 예는 사람들 내심세계의 신념에서 출발함으로서 자각적으로 준수하였을 뿐만 아니라, 강제적으로 보장한 측면도 있는데, 그 강제력이 바로 형이었다. 즉 고대 사람들이 말하는 "예를 벗어나는 것은 형벌에 속한다"는 관계를 갖고 있었던 것이다. 그러나 그 시기의 예와 형은 법률규범의 시각에서 볼 때 서로 엄격하고 분명한 연계성을 갖고 있지는 않았다. 즉 예는 예에 어긋나는 행위에 대응되는 징벌을 명시하지 않았다. 형도 일종의 죄를 처벌하는 수단일 뿐이었다. 따라서 당시는 우리가 지금 엄격한 의미에서 말하는 법이 존재하지 않았다고 할 수 있다. 다만 법의 기본 성분만이 구비되어 있었던 것이다. 우리가 지금 그 당시 이미 예와 형이 법적 성질을 구비하였다고 말하는 원인이 바로 여기에 있다. 이러한 상황은 두 가지 결과를 초래하였다. 첫째 위법(違法, 곧 禮)과 징벌(곧, 刑) 간에 분명한 연계가 부족해 있던 상황은 통치자가 "임시로 형벌을 정하고 사전에 법을 제정하지 않는 것"이 편리했고,[21] 둘째는 죄를 처벌할 수단으로 하여금 발전할 수가 없었고, 더욱 어려운 것은 성질상의 변화가 있었기 때문이었다. 첫 번째 결과는 춘추시기에 이미 비교적 큰 진전이 있었지만, 두 번째 결과는 청나라 말기까지 영향을 끼쳤다.

3) 하나라 법률에 관한 기사

고서는 다음과 같이 기록했다. "하나라에 정치를 문란하게 하는 일이 발생하여 우 임금이 형을 제정하였다."[22]

《수서(隋書)·경적지(經籍志)》에는 다음과 같이 기록했다. "하후씨에 와서 형은 다섯 가지, 법령 조례는 3천 조목, 사형에 관한 조목 200가지, 무릎 뼈에 관한 형벌이 300가지, 5형에 500가지, 코를 자르고 먹으로 죄인이라고 수를 놓는 조목이 각각 천 가지나 된다."[23]

---

21) 《좌전·소공 6년》 두예의 주석. 《좌전·소공 6년》에 "선왕은 사실에 따라 임시 죄를 정하였지, 사전에 형법을 제정하지는 않았다"라는 기록이 있다.

22) 《좌전·소공 6년》

계가 유호씨를 토벌할 때 다음과 같은 군법을 선포하였다. "좌측에 있는 병사가 좌측의 직책을 집행하지 않은 것은 병사가 명령을 거역한 것이며, 우측에 있는 병사가 우측의 직책을 집행하지 않은 것은 병사가 명령을 거역한 것이다. 전차를 모는 사람이 전차를 제대로 몰지 않은 것은 그 병사가 명령을 거역한 것이다. 명령을 잘 집행했으면 조상 앞에 상을 내려주고, 명령을 거역했으면 토지신 앞에서 사형에 처하고 처와 자식은 노예로 잡아간다."[24]

하나라 때에는 이러한 형벌원칙을 집행하였다. "실직의 책임을 질지언정 무고한 사람을 살해하지 않는다."

말하자면 사법관이 실직하는 책임을 질지언정 억울하게 사람을 살해하지는 않는다는 것이다. 이것은 "죄가 의심되면 가볍게 처벌한다"라는 정신을 나타낸 것이다. 《상서 · 순전(舜典)》에는 "과실로 죄를 범한 것은 형 집행을 유예할 수 있지만, 관습범은 반드시 즉시 형벌에 처해야 한다"라는 내용이 있다.[25] 추형(樞衡)의 다방면 연구에 의하면 이 기록은 믿을 만하다고 할 수 있다.[26] 이상의 내용은 후세에 와서 "형벌을 신중하게 처리"하는 근거가 되었다. 《죽서기년》에는 이런 기록이 있다. "하제(夏制) 분(芬) 36년에 환토(圜土, 흙으로 담을 둥글게 높이 쌓아 가두는 것 - 역자 주)를 설치했다." 《석명(釋名) · 석궁실(釋宮室)》은 환토를 이렇게 해석했다. "감옥을 환토라고도 하는데 흙으로 담을 쌓아놓은 것이다." 이것이 대체로 중국 고대의 감옥의 형태였을 것이다.

상주의 일부 기록을 보면 산림과 수산물을 보호하는 규정[27], 불효죄[28], 그리고 속

---

23) 《상서대전》 권3. 일부 학자들은 백 가지, 천 가지라는 숫자는 별로 의의가 없는 것이라는 견해를 보여 주면서도, 확실히 그런 형벌이 있었는지 없었는지에 관해서는 의심하지 않는다고 주장했다. 이런 주장은 당시 그들이 말하는 형을 오늘 우리가 말하는 법적 조례로 이해한 것이다. 그러나 우리의 분석에 의하면 반드시 시각을 돌려 백, 천이란 숫자의 의미를 이해해야 한다. 이러한 숫자는 역대로 누적된 사례라고 이해한다. 이 사례는 비교적 통용된 것으로, 혹은 판례법과 같은 부류의 것이라고 이해한다. 그리고 형벌을 반드시 5종으로 분류했는가는 의심되는 점이 없지 않지만, 그 중 사형류의 형벌은 확실하게 있었다는 것은 의심할 것이 없다고 본다.

24) 《상서 · 감세》에는 고대 전쟁에서 전차 한대에 병사 3명을 배치하는데 그 중 한 병사는 좌측에 있으며 사격을 위주로 하고, 한 병사는 우측에 있는데 찔러 죽이는 것을 위주로 하고, 중간에 있는 병사는 전차를 모는 것을 위주로 한다. 이 조목은 병사들이 각자 자기의 처지에서 적을 무찔러야 한다는 것을 강조한 것이다. 임무를 제대로 잘 완성하였다면, 선조의 신위 앞에서 상을 수여하고 법적으로 장려하는 것은 중국식 법의 특색 중 하나이) 왕명을 제대로 집행하지 않은 것은 토지신 앞에서 징벌하며 본인은 사형에 처하고 그의 아내, 자식은 노예로 끌려가게 된다.

25) 眚은 과실, 終은 일관적이라는 의미.

26) 蔡樞衡, 《중국형법사》, 149-152쪽, 북경, 중국법제출판사, 2006.

형[29](돈으로 형벌을 감면하는 것 - 역자 주)에 관한 규정이 있었으며, "우하(虞夏) 때부터 중앙에 내는 세금이 있었다"[30]라는 주장이 있기는 하지만 사료가 부족하여 믿을 만한 것은 못된다.

사마천의 《사기》에 언급한 주장을 보면, 하왕 공갑(孔甲) 이후부터 제후들의 전쟁이 빈번하였다고 했다. 하걸 시대는 덕정을 실행한 것이 아니라, 전쟁을 일으켜 백성들이 도탄에 빠지게 되었으며, 천하 백성들이 더는 참을 수 없는 지경에 이르렀다.[31] 이때 "언제 죽게 될지 알 수가 없었고, 너희들도 언젠가는 다 죽게 될 것이다"라고 하는 목소리가 높았다.[32] 하나라의 마지막 임금인 동방(東方)은 탕(湯)을 수장으로 한 상나라 사람들에게 멸망되었다. 《여씨춘추 · 선식람(先識覽)》에는 하(夏)가 멸망하게 되자 "태사가 종고(終古)에게 명하여 하나라의 도법(圖法)을 가져 오게 하여 그것을 들고 눈물을 흘렸다"고 하는 기록이 있다.

이것은 그 당시 이미 문자로 기술된 비교적 상규적인 법률조목이 있었다는 것을 설명하여 준다. 즉 성문화된 습관법이 있었다는 말이다.

2. 상나라의 법률

상나라는 하나라의 신권법사상을 전면적으로 계승하였을 뿐만 아니라, 하나라의 신권법사상을 더욱 발전시켜 전형적인 신권법사상을 형성케 했다. 하느님이 상나라를 세웠다는 주장은 신화에서 그 단면을 볼 수 있다. 《시경 · 상송(商頌) · 현조(玄鳥)》에 "하느님이 현조에 명하여 지상에 내려가 상나라를 세웠으니 왕궁에서는 빛이 비추어졌고, 강토

---

27) 《逸周書》에 우 임금 시절에 "춘 삼월이면 나무를 벌목하지 않는다 나무가 정상적으로 성장하게 하는 것이다. 여름 석 달은 물고기를 잡지 않는다. 물고기가 크게 자라는 것을 보호하는 것이다" 라는 기록이 있다.

28) 《효경》에 "다섯 가지 형벌에 3천 가지가 있는데 그 중 가장 중한 죄가 불효이다"라는 기록이 있다.

29) 《상서 · 여형》에 하나라에 속형이 있었다는 대목이 있다.

30) 《사기 · 하본기》

31) 《사기 · 하본기》에 "공갑 이래 상호 전쟁이 많았는데 하걸이 덕정을 베풀지 않고 백성들에게 피해를 주어 백성들이 참지 못했다라는 기록이 있다.

32) 《상서 · 탕세》 하나라 사람들은 태양신을 숭배하기 때문에 하왕이 태양신이라 자처하였다. 따라서 이런 주장이 있게 되었다.

는 넓고 넓다"라는 구절이 있다. 《예기·표기(表記)》에 "은나라 사람은 신을 숭상하는데 백성들을 지휘하여 신에 제를 올렸다"는 내용이 있다. 의식형태의 신의 힘이 결정적인 역할을 발휘했던 것이다. 상나라의 통치자는 하늘을 상왕의 조상이라고 인식하고, 상왕은 하늘의 명을 받고, 인간세계에서 일체를 통치한다고 강조했다. 상왕의 모든 행위는 모두 하늘의 뜻이며, 하늘의 뜻은 점괘를 통해 상왕에게 전달된다는 것이었다. 심지어는 심판이 필요할 때도 먼저 점괘를 통해 하늘의 신에게 문의하였으며, 사법을 심판하는 중에 천벌(天罰)을 실행하였던 것이다.

1) 상나라 문화의 특징 및 법률에 대한 영향

상나라 사람들의 조상 계(契)는 하나라의 우 임금, 주나라의 기(棄)임금과 동시대의 인물이다. 《사기·은본기》는 다음과 같이 기록하였다. "은(殷)의 계(啓)는 모친은 간적(簡狄)이며, 융씨(戎氏)라는 딸이 있는데, 제곡(帝嚳)의 왕비이다." 그가 잉태하여 계를 낳았다. 계가 성장하여 우 임금의 치수를 보필하는 중에 공을 세워 순 임금이 계에 명하기를…… 상(商)나라에 봉하였으며 자씨(子氏) 성을 시여해 주었다"

이상의 기록을 보면 그의 출생부터 신비한 색채를 띠고 있다. 제3대 상토(相土)시기는 상이 이미 제수(濟水)와 황하유역의 "몇천 리나 되는 강토"를 갖고 있는 대국으로 되었으며, 세계에서도 아주 문명한 국가로 자리매김하였다. 청동기와 갑골문이 바로 당시 문명의 결정체였다. 청동기 명문과 갑골문 복사가 상나라의 역사라는 것은 의심할 바가 없다. 특히 당시 법률방면의 형명, 죄명, 형벌수단, 감옥 등은 《상서》,《예기》 등 고대서적에 기록된 내용이 증명해 준다. 우리가 하나라의 법률을 설명한 것 중 대체로 추측이 많다면, 상나라의 법률은 많은 물증을 갖고 있다.

상나라 사람들이 중원에 입주할 때는 대체로 성탕(成湯)시기였으며, 호(毫)에 도읍을 정하고, 여기서 하나라를 멸망시키는 전쟁이 시작되었다. 기원전 약 16세기 하후(夏后) 계(癸, 桀)가 사람들의 분노를 사고 하늘의 분노를 샀을 때, 성탕이 명조(鳴條)에서 군대를 지휘하던 하걸(下桀)을 대패시켰다. 《사기·하본기》에서 말한 것과 같다. "걸이 명조에서 구축되어 죽었다."

성탕이 상나라를 건립한 후 주변의 소국이 모두 그에게 귀순했다.[33] 상나라의 서부에

---

33) 《시경. 상송. 은무》, "과거 성탕이 있었는데, 피씨(被弒), 강씨(羌氏) 등이 귀순하지 않으면 안 되었고, 왕으로 모시지 않으면 안 되었다"라고 노래했다.

방백리(方百里)라고 부르는 작은 부족이 있었는데 주(周)라고 불렀다. 주나라 사람들은 대개 하족(夏人)의 한 부류였다. 하나라 사람 중 일부 사람들이 상나라 사람의 통치지역인 거우기(居于杞)에서 생활하다가 서북쪽으로 도망간 것을 주라고 불렀다. 이것이 후에 상을 멸망시킨 주나라였다.

하걸과 성탕시기의 양족은 세력이 비슷하였다 그러나 문화는 상나라가 하나라보다 발달했다.《상서·다사(多士)》에는 이렇게 쓰여 있다. "은나라 선인들에게는 책(冊)이 있었고 전(典)이 있었다."

즉 상나라 사람들만이 있었다는 전책(典冊)은 성문화된 습관법이었다. 상나라가 이족인 하나라를 통치한 시기 상황을 보면, 후에 주나라가 상나라를 멸망시킨 후 상나라 사람들을 통치할 때 봉착한 어려움은 없게 되었다.[34] 이에 근거하면 3천 년이나 되는 중국사회에서 커다란 역할을 발휘해 온 종법제도는 주나라 사람들이 건립하였거나 은나라 사람들이 주나라 사람들에게 전해 준 것이 아닌가 하는 결론을 얻을 수 있다. 이 점에 한해서는 상나라의 많은 역사적 사실을 통해 인증할 수가 있다. 예를 들면 상나라의 왕족은 성별을 가르지 않고 직계 선왕의 제사를 지낼 때 반드시 배우자에게도 제를 지냈다. 이는 주나라 사람들이 제사를 지낼 때 반드시 종주(宗主)가 몸소 주관하는 것과는 구별되었다. 상나라의 적지 않은 제례는 상왕이 타인에게 위탁하여 대행하였다. 배우자에게도 제를 지낸다는 것은 모계사회의 전통이 내려온 결과라고 할 때, 제를 대행하는 것은 종법제도에 위배되는 것이었다. 이밖에도 상나라는 종법제도에 근거하여 형성된 "부모가 건재하면 자녀들은 별도 재산이 있어서는 안 된다"고 하는 이른바 "같은 재산을 향유하면 같이 거주해야 한다"는 제도는 없었다. 따라서 후세 유가들은 상나라 사람들은 "부유한 사람들을 존중하고 고귀함을 누리지만 부끄러움을 모른다"[35]며 폄하하였다.

상나라와 주나라 여성들의 지위를 보면, 상나라 때는 "여성은 재간이 없는 것이 덕성

---

34) 즉 주나라가 상을 멸망시킬 때는 시부 변경의 직은 소국이 킹토가 몇천 리나 되는 대국인 상나라 사람들을 통치하게 되었는데, 낙후한 소국이 자신보다 문명정도가 높은 대국을 통치하게 되었다. 이 때문에 주나라 사람들은 양난에 처하게 되었다. 어떻게 자기의 박약한 힘으로 강대한 이족을 통치할 수 있는가 하는 문제가 대두된 것이다. 주나라 사람들이 자신들에게 익숙하고 안전한 방법을 찾아냈으니 그것은 제후를 봉하고 임금과 같은 성씨가 통치하는 봉건제도이다. 이 봉건제도, 즉 전통적인 혈연관계로써 상나라 사람들에 대한 통치를 공고히 하였으며 친족과 귀족의 합일을 형성하고 나라와 가정이 분리하지 않는 국면을 형성하여 대종이 소종을 영솔하는 일련의 종법제도를 형성하였다. 전하는 주장에 의하면 이 제도를 설립한 사람은 주공이라고 한다. 따라서 주나라 이후 후세 사람들은 주공을 천지의 신령이 들렸다고 신봉하였다.

35)《예기·제의》,《예기·표기》

이다"라고 하여 종법제도 하에서는 여성이라는 관념이 없었음을 알 수 있다. 갑골문의
복사(卜辭)를 보면, 왕비가 군대를 인솔하여 전쟁을 지휘한 것과 조상의 제를 지내고
복사를 정리한 내용이 적지 않다. 뿐만 아니라 그녀들은 남성 귀족과 같이 개인 재산을
소유할 수도 있었다.[36] 그 중에서도 돌출적인 것은 상나라 때의 대부분 시간은 봉건을
실행하지 않았다는 점이다. 따라서 왕국유(王國維)는 다음과 같은 결론을 내렸다. "상나
라 때 형제가 한 임금의 아들이라면 적서(嫡庶)와 장유(長幼)를 가리지 않고 모두 다
왕권을 계승받을 수가 있었다. 따라서 개국시기부터 봉지(封地)를 하사하는 일이 없었
다. 그 후에는 더 말할 것도 없었다."[37] 갑골문의 기록을 보면 상왕 무정(武丁)시기 그
에게 아들 50여 명이 있었다. 그러나 거의 작위가 없었다.[38]

종법제도 하의 동성불혼이라는 제도도 상나라 때에는 유지할 수 없었다. 《사기·은
본기》에 다음과 같은 기록이 있다. "성탕 이래 시서에 근거하여 아들에게 성씨를 내려
주고 분봉하여 주었는데, 국가의 명칭이 바로 성씨다. 은씨(殷氏), 내씨(來氏), 송씨(宋
氏), 공동씨(空桐氏), 치씨(稚氏), 북은씨(北殷氏), 목이씨(目夷氏)가 그 예이다."[39]

말하자면 동일한 혈통사람들이지만 거주하는 지역이 다름에 따라 서로 다른 성씨를
가지게 되었고, 이와 반대로 서로 다른 성씨를 가진 사람이지만 거주 지역이 동일하면
같은 성씨를 쓰게 되어 있다. 이렇게 되면 친귀일체(親貴一體)가 불가능하게 되고, 상왕
은 종주의 친족이 없게 된다. 이것은 《예기·표기》에서 말한 "존귀하지만 친족이 없다"
라는 뜻일 것이다. 이렇게 추론한다면 상나라 사람들은 대종·소종제도가 없었을 것이
다.[40] 상나라 사람들은 국가에 따라 성씨를 가지게 되므로 비록 혈통이 같다고 하더라도
성이 달랐다. 이렇게 몇 대를 이어 내려가면 누구누구가 동종인지 다른 종인지 분간할
수 없게 된다. 이러한 상황에서 동성불혼은 준수할 수 없게 된 것이다. 왕국유 선생이
가장 먼저 이 점을 밝혔다. 그는 다음과 같이 설명했다. "6대가 지나면 친족이 없어진

---

36) 方法斂 편저, 《庫方二氏가 갑골 복사를 수장하다》라는 책에 "정, 왕이 여성들에게 토방(지방 부족의
   명칭)을 토벌하게 해서는 안 된다"라고 기록했고 劉鶚이 편찬한 《鐵云藏龜》에 "정이 부인 妍과 함
   께 모친의 생신을 지내다"라는 대목을 인용하였다. 《李亞農史論集·은대사회의 생활》 상에서 인용,
   상해, 상해인민출판사. 1962.
37) 王國維, 《관당림집·은주제도론》, 복사본, 북경, 중화서국, 1959.
38) 나라의 명칭이 그 성씨라는 것은 갑골문에 의하여 증명되었다. 羅振玉, 《殷墟書契前編》 7-29,
   《殷墟書契後編》 상 17-6, 唐蘭 편저 《천양각 갑골문존》
39) 《李亞農史論集·은대사회생활》 상에서 인용, 앞의 책.
40) 갑골문 복사에는 대종(대조묘직계선왕), 소종(소조묘방계선왕)이라고 썼다.

다. …… 주나라의 풍습은 그렇지 않았다. 상나라 사람들은 6대를 지나면 가히 동성이라도 통혼할 수 있었다."[41)]

이상의 서술을 분석하여 볼 때 상나라 사회에서 주나라 시대의 봉건제도를 추정하기란 어렵다. 상나라 말기에 이미 적자상속이란 것이 태동되었지만 종법제도 및 그에 관련된 각 종법제도와 관념, 즉 후세 몇 천 년 간 영향을 끼친 그러한 종법제도와 관념은 주나라 때에 발단한 것이지 상나라 때에 발단한 것이 아님을 알 수 있는 것이다.

2) 상나라 때의 법률에 관한 기사

고서는 이렇게 기록하고 있다. "상나라에 정권을 문란하게 하는 일이 발생하여 탕형(湯刑)을 제정하였다."[42)]

성탕의 손자 태갑(太甲)시기에 "성탕의 법에 준하지 않으면 덕정이 문란하게 된다"라는 기록이 있다. 상나라 중기 조갑(祖甲)시기인 조갑 24년에 "탕형을 새로 증보하였다"[43)]라는 기록이 있다. 이로 보아 《탕형》은 상나라 말기에 적용한 법률이라는 것을 알 수 있다. 그러나 후에 말하게 된 《탕형》이 상나라 법률의 총칭이었다고 하는 주장은 토론할 여지가 있다. 갑골문 복사에는 "왕이 가닥을 잡아 형벌(辟)을 제정했다"[44)]고 나와 있다. 《상서 · 강고》에는 "처벌과 형법은 은나라의 형법(彝)을 채용하였다"는 기록이 있다. 왕국유는 벽(辟)과 이(彝)는 상나라의 형법이라고 해석했다. 이것은 하나라 때 단순히 죄를 처벌하는 수단인 형보다 이미 한발자국 진보하였기 때문이다. 단죄하고 정죄하는 것은 이를 표준으로 하였다.[45)] 상나라 법률의 총칭은 반드시 이 혹은 벽이었을 것이며, 혹은 사마천이 말한 탕법이었을 것이다.

갑골문과 문헌기록을 보면 상나라의 이와 벽(즉 상나라의 법률)은 대체로 아래 몇 가지 내용으로 나눌 수 있음을 확정할 수 있다.

---

41) 王國維, 《관당림빕 · 은주제도론》, 복사본, 북경, 중화서국, 1959.

42) 《좌전, 소공 6년》

43) 《죽서기년》 참조.

44) 곽말약 편저, 《殷契粹編》 487편, 《곽말약 전집 · 고고편》. 북경, 인민출판사, 1986.

45) 혹은 탕형은 이와 벽에 속하며 그의 일부분이라고 인식하여도 법률규범의 시점에서 볼 때 이란 죄를 가정하고 처리하는 내용이 포함되었으며, 징벌하는 내용도 포함한 완전한 법률조문이다. 이는 상나라 때의 벽과 이는 형과 다르다는 것을 표명한다. 갑골문 복사에는 이미 이에 대한 구별이 있었다. "이 사람을 처형할 것인가를 심문한다"고 기록했다 물론 혼동하는 것도 있으니, "왕이 처형하지 말라고 했는데 적당한가?"라고 기록했다.

첫째 상나라는 하나라의 천벌사상과 군법내용을 계승하여 아주 짙은 신권법으로서의 특징을 구비하고 있다. 하나라 때 계가 유호씨를 토벌할 때 발포한 《감서(甘誓)》가 있었고,[46] 성탕이 하걸을 토벌할 때 똑같이 서(誓, 맹세)라는 형식을 띤 군법을 반포했는데, 이것이 바로 《상서 · 탕세》이다.[47] 천벌사상은 후세에 대대로 계승되었다. 즉 "하늘이 죄를 징벌하는 데는 5형(刑), 5용(用)이 있다는 것이었다.[48] 한편으로는 사법에 대한 진압의 억제력을 강화하였고, 다른 한 방면으로는 형벌을 신중하게 처리하는 적극적인 역할도 구비하고 있었던 것이다.[49]

둘째 형법죄명과 형벌제도이다. 순자는 "형명은 상나라에 준해야 한다"라고 역설하였다.[50] 근대 일부 학자들은 상나라에 "형명에 관한 법례가 가장 풍부하다"라고 분석하였다. 양홍열(楊鴻烈)도 이와 같은 주장에 동감을 표했다.[51] 이것은 사실 과대평가한 것이다. 그러나 상나라 때의 법률이 하나라 때보다는 확실히 완벽했다는 것을 의심할 수는 없는 것이다. 《예기 · 왕제(王制)》에는 다음과 같이 기록했다. "형이란 것은…… 일단 제정하면 그것을 변케 해서는 안 된다."[52]

상나라는 이미 "정상적인 법률"이 이미 제정되어 있었다. 이것이 이른바 앞에서 언급한 이(彛)였다. 이로 미루어 보아 당시 미공개된 형서(刑書)가 있었을 것이다. 《사기》 등의 기타 전적을 고찰해 보면, 상나라 때에 아래 몇 종류의 죄명과 형명이 있었다. 첫

---

46) 《역 · 효사》에 계율을 따랐다라는 대목이 있다.

47) "그 중에 병사들이 맹세에 준하지 않으면 짐이 즉시 살해하였으며 사면하지 않는다라는 구절이 있다. 징벌의 이유, 혹은 상기 법률을 집행하는 이론 근거는 하게와 마찬 가지로 천벌을 집행한다고 선양했다. 이른바 하나라는 범죄가 크기에 하늘이 명을 내려 망하게 했으니…… 하씨는 죄가 있고 짐은 상제를 외경하여 처벌하지 않으면 안 된다. …… 상나라는 한 사람을 보필한 죄로 천벌을 받은 것이다."

48) 《상서 · 고도막》

49) 즉 천벌이란 무고한 사람을 함부로 처벌하면 하늘이 노하고 백성들이 노하기 때문에 신중하게 형벌을 사용해야 한다는 것이다.

50) 《순자 · 정명》

51) 楊鴻烈, 《중국법률발달사》, 앞의 책.

52) 《예기 · 왕제》에 기록하기를 "형(刑)은 형(侀)이요, 형(侀)은 성(成)이다 …… 일단 성문화되었으면 변하면 안 된다. 따라서 군주들이 정성들여 이를 집행한다. 함부로 분석하고 해명하며 죄명을 함부로 고치는 것은 어긋난 도리로서 정치를 문란하게 하는 것이다. 죽이고 음담하고 이상한 의복을 입고 기괴한 술법을 쓰며 신기한 기물로 사람들을 미혹서는 안 된다. 죽이고, 행동거지가 거짓인데 거짓을 변명하고 배움에서도 깊게 연마하지 않고 겉으로는 순종하지만 속으로는 준수하지 않는 행위로 뭇 사람을 미혹하면 안 되는 것이다 죽이고, 귀신을 믿고 복괘에 빠져 사람들을 미혹해서도 안 된다. 이상 네 가지는 모두 사형에 처하는데 청을 들어주지 않아야 한다. 죄인을 처벌하고 범죄를 금지하여 대중들을 단합시키며 사면해 주지 않아야 한다."

째는 "함부로 조목을 분석하고 형명을 고치는 것"이란 내용이 있는데 이것은 후세의 위제죄(違制罪)이다. 이밖에 그릇된 도리로 정치를 문란하게 하는 난정죄(亂政罪), 음란함을 처벌하는 음란죄와 "거짓 행위로 사람을 미혹시키는" 사기죄, 미신으로 사람을 미혹시키는 현혹죄, 그리고 기타 문헌에 기록한 불효죄[53], 불경죄 등 8대 죄명이 있었다.

둘째는 형명은 주로 하나라 때의 것을 계승하여 사용하였다. 공자는 "은나라는 하나라의 예를 따랐으나 적당히 혁신하였다는 것을 알 수 있다"고 말했다.[54]《한서·형법지》는 다음과 같이 기록했다. "우는 덕이 쇠락하여 형법을 제정하였는데 탕무(湯武)가 그를 계승하여 사용하였다." "하후 씨가 왕이 된 후 5형이 3천에 달했는데, 은나라는 하나라의 형을 계승하였지만 적당히 수정하였다."[55]

갑골문 복사 중 묵(墨, 글자를 몸에 새기는 것), 의(劓, 코를 베는 것), 월(刖, 발꿈치를 자르는 벌), 대벽(大辟, 사형 또는 중형) 등 네 가지 형벌에 관한 문자가 있다.[56] 상나라의 형벌수단은 잔혹하기로 이름났다.《한비자·내저설 상》의 기록을 보면 다음과 같다. "은나라의 법에서 큰길에 재를 버린 자는 손을 자른다."《상서·반경(盤庚)》에도 "코를 벤 사람은 살육하여 더 살지 못하게 한다"는 기록이 있다.《상서·태세(泰誓)》에는 "죄를 지으면 가족을 연좌시킨다"라는 규정도 있다. 특히 문헌자료를 보면 상나라 말기의 주(紂)왕시기에는 "형벽(刑辟)을 중히 여겨 숯불가마에 떨어지게 하여 죽이는 형벌이 있었다." 그리고 "구후(九侯)를 토막 내어 죽였다.", "악후(鄂后)를 죽인 후에는 고기를 말려 포를 만들었다.", "가슴팍을 갈라 심장을 구경하였다"[57]는 등의 기록이 있다.

셋째, 사법방면의 주요 내용.

갑골문 복사에는 범인의 두 손을 묶는 것을 상징하는 글자가 있는데, 이는 형구(刑具)를 씌워 감옥에 투옥한다는 것을 상징하였다. 그 당시 감옥은 유리(羑里, 일부 학자는

---

53)《여씨춘추·효행》에 "형은 300가지가 있는데 그 중에서 불효가 가장 중한 죄다.", "상탕이 법을 제정하였다"라고 기록했다.

54)《논어·위정》

55)《진서·형법지》

56) 묵형은 후세에 경형(黥刑)이라고도 했는데 "먹으로 이마에 죄인이라고 새겨 넣은 형이었다.《역대형법고》는 묵형은 "다 사형에 처했는데 신하에게 묵형을 내리는 것은 상나라의 육형이 그 증명이다"라고 분석하였다. 갑골문의 복사에는 궁형이 기록되어 있지 않고, 문헌 중에 "생육하지 못하도록 한다"라는 주장이 있는데, 이에 대하여 두 가지 서로 다른 견해가 있다. 하나는 이것이 바로 궁형이며, 다른 한 견해는 이것은 족형이라는 견해이다. 형벌의 잔혹성은 후세에서 육형자(肉刑者)의 구실이 되었다. 형벌 수단의 잔혹여부는 당시의 문명 정도와 일치하다는 것을 알 수 있다.

57)《사기·은본기》

이것은 지명이지 감옥이 아니라고 했는데, 당시의 감옥은 圜土라 불렀다. 그리고 죄수들을 노동시켰다)라고 하였다. 상왕이 관할하는 사법의 관원 명칭을 보면 사구(司寇), 그 산하에 정(正), 사(史), 정복(貞卜) 등을 두어 사법에 참여하게 하였다. 지방에는 경기 내와 경기 외로 나누어 내관은 다전(多田), 아(亞), 사(仕)라고 칭했고, 외관은 사(士), 몽사(蒙士)라 칭했다. 3급 3심을 행했다.[58]

그러나 이러한 내용은 충분한 증거가 없다. 이밖에도 "동기는 있어도 충분한 증거가 없으면 안건을 처리하지 않는다.", "부가된 형벌을 가볍게 처벌하고 중죄이지만 사면할 수 있는 것은 사면한다.", "형벌을 정할 때 비록 경하지만 사면하지는 않는다" 등이 있었다. 사형은 귀족이나 평민이나 누구를 막론하고 다 공개 집행하며, "제후들은 죄를 범한 사람을 받아들이지 않고, 대부도 죄를 범한 사람을 집에 두지 않는다"는 사법원칙 등은 더 깊게 증명해야 할 것이다. 현재는 이를 참고용으로 제공할 뿐이다. 《상서·이훈》과 《사기》의 관형(官刑, 일부학자는 행정법과 유사하다고 함)과 관련된 것은 더 많은 증거가 필요하다.

종합적으로 말해서 상나라 시대의 법률은 많은 정보를 제공하여 주었다. 문화전통방면에서 상나라와 주나라는 계승관계가 아니라, 일종의 개조와 창조의 관계라는 것을 설명하여 준다. 주나라 사람들이 자칭했듯이 "주나라는 비록 옛 나라를 전복시켰지만 그러나 모든 것을 새롭게 시작했다"고 할 수 있다. 상나라 말기 서부 변경의 주적이 무왕의 영솔 하에 상의 제신(帝辛, 紂)이 변경으로 출정한 틈을 타서 중원으로 진격하여 일거에 승리를 취득하여 상나라를 대체하였다. 전쟁을 통해 나라를 건립한 상나라도 또한 전쟁으로 멸망하고 말았던 것이다.

3절. 서주시기 신권법의 동요

고대 중원 서부에 위치한, 인구도 많지 않은 질박한 민족인 주나라 사람들이 신흥 통

---

58) 《예기·왕제》에 처형에 관한 문서는 먼저 감옥의 관리가 심사하고 옥관의 심리결과를 감옥장에 보고한다. 강옥장이 다시 심사한 후 대사고에 보고하고 대사고가 가시나무 아래서 이를 처리한다. 대사고가 사건을 다 심사한 다음 왕에 보고한다. 왕은 삼공에 명하여 다시 재심에 공동으로 참여하도록 한다. 삼공이 처리한 다음 왕에 보고하여 왕이 세 가지 관대한 처벌 규정에 근거하여 형벌을 감면하는가, 감면하지 않는가를 결정한 후에 최종 심판결과에 의하여 처벌하게 한다라고 기록했다.

치 집단의 영도 하에 강대해지면서, 목야의 전투에서 승리하여 문화가 선진적인 중원지구의 통치권을 장악하게 되었다. 그러나 주나라는 그 즉시 여러 방면의 도전에 봉착하게 되었다. 그 중 종교문화 방면의 압력이 가장 특출했다. 종교문화는 주나라 사람들이 시작한 "상나라 죽이기 전쟁"이 정의적인 일이었던가, 아닌가, 주나라의 새로운 통치 질서가 합리적인가, 아닌가라는 근본적인 문제와 관계되어 있었다. 이러한 압력을 해소하기 위하여 주나라 초기의 통치자들은 여러 방면의 사업을 진행하였다. 그 결과는 주나라의 "사관(史官) 문화"가 상나라의 무속(巫俗) 문화를 이겼으며 점차 양자가 융합되어가는 길로 나가게 되었다.

은나라는 무속을 중시하는 문화로서 세계 각국의 문화와 비교적 접근되어 있었다. 종교에 아주 큰 관심을 두었으며 신권통치의 전통이 깊었다. 갑골문의 기록을 보면, 귀가 잘 들리지 않는 사소한 일도 은왕은 양 158마리를 잡아 신에게 제를 지내며 평안을 기원하였다. 그러나 주나라 사람들은 정식으로 제를 지내더라도 겨우 소 한 마리(太牢)를 제물로 바치든가, 양 한 마리(少牢)를 제물로 잡는 것에 그쳤다. 이처럼 커다란 차이는 은나라와 주나라의 종교문화 방면에서 커다란 차이가 있다는 것을 설명해 준다. 주나라 사람들은 태왕이 기산(岐山)으로 천도하기 전에는 경제, 문화가 낙후하고 질박한 원시생활을 하는 부락집단이었다. 그러나 동시대의 은나라는 이미 비교적 높은 종교와 아주 번잡한 의식을 진행하고 있었다. 주나라 사람들은 힘들고 어려운 역경에서 분투하는 과정에서 실질적인 것을 중시하는 관념과 습관이 형성되었다. 현재 남아 있는 자료를 분석해 보면, 그들이 중원에 입주하기 전에는 문명정도가 비교적 낮았고, 종교적 관념도 상대적으로 약했다.

그러나 종교의식이 사람들의 사상과 행위를 통제하는 시대에 있어서 인류의 모든 문화표현과 사회조직, 생활방식, 예술, 세계관, 자연현상을 관찰하는 시점, 환경을 정복하기 위한 무속활동 등은 모두 종교의식, 종교 활동과 밀접하게 연관되어 있었다. 이 시기에 있어서 법률은 종교문화 중의 한 부분에 불과했으며, 종교 활동의 조정기능을 하는 부속품에 불과했다. 이 점은 상나라 때 법률내용의 내원이 많게는 복사(卜辭)와 제기의 명문을 통해서 분석한 점을 통해 증명할 수 있다.

주나라 사람들이 은나라 사람들을 대체한 후 하늘을 믿는 서부 부락집단과 상제(上帝)를 신앙하는 동방의 대국은 전통종교의 신앙과 문화계통 방면에서 완전히 달랐다. 상제의 관념과 비교할 때 하늘이란 관념은 더 소박하고 그 속에 내포된 인격적 의미가 더 적으며 자연에 더 접근하였다. 이러한 문화와 주나라 법률관계의 결합은 주로 "덕으로써 하늘을 보좌한다"고 하는 주장과 정치조직적 종법제도였다. 이 양자가 주나라의 법률 영혼으로서 자리매김하였다. 이와 같은 법률적 영혼의 지배하에 형성된 주나라의 법률제도는 이후 역대 봉건제가 신봉(信奉)하는 준칙이 되었다.

은나라에서 주나라로 과도하는 사상문화의 거대한 변화는 "덕으로써 하늘을 보좌한다"는 사상을 나타낸 것으로, 이러한 것은 하나라와 상나라 때에 형성된 신권법사상을 대대적으로 동요시켰다.

1. 천명관의 태동

은고 주의 교체 단계에서 천명(天命)을 받은 인물이 바꿔졌다는 것이다. 즉 은왕이 주왕에게 왕위를 넘겨주었다는 것이다. 이와 함께 왕위를 계승받는 첫 원칙도 변화되었다. 즉 혈통계승으로부터 도덕계승으로 전환되었던 것이다.[59]

주나라 초기 성왕(成王, 주공이라는 설도 있다)은 동생 강숙(康叔)에게 이르기를 우리 조상의 덕행이 하늘의 상제에 전해졌고, 하늘이 우리에게 복을 내려주었으며, 하늘이 은나라를 멸망시키라는 명을 내렸는데 우리는 이 명을 받들었다. 이 말에서 상제가 하늘[天]로, 그리고 천명으로 그 순서가 전환된 것이다. 이것은 순서가 있고 원근 과정이 있다. 상제는 은나라 사람들의 종교 관념이고 천과 천명은 주나라 사람들의 고유 관념이었다. 주나라 사람들은 자기들의 고유 관념을 은나라 사람들의 종교에 삽입하여 하나의 신앙으로 융합시켰는데, 그 의도는 종교이론 방면에서 주왕이 은왕을 대체한 합리성을 논술하기 위한 것이었다. 이러한 견해는 후에 《상서·조고》에 아주 명백하게 기술하였다. "황천의 상제(혼합된 호칭은 은과 주의 종교적 융합을 나타낸다)는 원자 적장자를

---

59) 신흥 통치민족인 주나라 사람들이 정권을 공고히 하기 위해서는 종교문화, 즉 의식형태 방면에서 주도적 위치를 차지해야 했다. 우선 주나라의 낙후한 경제와 특이한 종교문화 배경은 주나라 사람들로 하여금 은나라 사람들의 귀신체계와 상제 관념을 받아들이기 어려웠다. 다음으로 은나라 사람들의 종교는 황제를 은나라 족의 조상으로 모셨는데 이것은 주나라 통치자들의 자존심으로는 받아들이기 어려운 사항이었다. 그러나 주나라 사람들은 이를 완전히 포기할 수 없었으며, 이미 사람들에게 깊게 뿌리박힌 이 종교문화 체계를 근절할 수가 없었다. 따라서 주나라 사람들은 이러한 기초 위에서 그것을 개조하고 이용하여 원시적인 천명관을 형성시켰다. 이 형태는 은나라 사람들의 무속문화가 주나라의 사관문화로 과도하는 형태였다. 당시의 천명관과 원래 있던 천명관은 밀접한 관계가 있었다. 그러나 후에 춘추시대 이후부터는 시대사조와 더불어 천명관도 날로 이성화되었으며 철학화되었다.

변화시켰다. 이제 하늘이 대국 은에 내리던 천명을 주에게 넘겨주었다."

여기서 주나라 사람들은 종교 신화 체계의 술어를 빌어 은왕이 "상제의 천자"라 자칭한 것과 "하늘이 권리를 부여하였다는 것"을 박탈한 것이다. 새로운 도덕적 계승이란 방식으로 비 혈통적으로 계승한다는 법칙을 선포한 것이다. 이 법칙이 바로 원시적인 천명관이다. 이때로부터 은나라 사람들의 상제 관념은 텅 비게 되었으며, 정치윤리적인 내용이 더 많은 천명 관념이 상층문화에 고착된 상제 관념의 위치를 대치하게 되었다. 즉 종교색채가 더 짙은 상제 관념이 정치윤리 색채가 더 짙은 천명 관념으로 대치된 것이다. 주나라 사람들의 통치자는 의식적으로 은나라의 고유종교를 이용하고 개조하여 종교의 정치화, 신화의 역사화[60] 즉 사관문화의 첫 길을 열었던 것이다.

1) 천명관의 발전과 변화

천명관이 발전하고 변화한 것 중 가장 중요한 표현이 "덕으로써 하늘을 보좌한다"는 사상의 출현이었다. 이에 이르러 천명은 인위적인 가정이 선명하게 되었다. 천명을 취득할 수 있는가 없는가의 관건은 인간의 사회행위에 달렸다. 이와 같은 인위적인 가설을 보류한 것은 주나라 통치자가 시세에 맞춰 냉정하고 적당한 선동이 필요했기 때문이었다. 이렇게 되어서 은나라의 통치자가 깊게 믿은 종교와 본질적인 구별이 있게 되었다. 《상서》의 〈주고(酒誥)〉〈무일(無逸)〉 등 여러 편에서 강조하여 경고한 내용을 보면, 그 의도는 은나라를 전복시킨 것은 "상제의 원자"라는 혈통 신화를 뒤엎고 인생(人生)의 본래 면목을 살리려는데 있었다. 이와 같은 논리로서 은나라와 주나라의 교체에 관하여 이론적으로 설명하려 했던 것이다. 주나라 초기의 몇 편의 대고(大誥)를 보면 윤리, 정치 내용을 원래 있던 종교신화의 구조에 주입시켜 "주나라는 옛 부족국가지만 주나라의 사명은 혁신에 있다"[61]는 역사적 소명감을 강조하였던 것이다. 이는 주나라 종교문화 개혁에서 가장 기본이 되는 경향이었다. 주나라 소고의 수많은 말에서 반복적으로 강조한 중심 뜻은 천명이란 신비한 것이 아니고, 천명은 정치행동자의 도덕[62]적 노력에 달

---

60) 일부 학자들은 바로 이러한 정치윤리의 요구에 따라 진행된 신화역사화 과정은 상고사를 역사로 믿기보다는 신화로 보는 것이 더 적절하다는 견해를 피력했다. 은나라와 주나라의 교체 시기의 문화적 변화는 사관문화가 작용하여 신화를 정치윤리화시켜 상고사로 서술하였다고 역설했다.

61) 《시경·대아·문왕》

62) 갑골문에는 덕 자가 없다. 덕 자는 주나라 사람들이 창제한 것이다. 처음에는 직(直)자였는데 이것은 주나라 사람들의 개념이다.

렸다는 것을 강조했던 것이다. 신뢰할 수 없는 "고귀한 혈통"을 믿고 함부로 행동하면서 천명에 준하지 않은 은나라의 통치집단은 "하늘이 멸망시켜 궤멸되었다"는 논리였다. 이와 같은 은감(殷鑒)이 있었기에 주나라 통치자들은 상제의 명령에 등한시할 수 없었다는 것이었다.[63] 여기서 언급한 상제란 이미 윤리화된 상제로서 은나라 조상신으로부터 주나라의 도덕을 보호하는 자로 변하였던 것이다. 이점에 관하여 주공은 여러 번 이를 강조하였다. 즉 "은나라의 조상을 따를 것이 아니라 이제 덕을 수련하여 영원히 하늘의 천명을 받들고 다복을 구할지어다"라고 했던 것이다.[64]

주공은 다음과 같이도 인식했다. 즉 "천명은 미상(靡常)하고,[65] 황천은 친족이 없으며, 오직 덕으로써 보필해야 한다"고 했다.[66]

은나라 사람들은 덕에 불경하여 망하게 되는 운명을 면치 못했다.[67] 이처럼 덕이 있는 사람은 천명을 받게 되고, 덕이 없는 사람은 천명에 망하기 때문에, 천명을 받으려면 덕을 존중해야 한다는 것이니, 이것이 바로 "덕으로써 하늘을 보좌한다"는 것이었다. "하늘은 믿을 것이 못되고 나는 오로지 영왕(寧王, 武王)의 덕을 이어받았으니 하늘이 저버리지 않고 문왕(文王)에 천명을 내렸다.[68]"

이 말은 주나라 초기 통치자들의 "덕으로써 하늘을 보좌한다"는 신사상을 가장 잘 보여준 대목이었다. 그들의 하늘은 이미 원래 있던 뜻에서 많이 변화된 하늘이었다. 그들은 덕에 치중하였지 하늘에 치중하지 않았다. 그들의 착안점은 인사문제였지 천명이 아니었던 것이다. 우리 조상들은 일찍이 3천 년 전에 벌써 이와 같은 탁월한 견해를 가지고 있었다. 이러한 견해에서 출발하여 주공은 "덕을 중시하고 형벌을 신중하게 처리한다"[69]라는 주장을 제시하였다. 즉 "덕을 중시하는 것은 형벌을 신중하게 하는 것"이 내포되어 있었다는 것이다. 상제를 신앙하던 데서 "하늘은 믿을 만하지 못 하다에 이르기까지, 귀신을 중시하던 데서 인사를 중시하는 데까지, 형살을 중히 여기던 데서 덕과 형을 결합시키는 데까지 전환하였다는 것"은 거대한 사회진보를 가져왔다는 것을 보여준다.

---

63) 《상서 · 군필》에 하늘이 은을 멸망하게 하였거니…… 내 어찌 감히 상제의 명을 거역할손가라고 기록했다.

64) 《시경 · 대아 · 문왕》

65) 《시경 · 대아 · 문왕》

66) 《상서 · 희공 5년》

67) 《상서 · 소고》

68) 《상서 · 군필》

69) 그는 《강고》에서 과거 문왕이 정권을 다스릴 때 덕을 숭상하고 형벌을 신중하게 처리했다. …… 사용할 것은 사용하고 존경할 것은 존경하고 형벌할 것은 형벌해야 한다라고 말했다.

4절. 중국 신권법사상의 특징

1. 중국 고대의 신권법은 제사에서 기인했다

중국 고대의 신권법은 예에 대한 최초의 표현 형식이었다. 원시부락의 최초 풍속습관인 예는 부락 인들의 제사활동에 그 시원을 두고 있다. 인류는 초기에 천지 귀신을 깊게 신앙하였다. 그들은 세간 만물과 인간의 길흉화복은 모두 신명의 지배를 받는다고 인식했다. 따라서 신명을 즐겁게 하고 신명을 보호하는 것은 부락에서 가장 중요한 대사라고 인식했던 것이다. 신명과 소통하고 신명의 보호를 받으려면 제사를 지내야 했다. 제사는 규정된 의식과 절차가 필요했다. 사람들은 행동거지와 제사행위가 예에 부합돼야 신명이 공물을 받아들이지, 예에 부합되지 않는 것은 신명을 모독하는 것이라고 믿었으며, 예를 위반한 사람은 신명의 징벌을 받는다고 믿었다. 따라서 당시의 제사규범은 아주 강한 도덕성과 강제성을 구비하고 있었다. 신권을 바탕으로 하였기 때문에 이러한 의식과 절차는 법적 성질을 띠게 되었고, 최초의 신권법의 모형이 형성되게 되었다. 이와 같은 중요한 형식과 절차는 사회생활의 각 방면에 침투되었다. 생산력의 발전과 더불어 사회관계가 점점 더 복잡하게 되었고, 낙후한 부락규범이 사람들의 언행을 제약할 수 없게 되어, 제사에서 준수하는 원칙, 의식과 절차가 점차 확대되었으며, 원시 풍속습관은 더욱 풍부하게 개조되었다. 이러한 기초 위에서 새로운 행위규범을 건립하게 되었다. 후에 국가의 출현과 함께 새로운 행위규범이 최종적으로 신권법으로 자리매김하게 되었다. 새로운 행위규범은 예라는 형식으로 강제적인 신권에 의탁하여 사회질서를 유지하였다. 《논어·태백》에 우 임금이 "자신은 음식을 간소하게 먹으면서도 푸짐한 음식으로 귀신에 효도하였고, 자기는 의복을 소박하게 입으면서 제를 지낼 때에는 의복을 아름답게 입었다"고 한 것은, 하나라 사람들이 귀신을 얼마나 미신하였는가를 설명한 것이다. 신권 통치하에서 현세의 모든 것은 신권에 준해야만 효력이 있는 것이며, 신권이 현세의 모든 것을 누르고 있다고 본 것이다. 법이란 시각에서 볼 때, 법은 신의 지시에 불과하기 때문에 법이 독립적인 위치를 획득할 수는 없었다. 따라서 신권문화를 제외하고 자족적인 다른 법문화는 없다는 말이다. 예문화에 대해 말할 때만 이러한 결론을 얻을 수 있는 것이다.

2. 중국 고대의 신권법은 강한 규범성과 강제성을 구비하였다

중국 고대의 신권법은 군주의 합법성과 권위성을 하늘의 뜻에 의해 결정된 것이라고 강조하였다. 이 방면 사람들이 아주 쉽게 연상되는 것이 "하늘의 명을 받들고", "하늘과 사람은 일체이며", "황천은 친족이 없고 오로지 덕으로써 하늘을 보필한다"는 말일 것이다. 진시황은 자기는 "하늘의 명을 받들기 때문에 영원히 만수무강할 것이다"라고 자칭하였다. 오로지 군주만이 "하늘의 명을 받을 수 있으며, 하늘을 대신하여 백성을 거느릴 수 있다"는 것이며, "덕을 준수해야 한다는 명을 받들어" 덕망이 있는 사람만이 군주가 될 수 있다는 것이며, 천명은 덕의 유무에 따라 이전되는 것이라는 점을 강조하였다. 덕이 있는 사람은 천명을 받게 되고 사람들이 군주로 모시게 된다. 그의 덕은 표면적으로는 종종 그의 위업으로 표현된다. 강산을 통일하였다는 것이라든가 사해를 맑게 했다는 것 등이 그 좋은 예증이다. 덕이 있고 천명이 있다는 것은 황위를 취득하는 수단이 정당하며, 예법의 명분에 부합되며 절차에 부합된다는 것이다.

치국의 법도 신의 뜻을 따랐다. 정교합일인 원고시대의 군권(君權)은 신이 부여하였다는 것과 치국의 방략도 상제가 부여하였다고 인식하기 때문에, 치국의 도구인 법률도 자연히 예외가 아니었다. 독실하게 하늘을 믿으면 반드시 하늘의 관심을 받을 것이라는 관념은 고대에서 흔들리지 않는 종교 신앙이었다. 역사서에 우 임금은 하늘을 독실하게 신앙하는 사람이었기 때문에 하늘의 보살핌을 받았다고 기록했다. 《상서 · 홍범》에 기자의 말이 기록되어 있다. "제가 듣건대 과거 계가 치수를 할 때 물을 막아 홍수가 넘쳐난 것은 오행을 잘못 배열하여 상제가 노했기 때문이다. 9종 대법을 그에게 전수하지 않아 치국의 도리를 알지 못했기 때문이다. 계가 주살된 후 우가 그를 계승했는데 하늘이 그에게 9종 대법을 전수해 주어 치국안민의 도리를 알게 되어 이렇게 배치한 것이다."《이아(爾雅). 석고(釋詁)》에는 "홍(洪)이란 큰 것이다.", "범(范)이란 법이다"라고 해석했다. 홍범이란 대법이란 뜻이다. 홍범이 지칭하는 법은 법칙을 말하는 것인데, 여기에는 법률도 포함되어 있으나 전적으로 법을 지칭한 것은 아니었다. 구주(九疇)라고 하는 것은 하나라 때 9조의 치국헌법을 가리킨다. 상제가 공을 세운 사람에게 이를 상으로 내려 주었다고 한다. 곤(鯀)은 치수에 실패하여 하늘의 노여움을 받게 되었고, 우(禹)는 치수에 성공하여 하늘이 만족해하며 그의 치수 공적을 치하하여 9조 헌법을 상으로 내려 주었다는 이야기다.

이처럼 신권성은 국가의 대사를 결정하는 방면에도 나타났다. 하나라 통치자들은 아주 독실하게 귀신을 숭배하였다. 역사 기록에 의하면 우가 "귀신에 효도하다"라는 조목이 있다. 천명과 귀신의 힘을 빌려 통치를 진행했다는 것이다. 은상(殷商)의 귀신에 대한 신앙은 하나라보다 더 심했다. 그래서 국가의 사회생활에서 신비한 힘을 구비한 질서를 구축하였다. 인간세상의 모든 일들을 결정할 때면 반드시 상제나 신에 신고하여 그들의 결단을 받았다. 전설에 사법관 고도(皋陶)가 바로 신비성을 띤 독각수(獨角獸, 외뿔 짐승)를 이용하여 형벌에 관한 것을 결정하게 했다는 것이다. 하계(夏啓)가 유호씨(有扈氏)를 징벌할 때 《상서·소고(召誥)》는 이렇게 적고 있다. "하왕이 하늘의 명을 받았다."《상서, 감서(甘誓)》는 계가 우감(于甘)에서 유호씨와 대결할 때 싸움을 하기 전에 맹서를 다음과 같이 했다는 것이다. "유호씨는 5행을 욕되게 하고 삼정(三正)을 저버렸으니 하늘이 그를 멸망시키라고 명하였기에 이에 하늘의 명을 받들어 그를 토벌한다."《묵자. 겸애 하》에는 우(禹)의 맹서를 인용하였다. "제군들은 짐의 말을 들어보라. 우가 반란을 일으킨 것이 아니라 묘(苗)가 동란을 발동하려 하기에 하늘이 그를 징벌할 것을 명하였다. 하늘의 명을 받들어 제군들을 이끌고 묘를 징벌하려는 것이로다."《산해경·대황서경(大荒西經)》에 "하의 계가 하늘에 미녀를 세 번이나 바쳐《구변(九辨)》, 《구가(九歌)》 등의 가무를 얻었다"라고 기술하였다. 개(開)란 하나라의 계(啓)이며, 빈(嬪)이란 바친다는 것이니, 여기서의 뜻은 미녀를 천신이 거주하는 곳에 바친다는 것으로 통한다. 서주의 통치자도 하상의 천벌론을 받아들여 자기는 하늘을 대신하여 처벌할 권한이 있다고 강조하였다. 즉 "짐은 하늘의 명을 받아 상왕을 징벌할 권리가 있다"[70]는 것이었으며, "상왕은 하늘의 명을 위배했기 때문에…… 짐이 그를 토벌하여 멸망시킨 것이다"[71]라고 하였다.

3. 중국 고대 신권법의 엄중한 잔혹성

중국 법률의 기원을 보면 비록 신의 뜻(神意)라는 외투를 걸치고는 있지만, 실제 형성 과정은 상고사회 부족 간의 전쟁과 아주 밀접한 연관이 있다. 이것이 중국 신권법에 아주 엄중한 잔혹성을 구비하게 된 주요 원인의 하나이다.

---

70) 《상서·多士》
71) 《당서·多方》

중국은 자고이래 병형불이(兵刑不二)라는 상황이 형성되었다. 형이란 법률이고, 병이란 전쟁을 말했다. 이와 같은 정황은 《여형(呂刑)》에 아주 명백하게 설명하였다. "왕이 가로되, 고대에 훈률이 있었다면, 치우가 어찌 혼란을 피워 평민들에게 피해를 가져다주었겠는가. 도적질, 의리를 위배하고 함부로 약탈하고 겁탈하고 사를 저질렀다. 이러한 묘민(苗民)들을 교양시킬 것이 아니라 형벌을 제정하여 처벌하였다. 그것을 5학형이라 하였으니 바로 법이다. 치우는 법을 이용하여 무고하게 살해하고 코를 베고, 귀를 자르며 거세하고 얼굴에 먹물을 새겨넣었다. 동시에 각종 형법을 제정하였다." 그리고 《상서·순전》에 기록하기를 "공공(共工)을 유주(幽州)에 유배시키고 환두(歡兜)를 숭산(嵩山)에 정배보내고, 삼묘(三苗)는 삼위(三危)에 보냈으며, 곤(鯀)을 우산(羽山)에 추방했으니, 세상 사람들이 이 네 사람들의 죄를 다 알게 되었다"라고 기록했다. 이 기록은 《여형》의 내용과 대응된다. 황제가 중원을 통일한 후 남방의 삼묘가 황제부족의 명령을 듣지 않고 황제의 부락을 소란케 했다는 것은 사실이며, 삼묘가 중원을 진공하는 과정에서 무고한 백성을 살육하였으며 혹형을 제정하였다는 것이다. 이것이 바로 "묘민들을 교양한 것이 아니라 형벌을 제정하여 처벌했다. 그것을 5학(五虐)형이라 하였으니 바로 법이다. 치우(蚩尤)는 법을 이용하여 무고하게 살해하고 코를 베고, 귀를 자르며 거세하고 얼굴에 먹물을 새겨 넣었다"는 것이다. 이때 황제부락은 순(舜)의 영도 하에 삼묘를 토벌하고 멸망시켰다. 그런데 그 형법을 그대로 가져다 인용하였다. 공공, 계, 환두 등이 반란을 일으켜 그들을 유배 보내든가 사형하는 등의 형벌을 내렸다. 이상의 상황은 노예제 5형과 유배 등 형벌은 다 전쟁과 떼어놓을 수 없으며, 깊은 연관이 있다는 것을 설명하여 준다. 모두 다 전쟁과 반란 혹은 군기위반자에 대한 처벌이었다.

이러한 상황은 《여형》에서 볼 수 있을 뿐만 아니라, 기타 다른 문헌자료에서도 찾아볼 수 있다. 《국어·진어》에 "전쟁이 일어나면 형벌을 취한다"라고 기록했고, 《국어·노어》는 "대형(大刑)은 병기를 쓰고, 그 다음은 도끼를 쓰고, 중형(中刑)은 칼과 톱을 쓰며, 그 다음은 끌 같은 것을 쓰며, 경형(輕刑)은 채찍을 쓴다. 이로서 백성들에게 위엄을 보여준다. 대형을 받은 사람들은 원야에 던져지고, 소형을 받은 사람은 시 중심가에서 실행한다"라고 기록했다. 그 중 병기, 도끼 등은 전쟁을 나타낸 것이며, 전쟁의 병기와 징벌의 형구를 같이 언급하였으며, 대형, 중형, 경형 등 형벌 등급을 구분한 것을 보아 병형불이(兵刑不二)가 분명하다. 《논형. 유증(儒增)》은 주충(主忠)의 말을 기록하였는데, 그에게는 다음과 같은 논단이 있었다. "요(堯)가 단수(丹水)를 토벌하고, 순이 묘를 정벌하여 네 사람의 죄를 다룰 때 형병을 겸했다. 성왕시기 4국이 반란을 일으켰고 회이(淮夷), 서융(徐戎)도 다 국가에 위협을 가져다주는 화근이 되었다. 대형은 칼을 썼고 병사를 풀어 반란자를 토벌했다. 죄인에게는 법을 이용하였으며 사형은 무기를 썼다. 형벌에 특수한 것도 없고 병기에 서로 다른 것도 없다. 인사문제에서도 달라서는 안 된다. 다만 그가 덕을 지키지 않고 행위가 악랄하여 법을 위반했기에 형벌을 가한 것이다. 이는 마치 다리와 날개의 관계와 같은 것이니 다리는 길을 걷는 것이요, 날개는 날기 위한 것인데, 몸통의 부위는 달라도 행동은 같이 해야 하는 것이다. 형벌과 전쟁은 만백성의 사악함을 금하기 위한 것이니 이것이 그 실질이다"라고 기록했다. 《감서》는 이러한 상황을 더욱 직접적으로 보여주었다. 《사기》에 "하의 계는 우의 아들이다. 그의 모친은 서산씨의 딸이다. 유호씨가 불복하여 께가 유호씨를 토벌했다. 감에서 결승전을 벌렸다. 결승전을 시작하기 전에 《감서》를 지어 6경을 소집하여 선독하였다. 계가 말하기를 6사의 일을 자네들께 맹세하여 알리려 한다. 유호씨가 5행을 모독하고 3정을 위배하여 하늘이 짐에게 명하여 그를 멸망시키라고 하였다. 짐은 지금 하늘의 명을 받들어 그를 토벌한다. 전차 좌측에 있는 자가 좌측의 일을 제대로 하지 않고, 우측에 있는 자가 우측의 일을 제대로 하지 않는 것은 자네들이 내 명령을 지키지 않은 것이다. 중간에서 말을 제대로 몰지 않은 것은, 자네들이 내 명령을 제대로 지키지 않은 것이다. 내 명령을 제대로 잘 들으면 조상 앞에서 상을 시상할 것이요, 명령을 제대로 듣지 않으면 토지신 앞에서 목을 자를 것이다. 이어서 유호씨를 멸망시켰다. 천하를 통일한 것이다."[72] 이 《감서》는 병형불이(兵刑不二)의 전형적인 대표라고 말할 수 있으며, 상고 법률의 기본 내용과 형식의 하나라고 말할 수 있다. 이밖에도 상고시대의 법관을 부른 "사(士), 사사(士師), 대리(大理), 사구(司寇), 정위(廷尉)" 등은 모두 원래 군관(軍官)의 칭호였는데, 심판의 필요에 따라 점차 일반적인 사법관의 명칭으로 변했다.[73]

　이와 같은 상황이 중국 고대 법률의 "형을 위주로 하는 성질"을 결정하게 한 것이다. 법률과 부족전쟁이 긴밀하게 결합되었기 때문에, 법률의 주요 역할은 복수와 정복에 있는 것이지 교육에 있었던 것은 아니었다. 따라서 "형벌을 가했던 것은 경중의 범죄에 관하여 중형으로 처벌하면 경한 범죄가 없게 될 것이고, 중한 범죄도 발생하지 않을 것이다. 이것이 바로 형벌의 사용이다. 형벌을 잘 이용하여 중하게 양형한다면 백성들이 두려워서 죄를 짓지 않을 것이며 형벌을 사용하지 않아도 그 효과를 볼 수 있다"는 목적

---

72) 《사기. 하본기》
73) 張中秋, 《중서법률문화비교연구》, 남경, 남경대학출판사. 1999.

에 도달할 수 있다고 본 것이다. 이는 법률의 형법화를 초래하게 되었고, 그 표현이 바로 잔혹성이었다. 구체적으로 《여형》의 5형에 잘 나타나 있다. 즉 "묘민은 교육으로는 안 된다. 반드시 형벌을 가해야 한다. 그래서 5악형을 제정하였다. 이를 법이라 한다. 무고한 사람을 살육하고 의(劓), 이(刵), 탁(椓, 궁형) 등 형벌을 사용하기를 좋아했다. …… 경벌은 천 가지요, 의(劓)벌도 천 가지며, 비(剕)벌은 5백, 궁형은 3백, 대벽(大辟)은 2백이며 5형(五刑)은 3천이다." 이러한 상황은 줄곧 이어져 내려와 당나라, 심지어는 명청시기까지 전해졌다.

6장.
예치(禮治)시대

1절. 주공이 예를 제정하다

주례는 서주의 근본법이었다. 주례는 주로 사회의 상부구조를 조정하는데 응용하였다. 그 범위가 넓고 역할이 중대하여 그 조정범위가 상부구조를 다 망라하였다. 주례는 종법제도를 수호하는 것을 핵심으로 제정된 서주 귀족정치제도를 종지로 정했다. 당시의 계급관계를 나타냈을 뿐만 아니라, 귀족내부의 서로 다른 등급의 권리와 의무관계를 나타냈다. 이로서 상하의 구별과 존비의 질서를 유지하려는 예의 목적에 도달하였던 것이다.

1. 주공이 예를 제정하다

예와 원시종교는 분리될 수가 없다. 인류가 최초에 자연현상과 생명기원을 해석할 수 없어서 태동된 공포심과 외경심의 반영이었다. "신계(神界)에 제를 올려 복을 기원"하는 제사는 일정한 예절의식과 그에 필요한 금기가 태동되었으니,[1] 이것이 바로 예의 태동이다.

---

1) 이로써 남녀유별과 사직 국자감 등의 제도를 해석할 수 있다

은주(殷周) 교체시기 종교문화의 거대한 변화에 따라 인사(人事)요소가 신사(神事)요소보다 더 중시되었다. 이러한 변화는 사회방면의 인사와 사회실천을 중시하는 예에 표현되었다. 신사를 중시하는 제사의식보다 더 중시를 받게 된 것이다. 서주 초기 가장 중요한 예는 종족의 예였는데, 이는 아주 완벽한 서주의 종법제도였다.

종법제도가 완벽하게 되면서 귀족 간의 등급질서를 조정하기 위해 주나라 초기의 통치자들은 하상(夏商) 이래 "신이 복을 가져다 준다"는 예를 그대로 답습하고 이용하여2) 새로운 내용을 부여하였다. 주공의 주관 하에 이를 더욱 계통화, 규범화하여 법적 전장제도로 고착시켰던 것이다. 위로는 국가제도, 사회제도, 사회생활, 아래로는 사람들의 일상생활, 언행, 손님대접 등 예의 구속을 받지 않는 것이 없게 되었다. 이른바 "예를 행정의 골간으로 하고, 행정으로 백성을 다스린다"는 것이었으며, "천한 사람은 고귀한 사람을 방애하지 않고, 아랫사람은 윗사람을 범하지 않는다"는 것을 보증했던 것이다. 예는 통치자에 의하여 "국가를 건립하고 사직을 확정하며 백성들의 질서를 유지하고 후대에 유리하게 하는 도구"3)였다. 통치자들은 다음과 같이 인식했다. "정권의 안정을 지키고 백성을 다스리는 데는 예보다 더 마땅한 것이 없다."4)

2. 주공의 예법 제정에 대한 종법제도의 영향

주공이 예법을 제정한 가장 근본적인 원인은 당시 종법제도의 건립이 사회통치방식에 거대한 영향을 가져다주었기 때문이었다.

주공은 상나라의 법률을 논하면서 "작은 나라"가 은이라는 대국을 통치하는 과정에서 가장 골치 아픈 일이 미약한 자신의 힘으로 광범위한 다른 족들을 효과적으로 통치할 수 있는가 하는 문제라고 했다. 주나라 통치자는 사상방면에서 "덕으로써 하늘을 보좌한다"는 종교성적 이론을 내놓는가 하면, 다른 한편으로는 정치 조직적으로 제후를 봉하여 동성동본이 당 지역을 통치하는 봉건제도를 건립하여 혈통관계가 있는 제후들이 중앙을 보호하도록 하였다. 이는 봉건 친족들이 변방의 안전을 도모하여 중앙을 보호하는

---

2) 《논어 · 위정》에 "은나라는 하나라의 예를 따랐으나 적당히 수정하였다는 것을 알 수 있고 주나라는 은나라의 예를 따랐는데 적당히 수정하였다는 것을 알 수 있다"라고 주장했다.

3) 《좌전 · 은공 11년》

4) 《효경 · 광요도장》

제도였다.5) 주공은 무엇 때문에 이러한 제도를 선택하였는가? 다음과 같은 몇 가지 요인이 있었다.

첫째 역량 대비 면에서의 요인

주나라 사람들은 적은 인구로 인구가 많은 다른 부족인 은나라 사람들을 통치하게 되었는데, 혈통관계가 아직은 중시를 받던 시대의 종족인 주나라 사람들은 그들이 신뢰하고 익숙한 것이 바로 친족을 통하여 통치의 모든 활동을 공고히 하는 것이었다. 이때 채용한 구체적인 방식은 바로 주나라 사람들의 옛 씨족을 통치하는 방식(족장, 가장 - 족권, 부권)으로 사회 사람들이 받아들일 수 있는 봉건제도(상나라의 제후제도)에 적응케 하는 것이었다. 즉 씨족조직을 국가조직으로 확대하는 것이므로 이를 형상적으로 말한다면 씨족조직의 내용을 국가조직의 형식 중에 담아 놓았던 것이다. 따라서 주나라 사람들은 제후를 봉(封)하고 동성동본이 통치하는 제도를 선택하였다. 전자는 국가의 통치에 적용하기 위한 것이었으며, 후자는 주나라 사람들의 통치를 보증하기 위한 것이었다. 이로서 국가불이(國家不二), 친귀합일(親貴合一)을 형성하게 되었던 것이다.

둘째 종법 분봉제도의 요인

친족을 분봉하여 혈연을 유지하는 종법제도는 상나라 때 중앙국과 속국 간의 정치적 연계가 박약하고 변방의 소국이 상국을 자주 침범하는 반역적 교훈을 섭취한 결과였다. 정치적으로 신하가 바로 친족이라는 관계를 건립하는 외에 혈연적인 친족관계로서 통치를 공고히 하기 위한 것이었다. 이것이 바로 천하일가 즉 "동족이 아니면 그 속마음이 같을 수 없다"라는 전통 관념의 사회적 기초가 되었다.

셋째 적장자 상속제의 확립 요인

여기에는 두 가지 뜻이 있었다. 첫째는 상나라 말기에 이미 적장자 상속을 실행하였으며, 이는 당시 사람들이 접수할 수 있는 군주통치법칙이 되었다. 둘째는 잔여 씨족들이 많이 남아 있는 주나라 사람들은 벌써부터 적장자 상속제를 실행하였다. 따라서 주나라 사람들은 적장자 상속제를 당연한 종법법칙으로 받아 들였다. 주나라 초기 통치자들은 이 종법과 군주통치를 결합시켜 씨족 색채가 짙은 종법을 국법으로 부상시킨 것이다.

---

5) 《좌전·희공 24년》

넷째 통치방식의 선택 요인

그 어떤 통치자에 대해 말해도 자신이 익숙하지 못한 방식으로 통치를 행하지 않을 것이며, 따라서 현실을 떠난 방식으로 통치를 행하지 않을 것이다. 특히 문화가 낙후한 주나라 통치자들 입장에서 시세에 알맞으며 자신이 익숙한 고유문화와 통치방식을 취하는 문제는 통치를 계속 유지하고 공고히 할 수 있는가, 없는가 하는 관건적인 문제였다.

이상의 여러 요소들을 통합적으로 고려하여 주나라 초기의 통치자들은 제후를 봉하고 동성 관리를 건립하고, 군주통치와 종법통치를 융합하고, 국가와 가정을 융합하고, 친귀 합일의 정치적 제도를 정한 다음 적장자 상속의 정치조직제도를 선택하였던 것이다. 이것이 바로 종법제도였다. 종법이라고 하는 것은 본래는 가족(종족) 내부의 관계를 처리하는 가법에서 기인했다. 이에 기초하여 종법제도는 가족제도에서 기인되었다는 결론을 갖게 되었다. 이 또한 중국 전통법률문화의 특이한 현상으로서 가족법은 대대로 쇠퇴하지 않았으며 국법은 이와 같은 가족법의 확대에 불과했다. 이러한 종법제도 하에서 다음과 같은 후세의 제왕들이 추구하는 화면을 구성하게 되었다.

주왕은 천자라 자칭하였으며 천하의 대종이며 그 왕위는 적장자가 계승한다고 선포하였다. 주의 천자는 수도 이외의 토지를 백부, 숙부와 형제들에게 분할하여 주어 그들을 제후로 정했다. 제후는 주 천자에 한해서는 소종이지만, 그가 관할하는 지역에서는 또 대종이 되고, 그 작위를 적장자가 계승하도록 하였다. 제후는 또 자기가 분봉 받은 토지를 기타 자식들에게 분할하여 주어 그들을 경(卿), 대부(大夫)라고 명명했다. 경과 대부는 제후에 한해서는 소종이지만, 자기가 관할하는 지역에서는 또 대종이 되어 작위를 적장자에게 넘겨준다. 이렇게 층층으로 분봉하여 대종이 소종을 영도하고 소종이 동생들을 영도하여 제후국과 주 왕실은 정치적으로, 종족적으로 이중 예속관계가 형성되었으며, 금자탑식 노예주 종족 통치망이 형성되었다. 주나라 초기 같은 성의 자제들을 분봉하는 동시에 공이 큰 다른 성씨의 공신에게도 분봉하여 주었으며, 이들 이성 제후들은 혼인을 통하여 친족이 되었으며, 종법상 외가관계를 형성하였다. 이 역시 종법 상의 신하관계이며, 또한 친족관계가 되었던 것이다. 주나라 천자는 제후국을 보호하는 책임이 있고, 제후는 주의 천자에 공물을 헌납하고, 그의 영도에 복종하며 군사를 동원하는 일에 복종하는 등 주 왕실을 보호하는 의무가 있었다. 종족의 성원은 혈연관계의 원근에 따라 종족 내부의 친소(親疎)가 결정되고, 그들의 정치권력의 대소와 토지점유의 다소가 결정되게 되며, 산하에 백성을 얼마나 두는가 하는 문제를 결정하게 된다. 이로서 정치, 경제상의 불평등적인 위치가 형성되었다.

3. 서주(西周)의 법률 제정의 특징

하, 상으로부터 서주에 이르기까지 근 3천 년이란 유구한 역사가 흘러 드디어 중국 고대법제가 예치의 발전과 더불어 최초 싹이 튼 것이 후에 일정한 특징을 구비한 고대 법률제도로 발전하였다. 이들 3대의 관련 법률을 개괄하여 보면 서주 법률제도의 특징을 알 수가 있다.

1) 법률적 표현형식의 다양성

서주 법률의 형식은 대체로 세 가지가 있었다.

첫째는 왕명(王名)이다. 왕명에는 고(誥), 서(誓), 훈(訓) 등 구체적인 명칭이 있다.

둘째는 예이다. 예에는 종법제도와 이 제도를 조정하는 구체적인 규범이 포함된다. 위로는 국가의 조(朝), 제(祭), 빙(聘), 가(嘉), 군(軍), 흉(凶) 등의 예가 있고 아래로는 사회생활 중의 혼(婚), 상(喪), 관(冠), 길(吉), 향(鄉), 빈(賓) 등의 예가 포함된다.

셋째는 형(刑)이다. 주요 형벌에는 묵(墨), 의(劓), 비(剕), 궁(宮), 대벽(大辟)이다. 이밖에 또 유배, 곤장, 채찍, 돈으로 형벌을 감면하는 것과 비상 형인 혹형 수단 등이 있다.

2) 서주의 형서(刑書)와 "형벌을 모르게 하면 그 두려움이 헤아릴 수 없다"

서주는 비록 형서가 있긴 했지만 그것을 일반에 반포하지는 않았다. 이렇게 하는 것은 "임시로 처벌하는 것이지, 사전에 법을 설정하지는 않는다"[6]고 한 것은 형벌을 지혜롭게 사용할 수 있으며, "형벌을 모르게 해야지 그에 대한 두려움이 헤아릴 수 없게 된다"[7]고 인식하여 형벌에 대한 두려움을 강화하기 위한 것이었다. 이는 예와 형의 특징에 의해 형성되었다.

3) "하늘이 죄를 처벌하는 5형(刑)은 5용(用)을 취한다"[8]

소위 "하늘이 죄를 처벌할 때 5형은 5용을 취한다"는 것은 신의 뜻을 빌려 사법의 공평성을 널리 알리고, 천벌이란 종교적 신권사상을 선양코자 한 말이다.

---

6) 《좌전·소공 6년》 두예의 주석.
7) 《좌전·소공 6년》 공영달의 주석.
8) 《상서·우서·고도막》

4) 종법제도

정치적으로는 국가와 가정이 합일되고 친귀(親貴)가 합일하며 법률적으로는 종법으로 국법을 대치하였다. 예와 형이 외재적인 조화로운 표현형식과 덕을 주관 지도사상으로 하고, 예를 객관 표준으로 하며, 형을 수호수단으로 하는 사회통치기구를 구축한 것이다.

5) 민상사법(民商事法)이 발달하지 못했다

민상사법이 발달하지 못한 것은 전통관점의 시각에서 보면 세 가지 원인이 있다. 전통적인 종법 관념, 현실 상업이 발달하지 못한 것, 예와 형이 결합된 법률구조 등이다. 이에 관하여는 후에 다시 설명하게 된다.

6) 귀족의 특권위치를 공개적으로 보호하다

가장제 씨족전통에서 출발한 민족으로 종법 등 등급제도에서 생활하는 사람들 입장에서 말한다면, 불평등을 받아들이는 것이 평등을 받아들이는 것보다 더 쉬울 수 있다고 생각하게 한다.

2절. 예치사상과 체계

예에 관련된 내용은 사회생활의 각 방면을 모두 망라하였다. 위로는 국가의 입법행정, 각급 귀족과 관리의 권리와 의무, 아래로는 의식주행(衣食住行), 혼상가취(婚喪嫁娶)…… 등 포함되지 않은 것이 없다. 예는 서주 초기 치국의 주요 방침이며, 또한 서주의 근본 대법이며, 인륜도덕의 최고 준칙이며, 또한 사법, 행정의 기본 의거였다.

1. 예치사상

예치사상은 "친친, 존존"에 집중적으로 나타났다. 예치사상은 종법제도에 그 뿌리를 두고 있는데 그 목적은 종법등급제를 보호하기 위한 것이었다. 종법등급제의 주요 내용은 종법내부의 존비 장유관계를 지키고 국가구조 중의 등급관계를 보호하려는 것이다. 이와 같은 종법관계와 등급관계를 지키려는 것이 예법의 기본 원칙이 되었던 것이다.

이른바 친친은 가족 범위 내에서 자기 신분에 맞춰 행사해야지 아랫사람이 윗사람을 모욕하고 먼 친족이 가까운 친족을 압박해서는 안 되는 것이 기본 원칙인데, "친친 중에 부친이 첫 자리에 위치"해 있으며, 전체 친족 성원들은 모두 부친을 중심으로 하는 것이다. 이러한 원칙 하에서 불효는 아주 엄중한 범죄행위로 되었다. 《상서·강고(康誥)》에는 불효를 원악(元惡)이라고 했다. 존존은 사회적 범위 내에서 반드시 존경해야 할 모든 사람을 존경한다는 것이 원칙이므로 군신, 상하, 귀천은 다 각자 자기의 명분을 지켜야 한다는 것이다. "존존 중에서는 군주가 맨 첫 자리에 위치해야 하는 것이며, 모든 신하와 백성은 모두 다 군주를 중심으로 해야 하고, 친친과 존존이란 양대 원칙하에 "충, 효, 의" 등 구체적인 정신규범이 형성되었다.

2. 예치의 체계

예치는 부단히 발전하고 부단히 겸용해간 체계였다. 예치는 계통적인 사회관리 공정이라고 할 수 있다. 예치시대 그 중에서도 서주시기 예치의 체계는 다음과 같은 두 방면의 내용이 포함되어 있다.

1) 예치의 내용은 예의와 의식으로 구성되었고 법은 예치의 부속물이었다

상나라시대, 특히 서주시기는 예의 전성기였다. 사회 각 영역은 예치의 범주에 속하였으며, 예치의 통제를 받았다. 예치의 내용을 보면 두 부분으로 나눌 수 있었다. 하나는 예의(禮义), 즉 예의 종지와 정신에 관한 내용이다 다른 하나는 예제(禮制), 즉 예의 의식으로서 예의 외재적 표현형식인데, 여기에는 예의 제도, 조항, 규범이 포함되었고 그 중에는 법제와 형제(刑制)도 포함되어 있다.

추상적인 정신원칙인 예의는 "친친, 존존"으로 귀납할 수 있다. 구체적인 예의 형식으로는 5례, 6례, 9례가 있다. 5례는 길례(吉禮, 제사의 예), 흉례(凶禮, 喪禮), 군례(軍禮, 전쟁, 군사에 관한 예), 빈례(賓禮, 손님 접대의 예), 가례(嘉禮, 관혼의 예)를 말하고, 6례는 관(冠), 혼, 상, 제, 향음주(鄕飮酒), 상견(相見) 등 여섯 방면의 예의를 지칭하는

데, 그 중 관례(冠禮)는 성년을 축하하는 예를 지칭하는 것이고, 향음주는 장유의 질서를 지키고 이웃들과의 화목을 도모했던 예이다. 9례는 관, 혼, 조(朝), 빙(聘), 상, 제, 빈주(賓主), 향음주, 군례 등의 예의를 포함한다. 그 중 조(朝)는 제후들이 천자를 알현하는 예이고, 빙례는 제후들 간의 친목을 도모하는 예이다.

예의와 예제(儀)는 예치 체계에서 주도적 위치를 차지하고 있다. 위의 세 나라의 사료를 보면 형을 언급할 때면 반드시 덕을 언급하였다. 《상서 · 여형》에는 "5형에 힘을 기울이면 3덕을 구비할 수 있다.", "짐은 형을 공경하고 덕으로써 형을 사려한다"고 기술했다. 《상서》의 〈강고〉 〈주고〉 〈소고〉등의 내용을 보면 예를 공경하고 덕을 공경한다는 사상과 형벌의 목적은 도덕의 실현에 있다는 것이 잘 나타나 있다.

세 나라의 법은 예치체계에서 주도적인 지위를 점하지 않았다. 그러나 도덕, 제도, 습속 등과는 밀접한 연관을 가지고 있었다.

2) 교화와 형벌은 예교(禮敎)를 실시하는 방법이었다

예치는 두 가지 방법으로 실시했다. 하나는 교화(敎化)이며, 다른 하나는 형벌이었다. 이 양자는 처음에는 대체로 분명하게 분공했다. 교화는 본 부락과 본 종족의 성원들에 한해 이루어졌고, 형벌은 적대 부락이든가 신하가 속한 부락과 다른 성씨 부족 성원에 한하였다. 이른바 "덕으로써 중화의 조화를 도모하고, 형으로써 주변 타민족에 위엄을 보여준다"는 것이었다.9) 예치의 체계에서 교(敎)와 형(刑)은 대체로 분공이 되었으니 교화로 예의를 널리 알리고 형벌로써 예제를 보호하였던 것이다.

예의가 예치체계에서 주도적인 위치에 처해 있는 것만큼 교화 역시 예치체계에서 주요 수단으로써 자리매김하였다. 교화의 실시는 형벌의 실시보다 아주 복잡하다. 그러나 그 영향은 적었다. 교화의 특징은 분위기를 조성하는 것이며 은연중에 감화시키는 역할을 중시한 것이다. 《예기 · 경해》에 이르기를 "예의 교화는 아주 미시적이다. 그리고 사전에 사악적인 것을 방비한다. 사람들이 저절로 선하게 되고 죄를 멀리하게 되지만, 그것을 감지하지는 못한다. 예는 선왕을 높이 모시고 숭상하는 것이다"라는 것이었다. 교화의 목적은 "사람의 마음을 바로 잡아 주는데 있으며 사람들을 선하게 이끌어 주는데" 있었다. 하, 상, 서주에서 실시한 교화의 중요한 방식은 학교를 설립하는 것이었다. 맹자는 "하나라에서는 교(校)라고 불렀고 은나라에서는 서(序)라고 불렀으며, 주나라에서

_____

9) 《좌전 · 희공 25년》

는 상(庠)이라 부른다. 학교는 위에서 말한 삼대에 모두 있었다. 학교는 사람들에게 윤리도덕을 배워준다. 상층에서 인륜도덕을 잘 지키면 백성들도 아랫사람을 사랑한다. 임금이 법을 취하는 것은 임금이 선생이기 때문이다"[10]라고 말했다. 맹자는 인륜도덕에 대하여 다음과 같이 종합하였다. "부자간에 서로 친함이 있어야 하고, 군신 간에 의리가 있어야 하며, 부부 간에 분별이 있어야 하고, 장유 간에 차례가 있어야 하고, 친구 간에 신의가 있어야 한다."[11]

예치체계에서 형벌을 실시하는 것은 비교적 간단했다. 형벌을 실시하는 주요 목적은 예제를 수호하기 위한 것이며, 사람들의 언행을 바로잡기 위한 것이었다. 상나라는 혈연관계가 느슨해지고 상나라 인들은 귀신에 대하여 무턱대고 경외하였으며 그 형벌은 아주 잔혹하였다. 주나라 사람들은 이를 일정하게 교정하였다. 서주의 예치체계에서 형벌은 부차적인 위치로 물러났다. 귀족들이 자성하여 덕을 지키고 범죄를 멀리하며 자신의 고귀한 혈통에 먹물을 칠하지 않게 하기 위하여 서주 통치자는 "하류층의 평민들에게는 예를 시행하지 않고, 사대부들에게는 형벌을 내리지 않는다"는 형벌원칙을 확립하였다. 여기서 말하는 예는 주나라 종족의 가례인 제사(祭祀), 의정(議政), 가관(加冠) 등의 예를 지칭한다. 하류층 서민이란 주나라 사람들과 혈연관계가 없는 이족의 성원들을 지칭했다. "하류층 평민들은 예를 시행하지 않는다"는 것은 이족인들이 주나라 사람들에게 예를 지키는 것을 배제한 것이며, 본 종족인들의 응집력을 강화하기 위한 것이었다. 이 원칙은 주나라 사람들에게 자기 민족에 대한 자긍심과 자신감을 심어주었으며, 이족들이 주나라 사람들의 예를 특별히 중시하고 귀중하게 여기도록 하였다. 동시에 이는 서주의 통치를 받는 이족인들이 주나라 사람들에 대해 흠모하는 마음을 가지게 되었다. "사대부들에게는 형벌을 내리지 않는다"는 말의 형은 전적으로 궁형을 지칭하였다. 이는 사람들의 생식능력을 없애는 것으로서 후대를 절멸시키려는 형벌이었다. 따라서 대부 이상의 신분을 가진 사람들은 대체로 주나라 귀족들이기에 그들이 얼마나 큰 잘못을 지질렀던 긴에 그들의 몸에 흐르는 것은 주나라 사람들 조상들의 피이며, 이 고귀한 피는 대대로 전해 내려가야 한다고 강조했던 것이다. 그리고 범죄를 징벌한다 하여 그 욕이 조상에까지 이르러서는 안 된다는 것이었다. 따라서 대부 이상 궁형죄를 범해도 머리칼을 자르는 형식으로 궁형을 대치하였다. 상나라 주왕 때에는 사람들 모두가 이

---

10) 《맹자 · 등문공 상》
11) 《맹자 · 등문공》)

형벌을 겁냈지만, 주나라에 이르러서는 이 형법이 종법을 수호하고 교화를 보조하는 도구로 변했던 것이다.[12]

3. 예의 규범적 특징

과거에는 예가 법이 아니었고 형(刑)만이 법이라고 인식하였다. 혹은 예는 비록 법적 속성을 구비하고는 있지만, 예를 제외한 독립적인 법이 있다고 인식했다. 그 독립적인 법이 바로 형이라고 인식하였다. 이에 대해서는 반드시 구체적인 분석이 필요하다고 본다. 하나라와 상나라에 대해서 볼 때 현대적 의의에서의 법은 없었으며, 예와 형이 결합된 법만이 있었던 것이다. 주나라에 이르러 정치의 윤리성이 점차 짙어지면서 중요한 통치도구로써 고착되어 갔다. 형은 법에 융합되기 시작하였으며, 형벌수단의 별칭이 아니었다. 다음에는 주나라의 예와 법의 상호관계 문제를 몇 가지로 나누어 설명하고자 한다.

1) 예는 보편적으로 사용했던 행위규범이었다

노예제사회에서 예의 내용은 사회의 모든 방면을 포함했다. 예는 사회 모든 방면의 행위규범이었고, 보편적으로 적용되는 행위규범이었다. 사회문화전통의 영향 하에서 통치자가 실행할 수 있는 것은 피통치자도 받아들일 수 있는 것이었다. 그것이 바로 제사 활동의식에서 규정된 예라는 행위규범이었다.[13] 종법제의 확립은 각 등급은 각 등급에 부합되는 예를 갖추어야 할 것을 요구하였으며, 이는 하류층의 평민에게도 예외는 아니었다. 사실 "하류층의 평민들은 예를 실시하지 않는다"는 원칙은 있을 수 없는 일이었다. 당시의 서민은 사, 대부, 제후와 같이 각자 자체적으로 정해진 예의 구속을 받았다. 이른바 "하류층 평민에게는 예를 실시하지 않는다"는 것은 조정의 조빙(朝聘), 회맹(會盟), 적(籍, 등기), 형(亨, 대우) 등 귀족들의 예를 두고 하는 말이었다. 서민들은 귀족들

---

12) 마소홍, 《예와 법: 법의 역사적 연접》, 113-115쪽, 북경, 북경대학출판사. 2004.

13) 이것은 문화의 계승관계의 표현이며, 주나라가 상나라를 대치한 특수한 역사조건 하에서 조성된 것이었다. 예를 들면 부친 뻘 되는 사람은 아주 독실하게 귀신을 믿는데 자손 뻘 되는 이는 윗세대처럼 귀신을 그렇게 독실하게 믿지 않는다. 그러나 사람들의 언행을 조정하는 규범은 저버릴 수가 없으니 그 규범의 형식이 바로 예였던 것이다.

의 예식에 참가할 자격도 없거니와 조건도 없었다. "서민들은 참여할 자격이 없다"는 것은 상기 활동에서의 서민들의 예였다. 과거 "서민들에게 예를 실시하지 않는다"는 것을 주나라의 법률의 적용원칙으로 인식하였는데, 이는 《예기·전례》에 실린 본문에 대한 오해에서 비롯된 것이었다.[14]

2) 예는 도덕규범적 형식을 구비하였고, 법률 규범적 형식도 구비했다

예적 규범의 표현은 전해 내려온 습속이므로 이는 당시에 통행하는 윤리 관념이었다. 사회의지로 표현된 예는 도덕 규범적 표현형식을 구비하였다. 물론 이 사회의지와 그 표현형식은 모두 통치자의 선별을 거쳤다. 따라서 실질적으로 보면 사회의지란 실은 통치자의 의지이며 통치사상의 표현 형식이었다. 예의 표현형식으로서의 습관은 많은 상황에서 국가가 강제적으로 보증하고 실행하였다. 그 결과 예는 또한 법률 규범적 형식을 구비하게 되었으며 그것이 바로 습관법이었다.

3) 예(정체적인 기능에서 말하자면)는 도덕규범의 구조에 부합되는 동시에 법률규범의 구조에도 부합되었다

예는 비록 사람들에게 행위방식을 제공하는 정면적인 규범이었지만 전통적인 예치는 또한 예를 위배하였을 때는 이를 제재하였다. 제재하는 데에는 여론적인 것도 있지만 강제적인 것도 있었다. 비록 구체적인 예의 규범을 보면 어떤 예를 범했을 때 어떤 징벌을 가하는가 하는 것은 명문으로 정하지는 않았지만, 통치자는 예에 위배되는 행위의 성질과 그 위해성에 대한 인식에 따라 임시로 개괄하고 죄상을 정하고 어떤 형벌을 집행하는가 하는 것을 설명하였다. 이것이 바로 고서에 기록한 "예에 어긋나면 징벌한다"는 것이었고, "임시로 형벌을 정한다"는 것이었다. 서주 중기 목왕(穆王)시기 "형을 명기하여 하층 관리들이 장악하게 했다"고 했는데, 이는 즉 내부적으로 장악하고 있던 형시(刑書)가 있었음을 의미하는 것이었다.[15]

---

14) 《예기·곡례》 본문 중의 "서민들에게 예를 실시하지 않는다"는 것은 당시 장례의식을 논할 때의 마지막 단락부분이다. 이는 "사대부들에게 형벌을 내리지 않는다"는 것과는 아무런 연관이 없다. 언제부터 "서민들에게는 예를 실시하지 않고 대부들에게는 형벌을 내리지 않는다"는 말을 지금처럼 이해하기 시작했는지는 고증이 요청된다.

15) 《상서·여형》, 《여형》은 주공이 예를 제정한 후 두 번째가 되는 대형 입법일 것이다. 그리고 형이 법으로 전환하는 비교적 큰 진보였다.

4) 예는 도덕과 법률의 이중 속성을 구비하였다

예는 논리적으로 보면 두 부분으로 나누어져 있었다. 한 부분은 사람들의 행위규칙을 규정한 예이며, 다른 한 부분은 예에 위배되는 행위를 제재하는 방법인 형이었다. 원칙적으로 예를 위배하게 되면 제재를 가한다는 것이었다. 예의 각종 규범과 이를 위배했을 때 실시하는 제재방식은 고정적으로 연계되었다. 예를 위반했을 때 제재를 가하는 불확실성 때문에 예가 도덕규범인가 아니면 법률규범인가를 논할 수는 없다. 다만 구체적인 사건을 통해 그 예가 어떤 속성을 띠고 있는가를 확정할 수 있다. 가령 여론 제재방법을 이용하여 예의 실행을 보증하였다면 그것은 도덕규범에 속하는 것이었고, 가령 형벌 제재방법으로 예의 실행을 보증하였다면 그것은 법률규범이었다. 따라서 한 예적 규범이지만 어느 상황에서는 도덕규범이 되고, 어떤 상황에서는 법률규범으로 될 수 있다. 이때에 도덕규범과 법률규범은 혼연 일체가 되는 것이다.

4. 예치 하에서의 법

주공이 예를 제정하는 동시에 주나라 초기 하와 상의 형벌제도도 계승하였다. 이른바 "형명(刑名)은 상나라 때에 준하였다.", "주나라 때 정치를 문란하게 하는 행위가 있어 9형(刑)를 제정하였다"[16]는 것이 그것이다. 통치자들은 "예를 지키지 않을 수 있음을 단속하기 위하여 형을 제정하지 않을 수 없었다[17]는 것이다. 예와 형은 주나라 종법제도 하에서 통치자가 국가를 관리하는 주요 수단이었으며, 또한 주나라 법률제도의 연원이 되었다.

1) 서주의 형법

주나라 초기 통치자는 하나라와 상나라의 법률 내용을 계승하여 "은나라의 형벌을 따라 배워 형벌 질서를 정했으며, 은나라의 본보기에 준하여 그것을 이용하여 형벌을 정했다."[18] 즉 은나라의 형벌제도를 계승하였는데, 이는 주나라 통치 초기 은나라 유민들

---

16) 《좌전 · 소공 6년》
17) 《한시외전》 권3.
18) 《상서 · 강고》

을 대상으로 제정한 통치정책이었다.

(1) 형법 원칙

종법제도의 확립과 더불어, 주나라 통치자들은 일련의 새로운 형법 원칙을 제시했다. 먼저 명덕심벌(明德慎罰)의 원칙을 제시했다. 이른바, "너에게 덕의 설법과 형벌이 행해지는 것을 알려주겠다"[19]는 것이었다.

이러한 원칙 하에서, "나라가 건립된 초기에는 관대한 형벌을 사용하고", "나라가 불안정한 시기에는 엄한 형벌을 사용한다"는 형사정책이 있게 되었다. 다음, 형법(刑法)에서 초보적이긴 하지만 고의(非眚)와 과실(眚眚), 일관(惟终), 우발범의 구별로 나누었다. 처형에 있어서, 고의와 일관은 작은 죄에도 중형에 처했다. 즉 "사람이 작은 죄를 짓더라도 그것이 모르고 지은 죄가 아니라면 바로 끝까지 그러할 것이니…… 죽이지 않을 수 없다"[20]는 것이었다.

과실과 우범은 큰 죄를 지어도 감형 받을 수가 있었다. 곧 큰 죄를 짓더라도 끝까지 그렇게 하지 않는다면, 이는 모르고 지은 죄이거나 재앙으로 인해 이와 같이 된 것이니…… 이에 죽이지 말아야 한다"[21]고 정당방위 차원의 권리도 승인했다. "군, 향, 읍 및 남의 집에서 살인한 자는 죽여도 살인죄로 보지 않았다."[22] "지켜야 할 법칙을 깨뜨리는 자를 적이라 하고, 그 적을 감추어 주는 자를 장이라 하며, 재물을 훔치는 자를 도라 하고, 나라의 보물을 훔치는 자를 간이라 한다"[23]는 등의 정죄 관념을 출현시켰던 것이다.

그 다음, 두 가지 죄가 동시에 성립될 때는, 경중유권(輕重有權)의 원칙을 확인했다. 곧 "위의 형벌에 속하는 죄라도 가벼이 해야겠으면 밑의 형벌을 쓰고, 밑의 형벌에 속하는 죄라도 무겁게 해야겠으면 상의 형벌을 써야 한다"[24]고 했다.

마지막으로, 사법 경험의 누적으로, 형벌은 형세의 변화에 따라 그에 상응하는 경중이 있어야 한다는 이른바 세경세줌(世輕世重)의 원칙을 정했다.

---

19) 《상서 · 강고(尙書 · 康誥)》
20) 《상서 · 강고》
21) 《상서 · 강고》
22) 《周禮 · 秋官 · 朝士》
23) 《左傳 · 文公十八年》
24) 《상서 · 呂刑》

(2) 형명의 변화

형벌 수단에서 보면, 주나라는 하상(夏商)의 오형(五刑) 격식25)을 계승했다. 그 외에도 분(焚), 고(辜), 잔(殘) 등 혹형과 편(鞭), 박(扑), 유(流), 속(贖) 등 형벌이 있었으며 살군(殺君), 군음(群飮)26), 불제(不悌), 불목(不睦), 불경조(不敬祖) 등 많은 새로운 죄명이 증가했다.

형법은 노예의 저항을 진압하는 중요한 수단으로서 "형으로 백성을 다스린다.", "횡포를 금한, 그릇된 것을 바로 잡는다"는 등이었다. 주 여왕시기에는 "위나라의 무당"에게 사람들을 감시하게 하여, 비방하는 자를 알려오면 곧 그를 죽였다." 그 결과 사람들은 "길에서 만나도 서로 쳐다보기만 하였다."27) 여기서 집고 넘어갈 점은 법률의 적용 대상에 대한 문제이다. 일부 사람들은 주나라 때의 법률은 노예가 적용 대상이라고 한다(엄격히 말하면, 예를 위반한 노예를 대상으로 한 것이다. 즉 노예가 되는 것을 원하지 않는 사람을 대상으로 한 것이다). 또 일부 사람들은 주나라 때의 법률은 노예에게 적용한 것이 아니라고 한다. 왜냐하면, 노예는 사람의 자격이 없기 때문이었다. 여기서의 두 번째 인식은 주나라 사람들도 마르크스의 관점으로 노예의 사회정치적 지위를 인식해야 한다는 식이었다. 사실 당시의 법률은 주로 평민이 적용 대상이라 하기보다는 노예가 적용 대상이었다. 노예를 적용 대상이라 하기보다, 한 나라의 주요한 통치 수단인 법률이 최대의 동란 요소인 노예의 저항에 적용하는 것이 아니라, 다만 소수의 평민(서인)의 예를 위반한 언행에 적용하는 것이라면 이해가 될 수 없다. 이처럼 형은 주로 노예의 저항을 진압하는 것이었기에, 옛 사람들은 형을 받는 것을 큰 치욕이라 느꼈다.28) 형을 받아 몸이나 얼굴이 손상을 입게 되면, 사실상 그 사회적 지위가 노예와 다름없는 경지로 떨어진 거나 다름없게 된다. 바로 이러한 관념으로 인하여 역대의 현자들이 법이 없으면 나라가 다스려지지 않는다고 하면서도 형명에 대해 말하기를 꺼려했지 않았을까

---

25) 일설에 의하면 사형에는 다섯 가지가 있었다. 즉 참(허리 자름), 분(태워 죽임), 고(팔 다리를 떼어 냄, 지해), 환(능지처참, 오마분시), 경(목매어 죽임)이다.

26) 《상서 · 酒誥》

27) 《국어 · 주어 상》 "소공이 려왕에게 비방을 그치게 하는 것에 대해 간하다(國語 · 周语上 · 召公谏厉王弭谤)."

28) 고문에서 육(戮)과 욕(辱)은 같은 뜻이었다. 《예기 · 교특생(郊特牲)》을 참고. 당시 초나라는 진나라를 욕보기이기 위해, 그 대부인 한기, 숙향에게 회자수의 직무를 맡게 했다. 상앙시기에는 태자의 사부인 공자 건을 익형에 처했었다. 공자 건은 이 때문에 사람 보기가 부끄러워 10년을 두문불출했다고 한다.

싶다.

형에 대한 이러한 모욕적 관념은 지금도 여전히 존재한다. 그런 만큼 주나라 때처럼 등급 명분이 엄격한 역사적 환경에서, 이러한 사상은 더욱 농후했을 것이며, 이러한 관념은 "형은 대부에게까지 올라가지 않는다"와 이 말에 대한 주해에서 알 수 있다. "형은 대부에게 올라가지 않는다"에 대한 고금의 해석을 살펴보면, 모두 두 가지를 설명하고 있다. 하나는 형벌이 대부에게까지 올라가지 않는 것이 아니라는 것, 다른 하나는 형벌이 가져다주는 모욕적 요소를 될수록 감면했다는 것이다. 여기를 보면, 사서의 많은 예들로부터 형이 대부에게 올라갔음을 알 수 있다. 형이 대부에게 올라갔을 뿐만 아니라, 제후와 천자에게까지도 이르렀음을 알 수 있다. 주공 단(旦)은 반란을 일으킨 무경(武庚)과 관숙(管叔)을 죽였고, 채숙(蔡叔)을 추방했다. 주이왕(周夷王)은 기후(紀侯)의 비방을 듣고 제애공(齊哀公)을 삶아 죽였다. 주 선왕(周宣王)시기에는 노나라가 왕의 군사를 범했다 하여 그 군주인 백어(伯御)를 죽였다. 이는 모두 엄형으로 제후를 죽인 예이다. 춘추시기 귀족 사이의 골육상잔으로 인하여 대신이 주살되는 일이 비일비재했다. 그 외에 주나라 때에는 대부에게 적용되는 이른바 상형(常刑)29)이 있었다. 춘추시기에 이르러서도 일부 나라에서는 "주나라에 상형이 있었다"로 기타 일부 나라의 집정자를 힐문했다. 그 일례로, 노나라의 계평자(季平子)가 노소공(魯昭公)을 축출했을 때, 진(晋)나라의 순력(荀躒)이 경고하기를, "우리 임금이 나에게 그대는 어찌해서 임금을 내쫓았는가 하고 물어보라고 했소. 임금이 있는데 섬기지 않으면, 주나라 상형에 걸리니 그대는 잘 생각해 보시오"라고 하였다.30)

두 번째 관점에 대한 해석은 다 같지는 않지만, "형은 대부에게까지 올라가지 않는다"는 것은 모두 귀족들의 체면을 유지하기 위한 것이라고 설명하였다. 여기에는 "대부와 대부의 아내는 옥송에 참가하지 않는다."31), "작위가 있는 사람이나 왕의 동족은 전사씨에게로 압송해 형살되도록 대기시킨다"32)는 내용들이 포함된다.

대부는 형벌을 감면받거나 혹은 바꿀 권리가 있었다. 예로서 《속형(贖刑)》곧 "재산을 넣고 죄를 사면 받을 수 있다"33)는 것이 있었고, 축출(放逐) 곧 "네 곳의 먼 곳에 버려

---

29) 《예기·교특생》, "대부가 강성하면 국군이 죽이는 것은 대의이다."
30) 《左传·昭公三十一年》
31) 《주례·秋官·司寇》
32) 《주례·추관》
33) 《朱子大全·舜典象刑说》

잡귀신을 막는다.", "네 곳의 먼 곳에 물리쳐 중국과 다르게 한다"와 같은 것들이 있다. 춘추 이후부터 자결케 하는 제도가 청나라 말기까지 이어졌다. 그 외, "왕의 동족은 죄가 있어도 저잣거리에서 처형하지 않았다." 조정에서는 사형 집행 지점을 따로 지정하기도 했다. 이는 일반인에 대한 사형 집행과 구별되는 것이었다.34) 한편 한나라 때 사람들의 분석에 의하면, "형은 대부에게까지 올라가지 않는다"는 것은 "경익(黥劓)의 죄는 대부에게까지 미치지 않는다"는 것인데, 이는 공족(대부가 포함된 제후 종친)은 죄가 있어도 궁형에 처하지 않는다는 뜻이다. 즉, "공족이 죽을죄를 지으면, 곧 전인에게 넘겨 목을 매달아 죽인다. …… 공족에게는 궁형을 내리지 않는다"35)는 것이었다.

여형(呂刑)에서 말하는 "오형에 속하는 것이 삼천이었다"는 것은 대체로 후세 사람들의 추측과 억지에 불과하므로, 깊이 믿을 바가 못 된다.

2) 서주의 민사 상업법규

서주의 민사 상업법규는 주로 여러 명문과 주례(周禮) 등 선진시기 전적에서 볼 수 있다. 제일 늦은 주려왕(周勵王)시기 이미 토지 매매에 관한 기사가 있었다. 당시의 이름난 동기(銅器)인 격종수(隔從盨)의 기록에 따르면, 장(章)씨는 팔읍으로 격종(隔從)과 밭을 바꾸었고, 양(良)씨는 오읍으로 밭을 바꾸었으며, 모두 순조롭게 거래되었는데, 협의서도 있고, 증인도 있었다. 이와 같은 시기의 격유종정(隔攸從鼎)에도 격유종(隔攸從)이 밭을 유위목(攸衛牧)에게 주었는데 그 보수를 받지 못해 소송이 생겼으며 그 결과 유위목이 "내가 세를 내는 것으로 전읍을 받은 것에 사례하지 않는다면 나를 죽여라" 하고 맹서하는 것으로 마무리 짓고 있다. 또한 홀정(曶鼎)에는 다섯 명의 노예로 "말 한 필과 실 한 묶음"을 교환했다는 이야기가 기록되어 있다. 이러한 사실은 《주례 · 천관(天官)》 중에서 나오는 "거래에 관한 소송은 질제(質劑)에 근거해서 판정한다", "대차에 관한 소송은 서계(書契)에 근거해서 판정한다.", "질제로 믿음을 달성해 소송을 피한다"는 등의 내용을 실증하였다.

이는 기록이 있는 가장 빠른 계약 입법에 대한 문헌 중 하나일 수도 있다. 채권 분쟁에 대해서는 다음과 같이 규정했다. "대차에 관한 소송은 부별(傅別)로 판정한다.", "재

---

34) 《주례 · 추관》의 기록에 의하면, "살인한 자는 저잣거리에서 처형하고 삼일 동안 버려둔다. 도둑에 대한 형도 저잣거리에서 집행한다. 죄가 있어 법을 범한 사람은 모두 저잣거리에서 형을 집행한다."

35) 《예기 · 文王世子》

물에 관한 소송은 부별과 약제(約劑)로 판정한다"고 했다.[36]

위의 내용은 서주 중, 후기에 토지의 개인 소유와 거래가 존재했으며, 일정한 범위의 상품성 교류에서 질제, 부별과 같은 계약 형식이 나타났음을 알려준다.

혼인 및 계승과 관련된 법률은, 사서의 기록에 의하면 혼인관계의 성립은 부모의 명 (命)과 중매인의 말에 의해 이루어졌다. 남자가 직접 구하거나 여자가 사사로이 허락하는 것을 엄금했다. 《시경·제풍·남산(詩經·齊風·南山)》에서는 "장가를 들려면 어떻게 해야 하나? 중매가 없으면 이루어지지 않는다"고 하여, 이렇게 이루어진 혼인이 아니라면, 잉첩이나 다름없이 여겨졌다. 이른바 "예를 갖추어서 신랑을 맞이하면 처가 되고, 그냥 따라가면 첩이 된다"[37]는 것이었다.

종법제도 하의 적장자 계승제도로 인하여, 일부일처 형식은 매우 엄격히 지켜졌다. 하지만 후사를 많이 두어야 한다는 요구에 의해, 적처(嫡妻)는 오직 하나로, 적자와 서자의 분별을 두어 종족 내부의 등급 명분에 분란이 일어나지 않게 한다는 전제 하에서 공개적으로 첩을 들일 수 있었으며, 배가(陪嫁)의 잉첩제도가 성행했다. 그 밖에 혼인관계가 성립되려면 반드시 육례(六禮)를 행해야 했다. 즉, 납채(納采, 중매인에게 혼담을 한 후 기러기를 첫 대면하는 선물로 보내는 것), 문명(問名, 여자 측 이름과 생년일월시를 물어보고, 종묘에서 점을 치는 것), 납길(納吉, 점괘로 길조가 얻어지면 혼사를 정하고 의논에 부치는 것), 납징(納徵, 납폐라고도 하며, 남자 측에서 여자 측에 예물을 보내 혼약의 성립 증거로 삼는 것), 청기(請期, 정혼 뒤 여자 측과 토론하여 혼일을 택하는 것), 친영(親迎, 신부를 맞아들이는 것) 등이다. 이는 사실 후세에 문벌과 허식을 중시하여 매매혼인이 나타난 연원이 되었다. 서주시기에는 혼인을 맺는 것을 위로는 종묘를 섬기고 아래로는 후대를 이어가는 종족 연장의 대사로 여겼다. 이러한 원인으로 인하여 엄격한 예제가 지켜졌던 것이다.

당시 상나라 때와 제일 큰 다른 점은 동성불혼(同姓不婚) 제도였다. 즉 "아내를 맞이할 때에는 동성을 맞아들이지 않는다, 그런 까닭에 첩을 살 때에 그의 성을 알지 못하면, 점을 치는 것이다"[38]라고 했다. 다른 한편으로 이는 또 정치적으로 인척 관계를 맺

---

36) 《주례·天官, 秋官》, 《주례·地官》에는 질인이 시장의 물품을 관리하고 평가한다. …… 장사를 하는 사람에게는 질제를 주어 증거물로 한다. 권은 나누면 별(別)이라고 하고 합하면 부(傅)라고 했다. 채권, 채무자가 각각 좌권과 우권을 가지며, 좌권이 이기는 것으로 보았다.

37) 《예기·內則》

는 수단이 되기도 했다. 이른바, "다른 성씨에게 장가감은, 소원한 사람을 가깝게 하고 멀리 있는 사람과 돈독하게 하기 위한 까닭이다"[39]라고 여겼던 것이다.

계승관계에 있어서도 종묘 계승제도를 행하였는데, 단순한 재산계승이 존재하지 않았다. 이 또한 주나라 때가 상나라 때와 크게 다른 점이다.

3) 사법제도

주나라 때에 사법제도가 없었다는 것은 개념만을 가지고 하는 말이다. 여기서 말하는 사법제도는 이해를 돕기 위해서 차용한 용어이다. 당시에도 제도나 원칙과 유사한 것이 있었는데 사형(司刑)제도 혹은 사례(司禮)제도라고 불러도 무방할 것이다.

(1) 사법기관

기구적인 면에서 말한다면, 그때의 관서나 관원 같은 것이었다. 예를 들어 주나라의 천자는 최고 재판기관인 동시에 최고 재판관이었다. 지금의 권력 개념으로 말하면, 그는 최고 행정권뿐만 아니라, 최고 입법권과 재판권을 소유한 자였다. 주나라 천자 이하의 귀족 관원들은 행정권을 가지고 있으면서 또한 사법권을 가지고 있었다. 더 확실하게 말한다면, 주나라 사람들의 관념으로는 우리가 지금 말하는 행정과 사법의 구별은 없었지만, 그들은 그들만의 관서와 직무를 나누는 이론과 방법이 있었다. 고금을 비교한다면, 우리는 주나라 때의 사법관원을 추관(秋官)이라 통칭한다.[40]

중앙의 사법관은 사구(司寇)[41]라 불렀다. 이는 천자 아래의 최고급 재판 기관이었다. 사구는 대사구(大司寇)와 소사구(小司寇)로 나뉘었다. 전자는 천자를 보좌해 전국의 사

---

38) 《예기·曲禮》. 이 책에서는 또 "부모가 생존이면…… 사사로운 재물을 갖지 않는다"라고 했는데, 이는 보통 가장제 하에서 개인은 권리가 없다고 해석된다. 이는 아시아의 생산 방식 하의 재산 공유(共有)제 전통에 근원이 있다. 이러한 공유를 위해 사유를 없애려 했다. 사유 재산이 있게 되면, 개인의 독립이 이루어지기 때문이다. 개인의 독립은 부락 전체의 쇠망을 야기시킬 수도 있기 때문이었다. 더 깊이 말하면, 그때의 공유(共有)는 공유(公有)가 아니었다. 《예기·奔喪》에는 "부모가 세상 뜨면 형제가 동거한다"고 했다. 《예기·喪服小記》에는 "재산을 같이 하고 그 조상에게 제사를 지내는 것을 동거라 한다"라고 기록되어 있다. 그러나 예외도 있다. 《예기·檀弓上》에는 "그 형제가 동거하지 않는 자"라고 기록되어 있다.

39) 《예기·郊特牲》

40) 사시오행(四時五行)설에 의해 생긴 명칭이다.

41) 관원의 명칭은 모두 군대와 관련 있다. 법이 군사에서 기원했기 때문이다.

법을 관리하고, 후자는 전자가 "다섯 가지 분야로 만민의 옥송을 판결할 수 있도록" 도왔다. 그 부하로는 사사(士師), 사(士) 등의 관원이 있었다.

지방에는 사(士)를 설치해 1심 법관으로 하였으며, 초심기관으로서 그 관할구역 내의 소송을 관리했다. 사서의 기록에 의하면, 보통 재판기관의 등급은 지방과 중앙 두 개의 급으로 나뉘었다. 중대한 사건 및 제후 사이의 소송은 천자가 재결했다. 종족의 장은 종족 내부의 분쟁에 대해 재판권이 있었으며, 재판을 할 수 있었다. 노예 사이의 분규는 노예주가 판결했다.

(2) 소송 절차

첫째, 고소의 제한과 옥(獄), 송(訟)의 구별

소송 절차를 말하면, 대체로 기소, 심리, 판결, 집행 등 몇 개의 단계로 나뉘었다. 기소는 보통 원고가 구두로 제출했다. 그러나 항렬이 낮거나 나이가 어린 사람은 웃어른을 고발하지 못했다. 이른바 "부자 사이에 송사가 생기면, 위와 아래가 없어진다"고 인식했던 것이다.

민사소송은 "화살 한 묶음(束矢, 한 묶음은 백 대)을 바쳐야 했다. 형사소송은 균금(钧金, 동 서른 근)을 소송비로 내야 했다. 패소 측에서 바친 물건은 몰수되어 관으로 들어갔다. 심리할 때에는 양조(兩造, 원고와 피고 양 측)가 구비해(법정에 나가서), 모두 오사(五辭)를 들어야 했다."[42] 하지만 귀족은 법정에 나가지 않을 수 있었으며, 그 부하나 제자가 대리 소송을 할 수 있었다. 즉 앞에서 말한 바 있는 "대부와 대부의 아내는 옥송에 참가하지 않는다"는 것이 그것이었다. 일반적으로 옥(獄)은 형사소송을 가리키는 것이었고, 송(訟)은 민사소송을 가리켰다. 하지만 구체적인 방법에서는 크게 구별이 없었다.

둘째, 소송 원칙

판결과정에서는 아래와 같은 몇 가지 원칙을 준수해야 했다.

첫째, 귀족에 대해서는 팔벽(八辟)제도를 실시했다.[43]

둘째, 삼유삼자(三宥三刺)제도를 실시했다[또한 삼유삼사(三宥三赦)제도도 있었다.[44]

---

42) 《상서·여형(尙書·呂刑)》

43) 팔벽(八辟)이란 친(親), 고(故), 현(賢), 능(能), 공(功), 귀(貴), 근(勤) 빈(賓)을 가리킨다.

44) 삼유(三宥)란 알지 못해서 지은 죄, 부주의로 지은 죄, 잊어버리고 지은 죄는 감형함을 말한다. 삼자(三刺)란 의심스러운 사건은 확정 짓지 않음을 말하는데, 모든 대신들에게 물어보는 것, 모든 관리에

셋째, 상하비죄(上下比罪)라 하여 죄의 경중을 비교 대조하여 정죄하는 제도를 실시했다.

넷째, 판결문 낭독(讀鞫), 수중(受中)제도를 실시했다.

이 제도들은 후세 사람들이 억지로 갖다 맞춘 그림자가 없는 것은 아니기는 하지만, 기타 사료와 크게 차이가 나지는 않는다. 주례 · 조사(朝士)에는 상소의 기한과 유사한 규범이 나온다. 즉 "사가 다스리는 데는 기한이 있다. 도성에서는 열흘이고 근교에는 이십일, 야외에서는 삼십일, 제후국에서는 1년이다"라는 것이었다.

판결의 집행에 있어서, 사형은 공개 처형했고 사흘 간 보여주도록 했다. 육형은 저잣거리에서 형을 집행했으며, 형을 받은 사람은 일정 기간 강제노역을 해야 했다.

기록에 의하면, "묵형을 받은 사람은 문지기 일을 하게 했고, 익형을 받은 사람은 관문을 지키게 했다. 궁형을 받은 사람은 궁내를 지키게 했고, 월형을 받은 사람은 동산을 지키게 했으며, 곤형 즉 머리를 깎는 벌을 받은 사람은 곡물을 지키게 했다."[45]

귀족에 대한 처형에서는 일반적인 육형은 모두 속죄 받을 수 있었다. 즉, 여형(呂刑)에 규정된 "다섯 가지 형벌이 의심스러우면 용서를 하고 환(鍰)을 내도록 벌한다"는 것이었다. 또한 이 원칙을 집행할 때 "범죄의 의도는 있었으나, 범행이 없었으면 유죄로 치지 않는다"[46]는 것을 강조했다. 반드시 집행해야 하는 사형도 공개하지 않았으며, 교화사무를 관리하는 관리 전사씨(甸师氏)에게 맡겨 은폐된 장소에서 형을 행하도록 했다. 즉 앞에서 언급한 적 있는 "공족(公族)이 죽을죄를 지으면, 곧 전인(甸人)에게 넘겨 교수형에 처한다"는 것이었다.

(3) 심리방식

심리방식에 있어서는 "오성(五聲)으로 옥송(獄訟)을 판결했다"[47]고 했다. 즉, 사(辭), 색(色), 기(氣), 이(耳), 목(目) 등이 오성이다. 주관적으로 억지 판단의 색채가 있기는 하지만, 하나라와 상나라 때 성행한 신명(神明)의 판결보다는 어디까지나 진보한 셈이었다. 그 외에도 이미 증거의 사용을 중시했다. 앞에서 나온 부별(傅別), 질제(質劑) 등

게 물어보는 것, 모든 백성에게 물어보는 것이며, 만약 의심스러운 점이 있으면 사면함을 말한다. 삼사(三赦)란 유약한 사람, 나이가 많은 사람, 어리석은 사람이 죄를 범하면 사면함을 말한다.

45) 《주례 · 추관》

46) 천자의 남형(濫刑)을 제한하거나 혹은 축재를 막기 위해서이다.

47) 《주례 · 추관》

은 모두 소송 증거로서 볼 수 있다. 동시에 전통적인 맹저(盟詛)[48] 곧 맹서도 여전히 운용되었다.

《주례(周禮)》의 기록에 의하면, 명덕심벌(明德慎罰) 사상의 지도하에, 서주시기에는 또한 노고(路鼓), 폐석(肺石) 등의 제도가 있었다. "노고(路鼓)는 왕궁 정문 밖에 설치했으며, 서민(庶民)이 억울한 죄로 누명을 썼으나, 고소한 데가 없으면 북을 두드려 억울함을 호소할 수 있었다. 태복(太仆)이 그 고소를 접수하고 천자에게 상주했다.[49] 폐석(肺石), 즉 붉은색의 돌은 적성의 뜻으로, 외조(外朝)에 세웠는데, 억울한 사정이 있는 사람은 경위에 관계없이 3일 동안 돌을 세워 천자에게 직접 고소할 수 있었다. 후세 직소제도의 연원이 여기에서부터 시작됐는지도 모른다. 물론 후세의 이와 유사한 제도를 두고 그때부터 있었다고 억측한 것일 수도 있다.

(4) 감옥제도

주나라 때에는 감옥을 영어(囹圄)라 불렀고, 환토(圜土)라고도 했다. 당시에는 이미 비교적 명확한 감독제도가 있었다. 범인의 신분과 죄행의 경중에 따라 다른 형구를 씌웠는데, 곡(梏), 질(桎), 모(摹) 등의 종류가 있었다.[50] 일반적으로 경한 죄에는 곡(梏)을, 일반 죄에는 질(桎)을, 중죄에는 이 두 가지를 병용했다. 작위가 있는 사람은 중죄에 질(桎)을 채웠으며, 왕족은 중죄에 모(摹)를 채웠다. 이로부터 감금하는 것도 나누어서 하는 제도가 생겼다. 오형에 판결될 죄수를 수토(遂土), 현토(縣土), 향토(鄕土)감옥에 각기 감금하는 것 외에, 또한 환토(圜土)제도가 있었고, 주로 오형에 처하기에 부족한 죄수를 감금했다. 이른바 "형을 내리기에 부족하면 환토에서 일을 시켰던 것이다."[51] 환토 중에 있는 죄인은 인신, 재물에서 손해를 받지 않았다. 이른바 불휴체(不亏体), 불휴재(不亏財)였다. 목왕(穆王)시기에는 또 "형구를 쓰고 가석(嘉石)에 앉게끔 벌하고, 사공(司空)에게 넘겨 노역을 시킨다"[52]는 규정이 있었다.

《주례·추관·사구》에는 "환토에서 일하러 하시 않는 불량한 백성을 모아 교육하였

---

48) 《주례·추관》

49) 이는 위진(魏晉) 이후, 등문고(登聞鼓) 제도의 근원인지, 아니면 후세의 등문고 제도가 나타난 것에 관해 억지로 지어낸 것인지 아직은 더 많은 연구가 필요하다.

50) 곡(梏)은 목에 썼으며, 후세의 칼(枷)과 비슷하다. 질(桎)은 발에 채웠다. 모(摹)는 손에 채웠다.

51) 《시경·小雅·正月》 모전(毛傳).

52) 형구를 쓰고 돌 위에 앉아 사공의 감독 하에 노역을 하는 것.

다. 사람에게 해를 끼친 자는 환토에 감금하여 일을 시켰다. 그의 죄행을 써서 등에 붙이는 것으로 치욕을 주었다. 잘못을 고치는 사람은 고향에 돌려보냈다. 3년 동안 연령에 따라 일반 향민과 존비의 순서를 따질 수 없게 했다. 잘못을 고치지 않고 도망친 자는 죽였다"고 했다.

당시에 이미 후세의 징역형과 노동 교화의 맹아가 있었음을 알 수 있다.

5. 예와 법(형)의 관계

1) 서주시기에는 예(禮)에서 독립된 법이 없었다[53]

그때 사람들의 인식 수준은 제한적이었다. 그들의 사회규범 중에는 오늘날 우리가 구별할 수 있는 도덕규범과 법률규범이 있을 수 없었다. 또한 양자를 구분해야 할 필요도 느끼지 못했다. 통치자와 피통치자들은 모두 당시의 습관을 유일한 행위 규범으로 인정했으며, 이러한 습관을 봉행하는 것을 당연하다고 생각했다. 예 외에는 다른 법률규범이 없었다. 주나라 초기와 하나라, 상나라 때에는 대체로 같았다. 형(刑)은 다만 형벌이었을 뿐, 법률적 내용은 없었다. 형은 반드시 예의 규범과 결합되어야만 했다. 즉 형으로 예를 위반하는 사람을 제재했을 때에만 법률적 규범이 구성되었다. 춘추 이전, 법(法)에는 법률이라는 개념이 없었고, 다만 항상 따라야만 하는 법식이었을 뿐이다. 그러므로 역시 예라고 할 수 있다. 상나라 때에 나왔던 이(彝)는 사실상 주나라 때에도 예였으며 성문법은 아니었다.

2) 법의 독립

일찍이 서주 중기부터 노예주인 통치자들은 사회의 위해성 정도의 대소에 따라, 예를 위반한 행위를 대체로 "다섯 가지 형벌로써 바로 잡을 것", "다섯 가지 벌금으로써 바로 잡을 것", "다섯 가지 허물을 바로 잡을 것"으로 나누었다. 이는 예의 규범과 형벌의 방법을 상대적면서 고정적으로 결부시킨 것으로, 예와 법이 분화해 가는 시점에서 처음으

---

53) 춘추 후기에는 예외이다. 그러나 종합적으로 보면, 예의 주도적인 역할이 컸다. 혹은 습관의 힘이 매우 셌다고 말할 수 있다. 그렇기 때문에 전국시기 법가의 흥성과 예를 중시하는 유학에 대한 반동이 있었다.

로 한 걸음 내디딘 것이다. 예를 위반한 행위에 대한 형벌수단을 고정적으로 결부시켰다는 점에서 바로 최초의 법(오늘날 의미에서의 법)의 규범을 구성하였다고 할 수 있다. 그리하여 예에서 법의 맹아가 나타났다. 이러한 상형(常刑)은 성문법적 요소가 예의 모체에서 배태하는 과정을 반영해 주는 것이었다. 춘추 말기에 가서야 법의 맹아는 그 양적 변화의 과정을 완성하고, 예의 모체 속박에서 벗어나려고 했으며, 이로부터 새로운 가치 관념을 획득하려고 했다. 당시 정(鄭)나라에서 형서(刑書)를 주조했다든지, 진(晋)나라에서 형정(刑鼎)을 주조했다든지, 심지어 등석(鄧析)이 사사로이 죽형(竹刑)을 만들었다는 것 등은 모두 법의 독립을 보여주는 것이다. 이러한 형서, 형정(刑鼎)은 죄와 형을 고정적으로 연결시켰다. 죄형 법정(罪行法定)[54]은 법이 예에서 이탈해 독립하였음을 선고하는 것이었다.

3절. 예치(禮治)의 역사적 영향

예치사상과 통치방식은 서주 때 계통적으로 종합되고 수정되면서 유가의 논술과 선양을 거쳐, 중국에서 수천 년을 이어져 왔으며, 중국 법률의 발전에 중요한 영향을 끼쳤다. 서주가 후세에 남겨준 이 중요한 유산은 중국의 역사 발전에 깊은 흔적을 남겼다. 오늘날에 와서도 우리는 일상생활에서 그 시대가 남겨준 숨결을 감지할 수가 있기 때문이다.[55]

1. 예치는 중국 전통법이 윤리도덕과 불가분의 길을 가게 했다

중국 전통법률의 중요한 특징은 바로 도덕과 법률의 융합이다. 특히 법률은 실질적으로 도덕의 실행과 체현으로, 사회질서에 대한 담보를 중시했다. 이는 서방에서 법을 권리의 본위로 보며, 국가 강제력으로 그 실시를 담보하는 규범체계와는 다르다. 서방은

---

54) 최초의 법은 예+형이었다. 이는 고대법이 지금 사람들이 보기에 형법적 색채를 농후하게 띠고 있다고 보게 한다. 당시에는 형이 바로 법이었다. 그 의미는 오늘의 형법보다 크다.

55) 마소홍, 《예와 법 : 법의 역사적 연결》 115쪽, 앞의 책.

법률의 외재적인 규범성을 더욱 중시하며, 개인적 권리를 출발점과 주요 내용으로 했다. 서방의 전통문화에서 법률과 도덕은 비교적 엄격한 경계선이 있었으며 서로 독립적인 규범과 범주가 있었다. 사람들의 외재적 행위는 더 많게는 법률의 조정을 받았다고 할 수 있다. 내심의 도덕은 기독교 교의를 포함한 규범으로 규제했거나 육성했다. 중국의 전통문화에서, 법은 상대적으로 독립적인 신분을 갖고 있지 못했고, 규범의 내용상 형(刑)으로 정의를 내렸으며 그 목적은 예치(禮治)를 실현하기 위한 것이었다. 예치란 도덕주의이다. 그러므로 도덕과 법률의 관계는 덕(德)과 형(刑)의 관계이다. 또한 법률을 유가화한 대표적 율인 《당률》은 양자 관계를 체(體)와 용(用)의 관계로 정의했다. 즉 도덕은 체이고 법률은 용이었기에, 법률은 도덕을 실현하는 도구였다. 유가의 법률사상은 도덕을 중시하는 전통을 뚜렷하게 보여주었다. 덕주형보(德主刑輔)는 그 법률 사상의 핵심으로, 언제나 역대 봉건 통치자들이 계승하고 사용해 왔다.

　주나라 통치자들은 덕(德)과 민(民)의 관계를 해석하는 것으로 자신의 통치에 합법적인 외피를 입혔다. 이것이 바로 주나라 사람들이 예치를 제시해서 얻은 정치적 효과였다. 이로서 신권의 기반을 흔들어 놓았다. 유덕시보(惟德是輔)의 제기와 더불어, 신권법은 형식과 내용적으로 모두 흔들렸다. 도덕의 인간에 대한 역할은 통치자들로 하여금 도덕적 요구를 점점 더 강요하게 되었다. 그리하여 법률과 윤리도덕이 점차 결부되기 시작해, 나중에는 융합하게 되었으며 천리(天理), 국법(國法), 인정(人情)이라는 통치 수법의 체계를 이루었다.

　이러한 통치수단의 존재는 서방처럼 법률의 종교화를 이루지 못했다. 하지만 현실 속에서 다른 한 가지 신앙이 확립되었다. 서주 이래 종법사회의 기초 위에 건립된 충(忠), 효(孝), 절(節), 의(義) 등 윤리도덕은 중국인들의 정신적인 추구와 지주가 되었다. 중국 사람들의 예치는 덕을 핵심으로 하여 옳은 것과 그른 것을 구분하는, 천(天), 지(地), 인(人)이 일체화된 사회적 체계였다. 주나라 사람들의 상덕(尙德)관념은 중국인들의 사상 관념에 깊은 영향을 주었으며, 서방의 종교신념에 필적할 수 있는 도덕 신념을 이루었다. 충효절의를 기초로 하는 공맹의 도는 사실상 서주의 예의(禮儀)를 기초로 해서 발전해 온 도덕체계였다. 이 체계에 의해 중국은 수천 년 동안 통치되어 왔던 것이다.

　또한 주나라 사람들이 천명에 대한 해석 및 덕(德)의 관념에 대한 제창은 매우 큰 실용적 목적을 가지고 있었다. 바로 이러한 실용성을 목적으로 한 중국 고대의 신권과 왕권은 언제나 잘 통일될 수 있었던 것이다. 이러한 실용성과 통일로 인해 중국사회는 기타 고대문명이 가지고 있는 정권과 분리된 종교 신앙을 형성하기 어려웠으며, 그러면서

도 또 하늘과 신의 속박에서 완전히 벗어나기도 어려웠던 것이다.56)

2. 예치의 중국 전통법률체계는 교화 역할을 더욱 중시하게 했다

주공치례(周公治禮)시기, 형벌은 양날의 칼과 같은 것이라고 했으며, 형벌을 남용함
으로써 하나라와 상나라의 멸망이 크게 빨라졌다고 보았다. 주공은 형(刑) 때문에 사회
적 모순이 격화되어 통치자가 민심을 잃을 수 있었고, 이로 인해 천하를 잃을 수 있다는
것에 아주 분명한 인식을 갖고 있었다. 그러므로 주공은 교(敎)가 천하를 다스리는 주요
수단이 되어야 한다고 강조했다. 그러나 주공이 섭정하던 시기는 천하가 태평스럽지 못
했다. 은나라의 유민들이 저항했고, 주변 방국의 배반과 주족(周族) 내부의 권력 다툼이
있었다. 이러한 것들은 교(敎)라는 온화한 방법으로 해결할 수 있는 것이 아니었다. 그
러므로 주공은 교(敎)를 주장함과 함께 형(刑)도 포기하지 않았다. 다만 신형(愼刑)과
신벌(愼罰)을 특별히 강조해, 엄격한 태도로 정확하고 적합한 형벌수단을 이용해, 형의
부작용을 최소화 하려고 했을 뿐이었다.

주공의 이러한 사상은 후세에 계승되었다. 서주 이후, 덕(德)과 형(刑)의 관계는 선진
유가학설 중 명백한 서술이 있다. 공자는 "정치로써 이끌고 형벌로써 가지런히 하면 백
성들은 죄를 면하게 되면서도, 부끄러움을 못 느낀다. 그러나 덕으로 이끌고 예로써 다
지면 부끄러움을 알고 바르게 된다"고 했다. 맹자는 또 "착하기만 해서는 정치를 하는데
부족하고, 법도만 가지고서는 저절로 행해질 수가 없다"57)고 했다. 유가와 법가가 합류
하게 된 발단은 "가르치기만 하고 처벌하지 않는 것을 반대함과 동시에 가르치지 않고
처벌하는 것도 반대한다"고 주장한 데서 연유했다. 그는 "가르치지 않고 처벌만 한다면
형벌이 많아져도 나쁜 일이 그치지 않는다"고 했다.

한나라 때에 와서, 유가의 대표적 인물인 동중서는 선진 유가학설을 중점으로 도가,
법가, 음양가 중 봉건통치에 유리한 사상 요소를 흡수하여, "백가를 배척하고 유학만 숭
상하자"는 건의를 제기해, 중국을 2000년간 통치해 온 정통 예치사상을 형성케 했다.
통치방법에서 동중서는 공자의 덕주형보(德主刑輔, 덕이 기본이고 형이 보조이다 - 역자

---

56) 마소홍, 앞의 책, 116-117쪽 참조.

57) 《맹자·離類 上》

주)라는 사상을 계승, 발전시켜, "양은 덕이고, 음은 형이다."58), "형은 덕의 보조이고 음은 양의 보조이다"59)라고 했다. 이것이 바로 덕주형보설이다. 덕주형보설은 예의 역할을 강조했다. 곧 "교화는 정치의 근본이고, 감옥은 정치의 지엽적인 것"이라고 했던 것이다."60) 당나라에 이르러서는 정률(正律)에서 "덕과 예는 정치와 교화의 체이고, 형벌은 정치와 교화의 용이다"라고 했다. 송나라 때 주희는 덕주형보설에 따라, 덕과 형의 관계에서 명형필교(明刑弼教, 법을 가르치고 알게 함)설을 제시했다. 그는 "과거 순 임금은 백성이 서로 친하지 않고 오품(五品) 사이가 화순하지 않으므로 계(契)에게 사도(司徒)라는 관리가 되게 하여 인륜을 가르쳐, 부모와 자식 사이에는 친함이 있고, 임금과 신하 사이에 의리가 있으며, 남편과 아내 사이에 분별이 있으며, 어른과 아이 사이에는 차례가 있게 하였으며, 그 가르침에 복종하지 않는 사람이 있을까 걱정되어, 고도(皋陶)를 사법관(士)으로 임명해, 형을 가르치고 알게 했다."61) 주희의 "형법으로써 예교를 보필한다"는 사상과 동중서의 덕주형보를 비교해 보면, 한편으로는 예의 지위가 더 높아지게 했고, 예교 배후의 국가 강제력이 더욱 뚜렷해졌고, 다른 한편으로는 또 형벌의 적용이 더욱 자유롭게 되도록 했던 것이다.

3. 예치의 등급성이 중국 전통법률문화에서 등급차별을 초래하다

예치의 사회적 기초는 엄격하게 사회의 등급을 구분한 종법적 관계였다. 주나라 때에는 희(姬) 성의 대가족이 국가 정권을 통제하였으며, 종법 혈연관계에 따라 계층별로 분봉하여 제후국과 경대부의 영지를 건립토록 하였다. 계층별로 분봉하는 과정은 정권, 토지, 민중 등이 한급 한급씩 분할되는 과정이고, 또한 등급 제도가 한급 한급씩 이루어지는 과정이기도 했다. 그러므로 예치는 실제 실행 과정에서 종법 등급사회에서 형성된 존비귀천의 등급질서를 실현시켰고, 이를 보장하게 되었다. 가족국가 형태가 요구하는 등급질서는 예치에서 강조하는 "친친, 존존"의 등급질서를 통해 집중적으로 체현되었다. "친친, 존존"은 종법 혈연관계의 친하거나 소원한 관계를 나타낼 뿐만 아니라, 군신상하,

---

58) 《한서 · 董仲舒傳》
59) 《春秋繁露 · 天辨在人》
60) 《춘추번로 · 精华》
61) 《朱熹大全 · 戊申延和奏禮一》

장유유별의 존비관계로도 나타났다. 《예기·곡례(曲禮)》에서는 "예라는 것은 친소에 따라 정하고 의심스러운 것을 해결하고, 같고 다른 것을 구별하며, 옳고 그른 것을 밝히는 것이다"라고 했다. 예치는 "친친, 존존"의 원칙을 실행하는 것이다. 친친이란, 부권을 중심으로 하는 존속으로서, 가족 이익을 우선시한다. 이른바 존존이란 지위가 낮은 사람이 지위가 존귀한 사람을 존중하고 그에게 복종하는 것을 가리킨다. 특히 나라의 군주(國君)에게 복종해야 한다. 그러므로 예제(禮制)의 본질은 신분 등급 관계에 따라, 다른 등급의 사람들이 권리와 의무를 확정하고, 이로부터 전체 사회성원들에게 차별적인 행위 규범체계를 규정케 하는 것이다. "친친, 존존"의 종법 등급 제도를 수호하기 위해서는 반드시 정명(正名)을 해야 했다. 즉 "명분이 바로 서지 않으면, 말이 이치에 따르지 않고, 말이 이치에 따르지 않으면, 일이 이루어지지 못한다. 일이 이루어지지 못하면, 예악이 일어나지 못한다. 예악이 일어나지 못하면, 형벌이 알맞지 못하고, 형벌이 알맞지 못하면, 백성이 손과 발을 둘 바를 모른다"[62]고 했다. 그 구체적 내용은 "임금은 임금다워야 하고, 신하는 신하다워야 하며, 아비는 아비다워야 하고, 자식은 자식다워야 한다(君君, 臣臣, 父父, 子子)"는 것을 실행하는 것이었다. 맹자는 "안으로는 아버지와 아들이요, 밖으로는 임금과 신하의 관계가 사람에게 중대한 윤리이다"라고 했다. 즉, 국가적으로는 군신귀천(君臣貴賤)의 등급이 삼엄하고, 가족 내에서는 부자·형제·부부 존비의 질서가 있는 제도를 실시했던 것이다. 그리하여 안으로는 집에서, 밖으로는 나라에서 질서와 절도가 있는 사회제도가 이루어질 수 있었다. "친친, 존존"을 기점으로 하여, 가족 본위에 적응하는 사회발전과, 유가의 충효사상이 이루어졌던 것이다. 곧 가정에서는 효, 나라에서는 충을 다해야 했다. 효는 친친의 종법원칙을 실현케 했고, 충은 존존의 등급제도를 실현시켰다. 오직 가정에서 효를 다할 수 있어야만, 나라에 대해 충을 실현할 수 있었다. 양자는 상부상조했던 것이다. 충은 효를 기초로 했고, 효는 충을 귀결점으로 했다. 효의 확장이 바로 충군(忠君)이다. 이 또한 "집과 가정이 일체"인 종법제도의 필연적인 요구이고 결과이기도 했다.

이러한 권리와 의무의 요구가 법률 속에 침투되면, 차별적인 행위규범을 제정해야 하는 것으로 나타났다. 예를 내용으로 하는 유가사상의 지도 하에, 법률의 불평등한 차별적인 대우가 당연한 것으로, 공평한 것이 되었다. 심지어 귀천의 복식, 궁실, 거마, 혼인, 상장, 제사 등 예제(禮制) 중 서로 다른 것을 근거로 하여, 점차 봉건시대의 불평등한

---

62) 《논어·子路》

법률이 완벽화되어갔다. 구체적인 봉건법률의 윤리화의 실현은 예와 법의 결부과정에서 완성되었다. 즉, "예와 법의 병용"으로부터 "예를 율에 도입"하였고, 다시 "예와 법의 합류" 과정을 거쳤던 것이다. 수당시기에 이르러, 유가의 예와 법은 잘 융합되었다. 중국 봉건시대 입법의 최고 성과를 대표하는 《당률》은 그 법률 특징이 "예에 완전하게 맞았다"고 평가되고 있다. 즉 이 시기에 와서 유가의 예의 원칙이 봉건법전과 하나로 융합되었다. 예의 영향 하에 형성된 불평등한 법률규정은 전체 봉건사회의 법률 속에 확정적인 제도로 되었다. 불평등한 법문화 관념은 등급이 삼엄한 봉건사회와 함께 사람들의 법률권리, 의무의 가치 선택 기준과 행위 등에 심각한 영향을 주었다.

"예를 율에 도입하는 것"은 위, 진, 남북조시기에 시작되었다. 이 시기 《위율》은 팔의(八議)를 법률에 포함시켜, 유가에서 확립한 등급 특권이 한층 더 법률화되었다. 《진률》은 "오복에 준하여 죄를 정하는 제도"를 확립했다. 즉 친척 관계의 친소원근(親疏遠近)을 형벌의 경중을 확정하는 근거로 삼았다. 《북제율》은 중죄 10조를 확립해, 유가에서 예교를 위반한 것이라고 보는 10가지 행위를 봉건국가에서 단속하는 중점으로 삼았다. 유가는 윤리도덕 색채가 농후하였는데, 예치사상이 중국 봉건사회 법문화에 심각한 영향을 끼쳤다는 또 다른 전형적인 예증이 되었다.

7장.
예와 법의 융합시대

양한 400여 년간, 전통적인 법률문화는 한나라 초기부터 유가화하기 시작했다. 그 사이 사상으로부터 체제에 이르기까지 몇 번의 반복을 거쳤지만, 법률의 유가화 진행과정은 시종여일하였다. 한나라 초기의 예와 율이 뒤섞인 60편의 《한률(漢律)》 구조로부터 후기 춘추결옥(春秋決)이 널리 활용되기까지, 법률 유가화가 끊임없이 깊어짐을 표현하지 않은 것이 없었다.

삼국(三國), 양진(兩晉), 남북조(南北朝) 등 근 370여 년간 정권이 빈번히 교체되었다. 대치와 겸병 중 생존과 발전을 위해 통치자들은 흥망의 교훈을 종합하고 정치적으로 여러 가지 변화를 꾀하였다. 법률적으로는 입법활동이 계속하여 전통 유가 학설의 영향을 받았다. 율학사상이 활성화되어 법률제도가 매우 큰 발전을 가져왔으며, 수당시기의 법률제도, 예와 율의 통일이 고도화되어 갔고, 완비화를 위한 기초를 닦았던 것이다.

1절. 양한(兩漢)시기 법률 유가화의 역사적 원인

1. 사상 의식형태의 전변 : 진(秦)의 멸망과 법가 학설의 쇠락

진나라와 한나라에 대해 말한다면, 사람들이 우선 생각하는 것은 한나라가 신나라의 제도를 계승했다는 점이다. 하지만 이는 체제적인 것으로, 만약 자세히 분석해 본다면,

특히 법제 면에서는 많은 변화가 있었다. 특히 법제의 지도사상에 많은 변화가 있었다. 진한시기는 거대한 변화가 나타난 시기라고 말할 수 있다.

선진 제자백가 중 유가와 법가는 모두 일련의 치국 방안을 내놓았다. 하지만 7국의 겸병과 진시황의 통일과 더불어, 법가는 시기에 알 맞는 이기(利器)가 되어, 통치사상의 보좌에 앉았다. 하지만 호황도 잠깐, 진 2세와 더불어 쇠락하였다. 진취적이지만, 지나치게 가혹하여 성과를 지키기 어려운 법가 학설은 이때부터 우위를 차지할 수 없었다. 역사는 이로부터 유학의 강력한 경쟁상대를 소멸해 버린 셈이 되었다. 이는 인의(仁義)에 대한 설교가 많은 유학의 발전에 아주 좋은 기회를 마련했다고 할 수 있었다.

한나라 초기부터 유생들은 통치자들에게 유학을 중시해야 한다고 말하기 시작했다. 한나라 이후, 상앙이나 한비자의 술(術)을 좋아하는 사람들이 있었지만, 대부분 법가로 자처하는 것을 부끄럽게 여기다 보니, 유가라는 간판을 들고 나타났다. 이것 또한 유가와 법가의 합류(전자가 후자를 흡수하고 겸병했음)를 위해 조건을 마련했다. 그 외에 또 설명할 점은, 진시황이 음양가의 오덕종시설(五德終始說)을 믿었으므로, 당시 적지 않은 유생들이 합법적인 지위를 얻기 위해, 음양가와 합류하여 유생 겸 방사(方士)가 되었다는 점이다. 이는 유학 중에 대량의 음양오행과 천인감응(天人感應)의 내용이 침투되도록 했다.

한나라 초기 정부 측의 육성을 거쳐, 천인감응, 음양재이(陰陽災異) 등을 내용으로 하는 금문경학(今文經學)이 민간의 고문경학(古文經學)보다 영향력이 더 컸다. 또한 무제(武帝) 후에는 관방철학으로 상승하였는데, 그 연원은 진시황에게서 시작되었다. 그 외에 선진시기 유가 중 유가와 법가가 뒤섞인 융례중법(隆禮重法, 예를 존중하고 법을 중시하다)을 강조하는 순자의 제자인 이사(李斯)가 진시황에게 중용되면서 유가와 법가의 합류 능력을 강화하여, 후일의 통치사상인 유학이 되게 했으며 순유(荀儒)로 간주되었다. 심지어 "한대 경학 학자는…… 모두 순경(荀卿)에게서 나왔다"[1]는 말까지 나오게 되었다.

선진 제자백가 중 군계일학이 아니었던 유학이 서한 중후기 통치사상으로 될 수 있었던 것은, 어떤 의미에서는 진시황의 공적, 과실과 긴밀히 관련되었다고 할 수 있다. 그러므로 일부 사람들은 진시황이 "유가만 숭상(獨尊儒術)"하는 시작을 실천한 인물이라고 말한다. 그러나 진정으로 유학이 중국 고대의 전통법제에 확실한 영향을 준 것은 무

---

1) 양계초, 《淸代學術槪論》, 대북, 대만상무인서관, 1985년, 138쪽 참고.

제(武帝) 이후였다.

2. 법률 유가화의 구조적 기초 : 양한 법률체계의 형성

양한의 400여 년간, 중국의 전통입법은 장족의 발전을 가져왔다. 입법내용, 입법기술 및 법률형식 등 여러 면에서 전대보다는 뚜렷한 발전과 진보를 가져왔다. 일반적으로, 한대의 주요 입법은 한나라 초기의 고조(高祖), 여후(呂后) 및 문경지세(文景之世)에 집 중되었으며, 중후기의 무제(武帝)시기에 더욱 전면적이 되었다. 한대 초기와 중기의 전 면적인 입법을 거쳐, 양한의 법률제도는 주요 내용과 풍격이 모두 형성되었다. 이 기간 에 제정된 주요 법률규범은 조상이 만든 제도가 되어, 양한 400여 간 모두 지켜졌다.

1) 서한(西漢)의 입법과 법률개혁

(1) 서한 초기의 입법
한나라 초기 입법은 주로 다음과 같은 세 개 면에 집중되었다.

첫째,《약법삼장(約法三章)》

이는 한고조(漢高祖) 유방(劉邦)이 한나라를 건립하기 전 민심을 얻기 위하여 공포한 법령이었다. 고조 원년(기원전 206년) 유방은 함양(咸陽)을 점령한 후 민심을 얻기 위해 《약법삼장》을 선포했다. 즉 "진나라의 가혹한 법 때문에 고생한 지가 오래된 까닭에, 법 세 조항을 약속한다. 사람을 죽인 자는 죽이고, 사람을 상하게 하거나 도둑질을 하면 태형에 처한다.[2] 나머지 진나라 법은 모두 없앤다"[3]는 것이었다.

이렇게 한 것은 정치적으로 민심을 얻기 위한 것이었지만, 법제적으로는 낡은 것을 버리고 새로운 것을 시작하는 것이나 다름없었다. 신(秦) 왕조가 법망이 엄밀하고 형벌

---

2) 동한 순열(荀悦)《한기(漢紀)》에는 "사람을 죽인 자는 죽이고, 사람을 상하게 한 자는 형벌을 내리 며, 도둑질한 자는 저죄(抵罪)한다"고 했다. 채추형(蔡樞衡)은 훈고(訓詁)에서 及은 곧 极이라고 했 다. 통속편(通俗篇)에서는 "俗以手卑物他徒曰极"라고 했다. 그러므로 及盜란 바로 极盜이다. 즉 절도가 이미 이루어졌음을 말한다. 抵는 骶의 차용이다. 《광아·석경(廣雅·解京)》에는 "배를 저라 한다(背谓之骶)"고 했다. 그러므로 抵罪는 骶罪이다. 즉 등을 때리는 것을 말한다. 진나라와 한나라 초기 태형은 바로 등을 때리는 것이었다(채추형의《중국형법사》, 북경, 북경법제출판사, 2005년).

3)《한서·고제기(高帝紀)》

이 잔혹했으므로, 한 고조는 진나라의 잔혹한 법률제도를 폐지한다고 공개적으로 선포했으며, 당시의 구체적인 법률원칙을 확립했던 것이다.

《약법삼장》은 당시 천하가 확립되지 않고 인심을 얻지 못한 상황에서 취한 정책성적인 조치였으며, 그 주요 의의는 진나라의 가혹한 법과 엄한 형벌을 폐지한다고 선포한 데 있다. 《약법삼장》은 한나라 법제의 시작이었다.

둘째, 《구장률》

《구장률》은 한대 법전의 주요 구성부분이었다. 사서에 의하면 항우(項羽)를 이기고 나서 "천하가 정해졌고", "삼장의 법이 간악한 사람을 다스리기에 부족했다."[4] 한나라의 통치가 안정된 후, 간단한 약법 삼장으로는 나라를 관리하고 전체사회를 조절하는 수요에 적응할 수가 없었다. 이에 한나라 통치자들은 전면적인 입법 활동을 시작했다. 그 중 가장 중요한 것이 바로, 상국(相國) 소하(蕭何)가 만든 《구장률》이었다. 사서의 기록에 의하면, "상국 소하가 진(秦)나라 법을 채집하여, 시대에 맞는 것들을 취하여 율 구장을 만들었다"[5]고 했다.

《구장률》은 《진률》을 흡수한 기초 위에서, 손익을 고려하여 만든 것이다. 《법경(法經)》 중의 도(盜), 적(賊), 수(囚), 포(捕), 잡(雜), 구(具) 6편을 기초로 하여, 호(戶), 흥(興), 구(厩) 3편을 증가하여 모두 9편이 되었으므로 《구장률》이라 불렀다. 그 중 〈호율(戶律)〉은 주로, 호적, 부세, 혼인에 대해 규정하였으며, 흥률(興律)은 주로 부역 징발, 도시 방어와 수비 등에 대해 규정했다. 구율(厩律)은 주로, 우마, 축목과 역참 전달 등에 대해 규정했다. 《구장률》은 《한률》의 핵심과 기초가 되었다. 일반적으로 말하는 《한률》은 보통 《구장률》을 가리켰다.

《구장률》은 양한의 기본 법전일 뿐만 아니라, 후세에 법을 제정하는 데 큰 영향을 주었다. 명대에 법률에 제정함에 있어서 여전히, "역대의 율은 모두 한나라의 구장을 기초로 한다"[6]고 한 것에서도 알 수 있다.

---

4) 《한서·형법지(刑法志)》
5) 《한서·형법지(刑法志)》
6) 《명서·형법지(明書·刑法志)》

셋째, 《방장(傍章)》

《방장》은 유생 숙손통(叔孫通)이 한 고조 유방의 명을 받고 제정한 궁중예의에 관한 법규이다. 유방은 즉위 후, 문무 대신들이 예의가 부족함을 느끼고, 유생 숙손통에게 유자(儒者)들을 모집해 유가의 예의에 따라《방장》 18편을 만들도록 명령했으며, 군신예의 및 궁중예의를 주로 규정해,《구장률》의 보충으로 했으며《구장률》과 병행했다.

한 고조 때 소하가《구장률》을 만들고, 숙손통이《방장》을 만든 외에, 또 "한신은 군법을 펴고, 장창(張蒼)은 장정(章程)을 정하게 하였다"[7]. 그리하여 한나라의 초기 입법은 이미 "규모가 크고 내용이 깊었다"[8]고 했다. 그 외에 고조시기에는 아직도 "의심스런 송사에 대한 재판(讞疑獄)", "낭중(郎中)이 죄가 있어 내형에 처하게 되면, 위에다 청을 한다"는 내용이 있었으며, 금포령(金布令) 등의 조령(詔令)이 있었다. 이러한 것을 합하면 모두 60편이나 되었다.

혜제(惠帝)와 고후(高后)시기에도 일련의 법률개혁이 있었다. 그때의 사법 실천 중에는 여전히 진나라 때의 가혹한 법률을 참고로 했다. 역사적으로 이를 두고, "《약법삼장》이 있기는 했지만, 그물에서 배를 삼킬 만한 고기가 빠져나왔다. 대벽(大辟)으로 아직도 삼족을 멸하는 영이 있었다"[9]고 했다.

혜제 이후에는 "법령을 살펴서 관리와 백성을 방해하는 협서율(挾書律)을 폐지했다." 고후(高后)는 또 "삼족을 제거하는 죄"와 진나라의 협서율, 비방요언령(誹謗妖言令)을 폐지하는 조치를 취해, 한나라 초기 법제가 더 완벽해지도록 했다.

(2) 문경(文景)시기의 수성(守成)과 형벌 개혁

문경(文景) 시대의 법제는 전대의 업적을 지켜나가는 것이었다. 역사에 기록된 혜제(惠帝)와 조참(曹參)의 대화가 이를 증명해 준다.

조참이 말하기를, "고황제(高皇帝)와 소하(蕭何)가 천하를 정하여, 법령이 명확히 구비되었으므로, 폐하는 그대로 시행하기만 하고 조참 등은 직책을 다 하기만 하면 천하를 지킬 수 있으니 좋지 않습니까? 이에 혜제(惠帝)가 대답하기를, 좋다"[10]고 했다.

물론, 문경(文景)시기에도 다음과 같은 몇 개 면에서의 법제 변혁은 있었다.

---

7) 《한서 · 고제기(高帝紀)》
8) 《한서 · 형법지(刑法志)》, 《한서 · 고제기》
9) 《한서 · 형법지》
10) 《한서 · 소하 · 조참전(曹參傳)》

우선 유방 이래 진나라(秦)의 가혹한 법을 폐지하는 것을 계속하였다. 사료의 기록에 의하면, 문경시기에는 수노상좌률령(收孥相坐律, 죄인의 권솔을 관노로 삼는 법) 및 비방요언죄(誹謗妖言之罪)를 폐지하였다. 다음으로는 형벌을 개혁했다. 이는 많이 언급되는 내용이다. 그리고 다음으로는 법을 변경해 제후를 통제했다. 유방은 "같은 성씨(同姓)를 왕으로 봉해 천하를 제압하려 했다."[11] 그리하여 많은 제후를 봉했다. 경제(景帝)시기, "조착(晁錯)이 내사(內史)로 되어…… 여러 법령을 변경할 것을 요청하였다. 제후들을 귀양 보내 그 권리를 침삭(侵削)할 것을 의논하였다."[12] 그 후에는 또 "법령 30장을 변경하였다." 이로써 중앙집권제도를 튼튼히 하였다.

중국 고대의 형벌발전 역사 중, 서한의 문제(文帝), 경제(景帝)시기의 형벌개혁은 매우 중요한 전환이고 과도기였다. 이번 형벌개혁의 완성은 조기 형벌체계가 새로운 형벌체계로 중요한 전환을 했음을 보여주는 것이었다.

한 문제(漢文帝)가 형벌개혁을 단행하기 전, 한대의 형벌제도는 진(秦)나라의 제도를 답습하는 원칙을 실시해, 기본적으로 진나라의 형벌체제를 답습했다. 진나라의 형벌제도는 그 실시 방법이 잔혹했을 뿐만 아니라, 체계 또한 혼잡했다. 육형, 도형을 일반적으로 같이 사용했다. 형벌 종류의 경중 등 차이도 그다지 엄격하지 않았고 고정되지도 못했다. 그러므로 전체적으로 볼 때, 여전히 계통적이지 못했고 엄밀하지는 못했다. 서한 초기 한동안은 휴양생식(休养生息)정책을 실시하였다. 한나라의 정치, 경제는 문제(文帝)와 경제(景帝) 때 빠른 발전을 가져왔고, 사회 문명정도가 크게 높아졌다. 이는 형벌개혁을 위해 양호한 사회적 조건을 마련해 주었다.

이번의 형벌개혁은 한 문제 13년에 시작되었다. 직접적인 원인은 소녀 제영(緹縈)의 상소로부터 시작되었다. 제영의 아버지가 죄를 범해 육형에 처해지게 되었다. 이에 제영은 황제에게 상소하여, 자신이 관비가 되는 것으로서 아버지를 속형해달라고 간청했다. 한 문제는 이 일을 알게 된 후 크게 감격하여, 대신들에게 낡은 형벌체제를 개혁할 구체적인 방법을 논의하라고 했다. 그 주요 내용으로는, 도형(徒), 태형(笞), 사형(死)으로, 경(黥), 참좌지(斬左趾), 참우지(斬右趾) 등 육형을 대체하는 것이었다. 경(黥, 자자)형을 곤(髡, 모발과 수염을 깎음), 감(钳, 목에 형구를 씀), 성단용(城旦春, 남자는 성을 쌓는 노역을 하고 여자는 쌀을 빻는 노역을 함)으로 고쳤다. 의(劓, 코를 베는 형벌)형은

---

11) 《한서 · 형연오전(荆燕吳傳)》
12) 《사기 · 장승상열전(史記 · 张丞相列傳)》

태형 300대로 고쳤으며, 참좌지는 태형 500대로, 참우지는 사형으로 고쳤다. 또한 도형에 고정적인 형기를 확정했다. 이 개혁은 도형, 태형으로 경, 익, 참좌지 등 육형을 대체했으나 태형의 대수가 너무 많아 사실상 사람이 죽는 일이 많았다. 이에 당시 "겉으로는 경형의 이름을 띠고 내실은 사람을 죽이는 것이다"[13]고 평가한 사람도 있다. 이에, 경제(景帝) 원년(기원전 156년)과 중원 6년(기원전 144년)에 2차에 거쳐 태형의 수를 줄이고, 원래의 익(劓)형 집행방법 및 태형을 받는 부위 등을 재차 개혁하여, "태형이 중죄나 다름없어, 행여 죽지 않아도, 사람 구실을 할 수 없는 상황"이 변화되어 "이로부터 태형을 받는 자가 보전되었다" 경제(景帝)시기에는 또 "책형(磔刑, 사지를 찢어 죽이는 형벌)을 기시(참수)로 고치고, 책형을 폐지한다"[14]는 규정을 마련했다.

이렇게 함으로서 서한 중기의 형벌 개혁이 완성되었던 것이다. 문제와 경제시기, 육형의 폐지가 철저하지는 못했고, 반복이 있기도 했지만, 태형(笞), 장형(杖), 도형(徒), 유형(流), 사형(死) 등 새로운 오형이 나타나게 되는 기초를 닦아 놓았던 것이다.

(3) 무제 이후의 입법과 유가만 숭상

무제 유철(劉徹)시기, 유학이 생존 발전할 수 있는 주, 객관 조건이 모두 성숙되었다. 유철은 나이가 젊고 승부욕이 강하다 보니, 황로(黃老)의 도(道)보다는 격식과 번잡한 예절을 중시하는 유학에 흥미를 느꼈다. 그는 즉위 초부터 오경박사를 두어 유술을 크게 일으켰다. 건원 6년(기원전 135년), 황로의 도를 숭상하던 두태후(竇太后)가 죽자, 무제는 더욱 거리낌 없이 "황로, 형명(刑名) 백가(百家)를 배척하고, 유자 수백 명을 계속하여 등용하였다. 공손홍은 《춘추》를 연구하여, 재상이 되고, 제후에 봉해졌다. 이에 천하의 선비들이 분분히 따라 하였다."[15]

원삭(元朔) 5년(기원전 124년)에 이르러, 공손홍의 창의로 오경박사제자(五経博士弟子)를 설치했다. 이로부터 유가는 정치무대에 등장하기 시작했다. 동중서를 대표로 하는 한대의 유생들은 선진 유가의 기본이론을 계승한 기초 위에서, 음양오행 등 기타 학파의 사상 정수를 흡수하고, 유가의 군주독재전제에 불리한 내용들을 포기하여, 선진시기 세속 유학을 실용적인 정치 이론으로 발전시켰다. 동중서가 한 무제와 한 현량 대책

---

13) 《한서·형법지(刑法志)》
14) 《한서·경제기(景帝紀)》
15) 《한서·유림전(儒林傳)》

에서, "육예의 과목과 공자의 학술에 속하지 않는 학설은 모두 금지하여 발전하지 못하도록 해야 한다"[16]고 제시했다.

이것이 바로 이른바 "유가만 숭상한다"는 정치적 주장이었다. 하지만 당시 황로(黃老)의 학설을 주장하는 옛 신하들이 여전히 일정한 세력을 가지고 있었으므로, 일부 대신은 한 무제를 "어찌하여 당우의 통치를 본받으려 하십니까?"[17] 하고 비난했다. 게다가 무제가 "이 즈음 황제가 사이를 정벌하기 위해…… 예법과 문물제도에 관심을 둘 여지가 없었다"[18]고 했다. 그러므로 일부 문제에 쟁의가 생기거나 심지어, "여러 유생들을 파면하고 등용하지 않았다"[19]고 했던가. 특히 대신 중 장탕(張湯), 조우(趙禹)는 모두 글을 새기는 작은 관리였는데 발탁되었고, 공근(孔謹), 함양(咸陽), 상홍양(桑弘羊)은 원래 상인이었는데 무제(武帝)의 중용을 받았다. 당시의 입법은 많이는 그들 손에서 나왔다. 이로부터 이때 유학이 법률에 대한 영향이 그다지 크지 않았음을 알 수 있다. 당시 법률상 비교적 큰 변화는 다음과 같은 몇 가지가 있었다.

첫째, 황제의 권위를 진일보적으로 수호토록 하였다. 무제(武帝)는 즉위 후, 대내외로 대일통(大一統)의 철저한 중앙집권 군주전제제도를 실시했다. 법률 면에서는 한나라 초기 제정한 기본적인 법전을 계승한 외에, 장탕에게 〈월궁률(越宮律)〉 27편을, 조우에게 〈조율(朝律)〉 6편을 정하도록 하였다. 그 중 〈월궁률〉은 궁전 수위에 관한 법규였다. 〈조율(朝律)〉은 〈조회율(朝會律)〉이라고도 부르는데, 조하(朝賀)제도에 대한 전문성 법규이다. 〈월궁률〉과 〈조율(朝律)〉은 무제(武帝)시기에 제정한 중요한 법규였다. 사서의 기록에 따르면, 장탕, 조우가 정한 율은 모두 "법령을 엄하게 해석했다"[20]고 했다. 이는 서한 중기 새로운 형세 하에서 법률 풍격의 변화를 보여준 것이었다. 그 외에 폐격조령(廢格詔令), 참월(僭越) 등 죄행에 대한 처벌을 더 무겁게 하였다.

둘째, 중형으로 인민의 저항을 진압하였다. 침명법(沈命法), 견지고종지법(見知故縱之罰)을 정하고, 수닉죄(首匿罪), 통행음식죄(通行飲食罪)를 엄히 하였으며, 또한 사상을 억압하는 복비죄(腹誹罪)가 있었다.

셋째, 지방 제후의 할거세력에게 타격을 주었다. 추은(推恩)법을 실행하였고, 좌관률

---

16) 《한서 · 董仲舒傳》
17) 《한서 · 張馮汲鄭傳》
18) 《한서 · 禮樂志》
19) 《한서 · 郊祀志上》
20) 《한서 · 장탕전》

(左官律), 아당부익지법(阿党附益之法), 주금율(酎金律), 사국인과율(事國人過律)을 만들고, 비정(非正), 출계(出界) 등 죄명을 정하여, 제후들이 걸핏하면 징벌을 받게 되었는데, 경한 자는 나라를 빼앗고, 중한 자는 죽였다. 번국(蕃國)의 세력이 커지는 것을 엄히 방비하여, 대일통의 황권통치를 강화하였다.

넷째, 금각제도를 실행하여, 소금과 철의 관가경영법을 정하고, 산민(算緡) 고민(告緡)령을 반포하였다.

무제(武帝)시기는 한나라 초기로부터 시작된 또 다른 입법의 고봉기[21]였다. 그리하여 《구장률》, 《방장》, 《월궁률》, 《조율》등이 모두 60편이나 되었는데, 이를 《한률》이라 통칭했다. 이러한 기본 법규는 한대 성문법의 주요 내용이 되었다.

기록에 의하면, "율령이 모두 359장, 대벽(大辟) 409조, 1882사, 사죄결사비(死罪決事比)가 13,472건이었다", "문서가 누각 몇 개에 가득했고, 관장하는 사람도 모두 볼 수 없을 정도로 많았다."[22]

(4) 서한 후기의 입법과 유가 윤리원칙의 법률화

서한 후기, 소제(昭帝) 이후에는 커다란 법률적 변화는 없었다. 통치자들은 다만 관대함과 평온함만을 추구했다. 선제(宣帝)는 유학의 영향을 받아, 지절(地節) 4년(기원전 66년) 수닉(首匿)이라는 조서를 내렸다. "지금부터 아들을 비롯하여 죄를 범한 부모를 숨겨주었거나, 아내가 죄를 범한 남편을 숨겨주었거나, 손자가 죄를 범한 조부모를 숨겨주었을 때, 모두 죄를 불문에 부친다. 그 외에 부모가 죄를 범한 아들을 숨겨주었거나, 남편이 죄를 범한 아내를 숨겨주었거나, 조부모가 죄를 범한 손자를 숨겨주었으나, 그 죄가 죽을죄가 아니라면, 모두 정위((廷尉))에게 보고하고 황제에게 상주하여 결단케 한다."[23]

이는 "가까운 친족은 죄를 지어도 숨겨 주어야 한다"는 유가의 학설이 최초로 법률로 실현된 것이었다. 그후 원강(元康) 4년(기원전 62년), 긍로소(矜老詔)[24]를 반포했다. 이 때 유학은 사회적으로 영향력이 매우 컸다. 민간에서는 "자식에게 황금 한 광주리 가득 남겨주는 것보다 경 한 권 남기는 것이 낫다"[25]는 속담이 생겼다. 그 후의 원제(元帝),

---

21) 《위서·刑法志》에는, "효 무제 때에는 악인이 많아 율이 50여 편 늘어났다"고 기록되어 있다.
22) 《한서·刑法志》
23) 《한서·宣帝紀》
24) 《한서·宣帝紀》

성제(成帝)시기에도 여러 차례 조령을 반포하여 형벌을 경감하였으나 효과가 매우 미약했다. 원제(기원전 48년 - 기원전 33년)시기에는 겨우 "형벌 70여 건을 경감하였다."[26] 성제(기원전 32년 - 기원전 8년)시기에는 이미 "단지 미세한 것만 구하고 털끝만한 크기의 일을 열거하는 것으로 조령에 대처했다"[27]고 했다.

평제(平帝, 기원전 1년 - 5년) 때에는 연좌 범위를 제한하는 조령을 내렸다. 동시에 한나라 초기의 "낭중이 죄가 있어 내형에 처하게 되면, 위에다 요청을 한다"는 율령을 "공(公), 열후(列侯)의 적자가 죄가 있어 내형에 처하게 되면, 위에다 요청을 한다"[28]로 발전시켰다. 그 외에 큰 변화는 없었다.

선제(宣帝) 때에는, 아직도 "한나라 조정은 나름대로 자기만의 제도가 있다. …… 어찌하여 완전히 덕으로만 교화를 하려 하는가? 주나라의 정치제도를 실시하려는 것인가?"라고 했다. "속유는 시대의 필요성을 알지 못한다"고 보았으므로, 유가, 법가, 도가를 함께 이용하되, 법가를 위주로 했다. 그러나 원제(元帝) 때에는 이미, "유생을 수용하여, 정사를 맡겼다."[29]

당시, 공우(貢禹), 설광덕(薛廣德), 위현성(偉玄成), 광형(匡衡) 등 유명한 유생들이 잇따라 재상직을 맡았다. 공경대신도 많게는 "경서에 밝아야" 등용되었다. 공무를 논의할 때마다 《춘추》 등 유가 경전을 말하지 않을 때가 없었다. 뿐만 아니라, 경술세가(經術世家)가 막강한 정치적 힘을 가지고 있었다. 이로부터 유학은 사관과 깊은 인연을 맺게 되었다. 원제(元帝) 이후 법제적으로 번잡한 것을 삭제하고 간소화 하였다. 그러므로 통치사상으로 상승한 유학이 한대 법제에 대한 주요 영향은 사법 면에서 춘추결옥을 제외하고는 주로 동한 이후에 나타났다.

2) 동한(東漢)의 입법

광무제(光武帝)가 동한을 건립했다. 기록에 의하면, "천하가 평정된 후, 안정이 필요했으므로, 왕망시기의 번잡한 법을 폐지하고, 한실의 관대한 법을 회복하였다"[30]고 했다.

---

25) 《한서 · 偉賢傳》
26) 《한서 · 元帝紀》
27) 《한서 · 刑法志》
28) 《한서 · 平帝紀》
29) 《한서 · 元帝紀》

하지만 사실상 "광무는 왕망의 난 후 엄격한 법령을 사용하였다. 후세에서 이를 따라하였으므로, 이러한 기풍이 일어났다." 그러므로 환담(桓譚)은 "법률 조문에 대해 분석하고 비교해 법도를 통일하여 지방에 반포했으며, 낡은 조문은 모두 폐지할 것"[31]을 건의했다. 하지만 광무제는 이 건의를 받아들이지 않았다. 장제(章帝, 기원전 76년 - 87년) 시기에 이르러 "법령이 좀 늘어나고 조문이 매우 많았다"[32]고 했으며, 율 사이의 모순을 시정하고, 송사 판결의 어려운 상황을 해결하기 위해, 사도 포욱(司徒鮑昱)은 《사송비(辭訟比)》7권,《결사도목(決事都目)》8권을 정해 상주하여, "법령을 통일하고 송사를 억제"하는 목적에 이르고자 했다. 화제(和帝, 기원전 89년 - 105년)시기에는 정위(廷尉) 진총(陳寵)의 "선왕의 도를 흥성시키고, 번잡하고 가혹한 법을 깨끗하게 정리하자"는 건의를 받아들여, "잔혹한 형벌을 두절시키고, 흉악한 금령을 해제하는 등 50여건이 달하는데 이를 법령에 적어 넣었다."[33]

그 후 또 "율령조법을 정리하였다. …… 1,989조이다."[34] 이는 동한(东汉)시기 규모가 비교적 큰 법률에 대한 수정이었다.

양한시기 제일 마지막 법률을 수정한 것은 헌제(献帝) 건안(建安) 원년(196년)이었다. 동탁(董卓)의 난으로 인하여, "법전이 불에 타, 조금도 남지 않았다"[35]. 응소(應邵)가 옛 율령을 정리하여 한의(漢儀)가 되었다. 기록에 의하면, 그는 "율본장구, 상서구사, 정위판령, 결사비례, 사도도목, 오조조서와 춘추단옥(律本章句,尚書旧事,廷尉板令,決事比例,司徒都目,五曹詔書及春秋斷獄) 등 250편을 지었다. …… 또 박의(駁議) 30편을 모으고 분류, 편집하여 82건을 만들었다"[36]고 했다.

그 외에 경학의 대가인 마융(馬融), 정현(鄭玄) 등에 의한 율령 해석도 천자의 조령에 의해, 법률적 효력을 가진 재판 근거가 되었다. 그러므로 한나라가 끝날 때까지 한 무제 이후의 법률은 몇 번의 삭감을 거쳤지만, 그 번잡한 상황은 여전히 변화를 가져오지 못했다. 양한 400여 년 동안의 입법 활동은 기본적으로 간단한데서부터, 복잡한데로, 복잡

---

30) 《후한서 · 循吏傳》
31) 《후한서 · 桓譚傳》
32) 《후한서 · 진총전》
33) 《후한서 · 진총전》》
34) 《후한서 · 진총전》
35) 《후한서 · 응소전》
36) 《후한서 · 응소전》

한데서부터 간단한데로의 과정을 거쳐, 다시 간단한데서부터 복잡한데로의 궤적에 따라 운행되었다. 진(秦)나라 때와 다른 점이라면, 유학이 날로 더 법제의 지도사상으로 되었다는 점이다. 이는 한대에서 예와 법이 뒤섞인 형식과, 종법윤리가 법률에 대한 영향 및 사법에서 춘추결옥이 성행되었다는 점에서 충분히 실현되고 있었던 것이다.

3. 《한률》유가화의 중대 발전과 특징

1) 예(禮)와 율(律)이 뒤섞이다

한나라 초기의 "예와 법의 합류"는 객관적인 역사적 원인에 의한 것이다. 이는 서한 말 이후의 덕주형보(德主刑輔)라는 명확한 이론 사상의 지도하에, 예를 법에 도입한 것과는 구별된다. 전자는 무의식적인 활동의 결과이며, 후자는 의식적인 활동의 성과이다. 한나라 초기 예와 율이 뒤섞인 것은 예와 율이 함께 기록되어 이궁(理官)에 소장한 데에서도 나타난다. 숙손통이 만든 예의와 조우가 만든 〈조율〉은 모두 "종묘를 참배하는 예의이고, 길흉과 혼사, 상사에 관한 법전이다." 이러한 내용을 포함한 《한률》60편 중 예의 제도에 관한 내용이 24편에 달해, 거의 절반인 셈이다. 이처럼 예를 율로 하는 것은 정수덕(程樹德)이 말한 것처럼, "한나라는 진나라의 제도를 따랐다. 그때는 옛날과 아직 멀지 않아, 예와 율의 구별이 아직 그다지 엄하지 않았다. …… 후세에 예에 편입된 것이 한나라 때에는 대부분 율에 속했다"[37]

2) 유가와 도가가 법에 들어가다

한나라 초기, 예와 법은 서로 다른 껍질 두 장이라 할 수 있다. 하지만 주관적으로는 예를 법이라고 보았다. 이 껍질 두 장을 진정 하나로 합친 것은 서한 중후기의 사법 영역에서의 춘추결옥이었다. 유가와 도가의 학설이 법률에 융합되어 들어가기는 했지만, 다만 개별적인 것뿐이었다. 하지만 필경 이러한 결합은 시작될 수밖에 없었다.

무제 이후, 동중서를 대표로 하는 천인감응(天人感應)의 음양오행 학설은 관변 측 철학으로 되어 한나라 수백 년 동안의 의식형태 전 분야를 휩쓸었다. 최초 유학이 법제에

---

37) 정수덕, 《九朝律考》, 상해, 상무인서관, 1925년.

미친 영향은 도, 법, 음양을 모두 받아들인 모습으로 예와 율이 뒤섞인 한대의 법제 중에 나타났다.

(1) 음양학설, 유가 및 상나라와 주나라 이래의 군권신수(君權神授)설을 혼합한 천인감응론을 법률적으로 전제를 수호하는 기초가 되게 하였다

이에 따라 법률은 "천명을 받은 국군에게는 하늘이 뜻을 주려 한다"[38]는 절대적 권위를 수호하기 위해, 황제의 존엄 및 인신 안전과 관련된 일련의 죄명을 설치했다. 예를 들어, 불경(不敬) 대불경(大不敬)죄, 교제(矯制) 폐격(廢格)죄, 축저(祝詛) 무고(巫瞽)죄, 종묘 능원 도둑죄와 복비죄(腹誹罪) 등이다. 심지어 피보호자인 황제마저 단지 촉휘(触諱) 때문에 대불경으로 논죄되면 매우 가련하다(甚怜之)"[39]고 생각했다. 대불경죄는 한대에 만들어져, 후세의 제왕들이 그대로 본 따지 않는 자가 없었다. 또한 복비죄는 진(秦)나라의 분서갱유보다도 더하면 더했지 못하지는 않았다. 이로부터 알 수 있는 것은 유학의 예의에서 이끌어낸 죄명이 형벌 전임의 법가보다 별로 더 인자한 것은 아니었음을 알 수 있다.

(2) 음양설로 삼강을 논증하고, 더 나아가 삼강을 입법원칙으로 했다

동중서는 "군주, 부친, 남편은 양(陽)이고", "대신과 자식, 아내는 음(陰)이다"라고 하는 양존음비(陽尊陰卑)의 논증을 통해, 삼강을 위해 이론적 근거를 마련했고, 이로부터 법률이 삼강을 수호하는 것은 공평하고 합리적이며, 천의(天意)에도 부합된다는 것을 논증했다. 법률상에서의 표현은 군권(君權), 부권(夫權), 부권을 전면적으로 수호하는 것이다. 군권에 대한 수호는 이미 위에서 서술한 바와 같다. 부권에 대한 수호는 불효죄에서 집중적으로 반영되었다. "백성이 효도하도록 이끌기 위해", 한나라 때 황제의 시호에는 모두 효자를 넣었다. 부권에 대한 수호는 주로 칠출(七出)[40]에 대한 규정에서 뚜렷이 나타났다.

---

38) (한)《春秋繁露·深察名号》

39)《한서·宣帝紀》, "지금 백성이 촉휘로 하여 죄를 범한 일을 상소하고 있는데, 짐은 매우 가련하게 여긴다."

40)《大戴禮記·本命篇》에는, 또 칠거(七去), 칠기(七棄)라고도 불렀다. 부모에게 불순한 것, 효도를 위배했다. 자식이 없는 것, 음탕한 것, 투기, 악질, 말이 많은 것, 도둑질 한 것이다.

(3) 음양의 도(道)와 덕주형보(德主刑輔).

이는 동중서가 고대 법제에 대한 또 다른 공헌이었다. 즉, 덕주형보와 음양오행을 서로 연계시켰던 것이다. 천인감응의 음양학설을 주형보의 철학적 기초로 하여 후세에 유전되게 했으며, 역대 법제의 지도사상 중 하나가 되게 했다. 한나라 때에는 춘추결옥으로 나타났다.

(4) 음양사시(陰陽四时)와 가을, 겨울철의 형 집행

절기와 형벌을 서로 연계시키는 것은 유가경전에서 유래가 깊다.[41] 동중서는 천인감응과 음양오행설의 논증을 거쳐, 이것이 법제원칙으로 되게 했으며, 후세에 유행됐다. 가을과 겨울에 행형하는 법률규정은 한나라 때에 이미 상당히 엄격했다.[42]

3) 윤리법제

(1) 덕주형보는 윤리도덕과 한대 법제의 외적 관계의 이상적 모델을 구성했다

서한 말 이전, 유학이 창도한 삼강을 주로 하는 윤리도덕은 당시 법제의 지도사상으로는 되지 못했지만, 덕이 형보다 우월하다는 것은 이미 통치자에게 수용되었다. 이러한 추세는 이후 역대에 빠른 발전을 가져와, 중국 고대의 법률이 실질적으로는 윤리법이 되는 결과를 가져왔다.

(2) 등급제도는 윤리도덕이 한대 법제에 대한 외적 수호를 구성했다

이것이 법제에서의 체현은 관료 특권이었다. 예를 들면, 위에다 청구하는 상청(上請)제도, 속형(贖刑), 감형(減刑), 조목, 임관제도 등이다.

(3) "효로써 천하를 다스릴 것"을 선포했다

효도는 한대 법제의 내적 주된 요지 중 하나가 되었다. 《한률》에 불효죄 죄목이 많은 것과 불효죄에 대해 엄형으로 징벌했다는 것이 이를 설명한다. 효도를 중시한 목적은

---

41) 《左傳 · 襄公26年》에는, "봄과 여름에는 포상을 하고, 가을과 겨울에는 형벌을 내린다"고 했다. 《周禮》는 형관을 추관(秋官)이라 불렀다. 《대대례기》, 《여씨춘추》에서 모두 자세히 서술했다.

42) 《한서 · 酷吏列傳》에서, 왕온서(王溫舒)는 죄범을 잡은 후, 이미 봄이 되었으므로, "겨울을 한 달만 연장한다면 족히 일을 처리할 수 있을 것인데" 하고 발을 구르며 탄식했다. 이는 상, 주의 천벌론과 일맥상통하다.

통치를 수호하기 위한 데에 있었다. 공자가 말한 것처럼, "사람됨이 공경하고 화목하게 지내는 자가 윗사람을 범하는 일은 극히 드물다. 윗사람을 범하기 좋아하지 않으면서 난을 일으키기 좋아하는 사람은 지금까지는 없다"[43]. 이는 인의(仁义)의 참뜻을 설파한 것이었다.

(4) 가족주의

이는 다음과 같은 몇 가지로 나타났다. 먼저 가장의 특권과 책임이었다. 이른바 "나라를 다스리려면 먼저 집안을 다스려야 한다." 가장, 족장을 사회조직 세포의 우두머리로 한다. 이것은 진(秦)나라 때 십오연좌제(什伍連坐制)를 변화시키고 발전시킨 것이다. 제가(齊家)를 위해서는 가장에게 충족한 권력을 주어야 했다. 이는 부(父) 자의 옛 뜻에서 어느 정도 알 수가 있다. 《설문해자(說文解字)》에서는 "아버지는 법도이다. 가장이 교화를 실시하여 법장을 들었다"고 했다. 여기서 법도는 "교화를 실시한다." "법장을 들었다"고 하는 것으로 모두 가장이 온 가족에게 가르치고 징계해야 한다는 뜻이 설명되어 있는 것이다. 다른 한편으로, 법률은 많은 책임을 추궁하는 점에서 오직 부모의 책임만을 물었다. 예를 들어 익호(匿户), 탈세(逃税) 등이 그것이었다. 이는 가장이 효과적으로 "집안을 다스려", 법률과 국가에 책임지도록 하는 것이었다. 이는 일가일호가 생산단위인 동시에 또한 생활단위인 자연경제 구조에 따른 것이다. 그리고 이로부터 나타난 전체 상부구조와 통치의 수요에 따른 것이었다.

다른 하나는 친족 간의 서로에 대한 침범이었다. 종법관계에 따르면, 나이가 어리고 항렬이 낮은 사람이 웃어른을 범하면, 일반인에 대한 처벌보다 중하게 하며, 이와 반대이면 가볍게 한다. 심지어 아들이 아버지가 반역을 꾀하고 있다고 고발해도 살신의 화를 면하기 어려웠다. 왜냐하면, "아버지를 고발하는 것은 불효"[44]이기 때문이었다. 그 외에 《한률》은 친족 사이의 부당한 성행위를 금수행(禽兽行)이라 보고 엄하게 징벌했는데, 서열이 높은 사람이 서열이 낮은 사람을 간음하여도 일반인에 비해 중하게 처벌했다. 낭야왕 유택의 손자는 "아버지인 강왕의 희첩과 간음하여 남자 아이를 낳았고, 동생의 아내를 빼앗아 첩으로 하였다. 또한 자녀 세 사람과 간음하였다." 그 결과 "조하 공경들이 모두 의논하여 말하기를, 정국이 금수의 행동을 하여, 인륜을 어지럽히고 하늘을

---

43) 《논어·學而》
44) 《한서·淮南衡山济北王傳》

거역하였으니 주살해야 한다고 했다. 그러자 위에서 이를 허락하였다."[45]

다음으로, 친족상은(親族相隱)이 율에 들어갔다. 이는 《한률》에서 처음으로 나타난 것이다. 선제(宣帝) 지절 4년(기원전 66년)에 조서를 내려 춘추결옥 중 성행하던 "가까운 사람을 가까이 하려면 우선은 서로 숨겨주어야 한다(親親得相首匿)"는 원칙을 법률적으로 확인하였던 것이다. 효도를 창도하기 위해, 즉 제가(齊家) 이후 치국(治國)을 위해서 통치자들은 법을 어기는 것도 마다하지 않았다. 친족상은과 진(秦)나라 때 비공실(非公室)과의 사이에는 법률 윤리와의 원칙이 일관되어 있었다. 하지만 충(忠)과 효(孝)가 모순될 때에는 될수록 충을 우선시했다. 그러므로 법을 어기면서도 가족 간의 정을 우선시하는 것은 조건부적인 것이었다. 역모나 대역 등 상황에서는 상술한 원칙이 없어졌다.

다음으로는 족형(族刑)과 음친(陰親)이었다. 이는 윤리적인 요구에 근거한 것으로, 법률적인 원칙으로 표현된 것은, "한쪽이 손해를 보면 함께 손해를 보고, 한쪽이 번영을 누리면 함께 번영을 누린다"는 것이었다. 족형은 한나라 때 몇 번이나 폐지되었다가 다시 이용되었다. 한실이 망할 때까지 자주 "삼족을 멸하는 일"이 생겼다. 음친은 한나라 통치자들이 추은(推恩)의 방식으로 지방의 제후를 단속하는 역할을 하였던 것이다.

2절. 양한에서 위진남북조까지, 법률의 유가화 과정

1. 법률 지도사상의 전환

한나라 초기에는 황로(黃老)사상이 주도적 지위를 차지했다. 황로학파는 선진시기 도가(道家)에서 발전해 온 것이다. 그 기본적인 주장은 청정무위(清静無爲)였다. 즉 사람은 자연 앞에서 사적인 욕망으로 인한 행위를 하지 말아야 한다고 주장한 것이다. 정치적으로 황로학파는 위정자가 욕망을 억제하고 백성에게서 될수록 적게 받아들여야 한다고 했다. 그렇게 해야만 효과를 거둘 수 있다고 보았다. 유방이 황로학설과 유학을 숭상하지는 않았지만, 정치에 대한 인식 및 그로 인하여 채택한 "법령을 간략히 해 형벌을

---

45) 《사기 · 荊燕世家》

줄이는 조치"는 대동란 후의 여민휴식(與民休息)의 사회적 요구를 반영한 것이었으며, 청정무위의 황로사상과도 우연히 일치하였다. 이에 무위이치(無爲而治)의 황로사상이 한나라 초기 대단히 성행했다. 유방은 무력을 숭상했지만, 육가(陸賈)의 "말 등에 올라 천하를 얻었다고 하여 어찌 말 등에 올라 천하를 다스릴 수 있겠습니까?" 하는 말에서 깊은 깨달음을 얻었다고 했다.[46] 황로사상이 한나라 초기 통치사상으로 될 수 있었던 것은 그때의 역사적 조건과 떼어놓을 수 없다.

첫째, 정치적으로 진나라 말 이래, 전란이 그칠 새 없었으므로 한나라 초기 유씨의 천하는 기반이 튼튼하지 못했고, 사회적 불안의 소지가 여전히 존재했었다. 당시의 객관적 형세는 사마천이 말한 것과도 같았다. 즉 "백성이 진나라의 잔혹한 통치를 받은 후, 안식하게 되었으므로 천하 사람들은 모두 그의 미덕을 칭송했다"[47]는 것이었다.

다시 말하면, "백성에게 필요한 것은 바로 통치자가 아무 것도 하지 않는 것이다. …… 통치자의 무위의 정책에 의해, 백성은 생산을 회복하고 생활수준을 제고시킬 수 있었다"[48]는 것이었다.

둘째, 경제적으로 진나라의 가렴주구와 장기적인 전쟁으로 인하여, 한나라 초기, 사회 경제는 매우 파괴되어 있었다. 토지가 거의 다 황폐해졌고, 많은 사람이 죽었으며, 온 나라가 극도의 빈곤 속에 빠져 있었다. 그리고 외부 소수민족이 자주 국경지역을 침범하는 것도 막 건립된 유씨 정권에 위협이 되었다.

셋째, 주관적으로 한나라 초기 통치자들은 대부분 진나라 말기의 농민운동에 참가했으므로, 진 제국이 신속히 멸망되는 것을 직접 목격했으며, 진나라 멸망의 근본적 원인을 잘 알고 있었다. 한나라의 통치를 공고히 하고, 진나라의 "법을 숭상해 멸망된 전철"을 밟지 않기 위해서, "사상적으로 황로학파의 무위이치"의 주장을 받아들여 여러 가지 조치를 취해 사회 모순을 완화시키는 것으로, 사회가 신속히 안정되고 발전하게 되었다.

넷째, 유가와 법가의 특징은 모두 유위(有爲)를 중시했다는 점이다. 의식형태의 변혁으로서, 법가의 유위로부터 유가의 유위에 이르기까지 과도기가 필요했다. 이러한 과도

---

46) 《한서 · 酈陸硃劉叔孫傳》에는 "고조는 육가의 말이 못마땅했지만 부끄러워하는 낯빛을 하고 가에게 말했다. 나를 위하여 진나라가 어떻게 천하를 잃었고, 내가 어떻게 천하를 얻었으며 또 고대 나라들의 성패를 담은 책을 지어주겠소"라고 하였다. 육가(陸賈)가 12편으로 된 책을 지어 상주할 때마다 고조는 좋다고 하였고 좌우 대신들은 만세를 불렀다. 이 책을 《新语》라고 한다."

47) 《사기 · 曹相國世家》

48) 풍우란, 《중국철학사신편》, 중책, 제10쪽, 북경, 인민출판사, 1998년.

는 황로의 무위(無爲)로 표현되었다. 한나라 초기, 통치자들은 부유(腐儒)를 적대시했으며, 또한 이론상 공백이 많았다. 황로의 학설이 이에 접근했다. 게다가 개국 대신들이 대부분 황로의 학설을 받아들였고, 그 후의 문제(文帝), 경제(景帝)도 유학을 좋아하지 않았으므로 황로학설의 발전을 촉성하였다. 유가와 법가의 합류 후에도, 유가와 도가는 서로가 보완하였으며, 양진(兩晉)시기 불학(佛學)이 들어온 후, 유가(법가와 합류된 유가), 도가, 불교가 결합되어 관변 측 철학사상이 되었다. 이러한 사상은 그 후의 1000여 년 동안 통치의 의식형태가 되었다.

다섯째, 한나라 초기의 입법은 기본적인 국면을 확립해 놓았으므로 그 후의 여러 황제들이 기성법을 준수하게 되었다. 바로 역사에서 말하는 "소하의 규정을 조참이 따라 한 것"이었다. 이 시기의 법은 사실상 소극적인 법가 학설이었다. 혹은 "겉으로는 도가이지만 속으로는 법가라는" 책략을 이용했던 것이다.

이러한 것들을 감안하여, 한나라 초기 통치자들은 당시의 정치, 경제조건 하에서, 사상적으로 이러한 관점을 받아들였고, 객관적으로는 여민휴식의 정책을 실시했다. 예를 들어, 부역과 조세를 경감했고, 수리시설을 건설했으며 형벌을 경감해, 농민의 부담을 상대적으로 경감시켜 될수록 빨리 전쟁의 상처를 치료하고자 했다. 무위이치(無爲而治)의 주장은 고조(高祖)로부터 문제, 경제에 이르기까지 줄곧 상층 통치자들의 지도사상이 되었다.

한나라 초기의 법제는 주로 진나라의 "법을 주로 하고 형벌을 전임하는 것"을 계승했으며, 서한 초기, 황로사상의 침체를 거쳐, 서한 중기에는 "유가를 위주로 하고 덕과 형을 병용하는 것"으로 넘어갔다. 이러한 변화는 두 개의 시기로 나뉜다. 즉 서한 초년부터 한 무제 때까지 70년 동안, 황로사상이 줄곧 통치적 지위를 차지했고, 유가와 법가는 보조적 지위를 차지했다. 그러다가 한 무제 이후, 유가의 예와 법의 병용으로 넘어가기 시작했던 것이다.

몇십 년 동안의 안식기간을 거치면서 한나라의 경제는 매우 빨리 회복, 발전되었다. 문제와 경제시기에는 역사적으로 찬양을 받는 문경의 치(文景之治)의 국면이 나타났다. 문제와 경제시기 사회경제적인 면에서 이루어진 고도의 발전은 한 무제 때 대일통(大一統)의 실행을 위해 탄탄한 물질적 기초를 닦아놓았다.

한 무제 때의 사회상황은 한나라 초기보다 크게 달라졌다. 진정한 대일통의 황제의 전제 중앙집권통치를 실현하기 위해, 한 무제는 대내적으로는 번왕을 평정하고 황제와 중앙의 권력을 공고히 했으며, 대외적으로는 사이(四夷)를 정벌하고 한나라의 통치범위

를 확대했다. 이때에 이르러 황로학파의 무위이치의 사상은 나날이 시의에 적절하지 않
게 되었다. 통치자들은 대일통에 부합되는 이론을 찾아 정치를 위해 복무하는 일이 필
요하게 되었다. 그리하여 한 무제는 동중서의 "백가를 배척하고 유학만 숭상하자"는 건
의를 받아 들였고, 유가학파의 이론이 관방의 정치이론과 전 사회의 시비 기준으로 되
었다. 이로부터 유학이 중국 사회사상의 영역을 독점하는 국면이 나타났다.

유가는 원래 춘추전국시기의 한 유파로 공자가 발전시켰다. 나라를 다스리는 문제에
있어서, 유가는 서주시기의 이덕배천(以德配天)의 학설을 계승하고 발전시켰다. 유가는
나라를 다스리려면, 통치자가 우선 그 자신부터 덕(德)이 있어야 한다고 강조했으며, 예
의교화(禮義教化)의 방식으로 백성이 복종하도록 해야 하며, 형벌은 다만 이러한 예의
교화를 실현하는 수단과 도구일 뿐이어야 한다고 보았다. 그러므로 그들은 덕주형보와
대덕이소형(大德而小刑)을 주장했다. 서한 중기 이후, 유가 법률사상이 점차 통치자들
의 황로(黃老)사상을 대체해, 한나라 중기 이후 법제의 지도사상으로 됐다.

유가 법률사상의 기본점은 덕주형보와 예법병용(禮法并用)이었다. 구체적으로 말하
면, 예의 교화와 법률이라는 이중수단으로 나라를 다스리며, 그 중에서 예의 교화가 근
본이었고 형법과 형벌은 보조적이었다. 형법, 형벌은 응당 예의 교화를 기준으로 해야
했다. 즉 유가가 주장하는 일련의 윤리도덕 규범을 원칙으로 해야 한다는 것이었다. 이
것이 바로 "예형상위표리(禮刑相爲表里, 예와 형이 서로 안과 겉이 된다)", "출례입형(出
禮入刑, 예에서 벗어나면 형을 받아야 한다)"이었다. 덕주형보와 예법병용은 서한 중기
이후의 정통적인 법제 지도사상으로서 한나라 및 전 중국 고대 법제제도에 매우 큰 영
향을 주었다. 유가사상이 정치무대를 독차지하게 된 후, 중국 각 왕조의 통치자들은 모
두 이를 원칙으로 하였으며, 유가의 "친친, 존존" 등 일련의 원칙과 도덕규범을 직접 법
률 조문에 넣음으로서 중국 고대의 법률은 점차 유가화되어 갔다. 이로부터 중국 고대
법률에서 도덕규범과 법률규범이 하나로 융합되는 기본적인 특점을 이루었다. 유가사상
또한 중화 법계의 영혼이 되었다.

2. 양한 형사 법률의 유가화

유가의 황권 통일사상의 영향으로, 양한의 형사 법률은 군왕을 핵심으로 하는 중앙집
권제도를 전면적으로 수호하였으며, 중점적으로 황제의 권력에 해를 끼치는 행위를 타

격했다. 서한시기 번왕을 대표로 하는 지방 세력을 약화시킨 것이 그 전형이다. 동한시기에는 사회 안정을 수호하기 위해, 이형(弛刑)과 석노(釋奴)를 채용한 것이 특징적이다. 양한시기의 형법적용은 법률 유가화의 과정을 집중적으로 표현했다.

1) 형사 법률은 군주 중앙집권을 지켰다

(1) 황제의 안전과 존엄을 지켜낸 형사 법률

한나라 때, 입법을 통해 황제의 안전과 존엄을 지키는 일련의 죄명 및 이에 상응하는 형벌을 정했다. 무적입궁전문(無籍入宮殿門, 등기하지 않고 궁전문 안에 들어가는 것), 실란(失闌, 궁문을 지키는 사람이 불법 입궁을 막지 못하는 것), 불위궁(不衛宮, 궁중 난입자를 발견하지 못하는 것), 범필(犯蹕, 어가와 충돌), 교제교조(矯制矯詔, 황제의 조서를 위조하는 것), 폐격조령(廢格詔令, 황제의 조령을 실행하기를 거부하는 것), 대불경(大不敬, 황제의 인신 안전, 존엄, 권력을 침범하는 것), 비방(誹謗), 비소의(非所宜, 하지 말아야 할 말을 하는 것) 등의 범죄는 일률적으로 매우 엄한 형벌에 처해졌다.

(2) 번왕(藩王)의 지방세력을 제한하고 단속하는 특별법

한고조 유방은 동성 종친 자제들을 많이 왕으로 봉했으므로, 각지 번왕의 세력이 점차 커져, 황제의 중앙정부에 커다란 위협이 되었다. 이에 한 무제는 일련의 법률을 규정해, 정치, 경제 및 예제(禮制) 등 여러 면에서 지방 세력을 통제하고 단속해, 황제와 중앙의 권력을 공고히 했다. 예를 들면, 〈좌관률(左官律)〉은 지방관리(官吏)는 천자만 임명할 수 있으며, 제후가 사사로이 설치하여 좌관으로 임명한 자와 명을 받은 자에게는 모두 엄한 처벌을 했다. 아당부익지법(阿党附益之法)은 사사로이 지방 제후와 공모하는 자를 중점으로 단속하는 법이었고, 〈주금률(酎金律)〉은 제후 왕이 중앙에 대한 조공을 엄격히 규정함으로써, 지방의 경제실력을 약화시켰다. 그 외에도, 〈사국인과율(事國人過律)〉 등 약간의 법률 규정이 있었는데, 모두 지방 번왕의 세력을 단속하고, 중앙집권 군주전제 정치제도를 공고히 하려는데 목적이 있었다.

(3) 정치적 저항을 엄중히 진압하고 관리의 진압 기능을 강화했다

"왕도정치에서 가장 시급한 것은 도둑과 적을 징벌하는 것이다"라는 것은 전통 입법에서의 기본 원칙 중 하나였다. 한나라 때, 정치적 저항행위는 법률과 형벌이 진압해야 하는 중점이었다. 현존하는 자료를 보면, 《한률》에서 보이는 이러한 유형의 죄명은 모반(謀叛), 도적, 군도(群盜), 수닉(首匿) 등이 있었다. 그리고 통행음식죄(通行飲食罪)는 반란자에게 음식이나 정보를 제공하고 안내를 하는 등의 행위에 대한 것이었다. 이러한 유형의 범죄는 모두 매우 엄격하게 처리했으며, 보통 사형에 처하고 연좌시켰다. 이러한 진압 역할을 강화하기 위해, 한 무제 때에는 또 침명법(沈命法)과 견지고종법(見知故縱法)을 만들어 국가 관리의 책임을 강화시켰다. 침명법에는 "도적 무리가 일어났을 때, 관리들이 이를 적발해내지 못하거나, 혹은 적발한 후 체포한 사람 수가 규정 수준에 미치지 못할 경우, 2천석 고관 이하 하급 관리까지 모두 사형에 처한다"[49]고 했다. 견지고종법에는 "다른 사람이 법을 범한 것을 알면서도 고발하지 않으면 일부러 놓아주는 것이다. 이는 법률 집행을 감독하는 관리로서 범인 소재 부문을 주관하는 관원이 죄를 짓는 것이며, 이는 또한 연좌한다"[50]고 규정했다.

(4) 나라와 가정의 일체화, 충과 효를 다 같이 중시하는 형법 특징

양한시기 법률에서 불효죄 등 윤리성 죄명은 끊임없이 범위가 확대되었을 뿐만 아니라, 처벌도 점점 더 중해졌다. 유가 경전에서 추구하는 바에 따라, "친한 사람을 가까이 함에 있어서는 아버지를 우선순위에 놓아야 하고, 존중해야 할 사람을 존중함에 있어서는 군주를 우선순위에 놓아야 한다"[51]는 이 기본 원칙에서 출발하여, 《한률》은 아들이 아버지에 대한 불효와 신하가 군주에 대한 불충 행위를 대역무도한 가장 중요한 범죄로 인정하고 엄한 징벌을 가했다. 이로부터 형법이 "임금은 신하의 근본이 되고, 아버지는 아들의 근본이 되며, 남편은 아내의 근본이 된다"는 전통 윤리강상을 보호하고 실행하는 역할을 충분히 할 수 있도록 했다. 유가의 색채를 뚜렷하게 나타내고 있는 "부자 사이에는 서로 숨겨주어야 한다"는 등 원칙도 직접 구체적인 법률제도로 변화했다. 무제 이후, 사법적 영역에서의 춘추결옥, 선제(宣帝)시기의 "가까운 사람을 가까이 하려면 우선은 서로 온닉해 줘야 한다"는 조령이 바로 그 명확한 표현이었다.

---

49) 《사기·王溫舒傳》
50) 《한서·刑法志》 顏師古注
51) 《예기·大傳》 정현주(鄭玄注)

2) 동한시기의 이형(弛刑)과 석노(釋奴)

(1) 광무제(光武帝)의 이형(弛刑)에 관한 조서

엄격히 말하면 이형이란 어떤 형인지 정확하지 않다. 광무제(光武帝) 및 그 이후의 황제들은 전적으로 "이형에 관한 조서"를 발표한 적이 없었다. 다만 조서에서 이형을 언급했을 뿐이다. 즉 형벌을 경감할 것을 언급했을 뿐이었다. 사실상 이형은 다만 형벌을 받는 사람의 겸태(鉗鈦)[52]를 벗겨줘, 출정과 노역에 편리하게 했을 뿐이다. 이는 서한시기에 이미 있었다. 예를 들어 "서강(西羌)이 반란을 일으켜 삼보(三輔)를 징집하고 중도관이 옥중 범인을 이형하여"[53]라고 했으며, 또 "이때 황제는 이미 삼보와 태상사(太常徙)의 이형 범인을 징발하여"[54] 등의 말이 나온다. 동한시기에 이르러서는 "오직 이형 받은 범인 2천여 명을 두어 이들을 둔전(屯田) 경작에 이용했다"[55], "제후국에서는 이형 범인들로 군영을 만들게 했다"[56]고 했는데 이는 둔전과 건물 건축에 관한 예였다. 영원(永元) 3년 황제는 장안에 돌아와 "이형을 받은 범인으로, 황제를 수행한 자는 5개월 감형하였다"[57]고 했는데, 이는 노역에 관한 예였다.

(2) 석노(釋奴)와 노비의 법률적 지위의 제고

석노에 관해서는 양한의 율령 중 여러 곳에 규정이 있다. 문제(文帝) 원년(기원전 179년) 수노상좌율(收孥相坐律) 조령을 반포했다. 문제(文帝) 후원 4년(기원전 160년)에는 또 조령을 반포하여, "관노비를 평민으로 면천시킨다"[58]고 했다. 애제(哀帝)시기에도 조령을 반포하여, "관노비가 50세 이상이면 평민으로 면천시킨다"[59]고 했다.

동한시기 광무제(光武帝)도 여러 차례 조령을 반포하여, "노비로 전락된 자를 모두 평민으로 면천한다"[60]고 했다. 안제(安帝)도 "관가의 노비로 된 자"의 신분을 해제한다는

---

52) 《후한서 · 光武帝紀》 주: "이란 벗기는 것이다(弛, 解也)."《한서》 孟康注에는 "조서에 그 형구와 자의를 벗기도록 했다"고 되어 있다.

53) 《한서 · 宣帝紀》

54) 《한서 · 趙充國傳》

55) 《資治通鑒》 권74, 북경, 중화서국, 1956년

56) 《후한서 · 和帝紀》

57) 《후한서 · 화제기》》

58) 《한서 · 文帝紀》

59) 《한서 · 哀帝紀》

60) 《후한서 · 光武帝紀》

조령을 내렸다. 이는 진(秦)나라 이래 전에 없던 일로, 역사의 진보를 보여주는 것이었다. 하지만 관노비와 사노비는 청나라 말까지 여전히 존재했다. 법률은 여전히 그들을 재산이라고 보았던 것이다.

그 외에 노비라 하더라도 그들의 법률적 지위는 《한률》에서 많이 높아졌다. 《한률》은 사사로이 노비를 죽이는 것을 금지했다. 무제(武帝)시기, 조묘왕(趙繆王) 유원(劉元)은 "칼로 노비를 죽인 적이 있고", "음악에 능한 노비를 순장하기 위해 16명을 협박해 자살하게 했으므로" 유원(劉元) 본인은 죽었지만, 여전히 포학무도(暴虐不道)[61]하다는 이유로 후계를 없애고 제후국을 취소했다. 광무제(光武帝)도 조령을 반포하여, "죽인 것이 노비라 해도 그 죄는 경감될 수 없다. 노비를 불에 지지는 자는 법에 따라 치죄하고, 불에 지져진 노비는 평민으로 만든다. 사람을 쏘아 상해한 노비를 거리에서 사형하여 시체를 버리는 법률을 폐지한다"[62]고 했다.

이는 《진률(秦律)》에서 주인이 노비를 마음대로 죽이거나, 형벌을 주어 상해하는 것을 허락하는 것이나, 노비가 비공실(非公室)이기 때문에 주인을 고소할 수 없는 데에 비해서는 역사적인 발전이었다. 이러한 법률은 후세에 계속 사용되었다.

3) 양한시기 형법 적용의 주요 원칙

양한 400여 년 동안, 중국의 전통법률은 내용, 형식, 이론과 제도 등에서 모두 매우 큰 발전이 있었다. 특히 서한 중기 이후, 유가학설의 영향이 깊어지면서, 한나라는 입법과 사법영역에서 진나라 법제와는 전혀 다른 일련의 원칙과 제도가 이루어졌다. 형벌의 적용 원칙에서 유가의 덕주형보, 예법결합 사상의 영향이 뚜렷해졌다. 그 중 가장 대표적인 것이 상청(上請, 위에 청구하다)제도의 형성과 "가까운 사람을 가까이 하려면 우선은 서로 감춰주어야 한다"는 제도의 확립이었다.

(1) 상청(上請)제도

이른바 상청이란, 일정한 범위 내의 관료, 귀족 및 그 자손이 죄를 지으면, 일반 사법기관에 교부하여 처리하는 것이 아니라, 황제에게 상주하여 재결하는 제도이다. 이러한 상청제도가 바로 유가사상 중의 존존 원칙의 체현이며, 역시 "형(刑)은 대부(大夫)에게

---

61) 《한서 · 景十三王傳》
62) 《후한서 · 光武帝紀》

까지 올라가지 않는다"는 원칙의 구체적인 체현이었다. 한나라 때, 한 고조 이후의 평제
(平帝), 선제(宣帝) 및 동한의 광무제(光武帝)시기에는 모두 상청제도에 관한 조령이 있
었다. 이러한 특권을 향유할 수 있는 범위도 점차 한나라 초기의 낭중 1급 관리로부터
동한시기의 거의 모든 관원에게로 확대되었다.

(2) 가까운 사람을 가까이 하려면 우선은 서로 감춰주어야 한다

이른바 "가까운 사람을 가까이 하려면 우선은 서로 감춰주어야 한다"고 하는 것은 한
나라의 법률에 규정된 혈연관계가 있거나 혹은 인척관계가 있을 때 죄를 지어도 서로
감춰주어야 하지, 관가에 고발해서는 안 된다는 뜻으로, 이러한 은닉 행위를 법률적으로
형사책임을 추궁하지 않는다는 제도이다. 이 제도는 중국 고대 법률 중 혈연관계가 범
죄의 정죄와 형량에 영향을 준 가장 두드러진 반영이라고 해야 할 것이며, 또한 중국
고대법의 윤리적 특징의 전형적 표현이라 해야 할 것이다. 친족 간 범죄 후의 서로에
대한 은닉은 유가 윤리의 기본 요구 중 하나였다. 공자는, "자식은 아비를 위하여 숨겨
주고, 아비는 자식을 위하여 숨겨주니, 정직함이 그 가운데 있는 것이다"[63]라고 했다.

진나라는 법가 법치주의 및 국가 지상의 원칙을 지켰으므로, 나쁜 사람을 고발하는
것을 고무시켰다. 서한 중기 이후부터는 유가사상이 원래의 울타리에서 벗어나 전 사회
에 영향을 주기 시작했다. 친족 사이에 서로 은닉해야 한다는 관념은 점차 당시 사회에
받아들여져 공식적인 법률 관념이 되었다. 한 선제(宣帝)는 조서를 내려, "부자간의 친
함과 부부의 도는 천성에 의한 것이다. 재앙이 있을 때 목숨을 내걸고 모험적으로 구하
려 하는 것은 진지한 사랑이 마음으로부터 나온 것이니, 그 인후함이 지극하여 위배할
수가 없다. 그러니 지금부터, 아들을 비롯하여 죄를 범한 부모를 숨겨주었거나, 아내가
죄를 범한 남편을 숨겨주었거나, 손자가 죄를 범한 조부모를 숨겨주었을 때는 모두 죄
를 불문에 부친다. 그 외에 부모가 죄를 범한 아들을 숨겨주었거나, 남편이 죄를 범한
아내를 숨겨주었거나, 조부모가 죄를 범한 손자를 숨겨주었으나, 그 죄가 죽을죄가 아니
라면, 모두 정위(廷尉)에게 보고하고 황제에게 상주하여 결단케 한다"[64]고 했다.

이후부터 친족 사이에 서로 은닉하는 것은 정식 법률규범으로 되어, 중국 고대 2000
여 년 동안 존재하여 왔다.

---

63) 《논어 · 子路》
64) 《한서 · 宣帝紀》

종합적으로 말하면, 중국 고대 전통법률제도 확립시기의 기본적 표지가 되었던《한률》은 그 특징이 유가가 창도한 예의규범을 법률 속에 주입시키고 유가경전을 조문화하고 법률화 하며, "친친, 존존"을 핵심으로 하는 사회정치적 등급질서를 지키는 것을 우선시한 것이었다. 객관적으로 전통법률제도의 일부 기본적인 원칙과 제도인 친친상은(亲亲相隐)과 상청 등이 이미 초보적이나마 형성되었으며, 십악(十惡), 팔의제도도 싹 트기 시작했다. 한나라 중기 이후, 유가사상은 입법과 사법에서 점차 그 지위를 확립하였는데, 이는 중국 전통법률에, 특히 형사 입법제도의 발전에 깊은 영향을 주었던 것이다.

3. 양한 민사 법률의 유가화

1) 국가와 지주의 경제이익을 보호했다

현실 사회관계를 반영한 것으로서의 한나라의 법률에는 전통적인 경제관계를 수호하고, 국가의 경제적 이익을 보호하는 내용이 과거보다 많이 풍부해졌다. 양한의 수백 년 동안의 통치자들은 많게 혹은 적게 모두 법률과 법령을 이용해 국가의 경제문제를 조정하는데 주의를 기울였다. 한나라 때의 법률에는 소유권 보호, 채무, 계약, 대차 등의 재산 관계를 언급한 내용이 점차 많아졌다. 특히 중앙집권 전제제도의 경제적 필요성에 적응하기 위해, 한나라 때부터 법률적 수단을 이용해 국가의 특수한 경제이익을 담보하기 시작했다. 양한시기, 두 가지 방면의 상업은 법률의 제한을 받았다. 하나는 소금과 철 관련 상업으로, 이는 국가에서 전문 경영했다. 다른 하나는 대외무역으로, 국가의 허락을 받아야 했다. 소금과 철에 대한 관영은 이로 인해 얻은 이윤은 모두 국가에 들어가도록 담보할 수 있었다. 대외무역을 국가에서 허락하도록 한 것은 경제적인 원인도 있었지만 정치적인 원인도 있었다.

2) 전통적인 가장제도와 사회 등급제도를 지켰다

전통적인 가장제도와 등급관계는 전 사회구조를 일관하고 있다. 현실 사회관계의 반영으로서의 한나라 법률은 부권 가장제도 및 사회 등급제도를 수호하는 것을 기본 임무 중의 하나로 삼았다. 한나라 때 법률은 진나라 이전의 법률에서 부권 가장제도 및 등급 사회질서를 수호하는 내용들을 계승한 동시에 사회발전의 필요성에 적응하여, 유가가 주장하는 "친친, 존존" 등 일련의 윤리적 내용을 법률 규범 속에 집어넣었다. 특히 서한 중기에 "백가를 배척하고 유학만 숭상하자는 정책"을 실시한 후, 유가사상이 한나라의 입법, 사법의 지도원칙이 되었으며, 유가학설 중의 가장제 및 등급질서에 관한 약간의 규정은 여러 가지 과정을 거쳐 법률제도 혹은 법률원칙으로 상승하였다.

3) 혼인과 계승 관련 법률

혼인관계에서는, 조상에 대한 제사와 후사를 잇는 것이 혼인 당사자들보다 훨씬 더 중요했다. 왜냐하면 혼인의 목적이 "위로는 종묘를 섬기고, 아래로는 후세를 잇는 것"[65] 이기 때문이었다. 그러므로 앞에서 언급한 적이 있는 칠출(七出)에는 도둑질 한 가지만 개인과 관련될 뿐 다른 것은 모두 가정이나 가족과 연관되었다. 개인 이익은 가족 이익에 복종해야 하며, 이보다 더 한 것은 없었다. 하지만 여기서 설명해야 할 점은, 많은 평민 입장에서 볼 때, 칠출은 그다지 중요한 것이 아니었다. 주로 경제적 원인으로 인하여 아내를 내쫓을 수가 없었지만, 통치사상의 원칙으로서 그 정신적 역할은 낮게 평가할 수 없었다. 실제생활에서는 보편적이 아니지만 말이다.

계승문제에서는 여전히 적장자 계승제도를 실시했으며, 처와 첩의 지위"를 엄격히 하는 것을 법률적으로 보장했다. 하지만 이는 일반 평민에게 있어서는 그다지 중요하지 않았다. 사회 중하층에서는 아들들이 재산을 평균 분배했다. 그 중에는 여성이 가산을 얻는 상황도 있었다. 당시의 유복자는 일반 사람들과 마찬가지로 동등한 계승권을 가지고 있었다.[66]

4. 사법제도와 춘추결옥 : 한나라 때 사법영역의 유가화

1) 양한의 사법기관

한나라의 사법제도는 진나라의 사법체제를 기초로 하여, 부단히 누적하고 발전시켜, 사법기구, 소송제도 등 여러 면에서 모두 새로운 수준에 도달했다. 특히 서한 중기 이후에는 "백가를 배척하고 유학만 숭상하자는 정책"을 실시한 후, 유가의 사상과 주장은

---

65) 《예기 · 婚義》, 북경, 중화서국, 1980년 《13경주소(十三经注疏)》
66) 《風俗通》을 참조. 항주, 절강인민출판사, 1984년 《百子全書》

사법영역에 깊이 침투되어, 한나라의 사법원칙과 사법제도에 매우 큰 영향을 주었다. 그 중에서도 춘추결옥과 녹수(錄囚, 죄수가 옥에 갇혔을 때, 그 처벌이 합당한지 부당한지를 조사하여 밝히는 일)제도가 가장 뚜렷하였으며, 후세에 깊은 영향을 주었다. 한나라의 사법기구는 진나라의 제도를 기초로 하여 발전시킨 것이다.

(1) 중앙의 사법기관

중앙에서는 황제가 최고 사법권을 가지는 외에, 승상(丞相), 어사대부(御史大夫), 정위(廷尉)가 사법을 총 관리했다. 그 중 정위는 중앙 9경 중 한 사람으로, 전국의 법률과 사법에 관한 사무를 전적으로 책임졌다. 중앙 정위(大理라고도 불렀음)는 중앙의 최고 전문직 사법관리였고[67], 동시에 중앙 최고 사법기관이었다. 승상은 행정장관으로서, 어사대부는 감찰장관으로서, 중앙의 기타 고급 관리들과 함께 사법심판에 자주 참여했는데, 이를 두고 잡치(雜治)라고 불렀다. 즉 비전임이라는 뜻이었다.

(2) 지방의 사법기관

한나라 때에는 말엽을 제외하고는 지방에 주로 군, 현에 2급 사법기관을 설치했다. 한나라 말기의 주는 감찰구로부터 군위의 행정단위로 변하여, 주, 군, 현 등 3급이 이루어졌다. 그 후부터 주, 군, 현 3급 행정장관이 사법심판을 겸임했으며, 각자 전직 사법 속관이 있었다. 예들 들면 군에는 결조연(決曹掾)을 설치해, 전직 사법관으로 삼았다. 양한시기 군, 현의 사법권은 여전히 매우 컸다. 《해여총고(陔余叢考)》에는 "한나라 군, 현의 수령은 사형권한이 있었다." "자사 수령은 사람을 죽임에 있어서 상주할 필요가 없었다"고 했다. 오직 의심스러운 사건이나 중대한 사건만 정위 혹은 승상에게 보고하여 대신들이 함께 논의한 후 황제가 재결했던 것이다.

2) 소송 심판세도

(1) 기소 및 소권에 대한 제한

소송형식은 주로 두 가지가 있었는데, 관리가 감찰하여 검거하거나 혹은 당사자가 직접 기소하는 것이었다. 한나라에서는 기소를 고핵(告劾)이라 불렀다. 한나라는 진나라의 제도를 계승했으므로, 고간(告奸, 법 위반자를 고발하는 제도)제도를 실시했다. 율의

---

67) 경제(景帝), 애제(哀帝) 때에는 대리(大理)라고도 불렀다. 선제(宣帝) 때에는 정위평(廷尉平)을 증설했다.

규정에 의하면, "범죄자를 보았고, 또한 범죄인 것을 알면서도 고의로 검거, 고발하지 않은 사람은 모두 범죄자와 같은 죄로 다스린다"[68]고 했다.

그러나 동시에 소송권에 대해서 일정한 제한을 했다. 첫째, 사법 심사 단계별로 기소해야 한다고 규정했다. 일반적으로 월소 혹은 직소할 수는 없었다. 둘째, 항렬이 낮거나 나이가 어린 사람이 웃어른을 기소하는 것을 금지했고, 노비가 주인을 기소하는 것을 금지했다. 한 선제가 직접 "가까운 사람을 가까이 하려면 우선은 서로 감춰줘야 한다"는 제도를 규정한 후 친족 사이의 소송 제한은 더욱 엄격해졌다.

(2) 고문과 증거에 관한 제도

한나라는 여전히 자백을 중시했다. 경제 때에는 추령(箠令)을 규정했다. 하지만 한나라가 멸망할 때까지, 사법 실천에서 많이 시행한 것은, "혹리가 법 집행이 가혹한 잘못은 관대히 처리하고, 범인을 석방한 관원은 즉시 주살했다, 범인의 죄를 엄중 처리한 사람은 공명을 얻었고, 공정한 사람은 후환이 많았다."[69] 그러므로 옥사를 처리하는 관리는 대부분 엄격하고 각박하기로 이름났다.

죄수에 대해서는 세워놓고 고문할 수 있었다. 이는 아마도 양진(梁陳)시기의 측립법(測立法)이 그 최초의 형태일 것이다. 특히 무제 때, 논심정죄(論心定罪, 범죄자의 동기와 경위에 근거하여 죄를 정하는 것)를 창도하여, 춘추결옥의 효시가 되었다. 사법의 암흑상은 다음과 같았다, "간리(奸吏)는 이 같은 기회를 이용해 거래를 하였다. 사람을 살리려면, 살리자는 의견을 첨부했고, 사람을 모해해 죽이려면 사형 죄에 해당하는 사례에 억지로 비교해 죽일 죄를 구성케 했다. 이에 대해 의논하는 사람들은 모두 억울하고 슬프게 생각했다."[70]

《사기·혹리열전(酷吏列傳)》에 기록된 10명 중 9명은 무제(武帝) 때의 사람이었다. 소제(昭帝)로부터 평제(平帝) 사이의 6대에 거쳐 해마다 사형에 처해진 사람은 평균 1000분의 1에 달했다. 기록에 의하면, "군국에 형벌을 받아 죽은 사람이 해마다 1만여 명에 달한다. 천하에 감옥이 2000여 개가 있으며, 그 중 억울하게 죽은 사람이 상하로 서로 뒤덮여 있었지만, 감옥에는 한 명도 줄어들지 않았다"고 했다.[71]

---

68) 《晉書·刑法志》
69) 《진서·형법지》
70) 《한서·刑法志》
71) 《한서·형법지》

동한에 이르러서는 고문을 남용하는 것이 더욱 보편화되었다.

"고통을 견디지 못해 절반 이상이 죽었다. …… 다섯 가지 혹형을 받고나면 살이 문드러 떨어졌다."[72]

그 외에도 달구어진 삽을 겨드랑이에 끼우거나, 큰 바늘로 손가락을 찌르거나, 흙으로 입을 막는 등 말로 표현하기 어려운 불법 형벌[73]에 대한 기록이 있었다.

(3) 회보(上報), 재심(復審) 및 녹수(錄囚)

전대의 법률문화를 계승하고, 장기간 누적된 기초 위에서 한나라 때에는 비교적 완벽한 심판제도가 이루어졌다. 예를 들어, 심판 절차에는 독국(讀鞫, 판결서 선독), 걸국(乞鞫, 재심 요청)의 규정이 있었다. 회보, 재심 및 녹수(錄囚) 등 전문적인 제도가 있었다.

첫째, 회보는 지방 사법기관에서 판결한 사형사건이나 중대한 사건, 해명이 어려운 사건은 반드시 정위에게 보고하여, 다시 황제에게 전달해, 비준을 받거나 혹은 고급 관원에게 넘겨 심중한 토론을 거치게 하는 제도였다.

둘째, 재심은 당사자가 판결에 불복하면 법정시간 내에 재심을 청구할 수 있었는데, 이를 걸국이라 했다. 걸국의 기한은 3개월이었다. 판결에 불복하면 단계별로 상소할 수 있었다. 월소는 금지하였다. 동한 순제(順帝) 때, 영양(寧陽)현 주부(主簿)가 그 현의 현령을 위해 억울함을 호소하였는데, 6, 7년이 지나도록 심리하지 않기에 황제에게 상서하였다가 자칫 대역무도죄로 죽을 뻔했다. 한나라 초기 문제 때는 제영의 상소 같은 일이 매우 드물었다.

셋째, 녹수는 황제 혹은 기타 기관에서 기결안, 미결안 죄범에 대해 심판이 합법적인가, 착오는 없는가를 검사해, 억울한 판결을 시정하고 제때에 사건을 처리하는 제도였다. 한나라 때부터 녹수는 일상적인 제도로 되어, 봉건국가의 휼형(恤刑, 형벌의 적용을 신중히 하는 제도)의 중요한 조치로써 대대로 전해졌다.

3) 감찰기관

한나라 중앙집권 전제제도가 점차 강화됨에 따라, 감찰제도도 진나라의 제도를 계승

---

72)《후한서·陸續傳》

73)《東漢會要》권35 : "중대한 사건의 심문은 잔혹한 형벌인 뚫거나 베는 등 처참하고 고통스럽기 그지없는 형벌을 많이 이용했다"

한 기초 위에서 발전하였다. 한나라 때의 감찰제도는 중앙과 지방의 2대 감찰체계를 이루었다. 한나라 때에는 원래 어사대부(御史大夫)가 주관하던 문서 관련 사무를 상서령(尚書令)이 책임졌으며, 어사대부는 전적으로 감찰권만 가졌다. 그 실제 수뇌는 어사중승(御史中丞)이었다. 어사대(御史台)라는 기구의 명칭도 나타나기 시작해, 중국 역사상 제일 첫 전문적인 감찰기구로 되었다.

중앙에서 어사대부 및 어사중승이 주관하는 어사대는 최고 감찰기관이었다. "내부적으로는 조정의 풍속 교화를 책임졌고, 외부적으로는 승상을 보필하여 천하를 다스렸다."[74] 백관을 이끌고 상하를 감독하였으며, 또한 조서를 받들고 심판에 참여하였다.

관리의 범죄를 탄핵함에 있어서는, 어사대부가 "법률제도를 정돈하고, 백관을 전면적으로 관리하며, 상하급이 서로 감독케 하였다."[75] 어사대부는 심지어 승상(丞相)을 탄핵할 권리도 있었다. 탄핵자와 피 탄핵자는 황제 앞에서 논쟁할 수 있었다. 탄핵한 내용의 확실성 여부는 황제가 재결했다. 이러한 감독권은 완전히 황권에 부속되었다.

지방에서는, 지방관리에 대한 감찰을 강화하기 위해, 진(秦)나라 때 상설했던 감어사(監御史)를 승상(丞相)이 수시로 파견할 수 있는 승상사(丞相史)로 고쳐, 몇 개 군의 감찰을 책임지게 했다. 무제 때에는 전국을 13개 감찰구역으로 나누었는데, 주부(州部)라고 불렀고, 자사(刺史) 1명을 설치하여, 전문적으로 감찰을 책임지게 했다. 자사는 어사중승(御史中丞)의 영도 하에, 무제(武帝)가 규정한 "여섯 조목의 질문"에 근거해 감찰권을 행사할 수 있었다. 감찰내용은 지방 관리가 밭과 집을 차지함에 있어서 제도를 벗어남이 없는지, 조령에 따르고 있는지, 법률 집행이 공정한지, 법을 어기거나 기강을 어지럽히지는 않았는지 하는 것 등이었다. 수도지역에서는 사예교위(司隸校尉)를 설치해 이 직무를 수행케 했다. 이로부터 진나라 때 맹아 상태에 있던 감찰체제가 한나라 때에 와서 최종 건립되었다. 감찰기구를 보완하는 동시에, 한나라는 또 감찰 관원의 직책에 대해서도 규정했다. 한 무제는 직접 6조문사(六條問事)[76]를 만들어 주부(州部)자사의 감찰 범위와 직책을 확정했다.

그때 자사는 이미 "높은 관리를 고르거나 추천할 때, 추천할 수 있는 관원은 구경에까

---

74) 《한서 · 薛宣傳》

75) 《한서 · 주박전》

76) 《한서 · 百官公卿表》에는, 지방 관리가 밭과 집을 차지함에 있어서 제도를 벗어남이 없는가, 조령에 따르는가, 법률 집행이 공정한가, 법을 어기거나 기강을 어지럽히지는 않았는가 하는 등으로 기록되어 있다.

지 달했다. 그가 혐오하는 사람은 바로 제명해버렸다"[77]는 큰 권리가 있었다. 어사중승 (御史中丞)과 사예교위(司隷校尉)도 권세가 매우 컸다. 그들은 황제의 이목이 되었고 두터운 신뢰를 받았다. 조회 때 사예교위는 상서령(尚書令), 어사중승과 함께 특정된 곳에 자리를 설치했으므로, 삼독좌(三獨坐)라 불리었다. 동한시기, 감찰기관의 지위는 날로 더 높아졌다. 어사대는 명의상 구경(九卿) 중의 하나인 소부(少府)에 귀속됐지만, 실제로는 상서대(尚書臺) 알자대(謁者臺)와 같이 독립적으로 일했으므로 당시 삼대(三臺)라 불렸다.

한나라 때, 감찰기관의 발전과 사법 활동에 대한 참여와 감독은 황제의 사법 대권에 대한 통제를 강화했다. 이 제도의 형성과 보완은 긍정적인 의의가 있었다. 한편으로는 감찰기관의 감독으로서 사법관리에 대한 제약이 이루어졌다. 이는 심판 제도의 보완에 도움이 되었다. 다른 한편으로는 감찰관리가 심판에 참여함으로써, 오심을 시정하는데 어느 정도 도움이 되었으며, 심판의 질을 담보할 수 있었다. 한나라 이후부터, 감찰제도는 부단히 발전하고 보완되어 중국 전통정치체제 중 불가분한 부분이 되었다.

4) 춘추결옥을 대표로 하는 유가사상이 한대의 사법에 준 영향

이른바 춘추결옥은 한대 중기 이후 사법실천에서 시작된 것으로, 유가경전인 《춘추》의 원칙과 요지를 사건 심리의 근거로 하는 사법 활동을 가리킨다. 당시 시(詩), 서(書), 역(易), 예(禮)도 사법에 이용되었으므로, 경의결옥(經義決獄)이라고도 불렸다.

《춘추》는 원래 공자가 편찬한 노(魯)나라의 편년사로, 주 평왕(周平王) 동천 이후 및 기타 주변 제후국의 역사적 사실을 서술하고 있다. 이 역사서에서 공자는 역사를 서술하는 기회에 자신의 여러 가지 정치, 윤리 및 철학적 관점들을 설명하였다. 《사기·태사공자서》에서는 《춘추》는 "예의의 대종합"이라고 했다. 《춘추》는 후세의 유생들에게 경전적 저작이라고 평가받았으며, 책 중의 많은 관점은 절대 의심해서는 안 되는 교조(敎條)로써 대대로 전해져 왔다.

춘추결옥은 무제 때에 널리 성행되었는데, 그 선례는 당시 경학의 대유인 동중서, 공손홍 등이 《한서·유림전(儒林傳)》에서 황제에게 제출한 해결하기 어려운 사건인 동이경대(動以經對)였다. 이름난 것은 동중서와 그가 쓴 《춘추결사비(春秋決事比)》(《춘추》로 사건을 판결한 사례)이다. 《춘추번로·정화(春秋繁露·精華)》에는 동중서가 춘추

---

77) 《한서·주백전》

결옥의 의미에 대해 해석한 것이 있다. 즉 "춘추의 옥사 판결은 사건의 사실에 따라 그 주관적 마음가짐에 대해 논한다. 주관적으로 사악하면 범죄가 미수에 그쳤어도 처벌하여야 한다. 주모자는 엄하게 처벌하고, 주관적으로 악의가 없는 자는 경하게 처벌한다"는 것이었다.

그 후, 소제(昭帝)는 "공경 대신들은 경술(經術)을 이용해 대의를 수호할 줄 알아야 한다"고 칭찬했다.

춘추결옥은 한나라의 사법제도 중 아주 뚜렷한 특징적인 것이었다. 서한 중기, 사회의 발전은 유학의 전파에 양호한 조건을 마련해 주었다. 하지만 이때까지 유가학설은 입법 영역에서 주도적 지위를 차지하지 못하고 있었다. 그 주요 원인은 한나라의 법전은 주로 한나라 초기와 무제가 "유가만 숭상"하기 전에 제정하였기 때문에, 진나라 때 법가의 흔적이 많았다. 또한 이러한 법전은 조상이 만든 기성법이었으므로 변경할 수도 없었다. 그러므로 동중서를 대표로 하는 한나라 때의 유생들은 《춘추》 중의 미언대의(微言大義)로써 죄의 유무와 경중을 판결하는 의거로 삼았다. 이로부터 중국 전통법률에 깊은 영향을 끼친 춘추결옥의 기풍이 나타나게 되었다. 후세의 경전으로 율을 해석하는 폐단은 이로부터 시작되었던 것이다.

춘추결옥의 핵심은 논심정죄에 있었다. 즉 사람의 주관적인 동기와 의도, 소망에 따라 죄의 유무를 따졌다. 그 구체적 기준은 "주관적 의향은 좋았지만 법에 저촉되지 않는 자는 죄를 면해주고, 주관적 의향이 나쁘지만 법에 저촉되는 자는 죽인다"[78]는 것이었다. 고서의 기록에 의하면, 한나라 때 도굴하는 자가 묘의 주인을 구해냈지만 여전히 "마음이 나쁘다"고 인정되어 "태형 300대의 처벌을 받았고, 종신토록 등용하지 않는다"고 했다. 논심정죄의 원칙은 이른바 주관적인 동기의 좋고 나쁨을 따지는 것이었다. 동기의 좋고 나쁨을 판단하는 기준은 유가의 윤리규칙이었다. 춘추결옥은 한나라 중기 이후 성행한 특수한 심판 방법으로, 그 특징은 주관적 요소로써 죄의 유무와 경중을 판결했다는 것이다. 이로 인하여 사법 실천에서 주관적으로 죄를 뒤집어씌우는 극단적인 악습에 달할 수 있었다. 하지만 춘추결옥을 실행함으로써, 주객관상, 입법과 사회 실천 수요 간의 모순을 절충하여, 유가 윤리도덕과 법률제도가 한층 더 융합되게 했다. 오랜 기간의 춘추결옥 사법실천을 거쳐, 유가의 많은 도덕관념은 직접 법률적 의의를 부여받

---

78) 《鹽鐵論·刑德》. 정수덕(程樹德)의 《구조율고·《한률》고·춘추결옥고》에 집록된 서른 건의 춘추결옥 사례에는 동중서가 처리한 것이 여섯 건이었는데, 이에 대한 깊이 있는 연구가 필요하다.

게 되어 중국 전통법률의 유가화는 더욱 깊어지게 되었다.

이로부터 알 수 있는 것은 유학의 한나라 법률에 대한 영향은 최초 사법에서 시작했다. 춘추결옥이 한대에 홍성할 수 있었던 것은 다음과 같은 요소가 있었기 때문이었다.

첫째, 춘추결옥이 선양한 "죄는 그 자신에게 한해서 그친다." "공로로 과오를 메울 수 있다"는 원칙은 모순을 완화하고 통치 질서를 안정시키는데 유리했다. 한나라 때, 족형(族刑)이 역모 등 소수의 중죄에만 국한된 것도 이와 관계가 없지 않았다.

둘째, 논심정죄의 원칙에 의해, 의의가 심오한 경서의 내용을 마음대로 해석해서 통치자들을 위해 더 잘 봉사할 수 있었고, 법제의 완벽하지 못한 점을 보완할 수 있었다. 춘추결옥이 한나라 중기부터 유행되어, 700여 년 동안 지속되어 올 수 있었던 것은 한나라 말기부터 수나라가 통일할 때까지 무기력한 군주에게 있어서, 춘추결옥의 유가적 색채는 법가처럼 실력을 강조하지 않았기 때문이었다. 유가와 법가가 합류하여 군권이 강해진 후, 수당시기에 와서는 그 영향력이 날로 적어졌다.

춘추결옥의 주관적인 판단은 원래부터 번잡하던 《한률》을 더욱 혼란스러워지게 했다. 장병린(章炳麟), 유사배(劉師培) 등은 이에 대해 정곡을 찌르는 비판을 한 적 있다. 장병린은 "경서를 인용해 법에 가져다 붙이는 것은…… 황제는 그 술수를 중히 여겨 비밀에 부쳐 백성이 알 수 없게 했다. 관리는 뇌물을 받고 불공정한 판결을 내릴 수 있었다"[79]고 한탄했다.

유사배는 "말로는 경서를 인용해 옥사를 판결한다지만, 사실은 혹리가 글재주를 부려 터무니없는 비방을 하는데 편리하게 했을 뿐이다"라고 했다.

5) 가을과 겨울에 형을 집행하는 원칙

가을과 겨울에 형을 집행하는 원칙은 한나라 사법의 또 다른 두드러진 현상이었다. 한나라 이후 이 제도는 나날이 제도화되었고, 형을 집행하는 대상도 점점 더 중대한 사건이나 사형사건에 집중하게 되었다. 명청시기에는 이로부터 추심, 조심, 열심제도가 나타났다.

그 외에도 후세에 오랫동안 이용되어 온 녹수(錄囚)와 대사(大赦)제도가 있었다. 녹수는 무제시기에 시작되었다. 당시 자사, 군수는 매년 8월 혹은 가을, 겨울에 시기에 따라 진행했는데, 일반적인 사무로써 보았다. 동한시기, 명제(明帝)는 직접 낙양에 가서 감옥

---

79) 장병린, 《검론 · 원법(檢論 · 原法)

에 갇힌 죄수들의 죄상을[80] 조사했다. 당나라 때에는 여수(慮囚)로 되었으며 제도화되
었다. 대사(大赦)는 황제의 은혜로 표시되었다. 고조 때부터 해마다 명절이 되면 천하에
대사령을 내렸다. 이는 진나라 때와는 현저히 달랐다.

5. 유가 학설의 법전화 : 삼국, 양진, 남북조시기 문화 융합과 법전 격식의 변혁

1) 율학이 법전의 구조와 법률 개념에 준 영향

양한시기 경전을 이용해 율을 해석하고, 율학과 정치윤리가 결합하는 것이 날로 더
흥기했다. 하지만 경학의 발전은 전문적인 색은발미(索隱發微)의 장구지학(章句之學)을
초래했으며, 점점 더 번잡하고 진부해졌다. 다른 한편 동한 이래의 음양참위(陰陽讖緯)
의 신학사상은 환담(桓譚), 왕충(王充) 등이 철학적으로 비판한 후 이미 그 역할이 없어
졌다. "명교(名敎)는 자연에서 온다"(동중서의 천의설이 아님)는 현학(玄學)이 나타나기
시작했으며, 법학 이론에 일정한 영향을 끼쳤다. 게다가 한나라 초기 황로의 학설을 숭
상했으므로, 도학이 사상영역에서의 잠재적인 영향으로 인해 이 시기에는 명변술(明辯
術)과 역학(易學)이 흥성했다. 이러한 여러 가지 원인으로 인해, 율학은 위진(魏晉)시기
에 윤리정치의 속박에서 벗어나기 시작했다. 연구대상도 더는 고대 법률의 기원, 본질
과 역할에 대한 일반적인 논술이 아니라, 율전의 격식, 편장의 논리적 구조와 개념 및
정죄, 양형 등에 대한 구체적인 연구를 했다. 일례로, 위율(魏律)은 한나라의《구장률》
제6편〈구율(具律)〉을 형명(刑名)으로 고치고, 율의 제일 앞에다 놓았다. 그 외 또 장비
(張斐)는《율주요략(律注要略)》이라는 책에서《진률(晋律)》의 20개 명사에 대해 해석했
다. 특히 범죄의 성질을 확정하고, 범죄의 경위를 구분하는 15개 명사에 대한 해석[81]은
후세 법률에서 많이 추앙되었다. 그 중에서도 고(故), 실(失), 과실(過失)에 대한 해석은
지금의 형법의 고의(故意)와 과실에 대한 설명과 대체로 비슷하다. 이 시기의 율학 성과
는 점차 전통 법률에 흡수되었다.《북위율(北魏律)》의 "누범(累犯)에 대해 형벌을 무겁
게 내린다.", "공범은 주모자를 주범으로 본다"가 그 주요 예증이었다.

---

80)《후한서 · 한랑전 · 寒郎傳》

81) 그가 해석한 20개 명사 중, 죄명이 다섯 개이다. 즉 만(謾), 사(詐), 불경(不敬), 부도(不道), 악역(惡
逆)이다. 그 외에는 희(戱), 투(鬪), 적(賊), 도(盜), 강(强), 약(略), 고(故), 실(失), 과실(過失), 장(牂),
조의(造意), 모(謨), 솔(率), 군(群), 장(贓)이다.

두예(杜預)는 율해(律解)라는 주석에서 "법이란 규범으로 옥사를 판결하는 것이지, 사물의 이치를 연구하는 것이 아니다"고 했다. 이로 인해 율학은 주석의 학문이 되었다. 게다가 동진 이후, 공식적 주석이 확립되면서, 개인의 언론은 크게 제한을 받았다. 이로부터 율학 연구는 쇠퇴하기 시작했고, 법리학에 대한 연구도 율문 주석보다 훨씬 뒤떨어졌다. 결과 율학은 훈고의 옛 길로 되돌아갔다. 장비(張斐)와 같은 율학가도 점차 소실되기 시작했다. 장구(章句) 주석에 관한 율학 내용이 발전한 것 외에 율학 중의 학(學)에 관한 내용은 거의 다 쇠진해 버렸다. 하지만 율학은 여전히 중국 법률사에서 중요한 지위를 점한다고 말할 수 있다. 《당률소의》는 중국 고대의 전통법전을 집대성한 법전으로, 동남아의 여러 나라들에 모두 영향을 주었다. 형명(刑名) 개념에 관한 해석이든, 아니면 법률 적용원칙에 대한 확정이든, 혹은 언어 특징이나 주석의 양식이든, 또는 그 내용의 주도면밀한 정도나 완전성 등은 모두 율학의 침해를 받지 않았다고는 할 수 없다. 한나라와 위(魏)나라 율학의 발전이 없었다면, 《당률》 및 그 소의가 그 같은 성과를 거둘 수는 없었을 것이다.

2) 법률 형식과 격식의 변화

진한 이래, 법률은 형식이 번잡하고, 서로 구별도 엄격하지 않았다. 법전의 격식도 과학적이 되지 못했다. 이러한 문제점들은 위진남북조시기 모두 개선되었다. 당시 율, 영(令)은 이미 구별이 있었고, 과(科)는 격(格)으로 대체되었으며, 식(式)이 나타났으며, 비(比)가 계속 사용되었다. 특히 형명(刑名) 법례(法例)의 출현은 의의가 깊었다.

(1) 율의 발전과 변화

이 시기의 율(律)은 여전히 법률(法律, 특히는 형사 법률)의 주요 형식이었다. 변화가 비교적 큰 것은, 율전의 문장 격식과 논리 구조였다.

첫째는 목차가 증가되었다. 형사 조항을 모두 율에 넣어, 정전(正典)으로 하였다. 이른바 "율은 죄명을 정하는 것이다"[82]였다.

《한률》(漢律)에서 "한 장에서 수십 개의 일을 기술하거나, 사례가 같더라도 판결의 경중이 달랐던 것"이나, 문장 사이에 "잘못된 것이 뒤섞인" 번잡한 상황에 대해 증감 조절

---

82) (송) 李昉 등이 지은 《太平御覽》 권638에서 두예의 《律序》를 인용한 부분. 영인본, 북경 중화서국, 1982년 출판.

하였다. 일례로 한나라 《구장률》의 〈도(盜)율〉에는 약탈(劫略), 협박(恐吓) 등의 항목이 있었는데 이는 모두 도둑질이 아니었다. 《위율(魏律)》은 〈겁략률(劫略律)〉을 증가했다. 또 한나라 〈적(賊)율〉에는 기만(欺瞞), 사칭(矯制), 날조(詐僞) 등 항목이 있었으며, 〈수(囚)율〉에는 생사(生死)에 대한 속임이 있었다. 이에 위율(魏律)은 〈사위율(詐僞律)〉 1편을 증가했다.[83] 그리하여 《구장률》보다 9편이 많아졌지만[84], 동한 말년에 《한률》 60편 외에, 영(令) 300여 편, 법비(法比) 900여 권, 장구(章句)[85] 700여 만 언(言)인 상황보다는 "문장은 간략하나 사례가 통한다"고 했다. 한나라 말기 "목차가 적으면 문장이 거칠고, 문장이 거칠면 사례가 적고, 사례가 적으면 죄를 누락하게 되는 결함"을 기본상 해결하였다.

다음으로는 격식에 대한 조정이 있었다. 한라시기, 《구장률》 중 〈구율(具律)〉은 6편이었는데, 〈구율〉은 현대 형법 총칙과 유사한 것으로, 가운데에 넣는 것이 적합하지 않았다. 그러므로 위(魏)의 《신률(新律)》은 이를 형명(刑名)이라 고치고 율의 앞자리에 놓았다. 이러한 변경은 그 후의 《진률(晉律)》, 《북제율(北齊律)》에서 긍정적으로 받아들였다. 형명(刑名)은 후에 또 법례(法例) 한 편이 늘어났는데, 《북제율》은 양자를 합하여 명례(名例) 한 편으로 만들었다. 그 후에는 이를 답습하여 줄곧 청대까지 사용되었다. 그 외에 새로 증가된 편명과 고오편(故五篇)을 통일 조정하였는데, 그 중의 고핵(高劾), 포(捕), 계훈(系訓), 단옥(斷獄)의 배열순서는 당시의 사법절차와 부합되었으므로, 이는 입법기술에서의 진보라 하지 않을 수 없다. 위(魏)의 《신률》은 삼국시기 대표적인 법전으로 되었으며, 《진률(晉律)》의 직접적인 연원이 되었다. 《진률(晉律)》은 또 《태시율(泰始律)》이라고도 부르는데, 그 설치는 더 발전하여, 율(律)과 영(令)의 경계선을 엄격히 구분하였다. 이는 위율(魏律)에 비해 중대한 진전이라고 할 수 있었다. 그리고 편장의 격식이 합리적이어서 위율(魏律)의 형명(刑名)을 형명(刑名)과 법례(法例) 두 편으로 나누었다. 또한 수륙 왕래가 빈번하고 무역이 발전하였으며, 소방과 방화의 필요가 있는데다, 군후를 분봉하여 군국이 병존하였기에 〈관시율(關市律)〉, 〈수화율(水火律)〉과 〈제후율(諸侯律)〉을 늘렸다. 《진률(晉律)》은 《위율(魏律)》의 기초 위에서 모두 20편으

---

83) 그 외 율 이외의 傍章科令의 관련 내용들을 받아들였다.

84) 위(魏) 《新律》은 모두 18편으로, 형명(刑名), 도(盜), 겁략(劫略), 적(的), 사위(詐僞), 훼망(毀亡), 고핵(告劾), 포(捕), 계신(系讯), 단옥(斷獄), 청구집(請購雜), 호(户), 흥천(興擅), 핍류(乏留), 경사(惊事), 상장(償贓), 면좌(免坐)가 있었다. 그 중, 도(盜), 적(賊), 포(捕), 잡(雜), 호(户)가 옛 5편이다.

85) 장구(章句) : 법률 해석

로 나뉘었다. 그것은 형명(刑名), 법례(法例), 도율(盜律), 적률(賊律), 사위(詐僞), 청구(請賕), 고핵(告劾), 포율(捕律), 계훈(系訓), 단옥(斷獄), 잡률(雜律), 호율(戶律), 천흥(擅興), 훼망(毁亡), 궁위(宮衛), 수화(水火), 구율(廐律), 관시(關市), 위제(違制), 제후(諸侯) 등이었다. 진대(晉代)의 율령은 700여 만 자에 달하는 율령을 126,000자로 간소화하였다. 《진률(晉律)》은 《위율(魏律)》에 대해서 발전하였는데, 특히 장비(張斐), 두예(杜預) 두 사람의 율문에 대한 주석은 전통 법제와 율학의 발전을 촉진시켰다.

북조시기 율의 발전 변화는 《북위율》과 《북제율》이 가장 대표적이었다.

《북위율》은 모두 20편이었다. 편명은 고증할 수 있는 것이, 형명(刑名), 법례(法例), 궁위(宮衛), 위제(違制), 호율(戶律), 구목(廐牧), 천흥(擅興), 적률(賊律), 도율(盜律) 도율(盜律), 두율(斗律), 계훈(系訓), 사위(詐僞), 잡률(雜律), 포망(捕亡), 단옥(斷獄) 등 15편이었다. 그 중 〈포망율(捕亡律)〉은 《진률(晉律)》의 〈포율(捕律)〉과 〈훼망율(毁亡律)〉을 합친 것으로 보인다. 또한 《진률(晉律)》의 〈계훈율(系訓律)〉에서 〈두율(斗律)〉이 분리돼 나온 듯하다.

《북제율》은 한 층 더 격식을 개혁하여, 편명을 생략·합병해 12편[86]으로 확정했다. 형명(刑名)과 법례(法例)를 합하여 한 편으로 만들었으며 명례(名例)라고 불렀고, 율의 앞에 놓아 법전이 구조적으로 더 과학적이 되게 했다. 궁위(宮衛)를 〈금위율(禁衛律)〉로 고쳤으며, 원래의 궁궐 경위를 관금(關禁)에까지 확대하였다. 〈위제율(違制律)〉을 증가하여 관리제도(吏制)의 법률 규정을 보완해, 국가 기계가 정상적으로 돌아갈 수 있도록 담보했다. 기타 편명에도 증감된 내용이 많았다. 역사적으로 "조목이 간단명료하고, 법령이 상세하고 명백하다"고 불리고 있다.

(2) 영(令)의 발전과 변화

이 시기, 령(令)은 율과 마찬가지로 여전히 법률의 주요한 형식이었다. 하지만 그 내용은 이미 진(秦), 한(漢)시기와는 구별이 있었다. 한나라의 율령은 엄격한 구분이 없었다. 이른바 "전임 군주가 제정한 것은 율이고, 후임 군주가 조목을 나눈 것은 령이다."[87], "천자의 조서에 따라 증감된 것이 율에 없을 때에는 영으로 한다"는 것이었다.

---

86) 12편으로는, 명례(名例), 금위(禁衛), 혼호(婚戶), 천흥(擅興), 위제(違制), 사위(詐僞), 투송(斗訟), 도적(盜賊), 포단(捕斷), 훼손(毁損), 구목(廐牧), 잡률(雜律)이다.

87) 《한서·두주전》

사실상 영(令)은 율의 보충형식이었다. 그러므로 한나라 때, 일부 단행률, 예를 들면, 〈제전율(除錢律)〉, 〈제협서율(除挾書律)〉도 제전령(除錢令), 제협서령(除挾書令)이라고 했다. 위(魏)나라 때에는 율을 편찬한 외에 령(令)도 편찬했다. 하지만 여전히 구분이 명확하지 않았다. 진(晉)나라 때에 와서야 율과 령을 명확히 구분하기 시작했다. 즉 이른바 "율은 죄명을 정하는 것이고, 령은 행정제도의 절차를 정하는 것이다"라는 것이었다.

율(律)은 고정적인 규범(주로 형사법률)이고 영(令)은 일시적인 제도(주로 국가 제도)이다. 영(令)을 위반한 자는 죄가 있다고 보며, 율에 따라 정죄하고 처형했다.

(3) 격(格)으로써 과(科)를 대체하다

일부 사람들은 안정적인 법률형식인 율로 변통 가능의 법률 형식으로 넘어가는 중심 고리는 격(格)의 확립이라고 보고 있다. 그러므로 격(格)의 변화 발전 및 그 의의는 중국 역사상의 법률 형식과 고대사회의 관계를 깊이 이해하는데 있다.[88]

《당육전·형부(唐六典·型部)》에는 "후(동)위는 격으로 과를 대체했다"고 기록되어 있다. 이로부터 격(格)과 과(科)의 관계가 밀접함을 알 수 있다. 양자는 계승 관계이다. 격(格)은 과(科)의 발전이고 연장이다.

법률상에서 과(科)의 통치 국면은 한나라 말부터 위명제(魏明帝)가 《신률》을 제정할 때까지 줄곧 지속되었으며, 과를 그 성질에 따라 율령으로 분열해 넣어서야 끝날 수 있었다. 과는 원래 그 형식과 내용적으로 모두 변통 가능 특성을 가지고 있었다. 과의 형벌에 관련된 부분을 뽑아내어 율로 정리하고, 기타는 분류를 나누어 령(令)에 귀납시킨 후에야 과의 사명이 완수되었다.

위나라의 과는 법률 형식의 하나로서 존재한 시간이 그다지 길지 않다. 하지만 그 역사적 역할은 얕잡아 볼 수 없다. 과를 형식으로 하고 조씨 위(魏)의 법치를 내포한 새 법제는 조씨 위가 삼국 중 가장 강한 나라로 만들었다. 여기에서 과의 역할을 부정해서는 안 된다. 과를 제정한 것 자체가 《한률》에 대한 중대한 개혁의 중요한 하나의 걸음이라 할 수 있으며, 또한 위진(魏晉)이 정식 법전을 수정하는데 직접적인 길을 개척했다고 할 수 있다. 그 외에 위의 과(科)는 횡적으로 촉(蜀)나라와 오(吳)나라에도 영향을 주었다. 위나라의 과(科)는 전통 법제가 미숙한 데서 성숙한 데로 나아가는 중요한 일환이었다고 할 수 있다.

---

88) 마소홍의 "격의 변화 발전 및 그 의의"를 참고, 《북경대학 학보(철학사회과학판)》 1987년 6기에 게재됨.

진(晉)대에 와서 더는 과(科)가 보이지 않았다. 법률 형식은 율(律), 령(令), 고사(故事) 세 가지만 남았다. 동진(東晉) 함강(咸康) 2년(336년) 임진지과(壬辰之科)는 그 과(科) 자의 의미가 한나라의 과(科)와 비교할 때 다만 별칭일 뿐 법률 형식은 아니었다. 남조(南朝)시기, 법규로서의 과(科)가 다시 나타났는데 그 내용은 과거와 달랐다.[89]

남조(南朝)는 대부분 진법(晉法)을 많이 따랐다. 진(晉)은 또 위법(魏法)을 기초로 하여 법률을 재분류해 수정했다.[90] 기록에 의하면 "진의 가충(賈充) 등이 율령을 지으면서 겸하여 당시 조서의 조목을 산정하였는데 그것이 고사 30권이다."[91] 진(晉)의 고사(故事)는 대부분 행정성 규범에 속한 듯싶다. 양(梁)은 다만 고사(故事)를 과(科)라고 이름을 고쳤을 뿐이다. 진(陳)은 양률(梁律)의 형식을 답습한 진과(陳科) 30권(卷)이 있다. 북위(北魏)는 격(格)으로 과(科)를 대체했다. 북위 초년, 과(科)는 여전히 법률적 효력이 있었다. 《위서·태조기(魏書·太祖紀)》권2는 "천흥 원년 삼공낭중(三公郎中) 왕덕(王德)을 불러 율령을 정하고 과를 금지할 것을 설명했다"고 했으며, 《위서·형벌지(魏書·刑罰志)》에도 태조가 "과령을 약정하고 간략히 할 것을 중시했다"고 기록되어 있다.

후세에서 격(格)으로써 과(科)를 대체한 것은 대체로 두 가지 원인이 있다. 하나는 고대의 음원으로부터 볼 때 격(格)과 과(科)는 발음이 비슷하므로 같이 쓸 수 있었다는 것과 다른 하나는 격(格)과 과(科)는 글자의 뜻이 비슷했기 때문이라는 것이었다.

《설문해자(說文解字)》에서는 과(科)를 "규칙이다, 조목이다"라고 했다. 격(格)도 조문(條紋)이라는 뜻이 있다. 《위서·고종기(魏書·高宗紀)》에는 화평(和平) 4년(463년) "12월 신축(辛丑)날 조서에서 …… 의뢰할 수 있는 조격(條格)이 있게 하여 …… 규정으로 작성한다"고 했다. 여기에서 조격은 조항이라는 뜻이다. 격(格)과 과(科)가 비슷하므로 진(晉)나라 때에는 혼용했었던 것이다.[92]

심층적인 원인으로서 격(格)으로 과(科)를 대체한 것은 그때의 사회발전 형세 하에서 법률 계승 관계의 실현방식의 선택 때문이었다. 동위(東魏)는 소수민족으로서 중원에

---

89) 《唐六典·刑部》권6 주, 북경 중화서국, 1992년.
90) 《진서·형법지》
91) 《唐六典·刑部》권6주, 북경 중화서국, 1992년.
92) 《晉書·陳頵傳》에서는 "처음에 조왕 윤이 찬위하였으므로 3왕이 봉기를 일켜, 기해격을 만들었다"고 했다. 《南史·羊玄保傳》에는 "壬辰之科"라는 기록이 있다. 유송(劉宋)시기, 양희(羊希)는 상주에서 "정해진 격에 따라 장부에 올린다, 함강 2년 임진지과를 정지, 제거한다" 는 등의 내용이 있었다.

왕조를 건립한 후, 한(漢)나라의 제도를 직접 계승한 것이 아니라, 받아들이고, 소화하며, 융합하는 과정을 거쳤다. 이 과정에서 한 측면으로는 본 민족의 법제적 특징을 계승하였고, 다른 한 측면으로는 한(漢)나라 때의 선진적인 제도를 흡수하였다. 이 과정에서 격(格)이 새로운 법률 형식으로써 나타났던 것이다.

이 시기 격(格)의 발전 변화는 대략 3단계로 나눌 수 있다.

북위(北魏) 중기의 앞부분은 제1단계였다. 이 단계는 격(格)이 과(科)로 변화 발전하는 초기이므로, 내용적으로 한(漢), 진(晉) 시대의 과와 구별이 크지 않으며, 율령(律令)의 보조적인 법으로 사용되었다. 북위(北魏) 후기로부터 북제(北齊) 초기는 격이 변화, 발전하는 제2단계였다. 당시 계급모순, 민족모순과 통치 집단 내부의 모순이 날로 격화되었으므로, 통치를 안정시키기 위해 위(魏) 효무제(孝武帝) 태창(太昌) 원년(532년)에 조서를 내려 "전임 군주가 제정한 것은 율이고, 후임 군주가 제정한 것은 령(令)이었는데, 이러한 역사가 오래되었으므로, 많이 사용되었다." "4품 이상의 사무를 관장하는 관원을 상서성에 모아놓고, 각종 격을 가져다 하나의 기준을 토의케 하여 결정한다. 사용할 수 없는 것은 주관 부문에서 등록을 정지하고, 새로 토의하여 결정한 격은 낡은 제도와 연계되지 않도록 한다. 새 격은 반드시 간략하고 알기 쉬워야 하며, 번잡하고 알기 어렵게 만들지 말아야 한다"[93]고 했다.

이로부터 격이 율을 대체하여 주요한 법률 형식으로 되었다.[94] 그 후 얼마 지나지 않아, 북위는 동위와 서위로 분열되어, 남양(南梁)과 천하를 삼분하였으므로, 서로 병탄하느라 율령의 편찬을 고려할 사이가 없었다. 이때의 법은 줄곧 북위 말기의 격을 계속 사용하였다. 동위(東魏) 17년 동안(534-550년) 역사에서는 율령을 수정한 기록이 없었다. 흥화(興和) 3년(541년) 10월에 와서야 이름난 인지격(麟趾格)을 반포하였다. 그 후 북제(北齊) 문선제(文宣帝)시기(550-559년)에 《제율(齊律)》을 제정하려 논의가 있었지만, 여러 해가 되도록 이루어지지 못했다."[95]고 했다. 다시 인지격(麟趾格)을 개정 간행하여 "죄목을 정하고 법대로 처형"하는 규범으로 만들었다. 이 단계에서 격(格)은 당시

---

93) 《魏書 · 出帝平陽王紀》

94) 《魏書 · 孝静帝紀》, "먼저 문양왕과 군신들이 린지각에서 새 제도를 논의하도록 조서를 내렸고, 갑인년에 천하에 반포하였다." 진중안(陳仲安)은 인지격(麟趾格) 제정은 "위나라 때에 시작되었고, 정식 반포한 법률 문서는 동위시기에야 형성되었다"고 보았다.(문사 · 인지격 제정 과정에 대한 고증 제21집)

95) 《수서 · 刑法志》

"통용되는 제도"가 되었다.

이 시기의 격(格)은 이미 제1단계와는 구별되었다. 우선 이 시기의 율령을 수정하는 입법 활동이 정지되었거나 흐지부지해졌다. 율은 이미 유명무실해졌으며, 격이 주요 법률로서 자주 점검되고 개정되었다. 《낙양가람기·경명사(洛陽伽藍記·景明寺)》 권3에는 "법률 사무를 맡은 관리는 사건을 판결하기 어려웠으며 공문이 산더미처럼 쌓였다. 형자재와 산기상시(散騎常侍) 온자승(溫子升)이 칙명을 받고 인지 신제도 15편을 지었다. 중앙사법기관은 이로써 의심스러운 사건을 판결하였으며, 주와 군에서는 이를 백성을 다스리는 근본으로 하였다"라고 기록되어 있다. 《북사·봉술전(北史·封述傳)》에도 "천평 중기…… 옛일을 증감하여 인지의 새로운 격을 만들었다. 그 이름을 법과조(法科條)라 했는데, 모두 산정(刪定)한 것이다"라는 기록이 있다.

북제(北齊) 중·후기에는 정국이 상대적으로 안정됨으로 인해, 율령 자체도 안정성을 갖게 되었다. 그러므로 격이 당시 통용되는 제도(通制)이었지만 장구적인 정책은 아니었다. 북제 초기 사도(司徒) 조장로(曹張老)가 이에 대해 상소하여 율을 폐기하고 격을 사용하는 것을 반대했다. 그는, "대제가 천명을 받은 이래, 율령을 고치지 않았는데, 이는 제도를 창립하고 전하는 방법이 아니므로 사람들의 인식을 바꿔야 한다"[96]고 했다.

무성제(武成帝)가 즉위한 후, 하청(河淸) 3년(564년)에 《제율(齊律)》이 만들어져 격으로 율을 대체하던 국면이 감쇠되면서 정지되었다.[97] 격은 다시 부법(副法)의 위치로 돌아가 율에 정식 조목이 없을 경우 일시적인 형량의 근거로 했다. 《수서·형법지》에는 "후에 평진왕(平秦王) 고귀언(高歸彦)이 모반하여 약죄(有約罪)가 있어야 했지만 율에 올바른 조목이 없었으므로 다른 조목의 권격(權格)을 율과 병행시켰다"고 기록되어 있다. 여기에서 권격(權格)은 제1단계의 별격(別格)과 유사하며, 모두 율령의 부법(副法, 율 외의 임시 조목)으로 사용되었다.

그 후 수 왕조는 북제 후기의 율을 중시하고 격을 경시하는 발전추세를 계속하였다. 당시 사람들은 격령장정(格令章程)이 번잡하여 장구한 법(簡久之法)[98]이 아니라고 여겼다. 그 후 수문제(隋文帝)가 제도를 통일할 때, "잡격(雜格)과 엄한 과는 합병하거나 삭감 제거하였다"[99]고 했다. 수당 이후 율령격식(律令格式)이 병행했지만, 격의 지위와 역

---

96) 《수서·형법지》

97) 《수서·형법지》, 《册府元龜·刑法部》 등을 참고로 함.

98) 《北史·蘇威傳》

99) (송) 王欽若 등, 《册府元龜·刑法部·定律令》 권6, 영인본, 북경 중화서국, 1960년.

할은 율령과 비길 바가 안 되었다.

(4) 식(式)에 대하여

식(式)은 가장 일찍 진(秦)나라 때에 나타났는데, 《진간 · 봉진식(秦简 · 封诊式)》이 있다. 식은 많게는 행정성 법규에 속했다. 한나라 초기에는 품식과 장정이 있었고, 서위(西魏) 문제(文帝) 때에는 대통식(大統式)을 편찬하여 수당 이후 율령격식(律令格式) 네 가지 기본 법률 형식의 하나로 된 것이 식(式)의 발단이다.

그 외 이 시기에는 여전히 한나라 이래의 비(比)와 경의(經義)로 옥사를 판결하는 전통이 계속 사용되었다.

위의 서술에서 볼 수 있는 것처럼, 위진남북조시기의 법률 형식은 비교적 큰 변화가 있었다. 특히 율과 령에 구분이 생겼고, 격으로 과를 대체해, 수당 이후 율령격식이 병행하는 연원이 되었다.

3) 법률 내용의 유가화

동한이래, 대지주 봉건장원경제와 명문 사족을 핵심으로 하는 귀족관료 대지주 그룹이 점차 형성되었다. 삼국, 양진, 남북조시기의 법률은 세가(世族) 대지주 통치와 경제적 이익을 극력 유지하는 데서 출발해, 내용적으로는 아래와 같은 몇 가지 측면의 중요한 발전이 있었다.

① 귀족관원의 특권제도를 확립하였다

팔의(八議)를 입률(入律)하였고, 관당(官當)이 나타났다.

팔의는 여덟 가지 권세가 있고 지위가 높은 인물을 가리킨다. 그들이 죄를 범하면 심판과정에서 특수한 배려를 하는데, 이른바 "큰 죄를 범한 죄인에 대해서는 반드시 그 형을 의논하여 정하고, 작은 죄를 범한 죄인은 반드시 사면한다"는 것이었으며, 관가에서 독단으로 결정할 수가 없었다. 이 여덟 가지 부류의 사람들로는 친(親, 황제 종실 친척), 고(故, 황제의 옛 친구), 현(賢, 조정에서 큰 덕행이 있는 현인군자라고 인정하는 사람), 능(能, 정치, 군사 등에 큰 재능이 있는 사람), 공(功, 국가에 큰 공훈이 있는 사람), 귀(貴, 일정한 급별의 관작이 있는 사람), 근(勤, 국가를 위해 봉사하는 가운데서 출중하거나 매우 열심히 근로한 사람, 빈(賓, 전대 왕조의 황제 및 그 후예)이다.

　팔의는《주례·팔벽(八辟)》에서 유래했다. 주나라 때에는 "형(刑)은 대부(大夫)에게까지 올라가지 않는다"는 제도가 있었으며, 한나라 때에는 "위에 요청을 한다(先請)"는 제도가 있었지만,[100] 온전한 체계를 이루었다고는 할 수 없었다. 조위(曹魏)는 전대의 경험을 종합하여, 위율(魏律)을 제정함에 있어서 팔의를 봉건 법전의 주요 내용 중 하나로 하였다. 팔의의 입률(入律)은 귀족 관료지주가 특권을 향유하고 일반 법률의 제재 위에 군림하게 했으며, 통치계급 중 불법자에게 법률을 파괴할 수 있는 편리를 제공해 주었다. 동진(東晉) 성제(成帝) 때에는 여릉(廬陵) 태수 양담(羊聃)이 온갖 악행을 다 하면서 함부로 형살(刑殺)을 했는데, 한번은 무고한 사람 190명을 잘못 죽였다. "담을 죽여야 한다는 상소가 있었지만" 경헌(景獻) 황후가 그의 대고모였으므로 의친(議親)에 속하므로 사형을 면할 수 있었다.[101] 남양(南梁) 무제(武帝) 때는 "왕과 제후의 자제들은 모두 오만 방자하고 법을 지키지 않았다", "대낮에 도성의 거리에서 살인하는가 하면, 강탈을 하고 도망하기도 했으며, 왕가에서 스스로 숨겼다"[102]고 했다. 이에 진(晉)나라 때에는 부현(傅玄)이 팔의는 "큰 돼지를 경내에 풀어주고, 큰 뱀을 옆에 두는 것"[103]이라고 비평했다.

　《진률》은 팔의를 계속 사용함과 동시에 "관적을 삭제하는 것으로 3년 도형을 대체한다", "관직을 면제하는 것으로 3년 도형을 대체한다"[104]는 규정이 있었다. 진(晉)대에는 확실히 제명(除名), 면관(免官) 등을 통해 죄에 상응하는 형을 대체했는지 확인할 수 없지만, 이러한 작법은 이후 관당(官當)제도의 연원이 되었던 것만은 확실하다. 삼국, 양진(兩晉), 남북조시기에는 구품중정제(九品中正制)를 시행했으므로, 조정에서 인재를 등용함에 있어서 가문과 문벌을 기준으로 하여, 세족 지주가 국가 정권 중에서의 지위를 담보해 주었고, 더 나아가 관료의 법률적 특권을 확대하는 관당제도가 나타났다. 진(晉) 이후의 양(梁)나라에서는 재직하는 관리가 죄를 범하면 벌금만 내면 되었다.[105]《북위율·법례(北魏律·法例)》의 규정에 의하면, 공(公), 후(侯), 백(伯), 자(子), 남(男) 다섯 등급의 작위는 매 등급마다 3년 도형을 대체할 수 있었다. 제5품 품계부터는, 한 품계가

---

100) 한나라 때 누군가(응소) 팔벽을 원용하자는 제의를 했지만, 확인되지 않았다.
101) 《진서》권49, 후에 그의 생질녀인 낭야 대비 산씨가 살려주기를 빌어 사형을 면하였다.
102) 《수서·형법지》
103) 《태평어람》권652, 부자(傅子)를 인용함.
104) 《태평어람》권651, 두예(杜預)의 《진률(晉律)》을 인용함.
105) 《수서·형법지》

2년 도형을 대체할 수 있었다. 관직을 면직당한 자는 3년 후, 원 관직의 등급에서 한 등급 강등하여 등용할 수 있었다.[106] 《진률(陳律)》은 정식으로 관당이라는 단어를 사용하여, 품계가 있는 관원이 죄를 범하면, 5년, 4년 도형은 관직으로 2년 도형을 대체할 수 있었고, 나머지 형은 작외로 하여 공무상의 죄는 과오로 쳐서 벌금형에 처했다. 2년 도형에 처해진 자는 속형(贖刑)할 수 있었다.[107] 수당시기에는 관당제도가 날로 완벽해졌고, 명청시기에 와서야 관리에 대한 통제를 강화하기 위해 취소했다. 하지만 감봉(罰俸), 강급(降級)은 여전히 특권으로 사용되었다.

② 봉건전제통치에 위해가 되는 행위와 윤리강상을 위반한 행위에 대한 진압을 강화하여, 중죄 10조가 정식으로 입률(入律)되였다

봉건전제통치에 위해가 되는 행위와 윤리강상을 위반한 행위에 대한 진압을 강화하기 위하여 중죄 10조를 정식으로 입률한 것은 북제(北齊) 때부터이다. 이중죄 10조가 바로 후세 법전 중에 있는 10악(十惡)이다. 즉 국가의 근본 이익에 직접 위해를 주는 가장 엄중한 10가지 범죄를 율의 앞에다가 놓았던 것이다. 이 10조는 첫째 반역, 둘째 대역, 셋째 배반, 넷째 투항, 다섯째 악역, 여섯째 부도(不道), 일곱째 불경, 여덟째 불효, 아홉째 불의, 열 번째 내란이었다. 이 10가지 죄를 범한 자는 팔의와 속죄의 범위에 들지 못하였다[108]

한대에 이미 부도, 불효 등의 죄명이 있었다. 이른바 "한의 제도 9장이 없어졌다고는 하지만, 부도와 불경의 조목만은 남아 있었던 것이다."[109] 이 외에 작상(作上), 범상(犯上), 대불경(大不敬), 대역(大逆), 항반(降叛), 금수행(禽兽行) 등의 죄명은 진한 이래의 율령에서도 볼 수 있었다. 《위율(魏律)》은 "다섯 가지 형의 죄에서 불효보다 더 큰 것은 없다"[110]고 규정했다.

《진률(晉律)》은 불효죄에 대해서는 거리에서 사형해 버리는 기시(棄市)형을 취했다. 《북위율(北魏律)》과 남조의 《송률(宋律)》은 모두 불효죄를 엄중 처벌하였다. 북제는 이 죄를 중죄 10조에 넣었으며, 팔의에 속하는 사람도 그 형을 감면해주지 않았다. 《진

---

106) 《위서 · 형법지》
107) 《수서 · 형법지》
108) 《수서 · 형법지》
109) 《당률소의 · 名例》
110) 《삼국지 · 위서 · 三少帝紀》

律》은 이를 계속해서 사용하였다. 장비(張斐)는 율표(律表)를 올릴 때, "예교의 의식이 부족하거나 행하지 않았다면, 대불경이라 한다", "정리를 어긴 것을 부도라 한다"고 해석했다. 이러한 것으로부터 이때의 개념이 여전히 모호하여 후세에서처럼 명확하지 않았다는 것을 알 수 있다.

남북조시기에는 한층 더 많은 죄명을 나열했다. 《북위율》은 "대역부도한 자는 요참(腰斬)하며, 그 동적(同籍)을 죽인다, 14세 이하는 궁형에 처하고 여성 가족은 현 관아에 몰수된다." "가까운 사람을 해친 자"를 대역의 가장 큰 죄로 보고, 환형(轘刑, 차열)에 처했다. "독살한 자"는 부도(不道)로 인정해 "남녀 모두 참하고 그 집을 불태웠다." [111] 《남양률(南梁律)》은 "모반, 투항, 반변, 대역 이상은 모두 참한다. 부자간 재산을 공동 소유하고 있을 때에는 나이에 관계없이 기시(棄市)하며, 모친과 아내, 자매 및 응당 연좌되어 기시되어야 할 자 중 아내, 딸과 첩은 해관(奚官)노비로 하며, 재산은 관아에서 몰수한다"고 하였다.[112]

《북제율》에서 규정한 "중죄 10조"는 더 넓은 의미에서 개괄하고 규정하였는데, 봉건 종법제도의 각 측면이 모두 포괄되어 한 층 더 예와 법을 결부시켰으며, 군권(君權), 부권(父權), 부권(夫權)에 대한 유지를 강화하였다. 그 후 《수당률》은 "중죄 10조"의 기초 위에서 더욱 발전시켜 10악으로 정하였으며, 이는 송, 원, 명, 청 등 역대왕조에서 답습되었다.

③ 복제(服制) 정죄(定罪)와 유양(留養)제도의 출현

복제, 정죄는 《진률》에서 처음 나왔다. 그 목적은 "예교의 법도를 엄격히 하기 위한 것"이었다. 이는 친척 간의 범죄를 가리킨다. 다섯 등급의 상복 규정에 따라 정죄하고 형량을 정한다. 웃어른이 항렬이 낮거나 어린 사람을 살해했을 때는 그 관계가 가까울 수록 정죄가 경해지며, 그 반대이면 죄가 중해진다. 하지만 항렬이 낮고 나이가 어린 사람이 웃어른의 재물을 도둑질 하는 등의 범죄는 이와 반대로 정죄(定罪)한다. 이는 한나라 이래, 예와 법이 합류한 다른 하나의 실천이었다. 이후 역대의 율전은 모두 이를 계속 사용하였으며, 명대에는 더구나 상복도(喪服圖)를 율의 위에다 놓았다.

유양은 "존류양친(存留養親)"이라고도 부른다. 범죄자의 직계 친족이 연로하지만, 옆

---

111) 《위서·형법지》
112) 《수서·형법지》

에서 시중들 수 있는 성년 남자가 없을 경우, 죽을죄라 하더라도 10악이 아니면, 상청(上請)을 허락해, 유형(流刑)은 유배를 면할 수 있었고, 도형은 기한을 유예할 수 있었으며, 범인이 남아서 노인을 돌보다가 노인이 돌아간 후에 다시 집행하였다. 《북위율·명례(北魏律·名例)》는 "죽을죄를 범한 죄인은 조부모, 부모가 70세 이상이고, 성인이 된 자손이 없으며, 곁에 그 친족이 없을 경우, 상청을 요구할 수 있다. 유배를 가야 할 자는 편태(鞭笞)형을 받고 남아서 그 가족을 부양하다가 노인이 세상을 떠나면 유배를 가야 하며, 원사(原赦)의 경우에 들 수 없다"[113]고 했다. 이는 중국 고대 법률이 가족화된 구체적인 실현이었다. 이 내용도 역시 후대의 법률에 계승되었다.

④ 9품중정제(九品中正制)와 임관 업적 평가제도

조조는 유재시거(唯才是擧)라는 슬로건을 제기한 적이 있다. 재능이 있기만 하면 모두 관원으로 선발할 수 있다는 것이다. 그는 각지에서 덕망이 높은 사람이 중정관(中正官)을 담당하게 했고, 지방의 선비를 재능에 따라 아홉 등급으로 나누었으며, 정부에서 그 등급에 따라 관리로 선발했다. 이것이 후에 실행된 9품중정제의 시작이었다.

9품중정제는 또 9품관인법(九品官人法)이라고도 불렸으며, 위문제(魏文帝) 황초(黃初) 원년(220년) 상서 진군(陳群)의 건의를 받아들여 정한 것이다. 규정에 따르면 군(郡)에는 소중정관(小中正官)을 설치하고 주(州)에는 대중정관(大中正官)을 설치하였다. 중정관의 직책은 관할 구역 내의 사람들을 가문, 재능, 덕행에 따라 상상, 상중, 상하, 중상, 중중, 중하, 하상, 하중, 하하 등 아홉 등급으로 나누었다. 소중정(小中正)은 품평 결과를 대중정(大中正)에게 보고하고, 대중정(大中正)이 다시 사도(司徒)에게 보고하며, 최후로 중앙에서 그 우열에 따라 관리로 임명했다. 9품중정제(九品中正制)는 위(魏)나라 때에 시작되어 송(宋), 제(齊), 양(梁), 진(陳) 각 왕조에서 계속 사용되었다. 이 제도의 실행은 사족(士族)제도를 튼튼히 하였고, 사족이 통치권을 독점하는 특수 지위를 보장해주었고, "상품에는 비천한 가문이 없고, 하품에는 세족이 없는 국면"을 조성하였으며, 이에 따라 사족과 서족(庶族)의 모순이 날로 심각해졌다. 또한 각종 폐단이 많이 나타났고, 뇌물이 공공연히 행해져 사족과 관원의 부패를 가속화 하였다.

9품중정제 외에 이 시기에 거론할 필요가 있는 임관, 업제 평가제도로는 다음과 같은 몇 가지가 있었다. 첫째는 위명제(魏明帝)시기, 산기상시 유소(劉劭)에게 도관고과지법

---

113) 《魏書·刑罰志》

72조(都官考課之法七十二條)를 만들 것을 명령해, 관원들의 업적을 심사하려 했지만 실행하지는 않았다. 둘째, 진(晋)대에는 명문으로 "현을 다스려본 경험이 없으면 태랑(台郞)에 들 수 없다"[114]고 했다. 이는 관리의 선발에서 기층관리의 역할을 중시한 표현이었다. 셋째, 북위(北魏) 효명제(孝明帝) 때 무인들이 퇴역하면 앞 다투어 관리가 되려 했는데, 이부상서 최량(崔亮)이 정년격(停年格)을 만들어 퇴역한 날짜를 기준으로, 연령과 자격에 따라 선발하는 순서를 정했다.

⑤ 귀족 관원이 등급에 따라 농토를 점용하는 특권을 확인하고 보호했다

법률적으로 호문사족(豪門士族)의 경제적 특권을 확인함과 동시에, 또 봉건국가의 경제적 이익을 극력 보호하였다. 이는 황족지주와 호문사족이 상호 의뢰하고 타협한 산물이었다.

첫째, 점전령(占田令) 혹은 균전령(均田令)을 반포하여 토지의 등급 점유제를 확인했다.

조위(曹魏) 때에는 "공경 이하 관리에게 조세와 소(牛), 소작인(客戶)을 하사하는데 각자 차이를 둔다"는 법령을 반포한 적이 있다. 서진(西晋)은 한층 더 나아가 관리의 품계에 따라 경작지와 소작인을 점하고, 친족에게 특권을 주는 법률규정인 품관점전음객령(品官占田蔭客令)과 점전령(占田令)[115]을 제정하였다.

품관점전음객령과 동시에 반포하여 실행한 점전령(占田令)은, 남자는 경작지 70무(畝)를 점할 수 있고, 여자는 30무(畝)를 점할 수 있었는데, 정남(丁男)에게는 50무, 정녀(丁女)에게는 20무를 과전(課田)시켰으며, 차정남(次丁男)에게는 25무를 과전(課田)시켰다. 이른바 점전(占田)이란 농민이 점할 수 있는 토지 수의 정액 지표를 말한다. 그리고 과전이라는 소작료를 내야 하는 토지의 숫자이다.

북위 이후, 장기적인 전란으로 인하여 많은 사람들이 도망쳤으므로, 토지가 황폐해졌

---

114) 《通典 권33, 직관 15·주 군 하(職官十五·州郡下)》

115) 《品官占田蔭客令》은 태강(太康) 원년(280년)에 반포하였다. 1품 관리는 경작지 50경과 소작인 50호를 점할 수 있었으며, 그 이하는 품계에 따라 감소하여, 9품 관리는 경작지 10경, 소작인 1호를 점할 수 있었다. 그 외 관리의 품계에 따라 제한된 친족을 음비(陰庇)할 수 있었는데, 품계가 높은 사람은 최고 구족(九族)까지 음비할 수 있었으며, 품계가 낮은 사람도 3세(世)까지 음비할 수 있었다. 관가에서 관직을 가지지 않은 사족 지주는 문벌에 따라 음비 특권을 누렸다. 그 음비를 받는 소작인은 관가에 적을 기록하지 않았으며, 국가에 납세하지 않았고, 복역을 하지 않았다. 법률적으로 명문 사족이 국가의 총 호구에서 일부분을 떼어내어 사유케 하고, 국가의 총 부세에서 일부분을 개인의 조세로 하는 것이라고 확인한 것이다.

고, 남아있는 농민들도 무거운 부세와 노역에 견딜 수 없어, 사족이나 명문가에 의부하여 음비를 받았다. 이러한 상황에 비추어, 태화(太和) 9년(485년) 균전령(均田令)을 반포하였다. 균전령에 따르면, 15세 이상의 남자는 노전(露田, 곡물을 심는 밭) 40무를, 여자는 20무를 받을 수 있었으며, 남자는 상전(桑田, 나무를 심는 밭) 20무, 여자는 5무를 받을 수 있었다. 베를 심을 수 있는 곳에서는 남자는 마전(麻田) 10무를 받을 수 있었다. 상전(桑田)은 "세세대대로 전해내려 갈 수 있었으며 종신토록 돌려주지 않았다." 노전(露田)은 소유권이 관아에 있었으며, 받은 자는 나이가 들어 부역을 면제 받거나 혹은 죽으면 조정에 반환해야 했다. 또한 노비도 양인(良人)과 마찬가지로 경작지를 받을 수 있었다. 4세 이상 밭갈이할 수 있는 소는 마리 당 노전 30무를 받을 수 있었으며 최고 네 마리까지 노전을 받을 수 있었다.

북위(北魏) 이후의 역대의 왕조에서도 이와 유사한 균전령을 반포하였다.

둘째, 조조법령(租調法令)을 실시하여 봉건국가의 재정수입을 보장하였다.

균전령의 실행을 실현하고 농민을 토지에 묶어두며, 명문사족의 경제특권을 보장하고, 국가의 재정수입을 보장하기 위해, 위진시기 균전령을 반포한 외에도, 조조법령을 시행했다. 조조법(租調法) 역시 조위 때부터 시작되었으며 204년에는 호조제(戶調制)를 반포하였다. 규정에 따르면, 무의 수에 따라 조(租)를 계산하고 호(戶)에 따라 조(調)를 받았다. 무(畝) 당 곡식 4되(升), 호(戶) 당 견(絹) 2필, 금(錦) 2근을 바쳐야 했으며, 그 외에는 함부로 받아들여서는 안 되었다.

서진(西晉) 태강(太康) 원년(280년)에는 호조지식(戶調之式)을 반포하였다. 《초학기·보기부(初學記·寶器部)》는 진의 고사(晋故事)를 인용하여, 50무에 조(租) 4곡(斛)을 받았다고 했다. 즉 1무 당 8되(升)씩 받은 셈이었다. 전조(田租) 외에도 농호는 호조(戶調)를 내야 했다. 성인 남자가 호주인 경우, 해마다 견(絹) 3필, 금(錦) 3근을 내야 했으며, 호주가 부녀이거나 혹은 차정남(次丁男)인 경우에는 반감하여 바쳤다.

북위는 균전령(均田令)을 반포한 이듬해에 조조법을 반포하여, 부부 한 쌍이 1년에 조(租)로 곡식 2섬(石), 조(調)로 백(帛) 1필을 바치게 했다. 북제, 북주(北周)에서 시행한 조조법도 이와 대체로 비슷했다.

이 시기에는 사족과 명문가에서 토지를 대량으로 겸병하고 노동력을 점유했으므로, 관가에서 직접 통제할 수 있는 농호 수가 감소되어, 부세와 요역의 내원에 손해를 주었다. 이 때문에 조정에서는 균전령을 반포하고 조조법을 실행했던 것이다. 이는 한 측면으로는 겸병된 민전과 모집된 소작농 및 음비를 받아 부역을 면제받은 인구 등을 법률적으로 승인하고 보호한 외에, 다른 한편으로는 관가에서 조조(租調)와 요역의 내원을 유지하고 관료, 사족 등 상술한 특권을 가진 사람들을 수량적으로 얼마간 제한을 하기 위한 것이었다. 보통 농호에 대해서는, 점유한 경작지 수에 상응한 조조(租調)의 수를 정한 것은 "농민들이 밭에 귀농하는 것을 독촉하고", "과세 내는 것을 권고"하여 국가의 재정 내원을 담보하기 위한 것이었다.

⑥ 존비양천(尊卑良賤) 등급 관계의 혼인제도를 유지하였다

당시는 사족 명문가에서 국가정권을 조정하였고, 봉건 존비양천의 등급이 삼엄하였는데, 이러한 상황이 혼인관계에서는 사서(士庶), 양천(良賤)의 불혼(不婚)으로 나타났다. 법률은 존비(尊卑), 사서(士庶), 양천의 불평등 사회관계와 사족의 부곡(部曲)과 노비(奴婢)에 대한 점유 특권을 보호하였다. 예를 들면, 계모를 죽이면, 생모를 죽인 것과 마찬가지로 사형에 처했다. 형이나 누이를 구타하면 5년 도형에 처했다.

혼인에서는 문벌과 가문을 특별히 중시하여, 외족(外族)이 가족 계통을 사칭할 것을 대비해 가보(家譜)를 만들었으며, 이것은 관가에 장악되었다. 문벌이 높은 세가에서는 아이가 태어나기만 하면 곧 관직이 있었다. 사서양천(士庶良賤)의 통혼은 실류(失類)로 인정되어 비난 혹은 탄핵을 받거나 혹은 법률적 제재를 받았다. 예를 들면, 남조(南朝) 양(梁)의 사족 왕원(王源)은 딸을 부양(富陽) 만씨(滿氏)에게 시집보내, 어사중승(御史中丞) 심약(沈約)의 탄핵 상주를 받았다. 그는 "이익만 추구하여, 동료까지 모욕을 당하게 한 것이 이보다 더한 것이 없다", "원의 관직을 면직하고 종신 벼슬을 못하게 하며, 이러한 일을 보고도 당연한 듯하는 것을 항상 금지해야 한다"[116]고 했다. 또 권세가 하늘을 찌를 듯했던 하남왕(河南王) 후경(侯景)이 양무제(梁武帝)에게 왕(王), 사(謝) 두 집안에 청혼하겠다고 말했을 때, 무제(武帝)는 후경(侯景)의 문벌이 높지 못하고, "왕, 사는 문벌이 높아 짝이 안 되므로, 주, 장 이하의 가문을 찾으라"[117]고 했다.

그 외 이 시기는 첩을 들이는 것이 합법적인 것으로 인정되었다. 신령(晋令)은 관원의 품계에 따라 첩을 1~4명 들일 수 있다고 규정했다. 하지만 실제 첩의 숫자는 절대 이뿐만이 아니었다.

상속문제에서는 적자와 서자의 구별을 엄격히 하여, 적자만 상속권이 있었으며 서자

---

116) 《文选注》 권40
117) 《南史·侯景傳》

는 일반적으로 상속권이 없었다. 특히 북조(北朝)시기, 서자는 더욱 기시를 받았다. 이러한 것들은 모두 사족의 단결을 유지하기 위한 것이었으며, 이로부터 통치를 다지는 목적을 달성했다.

⑦ 형벌개혁과 법률해석의 규범화

위(魏)의 《신률(新律)》은 법정형을 사(死), 곤(髡), 완(完), 작(作), 속(贖), 벌금(罰金), 잡저죄(杂抵罪)[118] 등 여러 종류로 나누었으며, 일부 형벌을 가볍게 하였다. 예를 들면, 투서기시(投書棄市)를 폐지하였으며, 연좌의 범위를 제한하였고, 무고와 사사로운 복수를 금지하였다.

《진률(晉律)》은 형을 다섯 가지로 정했다. 이들로는 사(死), 곤(髡), 속(贖), 잡저죄(雜抵罪)와 벌금이었다. 사형에는 세 가지가 있었는데 각기 효수(梟首), 요참(腰斬), 기시(棄市)였다. 곤(髡)형에는 네 가지가 있었다. 이들로는 각기 곤감5년(髡鑑五歲)형, 태형 200대와 4년, 3년, 2년 형이 있었다. 속죄(贖罪, 악의적이지 않은 범죄)에는 다섯 가지가 있었는데 각기 죽을죄를 속죄하는 데에는 금 2근을 바치는 것과 5년, 4년, 3년, 2년 형은 속죄비로 각기 금 1근 12냥, 1근 8냥, 1근 4냥과 1근을 바쳐야 했다. 잡저죄(雜抵罪)와 벌금도 각자 다섯 가지 등급이 있었다.

《북위률》은 여섯 가지 형을 정했다. 이들로는 사(死), 유(流), 궁(宮), 도(徒), 편(鞭), 장(杖)이다. 《북제율》은 《북위율》을 이었는데 최종 사(死), 유(流), 도(徒), 편(鞭), 장(杖) 다섯 가지 형을 확립하여, 수당 이후 사(死), 유(流), 도(徒), 장(杖), 태(笞)의 형벌체계의 기초를 닦아놓았다.

이 시기 역대 형벌의 변혁을 총괄해 보면, 그 추세는 점차 느슨해지고 관대해졌다는 것이다. 그 주요 실현으로는 다음과 같은 몇 가지가 있었다.

첫째, 궁형(宮刑)을 제거한 것이다. 한 문제가 형벌을 개혁한 이래, 궁형은 사용하다가 폐지하기를 반복했었다. 북위, 동위시기에는 여전히 궁형(宮刑)을 사용했다는 기록이 있다. 서위 문제는 대통(大統) 13년(547년)에 조서를 내려 "지금부터 궁형을 받아야 하는 자는 직접 관가에 노비로 편입되며 형을 실행해서는 안 된다[119]고 했다.

북제 후주(后主) 천통(天統) 5년(569년)에도 조령을 내려 "궁형을 받아야 하는 자는

---

118) 작위 삭탈, 제명, 면직 등으로 형벌을 대체하는 것의 총칭.
119) 《北史 · 西魏文帝紀》

모두 그 형을 면제시키고 관노로 한다"120)고 하였다. 이로부터 궁형은 더는 법정(法定) 형벌이 되지 않았다.

둘째, 연좌범위의 변화였다. 연좌는 한 사람이 죄를 범하면 그 친족에게까지 연루되어 함께 형을 받아야 하는 제도로서, 종좌(縱坐), 수좌(隨作)라고도 불렸다. 진한 이래 이러한 규정이 있었다. 특히 여성은 아버지가 족형(族刑)을 범하면 종좌되어 죽임을 당해야 했는데, 또 시가에서 족형을 범해도 수성지육(隨姓之戮)을 당해야 했다. 그리하여 여성은 "한 몸이지만 내외(內外)로 죽임을 당해야 했다." 이는 조위(曹魏)의 고귀향공(高貴鄕公)시기에야 개혁했다. 《신률》이 반포된 후, 정함(程咸)의 상의(上議)에 따라 율령을 수정하였는데, 미혼 여성은 부모를 따라 죽임을 당해야 하며, 기혼 여성은 시가의 벌을 따라야 했다.121) 이는 이미 시집간 여성이 연좌에 연루되지 않는다는 선례를 열었다. 후세에는 이 제도를 많이 따랐다. 《신률》은 연좌의 범위에 대해서도 축소했는데, 율에 따르면, "대역무도는 요참하며 가족은 종좌되지만, 그 조부모와 손자에게는 형이 미치지 않는다"고 했다. 그 이후의 《양률(梁律)》은 연좌 범위를 한층 더 축소하여 모반, 항반, 대역 등 죄로 연좌된 여성 중 "모친, 아내, 자매 및 응당 연좌를 받아 기시해야 하는 자 중, 딸과 첩은 해관(奚官)의 노비로 한다"고 하여 여성은 사형을 면제받을 수 있는 선례를 열었다. 양무제(梁武帝) 대동(大同) 원년(535)에는 조서를 내려, "지금부터 죄를 범한 자 중, 대역을 제외하고는 부모, 조부모는 연좌를 하지 말라"고 했다. 하지만 《진률(陳律)》은 또 "부모에 대한 연좌의 형을 회복한다"122)고 했다. 《북위율》은 연좌의 범위가 넓었는데, 효문제(孝文帝)시기에야 축소됐다. 연흥(延興) 4년(474년)에 조서를 내려, "대역죄를 범한 자는 그 자신에게만 형을 행한다"123)고 했다. 하지만 법률적으로는 연좌의 범위를 축소하는 규정이 있었지만, 사법 실천에서는 일반적으로 범위를 확대하는 추세가 있었다.

셋째, 유(流)형을 사형의 감면 형으로 하였다. 진한 이후, 사형의 감면 형은 도(徒)형이 있는데, 이 시기에 와서 유(流)형으로 고치었다. 《수서·형법지》의 기록에 의하면, 양무제(梁武帝) 천감(天監) 3년(504), 건강(建康)의 여성 임제(任提)가 유괴죄를 범했는데, 그 아들 경자(景慈)가 모친이 그러한 죄를 범했음을 증명했다. 이에 경자는 "친족을 극

---

120) 《北齊書·后主紀》
121) 《晉書·刑法志》
122) 《隋書·刑法志》
123) 《魏書·刑法志》

형에 빠지도록 한 죄"로 교주(交州, 지금의 광둥성 장허 삼각주 일대)에 유배되었다. "이때부터 유배죄가 있었다"고 했다. 북위, 북제는 모두 "죽을죄를 강등하여 유배를 보내는 원칙"을 실시했고, 유(流)형을 법정형으로 정하여 사형(死刑)과 도형(徒刑의) 중간형으로 했다. 이로부터 한 문제가 형벌을 개혁한 이래, 사형과 도형 사이의 공백을 메웠고, 수당시기 형벌제도가 완벽해지는데 기초를 닦았다. 《북주율(北周律)》은 또 유(流)형을 다섯 등급으로 나누었는데, 2,500리, 3,000리, 3,500리, 4,000리, 4,500리가 있었다. 수당시기에는 이를 답습했다. 심가본(沈家本)이 말한 것처럼, "개황 원년 율을 정하면서 유형을 오형의 하나로 한 것은, 위와 주의 율을 답습했기 때문이며, 당 이래 역대적으로 이를 답습하면서 고치지 않았다"[124]고 했다.

넷째, 여성 범죄자가 형을 행할 때에는 특수한 규정이 있었다. 위명제(魏明帝) 때, 여성 범죄자에게 형을 집행할 때는 신체가 노출되는 것을 피하기 위해, 여성에게 태형을 처함에 있어서, 편독(鞭督, 태형에 책벌을 더하는 형)의 규칙에 따라 벌금으로 대체하게 했다. 《진률(晉律)》은 또 "여인이 벌금형과 장형을 받아야 할 경우에는 모두 절반으로 행한다"[125]고 했다. 《양률(梁律)》은 이를 계속 사용했으며 또 여성에 대한 배려를 확대해, "여인이 편형 장형을 받아야 할 경우 모두 절반으로 행한다.", "임신한 여자는 형벌을 집행하지 않는다"[126]고 했다. 《북위율》은 이를 한층 더 명확히 해서 "여자가 형을 받아야 하나 임신했을 경우, 해산 후 100일째 되는 날 형을 집행한다"[127]고 했다. 여기에는 예교의 요소도 작용했지만, 이는 사회의 문명정도가 높아진 결과이기도 했다.

전통 법률과 율학의 발전은 이 시기의 법률 해석도 규범화되는 추세를 나타냈다. 그리하여 후세의 입법, 사법과 법제의 통일에 깊은 영향을 주었다. 대표적인 것으로는 장비(張斐), 두예(杜預)의 《태시율(泰始律)》 해석이 법률개념의 과학화와 규범화에 비교적 큰 공헌을 했다. 특히 장비(張斐)는 일부 법률 명사에 대해 설명했다. 예를 들면, 고의는 "알면서 범한 것을 고의라 한다." 과실은 "뜻밖의 실수로 범한 것을 과실이라 한다." 모(謨)는 "두 사람이 의논한 것"이고, 군(群)은 "세 사람 이상"을 가리키며, 장(臟)은 "이익을 도모하는 것을 목적으로 한 것"이며, 희(戱)는 "양측이 같이 싸웠다"는 점을 주로 보며, 투(鬪)는 "양측의 분쟁"에 중점을 두었고, 사(詐)는 "배신을 중요한 조건"으로 하며,

---

124) 심가본(沈家本), 《역대 형법 고·형법 분고(歷代刑法考·刑法分考)》

125) 《진서·형법지(晋書·刑罰志)》

126) 《문헌통고·형고4(文献通考·刑考四)》 권165.

127) 《위서·형법지(魏書·刑罰志)》

솔(率)은 "힘으로 많은 사람을 지휘한 것"을 가리키며, 강(强)은 "불화를 원칙"으로 하며, 조의(造意)는 우선 "창의한 점"을 보았다. 그리고 《진률(晉律)》 중의 일부 헷갈릴 수 있는 죄명에 대해서도 해석했다. 예를 들면, "위세로써 재산을 얻은 범죄인" "스스로를 구하지 않는 것과 구함을 받으려 하는 것" 등을 말했다.[128] 그 외에 형명(刑名)의 종류에 대해서도 간단명료한 해석을 하였다. 예를 들면, "의도는 좋았지만 결과가 나쁜 것은 금으로써 속죄한다." "율제의 죄는 14등급을 초과하지 않고, 사형은 세 해를 넘기지 않으며…… 형은 한 해를 넘기지 않으며, 금은 4냥을 초과하지 않는다"[129]는 것은 바로 앞에서 서술한 《진률(晉律)》의 형벌 체제에 대한 통속적이고 알기 쉬운 개괄이었다.

---

128) 《진서·형법지(晋書·刑法志)》 또 無變斬擊謂之賊……取非其物謂之盜 기록되었다.
129) 《책부원귀·형법부·정률령(册府元龜·刑法部·定律令)》 권610.

8장.
예와 법의 합일시대

중국 고대의 법률제도는 주·진이래 청 말기에 이르기까지 모두 당시의 사회에 적응하고 사회를 통제했다. 특히 법률제도는 기타 문화체계와는 달리 시종 고도의 순수성을 유지해 왔으며 외래문화의 영향을 극히 적게 받았다. 중국의 많은 문화유산들을 보면 모두 시기적 혹은 왕조별 특징을 가지고 있었다. 이와 비교할 때 중국 법률문화의 체계는 시종 일관성을 유지해왔다. 《당률》이 바로 그 가장 대표적인 경우이다.

중국의 고대 법률은 당 왕조에 와서 더욱 성숙됐으며 예와 법이 고도로 통일되었다. 그 이후에는 변화가 크지 않았다. 수나라 이후 당송 양 대에 걸쳐 중국의 법령과 문물이 해외로 전파되었는데, 중화의 법체계는 《당률》을 표지로 하여 완벽해졌다. 그 후의 전통 법률문화는 큰 변화가 없었다. 오대(五代) 및 송(宋)은 《당률》을 계속 사용했다. 원대에 와서는 아주 작은 변동이 있었다. 명률의 내용도 십중팔구는 《당률》이었다. 청률(清律)은 더구나 명률을 그대로 답습했다. 당 이후의 법률은 조목에 가끔 씩 증감이 있었고, 형명에 간혹 경중은 있었지만, 그 전체적인 체계의 정신, 기본관념은 사실상 《당률》에서 한 걸음도 벗어나지 않았다. 《당률》은 중국 고대 법률의 본보기로써 중화 법체계의 표지였던 것이다.

1절. 예와 법의 결합과 통일

- 《개황률(開皇律)》에서 《당률소의(唐律疏議)》까지

수나라는 38년밖에 존재하지 않았지만 역사적으로 과거를 계승하고 미래를 여는 역할을 하였다. 수나라의 통일이 없었다면 성당(盛唐)이 나타날 수 없었을 것이다. 법제에서도 역시 그러하다. 수나라의 입법과 사법의 실천은 그 후세, 특히 당대를 위해 많은 경험을 제공했다.

1. 《개황률》의 특징과 역사적 의의

수 문제는 북주 정권을 종합적으로 검토한 시기부터 "가혹한 정치"를 제거하기 위해 구율(舊律)을 수정해 《형서요제(刑書要制)》를 다시 만들어 관대한 형법의 정책을 시행했다. 개황 원년(581년) 9월, 고형(高熲), 정역(鄭譯), 양소(楊素), 배정(裴政) 등에게 위진남북조의 형전(刑典)을 참작하여, "가벼운 형으로 무거운 형을 대체하고, 사형을 기타 형으로 대체한다"는 원칙에 따라 과거의 가혹하고 참혹한 법을 파기하고 신율(新律)[1]을 제정, 반포할 것을 명했다.

개황 3년(583), 수 문제는 형부에서 상주한 판결 상황을 보고받고 《신률》이 실시된 후 해마다 거의 1만 건에 달하는 사건을 판결하였음을 보고, 이는 법률 조항이 지나치게 엄밀하여 많은 사람들이 형벌의 그물에 빠지게 되었다고 인정해[2], 또 소위(蘇威), 우홍(牛弘) 등에게 《신률》을 수정할 것을 명령했다. 그리하여 죽을죄 81조와 유죄(流罪) 154조 및 도(徒) 장(杖) 등 죄 1천여 조를 삭제하고, 최후로 율문 500조를 보류해, 전체 법전이 상대적으로 관대하고 간략하게 되도록 했다. 이는 《당률》의 제정에 뚜렷한 영향을 미쳤다. 동시에 역대 법전 격식의 경험을 받아들여 만들었는데 "제나라의 제도를 많이 받아들였다"[3]고 했다. 즉 《북제율(北齊律)》의 "법령이 명확하고 상세하며 과조가 간

---

1) 수나라 건립 후, 과거 북주(北周)시기, "정치적으로 고정된 법이 없고 벌에는 정해진 형이 없어, 위 아래로 상호 원망하고, 안팎으로 인심이 흩어졌던" 역사적 교훈을 받아들여, 정치 경제개혁을 단행하기 전, 먼저 법률제도부터 개혁하였다.

2) 《수서·刑法志》를 참고로 함.

3) 《자치통감》 권175에서는 배정(裴政)이 "위진 구율을 받아들였고 그 아래로 양, 진의 율을 받아들였는데 형벌의 경중에서는 절충했다"고 했다. 또한 《수서·형법지》에서는 문제가 《신률》을 반포하는

단명료한 특징"을 계승했다. 《신률》은 12편으로 나뉘었는데, 그것은 "명례(名例), 위금 (衛禁), 직제(職制), 호혼(户婚), 구고(厩庫), 천흥(擅興), 도적(盜賊), 투송(鬪訟), 사위 (詐僞), 잡률(雜律), 포망(捕亡), 단옥(斷獄)" 등이었다. 《당률》은 이러한 격식구조를 모두 계승하였으며, 그 이후의 각 왕조에 영향을 주었다. 《명청률》은 이러한 구조 형식을 변화시켰지만, 《개황률》이래 확립된 기본 격식의 영향은 여전히 남아있었다. 개괄해 보면 《개황률》은 다음과 같은 몇 측면에서 뛰어난 공헌을 하였다.

1) 형벌제도를 개혁했다

《개황률》은 처음으로 새 5형(五刑)의 격식을 확립했다. 북위, 북제의 형벌체계를 계승한 기초 위에서, 《개황률》은 이전 각 왕조의 형벌 종류에 대해 계통적인 종합과 정리를 하였다. 효수(梟首), 거열(車裂) 등 잔혹한 형벌을 폐지한 외에, 태(笞), 장(杖), 도(徒), 유(流), 사(死)를 기본 형벌수단으로 하여, 완벽하고 경중의 질서가 있는 형벌체계가 이루어졌다. 형벌을 다섯 가지 종류의 20개 등급으로 정했다. "전대의 편형 및 효수, 환열의 법"을 폐지했다. 유(流), 도(徒)죄도 전에 비해 많이 가벼워졌다.

다만 대역, 모반, 반자(叛者)에 대해서는 부자와 형제를 모두 참하고 그 가족은 몰관(沒官)하게 했다.[4]

상술한 오형을 봉건제 5형이라 통칭하여, 주(周)대의 묵(墨), 의(劓), 월(刖), 궁(宫), 대벽(大辟) 등 구 5형과 구별하였다. 이로부터 사람의 몸을 손상시키는 육형이 왕조의 법전 율문에서 더는 존재하지 않게 되었다. 당나라 이후 명청시기에 이르기까지 태, 장, 도, 유, 사 등 다섯 가지 형벌은 줄곧 각 왕조의 법전에서 규정한 기본적인 형벌체계였다.

2) 귀족관리의 법률특권을 확대하였다

귀족관리의 법률특권을 확대한 것은 다음과 같은 몇 가지 방면에서였다. 첫째, 전대의 팔의(八議)제도를 답습하여, 형벌에서 우대를 받을 수 있는 사람들의 형을 관대하게 감소케 하거나 용서하였다는 의청감속(議請減贖) 법이 있었다.[5] 둘째, 예감(例減)이라

조서에서 "제왕의 작법은 그 연혁이 다르므로, 시대에 알 맞는 것을 골랐다. 그러므로 증감이 있다"고 했다. 이로부터 알 수 있는 것은, "제나라의 제도만 받아들였다"는 설법은 확실하지 않다. 응당 《수서·형법지》에 따라, "제나라의 제도를 많이 받아들였다"고 해야 할 것이다.

4) 《수서·형법지》

는 특권을 창설했다. 팔의에 속하는 사람 및 7품 이상 관리가 법을 범하면 모두 한 등급 감형하여 처형했다. 셋째, 전대의 관당(官當)을 정식제도로 삼고, 공죄(公罪)와 사죄(私罪)를 분리하고 관리의 품계에 따른 상세한 규정을 하였다.[6] 넷째 율은 5형 20등 이하에게 속죄 시 내야 하는 동(桶)의 구체적 수량[7]을 열거하였다. 또한 9품 이상 관리가 죄를 범하면, 일부 중죄, 예를 들면, 십악(十惡)이나 재물을 받고 법을 어긴 것이나, 간음(奸), 도(盜), 살인 등 외에는 모두 동으로 속형(贖刑)할 수 있게 했다. 이로부터 과거 재물로 형을 대체하는 방식이 제도화, 법률화되었던 것이다.

3) 십악(十惡) 조목을 창설했다

《개황률》은 《북제율》의 중죄 10조를 증감하여 십악이라는 조목을 창설했다. 모반(謨反), 모대역(謨大逆), 모반(謀叛), 악역(惡逆), 부도(不道), 대불경(大不敬), 불효(不孝), 불목(不睦), 불의(不義), 내란(內亂) 등 10가지 봉건통치를 심각하게 위해하고, 강상명교에 위배되는 범죄를 종합하여 십악이라 칭하고, 율의 첫 편에 놓았으며, 특별한 규정을 하여, 형사 진압을 하는데 중점적인 작용을 하게 했다. 기록에 의하면 "십악을 범하였거나 고의 살인하여 사면을 받을 수는 있지만, 여전히 제명한다"[8]고 했다.

이러한 유형의 범죄에 대해서는 엄중하게 처벌했고 관용을 베풀지 않았다. 즉 이른바 속어에서 말하는 "사람을 죽이면 목숨으로 보상해야 한다", "십악은 용서할 수 없다"는 것의 내원이다. 《당률》은 십악을 계승하였고, 그 이후의 천여 년 동안 줄곧 전통 법전의 핵심 내용으로써 존재해 왔다.

---

5) 《신당서 · 형법지(新唐書 · 刑法志)》

6) 《수서 · 형법지》에는 관당(官當)으로 관리가 도(徒)형을 받게 되면, 사죄(私罪)는 5품 이상 관직으로 2년을 대체할 수 있고, 9품 이상은 1년을 대체할 수 있으며, 공죄(公罪)는 각기 1년씩 더 대체할 수 있다고 했다. 관당으로 관리가 유(流)형을 받게 되면 3등 유(流)형을 3년 도(徒)형과 마찬가지로 처리한다고 했다. "만약 공죄라면 도는 1년을 더 대체할 수 있고, 유는 1등급 더 대체할 수 있다." 예를 들면 모 군의 태수(정 4품)가 공죄(公罪)로 2000리 유(流)형 판결을 받았다면, 조례에 따라 먼저 한 등급 강등하여 1500리 유(流)형을 받아야 한다. 그 다음 관당(官当)에 의해 다시 한 등급 강등하면 3등 유(流)형은 3년 도(徒)형과 동일시된다. 또한 공죄를 범한 5품 이상 관원이므로 그 관직으로 3년 도형을 대체할 수 있다. 즉 태수는 5품 관직으로 모든 형벌을 상쇄할 수 있는 것이다.

7) 태형 5는 동 1근 내지 5근으로 속형할 수 있고, 유형 3은 동 80근 내지 100근으로 속형할 수 있으며, 사형 2는 동 200근으로 속형할 수 있다.

8) 《수서 · 형법지》

4) 경제에 대한 법률의 조정을 강화했다

수나라 초기 계속 균전제를 실시하여, 균전령(均田令)[9]을 반포했다. 그 외에 "공해전 (公廨田)은 공용비용을 공급하도록 했다"[10]. 균전령은 중앙에서 전국의 대다수 농호를 통제할 수 있도록 해, 재정의 내원을 담보했다.[11] 균전령을 실시함과 동시에 호적을 대 대적으로 정돈했는데, 여기에는 호구와 장부의 입법 조정도 포함되었다. 이로서 지방에 서 부세와 요역을 담당해야 하는 호에 대한 직접적인 통제를 강화했다.[12] 이러한 일련 의 조치들을 통해 중앙에서 지방재정에 대한 통제를 강화했으며, 일정한 정도로 유래가 깊은 지방 할거세력을 약화시켰다.[13]

전통적 입법과정에서 민사와 경제에 관련되는 것은 호적, 화폐에 관한 규정들이 특히

---

9) 균전령(均田令)의 규정에 의하면 성년 남자는 인구 당 노전(露田) 80무(畝)를 분배받을 수 있었으며 영업전(永業田)으로 상전(桑田) 20무를 분배받을 수 있었다. 여성은 인구 당 밭 40무를 분배받을 수 있었다. 직관(職官)은 직무에 따라 밭을 분배받았는데, 경관(京官)은 "1품에는 5경을 주었으며 그 아래로 매 품계마다 50무씩 차이가 났다.", "외관도 역시 직무에 따라 밭을 나누어 주었다."

10) 《수서 · 식화지》

11) 《通典 · 食貨》의 기록에 의하면, 당시 관가 창고는 "곡식을 저장한 것이 많을 때에는 천만 석, 적 을 때에도 수백만 석보다 적지 않았다. 또한 천하의 의창(義倉)은 모두 가득 차 있었다. 수도(京 都) 및 병주(幷州)의 창고에는 포백(布帛)이 각기 수천만 필이 있었다"고 했다. 《文献通考 · 户口 考》는 "수대의 흥성은 사실상 이로부터 나타난 것이다.", "고금의 국계(國計)가 부유하기로는 수나 라를 당할 나라가 없었다"고 기록했다.

12) 개황 3년(583) 조정에서는 명령을 내려 전국의 각 주 · 현 관리들이 빠졌거나 숨겨진 호구를 검사할 필요가 있다고 요구했다. 또한 호적과 본인의 체모를 대비하도록 했는데 만약 허위적인 것이 있으 면, 이정과 당장이 외지로 유배를 가야 했다. 이것이 바로 역사서에 기록된 "대대적으로 용모를 파 악하다"라는 것이다. 탈세를 방지하고 세금을 받는 관리가 부정행위를 하는 것을 방지하기 위해, 징 수액과 호수가 상등해야 한다고 명령했다. 문제는 재상 고영(高穎)의 건의를 받아들여 해마다 정월 초닷새, 현령이 백성들을 3당, 혹은 5당씩을 1단으로 하여 인구와 가정재산의 변화 상황을 조사해 정호(定户)의 고하와 상응하는 납세액을 장부로 만들게 했다. 이를 수적법(輸籍法)이라 했다.

13) 이를 위해 중앙 3성 중의 상서성 6조의 탁지(度支), 도관(都官) 2개 부서가 전국의 재계와 회계 감사를 담당하게 했다. 탁지상서(度支尚書, 583년에는 한동안 민부상서라 개칭했다)는 한(汉)대의 대사농(大司農)과 일맥상통한다. 그 아래에 좌호(左户), 우호(右户) 및 창(仓), 금(金) 4대 전문직 부 서를 두었다. 이는 전에 없던 것이었다. 호부(户部)라는 칭호는 한대 상서(尚書) 중의 민조(民曹)에 서 나왔으며 동한(东汉) 말년에 탁지로 고쳤다. 삼국시기 오(吴)나라는 한동안 호부(户部)라고 호칭 했으며 위진(魏晋) 및 수나라는 다시 탁지라고 불렀다. 당나라 초기에는 수나라의 제도를 그대로 사용하였는데 당태종(唐太宗) 정관(貞觀) 23년(649)에 처음으로 호부(户部)라고 고쳤다. 당나라 이 후 호부제도는 청나라 말기까지 이어졌다. 이로부터 수나라 때의 재계체제가 깊은 영향을 끼쳤음 을 알 수 있다. 당나라 때에는 재계, 회계 감사가 비부(比部)에 집권됐다. 이는 수나라 때 도관(都 官)이 관할하던 것의 계속이라고 할 수 있다.

많았는데, 그 원인은 이 두 가지가 국가의 재정 부세 수입과 직접 관련되기 때문이었으며, 부세는 국가의 경제기초였기 때문이다. 그러나 경제가 회복되고 상업이 번영함에 따라, 중앙정부는 엄격한 수단으로 통일 전 혼란한 화폐제도를 정돈하기 시작했다. 남북조시기의 화폐는 "명칭과 종류가 매우 많았고 경중이 달랐다." 일부 지역에서는 옛날 화폐나 서역의 금은지전(金銀之錢)을 잡용(雜用)하기도 했다. 문제(文帝)는 화폐를 통일하기 위해, 개황 원년(581년) 9월 조령을 내려 "오수전(五銖錢)을 주조하여 격식을 통일하고 고전(古錢) 및 사전(私錢)을 모두 금지하며 각 곳의 요로에 오수전의 견본을 놓아두어, 견본과 일치하지 않은 화폐는 관가에서 몰수하여 소각한다"14)고 했다. 이로써 금융을 통제했다. 개황 4년(584)에는, 지방에서 사전(私錢)을 사용하는 것을 금지했는데, "여전히 금지되지 않는 곳에 관해서는 현령의 반년 녹을 삭감한다"15)고 했으며, 불법자를 엄격히 처벌했다. "수도에서 사전 혹은 옛 화폐로 무역을 하다가 관리에게 잡혀 죽은 자도 있었다"16)는 기록도 있다.

5) 사법을 중시했다

사법을 중시한 전형으로는 제소와 사형 복주(復奏)제도가 확립되었다. 수나라 초기, 문제(文帝)는 "율령이 처음 시행되어, 사람들이 그러한 행동이 금지된 것임을 몰라 죄를 범하는 사람이 많았다. 또한 하급 관리 중 가혹한 정치를 이어가는 사람도 있으므로, 반드시 무고한 사람에게 죄를 씌우는 일이 있을 것"17)에 대비해 "사방에 칙명을 내려", "잘못된 소송을 바로잡게 했다." 이로부터 제소와 복주(復奏)제도가 확립되었다. 《개황률》은 백성이 "억울한 사연이 있는데 현령이 처리하지 않으면 그 다음 순서대로 차례로 군이나 주에서 해결하게 한다. 성에서까지 해결하지 못하면 입궐 제소할 수 있다. 만족하지 않은 부분이 있으면 등문고(登聞鼓)를 두드리면 주관자가 기록하여 상주한다"18)고 했다. 황제가 사법에 대한 통제를 강화하기 위해 개황 12년(592)과 15년(595)에 조서를 내려 "여러 주에서는 사형 죄에 대해서는 즉시 집행하지 말고 모두 대리에 이송하여 재

---

14) 《资治通鉴·陈宣帝紀》 권175.

15) 《수서·食貨志》

16) 위의 책.

17) 《수서·형법지》

18) 위의 책.

심토록 해야 한다. 재심이 끝난 후 다시 성에 올려 재결한다." "사형을 집행하려면 세 번 상주한 후 다시 형을 집행한다"[19]고 했다. 이로부터 지방의 각급 관리는 사형수에 대해 집행할 전권이 없게 되었다. 사형 집행은 모두 황제에게 주청하여 비준을 받아야 했다. "세 번 상주한 후에야 형을 집행할 수 있다"는 것은 당대의 사형 집행은 세 번 상주해야 한다는 제도의 발단이 되었다.

그 외에 문제(文帝)는 각급 관리들이 법률을 통달해야 한다는 조령을 내린 적도 있었다. 중앙의 대리사(大理寺)에 8명의 율박사(律博士)를 설치해 대형사건을 판결하게 했으며, 유가경전으로 법률을 가르쳤다. 또한 지방 각 주(洲)의 장사(長史) 이하 행참군(行參軍) 이상의 관리들이 정기적으로 경성에 와 법률시험을 치르게 했다. 사법관리가 뇌물을 받아먹고 법을 어기는 것을 방지하기 위해, "각 조에서 사무를 결단함에 있어 모두 율문을 작성해야 한다"[20]고 규정했다. 문제(文帝)는 만년에 법을 만들어내는 것을 능사로 삼았는데, 가혹하고 엄한 법령을 반포해 율전 외에 무고한 사람들을 마구 죽여, 자신이 설립한 간략하고 관대하며 '예와 법'의 합일을 이룬 법률체계를 파괴하였다.

2. 《당률소의》- "예와 완전 부합된(一准乎禮)" 법전

당나라 초기의 통치자들은 정치 실천 중, 건전한 법률제도가 나라의 장구한 안정에 중요한 역할을 한다는 것을 인식했다. 그러므로 당나라는 건립된 후 법률의 제정과 완벽화를 매우 중시했다.[21] 당나라는 고조(高祖), 태종(太宗), 고종(高宗)과 현종(玄宗)시기 전면적인 입법을 하였으며, 당 왕조 법률의 기본 규모와 내용을 이루게 했다. 이는 당 왕조에 줄곧 준수되었으며 이어져왔다.

당 고조 이연(李淵, 618-626년)은 무덕(武德) 4년(621년) 배적(裴寂) 등에게 《개황률(开皇律)》을 기준으로 율령을 지으라고 명하고, 무덕(武德) 7년(624년)에 상주했는데 이

---

19) 《자치통감 · 隋紀》 권178

20) 《수서 · 형법지》

21) 당나라 때 입법은 대체로 전, 후 두 시기로 나뉜다. 전기는 당나라 초기로부터 당현종(唐玄宗) 천보(天寶) 연간의 안사의 난(安史之亂) 전까지이다. 이 시기의 입법은 주로 기본법 즉 율을 개정하는 것을 위주로 했으며, 겸하여 영(令), 격(格), 식(式)을 수정했다. 후기는 시간적으로 안사의 난 이후로부터 당나라가 멸망할 때까지이다. 이 시기는 주로 형률 통류를 변칙(變敕, 흩어진 칙령을 한데 모아 편집하는 것)하거나 수정하는 것을 주요 내용으로 했다. 당나라의 입법은 전기가 주류였다.

것이 바로 《무덕률(武德律)》이다. 《무덕률》은 당 왕조의 첫 법전이다. 《무덕률》은 모두 12편에 500조로 이루어졌다. 당태종(唐太宗) 즉위 후, 《무덕률》이 당시의 수요에 완전 부합되지 않았던 상황에 비추어, 정관 원년(627년)에 장손무기(長孫無忌), 방현령(房玄齡) 등에게 《무덕률》의 기초 위에서 수 왕조의 《개황률》을 참조해 개정(更加厘改)하여 새 법전을 제정하라고 명했다. 이는 정관(貞觀) 11년(637년)에야 비로소 완성되어 《정관률(貞觀律)》이라 불렀다. 《정관률》도 12편에 500조나 되었다. 《정관률》의 제정은 11년이라는 긴 시간이 걸렸으며, 《무덕률》에 대해 비교적 크게 수정했다. 예를 들면, 가역류(加役流)를 증설하고 연좌 사형의 범위를 좁혔으며, 오형(五刑)[22], 십악(十惡)[23], 팔의(八議)[24], 청(請)[25], 감(減)[26], 속(贖)[27], 관당(官當)[28] 및 유추(類推), 삼복주(三復奏),

---

[22] 《당률》은 수나라의 《개황률》에서 확립한 오형(五刑) 즉 태(笞), 장(杖), 도(徒), 유(流), 사(死) 다섯 가지 형벌을 기본적인 법정형으로 하였으며, 그 구체적인 규격은 《개황률》과 조금씩 달랐다. (1) 태형은 오형 중 가장 경한 형벌이었다. 태형은 다섯 등급으로 나뉘었는데 모두 10대부터 50대이고 매 등급마다 10대씩 차이가 났다. (2) 장형도 역시 다섯 등급으로 나뉘었는데, 60대부터 100대까지 있었으며 매 등급마다 10대씩 차이가 났다. (3) 도형도 다섯 등급으로 나뉘었는데 1년부터 3년까지 있었으며, 매 등급마다 반년씩 차이가 났다. (4) 유형은 세 등급으로 나뉘었는데 2,000리 유배, 2,500리 유배, 3,000리 유배가 있었다. 그 외에도 가역류(加役流)가 있었다. (5) 사형은 참수와 교형 두 가지로 나뉘었다.

[23] 이른바 십악(十惡)이란 수당 이후의 역대 법률에서 규정한, 일반적인 사면에서 사면해 주지 않는 매우 엄중한 범죄이다. 십악은 《북제율》의 중죄 10조(重罪十條)에서 유래했다. 수나라 《개황률》은 중죄 10조의 기초 위에서 증감하여 십악제도를 확정했다. 《당률》은 이 제도를 승계하여 십악을 명례율에 넣었다.

[24] 팔의 : 위명제(魏明帝)는 《魏律》을 제정할 때, 《주례》의 팔벽(八辟)을 의거로 하여 정식으로 팔의 제도를 규정했다. 《曹魏律》은 정식으로 팔의제도를 법전에 넣었다. 팔의는 줄곧 전통 법률에 적용된 중요한 원칙으로, 역대의 법전 중에 존재해 왔으며, 오형 체계를 보충하는 중요한 제도로 되어왔다.

[25] 청(請) : 《당률》의 규정에 의하면, 황태자비 대공(大功) 이상의 친족, 팔의가 적용되는 사람의 기친(期親) 이상 친족 및 5품 이상 관리가 죽을죄를 범하면, 그 죄장과 신분을 황제에게 서면으로 지시를 요청해 재결하였다. 유(流)죄 이하의 죄를 범하면, 예감(例減)의 규정에 따라 한 등급 감하여 서빌했는데 이를 청이라 했다. 청을 받을 수 있는 사람들의 범위는 비교적 넓었으며 신분도 조금 낮았다. 그러므로 제한도 팔의를 받을 수 있는 사람보다 많았다. 십악의 죄를 범한 사람에게 적용되지 않는 외에, 반역(反逆) 연좌, 살인, 관할구역 내 여성과의 간통, 인구 매매, 재물을 받고 법을 어긴 것 등도 역시 이 규정의 범위에 들지 않았다.

[26] 감(減)이란 예감(例減)을 가리킨다. 6, 7품 관원, 청을 받을 수 있는 사람의 직계 친족 및 형제, 자매나 아내가 유(流)죄 이하의 죄를 범하면 관례에 따라 한 등급씩 감하여 처리했다.

[27] 속(贖)이란 《당률》의 규정에 따르면, 의(議), 청(請), 감(減) 및 8, 9품 관원 및 6, 7품 관원의 친족이 유(流) 이하의 죄를 범하면 속죄할 수 있었다. 하지만 반역(反逆) 연좌로 인한 유(流)죄와 십악(十惡) 중의 부도(不道)로 인한 유(流)죄는 이 규정에 적용되지 않는다.

[28] 당(當)이란 즉 관당(官當)이다. 《당률》의 규정에 의하면 관원이 사죄(私罪)를 범했을 때, 5품 이상 관

오복주(五復奏) 등의 원칙과 제도를 확정했다. 《정관률》의 제정은 《당률》의 주요 내용과 풍격을 기본적으로 확정했으며, 이후의 《영휘율(永徽律)》 및 기타 법전에도 깊은 영향을 주었다.

1) 《영휘율소(永徽律疏)》 - 예와 법이 통일된 법전

《영휘율소》는 《당률소의》라고도 부르는데, 당 고종 영휘(永徽) 연간에 《정관률》의 기초 위에서 수정하여 완성한 매우 중요한 법전이다. 고종(高宗) 영휘 2년(651년), 장손무기, 이적(李勣) 등이 실제적 필요성에 따라 새로 율 12권을 지은 것인데 이것이 바로 《영휘율》이다. 그후 당시 중앙과 지방에서 심판 과정에 법률 조문에 대한 이해가 일치하지 않았으므로, 당 고종 영휘 3년(652) 5월 "율학에 아직 정소가 없다"는 이유로 율학의 통재와 일부 중요한 신하들을 소집하여 《영휘율》에 대해 조목마다 구절마다 해석하게 하여 "조항의 뜻을 아뢰도록 하라"[29]고 명하였다. 그리하여 장손무기, 이적, 우지녕(于志寧), 저수량(褚遂良) 등 19명이 《율소(律疏)》 30권을 지어 올렸는데 《영휘율》과 합편하였으며, 영휘 4년(653) 10월에 반포 시행하였는데, 총 12편 30권이나 되었고, 이를 《영휘율소》라 불렀다.[30] 원나라 이후 사람들은 소문(疏文)에 대해 말할 때면 의왈(議

리는 한 관직으로 도(徒) 2년 형을 대체할 수 있었다. 5품 이하 9품 이상 관리는 한 관직으로 도(徒) 1년 형을 대체할 수 있었다. 만약 공죄(公罪)라면, 각각 도(徒) 1년씩 더 대체할 수 있었다. 만약 죄가 작고 관직이 크다면, "가벼운 죄는 그 관직을 제거하지 않고 속을 받을 수 있었다. 만약 죄가 크고 관직이 작아 관직으로 그 죄를 대체할 수 없으면 역시 나머지 죄에 대해 속을 받았다."

29) 《旧唐書·刑法志》

30) 《당률소의》, 즉 《영휘율소》이다. 이는 당 왕조의 기본 법률로, 보통 《당률》이라 약칭한다. 《당률》은 모두 30권이며 12편에 502개 조로 되어 있다. 그 12편으로는 다음과 같다. 제1편 명례(名例)는 법전의 총칙이며 핵심 부분으로, 주로 오형(五刑), 십악(十惡), 팔의(八議) 및 일련의 각 세칙의 총적 원칙을 규정했다. 제2편 위금(衛禁)은 궁전 및 황제의 경호, 도성과 수륙 요로 및 요새의 방위, 그리고 변방의 여러 가지 사무에 대한 법률 규범이다. 황제의 안전과 국가의 주권을 보호하는 것이 본 편의 주요 내용이다. 제3편 직제(職制)는 관리의 설치, 임용과 직무범죄 및 교통 파발 등에 관련된 법률 규정이다. 관리의 직무를 명확히 하고 탐관오리를 징벌하는 것이 중점이다. 제4편 호혼(户婚)은 호적, 부역, 전택, 혼인, 가정관계 등에 관한 민사 법률 규범이다. 제5편 구고(厩庫)는 공사(公私) 가축, 재고 물자 관리, 관물(官物)의 출납 등에 관한 법률 규정이다. 제6편 천흥(擅興)은 군대의 징용, 지휘, 군수물자에 대한 공급과 공정 건설에 관한 법률 규정이다. 제7편 적도(賊盗)는 모반(謀反), 모대역(謀大逆) 등 십악(十惡) 대죄 및 살인, 강도 등 중요 범죄 및 그 처벌에 대한 법률 규정으로, 《당률》의 주체 부분의 하나이다. 제8편 투송(鬪訟)은 싸움, 살상(殺傷) 및 고소 등에 관한 법률 규정이다. 제9편 사위(詐偽)는 사기 및 공문(公文) 인신(印信), 관부(關符)에 대한 위조 등에 관한 법률 규정이다. 제10편 잡률(雜律)은 보충 부분이다. 명례(名例)에

曰)이라는 두 글자를 앞에 붙였으므로, 《당률소의》라 불렀던 것이다.

《영휘율소》는 한, 위진 이래의 입법과 율학 주석의 경험에 기초하여 유가의 경전을 정률(正律)에 반영토록 하여 이론적 근거로 삼게 하였으며, 법률원칙과 법률제도에 대해 매우 자세하고 확실한 해석과 설명을 하였다. 《영휘율소》는 중국 고대 입법에서 매우 높은 수준을 보여주었으며, 중국 고대 법률제도의 풍격과 기본 특징을 전면적으로 보여주어 중화 법계(法系)의 대표적인 법전이 되었으며, 후세 및 주변 국가에 매우 깊은 영향을 주었다. 동시에 《당률소의》는 중국에서 지금까지 가장 완벽하게 보존되어 내려온 가장 오래된 고대 성문법전으로, 중국 고대 입법사에서 가장 중요한 위치를 가지고 있다.

그 외 당 현종 개원(开元) 10년(722)에 각 왕조의 행정제도에 대한 기록이 분산되고 흩어진 상황에 대해 대신에게 명령을 내려 당시의 직관(職官) 체제를 기초로 하여 《당육전(唐六典)》을 편찬토록 했는데, 개원(开元) 26년(738)에야 완성되었다. 《당육전》은 모두 30권이며, 이(理), 교(教), 예(禮), 정(政), 형(刑), 사(事) 6개 부분으로 나뉜다. 주요 내용은 국가기구의 설치, 인원의 편제, 직책 및 관원의 선발, 임용, 심사, 상벌, 봉록, 퇴직 제도에 대한 규정으로, 중국 역사상 가장 처음으로 체계적인 법규의 집성이라고 할 수 있다. 《당육전》의 제정은 그 이후 각 왕조의 행정체제와 행정입법에 모두 중요한 영향을 주었다.

당나라 말기 선종(宣宗, 847-890년) 시기에 제정한 《대중형률통류(大中刑律統類)》는 법률 집성의 형식으로 되어 있다. 그 특징은 율을 약간의 문(門)으로 나누어, 문 마다 그 내용에 관련된 격(格), 칙(敕), 영(令), 식(式)을 분류하여 편찬했다. 이런 새로운 편찬 형식은 실용하는데 편리하여 오대(五代) 및 양송(兩宋)의 입법에 중대한 영향을 주었다. 이러한 법률 전적의 제정은 공동적인 특징이 있는데 그것은 바로 "예에 완전 부합되는 것(一准乎禮)"이었다. 즉 모든 규범 및 그 조문의 해석은 모두 관변 측에서 인정하는 유가의 경전에 의거하고 귀결시킨 결과물이었다.

들어가지 않은 여러 가지 사항에 대해 잡률에 수록하여 규정하였다. 제11편 포망(捕亡)은 도망친 죄인, 정역(丁役), 관노비(官奴婢)에 대한 추포 및 그 처벌에 대한 법률 규정이다. 제12편 단옥(斷獄)은 심문, 판결, 집행, 법관의 책임, 감옥 관리 등에 대한 법률 규정이다.

2) 당(唐)대 주요 법률의 연원

당대에는 율령격식의 네 가지 법률형식으로 당대 법률 규범의 완전한 체계를 이루었으며, 이로써 사회생활의 각 측면을 조정하였다.[31] 그 중 율을 주체로 하고 영, 격, 식을 보충으로 하였다. 영, 격, 식 및 기타 범죄행위는 모두 율의 규정에 따라 처단하였다. 그 외에 당대에는 황제가 임시적인 사건 때문에 반포한 제칙(制敕)도 독특한 지위를 갖고 있었다. 당(唐)나라 전기 제칙(制敕)은 다만 임시적인 처분이었다. 오직 재선택을 거쳐 확정된 영격(永格)만 죄명을 정하고 양형(量刑)하는 근거로 되었다. 하지만 당대 중후기에는 사회상황의 변천과 법제의 파괴로 하여 황제의 임시 제칙의 지위가 날로 높아졌다. 이것이 오대(五代) 및 양송(兩宋)시기 칙(敕)을 중시하고 율(律)을 중시하지 않는 역사의 연원 중 하나가 되었다.

3) 예와 법이 결합한 구체적 표현 - 형법 적용 원칙

당대는 중국 전통법률이 입법 이론, 입법 기술에서의 전성기였다. 전대의 우수한 법률을 종합한 기초 위에서 《당률·명례(名例)》는 일련의 형법 적용원칙을 규정하였으며, 죄인가 아닌가, 죄가 경한가 아니면 중한가 하는 경계를 확정지었다. 명례(名例)에 규정된 형법 적용원칙 중에는 노인과 어린이의 범죄에 대한 감면, 공동범죄에서 주범과 종범을 구분하는 것, 자수하면 감면해주는 것, 수죄 병벌 등 원칙과 제도 외에도 비교적 대표적인 것으로는 다음과 같은 것이 있었다.

(1) 공죄(公罪)와 사죄(私罪)의 구분

《당률》에는 관리가 죄를 범하면 공죄와 사죄의 구분이 있었다. 《당률소의》의 해석에

---

31) 율(律)은 기본법전이다. 예를 들면, 《정관율》, 《영휘율》 등이 그것이다. 당대에 율이 관련된 영역과 조정하는 범위는 매우 넓어서 사회생활의 거의 모든 영역에 관련되었다. 뿐만 아니라, 당대의 네 가지 법률 형식 중, 율의 지위가 가장 높았으며 또 상대적으로 안정되었다. 역사적으로 볼 때 당대는 사법 실천에서 율의 역할을 매우 중시하였다. 령은 당대에 체계적으로 정리하여 공포한 국가의 각종 제도에 대한 법규로서, 그 관련된 영역이 역시 매우 넓었다. 령은 일반적으로 어느 한 영역의 사무에 대해 편중했다. 예를 들면, 호령(戶令), 옥관령(獄官令) 등은 율의 중요한 보충이었다. 격은 황제가 어느 한 국가 기관 혹은 어느 한 구체적 사항에 대해 제정한 것으로, 정리와 집성을 거쳐 다시 천하에 반포한 칙령이므로 또 칙격(敕格)이라고도 했다. 격은 한나라와 위나라 사이의 시기에 있던 과(科)에서 유래했으며, 남북조시기에 와서야 격으로써 과를 대체하여, 주요 법률형식으로 되었고, 수당시기에 계속 사용하였다. 식은 국가기관에서 사무를 처리하는 세칙과 공문의 격식이다.

따르면 공죄는 "공무로 인한 죄이나 불공정 행위가 없는 자이다"이다. 공죄는 공무를 담당함에 있어서 최선을 다하지 않았거나 혹은 실책했거나 착오를 범했으나, 자신의 사사로운 이익을 도모하기 위해 죄를 범하지 않았을 경우이다. 이른바 사죄란 "사적으로 죄를 범했거나 혹은 실제에 맞지 않게 기만했거나 다른 사람의 요청을 수락하여 법을 어긴 유형"[32]을 가리켰다. 사죄는 공무와 무관한 범죄 혹은 공무로 인한 것이나 사사로운 불공정 행위로 인한 범죄를 가리킨다. 《당률》은 공죄와 사죄가 그 성질이 다르고 범죄자의 주관적 악성(惡性)이 다르므로 처벌에서도 차별을 하였다. 일반적으로 사죄는 중하게 처벌하고, 공죄는 약간 경하게 처벌했다. 관당(官當)을 적용할 때에도 공죄와 사죄는 달랐는데, 공죄는 사죄보다 더 많은 형을 대체받을 수 있었다.

(2) 동거자가 죄를 범했을 때 서로 감춰준다

《당률》의 규정에 의하면, 재산을 공유하고 같이 거주하는 자 및 대공(大功) 이상의 친족, 외조부모, 외손, 외손의 아내나 남편의 형제 및 그 형제의 아내가 죄를 범했을 때 모두 상호 비호하고 은닉할 수 있었다. 부곡(部曲), 노비도 주인 가장의 범죄를 감출 수 있었다. 또한 범죄자를 위해 소식을 전하거나 혹은 숨겨주거나 법률의 제재를 피해 도망치도록 도와주어도 모두 형사책임을 지지 않았다. 소공(小功) 이하 친족으로, 범죄자를 은닉한 자는 일반 사람에 비해 그 죄를 세 등급 낮추어 처벌했다. 이러한 제도는 서한시기의 "가까운 사람을 가까이 하려면 우선은 서로 감춰주어야 한다"는 제도로부터 발전해 온 것으로써, 《당률》이 예를 기준으로 한 두드러진 표현이었다. 이 제도의 사상과 이론의 연원은 유가의 윤리 관념에서 왔으며, 봉건윤리를 유지하고 봉건가정질서를 공고히 하기 위한 것이 목적이었다. 동시에 《당률》은 특별히 모반(謀反), 모반(謀叛), 모대역(謀大逆)에 대해서는 이 율을 적용하지 않았는데, 이는 유가의 "충이 효보다 높고 국가가 가정보다 중하다"는 원칙에 따른 것이었다.

(3) 유추(類推)원칙

《당률소의》 명례(名例) 편은 "법에 명문으로 규정되지 않은 죄는, 처벌을 경감해야 할 경우에는 중벌로 처벌한 규정을 열거하여 비교 대조해서 가볍게 처단하고, 가중 처벌해야 할 범죄는 경벌로 처벌한 규정을 열거하여 비교 대조해서 무겁게 처단한다"고 규정

---

32) 《당률소의 · 명례》

했다. 여기서 말한 출죄(出罪)는 형벌을 경감하거나 면제하는 것을 말하며, 입죄(入罪)는 죄가 있다고 확정하거나 혹은 가중 처벌하는 것을 가리킨다. 《당률》의 유추(類推) 규정에서 볼 수 있는 것은 당나라 때의 유추는 "명문으로 규정되지 않는 죄"에 적용했다. 즉 명확한 법률 규정이 없을 때, 율문에 명문으로 규정한 것이 없는 같은 유형의 사건에 대비해, 그 처벌을 경감해야 할 것은, 중죄 처벌 규정에 대비해 경한 사건을 해결했던 것이다. 가중처벌을 해야 할 죄안은 경죄처벌 규정에 대비해 중한 사건을 해결했다. 이를테면 소의(疏議)는 예를 들어 설명했는데, 웃어른을 모살하려는 의도나 준비가 있었다면 참형에 처해야 했다. 하지만 이미 웃어른을 상해했거나 죽였을 때의 중죄에 대한 법률 조문이 없다면, 웃어른을 살해했거나 상해한 사건이 발생했을 때 유추(類推)를 통해 마땅히 참형에 처해야 한다는 것을 알 수 있다. 또 다른 예로, 어떤 사람이 밤중에 남의 집에 침입했는데, 주인이 방어할 목적에서 바로 죽였을 때에는 논죄하지 않았다. 그렇다면 율문에 만약 주인이 방어를 하려는 목적에서 침입한 자를 상해했을 때에는 규정에 비추어 보면, 죽였을 때에도 논죄하지 않았던 만큼 상해한 것은 더구나 논죄하지 않았다. 당대 유추 원칙이 이처럼 완벽한 것은 당시 입법기술이 발달했음을 보여준다.

(4) 본조(本條)와 예(例)의 관계 원칙

《당률·명례》의 규정에 의하면, "본조가 다른 제도가 있을 때, 그것이 예와 다를 경우 본조를 따른다"고 했다. 그 뜻은 만약 위금률 이하 각 편중의 일부 규정이 명례 중의 원칙과 다를 때, 분칙 중의 이 조의 구체적 규정에 따라 처단한다는 것이다. 이는 〈명례율〉의 총칙으로서, 규정한 것이 종합적인 원칙이므로, 모든 구체적인 문제를 개괄할 수 없기 때문이다. 이런 상황 하에서는 분칙 중의 구체적 조문에 따라 처단하는 것은 전 율의 조화로운 통일을 유지하기 위한 것으로, 법률규범이 정확히 실시되는데 중요한 역할을 하였다.

(5) 외국인 범죄에 대한 규정

《당률·명례》는 "외인(化外人) 범죄의 경우, 같은 나라 사람들끼리의 범죄는 그들의 법에 따르고, 다른 나라 사람들과의 범죄는 우리나라의 법률에 따라 논죄한다"고 규정했다. 여기에서 화외인은 외국인을 가리킨다. 중국은 자고로 자국은 천왕조국이고 외인은 군주의 교화를 받은 자들이라고 여겨 외국인을 화외인이라 불렀는데 여기에는 폄하의

뜻이 들어 있었다. 이 규정은 같은 국적의 외국 교민이 중국에서 죄를 범했을 때에는
당 왕조가 그들이 소속된 나라의 법률과 풍속에 따라 처리하는 속인주의(屬人主義) 원
칙을 실시하며, 다른 국적의 외국교민이 중국에서 죄를 범했을 때 및 외국인이 당나라
사람과 관련하여 죄를 범했을 때는《당률》에 따라 처벌하는 속지주의(屬地主義) 원칙을
실시한다고 했다. 이 규정은 당 왕조의 국가 법률주권을 유지함과 동시에 대량의 외국
교민이 들어와서 일으킨 여러 가지 법률 분쟁문제를 비교적 타당성 있게 해결할 수 있
었기에, 상대적으로 합리적인 것이었다. 동시에 범죄자의 본국 습속과 법률에 대한 이
해도 객관적으로 중외 법률의 교류에 영향을 주었다.

4) 당 왕조 사법 중의 예와 형의 합일

(1) 형옥지제의 박벌(薄罰)과 신살(愼殺)

《당률·명례》의 "범죄가 이미 발생했을 때"라는 조항의 규정에 의하면, 누범(累犯)은
태형과 장형을 집행할 때 200대를 초과하지 못한다, 누범에게 유형(流刑)을 처할 때에는
3,000리를 초과하지 못한다, 누범에게 유형과 도형을 처할 때는 복역 기간은 4년을 초과
하지 못한다고 했다. 사형은 교형(絞)과 참형(斬) 이상을 하지 못한다고 했다(과거의 여
러 가지 참혹하고 비인도적인 폭형을 폐지하였다).《당률·적도(賊盜)》의 모반대역(謀
反大逆)의 규정에 의하면, 연좌에 의한 사형은 부자간으로만 제한하며, 온 가족을 몰살
시키는 일이 더 이상 없게 했다.《당률·단옥(斷獄)》의 감림자이장추인(監臨自以杖捶
人)조의 규정에 의하면, 태(笞)와 장(杖)의 굵기와 장단은 모두 일정한 제한이 있었다.
또한 형을 받는 부위는 잔등, 다리, 둔부로 나누어 받는다고 했다. 형을 함부로 실시하
거나 도(徒)나 유(流)에 응당 송배해야 하는데, 계류시키며 송배하지 않는 자에 대해서
는 모두 엄격한 제재를 하였다.

《당률》은 두 가지 유형의 사람에게는 고문을 금지하며 증거에 따라 죄를 정한다고
했다. 한 가지 유형은 특권 신분이 있는 사람으로, 의(議), 청(請), 감(減)을 받을 수 있
는 사람이다. 다른 한 가지 유형은 노인과 어린이 그리고 장애인이다. 70세 이상 노인과
15세 이하 어린이, 그리고 한쪽 지체가 장애인이 된 자, 척추가 부러진 자, 바보나 벙어
리, 난쟁이 등이다. 상술한 두 가지 유형의 사람에 대해《당률》은 "고문하지 않으며 여
러 사람의 증언에 근거해 죄를 정한다"고 규정했다. 즉 반드시 세 사람 이상이 그 범죄
를 실증해야만 정죄할 수 있었던 것이다.

심판관이 친족 혹은 원한이 있는 사람에게 고의로 죄를 경감해주거나 가중하게 정죄하는 것을 방지하기 위해,《당육전(唐六典)》은 제일 처음으로 법전의 형식으로 법관의 회피제도를 인정했다. 즉 "심문을 함에 있어서, 관리와 심문을 당하는 사람이 친족 관계가 있거나 혹은 원한이 있을 때 모두 심문하는 사람을 바꾼다"[33]는 것이었다.

그 외에《당률》또 추분 이전, 입춘 이후, 정월 5월, 9월(단도월·斷屠月)과 1일, 8일, 10일, 15일, 18일, 23일, 24일, 28일부터 30일(금살일이라 불렀으며 십직일이라고도 불렀다)까지를 모두 사형을 집행하지 못하는 날짜라고 규정했다. 그러면 사형을 집행할 수 있는 날짜는 1년에 모두 80일도 되지 않았다.

(2)《당률》중의 상소 복심 및 사형 재심리 제도

《당률》의 규정에 의하면 사건의 심리가 끝나면 도형(徒刑) 이상의 사건은 범인 및 그 가족에게 판결문을 낭독해야 했다. 만약 범인 및 그 가족이 불복하면 복심을 했다. 즉 장(杖)형 이하의 사건은 현에서 판결을 내리고, 1심이 끝나면 바로 집행할 수 있었다. 도(徒)형 이상의 죄는 주에서 판결하는데 반드시 한 번 더 복심을 거쳐야 했다. 유(流)형 이상의 죄는 "천자에게 주를 올려야" 했다.《당률·단옥》에는 "장형 이하의 죄는 현에서 집행하고, 도형 이상의 죄는 현에서 판결하여 주에 올려보내 복심을 한 후 마감한다. 대리사 및 경조 하남부에서 도형을 판결할 때에는 성에 올려 보내 복심케 한다. 대리사 및 각 주에서 유형 이상의 죄를 판결할 때에는, 사건 진술서를 써서 성에 올려 보낸다. 대리사 및 경조 하남부는 즉시 이를 봉하여 황제에게 송달한다. 만약 황제가 외출했다면 심리 후 상주한다. 각 주는 복심한 사건을 모두 황제에게 상주한다"고 했다.

사형의 집행도 매우 엄격했다. 한편으로 임신부는 산후 100일까지 기다려서 형을 집행했다. 해산하지 않았거나 혹은 해산한 지 100일이 차지 않아서 집행했을 때에는 관련된 관리에게 도(徒)형을 처했다. 다른 한편으로는, 사형 판결 후에는 반드시 황제에게 서면으로 보고하여 심사 허가를 받아야 했다. 심사 비준을 받은 후에도 반드시 세 번 다시 상주하여 비준을 받은 후 3일 후에야 집행할 수 있었다.《당률·단옥》에는 다음과 같이 해석했다. "사형수는 상주하여 심사 비준을 받은 후, 형을 집행해야 하는 사람이 세 번 다시 상주하여 마감한 후에야 집행을 시작할 수 있다. 상주를 끝내 비준을 받은 후에도 형의 집행은 여전히 3일을 기다린 후에야 형을 집행할 수 있다."

---

33)《唐六典》권30.

(3) 법관의 절대적 책임제도

당나라 사법제도에서 가장 주목해야 할 요점의 하나는 바로 법관이 자신이 판결한 사건의 곡직(曲直)에 대해 절대적인 책임을 져야 한다는 것이다. 《당률》에서 죄가 없는 사람이 죄를 판결받았을 때에는 입죄(入罪)라고 부르며, 죄가 있는 사람이 풀려났을 때에는 출죄(出罪)라 했다. 그 처벌은 《당률·단옥》의 관사출입인죄(官司出入人罪)에서 "소송 중 무고한 자를 입죄시킨 자(허위로 입증하였거나 혹은 허위로 모함하였거나 법을 어기고 마음을 써서 죄를 만들어낸 자)는 만약 전죄를 입죄시켰다면 전죄로 논한다. 만약 경한 죄를 중하게 판결했다면, 그 잉여 죄로 논한다. 태형이나 장형을 도형, 유형으로 입죄시켰거나, 도형이나 유형을 사죄로 입죄시켰을 때에는 역시 전죄로 논한다. 출죄를 시킨 자(중한 죄를 경하게 판결한 자)는 역시 위와 마찬가지이다. 죄를 판결함에 있어서 과실로 인하여, 입죄시킨 자는 그 죄를 각기 3등급 감하고 출죄시킨 자는 각기 5등급 감한다"고 규정했다. 즉 법관이 고의로 법을 위반하고 판결했을 때 모두 그 판결에 따라 득죄한다는 것이었다. 과실로 인하여 오판했을 때에도 등급을 감하여 논죄하며 그 책임을 전가할 수 없게 했다.

(4) 사법 인재의 선발

당나라 때에는 사법 인재의 선발도 매우 중시했다. 당시 해마다 진행되는 공거(貢擧)에는 모두 명법(明法)이라는 과목이 있었다. 시험 항목은 율령(律令) 각 10첩(帖), 책(策)이 전체 10조(율 7조, 영 3조)였다. 모두 통과된 자는 갑 등이고, 8항 이상 통과된 자는 을 등, 7항 이하는 불합격이었다.[34] 명경(明經), 수재(秀才) 등을 갑을병정 4등급으로 나눈 것과 비교하면 선택 기준이 더 엄격함을 알 수 있다. 이 제도는 송나라 에서 한층 더 발전하였다.

3. 《당률》의 예와 법의 합일 특징 및 그 역사적 지위

《당률》은 중국 법제사 중 중화법계의 대표적인 법전이다. 중국 전통 법률제도의 기본 사상, 주요 특징 및 중국 고대 법률의 전체적인 입법 수준이 모두 《당률》에서 충분히

---

34) 《通典·選擧三》 권15.

체현되었다. 《당률》의 주요 특징은 다음과 같다.

1) 《당률》은 "예와 완전 부합"되며 "예를 기준으로 했다"

즉 《당률》은 유가가 선양한 예교와 윤리강상을 정죄하고 양형하는 기본을 기준으로 하여, '예와 법'이 철저히 융합되게 했다. 이는 주로 다음의 세 가지 측면에서 체현되었다. 첫째는, 《당률》의 총적인 정신은 삼강을 철저히 실행하는 것이었다. 삼강오상 및 그 일련의 구체적인 윤리도덕관 예를 들면, 충(忠), 효(孝), 우(友), 제(悌) 등은 모두 법전의 관련 규정 중 체현되었다. 둘째는, 《당률》 중의 많은 법률 조문은 직접 예의 규범에서 온 것이다. 셋째, 《당률》은 구체적인 소의를 빌어 유가의 경전을 인용하여 예교의 의리를 상세히 밝혔다. 종합적으로 예는 《당률》의 핵심이고 영혼이며, 《당률》은 예교 규범의 법률적 표현으로, 양자는 불가분한 것이었다. 《당률》중의 '예와 법'의 밀접한 융합은 중국 고대 법률제도의 안정과 성숙을 반영한 것이었다.

2) 형벌을 적용함에 있어서 공평했다

중국 법률사상 《당률》은 "관대하고 간략 명료함이 적절하며, 고금에서 가장 공평한 법전"이라고 했다. 당 완조는 중국 봉건사회 발전의 최고봉이었다. 《당률》은 이러한 시기의 사회문명을 집중적으로 보여준 것으로, 형벌의 종류, 양형의 폭 등 면에서 각 왕조 법전 중 가장 관대함이 적절하고 안정적이었다.

형벌의 종류에서 《당률》은 태(笞), 장(杖), 도(徒), 유(流), 사(死) 다섯 가지 형벌이 있었다. 사형은 참(斬)형과 교(絞)형 두 가지만 있었다. 당 왕조 이전 왕조에서 형벌의 잔혹함은 더 말 할 필요도 없고, 당 이후의 송, 명, 청시기에도 능지(凌遲), 충군(充軍), 효수(梟首) 등 잔혹한 형벌이 있었다. 이런 점에서 비교할 때 《당률》이 형벌을 사용함에 있어서는 가장 공평했음을 알 수 있다.[35)]

---

35) 당(唐)대의 법률제도와 실제 집행 상황은 크게 어긋나지 않았다. 이는 전체적인 정치 형세를 두고 말한 것이다. 대체로 태종(太宗, 627-649년), 헌종(憲宗, 806-820년)은 모두 관대하고 인후한 군주였다. 이 시기의 사법상황은 당시 및 그 후세에 모두 칭찬을 받았다. 무후(武后, 684-705년)시기에는 형벌을 최고로 남용하여 천하 사람들을 놀라게 했다. 현종(玄宗, 712-756년)시기는 초기에 관대하고 너그러웠으나, 만년에 여러 번 큰 옥사를 일으켰다. 의종(懿宗, 860-874년) 이후에는 칭송하는 사람이 없었다. 심가본(沈家本)은 "훌륭한 법은 여전히 그 법을 사용하는 사람에게 달렸다. 법을 사용하는 사람이 적합

양형 원칙에서도 《당률》의 일부 규정은 관대하고 너그러운 원칙을 실현했다. 예를 들면, 연로하고 병이 있는 범죄자에 대한 규정에서, 만약 죄를 범할 당시에는 연로하고 병이 있는 기준에 도달하지 않지만, 사건이 발생한 후, 연로하거나 병이 들면 여전히 연로하거나 병이 있는 기준에 따라 죄를 물었다. 또한 죄를 범할 당시 나이가 어렸으나 사건 발생 후 이미 성장했을 때는 여전히 어린이의 범죄로 죄를 물었다.

양형의 폭에서 《당률》은 전후 각 왕조의 법전에 비해 비교적 가볍고 완만했다. 특히 일부 중죄, 예를 들면, 십악(十惡) 중의 모반(謀反), 모대역(謀大逆), 모반(謀叛) 등 죄에 대한 처벌은 수나라 이전의 각 법전보다 관대했으며, 그 후의 명, 청의 율에서 규정한 형벌보다 그 폭이 많이 완만했다. 형을 사용함에 있어서의 완만함은 《당률》의 기본 특징 중 하나였다. 이는 《당률》이 존재한 시기에 상대적으로 고도로 발달한 사회문명이 이를 결정케 했던 것이다.

3) 입법기술이 전에 없이 완벽했다

《당률》은 당나라 초기 통치 질서가 상대적으로 안정되고, 경제, 문화가 고도로 발전한 배경에서 제정한 것이다. 《당률》은 그 전 각 왕조의 입법 경험과 율학의 장기적인 발전 성과를 충분히 받아들였으므로 입법기술이 완벽한 경지에 도달했다.

당 왕조는 법령이 관대하며 간단명료하다는데 특징이 있었다. 진한의 율법은 번잡하기로 이름났다. 서한 무제 이후에는 한 가지 일에 한 가지 법을 만들었으므로, 율령이 뒤죽박죽이 되었다. 서진(西晉)은 율을 수정함에 있어서 《한률》을 대폭 축소했다. 《북제율》은 12편, 949조로 정해져 그 전에 비해 약간의 발전이 있었다. 당나라는 수나라의 제도를 이어받아, 법을 제정함에 있어서 간단명료하고 관대했으며 공평한 원칙을 실행하여 12편 502조의 율을 정했는데, 이는 후세에 계승되었다. 태종(太宗)이 《정관률》을 제정한 것을 예로 들어 보면, "번거로운 것을 삭제하고 폐단을 제거하며 중한 형벌을 경하게 한 것이 헤아릴 수 없이 많았다"고 했는데, 이는 《당률》의 상술한 특징을 잘 보여준다.

하지 않으면 법이 좋아도 쓸모가 없다. …… 대체로 법을 사용하는 자가 적절한 인재를 얻으면, 법이 준엄해도 그 중에 인을 실시할 수 있고, 법을 사용하는 자가 적절한 인재를 얻지 못하면 법이 관대하고 공평해도 역시 포악함이 그 법 밖에서 드러난다. 이 득과 실은 사실 통치하는 한 사람의 마음에 달린 것이다. 너그러우냐, 포악하냐 하는 것은 징조가 매우 미약하다. 만약 빈말로 입법과 방책이 모두 있다고 한다면 그것은 격식만 있는 것이다."(심가본, 《歷代刑法考 · 刑制總考》 권4.

《당률》은 그 구조와 격식이 전체 법전에서 앞뒤가 상응하여 일체감을 이루며, 각 편과 각 조 사이에 긴밀히 연결되어, 전체적으로 보면 매우 엄밀하고 빈틈이 없었다. 《명례률(明例律)》 중의 "본조(本條)는 다른 제도가 있다.", "중벌로 처벌한 규정을 열거하여 비교 대조해서 가볍게 처단한다." 및 "율에는 규정이 없으나 도리에 맞지 않는 행위에 대한 처벌" 등의 규정은 당시의 조건에서는 모두 적중하고 과학적이며 엄밀한 것이었다. 동시에 《당률》 중의 소의는 구체적이고 상세하며 간단명료한 언어로 매 조문과 제도에 대해 보충 해석해 율의 뜻을 명백히 밝혔다. 이로 인해 전체 법전이 더 과학적이 되고 완벽해졌다. 《당률》은 중국 고대 입법기술의 최고의 성과라고 할 수 있다.

구체적인 조문의 입법기술에서도 높은 수준을 보여주었다. 예를 들면, 자수, 외국인 범죄, 유추 원칙 등의 규정이 있다. 관리가 억지로 비교하는 것을 방지하기 위해, 정밀하고 확실한 언어로 법에 명문 규정이 없을 때의 관리의 고의와 과실로 인한 출입인죄(出入人罪) 처리방법을 규정했으며, 전대의 성과를 계승한 기초 위에서 공죄(公罪)와 사죄(私罪), 고의와 과실의 개념을 한층 더 명확히 하고, 또한 적절한 양형기준을 규정했다. 일예로, 투송률(鬪訟律)은 과실 살인에 대해 해석했는데, "보이지 않거나 듣기지 않을 때, 미처 생각지 못했을 때, 여럿이 무거운 물건을 들다가 힘을 제대로 조절하지 못했을 때, 높은 신발을 신고 발을 잘못 디뎌 넘어졌을 때, 짐승을 치다가 잘못 살상했을 때의 경우가 모두 이에 속한다"고 했다. 《당률》의 구조가 엄밀한 것은 세상이 다 공인하는 바이다.

《당률》은 중국 봉건사회 전성기의 기본 법전으로서, 중국 법제사와 세계 법제사에서 매우 중요한 역사적 지위를 점하고 있다.

첫째, 《당률》은 여러 율을 집대성한 "예와 법의 합일을 이룬 법전"이다.

《당률》은 진한 이래의 입법, 사법 경험을 종합하고, 중국 고대 법률문화의 우수한 성과를 체현했다. 《당률》은 과거의 '예와 법'을 병용하는 통치방법을 계승하고 발전시켜 법률통치가 "예에 완전히 부합되도록" 하여, '예와 법'의 통일을 진정으로 실현시켰다. 마치 당 태종이 말한 것처럼 "예에 어긋난 행위에 대한 금지 규정을 형서에 명확히 기술한다"36)는 것이었다. 전통 윤리도덕의 정신적 역량과 정치 법률의 통치가 상부상조하면서 당 왕조의 통치를 효과적으로 지켜냈던 것이다.

둘째, 《당률》은 중국 후세의 법률에 깊은 영향을 주었다.

---

36) 《全唐文·薄葬詔》

《당률》은 중국 봉건법전의 본보기이며, 중국 법제사에서 과거를 계승하고 미래를 여는 중요한 역할을 하였다. 당 왕조는 진한(秦漢)의 입법 성과를 계승하고 한(漢), 진(晋) 율학의 성취를 흡수하여, 《당률》이 봉건법률의 전형성을 띠게 했으며, 고도의 성숙함을 나타나게 했다. 《당률》에서 확정한 격식, 구조, 주요 제도, 주요 원칙은 모두 후세의 송, 명, 청 등의 율이 모두 《당률》에서 계승되었으며, 《당률》의 기본정신도 마찬가지로 후세 각 왕조의 입법과정에서 일관되게 참조되었다. 후세의 송, 명, 청 등의 율은 당시의 실제 상황에 따라 증감하였지만, 그 기본정신, 주요 구조와 일부 주요 제도는 모두 《당률》의 범위를 벗어나지 못했던 것이다.

셋째, 《당률》은 중화 법체계가 형성된 표식이었다.

《당률》은 광범위하게 세계적으로 영향을 끼친 법전이다. 《당률》은 성당(盛唐)시기의 기본 법전으로서, 당나라 문화의 대외 전파와 더불어 동남아 각 봉건국가의 법률제도에 깊은 영향을 주었다. 일본, 조선, 베트남 등 나라의 봉건시기 벌률, 법령에서는 모두 《당률》의 흔적을 찾을 수가 있다. 조선 《고려율(高麗律)》은 편장(篇章), 내용에서 모두 《당률》을 본보기로 하였다. 일본 문무(文武)천황이 제정한 《대보율령(大寶律令)》도 《당률》을 원본으로 하였다. 베트남 리태존(李太尊)시기 반포한 《형서(刑書)》도 대부분 《당률》을 참조하였다. 그러므로 《당률》은 중화 법체계의 대표적인 법전으로 되었으며, 세계 문명사 특히 법률문화사에서 중요한 위치를 점하고 있는 것이다.

2절. 송, 원시기 예와 법의 합일의 발전과 변화

1. 양송시기 예와 법의 합일적 발전

송나라는 법을 아는 황제가 가장 많았던 왕조이고, 또 법률을 중요시 했던 왕조였다. 이것이 어쩌면 가난하고 나약한 양송 왕조가 300여 년 동안 유지되어 올 수 있었던 원인의 하나였을지도 모른다.

1) 중앙집권의 강화 : 유가의 인치(人治) 학설로부터 법률에서 이치(吏治)를 중시하기까지

양송시기 입법의 기본적인 지도사상은 중앙집권을 강화하여, "(번진, 절도사)의 권력을 삭탈하고 그 전곡(錢穀)을 장악하며, 그 정병(精兵)을 거두어 들인다"37)는 정책을 법적으로 인정하는 것이었으므로, 형사와 행정에서의 입법에 중점을 주었다. 행정적으로 문관으로 지주, 현 지사를 설립하고, 사법적으로는 무인이 관여해서는 안 된다고 강조했다. 동시에 "제왕이 다른 사람의 그릇된 것을 금지하려면, 자신이 법령을 어기지 말아야 한다"38)고 인정했다.

법률의 수정과 사법 체제, 소송 절차의 설치를 중시했으며, "천관(天官)이 관리를 선발함에 있어서 형조(秋曹) 언옥(讞獄)이 모두 인재를 얻기 어렵다"39)고 했다. 사법에서 관원에 대한 "방비하고 제한하며 심사하는 것"과 "억울함을 속속들이 알게 하는 것"을 강조하여 "한쪽 말만 듣고 독단하여 잘못을 저지르는 것"40)을 방지해야 한다고 했다. 이러한 것들은 여전히 지방의 사법을 통제하려 하던 것에 목적이 있었으며, 이로써 중앙집권을 강화하는 목적에 도달하려고 했던 것이다. 북송 전기에는 관리의 범죄에 대해 비교적 엄하게 처벌했다. 태조, 태종은 거듭해서 "상벌의 법전대로 반드시 실행해야 한다"41)고 했다. 태조 때에는 관리가 법을 위반하여 죄를 지면, 황제가 조서를 내려 자책하기도 했다. 그는 "짐이 임용을 잘못하여 심히 부끄럽게 생각한다"42)고 했다. 이는 사법 관리들이 "옥사를 지체하여 판결하지 않고, 일을 피하여 변명만 하는" 폐단에 일정한 역할을 했음에 틀림없다. 중앙집권의 발전과 더불어, 발전적으로 행정과 사법의 합일을 이루었다. 이로 인해 일부 사람들은 송나라 때에는 행정관리가 사법을 겸하여 담당했다기보다 오히려 사법관리가 겸하여 행정을 담당했다고 하는 것이 마땅하다고 말했다. '예와 법'의 결부는 국가 행정을 운영하는 중에 더 합치되어 갔던 것이다.

2) "의와 이의 변론(義利之辯)"
- "장부책을 대할 때는 거자(擧子)가 경서를 대하는 것처럼 해야 한다"

양송시기 정치적으로 경력신정(慶歷新政)과 원우당쟁(元祐黨爭)을 거친 후, 신종(神宗) 연간에 왕안석(王安石)을 위수로 하여 희풍변법(熙豊變法)을 실시했는데, 이는 송나

---

37) 《속자치통감 장편 · 宋紀2》
38) 《宋大詔令集 · 政事》 권200, 북경, 중화서국, 1962년.
39) 《송대조령집 · 정사》 권160.
40) (명) 黃淮, 楊琦 편, 《歷代名臣奏議》 권 217, 상해, 상해고적출판사, 1989년.
41) 《宋大詔令集 · 政事》 권160.
42) 《송대조령집 · 정사》 권230.

라 초기의 법제에 큰 영향을 주었다. 그 입법사상이 전 시기에 비해 크게 다른 점은 바로 법률로써 중앙집권을 강화하고 법률로써 봉건 상품경제의 기형적인 발전에 적응하는 것이었다. 희풍변법은 관료 및 사법체계에 큰 개혁을 실시했으며, 그 중심은 재정체계에 대한 개혁으로써, 나라를 세운 이래의 불필요한 군대와 관리 및 불필요한 비용이 늘어만 나는 상황을 완화 및 개량하는 데에 목적이 있었다. 이에 순응해서 사상적으로도 전통적으로 "재물과 이익에 대해 말하는 것을 꺼리던 데"로부터 "의와 이가 모두 중요하다. 이와 의가 상호 보완해야 한다"는 데로 변했다. 이른바 "이익이란 의가 화합한 것이다. 그러므로 의도 이를 위한 것이라 할 수 있다"[43]고 했다. 게다가 겸병을 억제하지 않는 토지정책으로 인해, 민사 왕래가 과거보다 빈번하고 광범해, 신종이 조서를 내려 "정사에서 우선은 이재가 긴급하다"[44]고 말하기까지 이르렀다.

북송(北宋) 말기에는 계급모순이 격화되어, 관리의 범죄에 대한 처벌이 완화되었으며 "원우당인이도조(元祐黨人移徒詔)", "제외주간당제거석각어필수조(除外州奸党石刻御手詔)" 등 죄가 있는 관리를 관용토록 하라는 특별법을 반포하여, "오랫동안 책임을 징계해 왔으므로, 순응하는 자는 관용토록 하여 황제의 높은 인덕을 보여준다"고 했던 것이다. 하지만 이와 동시에 농민봉기에 대한 진압은 강화했다. 그 외에 사법 관리에 대해서는 "3년을 임기로 한다"고 명확히 규정하여, 빈번한 이동으로 인한 "소송을 판결하려면 마음을 열게 하는 일이 적지 않는데, 공국(公局)을 객사처럼 여기고 사건 관련 문서는 앞뒤가 상세한 것이 드물며, 관리가 간악하여 백성이 그 폐해를 입는 악과"[45]를 피할 수 있도록 했다.

3) 정주이학(程朱理學)

- 풍속을 바로잡아 변란을 방지하려면 반드시 예율지문(禮律之文)을 근본으로 해야 한다

양송시기의 입법사상은 주로 정주이학과 영가(永嘉) 공리학파의 영향을 받았다. 이른바, "건(乾), 순(淳) 등 노학자들이 죽고 나니 학술에는 주(朱), 육(陸) 두 파만 남았는데, 수심(水心)이 그 논쟁에 끼어 있었으므로 정립했다고 한다"[46]고 했던 것이다.

---

43) (송) 왕안석, 《王臨川集·答曾公亮書》 권73, 상해, 상해세계서국, 1935년.

44) 《송사·식화지》 권186, 상해, 상해고직출판사, 1986년.

45) 《송대조령집·정사》 권160.

46) (청) 黃宗羲, 全祖望, 《宋元學案·序》, 四部備要본.

정주이학에서 강조하고 논증했던 이(理)는 당시 주로 우주를 해석하는데 사용된 것이
아니라, 현존 사회질서를 설명하는데 사용됐다. 정호(程顥), 정이((程頤)는 "부자와 군신
은 천하의 정리(定理)", "오늘의 세상에 살면서 오늘의 법령에 만족하지 않으면 의(義)가
아니다"⁴⁷⁾라고 했다.

주희(朱熹)는 더 명확히 "예, 법은 사실은 이(理)이다"라고 했다.

그들은 "풍속을 바로잡아 변란을 방지하려면" 반드시 예율지문(禮律之文)을 근본으로
해야 한다고 보았다. 하지만 영가(永嘉) 공리학파는 "이(利)로 의(義)를 화해롭게 한다"
고 강조했으며, "나라를 잘 다스리는 사람은 실제적인 것을 중시하고 이론적인 것을 중
시하지 않는다"⁴⁸⁾고 했다.

그는 정주이학을 두고 "공리(功利)가 없고 도의(道義)만 말하는 것은 아무런 쓸모도
없는 허언이다"⁴⁹⁾라고 했다.

조정은 상술한 사상에 대해 "좋은 것을 취해 나에게 이용될 수 있도록 하는 원칙"을
취했는데, 당시의 사법에서는 일반적인 범죄에 대해서 형벌이 어느 정도 느슨해진 형태
로 나타났으며, "법이 지나치게 상세하면 잘 다스릴 수 없다"⁵⁰⁾고 했다. 옥사와 민사소
송을 청산하는 것을 중시했으며, 이로써 내외의 모순을 완화시켰다. 상품경제의 기형적
인 발전과 더불어, 대량의 칙례, 지휘 등 예전 율을 변화시켰다. 혼인, 재산 상속 등에
관련된 법률이 특히 더 그러했다. 채무법은 한층 더 발전했다. 하지만 송 왕조가 끝날
때까지 이 법이 반영한 주요 민사 법률관계는 여전히 혈연과 지연을 기본적인 활동반경
으로 하였다. 이학이 통치자들의 교조로 됨에 따라, 예의 역할은 약화된 것이 아니라
오히려 강화됐다. 남송 중기 이후, 불필요한 관리와 군대, 불필요한 비용이 더 많아져,
조정은 부세의 징수를 매우 중시하게 되었으며, "현령이 장부책을 대하는 것은 거자(擧
子)가 경서를 대하는 것처럼 해야 한다"⁵¹⁾고 강조했다.

이에 부응해서 회계 입법은 다소 완벽해졌다. 즉 "한 현에는 한 현으로서의 계획이
있고, 한 군에는 군으로서의 계획이 있으며, 천하에는 필시 천하의 계획이 있게 된다.

---

47) (송) 朱熹 《朱文公文集》 권48
48) (송) 葉適, 《水心文集》 권29, 북경, 중화서국, 1961년.
49) 《水心別集》 권23.
50) 《陳亮集·法深無善治》, 북경, 중화서국, 1987년.
51) 중국사회과학원 역사연구소 송·료·금·원 역사연구실에서 표점 교감한 《名公書判清明集·賦役門·
財賦》 권3, 북경, 중화서국, 1961년.

천하의 계획은 군현의 계획을 종합하여 연도에 따라 고려한다"[52]고 했다.

남송(南宋) 말년에는 내외 계급모순과 민족모순이 격화된 데다가 역대의 조정에서 해결하지 못한 대량의 법률은 이미 "내외 상하의 한 가지 일은 작고, 한 가지 죄는 미약하지만, 법이 있어서 처리할 수 있기를 기다리는 상황"[53]에 이르고 있었다.

2. 송나라에서는 입법 및 예와 법의 합일이 한층 완벽화되었다

1) 《송형통(宋刑統)》과 편칙 - 예와 법의 합일의 계속

(1) 《송형통》

송 태조 건륭 4년(963년)에 공부상서 판대리사경 두의(竇儀)의 주청 하에 송조는 새 법전을 개정하기 시작했다. 같은 해 7월에 완성하여 태조가 조서를 내려 "대리사에서 각판 인쇄하여 천하에 반포하라"[54]고 했다. 이것이 역사상 첫 인쇄 반포한 법전이었다. 전칭은 《송건륭상정형통》이며 《송대통》이라 약칭했다.

《형통》의 편찬 격식은 당 선종시기 반포한 《대중형률통류(大中刑律統類)》로 거슬러 올라갈 수 있다. 북송시기 한동안 《대주형통(大周刑統)》을 계속하여 사용한 적이 있었는데, 이것이 바로 《형통》의 격식이 오대시기 발전한 결과물이다. 《형통》은 구체적 편찬에서 여전히 전통적인 형률을 위주로 했으며 동시에 칙, 영, 격, 식과 조정의 금령, 주, 현의 상과(常科) 등 조문을 분류하여, 뒤에 부록에 넣어, 체계적이면서도 종합적인 법전을 이루었다.[55]

---

52) (청) 徐松輯, 《宋會要輯稿·食貨十一》 죽쇄본, 북경, 중화서국,1957년

53) (청) 顧炎武, 《日知錄》, 상해, 상무인서관, 1929년.

54) 《玉海·詔令·律令下》

55) 《송형통》을 《당률소의》와 비기면 다음과 같은 특징이 있다. 첫째, 양자는 편명 내용이 대체적으로 같다. 《송형통》도 30권에 12편, 502조로 되어 있다. 둘째, 《송형통》은 12편, 502조에 또 213문(門)을 나누어 그 성질이 같거나 비슷한 율조 및 관련 칙, 영, 격, 식, 기청(起請) 등 조문을 하나의 문(門)으로 묶었다. 셋째, 《송형통》은 오대시기 통용된 일부분 칙, 영, 격, 식을 수록하여, 율과 영을 합편한 법전 구조를 이루었다. 넷째, 《송형통》은 《당률소의》 중 매 편의 미리에 있었던 역사적 연원 부분을 삭제했으며, 피휘(避諱)를 위해 개별적 글자를 고치기도 했다. 예를 들면, 대불경(大不敬) 중의 경(敬)자를 공(恭)자로 고치는 등이다.

(2) 편칙(編敕)

칙의 본뜻은 웃어른이 항렬이 낮거나 어린 사람에 대한 훈계라는 뜻으로, 남북조 이후에는 황제 조령의 하나가 되었다. 송대의 칙은 황제가 특정 사람 혹은 일에 대한 명령이었다. 칙의 효력은 보통 율보다 높아, 사건을 판결하는 근거가 되었다. 송대의 성문법에 따르면, 황제의 이러한 임시 명령은 반드시 중서성의 제론(制論)과 문하성의 봉박(封駁)을 거쳐야만 전국적으로 통용될 수 있는 칙의 법률적 효력을 가지게 되었다.

편칙이란, 단일 칙령을 책으로 묶어 일반 법률 형식의 하나로 상승시키는 입법과정을 말했다. 편칙은 송대의 중요하고도 빈번했던 입법 활동이었으며, 신종 때에는 전문적인 편칙기구인 편칙소가 있기도 했다. 태조 때의 건륭편칙(建隆編敕)부터 시작하여 대부분의 새 황제는 갓 등극했거나 혹은 연호를 고칠 때면 모두 편칙을 하였다. 편칙의 특징은 첫째, 인종 이전에는 "칙과 율을 병행"했으며, 편칙은 보통 율의 격식에 따라 분류했으나 《송형통》에서 독립되어 있었다. 둘째, 신종 때에는 칙의 지위가 높아져 "율에 기록되지 않은 것은, 모두 칙으로 판결한다"[56]고 했다. 칙이 율을 파괴하고, 율을 대체하는 지경에까지 이르렀다. 셋째, 칙은 주로 범죄와 형벌에 관련한 규정으로, 이른바 "법을 집행함에 있어서 형명의 경중은 모두 칙을 기준으로 한다"[57]고 했다.

2) 조법사류(條法事類)와 예(例)의 편찬 - 예와 법의 합일적 발전

(1) 조법사류

남송시기 "칙, 영, 격, 식" 네 가지 법률 형식이 병행되었고, 편칙을 하는 기초 위에서 "칙, 영, 격, 식"을 사(事)로 분류하여 통일 편찬해 조법사류[58]라는 새로운 법전 편찬 격식을 이루었다. 이러한 격식은 예와 율의 결합을 새로운 수준에 도달하게 했다.

(2) 예

북송 초기에 예라는 규정이 있었으며, 남송시기에는 예를 편찬하는 일이 날로 더 극

---

56) 《송사 · 형법지》
57) 《송사 · 형법지》
58) 남송 효종 순희 연간에는 《순희조법사류》를 편찬한 적 있다. 영종 경원 연간(1195-1200년) 편찬을 시작한 《경원조법사류》는 가태 2년(1202년)에 완성해 그 이듬해에 반포해 시행했다. 이 법전은 모두 437권으로 직제, 선거, 문서, 금각, 재용, 고무, 부역, 형옥 등 16개 문(門)으로 나누었으며 문마다 또 약간의 유(類)로 나눴으며 유마다 칙, 영, 격, 식, 신명(申明) 등을 기록했다. 이종 때에는 《순우조법사류》를 편찬했다. 이런 것들 중 경원조법사류가 지금까지 70권이 남아있다.

성해졌고, 이것으로 율칙을 보충해, 예로 사건을 판결하는 발전을 가져왔다. 칙, 예의 광범위한 응용은 전통 유가경전 학설이 한층 더 당시의 사법 실천 속에 융합되어 들어가게 했다. 송대의 예는 원, 명, 청에도 큰 영향을 주었다.

3) 행정의 법률규범 - 황권의 강화

양송시기의 행정체제는 당으로부터 원, 명, 청으로 과도하는 역사시기에 처해 있었다.[59] 이로 인해 송대의 행정 율법은 매우 잡다하였다. 각 조마다 모두 행정율법에 대한 편찬이 있었는데 지금까지 볼 수 있는 것은《이부칠사법(吏部七司法)》잔 권 및《경정이부조례(景定吏部條例)》등이다. 하지만 송대가 끝날 때까지《당육전》혹은 명, 청시기의《회전(會典)》과 같은 한 왕조를 집대성한 행정법 대전은 나오지 못했다.

양송시기의 행정율법은 여전히 직관을 대강과 세목으로 하여 편성했다. 그러므로 관리의 선발, 실적 평가와 상벌이 그 주요 내용이 되었다. 그 외에 문서관리에 대한 규정도 완벽에 가까웠다. 중앙에서는 중서성, 문하성과 추밀원에서 나누어 관리하였다. 행정과 사법이 한층 더 결합되어 행정처분과 형벌이 상호 보완되었다. 특히 봉건 상품경제의 발전과 더불어 수공업, 상업에 관한 행정율법이 날로 더 많아졌다.

(1) 중앙 정권기구와 그들의 상호관계

송대 중앙의 최고 행정기관은 중서문하성(중서라 약칭함)였다. 역대로 중서성에서 황제의 성지를 가져오면 문하성에서 심의하고 상서성에서 실행했다. 삼권은 송대에 점차 중서에 귀속돼 3성이 유명무실해졌다. 중서문하평장사(中書門下平章事)는 재상의 책임을 맡았는데 보통 2, 3명을 두었고 정원이 없었다. 중서는 하급 행정기관에 명령을 반포할 수 있었으며, 하급기관도 직접 중서에 보고를 해야 했다. 형식적으로 "천자를 보좌하

---

59) 960년, 조광윤은 진교병변을 일으켜 북송을 건립하였다. 또 다른 사람들이 이런 방식으로 송 왕조를 뒤엎는 것을 피하기 위하여, 그는 또 "한 잔 술로 병권을 빼앗았다.", 오대 이래 "군주가 약하고 신하가 강한 국면"에 대한 일련의 행정체제 변혁을 시작해, "그 권리를 삭탈하고 그 전곡을 통제하며, 그 정병을 거두어들이는" 지방을 약화시키고 중앙을 강화하는 목적을 달성하기 위해 금군제도를 창립하고, 지방과 중앙의 행정, 재정체제 개혁을 단행했다. 중앙과 지방은 모두 분권제를 실행했는데, 그에 따라 기구의 중첩도 날로 심각해졌으며, 관원도 날로 더 많아졌다. 그러므로 송대에는 강역이 당 왕조보다 많이 작아졌지만, 관리의 숫자는 딩 왕조의 두 배도 넘었다. 뿐만 아니라, 행정기구가 중첩되고 체제가 번잡하고 혼란하였다. 게다가 모든 것은 황제가 총괄하였으므로 봉건사회 후기 행정관리 면에서 발전 추세를 보여주었다.

고 백관을 총괄하며, 온갖 정사를 다스리며, 관할하지 않는 일이 없었다."[60] 하지만 재상의 실권은 3등분되어 있었다. 군권은 추밀원에, 재권은 삼사사에 귀속되었으며, 나머지 행정권도 여러 가지 원인으로 인하여 황제에게 주청을 올려야 했으므로 크게 제한을 받았다. 재상의 권력이 약화된 것은 오히려 황권을 강화시켰다.

송대는 오대시기의 옛 제도를 그대로 계승했으므로, 추밀원[61]을 중앙 최고 군사행정 기관으로 하였고, 그 장관은 추밀사이고 부사와 지추밀원사 등 관직을 두었다. 추밀원의 설립은 재상의 권력을 분할하였을 뿐만 아니라, 병권도 중앙으로 거두어들였다. 그러므로 신종(神宗)이 관제를 개혁할 때 유독 추밀원만은 변경하지 않았다. 추밀원은 군사를 움직일 권한이 있었지만, 군사를 장악하는 권한은 세 아문(전전사, 마군사, 보군사)에 나뉘어져 황제가 조종하기 편리하게 하였다. 양송의 정권, 군권의 집중은 관료기구가 날로 더 방대해지게 했으나 군사력은 오히려 쇠약해지게 만들었다. 재권의 집중은 통치집단의 부패를 가속화 했다.

중서와 추밀원은 2부(二府)라 불렸다. 서로 견제하기는 했지만, 황제가 각기 통제하기에 편리했다. 하지만 2부는 "서로 상대방이 무엇을 말하는지 몰랐으므로, 의심이 많았고 생각이 다른"[62] 폐단이 존재해, 군사와 정무의 통일적인 집행과 상호 배합에 영향을 주었다. 특히 전시에는 "중서에서는 싸우려 하는데 추밀원은 지키려 하니 어찌 천하를 호령하겠는가"[63] 하는 모순된 국면이 나타났다. 남송 영종(宁宗)시기에는 조정 외 모순이 격화되어 재상이 추밀원을 겸해서 맡는 제도가 실시되었다. 하지만 송대는 전란이 빈번했던 오대와는 달랐으므로, 추밀원의 지위가 중서보다 조금 낮았고 그 장관은 당연히 부재상이었다.

황권을 한층 더 강화하기 위해, 송대는 당대의 제도를 계속 사용하여, 중앙에 어사대를 설치해, 중앙 최고 감찰기관으로 삼았다. 그 아래에 분대원(分台院), 전원(殿院), 찰원(察院)을 설치해 "관리의 잘못을 감찰하고 기강을 바르게 했다." 그 장관은 어사대부였다. 어사대 외에 남북 양 송은 문하성에 간원을 설치하고 문하, 중서에 각각 속하는

---

60) 《송사·職官志》, 상해, 상해고적출판사, 1986년.

61) 《송사·직관지》에 따르면, "국가의 군무 기밀사무와 군사, 변경 수비, 군무 정령, 출납 밀령을 장악하여, 국가의 통치를 보좌하였다. 시위 등 내외 금병의 모집, 시험, 인사 관리, 군대의 주둔, 상벌을 모두 관리하였다."

62) (송) 王明清, 《揮塵后录》 권1, 북경, 중화서국, 1961년.

63) 위의 책.

좌우 간의대부, 사간, 정언을 간관으로 하였다. 그 후 어사 직권의 확대와 더불어, 규간의 직책도 책임지도록 허락하였다. 어사대와 간원은 점차 하나로 합일하여 대간합제(台諫合制)의 역사적 발단이 되었다. 감찰권의 확대는 황권의 강화와 일치한 것으로, 사실상 관료 대신들이 반대파를 배척하는 도구로 되었다.

중앙사법기관은 처음에는 대리사와 형부였다. 태종시기 궁에 심형원을 증설했다. 신종 원풍(元豊) 연간에 제도를 바꾸면서 원래의 대리사와 형부를 회복했다.

(2) 지방정권 기구 및 중앙과의 관계

송 왕조 초기 지방은 주와 현 2급으로 나뉘었으나, 후에 중앙에서 지방에 대한 통제를 강화하기 위해 주 위에 로(路)를 설치해, 지방 최고급 행정기구로 만들었다. 원래의 절도사 직은 황제의 총애를 받는 신하나 황제의 인척에게 우대해 주는 빈 직함이 되어 버렸다.

송대의 로는 1급 행정기구일 뿐만 아니라, 감찰구의 성질도 가지고 있었다. 로의 권력은 넷으로 나뉘었는데 수사(帥司, 경략안부사), 헌사(憲司, 제점형옥사), 조사(漕司, 전운사)와 창사(倉司, 제거상평사)라 불렸다. 이들은 각기 군사와 행정, 사법, 재화와 부세, 국경수비 및 감찰, 이재민 구제 혹은 전매 등 정무를 관리했다. 이들 네 사(司)는 상호 예속되거나 서로 감독하지 않았으며 직접 황제가 책임졌다. 헌(憲), 조(漕), 창(倉) 삼사는 또 감사(監司)[64]라고도 불렸으며, 독특한 특징을 가진 감사 순검제도를 확립해, 지방의 주와 현에 대한 통제를 강화했다. 당시 사람들은 이를 어사대와 대비해 외대(外台)라 불렀다.

로 아래로는 부(府), 주(州), 군(軍), 감(監), 속(屬)이 동급 정권이었으며 그 중 주를 위주로 했다. 그 장관은 황제가 직접 임명한 중앙의 문관이 담당했으므로 지방관리가 군대를 보유하고 할거하는 것을 방지했다. 또한 관직명에 권지(權知) 두 글자를 넣음으로써 "명목이 바르지 않으면, 임기가 오래 가지 못함"을 표했다. 그 이후에는 또 "3년에 한 번씩 관리를 바꾸었다." 또한 본지 사람은 본지의 관리로 임명될 수 없었다. 그 외에 황제에게 직접 전달(事得傳達)하는 통판(通判) 1~2명을 두어 지주(知州)의 직권을 분할시켰다. 주의 군사와 백성, 재무, 형옥 등에 관한 정사는 반드시 통판의 서명을 거쳐야 효력을 발생할 수 있었다. 그러므로 감주(監州)라는 칭호를 가지게 되었으며, 후에 와서

---

64) (송) 吳曾,《能改斋漫録》권2, "감사직은 위진부터 있었다.", 상해, 상해고적출판사, 1979년.

는 주의 부장관으로 변화되었다.

주 이하의 현에는 지현(知縣)을 두었으며 황제가 임명한 문관이 담당하였다. 큰 현은 승(丞), 부(簿), 위(尉)를 설치하고, 작은 현은 부(簿), 위(尉)를 설치해 지현을 보좌하여 부세, 소송을 장악하고 도적을 진압하였다. 향에는 이정(里正) 등 관직을 두어 치안과 세수를 관리하였다.

송대에는 지방관의 임명과 면직을 황제가 직접 통제했을 뿐만 아니라, 주, 현의 행정권, 재권, 사법권도 모두 조정에서 거둬들였다. 즉 "향장, 진장의 권리는 모두 현에 거두어 들이고, 현의 권리는 모두 주에 거두어 들였으며, 주의 권리는 감사에 귀속되었으며, 감사의 권리는 모두 조정에 귀속되었다"[65]고 하였다. 중앙이 지방에 대한 통제가 전에 없는 정도에 도달했음을 알 수가 있다.

(3) 직관의 관리와 임용

① 시험을 통한 선발과 임용

소동파는 예로부터 전해진 인재 선발방식에 대해 다음과 같이 개괄해 말한 적이 있다. "하, 상, 주시기는 학교에서 나왔고 전국시기로부터 진나라에 이르기까지는 빈객에서 나왔으며, 한나라 이후에는 군, 현에서 선발했으며, 위진 이래는 구품중정의 출신이며 수당부터 지금까지는 과거시험 출신이다."[66]

송나라 초기에는 당나라의 제도를 모방하였는데, 영종(英宗)시기에 와서는 3년에 한 번씩 과거시험이 있었으며 그 후 이것이 제도화되었다.[67] 양송시기 관리의 선발과 임용은 최초 중서성과 심관원(審官院)에서 나누어 관리했다. 신종(神宗) 원풍(元豊) 제도개

---

65) (송) 范仲淹,《范太史集》권22, 또한《范文正公集》《四庫全書》회요본에도 나옴.

66)《소식문집》권5 선비 양성을 논함.

67) 양송시기는 시험관 시험제도를 실시했다. 시험에 합격하면 관리가 될 수 있는 자격을 가졌다. 그 외에 시험관 회피제도가 있었다. 남송 순희(淳熙) 5년(1178) 조서를 내려 시험관의 친척 및 시험 관련 기타 관리의 친척은 상호 회피해야 한다고 했다. 시험에서 부정행위를 방지하기 위해 시험지 이름을 쓴 부분을 밀봉하는 방법과 시험지를 다른 사람이 베껴 쓰는 제도 등을 발명해냈다. 하지만 권세가 자제들이 법을 어기고 시험에 합격하는 것을 방지하기 위한 이런 제도는 실시됨과 더불어 인위적인 파괴를 받았다. 예를 들면 밀봉 제도를 실시하기 시작한 천성(天聖) 원년(1023년) 개봉부시(開封府試)에서 시험관이 "독단으로 거인의 시험지 윗부분의 밀봉을 뜯어, 이름 있는 사람이 윗자리를 차지"하게 했다. 남송시기 이런 현상은 더구나 심각해졌는데 밀봉 위의 도장자리를 조작하기도 했다. "밀봉한 자리에 도장이 모두 찍히지 않은 자"가 있었다.

혁 이후, 문관은 이부에서 선발하고 무관은 병부에서 선발했다. 특히 언급해야 할 점은, 송나라가 끝날 때까지 명법과(明法科, 법률시험)가 계속 이어졌다는 점이다. 기록에 의하면 태종은 "경학을 연구하는 사람이 법을 알게 하고 사법 사무를 맡은 관리가 경서를 알게 하라"고 했다. 옹희(雍熙) 3년(986년)에 조서를 내려 "조신들과 경관 및 그 막료, 주, 현의 관리 등은 앞으로 반드시 법을 공부해야 한다. …… 법서의 내용을 물었을 때, 전혀 모른다면 처벌을 받게 된다"[68]고 했다.

그 외 송대에는 공거(貢擧), 은음(恩蔭), 섭서(攝署), 유외(流外), 종군(從軍) 등 다섯 가지 임관제도가 있었다. 그 중 은음법이 가장 많이 이용되었는데, 황족 종실과 고위 관료의 자제와 친척은 모두 이 관직을 받을 수 있었다. 가장 많게는 한 집에서 수십 명이 이 관직을 받을 수 있었으며 미성년자에게도 관직이 있었다.

② 실적 평가와 상벌

송대에는 관원의 임기가 1년이 차면 실적평가를 했다. 《강감이지록(綱監易知录)·송》 권 65에는 "초기, 황제는 관리가 청탁을 뒤섞을까 걱정하여 관리의 실적을 심사하라 했으며, 그 관서의 이름을 마감원(磨勘院)이라 했다가 심관원(審官院)이라 고쳐 경조관(京朝官)을 심사하게 했으며 그 막료와 주, 현의 관리는 달리 고과원(考課院)을 설치해 심사케 했다"[69]고 기록되어 있다.

실적 평가는 3개 등급으로 나뉘었는데, 실적이 좋은 자는 승격시키거나 혹은 시용 연한을 감소해 주었다. 실적이 중등인 자는 직급의 승강이 없었으나 실적이 하등인 자는 강직시키거나 혹은 시용 연한을 증가해주었다. 하지만 사실상 관리가 되기만 하면, 슬기롭거나, 어리석거나, 부지런하거나, 게으른 나를 막론하고, 문관은 3년에 한 번, 무직은 5년에 한 번씩 승직이 되었다. 신종(神宗) 때에는 수령의 실적을 평가하는 사선사최(四善四最) 제도가 있었다. 소흥(騷興) 연간에는 또 이칠사고감사(以七事考監司)[70] 제도가 있었다. 하지만 송대의 관원 실적 평가는 근무 연수와 자격을 중시했으며, 임기 내에 과오가 없기만 하면 승진이 가능했다. 그러므로 관리들은 대부분 공을 세우는 것을 바라지 않고 다만 과오를 범하지 않기만 바랐다. 이로 볼 때 보기에 완벽한 실적 평가제도

---

68) (원) 馬端臨, 《文献通考·选举》 권32 영인본, 북경, 중화서국, 1986년
69) 《綱監易知錄·송》 권65, 북경, 중화서국 1960년
70) 《송사·직관지》

와 상벌제도는 사실상 공문에 불과했음을 알 수 있다.

③ 치사(致仕)

양송시기에 쓸모없는 관리가 매우 많았다. 인종(仁宗) 이후에는 보기 드물게 그 봉록이 후하였다. 송나라 초기 통치자들은 "봉록이 적은 데다 청렴하라고 하는 것은 매우 부당하다. 관리가 많아 비용이 많이 들기보다 관리를 적게 두고 봉록을 많이 주는 것이 낫다"[71] 고 했다. 그리하여 증봉조(增俸詔), 성관조(省官詔)와 성리조(省吏詔) 등을 많이 반포했다. 하지만 사실상 관리는 적어지지 않았지만, 봉록은 많이 증가하였다. 그러므로 하는 수없이 퇴직시키는 것으로 이 폐단을 완화시켰다. 특히 북송 중기 이후에는 "대부는 70세가 되면 치사한다는 것이 예경에 수록되어 있다. 지금에 와서 이것은 성법이 되었다."[72]

치사는 강제성적인 제도가 되었다. 규정에 따르면, "문무 관원이 치사한 자는 모두 한 품계씩 올려주거나 그 자손에게 음서의 혜택을 주었다."[73] 즉 치사한 본인이 승직하고 명예직위를 받으며 봉록을 받을 뿐만 아니라, 관리의 품계의 높고 낮음에 따라 일정한 명액의 자손이 관리가 될 수 있는 음서의 혜택을 받았다.

(4) 양송 행정율법의 특징

① 황제에 대한 군권의 집중과 관료에 대한 직권의 분할

앞에서 서술한 바와 같이, 송 왕조의 각 황제들은 이미 얻은 중앙집권이 남의 손에 들어가는 것을 방지하기 위하여, 관료의 직권을 분할하는 일련의 조치를 취하였는데, 직관의 설치에 있어서 독특한 "관과 직이 다르고, 명과 실을 분할하는" 관, 직, 파견제도가 있었다.[74] 위로는 재상, 아래로는 주, 현의 장관에 이르기까지 모두 다른 기구의 견제를 받았다. 예를 들면 재상의 권한은 세 부분으로 나뉘어, 감사 순검제와 통판의 설치 등이 있었다. 황제는 더는 대신의 반역을 걱정할 필요가 없게 됐다. 왜냐하면 대신들이 모두 권한이 크지 못했고, 또한 상호 황제의 눈과 귀의 역할을 했기 때문이었다.

---

71) 《송대조령》, 상해, 상해사서출판사, 2003년.
72) (송) 왕안석, 《臨川先生文集》 권53, 북경, 중화서국, 1959년.
73) (청) 徐松輯, 《송회요집고·직관 77》
74) 《송사·직관지》를 참고로 함.

② "다른 주장을 뒤섞는" 인재의 임용원칙

각급 관아에 몇 개의 평형된 기구를 설치해 각자 한 가지만 관리하게 했다. 또한 상호 예속되지 않았고 모두 황제의 직접 통제를 받았다. 이는 체제적으로 분권한 결과였다. 하지만 황제는 여전히 만족을 느끼지 못하고 구체적인 관리의 임용, 특히 조신을 중용함에 있어서 "다른 주장을 뒤섞는" 인재 임용원칙을 따랐다. 즉 정견이 서로 다른 사람을 임용하여 각자 "나쁜 일을 감히 못하게" 하였다. 그 예로 신종(神宗) 때 조정에서 왕안석과 사마광을 기용한 것을 들 수 있다. 그 다음으로는 "관리를 임명하지 않고 아전을 임명한 것"을 들 수 있다. 관리는 아전에 비해 권리가 크고 쉽게 자주적으로 결정을 내릴 수 있으나, 아전은 권세가 작으므로 조심스레 법을 지켰다. 휘종(徽宗)시기부터는 조령을 내려 지방의 주, 현 장관이 서리의 손을 빌리지 않고 직접 형옥을 관리하게 했다. 그러므로 어떤 사람들은 송대 이후부터 지방관리는 행정관리가 사법을 겸하여 관리하는 것이 아니라, 사법장관이 겸하여 행정을 관리하는 형식이었다고 말하였다.

이러한 특징은 황제로 하여금 "종이 한 장으로 군현에 보내, 몸이 팔을 사용하듯이, 팔이 손가락을 사용하듯이 어려움이 없고 천하의 세를 하나로 만들었다[75]고 했다.

4) 형사법률 - 명형필교(明刑弼敎)의 도구

(1) 양송의 형사법률 정책

양송의 형사정책은 《당률소의》에 기초해서 이를 증감시킨 것으로, 주요한 변화는 다음과 같은 몇 가지가 있다.

① 지주가 소작농에 대한 특권을 유지하였다

균전제가 소작제도로 전환함에 따라, 지주와 소작인은 양송사회의 양대 대립계급이 되게 했다. 조정은 형시입법을 통해 공개적으로 지주가 소작인에 대한 특권을 유지케 했다. 철종(哲宗) 원우(元祐) 연간에는 "소작인이 주인을 침범했을 때 일반인보다 죄를 한 등급 높여 처분한다. 주인이 소작인을 침범했을 때에는 장형 이하의 범죄는 논하지 않는다. 도(徒) 이상의 범죄는 일반인보다 죄를 한 등급 낮춰 처분한다. …… 사람을 구타하여 치사했을 때에는 자자(刺字)를 하지 않고, 이웃 주에 유배를 보낸다. 경위가

---

75) 陳邦瞻, 《宋史紀事本末》 권2, 북경, 중화서국, 1974년. 또한 陳亮, 《龍川文集》에도 나옴, 북경, 중화서국, 1974년.

엄중한 자는 상주해 재결한다"76)고 규정했다.

광종(光宗) 소희(紹熙) 원년(1190)에는 소작인이 지주를 고소하는 것을 엄금했다. 만약 소작인이 지주를 침범했다면 "정의롭다고 하더라도 보호하지 않는다"고 했다. 이러한 형사정책은 지주가 소작인에 대한 압박을 조장했다. 남송 말년에는 소작인에 대해 "그 숫자를 계산해 계약을 맺고 전당 잡히거나 팔 수 있었다."77)

"주인집에서 생사 권한을 가지고 있었으며, 소작인을 초개보다 못하게 여겼다."78)

남송시기 종상(鍾相)은 "법으로 귀천과 빈부를 나누는 것은 좋은 법이 아니다"79)고 했으며, 봉기의 창끝을 직접 조정의 불공정한 법제에 겨누었다.

② 청(請), 감(減), 당(當), 속(贖) 법의 적용을 제한했다

봉건법제의 "귀한 자는 배제하고 천한 자에게만 실행하는" 전통은 양송의 특수한 상황 하에서, 그 통치기초를 강화하는 역할을 하지 못했을 뿐만 아니라 오히려, "불초한 자를 교만하게 만들어" 조정에 대한 잠재적인 위협이 이루어졌다. 그러므로 양송시기 개별적인 황제 외에 대부분 사죄(私罪)를 범한 관리에게는 진형(眞刑)을 적용했다. 예를 들면, 《경원조법사류(慶元條法事類)》는 "사사로이 화폐를 주조한 자는 음비를 논하지 않고, 조정에서 임명한 관리는 의, 청, 감에 들지 못한다"고 규정했다.

조정은 일반 백성의 범죄에 대해서도 속형의 적용을 제한했다. 태종(太宗) 순화(淳化) 4년(993년)에 조서를 내려, 여성이 장형 이하의 죄를 범했고 고의 범죄가 아닐 때 동으로 속형할 수 있을 뿐 기타는 속형할 수 없다고 했다. 전체적으로 볼 때 송조는 "속형의 법은 경한 형벌에 적용하는 데" 그쳤음을 알 수 있다.

③ 사형의 적용범위를 감소시켰다

편칙의 증가와 더불어 사형의 조항도 급증했다. 인종(仁宗) 천성(天聖) 3년(1025년) 대벽의 판결을 받은 사람만 2,436명이었으며, 사형판결을 받은 사람의 수자는 당대에 비해 몇십 배 혹은 거의 백 배로 늘어나기도 했다. 첨예한 계급모순은 조정이 대규모로

---

76) (송) 李燾, 《속자치통감장편》 권445, 북경, 중화서국, 1985년, 이하 장편이라 약칭함. 《송사 · 형법지》에도 나옴, 상해, 상해고적출판사, 1986년.

77) 《元典 · 刑部十九 · 禁典顧)》 영인본, 북경, 중국서점, 1990년.

78) 《元典章》 권24.

79) 《三朝北盟會編》 권137.

극형을 사용할 수 없도록 했다. 그리하여 조정은 두 가지 방법으로 사형을 조절 통제했다.

첫째는 주청칙재(奏請敕裁)의 범위를 확대했다. 일부 사형을 판결할 수도 있고 사형을 판결하지 않을 수도 있는 범죄에 대해서는 형부를 통해 중서에서 황제에게 주청하여 재결했는데 그 결과 실제상 대부분 사형판결을 내리지 않았다.

둘째는 부가형을 증가하여 사형을 대체했다. 예를 들면, 건도(乾道) 10년(1174년), 황보근이 수뢰 및 관청 물품 침범 강탈죄로 죽게 되었지만, 효종(孝宗)은 사형판결을 내리지 않고, 벼슬을 파면시키고, 척장형 30대를 치고, 자자(刺字)하고, 재산을 몰수하며, 뇌성으로 유배를 보내는 등 일곱 가지 형벌을 내렸다. 뇌성에 유배를 보내는 것이 주형(主刑)이었고 기타 여섯 가지는 모두 부가형이었다.

④ 은유(恩宥)를 대거 시행했다

범죄가 날로 많아졌으므로, 통치자들은 그것들을 모두 은유의 제도를 통해 완화시킬 수가 없었다. 송 왕조의 은유제도는 주로 대사(大赦), 곡사(曲赦), 덕음(德音) 세 가지가 있었는데, 이를 통칭해 대설(貸雪)이라고 했다.《송사·형법지》에는 "대사는 천하에서 모두 혜택을 받았는데 사죄 이하의 잡범은 모두 풀어주었다. 심지어 일반 사면이 양해하지 않는 죄마저 풀어주었다. 곡사란 어느 한 로나 어느 한 주, 혹은 별경, 혹은 수도권 내에 베풀어진 사면이다. 덕음이란, 죽을죄 및 유죄를 등급을 강등시키는 것, 혹은 여죄를 풀어주는 것이다. 간혹 유죄도 풀어주었으며, 그 혜택 범위가 일정하지 않았다고 기록되었다.

양송시기 사면과 죄의 처벌을 강등시키는 일이 전에 없이 빈번했다. 휘종(徽宗) 재위 25년 동안, 대사 26차, 곡사 14차, 덕음 37차를 베풀었다. 남송 광종(光宗) 소희(紹熙) 연간에는 한 해에 네 번이나 사면령을 내렸다. 조정은 원래 이로써 "흠과 때를 씻어버리고, 사람들이 마음을 씻고 기분을 새롭게 가질 것"을 희망했으며, "화기로 감화할 수 있기를" 바랐지만, 너무 빈번하게 사면령을 내린 결과는 "죄를 지은 사람은 사면을 받았다고 하여 꼭 잘못을 뉘우치는 것은 아니었고, 피해자는 원망이 없다고 할 수 없었다. 잘못을 뉘우치지 못하면, 다시 죄를 저지를 수 있고, 원망함이 없으면 선함을 후회하게 된다"고 하였다. 이로 인해 "형정이 무질서해졌고, 은혜는 넘쳐났다."[80]

그 외에 죄인의 죄상을 조사하여, 처벌을 경감하거나 풀어주었다. 예를 들면, "천자는

---

80)《송사·형법지》

매년 수도에 있는 죄수의 죄상을 몸소 조사하고, 수도권 내에는 사자를 파견한다. 일반적으로 죽을죄 이하의 잡범은 처벌 등급을 낮추며, 태형과 장형은 풀어준다. 혹은 도죄(徒罪)도 풀어줄 때가 있다. 여러 로(路) 등은 감사(監司)에게 죄상을 조사토록 한다"[81]고 했다.

(2) 형법이 타격을 가한 주요 대상

양송의 형법 법률규범은 주로《송형통》, 칙(敕) 및 단례(斷例), 지휘(指揮)와 신명(申明)이다. 양송시기 형법의 주요 대상은 십악, 사살(四殺, 겁살, 모살, 고살, 투살), 등 범죄 외에 형사정책, 형벌제도 등에서 전대에 비해 변화가 있었다. 특히 다음과 같은 몇 가지 유형의 범죄를 징벌하는데 역점을 두었다.

① 탐묵(貪墨)죄를 엄하게 처벌했다

양송시기 탐묵죄를 엄하게 처벌한 것은 형을 무겁게 했을[82]뿐 아니라, "청, 감, 당, 속" 등 법의 적용도 제한했다. 그리고 일반적으로 사면하거나 처벌을 경감해주지 않았다. 부정 관리로서의 못된 행적이 있는 자는 다시 벼슬길에 들어서는 것을 금지했다. 이러한 것은 부정부패 기풍의 악성 발전을 저지하는 역할을 하였다.

② 강도를 엄벌했다

그 하나는 중법지법(重法地法)[83]을 반포 실행한 것이며, 다른 하나는 도적중법(盜賊重法)[84]을 반포 실행한 것이다. 중법지법과 도적중법의 실질은 통치계층의 인신 재산

---

81) 《송사 · 형법지》

82) 송대 초기 "죄에 대한 벌은 경하게 처벌하였지만 부정 관리에 대한 처벌만은 가장 엄했다. (청) 趙翼, 《廿二史札記》, 북경, 상무인서관, 1957년. 또한《송사 · 형법지》에도 "북송 태조, 태종시기, 수백 명의 부정 관리가 조당에서 장살을 당했거나 혹은 요참을 당해 기시(棄市)했거나, 혹은 자자(刺字)하고 사문에 유배되었다. 그리고 장형, 재산 몰수 등의 부가형을 증가했다.

83) 송 왕조 초기 이래,《송형통》과 기타 칙령은 모반, 반역, 살인, 요서(妖書), 요언(妖言)을 만드는 것, 강도, 절도, 협박하여 재물을 취하는 것 등 범죄에 처한 처형에서 《당률》보다 모두 무겁게 하였다. 인종(仁宗) 가우(嘉祐) 연간, 통치자들은 수도권의 안전을 고려하여 수도 개봉의 여러 현을 중법지(重法地)로 규정했으며 중법지 내에서의 범죄는 가중 처벌했다. 지방에서 민중의 저항이 날로 심해짐에 따라, 중법지의 범위를 점차 중요한 부, 주, 군까지 확대했으며 그 형량도 날로 무거워졌다. 이에 관련한 일련의 법률을 중법지법이라고 한다. 신종(神宗) 이후, 중법지는 전국 전 지역의 42% 이상을 차지했다.

안전과 이익을 유지하기 위한 것이며, 민중의 저항을 엄중한 형벌로 다스리기 위한 것이었다. 동시에 중법지의 범위를 점차 확대했는데, 휘종(徽宗) 때에는 작당한 강도에 대해서는 군사를 파견하여 토벌하였다. 장강 이남으로 수도를 옮긴 후, 민족 모순이 격화된 데다가 법의 실행 효과가 좋지 않아 조정은 부득불 강도지법을 약간 완화시켰다. 하지만 여전히 강도죄를 짓고 목숨을 빚진 자는 "동시에 이마에 강도라는 두 글자를 자자(刺字)한다"고 했다.

③ 사악한 술수, 사악한 종교를 전수한 죄와 사악한 글로 많은 사람을 미혹한 죄[85]를 엄중 처벌했다

양송시기 사람들은 종교 형식을 이용한 비밀결사를 조직하여 저항하려 했었다. 대규모 농민봉기도 보통 종교와 연계되어 있었다.

그 외에 이(理)와 의(義)를 심각하게 상해한 행위, 특히 사기행위도 엄중 처벌을 받았으며, 양형에 있어서도 전대에 비해 가중시켰다.

(3) 송대 형벌제도의 변화

① 절장법(折杖法)

《송사·형법지》에서는 "태조가 황제의 자리를 선양 받은 후 처음으로 절장법을 정했다"

---

84) 강도죄는 오대부터 중점 처벌대상이 되었다. 송 인종 전에는 강도죄에 대한 형량이 보통 오대보다 비교적 가벼웠다. 신종 이후, 형량이 점차 무거워지기 시작했다. 신종 희녕(熙寧) 4년(1071년), 도적중법을 반포 실행해, 모반, 살인, 겁략, 절도죄에 대한 진압을 한층 더 강화했다. 도적중법에 정해진 각종 죄를 범한 자는 중법지 내 범죄 여부를 막론하고 모두 중법지법에 따라 처벌했다. "강도죄를 지은 자는 죽어야 하며, 그 재산을 몰수하여 고발한 사람에게 상으로 준다. 처자는 천 리 밖으로 편입 안치한다.", "또한 관리를 살해했거나, 3명 이상 살해한 자거나, 가옥 100칸을 불태웠을 때, 혹은 주, 현에서 무리를 지어 다니거나, 강과 바다에서 선박을 약탈했을 때, 중지가 아니어도 역시 중지로 여겨 엄중 처벌한다."(《송사·형법지》)

85) 종교활동이 통치자들에게 "사악한 것"으로 무고되어 엄하게 진압당했다. "사악한 종교를 전습하고 밤에 모였다가 아침에 흩어지며, 사람을 죽여 제사를 지내는 등은 모두 매우 자세하게 조사했다. 진종(眞宗) 천희(天禧) 연간에는 염매(魘魅) 저주, 요서, 요언을 짓는 것, 요술을 전수하는 등 죄를 십악과 동등시했다. 인종 때에는 사람을 죽여 귀신에게 제사를 지낸 범죄자에 대해서는 능지처참형에 처했다. 휘종 때에도 각 로 제형이 주, 현의 이런 유형 범죄에 대해 사악한 것이 형을 받을 정도에 도달하기 전에 방지할 수 있게 취소하라고 여러 차례 명을 내렸다. 이러한 죄를 범한 범죄자에 대해 극형을 내렸을 뿐만 아니라, 발견하지 못한 자도 그 등급을 더하여 연좌죄를 입게 했었다. 조정은 또 이러한 유형의 죄는 사면하거나 감면할 수 없다"고 규정했다.

고 하였다.

건륭(建隆) 4년(963년) 절장법을 반포 시행했는데 목적은 인심을 얻기 위한 것이었으며, 오대 이래 형벌이 가혹한 폐단을 변화시켰다. 새 절장법의 규정에 의하면, 사형 외 기타 태형, 장형, 도형, 유형 등 네 가지 형은 모두 둔장(臀杖)과 척장(脊杖)으로 환산할 수 있었다.[86] 절장법은 사회모순을 완화하는데 일정한 역할을 하였다. 하지만 이 법은 반역, 강도 등 죄에는 적용되지 않았다. 실제 집행에 있어서도 유폐가 존재했다.《송사 · 형법지》에는 "양민이 우연히 저항하면 몸에 상해를 입어 종신토록 치욕을 당해야 했지만, 우매하고 완고한 자는 오히려 일시적으로 아픔을 느끼지만 끝까지 부끄러움을 느끼지 못했다"고 했다.

② 배역(配役)

배역은 수당시기의 유배형에서 기원한 것이다. 절장법이 실시된 후 원래의 유형이 사실상 배역으로 불렸다. 사형과 절장 후 배역형의 차이가 지나치게 커서 경중을 잃는 폐단을 보완하기 위해, 조정은 배역형의 종류와 일부 부가형을 증설하여, 배역형이 아주 복잡한 형명(刑名)이 되게 했다.

배역형은 양송시기 자배(刺配)[87]가 많았다. 송조 초기 자배는 통상적으로 시행되는 법이 아니었다.《송형통》에도 이 형에 관한 규정이 없었다. 태조(太祖)시기에 가끔 이용되었는데 목적은 절장법이 시행된 후 사형과 배역형 사이의 차이가 지나치게 큰 폐단을 보완하기 위한 것이었다. 하지만 인종(仁宗) 이후에는 자배의 조칙이 날로 더 많아졌다. 자배형의 남용으로 인해, 점차 일상적인 제도로 되었다.[88] 자배는 후세에 매우 나쁜 영

---

86) 구체적인 환산방법은, 태형, 장형은 일률로 둔장으로 환산했는데, 원 형벌에 따라 각각 7대부터 20대를 쳤다. 장형을 받고 나면 풀려날 수 있었다. 도형은 척장으로 환산했는데, 원 형벌에 따라 각각 13대 내지 20대를 쳤으며, 장형을 받고 나면 풀려날 수 있었다. 유형도 척장으로 환산했는데, 원 형벌에 따라 각각 17대 내지 20대를 치고 장형을 받은 후 현지에서 1년 배역을 해야 했다. 가역류(加役流)는 척장 20대를 친 후 현지에서 3년 배역을 해야 했다. 절장법은 "유죄를 받은 자가 멀리 가는 것을 면할 수 있었고, 도죄를 받은 자는 노역을 면할 수 있었으며, 태형과 장형은 그 집행 숫자를 감소시킬 수 있었다"고 했다.

87) 여기서 자(刺)는 자자(刺字)를 말한다. 즉 고대의 묵형(墨刑)이 부활한 것이다. 배(配)는 유형의 배역이다. 자배는 죄행이 엄중한 유형 범죄자에 대한 처벌이다. 자배는 후진 천복(天福) 연간의 자면지법(刺面之法)에서 연원된 것이다.

88) 송대에는 자배형에 대한 규정이 아주 상세하였다. 주로 잡범과 죽을죄를 감면 혹은 속형받은 자와 강도, 도적 및 일부 누범에게 적용되었다. 범죄의 종류와 경중에 따라, 얼굴에 자자(刺字)하는 부

향을 주었다. 이는 형벌제도의 후퇴라고 할 수 있으며, 송대와 그 후세에 꽤나 많은 비난을 받았다.

③ 능지(凌遲)

사형의 한 종류로서의 능지는 오대시기 서료(西遼)에서 시행된 사람을 잘게 잘라, 형을 받는 사람이 극단적인 고통을 느끼면서 천천히 죽어가게 하는 혹형이었다.[89] 인종(仁宗)시기 능지형을 실시했고, 신종(神宗) 희녕(熙寧) 이후에는 상형(常刑)으로 되었다. 남송시기에 이르러《경원조법사류(慶元條法事類)》에 능지가 정식으로 법정 사형의 한

위와 글자 혹은 기호가 모두 달랐다. 또한 배역 받은 지역의 원근이 다름에 따라 자자(刺字)를 한 깊이도 달랐다. 세분하면 주로 다음과 같은 몇 가지 유형이 있었다.

첫째, 배역은 부가형의 유무 구분이 있었다. 배역은 보통 경자(黥刺)와 장책(杖責) 두 가지 부가형이 있었다. 자자(刺字)는 묵형의 부활이다. 자자를 하는 부위는 경위의 경중에 따라, 귀 뒤, 잔등, 이마, 얼굴(面)로 나뉘었으며, 자자의 표기도 글자(일반적으로 죄명임)와 기호(일반적으로 환형임)로 나뉘었다. 자자의 깊이는 4분, 5분, 7분 등 종류가 있었다. 장책은 수량과 매를 치는 부위가 달랐다(둔부 혹은 잔등). 만약 죄행이 아주 엄중하거나 혹은 죽을죄로 목숨을 빚졌다면, 일반적으로 척장형을 하고 나서 또 유배를 보내는데, 얼굴에 자자를 한다. 한 사람의 몸에 한 가지 범죄에 세 가지 형을 모두 받는다. 죄행이 좀 경한 자는 장형에만 처하고 자자를 하지 않거나 혹은 유배를 보내면서 장형은 치지 않는다. 경자와 장책 외에 가끔 동이나 금을 벌금하거나 혹은 출신 이후의 문자를 없애거나, 벼슬을 파면하거나, 제명, 재산을 몰수하는 등 부가형이 주어졌다.

둘째, 배역에는 군역, 노역이 있었다. 전자는 군적에 편입되고 후자는 관영 공장과 광산에 유배되어 노역을 했는데 보통 소금 만들기, 술 빚기, 도자기 굽기, 광물 채굴, 철광석 제련 등 일을 하였다.

셋째, 배역은 지리적으로 원근의 구별이 있었다. 북송 초기에는 오대시기의 옛 제도를 계속 사용하여 범인을 서북 변경 지역에 보내어 군 복무를 하게 하였다. 후에는 등주 사문도, 통주 해도와 영남 일대에 유배 보내었다. 남송시기에는 또 변화가 있었는데 대체로 섬(사문도)이나 멀고 조건이 열악한 주나 군(경주, 만안, 창화, 주애), 광남, 3,000리 밖, 2,500리 밖, 2,000리 밖, 1,500리 밖, 1,000리 밖, 이웃 주, 본 주의 뇌성과 본주 주성(州城) 등에 보냈다.

넷째, 배역은 또 풀어주기까지의 시간 차이가 있었다. 중죄로 영원히 풀어주지 않는다고 판결받은 범인은 남송시기, 세 번의 교사(郊赦)를 거친 후에야 비교적 가까운 지역으로 옮겨갈 수 있었다. 만약 영원히 풀어주지 않는다는 기록이 없으면, 복형 연한에 따라 구분했는데, 만기되거나 혹은 사면 받으면 모두 가까운 곳으로 옮겨가든지 아니면 면죄되어 석방 받을 수 있었다.

배역은 양송시기 가장 많이 이용되었다. 남송시기 배역형을 받은 사람이 한때는 10여 만 명에 달했다. 배역형은 절장법 실시 후 형벌 경중의 평형을 가져다주었으나 또 해결할 수 없는 문제들을 가져다주기도 했다. 숭녕(崇寧) 연간, 채경(蔡京)은 주관(周官)이 시행했던 환토(圜土)법을 모방할 것을 건의, 유배해야 할 범인을 환토 내에 감금할 것을 제기했으나 경비 혹은 관리 상의 어려움으로 하여 실행된 지 얼마 안 되어 금방 그만두었다.

89) (송) 呂祖謙,《宋文監》에는 형을 받는 사람이 보통 몸이 백골이 되어도 입과 눈이 여전히 움직일 수 있었고, 사지가 각기 떨어져 나가고, 신음이 그치지 않았다고 했다.《四部叢刊》본을 참고로 했음.

종류로 되었다.

④ 관치(管置)

관치란 범인을 일정한 구역 내에 안치하여 개조하는 형벌방법이다. 북송 중기에 나타 났으며 지금의 관제형과 유사하다. 주로 제명, 파직 당한 관리들에게 적용됐다.[90]

5) 민사 경제류 법률 규범

(1) 저당(抵當) 판매제도의 발전

양송시기 저당과 판매는 일정한 상황 하에서 분리되기 시작했다. 하지만 많은 상황에 서는 모두 같은 규정을 적용했다.

북송시기, 부동산 판매에 절매(絶賣)와 활매(活賣) 두 가지 형식이 있었다. 중국 고대 에는 종법 혈연관계가 존재했기 때문에, 농민들이 토지와 조상 대대로 물려받은 재산을 함부로 팔지 않았다. 이로 인해 북송 때에는 저당판매인 활매라는 교역형식이 흥기했 다. 농민들은 경제적 어려움을 해결하기 위해 우선 토지를 저당 잡힌 후 비용을 취득했 다. 그리고 일정한 시기에 다시 대금을 치르고 토지를 되찾았다. 이로부터 저당물권(抵 當物權)이 형성되었다. 법률적으로도 국가는 이 양자를 함께 규정지었다.

하지만 저당과 판매는 달랐다. 그러므로 법률적으로 늘 같은 규정을 적용했지만 일정 한 상황에서는 법률과 실천이 이 양자를 분별하기도 했다.

양자는 계약형식이 달랐다. 예를 들면《명공서판청명집(名公書判清明集)》에는 망집 친린(妄執親隣) 사건에 대한 서면 판결이 기록되어 있었는데, 판매와 저당의 계약이 서 로 달랐다. 판매는 단골계(斷骨契)였고, 저당은 합동계(合同契)였다.

양자는 계약이 성립되는 요건이 달랐다. 하지만 민간에서는 교역의 편리를 위해 양자 를 구분함과 동시에 양자를 상호 전환시키는 예가 존재했다.[91]

---

90) 관제형은 기관(羈管, 감금하여 단속하는 것), 편관(編管), 여러 차례 다른 곳에 보내 능력에 따라 노역을 하는 것, 머리를 깎지 않았으며 목에 쇠고리를 채우지 않았다), 편치(編置, 안치, 거주라고 도 불렀으며 편관보다 가벼운 형이었으므로 적에 편입하여 안치한다고 했다)가 있었다. 각 유형은 또 지리적인 원근(본 州, 인접한 州, 혹은 먼 곳의 州)과 연한의 장단 등 구별이 있었다.

91)《명공서판청명집 · 호혼문》에는 "전주가 단골하려 하지 않을 때 되찾을 수 있도록 해야 한다"고 기 록되어 있다. 이 사례는 단골, 취속, 교역의 함의와 차이점을 설명하고 있다. 동시에 이러한 것들 은 일정한 상황에서는 전화할 수 있다는 것도 설명하고 있다.

이 시기에는 신용제도에 매우 큰 발전이 있었으므로, 저당관계가 경제생활에서 끊임없이 나타나고 완벽해졌다. 이런 상황에서 국가는 저당이란 이 민사 법률관계의 규범을 완벽화하여 비교적 체계적인 법률규범을 이루게 했다.

우선 송나라에서는 계약형식에 명확한 규정이 있었다. 송대의 법률규정에 의하면, 저당은 반드시 절취선 기호가 있는 복본 서면 계약형식을 취해야 했다. 즉 합동계(合同契)[92]였다. 후에 계약서를 2통 작성하여 전주(錢主)와 업주(業主)가 각각 1통씩을 가졌다.[93] 하지만 송대에는 계약 문장의 격식이 고정된 틀에서 벗어나기 시작했다. 북송으로부터 남송 초기에 이르기까지 법률은 계약의 문장 격식에 대한 제한이 매우 엄격했다. 구체적인 규정에는 서계(書契) 및 정계(正契), 합동계(合同契)의 구매가 포괄됐다.[94]

그 다음으로는 계약 성립요건에 관한 것이다. 법률은 전당매매(典當賣買)를 합쳐서 전매(典賣)라고 불렀으며 동일한 규정을 하였다. 즉 "먼저 가족과 이웃의 동의를 구하고", "돈을 내고 계약지를 사며", "부세의 명의를 변경하고", "원 업주(業主)가 전매하는 전간이나 주택에서 나온다"는 네 가지 요건을 구비해야 했다.[95]

계약서 중 양측의 권리와 의무에 관해서는, 계약 성립의 네 가지 요건에서 이미 당사자 간의 권리와 의무를 규정했다. 동시에 업주에게는 그 외에 두 가지 권리가 있었다.

---

92) 《宋會輯稿·食貨六一》의 기록에 의하면, 진종(眞宗) 건흥(乾興) 원년(1022년)에 "장원, 주택, 밭과 토지를 전매하거나 저당할 때에는 합동계약을 병립하여 전주, 업주가 각각 보관하고 상세원(商稅院)과 본현에서 각각 남긴다"고 기록되어 있다.

93) 《宋會輯稿·食貨六一》의 기록에 의하면, 밭과 저택을 저당할 때에는 법에 따라 정계와 합동계가 있어야 한다. 전주와 업주가 각자 한 부씩 지니고, 증서에 따라 되찾아야 한다고 했다.

94) 서계는 계약 상대자를 확정한 후, 양측이 계약서 초고를 체결하는 과정이다. 법률은 당사자가 계약서 초고를 체결할 때, 반드시 통일적 격식에 따라 증거 서류를 만들어야 한다고 규정했다. "전답을 전매할 때 계약서에 면적, 구조, 이웃, 조세 역전(役錢)을 밝히지 않고, 계약 체결 업주, 중개인, 계약서 작성자의 친필서명이 없으면 불법으로 전택을 판매한 것으로 단죄한다"고 했다. 이러한 계약시는 양측이 협의했다는 의거가 되며, 이 의거로 관가에 가서 징식 수속을 밟을 수 있었다. 정계, 합동계는 교역 양측이 계약 초고를 체결한 후, 반드시 양측이 함께 관가에 가계약지를 구매하여 작성했으며, 정계는 전주가 보관하고 합동계는 업주가 보관했다. "집안에서 저당을 잡힐 때에는 전주와 함께 관가에 가 정계와 합동계 서류를 구매하여 서류를 작성한다. 보통 서류는 저당하는 전간과 주택, 교역 액수, 연한을 기록하고 책부 당사자가 해당 관청에서 수령한다"고 규정함으로써, "사사로이 계약서 초고를 체결하고 돈을 받고 재산을 넘겼다가 만기가 되어 전주가 계약서 초고를 가지고 관가에 가서 정계를 구매한 후 그 합동계는 전주가 거둬들이는 것"을 방지하였다. 계약서 격식을 통일시키기 위해, 양송시기 관가에서는 정계와 합동계가 계약지를 통일로 인쇄 제작한 후, 교역 양측이 관가에 가서 계약지를 구매하여 작성하게 했다.

95) 《송형통·호혼》에서는 동의를 받은 후, 가격 경쟁을 거쳐 전매하는 재산 문을 참고로 하였다.

하나는 전주가 지불한 돈을 받을 수 있고, 다른 하나는 약정한 기한이 되면, 법정 날짜 내에 수시로 원 가격으로 원 재산을 되찾을 수 있었다. 전주에게는 네 가지 주요한 권리가 있었다. 즉 계약에 규정된 기한 내에는 전매한 재산의 수익권을 사용할 수 있으며, 업주가 해당 재산을 판매하려 할 때에는 구매 시에 우선권이 있었다. 그리고 저당기간에는 저당권을 전환할 권리가 있으며, 저당기간 업주가 저당물을 되찾을 수 없을 때, 전주는 취득한 저당물에 대해서 완전 처분권을 가지고 있었다.

그 외에 전당을 잡은 사람(典主)이 죽은 후, 가족에 상속자가 없어 호절(戶絶) 되었을 때, 송대의 법률규정에 따라 저당권을 포함한 모든 재산은 관가에 몰수되었다.[96]

(2) 채법(債法)의 발전

전체 민사법 체계 중 채법은 고대에 있어서나 현대에 있어서나 모두 중요한 내용 중 하나였다. 채법이 발전한 정도는 그와 상호 관련되는 민사법 규범이 발전한 정도를 보여준다고 할 수 있다. 양송시기는 상품경제의 기형적인 발전으로 인하여 그 민사 법률규범, 특히 채법규범이 내용적으로나 범위로나 당시에는 비교적 완전하게 갖추어졌다. 송대에 채무의 범위가 그 전대에 비해 더 넓어졌고, 그 법률 규정도 더 상세해졌으며, 채법 관계를 강조한 많은 조서와 율칙(律敕)이 반포됐다.

양송의 채법은 채무의 발생, 채무의 이행과 불이행, 채무의 소멸, 채무의 담보 등에 모두 구체적인 법률규정이 있었다. 《경원조법사류》에는 저당권, 유치권에 대한 규정이 있었다. 송대에 유행된 계약으로는 주로 매매계약, 임대계약, 대차계약 등이 있었다.[97] 그 중 토지와 관련된 임대를 소작(佃)이라고 불렀다. 임대제도는 당시 법률이 조정한 가장 중요한 채무관계 중 하나였다. 송대 초기 소작주는 양측의 계약이기에, 소작주는 상호 관계를 규정해야 한다고 명확히 정했다. 소작농은 관가에 호적을 등기해 편호제민 (編戶齊民)이 이루어졌다. 인종(仁宗) 때는 조령(詔令)을 내려, 소작호가 이주하는 데에 일정한 자유를 주어 "주인의 마음대로 하지 못한다"고 했다. 하지만 토지겸병이 심해지

---

96) 《宋會要輯稿 · 食貨一 · 農田雜錄》의 기록에 의하면, 북송 대중(大中) 상부(祥符) 7년(1014년), 호절(戶絶) 후 저당권 분쟁을 방지하기 위해 조서를 내려, "각 주에서 전당을 잡은 사람이 호절하여 관가에 몰입한 재산은 평가를 거쳐 장부를 명확히 한다. 업주는 전당 기한 외 반 년 내에 본전으로 재산을 되찾을 수 있도록 허락한다. 30년 지난 후, 계약서가 없거나 혹은 계약서가 있더라도 진위를 판별하기 어려울 때에는 되찾을 수 없다"고 규정했다.

97) 趙曉耕, 《송대 법제 연구》, 북경, 중국정법대학출판사, 1994.

면서, 남송시기에 이르러서는 소작호의 토지에 대한 인신 종속관계가 날로 강화되었다. 법률은 빚을 지고 도망친 사람에 대해 엄하게 검열하여 채권인의 이익을 유지케 했다.

(3) 금각(禁権) 벌률

송대에는 재정이 부족하여 금각이 재정수입을 획득하는 중요한 방법 중 하나가 되었다. 송대 금각(전매)의 범위는 확대되어 전통적인 소금, 술, 차 외에도 명반, 철, 석탄 등은 모두 금각 물품으로 되었다. 금각 법률 중, 염법(鹽法), 차법(茶法), 주법(酒法)이 가장 중요하고 완비되었다. 염법은 소금의 제작, 매매와 운송·판매에 관한 법률이다. 중앙 삼사에는 염철사(鹽鐵使)가 있었고 지방에는 소금 산지와 상업도시에 전문적으로 소금의 전매를 관리하는 장무(場務)가 있었다. 당시 소금은 관가 운수, 관가 판매와 상업 운수, 상업 판매 두 가지 방식이 있었다. 염법의 규정에 의하면, 사사로이 소금 한 냥을 밀매(密造)하면 태형 40대에 처해졌다. 하지만 관가 소금의 가격이 높았으므로, 사사로이 소금을 파는 것은 금지시켜도 막을 수 없었다. 주법은 술의 양조, 세금 징수와 전매 등에 관한 율령이다. 송나라 때는 술의 전매를 각고(権酤)라고 불렀다. 술을 빚는 데 사용되는 누룩은 관가에서 독점하고 민간에서 사사로이 만드는 것을 금지했으며 위반한 자는 경위가 엄중하면 사형에 처하기도 했다. 관가에서 술의 제작과 판매를 엄격히 통제했으며, 또한 과세도 매우 무거웠다. 이에 후세 사람들은 "역대의 각고가 송대처럼 심한 적은 없었다"[98]고 평가했다.

3. 원(元)대의 법치 및 그 특징과 변화

원대는 중국 역사에서 처음으로 북방 소수민족이 중원에 들어와 대일통을 실현한 왕조이다. 통치의 수요에 따라 몽골족 귀족들은 중원이 전통저 정치, 경제와 문화를 게승하고 받아들였다. 그 중 전통적인 법률 문화 및 당송의 법률을 위주로 하는 중화 법체계는 이 시기에도 계속되었다. 원 왕조는 근 100년 동안 전통 예와 법 문화는 몽골 귀족의 민족성 통치의 특징에 융합되어 들어간 기초 위에서, 예와 법의 합일이라는 전통 법제의 발전 궤도에서 군주전제제도가 극단적으로 발전한 명청 두 왕조로까지 이어졌다.

---

98) (청) 趙翼, 《陔余叢考·宋元権酤之重》, 북경, 중화서국, 1984년.

1) 원대 법제의 연혁

원나라는 건립 전 칭기즈칸시기의 대찰살(大札撒)을 적용한 것 외에, 금나라의 태화율(泰和律)을 계속 사용했다. 세조(世祖)가 원을 건립한 후, 지원(至元) 8년(1271)에 금나라의 태화율 사용을 금지한다는 영을 내렸다.99) 지원 28년(1291)에 지난 여러 해 동안 반포한 격례(格例)를 "공규, 치민, 어도, 이재(公規, 治民, 御盜, 理財) 등 10가지를 한 책으로 묶었다."100) 이를 《지원신격(至元新格)》이라고 불렀다. 이는 원나라의 첫 번째 성문법전이었다. 인종(仁宗)시기 "격례조화(格例條畵)의 기풍에 관한 것들을 모아 책으로 만들었으며"101) 이를 《풍헌굉강(風憲宏綱)》이라고 불렀다. 영종(英宗) 지치(至治) 3년(1323)에는 이 기초 위에서 당송 구율의 편목을 모방하여 새 법전인 《대원통제(大元通制)》를 만들었는데, 모두 20편에 2,539조였다. 그 내용은 조제(詔制), 조격(條格), 단례(斷例)와 영(令)으로 구성되었으며, 그 아래에 11목(目)으로 나누었다.102) 이는 원나라의 기본 법률형식으로 되었다. 《대원통제》와 거의 동시에 출현한 것으로는 지방 관가에서 휘편한 법규 대전인 《대원성정국조전장(大元聖政國朝典章)》이 있었다. 즉 지금까지 전해내려온 《원전장(元典章)》이 그것이다. 이 책은 원대 초기로부터 영종(英宗) 지치(至治) 2년까지 50여 년 동안의 율령 전장과 판례를 수집하였다. 모두 60권이며 조령(詔令), 성정(聖政), 조강(朝綱), 대강(台綱), 이부(吏部), 호부(户部), 예부(禮部), 병부(兵部), 형부(刑部), 공부(工部) 10개 유형으로 나누었고 그 아래에 373개 목(目)을 설치했으며 목 아래에는 조격(條格)이 있었다. 그 내용은 원나라의 정치, 경제, 군사, 법률과 풍속 민정 등 여러 측면과 관련되어 있었다. 원말 순제(順帝) 지정(至正) 4년(1344년)에 《대원통제》를 재수정하여, 지정 6년(1346년)에 새 법전인 지정조격(至正條格)을 완성하여 반포시행했다. 그 내용은 제조(制诏), 조격(條格), 단례(斷例) 등 2,900여 조였다.103)

2) 원대의 기본 법률형식 - 전통적인 예와 법의 합일형식의 변화

원대의 법률형식은 양송 편칙의 영향을 깊이 받아 내용이 광범위하여 법규 대회(大

---

99)《元史 · 世祖本紀》, 상해, 상해고적출판사, 1986.

100) 위의 책.

101)《元史 · 刑法志》

102) 위의 책.

103)《원사 · 형법지》

會)의 성질을 지녔다. 중앙으로부터 지방에 이르기까지 각급 관청은 모두 판례(判例)로 사건을 판결하는 것을 매우 중시하였다. 역대의 법전 편집에서 모두 대량의 단례(斷例)를 납입하였으며 지방에서도 자주 단례를 수집 회편하였지만, "전례가 있어 인용할 수는 있었지만 지킬 법이 없었다"고 했다.

원나라의 법률을 총괄해 보면 그 기본 법률형식은 조격(條格), 단례가 위주였음을 알 수 있다.

(1) 조격

조격은 황제가 직접 제정했거나 혹은 중서성 등 중앙기관에서 하급 관청에 반포한 정령으로, 주로 민사, 행정, 재정 등에 관한 법규이다.

(2) 단례

단례는 황제 혹은 사법관원이 사건을 판결한 전례로써, 많게는 형사법규에 속했다. 임시로 반포한 정령과 판례를 위주로 하는 법률 내용은 획일적인 법규와 때로는 차이가 났기 때문에 그 법률 내용이 매우 규범화되지 못했다. 원대의 사법은 주로 이러한 조격, 단례를 의거했으므로, "간교하고 탐욕스러운 하급관리가 홀로 배워서 왜곡하여 부정을 저질렀다"는 좋지 않은 쪽으로 사용되었다.

3) 원나라 법률의 주요 내용특징 - 전통적인 예와 법의 합일내용의 변화

(1) 법률로써 민족 간의 불평등을 지켰다

원대 초기 다른 민족의 사회적 지위를 네 가지 등급으로 나누었다. 몽골인의 사회 정치적 지위가 가장 우월했으며, 색목인(色目人, 西夏, 回回)이 그 다음이었고, 한인(漢人)이 또 그 다음이었으며, 남인(南人, 남송이 통치하던 지역의 민중)의 지위가 가장 낮았다. 과거시험이나 관리 임명에는 모두 몽골인과 색목인을 우대하고, 한인과 남인을 제한하고 기시하는 법규가 있었다. 원대 조정의 고급 관원 중에는 한인이 거의 없었다. 일부 관직은 한인, 남인이 담당하지 못한다고 한 명문화 된 법령이 있었다. 예를 들면 인종(仁宗) 황경(皇慶) 2년(1313년)에 과거시험 조례를 정했는데, 몽골인과 색목인은 두 번 시험을 치러야 했지만, 한인과 남인은 세 번 시험을 치러야 한다고 규정했다. 향시의 모집 정원은 네 가지 등급의 사람을 평균 분배한다고 했지만, 이는 실질적으로 매우 공평하지 못한 것이었다.

(2) 정죄 형량에서의 민족 차별

원대에는 종실 및 몽골인의 사건은 중앙 대종정부(大宗正府)에서 전적으로 책임지고 처리한다고 규정했다. 한인과 남인의 소송사건은 형부에 귀속되었으며, 재판기관의 정직 관리는 몽골인이 담당했다. 몽골인과 한인의 분규와 같은 사건에서는 몽골인을 비호했다. 그럴 뿐만 아니라, 법률적으로 몽골인과 한인의 범죄는 같은 죄를 저질렀어도 서로 다른 처벌을 했다. 예를 들면, 절도죄에 한인은 모두 자자(刺字)형을 당했지만, 몽골인은 자자를 면해주었다. 몽골인이 싸움에서 혹은 술에 취해서 한인을 구타해 치사했을 때에는 "출정하도록 벌을 주며, 동시에 장례식 비용을 모두 대도록 한다"[104]고 했다.

이와 반대로 한인이 몽골인을 구타해 치사했을 때에는 일률로 사형에 처했을 뿐만 아니라 장례식 비용을 대야 했다. 몽골인은 죽을죄를 지었을 때에도 고문을 면할 수 있었으며 매일 음식을 공급했다. 만약 몽골인 관원이 죄를 범했다면 그 형을 행하는 사람마저 몽골인이어야 했다. 뿐만 아니라 법률은 일반적으로 죄를 범한 몽골인 관리에 대한 구체적인 처벌을 규정하지 않았다. 규정이 있다고 해도, 그 형벌이 당이나 송나라때의 율보다 가벼웠다.

(3) 승려의 특권과 농노제의 잔여를 유지했다

원대에는 불교를 국교로 받들었으며, 세조(世祖)는 파스파(八思巴)라마를 제사(帝師)로 하여 높이 받들었다. 제사의 법지(法旨)는 서토(西土)에서 황제의 조칙과 병행할 수 있었다. 중앙에는 선정원(宣政院)을 설치했고, 지방에는 행선정원(行宣政院)을 설치해 전문적으로 승려와 관련된 사건을 처리했는데, 일반적인 가벼운 죄는 사원에서 책임지고 처리했다. 법률은 승려의 인신과 재산에 여러 가지 특수한 보호를 하였으며, 승려의 범죄에도 여러 가지 면제를 해주었다. 그리하여 승려들은 법적인 특권을 믿고 횡포를 일삼았다. 성종(成宗) 때에는 승려의 특권을 제한하기 시작했다. 전통 습속의 영향으로 인하여, 법률은 주노(主奴), 존비(尊卑) 간의 불평등 관계를 유지했다. 범죄자의 가족을 노예로 만들어 노예의 숫자를 확대했다. 주인은 노예에게 자자(刺字)나 코를 베는 등 사형(私刑)을 실시할 수 있었으며, 노예를 죽여도 처형은 매우 가벼웠다. 노예를 임의로

---

104) 《元史·刑法志》

매매할 수 있도록 허락했으며, 지주가 소작호 및 그 친족에게 일을 시키는 것을 허락했다. 이러한 규정은 모두 법률제도의 역사적 후퇴라 할 수 있으며, 원나라 법률이 농노제의 잔여를 유지했던 특징을 보여주었다.

(4) 특수한 형벌제도

첫째, 태장형(笞杖刑)의 변화. 수당 왕조 이래 10을 끝자리 수로 하는 태장형을 7을 끝자리 수로 했으며, 이는 "하늘이 한 대를 용서한 것이고, 땅이 한 대를 용서한 것이며, 내가 한 대를 용서한 것"[105]이라고 했다. 장형은 매 등급마다 7대씩을 더했다. 도형은 반년마다 장형 17대를 더했으며, 유형은 얼마나 멀리 떨어진 곳에 가는가 하는 것을 정하지 않고, 한인과 남인이 죄를 범하면 많이는 요양(遼陽), 이북(嶺北) 등 국경지역에 보냈다. 사형은 능지와 참이 있었고, 교형은 없었다.

둘째, 형벌의 적용에는 민족의 전통적 내용이 들어 있었다. 원대에는 입법기술이 거칠고 조잡해, 일부 조문은 명확한 형벌규정이 없이 금한다, 죄이다, 중죄이다 등 일반적인 것밖에 없었다. 또 일부 형벌, 예를 들면 홍니분벽(紅泥粉壁), 거리순찰(巡街) 등 전통적인 습속 특색을 가지고 있었다. 그 외에도 많은 혹형이 있었다. 예를 들면, 박피(剝皮), 저해(醢) 등이 그것이었다. 절도죄는 엄하게 처벌했는데 그 처형이 당송시기보다 무거웠다. 동시에 원나라에는 또 야만적이고 낙후한 형벌을 많이 회복시켜, "강도는 모두 죽이며, 소나 말을 훔친 자는 의(劓)형에 처했으며, 나귀나 노새를 훔친 자는 묵(黥)형에 처했다."[106]

---

105) (원) 엽자기(葉子奇), 《초목자·잡제편(草木子·雜制篇)》, 북경, 중화서국 1959년.
106) 《원사·순제본기(元史·順帝本紀)》

9장.
예와 법 합일시대 법제의 후기 발전

1절. 명형필교(明刑弼教)에서 중전치국(重典治國)까지

- 명·청 양대 법률제도의 변화

명청 양대에는 입법 지도사상에 큰 변화가 나타나, 명형필교(明刑弼教)로부터 중전치국(重典治國)의 전환을 가져왔다. 이는 심층적 차원에서 예와 법의 관계에 대한 인식의 전환을 반영하였고 명청 양대의 입법 실천을 지도하였다.

1. 명청 양대의 입법 지도사상

1) 명형필교와 정률이승완(定律以绳顽, 율을 정해 완고한 자를 단속하다)

《상서·대우모(大禹谟)》에는 "다섯 가지 형벌을 밝히고, 다섯 가지 가르침을 보필한다"는 말이 기록되어 있다. 이에 대해 후세 사람들은 명형필교라고 약칭했다. 문자 그대로의 뜻으로만 보면 필(弼)은 보필한다는 뜻이다. 덕주형보(德主刑輔)와 같은 전통적인 입법, 사법 원칙과 다른 점이 없어 보인다. 하지만 그 시대가 다르고 사회 형세의 변화로 인해, 예와 법의 관계도 따라서 변화가 나타났다. 덕주형보에서는 덕이 형보다 위였기에, 형은 덕의 제약을 받았으며, 시종 부차적이고 보조적인 위치에 놓여 있었다. 송대 이전에는 명형필교를 논할 때면 늘 덕주형보 뒤에 놓곤 했으며, 그 착안점도 여전히 대덕소형(大德小刑)과 선교후형(先敎后刑)이었다. 양송시기에 와서 형과 예의 관계에는 매우 큰 변화가 나타났으며 명형필교의 의미에도 변화가 생겼다. 주희(朱熹)가 먼저 명형필교에 대해 새로운 해석을 하였다. 그는 "예와 법은 사실상 두 글자이다"[1]라고 말했다. 그는 예와 법은 모두 이(理)의 실천이라고 보았으며, 이 양자는 치국에서 볼 때동등하게 중요하다고 인정해, "어느 하나도 소홀히 할 수 없다"고 했다. 동시에 그는 또 "예와 법의 합일"이라는 차원에서 명형필교에 대해 한층 더 나아가 설명했다. "그러므로 성인의 다스림은 가르침으로 밝았으며, 형으로써 보필하였다. 비록 실시를 함에 있어서 앞에 놓일 수도 있고 뒤에 놓일 수도 있으며, 급하게 할 수도 있고 완만하게 할 수도 있지만, 깊은 뜻은 여기에 있는 것이 아니겠는가"[2]라고 했다.

전대의 유학학설과 다른 점은, 교(敎)의 실시가 "앞에 놓일 수도 있고 뒤에 놓일 수도 있다.", "급하게 할 수도 있고 완만하게 할 수도 있다"고 한 점이었다. 이렇게 해석함으로서, 형과 덕의 관계가 더는 덕주형보의 종속, 본말의 관계가 아니었다. 덕은 더는 형에 대해 제약하는 역할을 하지 않았다. 다만 형벌의 목적일 뿐이었다. 형벌도 선교후형(先敎後刑)의 고유한 틀에 얽매이지 않고, 선형후교(先行後敎)할 수 있었다. 이는 겉으로 보면 작은 변통인 것 같지만, 중국 봉건법제의 지도원칙이 덕주형보→예법합일→명형필교의 발전 궤도로부터 새로운 단계로 진입했음을 의미한다. 이는 명청 양대 법률의 실시방법, 발전방향과 사회적 역할에 깊은 영향을 주었다. 중국 고대 법률사에서 일반적으로 말한다면, 덕주형보를 제창한 본래의 뜻은 도덕적 교화를 중시하고 가혹한 형벌을 제한하기 위한 것이었으므로, 보통 가벼운 형벌을 주장하는 것과 연계되어 있었다. 하지만 주희의 이러한 해석을 거쳐 후세에 성행한 명형필교사상은 완전히 필교의 구실이 되어버려, 중전치국(重典治國) 사상을 널리 시행하는 이론적 근거가 되어버렸다.

2) 중진치국의 지도사상

명형필교는 덕과 형의 관계에서, 통치자들이 형세와 그 자체 이익의 수요에 따라 형벌을 중하게 할 것인가, 아니면 교화를 중시할 것인가 하는 도덕문제에서 충분한 선택의 여지가 있게 했다. 그러므로 명형필교는 중전치국을 신봉하는 주원장에게 명초 입법,

---

1) 《朱文公文集·答呂子約》, 四部備要본
2) 《주문공문집·戊申延和奏禮1》권14.

사법의 중요원칙으로 간주되었다. 주희가 이론적으로 명형필교 원칙의 시행을 위해 길을 열었다면, 주원장은 이론과 실천의 결합에서 이 원칙을 새로운 차원으로 끌어올렸다. 중전치국은 명형필교를 그 이론과 윤리적 기초로 한 전제 하에 명초 사법의 구체적 지도사상이 되었다.

자칭 "회하 서안의 포의이며, 변변치 못한 집안의 출신"이라고 하는 주원장은 법제를 매우 중시했다. 1365년 무창(武昌)을 함락시킨 후, 그는 율령을 의정하는데 착수했다. 그는 원나라 말, 조정이 나약하여 "권한이 아래로 내려가고, 기강이 문란해져, 관리들이 방종하고, 모순이 격화되어 왕조가 전복된 교훈"을 거울로 삼아, 동란 후 갓 건립된 명 왕조에게 "난세를 다스리려면 엄격한 법규를 사용해야 한다"는 원칙을 기초로, "원은 관대하여 나라를 잃었다. 짐이 중국을 평정하였으니 맹렬한 법으로 다스리지 않으면 안 된다"[3]고 표명하였다. 주원장은 "형은 엄격한 법규를 사용한다"는 전제 하에, 진(秦)나라처럼 "전적으로 법에 의해 다스리는 것"과는 달리 "옛것을 모방하여 다스리고, 예를 분명히 하여 백성을 이끌고, 율을 정해 완고한 자를 다스린다"[4]고 하였다. 이로부터 명형필교의 원칙과 상호 통일을 이루었던 것이다.

3) 《명률》을 상세히 번역하여 나라의 제도를 만드는 데 참고로 함

청 제국은 중국 역사상 마지막 전제왕조이며, 청의 통치자들은 관외에 있을 때부터 명나라 법제의 득실을 거울로 삼는 것을 중시했다. 특히 황태극(皇太極) 때에는 실천 속에서 명나라의 법률문화를 흡수해야 한다는 중요성을 인식해, "한인의 법을 참고로 하고, 금나라의 법을 참작한다"는 입법원칙이 형성되었다. "한인의 법을 참고한다"는 것은 바로 명나라의 법제를 참고한다는 것을 말하며 "금나라의 법을 참작한다"는 것은 여진족의 습관법을 조건부로 원용했음을 말하는 것이었다. 이 원칙의 지도하에, 《명률》을 대표로 하는 한족의 봉건법률 의식과 원칙을 관련시켜 법률, 법령에다 받아들이기 시작했다. 관내에 진입한 후에는 통치의 수요와 새로 입법해야 하는 절박한 요구에 부응하기 위하여, 한족 관리의 적극적인 건의 하에, 청대 법제건설은 "《명률》을 상세히 번역하여 나라의 제도를 만드는데 참고로 한다"는 것을 기본적인 입법지도사상으로 삼았다.

이 입법지도사상이 강조한 것은 입법에서 명률을 원본으로 하여 한족의 선진적인 통

---

3) (명) 明刑弼教, 《文集》 권1, 四部叢刊本
4) 《明史·刑法志》

치경험을 받아들이고 유효한 내용과 제도를 받아들이는 동시에 만족의 민족적 전통과 습속을 이어나가고자 한 것이었다. 이러한 입법사상의 지도 하에 《청률》은 끊임없는 발전과 변화하는 중에 완벽함을 갖게 되었던 것이다.

2. 예와 율 사이에서 따지다 - 명청 양대 법전의 제정

1) 명대 율례(律例)의 제정

(1) 《대명률》의 반포 시행

《대명률》은 창립으로부터 반포 시행까지 4개의 시기를 거쳤다.

원말 법제가 "조격이 번잡하여, 그 해로움을 감당하기 어려웠던" 교훈에 비추어, 주원장은 "법도란 조정이 천하를 다스리는 것이다"라고[5] 했다. 그러므로 명 태조 원년(1367) 좌상국 이선장(李善長) 등에게 율령 초고를 작성하라고 명을 내려, 율 258조, 영 145조를 편찬해, 원년 12월 "갑인, 율령이 만들어졌으므로, 명을 받들어 반포 시행했다." 율문은 《당률》에 따라 취사, 편성하고 《원전장》 격식의 육부 순서에 따라 편성했다. 그 중 "이율 18, 호율 63, 예율 14, 병률 32, 형률 150, 공률 8"[6]이 편성되어 이후 《대명률》의 기초를 닦아놓았다.

홍무(洪武) 원년(1368) 겨울에 이르러서는 《대명률》을 상세히 정했고, 그 이듬해 2월 책이 만들어졌는데, "편목은 《당률》에 기준해 …… 모두 606조가 있었으며 30권으로 나뉘었다."[7] 《당률》 12편의 격식을 모방하여 〈명례율〉을 가장 뒤에 놓았으며, 내용이 《당률》보다 더 번잡하여 주원장이 "직접 고려하여 결재한" 후에 반포했다.

그 이후 조례의 "증감이 일치하지 않아" 홍무 13년(1380) 중서성과 재상을 폐지하고 홍무 22년(1389), "《대명률》을 개정하였다." 〈명례율〉 1편을 앞자리에 놓았으며, 그 뒤로 육무에 따라 이(吏), 호(户), 예(禮), 병(兵), 형(刑), 공(工) 등 6율[8]로 고쳤는데, 모두 30권에 460조였다. 수당 이후(원대를 제외) 800년 동안 답습해온 법전의 구조가 이로부

---

5) 《明太祖实录》, 《明實錄》에서 나옴, 1961년 대만중앙연구원 역사언어연구소가 북경도서관 관장 明
   內閣 부본의 축소 필름을 영인한 판본.
6) 《명태조실록》
7) 《明史·刑法志》
8) 원대의 《원전장》에 이미 이러한 편찬 격식이 있었다.

터 변해버렸다. 기본적인 조항은 여전히 《당률》과 같았지만, 《명률》은 "가벼운 죄를 가볍게 하고 중한 죄를 더 무겁게 했다." 입법 기술에서는 당대보다 더 세밀해졌으며 격식도 더 완벽하고 과학적이 되었다. 그 이후 홍무 18년(1385년)과 홍무 20년(1387년)의 《대고(大誥)》에서 147조를 선택하여 율 뒤에 부록하였다.

홍무 30년(1397년)에 최후로 《대명률고(大明律誥)》를 완성하여, "중외에 인쇄 반포해, 천하 사람들이 알고 준수토록 했다."[9] 《명률》은 초창기로부터 정형화될 때까지 30여 년의 시간이 걸렸다. 이는 통치자의 입법에 대한 긍정적이면서도 신중한 태도를 보여준 것이다.

(2) 《어제대고(御制大誥)》의 반포 시행

주원장은 명초가 난세이고 "백성이 교화에 따르지 않는다"는 구실로[10], 주공이 은나라를 토벌하기 위해 동정했을 때 백성과 신하들에 대한 훈계의 공문서인 고(誥)를 제정한 것을 모방하여, 제정한 것이 바로 이른바 《대고(大誥)》이다. 《명대고》는 판례의 형식으로 나타난, 특별법 성질의 중형 법령이며 율 외의 법이다. 《명대고》는 모두 4편이다. 즉 대고 1편, 대고 속편, 대고 3편과 대고무신이 있는데, 홍무 18년 내지 20년 사이에 반포 시행했으며 모두 236조였다. 명형필교는 《대고》를 반포, 시행한 중요한 지도사상이었다. 《대고》는 명 전기의 《대명률》 외의 가장 중요한 법전이었다. 《명대고》는 사례의 형식으로 나타났으며 법제를 선전하는 역할을 하였다.

《대고》는 《명률》에 비해 많은 금령, 죄명이 늘어났으며, 또한 처형도 《명률》보다 무거웠고 수단이 잔혹했다. 대고는 탐관과 토호를 징벌하는데 편중됐다. 예를 들면 《대고속편(大誥續篇)》의 87조 중에는 탐관과 호족에 관련된 것이 70여 조나 되었다.

주원장은 자신이 직접 제정한 《대고》를 매우 중시했다. 《대고》를 반포 시행할 때 "모든 관리와 백성, 각 부류의 사람들이 가가호호 이 책이 있어야 한다. 만약 태형, 장형, 도형, 유죄를 범한 자의 집에 이 책이 있으면 죄형을 한 등급 감해주며, 없으면 한 등급 더 한다"[11]고 했다. 주원장은 홍무 30년 5월에 조서를 내려 "앞으로 사법은 율과 대고에만 따라서 죄를 논한다"고 했으며 "각급 학교에서 대고를 강의하고 과거시험도 대고를

---

9) 《명사 · 형법지》

10) 《명사 · 형법지》에는 "백성이 원의 습속에 구애되어 사사로이 공적인 것을 없애고 어그러짐이 날로 늘어날 것을 걱정하여"라고 기록되어 있다.

11) 《대고 · 頒行대고 제74》를 반포 시행, 고궁박물관 도서관 관장본.

치르며, 향민 집회에서도 대고를 선전해야 한다"[12]고 영을 내렸다. 하지만 《대고》가 《명률》보다 훨씬 더 가혹했으므로, 후세 사람들은 태조가 죽자 더 이상 사용하지 않았다. 이른바 "앞에서는 말한 대로 따르지만, 사후에는 따르지 않는다"는 것과 같았다. 《대고》는 명대 중엽에는 이미 보기 어려웠다.

(3) 예(例)의 편수

태조는 《대명률》을 반포 시행할 때 "자손들이 지키게 한다. 군신이 조금이라도 고치려는 의견이 있으면, 선조가 남겨놓은 제도를 바꾸어서 어지럽힌다고 문죄해야 한다"[13]고 했다.

하지만 율에 기록한 것은 유한하고 현실에서의 범죄는 여러 가지 상황이 나타날 수 있었으므로, "조상의 제도"에만 국한되어 "간악한 자가 법외에 누락되는 것"을 방지하기 위해 "상황에 따른 죄가 빠짐없도록" 노력했다. 그리하여 "일시적인 변통"으로 적지 않은 예(例)를 정했다. 또 홍무 30년 5월 "흠정율고조례" 147조를 추가로 정했는데, 모두 죽을죄에 관한 규정이었으며 이로써 율의 부족분을 미봉했다. 그 후 《대고》는 더 이상 원용되지 않았다.

100년 후인 효종(孝宗) 홍치(弘治) 5년(1492년)에 전 조정의 조례가 번잡하여 사법 심문에서 경중이 적절하지 못한 일이 적지 않았다. 게다가 일에 부딪치면 상주하여 "황제의 재결을 취한" 예가 사법 중 점점 더 중요한 역할을 하였으므로, 형부상서 팽소(彭韶) 등은 홍려사(鴻臚寺) 소경(少卿) 이수(李隧)의 주청에 응하여 문형조례(問刑條例)를 선정, 홍치 13년(1500년) 삼법사(三法司) 및 경(卿) 등에게 칙명을 내려 예년의 심문 방면의 조례 중 "오랜 시간 동안 실행 가능한" 297조를 의정하여 상법(常法)과 병행시켰다. 무종(武宗) 정덕(正德) 연간(1506-1521년)에 또 44조를 증가하였다. 세종(世宗) 가정(嘉靖) 28년(1549년)에는 《문형조례》를 재수정하여 249조로 만들었다. 가정 34년(1555년) 또 89조를 추가시켰다. 신종(神宗) 만력(萬曆) 13년(1585년)에 재차 수정하여, 모두 382조가 되었으며, 그 이후 전체 385조로 만들었다.[14]

---

12) 劉三吾의 〈大誥後序〉에는 "황제의 노고와 사려가 담겨진 조문이 책으로 만들어져 중외 신민들에게 공포되었고 집집이 전해지고 사람마다 송독했다. 그러지 않으면 죄가 되었다"고 기록되어 있다. 고궁박물관 도서관 관장본.

13) 《명사 · 형법지》

14) 이 문자는 《(萬曆重修大明會典》에 남아있다. (명) 申时行 등이 만든 《대명회전》, 북경, 중화서국, 1989년 본을 참고로 함.

"진범, 잡범 사죄조례"는 죽을죄의 엄중한 정도, 양형의 경중, 처형 기한에 대한 규범이었다. 진범이란 경위와 성질이 엄중한 죽을죄를 가리키는데, 일반적인 사면에 포함되지 않으며, 한 등급 감면해도 여전히 유형에 속했다. 또한 집행에서 "시기를 기다리지 않는다"고 했다. 잡범은 일부 성질, 경위가 그다지 중하지 않은 죽을죄를 가리킨다. 형이 판결된 후 즉시 집행하지 않으며, 추심(秋審)과 조심(朝審)을 거쳐 다시 처리한다. 또한 5년 도형에 비추어 속죄할 수도 있었다. 이 조례는 몇 번의 수정을 거쳤는데 진범이 점점 많아지는 추세를 보였다.

《충군조례(充軍條例)》는 태조시기 22조를 반포했는데, 모두 율에 기록되지 않은 것이었다. 명대에는 사형을 감면함에 있어서 충군이 가장 많이 이용되었다. 《대명률》에는 충군죄로 46조가 제정되었는데, 모두 그 전대에 비해 무거운 형이었다. 태조 후, 가정(嘉靖) 29년(1550년)에 규정한 "충군조례"는 총 213조나 되었다. 만력(万历) 13년(1585년)에는 또 새로 충군조례 39조를 추가했다. 같은 해, 형부상서 서화(舒化) 등은 가정 34년(서기 1555년) 이후에 반포된 조령 및 《종번군정조례(宗藩軍政條例)》, 《포도조격(捕盜條格)》, 《조운의단(漕运议单)》 중 형명과 관계되는 부분을 찬집(纂輯)하여 예 382조를 편찬해, 《명률》 본문의 주해로 하여, 오늘 우리가 볼 수 있는 《명률집해부례(明律集解附例)》가 형성되었다.

사실상 명대 각 조정의 조례는 상당히 많았다. "같은 일에도 2, 3개의 예가 있는 상황"이 비일비재했다.[15] 시간이 흐를수록 예가 점점 더 많아져 폐단이 끝이 없었으며, 간교한 아전들이 형의 경중을 제멋대로 하고, 조정은 사람을 죽이고 살리는 것을 임의로 정하여 율이 오히려 공문이 되었다. 그러므로 명대에는 형옥의 억울한 사건이 놀라울 정도로 많았다.

(4) 《대명회전(大明會典)》의 편찬

《대명회전》은 《당육전》의 격식을 모방하였으나, 그 내용은 《당육전》보다 훨씬 더 풍부했다. 영종(英宗) 정통(正統) 연간에 편찬하기 시작해, 효종(孝宗) 홍치(弘治) 10년(1497년)에 칙령을 받고 분관하여 편집, 홍치 15년(1502년)에 책이 만들어졌는데 모두 180권이나 되었다. 이를 개국 100여 년 동안의 전장제도의 "만세의 본보기가 되기에 충분하고, 빠진 것이 없이 모아졌다"[16]라고 일컬었다. 하지만 반포 시행하지는 않았다. 그

---

15) 《명사·형법지》

이후 무종, 세종, 영종 세 왕조에서 잇따라 재수정하여 각기 반포 시행했다. 현존하는 것으로는 정덕(正德), 만력(万历) 연간의《회전》이며 그 격식은 "본 조정의 관직제도를 기준"으로 했으며, 각 직무에 관한 역대 조정의 율령 전적(이른바 "조상의 옛 제도")의 규범과 역대 증감한 것은 "관리가 그 일을 관할하고 일은 그 직무에 귀속되게 하여 그 조대의 제도에 대비했다."[17) 이는 정권기관을 조정하는 데 중요한 역할을 하였다.《대명회전》은 명대 법령전장, 예를 들면《제사집장(諸司執掌)》,《황조조훈(皇朝祖訓)》,《대고(大誥)》,《대명령(大明令)》,《홍무례제(洪武禮制)》,《대명률(大明律)》,《군법정율(軍法定律)》등의 내용을 모았으므로 법규 대전의 성질도 있었다.

2) 청대 율례의 제정

(1)《대청률집해부례(大淸律集解附例)》의 제정

1636년 황태극이 국호를 청으로 고친 후, 훈령을 내려《성경정례(盛京定例)》및 일부 단행 치죄 조례를 흠정했다. 당시는 "백성이 순박하여 대벽 외에는 편태형 밖에 없는 습관법"이 성문법으로 과도하는 단계였다. 북경에 진입한 후 문형아문(問刑衙門)에《명률》에 따라 치죄하라는 영을 내렸다. 이후《명률》을 상세히 번역하여 나라의 제도를 만드는데 참고하여(관내에 들어오기 전의 구율), 증감, 재량하여 공평하고 타당하게 만들려고 했다.

청 순치(順治) 3년 (1646년)에《대청률집해부록》이 만들어져 그 이듬해에 전국에 반포했다. 이는 청이 관내에 들어온 후 후 정식으로 반포하여 전국적으로 통용했다. 개별적 조항에 대해 증가하고 첨삭한 외에, 이《대청율전(大淸律典)》은 격식과 내용에서 기본상《명률》의 재판이라고 할 수 있다. 특점은 율문에 소주(小注)를 증가한 것이다.

순치제(順治帝)는 서문에서 "《명률》을 상세히 번역하여 나라의 제도를 만드는데 참고로 한다"는 이 지도사상을 거듭 표명했다. 그 후 역대 황제는 법률의 수정에서 시종 "《명률》을 상세히 번역하여 나라의 제도를 만드는데 참고로 한다"는 입법지도사상을 벗어나지 않았다. 그 후 강희(康熙)황제는 또 총주(總注)를 증가하고, 율의 끝에 비인율조(比引律條) 36조를 부록으로 첨부하였다. 옹정제(雍正帝) 때에도《대청률》에 대해 일련의 교정과 증감, 개정을 하였다.

---

16)《大明會典·御制明會典序》
17)《大明會典·御制明會典序》

옹정 원년(1723년)에는 율례를 다시 수정하기 시작해, 옹정 3년(1725년)에 《대청률집해(大清律集解)》가 완성되어 "대내외에 인쇄 반포하였다." 이는 청대의 중요한 입법으로, 율문으로부터 주석에 이르기까지 모두 증감이 있었다. 하지만 격식 및 율조는 여전히 "명의 옛 것을 따라", 7편 30문으로 나뉘었으며, 460조를 436조로 감소시켰다. 이로부터 청률 율문의 구조가 기본적으로 고정되게 되었다.

건륭제(乾隆帝)는 즉위 후, 대신들에게 대청률에 대해 조목마다 고증, 보충하고 고정된 정례를 상세히 교정하라고 명을 내렸으며, 황제가 직접 조목마다 고쳤다. 율문을 삭감했을 뿐만 아니라, 조례도 증감했다. 예를 들면, 총주(總注)를 삭제하고 《과실살상수속(過失殺傷收贖)》 도편을 보충해 넣었다. 이는 건륭 5년(1740년)에 완성되어 《대청율례》라 이름을 정하고 전국에 간행하여 공포했다. 이로부터 《명률》을 원본으로 하고 순치, 강희, 옹정, 건륭 등에 거쳐 근 100년 동안 여러 차례의 수정을 거친 다음 중국 역사상 최후의 봉건 법전인 《대청률례》가 최종적으로 이루어졌다. 《대청율례》는 역대 봉건 법전의 성과를 집대성한 것이었으며, 과거의 율전보다 더 엄밀하고 상세하였다. 건륭이후 역대 황제들은 조상의 성법을 엄격히 준수하였으며, 율전에 대해 더는 중대한 수정을 하지 않았고, 청말 변법으로 율을 수정하여 부문법을 제정할 때까지 오직 조례만 증가했을 뿐이었다.

《대청율례》는 모두 7편에 47권, 30문에, 436조이며 예가 1,049조가 부록되어 있다. 편명은 여전히 "명례율, 이율, 호율, 예율, 병율, 형율, 공율" 등 7편으로 하였다. 권1은 전 율문의 상세한 목록이었다. 권2는 여러 가지 도표로서, 육장도(六臟圖), 오형도(五刑圖), 옥구도(獄具圖), 상복도(喪服圖) 등이 부록되었다. 권3은 구체적인 복제(服制)에 대한 규정이었다. 권4, 권5는 명례율로서, 형사 징벌의 총적 원칙과 통례 및 십악, 팔의, 오형 등 특색이 있는 제도를 규정했으며 조례를 부록했다. 권6으로부터 권39까지는 이, 호, 예, 병, 형, 공 각 율에 대한 구체적인 규정으로, 이에 상응하는 죄행과 형벌의 종류를 경중의 차례로 분류하여 편성했다. 예를 들면, 태형 20대라면, 태형 20대에 관한 모든 죄행을 이, 호, 예, 병, 형, 공 각 율의 배열대로 집중시켰다. 이러한 유추는 일목요연했다. 이러한 목적성 편찬 형식은 역대 국가 법률에 대한 타파와 혁신이었다.

하지만 역대 통치자들은 율령은 고정되어 있지만, 경위는 끝이 없다고 여겨 조례의 증수를 매우 중시했다.

순치 3년(1646년) 《대청율집해부례(大清律集解附例)》를 반포할 때, 율문 외에 모든 조례를 상세히 참작 결정해 《형부현행측례(刑部現行則例)》를 만들어 《청률》 뒤에 부록

함으로서, 만족 법제 전통이 조례의 편수를 통해 법전에 융합되어 들어가게 했다. 역사 기록에 의하면, "율에 다 들어가지 못한 내용은 모두 예로 만들었다"[18]고 했다.

강희, 옹정시기에 이미 예가 800여 조나 되어 율문의 거의 2배에 가까웠다. 이는 옹정, 건륭 때의 입법에 기초를 닦아놓았다.

건륭제 때 《대청율례》의 결정판이 나온 후에는 율문을 다시 수정하지 않았으며, 수시로 예를 만들어 보충함으로써 율문의 부족한 점을 미봉했다. 건륭 연간에는 정기적으로 예를 수정하는 것이 제도화되었으며, "5년에 한 번 작게 수정하고 10년에 한 번 크게 수정한다"는 원칙을 만들기도 했었다. 건륭황제시기에만 예를 8~9차 수정했다. 그러므로 조례를 수정하는 것은 청대의 경상적인 입법 활동이 되었다. 예의 법률적 효력이 끊임없이 제고됨에 따라, 예의 숫자도 끊임없이 늘어났다. 건륭 5년에 《대청율례》를 반포할 때, 예 1,049조를 부록했는데, 가경제(嘉慶帝) 때에는 예가 1,573조나 되었으며 동치제(同治帝) 때에는 1,892조나 되었다.

예가 점점 많아짐에 따라 필연적으로 여러 가지 모순을 가져왔다. 한 측면에서는 실제 사법활동에서 청대의 심판 관원은 율문의 기본정신을 중시하면서도 사법 조작에서는 조례의 지도적 역할을 더욱 중시했다. 그러므로 조례는 율문에 중요한 보충역할을 하였을 뿐만 아니라, 사법판결에서도 중요한 시범역할을 하였다. 다른 한 측면으로는 여러 대에 거쳐 제정된 예가 전후로 저촉되고, 율 외적으로도 가중 적용하는 상황이 나타났다. 게다가 "예를 따르느라 율을 파괴하는 현상"이 나타나 법제의 통일적인 적용에 손상을 입게 했다.

(2) 《대청회전(大淸會典)》

산해관 안으로 진입하기 전 태종(太宗) 황태극 숭덕(崇德) 연간에 행정 법규를 편성한 적이 있다. 관내로 들어온 후, 전대의 득실과 본 조대의 경험을 종합하여 5차례나 《회전》을 편수하였다. 강희, 옹정세 때의 《회전》은 녕의 《회전》 격식을 모방하였다. 《건륭회전》은 상술한 격식을 쇄신하여, 100권으로 나누었는데, 전례(典例)가 뒤섞이지 않도록 하기 위해, 측례(則例)를 분리해 내어 《건륭회전측례(乾隆會典則例)》라는 책으로 만들어져 《회전》과 "상호 보완하면서 실행되었다." 《회전》은 "전적으로 전장회요(典章會要)를 중심으로 기록한 내용은 반드시 오랫동안 널리 시행되는 제도여야 한다"[19]고 못

박았다.

《회전》은 관직을 중심으로 하여 법규를 집중시킨 것이다. 《가경회전(嘉慶會典)》은 전과 예를 분리해 편성한 기초이고, 또한 《분주법(分注法)》이 있었는데 거의 구절마다 소주(小注)가 있었으며, 본문은 간략하고 주해가 상세했다. 《광서회전(光緖會典)》은 100권이었는데, 《가경회전》의 기초 위에 약간의 증감이 있었으며, 함풍(咸丰), 동치(同治) 때의 전장, 관제(官制)개혁의 내용을 보충해 넣었다.

《청회전(淸會典)》은 청 왕조 각 시기 국가기관과 관리의 활동을 규범화하고, 통치의 효능을 제고시키는 중요한 통치수단으로 봉건국가를 관리하는 과정에서 중요한 역할을 하였다. 《청회전》은 청대 각 시기의 주요 국가기관의 직무, 사례, 활동규칙과 관련제도를 기술하였으며, 《강희회전》, 《옹정회전》, 《건륭회전》, 《가경회전》, 《광서회전》이 있는데, 이를 합쳐서 《오조호전(五朝會典)》이라 했으며, 《대청회전(大淸會典)》이라고 통칭하기도 했다.

각 회전의 격식은 조정기구의 변화에 따라 일정한 조정이 있었다. 예를 들면 《강희회전》은 종인부(宗人府), 내각(內閣), 이, 호, 예, 병, 형, 공 등 6부와 이번원(理藩院), 도찰원(都察院), 통정사사(通政使司), 내무부(內務府), 대리사(大理寺) 및 기타 사(寺), 원(院), 부(府), 감(監)의 기구에 따라 목록을 나누었다. 《건륭회전》은 팔기도통(八旗都統), 보군통령(步軍統領)을 더했다. 《가경회전》은 군기처(軍機處)를 더했다. 《광서회전》은 총리각국사무아문(總理各國事務衙門) 등을 더했다. 《청회전》의 내용은 《당육전》, 《명회전》에 비해 더욱 풍부했으며 청대의 중요한 행정 법전이었다.

(3) 소수민족 집거지에 적용하는 단행 법률

청대에는 다민족 국가의 통치를 공고히 하기 위해, 중앙에서 민족 집거지에 대한 행정과 사법 관할을 강화했으며, 또 소수민족 집거지에 적용하는 법률을 제정했다. 소수민족 집거지의 경제문화 관례에 관한 일련의 성지, 조례를 반포한 기초 위에서 일부 단행법규를 제정했다. 예를 들면, 《몽골율례(蒙古律例)》, 《회강측례(回疆則例)》, 《흠정서장장정(欽定西藏章程)》 등 단행법규를 제정했다. 그 외에도 청대에는 또 《이번원측례》에 소수민족 사무의 관리제도를 규정했다. 뿐만 아니라, 중앙 이번원에는 이형사(理刑司)를 설치해 각 민족지역의 사법기관에서 올려 보낸 사건과 소수민족의 사형사건을 심사했다.

---

19) 《乾隆會典·凡例》

2절. 예 · 율 운용에서의 혁신

- 명청 양대 법률제도의 주요 특징

명청 양대는 사회적 기초와 황권 통치에서 과거와는 다른 변화가 나타났다. 명나라를 건국한 주원장은 포의(布衣, 벼슬이 없는 선비 - 역자 주) 출신이었고, 청조 통치자는 외족이 중원에 들어온 것이었으므로, 이 양자의 공통적 사상은 바로 황권통치를 강화하는 것이었다. 이러한 사상은 입법, 사법의 각 영역에 반영되었으며, 중국 전통법률문화 중의 예와 율의 운용에 중요한 영향을 주었다.

1. "가벼운 죄는 가볍게 처리"하고, "중한 죄는 무겁게 처리"하는 양형원칙을 확립했다

중전치국(重典治國)의 원칙 하에, "전례 및 풍속 교화"와 관계되는 황권 통치를 직접적으로 위협하지 않는 범죄에 대해, 《명률》의 양형은 《당률》보다 가벼웠다. 하지만 적도(賊盜), 탕항전량(帑項錢糧) 등 전제통치를 직접 위협하는 중대한 범죄에 대해서는 그 정죄 양형이 《당률》보다 무거웠다.

1) 봉건국가에 위해를 주는 범죄행위에 대한 징벌을 가중시켰다

명대에는 모반(謀反), 대역(大逆), 모반(謀叛), 겁수(劫囚), 강도(强盜) 등 죄에 대한 처형이 《당률》보다 무거웠다. 사형 적용과 연좌의 범위도 모두 《당률》보다 넓었다. 특히 적도(賊盜), 난신적자(乱臣賊子)는 율에 따라 징벌했을 뿐만 아니라, 법외의 형을 대량 사용했다. 《명태조실록》에 의하면, 홍부 5년(1372년) 남해의 도적으로 흑귀라 불리는 자가 난을 일으켰는데, 체포된 370여 명이 모두 참형을 당했다. 홍무 7년(1374년), 광동 담주(儋州) 진봉건(陳逢愆)이 봉기를 일으켰는데, 진봉건 자신이 참형을 당했을 뿐만 아니라, 그 부하 1,400여 명은 익형을 당했다. 같은 해, 광동 뇌주 왕자영(王子英)이 난을 일으키려 했다가 체포되어 참형을 당했다.

청대에는 반란죄를 중하게 벌했다. 예를 들면 강희 20년(1681년), 오삼계(吳三桂)의 반란을 평정하자, 오삼계는 이미 죽었지만, 여전히 뼈를 꺾어서 천하에 알렸다.[20] 주범의 자손에 대해서는 사정을 모른다 해도 나이가 11~15세가 되기만 하면 "내무부에 교부하여 거세한 후, 신강 등지에 보내 정부군의 노예로 삼았다." 기타 십악 죄를 범한 범죄자는 많게는 추방하여 군졸로 충당했다. 민중을 소란케 한 범죄자에 대해서는 모두 중형을 적용했는데, 주범으로부터 그를 따른 자에 이르기까지 각각 참형 효시, 참수형 즉각 집행, 교형 유예 집행과 서남 변경지역으로의 충군(充軍烟瘴)으로 판결했다.

2) 엄한 법으로 관리의 공무집행을 정리하고 혹형으로 군신을 통제했다

관료들을 제어하고, 군주의 전제집권을 강화하기 위해,《명률》은 위진 이래 나타났다가《당률》에서 완비된 "관당(官當), 감속(減贖) 및 음법(蔭法)"을 처음으로 폐지했으며, 관리의 죄행에 대해서는 "중죄를 더 가중하게 판결"하는 원칙을 실시했다.

(1) 탐관오리를 중벌했다

《명률》은《당률》의 육장(六臟)이라는 죄명을 계속 사용했다. 상인도(常人盜), 절도(竊盜) 외 기타 4장(四臟, 자신이 관리하는 공공재물을 훔친 죄, 재물을 받고 법을 어긴 죄, 재물을 받고 법을 어기지 않은 죄, 좌장죄)는 모두 관리와 관계되었다.《명률·형률》은 수장문(受臟門)을 설치했는데, "관리가 재물을 받은 것", "좌장(坐臟)이 죄를 초래한 것", "사후에 재물을 받은 것", "일이 있어 재물로 청구를 한 것", "관직에 있으면서 채무자에게 재물을 요구한 것", "가족이 재물을 요구한 것", "법과 기율을 감찰하는 관리가 뇌물을 받은 것", "공후의 재물을 사사로이 받은 것", "절도 장물을 사사로이 남긴 것" 등 사세한 율조(律條)가 있었다. 그 형벌수단은 더구나 잔혹했다.《대고(大誥)》에는 "용강위의 창고 관리가 호부 관리와 공모하여 관곡을 훔쳐 팔았으므로, 묵형에 처하고 힘줄을 뽑아내며, 무릎의 골을 파낸다"고 기록했다. 태조는 또 조령을 내려 "수령으로서 탐욕스럽고 포학한 자에 대해서는 백성이 경성에 와 진술할 수 있도록 허락한다"고 했다.

이와 동시에《명률》은 또 관리가 뇌물을 받은 것이 60냥 이상이면 효수하여 뭇 사람들에게 보여 경계하며, 박피하여 풀을 채워 넣는다고 규정했다. 기록에 의하면, 부(府), 주(州), 현(縣), 위(衛) 등 관청의 왼쪽에는 특별히 토지신 사당을 설치하여 박피하는 장소로 삼았는데, 속칭 피장묘(皮場廟)라고 했다. 관가의 공무를 보는 곳의 정자 옆에는 전임 탐관을 박피하여 풀을 채워 넣은 인피낭을 걸어두었는데, 현임 관리가 "보기만 해

---

20)《淸史稿·吳三桂傳》

도 섬뜩하게 느껴지라고 한 것"21)이었다.

홍무 18년(1385년), 호부시랑(戶部侍郞) 곽환(郭桓)이 관곡을 횡령한 추량안(秋糧案)이 발생했는데, 중앙으로부터 지방에 이르기까지 수만 명에 달하는 사람들이 연루되었는데, 모두 죽을죄로 논죄되었다. 뿐만 아니라, 권세가를 피해가지 않았으므로 개국공신인 영가후(永嘉侯) 주량조(朱亮祖)마저 수뢰하여 법을 어겼으므로 경성에 불려 올려 져 채찍에 맞아 죽었다.

하지만 이러한 것들이 탐관오리에 대한 징벌 효과는 이상적이 되지 못했다. 태조는《대고》에서 "내가 매일 조조와 만조에서 수많은 권계의 말을 했는데 …… 내 이 나이에 입이 마르고 숨이 찰 지경에 이르렀지만", "문무 관리들이 그에 따르는 자가 적고 눈을 부릅뜨고 그렇지 않다고 여기는 자가 많았으니, 그 마음의 해는 엄청났다"22)고 했다. "짐의 명령을 어린애 장난으로 여기며, 감화시키려 해도 반성하지 않는다.", "알면서 고의로 범한다"고도 말했다. 그는 "간악하고 완고한 자들을 교화하기란 참 어렵구나"23)라고 한탄했다. "짐은 재능이 모자라고 덕이 부족하다. 다스리는 도가 다하였구나!"24) 하며 자책하기도 했다. 또한 "일에 부딪치면 사사로운 것이 공적인 것을 이기고, 과실이 깊기로 넓은 바다 같고, 죄가 중하기로 높은 산과 같다. 범죄자를 처벌하는 시기가 되면 시장에 걸어놓은 시체를 치우기 전에 다시 대벽을 범한 자가 도착한다"25)고도 했다. 이에 당시 사람들이 개탄하기를, "중외 관원과 백성들이 성심을 헤아리지 못하고 거리낌 없이 탐오한다"26)고 했다. 성조(成祖) 때에는 누군가 상서하여 "탐관오리가 내외에 널리 퍼져 있다"고 했다. 명대가 멸망할 때까지 탐오하는 풍기는 점점 더 심해졌다.

(2) 신하가 작당하는 것과 내와 관리가 교제하는 것을 엄금했다

《명률·이율(吏律)》의 직제문(職制門)에는 전적으로 간당(奸党)조(條)를 설치했다. "사람을 시켜 살인한 것"27), "교묘한 말로 면제되도록 간언한 것", "붕당을 구성하여 조

---

21) (청) 趙翼, 《22사 찰기·탐관오리에 대한 중벌》, 북경, 중화서국, 1963년.
22) 《大誥武臣序》, 고궁박물원 도서관 관장본.
23) 《大誥續篇·朝臣蹈惡第五十》, 고궁박물원 도서관 관장본.
24) 《御制大誥三編序》, 고궁박물원 도서관 관장본.
25) 《御制大誥序》
26) 《御制大誥后續》, 고궁박물원 도서관 관장본.
27) 홍무 원년에는 "간사한 자가 참언을 들여 사람을 죽이도록 한 자"는 참한다. 대사령에도 용서하지 않는다고 반포한 적이 있다.

정을 어지럽힌 것", "법률을 집행하지 않고 상사의 선동에 따라 다른 사람에 대한 죄의 판결에서 오차가 나게 한 것", "재집(宰執) 대신이 정사를 잘하고 재덕이 아름답다고 진언하는 것" 등이 모두 간당죄에 속했다. 특히 뒤의 세 가지 유형은 양형에서 중하게 처벌했으며, 그 본인이 주모자인지 종모자인지를 가리지 않고 "모두 참하고 아내와 자녀는 노예로 만들었으며 재산은 관가에서 몰수했다."

홍무 23년(1390)과 26년(1393)의 "호람의 옥(胡藍之獄)"이 그 일례였다. 3만 명을 주살했으며, "간당록 공시"를 반포하여 군신이 경계하도록 했다. 이에 연루된 개국공신인 이선장(李善長)도 "집안 식구 70여 명이 주살 당했다"[28]고 했다. 양국공(凉國公) 남옥(藍玉)의 모반 사건에도 15,000여 명이 주살 당했다. 공후와 노장, 중신이 간당죄로 살해당해, 요행히 죽음을 면한 사람이 몇이 되지 않아, "실로 천고에 없는 일"이 되었다. 《대명률》의 수정이 완성된 후, 《명률》에서는 "신하를 의심하고 방비했으며", 간당을 철저히 금하려는 의도를 도처에서 볼 수 있었다. 황권에 대해 전에 없는 엄밀한 수호였던 것이다. 성조 이후, 환관의 권세가 발전했으므로, 상술한 율문이 점차 공문(具文)이 되어 버렸다. 예를 들어, 희종(熹宗) 때 위충현(魏忠賢)이 조정을 제멋대로 다루어, 문무대신 모두가 위당(魏當)이 되어버렸다.

(3) 청대에는 환관의 정치 간섭과 내외 관원의 교제를 엄금했다

황권을 강화하고 신하들이 붕당을 지어 나쁜 일을 꾸미는 것을 방지하였고, 명나라가 멸망한 교훈을 받아들이기 위해, 《청률》은 《명률》 중의 간당조를 계속 사용해, 팔기(八旗)의 여러 왕들 및 그 부하 관원들이 외임관과 만나고 내왕하는 것을 제한했으며, 내외 관원들이 사귀면서 사리사욕을 꾀하지 못하게 했다. 심지어 사사로이 편지를 하거나 돈을 빌려도 종인부(宗人府)에 넘겨 계장(計臟)으로 처분했다. 옹정제는 또 친필로 《붕당론(朋黨論)》을 써 백관에게 경고했다. 청대에는 명대의 창위(廠衛)제도를 폐지했으며 환관이 정치에 간섭하는 것을 엄금했다. 순치 때에는 궁에 철패(鐵牌)를 세워 태감이 정치에 간섭하면 능지형에 처한다고 정했다.

그 외 《대청율례·이율(吏律)·직제(職制)》는 또 "측근 관원과 교제하다.", "대신의 덕정에 대해 진언하다" 등의 조를 제정해 붕당을 엄중히 방비했다. 왕공 및 대신에 대한 방비가 특히 엄했는데[29], 율에는 예를 부록해, 각 기(旗)의 왕공이 외지에서 관리로 있는

---

28) 《명사·이선장전》

옛 속관(屬僚)과 왕래하는 것을 금했으며, 옛 속관이 상사에게 아부하거나 "백성을 혹사하여 아첨하지 못하도록 했다." 이를 위반한 자는 "이 부서에 넘겨 엄하게 치죄했다."[30]

3) 형벌제도가 번잡하고 엄혹했다 - 출례입형(出禮入刑, 예에서 벗어나면 형을 받아야 한다)

(1) 명대의 형벌제도는 번잡하고 엄혹했으며 정장(廷杖, 조정에서 신하를 곤장 치는 벌)이 제도화되었고, 형벌적용에서 종신(從新)원칙을 적용했다

명대의 혹형은 송 이래의 능지, 자자, 유배(剌配)를 계속 사용한 외에, 충군(充軍)을 추가시켰으며, 효령(梟令), 가호(枷號), 가항발견(枷項發遣) 등 혹형이 있었다. 기타 사서와 《대고》에서 나오는 혹형은 역대에 보기 드문 것으로, 진(秦)나라 때보다 더하면 더했지 못하지 않았다.

명대에는 또 정장제도를 실시했다. 이른바 정장이란, 황제의 뜻에 따라, 황제에게 무례를 범하며 직간하였거나, 황제의 뜻을 거스른 관원에게 실시하는 장책(杖責)으로, 환관이 형을 감독하고 금의위(錦衣衛)가 곤장을 쳤다. 곤장을 치는 도구는 곤봉이었으며, 다섯 대를 치고는 한 번씩 사람을 바꿨다. 정장은 수당시기에도 이미 있었지만 간혹 사용했을 뿐인데, 명대에 와서는 상규적인 제도가 되었다. 태조가 공부상서 설상(薛祥)을 곤봉으로 때려죽인 것을 그 발단으로 했다. 영종 때에는 환관 왕진(王振)이 권력을 독점했는데, "궁전의 계단에서 곤봉으로 신하를 치는 습관이 고사로 되었다." 무종, 세종 두 황제 때에 장책당한 대신이 100여 명이나 되었는데, 그 중 10여 명이 그로 인해 죽었다.[31] 진실로 이른바 "공경의 치욕이 전에 없던 것이었다."[32] 일반 평민이든 재집(宰執) 대신이든 누구나를 막론하고, 모두 엄한 형벌로 진압하여 황권을 수호했다. 결과는 "중죄를 가중하게 했는데 그 중에는 억울한 것이 많았다."[33]

---

29) 《淸朝野史大觀》 권3, 《記康熙殺鰲拜》

30) 《대청율·이율·직제》

31) 《명사·형법지》를 참고로 함.

32) 송대 이전에는 대신들에게도 앉을 자리가 있었다. 송대 이후부터 서기 시작했으며, 명대에 와서는 집노비와 크게 차이가 없었다.

33) 《唐明律合编》 권9

(2) 청대는 형벌 종류가 더욱 잔혹했다

첫째, 충군형에 일정한 변화가 나타났는데, 명대의 "영원한 충군"을 폐지했으며, 해금 (海禁, 항해에 관한 금령)의 필요에 따라, 연해(沿海)로 충군하는 외에, 변위(邊衛)를 근 변(近邊)으로 고쳤다. 다음과 같은 몇 가지로 정했다. 부근(2,000리), 가까운 변경(2,500 리), 먼 변경(3,000리), 매우 먼 변경과 서남 변경(4,000리) 등 다섯 가지 등급으로 나누 었다. 충군형은 유형보다는 무거운 형이었지만, 사형보다는 가벼운 형이었다. 그리고 또 천사(遷徙), 발견(發遣) 등의 형을 증설했다. 천사형은 범인을 강제로 1,000리 밖에 안치 하고 영원히 본적지로 돌아오지 못하게 하는 형이었다. 천사형은 유형보다는 가벼웠지 만 도형보다는 무거웠다. 발견형은 범인 혹은 연좌된 가족을 변경에 보내 농사를 짓게 하거나 일을 시키거나, 혹은 변방 주둔 관병의 노예로 삼는 것이다. 강희 연간에 《발견 조례》를 정해, 발견형이 제도화되었다. 발견형은 충군보다 무거운 형이었다. 이렇게 함 으로써 "각 성의 감옥에서 경계를 해야 하는 시끄러움을 피할 수 있었고, 범인을 노예로 보냈으므로, 시일이 오래 가도 다시 악한 생각을 하지 않게 된다"[34]고 했다. 둘째, 사형 의 종류가 늘어났다. 능지, 능지 효시, 참형 후 효시, 참형 즉각 집행, 참형 유예, 교형 즉각 집행, 교형 유예가 있었다. 적용하는 조항도 늘어났다. 예를 들면, 능지에는 명대 의 13개 조로부터 22개 조로 늘어났다. 동치 때에는 《대청율례》에 교형, 참형에 적용할 수 있는 것이 700여 조가 있었다. 그 외에도 때때로 책시(磔尸), 거세, 쇠막대기·받침 돌 달기 등의 혹형이 있었다.

2. 문화사상 전제를 강화하고, 문자옥(文字獄)을 크게 일으켰다

1) 명대의 문자옥

《명률·이율》에는 《상서주서범휘(上書奏事犯諱)》조가 있었는데, 장 80형을 적용했 다. 태조는 출신이 가난하고 지체가 없었으며, 승려 및 홍건군(紅巾軍)에 가담했던 경력 이 있었으므로 상주서의 문장에 대해 매우 민감했다. 특히 적(敵), 도(盜), 승(僧), 곤 (髡) 등의 글자와 음이 비슷한 글자에 대해서 매우 민감했다. 그리하여 신하가 문자를 잘못 사용한 것을 의심하여 살해하곤 했다. 예를 들면, 위씨현(尉氏縣) 교유(敎諭) 허원

---

34) 《嘉慶會典事例·刑部》

(許元)이 《만수하표(萬壽賀表)》를 지었는데 "건곤의 기운을 받아 태평성대를 만들다"라는 구절이 있었다. 이것이 황제가 발하다(發髡) 태평을 일찍 잃는다(早失太平)고 풍자한 것이라고 의심을 받아 사형으로 논죄하였다."[35] 동시에 명대에는 시(詩)나 사(詞)가 황제를 풍자한 내용이 들어있다고 의심받아 치죄당한 상황이 비일비재하였다. 예를 들면 승려 내복(來復)의 사은시에 《수역(殊域)》이라는 두 글자가 "나쁜 주씨(歹朱)"로 오해받아 살신의 화를 당했다.[36] 명초 이런 유형의 문자옥이 청대 문자옥의 발단이 되었다.

2) 청대의 문자옥

청대 통치자들이 관내에 진입한 후, 한(漢)족의 저항정서가 날로 더 강렬해졌다. 반청의 상징을 질식시키고 봉건통치에 불리한 이단적인 사설들을 타격하기 위해, 문자옥을 대량 실시하는 것으로서 진압수단으로 삼았으며, 저술을 정죄 양형의 기준으로 삼았다. 심지어 한 문장, 한 글자, 한 마디 말도 중죄로 만들 수 있었다. 이른바 문자옥이란 황제가 직접 교부한 형사사건으로, 사상 언론과 문자를 정죄 양형의 기준으로 삼아 이단적인 사설에 타격을 가한 것이다. 이는 전통적인 "요서 요언을 만든 죄(造妖書妖言罪)"를 확대한 것으로, 법률수단으로 사상 전제를 시행한 전형적인 표현이었다. 문자옥은 고대부터 있기는 했지만, 청대의 문자옥은 수량과 규모가 전에 없이 컸고, 관련 사건이 부단히 일어났으며 연좌된 범위가 매우 넓었다. 역사적으로 성세라고 불리는 강희, 옹정, 건륭 때마저도 문자옥 사건이 100여 건에 달해 신하와 백성이 두려워하지 않는 자가 없었으며 그 손해와 혹독한 정도는 명대를 훨씬 넘었다.

청대의 문자옥은 크게 다음과 같은 몇 가지 유형이 있었다.

책을 저술해 "고국에 대한 그리움"을 표현하여 멸족을 당한 사람으로는 옹정 7년(서기 1729년)의 여류량(呂留良) 사건을 들 수 있다. 사건 발생 당시 여류량 본인은 이미 죽었지만, 여전히 "좌시효시(剉尸梟示, 시체를 효시하다)"하고 여성 가족은 관가에 노비로 몰입하고, 제자는 능지형에 처했으며, "자손은 변경을 지키게 추방시켰다.[37]

시를 써서 금기를 잘못 건드려 화를 당한 사람으로는 건륭시기 강소의 거인(擧人) 서술기(徐述夔)가 쓴 시에 "비방의 뜻이 들어있다"고 여겨 부관 참시했으며, 그 손자는 참

---

35) 《22사찰기·명초문자지화(明初文字之禍)》

36) 위의 책.

37) 《청피류초·옥송류(清稗類鈔·獄訟類)》.

형가지 당했다.38)

실수로 묘휘(廟諱), 어명(御名)에 저촉되어 살육 당한 사람, 그리고 명말 야사를 사사로이 소장하여 참형을 당한 사람39) 등도 있었다.

3. 민사, 경제 입법을 강화하고 경제범죄를 엄벌했다

1) 민사 측면에서 법률로 "점전과한(占田過限)"의 토지겸병 상황을 보호했다

원말 상란(喪亂)으로부터 명왕조가 다시 통일할 때까지의 20여 년간, 전화가 만연하고 기아가 계속되어 백성이 죽지 않으면 방랑을 하였으므로, 도처에서 토지가 황폐해졌으며 인가는 적어졌다. 이렇게 유기되어 주인이 없는 경작지는 자연히 정부에 몰수되어 관전(官田)으로 되었다. 주원장이 정권을 잡은 후, 먼저 중시한 것은 부역을 균일하게 하여 재정수입을 늘이는 것이었지, 토지를 균일하게 나누어 유민을 안정시키는 것이 아니었다. 기록에 따르면, "원대 상란시기 판적(版籍)이 많이 망해, 전조(田賦)에 기준이 없었다. 명태조가 즉위한 후, 주주(周鑄) 등 164명을 파견해 절서(浙西)의 전지를 확인하고, 그 부세를 정하게 하였다. 또 호부에 천하의 토지를 조사 확인하라고 명령을 내렸다. 양절(兩浙)의 부유한 백성은 요역이 두려워 이를 피하기 위해, 전산(田産)을 가지고 기타 호에 의탁하였는데, 이를 철각궤기(铁脚詭寄)라고 했다. 홍무 20년 국자생(國子生) 무순(武淳) 등에게 각 주, 현에 내려가 양식에 따라 구역을 정하게 하였다. 구역에는 양장(糧長) 4명을 두었으며, 전지를 측량하여 순서대로 이름을 달았으며, 모두 주인의 이름 및 밭의 장척을 기록하여 유형에 따라 책을 만들었다. 이 모양이 고기비늘과 같았으므로 어린도책(魚鱗圖册)이라 했다."40)

위의 글에서 말한 《어린도책》이 바로 관가에서 토지를 측량한 기초 위에서 제정한 전지 등기대장이다. 이는 송대 방전법(方田法), 균세법(均稅法)의 경험을 기초로 하여 집행한 더욱 완벽한 토지조사 · 세제의 확립방법이다. 토지는 측량과 확인을 거쳐 그림을 그려 등기했다. 등록된 논밭의 많고 적음과 등급, 과세의 항목과 숫자는 모두 도책을

---

38) 위의 책.
39) 위의 책.
40) 《명사 · 식화지》

의거로 했으며, 매매와 전이는 모두 관가에서 적을 설치하고 등기해야 했다. 이렇게 하여 전지와 호적을 은닉하거나 도피하기가 어려웠다. 이 토지 법률제도는 명대 이후의 역대 왕조에 계속 시행되었으며 근대에까지 줄곧 사용되었다. 이로부터 명나라 조정의 초기 부세문제를 해결하기 위해 취한 이 토지 법률제도의 중요성을 알 수가 있다.

이 제도의 구체적 실시방법은, 관리를 주·현에 파견해 원래의 세미(稅糧)의 다소에 따라, 약간의 구역을 나눈 후, 매 구역에 양장(糧長) 4명을 설치하고, 이갑(里甲) 주민을 모집하여, 매 필지 토지의 방원 사위를 측량해 간략한 도편을 만든 후《천자문》의 순서대로 이름을 달았다. 그리고 전지 주인의 성명과 전지의 우열 및 방원의 치수를 등기했다. 최후로 종류별로 도책을 만드는데 같은 양식을 4통 만들어 각급 정부에 따로 보관해 세금을 징수하는 근거로 삼았다. 이는 역사상 비교적 완정한 토지기록이었다고 할 수 있다. 《어린도책》은 경작지를 위주로 했으며, 기타 묘지, 산지, 황사지, 알카리성 토지 등도 일일이 상세한 주해를 달았다. 만약 토지를 판매한다면, 세미는 계약과 더불어 명의를 변경해야 했으며, 각 주·현에서 연말에 통일적으로 서류를 만들어 상부에 교부했다. 《어린도책》제도의 실행은 부세 수입의 의거가 있게 했으며, 동시에 장기간 은닉된 토지가 다시 정부의 통제 하에 귀납되도록 했다. 그 외《어린도책》은 또 당시 토지 분규에 의한 소송에서 중요한 사법적 의거가 되었다. 《어린도책》제도의 실시로 인하여 일부 지방관리들은 이런 제도가 부정부패를 저지르는데 방해가 된다고 여겨 자주 파괴하였다. 게다가 시간이 오래 지나면서 실제 상황이 변했으므로 점점 더 도책의 기록과 부합되지 않게 되었다. 그러므로 명 중엽 이후 관가에서는《어린도책》에 대해 자주 수정을 하였다.

이 제도는 청대에 이르기까지 많이는 그대로 사용되었으며 변하지 않았다.

2) 사사로이 소금과 차를 판매하는 것을 엄금했다

명대에는 입법으로 사염(私鹽), 사차(私茶)를 매매하는 것을 엄금했으며, 《차법(茶法)》, 《염법(鹽法)》을 반포 시행해, 관가의 재정수입을 확보했다. 《명률·호율》에는 《염법(鹽法)》을 설치했는데, "사염죄를 진 자는 죽을죄까지 판결할 수 있다"[41]고 했다. 《차법(茶法)》도, "사차죄를 범한 자는 사염법과 마찬가지로 논죄한다"고 규정했다. "사차가 출경하면, 관문의 감찰을 소홀히 한 자도 함께 능지 처형한다"[42]고 규정했다. 후에

---

41) 《명사·식화지》

와서 벌이 경감되기는 했지만, 범인과 내막을 알고 있는 사람, 중개자도 "모두 서남 변경으로 충군(充軍)을 보낸다"고 규정했다. 명 태조시기 부마 구양륜(歐陽倫)이 이 법을 범해 사사(賜死)되었다. 차염법(茶鹽法)은 재정수입을 보증해 주기는 했지만 정상적인 상품경제의 발전을 심각하게 방해했다.

3) 《초법(鈔法)》을 엄격히 실행해 사사로이 화폐를 주조하는 것을 금했다

《명률 · 호율》의 창률(倉律)에는 《초법(鈔法)》, 《전법(錢法)》 등 조목이 있었는데, 민간에서 대명보초(지폐)와 홍무대중통보(동전)를 다 같이 사용하는 것을 허락했다. 시장교역과 여러 가지 부세도 다 같이 받았다. 이를 위반한 자는 장형 100대에 처했다. 동시에 민간에서 "금은으로 화물교역을 하는 것을 금지하고 위반한 자는 죄를 물었다"[43]고 했다. 금융을 통제하고 경제를 안정시키며, 통화팽창을 방지하기 위해, 《명률 · 형률》은 사위(詐僞)문에서 《위조보초(僞造寶鈔)》 조목을 만들어 규정했다. 이 규정에 의하면, 보초를 위조한 자는 주범과 종범 및 은닉자, 알면서 사용한 자를 "모두 참형에 처하고 재산은 관가에 편입한다"고 했다. 장으로써 이를 알면서 검거하지 않은 자는 장형 100대를 치며, 순검으로써 사정을 알면서 일부러 놓아준 자도 같은 죄로 치죄했다. 또한 범인을 검거, 나포한 자는 은 250냥을 상으로 주며 범인의 재산을 주었다. 《사주동전(私鑄銅錢)》조의 규정에 의하면, "동전을 사사로이 주조한 자는 교형에 처한다. 장인도 같은 죄로 치죄한다"고 했다. 종범 및 내막을 알면서도 사용한 자는 이보다 한 등급 감하여 치죄했다. 장으로써 내막을 알면서 고발하지 않은 자는 장형 100대에 처했다. 이후의 조례 및 명초의 《대고》의 처형은 모두 《명률》보다 더 무거웠다. 예를 들면 절강 지역에서 보초를 위조한 사람이 나포된 후 효시를 당했는데, 경성(남경)으로부터 구용현(句容縣)까지 연도의 90리 길에서 시체가 마주보게 되었다. 하지만 관가에서 화폐를 지나치게 많이 발행했으므로, 통화팽창을 초래했다. 민간에서는 초(鈔)를 사용하려 하지 않았다. 게다가 화폐를 주조함에 있어서 납과 주석을 섞었으므로, 민간에서 불법 주조하는 일이 날로 더 많아졌고 초법, 전법이 날로 더 파괴되어 갔다. 그 이후로 세수에서는 "오직 은만 받았다." 따라서 은이 주요 지불수단으로 이용되었다.

---

42) 《명사 · 식화지》
43) 《명사 · 식화지》

4) 시장을 엄하게 통제하고 상업세를 증액시켰다

상업의 발전을 억제하는 전통정책이 명대에 와서 더 엄격해지는 추세를 보였다. 시장 관리 면에서, 《명률·호율》 시전문(市廛門)에는, 시장무역에서 가격평가 및 중개를 하는 아행(牙行, 도농 정기 시장에 설치했다), 부두(埠頭, 부두에 설치했다)는 관가에서 가업이 있는 사람을 선임하며 인신문부(印信文簿) 등을 발급하고, 달마다 이를 지니고 관청에 가 체크를 해야 한다고 했으며, 이를 위반한 자는 "장형 60대에, 중개로 받은 돈은 관가에서 몰수한다"고 했다. 아행은 관가에서 시장을 통제하는 도구가 되었다. 만약 외국인과 사사로이 무역을 하면, 그 화물은 관가에서 몰수했으며 이 업종의 아인(牙人) 등은 한 달 동안 칼을 씌워 대중에게 보였다. 세금 징수에서는 탈세와 누세를 엄벌했다. 태조 때에는 "모든 상업세는 서른에서 하나를 취한다"[44]고 규정했다. 《명률·호율》의 과정문에는 닉세(匿稅), 박상닉화(舶商匿貨), 인호휴태과정(人户亏兑课程) 등의 조가 있었는데, 세금을 은닉했거나 술, 식초를 파는 사람이 세금을 내지 않았을 때는 태형 50대에 처하며, 관가에서 이미 판매한 화물의 절반을 몰수하여, 그 중 3/10을 취해 고발자에게 상으로 준다고 했다. 가축을 사도 "역시 이와 같이 치죄한다"고 했다. 외래 상인들은 화물을 여실히 "관가에 보고하여 상업세를 떼어내야(1/10을 떼어냈다)" 했다. 보고하지 않았거나 혹은 여실히 보고하지 않았을 때에는 모두 장형 100대를 치며 화물은 관가에서 몰수했다. 비호자는 같은 죄로 단죄했다. 고발자는 은 20냥을 상으로 주었다.

5) 자본주의를 맹아시킬 수 있는 발전을 제한시켰다

명대 중기 이후, 중국 전통사회에는 자본주의 맹아가 나타났다. 청대에는 사회경제 활동이 날로 활기를 띠어가면서 자본주의의 맹아가 한층 더 발전하였다. 청 정부는 자본주의 맹아의 발전을 억제하고 전통적인 자연경제의 기초를 튼튼히 하기 위해 율례를 제정하는 것을 통해 흑독한 형벌로 자본주의 생산관계의 맹아가 생장하는 것을 제한했다. 주요 표현으로는 첫째, 청나라 초기 금해령(禁海令), 천해령(遷海令)을 반포하여 해금정책을 실행하여, 중형으로 연해지역의 대외무역을 금지시켰다. 이를 위반한 자는 최고 참형에 처했으며 실직 관리는 파면했다. 둘째, 법률수단을 이용해 민간의 광공업 발전을 제한시켰다. 셋째, 계속 "농업을 중시하고 상업을 억제하는 정책"을 실시했으며,

---

44) 《명사·식화지》

무거운 세금으로 개인 상업의 발전을 통제했다. 넷째, 야금 광업에 대한 관제를 실행해, 그 발전을 제한시켰다. 금각(禁榷)의 무거운 세금제도를 실행하는 것을 통해, 한 측면으로는 재정수입을 늘렸고, 다른 한 측면으로는 상품경제의 발전을 통제해, 그것이 통치자들에게 재부를 갖다 주게 함과 동시에, 또한 통치 기반에 해가 미치지 않게 했다.

상술한 이런 법률들은 한 측면으로는 왕조의 재력 비축을 증가하고 주권을 수호했지만, 다른 한 측면으로는, 정치적 부패로 인하여, 율을 비러 파생된 잡다하고 가중된 세금이 날로 늘어나 "생산지에서 세금을 내야 할 뿐만 아니라, 통과하는 나루터에서도 세금을 내야 했다."[45] 건륭, 가경 이후에는 "무릇 교량, 도로, 나루터에서 모두 사사로이 세금을 징수했다."[46] 만력 연간에 각 성에 세금관리를 설치한 적이 있는데, 수륙 요로에는 몇십 리에 하나씩 세금 받는 곳이 있어 행상에게 가혹한 세금을 거두어 들였다. 토착 상인(현지 상인, 구입하여 운반하는 사람)에게도 교묘하게 명목을 붙였는데, 이로 인해 "가난한 농촌과 편벽한 마을에서 쌀과 소금, 닭과 돼지마저 모두 세금을 납부하게"[47] 했다. 세법은 민중을 약탈하는 합법적인 도구로 되었다.

3절. 황권과 사법 - 전통적인 예 · 율 체계의 기형적 변화

예치는 본질적으로 보면 인치(人治)이다. 명 · 청 양대에는 황제 개인의 인치로 변했다. 심지어 환관의 인치로 변하기도 했다. 전통적인 예 · 법 합일의 법률제도 및 이를 실행하기 위해 건립된 왕조의 사법체계는 모두 이로부터 일련의 변화가 나타났다.

명 · 청 양대에 황제들은 최고 사법권을 통제했다. 첫째, 그들은 모든 사형과 중대 사건의 최후 재결권을 가지고 있었으며, 각 유형의 합동심리는 모두 형부에서 "율에 기초하여 상주했다", 그리고 황제의 명령에 따라 집행했다. 둘째, 그들은 직접 사건을 심리했으며 임의로 형을 적용했다. 예를 들면, 주원장은 무릇 "큰 옥사는 모두 직접 취조했다.", "중대 사건은 직접 심리하면서 사법 부처에 맡기지 않았다."[48] 성조 때에는 또 영

---

45) 《명사 · 解縉傳》
46) 《명사 · 식화지》
47) (청) 龍文彬, 《명회요 · 식화지》, 북경, 중화서국, 1956년.
48) 《명사 · 형법지》

을 내려 "중죄는 반드시 다섯 번 거듭 상주해야 한다"[49]고 했다. 명대에는 황제가 "그의 희로(喜怒)에 따라 사람을 죽이거나 살리곤 했다."[50] 명 태조가 형을 남용한 것 및 정장이 상규 제도로 된 것 등은 그만두고라도 성조는 건문제(建文帝)의 옛 신하들을 주륙함에 있어서 온갖 수단을 가리지 않고 혹형을 가했다. 방효유(方孝孺)를 능지처참형에 처하게 했을 뿐만 아니라, 그 10족을 멸했으며, 심지어 친구와 문하생까지도 화를 피하지 못해, "연좌로 죽은 사람이 873명"에 달했다. 그 외에도 먼저 이를 뽑고 손을 절단한 후 다시 목을 베거나 혹은 기름에 굽거나, 혹은 먼저 코를 베고 다시 능지처참형에 처하거나 혹은 쇠 빗자루로 그 피부의 살을 쓸어내어 죽이는[51] 등의형을 집행했는데, 놀랍게도 황제는 이를 두고 가벼운 형이라고 칭했다.[52] 이는 명대 법제가 매우 크게 파괴되었음을 알려주는 처사였다.

1. 권위를 하부로 이양할 수 없다 - 사법권의 집중

1) 중앙 사법기구는 형부·대리사·도찰원이었다

명청시기에는 수당 이래의 대리사 · 형부 · 어사대 등의 체계를 쇄신하였다. 중앙집권의 강화와 더불어, 형부의 지위가 올라가고 그 아래에 13개 청리사(淸吏司)를 설치해 경성과 각 지방에서 보고한 형사, 민사사건을 책임지게 했다. 유형 이하는 판결 권한이 있었으며, 사형은 황제에게 주청하여 재결함으로써 지방에 대한 통제를 강화했다. 대리사는 전통적인 심리기관으로부터 신형(愼刑)기관인 "잘못을 따져 바로잡는" 기구로 떨어져, 일반적인 심리를 책임지지 않았다. 유형 이하의 사건에 대해 재검토를 거쳐 형이 적절하다고 여겨지는 것은 형부에 교부하여 집행하게 했다. 만약 형이 적절하지 않거나 "경위 불명 혹은 오차가 있을 때"에는 기각하여 형부에서 재판결하게 했다. 이렇게 세 번 재판결하여도 여전히 적절하지 않은 것은 황제에게 주청을 올려 재결하게 했다.[53] 사형사건은 형부에서 재심리한 후 황제에게 주청을 올려 재결했다. 어사대는 독찰원(督

---

49) 《明史 · 成祖本紀》
50) 《명사 · 해진전》
51) 《明史紀事本末 · 壬午殉難》 권18.
52) (명) 沈德福, 《萬曆野獲篇 · 刑部》 권18, 북경, 중화서국, 1959년 판본을 참조.
53) 《명사 · 형법지》

察院)으로 고쳤는데 풍헌아문(風憲衙門)이라고 불렀다. 도찰원은 규찰을 관리했으며, 주로 백사(百司)를 규찰했다. 그 사법 활동은 합동심리 및 관리의 범죄사건에 대한 심리에만 국한되었으며, 법률 집행을 감독하는 원칙은 없었다. 13도 감찰어사를 설치해, 형부와 대리사의 심판과 재심리를 감독했다. 중앙의 상술한 3대 사법기관을 삼법사(三法司)라 통칭했다. 중대한 현안은 삼법사에서 합동 심리를 하였는데 "삼사 합동심리"라 불렸으며, 공동으로 황제에게 책임졌으므로 군권 강화와 일치되었다.

명대에는 또 비상 사법기관인 창 · 위가 있었다. 창 · 위는 일반 사법기관을 능가하였다. 이는 명대 사법에서의 큰 특징인 동시에 또한 명대의 큰 폐정이기도 했다. 창(廠)은 황제에게 직속된 특무기관이었다. 성조시기, "외부의 관리가 사사로운 정에 치우칠 것을 걱정해" 동창(東廠)을 설치했다. 헌종 때에는 또 창 · 위를 감독하기 위해 서창(西廠)을 설치했다. 무종(武宗)시기에는 동 · 서창을 감독하기 위해 또 내행창(内行廠)을 설치했다. 《위(衛)》는 황제 친위군 12위 중의 금의위(錦衣衛)를 가리킨다. 금의위는 하부에 진무사(鎮撫司)를 설치해, 황제가 임명한 심복이 창 · 위를 지휘 감독했는데, 대부분은 환관이 담당했다. 예를 들면 환관 유근(劉謹), 위충현(魏忠賢) 등은 모두 창 · 위를 좌지우지 한 적이 있으며, 한때 그 권력이 천하를 뒤흔들었다. 명 말에는 금의위의 형구들을 모조리 없애고 다시 사용하지 못하도록 영을 내린 적도 있다.

2) 명청시기 지방의 사법기구

명대 지방의 사법기구는 성(省), 부(府, 직예주), 현(縣) 3급으로 나뉘었다. 송대의 제도를 이어왔으므로, 성급에는 전문적인 사법기관인 제형안찰사사(提刑按察使司)가 있어 "한 개 성의 형명과 탄핵에 관한 일들을 관리했다."[54] 부와 현은 여전히 지부(知府), 지주(知州), 지현(知縣)이 사법을 겸하여 관리했다. 명대에는 소송을 하는데 절차를 받지 않고 상급기관에 곧바로 소송하는 것을 중하게 처벌했다.

청대 지방의 사법기관은 총독(總督, 및 순무), 성안찰사(省按察司), 부, 주(현) 4급으로 나뉘었다. 주(현)은 제1급 심리기관으로, 태형과 장형을 결정하는 권한이 있었으며, 도형 이상의 사건은 상부에 보고해야 했다. 일반적으로 토지, 호혼, 싸움 등《작은 연고》는 모두 주(현)에서 자체적으로 심리했다. 이런 유형의 민사사건은 보통 주(현)에서 스스로 심리하고 판결하였으며 급별에 따라 심리할 필요가 없었다. 하지만 살인사건이

---

54) 《명사 · 직관지》

나 엄중한 도난사건은 주(현)에서 초심을 거쳐 범인과 사건 관련 서류를 상급기관에 보내 심리하게 했다. 부는 제2급 심리기관이었으며 주(현)에서 보고한 형사사건을 재심리하여 죄에 대한 의견을 기초해 성 안찰사에 보고했다. 도형으로 판결해야 할 사건은 주(현)에서 초심을 한 후, 부, 안찰사, 독무(督撫) 등에서 급별로 심의하여 최후로 독무에서 판결을 내렸다. 성 안찰사는 제3급 심리기관이었으며, 각 지방에서 보고한 도형 이상의 사건에 대한 재심리를 하였으며 동시에 군류(軍流)와 사형사건의 범인을 심리하였다. "심리와 자백에 다른 점이 없는 자"에 대해 독무에게 보고했다. 만약 의심스럽거나 누락된 것을 발견하면, 기각하여 재심리하게 했다. 혹은 본성의 기타 주(현), 부에 교부하여 다시 심리하게 했다. 총독(혹은 순무)은 제4급 심리기관으로, 도형사건에 대해 결재할 권한이 있었으며, 군류(軍流)사건을 재검토했다. 만약 이견이 없으면 최종 결정을 하여 형부에 보고했다. 유형, 충군 등 사건은 각 성의 독무가 심사하여 종결한 후, 형부에 보고했으며 형부의 관련 청리사에서 확인하여 회답했고, 독무가 황제에게 공문을 상주하면 최종 삼법사에서 확인하여 문서를 구비해 상주했다. 사형사건에 대해서는 반드시 재심리를 해야 했으며, 의견을 제출한 후 형부에 인계했다. 수도에서 발생한 사형사건은 형부에서 직접 심리해, 황제에게 상주문을 올렸으며, 다시 삼법사의 확인을 거쳤다. 사형사건은 최종 반드시 황제가 허락해야만 집행할 수 있었다.

청대에 상급 사법기관은 상소사건을 수리할 권한이 있었으며, 하급기관의 판결을 심사 결정할 수 있었다. 성 안찰사와 독무는 지방관리의 범죄사건을 심리할 권한이 있었다. 하지만 독무는 유형 이상의 사건에 대해서는 단지 의견을 제출할 수 있을 뿐, 최종 결정권은 없었으며, 오직 황제만이 사형에 대한 결정권을 가지고 있었다.

2. 《청률》의 만족 귀족의 특권적 지위에 대한 수호

첫째, 민족문제에 있어서, 청 통치자들은 만족은 주인이고 몽골족과 연합하여 한족을 통제하고 또 몽골족, 한족과 연합하여 회족지역을 통제해야 한다고 인정해, 민족 불평등을 조성하여 분할통치를 했다. 법률은 만족의 종실(황제의 본파)과 교로(覺羅, 황족의 먼 친척), 귀족과 만주인(기인, 旗人) 등의 여러 가지 특권을 뚜렷하게 보호했다.

둘째, 법률적으로 만주인(기인, 旗人)의 특수한 경제적 지위를 보장했으며, 기지(旗地)와 기산(旗産)에 대해 특수한 법률적 보호를 하였다. 청초에는 토지구획을 하여 각기

기인들에게 나누어주었는데, 그 이후 율에 "기인의 재산은 백성에게 전매하면 안 된다"[55]고 규정했다. 이로써 만족통치의 사회적 기초를 수호했다. 이는 청 말에 가서야 수정됐으나 사실상 청 중엽 이후 "기인의 재산"은 대부분 놀고먹는 "팔기자제(八旗子弟)"들이 저당을 잡혀버렸다.

셋째, 정치적으로 청대의 율례는 만주인이 국가의 주요 직위를 통제하도록 담보했으며 만주인은 세세대대로 높은 관직에 오를 수 있었다. 만주인을 위해 평탄한 벼슬길을 마련했는데, 이들은 조정에 들어가 관리가 되려면 한인들처럼 많은 시험을 치를 필요가 없었다. 내각과 육부(六部) 위에 있는 종인부(宗人府), 이번원(理藩院) 및 내무부(內務府)에는 한인이 임직하는 일이 극히 드물었다. 기타 군대와 정부의 중앙 행정기구의 주요 관직에도 만주인이 정직을 차지하고 한인은 부직을 담당했다.

넷째, 사법에서 만주인과 한인은 불평등 지위에 놓여 있었다. 만주인이 법을 위반하면 많게는 형벌을 감하거나 바꿀 수 있었고 죽을죄는 반드시 황제에게 상주하여 "황제의 뜻을 기다려 결정했다."[56] 그러므로 기인이 기타 민족, 주로 한인을 괴롭히는 불법적인 일이 항상 발생했다. 심지어 수도권 내에서도 발생해 옹정제마저 "기인이 횡포를 부려 백성이 고생한다"[57]고 인정했다. 종실 귀족이 팔의 등 특권 우대를 누리는 외에, 일반적인 만주인이 법을 범해도 전문적으로 설치한 사법 기관에서 심리했다. 예를 들면, 종실 귀족의 소송은 종인부에서 처리했으며, 내무부 관할 하에 만주인의 소송은 내무부 신형사(愼刑司)에서 심리했다. 타성의 만주인의 소송은 만주 장군, 도통(都統) 및 지방에 특별 설치한, 기인 사무를 관리하는 이사청(理事廳)에서 심리했다. 유형 이상의 사건은 조정에 보고를 해야 했다. 성경(盛京) 지역(봉천, 길림, 흑룡강)의 만주인 소송은 성경장군, 성경형부 및 봉천 부윤(俯尹)이 합동 심리했다. 북경의 경팔기(京八旗)의 민사 사건은 호부 현심처(現審處)에서 처리했다.

3. 청대 소수민족 지역에 대해 효과적인 사법 관할의 실행

첫째, 중앙에 직접 심판권이 있었으며, 이번원 내에 이형사(理刑司)를 설치해 소수민

---

55) 《欽定大淸會典則例 · 户部》
56) 《光緖會典 · 宗人府》 권1.
57) 《畿辅通志》 권2.

족 지역의 상소를 심리했는데[58], 삼법사와 회동해 중대 사건에 대해 판결할 권한이 있었다. 유예 집행사건도 마찬가지로 추심(秋審)에 들어갔다. 그 외에 중앙은 대신, 장군, 이번원 관리를 파견하여 직접적으로 사건을 심리하기도 했다.[59]

둘째, 소수민족 지역의 기층 관리가 사법에서, 심판 기관으로부터 범인을 호송하는 데까지 여러 면에서 모두 엄격한 책임제를 실시했으며 위반한 자는 치죄했다.

4. 합동 심리제도의 설립과 발전

합동 심리제도는 봉건사회 말기 황권으로 심판제도를 통제하는 것이 날로 완비해진 표현이라 할 수 있으며, 황권이 사법에 통제를 강화하기 위한 수요에서 출발한 것으로, 객관적으로는 일정하게 형벌을 사용함에 있어서 신중하고 살육을 감소케 하는 역할을 하였다. 합동 심리제도는 청대에 매우 큰 영향을 주었는데, 통치자들은 이를 두고 "어진 정치"라고 치켜세웠다. 합동 심리제도는 역대로부터 신형(慎刑)사상의 반영이라고 평가되었으나, 이로 인해 여러 측면에서 사법에 간여하는 상황을 초래해, 황가의 기노(家奴) 마저 사법에 간섭할 수 있어, 최종 사법에서 억울한 사건과 부실 판결이 더욱 많아지는 결과를 초래했다.

명대의 합동심리는 주로 다음과 같은 다섯 가지가 있었다. ① 삼사의 합동심리, 즉 중앙의 형부, 대리사, 도찰원으로 구성된 삼법사가 연합으로 심판하는 제도이다. 모든 중대한 현안은 삼법사에서 합동심리하고 황제가 재결했다. ② 구경(九卿)의 합동심리(원심이라고도 불렀다)인데, 곧 육부의 상서 및 통정사사(通政使司)의 통정사(通政使), 도찰원의 좌도어사(左都御史), 대리사경(大理寺卿) 등 9명이 황제가 맡긴 사건 혹은 이미 판결을 내렸으나 범인이 여전히 진술을 번복하고 불복하는 사건을 합동 심리했다. ③ 회관심록(會官審录)은 황제가 직접 중앙 각 행정 기구의 관리를 임명해 중내한 사건이나 중대한 죄를 범한 죄인을 심리하게 하는 제도이다. 홍무 30년(1397년), 오군도독부(五軍都督府), 육부, 도찰원, 육과 급사중(六科給事中, 6부 백사를 사찰하는 관리로, 청대에는 도찰원에 귀속됐다), 통정사(通政司, 주원장이 설치한, 내외 상주문을 받아들여

---

58) 《광서회전》 권68을 참고로 함.
59) 《광서회전사례》 권997을 참고로 함.

억울한 사정을 상부에 반영하는 기구), 첨사부(詹事府, 태자 동궁 소속 관리의 우두머리) 및 부마도위(駙馬都尉) 등이 중대 사건을 공동 심리하도록 영을 내렸다. 죽을죄 및 억울한 사건은 황제에게 아뢰었고 기타는 율에 따라 판결했다. 인종 때에는 또 내각(內閣) 학사(學士, 황제의 비서그룹)를 합동심리에 참여시켰다. ④ 조심(朝審)은 천순(天順) 3년에 시작됐으며, 영종의 명으로 해마다 상강(霜降) 후 삼법사가 공후, 백작과 회동하여 이부 상서(혹은 호부 상서)의 주최 하에 중대한 사건의 범인을 합동심리하여 이 제도가 형성되었다. 청대의 추심과 조심제도는 모두 이를 연원으로 한 것이다. ⑤ 대심(大審)은 성화(成化) 17년(1481년)에 시작되었다. 헌종이 사례감(司禮監, 환관 24아문의 하나)에 명을 내려 그 일원[60]이 삼법사와 회동하여 대리사에서 죄수를 공동 심리하게 했는데, "이로부터 상례가 되어 5년에 한 번씩 대심이 있었다."[61]

　　청대에 와서 합동 심리제도가 한층 더 발전하였다. ① 회소법(會小法)과 회대법(會大法)은 모두 삼법사의 합동 심리형식이었다. 전자는 사형사건에서 자백을 받은 후, 대리사승(大理寺丞), 상사(詳事)가 도찰원 속관어사와 더불어 공동으로 형부에 가 합동심리를 하는 것이다. 후자는 전자의 기초 위에서, 삼법사에서 합동심리를 주관하는 것으로, 중대하여 즉각적으로 집행해야 할 살인사건은 상주하여 재결하고, 위해가 비교적 작은 유예 집행사건은 추심(秋審)을 기다려 심사 결정한다. ② 9경(九卿)의 합동 심리는 전국성적인 중대한 사건은 육부 상서, 대리사경(大理寺卿), 도찰원 좌도어사(左都御史), 통정사(通政司) 통정사(通政使) 등 9명의 중요 관원으로 구성된 합동 심리기구에서 합동심리하며, 심리결과를 황제에게 보고하여 재결한다. 이러한 중요한 합동 심리제도를 "9경 합동심리"라 불렀다. "9경 합동 심리"는 명대의 "9경 원심"에서 발전해 온 것이다. ③ 추심(秋審)은 명대의 합동 심리제도의 기초 위에서, 청대에는 중대 사건에 대한 합동 심리제도를 완벽화시켜, 추심, 조심(朝審) 등 비교적 규범화된 합동 심리제도가 형성되었다. 추심과 조심은 모두 중앙에서 전국의 사형사건에 대한 합동심리를 진행하는 제도이다. 재검사와 감형의 뜻이 들어있다. 추심은 청대의 가장 중요한 사형 재심제도로서, "추심대전(秋審大典)"이라 불렸다. 해마다 가을철에 진행되었으므로 이런 이름을 얻게

---

60) 《명회요·직관》의 기록에 의하면, 황제의 흠명을 손에 받든 사례감이 대청의 중앙에 앉고, 상서 각 관원들이 좌우에 줄을 지어 자리 잡았다. 이로부터 《9경이 내관의 압제를 받기 시작했으며, 이것이 영원한 제도로 되었다》, 삼법사는 《모두 환관의 뜻을 보고》 판결을 내렸으며 독단적으로 판결하지 못했다.

61) 《명사·형법지》

되었다. 추심에서 심리하는 사건은 전국에서 상부에 보고한 참형과 교형 유예 집행사건으로, 해마다 가을인 8월 상순에 천안문 금수교(金水橋) 서쪽에서 9경(九卿), 첨사(詹事), 과도(科道) 및 군기대신(軍機大臣), 내각대학사(內閣大學士) 등 중요한 관원들이 합동심리를 하였으며, 재심하는 사형사건은 그 성질과 경위에 따라 각기 처리했다. 추심은 "국가의 성대한 의식"으로 간주되었으므로, 청 통치자들이 매우 중시하였기에 전적으로 추심조항을 제정해, 추심대전을 진행하는 기본 규범으로 삼았다. ④ 조심(朝審)은 형부에서 판결한 중대한 사건 및 수도권 부근의 교형, 참형 유예 집행사건에 대한 재심으로, 그 심판의 조직방식은 추심과 대체로 비슷하나, 시간적으로 추심보다 늦어, 상강 후인 10일에 진행되었다. 추심 혹은 조심의 재심절차를 거친 후에는 네 가지 유형으로 나누어 처리하였다. 첫째, 경위가 부합해야 했다. 죄상이 사실과 일치하고 죄명이 합당한 자는 주청을 올려 사형을 집행한다. 둘째는 집행을 유예한다. 사건의 죄상이 사실과 일치하지만 위해성이 크지 않은 자는 유형 3,000리로 감형하거나 혹은 서남 변경으로 충군을 보낸다. 혹은 다시 감금해 기다렸다가 이듬해 추심에 재심한다. 셋째는 가긍(可矜)으로 죄인의 죄상이 확실하지만, 불쌍한 점이 있거나 의심스러운 점이 있을 때 사형을 면해주는데, 일반적으로 도형, 유형으로 감형한다. 넷째, 유양승사(留養承祀)는 죄상이 확실하고 죄명이 적절하나 "부모가 늙고 범인이 유일한 성년 남자"인 경우(범인의 부모가 늙고 병들었는데 또 기타 부양할 수 있는 자손이 없는 경우), "존류(사형 면제), 봉친(부모 부양)" 등을 신청할 수 있었다. 유양(留養)의 여부는 황제에게 주청을 올려 재결했다. 만약 황제에게 의문이 있으면 통제해 두었다가 이듬해 추심에서 재의했다. 죄상이 사실과 일치한 자는 황제가 친필로 이름을 그어 버리면 10월 전으로 처결할 수 있었다. 추심과 조심은 황권이 사법 통제권에 대한 집중적 체현이었다. 예를 들면, 참여자로 구경, 첨사, 군기대신, 과도(육과 급사중, 각 도 어사) 등 중앙 관원들이 있는데, 이로서 사법아문 관원에 대해 권력을 상호 통제할 수 있었다. ⑤ 열심(熱審)은 청대 전기 수도권에서 발생한 태형과 상형사건에 대해 재심리하는 제도로서, 해마다 염천에 감옥을 소통하는 관대함을 보여주는 제도였다. 열심제도는 명대의 영락(永樂) 2년(1404년)에 시작되어, 청대 강희 10년(1671년)에 상규적인 제도로 정해졌으며, "해마다(여름철) 소만 후 10일부터 입추 전날까지"를 열심 기간으로 했다[62]. 진실로 죽을죄를 범한 것 및 충군, 유형이 아니면 "모두 죄의 등급을 낮추어 주었다." 대리사 관원이 각 도(道)

---

62) 《清史稿·형법지》를 참고로 함.

어사 및 형부 승판사(承辦司)와 회동하여 공동으로 심리했는데, 재소 중인 태형, 장형의 경형(輕刑) 범인을 신속하게 집행하여 석방하는 것으로, 이른바 "휼형(형벌의 적용을 신중히 하는 제도, 恤刑)"을 실현했다. 이는 후에 한동안 중지되었지만, 옹정 초년에 다시 회복됐다. 건륭 이후에는 태형과 장형의 경죄를 열심(熱審)할 때 8할로 집행해 석방했다. 칼을 씌워 대중에게 보여야 하는 범죄자의 형구는 잠시 동안 제거할 수 있었으며 입추 후에 다시 보충했다.

3편. 중국 전통법률문화의 체계와 구조

중국 전통법률문화에는 이미 정해져 있는 생장환경이 마련돼 있었으며, 또 5천 년이란 유구한 세월 동안 이어져 오고 있다. 오랜 역사 발전 과정에서 예와 법을 토대로 하는 문화구조가 형성됐으며, 또 자체적 특색을 충분히 나타낼 수 있는 예법 개념이 형성되어 있었다. 이런 개념에 대한 정리와 전통법률체계 구조에 대한 해석을 통해 우리는 입법과 집법(執法), 법률 선전과 교육방면에서 나타나는 중국의 전통법률문화의 특색에 대해 더 깊이 이해할 수 있으며, 중국 전통법률체계에 대해 더욱 전면적으로 인식할 수가 있는 것이다.

10장.
중국 전통법률문화의 구조

중국 전통법의 구조는 예와 법의 공동체이며 예와 법의 완벽한 결합이다. 구성(建構)방식 면에서 분석하면 전통법 중의 법은 대체로 나라의 제도라 할 수 있다. 그 법의 핵심 내용은 율령(律令) 및 예(例)였다. 전통법 중의 예는 두 개의 부분으로 나뉜다. 하나는 제도적 차원의 예로서 성대하고 정규적인 나라의 행사가 포함된다. 예를 들면 황제와 왕실의 제례, 서로 다른 사회 등급에 상응하는 서로 다른 규격의 마차, 여복(輿服. 수레와 의복·의장), 음식, 거처 등이 포함된다. 제도적 차원의 예에는 또한 서로 다른 지역, 가족에 속한 사람들이 장기간 공동생활 과정에서 형성되어, 나라에서 인정하고 묵인하는 풍속습관도 이에 포함된다. 예를 들어 농촌의 자치 규약, 가법과 족규 등이 그것이다. 다른 하나는 가치관적 차원에서의 예인데 중국 전통법의 가치 추구가 응결되어 있기 때문이다. 예를 들면, 화해와 도덕 등이다. 예(例)란 무엇이며, 법이란 무엇인가? 고대 문화 환경에 처한 옛날 사람들에게는 말하지 않아도 스스로 명백히 알 수 있겠지만, 고대의 문화 환경과 멀리 떨어져 있는 현대사회에서는 말로써 명확히 설명하기가 어렵다. 그래서 예와 법 및 그 관련 개념에 대해 이해하는 것은 중국 전통법률문화를 연구하는 전제가 되는 것이다.

1절. 전통문화 속의 법 개념

자고로 중국인은 형상적인 사유에 능해 하나의 사물과 한 가지 현상에 대해 서술할 때 흔히 깨달음에서 출발하며, 때와 일에 맞게 변통한다. 때로는 심지어 대화 상대가 다름에 따라 동일한 사리(事理)에 대한 서술이 내용 면에서 다르게 기우는 경우도 있다. 이러한 사유방식으로 인해 중국의 고대학술은 서방의 학술과 본질적인 차이가 생겼으며, 또 중국의 현대학술과도 다른 점이 있는 것이다. 모종삼(牟宗三)은 명가에 대해 언급할 때 이렇게 말했다. "중국은 추상적인 논리적 사유를 구체적인 심오한 이치 속에 감춰두고 추상적인 두뇌로 이를 단독으로 꺼내 연구하지 않는다"고 했다.[1] 공자가 학생들에 대해 "소질에 맞추어 교육하는 것"이라는 말이 가장 좋은 실례이다. 장사에 능한 자공(子貢)이 공자에게 물었다. "어떠한 사람이라야 사(士. 선비)라고 할 수 있습니까?" 그러자 공자는 "수오지심(부끄러워하는 마음)으로 자신의 행위를 구속하고, 외국에 사절로 갈 경우 군주가 부여한 사명을 완성할 수 있는 이러한 사람을 사라고 할 수 있다"라고 대답해 주었다 이러한 사는 분명 관료귀족을 가리키는 말이다. 한편 공자는 또 "종족은 그가 부모에게 효도함을 칭찬하고 마을사람들은 그가 어른을 공경한다고 칭찬한다"고 했다. 이러한 사는 평민을 가리킨다. 대담하고 성실하면서도 조금은 덤벙대는 학생 자로(子路)도 공자에게 "어떠한 사람이라야 선비라 할 수 있습니까?" 하고 가르침을 청하자, 공자는 자로에게 자공에게 준 것과 다른 가르침을 주었다. 공자는 "서로 우호적으로 상대방의 결함을 지적하면서 화목하게 지낼 수 있는 사람이라면 선비라 할 수 있고, 친구와는 서로 비평하면서도 형제와는 화목하게 지내야 한다"고 했다.[2] 이로부터 알 수 있듯이 공자는 항상 명을 잘 따르고 처세에 능한 자공에게는 사의 성실하고 충직한 품격을 강조해 주었고, 정직하고 불의를 증오하며 벗에게 의협심이 강한 자로에게는 사의 점잖고 우호적인 수양을 강조했다. 마찬가지로 《논어》에서 인(仁)과 예(禮)에 대해 언급한 곳은 수십 군데도 넘지만 어디서나 강조하는 바가 서로 다르다. 정확하고 엄격한 정의와 개념의 수립만을 고집하거나 학설체계를 구축하는데 진력하지 않았던 것이다. 이 또한 중국 전통학술의 특징이기도 했다.

옛 사람들의 법에 대한 논술도 마찬가지였다. 우리는 고전을 읽는 과정에서 옛 사람들의 법에 대한 인식에 대해 터득하고 결론을 찾아낼 수는 있지만, 고전 속에서 옛 사람들의 법에 대한 완정하고 엄격한 서술은 찾아볼 수가 없다. 옛 사람들에게는 말하지 않아도 명백히 알 수 있고, 습관화된 일이 바로 오늘날 우리가 연구해야 할 난제인 것이

---

1) 牟宗三, 《中國哲學十九講》, 219~220쪽. 臺北, 學生書局, 1983.
2) 《論語·子路》

다. 따라서 우리가 전통적 의미에서의 법에 대해 결론을 내리는 데는 최대한 객관적으로 할 수 있도록 노력해야 하는 것이다.

1. 법

1) 법은 "하늘이 내리는 것(法爲天賜)"이다

중국의 고대 사람들은 최초의 법은 "하늘이 내린 것"이라고 확신했다. 중국에서 가장 오래된 법률 문헌은 서주(西周) 목왕(穆王) 때의 《여형》이라는 것이 학계의 보편적인 주장이다. 《여형》에는 서주에 대한 이야기가 기록되어 있다. 서주의 예치(禮治)체계에서 형(刑)은 예치의 한 방면으로서 제사의 예에서 기원한 것이므로 더 신성성(神聖性)을 띤다. 고대 로마의 《12동판법(十二銅表法)》과 마찬가지로 《여형》이 제정된 시대는 법이 세속화하는 단계에 처했었다. 이는 천명을 깊이 믿었던 상나라의 멸망에 크게 놀란 주나라 사람들의 하늘에 대한 경외심이 상나라 때보다 크게 약화됐기 때문이었다. 그러나 그 뒤의 춘추전국시대에 이르러 백성을 우선순위에 놓았던 것과 비교하면 그 정도는 훨씬 못 미친다.[3] 우리는 그 내용 중에서 여전히 짙은 경천(敬天)의 색채를 느낄 수가 있다. 예를 들어 《여형》에서는 구엄천위(具嚴天威) 즉 "모든 사람이 하늘의 위엄을 두려워해야 한다"고 거듭 강조했으며, 또 왕실 귀족들에게는 "지금 그대들은 무엇으로 징벌을 할 것인가? 바로 묘민(苗民)들…… 상제(하느님)가 용서하지 않고 묘민들에게 재난을 가져다 줄 것이다. 묘민들은 상제가 내리는 징벌에 변명할 여지가 없으므로 그들의 대가 끊기게 되는 것이다.", 또 "그대들은 공경하는 마음으로 천명을 받들어 나를 보필해야 한다"고 경고했다.

사실 "법은 하늘이 내리는 것"이라는 사상은 중국의 고전들에서 자주 나타나고 있다. 《상서》 중의 홍범(洪范) 편을 예로 들면, 홍(洪)은 고어에서 대(大)즉 크다는 뜻이고, 범(范)은 고어에서 법이라는 의미이다. 따라서 《홍범(洪范)》은 대법(大法)이라는 의미이다. 이 대법은 하늘이 대우(大禹)에게 내려준 법이라고 했다. 홍범의 서두에는 주나라 초기 무왕(武王)이 상나라 유신인 기자(箕子)에게 정사(政事)에 대해 묻자, 기자가 무왕에게 하우(夏禹)가 하늘로부터 홍범구주(洪范九疇), 즉 대법구장을 얻었다고 진술했다고 적혀

3) 류저화(劉澤華)의 《先秦政治思想史》, 76~77쪽 참고. 天津, 南開大學出版社, 1984.

있다. "기자가 답했다. …… 하늘이 하우에게 홍범구주라는 아홉 가지 대법을 내려 나라를 다스리는 이치가 그로써 정해졌다. 첫째는 오행(五行)의 수(水)·화(火)·목(木)·금(金)·토(土)이고, 둘째는 오사(五事: 외모, 말, 보는 것, 듣는 것, 생각하는 것)를 착실하게 행해야 하며, 셋째는 팔정(八政: 양식 관리, 재정 주관, 제사 관리, 백성 교육, 범죄 단속, 손님 대접, 양병 및 백성의 땅 관리의 여덟 가지 정무)을 애써 시행해야 하며, 넷째는 오기(五紀: 해(歲)·달(月)·날(日)·별(辰)·역법(曆法))의 다섯 가지 시간 기록 방법을 병용해야 하며, 다섯째는 공적을 세우려면 황극(皇極, 임금의 법도)을 사용해야 하고, 여섯째는 나라를 관리함에 있어서 삼덕(三德) 즉 정직·강극(剛克)·유극(柔克)을 갖춘 인재를 등용해야 하며, 일곱째는 계(稽) 즉 복(卜)과 서(筮)의 점을 치는 사람을 임명하고 그들에게 점을 치게 하는 것을 중히 여겨 응용해야 하며, 여덟째는 서정(庶征) 즉 비·맑음·따뜻함·추움·바람 및 계절의 변화를 지칭하는 것을 늘 주의해 살피면서 사용해야 하며, 아홉째는 오복(五福)으로 수(壽)·부(富)·강녕(康寧)·유호덕(攸好德)·고종명(考終命)으로 신민(臣民)을 격려하고, 육극(六極) 즉 횡사요절·질병·근심·빈곤·악·약함으로 신민을 경계해야 한다는 것이었다.[4] 이 아홉 장의 대법에는 자연, 인륜, 정사 등의 법칙과 서로간의 관계법칙에 대해 서술했으며, 《여형》보다 내용이 훨씬 더 광범위하다. 여기서 주의해야 할 점은 중국 고대의 하늘은 여러 층면의 의미가 담겨 있다. 하, 상, 서주시기 사람들의 관념 속에서 하늘은 의지가 있고, 지고 무상한 인격신에 편향되어 있었다. 춘추시기 이후 하늘의 관념은 겸용되면서 서로 보완되고 병존했다. 홍범에서는 비록 하와 우에 대한 이야기를 추가했지만, 전문가들이 고증을 거친 결과 홍범이 완성됐을 때는 이미 전국시대 말에 들어섰을 무렵인 것으로 알려졌다.[5] 그래서 하늘의 여러 가지 의미가 홍범에 다 반영되었음을 알 수 있는 것이다.

(2) 자서(字書) 중의 법

자형(글자의 형태)에서 볼 때 법자는 주대(周代)의 금문(金文) 중에 제일 먼저 나타났으며 법(灋)자로 표기했다. 한나라 허신(許愼)의 《설문해자》에서는 이렇게 해석했다. "법(灋)은 즉 형법이다. 법은 물처럼 공평해야 하므로 물수변 氵을 썼고, 해태 치(廌)는 이치에 어긋나는 자를 보면 뿔로 공격해 쫓아버린다고 하여 갈 거(去)자를 따르게 했다"

---

4) (청) 皮錫瑞, 《今文尚書考證》, 북경, 중화서국, 1989.
5) 유기우(劉起釪), 《古史續辨》 제303~336쪽. 북경, 중국 사회과학출판사, 1991.

즉 물수변이 있으므로 법의 공평, 공정성을 상징한다고 했던 것이고, 치(廌)자는 또 해치(獬豸)라고도 하는데, 고대 전설 속의 신기한 짐승을 가리킨다. 머리에 긴 뿔이 달렸고 외형이 기린(麒麟)과 비슷하며 전설 속에서 시비를 가릴 줄 알아 정의롭지 못한 쪽을 뿔로 떠받아 쫓아버린다고 하던 동물이었다. 이러한 설명을 통해서 법의 최초의 의미는 형(刑)이었다는 것과 공평하게 형으로써 잘못을 저지른 사람을 징벌해야 한다는 의미를 갖고 있음을 알 수 있는 것이다. 이런 해석을 통해서도 알 수 있듯이, 중국의 선조들은 인류사회의 생활 속에서 불가피하게 나타나는 일부 분쟁에 대해 인류 스스로의 힘으로는 해결할 수 없다고 여겼으며, 이에 따라 인간의 시비를 판정하는 권위와 구체적인 기준을 신명에게 맡겨야 한다고 여겼다. 그래서 법이 처음에는 신성성을 띠었던 것이니, 이것이 옛 사람들의 법에 대한 최초의 인식이었다고 할 수 있다.

후대의 사전에서는 법자에 대한 해석이 《설문해자》를 토대로 약간 바뀌었다. 청대(淸代)의 단옥재(段玉裁)가 쓴 《설문해자》에 대한 주석에서는 법을 이렇게 해석했다. "형이란 곧 죄를 벌하는 것이다. 다시 말해서 사람을 벌하는 것을 통해 법을 바로 세우는 것을 말한다. 더 확대해서 보면 모범을 이르는 말이다. 나무 목(木)자를 변으로 한 모(模)자는 모범적인 것을 법이라 했음을 알 수 있고, 대나무 죽(竹) 변인 범(範)자는 전범(典範)이라 했고, 흙 토(土) 변인 형(型)자는 기물을 주조하는 모형이라고 했다. 이 주석에서는 법자가 가지는 형의 의미는 마치 모(模), 범(範), 형(型)이 다양한 기물의 규범인 것으로 보고 법을 인간의 규범이라고 설명하였던 것이다.

《강희자전(康熙字典)》은 옛 사람의 해석법을 한 데 모아 법에 대한 해석을 10가지로 정리했다. 첫째는 장구하며 불변한다는 의미로, 《이아·석고(爾雅·釋詁)》에서 "법은 변하지 않는 것"이라고 했다. 둘째는 제도라는 의미로, 《예기·곡례(禮記·曲禮)》에서 "조심스럽게 고국의 법도에 따라 신중하게 실행할 것"이라고 했다. 셋째는 예법으로, 《효경·경대부장(卿大夫章)》에서 "선왕이 정한 법도에 맞지 않는 의복은 감히 입지 말 것"이라고 했다. 넷째는 형법으로, 《상서·여형(呂刑)》에서 "다섯 가지 혹형을 제정해 법률로 삼았다"라고 했다. 다섯째는 비슷하다는 것으로, 《문심조룡·서기편(文心雕龍·書記篇)》에서 "법령에 대해 자세히 설명하고 병법에 대해 논할 때는 율, 영, 법, 제가 있다. 이른바 법이란 비슷한 것을 말한다"고 했다. 여섯째는 본받는다는 것으로, 《역·계사(易·系辭)》에서 "숭고함은 하늘의 뜻을 본받은 것이고 겸손함은 땅의 뜻을 본받은 것"이라고 했다. 일곱째는 집행한다는 것으로 《사기·천관서(史記·天官書)》에서 "서문(瑞門) 동쪽 첫 번째 별자리가 좌집법이며, 정위(廷尉)의 상(象)이고, 서문 서쪽의 첫 번째 별자리가 우집법으로서, 어사대부(御史大夫)의 상이다"라고 했다. 여덟째는 성(姓)이라 했고, 아홉째는 불(拂)이라 했으며. 열 번째는 폐(廢)라고 했다. 《강희자전》은 《설문해자》와 비교해 보면 법의 의미에서 변화가 나타났음을 알 수 있다. 첫째 신적 색채가 감퇴됐다는 점이다. 고대문자치(廌)가 더 이상 나타나지 않았으며, 신의 뜻이 심판을 좌지우지한다는 경향을 볼 수 없게 됐다. 둘째는 "물처럼 공평하다"는 의미가 더 이상 강조되지 않았다. 셋째는 법의 내용에 습관과 풍속이 포함되었다. 예를 들어 뜻을 해석하는 가운데 "변하지 않는다.", "예법이다"라는 말이 나타났다. 마지막으로 법은 자연의 현상 및 법칙과 연관된다고 했다. 예를 들어 별자리 모양 등이 그것이었다. 이외에도 법을 의미하는 형규범제도 등의 의미가 일맥상통함을 알 수가 있다.

글자의 모양과 해석의 변화에서 볼 때, 사회가 부단히 발전함에 따라 옛 사람들은 갈수록 법의 규범성에 대해 강조하고, 심판이라는 관념이 갈수록 희미해져 갔고, 중국 고대법의 관념 변화와 특징이 반영되었음을 알 수 있다. 즉 법의 강제성이 갈수록 강화되었고 내용이 갈수록 광범위해지고 있었던 것이다. 국가가 제정한 제도 규범이 포함됐을 뿐만 아니라, 민간의 풍속과 자연의 속박 등도 포함되었던 것이다. 법의 이러한 특징에서 볼 때 이는 율과 밀접한 관계가 있음을 알 수가 있다.

2. 율(律)

율은 옛 사람들의 관념 속에서 주로 두 가지 의미가 있었다. 하나는 음률(音律, 혹은 聲律)이고 다른 하나는 법률이었다. 지금에 이르러서는 서로 아무런 연관도 없는 이 두 가지 율이 고대에는 서로 갈라놓을 수 없는 밀접한 관계를 가지고 있었으며, 시대가 멀고 오랠수록 양자의 관계는 더욱 밀접했던 것이다.

1) 음률(音律)

율의 본뜻은 음률이다. 즉 소리 혹은 음으로 자연이 변화하는 법칙을 표현한 것이다. 유협(劉勰)의 《문심조룡·서기(文心雕龍·書記)》에서 율에 대한 정의는 다음과 같았다. "이른바 율이란 치우치지 않고 올바른 것을 말한다. 악률은 황종(黃鐘)에서 시작되며, 오성(五音) 모두 바른 음을 낸다. 법률로써 백성을 다스리는 것은 주대(周代)에 제정한 여덟 가지 법에 따라 공평하게 처리하는 것이다. 율이라는 이름을 붙인 것은 바로 공평과 정직의 의미를 취하기 위함이다"이런 음을 제조하는 기물을율관(律管)이라고 했다. 《한서·율역지(漢書·律歷志)》의 기록에 의하면 "율은 절기에 따라 12음으로 나뉘며, 12율이라고 부른다. 그 이름은 각각 황종(黃鐘), 태주(太族), 고선(姑洗), 유빈(蕤賓), 이칙(夷則), 무역(亡射), 임종(林鐘), 남려(南呂), 응종(應鐘), 대려(大呂), 협종(夾鐘), 중려(中呂)이다." 그 음률들과 상응하는 절기에 대해 《예기·월령(禮記·月令)》에는 다음과 같이 기록되어 있다. 11월은 "중동은 …… 율 중의 황종이요(仲冬之月 …… 律中黃钟)", 12월은"계동은 …… 율 중의 대려요(季冬之月 …… 律中大呂)", 1월은 "맹춘은 …… 율 중의 태주요(孟春之月 …… 律中大簇)", 2월은 "중춘은 …… 율 중의 협종이요(仲春之月 …… 律中夾钟)", 3월은 "계춘은 …… 율 중의 고선이요(季春之月 …… 律中姑洗)", 4월은 "맹하는 …… 율 중의 중려요(孟夏之月 …… 律中中呂)", 5월은 "중하는 …… 율 중의 유빈이요(仲夏之月 …… 律中蕤賓)", 6월은 "계하는 …… 율 중의 임종이요(季夏之月 …… 律中林钟)", 7월은 "맹추는 …… 율 중의 이칙이요(孟秋之月 …… 律中夷則)", 8월은 "중추는 …… 율 중의 남려요(仲秋之月 …… 律中南呂)", 9월은 "계추는 …… 율 중의 무역이요(季秋之月 …… 律中無射)", 10월은 "맹동은 …… 율 중의 응종이요(孟冬之月 …… 律中應鐘)". 이 12율은 황제(黃帝)가 정했다고 전해져 내려오고 있다. 절기마다 자체적인 음률이 있어 자연계의 음양절기의 변화 법칙을 반영한다고 전해지고 있다. 한편 이런 법칙은 항거할 수 없으며 영원한 것이었다. 따라서 율이 옛 사람들의 눈에는 만물의 근본이 되는 자연의 법칙이며 엄격하고 정확한 기준이었던 것이다. 율이 자연법칙의 의미를 띠기에 자연을 숭상하고 천인합일(天人合一, 하늘과 인간은 하나)이라고 여기는 중국의 고대인들 마음속에서 율은 각별히 중요한 위치를 차지했던 것이다. 사마천(司馬遷)은 인간의 법도와 율 사이의 관계를 다음과 같이 해석했다. "왕이 된 자가 사물을 정비하고 법도를 세우며 사물의 규율과 법칙을 헤아릴 때는 모두 육률로부터 받아들였으니 육률은 만사의 근본이다"라고 했다.[6] 율은 자연변화의 법칙을 반영하며 또 인간의 법칙도 포함했다. 혹은 인간의 법칙은 원래부터 왕이라는 자가 자연을 모방해 만들어낸 산물일 수도 있었던 것이다.

음률의 기원은 언제이며 언제 어떻게 보완됐는지에 대해서는 지금은 고증할 방법이 없다. 그러나 인류사회 발전의 일반법칙에서 볼 때, 자연 절기의 변화와 밀접히 연관된 소리의 법도는 인류문명과 동반되어 발전해왔을 것으로 생각된다. 문명 초기의 시대를

---

6) 《史記·律書》

살았던 인류가 비록 자연계의 변화에 지극히 민감했을 수는 있었겠지만, 자연을 반영하고 감정을 토로하는 수단은 지극히 제한적이었을 테니까 말이다. 소리, 노래와 춤, 간단한 음악이 그들이 자연을 표현하고 감정을 토로하는 주요 수단이었다고 할 수 있다. 유이징(柳詒徵)은 전설 속의 자료들을 수집 분석한 뒤 이렇게 종합했다. "황제(黃帝)시대에 이르러 모든 것이 흥성하고 발전했으며, 궁실, 의복, 수레와 배, 활, 문서, 그림, 율력, 산술 등을 동시에 발전시켰다."7) 만약 황제(黃帝)를 부락시대의 대명사로 본다면, 이런 전설과 유이징의 종합은 신빙성이 있는 말이라고 하겠다. 그러니 음률의 기원은 매우 오래 됐음을 알 수 있다. 다만 너무 오래되어 우리가 그 기원에 대해 연구할 수 있는 확실한 자료를 찾아볼 수 없다는 점이 아쉬울 뿐이다. 이런 오래된 율이 한나라까지 전해져 내려왔을 때는 이미 명확하지를 못했을 것이다. 그래서 《진서 · 율력지(晉書 · 律歷志)》에는 "한나라 왕실이 막 흥기했을 무렵 재상 장창(張蒼)이 처음으로 음률에 대해 언급했지만, 완벽하고 상세하지는 않았다"라고 기록했던 것이다.

2) 법률

율이 법률, 법령의 의미로 나타나기는 늦어도 상나라 혹은 그 이전일 것으로 추정된다. 갑골문에 사위율용(師爲律用) 즉 "군사는 군법으로 다스려야 한다"는 내용이 있는데, 《역경》 중의 사출이율(師出以律) 즉 "출전할 때는 엄격한 군법이 있어야 한다"는 내용과 서로 맞물려 있기에 이를 통해 검증할 수 있다. 여기서 율은 법, 법제로도 해석할 수가 있다. 이때 법의 의미에서의 율과 음의 의미에서의 율은 상통하는 것이며, 법률은 심지어 음률의 변화형식이라고도 볼 수 있다. 고대의 전쟁은 주로 성(聲)과 음에 따라 통일적으로 움직였다. 병사를 지휘함에 있어서 이른바 명금수병(鳴金收兵) 즉 "징을 울려 군사를 거두어들이고", 격고분진(擊鼓奮進) 즉 "북을 쳐서 용감하게 앞으로 나아가게 했다." 《사기 · 율서(律書)》에는 "무왕이 주왕을 칠 때 율관을 불어 소리를 듣고 길흉을 점쳤다. 맹춘(孟春)에서 계동(季冬)에 이르기까지 음률이 다 살기를 띠고 있었으며 군사의 소리와 궁의 음이 서로 어우러졌다"고 기록되어 있다. 여기서 음률은 자연변화의 법칙을 반영할 뿐 아니라 병사를 지휘할 수도 있음을 보여준다. 전쟁 중에서는 율에 법령의 의미를 부여했던 것이다. 사마천의 《사기 · 율서》에서는 율이 갖는 음률, 군율, 법률의 의미와 관계를 간결하게 종합하고 논증했다. 즉 "왕이 된 자가 사물을 정비하고 법도

---

7) 柳詒徵, 《中國文化史》 상권, 제14쪽, 북경, 중국 대백과전서 출판사 1988.

를 세우며 사물의 규율과 법칙을 헤아릴 때는 모두 육률로부터 받아들였으니 육률은 만사의 근본이다. 육률이 병기에서는 특히 중요하다. 그래서 적의 기세를 보고 길흉을 알 수 있고 소리를 듣고 승부를 결정할 수 있다라고 말하는 것이다. 이는 백 세대에 걸쳐도 변하지 않는 법칙이다"라고 했다. 이 말은 법률적 의미에서의 율은 전쟁 중의 군율에서부터 시작됐으며, 군율은 또 음률에서 온 것임을 간결하게 설명하고 있다. 이 역시 옛 사람들의 형기우병(刑起于兵) 즉 "형법은 전쟁에서 기원했다"는 설을 검증해 주는 것이라고 하겠다.

게다가 반드시 짚고 넘어가야 할 것은 법률이라는 단어가 외래품이 아니라는 사실이다. 우선 먼저, 법률은 하나의 고유명사로서 중국 고전에 여러 차례 나타난 바 있다. 예를 들어 《사기 · 이사전(李斯傳)》에 "(진) 2세(2世) 황제는 조고의 말이 그럴 듯하다고 여겨, 이에 법률을 다시 제정했다"는 말이 있다. 한나라 이후의 인물전기 중에 특히 율학가의 전기 중에 법률이라는 단어가 더 많이 등장한다.[8] 《후한서 · 장민전(張敏傳)》에는 장민이 이르기를 "공자는 경전을, 고요(皋陶)는 법률을 만들었다"고 했다. 《삼국지 · 진교전(陳矯傳)》에는 진교의 아들이 "법률에 대해 배우지 않고 정위(廷尉)라는 조정의 관직을 얻었다"는 등의 내용이 기록돼 있다. 물론 고대인의 법률은 근대 이래 우리가 서방의 법문화를 받아들인 뒤에 말하는 법률과는 체계적으로나 내용적으로나 매우 큰 차이점이 있다. 근대 중국과 중국의 일부 외국인 법학가들은 서방의 법자에 대한 번역에서 먼저 보편적으로 율로 번역했다가, 후에는 보편적으로 법으로 번역했다. 엄복(嚴復)은 서방의 법이 중문에서는 "예(禮), 이(理), 법(法), 제(制)"로 서로 달리 번역된다고 주장했다. 이는 중국과 서양에 있어서 법의 관념이 매우 힘든 적응과정을 겪었음을 반해 준다. 그 다음은 고문에서 법은 광의적 의미와 협의적 의미의 구분이 있다. 협의적 의미에서의 법은 국가가 통일적으로 공포하고 시행하는 특정된 율을 가리킨다. 그러나 광의적 의미에서의 법에는 국가의 법령제도가 포함될 뿐 아니라, 또 모든 것을 망라하는 예와 서로 연관된 통일체를 이룬다. 그러므로 많은 경우에 사람들은 늘 예와 법을 동시에 거론하곤 하는 것이다. 법적인 각도에서 말하면 법은 율보다 그 영역이 훨씬 넓다. 따라서 중국과 서방의 법이 서로 많은 다른 점이 있을지라도 양자에 대해 전면적인 고찰을 거친다면, 서로 같거나 서로 통하는 곳을 적지 않게 발견할 수 있다. 사실 서로 다른 유형의 문화 사이에도 그 우수한 성분은 서로 통하거나 혹은 같은 곳이 있다. 그렇

---

8) 張鵬一, 《兩漢律學考》 중에 들어 있는 율학가 전기를 참조할 것(일본 도쿄대학 동양문화연구소에 소장).

지 않으면 서로 소통하고 받아들일 수가 없는 것이다.

3. 법과 율의 구별

법과 율의 내용을 명확히 하고나서 다시 법률적 의미에서의 법과 율에 대해서 구별해야 한다. 먼저 주의해야 할 것은 일반적 상황에서 법과 율은 서로 통하며, 둘 다 반드시 지켜야 할 규범과 질서를 나타낸다는 점이다. 뿐만 아니라 기타의 예를 들어, "전(典. 법규), 이(彝. 관례), 칙(則. 규칙), 헌(憲. 법령), 형(刑)" 등도 모두 다 법률과 서로 통하는 데가 있다. 진(秦)나라 이후 율이 비록 일정 정도에서 법률의 다른 명칭을 대체해 왕조가 통일적으로 공포 시행한 안정적인 법전의 전용 글자가 되기는 했지만, 일상생활 속에서 사람들은 여전히 법과 율을 통용해왔다. 법을 어긴 것은 일반적으로 법률조항을 어기는 것이었다. 그다음 법이 고대에는 광의적인 의미와 협의적인 구별이 있었다. 광의적인 법은 모든 제도, 심지어 풍속습관까지 가리켰다. 전국시기 법가의 법은 제도를 가리켰다. 그리고 고대인들은 늘 예와 법을 병용했다. 여기서 법은 예의 질서와 습속을 가리켰다. 협의적 의미에서 법은 전문적으로 법률제도를 가리켰다. 옛말에 "왕이 법을 어기면 서민과 같은 처벌을 받는다"는 말이 있다. 여기서 말하는 법은 곧 율의 의미로서 주로 형법을 가리킨다. 협의적 면에서의 법의 관념은 현재까지도 중국사회에 여전히 깊은 영향을 끼치고 있다. 사람들이 법률이라고 말하는 것은 흔히 형법을 가리키는 것이었다.

문자의 의미로 법과 율을 구분하려면 다음과 같은 몇 가지 측면이 있다. 첫째, 문자 의미의 기원에서 말하면 법은 "물처럼 평평하고 공평하며", "정의롭지 않은 것을 보면 쫓아버린다"는 관념을 가지는 한편, 신의 심판이라는 의미도 포함하고 있다. 그러나 율은 제도, 규칙에 치중하며 사람의 언행을 통일하는 것에 중점을 두었다. 《설문해자》에서는 "율은 균포(均布)함을 뜻한다"라고 설명하고 있다. 그러니 법은 재판과 재판의 효과에 치중하지만, 율이 최초에 보여주는 것은 계속 반복되는 법칙으로서 법률적 의미에서 제도의 규칙적인 통일과 안정에 더 치중한다. 법은 일종의 동(動)적인 느낌을 주지만, 율은 일종의 정(靜)적인 느낌을 준다. 둘째, 법이 포함하는 내용은 광범위하다. 율을 제외한 모든 규정제도는 다 법으로 표시할 수 있다. 예를 들어 법령, 법률조항, 격식, 법식, 비유, 이야기, 관례 등이다. 셋째, 제도상에서 말하면 법의 해석이 풍부하다는 점이다. 조정에서 공포해 시행하는 통일적인 법규를 법이라 할 수 있고, 지방과 관아, 심지어 가족 내부에서 제정한 규정도 법이라 할 수 있다. 법률적 의미에서의 율은 진나라 때부터 "법률제도(律典)를 전적으로 가리켰다." 법률제도는 비록 법의 전부가 아니지만 법의 최고 차원으로서 오로지 조정만이 제정 공포하고 시행할 권리가 있으며 유일성과 권위성을 띤다. 이런 권위성과 유일성은 사회의 발전에 따라 점점 더 엄격해진다. 진·한 시대에 율 밖에 율이 존재하는 것이 유행이었다. 예를 들면, 한나라의 《구장률》 외에 《월궁률(越宮律)》《조율(朝律)》이 있었다. 위진(魏晉) 시대의 개혁을 거쳐 법률제도의 제정과 공포 시행 절차는 더 주도면밀해졌다. 어떠한 기구나 개인은 보충하거나 고칠 권한이 없으며, 오로지 황제가 조서를 내려 친히 주관하거나 대신을 위임해 주관하게 하는 상황에서만 법률을 수정할 수 있다. 따라서 법률이 구체적 사법 실천 과정에서의 작용이 어떠하든지를 막론하고 명의상에서 오직 법률만이 국가 최고의 통일된 대법이 될 수 있다. 넷째, 율에 사용되는 용어가 전문성이 매우 강하고 단어 사용이 치밀하고 규범적이므로, 흔히 사건의 판결과 서면 언어 중에서만 나타난다. 사람들은 일상용어 중에서 법을 사용하는 빈도가 율보다 훨씬 더 높았던 것이다.

4. 법과 법제·법치

법과 법제·법치의 구별은 비교적 뚜렷하다. 법제는 고대와 현대를 막론하고 일정한 절차를 거쳐 확립하고, 특정 기관에 의해 실행되는 강제력과 보편성(일정 범위 내에서)을 띤 제도를 특별히 지칭한다. 이러한 제도는 사회상황과 법의 종류와 서로 보완하며 유기적으로 결합된 체계이다. 법제의 변천은 사람들의 법에 대한 인식이나 법 관념의 전환을 반영한다. 법치는 일종의 사상과 주장으로서 흔히 학설의 형식으로 표현된다. 주의해야 할 점은 법치에는 다양한 유형이 존재한다는 사실이다. 법제를 완벽화하고 법제에 의지해 나라를 다스릴 것을 주장하는 면에서는 고금 중외의 법치가 다를 바 없다. 그러나 법치가 군주 한 사람의 소원을 반영하느냐 아니면 대중의 의지를 반영하느냐 하는 문제에서, 중국은 서방의 법치가 강조하는 평등, 정의, 대중의 통치와는 전혀 다르다. 중국 고대, 특히 법가가 말하는 법치는 결국은 제왕이 나라를 잘 다스려 안정시키는 수단이었다.[9] 예를 들어 《안자춘추·간상(晏子春秋·諫上)》에서는 "과거에 우리 선군(先君) 제(齊) 환공(桓公)은 영토가 지금보다 적었다. 그는 법규를 정돈하고 정치사상교육을 널리 전개해 여러 제후들을 제패할 수 있었다"고 기록했다. 따라서 중국 고대의 법치와 덕치(人治)는 군주의 권위를 강화하기 위하는데 목적이 있었다. 다만 유가는 인성의 선량함에 대한 기대가 컸으므로 통치자들이 덕으로써 백성을 다스리고 법령을 간소화해 "법령이 없이도 스스로 행할 수 있는 이상적인 치국의 경지"에 도달할 수 있기를 주장한 반면, 법가는 인성의 이익을 좇고 해는 피하려는 본질에 대해 명확히 인식하고 있었으므로 통치자들은 반드시 힘으로써 백성을 다스려야 하며, 복잡한 법률 조항과 엄한 형벌로써 백성이 "감히 범죄를 저지르지 못하도록" 하는 목적에 도달해야 한다고 주장했다.

우리는 고대인들의 법에 대한 정의에 대해 느낄 수 있다. 전통문화에서 법은 주로 규정과 조항을 가리키지만 그 가치적 차원에서의 주장과 논술은 법의 범주에 속하였다. 특히 진한시대 후에는 이러한 것이 거의 결여돼 있었다. 다만 초기의 법자에서만 신의 뜻에 의지한 공평("물처럼 평평하다")에 대한 바람을 약간 엿볼 수 있었다. 신의 뜻이 희미해진 뒤 법의 가치, 법의 영혼은 어디에 있을까? 이것이 바로 우리가 다음에 서술하게 될 예인 것이다.

2절. 전통문화 속의 예와 관련 개념

1. 예(禮)

예는 중국 전통문화의 핵심으로서 중국 고대사회의 구석구석에 침투되어 있었으며, 중국 고대문명의 상징이었다. 세계 역사에서 그 어떤 문화와 제도의 생명력도 중국의 예와 함께 거론될 수는 없다. 따라서 우리는 예에 대한 연구를 통해 법률의 역할과 가치에 대한 고대인들의 인식에 대해 이해하고 전통 법의 가치적 방향에 대해 이해할 수가 있다.

1) 예의 기원과 발전

예의 기원은 아주 오래 전으로 거슬러 올라간다. 심지어 원시사회 후기까지 거슬러

---

9)《韓非子·定法》,《韓非子·二柄》

올라갈 수 있다. 예자를 예를 들면, 이 문자는 상나라의 갑골문 중에서 제일 일찍 나타
났다. 곧 번자체로 예(禮)로 적고 있으며, 고문에는 풍(豊)으로 쓰고 있다. 풍자 아래의
두(豆)자는 용기라는 뜻이며, 제사에 쓰이는 일종의 기구로서 그릇에 제물을 담아 조상
에게 제를 지냄을 상징한다. 이는 예가 실제로는 일종의 조기 제사활동의 예절(儀節)이
었음을 설명해 준다. 그 후의 예자는 원래의 토대 위에서 변화된 것이다. 부수 "礻" 즉
"시(示)"는 제사 때 제단의 모양이다. 그때 당시 제사활동이 매우 빈번했으므로 예는 신
을 떠받들어 복을 내려주기를 기원하며 신에 제를 지내고 위선사(爲先事)하는 의식의
대명사로 되었다. 《설문해자》에서 예자에 대해 "신을 신고 길을 걸어야 하듯이 사람들
은 예제에 따라 일을 행해야 하며 예로써 신을 떠받들어 복을 내려주기를 기원해야 한
다"고 해석한 것이 그에 대한 실증이다. 왕국유(王國維)는 이러한 토대 위에서 예에 대
한 해석을 한층 더 구체화했다. "예는 원래 신령과 인귀(人鬼)에게 제를 지내는 기구로
서 두 개의 옥을 담아 놓았다. 후에 제사에 쓰이는 술도 예라고 부르게 됐으며, 더 후에
는 무릇 모든 제사활동을 통틀어 예라고 했다"고 설명했다[10]. 이로부터 선대 사람들의
마음속에서 예는 바로 천지의 귀신이 인간을 다스리는 수단이었음을 알 수 있다.

　생산력의 발전에 따라 원시사회 후기에 사유재산이 나타나기 시작했다. 원래는 평등
했던 씨족 수령이 재산으로 인해 우세적 지위를 얻게 되자 신의 힘을 비러 기득 이익과
지위를 공고히 할 수 있기를 바랐으므로 신을 향한 마음은 더욱 경건해졌다. 그래서 술
(酒)과 용기(器)에 공을 들이기 시작했다. 따라서 예는 그 최초의 상태에서 변화가 일어
나기 시작했으며, 씨족 수령과 통치자들이 신분 지위를 과시하고 제사의 권력을 독점하
는 것이 특허가 됐다. 이로써 계급사회의 예가 정식으로 나타나게 되었던 것이다.

2) 예의 내용

　예의 내용은 포함하지 않는 것이 없을 정도로 풍부하다. 바로 그 내용이 풍부하고
깊으며 표현형식이 복잡하고 다양하기 때문에 중국 전통 법 연구의 난제가 되고 있는
것이다. 근대 들어 많은 학자들이 혹자는 예를 신권법, 자연법, 습관법이라 하거나, 혹자
는 예를 중국 고대의 헌법, 민법 등이라고 부른다. 그래서 우리가 풍부한 내용을 포함한
예에 대해 전면적으로 인식하려면 반드시 예와 신권법, 자연법, 습관법, 헌법, 민법 등
사이의 관계에 대해 먼저 명확히 분간해야 하는 것이다.

---

10) 왕국유, 《觀堂集林 · 釋禮》

(1) 예와 신권법, 자연법, 습관법

앞에서 서술했듯이 예는 제사에서 기원했으며 천지의 귀신이 인간을 다스리는 수단이었으므로 예는 신비로운 것이었다. 바로 이런 신비성으로 인하여 많은 사람들은 중국의 예와 서방의 종교를 같이 거론하곤 했다.

예가 숭상하는 천지의 귀신은 중국 고대철학에서 두 가지 의미가 있었다. 하나는 인격적인 의미를 띠는 지상신이고, 다른 하나는 자연의 변화에서 형성된 인류가 항거할 수 없이 순응해야만 하는 법칙이었다. 양계초(梁啓超)는 선진(先秦)시대의 천도관(天道觀)을 분석한 글에서 다음과 같이 주장했다. "느낌이 있고 정서가 있으며 의지가 있는 하늘이 직접 인간을 지휘하고 있으므로, 그 느낌, 정서, 의지가 인류 생활의 이법(理法)으로 변해버렸으니, 이를 천도(天道)라고 한다"고 했다.11) 춘추시기의 정치가 자산(子産)은 예에 대해 논할 때 이렇게 말했다. 즉 "예란 하늘이 정한 원칙이요, 땅의 바른 이치이므로 백성이 행동할 때 의거로 삼아야 할 것이다"라고 했다.12) 예가 신비화에서 자연화로 진화 발전한 것은 역사의 큰 진보였다.13) 이러한 진보는 중국 전통문화로 하여금, 물론 중국 전통법도 포함해서 종교의 함정에 빠져드는 것을 피하게 해주어 자연을 숭상하는 것을 위주로 하는 길을 갈 수 있게 했다. 《한서 · 형법지》에서는 중국의 전통법과 자연 사이의 관계에 대해 "선대 군왕이 예제를 제정한 것은 하늘의 뜻에 따르고 대지의 본성에 의거한 것이다. 형벌과 위엄한 감옥은 하늘이 벼락으로 살육할 때의 위력을 본 뜬 것이다. 온화하고 자상하며 너그럽고 화해하는 것은 하늘이 만물을 생장시키고 양육하는 것을 본 딴 것이다. 《상서》에 이르기를 하늘은 등급에 따라 예를 갖춘 자에게 상을 내리고 하늘은 죄를 지은 자를 처벌한다. 그래서 성인은 하늘이 정한 순서에 따라 길, 흉, 병, 군, 가 오례를 제정하고 하늘의 처벌 원칙에 따라 오형(五刑)을 제정했다"고 종합했다. 불가항력적인 자연 법칙, 자연과의 소통 원칙에 순응하는 토대 위에서 인간의 법칙을 제정하는 것, 이것이 바로 예였던 것이다. 이 또한 고대 중국인의 "자연법"이었다.

신화와 자연화는 고대인들이 법에 입혀놓은 신성화하고 합리화한 허울이다. 예의 진정한 내용은 초기단계에서는 풍속습관을 제고시키려는 것이었다. 따라서 수많은 학계

---

11) 양계초, 《先秦政治思想史》 25쪽, 臺北, 東大圖書公司, 1987.

12) 《左傳 · 昭公二十五年》

13) 劉澤華, 《先秦政治思想史》, 93~95쪽, 天津, 南開大學出版社, 1984.

인사들은 또 중국의 예를 "습관법"으로 간주했다. 예를 들어 독일의 법학자 로만 헤어초크는 다음과 같이 주장했다. "법의 근원은 습관법이다. 이는 일종의 사회 관례이다. …… 역사상에서 제정한 습관법 법규만으로도 문제를 해결하기에 충분하다고 여기는 일부 국가가 있었다. 그래서 오늘날 사람들은 또 이런 추측을 해본다. 나일강의 유역문화도 비록 성문화됐지만, 이런 법은 그곳에서 아무런 실질적 의미는 없었다. 오히려 반대로 그곳의 법제는 천신이 배치한 세계 질서 maat에 따라 즉 신령이 이 세상에 내려준 습속에 따라 생활 속에 실현시킨 것이며, 파라오의 직권은 바로 이런 습속이 현실로 될 수 있도록 책임지는 것이다. …… 중국에서 이집트의 maat와 비슷한 역할을 한 것이 아마도 예일 것이다. 이것은 그때 당시 중국 풍속습관의 종합적인 체현이었다."[14]

예를 습관법으로 보는 데는 충분한 이유가 있다. 《의례(儀禮)》, 《예기(禮記)》에 기록된 내용에 따르면, 풍속과 풍속습관을 토대로 형성된 습관법은 중국 고대 예의 중요한 구성부분이라고 할 수 있다. 이런 습관법은 사람들의 일상생활 속에서 생겨났으며 사람들의 일상생활의 준칙이다. 만약 사람들의 말과 행동이 교제하는 과정에서 진퇴읍양(進退揖讓)을 포함해서 모두 예의 준칙에 부합된다면 여론의 찬양을 받게 된다. 그러나 예의 준칙에 어긋나거나 맞지 않으면 여론의 조롱을 받게 되며 심지어 강력한 제재를 받게 된다. 《한서·예악지(漢書·禮樂志)》에는 예의 역할에 대해 다음과 같이 말했다. "인간의 본성에는 남녀 간의 구별이 있고 다른 사람을 질투하는 마음이 있으므로 혼인이라는 예를 제정했다. 인간의 본성에는 연장자와 연소자간 교제의 순서가 있으므로, 향음주례(옛날 시골에서 대부 중에서 현명한 사람을 군주로 천거하곤 했는데 떠나는 연장자를 위해 연소자들이 송별연회를 베풀곤 했다. 그 송별연에서 술을 마실 때 술잔을 주고받는 일정한 의식을 향음주례라 한다)를 제정했다. 인간의 본성에는 고인을 추모하고 조상을 그리워하는 감정이 있으므로 고인을 위해 제를 지내는 의식을 제정했다. 또 어른을 존중하고 임금을 공경하는 마음이 있으므로 황제를 알현할 때의 예의를 제정해냈다. 슬플 때의 곡소리와 춤 의식이 있고 기쁠 때의 노래와 춤이 허용되며, 정직한 사람이 성심성의껏 살아갈 수 있도록 충분히 도울 수 있고, 사악한 사람도 잘못을 저지르지 않을 수 있도록 충분히 방지할 수 있다. 고로 혼인의 예의를 폐지하게 되면 부부의 관계가 견고하지 않게 되고, 남녀 사이의 방탕 음란한 죄를 범하는 자가 많아질 것이다. 향음주례를 폐지하면 장유 순서가 혼란하게 되며, 싸움과 관련된 송사가 많아질 것이다.

---

14) (독) 로만 헤어초크, 《古代的國這-起源和統治形式》, 趙蓉恒 역, 364~365쪽, 북경, 북경대학출판사, 1998.

상제의 예의를 폐지하게 되면 골육간의 정이 야박해지며 고인을 배신하고 조상을 잊는 자가 많아질 것이다. 황제를 알현하는 예의를 폐지하면 임금과 신하의 지위가 잘못되어 신하가 임금을 욕보이는 현상이 점차 생겨나게 된다."

위의 글을 통해 알 수 있듯이 중국 고대의 예는 모종의 정도에서 확실히 서방 고대의 신권법, 자연법, 습관법과 서로 비교할 수 있다. 그러나 그 자체의 특색을 띠고 있으므로 서방의 것과 완전히 같지는 않다. 예는 비록 하늘과 자연의 힘을 빌어 자체의 신비성과 합리성을 강화했지만, 그 내용은 인간의 일상생활과 인정 속에 뿌리를 박고 있다. 바로 이처럼 "신의 요소"와 "인간의 요소"가 밀접히 결합되어 있고, 또한 예의 이런 종합성과 융통성 덕분에 중국의 고대인들은 소중한 이성을 견지할 수 있었으며, 그로 인해 중국 고대인들의 정치와 생활은 한 번도 종교의 열광과 방황 속에 빠져든 적이 없으며, 특히 종교전쟁의 수렁 속에 빠져든 적이 없었던 것이다. 자연에 대한 숭상과 풍속습관에 대한 정성어린 유도에 힘입어 중국 전통법은 화해롭고 진보적인 기상이 나타났다. 예를 들면, 중국인은 지금껏 무력에 의한 정복을 숭상한 적이 없으며, 문화의 전파에만 치중해왔던 것이다. 문화의 전파도 현지의 풍속습관을 존중하는 전제하에 전개해왔다.

(2) 예와 헌법

예가 중국 고대사회에서 차지하는 지위와 역할로 보아 근현대의 일부 학자들은 예를 중국 고대의 헌법이라고 부른다. 이런 비유는 위에서 말한 "예와 신권법, 자연법, 습관법"과의 관계와 조금은 비슷하다. 예가 중국 고대사회에서 일으키는 일부 역할로 볼 때 예와 헌법은 비슷한 데가 있다.

헌법은 모든 법률 중에서 제일 중요한 일종이다. 이런 법률은 대리석 위에 새겨지는 것도 아니고, 구리시계 위에 새겨지는 것도 아니며, 공민의 마음속에 새겨지는 것이다. 이런 법률은 매일 새로운 힘을 얻고 있으며, 다른 법률이 쇠약해지거나 쇠망할 때 그 법률들을 부활시키거나 혹은 그 법률들을 대체할 수 있으며, 한 민족의 창제 정신을 유지할 뿐 아니라, 저도 모르는 사이에 습관의 힘으로 권위의 힘을 대체할 수 있다.[15] 그리고 예가 중국 고대인의 눈에는 바로 이런 법률의 일종이었던 것이다. 예를 들어 청나라의 명신 장정옥(張廷玉) 등은 《명사(明史)》를 수정할 때 이렇게 서술했다. 즉 "《주관(周官)》《의례(儀禮)》에 견줄만한 것은 없다. 그러나 서적들이 손상되어 온전하지 않으

---

15) (프) 루소의 《社會契約論》, 何兆武 역, 제73쪽을 참고. 북경, 商務印書館, 1987.

며 죽간이 누락되어 답습한 것과 수정한 내용이 상세하지 않다. 한(漢)대에 《예지(禮志)》를 편찬하기 시작해서부터 그 뒤로 모두 이를 답습했으며, 한 세대의 법률제도로 삼아왔다. 구양씨가 이르기를 삼 대 이후부터 천하를 다스림에 있어서 예와 법 두 가지에 의지했다. 그러나 예악은 이미 유명무실해졌다"고 했다.[16] 이로부터 알 수 있듯이 예는 중국 고대인의 마음속에서 자연의 진화와 인류발전의 근본적인 대법이다. 이 대법은 영원히 존재하는 것이며, 사람들 마음속의 자각에 의지해 실천된다. 수천 년간에 걸친 사회발전 속에서 예의 제도와 의식은 끊임없이 변화 발전해왔다. 하(夏), 상(商), 서주(西周)의 예는 "서간이 산실되어 온전하지 않고" 명청시기에 이르러서는 "상세하지 않게 됐다." 그러나 예의 정신은 중국 역사의 발전과정에서 지금까지 소실된 적이 없었다. 예의 정신은 "백성들의 마음속에 새겨져" 대대로 전해져 내려왔다. 이것이 바로 장정옥이 후세의 예를 삼대의 예와 함께 거론하지 못할 것도 없다고 말할 수 있었던 근거였다. 예의 정신을 빌어 사람들은 "이미 멸망한 나라를 회복시키고, 단절됐던 가족을 이어놓고 빠뜨렸던 인재를 다시 선발 등용해"[17], 국가가 위난에 처하고 제도가 쇠퇴한 상황에서도 혼란스러운 국면을 바로 잡아 문명의 발전을 이어올 수 있었다고 보았던 것이다. 양계초는 "예악은 주로 사람의 사상을 교화해 나쁜 짓을 저지르는 것을 미연에 방지토록 하되 일으키는 변화가 아주 미묘해 백성들이 저도 모르는 사이에 점차 선량해져 범죄를 멀리하도록 한다"고 했다.[18] 공자는 예의 작용은 인류가 자각적이 되어 스스로 다스릴 수 있는 양호한 습관을 키울 수 있도록 하는 것으로서, 이는 실제로 사회를 개조하는 근본적인 방법이라고 주장했다. 그는 예치의 주요 의미가 바로 그것이라고 주장했다.[19]

(3) 예와 민법

중국 고대에서 민법이 있었나 없었나 하는 문제는 줄곧 학계에서 논쟁이 분분한 쟁점과 난제였다. 민법의 권위자인 셰화이스(謝懷栻) 선생은 다음과 같이 말했다. "중국에는 자고로 민법이 없었다. 청말 변법운동을 거치면서 서방의 법제를 따라 배워 민법을 제정하기 시작했다. 그러나 성공을 거두기도 전에 청조가 멸망했다."[20] 그러나 양홍례(楊

---

16) 《明史 · 禮一》

17) 《논어 · 堯曰》

18) 《人戴禮記 · 禮察篇》 - 원문에 작은 글씨로 되어 있는 주석.

19) 《飮冰室合集》 제8권, 《專集之三十六 · 孔子》, 16~17쪽, 북경, 중화서국, 1989.

20) 〈大陸法國家民法典研究(2)〉, 易繼明 주편, 《私法》 제2집 제1권(총 제3권)에 게재됨, 북경, 북경대학출판사, 2002.

鴻烈) 등 이들은 역대의 율(律, 법률), 영(令, 법령), 전(典, 법규) 등 호적, 혼인, 전(田) 등과 관련된 일부 규범조항을 집결시켜 바로 민법이라고 했다.[21] 있었는가, 없었는가 하는 두 가지 의견 사이에서 다른 한 가지 다른 관점, 즉 고대 중국에는 "비록 민법에 관한 전문적인 저술은 없었지만 민사법칙과 관련해 기록한 서적들은 헤아릴 수 없이 많다"[22]라는 주장이 있다. 이런 관점은 절대적으로 있다거나 절대적으로 없다는 관점에 비해 더 실제에 부합된다고 할 수 있다. 그러나 한 걸음 더 나아가 제시해야 하는 것은 민사법칙이 비록 서적 중에서 찾아볼 수 있다고는 하지만, 하나의 종류로써 나타난 것이 아니라 율, 영, 전, 예(例) 속에 흩어져 나타났다는 점이다. 이들 서로 다른 전적들 속에 흩어져 나타나는 조항은 대다수가 예와 밀접한 관계가 있다. 예를 들어 가족 방면의 종친, 외척, 처가 측 친척, 계후, 수절, 재가, 적모, 계모, 금기를 어긴 것 등과 관련된 것이다. 더 중요한 것은 관아에서 인정하는 일부지방의 자치 규약, 가족 법규도 모두 민사 규범적 성격을 띠고 있었으며, 이런 규범이 생겨난 의거가 바로 예라는 것이다.

3) 예는 중국 전통법의 영혼

예의 내용은 포함하지 않은 것이 없을 만큼 풍부하다. 그래서 우리가 현실 속에서 어떤 법률의 역사에 대해 논증하게 되던 안 되든 거의 모두 예의 흔적을 찾아볼 수 있을 정도다. 헌법에 대해 말할 때도, 민법에 대해 말할 때도, 행정법에 대해 말할 때도 다 그러하다. 고대인들은 예의 이런 특징에 대해 이렇게 개괄했다. "도, 덕, 인, 의, 이 네 개의 추상적인 개념은 예가 빠지면 성립되지 않는다. 교육하고 가르치며 민속을 바로잡는 면에서도 예가 빠지면 고루 다 돌볼 수 없게 된다. 송사에서 시비를 가림에 있어서 예가 빠지면 판단을 내릴 수가 없게 된다. 임금과 신하, 위아래, 부자사이, 형제 사이의 명분도 예가 빠지면 확정지을 수가 없다. 벼슬을 하는 능력을 익히고 육예를 익힘에 있어서 제자가 스승을 무례하게 대하게 되면 사생 사이에 정분이 두터워질 수 없다. 조정에서 백관의 서열을 정하고, 장군이 군대를 다스리며 관원이 부임해 직무를 이행함에 있어서도 예가 빠지면 위엄이 바로 서지 않는다. 복이 내리기를 기원하고 신에게 제를 지내거나 아주 보편적인 여러 가지 제사를 지낼 때 귀신에게 올릴 제물은 다 일정한

---

21) 양홍례, 《中國法律發達史》 각 장절(이 책 제3장 뒤로 각 장절 모두에 "민법"이라는 소절이 있음)을 참조. 상해, 상해서점. 1990.

22) 謝振民, 《中華民國立法史》 하권, 740쪽, 북경, 중국정법대학출판사, 2000.

규정이 있다. 예를 따르지 않으면 마음속에 성의가 없으며 정중하지 않아 보인다. 그래서 군자는 공경과 절제, 양보의 근성으로 예를 행해야 한다."23)이 말은 예에는 "포함하지 않은 것이 없을 만큼 풍부하고 넓은 특성"을 충분히 설명해준다. 그러나 우리가 현대 법학이론 속에서, 현대의 다양한 부문의 법률 속에서 예의 역사적 흔적을 찾아냈다고 하더라도 우리는 양자를 동일시할 수는 없다. 우리는 간단하게 "예는 곧 신권법이다." "예는 곧 습관법이다." 혹은 "예는 곧 헌법이다." "예는 곧 민법이다"라고들 말할 수 없다는 것이다. 예 자체가 독특하게 추구하는 가치가 있고, 독특한 유기적 체계가 있기 때문이다. 이런 각도에서 볼 때, 예는 곧 예로서 바꿀 수 없다. 예에 어떠한 현대적 칭호를 붙여도 진실성을 잃게 되는 것이고 과학적이지 않기 때문이다.

예의 가치적 추구, 다시 말해서 중국 전통법의 주요한 의미, 혹은 영혼이 중국 전통법의 특색을 결정지었다. 예를 들면, 중국 전통법 중의 인정관, 도덕관, 자연관 등이 그것이다. 간단하게 말해서 예가 추구하고 제창하는 것은 인륜도덕이며 다시 말하면 오늘날까지 그리고 앞으로도 중국인은 "충, 효, 절(節, 절개), 의"를 완전히 떼어버릴 수 없는 것이다. 그래서 예는 "예제(禮制) 의(儀)"와 예의(禮義)라는 두 개의 큰 부분으로 나눌 수 있는 것이다.

2. 예제(禮制) 의(儀)

예의 근원은 제사이다. 그리고 제사는 필히 절차와 의식이 있기 마련이다. 이로부터 예의 최초의 규범이 생겨났으며 예제(禮制) 혹은 예의(禮儀)라고 부르게 된 것이다. 제사는 동일 씨족의 모든 구성원이 신과 선조에 대해 숭경함을 담고 있고, 또 제사의 절차와 의식이 신과 선조의 기쁨과 분노와 직결되고, 신령의 보호를 받을 수 있느냐 없느냐와 관련되며, 살아 있는 자의 행복과 씨족의 흥망성쇠와 연결되어 있기 때문에 예의 최초의 규범은 엄격히 지켜졌다.

제사에서 생겨났기 때문에 예의 최대 특징은 "공경"이었다. 예의 의미에 대해 해설한 《예기》는 서두에서 "무불경(無不敬)"이라 하여 "어떤 일이든 공경함으로 일관되어야 한다"고 했다. 그러나 제사의 절차와 규범이 예의 유일한 내용은 아니다. 예는 생겨나서부터

---

23)《禮記·曲禮上》

사회의 발전에 따라 그 내용이 부단히 확대되었기 때문이다. 《한서 · 예악지(漢書 · 禮樂志)》에서는 예제의 내용에 따라 예에 대해 분류했다. "인간의 본성에는 남녀 간의 구별이 있고, 다른 사람을 질투하는 마음이 있으므로 혼인이라는 예를 제정했다. 인간의 본성에는 연장자와 연소자 간 교제의 순서가 있으므로 향음주례를 제정했다. 인간의 본성에는 고인을 추모하고 조상을 그리워하는 감정이 있으므로 고인을 위해 제를 지내는 의식을 제정했다. 또 어른을 존중하고 임금을 공경하는 마음이 있으므로 황제를 알현할 때의 예의를 제정해냈던 것"이다. 이로부터 예의 역할은 주로 인간의 감정을 절제하는 것임을 알 수 있다. 예제의 내용은 매우 광범위하고 번잡하다. 현재까지 전해져 내려오고 있는 유가 경전 《의례(儀禮)》《주례(周禮)》는 삼대의 예제를 종합해 만들어낸 것이다. 그 책이 만들어진 시기는 줄곧 학계에서 의논이 분분한 쟁점이 되어왔다. 현대인의 연구에 따르면 일반적으로 《의례》는 전국시기에 만들어져 《예기》보다 좀 이르고, 《주례》는 전국시기 말기에 만들어졌다고 주장한다.[24] 《의례》와 《주례》가 어느 시기에 만들어졌건 한 가지는 긍정할 수 있다. 즉 제도에 대한 종합은 미래의 이상 제도 모식 - 물론 법제모식도 이에 포함됨 - 에 대한 기획이기도 했다. 한대 이후의 국가기구, 특히 행정방면에서 점차 《주례》에 그려진 천(天)리(吏), 지(地)호(戶), 춘(春)예(禮), 하(夏)병(兵), 추(秋)형(刑), 동(冬)공(工) 6관의 모식으로 구성되기 시작했다. 《의례》 17편에서는 주로 "관(冠), 혼(婚), 상(喪), 제(祭), 사(射), 향(鄕), 조(朝), 빙(聘)" 등의 의식 규정에 대해 기술했으며, 등급과 신분이 각기 다른 사람이 이런 의식에 참가할 경우 가져야 하는 심정과 표정에 대해 상세하게 규정하였다. 한편 《의례》가 나타내는 주요 의미는 《예기》를 통해 명백하게 밝혀졌으며, 중국 고대사회 사람들이 추구하고 신앙하고, 사람들의 생활 준칙이 되었으며, 국가가 법률과 제도를 제정하는 방침과 원칙이 됐다.

　법률의 각도에서 말하면 예제는 씨족사회 후기 및 하 · 상 · 서주시기에 이미 습관법의 성격을 띠기 시작했다. 헨리 제임스 섬너 메인 경이 습관법에 대해 내린 정의는 "과두정치가 지금 주장하는 것은 법률지식을 독점하는 것과 쟁론의 의거가 되는 여러 가지 원칙을 결정지을 수 있는 권리를 독점하는 것이다. 사실상 우리는 이미 습관법 시대에 이르렀다"고 했다.[25] 《상서 · 여형(尙書 · 呂刑)》에 기록된 반은 신이고 반은 인간인 전설 속의 영웅 전욱(顓頊)이 "땅 위의 백성과 하늘의 신이 서로 통하는 것을 금지시켰다"

24) 錢玄, 〈周禮著作時代〉를 참고. 전현, 《三禮通論》, 남경, 남경사범대학출판사 1996.
25) (영) 헨리 제임스 섬너 메인 경, 《古代法》 7쪽, 북경, 商務印書館, 1984.

는 내용과 《좌전(左傳)》에 기록된 진(晉)나라의 귀족 숙향(叔向)이 "선왕들은 나라를 다
스림에 있어서 사건을 의논하여 제재를 했다"[26]고 말했다는 내용으로 볼 때, 전욱은 이
미 제사의 권력을 독점했으며 따라서 입법과 법률 해석의 권력을 독점했음을 알 수 있
다. 그리고 숙향이 말한 선왕들이 장악한 의사권도 역시 실제상에서는 귀족이 법을 독
점했음을 설명하는 것이다.[27] 이처럼 왕과 귀족에게 독점 당해 "신의 뜻"을 통해 생겨
난, 인간의 감정을 절제하고 사회 여러 영역 속에 침투된 예제가 바로 메인이 말한 습관
법이다. 하, 상 서주 이후 습관법의 성격을 보존한 한편 예제의 많은 내용이 성문법 중
의 조항으로 전환됐다.

　습관법의 성격을 띤 예제와 풍속습관은 뚜렷하게 구별된다. 풍속습관의 생성은 사람
의 생활환경과 밀접히 관련되어 있다. 이른바 "십 리를 가면 삶의 방식이 다르다"는 것
이 이를 대변해 준다. 예제는 비록 풍속습관과 밀접한 관계가 있지만, 예제는 인간이
천지간의 귀신에 대한 경외심에서 기원한 것이다. 따라서 예제는 풍속습관에 비해 더
권위성과 신비성을 띤다. 만약 풍속습관은 인간의 "수치를 아는 성정"에만 의지해서도
충분히 유지될 수 있다면, 예제는 인간의 수치심에 의지하는 한편 나아가신의 권위와
인간의 경외심에 의지해 유지된다고 할 수 있다. 나라에서 제정해 공포하고 시행하는
법률 이외에도 중국 전통 법 중의 소송, 혼인, 가정, 종족, 계승, 신분 등과 관련된 제도
는 모두 다 예제 중에서 이에 상응하는 규정을 찾아볼 수 있다.

3. 예의(禮義)

　예의(禮義)는 예제 예의(禮儀)의 주요한 의미의 체현이다. 춘추전국시기에 성문법이
성행했으며 제도화한 뒤, 예의 역시 법제의 주요 의미를 갖게 됐다. 간단하게 말하면
예제와 법제는 구체적인 조문 규범으로서 사람들에게 일을 행함에 있어서 어떤 일은
해야 하고, 어떤 일은 하지 말아야 하는지에 대해 규정해 놓았다. 예의는 예제와 법제가
왜 그렇게 규정해 놓았는지에 대해 해석하고 있다.

---

26) 《左傳·昭公六年》
27) 부락의 풍속습관이 예로 변화 발전하는 과정 및 예제와 부락 습속의 서로 다른 점과 같은 점과
　　관련해서는 武樹臣과 馬小紅의 《傳說時代的國家與法律》을 참고할 것, 光燦, 張國華, 《中國法
　　律思想通史》, 19~26쪽. 太原, 江西인민출판사, 1994.

예의에 대해 논술한 경전은 《예기》이다. 《사기》《한서》의 기록에 따르면 《예기》는 공자의 제자가 쓴 것이다.[28] 현재 사람들의 고증을 거쳐 《예기》는 "서주의 문자 및 진한 사람이 쓴 것임을 확정할 수 있는 것 외의 대다수 내용은 대체로 전국시기에 쓰여졌음을 알 수 있다."[29] 《예기》는 좀 더 일찍 나온 《의례》의 자매편이다. 《예기》가 주로 "예의 원리"[30]에 대해서 명백히 밝혔기에 《의례》에 기록된 번잡하고 불필요한 예절(의식)이 세월이 가고 시대가 바뀌면서 현실 사회와 점점 멀어져 후세 사람들이 이해할 수 없거나 이해하기 어려워지자 《예기》의 위치가 점점 더 중시 되었던 것이다.

앞에서 서술했듯이 예는 혈연사회에서 천지의 귀신을 경외해 생겨난 산물로서, 예의 특징은 인간의 힘으로 예측하기 어렵고 통제하기 어려운 상황에서 신의 힘과 혈연의 정을 강조한 것이다. 따라서 예의는 천지와 인간 사이의 상통, 인정에서 생겨난 윤리도덕을 극구 제창한 것이다. 《예기 · 상복사제(禮記 · 喪服四制)》에서는 예의 기인에 대해서 "무릇 예를 정하는 원칙은 천지를 본받고 사시(四時)를 모방하였으며, 음양의 법칙에 순응하고 인정에 따른다. 이러한 원칙에 따라 제정하므로 예라고 이른다"고 했다. 예는 인간과 천지 사이의 화해로운 관계를 소통하는 한편 윤리도덕을 "인간의 도리"의 바탕으로 하며, 또 이런 윤리도덕을 실천하는 것은 인류사회 및 매 개인 인생의 최종 목표라고 강조한다. 이 역시 공자가 "예에 대해 배우지 않으면 사회와 가정에 발붙일 수가 없고, 예를 알지 못하면 사회와 가정에 발붙일 수 없다"[31]고 강조한 원인이기도 하다. 이로부터 볼 때 《예기》에서는 일부 예의 제도와 의식은 시대의 변화에 따라 수정할 수 있지만 예의 주지 즉 인륜도덕을 반영한 "친친, 존존" 예의는 변할 수 없는 영원불변의 원칙이라고 여러 차례 주장했다. 예를 들어 《예기 · 대전(大傳)》에서는 제(制)와 의(義)와 시대의 관계에 대해 다음과 같이 해석했다. "도량형을 통일하고, 예를 정하고 악률을 만들며. 역법을 바꾸고, 복색을 바꾸며, 휘호를 고치고, 무기를 개량하며, 의복을 변화시키는 이 모든 것은 왕조가 바뀜에 따라 백성들도 따라서 바뀌게 된다. 그러나 왕조가 바뀌어도 마음대로 바꿀 수 없는 것도 있다. 그것은 바로 마땅히 친해야 할 사람과 친하

---

28) 《孔子世家》에 " 《예기》는 공자가 썼다"라고 기록되어 있다. 《漢書 · 藝文志》에는 " 《예기》는 70여 명의 공자의 학생이 공자에게 배운 내용을 기록한 것"이라고 했다

29) 錢玄, 《三禮通論》, 48쪽, 南京, 南京사범대학출판사, 1996.

30) 《朱子語類》 〈八七〉 즉 《의례》는 예의 제도에 대해 기록한 책이고, 《예기》는 예제의 원리에 대해 밝힌 책이다.

31) 《논어 · 季氏》, 《논어 · 堯曰》

게 지내고, 마땅히 존경해야 할 사람을 존경하며, 연소자가 연장자를 존중해야 하며, 남녀가 유별해야 한다. 이 네 가지는 왕조가 바뀐다 하여 백성도 따라서 변하라고 할 수 없다." 이로부터 제는 목적에 이르는 수단으로서 때에 따라 융통할 수 있고, 의는 인류사회의 영원한 목표로서 이 목표는 영원불변한 자연의 법칙과 상통하며 천생 타고나는 인정과 서로 맞물리는 것이므로, 영원히 존재하는 것임을 알 수 있다. 《예기 · 예운(禮運)》에서는 예의에 대해 다음과 같이 개괄했다. "그래서 예의라는 것은 인간됨의 첫 번째 대사이다. 사람은 예로써 신용을 지키고 화목한 관계를 유지해 서로 간에 마치 피부가 서로 붙어 있고, 근육과 뼈가 서로 이어진 것과 같도록 한다. 사람은 예를 자녀가 부모를 잘 받들어 모시고 임종을 지키며 귀신을 잘 섬기는 첫째가는 대사로 여기고 예를 천리를 따르고 인정을 사리에 맞게 바로잡는 중요한 경로로 여긴다." 그러므로 제도의 가치 - 법제의 가치도 포함해서 - 그 가치를 가늠하는 기준은 예의인 것이다. 하 · 상 · 서주시기의 예제는 예와 의를 최대한 실현했기에 후세 사람들의 열망의 대상이 됐고, 전국시기에서 진나라에 이르기까지 사이에 흥기한 법치는 예와 의를 멀리 벗어난 것이었기에 후세 사람들은 말하기를 꺼렸다. 한나라 후부터 예의는 한층 더 널리 알려지기 시작했다. 그 목적은 모든 제도 - 사회의 풍속습관, 법, 율을 포함해서 - 모두 예를 실현하는 범주에 포함시켰기에 후세에 전해지게 됐다. 종합적으로 볼 때, 고대인의 관념 속에서 법은 반드시 예의가 창도하려는 목적을 실현해야 했으며, 예의가 빠지면 법은 가치를 상실하게 되었다. 예의를 벗어난 법은 불길한 것으로 변해버렸던 것이다.

4. 예교(禮敎)

이른바 예교란 "예의 교화"를 뜻한다. 곧 국가, 사회, 종족, 가정 등 다양한 교육수단을 통해 예의로 사람들의 사상을 통일시키고 사람들의 말과 행동을 지도한다는 것이다. 공자가 "유교무류(有敎無類)" 즉 "어떤 부류의 사람이나 다 교육 받을 수 있다"[32]고 주장하고 또 3천을 헤아리는 제자를 널리 받아들이면서 배움은 관아에서만 할 수 있다는 전통을 깨고 교육을 중시하는 사회적 기풍을 형성했으며, 중화민족의 우수한 전통이 되게 했다. 교육을 중시하게 되면서 한나라 때부터 시작해 스승의 지위가 하늘과 땅, 군

---

32) 《논어 · 衛靈公》

왕, 부모와 나란히 중요한 자리에까지 오르게 하였다.

예교의 주요내용은 인륜도덕이다. 《맹자·등문공상(滕文公上)》에서는 "사람들에게 윤리도덕을 가르쳐야 한다. 부자 사이에는 친함이 있고, 군신 사이에는 의가 있고, 부부 사이에는 구별이 있고, 연장자와 연소자 사이에는 차례가 있고 벗 사이에는 믿음이 있어야 한다"고 했다. 맹자의 "교이인륜(教以人倫)" 즉 "사람들에게 윤리도덕을 가르쳐야 한다"는 주장은 한 무제 때부터 이미 나라를 다스리는 근본으로 삼아왔으며 줄곧 청나라까지 이어져 왔다. 이런 인륜도덕이 바로 고대법의 정신적인 가치였다. 따라서 중국 고대의 입법과 사법은 모두 법제와 예의(즉 인륜도덕)의 통일을 강조했던 것이다.

중국 고대사회에서는 예교가 제창하는 가치관이 사회의 구석구석에 침투되었으며 법의 규범 속에도 침투되었다. 예의는 사람들 마음속의 대법(大法)이었으며, 법제는 다만 그 대법을 실시하는 하나의 경로일 뿐 교화 - 국가의 정규교육과 민간교육 및 무의식 간에 일어나는 사회 환경의 영향과 사회여론의 유도 등이 포함됨 - 만이 예의를 실시하는 중요한 경로였다. 예교의 제약 대상은 전 사회로서 왕후장상도 그 중에 포함되기 때문에 그 위력은 구체적인 법제, 법률 조항보다도 더 막강하였다.

5. 예치(禮治)와 덕치(德治)

1) 예치

비록 중국 고대의 전적 중에 예치라는 단어는 없지만, 예를 치국의 관념으로 삼은 유가경전과 사서는 수도 없이 많았다. 예를 들어 《좌전·희공십일년(左傳·僖公十一年)》에는 내사과(内史過)가 "예는 나라의 몸통이고, 공경은 예를 실어 나르는 수레다. 공경함이 빠지면, 예는 실행할 수 없고 예가 실행되지 않으면, 상하가 혼란 속에 빠지게 되니 어찌 오래갈 수 있겠는가?"라고 말했다. 이 말은 나라를 다스림에 있어서 예가 빠져서는 안 된다는 뜻이었다. 《예기·방기(坊記)》에는 "예로써 사람들이 색을 밝히는 것을 방지할 수 있다. 남녀의 구별을 강조해 혐의를 사는 것을 피하고, 사람들이 따를 규칙이 되도록 한다"라고 했는데, 이는 백성을 다스림에 있어서 예가 빠져서는 안 된다는 뜻이었다. 《예기·곡례(曲禮)》에는 "사람은 예가 있으면 편안하고 예가 없으면 위태롭다"라고 했는데 이는 사람의 말과 행동에서 예가 빠질 수 없다는 뜻이었다.

중국 고대인의 이러한 예를 숭상하는 사상과 행위를 예치라고 귀결시킨 것은 근대의 양계초가 시작했다고 할 수 있다. 그는 일본 학자의 예치에 대한 논술을 인용하면서 유가의 예에 대한 정의, 예의 가치에 대한 논술을 고찰한 다음 유가 사상을 예치주의라고 정의했던 것이다. 양계초는 다음과 같이 말했다. "일본의 호즈미 노부시게(穗積陳重) 박사는 이렇게 말했다. 원시사회는 예의 사회였다. 무릇 종교, 도덕, 관습, 법률은 모두 예의 속에 포함된다. 어떠한 사회든지를 막론하고 모두 예치가 법치보다 우선시됐다. 이는 여러 고대사와 남방 탐험기의 기록을 통해 증명됐다. 중국은 고대에 예를 덕의 형태라고 일컬었다. 예는 행위의 규범이며, 도덕의 외재적 표현이다. 사회 발전의 초기에는 사람들이 미개하여 추상적인 원칙에 따라 자신의 행위를 규제할 수 없었다. 그래서 공동생활에 제일 적합한 행위 습관을 구체적인 바른 몸가짐으로 정하고, 그에 따르도록 함으로써 사회의 안정을 유지하고 질서의 발전을 돕도록 하는 것이 제일 유력한 것이 아닐까? 위로는 군신, 부자, 형제, 부부, 벗에서 아래로는 관, 혼사, 상사, 제사, 궁실, 의복, 음식, 기구, 언어, 용모, 진퇴에 이르기까지 무릇 모든 인간과 관련된 사항은 크고 작은 구별이 없이 모두 예의 범위에 포함시켰다. 예의 범위가 이처럼 광범위했으므로 원시사회에서 질서 있는 생활에 습관이 되지 않은 사람을 예로써 제재하는 것은 매우 효과적이었음을 쉽게 볼 수 있다. 부계씨족사회가 수립되고 나서, 지혜와 품행이 발전하여 사람은 각자의 성격대로 자주적인 행위를 취하게 되므로, 무력으로 통제해야 했다. 그러나 전통적인 예의는 오히려 인문의 진화와 상반적인 관계이다. 이는 예치가 너무 낡았기 때문이다."[33] 예와 법은 예치주의 기원, 발달 및 득과 실에 대해 거의 빠짐없이 논술했다.[34]

여기서 호즈미 노부시게가 말한 원시사회는 실제로 우리가 말하는 근대사회와 상대적으로 말하는 고대사회를 말한다. 양계초는 호즈미 노부시게의 예치의 기원, 발달, 득과 실에 대한 이론을 찬성했다. 그의 논술은 주로 다음과 같은 몇 가지 내용이 포함됐다. 첫째, 예치는 고대사회의 보편적인 현상이다. 둘째, 중국 고대사회에서 예는 덕의 외재적인 표현이다. 셋째, 예의 범위는 종교, 도덕, 습관, 법률, 그리고 인류의 모든 생활 습속을 포함한다. 넷째, 예는 고대사회에서 가장 유력하고 가장 효과적인 통치수단이지만, 근대사회의 "인문의 진화", "질서적인 생활"과는 상반관계이다. 근대에는 "너무 낡았

---

33) 《法學協會雜誌》 제24권 제1호 논문
34) 《飮冰室合集·제15 중국 법리학 발달사론》

기 때문이다"라고 했던 것이다.

양계초에 이어 예치로서 유가사상을 개괄하고 중국 고대정치와 사회에 대해 개괄한 논술이 빈번히 나타났다. 고대의 중국은 예치국가였다는 논점이 학계의 정설이다. 그러나 이러한 학계의 정설과 통설은 많은 부족한 점이 존재한다. 그 주요 요인은 다음과 같다. 첫째, 예치가 중국 사회에서의 발전 과정에 대해서 설명하지 않았다는 점이다. 만약 예치를 한 시대의 특징으로 간주한다면, 예치의 실천은 상나라와 서주시기에만 국한된다. 특히 서주시기에 국한시킬 수 있다. 그 시대에도 예치는 고정불변한 것이 아니며, 신권에서 종족권을 핵심으로 하기에 이르는 변화 과정을 거쳤으며 예의 핵심내용도 공경에서 덕으로 바뀌었다. 둘째, 중국 고대의 예치 속에 담긴 인류문명의 영원한 정신에 대해서는 논술하지 못하고, 다만 주관적으로 예치를 "인문의 진화", "질서적인 생활"과의 대립물로 간주했다. 따라서 고대사회에 보편적으로 존재한 예치가 왜 오로지 중국에서만 장족의 발전을 했고, 서방의 로마 법제문명과 견줄 수 있는 예치문명을 형성할 수 있었는지에 대해서는 설명하지 못했다. 비록 이러한 부족함이 있기는 하지만, 예치로써 유가사상과 유가가 숭상하는 서주의 왕제에 대해 해설하는 것은 별로 문제 될 것이 없다고 본다.

(2) 덕치(德治), 덕정(德政), 덕화(德化), 덕교(德敎)

예치와 마찬가지로 덕치라는 단어도 고서에서는 찾아보기 어렵다. 고대사회에서 덕치와 유사한 고어로는 주로 "덕정, 덕화, 덕교" 등이 있다.

덕정은 민의에 순응하고, 민심을 얻는 정령과 정치적 업적을 가리킨다. 예를 들어 《패문운부(佩文韻府)》는 《모시보(毛詩譜)》를 인용해 "태평세월에 백성들은 화목하고 즐겁게 생활하고, 시를 지어 노래 부르며 모든 사람이 이는 임금이 덕정을 펼친 덕택이라고 칭송한다"고 했다. 이로부터 덕정은 주로 통치자의 도덕 절개가 나라 정치에 미치는 영향을 가리키게 되었다.

덕화와 덕교는 덕정에 이르는 일종의 수단이다. 즉 통치자가 자신의 언행과 솔선수범으로써 백성을 감화시키고 가르쳐 백성으로 하여금 군주를 본받아 윤리도덕으로써 스스로를 제약하게 한다. 《한비자·난일(韓非子·難一)》에서는 공자가 대순(大舜)을 치하하기를 "순은 어진 임금이다. 그는 어려움을 이겨내고 민중의 추대를 받았다. 그래서 성인은 덕으로써 백성을 감화시켜야 한다고 말하는 것이다"라고 했다. 덕교는 예과와 의미가 대체로 같은데, 충, 효, 절, 의로써 백성을 가르치는 것을 말한다. 예를 들어 《한서·

원제기(漢書·元帝紀)》에서는 "한(漢)에는 자체 제도가 있어 원래부터 왕패와 이도를 바꿔가면서 사용해오고 있는데, 왜 독단적으로 어진 정치를 편다며 주(周)를 본받아야 하는가?"라고 의문점을 나타냈다.

"덕정, 덕화, 덕교"를 덕정으로 귀결시킨 것이 누가 언제부터 시작했는지는 고증할 길이 없다. 그러나 왕국유의 은, 주 시대의 제도에 대한 논술은 학계에 깊은 영향을 끼쳤다. 즉 "주(周)의 제도인 예의는 도덕적 무기였다. 마땅히 존중해야 할 사람을 존중하고, 마땅히 가까이 해야 할 사람을 가까이 하며, 현인을 본받고, 남녀 사이의 구별이 있어야 한다는 이 4자의 결합체로서, 민이(民彝, 사람으로서 늘 지켜야 할 떳떳한 도리)라고 일컫는다. 이를 따르지 않는 것을 비이(非彝, 상식에 어긋나는 법도)라고 한다. 《강고(康誥)》에 이르기를 좋지 않은 계책을 쓰지 말고 상식에 어긋나는 법도를 쓰지 말라했고, 《소고(召誥)》에 이르기를 왕이 된 자는 백성에게 법도에 어긋나는 일을 함부로 하지 못하게 하라. 법도를 어긴 자는 예는 거두고 형벌을 가할 것이라고 했다. 《강고(康誥)》에 이르기를 무릇 사람은 죄를 얻으면 도둑질과 강탈을 하고, 난을 일으키며, 살인과 약탈을 하며, 횡포스럽기를 죽음도 두려워하지 않으니 증오하지 않는 자가 없다. 또 이르기를 극악한 자는 사람들에게 지극히 미움을 받는다. 하물며 부모에게 효도하지 않고 형제간의 우애가 없는 사람이라면 말할 필요조차도 없다. 아들이 공손하고 신중하게 그 아비의 사업에 종사하지 않으면, 아비의 마음이 크게 상해 그 아들을 사랑할 수 없게 되며 오히려 아들을 혐오하게 된다. 아우가 천륜을 어기고 형을 존중하지 않으면, 형도 아우의 고통을 헤아리지 못하고 아우를 우애롭지 않게 대하게 된다. 그리 되면 통치자인 나의 죄가 아니겠는가? 하늘이 백성에게 부여한 불변의 법칙이 폐지되어 세상이 크게 어지러워진다. 그래서 문왕이 제정한 형벌을 적용해 그런 사람을 징벌하되 사면을 받을 수 없도록 해야 한다고 하는 것이다. 이같이 주공이 강숙에게 알려준 은나라의 백성을 다스리는 방법 중에, 은나라 형벌을 적용해야 하는 죄에는 도둑질과 강탈, 난을 일으키는 것이었다. 그러나 주나라의 형벌에는 효도하지 않은 죄와 우애가 없는 죄도 언급된다. 그리하여 이르기를 그리 되면 통치자로서의 나의 죄가 아니겠는가? 따라서 문왕이 제정한 형벌을 어서 적용해 그런 사람을 징벌해야 한다고 했다. 백성을 중시하는 관례도 그렇다. 주나라에서 형벌을 제정한 취지도 덕치와 예치를 실행하기 위한 이치였고, 그 시대가 태평성세를 이루고 형벌이 있어도 쓰지 않았음을 볼 수 있는 것이다"라고 했던 것이다.35)

이로부터 왕국유는 덕치와 예치는 서주시기 정치의 근본이라고 주장했다. 그는 예제와 형벌을 포함한 모든 제도는 민이 즉 "사람으로서 늘 지켜야 할 떳떳한 도리"이고 "도덕적 무기"이며, 마땅히 가까이 해야 할 사람을 가까이 하고, 마땅히 존중해야 할 사람을 존중하며, 현인을 본받고 남녀유별의 원칙을 지키는 방식과 방법이라고 주장했던 것이다. 또 우리가 덕치로써 중국 역사상의 "덕정, 덕화, 덕교"를 귀결시킬 수 있는 것은, 주로 덕치가 강조하는 두 개의 중심 내용, 즉 통치자의 자율과 완화된 교육방식으로 백성의 선량함을 지향할 수 있도록 유도하는 이 두 개의 중심 내용이 마침 "덕정, 덕화, 덕교"의 내용을 종합했기 때문이다. 예치와 덕치는 기본적으로 일치하는 개념이었다. 그러나 예치는 덕정의 외재적 표현형식에 대해 강조하는 반면에 덕치는 덕정의 의미에 편중되는 의미라고 했던 것이다.

법자는 오랜 역사의 발전과정에서 그 의의가 고정불변한 것이 아니었다. 앞에서 서술했듯이 초기의 법자는 신의 판결이라는 점에 짙은 색채를 띠었다. 그 후 진한시기 들어서부터 법자는 규칙의 의미에 더 치중하게 되었다. 근대 들어 엄복(嚴復) 등이 서양문의 법자는 중문에 비해 상대적으로 "이, 예, 법, 제"의 뜻을 포함해야 한다고 강조했으며, 서양문에서 법의 가치관과 법의 제도를 통틀어 법이라고 일컫는다면서, 중문의 예와 법을 명확히 구분한 것보다 못하며, 이상만이 문자로써 누적된 것이라고 했다.

그러나 엄복 등이 중문과 서양문 법자의 장단점에 대해 어떻게 평가했든지 간에 국력의 강약으로 영웅을 논하는 시대에서는 중문의 법자가 사회의 변혁 속에서, 학리적 해석상에서, 갈수록 서양문의 법과 일치해져가고 있음을 알 수 있다. 법의 제도뿐만이 아니라 법의 목적과 가치(고대인이 말한 예)까지 포함된다. 우리가 오늘날 내용이 대폭 늘어난 법자를 가지고 기계적으로 고대인이 말한 법과 대조한다면 흔히 독단적으로 고대인이 법의 가치적 차원에 대한 인식이 부족하다고 여길 수 있다. 만약 발전의 관점에서 연구한다면, 우리는 예를 시야 안으로 끌어들여 중국 전통법의 구조는 예와 법의 완벽한 결합이라는 뚜렷한 결론을 얻어낼 수가 있다. 바로 중국 전통법이 예와 법의 최적의 결합방식을 찾았기에, 즉 예를 법의 주요 의미나 영혼으로 삼고, 법으로써 예가 제창하는 인륜도덕을 실현해 예의 취지와 정신이 전통 법의 주요 의미가 될 수 있도록 했던 것이다. 그리고 중국의 전통법 역시 예의 정신이 있었기에 융통성과 화해의 양상을 보였던 것이며, 진보적인 특징을 띨 수가 있었던 것이다.

---

35) 《觀堂集林 · 殷周制度論》

11장.
법률규범

　법률체계는 한 나라의 모든 현행 법률규범을 각기 다른 법률 부문으로 분류 조합해 형성된 유기적으로 연결되는 통일체를 가리킨다.[1] 중국 고대의 입법체계는 현대의 부문법을 토대로 하는 구조체계와는 서로 다르지만, 그 내부의 여러 가지 법률 규범 사이에도 서로 엇갈리게 분공이 되고 또 합작이 잘돼 안정과 변통 사이에서 일종의 유기적인 결합 통일체를 형성한다. 중국 고대의 입법체계의 구축은 법률이 감당하는 임무와 직접적으로 관련된다. 역대 통치자들은 범죄 단속과 관료에 대한 관리를 법률 조정의 주요 내용으로 삼았으며 그와 대응되는 법률 규범 율전(律典)과 영전(令典)은 법률 근원 체계 속에서 주도적, 지배적 지위를 차지해 일종의 안정한 법률형태를 이뤘다. 이와 동시에 사회의 발전과 법률의 관철 이행의 수요에 맞춰 여러 왕조에 또 영활하고 융통성 있는 법률형태가 나타났다. 예를 들어 "과(科), 격(格), 칙(敕), 비(比), 예(例), 지방성 법규"들이다. 이들 법규는 율(律, 법률)과 영(令, 법령)의 내용을 발전시키고 완벽히 했다. 안정성과 융통성이 유기저으로 결합돼 중국 고대의 입법체계 내부에 일종의 상내적으로 자족적인 체계가 형성될 수 있었다. 한편 중국 고대 법률은 자연, 도덕, 여론 등과의 화해 통일을 추구해오고 있어 윤리도덕, 자연 법칙이 왕왕 나라의 입법체계를 구축하는 외부적 법률 근원이 되었다. 이들은 흔히 가법 족규, 예의 금기 등 형식으로 표현되고 체현되며 입법체계의 외부에서 일정한 규범 역할을 발휘해 나라의 입법체계를 구

---

1)《中國大百科全書·法學》, 제84쪽, 북경, 중국대백과전서출판사, 1984.

축함으로써 효과적인 보충적인 작용을 하게 되었던 것이다.

1절. 국법

1. 국법의 표현형식

국법은 국가 권력기관이 일정한 입법 절차에 따라 제정하고 공포 시행하는 여러 가지 법률, 법규이다. 국법은 언제나 일정한 형식으로 표현되며 중국 고대 국법의 표현형식에는 주로 율(律), 영(令), 과(科), 격(格), 식(式), 비(比), 예(例) 등이 포함된다. 이러한 형식은 여러 가지 구체적인 법률제도를 표현하며 여러 가지 법률 제도의 중요한 근원이 된다. 이들은 오랜 역사 세월 속에서 끊임없이 발전하고 변화해 오면서 종류가 많고 직능이 서로 달라졌으며 중화 법계의 법률체계를 구축하고 중국 고대 법률문화를 계승하는 면에서 거대한 역할을 발휘했다.

법률형태는 법률 근원의 외재적 형식에 대해 분류한 것이며 공개적이고 안정된 표현 방식은 법률형태의 기본 전제 조건이다. 이러한 전제를 감안할 때 중국 고대의 법률형태는 춘추 말기 성문법의 공포가 그 발단이라고 해야 할 것이다. 춘추시기 여러 나라들이 잇따라 자국의 성문법을 공포했다. 그 중 가장 대표적인 것이 위국(魏國)의 이리(李悝)가 제정한 《법경(法經)》이다. "율이라는 호칭은 상앙(商鞅)의 저서 《법경(法經)》에서 기원했으며 법을 율이라고 개칭했다. 《법경(法經)》은 대체로 도법(盜法), 적법(賊法), 수법(囚法), 포법(捕法), 잡법(雜法), 구법(具法)의 6편으로 나뉜다. 상앙은 도율(盜律), 적률(賊律), 수율(囚律), 포율(捕律), 잡률(雜律), 구율(具律)이라고 개칭하고 진(秦)나라 재상이 된 뒤 시행했다."[2] 율은 전국 말기에 안정적이고 기본적인 법률형태로 생겨났으며 그때부터 중국 고대의 가장 주요한 법률형태가 되어 청조 말기까지 줄곧 이어져 왔다. 진시황이 6나라를 통일하고 전국적으로 통일된 법률 조치를 실행했으며, 율 외의 영(令), 식(式), 과(課), 법률답문(法律答問), 정행사(廷行事) 등 다양한 법률형태에 대해 공고히 하고 통일시켜 전국적으로 보급시켰다. 중국 고대 법률형태의 종류는 이때부터 점

---

2) 陳顧遠, 《中國文化與中國法系-陳顧遠法律史論集》, 430쪽, 북경, 중국정법대학출판사, 2006.

차 풍부해지기 시작했으며 여러 왕조를 거치며 꾸준히 발전해 내부적으로 비교적 완벽한 법률체계를 점차 형성했다. 한나라에서는 율, 영 등 기본 법률형태 이외에도 단행법규 과(科), 전형 관례 비(比) 등 새로운 법률형태가 나타났고, 남북조시기에는 격(格)이라는 법률형태가 나타났다. 서진(西晉)시기에는 율령을 공포한 동시에 《고사(故事)》 30권도 공포해 법률형태의 일종이 되게 했다. 수당시기에는 율, 영, 격, 식을 주요 형식으로 하는 완벽한 법률형태체계를 이루었다. 이외에도 당나라 말기에는 형률통류(刑律統類)라는 형사법률 집대성형식이 나타났고 송대에는 당대의 법률형태를 답습한 토대 위에서 더 발전 변화했다. 송대의 기본 법전인 《송형통(宋刑統)》은 당, 오대의 형률통류의 편찬 격식을 답습한 뒤 격식과 내용이 일정한 변화를 가져왔다. 황권이 한층 더 집중됨에 따라 황제가 선포한 단항 법령 칙(敕)의 응용이 더 광범위해지면서 그 지위가 따라서 올라갔다. 이와 동시에 사회의 발전에 따라 뒷날 비교가 된 예(例)가 편찬을 거쳐 일종의 정식 법률형태가 됐으며 예의 지위가 꾸준히 올라가 명청시기에 이르러 율과 병행되는 주요 법률형태가 됐다. 종합적으로 중국 고대의 입법체계에서 정형정죄(正刑定罪), 즉 "죄를 판결하고 형량을 정하는" 율전이 대법의 지위를 차지하고, 기타의 법률형태, 즉 영, 과, 격, 칙, 사, 비, 예, 그리고 지방성 법규 등도 모두 국법의 중요 구성부분이 되었다. 중국 고대의 서로 다른 법률형태는 서로 다른 발전 경로를 거쳤으며 게다가 법률형태가 매 한 시기의 내용과 작용 및 규범 범위가 조금씩 달라 "명칭은 같아도 실제 내용은 다르고", "실제 내용은 같아도 명칭이 다른 상황"이 존재하였다. 따라서 이에 대한 정리와 구별이 필요한 것이다.

1) 안정된 법률형식

춘추 말기에 성문법 공포를 상징으로 하는 법제개혁이 나타났다. 그 시기 사회경제 및 정치의 변화로 인해 법치사상이 싹트고 빠른 속도로 발전해 혈연별로 계급이 나뉘던 데서 지역별로 계급이 나뉘고, 예치에서 법치로 과도하는 과정을 거쳤다. 정(鄭)나라 사람이 청동정(靑銅鼎)에 주형서(鑄型書)를 새겨 성문법을 공포하는 것을 시작으로 진(晉)에서 주형정(鑄刑鼎)을 새겨 그 뒤를 이었으며, 이리(李悝)의 《법경》이 집대성했다. 성문법 공포가 일종의 새로운 통치수단으로서 그 시기 개혁의 흐름을 이뤘다. 이는 "사건이 발생한 뒤에야 법률을 제정하고 미리 법률을 설정하지 않는 신비주의 법제 원칙"에 대한 부정이었다. 그로부터 역대 봉건왕조는 성문법전의 편찬을 중시했으며, 이를 왕조치국의 근본대법으로 삼아 백성들에게 보편적으로 구속력을 행사했을 뿐만 아니라, 사법 심판의 주요 의거로도 삼았다. 제일 첫 번째로 계통적인 봉건 성문법전인 《법경》에 이어 여러 왕조에서는 모두 전형적인 성문법전을 공포 시행했다. 즉 한(漢)의 《구장률》(9편), 위(魏)의 《신률(新律)》(18편), 진(晉)의 《진률(晉律)》(20편), 양(梁)의 《양률(梁律)》(20편), 진(陳)의 《진률(陳律)》(30권), 북위(北魏)의 《북위율(北魏律)》(20권), 북제(北齊)의 《제율(齊律)》(12편), 후주(後周)의 《주율(周律)》(25편), 수(隋)의 《수율(隋律)》(12편), 당(唐)의 《당률》(12편), 송(宋)의 《송형통(宋刑統)》(12편), 원(元)의 《대원통제(大元通制)》(20편), 명(明)의 《명률(明律)》(7편 30문), 청(淸)의 《청률(淸律)》(7편 30문) 등이 그것이었다.[3]

(1) 율전(律典, 법전)

율전은 국가가 제정한 보편적 구속력이 있는 일종의 가장 안정적인 법률형태이다. "율이정형정죄(律以正刑定罪)" 즉 "율은 죄를 판결하고 형량을 정하는 데 적용한다"는 율의 성격과 기능을 가장 훌륭히 개괄한 기준이었다. 율전은 죄를 판결하고 형량을 정하는 기본 법률형태로서 진한(秦漢)시기부터 역대에 걸쳐 답습했다. 진고원은 율전이 중국 고대 법률의 근원 중에서 점하는 위치에 대해 다음과 같이 말했다. "중국 법제가 옛날에는 예 이외에 율이 주도였는데, 이는 현대 국가들이 헌장을 갖는 것과 거의 비슷하다. 율은 모든 왕조에서 우선적 지위를 점했다고는 할 수 없지만, 기복을 이루며 변화 발전해온 길이 진(秦)대부터 지금껏 끊긴 적이 없다. 촉(蜀)과 오(吳)대에 과조(科條, 법률조항)를 중시하고 원(元)대에는 오직 조격(條格)만 있었으며 그마저도 임시 예비용에 불과했고, 더구나 율에 포함시켰을 뿐이다. 송(宋)대에는 칙(敕)으로 율을 대체했지만, 율은 여전히 형식상에서 칙의 후보적 지위를 점했는데, 즉 형통(형법과 형률 통칭의 약칭)이었다. 한대의 비(比), 당대의 칙격(敕格)과 명대의 조례(條例), 청의 예(例)는 실제로 모두 율의 정신을 타파한 것이기는 하나 법률상에서는 보충 법률로써 보기에는 부족하다. 그러므로 중국의 법제체계를 정할 때는 오직 율만이 대표할 수 있다."[4] 중국 고대의 율전은 격식이 엄밀하고 세부적이며 구조가 합리적이고, 내재적 논리성이 풍부하며 명백한 답습과 계승 관계가 있다. 위로 《법경》 6편에서 《당률》 12편을 거쳐 명률 청률

---

3) 張家國, 《中國古代成文法典編纂及其演變》을 참고. 《高等函授學報》(철학사회과학판). 1999 (4).

4) 陳顧遠, 《중국법제사개요》, 27~28쪽. 臺北, 三民書局. 1964.

7편에 이르기까지 여러 왕조의 법전은 "편폭의 나뉨이 많거나 적거나 고르지는 않지만, 종합했거나 혹은 세분화한 구별일 따름이다."[5]

발단시기

중국 고대의 성문법은 전국시기 위문후(魏文候) 이리가 쓴 《법경》을 기원으로 한다. 이 법전은 그 이전의 성문법을 집대성해 중국 이후 봉건 율전의 기본 원칙과 편찬 격식을 위한 토대를 마련했다. 《법경》의 격식에 따라 6편, 즉 도(盜),적(賊), 수(囚), 포(捕), 잡(雜), 구(具)로 나누고, 죄명에 따라 형벌을 종합하는 편찬 원칙을 채용해 죄명을 수많은 판례 중에서 빼내 분류의 기준으로 삼았다. 죄명 뒤에 판결하여 처벌할 형벌을 예속시켜 같은 유형의 범죄라도 그 정절과 위해 정도의 경중에 따라 각기 다른 형벌에 처했다. 격식 배열 순서에서 죄명을 규정하는 분칙을 앞에 두고, 각 편에서 "늘리거나 줄일 조목" 관련 내용을 총괄한 총칙을 법전의 제일 마지막에 배치했다. 또 분칙의 배열순서도 죄명의 경중에 따라 앞뒤 순서를 정했다. 《법경》은 통합과 분류를 결합하고 경중을 구별해 내부적 상대적으로 자족적인 편찬 구성을 했다.

기원전 221년, 진시황이 무력으로 통일 대업을 이룬 뒤 중국역사에서 첫 번째 중앙집권제 통일왕조를 건립했다. 이로써 전국적인 통일법전의 편찬과 공포 시행에 필요한 정치적 전제조건을 마련했다. 이는 법령의 통일적인, 군왕의 명령에 따라 입법하는 봉건 율전 편찬 전통의 발단이었음을 상징하는 일이었다. 율은 통일 율전의 주요한 표현형식이 됐다. 성문법전이 안정성, 권위성, 통일성 등 특성을 띠므로 한 부의 통일적이고 풍부한 내용과 완정한 체계를 갖춘 율전은 중국 고대의 집권정권체제와 상호 보완해 정권의 안정에 도움이 됐을 뿐 아니라, 법률의 통일적인 실시와 사회생활의 질서적인 진행에도 도움이 됐다.[6] 그래서 왕조 초기부터 입법을 행하기 시작했으며, 한 부의 통일된 율전을 편찬하고 공포 시행하는 전통을 역대로 내려오면서 답습하게 됐다. 한(漢)이 진(秦)의 법제를 답습해 《진률》을 발전 변화시키고 내용을 삭제 보충한 토대 위에서 《한률》을 편찬해냈다. 중앙집권이 강화되고 사회생활이 점차 복잡해짐에 따라 한(漢)대 초기의 통치자는 율전 편찬을 강화해 《구장률》, 《월궁률(越宮律)》, 《조율(朝律)》 등 《한률》 60편을 잇따라 제정했다. 율전의 편찬 격식을 보면 《구장률》은 과학적이지 않았다.

---

5) 張中秋, 《중국법률문화비교연구》, 184쪽, 남경, 남경대학출판사. 1999.

6) 封丽霞, 《法典編纂论 - 一个比较法的視角》, 43쪽 참조. 북경, 청화대학출판사, 2002.

낡은 형률(舊律, 《구장률》을 가리킴)인 진(秦)의 《법경》을 답습하고 고작 3편을 늘렸으나 《구율(具律)》은 변함없이 여전히 여섯 번째였다. 범죄 조항은 시작 부분에 있지도 않고 마지막 끝에 있지도 않았으며 글 중에 있어야 할 내용은 아니었다.[7]

발전시기

삼국(三國), 양진(兩晉), 남북조(南北朝)는 중국 고대 역사상에서 특수한 시기였다. 봉건할거하면서 장기간 대치하던 시기여서 정권 교체가 빈번했다. 그러나 이 시기는 중국 봉건법률제도와 율학이 장족의 발전을 가져온 시기였다. 비교적 대표성을 띤 율전은 다음과 같은 3부였다. ①《위율(魏律)》, 태화(太和) 3년(229년)에 위명제(魏明帝)가 조서를 내려 제정하고 공포했다. 이 법률은 18편으로 구성됐다. 즉 형명(刑名), 도(盜), 적(賊), 수(囚), 포(捕), 잡(雜), 호(戶), 천흥(擅興), 겁략(劫略), 사(詐), 훼망(毁亡), 고핵(告劾), 계신(系訊), 단옥(斷獄), 청구(請賕), 경사(驚事), 상장(償贓), 면좌(免坐)이다. 《위율(魏律)》은 격식 상에서 《구장률》의 총칙편이라 할 수 있는 《구율》을 율에 배치한 합리적이지 않은 편찬방법을 바꿔 총칙 《형명(刑名)》편을 율전의 앞머리에 배치해 각 편을 통합시켰다. 총칙을 율전 앞머리에 배치해 분칙을 통합한 편찬격식이 이로부터 규격화되어 그 후 여러 대에서 답습하게 됐다. ②《진률(晉律)》의 제정은 위(魏)나라 말부터 시작해 진무제(晉武帝) 태시(泰始) 3년(267)에 완성됐으며 20편 체제로 되었다. 《진률》에는 〈위궁률(衛宮律)〉- 즉 궁전을 호위해 군주전제제도의 수요에 적응하기 위한 법률 - 이 새로 보충됐다. 〈위제율(違制律)〉은 주로 관리가 규정제도를 어기는 행위에 대비한 것으로서, 행정효율을 높이기 위하는 데 목적을 두었다. 이런 내용은 한(漢)과 위(魏)의 율 속에는 기록되지 않았고, 수당 율의 선조가 되었다. 한편 임시적인 조령을 비교적 안정적인 율 중에서 분리함으로써 한대부터 율령이 혼잡하던 문제를 해결했다. ③《북제율(北齊律)》은 제(齊)나라의 무성제(武成制) 하청(河淸) 3년(564년)에 상서령(尙書令) 고예(高叡)가 편찬했으며 12편 격식, 949조로 되었다. 12편은 각각 명례(名例), 금위(禁衛), 혼호(婚戶), 천흥(擅)興, 위제(違制), 사위(詐僞), 투송(鬪訟), 적도(賊盜), 포단(捕斷), 훼손(毁損), 구목(廐牧), 잡률(雜律)이다. 《북제율》은 "법령이 명확하고 주도면밀하며, 법률조항이 간단명료하기(法令明審, 科條簡要)"로 유명하다. 총칙 《명례(名例)》를 율전의 앞머리에 배치해 율전에서 죄제(罪制)를 정하고 제강을 간단명료하게 제

---

7) 《晉書 · 刑法志》

시하는 총괄작용을 해 율전 편찬의 과학성을 크게 증강시켰다.[8] 분칙은 조정을 거친 사회관계의 경중 정도에 따라 질서 있게 편성했다. 목차의 명칭이 정연하고 명백해졌으며 복잡한 것을 줄여 간결하게 해, 한대 이후 봉건 율전이 복잡하던 것에서 간결화하는 것으로의 개혁을 완성함으로써 봉건 율전체계의 확립에서 과거를 계승하고 미래를 여는 역할을 했다. 이는 수당 이후 율전의 편찬과 법률제도에 직접적인 영향을 주었다. 정수덕(程樹德)이 《구조율고(九朝律考)》에서 "수문제(隋文帝)는 천하를 얻고 나서, 율령을 제정할 때 북제의 율을 답습했지만 주나라의 법률제도는 답습하지 않았다"고 평가한 것이 바로 이를 설명해준다.

규범화시기

당나라는 중국역사상에서 정치, 경제가 고도로 발달한 시기였다. 그에 걸맞는 《당률소의》를 대표로 한 당조 법전이 중국 고대법전 편찬에서 최고의 성과를 대표한다. 법전 격식에서 《영휘율》과 《소의》 총 30권, 500조가 12편으로 나뉘었으며, 그 구조는 총칙과 분칙의 두 개의 부분으로 구성됐다. 총칙 《명례(名例)》편은 율전의 앞머리에 배치했다. "명은 오형에 대해 열거한 여러 죄명이고 예는 오형에 대해 규정한 통용 격식이다. 명에 대한 해석은 명령이고, 예에 대한 해석은 사례를 비교 대조하는 것이다. 그러나 죄명은 범죄행위에 따라 성립되고 범죄사실은 범죄행위로부터 발생한다. 죄명이 성립되면 처할 형벌을 이에 상응해서 확정해야 되며 법례와 비교 대조했다. 범죄 사실은 법률조항에 명백히 규정되어 있다. 그래서 《명례률》을 제1편에 배치한 것이다. 《당률소의 · 명례(唐律疏議 · 名例)》 분칙 중의 각 편은 정권통치에 대한 의의와 경중 완급에 따라 앞뒤 순서를 배열했다. 율전의 내부구조는 또 편, 권, 조의 순서에 따라 배열해 관원들이 사용하고 조사 증명하기 편리하도록 했다. 이밖에도 《당률》은 편찬할 때 율문 아래에 또 율소(律疏)를 첨부해 - 즉 율문에 대해 입법 해석을 진행하는 것 - 율문의 이해를 도왔다. 율문을 근본으로 하고 율소를 응용하여 안정성과 기능성을 결합한 편찬 격식은 후세에 답습됐다. 《당률》의 율문은 비록 500조밖에 안 되지만 "장정을 지키면서 거시적인 것과 미세한 것을 고루 겸비했다"고 심가본(沈家本)이 말했고, 그는 또 "현재 《당률》은 전서가 구전하고 있다. 송대 이후에는 법률을 수정하는데 있어서 이를 유일한 준칙으로 삼아왔다. 이는 수문제(隋文帝)의 변혁을 거친 뒤의 율전을 집대성한 것이었다. 그 뒤 법

---

8) 張家國, 〈中國古代成文法典的編纂及其演變〉 참조. 《高等函授學報》(철학사회과학판). 1999

률을 제정하는 이가 중하게 정해야 할 것은 경하게 했고, 경하게 할 것은 중하게 정해놓아 경중이 이치에 맞지 않게 만들었다. 그래서 세밀하게 연구해보아야 《당률》의 경중이 거기서 왔음을 알 수 있다"고 했던 것이다.9)

　오대10국 때의 법전 편찬은 대다수가 《당률》을 답습했으므로 특별한 창제는 없었다. 송나라 율전인 《송형통》은 기원 963년에 공부상서(工部尙書) 두의(竇儀)가 편찬을 맡아 완성해 "대리사에 주어 판목에 새겨 모사하여 인쇄한 뒤 세상에 공포했다." 이는 역사상에서 최초로 인쇄해 반포 시행된 법전이었다. 편찬 면에서 당 선종(唐宣宗) 때의 《대중형률통류(大中刑律統類)》과 후주(後周)의 《현덕형률통류(顯德刑律統類)》을 답습한 것이었기에, 소위 "형명의 특징은 여러 율전을 통합한 것"이었다. 그러나 목차와 내용 면에서는 《당률》과 비슷했다. 12편 격식, 30권, 213문(門)으로 나뉘며 총 502조로 되었다. 율문은 성격이 같거나 혹은 비슷한 법조와 관련된 칙(敕), 영(令), 격(格), 식(式) 등 조문을 하나의 동일 문(門)으로 하고 율, 영, 칙을 합친 법전의 편찬구조를 형성해 명청의 율례를 합친 법전 편찬 격식을 위한 토대를 마련했다.

돌파시기

　명나라의 통치자들은 완전한 집권을 위한 정치조직 구조를 수립하기 위해 홍무(洪武) 13년(1380년)에 진(秦)대부터 전해져 내려온 재상제도를 폐지하고, 이(吏), 호(戶), 예(禮), 병(兵), 형(刑), 공(工) 6부를 황제에게 직속시켜 중국 역사에서 고도의 봉건 중앙전제주의 국가제도를 수립했다. 중앙전제집권제도가 대명률의 편찬에 직접적인 영향을 주었던 것이다. 《명률(明律)》의 율문은 내용상에서는 그 수요에 따라 《당률》을 토대로 취할 것과 버릴 것을 가려냈지만, 격식 상에서는 《당률》 12편의 격식 배치를 바꿔 《명례율(名例律)》을 토대로 6부를 기준으로 편(篇)을 나누는 관제 격식에 따라 배열했다. 편 아래는 또 사항에 따라 30문으로 분류하고 각 문 아래에는 총 460조의 조항이 들어 있도록 했다. 이런 편찬격식은 관직에 따라 통합하고 부문별로 나누어 관원들이 검색하기 편리할 뿐 아니라, 민중들이 법을 지키기에 편리하도록 만들었다.10) 이외에도 대명

---

9) 《歷代刑法考·律令四》

10) 법전 편찬 격식상의 진보에 대해 蘇亦工은 《明淸律典與條例》라는 저서에서 이렇게 논술했다. "2계단 구조를 3계단 구조로 바꿈으로써 율전이 층차가 더 분명하고 또 합리해졌다. 따라서 본목록(루트 디렉토리)의 개괄성을 증강했을 뿐 아니라 또 분목록(서브 디렉토리) 귀납에서 정확도를 높였으며 법률 조문의 검색도 편리해졌다. 종합적으로 전통 율전의 분류수준을 높였는 바 중국 전통 법

률은 앞머리에 《복제도(服制圖)》, 《오형도((五刑圖)》, 《육장도(六贓圖)》 등의 도표을 첨부했으며 문자가 통속적이고 알아보기 쉬우며 개괄성이 강해 율전 사용이 훨씬 적합하게 됐다. 따라서 대명률은 《당률》을 토대로 격식과 내용상에서 모두 일정한 발전이 있었으며 한 부의 지극히 중요한 봉건 율전이라고 할 수 있다.

청나라 법률의 제정은 "명률을 상세하게 해석하고 국가의 법률제도를 참고로 내용의 증감을 결정하는 것"을 원칙으로 했다. 순치(順治)조 때 《대청률집해부례(大淸律集解附例)》에서 시작해 강희, 옹정, 건륭시기를 거쳐 건륭 5년(1740년)에 《대청률례(大淸律例)》가 최종 완성됐다. "법률을 중외에 공개해 영원히 따르고 행하도록 하라"는 말대로 중국 역사상에서 마지막 한 부의 종합성적인 봉건 성문법전이 됐다. 집해하고 예를 첨부해 율문 중간 중간에 대량의 주석(註釋)을 증가했는데, 주석을 붙이지 않은 조항이 거의 없을 정도였다. 혹자는 율문을 해석하고 혹자는 상하 구절을 이어놓아 보다 뜻이 잘 통하고 명확하게 했다. 율례를 통합 편찬해 성격별로 조례를 분류해 같은 성격의 조례를 관련 율조 뒤에 편집해 넣었고, 집해 중의 종합적인 주석을 삭제하고 율문 뒤에 "총류(總類)"를 늘려 형벌의 종류에 따라 처할 모든 형벌의 죄명을 종합했다. 《대청률례》는 격식 상에서 기본상 명률을 본떠 《명례율》을 율전의 앞에 놓고 육장도, 오형도, 옥구도, 상혼도를 첨부했으며, 율문을 이, 호, 예, 병, 형, 공 6부에 따라 편을 나눴다. 대명률과 다른 점은 청례(淸例)가 점차 늘어남에 따라 《대청률례》는 율조를 문으로 개칭하고 원례(原例), 증례(增例), 흠정례(欽定例) 등 목록을 삭제했으며 모든 분류를 연대에 따라 배열해 율문 뒤에 배치했으며, 총 436문에, 예문 1049조에 달한다. 율은 조상이 만든 헌장법례로서 바꿀 수 없다고 하여 율전이 공포 시행된 뒤에도 율문에 대해서는 수정하지 않았으며, 실제로 쓸모가 없는 조문일지라도 삭제하지 않고 여전히 법전 내에 형식적인 공문(空文)으로 남겨두었다. 그 후 여러 왕조에서는 법률 수정을 통해 율문을 보충하고 수정해 끊임없이 발전 변화하는 사회정세에 적용할 수 있도록 했다. "율은 나라 법으로서 고정 불변의 법령제도이다. 예(例)는 백성의 사정에 따라 제정되는 상황에 맞는 법률형태로서 더 편리하게 적용될 수 있다"[11]고 한 이 말이 이러한 사정을 가장 잘 설명한 말일 듯하다.

전 편찬 기교면에서의 진보라고 할 수 있다."(蘇亦工, 《明淸律典與條例》, 101쪽, 북경, 중국정법대학 출판사, 2000.)

11) 《刑案匯覽 · 序》 제1쪽, 臺北, 成文出版社, 1986.

종합적으로 중국 고대법전의 격식과 구조배치는 간단하던 데서 복잡한 데로, 조문이 분산됐던 데서 정연하고 실용적이며 검색하기 편리한 데로 발전해 갔다. 여러 왕조는 앞 왕조의 전통을 답습하는 것을 중시하면서 격식 상에서 끊임없이 조정해 가면서 보다 완벽화시켰고, 내용상에서 끊임없이 조정해 가 통치자의 수요에 보다 더 잘 적응할 수 있도록 했다. 역대 율전의 격식 배치에서 알 수 있듯이 일반적으로 총칙 성격을 띤 "명례편"은 통솔자 역할을 맡아 법전의 일반 원칙과 입법취지에 대해 집중적으로 규정하며 요점을 간단명료하게 제시하는 역할을 했다. 그래서 "죄율의 경중을 규정하고 가죄와 감죄의 등급을 정했으며, 각 편의 내용에 대해 설명하고 조문의 부족한 부분을 보충하며 대체적으로 상하 대강을 밝히는 효과"[12]를 발휘했다. 총칙 아래 여러 편의 순서 배열은 혹자는 조정된 사회관계가 다름에 따라, 혹자는 황권과 정권에 대한 의미와 경중 환급에 따라 질서 있게 진행했다. "종합과 분류를 결합하고 경중을 구분한 편찬 격식"은 법전 내부적으로 상대적으로 완벽할 수 있도록 해 율전이 안정성을 띠도록 했다.

(2) 영(令)

영은 각기 다른 시기에 각기 다른 내용과 기능이 있다. 최초에는 최고 통치자가 어느 한 사건에 대해 발표한 권위적 효력을 띤 일종의 명령이었으나, 후에 점차 단행 법규, 행정 법전으로 변화 발전했다. 진고원은 영의 변화 발전에 대해 매우 치밀하고 훌륭하게 개괄했다. "영과 율은 동시에 발전해왔으며 양자가 갈라진 것은 고작 수백 년 전의 일이다. 한(漢)과 위(魏)시기에는 영이 잡다하고 영전(令典)이 없었다. 초기에는 후세의 군주가 인정한 것이 법령이었으며 그 법령으로 율의 부족함을 보충했었다." 그러다가 "행정제도를 확정하는 법률규범"으로 쓰였으며, 행정방면의 단행법 쪽으로 성격이 기울었다. 육조와 수당시기에는 영과 관련된 전문 서적이 있었다. 초기에는 법 관련 행정법전이 제정됐으며, 이어 권령이 공포되자 영은 단순 규범제도를 세우기 위한 목적으로 적용됐다. 그러나 당나라 때《육전》이 제정된 뒤로 영은 실질적으로 점차 전(典)에 밀려 갈수록 쇠락해졌다. 송대에 이르러 영은 칙(敕) · 격(格) · 식(式)에 귀속되어 남아 있었다. 비록 제한과 금지규정에 중점을 두었지만, 제도에 규정된 조항은 칙에 모두 들어 있는 내용이므로 양자는 분별하기 어려웠다. 원나라에 이르러 영은《전장(典章)》이나 《조격(條格)》에 귀속되었으며 영이 비록 존재했지만 영이라 불리지 않았다. 명대에 이

---

12)《晉書 · 刑法志》

르러서도 있어도 쓰지 않았으므로 유명무실해졌다. 청나라에 이르러서는 예(例), 칙례로 대체되었으며 원과 명 때와도 달랐다."13) 영은 주로 단행법규와 법전 두 가지 방식으로 표현되었다.

단행법시기

영은 최초에 통치자들이 어느 한 특정사건에 대해 공포한 법률적 효력을 띠는 명령으로서 국가정권이 생기고 왕권이 수립되면서 나타났다. 《설문해자(說文解字)》에는 "영은 법호(法號)"라 했고 《사기·진시황본기(史記·秦始皇本紀)》에는 "명령은 곧 제도이고, 영은 곧 조서다"라고 기록되어 있다. 심가본(沈家本)도 《역대 형법고·율령1(歷代刑法考·律令一)》 중에서 "영은 군왕이 내린 칙서에 담긴 말로서 명령(命令), 교령(敎令), 호령(號令)은 다 같은 뜻이다"라고 종합했다. 춘추시기 영은 최고 권력자가 명령을 내리는 일종의 방식으로서 광범위하게 사용되기 시작했다. 예를 들어 세계 패권을 차지한 일부 제후들이 기타 제후국에 "왕패의 정령"을 공포해 "국경을 구분한 다음 그곳에 관원을 배치하고 경계비를 세우고 규정 법령에 명확히 적어 넣는다. 경계를 넘어오는 자는 징벌키로 했다."14) 이른바 "대국이 영을 내리면 소국은 영에 따라 일하면 된다"15)는 것이었다. 한편 여러 제후국 내부의 제후 왕들도 영의 형식으로 명령을 내려 권력을 행사했다. 예를 들어 초(楚)나라에는 초령(楚令)16)이 있었다. 그러나 선진(先秦)의 영은 대다수가 최고 권력자가 어느 한 특정된 사건에 대해 특별히 내린 명령으로 표현됐으며, 그 명령은 비록 법률적 효력을 띠지만 독립적인 법률형태로 발전하지는 못했다.

영은 진한 양 왕조에서 이미 널리 사용했으며, 단순 명령의 형식에서 점차 어떤 전문 사항을 규범화시킨 단행 법규로 발전했다. 진한시기의 실천 중에서 영의 형태를 적용한 것은 여러 가지 의미가 있다. 첫 번째는 명령이라는 뜻이었다. 두 번째는 율법의 통칭으로서 흔히 법, 율, 법률과 결합해 법률령, 법령, 율령 등으로 사용했다. 예를 들어 "무릇 현녕한 관리라면 다 법률령을 환히 꿰뚫고 있으므로 처리하지 못할 사무가 없을 것이다."17) "지금은 천하가 평정되어 통일된 법령을 공포했으니 백성은 집에서 농업생산과

---

13) 陳顧遠, 《中國文化與中國法系-陳顧遠法律史論集》, 433쪽, 북경, 중국정법대학 출판사, 2006.

14) 《左傳·昭公元年》

15) 《左傳·昭公元年》

16) 《左傳·襄公二年》

17) 秦簡 《語書》

가정의 수공업에 종사하도록 노력하고 선비들은 법률 금령을 배워야 한다."18) "소하가 선참으로 입궁해 진조 재상 관청 내의 지리도첩, 문서, 호적부 등 서류를 관리했다." 세 번째는 단행법규로서 주요한 법률형태가 됐다. "범령(犯令), 폐령(廢令)이란 무엇인가? 율문의 뜻은 하지 말라고 규정되어 있는 일을 했을 경우 범령이라 하고, 해야 한다고 규정되어 있는 일을 하지 않았을 경우 폐령이라고 한다. 관례에 따라 모두 범령으로써 처분한다"19) 등이었다. 이로부터 알 수 있듯이 율과 영은 두 가지 서로 다른 법률형태이며, 범령, 폐령의 처벌은 율이 규정한다. 진한시기 영의 내용에서 보면 섭렵하는 범위가 이미 비교적 광범위했음을 알 수 있다. 즉 정치, 경제, 군사, 문화 등 방면이 모두 다 포함된다. 예를 들어 한(漢)대 영의 목록 중에는 이미 금포령(金布令), 궁위령(宮衛令), 품령(品令), 사령(祠令), 추령(篓令), 전령(田令), 수령(水令) 등이 있었다. 영의 성격으로 볼 때 영에는 제도적인 규범이 있을 뿐 아니라, 대량의 형법 규범도 포함되어 혼합적인 특징을 띠었다. 효력으로 볼 때 영은 비록 율의 부족함을 보충하고는 있지만, 율이 기능성이 부족한데 반해, 영은 수시로 공포할 수 있는 기능성이 특징이므로 실천 과정에서의 실제적 지위는 율보다 높았다. 즉 "임금이 공포한 조서 내용에 대해서는 계속 수정해 오고 있다. 그 중에서 율에 포함되지 않은 내용을 영이라 한다." "선대 임금이 공포한 법령은 율 속에 적어 넣었고, 후세 임금이 공포한 법령은 분산되어 영으로 불린다" 등이었다.20) 이는 율과 영의 구별은 그 제정자에 있을 뿐 아니라, 영은 율의 보충 내용이라는 사실을 설명해 준다. 일반적으로 율문이 먼저 만들어지고 영문은 그 뒤에 율의 부족함을 보충한다. 종합적으로 진한시기의 영은 어느 한 특정사건에 대해 규정짓는 임시법의 성격에서 어느 한 부류의 사항에 대해 규정짓는 단행법 성격으로의 과도기를 원만하게 넘어 갔으며, 중요한 역할과 독립적 체계를 갖춘 법률형태로 발전해 갔다.

법전시기

진한(秦漢)시기 영의 독립체계가 완성됨에 따라 위진(魏晉)시기 율령의 분야와 영전(令典)의 제정을 위한 초석이 마련됐다. 위진시기부터 영전(令典)의 편찬이 점차적으로 시작됐다. 《진서 · 형법지(晉書 · 刑法志)》에는 "각박하며 잡다하고 조잡 조문은 삭제하

---

18) 《史記 · 秦始皇本紀》
19) 秦簡, 《法律答問》
20) 《史記 · 杜周傳》

고 공정하고 간략한 것은 보존했다. 법전에 기입된 사건은 그 당시에 유익한 것이어야 한다는 것이 취지이다. 그 외 삭제하지 말아야 할 것, 예를 들어 군사, 논밭, 고주(酤酒) 등에 대해서는 사람들의 의견에 전반적으로 따를 수 없어 당분간 법령을 설립했다가 천하가 태평해진 다음에 삭제하기로 했다. 그래서 형률에 넣지 않고 전부 다 법령으로 삼았다"고 했다. 두예(杜預)는 이렇게 말했다. "율은 형법 정죄의 법률 규범이고 영은 행정제도 과정을 확정하는 법률 규범이다."[21] 이러한 기록들에서는 위진시기 영의 내용과 성격을 아주 잘 개괄했다고 볼 수 있다. 영은 이로써 국가의 기본제도를 규범화 시키는 것을 주요 내용으로 하며, 더 이상 부가적인 벌칙을 구성요소로 하지 않게 됐으며, 율과 구분되어 적극적 규범과 제도적 법전을 이루었다.[22] 예를 들어 《위령》의 군중령(軍中令), 선전령(船戰令), 보전령(步戰令), 명벌령(明罰令), 그리고 《진령》의 군법령(軍法令), 잡법령(雜法令) 등은 모두 직접 형사처벌을 규정지었다. 위나라 때의 《군중령(軍中令)》을 예를 들면, "북소리가 들리면 백기와 홍기를 추켜들고 크고 작은 배를 동시에 몰아 앞으로 나아간다. 나아가지 않는 자가 있으면 목을 벨 것이다. 징소리를 들으면 청기를 추켜들고 배를 모두 멈추게 한다. 멈추지 않는 자가 있으면 목을 벨 것이다."[23] 영의 법률적 지위가 올라감에 따라 위진시기부터 "율과 영을 함께 거론하는" 형국이 나타났다. 즉 율과 영을 종종 동시에 제정한 것이다. 예를 들어 서진(西晉) 초기 《태시령(泰始令)》과 《태시율(泰始律)》은 동시에 공포됐다. 북위(北魏)시기 손소(孫紹)는 율령을 수정하는 과정에 다음과 같은 상서를 올렸다. "영의 본질은 바로 제왕의 몸이다. 백관이 지켜야 할 법도를 고루 배치하고, 구복에 각각 예의범절을 제정해두며, 육경의 직책을 망라하고 풍속교화의 방법을 마련하며, 상벌원칙에 따른 것이야말로 큰일을 해낼 수 있는 관건이고, 세상 법칙의 근본이다. …… 그러나 율령은 균형을 잡아 고루 배치해야지 어느 한 쪽으로 치우치게 해서는 안 된다. 그런데 지금은 율이 공포되고 영을 정지시켰으니 사무를 처리함에 있어서 지체되고 불편을 겪고 있다. 영을 공포하지 않으면 법전이 없는 것이므로, 신하들이 사무를 집행함에 있어서 무엇에 의거해 행해야 하옵니까?"[24] 이로부터 알 수 있듯이 영은 더 이상 율의 보충 부분이 아니라 전문 조정 대상과

---

21) 《太平御覽》 권638 , 두예, 《律序》를 인용
22) 위진시기, 비록 율과 영이 서로 구분되는 중이었지만 과도시기에 처했으므로 《魏令》이나 《晉令》이 니 일부 영의 내용 중에 여전히 형사벌칙이 들어 있었다.
23) 《태평어람》 권340의 《軍令》을 인용함.
24) 《魏書 · 孫紹傳》

독립적 체계를 갖춘 법률형태로서 중국 고대의 율과 병행되는 법률 체계를 형성했던 것이다.25) 율은 "형법 정죄의 법률 규범이고" 사회질서를 유지하는 중요한 수단이며, 영은 "행정제도 과정을 확정하는 법률 규범이고" 국가기구의 정상적인 운행을 유지하는 필요한 수단으로서 양자는 편향되면 안 되었다. 특히 관료의 행정체제가 고도로 발달했을 때 영의 역할과 지위는 더욱 중요했다. 그 시기 영전(令典) 편찬 격식은 "주제별로 편을 나누는 편찬방법"이 위주였다. 즉 영의 내용으로 편을 나누고 명칭을 정한 뒤 또 각 편을 일정한 논리적 관계에 따라 순서를 배열했다. 《진령(晉令)》이 특히 대표적이다.26) 이러한 편찬 격식은 후세 영전(令典)의 편찬에 직접적인 영향을 주었다. 예를 들어 유송(劉宋) 남제(南齊)시기에는 다 《진령(晉令)》을 답습했으며 남조(南朝)의 《양령(梁令)》과 수나라의 《개황령》도 진령을 답습했다. 종합적으로 이 시기의 영은 국가의 기본제도를 조정 내용으로 하고 "주제별로 편을 나누는 편찬 격식"을 채용해 규범화시켜 단행법규에서 제도성 법전으로 넘어가는 것을 완성시켰다.

수당시기에는 특히 영전(令典)의 제정과 수정을 중시했으며 영전과 법전을 동시에 공포 시행했다. 수(隋)나라에는 《개황률》을 공포 시행하기 시작한 이듬해에 《개황령》을 공포해 "수나라는 율과 영의 법률형태가 병행하는 법률체계27)를 형성했다. 한편 당나라의 《무덕령》과 《무덕률》은 무덕 7년(624년)에, 《정관령》과 《정관률》은 정관 11년(637년)에, 《영휘령》과 《영휘률》은 영휘 2년(651년)에 공포했으며, 영전(令典)의 수정도 왕왕 법전의 수정과 함께 진행했다. 당 왕조에 영전의 성격과 내용을 보다 명확히 확립했다. 《신당서·형법지(新唐書·刑法志)》에서는 "영이란 신분의 존비귀천의 등급이며 국가의 제도이다"라고 했다. 《당육전(唐六典)》에서는 "율은 형법 규정에 따라 정죄하고 영은 규범 규정에 따라 제도를 세운다"고 했다. 수당시기의 영전은 국가의 여러 가지 제도

---

25) 사실상 영이 국가의 일상 사무를 규범화시키는 것을 주요 대상으로 할 때 이미 영과 율은 반드시 동시에 제정돼야 한다는 사실이 결정됐다.

26) 진령은 총 40권, 2306조, 32편으로 되었다. 즉 《호령(戶令)》, 《학령(學令)》, 《공칠령(貢七令)》, 《관품령(官品令)》, 《이원령(吏員令)》, 《봉름령(俸廩令)》, 《칠제령(七制令)》, 《사령(祠令)》, 《호조령(戶調令)》, 《전령(佃令)》, 《복제령(復除令)》, 《관시령(關市令)》, 《포망령(捕亡令)》, 《옥관령(獄官令)》, 《편장령(鞭杖令)》, 《의약질병령(醫藥疾病令)》, 《상례령(喪葬令)》, 《잡령(雜令)》, 《문하산기중서령(門下散騎中書令)》, 《상서령(尙書令)》, 《삼대비서령(三臺秘書令)》, 《왕공후령(王公候令)》, 《군리원령(軍吏員令)》, 《선리령(選吏令)》, 《선장령(選將令)》, 《선잡사령(選雜士令)》, 《궁위령(宮衛令)》, 《속령(贖令)》, 《군전령(軍戰令)》, 《군수전령(軍水戰令)》, 《군법령(軍法令)》, 《잡법령(雜法令)》 등이 있었다. 장붕일(張鵬一), 《진령집존(晉令輯存)》는 진령에 대해 상세하게 고증하여 서술하였다.

27) 《隋書·經籍志》

와 관련된 법전으로서 영전에서는 더 이상 상응한 형사처벌에 대해서 직접적으로 규정 짓지는 않고 법전의 관련 조항 중에서만 통일적으로 규범화시킨다. 예를 들어 《당률소 의·잡률(雜律)》의 위령(違令) 조항에는 다음과 같이 규정했다. "모든 영을 어긴 자에게 는 매 50대로 처벌한다." "영에는 금지 조항이 있으나 율에는 죄명이 없는 사항을 이른 다." 즉 다시 말하면, 영전에는 금지성 규정이 있으나 법전에는 상응한 형사처벌에 대한 규정이 없는 사항과 관련해 이 조례에 따라 처리한다는 뜻이다. 그러나 경과가 엄중한 사항이어서 법전에 명문으로 규정돼 있으면 율에 따라 처벌하였다. 이로부터 영과 율은 서로 독립되면서도 서로 보완된다는 것을 알 수가 있다.

당조에 이르러 영전에 대한 조정과 수정을 거쳐 사회정세와 국가기구의 변화에 더 잘 적응하도록 했다. 당나라의 영전은 여러 차례 수정을 거쳤다. 개원(開元) 25년(737 년)에 수정을 거친 뒤 영전은 거의 규격화됐다. 당나라 영전의 내용과 격식은 모두 완벽 하고 발달했다고 할 수 있다. 이는 당나라 관료 행정체제가 완벽화되고 발달했음을 반 영해 준다. 다음에는 당조 영전의 내용과 편목에 대해서 간략하게 서술하겠다. 수정을 거친 《개원25년령(開元二十五年令)》은 총 30권, 27편 1546조이며, 영전의 편목과 내용 에 따라 다음과 같이 분류 개괄할 수 있다. ① 황제 지존의 지위를 확보하는 제도적 조치이다. 영전 중의 《선거령(選擧令)》, 《군방령(軍防令)》, 《옥관령(獄官令)》, 《사령(祠 令)》은 임관, 군사, 사법, 제사 등 중대한 사무에서는 황제가 최후 결정권을 갖는다. 그 리고 《의제령(儀制令)》, 《궁위령(宮衛令)》은 황제의 존엄과 인신의 안전을 수호하는 것 과 관련된 제도적 조치이다. ② 국가기구 조직과 공무제도를 확립했다. 당령(唐令)은 국 가 기구체제에 대한 규정으로서 주로 《직원령(職員令)》, 《관품령(官品令)》, 《공식령(公 式令)》, 《구목령(廐牧令)》, 《잡령(雜令)》 등에 집중됐으며, 당 왕조 중앙과 지방의 국가 기구의 설치, 편제, 직권 및 활동 등을 포함한 국가 기구조직과 공무제도를 규범화시켰 다. ③ 관원에 대한 관리제도를 규정했다. 당령 중에서 관원의 관리제도와 관련된 편목 으로는 주로 《관품령(官品令)》, 《선거령(選擧令)》, 《복작령(封爵令)》, 《녹령(祿令)》, 《고 과령(考課令)》, 《가녕령(假寧令)》, 《잡령(雜令)》 등이 있다. 그 기본내용은 관리의 선임, 봉록, 심사, 승진, 휴가, 퇴직제도가 포함되며 국가 정령의 시행과 관료조직 자체의 능률 화를 보장하기 위한 것이다. ④ 기본 경제제도를 규정했다. 당령 중에서 경제제도를 규 범화 시킨 편목으로는 주로 《전령(田令)》, 《부역령(賦役令)》, 《호령(戶令)》이 있다. 당 나라 전기의 기본 경제제도 즉 균전제(均田制), 조용조제(租庸調制)는 모두 당령에 규정 되어 있다. ⑤ 호적, 교육과 과거제도를 규정했다. 당령 중의 《호령(戶令)》, 《학령(學

令)》,《고과령(考課令)》은 호적, 교육과 고시제도에 대해 전면적으로 규범화시켰다. ⑥
사회의 예제 등급을 규정했다.[28]《호령》,《옥관령》그리고 예제와 관련된 영의 편목
《사령》,《의복령(衣服令)》,《의제령(儀制令)》,《노부령(鹵簿令)》,《영선령(營繕令)》,
《상장령(喪葬令)》등에서 사회 여러 계층의 등급구조와 예의제도에 대해 비교적 전면
적으로 규정했으며, 그 취지는 봉건적인 종법 등급제도를 유지시키기 위하는 데 있었다.
상기 당령의 주요 내용에서 알 수 있듯이, 당령은 종합성 법전으로서 당나라의 여러 가
지 기본제도에 대한 법률규정이 빈틈없고 완벽하다는 것을 보여주는 것이었으며, 당나
라 사회의 존재와 발전에 맞는 기본적인 법률적 기틀을 마련해 놓았던 것이다.

쇠퇴시기

당나라 이후의 오대시기에는 기본상 당대의 영전을 따랐다. 송나라에 이르러서는 더
이상 영에 대해 중시하지 않았다. "후대 임금이 공포한 법령"이 칙(敕)에 등장하는가 하
면, "행정제도 규정 관련 법률규범"이 전(典)에 나타나기도 하며, 법례의 근원이 영전 중
에서 종합되기도 해, 영은 점차 활력을 잃어갔다. 요(遼)나라 초기 한인(漢人)에 대해 당
령을 적용하다가, 후에 영과 조례제도를 하나로 통합해버려 영의 지위가 없어졌다. 금
(金)나라의《군전권이조리(軍前權宜條理)》,《속행조리(續行條理)》도 이와 같은 성격이
다. 원(元)나라에서는 독립적인 영이 없었으며,《전장(典章)》과《조격(條格)》중에 넣어
버렸다. 예를 들어《원전장(元典章)》중의 조령,《원통제(元通制)》중의 영에 속하는 내
용들이 모두 그러했다. 명(明)나라 초기에는 영에 대해 크게 중시해 율 문서를 제정했는
데, 즉 영에 대한 책을 만들었던 것이다. 이들 책은 이령(吏令), 호령(戶令), 예령(禮令),
병령(兵令), 형령(刑令), 공령(工令) 등으로 나뉘며 총 145조가 있었다. 무릇 단죄할 때는
모두 전적으로 율령을 의거로 삼았으며, 관리들에게 율령에 대해 익히도록 규정했으며,
영과 율을 중요시하도록 했다. 그러나 그 뒤《회전(會典)》이 만들어지고 거듭 수정을 거
쳐 율을 보충하는 이른바 법례가 형성되면서 영은 점차 중요성을 잃어 그 조항이 백 조
남짓밖에 되지 않았으므로, 원만하게 사건을 처리하기에는 부족했다. 명나라 중기에 이
르러서 영은 공문(空文)에 불과하게 됐다. 청(淸)나라에 이르러 명나라의 낡은 제도를 답
습해 더 이상 영을 제정하지 않았다. 법전도, 법례도, 칙례도 모두 실제로 영의 내용을
담고 있으므로 영이라는 이름을 계속 보존할 필요가 없게 되었던 것이다. 청나라 때는

---

28) 李玉生,《唐令與中華法系硏究》, 97~123쪽, 남경, 남경사범대학출판사, 2005.

비록 영이 없었지만, 조서 마감 부분에는 항상 "영에 적어 넣음"이라고 밝히곤 했다. 이는 여전히 옛것을 따른다는 뜻이었지만 실제로는 법례를 가리키는 것이었다.[29]

2) 기타의 법률형태

(1) 비(比)

비(比)가 고대에는 두 가지 의미가 있었다. 첫째는 칙례, 고사였다. 《예제·왕제(禮制·王制)》편에는 "민중도 의문스러워하고 결정하기 어려워할 때는 당사자에게 무죄를 선고해야 한다. 유사한 사건을 처리할 때는 반드시 과거에 중하게 혹은 경하게 판결한 선례를 참고해 판결해야 한다"고 했다. 정현(鄭玄)은 "이미 판결한 고사를 비라고 한다"고 주석을 붙였다. 둘째는 기정의 율령, 판례를 가리킨다. 《주례·추관·대사구(周禮·秋官·大司寇)》에는 다음과 같이 주를 달았다. "지금의 결사비(決事比)와 같다. 주석에 이르기를 현행 율의 규정에 관련한 판결 조항이 있어도 모두 옛날 판결 사례를 참고해 판결해야 하며, 관련 조항이 없으면 선례를 참고해 결정한다. 고로 결사비라고 일컫는다. 이로부터 비란 법률에 정식으로 규정되어 있지 않은 상황에서 예전의 유사한 판례와 대조해 판결을 내리는 기준과 의거를 가리킨다는 것을 알 수 있다.

진(秦)나라의 사법 심판에서 판결을 내리는 근원은 첫째는 성문 율령이고 둘째는 전례였다. 전례를 "정행사(廷行事)"라고 부르는데, 성격은 비와 비슷하므로 사법당국이 모아서 정리한 판례로서 사법 관원들이 심판 시 대조할 수 있도록 했다. 진 왕조의 판례는 구체적 사법 실천 과정에서 널리 운용되었으며, 이런 법률형태는 한대의 결사비가 훌륭한 참고로 된다. 비(比)는 한대에 하나의 독립적인 법률형태가 됐으며, 조정의 비준을 거친 법률적 효력을 띤 판결을 내리는 의거인 판례였다. 한나라에는 죽을죄결사비(死罪決事比), 사송비(辭訟比), 춘추결사비(春秋決事比) 등이 있었다. 한 무제 때 "죽을죄에 대한 판결을 내릴 때 전례와 비교할 수 있는 조항이 13,472조에 달했으며"[30] 동한(東漢) 시기 사도(司徒) 포공(鮑公)이 "혼인 《사송결》을 써 《법비도목》을 확정했으며 총 906권에 달한다"고 했다.[31] 그리고 한대에는 또 관련 율령을 인용하거나 참고해 판결을 내리는 방식도 비라고 했다. 예를 들어 《한서·형법지(漢書·刑法志)》에는 "정위가 판결을

---

29) 진고원, 《中國文化與中國法系-陳顧遠法律史論集》, 432~433쪽. 북경, 중국정법대학출판사, 2006.
30) 《漢書·刑法志》
31) 《晉書·刑法志》

내릴 수 없을 때는 조심스레 상세하게 임금에게 상주할 것이며, 참고한 법령을 첨부해 임금이 보고 알 수 있도록 해야 한다"라고 기록했다. 즉 정위도 판결을 내릴 수 없는 의문이 풀리지 않는 어려운 사건들을 열거하고 참고해본 율령 조문을 첨부해 임금에게 상주토록 한다는 것이었다. 한나라 이후에는 비로, 진나라에서는 고사로, 명청시기에는 예라 불렸다.

한나라 결사비의 원천은 주로 특수한 전형적인 사건이었으나 모든 전형적인 사건이 모두 비라는 법률형태에 오를 수 있는 것은 아니었다. 비가 될 수 있는 판례는 반드시 권력기구의 승인을 거쳐야만 실현될 수 있었으며, 참고해 따를 수 있는 법률적 실제 효력을 갖출 수가 있었다. 최초 비의 근원은 황제의 의지였다. 황제가 직접 어느 한 사건에 대해 판결을 내리게 되면, 그 사건은 바로 법률적 효력을 갖게 된다. 흔히 조령의 형식으로 나타나며, 영전에 편성되어 관부에 수장되곤 했다. 비의 다른 한 중요한 근원은 정위의 판결이었다. 정위는 전국 최고의 사법 장관으로서 의문이 풀리지 않는 어려운 사건을 심리하는 것이 정위의 기본 직책 중의 하나였다. 따라서 만약 황제에게 상주할 필요가 없는 사건은 정위의 판결을 거친 뒤 곧바로 법률적 실제 효력을 발생해 참고해 따를 수 있는 판례가 되었다. 군(郡)과 현(縣)의 관리의 전형적인 판례도 상급 재판기관의 승인을 거친 뒤 법률적 실제 효력을 발생해 판결의 의거가 될 수 있었다.

결사비라는 법률형태는 독특한 역할을 했다. 첫째, 결사비를 편성 제정함으로써 상급관에 보고해 재심사를 받아야 하는 절차를 줄일 수 있었다. 《진서·형법지(晉書·刑法志)》에는 "진충(陳忠)은 후에 또 상서 직에 오른 뒤 진총(陳寵)의 뜻에 따라 33조항을 더 상주하여 《결사비》를 써내 의논을 통해 죄를 판단하는 폐단을 해소했다"고 기록하고 있다. 《결사비》를 편찬 수정한 뒤로 사법기관은 심판의 실천 과정에서 참조할 수 있게 돼, 상급기관에 보고해 재심사를 받아야 하는 폐단을 줄일 수 있게 됐다. 둘째, 결사비의 편찬과 수정은 사법 재판실천에 통일적으로 적용할 수 있는 기준과 의거를 제공했다. 《어람(御覽)》에는 진총이 "법령이 번잡하여 불량 관리들이 죄명을 꾸며 모함해 죄에 대한 판결의 경중이 일치하지 않은 상황이 일어날 수 있다고 여겨, 법률 서적인 《사송비례》를 편찬해 유사한 사건을 참조하고 따르도록 함으로써 사악의 근원을 막아버렸다"고 기록하고 있다. 이로부터 비슷한 사건은 동일한 비를 만들어 사법 실천과정에서 판결의 경중이 서로 일치하지 않은 상황을 줄일 수 있게 했다. 셋째, 율령의 법률정신에 대해 서술 해석하는 역할을 했다. 비의 기능성은 유가의 윤리적 관점을 구체적으로 논술하고 사상핵심을 설명하는 면에서 뚜렷한 효과가 있었다. 판례를 통해 법률원칙과 정신을 확정하고, 명백하게 논술하는 이러한 비의 역할은 깊은 영향을 주었으며 끊임없이 이어져왔다. 명청시기 관부가 편찬한 성안 단례의 등장은 바로 한대 비의 쇠태하지 않는 기능을 이어받은 것이다. 넷째, 비는 율령의 부족한 점을 보충하는 역할을 했다. "사도가 송사에 대해 처리할 때 길면 수십 년까지 걸리는 경우도 있었으며, 판결의 경중이 일치하지 않은 경우도 있었고, 유사한 사건이 없는 경우도 있었으며, 사건이 얼기설기 복잡하게 엉켜 처리하기가 어려웠다. 그래서 포욱은 《사송비》 7권과 《결사도목》 8권을 편찬해 법령과 동일하게 사용토록 해 처리하지 못할 송사사건을 줄일 수 있게 했다"고 했다.[32] 결사비를 편찬 수정해 율령을 보조하는 기능을 하게 함으로써 사법재판에서 법령의 규정과 일치성을 유지해 법률체제의 통일성을 유지했던 것이다. 한나라 때에는 흔히 비로써 현행 율령에서 다루지 않던 내용을 보충했으며, 이로써 제정법의 적용범위를 확대했다. 이와 동시에 또 판례를 통해 제정법을 수정했다.

비의 법률형태가 주로 사법심판에 적용되며 "비의 유사한 판례에 따라 판결을 내리고" "유사한 판례에 따를 수 있는 특징"이 있었기에 비는 사법 적용 시에 기능성과 불확정성이 있어, 흔히 사특한 사법 관리들에게 남용당하는 경우가 있었다. 《한서·형법지》에는 "간사한 관리는 기회를 틈타 거래를 한다. 범법자를 살리고 싶으면 살려야 하는 평가서를 붙이고 모함하고자 하면 죽을죄에 대응되는 판례를 붙여 죽을죄로 판결을 내린다. 그러니 의논하는 자들은 모두 이에 억울함과 애통함을 느끼게 된다"고 기록하였다. 이외에도 한나라의 비는 그 수량이 방대해 편찬 수정할 때 앞뒤 내용이 서로 중첩되고 모순되는 현상이 비교적 보편적인데다, 더구나 간사한 관리들에게 법을 어길 기회를 마련해주게 되었다. 그리하여 《진서·형법지(晉書·刑法志)》에서는 "매 왕조마다 법률 조항의 내용을 늘리거나 줄이곤 한다. 모두 같은 유형의 내용을 하나의 편 속에 집중시키고 관련 법률을 장으로 편성한다. 한 장에는 수십 조가 넘는 율령이 들어있는 경우도 있는데, 사건 유형이 비록 비슷하지만 판결의 경중은 서로 다르다. 문장의 화법 구사라든가 앞뒤 맞물림 등에서 종합적으로 보면 동일한 글은 아니지만 실제로는 이전의 내용을 따다 적어 넣은 것이다"라고 했다. 하나의 사례가 하나의 새로운 죄명을 파생해내고 안정된 법률적 효력을 발생할 때 일반성 규범과 준칙이 되는 것이다. 그러나 한대의 비는 다만 판례의 집대성일 뿐 구체적인 판례에 대한 추상적인 개괄을 통해 안정적인 효력을 갖는 법률 원칙이나 법률 조문으로는 승화되지 못했으므로 내용이 번잡하고 앞뒤

---

32) 《東觀漢記·鮑昱傳》

가 중첩되며 경중이 다른 현상이 나타나게 된 것은 불가피한 일이었다.

종합적으로 보면 비는 한나라의 중요한 법률형태로서, 그의 매개물은 주로 판례로써 구성되었으며, 판례의 원천은 중대한 사건이거나 의문스럽고 어려운 사건이었다. 일종의 새로운 범죄행위를 단속하거나 새로운 사회관계를 조정할 때, 사법실천 면에서는 흔히 통치의지를 반영하는 전형적인 판례에 비추어 이를 참조해 판결을 내림으로써 규범적이고 제약적인 실제 효력을 발휘했다. 그러나 비는 성문법에 의지하지 않고 내용이 번잡하며 비교적 기능성 있는 법률형태로서, 실제로 운용함에 있어 통일적인 제약 요소가 부족했기에 의지화로 나가기 쉬워 비의 비이성적인 증식을 형성할 수 있었다. 그래서 "문서는 넘쳐나지만 중요한 문헌은 다 볼 수가 없다. 그러니 중앙과 지방의 사용자가 서로 모순된다. 같은 죄에 대한 판결이 서로 다르게 된다"[33]고 했던 것이다.

(2) 과(科)

《설문(說文)》에 이르기를 "과(科)는 곧 정(程)이다. 곡식 화(禾)자에 말 두(斗)자. 두(斗)는 잰다는 뜻이다." 과(科)의 원뜻은 사물을 판단하는 기준이나 규칙이다. 또 《광아·석언(廣雅·釋言)》에 이르기를 "과는 곧 조목 조(條)이다." 즉 과는 조문 혹은 조목이라는 뜻도 있다. 과 자체가 규범, 규칙이라는 뜻을 담고 있기에 법률영역에 운용된 것이다. 《후한서·환담전(後漢書·桓譚傳)》의 주석에 이르기를 "과는 이른바 조례를 가리키며 유사한 사건 판례를 이르기도 한다"고 했다. 그리고 또 《석명(釋名)》에 이르기를 "과는 곧 과정 과(課)이다. 과의 죄에 대한 책임 추궁은 법률보다 엄하지 못하다"고도 했다. 과의 본뜻은 율에 근거해 단죄한다는 뜻이다. 법률조문 중에 열거된 율에 따라 대응되는 과의 형벌 부분의 법률조문을 과조(科條)라고 부르며, 후에 점차 일종의 독립된 법률형태를 형성했다. 한 왕조에 일부 법률조문의 적용범위를 확대하기 위해, 혹은 원래 규정된 형벌을 바꾸거나 하나의 법률조문 아래에 여러 항의 과조를 늘리곤 했다. 예를 들어 《후한서·장민전(後漢書·張敏傳)》에는 한대의 형법 중에서 "경모죄(輕侮罪)"와 관련된 과의 조문을 4~5백 조까지 늘렸다는 기록이 있다.[34] 이로부터 과는 과형(科刑. 판결을 내림, 형벌에 처함) 단죄의 조목으로서 한대 율령의 중요한 보충 역할을 했으며, 후에 점차 일종의 독립적인 법률형태로 발전했다.[35] 그러나 전보(振波)는 장자

---

33) 《한서·형법지》

34) 《중국대백과전서·法學卷》, 273쪽, 북경, 중국대백과전서출판사, 1984.

산(張家山) 한간(漢簡) 등의 출토 자료들에서 과가 독립적인 법률형태임을 표명한다면 예전에 과의 성격에 대한 논쟁에 종지부를 찍을 수 있다고 주장한다.[36]

　편찬 격식에서 율 아래 과가 있고 과 아래 목이 있으며 차례로 황제의 조서를 편집해 넣은 외에도 판례를 선별 첨부해 참고할 수 있도록 했다. 《진서·형법지(晉書·刑法志)》에는 "과령제도 중에 조항마다 법령과 어긋나는 조목이 있다. 부지불식간과 연좌에 대한 면제를 더 이상 갈라놓지 않기로 했다. 그런데 연좌 면제 상황이 너무 많아 종합적인 연좌 면제조례를 정해 조문을 줄일 수 있게 해야 한다. 그래서 또 연좌 면제 조례가 제정됐다"고 기록되어 있다. 한대의 과에는 주로 수닉지과(首匿之科), 도망지과(逃亡之科), 영고지과(寧告之科), 투서기시지과(投書棄市之科) 등이 있었다. 율령 아래에 늘 여러 과조를 설정해 기능성과 활용성이 비교적 강하므로 과의 제정은 율령보다 더 간편하고 빈번했다. 《후한서·진총전(後漢書·陳寵傳)》에 이르기를 "한이 흥해서 302년 헌령이 조금 증가했으며 과조가 매우 많았다"고 했는데, 이로부터 과조가 번잡했음을 알 수 있다.

　삼국시기에 과는 새로운 의미를 얻게 되면서 중요하고 독립적인 법률형태가 됐다. 조위 정권이 신과(新科)와 갑자과(甲子科)를 제정했다. 《삼국지·하기전(三國志·何夔傳)》에는 "그때 태조는 새로운 법령을 제정해 여러 주와 군에 시행하기 시작했으며, 또 조세와 풀솜, 명주, 견직물을 징수했다. 하기는 장광군이 막 세워진데다 최근 들어 전쟁을 겪었으므로 성급하게 법령으로 속박하면 안 된다고 여겨 상소문을 올려 아뢰기를 상란이 있은 뒤 백성들이 의지할 곳을 잃고 떠돌아다니다가 이제 막 안정되기 시작했지만 귀복해 교화를 거친 시간이 짧습니다. 시행토록 명한 새 법령은 모두 엄격하고 명확한 형벌과 관련된 법령이며 통일적으로 교화할 것을 요구하고 있습니다. 신이 관할하는 6개 현은 행정범위가 이제 막 확정된 데다가 기근까지 겹쳐 만약 일률로 법률적으로 금지시키는 방법으로 다스리게 되면 교화에 불복하는 자가 있을 수 있습니다. 교화에 불복하는 자는 죽이지 않을 수 없으므로, 그리되면 백성들의 상황을 살펴 교화정책을

---

35) 과가 한대에 율, 영, 비와 나란히 일종의 법률형태가 되었는지 여부에 대해서는 학계에는 두 가지 서로 엇갈리는 관점이 있다. 장건국(張建國)은 부정하는 관점을 주장한다. 그는 양한(兩漢)시기 율, 영, 비 등 법규 중의 조항은 과라고 주장했다. 과는 이들 법률형태 중에 포함된 조목으로서 형식상 독립적인 것은 아니다. 다만 조위(曹魏)시기에 이르러서야 과는 비로소 독립적인 임시 법률의 모습으로 나타났다. 장건국, 《帝國時代的中國法》을 참고. 북경, 법률출판사, 1999.

36) 전보의, 《秦漢法律與社會》를 참고. 長沙, 湖南人民出版社, 2000.

펴면서 시국에 순응해야 한다는 의도에 어긋나는 것입니다"라고 했다. 신과를 제정한 주요 목적은 "형벌을 엄하고 분명히 해 통일적으로 교화하기 위한 것"으로서 적용범위는 "관할 범위 내의 주와 군이며 또 조세와 풀솜, 견직물을 징수하는 것이다." 신과 중에서 "통일적인 교화"와 "일률로 법률적으로 금지시키는 방법으로 다스린다"라는 구절은 과가 일종의 독립적 성격을 띤, 많은 조항을 포함한 법규임을 반영할 뿐만 아니라, 과가 이미 주요한 법률이 되었음을 증명한 것이다.37) 《진서·형법지》에는 "위무제는 …… 그래서 갑자과를 제정하고 집게로 왼쪽과 오른쪽 발가락을 집어놔야 하는 죄에 대한 형벌은 나무 형구로 대체했다. 그때는 철이 부족했으므로 나무로 대체한 것이다. 또 한조의 형률이 너무 과중하다고 여겨 무릇 율령에 따른 판결은 절반 줄일 것을 명함으로써 죄인에 대해 형량을 절반 줄여 판결하도록 했다"라고 기록되어 있다. 갑자과를 제정한 주요 목적은 형벌을 줄여 경하게 처리하기 위해서였다. 그 내용에는 주로 "왼쪽과 오른쪽 발가락 집기에 해당되는 죄는 나무 형구로 대체한다는 것", "율령에 따른 판결은 절반 줄일 것을 명함으로써 죄인에 대해 형량을 절반 줄여 판결하는 것" 등이 포함된다. 조위(曹魏)시기 과는 주도적 지위를 점한 법률형태였으므로 법과 율 앞에 흔히 과를 붙여 부르곤 했다. 예를 들어 "애써, 선과법(宣科法)을 받들었다." "부(夫) 자의 오행 소속에 대해 과율(科律)에 써넣었다" 등과 같이 표현하며 독립적인 형사법전의 성격과 지위를 점했다. 이외에도 삼국시기에는 촉과(蜀科)와 오과(吳科)가 있었으며 양자 모두 위과(魏科)를 본 따 제정했다. 진(晉)대에 이르러 과는 일종의 별칭으로서 비 법률형태에 불과했다. 남조(南朝)시기에 과는 또 법률형태로 나타났으나 위과와는 "이름만 같을 뿐 실제 내용은 다른 것"이었다. "양역고사(梁易故事)는 양과(梁科) 30권"으로서 과는 고사와 같은 뜻이었다. 그 뒤 과와 같은 법률형태의 실질적 내용이 점차 남북조(南北朝)의 격으로 대체되었다.

3) 격(格)

《당육전》권6의 주석에 따르면 "후위(後魏)에는 격(格)이 과를 대체했다"고 기록됐다. 이로부터 격(格)은 과에서 왔으며 격은 과의 발전과 연속이라는 것을 알 수 있다. 시대별 격의 성격은 조금씩 다르지만 전체적으로 격의 등장은 황제의 의지를 즉시적으로 법률화하기 위한 것으로서, 법률의 상대적 안정을 보장함과 동시에 법률의 기능성과 융

---

37) 장건국, 《帝國時代的中國法》, 81쪽. 북경, 법률출판사, 1999.

통성을 실현해 시대와 상황의 변화에 따라 바뀌도록 했다.

위진(魏晉)시기의 격(格)

이 시기 격은 주로 "죄를 판결하고 형벌을 정하는" 형사법규로서 율의 조문에 들어 있지 않은 내용을 격으로 편집해 넣어 율령의 부족한 점을 보충하거나 율문의 실행 운용을 대체한다. 북위(北魏) 중기 전에는 주로 율과 영을 보충하는 부법(副法)으로 쓰였다. 《위서·양춘전(魏書·楊椿傳)》에는 "정위가 상소를 올려 이르기를 양춘이 태복경이란 관직에 있으면서 백성들을 이끌고 임의로 목장 340무를 점용했으므로 율에 따라 5년 징역형에 처하기를 청했다. 그때 상서 형만이 처벌이 가볍다고 여겨 《정시별격》에 따라 양춘을 폐서인하고 양씨 집안의 호적을 도둑의 집안이라 하여 도문으로 등록하고, 또 양씨 족인들은 아무도 관직에 오를 수 없도록 해야 된다고 상서를 올렸다. 북위 세종 선무제는 새 형률이 이미 공포 시행된 이상 낡은 형률을 섞어서 적용하는 것은 적합하지 않다고 여겨 정위가 상주한 판결에 따르고, 양춘에게 돈을 내고 처벌을 면하도록 할 것을 명했다"라고 기록되어 있다. 여기서 정시별격은 율 외의 조문으로서 율령의 부족을 메우는 역할을 하며 율, 영, 격 삼자가 서로 모순될 때는 새 형률에 따르게 돼 있다. 북위(北魏) 후기에서 북제(北齊) 초까지 당시의 계급모순과 민족모순, 그리고 황실의 내부모순이 갈수록 격화되어 갔으며 전쟁이 빈번했다. 변화가 많고 어지러운 정세에 대응하기 위해 격과 같은 기능성과 융통성이 비교적 강한 법률형태를 통해 황권의 통치를 강화했다. 격은 이러한 시기에 율령과 병행됐으며, 심지어 율문을 대체해 가장 주요한 법률형태가 됐다. 《위서·출제기(魏書·出帝紀)》에는 "4품 이상 관직에 있는 사무 담당 관원에게 명해 상서성에 모여 여러 조항의 격(조례)을 놓고 하나의 기준을 의정하도록 하라. 무릇 사용할 수 없는 것은 주관 부서에 등록하지 않도록 한다. 새로 의정된 격은 낡은 제도와 연결 짓지 말 것이다. 마땅히 간단명료해야 하며 번잡하고 난해하지 않도록 하라"고 기록되어 있다. 새로운 격이 공포 시행되고 있으므로 낡은 제도를 쓰지 않기로 했다. 동위(东魏), 효정제(孝靜帝) 흥화(興和) 3년(541년)에 《인지격(麟趾格)》 15편을 공포 시행했으며 "조정에서는 이를 의거로 해도 의문이 풀리지 않는 사건을 판결했으며, 주(州) 군(郡) 등 지방에서는 이를 통치의 근본으로 삼았다."[38] 격은 동위(東魏)시기 형률을 정하고 죄를 판결하는 기본 법전으로 존재했다. 북제(北齊) 초기 문선제(文宣帝)가

---

38) 《洛陽伽藍記》 권3.

영을 내려 《린지격(麟趾格)》을 계속 수정해 병행 실행하도록 했다. 사도(司徒) 장로(張老)가 상소문을 올려 율을 폐하고 격을 사용하는 것을 반대하자, 문 선제는 여러 관리들에게 제율(齊律)을 의논 제정할 것을 명했다. 그러나 여전히 조서를 내려 "······ 완성될 때까지 여전히 원래의 격을 따르도록" 했다.39) 이 시기 격은 기본상 그때 당시 통용하는 전장제도가 됐다. 북제 중반과 후반기에서 당나라에 이르는 사이 격은 다시 부법(副法)의 위피로 물러났으며, 표준적인 율의 조문이 없는 상황에서만 형률을 정하는 의거가 됐다.

당(唐)대의 격(格)

당대의 격은 일종의 독립된 법률형태로서 주로 황제의 제칙(制敕. 황제의 조령)을 편찬하던 데서 왔으며, 황제가 어느 한 국가 기관이나 어느 한 구체적 사항에 대해 임시로 공포한 제칙이므로 흔히 칙격(敕格)이라고 불렀다.40) 일정 시간 내에 특정인과 특정 사건에 대해 법률적 효력을 발생한다는 의미에서 보면 칙은 구체적 사건에 대해 효력을 발생하는 법률이다. 그리고 칙이 "격"을 제정하는 주요 의거가 된다는 의미에서 볼 때, 칙은 또 입법의 근원이기도 했다. 격은 칙에서 왔지만 칙보다 더 보편성을 띠었다. 실제로 이런 방식을 통해 황제 개인의 의지를 국가의 의지로 전환하고, "특정 사례"를 "천하의 통용 규범"으로 변화시켰다. 격은 당나라에서 그 지위가 특히 중요했으며, 《무덕신격(武德新格)》, 《정관격(貞觀格)》, 《영휘격(永徽格)》 등 여러 부의 격전(格典)을 제정해냈다. 《무덕신격》부터 그 위의 격은 모두 일차적으로 편집 완성되어 공포 시행된 것이다. 그러나 전형적인 당격(唐格)은 황제가 비정기적으로 때와 사건에 따라 그때그때 공포한 제칙, 조령으로서, 제칙이 일단 영격(永格)으로 승격되면 격전에 편집해 넣었다. 이로써 격은 단행법규에서 격전으로 승격되어 당나라 기본 법률형태 중의 하나가 되었다. 당대 중반부터 격후칙(格後敕)이 당대 법률체계의 중요한 구성 부분이 되었다. 당현종(唐玄宗) 개원(開元) 19년(741년)에 공포한 《격후장행칙(格後長行敕)》은 과거 몇 년간 공포한 제칙을 "유형별로 분류하고 앞뒤가 모순되거나 관례에 많이 어긋나는 내용은 삭제하고 격식과 순서에 따라 배열했다."41) 격을 수정하지 않는다는 전제하에 제칙을 집대성

---

39) 《北史 권7》
40) 집고 넘어가야 할 것은 칙(敕)은 일종의 법률형태이기도 하고 일종의 법률적 근원이기도 하다.
41) 《唐會要·定格令》

해 격과 병행하는 독립된 법률형태를 형성해 송대(宋代)의 "칙령격식"의 법률체계의 구축에 귀감을 제공했다.

분류 기준이 다름에 따라 당격은 서로 다른 유형으로 나뉜다. 효력 범위에 따라 격은 법전에 편입된 정격(正格)과 분산된 잡격(雜格)으로 나뉜다. 그 중에서 잡격은 또 두 가지로 나뉘는데 하나는 임시로 공포한 잡격으로서 시효와 적용범위가 고정되어 있고, 다른 하나는 영격(永格)이라고 표기된 잡격으로서 일정 수량만큼 쌓인 뒤에 격전에 편입되어 정격이 된다. 정격은 보편적이고 영구한 적용 효력을 지니고 격전에 편입되지 못한 잡격은 특정된 시효와 적용 범위를 가진다. "사건 처리는 시의성이 있으므로 사건 담당 관리는 제칙에 의거해 상황에 따라 판결을 내릴 수 있지만, 영격으로 승격되지 않은 제칙은 앞으로 사건을 처리하는데 인용할 수 없다"[42]라는 말이 이를 설명해 준다. 격의 적용범위가 다름에 따라 격을 두 개의 큰 부류로 나눌 수 있다. 하나는 여러 관서에 모두 적용되는 유사격(留司格)이고, 다른 하나는 지방의 여러 주(州)와 현(縣)에 적용되는 산반격(散頒格)이다. 예를 들어《구당서·형법지(舊唐書·刑法志)》에 이르기를 "격은 점차 두 부류로 나뉘었다. 여러 관서에 모두 적용되는 것은《유사격》이고, 천하에 통용되는 것은《산반격》이다. 그《산반격》은 주와 현에 적용된다.《유사격》은 본 관서에 남겨 사용하게 된다"고 했다.

당격의 성격에 대해 인정할 때, 격의 조정방식을 기준으로 인정해야 할 뿐 아니라 조정 대상을 근거로 종합적으로 인정해야만 공정하게 할 수 있다. 한 관점은 당격이 행정법규와 형사법규가 병존 겸용하는 성격을 지녔다고 주장했다. "내용상의 성격에서 볼 때, 당대의 격은 행정법규와 형사법규가 병존 겸용하는 성격을 띠며, 수량 상에서는 행정법규가 위주이다."[43] 격은 "어느 정도에서 형사 특별법이나 행정 특별법의 성격을 띠며 그 효력도 율보다 크다."[44]

다른 한 관점은 격조(格條)의 성격은 수정 보충한 법률의 성격을 자체적 성격으로 보아야 한다고 주장했다. 즉"격은 정리 개편해 공포한 칙령이다. 부서법 구분의 각도에서 말하면 격조의 성격은 수정 보충한 법률의 성격을 그 자체의 성격으로 한다. 이부(吏部)와 관련된 것은 관리(官吏) 관리법이라 하고, 호부(戶部)와 관련된 것은 호적, 신분, 재

---

42)《唐律疏議·斷獄》

43) 張晉藩,《中國法制通史》, 277쪽, 북경, 법률출판사, 2000.

44) 張晉藩,《中國法制史》, 190쪽, 북경, 중국정법대학출판사, 1999.

세법이라 하며, 예부(禮部)와 관련된 것은 예제라 하며, 병부(兵部)와 관련된 것은 군사
법이라 하고, 공부(工部)와 관련된 것은 공정법, 수리법 등으로 부른다. 당대 사람들이
격은 법도에서 벗어나 사악한 짓을 금지시킨 것이라고 해석한 것은 격의 목적을 가리키
는 것이며, 법을 어기거나 사악한 행위에 대한 일종의 예방과 제지이다. 모든 격이 다
율과 마찬가지로 죄를 판결하고 형벌을 정하는 것이라는 말은 아니다. 격 중에서 오직
《형부격(刑部格)》만이 죄를 판결하고 형벌을 정하는 법률 규범에 속한다"[45]고 했다.

당격은 행정법규의 성격이 비교적 뚜렷하다고 할 수 있다. 《당육전》에 이르기를 "격
은 법도에 어긋나는 것과 사악한 것을 금지시킨다". 그리고 《신당서·형법지(新唐書·
刑法志)》에 이르기를 "격은 모든 관리와 조사(曹司, 관서를 이름)가 일상 사무를 처리함
에 있어서 반드시 지키고 따라야 한다"고 했다. 이로부터 격은 주로 관원들이 일상 사무
를 처리하는 데 이용하는 규칙임을 알 수 있다. 격의 편목구조로부터 보면, 격의 편성도
주로 중앙 부서 명칭의 분류를 의거로 하고 있다. 예를 들어 당격은 바로 6부의 24조사
(曹司)로 편을 분류했다. 《당육전》 권6에서는 "형부낭중(刑部郎中) 원외랑(員外郎)"이
본문에서 이르기를 "격은 24편이다", 그리고 "모두 상서성의 24사로 편명을 달았다"라고
주석을 달았다. 즉 상서성 산하의 이, 호, 예, 병, 형, 공 6부 중에서 4명의 낭중을 주관
관원으로 하는 부서였던 것이다. 격은 24조사를 목(目)으로 하며 그 조정범위와 내용으
로 보면 격의 절대다수 내용은 행정법규였다. 당격 중에서 오직 《형부격(刑部格)》만이
"죄를 판결하고 형벌을 정하는" 법률규범에 속했다. 따라서 당격은 행정법규와 형사법
규를 병존 겸용하는 성격을 지녔음을 알 수 있다.

송대에도 여전히 격이라는 명칭이 존재했지만, 그 내용과 편집 수정방식은 당격과 다
르며, 그 성격과 입법기능에도 중대한 변화가 일어났다. 그러나 격은 다만 일종의 정량
관련 법규로서 더 이상의 형법의 내용을 담고 있지는 않았다. 송나라에 이르러 전문적
인 격에 대한 편집 수정이 이미 많이 줄었으며, 흔히 칙, 영, 식과 통일적으로 편집 수정
됐다. 《칙령격식》이라는 법률의 집대성이 송대의 주요 입법 형식을 이루었으며 격의 독
립적인 지위와 역할이 뚜렷이 쇠퇴됐음을 알 수 있다.

종합적으로 보면, 격의 내용은 황제가 끊임없이 발표하는 제칙에 대한 편집에서 왔으
며, 임시 처분 관련 제칙으로서 수시로 수정하고 보충하며 율과 영 등 법률형태를 적절
하게 활용할 수 있었다. 따라서 격은 통치계급의 수요에 따라 법률체계에 대해 통일적

---

45) 錢大群, 〈律,令,格,式与唐律的性質〉, 《法學研究》, 1995.

으로 조정할 수 있는 법률형태였던 것이다. 격의 직접적인 근원이 황제의 제칙이라는 특성으로 인해, 격은 율, 영, 식에 비해 더 높은 권위성과 기능성을 띠며 종종 우선적으로 적용되는 효력을 갖게 됨을 결정했다. 즉 "적절한 법률형태의 확립은 그 역사적 원인과 정치적 원인이 있음을 볼 수 있다. 황권과 법률 사이의 모순은 봉건사회에 줄곧 존재했다. 게다가 봉건사회 후기로 갈수록 그 모순은 더욱 두드러졌다. 격이 바로 어떻게 그 모순을 해결할 것이냐 하는 문제를 둘러싸고 변화 발전해온 것이다. 당대 후기에 봉건사회의 발전 역사가 이미 약 천 년에 이르렀으며 통치자의 경험도 갈수록 성숙해졌다. 격과 같은 기능적인 법률형태의 확립이 바로 통치자들의 사법경험이 갈수록 성숙해지고 있다는 표현이었다. 기능적인 법률형태는 율에 비해 탄력이 있었으며, 황권의 집중에 더욱 편리했다. 이런 형식은 황권과 법률을 밀접히 결합시켜 군권(君權)과 법률 사이의 모순을 해결했다."[46]

4) 고(誥)

《설문(說文)》에서는 "고(誥)는 즉 고할 고(告)이, 혹은 타이르다, 혹은 충고 격려하다"는 뜻이라고 했다. 고는 군주가 위에서 아래로 특정된 사람이나 사건에 대해 발표하는 공문으로서, 서주(西周)시기 군왕이 권력을 행사하는 일종의 주요 방식이었다. 서주시기에 《대고(大誥)》는 주공(周公)이 동쪽을 정벌해 반란을 평정하라고 발표한 공문이었고, 《주고(酒誥)》는 강숙(康叔)에게 금주를 타이르기 위해 내린 공문이며, 《강고(康誥)》는 강숙에게 분봉할 때 내린 공문이고, 《낙고(洛誥)》는 낙읍이 세워져 주공이 성왕을 타이른 내용이며, 《소고(召誥)》는 주공이 내린 공문에 대한 소공(召公)의 일종의 훈계였다. 고문(誥文)의 내용으로 보면 고는 주로 주(周)대의 천자가 관리와 백성들에게 한 일부 훈계와 공시로서 형사법률의 내용은 포함되지 않았다.

명초(明初)에 태조(太祖)가 옛 제도를 본떠 대고라는 낡은 형태를 비러 새로운 내용을 부여해 교육 역할과 법률 효력을 띠는 특수한 형사법으로 삼음으로써 명나라 때의 주요 법률형태 중의 하나로 만들었다. 명대에 《대고》를 제정한 목적은 밝고 깨끗한 예교를 세워 백성을 인도하고 완고한 백성을 징벌해 통치 효과에 도달하기 위하려는데 있었다. 《명사 · 형법지(明史 · 刑法志)》에 이르기를 "《대고》는 태조가 백성들이 원나라의 낡은 습관을 그대로 좇아 사사로운 정에 얽매여 공적인 이익에 불리한 일을 하게 되며, 갈수

---

46) 馬小紅, 〈格的演變及其意義〉, 《北京大學學報(哲學社會科學版)]》, 1987(3).

록 난폭해질까봐 우려되어 18년에 관리와 백성들의 지난 과오들을 모아서 편집해 하나로 묶어 《대고》를 제정했다." "《대고》를 백성들에게 알려 길한 것을 따르고 흉한 것을 피할 수 있는 이치를 알게 해 …… 만천하 백성들이 지켜야 할 법규에 대해 알 수 있도록 했다." 최종적으로 "형법을 백성들에게 알려 사람마다 법을 알고 법을 두려워하며 법을 지키게 함으로써 교화를 통해서는 달성할 수 없는 효과를 거둘 수 있는 명형필교(明刑弼敎)의 목적을 달성토록 한다"는 것이었다. 명 태조 홍무(洪武) 18년(1385년)에서 20년(1387년)까지 《대고초편(大誥初編)》, 《대고속편(大誥續編)》, 《대고삼편(大誥三編)》, 《대고무신(大誥武臣)》 등 고문(誥文) 4집을 계속 발표했다. 고문은 새로 제정된 특별 법령, 대표적 의의가 있는 사건 및 관리와 백성을 타이르고 교도하는 문고로 편성됐으며, 명형필교(明刑弼敎)의 교육역할을 하는 한편, 율 밖의 형법을 적용하는 율외용형(律外用刑)과 관리의 범죄에 대해서는 법률적으로 일반인보다 중하게 징벌하는 중전치리(重典治吏)의 중요한 조치를 취했다. 《대고》는 내용이 번잡해 사회생활의 여러 방면에 연관되었지만 탐관오리에 대한 경고와 징벌 관리가 그 주요 내용이었다. 《대고》에 규정되어 있는 죄명은 흔히 율문에 규정되어 있지 않은 것이며, 또 《대고》에 규정된 처벌은 흔히 율전보다 무거워 5형(五刑) 이외에도 혹형을 썼다. 그래서 《대고》는 일정한 교육역할을 하는 외에도 한 부의 법률효력을 지닌 특수 형사법규였던 것이다. 홍무 30년(1397)에 《대고》 중의 죽을죄와 관련한 조항을 《대명률고(大明律誥)》와 《대명률(大明律)》로 편집해 함께 공포 시행함으로써, 법 외의 혹형과 죄명을 규범화시켰다. 명 태조 후에 《대고》와 같은 법률형태는 점차 쓰지 않게 됐다.

　《대고》는 당시에 크게 성행했다. 일반 백성들이 따라야 했을 뿐 아니라 사법 관리들에게도 인용되어 관민의 본보기가 되었다. 또한 관리를 제재하는 의거로도 적용했다. 그 취지는 도덕적 교화를 중시하면서 형벌의 위엄을 경시하지 않기 위하고자 하는 있었다. 그러므로 《대고》는 실제 적용과정에서 도덕적 교화와 법률적 적용의 효능을 겸했다. 《명사·형법지》에는 다음과 같은 내용이 기록되어 있다. "그 이듬해, 또 《속편》과 《삼편》을 공포했으며, 모두 학당에 내려 보내 벼슬 공부를 하는 사람들을 교육시키는 내용으로 삼았으며, 학당에 스승을 파견해 그 내용을 가르치도록 했다. 감옥에 수감된 죄수 중에서 《대고》를 가지고 있고 읽을 줄 아는 자에게는 죄를 한 급 감면해 주었다. 그때 세상에는 《대고》를 읽고 설명하기 위해 조정에 찾아와 황제를 알현하는 사생이 19만 명이 넘었는데 태조는 그들 모두에게 상으로 돈을 주어 고향으로 돌려보냈다. 《율》과 《고》가 세상에 나와서부터 《대고》에 기록되어 있는 엄격한 법령은 웬만해서는 가볍게 사용된 적이 없다. 그 뒤로 죄를 저지른 자들은 수중에 《대고》가 있거나 말거나 관계 없이 모두 《대고》를 인용해 죄를 경감하곤 했다."

5) 예(例)

《설문》에 이르기를 "법식 예(例)는 곧 견줄 비(比)이다"라고 설명했는데, 이는 곧 "유추하다"는 뜻이다. 법률형태로서의 예는 국가기관이 제정하며 법률 근원의 규칙이 될 수 있다. 법례를 중시하고 율과 예를 병용하는 입법체계의 형성은 명조시기에 시작되어 청조시기에 완성됐다. 《명사·형법지》에는 홍무 "25년에 형부가 율조와 조례가 맞물리지 않는 것은 새로 제정해야 한다고 말했다. 태조는 조례는 다만 임시로 융통하는 조치라고 여겨 이미 확정된 조율은 수정할 수 없다며 형부의 의견을 받아들이지 않았다." 이로부터 알 수 있듯이 예는 정세에 따라 임시로 제정하는 것으로서 사건으로 인해 제정될 때도 있고 행정규정에 따라 제정될 때도 있다. 예의 제정 절차는 간편하고 조정내용이 적절했다는 등의 특징이 있으며, 율의 수정이 불가한 폐단을 미봉할 수도 있었다. 그리고 예는 흔히 사회 상황의 발전 변화로 인해 제정되었으며, 수량이 빠르게 늘어나기 때문에 앞뒤가 모순되고 혼란스러우며, 겹치는 현상이 나타나는 것도 불가피했다. 그래서 조정에서는 흔히 수량이 많은 조례에 대해 정리하고 수정했다. 예를 들어 명대의 홍치(弘治), 가정(嘉靖)연간의 《문형조례(問刑條例)》는 바로 예년 조례에 대해 개괄하고 정리한 것이며, 청(淸)대에는 더욱이 "5년에 한 번씩 소규모로 수정하고 10년에 한 번씩 대규모로 수정하는" 편집 수정제도가 형성되기도 했다.

명청 시대의 예는 형식이 다양했다. 조례가 있을 뿐 아니라 칙례(則例)와 사례도 있었다. 일반적으로 조례는 전형적인 사건에서 오는데 일정한 상소 비준 절차를 거쳐 율을 보충하고 보조하는 형사 법률을 규범으로 했다. 조례는 비록 "사건으로 인해 생겨나는 것"이지만 "후에 법률이 되는 효과"가 있었다. 명청의 조례는 판례에서 왔지만 조례의 성립은 법사(法司)가 임금에게 상소를 올리거나 혹은 관리회의를 거쳐 황제의 비준을 얻은 뒤에야 법률적 효력을 가졌다. 이로부터 조례는 판례에서 성문법으로 승화한 법률규범으로서 법률의 근원적인 지위와 형식을 지녔다.

칙례는 청(淸)대에 유행했으며 중앙정부의 각 부서가 수시로 본 부서의 행정사무를 처리한 것이 실례인데, 관련 인원이 심의 통과한 뒤 황제에게 올려 비준 받아 효력을 발생하는 단행법규였다.[47] 칙령은 각기 다른 조정 내용과 성격에 따라 각 부서의 칙례와 특정한 사무 칙례로 나뉘었다. 전자는 일반 칙례로서 본 부서에서 통용되는 사무에 대해 규정하고, 본 부서에서 보편적으로 적용되는 효력이 있다. 예를 들어 청대의 6부와 기타 중앙기관의 칙례로서《흠정이부칙례(欽定吏部則例)》,《흠정호부칙례(欽定戶部則例)》,《흠정공부칙례(欽定工部則例)》,《흠정국자감칙례(欽定國子監則例)》,《흠정종인부칙례(欽定宗人府則例)》 등이 있었다. 특정 사무 칙례는 특별 칙례로서 일반적으로 본 부서가 관할하는 특정 사물에 대해 구체적으로 규정지으며, 효력은 오직 본 부서 관할 범위 내에만 국한된다. 예를 들어《흠정과장칙례(欽定科場則例)》,《흠정공부군기칙례(欽定工部軍器則例)》,《병부독포칙례(兵部督捕則例)》,《흠정물료가치칙례(欽定物料價値則例)》 등이 있다. 칙례는 일반적으로 각부의 행정 직책이나 그 부서 관할 범위 내의 특정 사물에 대해 규정하므로, 대다수 칙례는 단행 행정법규였다. 형부 칙례만은 예외로 형사법규의 성격을 띠었다.

사례는 조정이 여러 정무를 처리한 선례로서, 형사의 내용도 있고 행정방면의 내용도 포함되었다. 사례는 격식 편성에서 흔히 연도에 따라 배열 비교했으며 회전 내에 혹은 그 뒤에 첨부해 회전과 공통된 일체를 형성했다. 광서(光緒)《대청회전사례 · 권수 · 범례(大淸會典事例 · 卷首 · 凡例)》에 이르기를 "회전은 대체로 사물을 통치관리하며 구체적인 사물로 관위를 설립한다. 예를 들어 주육관, 당육전은 모두 제강이 간단명료하며, 사례 각 문(門) 각 목(目)의 답습과 개혁, 내용의 늘림과 줄임 등은 모두 연도에 따라 배열했으며, 역대 회전에 대해 사례 내에 시작 연한을 명확히 밝혔다." 이로부터 사례는 연도별로 종합했으며 회전을 보조하고 그 원인과 시말을 조사하기 위해 마련된 기능을 한다는 것을 알 수 있다. 그러므로 회전은 "정령의 대강이고", 칙례(사례)는 "개혁을 위해 마련된 대강과 세목"이었음을 알 수 있는 것이다.

(6) 사(事)

사(事)란 고사(故事)로서, 곧 구사(舊事, 과거지사, 옛일)이다. 다시 말해 본 왕조나 선왕이 행한 일을 지칭하는 것이었다. 선왕을 본받아 국가에서 예(禮)를 정하고 의(儀)를 수정하거나 중대하거나 어려운 일에 닥쳤을 때 흔히 조상이 정한 제도와 선왕이 정한 제도 중에서 의거를 찾고 고사를 인용했다. 이른바 "고대의 법령제도를 상세하게 참고하고, 근대의 선례까지 합쳐 현재 상황을 처리하는데 참고할 것이다"라고 했다.[48] 고

---

47) 蘇亦工,《明淸律典與條例》, 70쪽. 북경, 중국정법대학출판사, 2000.

사는 조상과 선왕 때의 전형적이고 영향력이 비교적 큰 사례를 입법하고 제도를 제정할 때 교훈으로 삼을 수 있는 특수한 기능을 가졌다. 그러나 고사 자체는 법률적 속성을 지니지 않는다. 고사는 전문기관의 편집 수정을 거치고 법률적 효력을 부여한 뒤에야 비로소 보편적인 적용성을 띤다. 예를 들어 진(晉)조의 《고사(故事)》 30권, 《마장군고사(馬將軍故事)》 등이 그런 것이다. 율을 의거로 처리하는 사건이 때로는 "구사(舊事, 옛일, 지나간 일)"로 《고사(故事)》에 편집 수록되어 사법심판에 인용됐으며, 보편적 적용의 기능과 의미를 지녔으므로 비(比), 예(例)와 성격이 비슷했다.

한(漢)대에 무제(武帝) 고사가 있었다. 예를 들면 "선제가 무제 고사를 편찬해 여복과 제사의 예를 제정했다." "선제 때 무제 고사를 편찬해 육예 저서에 대해 강론했다" 등의 기록이 있다.[49] 이외에도 한대에는 또 건무영평고사(建武永平故事), 남대주사(南臺奏事), 마장군고사(馬將軍故事) 등이 있었다. 《신당서·예문지(新唐書·藝文志)》에는 한대에 《건무고사(建武故事)》 3권, 《영평고사(永平故事)》 2권, 《한건무율령고사(漢建武律令故事)》 3권이 있다고 기록되어 있다. 《당육전(唐六典)》에는 "한 건무에 《율령고사》 상중하 3편이 있는데 모두 다 형법제도이다"라고 기록되어 있다. 이로부터 고사는 한대 입법과 제도 제정에서 율령에 대한 중요한 보충이 됐음을 알 수 있다. 진(晉)나라는 전형적인 고사를 수정해 집대성해서는 율령과 병행시켜 중요한 법률형태로 삼았다. "진(晉)대의 가충(賈充) 등이 율령을 편찬하고, 또 기존의 황제의 조령들을 편집해 고사 30권을 편찬해 율령과 병행했다"[50] 진(晉)대 초기에는 두예(杜預)가 편집을 맡아 지은 율, 영, 고사가 있었다. 고사는 율과 연관성이 많았다.[51] 이로부터 진대 초기에 고사는 대다수가 율과 관련되어 있었음을 알 수 있다. 그밖에 또 《진서·형법지(晉書·刑法志)》에는 "그 중에서 정무 담당 관원의 사건 선례와 규정은 각자 관련 관서에 귀결시켰는데 이를 고사라고 했다"는 기록이 있다. 고사는 대다수가 행정법규에 속했으며 율령과 병행되는 중요한 법률형태였던 것이다.

---

48) 《晉書·禮 上》
49) 程樹德, 《九朝律考》, 35쪽을 참고. 북경, 중화서국, 2003.
50) 《唐六典》 卷六 注라는 내용이 이를 설명한다.
51) 정수덕, 《九朝律考》, 권3, 대북, 臺灣商務印書館, 1925.

7) 식(式)

《설문》에 이르기를 "식(式)은 곧 법(法)이다." 식은 즉 양식(程式), 격식(格式)이며, 중국 고대의 일처리에 필요한 세칙과 공문과 관련된 일종의 전문적인 법률형태였다. 식은 일종의 법률형태로서 진(秦)나라에서 기원했다. 운몽(雲夢)에서 출토한 진간(秦簡) 《봉진식(封診式)》은 바로 사건의 조사, 현장 검증, 취조 등 절차와 관련된 문서 격식으로서, 국가에서 공포해 사법관원들이 사법실천 과정에 따르고 이행하도록 했다. 식은 일종의 법률형태로서 진(晉)나라에 이미 나타났었다. 《진서 · 식화지(晉書 · 食貨志)》에는 진(晉)대에 오(吳)를 평정한 뒤 "또 호조식(戶調式)을 제정"했는데 주로 호조(戶調), 점전(占田), 과전(課田), 그리고 음족(蔭族), 음객(蔭客) 등 방면의 규정이 포함됐다는 내용이 기록되어 있다.52) 당송시기의 식은 일을 처리하는데 필요한 세칙과 공문 격식이라는 전형적인 의미를 포함하고 있다. 《당육조(唐六典)》에 이르기를 "식은 규범 격식이다." 《송사 · 형법지》에 이르기를 "표주, 장적, 관첩, 부격 등과 같이 격식과 법식을 갖췄다면 모두 식이라 할 수 있다." 당나라에서는 《무덕식(武德式)》14권, 《정관식(貞觀式)》33권, 《영휘식(永微式)》14권, 《수공식(垂拱式)》20권, 《개원식(開元式)》20권이 있다. 당식(唐式)은 33편으로 되었는데, 상서(尙書) 24조(曹)와 비서(秘書), 태상(太常), 사농(司農), 광록(光祿), 감문(監門), 숙위(宿衛), 소부(少府), 태복(太仆) 등의 관서 이름을 편명으로 달았다. 남송(南宋)시기에는 《경원식(慶元式)》이 있는데 《문서식(文書式)》, 《고과식(考課式)》, 《직제식(職制式)》, 《단옥식(斷獄式)》, 《천거식(薦擧式)》, 《창고식(倉庫式)》, 《잡식(雜式)》, 《상식(賞式)》, 《봉증식(封贈式)》, 《부역식(賦役式)》, 《호식(戶式)》 등 총 18문이 포함된다.53) 명청시기에는 일 처리하는 세칙과 공문 격식으로서 의식의 내용이 대다수 칙례로 대체되어, 식은 더 이상은 독립적인 법률형태로 존재하지 않았다.

(3) 지방성 법규의 내용과 역할

지방성 법규는 지방성 사무를 규범대상으로 하는 지역적 특징을 띠는 법률 규범의 집대성이었다. 제정 주체가 다름에 따라 지방성 법규는 두 개의 유형으로 나뉘었다. 한 유형은 중앙정권이 통치 수요를 위해 지방을 상대로 특별 제정한 법규이고, 다른 한 유형은 지방정권이 본 지역의 특징에 따라 제정한 본 지역에 적용되는 법규였다. 중국은

---

52) 《중국대백과전서 · 법학》, 326쪽, 북경, 중국대백과전서출판사, 1984.

53) 戴建國, 〈宋代編敕初探〉, 《文史》 제42집.

자고로 땅이 넓고 많은 민족이 사는 통일국가로서 중앙정부는 여러 지역의 특징에 따라 현지 실정에 맞는 상응하는 통치정책을 실행해왔다. 그 중에서 비교적 뚜렷한 것이 바로 소수민족지역의 입법이었다. 예를 들어 청대에 몽골족 집거지역을 상대로 제정한 《몽고율(蒙古律)》, 서북 회(回)족 집거지역의 《회율(回律)》, 서남 묘족 집거지역의 《묘율(苗律)》 등과 같은 입법은 통일된 다민족국가의 정권을 공고히 다지는데 적극적인 의미가 있었다. 지방정부는 또 흔히 국가 법률과 모순되지 않는 전제 아래, 본 지역의 특징에 따라 일부 실시하기 편리한 지방성 법률규범을 제정하곤 했는데, 고시(告示), 고유(告諭, 공고문 포고문), 공독(公牘, 공문서), 지방법규 편찬 등 형식으로 표현되었다. 그리고 제정체계가 완벽하며, 상대적으로 안정적이고 보편적인 효력을 지닌 지방성 법규는 점차 일종의 독립된 법률 표현형식으로 발전해, 중앙정부와 당시 사회의 보편적인 인정을 받아 여러 지역의 사법과 행정활동 중에서 중요한 역할을 발휘하게 되어, 국가 법률로서의 유기적 구성부분이 되었던 것이다.

2. 법률형태 사이의 관계

법률형태 사이의 관계는 주로 두 개의 방면에서 표현된다. 즉 법률형태 사이의 연관성과 법률형태 사이의 위계(位階)성이다. 전자는 주로 동일한 입법체계 내에서 여러 가지 법률형태 사이의 분공과 협력관계를 가리키며, 후자는 주로 여러 가지 법률형태가 법률 적용과정에서의 효력 순서를 가리킨다. 법률형태 사이의 연관성 방면에서 중국 고대 법률의 주요 임무는 통치계급 정권의 안정을 수호하는 것이므로 불법 범죄를 단속하고 관리들에 대한 관리를 강화하는 것이 중국 고대 법률 조정의 주요 내용이었다. 그래서 "죄를 판결하고 형벌을 정하는 율전(律典)과 제도를 세우고 규범을 정하는 영전(令典)이 상대적으로 안정된 법률형태가 됐다." 그리하여 동일한 법률체계 속에서 율령을 중심으로 하며 기타 법률형태가 서로 분공 협력하고, 서로 보완하는 통일된 관계가 형성됐다. 법률형태의 위계성 방면에서 비록 율전과 영전이 역대 왕조의 가장 중요하고 가장 안정적인 법률형태였지만, 그들의 기능성과 융통성이 결여됐던 탓에 황제의 의지를 제때에 법률화할 수가 없었고, 또 끊임없이 변화하는 사회의 수요에 즉각적으로 적응할 수가 없었다. 그래서 융통성과 기능성 있는 기타 법률형태가 법률적용 과정에서 흔히 우선적인 적용의 효력을 지니게 되었던 것이다.

1) 법률형태 사이의 연관성

중국 고대의 입법체계 배치 면에서, 한편으로는 서로 다른 법률형태로 여러 가지 사회관계에 대해 조정하고 규범화시켜, 서로 분공하는 구조적 배치가 형성됐다. 예를 들어《당육전》에 이르기를 "율은 형법을 정하고 죄를 판결하는 의거이고, 영은 규범과 제도이며, 격은 법도에 어긋나는 사악한 것을 금지시켰고, 식은 법식과 격식이다." 또《신당서 · 형법지》는 다음과 같이 기록하고 있다. "영은 존비귀천의 등급에 따른 규범으로서 국가의 제도이고, 격은 모든 관리와 관서가 평소에 사무를 처리함에 있어서 지켜야 할 행정규범이며, 식은 평소에 항상 지켜야 할 법식이다. 한 나라를 다스림에 있어서 이 삼 자가 빠질 수 없다. 이를 어기거나 나쁜 짓을 저지르는 자는 범죄자로 여겨 율에 따라 판결한다." 율은 형법을 정하고 죄를 판결하는 율전이고, 영은 법도와 규범을 정하는 국가제도이며, 격은 관서와 관원의 행정규칙이고, 식은 관리들이 일상 사무를 볼 때 지켜야 할 법식이다. 이로부터 중국 고대의 매 일종의 법률형태는 모두가 그 특정된 조정대상과 조정범위가 있으며, 여러 법률형태 간에 분공이 명확하다는 것을 알 수 있다. 국가생활과 사회생활 중의 여러 가지 관계에 대해 효과적으로 규범했을 뿐 아니라, 사법 실천 중에서 실행하기도 편리하도록 했다. 다른 한 편으로는 동일한 법률내용은 또 서로 다른 법률형태로 조정하며, 서로 보완하는 체계적 배치를 이룬다. 예를 들어《당률》에는 위령죄(違令罪) 즉 영을 어긴 죄와 위식죄(違式罪) 즉 식을 어긴 죄에 대해 규정짓고 있다. 이 두 죄명의 내용은 영과 식의 구체적 규정을 의거로 했다. 기타의 법률형태의 규정은 율의 세분화 혹은 보충이다. 한편 기타 법률형태의 규정을 어겼을 경우에는 흔히 "모든 것을 율에 따라 판단한다"고 했다. 이외에 기타 법률형태 사이에도 서로 세분화하고 보충하는 상황이 형성될 수 있다. 예를 들어 격은 때로는 영의 실행 세칙이 될 수도 있다. 일부 문류에서 앞에 어떤 영이 있으면, 그 뒤에 어떠한 격이 따르는 것과 같다. 예를 들어 송나라 때 천거령 뒤에 천거격이 편집 수록되었는데,이는 바로천거령의 실행세칙이었다. 서로 다른 법률형태가 동일한 법률내용에 대해 규범화시켜 여러 법률형태들 사이에 상호 보완하는 밀접한 관계가 형성되었던 것이다.

2) 법률형태 사이의 위계성

중국 고대 입법체계의 여러 구성부분 중에서 여러 법률형태 사이에는 구체적으로 적용될 때 일정한 효력이 발휘되는 순서가 존재한다. 구체적으로 말하면 바로 동일한 법률 내용의 규범에 대해 어떤 법률형태가 우선 적용 효력이 있느냐 하는 것이다. 종합적으로 말해서 율전은 여러 규범 중에서 안정적인 근본법의 지위를 점하며, 율전을 보충하고 융통하거나 수정하는 기타 법률규범은 세목법에 속한다. 여러 왕조마다의 율전은 대체로 개국 군왕이 제정한 것으로서, 안정적이고 계통적인 특성을 띠기는 하지만, 한편 사회상황에 융통적으로 대응할 수 없다는 폐단이 존재했다. 그래서 흔히 기타 법률형태로 율전의 내용에 대해 보충하고 수정하며 융통성 있게 적용했다. 이렇게 율전과 기타 법률형태 사이에 원칙법과 구체법의 관계가 형성되었는데, 이는 즉 율은 기본적인 법의 규범이고, 기타 법률형태는 율전의 실행을 위한 규정이라고 할 수 있었던 것이다. 타이완의 유명한 학자 황징쟈(黃靜嘉)가 율과 예(例)의 관계에 대해 분명하게 논술했다. "양자 효력의 근원은 모두 황제의 통치 대권에서 비롯됐으나, 각자가 처한 왕조별 실제 법률의 체계 속에서는 마땅히 예를 율의 다음 자리에 해당하는 규범으로 인정해야 한다. 그러나 예의 실제 효력은 율보다 우월하다. 이는 예가 2차급 규범(세목법)이라는 데서 비롯된 결과이다(실시하는 면에서 세목법은 근본법을 제외하기 때문이다)."[54] 율전에 대해 보충하고 수정하며 융통하는 기타 법률형태의 사이는 보통법(원칙)과 특별법(구체) 사이의 구별이다. 위계상에서 율전은 상위에 속하는 보통법이지만, 적용상에서는 특별법이 보통법보다 우세하다. 그래서 여러 왕조에서는 율전의 안정성을 강조하는 동시에, 율전의 융통적 형식이 실천 속에서 기능하는 운용에 대해서 중시했던 것이다.

중국 고대의 입법체계는 비록 현대 부문법의 분류로 세워지는 것은 아니지만 이런 입법체계는 당시 법률이 담당하는 임무와 서로 맞물렸다. 한편 고대 입법체계는 서로 이어받는 특징이 있었다. 새로운 왕조의 건립 초기에 한 부의 새롭고 완벽한 율전을 창립하는 것은 역사전통 면에서나 입법기술 면에서 어려움이 존재했기 때문이다. 그래서 앞 왕조의 입법 격식을 후에 나타난 왕조가 본떠서 그것을 바탕으로 사회상황의 발전과 필요에 따라 이를 혁신하여 보다 합리적이고 완벽하게 만들기 위해 노력하였던 것이다. 중국 고대 법률의 이러한 답습성으로 인해 고대의 법률은 2천 년이나 변함없이 전해져 내려올 수 있었던 한편, 또한 내용과 격식에서 갈수록 성숙되고 완벽해져 갔던 것이다.

---

54) 黃靜嘉, 《中國法制史論述叢稿》, 273쪽, 북경, 청화대학출판사, 2006.

3. 입법절차

입법절차는 입법권이 있는 국가기관이 법률을 제정, 인정, 수정, 폐지하는 절차와 차례, 방법을 가리킨다. 입법은 실제로 통치계급의 의지를 국가적 의지로 상승시키는 과정이다. 중국 고대에는 법률이 임금으로부터 만들어졌다. 황제가 최고 입법권을 장악했으며, 황권은 중국 고대 법률의 근본적인 근원이었다. 중국 고대에는 전적으로 집중된 법률로서 입법절차를 규정하지는 않았다. 그러나 추상적인 황권을 구체적이고 다룰 수 있는 법률 규범으로 전환시키기 위해 역대 통치자들은 모두 일정한 절차에 따라 법률을 제정, 인정, 수정, 폐지했다. 서로 다른 법률근원의 편찬과정과 관직에 있는 관리의 직권 범위에서 보면, 서로 다른 형태의 법률근원은 입법절차도 조금씩 구별됐다. 일반적으로 율전은 한 왕조의 개국법전으로서 한 나라의 가장 안정적인 기본 대법이었다. 따라서 제정 시에는 특별히 신중해야 하고 중시해야 했다. 따라서 반복적으로 모여서 의논하고 심사숙고를 거쳐야 했으며, 관련이 있는 입법 성원들도 광범위했던 것이다. 기타 법률형태의 입법절차는 기능성과 고정성을 고루 돌보아야 했으며, 입법에 참여하는 성원도 상대적으로 단일했다. 역사서적에 대량으로 기록되어 있는 관련 입법상황에서 보면, 고대 법률규범의 제정은 일반적으로 제칙(制敕, 황제의 조령), 집의(集議, 모여서 공동으로 의논하는 것), 주정(奏定, 임금에게 상서를 올려 정하는 것), 공포 등의 시행 절차를 거쳐야 했다. 구체적으로 다음과 같은 절차가 포함되었다.

첫째는 제칙 입법이었다.

법률의 제정, 공포 시행, 수정 등은 반드시 황명에 따라 행해야 했다. 즉 황제가 공포한 조령과 칙령은 흔히 입법절차를 가동하는 근거이며, 여러 유형의 법률형태가 효력을 가질 수 있는 근본적 의거였다. 그러므로 여러 유형의 법률을 제정하고 수정함에 있어서 반드시 거쳐야 할 절차였다. 황제의 제칙 입법에는 두 가지 방식이 포함됐는데, 하나는 황제가 위에서 직접 칙령을 내려 입법을 진행하는 것이고 다른 하나는 신하들의 건의에 대해 황제의 동의를 거쳐 조령으로 제정되어 입법을 진행하는 것이었다. 전자는 흔히 안정적인 법률형태에 적용되었고, 후자는 기타 법률형태에 적용되었다. 예를 들어 《명사·형법지》에는 "태조 황제가 율문을 제정한 다음 역대로 이어져 내려오고 있기에 감히 쉽게 수정할 수 없다. 일시적으로 변통해야 하며, 혹자는 조령을 내리거나 혹자는 조정 대신들이 상주하여 의논하곤 한다"고 기록하고 있다. 곧 황제가 입법칙령을 내려 입법의 목적, 법위, 방법 및 입법기구의 규모와 인원을 규정했던 것이다. 예를 들어 남조(南朝)의 진무제(陳武帝)가 다음과 같은 조령을 내려 입법을 지시했다. "짐이 듣건대 요 임금과 순 임금시기에 법도가 성행해 그림을 그려 백성들이 그것을 보고 범하지 않도록 했다. 하상시기에는 덕이 쇠퇴해 비록 형벌이 있었어도 갖춰지지 않아 말세에 이르게 됐으며, 조항이 번잡하고 전란으로 뿔뿔이 흩어져 전장법규가 쇠퇴하고 문란해졌다. 그렇기 때문에 훌륭한 인재들을 선발해 선대의 법령에 대해 편집하고 뭇 신하들의 광범위한 의논을 거쳐 실무적이고 간단명료하게 제정하라."[55]

우수한 인재를 선발해 선대의 법령을 참고하면서, 뭇 신하들이 광범위한 의논을 거쳐 내용이 적절하고 조리정연하고 간단명료한 법률을 제정하라는 등의 내용이 조령에 의해 제정됐던 것이다. 뒤의 방식에 대해 여러 왕조의 《형법지》에는 중앙 여러 부서의 관원들이 상주하고(奏), 표를 올리고(表), 상언(上言)하는 등의 방식으로 황제에게 입법 제의를 하고, 황제가 조령을 내리거나, 건의를 듣거나(聽之), 따르거나(從之), 비준하거나(準之), 허락하는(可之) 등의 방식으로 하여 뭇 신하들이 건의하는 것을 입법의 의거로 삼았다는 내용이 대량으로 기록되어 있는 것이다.

둘째는 집의(集議)였다.

이는 황제가 조령을 내려 구성된 임시 입법기구[56] 를 말했다. 중국 고대의 입법기구는 세 가지 유형으로 나뉘었다. 첫 번째 유형은 임시적 입법기구로서 중국 고대에 비교적 혼했다. 법률제정의 필요에 따라 임시 입법기구의 구성인원은 때로 비교적 번잡할 때도 있고 때로는 상대적으로 단일할 때도 있었다. 기구 구성원의 불확정성에서도 중국 고대 입법절차의 기능성과 다변성이 반영되었다. 예를 들어, 법률제정 시 흔히 여러 부서 관원, 지방 관원 그리고 법률을 전담하는 율 박사들이 모여 법률을 제정하고 수정했다. 《구당서 · 형법지(舊唐書 · 刑法志)》에는 다음과 같이 기록되어 있다. "개원 초년에 당 현종이 황문감(黃門監) 노회신(盧懷愼), 자미시랑(紫微侍郎) 겸 형부상서(刑部尙書) 이부(李敷), 자미시랑 소정(蘇頲), 자미사인(紫微舍人) 여연조(呂延祚), 급사중(給事中) 위봉고(魏奉古), 대리평사(大理評事) 고지정(高知靜), 동주(同州) 한성현승(韓城縣丞) 후

---

55) 《隋書 · 刑法志》

56) 중국 고대의 입법기구는 주로 황제의 뜻에 따라 입법과정에서 구체적인 실행 업무를 담당하는 기구를 가리키며 현대 입법기구의 입법직능은 갖지 않는다. 혹은 황제로부터 권한을 부여받은 전문 입법기구가 법률과 법규에 대한 제정, 수정, 폐지를 구체적으로 담당한다. 입법기구가 편찬 초안이나 편찬 의견을 제출해 구체적인 의논을 거쳐 성문화한 뒤 황제에게 상주하여 비준을 받는다. 입법의 집의(공동 의논) 절차는 일정 정도에서 입법의 완벽성과 공정성을 확보했다. 이러한 목적을 이루기 위해 합리한 입법기구를 설립하는 것이 특히 중요함을 알 수 있다.

영(候郢), 영주(瀛州) 사법참군(司法參軍) 염의전(閻義顓)에게 칙서를 내려 격, 식, 영을 제정해 3년 3월까지 상주할 것이며, 이름은 《개원격(開元格)》으로 정하라고 했다."《신당서 · 형법지(新唐書 · 刑法志)》에는 "고종은 즉위 초기 율학자들에게 《율소(律疏)》를 편찬하라는 조서를 내렸다"고 기록되어 있으며, 또 "내사(內史) 배거도(裴居道), 봉각시랑(鳳閣侍郞) 위방질(韋方質) 등에게 명하여 무덕(武德) 이후부터 수공(垂拱)에 이르기까지 조령을 새로운 격으로 편집해, 해당 관서에 소장케 했으며, 이를 《수공유사격(垂拱留司格)》이라고 명명했다"고 기록되어 있다. 이로부터 임시 입법기구의 구성은 흔히 법률제정의 구체적 필요에 따라 확정되며, 중요한 입법은 뭇 신하들의 의논을 거쳐 했고, 전문적인 입법은 율 학자들이 편찬했으며, 기타 법률은 특정인이 담당했으므로 기능성이 비교적 큰 특징을 띠었다. 두 번째 유형은 상설적인 입법기구로서 황제를 보필해 일상적으로 입법업무를 맡았으며, 상대적으로 안정적인 입법직능을 담당했다. 예를 들어 이사(李斯)는 진시황 때의 승상(丞相)이었는데 그 중 하나의 중요한 직책이 바로 "법률과 제도를 엄하고 명백하게 율령을 정하는 것"[57]이었다. 당(唐)대의 중서성(中書省)은 바로 중앙정부의 상설 입법기구로서 황제의 뜻을 받들어 국가의 정령을 편찬 제정하며, 장관은 중서령(中書令)이라 했으며, 직책은 "군대와 나라의 정령을 주관하고 천자를 도와 국정을 주관하는 것"[58]이었다. 그 외에 중앙의 여러 부서도 본 부서의 직능과 관련되는 법률의 제정과 수정을 그에 맞게 맡았다. 세 번째 유형은 황제로부터 권한을 부여받아 설립한 전문적인 입법기구로서 법률의 제정과 수정을 담당했다. 전문적인 입법기구를 설립하는 것은 주로 어느 한 유형의 법률형태 수량이 늘어나거나, 이런 법률형태가 이미 일종의 주요한 입법형태가 된 경우였다. 예를 들어 당나라에서는 격령 편찬사(刪定格令使)를 전문적으로 설치해 격과 영의 편찬을 담당하게 했으며, 후에 이를 취소하고 그 직능을 형부(刑部)가 행사하도록 바꾸었다. "건중(建中) 2년에 격과 영의 편찬사를 없애고 삼사사(三司使)에 합병시켰다. 처음에는 중서문하(中書門下)로 격과 영의 편찬사를 대체했다가 후에 또 급사중(給事中), 중서사인(中書舍人), 어사중승(御史中丞)을 합쳐 삼사사로 칭하여 편찬케 했다. 이에 중서문하는 원래의 제도를 회복시킬 것을 청하는 상소를 올려 형부(刑部), 어사대(御史臺), 대리사(大理寺)를 설립하여 격과 영을 형부에 맡겨 편찬하도록 했다."[59] 송(宋)대 중후반에 칙령 제정이 주요 입법형식이 됐으므

---

57) 《사기 · 李斯列傳》
58) 《唐六典》 권9.

로, 신종(神宗) 때부터 상정중수칙령소(詳定重修勅令所)와 상정일사칙령소(詳定一司勅令所)를 설립하고 《칙령격식(勅令格式)》 편집을 전담하게 했다. 청조에는 율례관(律例館)을 설치해 율례의 편찬을 담당하도록 했다.

셋째는 제정하고 공포하는 일이었다.

즉 법률이 발효되어 실행되려면 반드시 황제가 공포 시행하는 데 대한 조령을 발표해 전국 범위 내에서 공포 실시해야 했다. 입법기구가 공동으로 의논해 통과시킨 입법 초안이 최종 결정된 다음 황제에게 상주하여 황제가 친히 심열한 뒤 공포하여 시행토록 할 것을 비준했다. 이는 제정 수정된 율과 영의 발효와 실행 여부를 결정짓는 마지막 절차이며, 또 황제가 최종 입법 결정권을 장악하고 있음을 반영하기도 하는 것이었다.[60] 예를 들어 진무제(晉武帝)가 태시(泰始) 4년(268년) 정월 "천하에 대사령을 내리고 신율을 공포 시행했다." 당 고조(唐高祖)는 무덕(武德) 7년(624년) 5월에 《무덕률(武德律)》를 제정해 조령을 내려 "천하에 공포 시행토록 했다." 또 《정관령(貞觀令)》은 정관 11년(637년) 정월에 제정돼 "이를 공포했다." 원 세조(元世祖)는 지원(至元) 28년(1291년)에 《지원신격(至元新格)》을 제정해 "저서가 완성되어 칙령을 판목에 새겨 공포 시행해 모든 관서가 지키도록 했다." 명 태조(明太祖)는 홍무(洪武) 30년(1397년)에 《대명률(大明律)》, 《흠정률고(欽定律誥)》를 제정해, 황제가 친히 오문(午門)에 와서 신하들에게 다음과 같이 효시했다. "짐이 옛 사람들을 본받아 나라를 다스림에 있어서 예제를 명백히 세워 백성을 인도하고 법률을 제정해 흉악하고 완고한 자들을 구속하고자 법령을 제정해 공포 시행해오고 있다. 그러나 이미 오랫동안 시행해오고 있지만 형률을 어기는 자가 여전히 매우 많으므로 《대고(大誥)》를 제정해 백성들에게 명시해 길한 것을 따르고 흉한 것을 피할 수 있는 이치를 알게 하려 한다. 옛 사람들은 형률을 상형(祥刑)이라고 칭했으니 백성들이 천지간에서 다 같이 살아가길 희망해서가 아니겠는가? 그런데 법률은 주관 관원들의 수중에만 들어 있어 모든 백성이 다 알 수 없으므로, 짐은 명을 내려 형관(刑官)에게 《대고》의 조목 중에서 중요한 부분을 써서 법률 뒤에 붙이도록 하고자 한다. 무릇 명단에 공시된 금지령은 일률적으로 폐지하며, 역모죄 및 《율고(律誥)》에 기록 열거된 모든 범행을 제외한 것 이외의 크고 작은 잡다한 죄는 일률적으로 속죄 조례에 따라 판결한다. 이제 이를 책자로 편찬해 조정 안팎에 발행해 만천하 백성

---

59) 《舊唐書·刑法志》
60) 李玉生, 《唐令與中華法系研究》, 68쪽, 남경, 남경사범대학출판사, 2005.

들이 지켜야 할 법규를 알 수 있도록 하라."[61]

이로부터 공포 시행된 조령은 법률적 효력을 띠는 외에도 법률 내용과 실행 범위를 공시하는 기능을 지니며, 모종의 정도에서 사람들의 행위를 경고하는 역할을 했음을 알 수 있다.

2절. 가법과 족규(家法族規)

중국 고대는 가정에서부터 나라에 이르는 경로에 따라 계급사회에 들어섰다. 종법 혈연관계가 사회의 많은 방면에 강렬한 영향을 미쳤다. 특히 종법(宗法)과 정치의 밀접한 결합이 가정과 나라의 일체화를 형성했으며, 족권과 정권 합일의 특유한 체제를 형성했다. "가정은 나라의 축소판이고 나라는 가정의 확대판이며, 나라의 구성과 정치 구조, 나라의 활동은 모두 혈연과 정치의 이중 원칙을 의거로 했다."[62] 중국 고대의 가법 족규와 국가 제정법은 모두 종법제도와 유가사상의 깊은 영향을 받았다. 양자는 본질적으로 근원이 같으며, 내용이 고도의 화해성과 통일성을 띠었다. 따라서 비록 종법 족규가 일정한 독립성을 띠긴 하지만, 그 중점은 종법성을 두드러지게 하는 것이었으며, 오직 세절 상에서만 혼인, 가정, 계승 등 관계를 완벽히 할 뿐 국가법을 뛰어넘지 못하며, 이는 국가 제정법에 대한 보충이었다. 실천 속에서 종족 조직은 자신의 권위를 강화하고, 소송 건에 맞닥뜨렸을 때는 관부의 지지를 쉽게 얻어내기 위해 종종 이미 제정한 종법 족규를 관부에 제출해 미리 조사를 받고 행할 수 있도록 비준 받았다. 이렇게 미리 관부의 비준을 받은 종법 족규는 종족 내부 구성원들이 공동으로 협상해 의견일치를 달성한 계약 성격을 띤 약정이었을 뿐만 아니라, 그 속에서 나라의 모습도 볼 수 있었다. 관부의 인정을 받은 가법과 족규는 일정한 정도에서 준 법률적 효력을 띠며, 실천 속에서 유효한 법 외의 근원이 되어, 일정 범위 내에서 사회관계를 조정할 수 있었으며, 나라의 법률에 대한 중요한 보충으로써 작용했다.

---

61) 《明史 · 刑法志》
62) 張晉藩, 《中國法律的傳統與近代轉型》, 113쪽, 북경, 법률출판사, 1997.

1. 가법과 족규의 발생과 발전의 역사적 배경

인류가 불을 사용할 줄 몰라 짐승을 잡아 털과 피까지 날것으로 먹던 상고시기에 열악한 환경 속에서 생존하기 위해 우리 선조들은 족(族)의 형식으로 한데 모여 살면서 상대적으로 안정된 씨족 군체를 형성했으며, 씨족 내부에 씨족 구성원을 조정할 수 있는 일련의 행위 규범을 세웠다. 한편 씨족 내부에도 제사를 중심으로 하는 등급 구도가 점차 형성됐다. 이러한 일련의 규범체계는 국가형성 초기 체제와 제도를 수립하는데 직접적인 영향을 주었다. 서주(西周)가 바로 이를 토대로 혈연 종법을 핵심으로 하는 일련의 정권체제와 종법 등급제도를 수립했다. 종법 등급제도는 신분의 등급성을 강조하는데, 이런 등급성이 나라에서는 곧 군신 관계이고 집안에서는 곧 부자 관계였다. 나라에서도 가정의 원칙에 따라 종법 등급원칙을 구축했다. 나라는 가정을 확대한 것이고 가정은 나라의 축소판이다. 그러나 그들의 공동 특징은 바로 중심 권력을 핵심으로 피라미드식의 등급구조를 구축했다는 것이다. 한 나라 내에서 임금은 최대 가장이며, 이에 따라 군신 간의 등급, 부자간의 등급관계를 구성했다. 군신 간에는 일종의 의제혈연관계를 형성했으며, 가정과 나라의 체제를 수립하는 상에서의 일치성은 등급제도와 등급 이념에 대해 공동으로 인정하는 토대가 되었다. 따라서 가법과 족규의 제정이 지도사상, 내용, 효력 면에서 국법에 대한 표현은 보충과 보완이 주를 이루며 국법을 이탈한 이원 법률구조를 형성하지 않았으므로 가법은 사실상 국법의 일부분이거나 변종이며 나라의 최하층 사회조직의 기능을 발휘하고 있다. 이른바 "집안에 규칙이 있는 것은 마치 나라에 법률이 있는 것과 같다. 법률이 역할을 하지 않으면 어찌 소인의 심사를 삼갈 수 있으며, 규범이 바로 서지 않으면 집안 자제들이 어찌 예법을 따르겠는가? 오로지 국법과 가규가 바로 서야 한다"는 것이었다.[63]

힌편 소농경제는 가법과 족규가 의존할 수 있는 경제적 토양이었다. 농경사회의 가장 두드러진 특징은 바로 안정이었다. 안정된 사회는 가법과 족규가 효력을 발생할 수 있는 물질적 조건을 제공한다. 가법과 족규의 유효 정도는 종족 구성원들이 가법과 족규에 대해 인정하는 정도와 가법 족규의 연결성이 갖고 있는 긴밀도 및 가법과 족규가 실시되었을 때 그 실행 가능 정도에 따랐다. 중국 고대 중농억상(重農抑商)의 농업경제는 가법과 족규가 효력을 얻을 수 있는 든든한 보장 역할을 했다. 다른 한편 유가의

---

63)《中湘下砂陳氏族譜》권4.

윤리사상은 가법과 족규가 생겨날 수 있는 문화적 토양이었다. 가법과 족규는 존비(尊卑)와 장유(長幼)의 구별을 강조하며, 효도를 유지하고 윤리질서에 대한 추구는 유가 윤리사상과 약속이나 한 듯이 일치했다. 유가 윤리사상은 바로 중국 고대국가의 정통사상이고, 가법과 족규는 사상적으로 국가의 주류 사상와 일치성을 유지하였다. 그러므로 가법과 족규는 제정과 실행과정에서, 또 구체적 내용상에서 국가의 제정법과 모순되는 면이 있긴 하지만, 그 내재하는 목적이 일치했으므로 모순이 궁극적으로는 효과적으로 조정되어 모순을 최소한도로 줄일 수 있었다.

가법과 족규의 발전은 대체로 세 개의 시기를 거쳤다. 당조(唐朝)에서 원(元)조 말까지는 가법과 족규 발전의 제1단계였다. 이 시기에는 가훈에서 발전한 일련의 가규와 직접 종족규범으로 제정된 일부 족규가 나타났다. 가훈에서 발전한 가규와 종족의 이익을 위해 제정된 족규는 다 일정한 강제적 효력을 갖는다. 명·청은 가법과 족규의 제2 발전기이며, 가법과 족규가 전면적으로 발전한 단계이다. 명대에 사회 각 계층은 고관대작이나 일반 백성 계층을 막론하고 가규와 족보를 제정하는 전통이 형성됐다. 이 시기에는 가법과 족규를 어긴 자에 대한 징벌이 가중되는 추세를 보였다. 청대에는 가법과 족규가 전성시기에 들어섰다. 가법과 족규의 제정이 보다 완벽해져 대량의 단일성 규범이 나타나고 징벌 강도가 더 증강됐을 뿐 아니라, 가법과 족규가 통치자들의 인정과 보급에 힘입어 현실정치와 비교적 밀접한 관계를 갖게 되었다. 19세기 말부터 가법과 족규는 제3 발전기에 들어섰다. 정권체제의 변혁과 민주사상의 충격에 따라 종족 세력은 점차 위축되어 전통적인 가법과 족규가 불가피하게 흥성하던 데서 쇠락하는 말로를 걷게 됐다.[64] 가법과 족규의 발전 과정에서 보면 그 효력은 종법세력의 강약과 일치한다. 강제력의 강화가 일정 정도에서 가법과 족규의 지위와 영향력의 상승에 반영되었으며, 또 가법과 족규의 사회 통제능력에 대한 강화를 반영했다.

2. 가법과 족규의 내용

가법과 족규의 내용은 시기별 지역별로 서로 달랐다. 그러나 종합적으로 말하면 가법과 족규의 제정은 예교에 부합돼야 하고 교화를 중시하고 국법을 수호해야 한다는 것을

---

64) 費成康, 《中國家法族規》, 14~27쪽. 상해, 상해사회과학원 출판사, 2003.

원칙으로 했다. 가법과 족규가 예교의 수호, 기풍의 정화, 사회의 안정에 경시할 수 없는 작용을 했다. 예교의 삼강오상(三綱五常), 국법의 제정, 사회의 풍속은 모두 가법과 족규의 참고 요소였다.

1) 가법과 족규의 제정

일반적인 상황에서 가법은 한 가정의 가장이, 족규는 한 종족의 족장이 장악하며 제정권은 그들의 자연 신분에서 온다. 그밖에 일부 일정한 사회적 지위를 가진 진신(縉紳), 학식이 깊은 문인 유사, 덕망이 높은 덕망가 등은 모두 가법과 족규의 제정에 참여할 수 있었다. 집안 이외 인사의 참여는 가법과 족규가 국가 법률과의 일치성을 유지할 수 있도록 효과적으로 보장한 것이다.

가법이 미치는 범위와 대상은 비교적 단일한데, 주로 가정 내부 구성원을 상대로 하므로 제정 절차도 비교적 간단했다. 가법은 성문화한 형식으로 제정한 뒤 가정 내부에서 선포하게 되면 가정 구성원들에게 구속력을 발생케 했다. 반드시 말해야 할 점은 가법의 구속력은 직접적으로 가정에서 가장의 절대적 권위에서 오는 것이며, 가정의 기타 구성원들의 의견을 수렴할 필요가 없으며, 가정 구성원은 복종할 의무만 있을 뿐이었다. 그러나 족규의 제정절차는 비교적 복잡했다. 보다 큰 권위와 지구적인 효력을 얻기 위해 족규의 제정절차는 비교적 신중하고 복잡했다. 흔히 여러 명의 웃어른들이 모여서 정립하거나, 종족 내 대중들이 공동으로 정립하거나 종족의 전문기구에서 정립하거나 혹은 종족 밖의 권위인사가 참여하는 방식을 통해 정립했다. 여러 사람이 제기한 중에서 훌륭한 것을 받아들이므로 족규의 제정은 흔히 가법보다 더 완벽하고 엄밀했다.

족규는 제정된 후 흔히 공개하는 방식으로 공포되며 대체로 두 가지 유형으로 나뉜다. 첫 번째 유형은 종족 내부에서 선포하면 즉시 유효했다. 종법 족규가 효과적으로 실시되도록 하기 위해 일반적으로 족규는 여러 가지 형식으로 공시했다. 예를 들어 족규는 혹은 목판에 새기거나, 혹은 돌벽 위에 새기거나, 혹은 석비로 새겨 사당 내에 세워두거나, 혹은 작은 책자로 인쇄해 종족 구성원들에게 나눠주곤 했다. 다른 한 유형은 제정한 족규를 관부에 보고해 등록하거나 비준을 거쳤다. 족규가 관부에 등록하거나 비준을 거치면 국가 정권의 지지를 얻게 되어 족규는 더 큰 효력과 권위를 갖게 되었다. 무릇 관부의 비준을 거친 족규는 일반적으로 관부가 공시하는 형식으로 대중들에게 공포되었다. 그로 인해 족규도 공식적인 성격을 띠며 국가법의 효과적인 보충작용을 했다.

2) 가법과 족규의 내용

가법과 족규는 가장, 족장의 통치하에 자체로 제정하는 족인들에게 보편적인 구속력이 있는 행위 규범이며, 종족 조직내부의 강제력에 의해 보장되었다. 내용은 인격, 신분, 혼인, 가정, 계승 등 거의 모든 관계를 포함했다. 가법과 족규는 일반 상황에서 모두 정부 측의 인정을 받을 수 있어, 실천 속에서 준법률적 역할을 발휘함으로써 가족 내부의 질서를 효과적으로 수호하고 가족관계를 조정하며 국가가 제정하는 법의 부족점을 보충했다. 가법과 족규는 후기까지 발전하면서 갈수록 완벽해졌다. 구조상에서는 일반 규범의 구성요소를 구비해 행위 모델과 행위의 후과로 구성됐다. 완벽한 가법과 족규는 흔히 규범사항, 징벌과 표창 장려 등의 내용으로 구성되었는데, 가법과 족규의 내용으로 보면 주로 다음과 같은 면이 포함되었다.

(1) 가법과 족규의 규범 사항

주로 개인행위, 가정 사무, 종족 사무, 그리고 기타 일부 관련 사무가 포함되었다. 구체적으로 보면 주로 다음과 같은 몇 가지 방면에서 표현되었다. 첫째는 효제(孝悌)의 요구였다. 즉 "모든 선행 중에서 효가 먼저다"라는 것으로, 효는 사람됨의 근본이라고 생각했다. 자손이 부모, 조부모 등 웃어른에게 효도해야 한다는 것은 가법과 족규의 가장 기본적인 원칙이었다. 이런 원칙은 실천 속에서 일부 구체적인 조치와 제도로 전환되는데 주로 웃어른의 의견을 존중하고 따르며, 연로한 부모를 봉양하고, 가산과 종족 내부의 재산이 완정할 수 있도록 지키며, 예를 들어 부친이 세상에 살아 있을 때는 별적이재(別籍異財, 조부모·부모가 살아있을 때 자손들이 호적을 따로 만들어 재산을 나누는 일)를 하지 못하며, 사사로이 부동산을 처리하지 못한다는 등, 가족과 종족의 대를 잇고 제사를 이어가며, 가정 내부와 종족 내부의 화목을 강조하는 등으로 표현되었다. 둘째는 수신(修身)을 요구했는데, 수많은 가법과 족규는 모두 중화민족의 전통적인 미덕을 창도했다. 가족 구성원들이 근검하고, 소박하며, 배우기를 즐기고, 하는 일에 최선을 다하며, 스승을 존경하고, 도리를 중히 여기며, 정직하고 청렴할 것 등을 요구했다. 심지어 의, 식, 주, 행, 기, 먹고, 자고, 기거하는 따위의 일상생활 속의 구체적 방면에까지 미쳤다. 셋째는 직업에 대해 요구한 것인데, "벼슬하는 것과 농민이 위이고, 장인과 장사치가 아래"라고 하여, 중국 고대사회에서는 직업의 귀천에 대한 명확한 경계선이 있었다. 따라서 가법과 족규는 종족 구성원의 직업 방면에 대한 요구 면에서 명확하고 뚜렷하게 규정해 놓았다. 종족을 욕되게 하거나 종족의 성망을 어지럽히는 천업(賤業)에 종사하는 구성원에 대해서는 흔히 족보에서 제명하거나 종족에서 추방하는 등 가장 엄중한 처벌을 가했다. 이밖에 가법과 족규는 또 신분, 혼인, 문호, 계승, 상장 등의 방면도 포함되었다. 무릇 개인과 관련된 관계와 행위는 모두 포함되었던 것이다. 한 사람이 태어나서 죽을 때까지 가법과 족규를 행위의 지도방침으로 삼기만 한다면, 일반적으로 국가법과 접촉할 필요가 없다고 말할 수 있을 만큼 가법과 족규는 한 사람의 생활에 상대적으로 자족적인 일련의 행위 방식을 제공했다. 이러한 자족성은 한편으로는 가정과 종족에 대한 개인의 의존도를 강화하고, 다른 한편으로는 가법과 족규의 효력을 더 강화했다.

(2) 가법과 족규의 징벌 방식

종족의 모든 구성원은 모두 혈연관계, 경제관계, 정치관계 속에서 자신의 지위에 따라 등급 신분을 얻는다.[65] 종족의 내부 구성원들 사이는 혈연적, 경제적, 심지어 정치적으로 매우 복잡하게 얽힌 관계이다. 하나의 개체로서 만약 의지해 살아가는 종족공동체를 벗어나게 되면 사회에 발을 붙이기가 어렵다. 여러 지역의 종족 족규 중에서 출족(出族) 즉 종족 내에서 삭적(削籍)해버리는 것을 가장 엄격한 처벌로 간주한다. 종족 조직 내부에서는 종족 구성원들이 화목하게 지내는 것을 중시하며 예교를 숭상하고 가장, 족장의 절대적 지위를 강조했다. 족장은 종족 내 사물을 관리할 때, 흔히 종족 내부에서 같은 조상을 두고 뿌리가 같은 동성동본이며 한 핏줄로 전해져 내려오는 혈연관념을 이용해 통치자와 피통치자 사이에 따뜻한 정감이 넘쳐흐르는 것 같은 분위기를 연출하며, 징벌과 교화 두 가지 수단을 병용해 족인들이 지배에 복종하게 함으로써 종족조직의 효과적인 운행을 유지했다. 가법과 족규의 징벌방식은 다종다양한데 종합하면 대체로 다음과 같은 7가지 유형이 있었다. 경계류의 예를 들면 질책(叱責), 경고(警告), 서약(立誓), 벌제(罰祭) 등이 있었고, 치욕류의 예를 들면 경죄(輕罪), 폄의(貶義), 명시(標示), 압유(押遊, 조리돌림), 공공(共工) 등이 있었으며, 재산류의 예를 들면 벌전(罰錢, 벌금), 벌물(罰物), 배상(賠償), 충공(充工) 등이 있었다. 신체류의 예를 들면 벌궤(罰跪, 꿇어앉히기), 타수(打手), 장취(掌嘴, 뺨 때리기), 장책(杖責, 책벌로 곤장 치기), 가호(枷號, 갈 씌우기), 돈쇄(蹾鎖, 형구 이름인데 높이 약 20센티미터에 길이와 너비가 약 한

---

65) 朱勇, 《淸代宗族法硏究》, 28쪽, 長沙, 湖南教育出版社, 1987.

자 정도 되는 네모난 나무 상자. 위로 향한 면에 4개의 구멍이 나 있어 각각 손과 발을 묶어 두는데 쓴다. 안에 갇힌 궁녀가 일어설 수 없다 하여 이 같은 이름이 붙여졌다.) 등이 있었고, 자격류의 예를 들면, 척혁(斥革, 파면), 척조(斥胙), 벌정(罰停), 혁보(革普), 출족 등이 있었으며, 자유류의 예를 들면, 구금(拘禁), 공역(工役), 병역(兵役) 등이 있었다. 그리고 생명류의 예를 들면 자진(自盡), 늑폐(勒斃, 목 졸라 죽이기), 타사(打死, 때려죽이기), 익폐(溺斃, 물에 빠뜨려 죽이기), 활매(活埋, 생매장), 주개(丟開) 등이 있었다. 중점적으로 징벌하는 행위는 간음 난륜, 정당하지 않은 직업에 종사하는 것, 불효 부제, 도둑질과 강탈 등이 있었다.[66] 물론 가법과 족규의 처벌 규정은 정도 상에서 나라의 공권력과 분할했으며, 그 전제는 하부 조직사회의 안정과 질서를 유지하는 것이었다. 그러나 이런 분할에도 일정한 한도는 있었다. 즉 나라의 법률과 모순되거나 사회의 안정을 위협하지 말아야 했다. 그러지 않으면 정부가 일정한 조치를 제지시켰다.

(3) 가법과 족규의 장려 규정

가법과 족규는 처벌하는 것 외에 적지 않은 장려방법도 규정했다. 그래서 집안사람이나 족인들에게 본보기를 수립해 그들이 본받도록 한다. 현명하고 사리에 밝은 사람을 본받게 함으로서 조상과 가문을 빛내고 종족의 지위를 높이는 목적에 도달하고자 함에 서였다. 장려하는 방법에는 정신적인 것도 있고 물질적인 것도 있었다. 주로 칭찬, 우대, 상금, 물건 장려, 전기 써주기, 정표 등 방식으로 글공부를 해 벼슬을 했거나, 효제충신, 절부열녀, 직무에 충실하고, 종족의 위해 공을 세운 등 행위를 장려했다. 장려규정은 가법과 족규 중에서 중요한 지위를 차지하며 정면적인 형식으로 가족 구성원의 행위를 적극적으로 규범화했다.

가법과 족규의 규범사항은 일종의 의무규범으로 가족 구성원들이 가정에서 담당해야 할 의무를 강조하고 명확히 했으며, 가족의 이익에 대한 관심과 보호를 더욱 두드러지게 했다. 가족 내부 혹은 외부관계를 조정하는 과정에서 개인의 의지, 권리, 이익은 통상적으로 가족의 의지, 이익에 끌어들여졌다. 한편 가법과 족규도 교화와 자율을 강조했다. 조상을 그리워하고 제사를 지내는 것을 통해 조상을 존중하고 종실을 숭상하며 족인을 단결하는 목적에 도달토록 하며, 그래서 가족내부의 안정을 추진했다. 그리고 더 나아가 전반 사회의 안정과 통일, 질서를 유지해 사회의 응집력과 구심력을 증강했

---

66) 費成康, 《中國家法族規》, 106~118쪽. 상해, 상해사회과학원출판사, 2003.

다. 가법과 족규가 체현하는 단합과 협력, 강한 집단관념, 도덕관념, 책임의식은 인류의 공생 공존, 평화적 발전에 현실적인 의미가 있었다. 그러나 가법과 족규 중에 가족을 중요시하고 개인은 경시하며, 인륜을 중요시하고 평등을 경시하며, 의무를 중요시하고 권리를 경시하는 폐단도 쉽게 볼 수 있었다. 이 같은 폐단은 개체별 주관적 능동성의 창조와 발휘를 심각하게 제약했으며, 또 개인 권리에 대한 존중과 수호도 저해했다.

3. 가법·족규와 국가 법률과의 관계

가법과 족규는 국법 밖에서 뚜렷한 규범역할을 발휘했다. 즉 "가법과 족규는 원래 국법과 같다. 가법과 족규는 국법보다 내용이 더 상세하다. 하물며 국법은 멀고 가법은 가까우며, 또 가법은 엄격하여 국법이 미처 닿지 못한 부족함을 보충해주기도 한다"고 했던 것이다.[67] 이로부터 알 수 있듯이 가법과 족규는 국법과 맥락을 같이 하며 관계가 밀접했다. 다만 가법과 족규는 국법보다도 더 상세하고 따르기도 쉽지 않았으며, 국법의 부족함을 보충하는 기능도 갖고 있어 준 법률로서의 역할을 발휘하며 국가 법률의 중요한 구성부분으로 됐다. 물론 가법과 족규는 국가 법률 사이에서 일정한 차이점과 모순도 존재했다. 그러나 이런 차이점과 모순은 일반적으로 국법과의 근본적인 대립을 일으키지는 않았다. 다만 양자 관계의 부차적인 방면일 뿐이었다. 가법과 족규를 제정하는 근본적인 목적은 가족 내부와 종족 내부의 안정과 단결을 수호함으로서 본 가정과 본 종족이 번영 홍성할 수 있도록 하는 데 있었다. 따라서 가법과 족규를 제정할 때는 가급적 국법과 모순되는 것을 피하게 됐던 것이다.

1) 가족법규와 국가 법률의 윤리적 동일 구조관계

비효통(費孝通)은 "유가가 제일 깊이 생각하고 연구하는 것은 인륜의 문제였다. 인륜의 윤은 무엇일까? 바로 자신을 중심으로 하여 자신과 사회관계가 발생하는 사람들 속에서 일어나는 한 갈래 한 갈래의 파문의 차서(差序, 등급, 차례)라고 나는 해석한다"고 했다.[68] 사실 이는 중국의 전통 사회구조 속에서 가장 기본적인 개념으로서 인간과 인

---

67) 《武陵熊氏四修族譜》, 동치(同治) 10년 권두, 《종규십칙(宗規十則)》.
68) 費孝通, 《鄕土中國》, 27쪽, 북경, 북경대학출판사, 1998.

간이 내왕하는 과정에서 구성된 망 속의 질서이며, 이것이 바로 차서 즉 윤(倫)인 것이다. 인간과 인간이 내왕하는 것은 일종의 차서구도이다. 따라서 서로 다른 사람 사이에는 서로 다른 규칙이 적용되는 것이다. 즉 "마땅히 가까이 지내야 할 사람을 가까이 하고, 마땅히 존경해야 할 사이는 존경해야 하며, 연소자는 연장자를 존중해야 하고, 남녀 사이에는 서로 분별이 있어야 한다"는 것이었다.[69] 종법제도는 중국에서 그 역사가 유구하다. 혈연관계를 유대로 발전한 종법 등급제가 중국 고대의 역사를 관통해 종법 혈연관계가 중국 고대사회 하부조직의 사회관계를 이루었다. 노예제 국가의 건립 초기, 서주(西周)의 통치자들은 원시사회 말기에 부계 씨족 혈연성 조직원칙을 받아들여 종법 혈연관계와 나라의 정치 관계를 밀접히 결합시켜 엄밀하고 완벽한 종법제도를 형성케 했다. 이런 제도 아래 가정과 나라는 공동체로서, 나라는 가정의 확대판이었고, 가정은 나라의 축소판이 되었다. 가정과 나라가 동일한 구조를 이룬 체제적 배치가 가법과 족규는 나라 정권과 연결이 밀접할수록 생명력이 더 강해진다는 사실을 결정했다. 진시황이 전제주의 중앙집권 국가를 건립한 뒤, 종법 요소는 한 층 더 봉건제도와 서로 결합해 봉건 황제가 한 집안의 천하 통치를 계속 실행하게 되면서 종법제도도 국가 정치생활 속에서 계속 중요한 역할을 발휘하게 됐다. 종법 혈연관계가 국가의 건립으로 약화되지 않았던 것이다. 이런 상황은 중국이 문명시대에 들어선 상황과도 관련이 있다. 중국은 고대문명 시대에 들어설 때 경제발전이 혈연의 속박에서 벗어날 수 있을 만큼 충분하지를 못했다. 조숙한 정치가 사람들을 계급 압박, 계급 착취, 계급 통치의 사회로 끌어들였지만 사람들은 줄곧 혈연가족의 속박에서 벗어나지를 못했다. 경제발전이 상대적으로 미달했으므로 통치자들은 혈육 간의 정으로 자신의 역량을 응집하고자 했다. 일반 백성들은 임금을 부모처럼 여겼으므로 천하는 한 집안이라는 혈연사회를 더욱 갈망했다.[70] 법률은 이러한 "가정과 나라가 공동체가 되는 모형"을 지키려는 소임을 맡았다. 그래서 종법윤리가 중국 고대 법률관념의 기본 원칙이 됐던 것이다. 통치자들은 종법혈연관계를 이용해 정권의 통치를 수호했으며, 일반 백성들도 종법 혈연관계 속에서 정신적인 위안을 찾곤 했다.

종법질서는 실제상에서 등급질서, 즉 일종의 혈연을 토대로 하는 등급질서였다. 앞에서 서술했듯이 나라의 정권체제도 가정의 구조, 원칙에 따라, 즉 종법 등급원칙에 따라

---

69) 《禮記 · 大傳》

70) 馬小紅, 《禮與法 : 法的歷史連接》, 229쪽. 북경, 북경대학출판사, 2001.

수립된 것이었다. 가법과 족규가 강조하는 효제(孝悌)가 나라의 차원으로 상승하면 충국(忠國, 나라에 충성하는 것)이 된다. 가정과 나라가 동일한 구조를 이루는 구조체제는 양자가 등급제도와 등급이념에서 공동인식을 달성하도록 했다.

즉 "마땅히 가까이 지내야 하는 사람과 가까이 지내야 하기에, 조상을 존경하고 조상을 존경하기에 종실을 숭상하며, 종실을 숭상하기에 족인을 단합시킬 수 있게 된다"는 것이었다.[71] 다시 말해서 조상을 그리워하고 제사를 지내는 것을 통해 조상을 존경하고 종실을 숭상하여, 족인을 단결하는 목적에 이르게 하며, 나아가서는 사회의 안정과 통일, 그리고 질서를 이루어 사회의 응집력과 구심력을 증강시킨다는 것이었다. 종법 윤리성의 특징으로 하여금 가법 족규와 국가가 제정하는 법은 고도의 동질성을 띠며 "마땅히 가까이 지내야 하는 사람을 가까이 하고 마땅히 존경해야 하는 사람을 존경한다"는 것은 양자의 공통된 정신적 원칙이었다. 따라서 실천 속에서 국가가 제정한 법은 흔히 가법과 족규의 직접적인 근원이 되며, 가법과 족규의 내용은 국가가 제정한 법에 대한 보충과 구체화로서, 양자는 서로 침투하고 서로 보충했던 것이다. 나라의 법률에 금지된 내용은 가법과 족규가 반대하는 행위이기도 했다. 양자를 비교해 보면 국법은 통치를 수호하고 사회 질서를 안정시키는 윤리관계와 행위에 더욱 치중하고, 가법은 가족 내부의 이익과 질서를 조정하기 위한 일상 윤리관계와 행위에 더 치중했다.

2) 가법과 족규는 국가 법률의 중요한 보충형태

가법과 족규는 현실생활 속에서 가정과 종족의 내부관계를 효과적으로 조정하는 한편 국가 법률과 함께 종법 등급제도를 효과적으로 수호하기 위한 것이었다. 가법과 족규는 비록 국가가 제정한 법과 거의 동질성을 띠지만, 가법과 족규 중의 일부 우수한 전통을 표현하는 내용은 독립성을 띠는 것이었으며, 국가 정권의 교체와 국가 법률이 바뀜에 따라 변화하지도 않았다. 가법과 족규가 현실생활 속에서 발휘하는 효력의 크기는 그 자체의 내용과 체계의 완벽성과 일정한 관계가 있으며, 이외에도 국가법률이 가법과 족규에 대한 태도와 실제 통제능력과도 직접적인 관계가 있었다.

중국 고대의 향토사회는 대다수가 혈연과 지연을 토대로 형성된 자연촌락이었다. 가정은 중국 고대의 가장 기본적인 사회 조직형태이며, 또 최 하부 조직의 경제조직이었다. 역대적으로 호구조사나 호적 편성조사 시 모두 호(戶)를 단위로 했다. 이른바 호는

---

71) 《禮記·大傳》

즉 가정을 가리키는 단위였으며, 법률적으로 가정의 합법적인 지위를 명확하게 규정지었다. 여러 개의 가정이 한데 연합해 비교적 큰 지역적 군체를 형성했다. 큰 군체의 형성은 비교적 넓은 지역에 거주하는 사람들의 공동이익에 따라 결정되었다. 따라서 사람들이 한데 모여 살거나 서로 이웃이라는 사실로부터 정치, 경제, 종교, 오락 등 여러 조직의 수요가 생겨났다.[72] 또한 종족은 가정의 연장이며 정치, 경제, 종교, 오락 등 여러 직능을 일체화한 종합체이기도 했다. 이러한 종합체는 상대적 지역 내에서 일정한 독립성과 자치성을 띠긴 하지만, 종합적으로 말하면 그는 여전히 정부의 부속품이었다. 따라서 종족조직이 제정한 가족법은 될 수 있는 한 국가 제정법과 일치성을 유지하며 어울리지 않거나 모순되는 내용은 아주 부차적인 면이었다.

　종족조직의 가장 주요한 직능은 족인에 대해 종법성적 통제를 행한 것이며, 지방 정부의 지지를 얻으면 이런 통제가 더 큰 권위성과 합법성을 얻을 수 있게 되었다. 종족 내부의 모든 구성원은 모두 혈연관계, 경제관계, 정치관계 속에서 차지하는 자신의 지위에 따라 등급신분을 얻었다.[73] 종족의 내부 구성원들 사이는 혈연상, 경제상, 심지어 정치상에서의 관계가 아주 복잡하게 얽혀있었다. 하나의 개체로서 만약 그가 의존하는 종족공동체를 떠나게 되면 사회에서 발을 붙이기가 아주 어려웠다. 정부와 민간에는 하나의 공통된 인식이 있었는데, 즉 "나라에는 정해진 법이 있고 가정에도 정해진 법이 있다"는 것이었다. 게다가 가족 자체에 대해 말하면 가족의 정법은 사람들이 먼저 반드시 따라야 하는 것으로서, 가법을 따른 뒤에야 국법을 따랐던 것이다. 따라서 종법 족규는 흔히 관부에 보고해 비준을 받는 방식으로 준 정부적 효력을 얻었다. 예를 들어 설명하자면, 가경(嘉慶) 12년(1807년) 퉁청(桐城) 축(祝)씨 종족이 종족법을 제정했는데, 규정 조문을 문서로 작성해 종족법 원문과 함께 현(縣) 관청에 올렸다. 그 청원서와 종족법 원문을 받아본 뒤 퉁청 현령(縣令)은 다음과 같이 재가했다. "축씨 집안 족인들은 알지어다. 너희들은 집안에서는 부모에게 효도하고 밖에 나와서는 형에게 공손하며, 검소함을 숭상하고 사치를 삼가야 하며, 글공부에 게을리 하지 말고 소박하게 농사를 지으며, 성실히 자신의 본업에 종사하며, 집안 어른의 뜻에 순종해야 한다는 등 규정 조항을 정하고 다 함께 지켜나갈지어다. 만약 규정을 어기는 자가 있으면 가장이 사실대로 이름을 밝혀 현 관청에 와서 아뢰어 처벌에 따를지어다. 이상과 같은 사항을 어김없이

---

72)　費孝通, 《江村經濟-中國農民的生活》, 95쪽, 북경, 商務印書館, 2004.
73)　朱勇, 《淸代宗族法硏究》, 73쪽, 長沙, 湖南敎育出版社, 1987.

지킬지어다."[74] 그 결과를 보면, 한편으로는 정부와 종족의 연계와 통제를 강화했으며, 다른 한편으로는 종족에 분쟁을 처리하고 지방정부를 협조해 치안을 유지할 권력과 직책을 명확히 부여해 종족조직의 권위성과 적극성을 강화했던 것이다. 따라서 가법과 족규 중에서 가족의 이익과 질서를 수호하는 내용을 제외한 외에도, 제때에 조세를 납부해야 하고 나라의 법률을 지켜야 한다는 등의 정권 통치의 수요에 부합되는 내용도 규정되어 있었음을 알 수 있다. 한편 나라의 정권은 가법과 족규에 대한 인정과 지지를 통해 하부 조직사회에 대한 통제를 한층 더 공고히 할 수 있었으며, 국법과 가법이 서로 보완해 사회질서의 안정을 공동으로 수호할 수 있었음을 알 수 있는 것이다.

3) 가법에 대한 정권의 지지와 제한

중국 전통사회에서 나라의 권력은 현(縣)급까지만 이양했으며, 주(州)·현(縣)급 이하에는 어떠한 유형의 공식적인 정부도 존재하지 않았다.[75] 중국 고대사회의 통치자들은 비록 여러 가지 수단을 이용해 사회생활의 여러 방면에 대해 정도가 다르게 간섭하는 것을 통해, 사회에 대한 전반적인 통제를 실현하고자 했다. 그러나 나라의 정권이 하부의 조직사회에 대한 통제 자원의 제한적인 상황으로 인하여, 기타 사회 역량의 생존과 발전에 크거나 작은 공간을 남겨두어야 했다. 많은 상황에서 나라에서는 반드시 그 사회역량의 힘을 빌려야 했으며, 심지어는 나라 통제체계의 구성부분으로 삼아 하부 조직사회에 대한 통제를 실천해야 했다. 따라서 정부와 민간과의 사이는, 완전한 정부와 민간의 통치와 피 통치적 관계가 아니라, 일종의 분공 합작하는 상호작용적 관계였다. 이런 상호작용은 하부 조직사회의 질서 형성과 나라 정권의 안정에 양호한 외부적 환경을 마련해주었다. 구체적인 실천 운영과정에서 정부 측은 종법 정권체제의 안정에 영향을 주는 형사 분규를 해결하는데 치중했고, 종법조직은 호혼(戶婚), 전토(田土), 전채(錢債), 투구(鬪毆), 도박(賭博) 등 이른비 "민사와 사소한 일"을 해결하는데 치중했다. 통치자들은 민사와 사소한 일에 대한 자주권을 될 수 있는 한 민간의 힘에 맡겨 행사하도록 해, 여러 사회자원을 충분히 동원해 사회적 토대의 안정을 지켰다. 가법과 족규 중에서도 윤리교화의 내용은 하부 조직사회의 안정을 위해 적극적인 역할을 하였는데, 그 부분적 내용이 나라 정권의 인정과 지지를 받을 수 있는 하나의 중요한 원인이었다. 특히

---

74) 安徽, 桐城, 《祝氏宗譜》 권1, 가규.
75) 瞿同祖, 《淸代地方政府》, 5쪽. 북경, 법률출판사, 2003

나라의 정권이 하부 조직사회에 대한 조정이 취약할수록 이러한 인정과 의존정도는 더 컸다. 가법과 족규가 객관적으로 종법사회의 발전과 안정을 추진했다고 말할 수 있는 것이다.

정부의 가법과 족규에 대한 지지는 주로 다음과 같은 몇 가지 상황에서 표현되었다. 첫째, 일정한 범위 내에서 가법과 족규의 처벌조례를 인정했다는 것이다. 가법과 족규에 따라 이미 처벌한 것을 관부는 일반적으로 다시 처벌하지 않았다. 이는 실제로 가법과 족규의 합법성, 가족 사당의 사법성에 대한 일종의 인정이었다. 가법과 족규는 여러 가지 처벌형식에 대해서 규정했는데, 처벌 명목은 나라 법률의 규정보다도 더 많았다. 둘째, 관부가 사건을 심판할 때, 때로는 가법과 족규의 처벌 규정을 직접 인용해 판결 근거로 삼았다는 것이다. 셋째, 관부가 직접 권한을 부여하는 방식으로 어떤 유형의 사건에 대한 처벌권을 당사자의 가족에 이양해 행사하도록 했다는 것이다. 넷째, 가족이 제정한 가법과 족규가 유효하다고 관부가 회답하고 선포했다.[76] 가법과 족규의 발전이 후기에 이르면서 징벌 내용이 점차 체계화되었으며 강도도 점차 강화되었다. 이는 가법과 족규에 대한 나라 법률의 양도와 지지하는 자세를 반영했다. 이런 양도와 지지는 실제로 가법과 족규는 국법의 연장이라는 사실을 인정했던 것이다.

그러나 다른 한편에서 보면 가법과 족규와 종족조직의 자치도 나라의 법률과 정권 통치의 제한을 받았다. 중국 전통사회의 통치자들이 주관적으로 추구했던 것은 민간에서 "사소한 일"과 관련된 분규를 우선 처리하도록 하고, 정부는 거리와 경계를 유지하면서 간섭하지 않는다는 것이었다. 될 수만 있다면 자질구레한 민사 분규, 특히 가정과 종족의 분쟁에 대해서는 정부의 사법제도가 아닌 사회역량을 통해 조정 해결하는 방식으로 해결하도록 했다. 이러한 "자질구레한 일"이 정권의 통치와 사회 안정에 위해를 끼치지 않는 한, 통치자들은 "자질구레한 일"을 소화하는 자주권을 될수록 사회에 넘겨 행사하도록 했다. 그러나 나라의 공권력 영역을 침범했을 경우에는 각별히 신중하고 단호하게 반응했다. 예를 들어 살리고 죽이는 대권은 줄곧 최고 통치자가 장악하고 있었다. 관부는 가법과 족규 중 족인을 사형에 처하는 규정과 관련해서는 일반적으로 제한했다. 건륭(乾隆)제는 "살리거나 죽이는 것은 조정의 대권이다. 만약 법을 어겼다면 마땅히 형법규정에 따라 공개적으로 처벌해야지 족인의 손을 빌어 처리해 그들에게 틈을 탈 수 있는 기회를 주는 건 적절하지 않다"라고 말한 바 있다.[77] 이로부터 중국 고대에

---

76) 張佩國, 劉立新, 〈中國古代家法與國法的相關性探析〉, 《法制史論》, 1997(2).

정부가 가법과 족규에 대해 인정한 것은 국가 통치정권의 안정에 위해를 주지 않는 것을 전제로 했음을 알 수 있다. 즉 "청대의 민간에 의한 조정과 화해가 분규 당사자에게 상당한 선택 공간을 제공할 수 있었던 것은, 민간사회가 정부의 양보를 핍박해서가 아니라, 정부가 자체적인 사법제도로써 민간의 자질구레한 일들을 간섭하는 것을 원치 않아서였다. 정부의 사법기관과 관원이 만약 민간의 분규 처리에 관여하려고만 했다면 수시로 그렇게 할 수 있었음은 의심할 나위 없다."[78] 따라서 가법과 족규는 정부 법제의 제약을 받지 않을 수가 없었다. 우리는 국법과 가법을 보다 광범위한 배경 하에서 보아야만, 양자의 상호 보완관계가 전통사회에 주는 의미와 영향에 대해 더 깊이 이해할 수 있을 것이다.

종합적으로 가법 족규와 나라 정권간의 밀접한 연계는 한편으로는 가법과 족규의 권위성을 강화한 것이고, 다른 한편으로는 나라의 법률이 더 효과적으로 연장되고 구체적으로 이행될 수 있도록 했던 것이다. 통치자들은 국법과 가법의 공동 통제를 통해 사회질서의 안정을 공동적으로 수호했던 것이다. 즉 봉건적 수직 등급사회구조와 봉쇄적인 안정적 사회형태 및 삼강오륜의 예교 가치관을 강화하여 봉건 전제통치정권의 안정을 수호했음을 알 수 있다. 그러나 이러한 안정은 아주 큰 정도에서 사회의 활력과 발전을 희생시키는 것을 대가로 한 것으로, 사람들의 인신과 재산의 독립이 엄격한 제한을 받았으며, 가족을 중요시하고 개인을 경시하며, 인륜을 중요시하고 평등을 경시하며, 의무를 중요시하고 권리를 경시하는 폐단도 또한 존재한다는 사실을 쉽게 볼 수 있는 것이다. 이는 개체의 주관적인 능동성적 창조와 발휘를 심각하게 제약했으며, 또한 개인의 권리에 대한 존중과 수호를 방애하고 사회의 생산과 발전을 가로막았던 것이다.

3절. 예속(禮俗)의 금기

"예속은 백성을 다스리는 수단이다."[79] 이로부터 중국 고대에 예속을 이용해 사회를 조정했음을 알 수 있다. "나라의 대사는 제사와 전쟁이다."[80] 중국의 예(禮)는 씨족 부

---

77) 《淸文獻通考》 권198.

78) 黃宗智, 《淸代的法律, 社會與文化: 民法的表達與實踐》, 216쪽, 상해, 상해서점출판사, 2001.

79) 《周禮·天官》

락의 제사가 기원이었다. 원시적인 예의와 중화문명의 탄생은 서로 연관성이 있다고 말할 수 있다. 이는 정도상에서의 차이는 있지만, 중국 전통문화의 근본적 특징을 반영하고 대표하는 것이며, 중국 고대사회 발전과 일관성이 있는 것이다. 중국은 "예의지국"으로서 세상에 널리 알려졌다. 예의 습속과 예의 제도는 중국의 전통법률문화에 전면적이고 깊은 영향을 미쳤다. 중국 고대에는 제도적이건 관념적이건 모든 것을 막론하고 예와 법의 관계가 매우 밀접했다. 고대의 예의제도와 예의 정신적 원칙은 대량으로 법률화됐으며, 예법이 중국 고대 법률체계의 중요한 구성부분의 하나가 됐다. 비록 춘추전국시기 이후 제도로서의 예는 법과 분리되기 시작해, 예제와 법제 두 개의 내용이 서로 다른 법률체계로 형성되어 사회정치와 사회생활 영역에서 각각 서로 다른 역할을 발휘하게 됐지만, "예 중에 법이 있고 법은 예에서 왔으며 예와 법은 서로 통일되는 연결관계"로 인해 예의 정신은 고대 법률과 밀접히 결합되어 있다. 예치와 법치는 병용되어 일종의 기본적인 통치 구도를 이루며 전 왕조의 흥망성쇠 전 과정과 동반하며 발전했던 것이다.

1. 오례(五禮)

오례는 고대 다섯 가지 예절의제로서 길례(吉禮), 흉례(凶禮), 군례(軍禮), 빈례(賓禮), 가례(嘉禮)가 포함된다. 《통전 · 예일(通典 · 禮一)》에 이르기를 "복희 이래 오례가 나타나기 시작했다. 요(堯)와 순(舜) 임금 때는 오례가 전부 갖춰졌다." 《상서 · 순전(尙書 · 舜典)》에는 "음률(율 · 律), 길이(도 · 度), 부피(양 · 量), 무게(형 · 衡)를 통일하고 오례를 제정했다"고 했다. 《주례 · 춘관(周禮 · 春官)》에는 대종백(大宗伯)의 직책은 "길례에 따라 천하 각국의 인귀, 천신, 지신의 제사를 지내는 것이다. …… 흉례에 따라 천하 각국이 겪는 근심과 비통함을 애도하는 것이다. …… 빈례에 의지해 천하 각국이 서로 친근하게 의탁하는 것이다. …… 군례에 따라 천하 각국과 협력하는 것이다. …… 가례에 의지해 민중과 사이좋게 어울리는 것이다"라고 기록되어 있다.

---

80) 《左傳 · 成公十三年》

(1) 길례(吉禮)

오례 중에서 첫 번째 자리를 차지했다. 길례는 제사를 지내는 예절이다. 《주례·춘관·대종백(周禮·春官·大宗伯)》에 이르기를 "길례에 따라 천하 각국의 인귀, 천신, 지신의 제사를 지낸다." 즉 천신, 지신, 인귀에게 제사를 지내는 의식을 통해 복을 기하는 목적에 달성한다. 길례의 역할은 제사의식을 통해 귀(鬼), 신(神) 등에게 경의와 존중을 표함으로써, 복과 상서로움을 기원해 후세 사람들이 정신적인 위안을 얻도록 하는 역할을 한다. 길례 중에서 제사가 가장 중요하다. 제사는 중국 고대국가의 가장 중요한 정치 행사였다. 역대의 법규와 예의법전은 제사예의에 대해 전면적으로 규정지었으며, 내용이 번잡하고 종류가 많았다. 국가에서는 제사 예의에 대해 지극히 엄격하면서도 세밀한 규제를 해놓았다. 예를 들어 제사의 시간, 방향, 기구, 절차, 악무 등에 대해 모두 명확하게 규정했다. 통치자들은 의식 제도의 배치를 통해 종교, 법률, 정치, 인륜을 밀접히 결합시켜 "나라를 잘 다스리고 사직을 안정케 하며, 백성들을 질서 있게 하고, 후대에 이롭게 한다"는 목표를 실현했다. 이른바 "가까이 지내야 하는 사람을 가까이 지냄으로서 조상을 존중하고, 조상을 존중하기에 종실을 숭상하며, 종실을 숭상하기에 족인을 단결시킬 수 있다"고 했다.[81] 천신, 지신에게 제사를 지내고 인귀 즉 조상에게 제사를 지내고, 그리움을 표하는 것을 통해 사회의 응집력과 구심력을 증강해 통치자의 정치적 권위를 강화함으로써 천인합일의 신권통치를 실현하였으며, 따라서 사회의 안정과, 통일, 질서 유지 목표에 도달했던 것이다.

제사의 대상에 따라 제례는 대체로 3대 계열로 분류되며 혹은 삼례라고도 불렀다. 즉 천신에게 제사를 지내는 예, 지신에게 제사를 지내는 예, 인귀에게 제사를 지내는 예가 그것이었다. 《수서·예의지일(隋書·禮儀志一)》에는 다음과 같이 기록되어 있다. "당우(唐虞) 시대에 하늘에 제를 지내는 것을 천례라 하고, 지신에 제를 지내는 것은 지례라 했으며, 종묘에 제를 지내는 것은 인례라 했다. 그러므로 《상서(尚書)》에 이르기를 백이에게 명해 천신, 지신, 인귀에게 제를 지내는 삼례를 주관하도록 했다." 등급에 따라 제례는 대사(大祀), 중사(中祀), 소사(小祀) 세 등급으로 분류되었다. 신의 크기, 예의 경중, 제사 규격의 높고 낮음 등 모든 구분이 있었다. 일반적으로 호천상제(昊天上帝), 황제지신(皇帝祇), 종묘 등에 지내는 제를 대사라 하고, 일·월·성·신(日·月·星·辰), 산천백물(山川百物), 사직, 선대 제왕에게 지내는 제나 공자에게 지내는 제 등은 중사라

---

81) 《禮記·大傳》

하며, 바람 비 우레 번개 등에게 지내는 제는 소사라 했다. 대사는 모두 황제가 직접 제를 지냈다.

(2) 흉례

《주례 · 춘관 · 대종백(周禮 · 春官 · 大宗伯)》에 이르기를 "흉례에 따라 천하 각 국이 겪는 근심과 비통함을 애도한다"고 했다. 흉례에는 황례(荒禮), 조례(弔禮), 재례(災禮), 회례(會禮), 휼례(恤禮), 언례(唁禮), 문질례(問疾禮), 상례(喪禮) 등이 포함되었는데, 상장(喪葬)의 예는 흉례 중에서 가장 중요한 예의제도로서 유가경전 《의례(儀禮)》, 《예기(禮記)》, 《주례(周禮)》에는 모두 다 상장의 절차와 예의에 대해 상세하게 규정해 놓았다. 상장의 예에서 확정된 상복제도가 중국 고대 종법제도의 내용을 가장 집중적으로 표현해 냈는데, 종족, 신속(臣屬), 외친(外親) 등 세 가지 관계에 대해 규범화시켰으며, 혈연적으로 가깝거나 소원한 것에 따라 존비등차의 질서를 확정하고, 이에 따라 법률적인 권리와 의무 관계를 확인했다. 상복례의 내용에는 주로 망자의 매장과 조문, 제왕 귀족관료가 죽은 뒤 시호를 정하는 법 및 천재와 인재에 대한 애도 등이 포함되었다. 예의 본경(本經)인 《의례(儀禮)》 중의 《상복(喪服)》은 중국에 현존하는, 종법제도를 가장 완전하게 반영한 문헌이다. 《상복》은 상장례 과정에서 가깝거나 소원한 관계, 애통한 정도에 따라 서로 다른 복식등급에 대해 상세하게 기록하고 있다. 즉 관계가 가깝고 애통한 정도가 깊을수록 상복의 재료가 더 거칠고 마름질도 더 간소했다. 이로부터 참최(斬衰), 제최(齊衰), 대공(大功), 소공(小功), 시마(緦麻)의 복제기간이 길었던 데서 짧은 데로 이르는 상복제도가 형성됐다.

상복제도의 설립은 망자가 생자와의 관계가 가깝거나 소원한 정도에 따라 생자의 제복기간을 규범화시켰지만, 그 본질은 종법제도의 배치를 표현했던 것이다. 상복의 중요한 역할은 여러 가지 상장 의식행사를 통해 사회에 망자의 신분, 지위, 친족 및 사회관계를 보여주었던 것이며, 또 상장의식을 통해 새로운 사회관계와 질서, 책임, 의무의 귀속 및 재산의 계승과 분할 등의 내용을 확립했던 것이다. 예를 들면, "3년을 거상하는 것은 무엇을 근거로 제정한 것인가? 답하기를 마음의 애통한 정도에 근거해 제정한 것으로, 그와 어울리는 의제이다. 이로써 친족의 관계를 나타내며 친소(親疏), 귀천(貴賤)의 경계를 구분하는 것이므로 임의로 늘리거나 줄일 수가 없다. 그래서 이는 고칠 수 없는 원칙이라 하는 것이다"라고 한 것에서 알 수 있는 것이다.[82] 종법제도는 예의제도를 매개로 가족이나 종족간의 관계와 질서를 새롭게 강화하고 정리하는 한편, 사회, 가족 등급 특권 구조를 형성해 "친친, 존존"의 인륜관계 속에서 귀천을 구별하는 등급 통제체계를 구축하였다. 종족, 신속, 외친 등 세 가지 관계를 구분하는 것을 통해 존비, 친소(親疎)의 등급질서를 확정하고, 예제와 정치제도가 밀접한 관계를 이루게 하는 한편 관련 법률제도를 파생해 냈던 것이다. 예를 들면 복제, 정죄제도 등이 그것이었다.

(3) 빈례

손님을 맞이하고 접대하는 예를 말했다. 《주례·춘관·대종백(周禮·春官·大宗伯)》에 이르기를 "빈례에 의지해 천하 각국이 서로 친근하게 의탁한다. 봄에 왕을 알현하는 것을 조(朝, 배알)라 하고, 여름에 알현하는 것을 종(宗, 존숭)이라 하며, 가을에 알현하는 것을 근(覲, 알현)이라 하고, 겨울에 알현하는 것을 우(遇, 만나다)라고 한다. 정해진 시일이 없이 제후들이 모이는 것을 회(會)라 하고, 천하 여러 제후국이 모두 왕을 알현하는 것을 동(同)이라 하며, 정해진 시일이 없이 (경을 파견해) 왕을 위문하는 것을 문(問)이라 하고, (12년 중 3년) 여러 제후들이 (경을 파견해) 왕을 알현하는 것을 시(視)라고 한다." 빈례에는 천자가 제후번국(諸侯蕃國)의 알현, 회동을 받고, 제후가 천자에게 사절을 보내며, 천자가 제후국에 사절을 파견하고, 제후국 사이에 서로 알현하며, 제후국끼리 동맹을 맺고 만나고, 제후국끼리 사절을 서로 파견하며, 사(士) 사이의 상견례 등이 포함된다. 서주(西周)시기 빈례는 주로 제후, 대부가 천자를 알현해 군신 사이의 대의를 분명히 밝힘으로서 천하 각국이 서로 친근하게 의탁할 수 있도록 했다. 이밖에도 주(周) 왕조 왕실은 제후가 천자를 알현하는 예를 대외 교류로까지 연장시켰다. 《예기·명당위(禮記·明堂位)》에 이르기를 "예전에 주공(周公)이 명당(明堂)에서 제후들의 알현을 받을 때 위치를 보면 …… 명당은 제후들의 존귀함과 비천함을 명확히 밝혔다." 이를 중심으로 구체적으로 구이지국(九夷之國), 팔만지국(八蠻之國), 오추지국(五秋之國), 구채지국(九采之國) 등으로 구분하여 주(周)의 천자를 알현할 때 예를 행하는 방향과 위치를 구분했다. 이로부터 통일적인 이념의 지배 아래 빈례는 제후, 대부가 천자를 알현할 때만 적용된 것이 아니라, 주 왕실과 조공관계를 유지하는 만이지국(蠻夷之國) 사이에서도 적용됐음을 알 수 있다.

춘추전국시기에 "예악이 붕괴되자" 빈례는 천자와 제후들만이 이 전문적으로 사용하는 왕조의 례(王朝之禮)가 되었으며 홍성하던 데서 쇠락해지고 더 나아가 예제에서 예

---

82) 《禮記·三年問》

속으로 바뀌어 평민 백성들이 사용하는 통행의 예(通行之禮)가 되었다. 진한시기에 이르러 봉건제를 군 · 현제(郡縣制)로 바꾸면서 중앙 집권제의 통일된 왕조를 건립하자, 분봉제와 밀접히 연관되어 있던 알현례가 존재할 근거를 상실했다. 그 대신 새로운 알현례 - 문무백관이 황제를 알현하는 예가 흥기했다. 한나라 뒤로 중외의 교류범위가 부단히 확대됨에 따라 "조공의 예의"가 빈례 중에서 그 지위가 갈수록 두드러지기 시작해 빈례제도에서 빠질 수 없는 구성부분이 됐다. 빈례는 위진남북조시기를 거쳐 당 왕조에 이르면서 점차 완벽해졌다. 그 예의에는 번국(蕃國)의 군주가 조정에 오면 속백을 보내 영접하며 위로하고, 사절을 보내 예를 갖춰 번국의 군주를 맞이해 황제를 알현하도록 했으며, 번국 군주가 황제를 봉견하고, 번국 사절이 올리는 문서와 예물을 받고, 황제가 번국의 군주를 위해 연회를 베풀고, 황제가 번국의 사절을 위해 연회를 베푸는 등의 내용이 포함되었다. 조공례는 당대 및 당대 이후 빈례의 핵심내용이 되었다. "사이(四夷)가 조정에 올 때"의 조공례는 한대의 대외교류가 번영했던 때에 거행됐던 예의기 반영되어 나타났던 것이다. 조공례는 중국 고대의 통치자가 대외관계를 처리하는 주요한 모형으로서 다음과 같은 몇 가지 내용이 포함되었다. 조공의 질서와 규정, 예를 들어 공기(貢期), 공도(貢道), 공물(貢物), 책봉(冊封)과 하사 등, 조공의 구체적 예의, 조공 사무의 조직 관리, 군신 관계, 중앙과 주변 소수민족 간의 관계, 중외 교류 등과 관련된 예로써 그에 따른 여러 가지 예의 규범 등이었다. 조공제도에서 확립한 중외 정치상의 신속관계는 실질상에서나 명의상에서 어느 것을 막론하고 모두 일련의 조공 예의를 통해 남김없이 표현되었다. 중국 내부에서 신하가 군신의 의에 따라 행하지 않는 것은 대역무도한 짓이고, 조공국 특히 속국과 같은 조공국 입장에서 말하면 조공할 때 기정의 예의를 지키지 않으면 황권을 능멸하고 중국의 종주국 지위에 도전하는 것이 되었다.[83] 조공례는 그 배후의 정치적 의의 때문에 역대 통치자들이 중요하게 여겼던 예였다.

(4) 가례(嘉禮)

민중이 서로 사이좋게 지낼 수 있도록 하는 예였다. 《주례 · 춘관 · 대종백(周禮 · 春官 · 大宗伯)》에 이르기를 "가례에 의해 민중이 서로 사이좋게 지낼 수 있도록 한다. 음주례와 식례를 적용해 종족 형제간이 사이좋게 지낼 수 있게 하고, 혼례와 관례를 적용해 남녀가 서로 사랑하게 하고 (관례를 행한 남자가) 성인의 덕행을 갖출 수 있게 하며,

---

83) 李雲泉, 〈賓禮的演變與明淸朝貢禮儀〉, 《河北師範大學學報》, 철학사회과학편, 2004.

빈사(賓射)의 예로는 옛 친구와 벗들이 사이좋게 지낼 수 있게 하고, 향례(饗禮)와 연례(燕禮)는 사방에서 (조빙하러) 모여온 손님들과 친목을 다질 수 있게 하고, 사직과 종묘의 제를 지낼 때 쓸 제육을 하사하는 예로써 형제 국가와의 친선을 다질 수 있게 하며, 경하의 예로써 형제 국가와 사이좋게 지낼 수 있게 한다"고 했다. 이로부터 가례는 고대에 주로 외재적인 의식을 통해 감정을 소통하고 인간관계를 화해롭게 했음을 알 수 있다. 가례에는 음식, 혼관(婚冠), 빈사(賓射), 신번(脤膰), 향연(饗燕), 하경(賀慶) 등의 6항이 포함됐지만, 그 내용은 오례 중에서도 제일 잡다하고 영향을 미치는 범위가 제일 광범위했다는 것을 말해준다. 일반 서민에서 왕공, 귀족, 제후 등 여러 계층의 서로 다른 영역 간의 왕래 과정에서 행해진 예의제도와 직접 관련되었기 때문이었다. 이런 제도에는 "등급을 구분하고 존비를 정하는" 예의 기본정신이 시종 일관 들어 있었다. "군자와 소인은 각자 규정된 복식이 따로 있다. 존귀한 신분을 가진 자에게는 그에 맞는 예절을 갖추어 존중을 나타내고, 비천한 신분을 가진 자에게는 그에 어울리는 등급을 매겨 위엄을 보여주었다"[84]고 한 것이 바로 그것이었다. 예를 들면 "복식으로 등급의 높고 낮음과 귀천의 차별을 나타낸다. 등급의 높고 낮음에 따라 서로 다르다. 이름과 호칭이 다르고, 권력이 다르며, 권세가 다르고, 기의 표지가 다르며, 길상을 상징하는 기호가 다르고, 예우와 영예가 다르며, 녹봉이 다르고, 관과 신발이 다르며, 허리띠가 다르고, 패옥이 다르며, 수레와 말이 다르고, 아내와 첩이 다르며, 덕택이 다르고, 거처가 다르며, 누울 자리, 앉을 자리가 다르고, 사용하는 그릇이 다르며, 먹는 음식이 다르고, 제사가 다르며, 장례도 다르다"고 한 것이 그것이었다.[85] 중국 고대사회 각 계층 구성원들은 태어나서부터 죽을 때까지 의식주행에서 신발과 모자에 이르기까지, 살림집, 배와 수레에서 일상생활의 용기에 이르기까지 모두 엄격한 등급 제한을 두었다. 중국은 역대로 《거복지(車服志)》, 《여복지(輿服志)》 혹은 《장복품제(章服品第)》 등 각종의 조례를 제정했다. 그 목적은 이런 외재적 예의형식을 통해 사회 등급구조를 배치했고, 여러 계층마다 예제의 규정을 따르게 해 윗사람에게 대들거나 아랫사람을 귀찮게 하는 등의 참람(僭濫)행위를 하지 못하도록 함으로써 존비귀천의 등급를 안정시키고 공고히 하기 위하고자 하는 데 있었다.

---

84) 《左傳·昭公12年》
85) 《新書·卷一》

(5) 군례(軍禮)

군사를 지휘해 싸우는 예이다. 《주례 · 춘관 · 대종백(周禮 · 春官 · 大宗伯)》에 이르기를 "군례에 의지해 천하 각국과 협력한다. 대군 출정의 예(대사지례)를 행하는 것은 민중의 의용(義勇)을 이용하기 위한 것이었고, 조세를 평균하는 예(대균지례)를 행하는 것은 민중의 조세가 불균형해질 것을 우려해서이며, 들사냥의 예(대전지례)를 행하는 것은 군대를 검열하기 위한 것이고, 노역의 예(노역지례)를 행사하는 것은 민중의 노동력을 이용하기 위한 것이며, 대규모의 국경 탐사와 획분의 예(대봉지례)를 행하는 것은 민중을 단합시키기 위한 것이다"라고 했다. 이로부터 군례는 출병과 정벌을 앞두고 행하는 의식이며, 출정을 명하는 의식이며, 사계절 사냥을 나가거나, 성읍을 세우거나 국경을 확정하거나 할 때 행하는 예였다. 구체적으로 군제(軍制), 출사(出師), 사교(校閱), 차전(車戰), 주사(舟師), 사냥(田獵), 마정(馬政) 등이 포함되었다. 군례는 적군에 성토하고 군기를 명백히 밝히며 사기를 북돋우고 군대의 위용을 떨치는 등의 역할을 했으므로 전쟁터에 나갈 때면 반드시 군례를 행하곤 했다. 비록 시대가 다름에 따라 군례의 내용도 조금씩 달라지기는 했지만 기본정신의 원칙은 줄곧 변함이 없었다. 예를 들어 "출병 이유가 정당하면 군대는 기세가 드높아 전투력이 강해지지만, 이유가 정당하지 않으면 사기가 쇠해 전투력 또한 약하게 된다"고 하였던 것이다.[86] 이는 군례의 중요한 원칙 중의 하나로서 군대의 사기는 정당한 이유만 있으면 기세가 드높고 이유가 정당하지 않으면 사기가 쇠약하게 된다는 것이었다. 이로서 통치자들에게 사리사욕을 채우기 위해 쉽사리 전쟁을 일으키지 말 것을 경고했다. 진술국(陳戌國)이 말했듯이 "군례는 언제나 직접적 혹은 간접적으로 정치의 형세, 사회의식, 생산력의 발전단계, 인간과 자연 및 인간과 인간의 관계를 반영한다. 인류 문명이 진보함에 따라 군례는 기타 여러 예와 마찬가지로 변화했다. 그러나 일부 의(儀)가 예절의 장기적인 연장(혹은 답습)을 중시한 것 또한 사실이다."[87]

2. 예전(禮典)

당(唐)대 이후 각 왕조마다 《예서(禮書)》를 편찬하는 조치를 취해왔다. 예서는 예의

---

86) 《左傳 · 僖公28年》
87) 陳戌國, 《中國禮制史 · 隋唐五代卷》, 21쪽, 長沙, 湖南敎育出版社, 1998.

법전으로서 예의제도를 체계화, 법전화한 것이다. 예는 예의를 가리키고 서는 법전을 가리킨다. 《예서》는 일반 예에 관한 저서와 구별되며 또 유가의 예학 경전과도 구별되었다. 예를 들어 《주례》, 《의례》, 《예기》 등이 그것이었다. "예서는 한 세대의 저작물"[88]이며, 통치계급이 전문적이고 특정한 절차를 통해 예의제도를 계통화하고 제도화함으로서 관민이 지키고 따르기 편리하도록 해 "나라 안을 총괄하고 만백성을 규범화시켜 음란과 사치에 빠지지 않도록 막고 쇠퇴하지 않도록 구원하며, 백성을 교화해 양호한 풍조를 형성하는 목적"에 이르게 하는데 그 뜻이 있었다.[89] 예서는 흔히 황제가 특명을 내리고 대신이 "황제의 칙령을 받들어 편찬하였다." 예는 국가의 제도적 차원에서 전례(典禮)와 의례(儀禮)로 나뉜다. 전례는 즉 관례(官禮)로서 "나라를 경영하는 규칙"이며, 관제를 핵심으로 하는 전장제도이며, 행정법규에 속한다. 예를 들면 《당회전(唐會典)》, 《명회전(明會典)》, 《대청회전(大淸會典)》은 모두 전례에 속했다. 의례는 즉 곡례(曲禮)로서 "정중함과 공손함의 본보기"이며, 예의법에 속한다. 예를 들면 《대당개원례(大唐開元禮)》, 《대명집례(大明集禮)》, 《대청통례(大淸通禮)》 등은 모두 의례에 속한다.

중국은 국가와 법의 형성 초기에 비교적 큰 정도에서 씨족 혈연관계가 보존됐었다. 국가정권의 조직이나 사상관념상에서나 모두 농후한 혈연적 색채를 띠었다. 씨족 구성원 간의 관계와 질서를 조정하는 데 쓰였던 원시 예속 습속이 대량 보존됐으며 후에 습관법으로 전환되어 계급통치의 수단이 되었다. "은(殷)은 하(夏)의 예의제도를 답습하고 주(周)는 은의 예의제도를 답습했다." 이는 하, 상, 주 세 왕조의 예가 비록 그 내용이 조금씩은 다르지만 여전히 연속성이 아주 크다는 사실을 설명한다. "주공(周公)이 예제를 제정"하여 세 왕조의 기본이 된 예는 강제성의 특징이 있으며, 적극적인 법률 규범이 됐다. 즉 "예는 치국의 근본이다. 예의 규범을 벗어나면 형벌의 범위에 들어가게 되므로 예의 규범에 어긋나는 언행을 할 경우에는 형벌을 가한다"고 했던 것이다.[90] 예의 내용은 매우 풍부한데, 크게는 전장제도에 이르고, 작게는 의식주행에 이르기까지 관리와 사회생활의 여러 방면에 관련되며, 이른바 "예의(禮儀)는 3백 가지, 위의(威儀)는 3천 가지에 이른다"고 했다.[91]

---

88) 《大唐開元禮·原序》
89) 《淸實錄·高宗實錄》 권2
90) 《後漢書·陳寵傳》
91) 《禮記》

봉건 예제(禮制)의 수립. 춘추전국시기 "예악 체제가 붕괴되자" 예악을 제정하고 정벌 명령을 내릴 수 있는 권력은, 주(周)의 천자가 장악하던 국면이 파괴되어 예악을 제정하고 정벌 명령을 내릴 수 있는 권력자가 제후로 대체되면서 심지어 경대부(卿大夫)가 정할 수 있게 됐다. 그리하여 사회가 대 혼란과 대 변혁의 상태에 빠졌으며, 세 왕조의 예제도 크게 파괴되었다. 그러나 예의 문화는 그로 인해 중단되지 않았다. 여러 제후국들은 여전히 자체적인 예제가 갖춰져 있었다. 비록 진시황(秦始皇)이 천하를 통일한 뒤 법가의 법치를 숭상했지만 여전히 예의를 중시했다. 즉 "진(秦)나라에 이르러 천하를 통일하고 기타 6국의 예의제도를 모두 모아 그 중 비교적 우수한 것을 골라 사용하도록 했다. 비록 선대 성현의 제도에 부합되지는 않지만 임금을 존중하고 민중을 다스릴 수 있었으며, 조정의 인재들이 모여 위엄 있고 장엄하고 숙연한 것이 고대와 같았다"고 했다.[92] 한(漢)대는 봉건 예의법제의 중요한 시기였다. 서한(西漢) 건립 초기부터 예로써 신민을 다스리는 것을 매우 중시해 예학 대사가 한(漢) 왕조를 위해 일련의 효과적으로 실행할 수 있는 예의제도를 제정했다. 즉 "유학에 정통한 인재들을 불러 모아 그들에게 함께 예의제도를 제정하도록 명했다"고 한 것에서 알 수 있다.[93] 이른바 제예의(制禮儀, 예의를 제정함), 정의(定儀, 예의를 제정함), 즉 예의법을 제정해 예의제도를 보다 완벽히 했던 것이다. 한대의 예의는 율령 등과 동등한 법률적 효력을 갖는 법률로서 일반적인 예와 관련된 서적이 아니었다. 한대의 예전(禮典)에는 주로 《조의(朝儀)》, 《종묘의법(宗廟儀法)》, 《혼례(婚禮)》, 《의복지제(衣服之制)》, 《한례기제도(漢禮器制度)》 등이 포함되었다. 이런 예전은 비록 내용이 서로 다르지만 그 취지는 서로 다른 등급, 서로 다른 사회 지위를 나타내기 위함에 있었다. 한대에는 또 상당 부분을 차지하는 예의 규정을 율 속에 넣었다. 예를 들면 숙손통(叔孫通)이 제정한 《방장률(傍章律)》, 장탕(張湯)의 《월궁률(越宮律)》, 조우(趙禹)의 《조율(朝律)》 등은 모두 예의제도와 관련된 것이었다. 이런 규정은 여전히 예와 율이 결합된 내용에 속하는 것으로서, 이 시기에는 예의법이 아직 완전히 독립되지 못했음을 말해준다.

삼국(三國), 양진(兩晉), 남북조(南北朝)시기의 발전을 거쳐 수(隋)대부터 예의제도는 전문화, 법전화의 새로운 단계에 들어섰다. 즉 "수 문제가 천하를 통일한 초기 즉위한 지 얼마 되지 않았음에도 전쟁을 겪으며 많이 훼손된 예의제도 관련 기록들을 수집 정

---

92) 《史記·禮書》
93) 《史記·禮書》

리했는데 모두 130편에 이른다"고 했다.[94] 당나라 때는 수(隋)의 예를 답습해《정관례(貞觀禮)》,《현경례(顯慶禮)》,《개원례(開元禮)》를 편찬했다. 당태종(唐太宗)은 재위 기간에《정관례(貞觀禮)》를 펴냈다. 즉 "수(隋)의 예제를 적용함에 부족함이 있는지를 살펴 방현령(房玄齡)과 위정(魏征)에게 조서를 내려 예관(예의 담당 관리)과 학자 등과 함께 오례를 편찬하도록 해 백 권에 이르는 저서, 총 130편을 저술했다. 이른바《정관례(貞觀禮)》가 바로 그것이다." 당고종(唐高宗)이《정관례》에 대해 수정을 거쳐 30권을 증가해《현경례》를 펴냈다. 당 현종(玄宗) 때도《대당개원례(大唐開元禮)》를 펴냈는데, 이는 비교적 완벽한 예의법전이었다. 즉 "《정관례》와《현경례》를 취해 서로 다른 점과 동일한 점을 절충해 당례를 제정했다."[95] "그리하여 당대의 오례가 비로소 최초로 갖춰져 세간에 사용되기 시작했다. 비록 그 내용을 조금씩 늘리거나 줄이기도 했지만 그 근본을 초월할 수는 없었다"고 했다.[96] 그 후 송대에 이르러《개보통례(開寶通禮)》가, 원대에《원통례(元通禮)》가, 명대에《명집례(明集禮)》가, 청대에《대청통례(大淸通禮)》가 제정됐다. 건륭원년(1736년)에는 특히 "예서를 편찬할 것(纂修禮書)"을 명해[97] "역대의 예서들을 모았으며" 건륭 21년(1756년)에 완성되어 총 50권에 이르렀는데 "오례의 서두는 모두《주관(周官)》을 기준으로 삼았다"고 하여,[98] 예의법전은 갈수록 엄밀하고 완벽해졌던 것이다.[99]

3. 금기(禁忌)

금기(禁忌)는 고대의 비교적 복잡한 문화현상으로 한 민족의 특정된 사회정치, 사상철학, 경제법제제도 등과 밀접한 관계가 있으며, 그 자체가 원시종교와 과학, 무술 예의의 혼합체였다. 금기는 중국 고대에 원시적인 종교 예의에서 점차 일종의 행위 규범으로 승화되었는데, 즉 심리적으로 끼려서 생겨난 밀하거나 행해서는 안 되는 규정이었다.

---

94) 구양수,《太常因革禮·序》

95)《四庫全書總目·大唐開元禮》전권이 150권으로 됐으며, 서례(序例) 3권, 빈례(賓禮) 2권, 길례(吉禮) 75권, 가례(嘉禮) 40권, 흉례(凶禮) 20권, 군례(軍禮) 10권으로 구성됐다.

96)《新唐書·禮樂志》

97)《淸實錄·高宗實錄》

98)《四庫全書總目·欽定大淸通禮》

99) 呂麗,〈論中國古代的禮儀法〉,《法制的社會》, 2000(4)

금기라는 행위규범은 원시종교의 의식과 관념에서 기원된 것이며, 모종의 신성한 사물에 대한 숭상과 모종의 위험한 사물에 대한 두려움, 모종의 불결한 사물에 대한 혐오감에서 온 것이다. 고대인은 인간 세상에 일종의 신비로운 힘이 있어 인간의 길흉화복을 지배한다고 믿었다. 그래서 자신의 안전을 보호하기 위해 금기의 관념이 생겨났으며, 점차 습속화되었거나 심지어는 법률로 발전 변화했다.[100] 최초로 금기가 생기게 된 원인은 원시 인류사회 초기에 생산노동능력과 인간의 인식능력이 낮았던 탓에 자연의 객관현상에 대해 해석할 수 없는 상황에서 자연, 조상, 토템 등에 대한 숭배가 생겨나게 됐고, 잇따라 여러 가지 금기 습속이 생겨나게 되었던 것이다. 그 중에서 대다수는 생사와 생활하는 가운데서 얻은 실천경험으로부터 나왔는데, 사람들은 흉한 것을 피하고 길한 것을 좇아 예측하지 못한 일이 발생하는 것을 미연에 방지하고자 했던 데서 유래했다고 보고 있다. 금기 통제의 최대 특징은, 신령 등 초자연적인 위력의 힘을 비러 내심적인 생각에서 외재적 행위로 절대적 통제를 실현하고자 하는데 있었다.

금기라는 단어는 늦어도 한(漢)대에서는 이미 나타났다고 보고 있다. 《한서 · 예문지(漢書 · 藝文志)》에는 "융통성이 없는 사람이 실행하게 된다면 금기의 영향을 받아 작은 기능에 구애되어 인간이 할 수 있는 일을 포기하고 귀신을 미신하는 일에 종사하게 된다"라고 기록되어 있다. 《후한서 · 낭의전(後漢書 · 朗顗傳)》에는 "신은 일개 평민 출신으로 금기에 대해 알지 못해 진실한 마음을 숨김없이 드러내고 말을 가리지 않고 글을 올립니다"라는 내용이 기록되어 있다. 《설문해자》에 이르기를 "금이란 길하고 흉하다는 의미로서 금기이다." 금(禁)은 실제로 모종의 초개인 혹은 초자연적인 힘과 연결되어 있다. 기(忌)의 본뜻은 "증오함이다." 기는 사물에 대한 인간의 주관적인 증오 취향으로 표현된다. 어느 한 사물에 대해 외재적인 힘으로나 내재적인 경향으로나 금기는 궁극적으로 사람들의 언행을 구속하는 행위규범으로 표현되며, 일종의 오랜 관습을 통해 은연 중에 일반화된 금기 약속으로 되었다. 중국 고대의 금기범위는 매우 광범위하며, 종류 또한 번잡해 인류의 사회생산과 생활의 여러 방면과 관련된다. 각기 다른 기준에 따라 금기는 각기 다른 유형으로 분류된다. 금기가 존재하는 사회적 범위에서 보면 지방성과 민족성의 두 가지 특징을 띠며, 금기의 대상으로 보면 사람과 관련된 일에 대한 금기와 자연에 대한 금기, 신령에 대한 금기가 있으며, 금기의 표현방식에서 보면 언어의 금기와 행동의 금기가 있고, 금기의 효력으로 보면 정부 측 금기와 민간의 금기가 있다. 사

---

100) 武樹臣, 《中國傳統法律文化辭典》, 402쪽, 북경, 북경대학출판사, 1999.

람들의 생산과 생활 속에서 금기가 존재하지 않는 곳은 없다고 할 수 있다.

금기가 사람의 언행에 대한 속박과 제한적 각도에서 보면 금기는 규범적인 성격을 띠지만, 이는 일종의 단순한 금지성 사회규범으로서 그 기능 역시 사회에서 비교적 간단한 관계에 대해서만 조정 역을 했을 뿐이다. 생산력과 인류의 인식능력이 제고됨에 따라 단일한 금기는 이미 인류의 일상생활의 수요를 만족시키기 어렵게 됐다. 금기의 많은 내용과 형식이 점차 변화 발전해 습관법이나 국가 법률로 승화되었으며, 보다 규범적이고 성숙한 사회의 조정규범이 되었다. 예를 들어 중국 고대의 회피제도가 바로 통치자가 금기를 이용해 통치적 권위를 강화한 일종의 표현이었다. 이는 봉건 제왕 혹은 일부 특권계층이 개인의 위엄을 유지하고 통치적 지위를 공고히 하기 위해, 또 자신의 지위가 종교적 미신의 색채를 띨 수 있도록 하기 위해, 그 이름을 직접 부르거나 같은 글자를 사용하는 것을 기피해 법률의 형식으로 규정해 놓았던 것이다. 일단 금기를 범해 발견되면 큰 화를 당할 수도 있었다. 이런 금기는 실제상에서는 언어적 금기였다. 상고시기에 언어는 일종의 초인간적인 마력을 지녔다고 여겼다. 사회의 발전과 진보에 따라 기피하게 하는 것은 통치자들이 자신의 권익을 보장하기 위한 종법제도 유지수단으로 되었으며, 구체적이고 완벽한 제도로 점차 변화 발전했다. 금기가 법률제도로 승화하게 되면서 일종의 외부의 강력한 힘의 규범으로 변했으며, 초자연적인 위력을 지니지 않게 됐다. 또 예를 들면 통치자들은 흔히 금기를 통해 유가사상을 핵심이념으로 하는 인륜관계를 구축했다. 예를 들어 《예기·곡례상(禮記·曲禮上)》에서는 고대의 복식 색깔에 대한 금기사항을 규정해 놓았다. 즉 "자식 된 자는 부모가 건재하면 모자와 의복에 흰색으로 가선을 두르지 못한다.", "아버지를 여의고 어머니만 있어 가사를 주관하게 된 고자(孤子)는 모자와 의복의 가선을 흰색으로 할 수 있으며, 채색한 것은 쓰지 않는다." "대부(大夫)와 사(士)가 임금이 있는 곳의 대문을 드나들 때는 궐문의 오른쪽으로 다녀야 하며 문턱을 디뎌서도 안 된다"고 하는 이들 금기는 주로 유가의 인륜 등급이념을 반영한 것이었으며, 금기가 이로써 인금과 신하 사이의 인륜 사회 등급관계를 수호하고, 중국의 수천 년의 종법 등급제도를 유지하는 중요한 수단이 되었던 것이다.

독일의 문화 철학 대사인 에른스트 카시러(Ernst Cassirer)는 《인류》이라는 저서에서 이렇게 논했다. "금기 체계는 모든 뚜렷한 결점이 존재하지만 인류가 현재까지 발견한 유일한 사회 속박과 의무에 관한 체계이며, 이는 전반 사회질서의 초석이 된다. 사회체계 어느 방면을 막론하고 특별한 금기에 의지해 조정되고 관리되지 않는 것은 없다. 통치자와 신민 사이의 관계, 정치생활, 성생활, 가정생활 등 어느 하나 신성한 계약을 띠지 않는 것은 없다. 마찬가지로 제반 경제생활에도 적용된다. 심지어 재산도 처음에는 일종의 금기제도였을 것 같다. 하나의 사물이나 한 사람을 소유하거나 - 한 필지의 토지를 소유하거나 한 여인과 정혼하거나 - 할 때 최초의 방법은 바로 하나의 금기 신호로 이를 표기해 놓았다."[101]

　금기와 한 민족의 특정된 사회정치, 철학사상, 종교의식 및 경제, 법률제도 등은 밀접한 연계가 있다고 할 수 있다. 중국 고대의 "천인합일"의 자연 철학사상은 중국 고대의 금기에 중요한 영향을 끼쳤다. 금기는 자연의 만물에 대한 경외심을 나타낼 뿐 아니라, 인간과 자연, 인간과 인간 간의 관계의 화해를 특별히 중시했다. 금기는 사회의 구속력을 가진 행위규범으로서 민간에서 적극적인 역할을 했다. 인간과 자연계의 관계를 조정해 사람들에게 되도록 자연에 순응하고 이용하도록 했다. 장기적인 생산과 생활과정에서 사람들은 노동 경험에 따라 자연만물의 생장법칙에 부합되는 일부 금기습속을 형성했다. 예를 들면 동물의 포획과 식물의 파괴를 제한해 대자연의 생태균형을 보호하도록 했다. 이러한 금기는 평등과 우애, 서로 존중하고 서로 돕는 화해관계에는 이로운 점도 있지만, 자아 폐쇄, 소극적인 방비의 특징에서 드러나는 미신과 황당함으로 인한 소극적인 역할은 피해야 할 것이다.

---

101) (독) 에른스트 카시러 : 《인륜》 간양(甘陽) 역, 138쪽, 상해, 上海譯文出版社, 1985.

12장.
집행체계

천자, 국왕, 황제의 의미는 조금씩 다르다. 그러나 모두 지고 무상한 권력을 대표하는 집권자들이다. 전제집권의 국가 정체 중에서 황권은 국가 권력 속에서도 핵심적 지위를 차지하며 항상 최고 권력의 주체로서 입법, 행정, 군사, 사법, 감찰 등 여러 대권을 한 몸에 장악하는 그야말로 "천하의 권력을 한 사람에게 집결시킨 사람들"이다. 황권의 위력은 미치지 않는 곳이 없으며 아무리 먼 곳이라도 닿지 못할 곳이 없다. 그래서 역사적으로 전례 없이 강대한 전제주의 황권체계가 수립됐다. 그러나 전제군주들 모두가 "모든 권력을 손에 쥐고", "모든 일을 직접 결정할 수 있기"를 추구했지만, 실제로 진정으로 혼자서 천하를 "독차지하고 다스리는 것"은 할 수도 없고 실현이 불가능했다. 반드시 "관직을 설치해 직책을 분담하고 체제를 유지하며 관리의 등급 및 법도를 온전히 갖춰야 했다."[1] 즉 일련의 방대한 관료기구를 수립하고 그에 의지해 국토가 넓고 인구가 많은 통일된 제국에 대한 효과적인 통치를 실현해야 했다. 이에 따라 고대 중국에서는 위에서부터 아래에까지 이르는 엄밀한 일련의 법률 집행기구가 형성됐던 것이다.

---

1)《明史・職官志》

1절. 천자(天子), 국왕, 황제

1. 천자제도의 형성

천자는 서주(西周) 왕기(王畿)의 중앙정권 조직형태의 최고 수반으로서 "여일인(予一人)", "여일인(餘一人)" 혹은 "아일인(我一人)"이라고 자칭했다. 즉《예기·옥조(禮記·玉藻)》편에 이르기를 "천자는 스스로를 여일인(予一人)이라고 자칭했다."《상서·금등(尙書·金縢)》에 이르기를 "지금 기대하는 것은 선왕이 나의 나라가 장구하길 바라는 성심을 굽어 살펴 주십사 하는 것이다",《여형(呂刑)》편에도 "한 사람이 좋은 일을 하면 만백성이 다 이득을 본다"라고 했다. 춘추시기에 이르러 진목공(秦穆公)이 서융(西戎)에 군림할 때 천자와 동일한 지위를 차지하고 역시 "일인(一人)"이라고 칭했다.[2] 주제(周制)에 따라 "제후들은 천자와 호(號)가 같으면 안 된다"[3] 천자만을 일인이라고 전적으로 일컬었으며 제후가 참월(僭越, 권력을 침범하여 월권하는 것 - 역자 주)하면 안 되었다. 서주시기에 "천자는 나라를 세우고 제후들은 봉읍(封邑)을 세우는 원칙"에 따라 분봉제(分封制), 종법제를 실행했으며 왕권의 지위를 크게 높여 위로부터 아래로 차례로 분봉함으로써, 천자, 제후, 경대부로 구성된 새로운 등급 구조형태와 신속관계를 형성시켰다. 또한 종법제를 통해 적장자 계승제를 수호했으며, 혈연관계는 정치관계에 복종해야 하고 종통(宗統)은 군통(君統)에 복종해야 하며, 왕권은 군권(君權)보다 높음을 강조했다. 그리하여 하(夏), 상(商) 두 나라보다 더 통일된 국가를 건립하고 더 집중된 왕권을 수립했다. "천자는 인간사회에서 가장 존귀한 존재이므로 제후들의 우두머리에 서서 제후들의 군왕이 되었다."[4]《의례·상복(儀禮·喪服)》에 이르기를 제후는 천자를 위해 참쇠(斬衰)를 3년간 입는데, 아들이 아비를 대하는 것은 신하가 임금을 대하는 것과 같았다. 이는 천자와 제후 사이에는 이미 엄격한 존비 등급의 군신관계가 확립됐음을 설명해 주는 것이었다.

주왕은 천자라는 존호를 가용해 정권 통치의 신권화 색채를 강화함으로써 자신이 이미 천하를 소유했음을 과시했다.《예기·곡례하(禮記·曲禮下)》에서는 "천하에 군림한

---

2)《尙書 · 秦誓》
3)《韓非子 · 外儲說右下》
4)《觀堂集林 · 殷周制度論》

사람을 사람들은 천자라고 부른다"라고 했고, 《시경·소아·북산(詩經·小雅·北山)》에서는 "온 세상 한 치의 흙일지라도 왕의 땅이 아닌 것은 없고, 이 세상에 살아가는 사람 중에 왕의 신민이 아닌 자는 없다"라고 했다. 여기서 설명하고자 한 것은 다 그 같은 뜻이다. 주(周) 성왕(成王)이 "천자"라고 자칭할 때부터 주대의 사람들은 엄격한 적장자 계승제를 확립했으며 주로 두 가지 기본 원칙이 일관되게 적용되었다. 즉 "왕위 계승자를 정함에 있어서는 현명한 자가 아닌 적장자를 계승자로 정하고, 장자를 정함에 있어서는 나이가 아닌 정실 왕후의 소생을 장자로 정한다."[5] 이로써 왕위 계승제가 확립되어 하·상시기부터 계속되어 온 왕위 계승분쟁을 피할 수 있게 됐으며 또 후세에까지 이어졌다. 주나라의 천자는 "나라의 핵심 무기"를 장악했으며, 살리거나 죽일 수 있고 주거나 빼앗을 수 있는 대권을 장악하고 있었다. "상과 벌"은 "나라를 다스리는 예리한 무기"로서, 군주는 "그 무기를 장악하고 신하를 제압하고 신하는 그 수단을 도용해 군주를 기만한다."[6]그리고 상과 벌, 혹은 덕(德)과 형(刑)은 주나라의 최고 통치권을 장악하는 두 개의 자루였다. 공자는 "천하에 도가 있으면 예악을 제정하고 정벌에 나서는 것에 대한 의사는 천자에 의하여 결정된다"고 했다. 예악은 바로 상에 관련된 방면이고 정벌은 벌과 관련된 방면이다. 그 최후의 결정권은 주나라의 천자 손에 확고히 장악되어 있었다. 구체적인 운영 면에서는 먼저 상을 주고 후에 벌을 주는, 덕과 형을 겸용하는 것을 강조했다. "오로지 그대의 영명한 부친인 주문왕(周文王)만이 덕을 명백히 밝히고 형벌을 신중하게 적용할 수 있어"[7] 이를 본받을 것을 강조했다. 덕지설(德之說), 벌지행(罰之行), 상과 벌, 혹은 덕과 형의 정치사상은 주대 천자에게는 양자가 똑같이 중요하였으며 서로 보완관계에 있었다. 그러나 어느 방식을 채용하든지간에 권력이 점차 집중되는 정권 모델이 이미 수립됐던 것이다.

2. 국군(국왕)

서주가 상나라를 멸하고 나서 초기에 아직 안정되지 않은 천하 공주(共主)의 지위를 공고히 다지기 위해 주(周)의 천자는 대신들에게 땅을 분봉해주고 많은 자제와 다른 성

---

5) 《春秋·公羊傳·隱公元年》
6) 《韓非子·內儲說下》
7) 《尙書·康誥》

을 가진 공신들을 제후에 봉했는데, 이는 "제후국을 설립해 주 왕실의 강대함을 유지하기 위한" 의도였다. 《주례·지관·대사도(周禮·地官·大司徒)》의 기록에 따르면 "무릇 제후국을 설립하게 되면 토규(土圭, 해의 그림자를 분별하던 방법)로 그 나라의 토지를 측량해 국경의 범위를 제정했다.[8] 여러 공국(公國, 군주가 아닌 공이 통치하는 소국)의 토지는 국경 이내의 가로와 길이가 5백 리에 이르고…… 여러 제후국(諸侯國)의 토지는 국경 이내 가로와 길이가 4백 리에 이르며…… 여러 자국(子國)의 토지는 국경 이내 가로와 길이가 2백 리에 이른다"고 했다. 여러 제후국의 국왕은 분봉 받은 토지의 크기가 다름에 따라 각기 다른 칭호를 부여 받았다. 예를 들어, 자(子), 후(候), 공(公) 등이 그것이었다. 그러나 왕이라는 칭호는 오로지 최고 통치자인 주(周) 천자에게만 있었다. 평왕이 수도를 동으로 옮긴 뒤 왕권이 쇠락해지고 일부 제후국의 국력이 갈수록 강대해졌다. 전국시기 국왕들이 칭호를 마음대로 부르는 현상이 갈수록 빈번해졌는데, 자가 후로 칭해지고, 후가 공으로, 나아가 왕으로 칭하는 경우도 있었다. 제(齊)나 진(秦)과 같이 강대해진 소국의 국왕이 왕으로 칭했을 뿐 아니라 위(魏), 한(韓), 조(趙), 연(燕), 중산(中山) 등 국가들끼리도 서로 왕으로 칭했다. 이것이 바로 유명한 오국상왕(五國相王)이다. 그 뒤로 전국의 여러 제후들은 보편적으로 왕으로 칭했다. 왕의 칭호는 훗날 강대해진 제후들이 주의 왕과 어깨를 나란히 하고자 함이었으며, 심지어 주의 왕을 대체할 야심이 있었음을 알 수 있다. 그 시기 제후국 국왕들의 왕권과 주 천자의 왕권은 이미 뚜렷한 구별이 나타났다. 예제의 요구에 따라 왕권은 주 천자의 존귀한 신분에서 체현되어야 했다. 제후들은 주나라 천자의 대종 지위와 혈연의 정에 얽매여 그에게 복종했지만, "예악제도가 붕괴된" 전국시기에는 이런 왕권이 갈수록 무력해졌다. 여러 제후국의 국왕들은 혈연과 혈통에만 의지해서는 아예 통치를 유지할 수 없음을 충분히 인식하고 여러 나라 내부의 분봉제도를 폐기하고 중앙집권제로 대신했다.

여러 제후들은 여러 가지 수단을 통해 왕권을 강화했다. 경제면에서는 농업을 발전시키고, 호적제도를 수립했으며, 조세관리 기구를 설립했다. 위(魏)나라는 이리(李悝)을 재상으로 등용해 중농정책인 진지력지교(盡地力之敎) 주장을 펴 농민들에게 땅을 깊이 갈고 알뜰히 가꾸며, 식량과 농작물 생산에 애써 농작물의 생산량을 높이게 하여 나라의 소득을 늘릴 것을 요구했다. 상앙(商鞅)은 진(秦)나라에서 "정전제를 폐지하고 천맥을 개간해" 농업을 대거 발전시킴으로써 진나라가 큰 이익을 얻도록 했다. 전국시기 많

---

8) 《論語·季氏》

은 제후국들이 전국의 인구를 호적에 편입시키기 시작했다. 《상군서·경내(商君書·境內)》에는 "나라 경내에 사는 남자나 여자나 다 관부에 이름을 등록했으며 식구가 새로 태어나면 이름을 적어 넣고 사망하면 사망자 이름을 삭제했다"고 했다. 호적제도가 수립되면서 나라의 조세 징수와 노역 배당에서 일으킨 역할은 말하지 않아도 알 수 있을 것이다. 그 외에 일부 제후국들도 또한 조세관리 기구를 설립했다. 예를 들면 진(秦)나라, 조(趙)나라의 내사(內史), 한(韓)나라의 소부(少府), 초(楚)나라의 대부(大府) 등이 그것이다. 그 중 소부와 대부는 주로 시장조세를 징수했으며, 세수의 대부분은 국왕 개인의 소유로 되어 왕권을 행사할 수 있는 튼튼한 경제적 토대를 마련했다. 행정면에서는 군·현(郡縣)제를 실시하고 관료제를 수립했다. 전국시기 군과 현 두 지방 행정조직이 널리 시행되면서 이와 관련된 조치로서의 관료제도가 수립되었다. 따라서 관료봉록제(官僚俸祿制)가 세경세록제(世卿世祿制)를 대체했으며, 국왕이 직접 관료의 관작과 봉록을 장악하고 귀족세력을 약화시키는 한편 지방에 대한 통제를 강화했다. 법제면에서 국왕이 입법과 사법 대권을 독점했다. 《관자·법금(管子·法禁)》에 이르기를 "국왕이 통일적으로 입법을 하니 백관이 모두 법을 따랐다. 위에서 제도를 공개하고 아래에서 그에 따라 행하니 모두 제도에 부합됐다. 만약 국왕의 입법이 통일되지 않으면 아래에서 공동의 법률을 어기고 따로 멋대로 자기주장을 내세우는 자가 반드시 많아질 것이다. 그리 되면 모든 사람이 멋대로 해 위에서 제정한 법률제도를 따르지 않고 개인의 주장만 내세우게 될 것이다. 그리 되면 백성은 정부 법률에 대립하고 대신은 군주와 권력을 쟁탈하게 된다. 나라가 위기에 빠지게 되는 것도 바로 여기에서 시작된다"고 했다. 법령은 국왕이 제정하고 국왕이 사법을 통제해야만 법제의 통일을 실현해 나라의 안정을 유지할 수 있고, 실제로 이렇게 해야만 왕권을 한 층 더 공고히 할 수 있는 것이다. 군사면에서는 국왕이 군권을 장악했다. 군사역량은 통치를 수호하는 데서 지극히 중요했다. 전국시기에 호부(虎符) 발병(發兵)제도가 이미 여러 제후국들에서 확립되었다. 국왕이 호부의 오른쪽 반쪽을 지니고 장수가 왼쪽 반쪽을 지니며 좌, 우 호부가 서로 맞물려야 군대를 움직일 수 있다. 이 제도는 군대에 대한 국왕의 통제를 확보했음을 보여준다. 위의 내용을 종합해보면 전국시기의 왕권은 실제로 후세 군주전제의 기원이었음을 알 수 있다.

3. 황제

황제제도는 진시황이 창립했다. 기원전 221년, 진(秦)왕 영정(嬴政)이 제(齊)를 멸하고 천하를 통일하여 6국을 통합한 뒤 스스로 "삼황의 덕을 겸비했고 공적이 오제를 능가한다"고 주장하면서,[9] 신하들에게 명해 "제호(帝號)를 의논하도록 했다."《사기·진시황본기(史記·秦始皇本紀)》의 기록에 따르면 "천하가 완전히 평정됐다. 지금 칭호를 바꾸지 않으면 이미 수립한 공적을 후세에 널리 알릴 수가 없게 된다. 희망컨대 제왕의 칭호를 의논하라!" 이에 이사(李斯) 등이 의논을 거쳐 "과거에 오제(五帝)는 가로와 길이가 천 리에 달하는 지역을 관할했고, 이 지역 밖의 후복(候服), 이복(夷服)의 일부 제후들은 조공을 하고, 일부 제후들은 조공을 하지 않았지만, 천자는 이들을 통제할 수가 없었습니다. 지금 폐하는 의로운 군사를 일으켜 난폭한 자들을 멸하고 도둑들을 토벌해 천하를 평정하였습니다. 그리고 온 세상에 군과 현을 설립하고 법령을 통일했으니, 이는 상고시대에는 없었던 일이며 오제마저도 폐하의 발밑조차 미치지 못할 것이옵니다. 신들이 박사와 조심스럽고 신중하게 의논을 거친 결과 모두들 이르기를 고대에는 천황(天皇)이 있고, 지황(地皇)도 있었으며, 태황(泰皇)도 있었는데, 태황이 제일 존귀했사옵니다. 신들은 죽기를 각오하고 존호를 고해 올리는바 왕께서는 태황이라 칭함이 어떠실는지요? 천자의 명은 제(制)라 이르고, 천자의 영은 조(詔)라 이르며 천자는 스스로 짐(朕)이라 이르옵니다." 이에 진왕이 이르기를 "태(泰)자를 떼고 황(皇)자만 남겨 상고시대 지위의 칭호인 제(帝)를 채용해 황제(皇帝)라 함이 어떨고? 기타는 의정된 의견에 따르도록 하라"고 했다. 황제제도가 창립된 이래 진·한·위·진·남북조·수·당·오대·송·원·명·청 등의 2천여 년의 발전을 거쳐 그 내용이 부단히 완벽해졌다. 황제제도는 전제제도와 서로 의존하며 존재해왔으며 전제제도는 황제제도의 확립으로 강화했다. 황제제도는 전제제도의 핵심을 이루며 게다가 전제제도의 구체적 표현이기도 했다. 전제주의 중앙집권의 정치제도는 진나라가 건립되면서부터 명조와 청조에 이르기까지 중국의 황제제도는 모두 군주를 나라의 권력 주체로 하고 황제를 중국 봉건사회 정치제도의 핵심으로 삼아왔다. 이 핵심을 둘러싸고 구체적 내용과 조치를 포함한 일련의 황제제도를 수립했으며, 그 제도들은 천지신명들과 융합되어 개인의 권위적 지위를 집중적으로 두드러지게 했으며, 황제가 국가라는 기구 위에 높이 서서 지고무상의 권력을 가질 수 있도록 보장했으

---

9) 《資治通鑑·秦紀二》 권7

며 황제를 신화했다.

황제는 중국 봉건사회의 모든 권력을 자신의 손에 틀어쥐었다. 행정방면에서, 중앙,
지방의 관원은 모두 황제가 임명하고 파면시켰다. 황제는 조(詔), 고(誥), 지(旨), 상유
(上諭), 주비(朱批) 등 문서로 백관을 조종했으며, 황제의 문서는 모두 신성하여 침범할
수 없는 것으로서 어떠한 거역이나 위반, 혹은 반대의견도 허용되지 않았다. 문무 관리
에 대한 상과 벌, 승진과 좌천 등 인사권은 모두 황제가 직접 장악했다. 법률 제정과
집행 방면에서, 황제의 의지는 곧 법률이다. 재정방면에서, 황제는 국가 재정수지에 대
한 전부의 지배 결정권을 장악한다. 군사방면에서, 황제는 군사의 최고 통솔자로서 장
수의 임명, 군대의 배치는 모두 황제만의 권력이다. 병부제(兵符制)가 중국 봉건사회에
서 실행되고 부단히 이어온 것이 바로 그 예증이다. 종합적으로 황제를 권력 주체로 하
는 황제제도는 오랜 세월 동안 봉건사회를 거쳐 부단히 완벽해지고 상세해졌으며 변화
발전했다. 관제, 인사, 행정구획, 입법, 사법, 재정, 민정, 군사 등 모든 방면의 주요 권력
은 황제가 직접, 그리고 독점적으로 장악했다. 즉 "천하의 모든 사무는 크고 작고를 막
론하고 모두 황제 한 사람이 결정했던" 것이다.[10]

1) 입법권

중국 고대사회에서는 군주가 입법권을 장악하고 있었다. "군왕은 영을 내리는 사람이
고 신자는 군왕의 영을 집행하고 백성에게 실행하는 사람이며, 백성은 식량과, 명주실과
삼베를 생산하고 기물을 제작하며, 상품을 거래해 위에서 통치하는 사람을 공봉(供奉)
하는 사람이다."[11] 입법권은 황제 혼자 독점하며 황제가 발표하는 조령은 가장 권위가
있는 법률형태이다. 국가의 법률이라 할지라도 황제의 명의로 공포 시행된다. 이른바
흠정(欽定)이라는 것이다. 군주는 나라의 핵심이고 법은 군주의지의 반영이다. 흠명 입
법은 그 지위가 제일 높다. 진시황이 황제제도를 수립한 뒤 황제의 영(제, 조를 포함)은
최고의 법률적 효력을 지니며, 그 뒤의 여러 왕조 황제들의 조, 칙, 유 등은 모두가 그러
했다. 입법권은 황제에게만 속하며 중요한 법률의 제정, 공포 시행, 수정, 폐지는 모두
황제가 직접 참여했다. 비록 권력은 군주에게 속하지만 입법과정의 복잡함과 입법업무
의 전업화로 인해 신하의 지위가 입법과정에서 반영되지 않을 리 없었다. 그래서 황제

---

10) 《史記 · 秦始皇本紀》
11)(당) 韓愈, 《昌黎先生集》 권11 《原道》 즉 이른바 "법률은 군왕이 정한다"는 것이다.

도 흔히 다른 관원을 임명해 입법을 대신 행하도록 했으므로, "권력은 군주에게 속하고 사무는 신하의 몫"이라고 결론지을 수 있다.

중국 고대입법의 이론적 토대는 황권에 있었다. 황권은 어디서 오는가? 중국 고대에는 군주 전제제도를 실행했으므로 황제는 중국 고대국가제도의 핵심적 지위를 차지했으며, 지고 무상한 황제의 지위는 사람들에게 보편적으로 받아들여진 기정사실이었다. 고대의 법률에는 비록 황제가 최고 입법권, 사법권, 행정권 등 권력을 장악한다고 명확히 규정짓지는 않았지만, 황제가 이런 보편적인 권력을 갖는 것은 천리라고 공인받은 사실로서 법률적 규정이 필요 없었다. 하나의 권력은 일단 규정이 되면 제한이 따르기 때문이다. 《예기·중용(禮記·中庸)》에 이르기를 "천자가 아니면 예에 대해 의논할 자격이 없고, 제도를 제정할 자격이 없으며 문서를 점검 정정할 자격이 없다"고 했다. 왕안석(王安石)은 "형명을 의정(議定刑名)"할 때 쟁의가 있을 경우 이렇게 말한 바 있다. "의정 사항이 적절하지 않다면 중서(中書)가 상소문을 작성해 군주에게 올려 군주가 결정하도록 하면 된다. 이것이 바로 국가 체제이다."[12] 황제가 최고의 입법권을 장악하는 것이 바로 국가의 체제였던 것이다. 군주가 아닌 사람은 예의 시비에 대해 의논할 수도 없고, 법도를 제정하지도 못하며, 예악전장(禮樂典章)에 대해 점검하고 정정할 수도 없었다. 황제가 입법권을 독점하는 것은 법률 규정이 필요 없으며, 하늘이 부여하는 자연적인 권력이었다. 이른바 "제왕의 지위는 지고 무상하며 하늘의 뜻을 받들어 하늘과 땅의 양육과 포용과 마찬가지로 백성의 부모가 된다"는 것이었다.[13] 황권은 하늘이 내리는 것이며 황제는 천자 즉 하늘의 아들이므로 황권에는 합법적인 의거가 있었다. 또 "하늘은 멀고 가까운 구별이 없어 오로지 덕을 쌓는 사람만을 도울 뿐이다"고도 했다. 이는 황권의 합법성에다 도덕적 합리성의 내용까지 갖도록 했음을 알게 해준다. 그래서 새로운 왕조가 세워질 때마다 자체 법전을 제정해 자신의 정권이 하늘, 이치, 백성 등 여러 방면에서 합리성을 갖출 수 있도록 했으며, 그로써 사회와 민중의 인정을 얻어냈던 것이다.

중국 봉건사회의 입법에는 일반적으로 두 가지 유형이 있었다. 한 유형은 율전의 편찬이었다. 율은 여러 왕조의 기본 법률로서 통치의 정통성을 제고시키므로 정치의 공시성은 말하지 않아도 알 수 있으며 안정성도 비교적 강하게 했다. 다른 한 유형은 황제의 조령과 사건 경과의 편찬으로서 왕조의 법률형태로 상승케 했다는 점이다. 이런 법률형

---

12) 《宋史·刑法志》
13) 《당률소의·名例律》

태는 율과 구별되며 율에 대한 보충으로 이루어진 것이며 기능적이고 융통성이 있다는 것이 특징이었다. 게다가 이런 법률형태는 필요에 따라 때와 사건에 맞게 발표되었다. 이는 객관적으로 "허와 실로 충만된" 사회문제를 해결하는데 이로웠고, 또한 입법상에서 황제의 권위를 강조하기 위한 것이기도 했다. 이런 기능적이고 융통성 있는 법률형태는 각 왕조마다 명칭이 달랐다. 예를 들면 한나라의 과(科), 당나라의 격(格), 송나라의 칙(敕), 그리고 명청시기의 예(例) 등이 그것이었다. 안정적인 왕조의 율전과 융통적인 법률형태는 서로 보완하며 봉건 통치질서를 공동으로 지켜내기 위함이었다.

진시황은 6국을 통일한 뒤 법가사상을 숭상했을 뿐만 아니라, 법가사상을 실천에 옮겨 진(秦)조는 중국 역사상에서 보기 드문 법가사상으로 천하를 다스린 왕조였다. 그는 "법률을 제정하고 법도를 분명히 밝혀" 입법, 행정, 사법 등 여러 권력을 독점하고 "신하들은 수정을 맡고" 집행하는 것을 전적으로 담당했다. 그의 명(命)은 제도라 하고, 영(令)은 조령이라 하며 율, 영 등의 법률형태를 형성했다. 그러나 입법 기술이 성숙되지 않았으므로 율과 영의 계선을 분명히 구분하기란 어려웠다. 그러다가 위진(魏晉)시기에 이르러서야 비로소 실현됐다.

한 고조(高祖)시기에 승상 소하(蕭何)가 진율(秦律) 6편을 토대로 하고 거기에 호(戶), 흥(興), 구(廐) 3편을 더 늘려서 《구장률》을 만들었다. 후에 숙손통(叔孫通)이 또 《방장률(傍章律)》 18편을 제정하고, 장탕(張湯)이 《월궁률(越宮律)》 27편을 창제했으며, 조우(趙禹)가 《입조율(立朝律)》 6편을 제정해 《구장률》의 보충으로 삼았다. 그 외에 《구장률》은 후에 제정된 이들 입법과 함께 《한률》 60편으로 일컬어졌다. 그때 당시의 율은 자체의 질에 대한 규정성이 없었으며 영도 마찬가지로 이런 자체적 특색을 상징하는 질의 규정성이 없었다. 율은 형사규범 뿐 아니라 행정규범도 포함됐다. 마찬가지로 영도 행정규범과 형사규범을 포함했다. 위·진시기에 율과 영은 서로 갈렸으며 "율은 죄명을 판결하는 의거로 쓰였고, 영은 행정제도로 쓰였다." 율은 전적으로 형사규범을 가리키게 됐고, 영은 행정규범 범위 안에 제한됐다. 이로부터 중국 고대 율령제 체계가 형성되기 시작했던 것이다.

수당시기에 중국의 율령제 체계가 정식으로 형성됐다. "율은 형벌을 정하고 죄명을 판결하는 의거이고, 영은 행정규범을 세우고 제도를 정하는데 적용됐다." 이외에도 격(格), 식(式) 등의 법률형태가 있었다. "격은 법도에 어긋나는 것과 사악한 것을 금지시키고, 식은 사물의 준칙과 규칙을 정하는데 적용됐다." 당 고조(高祖), 당 태종(太宗) 두 황제는 당 왕조의 법제건설에 튼튼한 토대를 마련했다. 후에 고종 연간에 역사에 빛날 《영휘율서(永徽律書)》의 창제에 착수했으며 중화 법계의 상징적인 율전이 됐다. 당나라 중기 이후 나라 관리가 갈수록 문란해진데다 시국의 발전에도 순응해야 했기에, 황제의 조칙이 입법의 원천이 되면서 격은 매우 중요한 법률형태가 됐다. 격은 유사격(留司格)과 산반격(散頒格)으로 나뉘었다. 전자는 중앙 여러 기관 내부에서 적용되며 천하에 실행되지 않는 것이고, 후자는 보편적으로 적용된 법률형태로서 천하에 공포해 공동으로 지키도록 했다.

송대는 중국 역사상에서 드물게 황제가 법제 건설을 중시하던 시대였다. 오대(五代)의 전란에 이어 송 왕조의 통치자는 한편 당나라의 입법성과를 답습하고, 다른 한편으로는 오대의 입법 창제를 답습했다. 송 신종(神宗) 원풍(元豊) 연간에 체제를 바꾸어 칙, 영, 격, 식의 입법구도를 형성했다. 이외 《송형통(宋刑統)》을 제정해 왕조의 기본 율전으로 삼았다. 《송형통》에는 율문이 포함됐을 뿐 아니라 일부 종합적인 율전도 포함되었는데, 이는 당대의 《영휘율서》에 대한 간단한 답습이 아니었다. 이때는 "칙을 편찬하는 것"이 조정의 경상적인 입법활동이었고, 또 이런 입법활동의 성과이기도 했다. 《송형통》은 안정적인 법체계를 가지고 있었기에, 이는 사회 발전의 필요성에 적응할 수 있었다.

명 태조 주원장(朱元璋)은 평민 출신으로 민간의 질고를 깊이 이해하고 있었으므로, 황제로 칭할 즈음에 이르러서는 입법을 중시해 항상 신하들에게 율문을 올리게 해 함께 검토하곤 했다. 《대명률》의 창제 과정에서 거듭해서 수정을 했고, 또 《대명령(大明令)》도 편찬했다. 이외에 태조는 형벌을 엄히 해 관리들을 다스렸고, 《대고(大誥)》 4편을 공포 시행해 처형은 항상 《대명률》보다 신중하게 결정함으로서, 명대 초기에 율전을 융통성 있게 적용한 법률형태라고 평가되고 있다. 명대 중기 이후 명 효종(孝宗) 홍치(弘治)연간에 《문형조례(問刑條例)》가 탄생해 율에 대해 보충작용을 하게 됐다. 여러 대의 노력을 거쳐 조금씩 편집해 최종적으로 율과 예를 통합 편집함으로써 명·청 율례 발전사의 새로운 획을 그었다. 세조(世祖), 성조(聖祖), 세종(世宗) 등 3대의 노력을 거쳐 청 고종(高宗), 건륭(乾隆) 연간에는 《대청률례(大淸律例)》가 최종적으로 완성되었으며, 예(例)를 제정하는 제도가 형성됐다. "5년에 한 차례 작은 규모의 제정을 거치고, 10년에 한 차례 큰 규모의 제정을 거쳤다." 입법형식이 어떻게 변화하든지 간에 황제는 언제나 입법자로서의 권력을 단단히 장악하고 있었으며, 사법의 부패를 막을 수 있는 경로를 꾸준히 탐색해왔다.

종합적으로 말해 황제가 입법권을 행사하는 주요 표현 방식에는 두 가지가 있었다. 한 가지는 사람과 때와 사건에 맞게 임시로 제정하는 것으로서 오직 특정된 효력을 띠는 명령이었다. 다른 한 가지는 어떠한 유형의 사무에 대해 체계적으로 규범화시킨 것으로 보편적인 효력을 띠게 한 법률형태였다. 황제의 조, 영, 고, 지, 유, 칙 등의 형식을, 만약에 형세의 필요에 적응하기 위해서 제정한 것으로 본다면, 이들은 법률을 보충하고 보완하며 수정하는 역할을 한 것이라고 할 수 있다. 반대로 만약 이를 권력 남용의 일종의 수단과 형식으로 본다면, 법률을 파괴하고 훼손하는 역할을 한 것이라고 볼 수 있다. 전제라는 체제 속에서 전제 군주는 독단적인 특징을 띠었으므로, 전제 군주가 "말 한 마디로 입법하고, 말 한 마디로 법률을 폐지하는 상황"이 가끔씩 발생하여, 정상적인 법률제도와 체제가 늘 파괴되곤 했다.

2) 사법권

사법권은 황제의 지위와 권력, 위엄의 중요한 상징이며 황권을 수호하는 기본적인 보장이기도 했다. 따라서 역대 황제는 예외 없이 최고 재판자의 지위를 차지하고 다양한 경로를 통해 자신의 특수한 권력을 행사하곤 했다. 역대 통치자들은 모두 최고 사법재판권을 장악했으며, 소송사건을 직접 판결하는데 매우 부지런했다.《사기 · 진시황본기(史記 · 秦始皇本紀)》에는 진시황이 "천하의 모든 사무는 크고 작고를 막론하고 모두 황제 한 사람이 결정했다. 황제는 심지어 저울에 문서를 올려놓고 달아보며 하루 봐야 하는 문서가 일정 수량에 이르도록 했으며, 그 수량에 이르지 않으면 쉴 수가 없었다." 명 태조 주원장이 재위할 때는 "매번 대사건에 대한 판결을 내리고 의문이 많은 사건을 결정할 때마다 신하는 황제를 알현하여 허가를 받곤 했다."[14] 사고전서본(四庫全書本)에서는 왕안석이 황제의 사법권에 대한 견해를 다음과 같이 전하고 있다. "관리가 형벌을 적용한 것이 적절하지 않을 경우 판결 결과에 대해 심형(審刑)과 대리(大理)가 바르게 심사하며, 심형과 대리의 판결이 적절하지 않을 경우 차관(差官)이 형명(刑名)을 의정(擬定)하도록 하며, 그 의정 판결이 또 적절하지 않을 경우에는 중서(中書)가 상소문을 작성해 군주에게 올려 군주가 결정하도록 하면 된다. 이것이 바로 국가의 체제이다."[15] 최고 통치자는 주로 다음과 같은 두 가지 방식으로 사법권을 행사했다.

(1) 황제가 중대 사건의 최종 재결권을 장악하다

황제가 중대 사건에 대한 최종 재결권을 갖는다고 하는 중대 사건이란, 사형 사건 혹

---

14) 廖道南,《殿閣詞林記》혹은《欽定歷代職官表》권4,
15)《宋史 · 刑法志》

은 의문이 풀리지 않은 사건은 반드시 황제에게 아뢴 뒤 최종적으로 황제가 재결하도록 하는 것을 말한다. 주재(奏裁) 제도는 한(漢)대의 상청(上請)제도에서 발전해왔으며, 처음에는 "팔의(八議)"에만 국한되었다. 당송시기에 이르러 주재는 점차 제도화되었다. 송조 때 유형(流刑) 이하 사형사건 이외의 사건은 반드시 중앙 사법기관에 상주하여 재결을 받아야 했으며, 주재해야 할 사형사건은 먼저 감사(監司)가 주재 조건에 부합되는지를 심사하며, 멀리 떨어진 변두리 지역이나 전란이 일어났을 때는 상주할 필요가 없이 현지 감사가 사건 심사 처형이 끝난 뒤 주달(奏達, 왕에게 아뢰는 것 - 역자 주)한다. 예를 들어 건염(建炎) 원년(1127년)에는 전란으로 인해 조서를 내려, "사형판결을 받은 잡범이 의문이 있거나 정리상 동정해야 할 자의 경우 무유관(撫諭官)과 제형사(提刑司)가 의논을 거쳐 정상참작해서 감형해 주게 되며, 먼저 심사를 거쳐 판결을 한 뒤에 조정에 보고토록 하라"고 했다. 16) 주재 사건도 대리사(大理寺), 형부(刑部)가 판결을 내린 다음 형부가 상서성(尙書省)에 보고하고, 중서(中書), 추밀원(樞密院)을 거쳐 황제에게 보고해 칙재를 받아야 했다. 명조에 이르러 군주전제가 극단으로 발전했다. 명조 초기에는 무릇 중대한 사건은 모두 황제가 직접 심사하고 재결했다. 최고 심판관으로서의 황제는 일부 사건에 대해 직접 심사하는 것 외에도 주로 사법기관의 재판활동을 광범위하고 직접적으로 통제하고 감독하는 것을 통해 그 권력을 행사했다. 특히 주재제도로 인해 그의 사법 재판권이 한층 더 확대되었다.

(2) 황제가 사형 재심권을 직접 장악했다

사법 절차에서 황제는 모든 사형사건에 대한 최종 재심권을 장악했다. 중국 고대의 사형절차는 두 가지로 나뉘었다. 하나는 사형에 대한 재심리이고, 다른 하나는 사형 복주(覆奏)이다. 이른바 사형 재심리는 사형사건에 대해 일반 재판절차가 끝난 뒤 중앙 관련기관, 심지어 황제가 그 판결 결과에 대해 재차 재판하는 일종의 제도였다. 이른바 사형 복주란 사형 사건에 대한 재심리를 거친 뒤 집행하기 전에 황제에게 다시 상주하여 최후의 심사를 거쳐 관용을 베풀지의 여부를 재고해 보도록 하는 제도였다. 복주는 또 삼복주(三覆奏)와 오복주(五覆奏)로 나뉘었다. 중국은 일찍이 한대에 이미 사형 재심리제도의 맹아가 싹트기 시작했지만, 정식 사형 재심리 제도는 수당시기에야 비로소 확립됐다. 《수서·형법지(隋書·刑法志)》의 기록에 따르면 삼복주는 수나라 때 시작됐다.

---

16) 《宋史·高宗本紀》

오복주는 당나라 때 시작됐다. 실제로 오복주는 주로 국도에서 일어난 사형사건들에 적용됐다. 사법관이 복주제도를 어기면 처벌을 받게 돼 있다. 송원시기에도 사형은 여전히 중앙 관련 부서의 통일적인 심사 비준을 거쳐야 했다. 명청시기에 사형 재심리제도가 한층 더 완벽해졌으며, 또 회심제도가 출현했다. 회심제도는 회관심록(會官審錄)제도의 약칭으로서 중앙사법기관 혹은 중앙사법기관과 행정 등 기타 기관이 정기적, 비정기적으로 사형사건을 위주로 한 중대 사건이나 의문이 풀리지 않은 사건에 대해 공동으로 심사하는 제도이다. 명 왕조의 회심은 삼법사회심(三法司會審), 원심(圓審), 열심(熱審), 대심(大審) 등으로 나뉜다. 청조의 회심에는 추심(秋審), 구경회심(九卿會審), 삼법사회심(三法司會審) 등이 있다. 이런 특별한 재심사 절차는 사형 남용을 방지하는 데 도움이 되었다. 명청시기의 사형은 즉결(立決)과 추후결(秋後決, 추수 후 처형)의 두 가지로 나뉜다. 추후결 사건은 추심과 조심을 거치는데, 청조 때는 일조의 대전(一朝之大典)이라 칭하며 황제의 사법권이 이를 통해 집중적으로 반영되었다.

이상의 내용은 황제의 절차화된 사법권으로서 법률에 규정된 절차에 따라 행사했다. 그러나 황권이 국가 권력구조 중에서 차지하는 지배적 지위로 인해 황권의 행사는 아주 큰 임의성과 비가역성을 띠었다. 황제 혹은 황권의 명목을 내세운 모종의 정치세력은 흔히 사법 권력을 남용해 독단적으로 전횡하거나 멋대로 사법사무를 간섭하곤 했다. 이러한 권력 행사방식은 봉건국가의 전장제도에 어긋나는 것이었다. 황제의 비절차화한 사법권은 불가피하게 사법상의 혼란과 무질서화를 초래하게 되었던 것이다.

3) 황권에 대한 제약

중국 고대 전제군주제도 하의 제왕은 막대한 권력을 소유했다. 그러나 그의 이런 권력은 사실상에서는 절대적으로 지고 무상한 것이 아니라, 항상 권력과 도의, 여론의 제약 속에서 균형을 이루곤 했다. 법리적으로 말하면 전제체제 속에서 황제의 권력은 무한했다. 통상적인 상황에서 모든 행정, 군사, 입법, 사법, 재정 등 대권은 어느 것 하나 황제가 장악하지 않는 것이 없었다. 모든 문무관원과 일반 민중에 대한 임면, 상벌, 생사여탈권 역시 황제가 결정하지 않는 것이 없었다. 이른바 "천하의 사무는 크고 작고를 막론하고 모두 황제에 의해 결정된다"는 것이었다. 황제가 법률 위에 군림한다고는 하지만, 실제로 황권은 운행과정에서 법률의 제약을 받지 않을 때가 없었다. 황제는 한 나라의 일인자로서 그 지위와 신분은 제반 관료행정체제 중의 일환으로서 체제를 벗어서 독립적으로 존재하는 것이 아니었다. 이성적이고 개명한 통치자라면 법률이 일부 구체적인 문제에서 그들의 전횡과 독단을 제한하고 있다 하더라도, 법률에 대한 효과적인 운용이 그 전제권력을 확대할 수 있는 효과적인 수단이었음을 인식할 수 있었을 것이다. 그들의 관심과 목표는 물론 아무리 먼 곳이라도 닿을 수 있는 전제권력과 세세한 데까지도 미칠 수 있는 정치적 통제를 추구하는 것이었다. 그 목표를 실현할 수 있는 중요한 수단은 고의 중앙집권을 실행하고 끊임없이 황권을 확장하는 것이었다. 그러나 그들은 법률의 효과적인 운용만이 그 어떤 전제보다도 더 효율적임을 현명하게 인식하고 있었다.[17] 관료체제가 완벽해질수록 황권은 형식상에서 점점 더 많은 제한을 받게 된다는 것을 알지 못했던 것이다.

(1) 황권에 대한 법률의 제약

중국의 고대 입법은 군주를 규범화시키는 사회적 의미를 지니고 있었다. 비록 중국 고대 입법권이 황제에게 속하지만 입법이 의거하는 법리는 황제의 의지에서 오는 것이 아니었다. 법률은 황제가 주관해 제정하지만 황제가 법률을 함부로 수정할 수 있다는 의미는 아니었다. 중국 고대 입법의 원칙은 주로 하늘, 윤리정신과 민정, 3자였다. 이 3자의 근원 역시 인간이었다. 황제의 합리성은 "덕을 하늘에 닿을 만큼 많이 쌓는 데" 있었다. 따라서 황제는 그 지위에 오를 수도 그 지위에서 내려올 수도 있었고, 즉위할 수도 폐위될 수도 있었다. 그러나 입법의 근거가 되는 천리(天理)와 민정(民情)은 영원히 변하지 않는 것이다. 따라서 황제 역시 국가의 법률에 대해 함부로 파괴할 수는 없었다. 그렇지 않으면 사람의 의지에 위배되는 것이었다. 이른바 왕자가 법을 어기면 서민과 같이 죄를 묻는다는 이치와 마찬가지였다. 비록 그것이 중국 고대에는 현실로 될 수 없었지만, 그러나 이론적으로는 통하는 이치였다. 사실상에서 중국 고대의 일부 황제는 진정으로 법을 엄격히 지켰으며 사람들이 칭송을 받는 천고의 성군이 되기도 했다.

(2) "현명한 신하"의 황권에 대한 제약

군주가 장악한 최고 권력은 주로 여론이나 간언에 의지해 제약을 받고 균형을 이루었다. 군권(君權)은 항상 상권(相權)의 제약을 받았으며 주로 간쟁과 타당하지 않은 천자의 명령을 봉환하고, 신하의 상소문에 잘못된 것을 바로잡는 것으로서 표현되었다. 간

---

17) 胡世凱, 《中國傳統法律中的官吏瀆職罪研究》, 155쪽, 북경, 중국정법대학 출판사, 2002.

관(諫官)을 또 간신(諫臣)이라고도 하였으며, 군주가 잘못하는 것을 보고 충고하는 신하이며, 천자의 실수에 대해 권고하는 관리였다. 《공자가어 · 자로초견(孔子家語 · 子路初見)》에는 "간신을 두지 않은 군왕은 임금으로서의 바른 도리를 잃은 것"이라는 유명한 말이 있다. 《백호통 · 간쟁(白虎通 · 諫諍)》에는 조정의 관직에 대한 논술에서 "황제를 보필하는 관직을 설치하고 간관을 임명해야 한다"라는 내용이 있다. 간관은 좌상, 우상과 같이 제왕을 보조하는 중요한 사람이었다. 주(周)나라 때에 보씨(保氏)직을 두기 시작해서부터, 그 뒤로 각 왕조에는 모두 간의대부(諫議大夫) 등의 간관을 두었다. 간관이 황제에게 간언하거나 국가대사를 논하는 방식은, 하나는 "조정에서 간언하는 것 즉 정쟁(廷諍)"이고, 다른 하나는 "밀봉한 상소를 올리는 것"이다. 간관의 특권은 간언을 올리는건 죄가 없다는 것이며, 간관의 직업적 도덕은 "간언을 하다 죽을지언정 입을 다물고 침묵한 채 살지는 않을 것이다"라는 것이다. 간관제도는 황제를 감찰하는 전문 제도였다. 이 제도가 수천 년간 이어져 내려올 수 있었던 것은 중국 고대 정치제도의 기본적인 속성 때문이었다. 이 제도는 모종의 정도에서 황제의 독단으로 인해 왕조의 근본 이익을 해치는 것을 미봉할 수 있었으며, 동시에 통치자로 하여금 인민에게 이로운 진보적 조치를 취할 수 있도록 역할을 하게 했다. 간관의 제약은 실제상에서 사람들이 구체적인 정책과 수단, 정치 규범 속에서 추상적으로 만들어낸, 통치계급의 근본 이익을 반영하는 일반적인 정치 원칙이었다. 예를 들면 도덕, 예(禮), 인(仁), 의(義), 법(法), 상(常), 훈(訓) 등이다. "도란 나라를 다스리는 이치이다."[18] 그밖에도 황권은 또 보필하는 신하(輔臣)와 제후 등의 제약도 받는다. 이른바 "임금이 옳지 않다고 하는 것에 옳은 것이 있으면 신하가 그 옳은 것을 말하여 그른 것은 버리게 해야 한다."[19] 이러한 군신관계가 국가 권력을 행사하는 것을 제약하고 균형을 잡아주었던 것이다.

(3) "천명"의 군권에 대한 제약

"군권은 신이 내리는 것", "하늘의 뜻을 받들고 새로 생긴 기운을 이어받아", "하늘의 뜻을 받아"라는 것은 세계 각국에서 고대에 통행하던 관념으로서 중국은 더더욱 예외일 수가 없다. 선진(先秦)시기, 하(夏) · 상(商)의 통치자들은 귀신을 미신했는데, 이는 이러한 관념 특유의 표현이었다고 할 수 있을 것이다. 특히 상나라 통치자들은 점을 치는

---

18) 《荀子 · 正名》
19) 《左傳 · 昭公二十年》

것을 신봉했는데, 거의 모든 일에서 점을 쳤다. 서주(西周)가 정권을 이어받은 뒤부터는 단순히 천의(天意, 하늘의 뜻)만 강조할 수 없다고 여겨 새로운 요소를 첨가해 천명(天命, 하늘의 명령)을 강화했다. 예를 들면 주(周)나라 사람들은 "덕을 하늘에 닿을 만큼 많이 쌓을 것"을 강조했다. 덕을 많이 쌓은 사람이라야만 천하를 가질 자격이 있다는 것이었다. 천명은 고정 불변한 것이 아니다. 하늘은 이 군주에게 명을 내릴 수도 있고 저 군주에게 명을 내릴 수도 있다. 천명을 받을 수 있느냐 없느냐의 관건은 국군의 사상 행위가 천명에 부합되느냐, 천도에 따랐느냐는 데 있었다. 이른바 "천명은 일정한 규칙이 없다.", "황도에는 절대로 멀고 가까운 구별이 없다. 오직 덕을 쌓는 사람만을 도울 뿐이다"는 것이었다. 하늘은 중국인의 관념 속에서 지극히 중요한 위치를 차지한다. 최고 통치자는 흔히 천자로 불렸다. 이로부터 하늘, 천명 등의 관념이 중국인에 대해 어떤 의미를 가지고 있었는지를 알 수 있을 것이다. 후세에 서로 다른 통치자들은 천명의 관념에 대해 정도가 다르게 새로운 요소들을 보탤 수가 있었지만, 근본적으로 천명의 관념에 대해서는 동요한 적이 없었다. 이외에도 역대의 통치계층은 정권의 안정과 정통성을 유지하기 위해 제왕에게 일부 정치적, 도덕적 요구를 제기했으며, 이는 제왕의 좋고 나쁨을 평가하는 기준이 됐다.

(4) 민중의 군권에 대한 제약

서주(西周)시기부터 중국 고대의 최고 통치자들은 민의 중요성에 대한 인식을 갖기 시작했다. 주공(周公)은 주대 정권의 합법성과 정당성에 대해 논증할 때 "덕을 하늘에 닿을 만큼 많이 쌓아야 한다"는 사상을 제기했다. 그 중 덕의 핵심이 바로 "보민(保民)이다. 민심이 군주를 향하느냐 떠나느냐는 덕이 있고 없고를 가늠하는 잣대이다. 민심이 하늘의 뜻을 직접 반영한다. 이로써 민의 지위가 크게 올라갔다."[20) 중민(重民), 민본(民本)사상이 이때부터 발단해 유가에 의해 답습되고 발전했다. 《상서·주고(尙書·酒誥)》는 "옛 사람이 이르기를 사람은 물을 거울로 삼을 것이 아니라 마땅히 백성을 거울로 삼아야 한다"고 했다. 《상서·강고(尙書·康誥)》는 "천도는 무서운 것이며 성실한 사람을 돕는다. 백성의 사정을 알아내는 건 쉬운 일이다. 소인배는 안정을 확보하기 어렵다"라는 기록이 있다. 유가의 대표인물인 맹자의 민본사상은 인정(仁政)사상의 핵심이다. 맹자는 "백성을 제일 첫 자리에 놓아야 하고, 그 다음에 사직이며, 군왕은 제일 마지막

---

20) 馬小紅, 龐朝驥, 《圖說中國法律史: 守望和協的法文明》, 6쪽, 북경, 북경대학출판사, 2009.

위치이다"라고 직언했다. 그는 민심이 따르느냐 떠나느냐와 천하를 얻느냐 잃느냐의 관계를 한 층 깊이 논술했다. "하(夏)의 걸(桀) 임금과 상(商)의 주(紂) 임금이 천하를 잃은 것은 백성을 잃었기 때문이다. 그들이 백성을 잃은 것은 민심을 잃었기 때문이다. 천하를 얻으려면 일정한 방법이 따르는 법, 백성을 얻으면 천하를 얻을 수 있다." 맹자의 충고와 진나라 2세가 폭정을 하다가 망한 교훈은 항상 후세 통치자들을 각성시켰다. 특히 당 태종 이세민(李世民)이 말한 "군민은 바다와 물과 같다"고 한 관점은 더욱 깊이 그리고 오래 전해졌다. 유가학설을 핵심으로 하는 봉건사회의 정통사상 속에서 민의 중요성은 끊임없이 제기되었으며, 봉건 군권에 대한 일종의 제약을 이룬다.

2절. 중앙 사법기구

중국 고대의 중앙전문사법기구는 상대적인 존재였다. 중국고대사법, 행정과 검찰기구의 권리는 서로 엉키고 복합적으로 존재했기 때문이다. 비록 중국 고대에 독립적이고 전문적인 사법기구가 존재하지는 않았지만, 법률을 집행하기 위해 반드시 중앙에서부터 지방에 이르는 사법 행정시스템을 구축해야 했다. 그리하여 관위에 따라 서로 다른 급별의 사법권을 부여했고, "군주는 원칙과 기본에 정성을 기울여 내외서 충성할 것을 요구했고, 신하들은 풍속을 바로잡고, 실추되는 바가 없어야 한다"[21]고 했다.

1. 중앙 사법기구의 역사적 연혁

중국은 법률적 기원이 상대적으로 빠른 나라 중의 하나였다. 권리의무 규범을 제정하는 것은 당연히 중요한 일이고 법률의 실현도 중요하다. 일정한 기구가 일정한 시스템에 따라야만 법률을 실현할 수 있는데, 법률을 실현하는 기구는 보통 중앙 사법기구와 지방 사법기구를 일컫는다. 중국 고대의 특수한 역사환경 속에서 중앙 사법기구의 설립은 상대적으로 완벽했다. 중국 고대의 중앙 사법기구는 약 4,500년 전에 나타났다. 《상서·순전(尙書·舜典)》에서 "황제가 고요(皐陶)여, 오랑캐가 중원을 괴롭히고 땅을 빼앗

---

21) 《후한서·양통전》에서 인용했음.

고 사람을 죽이는데다 내란도 일어날 것 같으니 네가 감옥 수장을 맡아 5형을 적당히 사용하라"고 말했다. 이를 정현(鄭玄)이 해석하기를 사(士)는 "감옥에서 법을 다루는 사람(主獄法之人)"이라 했고, 마융은 옥관지장(獄官之長)이라고 해석했다. 이로부터 사는 사법행위를 책임지는 관원과 사법기구임을 알 수 있다. 중국 고대의 사법기구와 사법관원의 명칭이 동일성을 띤 특성이 있었기 때문이다. 중국 고대 중앙 사법기구의 역사 발전과정을 고찰하려면 4단계로 나눌 수 있다.

1) 초기의 중앙 사법기구-선진(先秦)시기

위에서 말한 바와 같이 고대문헌이 중앙 사법기구에 대한 최초 기록은 위에서 말한 《상서·순전(尚書·舜典)》이었다. 고요(皋陶)는 요순시기의 대신으로 순 임금이 사법활동을 책임지도록 명했고, 여기사 말하는 사(士)는 중국 최초의 중앙 사법기구였다.

하(夏)나라의 최고 통치자는 국왕이었고, 최고의 사법권을 가지고 있던 전국 최고의 사법기구이기도 했다. 고대 문헌에는 하나라 왕이 사법권을 행사한 기록이 있다. 즉 "명을 따르는 자는 선조의 신위 앞에서 상을 내일 것이다. 명을 따르지 않는 자는 선조의 신위 앞에서 벌을 내릴 것이다. 나는 그들을 노예로 전락시키거나 죽일 것이다"라고 《한서·감시》에 기록돼 있다. 하나라 왕이 사법권을 가지고 있던 것 외에 하나라는 당우(唐虞)의 기구 설립을 이어 받아 사는 하나라의 중앙 사법기구가 되었다. 사는 군정을 처리할 뿐만 아니라, 소송도 처리해야 했으므로 대리(大理)라고 불리기도 했다. 《설원·군도편(说苑·君道篇)》에는 "요가 왕일 때…… 고요가 대리직을 맡았다[22]"고 기록돼 있다.

상나라 때도 하나라 때와 마찬가지로 국왕이 국가 최고 통치자로서 최고의 행정권과 군사권을 가지고 있었을 뿐만 아니라, 최고의 사법권도 행사했다. 중대 안건은 모두 상나라 왕의 최종 결정에 따라야 했다. 갑골문에 상나라 왕이 사법권을 행사한 기록이 있다. 예를 들면 "정(貞)왕이 점을 쳐보고 죽인다.", "정왕이 점을 쳐보고 죽이지 않는다"는 것 등이다. 또한 관리들이 상나라 왕에게 사법권 행사를 청한 기록도 있다. "이 사람에게 형을 내릴까요?"가 바로 그 예이다. 상나라 왕 이외에 중앙에도 사법권 기능을 행사하는 기구가 설립돼 있었다. 사구(四寇)는 상나라의 주요 사법기구였고 장관이 곧 사구

---

22) 일부 학자들은 사는 대리와 다르다고 했다. 전자는 지방 사법기구이고 후자는 중앙 사법기구라는 것이다. 이교발, 《중국소송법사》.

였으며 그 부하로 정(正), 사(史)를 두었다. 그 외 상나라 통치자들의 신권법(神權法) 관념은 강했다. 《예기 · 표기(禮記 · 表記)》에서 "영도자들이 인민을 영도하여 신을 신봉한다"고 적혀있는데, 실은 점을 치는 정인(貞人)도 사법 활동에 종사했었다.

서주시기의 사법기구는 하 · 상 양국의 기초 위에서 크게 발전했다. 우선 서주시기의 중앙 사법기구는 시스템이 더욱 완벽해 졌고, 중앙 사법기구의 총칭인 사구(司寇)가 대사구와 소사구로 나뉘었으며, 부속기구인 사사(士師), 천관(天官)을 두었고 천관의 대재(大宰)와 소재(小宰)도 일정한 사법적 기능을 가지고 있었다. 그 다음에 들어서는 서주의 사법기구 조직은 더욱 방대해졌다. 《주예 · 추관 · 사구(周禮 · 秋官 · 司寇)》에는 다음과 같이 기록했다. 서주 "설관분직(說官分職)"에는 "나라의 모든 법규를 장관하고", "법을 어긴 제후국을 처벌한다"고 한 것은 "법을 집행하는 관에 속한다"고 할 수 있다. 이런 집행관은 중앙기구에 2백여 명에 달했다. 마지막으로 서주의 중앙 사법기구는 명확한 기능 분공이 있었고 사형(司刑)은 "죄의 경중 판별"을 책임지고, 사자(司刺)는 3법(三法)을 이용하여 심문을 진행하였으며, 사예(司隸)는 도둑의 범죄 도구와 증거 보관을 책임졌고, 사환(司圜)은 죄인에 대한 교육을 책임지고, 장수(掌囚)는 5형범에 대한 구속을 책임졌다. 하 · 상 · 주 3대의 중앙 사법기구는 비록 간단했지만, 그의 설립은 진한(秦漢) 이후의 중국 고대 중앙 사법기구와 사법제도의 발전에 기초를 마련했고 후세에 많은 영향을 끼쳤다.

2) 중앙 사법기구의 발전 - 진한부터 수당까지

기원전 221년, 진시황이 전국에 대한 통일을 이루어 중국에서 최초가 되는 다민족 중앙집권적 봉건제국을 건립했다. 동시에 제국 내에 완벽한 국가기구를 설립했는데 하나가 중앙 사법기구였다. 진나라의 중앙 사법기구를 전적으로 책임진 기구는 정위(廷尉)였다고 《추학기 · 대리경》에는 기록하고 있다. 정위는 9경(卿) 중의 하나였고, 형법과 소송을 책임졌다. 왜 중앙 사법기구를 정위라고 불렀는가에 대해 한응훈(韓應勳)은 다음과 같이 해석했다. "고관(古官), 병옥관(兵獄官)은 거의 다 정위라 불렸고, 위자(尉者)는 곧 작이다(爵也)." 한나라는 진나라의 제도를 이어 받아 중앙법관이 계속 정위로 불렸고, 소송을 책임졌다고 했다. 정위 밑으로 전문 관리를 두었다. 정초(鄭樵)가 《통지 · 직관약(通志 · 职官略)》에 쓴 대리경(大理卿) 조에 대한 기록에 따르면, 진나라는 정위정(廷尉正)을 설치하고, 정위정은 감(監)을 한 사람 둔다. 이로부터 진나라의 중앙 사법기구의 설립도 상대적으로 간단했음을 알 수 있는데, 이는 책임지는 직무에 관련됐다고 볼 수 있다. 중앙 사법기구인 정위는 황제가 분부한 안건과 지방에서 올려 보낸 중대하고 해결하기 어려운 안건만 심사했는데, 이런 안건은 그리 많지 않았다. 정위의 권리는 아주 커서 9경 중의 하나였다. 진나라의 정위는 이전의 각 중앙 사법기구와는 달리 전문적으로 사법심판 직무를 담당했고, 치안관리, 군사관리는 도위(都尉)가 책임졌다. 한나라도 진나라의 제도를 이어받아 중앙 사법기구인 정위를 설치했지만, 진나라의 정위와는 차이가 있었다. 기구설치에서 진나라에 비해 상대적으로 복잡하게 좌우 감 한 사람씩 두는 제도를 설치했다. 《한서 · 백관공경표(漢書 · 百官公卿表)》의 기록에 따르면 "정위는 진나라의 관위로서 형벌을 책임지는데, 정위정이 있고, 좌우감이 있으며, 모두 질천석(秩千石, 동한시기 관제 중의 하나)에 속한다. 경제(景帝) 중원 6년에 대리로 이름을 바꾸었고, 무제(武帝) 건원 4년 여름에 정위로 회복시켰다. 의제(宜帝) 지절 3년 초에 좌우평(左右平)을 설치했고 모두 질(秩, 녹봉) 6백 석(百石)에 속했다." 동한은 우감(右監)과 우평(右平)을 없애고 품위를 질 1천 석에서 질 6백 석으로 내렸다. "정위, 경은 한사람, 질 2천 석이고 정, 좌감은 한사람, 좌평 한 사람으로 질 6백 석"이라고 《후한서 · 백관지 (百官志)》에 기록돼 있다. 진나라에 비해 한 왕조 정위의 직권범위는 더욱 넓어졌다.

진한시기 정위가 중앙에서 전문적인 사법기구로서 사법권을 행사한 외에 승상(丞相)과 어사대부(御使大夫)도 일정한 사법권이 있었다. 진나라는 승상을 설치하여 황제를 도와 국정을 처리하도록 했는데, 그 중의 하나가 바로"법률과 규정을 정하는 것(明法度, 定律令)"이었다. 한 무제는 승상의 저택에 사직(司直)직을 두었다. "질은 2천 석에 달하고 좌승상을 담당하며 불법 관리를 감시한다"고 《한서 · 백관공경표》에 기록돼 있다. 승상의 사법권은 황제보다 못할 뿐이지 모든 관리를 조사하고 심사할 수 있었다. 한 문제 시기 신도가(申屠嘉)가 승상이었다. 조착(晁错)이라는 사람이 종묘 벽을 뚫고 함부로 드나드는 일을 알고 한 문제에게 조착을 처벌할 것을 고하였다. 그러나 조착이 이 일을 알고 한 문제를 찾아가 자신은 죄가 없음을 말했다. 후에 신도가는 "먼저 그자를 처벌하지 않은 것이 후회스럽구나, 나의 잘못이 나를 도리어 해치는구나"라고 한탄했다. 이는 승상은 황제에게 고하지 않아도 관리를 처리할 권한이 있었음을 증명해 주는 것이다. 승상은 또한 억울한 재판을 처리할 기능이 있었다. 한 경제 말 한 무제 초기에 승상을 담당한 위관(衛綰)이 탄핵당했다. 죄는 "승상이 한 경제가 병으로 누워있을 때 감옥에 갇힌 관원 중 대다수는 무죄로 풀어주었고, 그는 직무에 적합하지 않은 인물이다"라는 것이었다. 이는 승상은 소송을 처리하는 권리가 있을 뿐만 아니라 옥송(獄訟)에 대한 재판 권리도 있었음을 알게 해준다. 어사대부의 주요 직능은 감독이고, 감옥을 관리하는 책임도 있었다. 《한서·주박전》에는 "고 황제시기…… 승상 밑으로 어사대부를 설치하여 법규를 정하고 관리를 감독하게 했다. 바로 위는 승상이고, 바로 아래는 감독이다. 이는 2백 년 유지되었고 천하가 무사했다"고 기록되어 있다. 《한서·왕가전(王嘉專)》에서는 "초기에 정위양상(廷尉梁相)과 승상장사(丞相長使), 어사중승(御使中丞) 및 기타 5명의 직위가 질 2천 석에 달하는 관리들로서 동평왕운의 반역죄를 잡치(雜治) 했다"고 기록되어 있다. 그 중 어사중승의 사법기능은 일시적이므로 황제의 명에 따랐음을 알 수 있다. 한 성제가 설치한 삼공조상서(三公曹上書)도 안건을 심사할 수 있었다. 《한구의(漢舊議)》에 따르면 초기에 설치한 5조(曹)중에 3조(曹)가 안건을 심사했다고 한다.

3국, 양진, 남북조시기에 중앙 사법기구는 대체로 한나라 제도를 이어받았고, 여러 정권은 역시 정위를 최고 심판기구로 정했지만, 개별적 정권만이 변화가 있었다. 예를 들면, 3국시기 오나라는 대리를 설치한 적이 있었다.

위나라는 초기에 선비(鮮卑)의 풍습을 남겨 "부족 족장회의를 회복시키고 왕궁에 모여 소송을 판결했다"고 한다. 태무제시기는 "중도대관(中都大官), 외도대관(外都大官), 도좌대관(都坐大官)을 설치했는데 모두 소송을 장관하여 3도로 불렀다."중원을 통치한 후 위진(魏晋)제도를 본받아 정위사(廷尉寺)를 설치했다. 북주(北周)는 서주를 본받아 추관대사구(秋官大司寇)를 설치했다. 특히 북제(北齊)는 정위를 대리사(大理寺)로 고치고 기구를 확대시켰으며, 인원도 증가시켜 후세에 큰 영향을 주었다. 수, 당, 송 3왕조는 모두 대리사를 중앙 심판기구로 정했다. 명청시기는 대리사를 심판점검기구로 고쳤다. 그 외 위 명제(魏明帝)시기부터 정위 중에 율박사(律博士)직을 설치하여 법률을 가르치고 사법관원을 배양했는데 중국에서 최초의 전문적인 법률교육관원이었다. 서진 이후 계속해서 이 제도를 이어받았고 북제시기는 담당자를 한사람에서 4사람으로 증가시켰나. 그 후 역대 율박사 관제는 품질(品秩)의 높고 낮음, 인원수의 많고 적음은 서로 달랐지만 천여 년 동안 지속되었다.

서한 성제시기 초기에 5조상서(五曹上書)를 설치했는데 "3공조(公曹)가 심사판결을 했다." 동한 광무제는 6(曹)조를 설치했고, "질 2천 석의 조(曹)가 소송을 주관하라"고 변경했다. 서진시기 "3공상서가 소송판결을 책임지도록 회복시켰다." 남송시기 "3공(三公)부는 모두 법제를 주관하고 도관상서(都官尚書)를 설치하여 군사와 형사판결을 책임지도록 한다"고 했다. 제, 량, 진 및 북조시기는 모두 도관상서를 설치했다. 북제시기

상서성의 역할은 "6상서는 나누어 조(曹)를 지휘했다"고 기록돼 있다. 그 중 전중상서(殿中尚書)는 3공조를 지도하여 "여러 조의 장부와 판결" 등의 사무를 관리토록 했다. 도관상서는 모든 조를 지도했다. "조서, 법률실행, 검사 등의 사무"를 장관했다. 이렇게 행정기관 내부에 설치되어 사법행정과 형법판결을 책임지는 기구가 바로 그 후 수당시기의 형부(刑部)이다. 그들은 중앙 전문 심판기관과 상호 분공이 명확했지만, 또한 밀접히 연관돼 있어 서로 감독하고 제약하기도 해, 초보적으로 진한시기 정위의 직무를 분해시켰고, 황제의 중앙사법권에 대한 지배를 강화시켰다.

　수나라 중앙 사법기구는 북제의 관리제도를 기초로 하고 북주제도의 장점을 흡수하여 중앙집권을 강화한 사법체제를 구축했다. 북제는 대리사를 설립했지만 북주는 설립하지 않았고, 수나라 초기에는 대리사의 존재여부를 놓고 토론도 진행했다. 산기상시(散騎常侍) 노사도(盧思道)는 대리사 폐지에 대한 반대 상소를 올렸다. 즉 "목축업을 중시하고 법을 소홀히 해서는 안 되며, 조정은 신하들을 처벌하는 곳만이 아니라 벌을 받고 속죄할 수 있도록 해주야 한다"고 했다. 양견(楊堅)은 노사도의 건의를 받아들여 대리사를 남겨두게 했다. 수양제(隋煬帝) 때에는 대리사 소경(少卿) 1명, 승상 2명, 주박(主薄) 2명, 녹사(錄事) 2명, 또한 정감평(正監評) 각 1명, 사직(司直) 10명, 율박사(律博士) 8명, 명법(明法) 20명, 옥연(獄掾) 8명을 설치했다. 수개황(隋開皇) 원년(581년) 관리제도를 개혁하여《주례(周禮)》체제를 폐지했지만 천, 지, 춘, 하, 추, 동 6관을 설치했다. 상서성을 이부(吏部), 예부(禮部), 병부(兵部), 도관(都官), 탁지(度支), 공부(工部) 6조로 나누었다. 개황 3년(583년) 탁지를 호부(戶部)로, 도관을 형부(刑部)로 변경했는데 이때부터 형부는 중요한 사법기관이 되어 청나라 말까지 연속되었다. 어사대(御史台)가 북주시기에는 추관대사구(秋官大司寇)에 속했고 사헌중대부(司憲中大夫), 사헌상사(司憲上士), 사헌중사(司憲中士), 사헌하사(司憲下士), 장조하대부(掌朝下大夫), 소장조상사(小掌朝上士), 장찰상사(掌察上士), 장찰중사(掌察中士), 장찰하사(掌察下士) 등의 직을 설립했다. 이들은 모두 감찰(感察)과 일정한 관계가 있었고, 일부는 사법에까지 미쳤다. 수나라는 북제의 어사대제도를 회복시켜 어사대부 한명, 치서시어사(治書侍御史) 2명, 시어사(侍御史) 8명, 전내사어사(殿內侍御史), 감찰어사(監察御史) 각 20명을 두었다.

　당나라는 수나라의 제도를 이어받아 황제 밑으로 대리사, 형부, 어사대 등 3대 중앙사법기관을 두었고 각자의 사법직무를 수행했다. 첫째, 대리사는 당나라의 중앙최고 심판기관으로 정경과 소경을 정부장관으로 정하고, 중앙사법 심사판결권을 행사하고, 중앙의 모든 관리 및 경사도형(京師徒刑) 이상의 안건을 심사 처리했다. 대리사는 형부에서 이송한 사형과 어려운 안건에 대한 재심사권이 있었다.

대리사는 경 한명을 장관으로 두고 소경 2명, 경의 명을 따른다. 대리경, 대리소경 밑으로 대리정 2명을 두었는데, 대리소경과 함께 동판사사(同判寺事)가 그들이었다. 둘째, 형부는 중앙사법 행정기관으로 사법 정책강령을 공포할 뿐만 아니라, 대리사 유형(流刑) 이하, 주현(州縣) 징역 이상의 범죄안건에 대한 재심리를 진행했다. 당 왕조 형부는 상서, 시랑을 정부 장관으로, 부하에 형부(刑部), 도관(都官), 비부(比部)와 사문(司門) 등 사사(四司)를 두었다. 형부는 중대 안건에 대한 심리 권리가 있고, 중앙과 지방에서 올려 보낸 안건에 대한 재심리권도 있으며, 구류 중인 범인의 상소 안건에 대한 접수 권리도 있었다. 셋째, 어사대는 중앙 감찰기관이다. 어사대는 어사대부와 어사중승(御史中丞)을 정부상관으로 두었고 산하에 대(台), 전(殿), 찰(察) 3원(院)을 두었다. 어사대는 중앙 감찰기구로 황제를 대표하여 모든 중앙과 지방 각 계급 관리들이 국가의 법률과 제도를 지키는가, 직무를 잘 이행하는가를 감독하였기에 지위가 높고 권한이 막대해서 황제의 "이목지사(耳目之司)"로 불릴 정도였다.

사법기구가 수당시기에 이르러 이미 비교적 성숙된 모습을 보여주어 기본적인 형부, 대리사, 어사대 3족정립(三足鼎立)을 이루었는데 이를 송, 명, 청시기가 계승하고 발전시켰다.

3) 중앙 사법기구의 성숙과 완성 - 송·원·명·청

송나라 초기에 중앙 사법기구는 전체적으로 수·당 체제를 계승하여 중앙에 대리사, 형부와 어사대 3대 사법기관을 설치했다. 사법심판 직무를 책임진 대리사는 송나라 때에 변화 과정을 걸쳤다. 송나라 전기, 대리사는 신형(慎刑)기관으로 안건에 대한 심판을 직접 책임지지 않고 각 지방에서 올려 보낸 안건에 대한 서면 심사만 책임졌다. 송 태종은 순화(淳化) 2년(991년)부터 대리사의 심판기능을 회복시켰다 형부와 어사의 직무는 기본적으로 안정되었다. 송나라 때는 최고 통치자가 사법 활동에 대한 지배를 강화하기 위해 순화 2년에 황궁 내에 심형원(審刑院)을 설치하고 모든 안건은 반드시 심형원에 보고하고, 심형원이 다시 대리사와 형부에 발송하도록 했는데, 원풍 3년(1080년)까지 지속되다가 심형원을 다시 형부에 합병시켰다.

원 왕조는 몽골귀족이 건립한 정권이기에 이왕의 역대와 다른 점이 많았다. 몽골민족의 특권을 보호하기 위해 설치한 중앙 사법기구는 역대와 다른 점이 있었다. 원 왕조 중앙 사법기구는 대종정부(大宗正府), 형부, 어사대, 선정원(宣政院), 수밀원(枢密院) 등으로 구성되었고, 전적으로 혹은 겸해서 사법권을 수행했다. 대종정부는 몽골귀족이 통제했고, 몽골인, 색목인(色目人) 특히 몽골귀족의 소송 안건을 수리했다. 원 왕조 중서성(中書省) 산하에 형부를 설치했는데 이는 최고사법 행정기구였다. 어사대는 원나라 중앙감찰기관이었다. 수밀원은 원나라 최고군사기관으로 군정사무를 주관하는 외에 옥송(獄訟)에 대한 관리를 겸했고, 선정원은 최고 종교심판기관으로 승려들의 소송 안건을 책임지고 심리했다.

　명 왕조 중앙 사법기구의 명칭과 담당은 모두 당·송시기와 달랐다. 명조의 중앙 사법기구는 형부, 대리사와 도찰원(都察院)으로 구성됐는데, "3법사(三法司)"로 불렀다. "형부는 심판기관이고, 도찰원은 중앙감찰기관으로 형부의 심판과 대리사의 재심리에 대한 감독을 진행할 수 있었고, 대리사는 재심사기관으로 심판에 대해 바로 잡는 역할을 했다." 중앙심판기관인 형부는 설치한 사사(四司)에서 13청리사(淸吏司)로 확충했고 지방에서 올려 보낸 안건을 수리했다. 그리고 지방의 중대한 안건을 감사하고 중앙의 모든 관리 및 경사지역 안건을 심리했다. 형부는 유형 이하 안건을 판결할 권리가 있었지만 선고를 내린 후 반드시 범인과 안건 기록을 대리사에 보내 점검받아야 했고, 그런 후 다시 형부에서 형을 집행했다. 사형 안건은 반드시 형부에서 심리하고 대리사에서 점검한 후 황제로부터 허가를 받아야 했다. 대리사는 점검기관으로서 "점검하여 누명을 벗겨 주거나 형을 내리는 권리를 가지고 있다"고 했다. 형부나 도찰원에서 심판한 안건은 반드시 안건 기록과 범인을 대리사에 보내 점검했다. 만약 대리사에서 판결이 적당하다고 하면 형을 집행했고, 판결이 적당하지 않다고 하면 수정하도록 했다. 도찰원은 본래의 어사대이고 중앙감찰기관이었다. 중대한 안건은 형부, 대리사, 도찰원 3법사가 연합해서 심사 판결했는데, 이를 삼사회심(三司會審)이라고 했다. 회심 후 내린 판결은 반드시 황제의 허가를 받아야 했다.

　명 왕조 3법사가 사법권을 소유하고 있던 것 외에 기타 여러 기관도 일정한 사법권을 소유하고 있었다. 이런 기관들은 일부 안건에 대해서 사법권을 가지고 있었는데, 임시 파견으로 인한 사법권이다. 급사중은 본래 언간관(言諫官)으로 감찰과 바로 잡는 일을 책임졌지만, 억울함을 토로하는 자에 대해서는 "억울함을 받아들이고 재심사를 진행할 수 있다"고 《명사·직관지》에 기록돼 있다. 게다가 회심에 참여할 수도 있었다. 즉 "범인이 억울함을 토로하면 판결을 중단하고 재심사에 들어간다"고 했다. 그는 사법 안건에 대해 수리 전송하고 감사하는 책임을 지고 있어 실은 사법 기능을 소유하고 있었던 것이다. 황제의 권리를 강화하기 위해 명나라 때 동창(東廠), 서창(西廠), 금의위(錦衣衛)를 합쳐 창위(廠衛)라고 불렀는데 창위가 소유한 사법권은 3법사(三法司) 위에 있었다고 해도 과언이 아니었다.

　청 왕조 중앙 사법기구는 일반 사법기구와 특수 사법기구로 나뉘었다. 일반 사법기구는 대체로 명나라제도를 이어 받았는데, 주요한 변화는 계속해서 형부의 기능을 강화시킨 반면, 대리사의 권한은 상대적으로 약화되었다. 황제 이하의 중앙 사법기구는 형부, 대리사, 도찰원으로 명나라의 제도를 따랐다. 첫째, 형부는 청나라의 주심기관으로 6부 중의 하나였다. 전국의 "법률에 따라 형을 내리는 사무"를 책임졌고, 산하에 17개 청이사(清吏司)를 설치했는데 경사(京師)와 각성의 심판사무를 나누어 관리했고, 도망자를 추적하는 독포사(督捕司), 추심(秋審)을 처리하는 추심처, 법률 수정을 책임진 수정법률관 등을 설치했다. 형부는 청나라에서 가장 중요한 사법기관으로 전국의 법률 사무를 처리하는 면에서 줄곧 주도적인 역할을 했다. 둘째, 대리사의 주요 직무는 사형 안건에 대한 재검사였다. 억울한 누명을 벗겨주는 동시에 추심에 참여하고, 열심(熱審) 등 회심(會審)에 참가했다. 만약 형부에서 판결한 죄가 착오가 있으면 수정하도록 할 수 있었다. 셋째, 도찰원은 전국 최고 감찰기관으로 형부와 대리사를 감독하는 책임도 지고 있었다. 형부와 대리사에서 심각한 착오를 범하면 탄핵할 수 있었고, 중대 안건의 회심에도 참여할 수 있었다. 특수 사법기구는 정권체제의 특색에 따라 일정한 심판권을 소유한 기타 중앙기관이었다. 예를 들면 종실(宗室) 안건에 대한 심리권을 가진 종인부(宗人府), 황궁 내부에서 발생한 안건을 심리하는 내무부심형사(內務部慎刑司), 및 소수민족 안건에 대해 심리하는 이번원이형사(理藩院理刑司) 등이 그것이었다.

2. 중앙 사법기구의 직권 범위

　중국 고대 중앙 사법기구의 직권범위는 고정불변된 것이 아니라, 사회의 필요에 따라 변화했다. 중앙 사법기구의 직능 변천 과정을 보면 각 기관 사이에 분공이 점차 뚜렷해졌고 책임이 점차 명확해 지는 추세를 보여주었는데, 이는 최고 통치자가 권리 평행에 대해 추구했음을 보여준다.

　선진시기, 전체 국가기구 중 이미 사법기능에 종사한 기관이 있었지만 각 기관 사이의 분공은 명확하지 않았다. 중앙 사법기관인 대사구의 주요 책임은 사법영역이었다.

즉 "천하를 다스릴 3법(三典)을 세우고 반포하라"고 했는데, "3전(三典)"이란 "법을 어긴 새로운 국가에 대해서는 경법(輕典)으로 처벌하고, 법을 어긴 기존 나라에 대해서는 중법(中典)으로 처벌하고, 나라를 혼란에 빠뜨린 자는 중법(重典)으로 처벌한다"는 것이었다. 5형인 "야형, 군형, 향형, 관형, 국형(野刑, 軍刑, 鄕刑, 官刑, 國刑)"으로 백성을 감시했고 "원토, 가석, 폐석(圜土, 嘉石, 肺石)"을 설치한 동시에 "소송 양자의 안건 문서와 동 30근"을 받았다. 즉 대사구의 사법기능은 심판과 집행이 포함되었고, 또한 법률을 반포하는 직책이기도 했다. "정월 초하루 각 제후국에 형법을 선포하고 문자로 된 형법을 높이 달아 백성들을 보게 했다"고 《주례·추관사구(秋官司寇)》에 기록돼 있다. 소사구는 대사구를 보조해 정무활동을 처리하고, 또 직접 지방 사법기구를 지휘하기도 했다. "연말이면 사법관들에게 이미 심판한 안건 수량을 통계하라"고도 《주례·추관사구》에 기록돼 있다. 이는 소사구가 지방 사법기구에 이미 심리한 판결에 대해 통계를 낼 것을 요구했음을 알 수 있다. 사법 활동에 관련된 직무 외에 대소사구는 일정한 군사 직책도 겸해 사회질서를 유지했다. 춘추전국시기 중앙사법관원은 모든 관리를 감독하고 기풍을 바로 잡는 직책도 책임졌다. "예전에 습숙자(隰叔子)가 주(周)나라에서 진(晉)나라로 피난 가서 아이를 낳아 법관이 되어 조정을 정돈하자 사악한 관리가 없었다"고 《국어·진어팔》에 기록돼 있다.

진한시기 중앙의 전문 사법기구는 정위였고 직책은 3가지였다. 첫째는 중앙관리의 범죄 안건을 심리하고 관리들의 영욕과 심지어 생사까지 지배해 9경(卿) 중의 한 자리를 점했다. 둘째는 천하의 형벌을 지배했고 제후국들이 올려 보낸 난해한 안건들을 심리했다. 《후한서·백관지(百官志)》에 "제후국들이 판결하기 어려운 문제를 모두 정위(廷尉)가 심사하고 결정했다"고 기록했다. 《한서·형법지》에는 한 고조 7년(기원전 200년) 조서를 내리는 어사가 하는 말이 "소송에 의심이 있으면 관리들은 판결을 내리지 못하여 죄가 있는 자에게 형을 내릴 수 없고, 죄가 없는 자는 장기간 갇혀 있나이다. 앞으로 현과 도의 소송에 의문이 있으면 각자 소속된 질(秩, 녹봉) 2천 석 관리에게 심판하도록 하십시오. 질 2천 석 관리들은 범인이 범한 죄와 판결 상황을 보고하라. 판결을 내리지 못하면 정위에 올려 보내야 하고, 정위는 판결 상황을 위에 보고 해야 한다"고 했다. 셋째는 황제가 분부한 안건에 대한 심리이다. 승상은 황제를 도와 국가사무를 돌보는 외에, 억울한 안건을 정리하는 기능도 가지고 있었다. 어사대부는 관리들을 감찰하는 외에 조서를 작성하고 범인을 다스리는 직책도 있었다.

정위는 중앙의 최고 심판기관으로 위진남북조시기까지 지속되다가 북제에 이르러 정위를 대리사로 변경했는데, 대리사의 직무와 권리는 정위와 거의 일치했다. 하지만 기구는 더욱 방대해졌다. 수당시기의 대리사는 심판과 재심리를 책임지는 외에 사절로 심문에 참여할 뿐만 아니라, 중앙의 감옥과 전국의 감옥을 관리 운영하는 책임을 지는 기능도 가지고 있었다. 송나라 초기, 대리사는 신형(慎刑)기구로 수당시기 최고 심판기구의 체제를 변화시켜 법정을 열지 않고도 안건을 심리했다. 대리사의 관원 또한 기타 관원들이 겸했다. 송 신종(神宗)의 원풍개혁(元豊改制)에 이르러 심판의 직책을 회복시켰다. 원 왕조는 대리사를 폐지시키고 형부가 대리사의 직권을 담당했다. 명 왕조에는 대리사 기구를 다시 회복시켰지만, 직책을 변화시켜 심판하는 직책을 담당하지 않고 재심리기관으로 변경했다. 청나라는 명나라의 제도를 이어 받았다.

최고 사법행정기관인 형부는 수 왕조에서 시작됐고 당나라는 수나라 제도를 이어 받아 형부의 직책을 더욱 명확히 했다. 그 주요 직책은 율령(律令), 형법(刑法), 도예(徒隷), 구복심계(勾復審計), 관금지령(關禁之令)이었다. 대리사경, 형부시랑, 어사중승은 함께 중대 의심안건에 대해 심리했는데, 삼사추사(三司推事)라고 했다. 송나라는 당나라의 제도를 이어 받아 형부가 형법, 소송 등 직무를 맡아 중앙사법행정 및 안건을 담당하는 복합 기관이었다. 원나라에 이르러 형부의 성질과 직책이 큰 변화를 가졌다. 형부는 신형기관이 아니라 심판과 재심을 동시에 책임졌고, 사법행정은 물론 사형의 재심, 중대 안건의 심리 및 법률 제정 등의 일까지 도맡게 되었다. 명, 청 양 왕조도 원나라의 체제를 이어받아 형부가 나라의 형법 및 집행 중인 죄인, 판결에 대한 재심사, 법률이 금지한 부분에 대한 감독 등을 책임졌다.

진나라는 어사대부를 설치하고 관리들을 감독하는 직책을 맡게 했고, 수당시기에 이르러서는 직책이 더욱 넓어졌다. 단순한 감독기관으로부터 점차 사법영역으로 넓어졌고 주로 삼사추사의 방식으로 사법 활동에 참여함으로써 3번사 중의 하나로 발전했다. 송 왕조 어사대의 사법직책은 한층 더 넓어져 다음과 같은 4가지 면에서 사법기능을 수행했다. 첫째는 관리들이 법을 어긴 중대한 안건, 둘째는 억울한 안건에 대한 심리, 셋째는 지방에서 판결할 수 없는 난해한 안건, 넷째는 명을 받고 심리한 지방의 중대 사건이다. 명 왕조는 어사대를 도찰원으로 변화시키고 사법기능도 확대시켜 회심에 참가하는 외에 북소리를 듣고 수리한 경성의 사건과 통정사(通政司)에서 전달한 경성의 사건은 모두 도찰원에서 심리한 후에 대리사로 보내 심문토록하게 했다. 삼국시기 조위(曹魏)에서는 율박사를 설치해 전적으로 법률 홍보에 종사케 했다.

3. 중앙 사법기구 및 기타 기구와의 관계

중앙 사법기구는 중국의 고대 국가기구 중에서 중요한 위치를 차지했고, 국가정치 구조 중에서 안제나 최고통치자의 필요에 따라 변화했다.

1) 중앙 사법기구와 황권과의 관계

중국 고대는 진 왕조부터 대일통(大一統)이라는 중앙집권제를 실행해 왔고, 전체 권력시스템의 최정상에는 황권이 있었다. 황권은 최고의 행정권, 군사권을 향유하고 있었을 뿐만 아니라, 최고의 입법권, 사법권을 향유하고 있었다. 한 고조 7년(기원전 200년) 조서를 내려 황제에게 상서를 올려 판결을 허가받는 절차에 대해서 다음과 같이 정했다. "앞으로 현과 도의 관리들이 안건에 대해 의혹이 있으면 2천 석에 보고하고, 2천 석이 법에 따라 판결을 한 후 자료를 정리해서 보고해야 한다. 2천 석이 판결을 내릴 수 없으면 정위에 보고하고 정위가 판결을 내릴 수 있다. 정위가 판결을 내린 후 자료를 정리해서 보고하고 정위가 판결을 내릴 수 없는 안건만을 세심하게 정리해서 황제에게 올려 보낼 수 있는데 상응한 법률 등을 첨부해서 같이 올려 보내야 한다"고 《후한서·형법지》에 기술되어 있다. 3국시기 위명제(魏明帝)는 사형범을 보고하라고 했다. 당 태종 때는 사형 3복주(三復奏), 5복주(五復奏) 제도를 확립했다. 사형 복주는 사법기구의 직권에 대한 절차상에 제한을 둔 것으로 황권이 사법기구에 대해 견제코자 했던 것이다. 그 외에도 황제가 중앙 사법기구의 판결에 대해 대사면, 곡사면, 형에 대한 수정 등의 형식으로 변경할 수 있었고, 심지어 중앙 사법기구를 외면하고 자신의 의지에 따라 안건을 판결하기도 했다. 명 왕조는 창위(廠衛)제도를 설립하여 황권이 함부로 법을 다룰 수 있게 했다.

2) 중앙 사법기구와 지방 사법기구와의 관계

중국 고대에 실행된 정치는 중앙집권 방식이었기에 중앙 사법기구와 지방 사법기구는 영도와 피 영도적 관계였다. 서주시기 중앙 사법기구인 소사구(小司寇)는 이미 지방에서 최고의 사법 활동을 지도했다. 연말이면 중앙 사법기구 소사구는 지방사법기관들에게 1년 동안 이미 심리한 안건들을 통계하라는 명령을 내렸다. 이러한 영도는 비교적 느슨해 단지 통계하고 보고만 할 뿐이었다. 진한시기의 중앙 사법기구인 정위는 지방에서 올려 보낸 의혹이 많은 안건을 심리하고, 업무에서 지방 사법기구를 지도하기도 했다. 진나라는 어사를 파견하고 한나라는 자사를 파견해 지방의 사법 활동을 감독했고, 지방은 사법 심판과정에서 의혹이 많은 안건에 부딪히면 반드시 보고해야 했다. 즉 "앞으로 현, 도 관리들이 안건에 대해 의혹이 있으면, 하부기관은 질 2천 석 관에게 보고하고, 질 2천 석 관은 법에 따라 판결을 한 후 자료를 정리해서 보고해야 한다. 질 2천 석 관이 판결을 내릴 수 없으면 정위에 보고하고 정위가 판결을 내릴 수 있다"가 바로 그것이다. 서한시기는 진나라가 멸망한 교훈을 받아 들여 사법제도에 대해 개혁을 진행해 녹수(錄囚)제도를 설치했다. 녹수제도는, 한편으로는 형법의 잔혹성을 완화시켰고, 다른 한편으로는 황제와 중앙 사법기구가 지방 사법기구에 대해 통제하는데 유리케 했다. 삼국, 양진, 남북조시기에는 중앙집권이 강화됨에 따라 중앙이 지방 사법기구에 대해 통제하는 양상이 더욱 강화되어 사형에 이르는 안건은 모든 심리결과를 먼저 중앙에 보고해야 했다. "죄인에 대해 사형을 판결했으면 형을 집행하기 전에 먼저 보고해야 한다"고 《삼국지 · 위서 · 사마예전》에 기록하고 있는데, 최종적으로 황제 혹은 정위가 판결한 후 형을 집행할 수 있었던 것이다.

수당시기 중앙 사법기구는 지방 사법기구에 대한 통제는 지방의 사법 활동에 대한 감찰로 나타났다. 수나라 초기에는 중서성(中書省), 문하성(門下省), 상서성(尚書省) 외에 어사대(御史台)를 설치하여 중앙의 최고 감찰기관으로 삼았다. 수 양제는 대업 3년(607)에 어사대 외에 사리대(司吏台)와 알자대(遏者台)를 설치했다. 어사대는 중앙관리를 조사하고, 사리대는 경기와 군, 현 지방 관리들을 조사하고, 알자대는 어사를 파견하고 검사를 진행했다. 당나라 초기에 수나라의 제도를 이어 받아 어사대를 설치하여 수 왕조에 삼대직사(三台職事)를 책임지게 하여 나라의 최고 감찰 겸 사법기관이 되게 했다. 어사대는 3원(院)이 소속돼 있는데, 대원(台院)은 관리를 검사하고 안건에 대한 소송과 심리를 책임졌다. 전원(典院)은 조정에서의 예절을 검사하고 경기지역에 대한 순찰을 책임졌다. 찰원(察院)은 또한 6개부로 나누어 각 주와 현을 순찰했다. 당나라 때부터 어사대의 찰원이 감찰어사를 각 지방에 파견했다. 정관(貞觀) 元年(627)에 전국을 10개 도로 나누고 10대 감찰구역을 지정했다. 현종(玄宗) 때에는 15개 도로 늘리고, 매 도에는 감찰어사가 순찰했으며, 점차 고정적인 장소와 인신(印信)이 있게 되어, 점차 중앙어사대가 지방에 상주하는 감찰기관으로 됐다. 송나라 초기에 중앙이 지방 주부(州府)에 파견한 감찰관원을 통판(通判)이라 했고, 감주(監州)라고도 했다. 통판은 지주(知州)와 함께 주(州)의 모든 사무를 봤고 또한 감찰을 책임졌으나 지주의 부하는 아니었다.

즉 "지방에 내려가면 통판과 지방관리가 함께 지방을 다스리고 통판이 떠나면 지방관리가 지방을 다스리게 된다"고 했다. 이로부터 통판의 권리가 크다는 것을 알 수 있다. 통판에게 모든 사안은 직접 황제에게 보고할 수 있는 특권이 있었고, 지주권리에 대한 억제 역할을 했다. 원나라 때에는 전국에 21개 도 감찰구역을 설치하고 제형안찰사(提刑按察司)로부터 숙정렴방사(肅政廉訪司)로 개명했고 동시에 감찰구역 위에 행성제(行省制)를 따라 행어사대를 설치했다. 어사대의 파출기관인 행어사대는 약간의 숙정렴방사가 부속돼 있었다. 그리하여 어사대, 행어사대와 숙정렴방사로 구성된 3급 감찰네트워크가 형성되었다. 특히 행대(行台)의 설립은 중앙과 지방의 감찰이 잘 연결되지 않는 문제를 해결토록 했고 상하를 이어주는 역할을 하게 하였다. 명나라는 초기에 원나라의 제도를 계속 사용하여 중앙에 중서성, 도찰부, 어사대 등 3개 기관을 설치하여, 행정, 군사와 감찰을 각각 책임지게 했다. 주원장은 홍무(洪武) 9년(1376)에 행중서성을 철폐하고, 승선포정사사(承宣布政使司), 제형안찰사사(提刑按察使司)와 도지휘사사(都指揮使司)를 설치하여 3사로 불렀다. 이들은 각자 독립적이고 부속되어 있지 않았으며, 모두 중앙 부문에 속했다. 그 중 제형안찰사사는 안찰사로 부르고 사법과 감찰을 책임지게 했는데, 형식적으로는 도찰원 소속이었지만 실제로는 직접 황제의 명을 받았다. 홍무 14년(1381년)에는 비도안찰분사(備道按察分司)를 설치했는데, 안찰분사 모두 41개도에 설치했다. 동시에 황제는 감찰어사를 파견하여 순찰을 진행시키는 조치를 실시해 중앙과 지방의 감찰을 연계시키도록 했다. 청 왕조도 각도(各道)에 감찰기수를 설치하는 제도를 실시했고, 다시 전국에 15개 도 감찰구역을 설치했다. 그리고 매개 도에 어사와 감찰어사를 설치하고 도의 법과 규찰을 책임지게 했는데, 이들은 도찰원이 파견한 기구로 도찰원의 명을 따랐다.

3절. 지방 사법기구

역대 각 나라들은 모두 중앙 사법기관에 맞추어 그에 상응하는 지방 사법기구를 설치해 사법을 집행하여 지방의 안정을 유지토록 했다. 각 나라들은 구체적인 정치 이념이 달랐기에 구체적인 지방기관의 직책 설정에서 차이가 있었지만 행정 겸 사법방식은 거의 비슷했다.

1. 진한시기

　기원전 221년에 진시황은 중화대륙을 통일하고 중국역사상 최초의 통일국가를 건립했다. 진나라 초기에 지방행정 체제는 왕관(王綰)과 정위 이사(李斯)의 논쟁이 있었지만 진시황은 이사의 건의 받아들여 전국 범위 내에서 군·현제를 실시해 "국내에 군·현을 설치하고 법은 통일한다"[23]는 정치체제를 실시했다. 이런 정치체제는 중국 고대사회의 정치에 적합했기에 진나라 이후 각 왕조(朝代)에서 계승하여 사용했다. 진나라 때 지방의 행정체계는 군·현 이급제(二級制)였고 이 체제는 사법영역에서 실현되었는데, 지방에서 군·현 두 개 심사기구를 실행했다. 군은 지방에서의 최고 정권조직임으로 중앙에 직속되어 있었고 장관을 군수라고 불렀다. 군수는 지방의 최고 행정장관으로 관할범위가 넓어, 정치, 경제, 사법 등 영역에 분포되어 지방에서 막대한 권력을 가지고 있었다. 이런 사무 중에서 사법사무는 매우 중요한 자리를 차지했다. 군수는 동시에 지방의 최고 사법장관이었다. 진나라 때 군 관할 구역이 넓었기 때문에 부속관의 보조가 필요했다. 진나라 때 군수의 사법 부속관은 군결조연사(郡決曹掾史), 적조연사(賊曹掾史), 군서좌(郡書佐)가 있었고 가장 말단 조직인 현은 영(令)과 장(長)을 설치(진나라 때 현이 1만 가구 이상이었으면 장관을 영이라 불렀고, 만 가구 이하면 장관을 장이라 불렀다)했다. 현령 혹은 현장은 중앙에서 직접 임명하여 현 내의 크고 작은 일들을 주관케 했다. 이 중에 사법은 당연히 중요한 자리를 차지했다. 현 이하로 현승(縣丞), 현위(縣尉)가 있는데 현령을 보조하여 현 내의 정무와 사법 등을 처리했다. 현에 속하는 기층 기구는 향인데 색부(嗇夫)직을 설치하고 직책은 "소송을 접수하고 세금을 받는 일"이었다. 향이하는 정(亭)이고 정장(亭長), 교장(校長), 구도(求盜) 등 계급이 낮은 관리들을 두었는데 모두 일정한 사법권을 갖고 있었다.

　군수와 현령은 각자 군·현의 사법장관으로서 관할 범위 내의 중요한 안건에 대해 심판권이 있었다. 현령에 비하면 군수들은 현령이 보고한 안건에 대한 허가권과 중앙에 보고할 권리가 있었다.

　진나라는 변법으로 흥성해졌지만 가혹한 법에 의해 멸망하기도 했다. 진나라 제국은 정권을 오래 유지하기 위해 가혹한 처벌을 실행해 원성이 하늘을 찌르듯 하여 진나라 말기에 진승. 오광이 이끈 농민봉기의 영향으로 항우에게 멸망됐다. 4년 후 초한(楚漢)

---

23) 이공해, 《중국고대행정제도사》

전쟁에서 항우는 오강(烏江)에서 자살했고, 유방이 한나라를 세우면서 진나라는 완전히 사라졌다. 진나라를 이어 한 왕조는 정치, 경제, 문화 등 제도 면에서 진나라와 연계가 밀접해 "한승진제(漢承秦制)"라는 말도 있는 것처럼, 진나라의 군 · 현 지방체제는 한나라에서도 사용했다. 하지만 한 고조 유방은 진나라가 멸망할 때 도와주는 형제가 없었던 교훈을 통해 이성(異姓) 왕을 궤멸시킨 뒤 자제들을 왕으로 봉하고 보호벽을 만들었다. 이런 제후들은 국토가 하도 넓어 "번국 중에서 큰 자들은 여러 개 군과 주를 소유하고 있어 가지고 있는 성곽이 수십 개에 달한다"고 《후한서 · 제후국표》에는 기록되어 있다. 제후 봉국이 나타남에 따라 진 왕조의 군 · 현 지방체제는 한나라 초기에 군국(郡國) 병행 정치체제로 변했다. 한나라 초기 수십 년간 사회경제는 많이 회복되었다. 진나라의 경험을 이어받고 자신의 개혁을 거쳐 정치적 특성과 기구 설치 면에서 모두 진나라에 비해 완벽해졌다. 특히 황권이 강화되어 한나라는 진나라에 비해 군의 수량이 많이 늘었지만, 군의 관할 구역은 작아졌다. 경제(景帝) 때는 군의 장관을 군수에서 태수로 변경했고, 추 2천 석에 속하는 군 장관이 되게 했다. 군수 아래에는 승(丞)을, 변군(邊郡)에는 장사(長史)도 설치했다. 군수는 부하 관리들을 이끌고 군에서 사법권을 행사했다. 현에는 영과 장을 설치하되 큰 현의 장관을 영으로 작은 현의 장관을 장으로 명명했다. 부속기구로는 승(丞), 위(尉), 투식(鬪食), 좌사(佐史) 등의 관리직을 두었다. 현 아래는 향정(鄕亭)제도를 실행했다. "10개 리가 정(亭)이 되고, 정에는 장(長)이 있다. 10개의 정은 향(鄕)이 되고, 향에는 3노(老)라고 하여 질 · 색부 · 유요(秩 · 嗇夫 · 游徼)가 있다"고 《한서 · 백관공경표》에 기록돼 있다.

보통 군수는 자신의 군에서 발생한 사법 사안 중에서 중대한 사건을 위에 보고하는 것 외에 일반적인 사안, 사형 안건까지 포함해서 심리하는 절대적인 판결권이 있었다. 그리고 현에서는 현령은 행정장관이고 본 현의 사법 장관이기도 했다. 부하로는 조(曹)를 설치해 현령을 도와 구체적인 안건을 심리토록 했다.[24] 하지만 각 제후국 내에서는 각 제후들이 형을 내리고 나라를 다스리는 사법권을 가지고 있었고, 내사(內史)가 제후를 보조하여 구체적으로 안건을 처리했다. 한나라 초기 사회경제회복을 촉진되기는 했지만 중앙의 지방에 대한 통제력이 부족했던 탓에 지방 제후국들의 힘이 커져 끝내 한 경제(景帝)시기에 오초칠국란(吳楚七國亂)"이 폭발했다. 이 난이 주아부(周亞夫)에 의해 평정된 후 제후국들의 지위가 많이 하락했다. 그에 따라 각 제후국의 사법권도 승상의 손에

---

24) 장진번, 《중국사법제도사》, 앞의 책 참고.

들어갔다. 한 무제시기까지 제후국들은 완전히 중앙의 통제를 받아 군과 다름없었다.

진나라 때 지방행정 체계에 비해 한나라 때의 가장 큰 변화는 주(州)라는 새로운 지방 행정구역의 출현인데 즉 13개 주부(州府)가 그것이었다. 매 주마다 자사(刺史) 한 명을 설치하여 지방 관원에 대한 감찰을 책임지게 했다.[25] 서한시기 중엽부터 자사의 직책은 점차 변화를 가져 동한 말기까지 황건적 난(黃巾起義)을 진압하고 중앙이 지방에 대한 통제를 강화하기 위해 주를 군 이상의 일급 지방 행정기관으로 정했다. 장관은 자사에서 주목(州牧)으로 변경시켜 주 내의 모든 사무를 책임지게 했다. 한나라 때의 지방행정 급수도 이전의 군·현 양급제에서 주·군·현 3급제로 변화시켰다. 주 체제가 자리를 잡은 후 이전의 양급심판도 3급 심판으로 바뀌었다. 주목은 주의 최고 행정장관으로 사법대권도 장악하고 있어 정위 이하, 군·현 이상의 심판기구로 되어, 군·현에서 보고한 안건과 주 관할구역 내의 안건에 대한 심판하는 사무를 보게 했다.[26]

2. 3국, 양진, 남북조시기

동한 말년 정치가 부패하고 환관, 외척들이 권력을 장악하면서 백성들이 생활이 아주 힘들었다. 그러다가 결국 "갑자년에 천하가 대길하리라"는 기치 하에 장각(張角)과 장보(張寶)가 영도하는 황건적 난이 폭발했다. 이 난은 비록 동한 왕조에 의해 진압됐지만 시국은 각 주의 자사들 간에 대권을 위한 혼전 상황으로 변했다. 계속되는 충돌과 겸병하는 과정에서 조조가 원소를 몰아내고 북방을 통일했다. 조조가 오나라를 징벌할 때 적벽에서 대패했다. 이 전쟁 이후 위촉오 3국이 천하를 3분하는 국면이 형성됐고, 이때부터 3국시기로 진입했다. 3국시기에 지방행정체제는 거의 동한시기의 구체제를 이어받아 지방 사법체제상에서 큰 변화는 없었다.

265년에 위나라가 촉나라를 멸망시키고 그 후 사마염(司馬炎)이 위나라를 폐하고 서진(西晉)을 건립했다. 280년에 서진은 중국을 통일시켜 백년 가까이 지속되던 분열상황을 끝냈다. 하지만 진 혜제(晉惠帝)시기에 팔왕지란(八王之亂)이 폭발했고, 그 후 서진이 신속하게 몰락해 북방의 소수 민족들이 틈을 타서 중원으로 침입했다. 역사에서는

---

25) 이공화, 《중국고대행정제도사》 참조.
26) 장진번, 《중국사법제도사》 참조.

이 사건을 오호난화(五胡亂華)라고 한다. 그리하여 진나라는 수도를 남쪽으로 옮겨 강좌(江左)에 자리 잡고 강동 토족세력의 지지를 받은 사마예(司馬睿)가 동진을 건립했다. 동진은 중국 역사상 백여 년간 존재했다. 양진시기에 지방 행정체제는 전 정권의 체제를 이어 받았지만, 전에 비해 지방 사법장관의 권력은 약화되는 추세를 보였다. 다만 중요한 것은 사형 안건에 대한 보고와 관련된 제도가 설립되었다는 점이다. 위진시기 이전의 지방군수는 사형을 직접 처리할 권리가 있었다. 하지만 3국·양진시기에는 이것이 제한받기 시작해 위 명제 청룡 4년(236년)에 조서를 다음과 같이 내렸다. 즉 "예전에 5형 모양을 그림으로 그려 공포함으로써 백성들은 법을 어기지 않았다. 주나라 때에 비록 형법을 설치했지만 많이 사용할 필요는 없었다. 짐은 황위에 오른 후 각 왕조 제왕들의 장점을 모방하여 지난날 좋은 사회기풍을 회복하려고 많이 노력했지만 지금 봐서는 쉬운 일이 아닌 것 같다"고 했다.[27] 결국 동진 말기에 이르러 정치가 부패하고 농민봉기가 끊임없이 일어난다 데가 황제가 무능하여 420년에 유유(劉裕)에 의해 망했다. 유유는 송을 건립해 남방 지역도 남조(南朝)시기에 들어섰다. 송나라 후에 제, 양, 진 3개 왕조도 존재했었다. 남조의 각 지방 사법심사 계급은 주, 군, 현 3급이었다. 각 급의 행정장관은 본 지역의 최고 사법심판관도 겸임했다. 사법기관의 심사 계급은 지방행정기관의 등급과 일치했다. 송 이전의 현령, 현장이 심사 판결한 안건은 군에서 파견한 독우(督郵)가 검사한 후 집행할 수 있었다. 송의 효 문제 대명 원년(457년) 후 현령, 장이 판결한 안건 조사 자료와 범인을 함께 군으로 보냈다. 군수가 직접 감사한 후 집행했다. 만약 군수가 직접 해결할 수 없으면 자사에게 올려 보내고, 자사도 해결할 수 없으면 중앙에 올려 보내 판결하도록 했다. 이 시기 주, 군 장관의 사법 권력은 위진시기에 비해 약간 강화되어 일반 소송안건과 사건경위가 명확한 사형안건에 대해 종심권이 부여되었기에 해결할 수 없는 안건만을 정위에 보고해 판결을 받았다. 이와 동시에 북조는 소수민족의 지배를 받았다. 북방의 선비족이 중원에 진입해 북위를 건립하고 439년에 북방을 통일했다. 북위는 그 후 또 분열되어 북주와 북제로 나뉘고 북제가 후에 북주에 의해 멸망됐다. 남조는 체제 면에서 대체로 낡은 제도를 사용했다. 하지만 북방의 소수민족은 중원에 진입한 후 정치체제 면에서 적극적으로 개혁해 법제 면에서 후세에 큰 공헌을 한 셈이 되었다. 하지만 형정체제 면에서는 남북방은 대체로 낡은 체제를 그대로 이어받아 주·군·현 3급 체제를 유지했다. 단 통치자들이 지방 세력을 제한하기 위

---

27) 《삼국지·위서·명제본기》

해 주·군의 관할 구역을 점점 작게 만들고 주·군의 수량을 증가시켜 주·군이 범람하는 국면도 초래케 했었다. 예를 들면 당시 "쌍독군(雙督郡)"의 출현이 그것인데, 두 군수가 동시에 한 지역을 관리한 사례였다. 게다가 일부 군은 황폐해져 관리하려 해도 관리할 주민도 없어 그저 허명뿐인 군수 이름만 있는 경우도 있었다. 그리하여 많은 주는 이전의 군보다도 더 작았다.[28] 지방행정은 극도로 문란하여 지방 사법의 혼란을 초래했다. 사법 과정에 군사화 경향이 심해졌고, 고문하여 자백을 받아내는 상황이 성행해 지방 사법제도는 극도로 부패해졌고 어두웠다. 비록 그러기는 했지만 기층의 사법 면에서는 여전히 작은 변화가 생겼는데 그러한 변화는 북위 정권에서 돌출적으로 나타났다.

"북위 지방에는 향리조직이 없어 종주도호제(宗主都护制)를 실행했다. 효 문제는 개혁을 통해 장장제(三長制)를 설치하고, 3장제는 5가구를 1린(一隣)으로 임장을 설치하고, 5린(五隣)을 1리(里)로 하여 이장을 설치하고, 5리를 1당(堂)으로 하여 당장을 설치했으니, 3장이란 곧 임장, 이장, 당장을 말하는데, 능력이 강하고 책임감이 강한 사람으로 시켰다. 호적을 검사하고 세금을 받고 일반 민사소송을 처리했다"[29]고 했다. 그 외에 북위시기 지방 사법장관의 사형판결권은 큰 제한을 받았다. 북위는 사형은 반드시 보고해야 한다는 제도를 확립했기 때문이다. 북위 법률에는 "사형범은 반드시 보고해야 한다. 여러 주에서 기만하지 말고 반드시 보고한 후 결론을 들은 후 사형을 집행할 수 있다"고 명확히 규정해 놓았다. 이는 수당시기 사형에 대한 "3복주", "5복주"제도의 이론적 기초를 마련해 주었다.

3. 수당시기

581년 북주의 양견(楊堅)이 자신의 외손자 주정제(周静帝)를 퇴위시키고 관리들의 옹호 하에 횡위에 올라 수 문세가 되었다. 수 분제 양견이 황위에 오른 후 일련의 신정을 실행했다. 이런 신정 중에 후세에 큰 영향을 남긴 정책이 3성6부제도와 과거제도였다. 사법제도는 그 중의 한 내용으로 전에 비해 여러 가지 변화가 생겼다. 수나라 초기에 지방행정기구는 역시 주, 군, 현 3급제였다. 개황(開皇) 3년(583)에 "중요한 것은 남기고

---

28) 한용균,《중국고대군제도의 변경 약론》참조.
29) 이공해.《중국고대행정사》, 앞의 책 참조.

필요 없는 것은 없애라, 작은 것을 합병해 크게 만들어라" 하는 원칙하에 "나라의 여러 군을 없애고 주가 현을 지휘하라"고 지시했다. 수 양제가 황위를 잇자 주를 군으로 개명하여 수나라의 지방정치체제는 다시 군 · 현 양급체제로 회복됐다. 수나라 때 주의 장관은 자사이고, 현의 장관을 영 혹은 장으로 불렀다. 자사, 현령은 지방에서 최고 행정장관일 뿐만 아니라, 동시에 최고 사법장관이기도 했다. 자사, 태수는 일상 사법행정 사무를 돌봐야 할 뿐만 아니라 판결하지 못할 안건이 생기면 직접 심리했다. 현령은 기층 행정사법장관으로 안건에 대한 심리는 당연히 가장 기본적인 사무였다.[30] 수 문제 재위 초기에 힘을 다해 나라를 다스려서 개황의 치(開皇之治)라는 성세를 이뤘다. 개황의 치의 출현은 수 문제가 지방관리의 고찰과 임명에 대해 중시한 것과 갈라놓을 수 없다. 그리하여 개황 연간 많은 청렴하고 공정한 관리들이 나타났다. 하지만 후기에 이르러 수 문제는 의심이 많아지고 정서가 변덕스러워 졌다. 게다가 법을 따르지 않는 현상이 날로 많아져 점차 몰락의 길로 향하게 됐다. 수 양제가 그 뒤를 이었지만 노력하지 않고 향락만 탐내 용주(龍舟)를 만들고 강남을 구경했는데, 민원이 비등한 바람에 끝내 부하에게 살해당했다. 그 후 수나라는 이연(李淵)에게 멸망됐다.

이연이 건립한 당나라는 중국 역사상 가장 강성한 대국이었다. 당나라는 정치, 경제, 문화면에서 당시 세계에서 최고로 꼽히는 나라가 되었다. 특히 당나라의 법률 성과는 후세에도 추앙받았다. 사법제도 면에서 당나라는 수나라의 제도를 이어 받은 기초 하에 큰 발전을 이루었다. 당나라 때 지방의 사법도 행정기관에서 겸했지만 직접 사법소송을 수리하는 관리들은 전에 비해 많이 증가했다. 특히 부주(府州)급의 전문적인 기구를 설치해 조로 나누어 형사안건과 민사소송안건을 처리했다.[31] 이것도 당나라 지방사법의 중요한 특징이었다. 당나라 초기에는 수나라의 지방 체제를 이어 받아 주현 양급으로 나누었다. 현에서 현령이 최고 장관이었다. 현령은 풍속을 교화시키고 어려운 이웃을 도와주고 직접 안건을 심리했으며 백성들의 어려움도 이해하는 것이 그의 직책이었다. 현령의 부하로 현승, 현위, 현지좌사(縣之佐史)와 주박(主薄), 녹사(錄事) 두었다. 현승은 통판관, 현위는 판관으로 나뉘어 조(曹)를 조사하는 직무를 담당했다. 현지좌사는 형사와 민사소송 안건을 처리했다. 현 아래에 향리 등 기층조직을 설치했다. 이런 기층조직은 일반 민사분쟁을 조정하고 조정하였다. 큰 분쟁과 형사소송안건은 현에 보고해 처

---

30) 장진번. 《중국사법제도사》, 앞의 책 참조.
31) 위의 책, 참조.

리했다. 현 위로 주와 부를 설치했다. 부는 일부 주의 지위를 높이기 위해 설치했기에 정치적 지위와 규모가 모두 주에 비해 높았다. 당나라는 일부 주를 부로 변경했는데 다음과 같은 상황이었다. 첫째는 경도(京都)와 배도(陪都)의 소재지로 경도부(京都府)가 있었다. 둘째는 군사요충지로 도독부(都督府)를 두었고, 셋째는 변강 소수민족 지역으로 도호부(都护府)를 두었다. 주와 현은 기층 사법 심사계급으로 다른 심리 권리를 소유하고 있었다. 당나라는 형사심판과 민사심판을 구분했기에 주와 현 양급에서는 서로 다른 기구의 인원들이 다른 안건에 대해 심리를 책임졌다. 구체적으로 보면 일반 형사안건은 3심(三審)을 거쳐야 안건을 결정할 수 있었다. "모든 범죄자는 죄를 저지른 주현에서 판결한다"고 해서 소송하려면 현에 소송하고 현급은 곤장형 이하의 안건만 처리하고 징역 이상의 범죄 안건은 현에서 심리한 후 주부에 보고해 복심(覆審)을 거쳐야 했다. 현에 비해 주부는 징역 이하의 안건을 심사하고 판결할 수 있었지만, 유배 이상의 안건에 대한 판결권은 없었고 심리권만 있었다. 이런 안건은 반드시 주부의 심리를 거친 후 상서성(尚書省)에서 검사를 해야 했다.

전 왕조에 비해 당나라에서 절도사(節度使)라는 지방군정대권을 책임진 직위를 설치했다. 절도사는 위진시기의 도독제(都督制)에서 근원을 찾아 볼 수 있는데 당나라는 변방 지역에 대도독을 설치했다.

당나라 초기에는 그 권한이 군사에만 제한돼 있었지만, 후에 도급(道級)는 행정장관으로 발전했다. 절도사부에서 군기를 책임지던 도우후(都虞侯)가 군사사법관이 되었고, 그는 아래에 추관(推官), 순관(巡官), 아추(衙推) 등을 두어 함께 군사법정을 구성해 전문적으로 군인범죄에 관한 안건을 처리했다. 이와 동시에 소금과 철이 많이 생산되는 지방 주부에 대해 특히 당나라 중반과 후반에 지방 재정에 대한 통제를 강화했다. 중앙 정부는 여러 도부에 염철사(鹽鐵使), 전운사(轉運使), 탁지사(度支使)를 파견하여 지방 재정을 통제했다. 염철사는 양주 등 지역에 연철원을 설치하고 소금 생산과 판매하는 주에 김원, 순원을 설치해 소금과 철에 대한 사적인 행위와 범죄행위를 조사했고, 각급 관리들이 국가 재정제도를 어긴 범죄행위도 함께 감찰했다.[32] 이들을 모두 당나라 지방 사법체제 면에서의 창조와 변화라고 볼 수 있다.

당나라 주현의 사법심판 권한은 비록 《옥관령(獄官令)》이라는 규정이 있었지만, 이 규정은 현급 사법심판 권한만 명확히 규정했을 뿐, 주급의 사법권의 최저 기준에 대해

---

32) 장진번, 《중국사법제도사》 참조.

서는 규정하지 않았다. 그리하여 일심에서 처리할 민사안건이 현급의 심리를 거치지 않고, 직접 주 혹은 중앙사법기관까지 올라가는 상황이 많이 발생했다. 비록 당나라의 법률에서 월소(越訴)에 대한 규정을 명확히 했지만, 이런 현상은 당 왕조에 아주 많았다. 이는 당나라 때 지방 사법체제의 한 문제점이라고 할 수 있다.

4. 송원시기

천보년간(天宝年间)에 발생한 안사의 난(安史之乱)은 당 왕조가 몰락해가는 상징이었고, 또한 중국 역사의 분수령이기도 하다. 그 후 당 왕조는 활기를 잃었고 지방 절도사들의 할거가 심해지면서 중앙정부의 통치 범위는 점점 작아졌다. 당 희종(僖宗)년간 황소봉기(黄巢起义)는 당나라를 멸망시키지는 못했지만 당나라의 붕괴를 가속화시켰다. 주온(朱温)이 당나라를 멸망시켜 5대(五代)가 시작됐다. 5대시기는 국가가 동란에 빠지고 전쟁이 끊이지 않은 탓에 사법체제는 거의 전 왕조의 체제를 이어받았다. 5대 말기, 조광윤(赵匡胤)이 진교(陈桥)에서 병변을 일으키고 중국 역사상 3백여 년 동안 지속된 대송(大宋) 왕조를 세웠다. 송나라 때 중국은 백성이 굶주리고 국력이 쇠퇴했지만 법제를 중요시했기에 이는 길이 유지해 갔다.

송나라 초기에 행정기구는 역시 주현 양급이었고, 송 태조는 후에 주 위에 로(路)를 설치해 최고의 지방기구가 되었다. 송나라는 전 왕조의 경험을 교훈으로 받아들여 이를 기초로 하여 대신과 관료들의 사무와 권리를 분리하는 원칙을 사용해 관리들은 자신의 사무만 책임졌다. 하지만 서로 부속되어 있지 않아 황제가 조종하기 쉬웠다. 로(路) 내에는 4개의 병행하는 기구를 설치했는데, 수사(帅司), 청사(清司), 헌사(宪司), 창사(仓司) 등이 그것이고 4감사(监司)라 불렀다. 4감사 중 헌사는 제점형옥사(提点刑狱使)로 불렸고, 이는 순화 초기에 설치했는데 중앙이 각 로에 파견한 기구였다. 제저명옥사의 장관은 제형안찰사(提刑按察使) 혹은 제점형옥사(提点刑狱使)라고 불렸고, 주요 직책은 "모든 주부는 10일에 한 번씩 소송안건을 보고하고 판결하기 어려운 안건은 즉시 보고하라. 주현에서 조사만 하고 결정을 내리지 못하거나 혹은 안건의 심판에 이상이 있으면 장이(长吏)는 보고하라. 좌사(佐史), 소이(小吏)는 법률에 따라 안건을 재심하라"고 《송사·형법지》에 기록돼 있다. 제점형옥사는 송나라 때 많은 변화가 있었다. 하지만 나중에 독립적인 기구로 존재하게 되었다. 송 신종(神宗)시기에 제점형옥사 부하로 검법관(檢法官)을 설치하여 제점형옥사를 협조해 안건을 심리하게 했다. 원풍개혁(元豊改制) 이후 각주에서 판결한 사형 안건은 반드시 제형사의 심사를 받은 후 집행할 수 있었다. 그리하여 제형사는 황제에게 보고한 안건 외의 모든 안건에 대한 종심권이 있어 로(路) 계급의 최고 사법기구였다.[33]

제형사 외에 주 계급에는 지주(知州)와 통판(通判) 각 한 명씩 설치했다. 지주는 지방의 최고 행정장관이지만 권한은 통판의 제약을 받았다. 통판은 지주의 보좌인이지만 모든 정령은 반드시 그의 사인을 받은 후 실행할 수 있었다. 지주는 최고 행정권 외에 주의 사법대권도 책임졌고 현급에서 보고한 해결하기 어려운 안건에 대해 처리할 수 있었다. 징역, 유배에 관련된 안건을 판결할 수 있었고 사면 명령을 전달하기도 했다. 지주 부하로 전문적으로 사법관녹사참군(司法官錄事參軍), 사리참군(司理參軍)과 사법참군(司法參軍)을 설치했다. 송나라는 심판 면에서 권리 분할과 사법관원의 독단을 방지하기 위해 국언공사(鞫讞公司)제도를 실행했다. 녹사참군과 사리참군은 안건에 대해 파악하고 사법참군이 파악한 상황에 따라 법률대로 판결했다. 하지만 주의 하급 현에서는 현령이 현장으로서 부하로 승(丞), 주박(主薄)과 현위(縣尉) 및 기타 관리들이 있는데 현령을 보조해서 사법 면의 사무를 봤다. 현은 민사안건과 관장형 이하의 형사안건에 대해 직접적인 판결권을 소유했지만 징역 이상의 안건에 대해서는 구체적인 상황을 주 혹은 조정에 보고해야 했다.

송나라는 당나라의 경험교훈을 섭취해 중앙이 지방에 대한 통제를 강화했다. 그리하여 지방 사법체제에 일부 변화가 생겼다. 즉 지방 최고 행정장관의 사법권을 제한한 것이다. 동시에 지방 세력을 분할해 황제가 지방에 대해 확실히 통제했다. 정강의 난(靖康之亂) 이후 송나라 왕실은 남쪽으로 이사해 강남에 자리 잡았다. 후에 몽고가 강대해지면서 남송도 결코 1279년에 멸망하게 되었다. 중국역사도 처음으로 소수민족이 건립한 통일된 국가인 원 왕조에 들어서게 되었다.

원나라가 건립된 후 관할지역이 너무 넓어 지방에 행중서성(行中書省)이란 새로운 지방체제를 설치했는데 명나라와 청나라에서 계승했다. 행중서성을 행성이라고 약칭하는데 본래는 임시적인 파견기구였다. 하지만 중앙집권에 도움이 되기에 지방 상설기관으로 바꿔 원나라의 최고 지방행정기관과 사법기관이 되었다. 행성 중 주로 사법 사무를 이문소(理問所)가 책임졌다. 행성 이하로 지방 행정체제는 로(路), 부(府), 주(州), 현이

---

33) 장진번, 《중국사법제도사》, 앞의 책, 참고.

다. 로는 총관부(總管府)를 설치하고 총관이 장관이었고 소송을 판결할 수 있었다. 그 밑으로 판관(判官), 추관(推官) 등이 있었다. 추관은 전문적으로 안건을 심사하고 형에 대한 판결을 책임지고 억울한 죄를 시정하는 사무도 맡았다. 부주(府州)계급에서는 추관과 사옥관(司獄官)이 전문적인 사법관이었다. 가장 기층인 현에서는 여전히 현령이 안건에 대한 심리를 책임졌다. 현승, 현위, 전사(典史)와 승리(承吏)가 보조했다. 로 이하의 지방기관은 모두 달로하치(達魯花赤) 한 명을 두고 소재 지방행정 장관과 같은 계급으로 실권을 장악했을 뿐만 아니라 지방의 실제적인 최고 장관이었다. 지방 사법심판 기구 설치 면에서 원나라는 몇 가지 특징이 있다. 첫째, 소송은 정관이 심문하지만 몽골인 달로화적의 간섭을 받아 심판이 불공평하거나 억울한 판결을 피면하기 어려웠다. 둘째는 사법권의 분할이 엄중해 사법상의 혼란을 일으키기 쉬웠다.

5. 명청시기

명청시기는 중국 역사에서 봉건 왕조의 말기였다. 이 시기 황권은 고도 집중되었는데 특히 승상제도의 철폐는 황권으로 하여금 절정에 이르게 했다. 동시에 사법 체제에서도 일부 변화와 혁신이 일어났다. 주원장이 명나라를 세웠다. 비록 중앙은 수당시기의 대리사, 형부, 어사대 체계를 형부, 대리사와 도찰원으로 바꿨지만 지방 사법체제는 기본상 송나라 때 제도를 이어받았다. 물론 일부 변화가 있었는데 신명정(申明亭)의 건립이 그 예이다. 아래 명나라 때의 지방 사법체계와 행정장관을 따로 기술하겠다.

성은 가장 높은 계급인 지방 행정 단위로서 장관은 주로 포정사(布政使), 제형안찰사와 도지휘사(都指揮使)가 있었다. 비록 안찰사의 직책은 사법에 치중되는 편이지만 포정사와 도지휘사도 일정한 사법권이 부여됐다. 제형사는 성급의 사법주관 기구로서 "한 성의 법률과 검사 판결 사무를 책임졌다"[34]고 기록돼 있다.

제형사는 직접 황제의 명을 받기에 황권이 직접 지방의 사법을 통제한 셈이다. 부는 차급의 국가 기관이고 관할 구역으로 주현이 있다. 부는 지부(知府), 동지(同知), 통판(通判), 추관 각 한명 씩 두었는데 모두 정관(正官)이었다. 지부의 주요 직책은 행정이고 안건 심리는 주로 추관이 완성했다. 하지만 중대한 형사 안건은 지부가 수시로 직접 심

---

34) 《명사·직관사》

리에 참여했다. 주현은 기층 국가기관으로 전문적인 사법관을 설치하지 않아 민사, 형사 안건은 거의 모두 지주와 지현(知縣)이 심리했다. 향에 신명정을 설치하고 장노이정(長老里正)이 민간 소송과 일부 간단한 형사안건을 처리했는데 이정(里正)은 명나라 때 농촌의 기층 사법조직이었다.[35]

명나라를 이은 청나라는 지방 사법기구의 설치에서 입관(入關) 전과 입관 후의 변화를 걸쳤다. 입관 전에는 우록(牛錄)이 기층의 사법기관이었다. 입관 후 명나라의 제도를 참고하여 자신의 사법체제를 건립했다. 청나라의 지방행정기구 설치는 명나라의 체제를 이어 받은 기초 위에서 일부는 개선했다. 이는 총독(總督), 순무(巡撫)가 정식으로 지방 최고 행정장관이 된 것에서 보여줬다. 지방의 체제에서 성, 부, 주현으로 된 3급 행정체제를 실시하고 주현은 기층 정권조직으로 사법사무는 행정장관의 중요한 직책 중의 하나였다. 주현은 지역 내에서 발생한 징역 이상의 형벌을 받아야 할 안건은 모두 조사하고 초심(初審)을 하는 책임이 있었다. 주현에서 초심을 완성한 후 안건 자료와 판결 의견, 범인을 같이 상부기관으로 보내 검사를 받아야 했다. 주현의 상부기관인 부는 장관이 현에서 올려 보낸 형사 안건에 대해 검사하고 주현에서 보낸 범인에 대해 심문하고, 진술에 번복이 있는지 조사하고, 증인, 물증을 검증하고, 주현에서 올려 보낸 안건자료에 착오가 있는지를 검사했다.[36] 성급 장관인 안찰사사는 사법직책이 많았다. 주요한 직책은 자신이 심리하는 안건에 대한 심리이다. 이런 자심(自審)안건에는 독무(督撫), 번사(藩司) 등 대관원들의 경한 형사 안건이 있고, 주현에서 올려 보낸 민간소송도 있었다. 독무는 지방 최고 행정장관으로서 징역안건에 대해 최종 판결권이 있고 군 유배 안건에 대해 검사할 권리가 있었다. 그 외에 사형 안건에 대해 재심권도 있었다. 청나라의 지방 체제에 따르면 독무는 최고 심사 계급이었다.

역대의 지방행정체제와 사법체제의 구성으로부터 볼 때 행정 겸 사법은 가장 중요한 특징이었다. 이런 현상이 나타나게 된 원인은 황권의 집중과 지고 무상을 갈라놓을 수 없나. 각급 관리들은 지방에서 황제의 대변인으로 자연이 권한도 종합적이고 전면적이었다. 비록 역대 행정사법권한을 관원들에게 다르게 분배했지만 행정 겸 사법은 줄곧 중국고대사법의 가장 큰 특징이었다.

---

35) 王繼堯,《論中國古代司法制度的演變及特點》, 대외경제무역대학, 2004, 법률석사학위논문.

36) 張晉藩.《중국사법제도사》, 316쪽, 북경, 인민법원출판사.

4절. 가족사당

"가족의 사당은 가족의 고교기관에서 기원했다. 가족은 점차 발전해 종족······ 사당도 점차 확장돼 사회적, 경제적, 정치적 교육적인 기관으로 발전했다."[37] 가족 사당의 기원을 연구하려면 종법제도를 이해해야 한다. 종법제도는 중국에서 긴 역사를 가지고 있다. 혈연관계를 유대로 해서 발전한 종법 등급제는 중국의 고대역사와 연결되어 있다. 종법혈연 관계는 중국 고대사회의 기층 사회관계를 구성했다. 노예제 국가건립 초기에 서주 통치자는 원시사회 말기 부계 씨족 혈연성 조직원칙을 흡수하여 종법혈연관계와 국가 정치관계를 고도로 결합시켜 엄밀하고 완벽한 종법제도가 형성되었다.

이런 제도에서 가정과 국가는 동일체가 되어, 국가는 가정의 확대체이고, 가정은 국가의 축소체였다. 진시황이 독재주의 중앙집권국가를 건립한 후 종법 요인은 한층 더 봉건제도와 결합되어 봉건황제는 계속하여 가천하(家天下) 통치를 실행할 수 있었다. 종법제도 또한 계속해서 국가정치생활에서 중요한 역할을 하게 됐다. 종법혈연관계는 국가의 건립에 의해 약화되지 않았는데, 이는 중국이 문명시대에 진입할 때의 상황과 관련된다. 중국 고대문명시기에 진입할 때 경제적 발전이 혈연 네트워크를 타파할 수는 없었다. 비록 일찍이 성숙된 정치는 이미 계급 압박, 계급 착취, 계급 통치 사회에 진입했지만 사람들은 시종일관으로 혈연가족의 울타리를 벗어나지를 못했다. 경제발전이 상대적으로 부족했기에 통치자들은 가족애를 이용하여 자신의 힘을 모았다. 보통 백성들은 군(君)을 부모처럼 섬기고 천하가 한 가정이라는 혈연사회를 더욱 동경했다.[38] 통치자들은 종법혈연관계를 이용해 통치를 유지했고, 보통 백성들은 종법혈연관계를 통해서 정신적 위로를 느꼈다.

가족과 국가 간 동일체로 이루어진 사회는 시종 혈연가족의 속박에서 벗어나지를 못했다. 국가의 정권조직과 종법 가족조직은 서로 뒤엉켜 있었다. 통치자들은 보통 혈연가족애를 이용하여 자신의 통치역량을 모았다. 종법과 국가는 언제나 병행되었다. 가족윤리는 항상 국가, 가족에서의 인간관계, 분쟁을 해결하는 기본 준칙이기도 했다. 가족법을 집행하는 중요한 장소인 가족 사당은 선조들이 거주하는 장소이기도 하지만 가족과 선조들이 교류하는 장소이기도 했다. "종(宗)이란 선조들의 묘를 존중하는 것이다"라

---

37) 林耀華.《義序義賊宗教研究》, 266쪽, 북경, 삼련서점.
38) 마소홍.《예와 법 : 법의 역사적 연계》, 229쪽, 북경, 북경대학출판사, 2004.

는 말도 있다. 사당은 가족들이 가족의 발전과 희망을 의탁하고 감정을 표하는 곳이다. 이런 장소에서 가족법을 집행하면 가족의 선조들에 대한 존중을 의미하고 가족 감정이 깊어지고 종족 조직의 연속에 이로웠던 것이다.

1. 가법족규(家法族规)의 집행 주체

가정은 중국 고대에서 가장 기본적인 사회조직 형식이고, 가장 기층적인 경제조직 형식이기도 했다. 역대왕조에서는 호구를 조사하거나 호적을 편성하는 일은 모두 호(户)를 단위로 했다. 호는 가정이어서 법률적으로 가정의 합법적 지위를 명확히 규정했다. 가와 족은 중국 고대사회의 가장 기초적인 단위로서 혈연관계를 기초로 했다. 가정들이 모여 가족이 만들어지고 가족들이 모여 나라가 만들어지는데, 나라가 바로 가장 큰 종족 조직이었다. 가족과 나라의 조직 구조 중에 일부 가가 힘을 모아 비교적 강대한 지역 군체를 만들었다. 족은 가의 확장이고 정치, 경제, 종교 및 오락 등 가족 기능이 합쳐진 종합체이다. 일부 상황에서는 또한 나라의 허가를 받은 기층 "행정단위"이기도 했다.

가족의 조직 내부에는 혈연을 기초로 한 등급질서가 있다. 종법 등급제도는 신분의 등급성을 강조하는데, 이런 등급성을 나라에서는 군신관계, 집에서는 부자관계라고 한다. 나라의 정치체제도 가정의 구조, 원칙 즉 종법 등급원칙에 따라 만들어졌다. 가정과 나라의 공통점은 중심 권력을 핵심으로 피라미드형식의 등급구조이다. 나라에서는 군이 가장 큰 가장이고 그리하여 군신 등급과 부자 등급 관계가 이루어진다. 군신 사이에는 모방한 등급혈연관계가 형성되었다. 가정과 나라의 구조체제는 그들로 하여금 등급제도와 등급이념에서 공동된 인식을 가지게 했다. 중국 전통사회의 종법등급질서는 가법 족규의 집행과 분쟁해결에 직접적인 영향을 미쳤다. 가족 조직 중의 권위역량이 가법 족규의 분쟁을 해결하는 주요한 주체이다. 등급체계 중에서 최상층에 자리한 사람이 권위를 확보했는데, 예를 들면 족장과 가장이 보통 종족과 가족에게서 공인된 권위 역량이었다.

가족조직은 보통 3급을 설치했는데 족(族), 방(房), 가(家)가 그것이었다. 족장, 방장, 가장은 종족 조직성원들이 자각적으로 가법 족규를 지키도록 독촉하는 직책이 있었다. 족은 종족 조직에서 가장 높은 종족기구였다. 족장은 종족조직 내부에서 최고 권력을 향유하고 있어 가장 큰 권위성을 가지고 있었다. 주로 족규의 집행과 족에서의 심판 등 사무를 책임졌다. 족장은 보통 공동으로 추천하는 방식으로 산출되는데 족 내에서 가장 연장자이고 덕망이 높은 분이 담당했다. 주용의 《중국법률의 험난한 여정》에서는 "족장은 종족 중에서 부유하거나 …… 혹은 사리에 밝은 분이다"라고 기록했다. 족장은 종법에 대한 독단적 결정권이 있고, 대외적으로는 가족을 대표하여 정부 및 사회 기타 단체들과 교섭하고 거래를 할 권한이 있었다. 족인에 대해서는 정신적 육체적인 처벌권도 가지고 있었다. 이로부터 족장은 족 내의 법관이었고, 족인에 대해서 최고의 벌칙권이 있었다. 족 이하에는 방을 설치했고, 방은 족과 가의 사이에 있었다. 방장은 주로 가족 내의 동태를 조사했는데, 가족법을 어긴 행위에 대해서는 즉시 처벌할 권한이 있었다. 주로 족의 계급 내에서 심리에 참가하고 사법관의 역할은 돌출적이지 않았다. 가는 종족조직 중에서 가장 작은 단위로 가장 기층 계급의 사법기구였다. 가에서 가장은 관리, 교육, 체벌 집행, 관부(官府)에 보내 처벌하기 등의 대권을 소유하고 있었다.

2. 가족조직의 직권

종족 내부에서 가법 족규에 대한 실행을 보증하기 위해 중국 고대 국가정권은 보통 묵인하거나 공개적으로 종족의 사법권을 승인하기도 했다. 특히 명나라 중엽 이후 종족은 점차적으로 향촌의 사법심판권을 통제하기 시작했다. 종족은 초급 심판권과 일반 처벌권을 소유하고 있었다. 종족 족장 등이 주관한 심판은 분쟁을 해결하는데 반드시 걸쳐야 할 순서였다. 족인들은 종족을 외면하고 직접 관부에 고소할 수가 없었기에 종족 사법은 실제로 사법심판의 제1심판 계급이었던 셈이었다.[39] 많은 종족의 족규에는 족 내의 싸움, 혼인, 토지 분쟁 등 일반성 소송은 족장이 해결하되 관부에 고소해서는 안 된다고 규정했다.

1) 분쟁에 대한 심리권

종족 내부에서 분쟁을 해결할 때 엄밀한 등급 체계와 순서가 형성되었다. 등급이 높을수록 권위가 높았다. "일부 체계적이고 효율성이 강한 종족에서는 등급이 높은 권위 있는 사람이 조정을 진행한다. 만약 필요하다면 판결할 수도 있다. 분쟁은 한 급씩 올려

---

39) 陳柯云, 〈明清徽州宗族對鄕村統治的加强〉, 《中國史硏究》, 1995(3).

상소해서 해결될 때까지 상소할 수 있다"고 했다.[40] 유가의 무송(無訟)사상에 영향 받아 종족은 보편적으로 "관부에 소송하면 치욕이다"라는 관념을 가지고 있었다. 종족 조직은 거의 모두 한결같이 관부에 소송하면 멸시를 당하는 느낌을 받기 때문에 종족인들이 부득이한 경우 외에는 관부에 소송을 하지 못하게 했다. 그리하여 "관부에 폐를 끼치지 않고 자체로 해결하기"에 노력했다. 각 지역의 족보에서 모두 이와 같은 규정을 볼 수 있다. 예를 들면 안휘 동성(安徽桐城)《축씨족보(祝氏宗谱)》의 규정에 따르면 "종족 중에 분쟁이 있는 자는 먼저 가장에게 알리고 방장이 처리할 것이다. 관부에 소송을 해서는 안 되고 약한 자를 괴롭히거나 사단을 일으킨 자는 족보의 규정대로 처벌할 것이다"라고 기록돼 있다. 강소진령(江蘇晉陵)《해씨족보(奚氏宗譜)》의 규정에 따르면 "작은 일로 소송을 하면 점차 집이 파산될 것이고, 재산을 분쟁으로 소송하면 가업을 잃게 된다. 그래서 소송은 결코 불길한 것이다"라고 기록돼 있다. 그리하여 종족 내부에는 먼저 민간, 후에 관부에 분쟁 소송을 해서 문제를 해결하는 절차가 형성되었다. 이는 한편으로는 종족 내부의 권위를 강화했고, 종족 내부의 질서를 유지했지만, 다른 한편으로는 객관적으로 소송 수량을 줄어들게 했다.

　가족 중에서의 판결 절차는 비교적 간단했다. 보통 가장이 직접 가족이 족보 규정을 어겼는지를 조사하고 규정에 따라 처벌하곤 했다. 가족이 비교적 엄중한 과실을 저질렀다면 엄한 처벌을 내리는데, 이때는 종족 중에 어느 웃어른 한 사람이 판결하는 것이 아니라, 종족의 모든 사람들이 사당에 모여 공동으로 결정했다. 판결이 일단 내려지면 반드시 강제적 효력이 있어 당사자는 반드시 준수해야 했다. 기타 종족들도 반드시 지지해야 했고 반대 의견이 있어서는 안 됐다. 이론적으로 볼 때 당사자가 판결에 불복하면 양방은 관부에 소송할 수 있었다. 종족 판결은 단지 민간행위기 때문에 사법적 결론 특성을 소유하고 있지는 않았다. 하지만 실천 중에서 당사자는 여러 면의 이익관계를 고려한 후 판결 결과에 복종하고 소송을 하지 않았다. 일단 소송을 제기하면 분쟁을 해결한 주관자는 승인 신분으로 직접 소송에 참가했다. 사천(四川)의《건, 가, 도파현기록 (乾,嘉,道巴縣檔案)》을 예로 들면 "저희들은 족장입니다. 전양씨를 비롯해 며느리 전안씨 등은 다투고 싸움을 했습니다. 저희들이 말을 해도 듣지를 않으니 오늘 소송을 하게 됐습니다. 잘 처리해 주십시오"라고 기록돼 있다. 종족 내부의 판결에 불복하고 소송을

---

40) 柯恩, 〈現代化前夕的中國調解N, 强世功 編, 《調解, 法制與現代性; 中國調解制度研究》, 107쪽, 북경, 중국법제출판사, 2001.

한 사람들은 종족 규정을 어긴 사람들이기에 주관자들은 법정에서 다른 쪽을 편들어
주어 관부가 종족 내부의 판결에 지지해 주기를 바랐다. 목적은 소송 취하였다. 종족도
관부에 맞고소를 할 때가 있는데 보통 관부에게 종족 내부의 판결에 불복하거나 종족
내부의 규정을 어기고 웃어른을 존중하지 않는 자들에 대해 처벌하려는 것이 목적이었
다. 종족의 맞고소는 관부의 지지를 받고 다음과 같이 결재했다. "종족 내에서 처리하
라. 본 소송은 비준하지 않을 것이므로 철회한다." 그래서 종족들이 종족의 의견에 불복
해서 소송을 하면 피고소자는 물론 전체 종족 내부의 사람들도 자신의 대립 면에 설
수가 있었다. 실천하는 중에서 종족 내의 의견을 뒤집으려면 쉬운 일은 아니었다. 도리
어 소송을 하게 된 당사자는 주변의 모든 사람이 자신의 곁은 떠나는 피동적 상태에
빠지게 된다. 그래서 당사자는 부득이하게 소송을 포기하고 종족의 판결에 따르게 되었
다.41) 소송을 제기하면 종족조직의 권리에 대한 도전을 의미했던 것이다.

2) 처벌의 집행권

종족의 사당은 주요한 판결 장소이고 집행 장소이기도 하는데, 종족 재판의 위엄을
보여주기 위해 사당에서 진행했다. 사당은 종족의 가장 중요한 단체적 상징이었다. 사
당은 선조를 섬기는 성지이기도 하고, 모든 종족인이 모여 종족의 사무를 토론하는 장
소이기도 하며, 종족 내부에서 종족 규정을 집행하는 공중장소이기도 했다. 조상의 위
패 앞을 선택해서 종족 규정을 어긴 행위에 대해 판결하는 것은 조상을 존중하는 뜻도
있고, 조상을 대표해서 판결한다는 뜻도 있기에 사당은 종족의 법정과 처형장이었던 것
이다. 사당에서 실시하는 처벌에는 질책, 모욕, 무릎 꿇리기, 입 때리기, 칼호(옛날 목에
씌우던 형틀), 잘못을 기록하기 등이 있었다. 일부 종족에서는 사당은 감방, 죄인을 구
금하는 장소로 쓰기도 했다.

종족 규정을 어긴 경위에 따라 처벌하는 방식은 달랐다. 첫째, 질책하기. 습관을 어기
고 경위가 가벼울 때는 족장, 방장 등이 위반자에 대해 질책하고 교육하여 고치도록 한
다. 둘째, 벌세우기, 무릎 꿇리기. 명나라 초기에 방씨 사당에서 "공을 표창하는 자리"를
만들어 놓은 동시에 "과실을 반성하는 자리"도 만들어 놓았다. 종족 내부 사람들이 모이
는 날에 과실을 범한 자를 사람들 앞에서 모욕을 주어 과실을 반성하도록 했다. 셋째,
벌금 혹은 분섬(分贍) 자르기. 함께 생활하는 대 가족은 자제들이 생활비를 타서 썼는데

---

41) 朱勇.《淸代宗族法硏究》, 98쪽, 長沙, 湖南敎育出版社, 1987.

이것을 분섬이라고 했다. 넷째, 꾸짖고 때리기. 곤장, 곤봉, 판, 등으로 범인을 때리는 것이다. 다섯째, 쫓아내기. 족보에서 삭제하고 사당에서 쫓아내는 것이다. 족보에서 삭제당하면 인생 최대의 치욕으로 생각하고 이 세상에서 살아가기가 힘들었다. 여섯째, 관부에 고소하기. 종족 내부의 사람들에 의해 관부에 고소당하는 것인데, 족장이 나서서 관부에서 처리해 주기를 요구했다. 일곱째, 사형. 사형에는 자살, 생매장하기, 물에 빠뜨리기[42] 등이 있었다. 그 외에 가장과 족장은 관부에 보내 처벌받도록 하는 권리도 있다. 종족 내에서 이 권리는 종족 내의 사법관신분이 사법 활동 중에서 아주 높은 권위성을 가지게 했다. 왜냐하면 죄인인 자제를 관부에 보내면 국가 사법관이 집행하는 형벌은 가장과 족장의 의견을 따랐기 때문이었다. 그리하여 고대 중국의 종족조직은 국가 사법 중에서 초급 심사단계처럼 되었다. 종족 내의 규정과 국법, 종족 내 처벌과 국가 형벌을 연결시켜 종족 사법은 더욱 효력을 발휘하도록 했다.

3. 종족 심판기구와 국가 사법의 관계

중국의 고대 가족과 나라가 동일체라는 정치와 조직의 제도는 사법의 동일성도 결정했다. 즉 가족심판은 나라 사법의 일부분이고 중요한 내용이다. 그리하여 가족사법에서 지방 사법, 중앙 사법에 이르는 완벽한 체계를 이루었다.

1) 가족 심판기구는 중국 고대사회에서 가장 기층적인 사법심판 단계였다

중국 고대에서 정식 사법심판 단계는 3단계(진한시기에는 현, 군과 중앙), 4단계(당송시기에는 현, 부, 주, 중앙) 및 5단계(청 왕조 현, 부, 성안찰사사, 순무, 중앙)으로 나뉘었다. 주현은 초급 심판기구로서 안건을 수리하고 민사소송 안건을 심판할 직책을 지녔다. 하지만 현 이하 향, 리, 보, 갑, 정 촌 등 기층 조직에서는 모두 사법 심판권이 없었다. 중국 전통사회국가에서는 권리를 현급까지만 부여했기 때문에 주·현급 아래로 아무런 유형의 정식정부는 존재하지 않았다.[43] 주·현장은 국가정권이 기층사회에서의

---

42) 국가만이 생사권을 가지고 있기 때문에 불법으로 사람을 사형에 처형하는 종족에서는 죄인에 대해 생매장, 물에 빠뜨리기 등 처형을 실시하기 전에 사당에서 모든 사람들이 모인 자리에서 판결한다. 만약 직계 가족이 반대하면 그들에게 압력을 주어 동의를 받은 후에 집행한다. 목적은 직계가족이 관부에 고소하는 것을 방지하기 위해서였다.

대표이고, 사법과 행정이 동일체를 이룬 정권체계였다. 이런 주·현장관은 관할 범위 내에서 상대적으로 "절대적인 권리"를 가지고 있어 국가 법률에서는 주·현 관리들의 직권 범위에 대해 명확히 규정했다. 청 왕조를 예로 들면 "현, 지현(知縣)에는 한 사람이고 정7품이다. 현승은 한 사람이고 정8품이다. 주박은 인원에 대한 규정이 없고 정9품이다. 전사는 한 사람이고 계급을 주지 않는다. 지현은 한 현의 치안을 책임지고 소송을 관결하고 백성들을 도와 농사를 잘 짓게 하는 외에 재난이 생기면 구제해 주고 학문과 과거를 흥기시키는 직책 외에 현의 모든 일을 책임졌다. 현승, 주박은 양마(糧馬), 세금 징수, 호적관리, 모든 관직에 대해 조사하는 등의 일을 맡았다. 전사는 사법에 관해 조사하고 현승과 주박이 없으면 그들의 직무까지 겸해서 했다"고 《청사고 · 직관3》에 기록돼 있다. 이로부터 세금을 징수하고 교육을 시키고 법을 보급하고 사회 치안을 유지하고 분쟁을 처리하는 등의 모두 사무는 주·현장관의 직책 범위라는 것을 알 수 있다. 작동조는 "한 주·현의 행정 장관으로서, 주현관(州縣官)은 현지의 각 방면의 조건과 상황을 이해해야 하고 관할 지역 내의 모든 사실에 대한 책임을 져야했다. 가장 중요한 직책은 반드시 구역 내의 질서를 유지해야 했다. 그는 법관이고 세금징수관이고 일반적인 행정관이기도 하다"고 말했다. 구동조는 주·현 정부를 "일인 정부"라고 묘사했다. "일인 정부"의 주현관은 여러 가지 사무에 대한 직무를 맡았지만, 동시에 거대하고 분망한 사무와 책임을 졌다. 중국 고대 전통사회의 사법제도에 대한 공급이 부족했기 때문에 정식제도가 분쟁 해결에 대한 요구를 만족시키지 못할 때, 가족사법이 사법제도의 공급부족을 만족시켜 주었다. 만약 소송 이외의 보조 조치의 공급이 없었다면 주현 정부는 관할 구역 내의 각종 분쟁을 해결할 임무를 완성하기 어려웠을 것이다. 이렇게 가족과 주·현 단계의 사법관계는 주·현과 성부(省府) 단계의 관계와 같게 되었다. 가족은 내부의 "크고 작은 안건"을 해결하고 중대 안건만 주·현에 올려 보내 심판을 받도록 했다. "모든 성씨는 족장 신사가 있는데, 족성 내의 크고 작은 일은 모두 족장 신사가 관결한다". "만약 불복하는 자가 있으면 그 족장 신사는 그 자를 묶어 주·현으로 보내 심판 받도록 한다"고 《청실록》에 기록돼 있다. 청나라 옹정제는 다음과 같이 명을 내린 적이 있다. "자제들을 교육하고 가법으로 처벌하다가 죽거나 하면 범죄자를 처벌하거나 사고를 예방하려는 것이다. 범죄자가 잘못을 승인하지 않거나 형을 거부하다가 생긴 사고로 법을 위반한 것은 아니니 갚을 필요가 없다. 앞으로도 흉악하고 불복하는 자에 대

---

43) 瞿同祖, 《청대지방정부》, 5쪽, 북경, 법률출판사, 2003.

해서는 …… 가법으로 처벌하다가 죽으면 죄를 묻지 않을 것이다"라고 《흠경대청회전실
례(欽定大淸會典事例)》에 기록돼 있다. 이로부터 가족사법과 국가사법은 통일된 관계를
형성하고 있었음을 알 수 있다.

2) 가족사법은 국가사법의 확장과 중요한 보충이다

가족사법은 비록 본 가족 내에서만 적용되고 고정적인 입법방식과 사법방식이 부족
했지만 고대 중국의 종법제 국가에서는 가족법과 국가에서 제정한 법은 천연적인 혈연
관계가 있었다. 국가의 입법은 "법률규범과 도덕규범의 통일", 가족 규정은 "도덕규범으
로 다스림"이라는 준칙을 따랐다. 국가사법의 목적은 "편히 백성을 다스리기"이고, 가족
사법은 "나라를 도와 백성을 기르고 가르치는 일이 근본이다"라고 했다.[44] 중국고대 국
가사법의 원칙은 덕주형보, 명형필교즉 덕을 중요시하고 처벌을 보충적 수단으로 했다.
가족사법은 "규정 위반자는 처벌을 받되 고치는 자에 대해서는 용서한다. 명형필교의
뜻에 따른다"고 했다.[45] "찬란한 업적을 천하에 남길 자는 먼저 나라를 다스리고, 나라
를 다스리려면 먼저 집을 잘 다스려야 한다"고 《예기 · 대학》에 기록돼 있다. 그리하여
가족사법과 국가 사법이 혼연일체로 된 체계를 형성했던 것이다.[46]

종법가족 조직은 봉건사회의 경제적 기초를 튼튼히 했을 뿐만 아니라, 봉건질서를 유
지하는데 국가정권보다 더욱 위협적인 역할을 했다. 경제면에서 종법가족의 조직은 효력
적으로 봉건국가의 세금 징수를 보장할 수 있었고, 정치와 사상문화 면에서는 봉건국가
의 통치 질서를 유지하는 역할을 했다. 예를 들면 효충일체(孝忠一体)를 선양한다던가,
천명론 사상을 선양한다던가, 봉건 정부의 봉건질서 법률을 선양한다든가 등이 그것이었
다. 봉건통치자들은 종법가족조직을 통해 독재 국가의 순민(順民)을 키워 봉건질서를 순
조롭게 유지했으며, 통치 기반을 공고히 했다. 사법 면에서 봉건종법 가족조직은 혈연관
계라는 틀을 쓰고 가족 내부의 계급 대립을 숨기 동시에 봉건정권 및 법률처럼 그렇게
난폭하지 않았다. 그리하여 따뜻한 정으로 부드럽게 설교하여 가족 구성원들의 노예성
(奴性) 도덕을 길렀고, 이런 구성원들로 하여금 자각적으로 자원적인 순민이 되게 만들었
다. 이 또한 종법가족조직이 성공적으로 봉건통치질서를 유지케 한 관건이기도 했다.

---

44) 馮桂芬, 《校邠盧抗議》, 하편, "復宗法議", 166쪽, 鄭州, 中州古籍出版社. 1998.

45) 주용, 《청대종족법연구》, 앞의 책 참조.

46) 李交發, 〈論古代中國家族司法〉, 《法商研究》, 2002(4).

13장.
법률적 홍보교육 체계

1절. 어린이 교육(蒙學敎育)과 법률지식의 보급

중국고대 몽학(蒙學)교육은 중국전통문화의 유기적인 구성부분으로 중국의 우수한 전통문화의 업적을 빛내고 있다. 우리는 고대 몽학교육에서 우수한 전통 문화정신을 계승하고 발양해야 할 것이다. 중화민족은 수천 년 동안 풍부한 도덕문화를 창조했다. "아이에게 교육을 시작할 때 도덕에 대한 교육부터 진행해야 한다"는 전통적인 몽학교육 이념이 그것이었다. 곧 꿈이 인생의 방향이었고 "사람 됨됨이"가 교육의 기초였으며, 인재로의 성장이 교육의 목적이었다. 몽학교육은 아이들의 기본 품성과 지혜를 길러준 동시에 교육을 통해 아이들의 지식을 늘리고 도덕성 발전을 촉진시켰으며, 이를 마음에 품고 자신의 꿈을 자랑할 수 있도록 했다. 명인륜(明人倫), 중효제(重孝悌)라는 윤리도덕 교육은 중국고대 교육의 주요 내용이고, 이 교육과정에서 직접 혹은 간접적으로 유가윤리사상을 전파했다.

1. 어린이(몽학교육)의 역사적 연혁

우매함을 없애는 것이 곧 계몽인데 이를 몽양지학(蒙養之學)이라고 했다. 즉 어린아이들에 대해 계몽교육을 하는 것을 가리켰다. 중국 고대교육의 중요한 구성부분으로 아이들을 교육시켜 인재로 키우는 중임을 맡고 있었다. 몽학교육은 주로 기초문화지식, 휴심양성(修心養性), 도덕 윤리교육 등의 내용이 포함되어 있었다. 교육체제 면에서 보면 관방(官方)의 학당교육, 민간의 가정식 사숙(私塾)교육이 포함되었다. 정치구조, 사회제도와 문교정책 등 요인의 영향을 받아 몽학교육은 수당시기를 분수령으로 3단계를 겪었다. 즉 글을 배우고 읽기단계, 지식에 대한 몽구(蒙求)단계, 도덕윤리에 대한 몽훈(蒙訓)단계였다. 몽학교육은 경학(經學)교육에서 독립해서 자체적인 종합교육체계를 이루었던 것이다.

수당시기 이전 : 조기 몽학교육시기

비록 앞서 서주시기부터 관에서 세운 초등학교가 있었지만 이 시기는 글을 배우고 읽는 것이 주요 기능이었다. 춘추전국시기에 있었던 백가쟁명(百家爭鳴)은 사학(私學)의 발전을 추진해, 관방의 정식적인 교육기구 외에도 민간에 전문적인 계몽교육기구가 나타났는데, 이들은 보통 백성들이 몽학교육을 받고 이를 모두 배우는 중요한 장소였다. 진(秦)나라는 한쪽으로는 문화독재주의를 실시하고, 한쪽으로는 문화교육 통일정책을 실시해 관학, 사학을 철폐시키는 동시에 학서(學書)에 대한 편찬을 강화해서 《박학(博學)》, 《애력(愛歷)》 등의 한서를 편찬해냈다. 서한시기부터 위진남북조시기까지 몽학교육은 사학과 가학이 담당하고 완성했다. 이 시기 대량의 몽학도서가 나타났는데 주흥사(周興嗣)의 《천자문(千字文)》, 반고(班固)의 《13장(十三章)》, 사마상여(司馬相如)의 《범장편(凡將篇)》 등이 그것이었다. "기타의 사상은 금지하고 유가사상만 신봉하라"는 영향으로 《논어》, 《효경》 등 유가경전이 몽학교육의 중요한 내용이 되었다.

수당시기 : 몽학교학의 규격화시기

유가사상이 심화되고 과거시험이 실행됨에 따라 몽학교육은 문자 익히기와 읽기로부터 지식을 배우고 삭문 하는 것을 핵심으로 하는 내용으로 바뀌었다. 이 시기 몽학교육이 신속히 발전해 관학, 가학과 사학 외에 관사학(官私學)의 중간에 해단하는 촌학과 향학도 생겨났다. 향을 단위로 하는 학교운영은 몽학사회에서 많이 보급됐다. 이 시기에도 대량의 몽학도서가 나타났는데 그 내용이 풍부하고 체재가 다채로워졌다. 예를 들면 명가의 속담을 따라 쓰는 몽학 도서 《태공가훈(太公家訓)》, 역사 이야기를 운어(韵語)로 편찬한 《토원책(兎園策)》과 《몽구(蒙求)》, 그리고 시가를 체재로 아이들이 풍자하며 읽도록 편찬한 《문장수구(文場秀句)》 등이 그것이었다. 이런 독서는 수당시기 몽학교육의 내용을 확장시키고 충실케 하는데 도움을 주었다.

송원명청시기 : 몽학교육의 발전과 번영시기

윤리도덕 사상을 전수하는 것이 이 시기 몽학교육의 주요한 기능이었다. 이 시기의 몽학교육은 전례 없이 중시되어 저명한 몽학교육가들을 배출했는데 그들은 대다수가 유가사상의 대표적인 인물들이었다. 주희(朱熹)가 그 예였다. 그들의 사상과 언론은 몽학교육에 깊은 영향을 남겼다. 이런 몽학교육가들은 몽학교육에 종사하는 동시에 여러 가지 유형의 몽학 도서와 교재를 편찬했다. 후세에 널리 알려진《백가성(百家姓)》,《삼자경(三字經)》,《명현집(名賢集)》,《증광석시현문(增廣昔時賢文)》,《천가시(千家詩)》 등이다. 그리고 전문적으로 여자들을 위해 편찬한 몽학 도서들도 있는데《여소아어(女小兒語)》,《여사서(女四書)》,《규훈천자문(閨訓千字文)》등이 있었다. 이 시기부터 몽학에 대한 방법과 절차를 중시해 몽학교육의 시스템화와 체계화 단계에 진입했다. 하지만 유가사상과 과거시험이 점차 정체됨에 따라 몽학교육은 과거의 종속물이 되었을 뿐 생명력을 잃고 말았다.

2. 몽학교재의 유형

중국 고대의 몽학교육은 내용이 풍부해 가장 기초적인 문화지식에 대한 교육이 포함되었고, 윤리도덕 교육도 포함되었으며, 시가, 역사지식, 상식 및 참고서 등 종합적 지식도 포함되었다. 몽학교육은 실천 중에서 도덕 계몽, 언어 축적, 지식 넓히기, 습성 키우기 등의 역할을 했다. 중국의 고대 계몽도서와 교재를 보면 내용의 중점에 따라 다음과 같은 5가지 분류로 나눌 수 있다.

첫째, 종합류 몽학교재

이들 류에 속하는 몽학교재는 아이들에게 글을 가르치는 동시에 지리역사, 천문기상, 상식 등의 지식을 소개해 유가의 인생철리, 가치관을 접목시켜 글 익히기, 지식과 도덕교육을 함께 융합시켰다. 예를 들면 천자문 같은 것인데, 한결같이 구절이 규칙적이고 운율적일 뿐만 아니라, 거시적으로 천문기상에 관한 지식도 소개했다. 이렇게 대표성을 띤 교재들에는 전당노유(前唐老儒)의《백가성(百家姓)》, 주흥사의《천자문》, 사유(史游)

의 《급취편(急就篇)》, 복건(服虔)의 《통속문(通俗文)》, 왕응림(王應麟)의 《삼자경(三字經)》, 황좌(黃佐)의 《소학고훈(小學古訓)》 등이 있었다.

둘째, 윤리도덕류의 몽학교재

이들 류의 교재는 아이들에게 유가의 윤리도덕 사상과 인간관계 등 기본행위의 준칙을 가르쳤다. 예를 들면 송나라 때 편찬되어 후세에 널리 알려진 《증광현문(增廣賢文)》이 그것인데 실제로 "대인접물(待人接物), 언담거지(言談擧止), 독서야성(讀書冶性), 당가이재(當家理財), 교붕결우(交朋結友), 주사위관(做事爲官) 등 여러 면의 윤리도덕"을 담은 몽학교재였다.[1] 대표성을 띤 독서물로는 주희 및 그의 제자가 편찬한 《훈몽절구(訓蒙絶句)》, 주희의 《동몽수지(童蒙须知)》, 여본중(呂本中)의 《동몽훈(童蒙訓)》, 양부방(楊傅芳)의 《성리오경자사제요(性理五經子史提要)》, 여득승(呂德勝)의 《소아어(小兒語)》 및 실명한 《명현집(名賢集)》과 《증광현문》 등이 있다.

셋째, 역사지식류의 몽학교재

이들 종류의 교재는 역사발전 맥락, 교육의미가 있는 역사 이야기 및 역사인물의 가언선행(嘉言善行)에 대해 소개했다. 대표적 도서는 주희의 《소학(小學)》, 호인(胡寅)의 《서고천문(叙古千文)》, 이한(李瀚)의 《몽구(蒙求)》 등이 있다.

넷째, 시가류의 몽학교재

"시에 의해 흥하고, 예절이 바르고 즐기면서 성공한다"라는 말이 있듯이 시가를 교재로 선택하여 시교육과 형상화 교육을 결합시켰는데, 아이들의 문자 언어와 심미 감상능력을 키우는데 도움이 되어 아이들의 학습 특성에 부합되었다. 대표성 도서로는 《훈몽시(訓蒙詩)》, 《천가시(千家詩)》, 《당시삼백수(唐詩三百首)》, 《소학시예(小學詩禮)》, 《동몽수시운어(童蒙须知韵語)》 등이 있었다.

다섯째, 명물제도상식(名物制度常識)류의 몽학교재

이들 류의 교재는 천문, 지리, 조류, 짐승, 초목, 의복, 건축, 기구 등을 망라했을 뿐만 아니라, 농공상 각 영역에 종사하는 실제 지식과 응용기술, 생활상식 등 여러 가지 잡자

---

1) 卓銘, 得玉. 《爲人處事与增廣賢文》

(雜字)들도 포함되어 있었다. 대표성 도서로는 구양수(歐陽修)의 《주명은취장(州名急就章)》, 왕응림의 《성씨급취장(姓氏急就章)》, 주수충(周守忠)의 《역대명의몽구(歷代名醫蒙求)》, 방봉진(方蓬辰)의 《명물몽구(名物蒙求)》 등(이양품 《고대몽학교재의 유형, 특징 및 교육기능을 논함》을 참고 했음)이 있었다. 그외 몽학교육에 대해 보조적 역할이 강한 참고서 교재로는 주광가(朱光家)의 《자학지남(字學指南)》, 주종문(周宗文)의 《몽고자운(蒙古字韵)》 등이 있다.

이러한 다양한 교재들로부터 중국 고대의 몽학교과서는 지식교육, 윤리도덕교육 등 추상이념을 형상화, 구체화해 아이들의 발전 특성에 부합되게 지어졌음을 알 수 있다.

3. 몽학의 윤리 교육기능

중국고대의 몽학교육은 기초적인 문화지식을 가르치고 아이들의 견식을 늘리며 시야를 넓히는 동시에 윤리교육과 도덕관념의 양성을 중시했다. 목적은 "어릴 때부터 정확히 교육하자"라는 기능과 효과를 실현시키고자 하는 것이었다. "아이가 정확한 인생을 택하면 교육자의 공이다"라는 말 그대로였다. 공자의 말을 빌리면, "도덕, 행위 수양에 여력이 있을 때면 다시 문화지식을 공부한다"는 것이었다. 윤리도덕교육이 중국 고대교육의 근본임을 알 수 있을 것이다. 윤리교육은 개인의 도덕과 행위수양에 관련될 뿐만 아니라, 통치계급의 봉건윤리 삼강오륜 요지를 관철시키는데 유도적 기능과 역할을 했다. 윤리도덕교육의 영향은 국가 차원에 달했고 정권 안정을 유지하는데 중요한 수단이어서, 중국 고대는 윤리도덕을 중심으로 하는 교육체계가 형성되었던 것이다. 몽학교육은 윤리도덕의 계몽단계로서 교육체계 중에서 중요한 자리를 차지했다.

몽학교육의 가장 우선적인 기능은 아이들에 대해 도덕 계몽을 진행했다는 점이다. 유가사상에서 주장하는 "인, 의, 예, 지, 신, 공, 관, 민, 혜, 충, 서, 효, 제" 등 체계적인 윤리원칙과 도덕규범으로 아이들의 훌륭한 행위습관과 도덕 준칙을 양성했던 것이다. 종합적으로 볼 때 중국고대의 몽학도덕교육은 다음과 같은 기능과 특징이 있었다.

첫째는 "마음을 바르게 하고 몸가짐을 공경하게 하여, 외적인 거동, 즉 예의를 엄숙히 하고, 마음과 뜻을 공경하게 하여 스스로의 몸가짐을 가지런히 하라는 것이었다. 이처럼 몽학교육은 행위 습관의 양성을 중요시했던 것이다. "아이를 정확하게 교육시켜 성인의 길을 걷도록 하라"는 말처럼 "교육은 예가 앞서야 한다.", "예를 배우지 않으면 세상을 살아가지 못 한다"고 했던 것이다. 모두 예의 표준대로 살아가야 함을 강조했다. 전통적 몽학교육은 예의교육을 중시했고, 생활의 사소한 부분으로부터 아이들의 도덕습관 양성을 중시했다. 그리하여 어릴 때부터 올바른 생활습관과 평상시의 언행, 사람과의 교제, 일상생활은 모두 예의 규범에 부합되게 했다. 《제자규(弟子規)》의 〈근이신(謹而信)〉 1장은 거의 모두 정신(正身)에 관한 내용이다. "마음을 바르게 하고 몸가짐을 공경하게 해야 한다(靜心正身)"는 목적을 이루기 위해 전통 몽학교육은 체계가 엄밀하고 조정이 가능한 도덕행위 규범을 제정했다. 예를 들면 《동자예(童子禮)》에서 몽동(蒙童)이 집에서의 언행에 대해 명확하고 상세하게 규정해 놓았다. 여기에는 세수하기, 옷 정리하기, 무릎을 꿇기, 서기, 앉기, 걸기 등 23조목을 정리해 놓았다. 이런 행위규범은 일상생활 중의 크고 작은 거의 모든 행위가 포함 되었고, 강한 실용성이 있었다. 하지만 규정이 너무 엄격하고 복잡하여 아이의 개성 발전을 억제하는 구실도 했다.

둘째, "인륜에 밝고, 효도와 공경함을 중히해야 한다(明人倫重孝悌)"는 데 있었다. 이러한 몽학교육은 "부자유친, 군신유의, 부부유별, 장유유서, 붕우유신"을 지켜야 하는 식으로 일관되었다. 윤리 총강에 나오는 소위 "인, 의, 예, 지, 신, 온, 량, 공, 검, 양, 충, 서, 효, 제"는 실제로 다른 측면에서 "위신자충(爲臣者忠)이고 위자자효(爲子者孝)다"라는 충효 윤리사상을 보여주었다. 충효 윤리사상은 몽학교육의 핵심 내용이었던 것이다.

셋째, 개인의 수양을 강화하고 독립자강(獨立自强)과 인해(仁愛)의 사상을 양성하게 했던 것이다.

장기적인 윤리 도덕 몽학교육의 실천은 봉건 도덕질서와 봉건 윤리관념의 형성에 중요한 역할을 했다. 중국고대의 몽학교육은 당시 유가학의 윤리사상을 계승하고 전파하는 기능과 특성을 가지고 있었다. 유가사상은 중국 고대에 사람들의 마음속 깊이 파고들어 중국고대에서 특히 학자들의 근본이 되었다. 이는 유력하게 봉건통치 질서를 유지하는 역할을 했는데 몽학의 윤리교육 기능과 떼어놓을 수 없다. 몽학교육은 아이들의 올바른 행위습관과 도덕 준칙을 양성시켰다. 몽학교육이 보급되고 일반화되면서 교육은 통치자들과 관련된 윤리도덕 사상의식을 사람들의 사상의식 중에 전파하고 침투시켰다. 사회구성원들은 어릴 때부터 유가의 윤리도덕을 핵심으로 하는 행위규범을 받아들였는데, 이는 양호한 사회기풍의 조성을 추진하고 봉건사회의 안정을 유지하는데 적극적인 역할을 했다. 이외에 전통문화의 중요한 구성부분이 되어 당시의 교육에 중요한 계시와 참고 역할을 하게 했다. 동시에 법률은 유가화(儒家化) 과정을 거쳐 유가 윤리도덕과도 밀접하게 연계되었다. 그리하여 몽학의 윤리도덕 교육기능은 실제로 조기법률 보급 임무를 완수한 셈이었다.

2절. 향음주례와 법률지식의 홍보

1. 향음주례의 역사연혁

향음주례(鄕飮酒禮, 마을 유생이 모여 향약을 읽고 잔치하던 예절)는 중국 고대에 비교적 성행한 예의제도 중의 하나였다. 지방정부와 유력인사들은 이를 민간에서 가장 성대한 예로 여겼다. 각 지방 관리들도 모두 조심해서 예의 제도를 지켰고 향음례에 초대 받은 사람들은 모두 현지에서 덕망이 높거나 관위가 높은 사람들이었는데 그들은 유력인사, 혹은 퇴직한 관원, 혹은 연장자들이었다. 지방에서 늘 열리는 의식으로서 향음주례는 풍속적 미화, 도덕적 설명, 법률적 전파에 모두 적극적인 역할을 했다.

1) 서주시기의 향음주례

《예기 · 향음주례》, 《의례 · 향음주례》 및 《주례 · 지관 · 향대부(周禮 · 地官 · 鄕大夫)》 등 조기의 도서들은 향음주례에 대해 명확하고 광범위하게 규정했다. 향음주례는 선민(先民)들이 같이 음식을 먹는 풍습에서 시작되어 상치(尙齒), 존장(尊長), 양로(養老) 등 윤리 관념과 질서를 생기게 했다. "3년마다 한 번씩 대 시합이 있는데, 향민(鄕民)들의 덕행과 도예를 조사해 덕행이 좋고 재능이 있는 자를 뽑아 임금에게 추천했다. 향로(鄕老)와 향대부(鄕大夫)는 여러 관리와 인수의 제한 없이 선한 향민들과 함께 뽑힌 자를 귀빈처럼 대하며 음주례를 진행했다."[2] 이로부터 향음주례는 향에서 시작되었고 지방 기층 관원 향대부가 주관했으며, 빈현(賓賢), 경로(敬老), 겸양(謙讓)을 주요내용으로 했으므로 교육하고 교화하는 예의 제도임을 알 수 있다. 《예기 · 향음주례》에는 다음과 같은 4가지 상황에서 주례가 진행됐다고 기록돼 있다. 향대부음국중현자(鄕大夫飮國中賢者), 3년빈현능(三年賓賢能), 주장습사음주(州長習射飮酒), 당정라제음주(党正蜡祭飮酒). 당 가공언(唐賈公彦)은 《의례주소(儀禮注疏)》에서 상세히 설명했다. 모든 향음주례는 4가

---

2) 《주례 · 향대부》

지 이유가 있었다. 첫째는 3년에 한 번씩 진행되는 시합에서 승자를 위해 향대부가 사람들과 함께 승자와 향음주례를 진행한다. 둘째, 향대부가 국중(國中) 유능한 자들을 위해 향음주례를 진행하는데 60세가 된 분들은 앉고 50세가 된 분들이 시중들었다. 셋째, 주장은 봄과 가을에 백성들과 같이 활을 쏘는 풍습이 있는데 활을 쏘기 전에 향음주례를 진행한다. 넷째, 섣달에 제사를 지내는데 그때 향음주례를 진행한다. 천자(天子)도 국도(國都) 벽옹(辟雍)에서 향음주례를 진행했으므로 서주시기 보통적인 의례가 아니었다.

2) 서한시기 향음주례

서한시기 선비들에게 향음지례를 하는 전통이 있었다.[3] 그리고 동한시기부터는 천자는 군신들을 위해 연회를 베풀고 노인을 봉양하는 행사를 진행하며 사례(射禮) 때도 연회를 베풀었다. 명제(明帝), 화제(和帝), 순제(順帝)시기에 벽옹에서 진행했다. 《후한서·예의지》에 명제 영평(永平) 2년(59년) 3월조에는 "군신들을 이끌고 조상들께 절을 올리고 오경(五更)에 벽옹에서 대사례를 올렸다. 군, 현, 도에서는 학교에서 향음주례를 치러 주공 공자를 위해 제사를 지냈다"고 했다. 지방 군국 학교에서도 향음주례를 행했다. 지방장관은 안정된 사회질서를 위해서도 향음주례를 진행했다. 동한의 이중(李中)이 단양태수(丹陽太守)를 맡았을 때 "단양은 풍습이 어긋나고 학문을 다스리지 않고 결혼하는 의례 모두 낙후하다. 그리하여 학교를 세우고 예의를 배우고 춘추향음을 진행했다"고 《후한서·이중전》에 기록돼 있다.

3) 수당시기의 향음주례

향음주례가 사회의 안전을 유지하는 면에서 특수한 역할을 했기에 한나라 이후 "국학 등 학교는 모두 이 기초 하에서 만들어 졌다. 향사음주, 악기 합작 연주, 노인 봉양, 향음주례 등도 모두 학교에서 이루어졌다"고 《지정사명속지(至正四明续志)》에 기록돼 있다. 천자는 국도에서 향음주례 의식을 거행하는데 벽옹을 대사(大射), 향사(鄕射), 양로, 향음주 등 의례를 진행하는 곳으로 정하고 태학(太學)을 석전예(釋奠禮) 장소로 정했다. 향음주례는 지방 유학(儒學)과 연계시켜 학교에서 진행되었기에 지방 선비사회의 대사였다. 이는 선비사회를 공고히 하고 선비사이의 응집력을 강화하는데 중요한 역할을 했다.

---

3) 《사기·유림열전》

수당시기 과거가 홍기하고 번영해 향음주례는 점차적으로 교육과 연계시켜져 각급 학교에서 진행되었는데 빈현능(賓賢能)과 존장로(尊長老) 두 가지를 중시했고 후에 규정으로 되었다. 《수서·의례지》에 "수나라 제도에 국자사(國子寺)는 4월에 선성선사(先聖先師)를 모시고 연말에 향음주례를 진행한다. 주·군의 학교는 봄가을에 제사를 지내고, 주·군·현은 매년마다 향음주례를 배워야 한다"고 기록돼 있다. 실제로 학교의 의례 교육에 대한 기본 규정이었다. 정관 6년(632년)에 당 태종이 전국에 향음주례를 진행하도록 조서를 내렸다. "해마다 풍년이고 변강은 무사하니 게으른 자들이 가족을 고려하지 않고 놀고먹기만 하여 사회기풍이 문란해진다. 이러한 자들에 대해 처벌할 것이니 향음주례 한 권을 베껴써라"고 《당회요·향음주(唐會要·鄕飮酒)》에 기록돼 있다. 그 후 지방에서 향음주례를 진행한 횟수가 점차 많아졌는데, 목적은 최하층 백성들로 하여금 치욕을 알고 윗사람을 존경할 줄 알게 하는 것이었다. 광정민풍(匡正民風), 후도민속(厚導民俗), 교화우민(教化愚民)을 위해 통치자들의 선도로 인해 지방에서 향음주례를 대대적으로 진행했으며 과거제도와 연계시켰다. "추천 받은 날만 그 의례가 있었고 전국 범위 내에서 그 의례를 볼 수는 없었다"고 《전당문(全唐文)》에 기록돼 있다. 이는 선비들 사이의 사회적 응집력을 강화시켰다.

4) 송나라 때의 향음주례

송나라 때에도 과거 공사(貢士)할 때 진행됐다. "후세들은 백신(百神)에게 제사를 지내거나 봄가을 활쏘기를 할 때 음주의례를 차렸는데 군국(郡國)에서는 많이 진행하지 않았다. 공사 날만 향음주례를 진행했다."[4] 지방에서는 연말에 방문하는 풍습이 있는데 "새해 첫날 혹은 동지에 태수는 향의 유력인사들과 함께 선성선사(先聖先師)에게 제사를 지내고 예의를 지키며 향음례를 치른다"고 《보경사명지(宝庆四明志)》에 기록돼 있다. 주희는 《의례》에 근거하여 수정한 후 학습자들이 따라하도록 했다. 구체적인 의식은 "주수(州守) 혹은 현령은 동남쪽에 앉는다. 손님은 안으로 나이가 높은 자부터 서북쪽에 앉는다. 현령 및 주박은 동북쪽에 앉는다. 부자 장관들은 서남쪽에 앉는다……"라고 《송사·예지·가례5》에 기록돼 있다. 향음례의 주요 인물은 주인과 손님이었다. 주인은 보통 지방의 장관이 담당하고 손님은 민간에서 유력한 인사, 혹은 퇴직한 관원이나 일반 선비들이었다. 주관의식에 참가하는 사람들은 개(介), 삼빈(三賓), 사정(司正),

---

4) 《宋史·禮志·嘉禮五》

찬자(贊者) 등도 있었다. 향음주례를 시작하기 전에 지방관리는 현지 유력인사들과 구체적인 예의를 토론한 후에 관련 인원들을 모아 의례를 시작하고, 필요한 자금을 모으고 필요한 물자에 대한 준비를 하고 마지막에 의례를 진행했다.

5) 원·명·청시기의 향음주례

원나라가 중국을 통일하면서 중국사회에 많은 변화가 생겼는데 향음주례에도 아주 큰 영향을 끼쳤다. 원나라는 한족 왕조의 통치방식과 달라 선비의 지위가 크게 악화됐다. 강남의 선비들은 원나라에서 정치적 지위가 가장 낮은 남인(南人)이 되어 정치적으로 멸시를 받았다. 원나라의 각 지방 선비들은 사회적 지위가 낮아지고 처지가 어려운 상황에 자발적으로 향음주례를 진행했는데, 이는 그들의 중국고대 전통을 회복하고 유학을 진흥시키려는 강렬한 신념을 보여주었다. 원 왕조는 비록 지방관원들에 의해 향음주례가 치러지기는 했지만, 민간에서 자발적인 의례가 주도적인 역할을 했다.

명 왕조의 향음주례는 전국관원들 사이에 유행한 예의 제도였는데 중점적으로 이사(里社)에서 보급했다. 홍무3년(1370년)에 편찬한 《대명집례(大明集禮)》에는 다음과 같이 규정했다. 매년 정월 보름과 10월 초하루 날 각 지방의 선비 및 민간은 이사에서 음주례를 진행할 수 있었다. 즉 "사(司)와 학관(學官)이 대부 및 노자들을 모시고 학교에서 진행한다. 이사 민간은 100가구를 한 회(會)로 하여 양장, 이장이 주관한다. 최 연장자가 정빈(正賓)이고 다음은 순서대로 앉는다"고 했고, 또 "주부현장이 주관하고 향에서 유력한자를 손님으로 모시고 다음은 개(介), 그 다음은 삼빈(三賓), 그 다음은 중빈(衆賓)으로 하고, 사정(司正), 찬례(贊禮), 찬인(贊引), 독률(讀律) 등의 순으로 행한다"고 《명사·예지》에 기록돼 있다. 그 중 독률은 향음과정에 가장 중요한 내용이었다. 한쪽으로 명나라의 향음주례 과정에 국가대법을 읽는데 형부(刑部)에서 편찬한 《신명계론서(申明戒论書)》를 읽는 것이었다. 다음은 의례를 통해 유가의 삼강오륜 사상을 홍보했다. 주원장은 《어지대호(御制大浩)》에서 향음주례에 대해 설명했다. 이로부터 명 태조는 향음주례의 구체적인 의식을 통해 윤리사상적 질서를 건립하려는 목적이 있었음을 알 수 있다.

2. 향음주례의 윤리교화 기능

향음주례는 유가사상을 중심으로 하는 사회문화 활동이고, 여러 면의 기능이 있었다. 향음주례는 사회로 하여금 존현(尊賢), 경로(敬老), 예양(禮讓) 등의 화해로운 사회기풍을 조성하는 역할을 했다. 이 또한 향음주례의 가장 기본적인 기능이기에 역대(歷代)의 통치자들은 모두 향음주례를 행하였다.

1) 선비들의 연계를 강화하는 기능

향음주례는 지방관리와 선비들 사이의 교류에 기회를 마련해주어 지방정권과 지방 선비사회 사이의 연계를 강화했다. 선비들의 사회적 지위가 높아지고 지방문화와 교육 등 사업의 발전을 추진했다. 동시에 향음주례는 사기를 북돋우고 선비의 자호감과 자신심을 제고시켰다. 지방 관리들이 주인 신분으로 지방선비들과 예의를 지키는 것은 일반 선비들 입장에서 말하면 크나큰 영광이 아닐 수 없었다. 선비들이 참가하는 향음주례는 주로 3가지 방식이 있었다. 첫째, 연말에 지방관리가 주관하고 지방의 선비들이 참가하는 향음주례는 보통 원일 즉 정월 초하루 날에 진행되었는데 참가자들이 많아 장관을 이루었다. 선비들 입장에서 말하면 이렇게 성대한 의식에 참가할 수 있으면 아주 감격스럽고 자랑스러운 일이었다. 일부 선비들은 시를 써서 기록하기도 했다. 둘째, 유학, 공원(貢院)을 새로 건축하거나 재건했을 때 경축하기 위해 향음주례를 진행했다. 그 외에 지방관리가 취임하거나 사기를 돋우기 위해 임시적으로 진행하기도 했다. 임시적으로 진행하거나 상황에 따라 결정하였기에 고정적인 시간은 없었고 의례도 간단했다. 앞서 열거한 향음주례에서 많은 부분이 이 유형에 속했다. 셋째, 과거 공사(貢士)는 3년에 한 번씩 진행되었는데 공사기간에 향음주례가 진행되었다. 향음주례를 녹명연(鹿鳴宴)이라고도 했는데 참가자들은 공사, 시험관, 지방관리 등이었고, 3년에 한 번씩 진행되기에 비교적 규율적이었다.

향음주례는 지방 교육, 교화, 풍습 및 사회 안정 등 면에서의 적극적인 역할이 뚜렷했다. 이앙영(李昻英)은 다음과 같이 기록했다. "만약 사람들이 향음주를 하면 노인들은 예절을 가르친다. 현명한 사람들은 선량해지고 어린 사람들은 더욱 겸손해진다. 세월이 좋아지기에 이 의례는 영원히 존재해야 한다."[5] 향음주례는 선비의 사회적 지위를 제고

---

5) 이앙영, 《文溪集》

시키는 동시에 선비의 처지를 개선하고 지방 유가사상 교육을 발전시키는데 적극적인 의미가 있어, 선비들의 호평을 받았고 지방 선비사회의 대사건이기도 했다.

2) 존장경로(尊長敬老)의 정표(旌表)기능

중국 고대에서는 "향음주례" 형식으로 효제(孝悌), 충서(忠恕)" 등의 윤리 관념을 강화했고, 가족 나아가 전체 사회의 응집력도 강화해 통치 질서를 유지하는 목적을 이루고자 했다. 《예기》에는 다음과 같이 기록했다. "향에서는 3년에 한 번 마시고, 주에서는 1년 후에 다시 마시고, 향에서는 1년에 한 번씩 마셨다." 향음주례는 지방에서 성대하고 빈번한 의례활동이었고, 손님을 모시고 웃어른을 존경하는 의식 활동이 핵심내용이었다. 그리하여 의례활동은 보통 나이에 따라 대우와 자리를 정했고 나이에 따라 손님들을 빈(賓), 개(介), 중빈(衆賓)으로 가렸다. "예순이 되는 사람은 앉고 쉰이 된 사람은 서서 심부름을 하거나 예의를 듣기에 웃어른을 존중하는 것이다. 예순이 되는 사람은 요리 세 개, 일흔이 되는 사람은 요리 네 개, 여든이 된 사람은 요리 다섯 개, 아흔이 된 사람은 요리 여섯 개, …… 쉰이 된 사람은 단 요리 두 개 뿐이다"라고 《예기》에 기록돼 있다. 목적은 노인을 존중하는 효제관념을 강화하기 위해서였다. "백성들은 웃어른을 존중할 줄 알아야 한다. 웃어른을 존중할 줄 알아야 형을 존중하고 사회에서도 어른을 존중할 줄 알게 된다. 그래야 교화(教化)가 형성되는데 교화가 형성되면 나라가 안정적이 된다. 군자는 사람들에게 웃어른을 존중하도록 가르쳐야 하는데 매집마다 찾아다니면서 가르치는 것이 아니라 향음주례를 진행할 때 행동으로 보여주면 된다"고 《예기》에 기록돼 있다.

나라가 확장되고 인구가 부단히 늘어나면서 향음주례에서 추진하는 존로양로(尊老養老)의 효제관념은 사람들이 마음속 깊이 파고들어 오래도록 보존되어 왔다. 상(庠), 서(序), 하(學) 등 관부에서 진행하는 존로 양로활동이 장소는 후에 예의를 가르치는 학교가 되었다. 그리고 노인이면 스승으로 대했는데 이는 사람들의 보편적인 행위였다. "활쏘기 풍습"은 효제를 강화하고 인재를 고찰하는 제도였는데, 후에 더욱 규범적은 찰거제(察擧制)와 과거시험으로 바뀌었다. 한나라에서는 노인에게 왕장(王杖)을 주어 특권을 과시하게 했고, 당 왕조는 "치사(致仕, 정상적으로 퇴직한 관원)"의 상을 능연각(凌烟閣)에 걸어 놓았는데 황제가 노유소위(老有所爲)에 대한 표창이었다. 송나라의 인서방(人瑞坊)은 국가에서 노인을 존경하는 표징이었다. 청 왕조의 천수연(千叟宴)은 국가가 노인을 존중하고 봉양하는 시범이었다. 존로양로 예의제도가 형성된 후 역대 왕조는 이러한 기초 위에서 약간의 변화가 있었지만 노인을 존중하는 관념과 의식은 끊기지 않았다. "존로효제"라는 형식으로 중국 고대사회는 노인을 존중하는 훌륭한 전통이 형성되었다.

3) 향음주례의 교화기능

향음주례는 향을 다스리는 근본이고 목적은 도덕을 양성하는 것이며 백성이 백성을 가르쳐 교화를 이루려는 것이다. 도덕 교육에 대한 중시는 중국고대 행음주례의 또 하나 중요한 기능이었다. 지방은 향음주례의 의식을 통해 민속을 형성하고 백성을 가르쳐 친목을 도모하려는 목적이었다. 진나라는 통일을 이룬 후 군 · 현을 설치하고 그 밑으로 향리조직을 건립했는데 향리에서는 덕망이 높은 자를 수령으로 모셨다. 수령은 교화를 목적으로 선을 선호하고 악을 처벌하며 정확한 민풍을 건설하는 역할을 했다. 한나라 이후에 유가사상이 주도적 사상 역할을 해서 향음주례는 교화기능이 더욱 돋보이게 됐다. 도덕 교화는 주로 향의 관리들이 모범을 보여주면서 풍속을 형성했다. 향관에 대한 설치는 향리의 백성들에게 모범을 보여 주어야 하는 것이 주 임무였고, 그런 다음에야 행정면에서의 직책이 주어진 것이었다. "삼로(三老), 이유사(里有司), 오장자(伍長者)는 모범역할을 해야 한다"고《관자 · 도지》에 기록돼 있다. 무엇이 삼노인가? "백성 중에 나이가 쉰 이상이고 덕을 많이 쌓았고 선한 모범을 보여줄 수 있는 자가 3노다"라고《한서 · 고제기상》에 기록돼 있다. 향관은 삼로가 담당하고 교화를 책임지지만 국가의 정식 관원은 아니었다. 교화를 책임지는 이유는 유력한 인사이고, 모범역할을 보여줄 수 있기 때문이었다. 중국고대의 통치자들은 비록 여러 가지 수단을 통해 사회생활의 모든 방면을 간섭하여 사회를 전면적으로 통제하려고 했지만, 국가 정권이 기초사회에 대한 통제 자원이 부족하였기 때문에 반드시 사회의 힘을 빌어야 했다. 심지어 국가 통제체계의 구성부분으로 만들어 기층사회에 대한 통제를 강화하려고 노력했다. 봉건사회 후기에 기층 사회조직에 대한 건설을 강화하여 향관의 교화제도는 주체로부터 형식, 내용면까지 점차 완벽화되게 됐다. 송나라의 이정(里正)제도, 명나라의 이로(里老)제도 및 청나라의 보갑(保甲)제도에서 삼로와 약정(約正), 족장, 보장, 촌장, 향사는 모두 "향리를 도와 사회풍습을 조성하라"는 책임이 있었고, 모범을 보여주는 역할과 기능을 했다.《명태조실록》에 "부모에게 효도하고 어른을 존중하고 이웃과 화목하고 자존을 잘 가르치고 형편대로 살고 나쁜 짓을 하지 마라"고 기록돼 있다. 그 외에도 "하나라는 교, 상나라는 서, 주나라는 상이라 불렸지만 모두 윤리를 가르쳤다"고 《문헌통고·학교》에 기록돼 있다. 향음주례는 하·상·주시기를 거쳐 초보적인 형태를 갖춘 향리학교에서 교화를 진행했는데, "예절을 백성들에게 가르치려고 순서대로 술을 마시고 나이에 따라 자리에 앉았다." 이처럼 교화를 목적을 보급한 의례활동은 순박한 민풍을 조성하는데 적극적인 역할을 했다.

비록 향음주례는 일종의 의식이기는 했지만 사람들의 언행을 지도하고 평가하고 예측하고 교육하고 처벌하는 규범적 역할을 했으며, 사람들 사이의 관계를 조정하고 사회질서를 유지시킨 사회적 기능을 발휘했던 것이다. 중국의 전통문화 중에서 "예절로 나라를 다스리고", "덕으로 나라를 다스린다"는 전통을 충분히 보여주었다. 공자를 대표로 하는 유가들 눈에서 예의는 수신(修身), 제가(齊家), 치국(治國), 평천하(平天下)의 근본이었다. 예의는 본래 도덕의 종합적인 외부적 구현이었다. 예는 천지, 자연, 인류사회의 기본 법칙일 뿐만 아니라, 천리(天理)이고 나라를 다스리는 도구이다. 예의는 사회의 근본성을 띤 도덕규범이기도 하다. 예의는 봉건도덕과 사람들 사이의 교류방식, 행위방식을 긴밀히 결합시켜 더욱 구체화, 순서화 하여 실천하고 장악하는데 이로웠다.

일정한 의미에서 볼 때 사람의 예의화(禮儀化)는 도덕실천화의 과정이기도 하다. 예의는 도덕으로 하여금 더욱 실천성과 가조정성(可操作性)을 띠도록 했고, 동시에 무의식중에 변화시키는 기능도 있었다. 《예기·경해》에서는 "예는 교화역할이 약하고 악을 버리게 하는 힘도 잘 나타나지 않지만, 사람을 무의식중에 선하게 만든다"고 했다. 사람들은 일정한 예의제도 아래서 장기간 훈련을 받으면 사람을 존경하게 되고 훌륭한 품성을 양성할 수 있게 된다. 향음주례와 같은 의례는 중국 고대사회의 도덕적 추구를 잘 보여주었는데 이는 예의제도이기도 하고 가치체계이기도 했다. "덕, 예, 의"가 결합했기에 이런 의식적인 제도가 현실에서 교화, 홍보하는 역할을 하게 되었고, 국가의 지지를 얻고 생명력도 가지게 되었던 것이다.

3절. 관원독법(讀法)

중국의 역대왕조는 모두 도덕적 교화와 법률적 홍보를 중시했는데, 이는 국가법령이

전국에서 실시된 것과 관련되기 때문이다. 하지만 백성들이 법령에 대한 이해는 통치자들 정권의 안정에 직접적인 영향이 있었다. "그리하여 역대 왕조는 모두 법률을 천하 백성들에게 알리는 것을 중요시해 광범위한 법률 홍보교육을 진행하여, 비교적 효과적으로 인민군중들을 통제한 동시에 일정한 정도에서 통치계급의 내부 관계를 효력적으로 조정하기도 했다"고 윤균과(尹鈞科)의 《명대의 선유(宣諭)와 청대의 강약(講約)》에 기록됐다.[6] 이렇게 하여 통치자들은 통치정권을 공고히 했다. 그 중 관원들은 독법을 통해 법률을 홍보하고 교화를 실시했다. 서주시기부터 관원들은 독법직책과 의무가 있다고 규정했고, 관원들의 근무성적을 고찰할 때 중요한 기준이기도 했다.

1. 관원독법의 역사적 연혁과 홍보역할

서주시기에 정기적으로 법률을 반포하고 홍보하는 제도를 세웠다. 《주례·추관》에는 "정월 초하루에 법률을 방국과 군국에 반포하는 데 법률을 상(象)에 걸어 놓고 백성들이 상을 본 후에 법을 알고 지키도록 했다"고 기록돼 있다. 주나라 때 대사구는 매년 정월에 궁궐 앞 높은 곳에서 나라의 법전을 걸어놓고 백성들이 보도록 했다. 소사구는 백성들이 법을 보도록 독촉하고 이끄는 방식으로 법률을 교육시켰다. 그 외 전문적인 포헌관(布憲官)이 매년 정월에 전국 각지에 가서 법률을 홍보하는 일을 했는데, 지금의 "법률홍보관"과 흡사했다. 일부 왕조에서는 풍(豐), 재(災), 희(喜), 상(喪) 등 특정된 휴일을 만나면 사면행위로 은덕을 베풀고 백성들에게 예의를 지키고 법을 지키라는 사상을 주입했는데, 실제로는 정기적 혹은 비정기적인 법률홍보 교육사업이었다. 서주시기는 비록 "주례의 3전(典) 5형(刑)"이 있었지만, 관리와 백성들에게 완전한 공개를 하지는 않아 법률의 홍보는 주로 관들의 강독에 의해 진행됐다. 동시에 서주는 예와 법이 합쳐진 사회이었기에 예를 핵심으로 하는 행위 규범체계를 만들었다. 그리하여 관원들도 보통 도덕교화적 형식으로 법제에 대한 홍보를 강화했다.

춘추시기 각 제후국들은 법률을 백성들에게 반포해 "법을 알 수 없고 추측할 수도 없다"는 장벽을 허물고 "백성들이 알고 두려워서 나쁜 행위를 그만 두었다"고 《좌전·소공 20년》에 기록했다. 보통 백성들은 법을 알고 함부로 하지 못했다. 지방관원들은 정

---

6) 尹鈞科, 〈明代的宣諭和淸代的講約〉, 《北京社會科學》, 1999(4).

기적으로 사람들에게 법률을 가르쳤는데 이는 백성들이 법률을 알게 되는 중요한 경로
였고, 동시에 백성들로 하여금 법률에 따라 관리를 감독하도록 했다. "천하 관리와 백성
들 중 법을 모르는 자가 없이 모두 법을 알았다. 관리는 백성들을 함부로 하지 못했고
백성들도 감히 법을 어기지 못했다." 그리하여 "백성이 법을 모르면 법관에게 물었다.
법관은 법을 가르쳐주고 백성은 법에 따라 관리를 고소한다. 이 일을 알고 관리는 백성
들을 함부로 하지 못하고 백성들도 법을 어기지 못했다"[7]는 효과를 얻었다. 진한시기에
는 "관리를 스승으로 하라"는 법률에 대한 반포와 교육을 더욱 중시해 "천하의 관리는
모두가 법을 알았다."[8]라는 효과를 얻었다. 어떻게 하면 관리와 백성들이 법을 알 수
있게 할까? 관리가 읽고 이해한 후에 백성들에게 반포하고 다시 관리가 해석을 해주면
알 수 있었다고 했다. "법관으로서 관리는 스승이다. 백성들이 법을 알면 범하지 않고
복을 받아 자체적으로 관리하게 된다. 황제가 왜 법을 세웠는가를 알면 천하 태평할 것
이다"라고 《상군자·정분》에 기록돼 있다. "법을 다스리는 관리가 천하 백성들의 스승
이기에 백성을 위험에 빠뜨리지 않았다"고 《상군자·정분》에도 기록돼 있다. 이 시기
관리들이 법률에 대해 잘 알고 있는지가 양리(良吏), 악리(惡吏)를 가름하는 중요한 기
준이었다. "모든 양리는 법률을 알고 못하는 것이 없었다. 하지만 악리는 법률을 모를
뿐만 아니라 모르는 것이 많고 청렴하지 않고 황제를 돕지 않는다"고 《운몽진간·어
서》에는 기록돼 있다. 관리와 백성이 법을 알면 법률은 철저히 실시될 수 있었다. 즉
"법이 명백하면 알고 행동하기가 쉬워진다"는 말이 그것이었다. 관원들의 독법은 관민
사이의 상호 감독에 유리할 뿐만 아니라 국가와 백성 사이의 연계를 강화하고 정권통치
를 안정시키는데 굳건한 기초를 닦아주었다. 그리하여 관원독법 방식을 통해 법률을 홍
보하는 제도를 후세에도 이어 받았다.

　당나라의 법률은 봉건 입법 중 최고의 수준에 달했다. 형이 적당하고 간단명료해야 한
다는 기본 사상이 영향을 받아 《당률소의》는 주목이 간단하고 규범이 상세했다. 이 율전
은 12편 5백조뿐이었지만 통일적인 주소(注疏)를 달아 요약능력과 문법의 엄밀성을 잘
보여주었다. 《당률》은 간단명료한 율조에 사회생활 각 방면을 조정할 뿐만 아니라, 법률
에 대한 홍보 보급과 준수, 집행에 유리했다. 또한 당 왕조부터 의식적으로 계획적으로
대량의 법률학 인재를 양성했다. 백성들로 하여금 법률에 대해 공부하도록 고무격려하기

---

7) 《상군서·정분》
8) 《한비자·화력》

위해 과거시험에 명법과(明法科)를 설치하고 다음과 같이 규정했다. "법, 시율칠조(試律七條), 영삼(令三) 문제 중에서 모두 아는 자는 갑제에 등급하고 8문제를 아는 자는 을제에 등급한다"고 《신당서·선거지》에 기록돼 있다. 동시에 관리들로 하여금 법률을 명확히 이해하고 법에 따라 판결해야 하며 법제에 대한 홍보교육의 직책도 맡게 했다. 목적은 국가의 법령을 순조롭고 정확하게 집행하려는데 있었다. 송나라는 관리의 법률 소질을 더욱 강조했다. 처음으로 법률을 공부하지 않은 관리에 대해서는 형벌로 처벌하는 선례를 만들어 관리들이 독법하도록 했다. "입조(入朝)하는 대신, 경성의 관리 및 막직(幕職), 주현관 등은 앞으로 반드시 법률을 공부하고…… 현재 법률 내용을 시험을 치는 데 하나도 모르는 자에 대해서는 궁전에서 벌을 세울 것이다"라고 《신당서·선거지》에 기록돼 있다. 통치자의 독촉으로 송나라 관리들이 법령을 공부하는 분위기가 조성되었다.

명청시기에는 법률의 치세(治世) 기능을 충분히 발휘하기 위해 명나라 개국황제 주원장은 명형필교(明刑弼教), 중전치국(重典治國)이라는 입법 지도원칙을 관철시켜, 명형필교는 명례도민(明理導民)이고 중전치국은 법전을 중히 여겨 이를 토대로 관리를 다스리고 백성을 다스리는 것이라고 했다. 이 두 가지는 관리와 백성들로 하여금 국가의 법률을 잘 이해할 것을 요구했다. 이를 위해 명나라는 관리들의 법률소질을 조사하는 제도를 설치하고 국가의 기본법전으로부터 행정접전, 감사법규에 대해 상세하게 규정했다. 관리들이 법률을 통달해야 한다고 제도화함으로써 법률에 대해 잘 모르는 자는 형벌의 방식으로 처벌했다. 법률을 강의하는 것은 관리들이 반드시 해야 할 직책이었다. 《대명률》의 규정에 따르면 관리직무 범위에 대한 18개 율목 중에 첫 번째인 것이 강독법령(講讀法令)이었다. "모든 국가의 법령을 관리들은 반드시 통달해야 하고 뜻을 명확하게 강의하고 사무를 해결해야 한다. 매년 연말이면 내종찰원(內从察院), 외종분순어사(外从分巡御史), 제형안찰사관은 책임진 부서에 가서 강의를 해야 한다. 만약 강의를 못하는 자에 대해 초범은 한 달 봉급을 압수하고 재범은 곧장 40대를 맞고 계급을 낮춘다"고 규정했다. 이렇게 명나라는 전체적으로 관리들이 법률을 배우고, 법률을 아는 제도를 만들었다. 청나라도 명나라의 관리들이 법을 통달해야 한다는 제도를 계속 사용하고, 관리들이 법을 배우고 강의할 것을 요구했다.[9]

---

9) 凌文珍. 《中國古代的法制宣傳教育述略》, 《嘉應大學學報》. 1997(4).

2. 기층조직의 법률 홍보기능

고대사회에 뿌리 내린 향리 기층조직은 2가지 내용을 포함하고 있다. 하나는 국가법률이 명확히 규정한 정치통치의 기층관리 단위였다. 다른 하나는 국가 통치가 승인하고 일정한 범위 내에서 일정한 관리 직책을 부여 받은 기층 사회조직이었다. 전자는 향, 정, 이, 사, 보 등이 있고, 후자는 십(什), 오(伍), 린(隣), 갑(甲) 및 종족 조직, 부락조직 등이 포함된다. 중국 고대 향리의 기층조직은 맹아단계(서주), 초창기단계(춘추전국부터 전한까지), 발전단계(위진수당), 완성단계(송원명청) 등 4단계를 겪었고, 종합적인 발전 추세는 당시 사회의 정치형세, 경제상황, 계급관계, 통치정책 등의 변화와 일치했다.[10] 서주시기에 향사(鄕師), 향대부가 있었고 진한시기에는 삼로, 당송시기에는 이로, 청 왕조에는 보갑이 있었다. 기층조직의 성원 선거 기준은 두 가지가 있었다. 하나는 "현명하고 유능한 인사를 택해 위임한다.", 둘째는 "향에서 나이가 많고 덕망이 높아 많은 사람들이 추천하는 사람이어야 하고, 퇴직한 관원이나 성원에 당첨됐던 사람은 안 된다"고 《대청률례》는 기록하고 있다.

중국의 고대사회는 고도로 분산된 소농 경제사회인데다가 땅이 넓고 교통이 불편해 경제발전이 자연지리의 제한을 많이 받아 발전이 극히 불균형했다. 고대 향리의 기층조직은 향리사회에 적응하는 천연적인 속성을 가지고 있어 국가 통치관리 기능과 향리 사회공공 관리기능을 실행할 때, 지방 자원을 충분히 이용할 수 있어 자체적으로 운행할 수 있는 독립적인 기층관리체계를 형성했다. 이런 상대적으로 독립적인 기층조직은 행정, 치한, 교화 등 기능을 가지고 있었다. 교화 기능면에서 볼 때 기층조직은 주로 국가법령을 홍보하는 직책을 담당해 봉건사회의 안정과 발전을 유지했다.

현급 정권은 중국 역대 국가권력 구조 중에서 최하층이었고, 지현은 직접 백성과 접촉할 수 있어서 친민관(親民官)이라 불렸다. 하지만 당시의 교통과 통신수단이 낙후한 데다가 관아(衙門)에서 설치한 관리 수가 극히 적어서 다른 사회 힘을 빌리지 않고는 지현이 국가를 대표해서 직접 수백 심지어 수천 평방킬로미터에 달하는 지역의 수십만에 달하는 백성을 관할하기에는 거의 불가능했다. 그래서 역대 정부는 모두 현 이하 자연부락 혹은 기타 인구가 집결한 곳을 기초로 해서 향, 리, 혹은 보, 갑 등 행정구역을 설치하고 백성들 중에서 어울리는 관리원을 선택했는데 이런 관리원들도 국가법령이 기

---

10) 韓秀桃, 《中國古代鄕理基層組織特征》, 《法學雜誌》, 1998(1)

층에서의 실시와 홍보 직책을 담당해 "위의 상황을 아래로 전하고 아래의 상황을 위로 전하는" 역할을 담당했다.

기층에서 형성된 군중들 사이에는 서로 교육하고 서로 돕는 지방 교화적 조직이 있어 이효위본(以孝爲本), 이화위귀(以和爲貴) 등 도덕관념과 국가 법률을 홍보했다. 강의하는 교재는 주로 두 부분으로 구성됐다. 첫째는 민간에서 작성한 것이다. 예를 들면 송나라 때의 《남전여씨향약(藍田呂氏鄕約)》, 왕양명의 《남감향약(南贛鄕約)》 등이 있다. 둘째는 정부에서 반포한 것으로, 예를 들면 명 태조의 《교민육유(敎民六諭)》, 강희의 《상유십육조(上諭十六條)》 및 《성유광훈(聖諭廣訓)》 등이다. 이런 것들은 내용이 통속적이고 보편적이며 구체적이어서 백성을 더욱 깊이 교화할 수 있었다. 기초조직의 강연은 봉건사회 후기에 국가 교화와 법제 홍보의 중요한 방식이었다.

명나라의 선유(宣諭)제도는 관원이 정기적으로 노인을 통해 백성들에게 황제의 선유를 강연하는 것인데 백성들로 하여금 본업을 충실히 하고 법과 규칙을 지키도록 하는 강연방식이었다. 선유하는 내용은 시간과 형세에 따라 변했는데, 법률을 강연하기도 하고 홍보하기도 하여 백성들로 하여금 법을 지키도록 하는 것이 중요 내용이었다. "정덕 14년에 황제가 백성들에게 말했다. 2월에는 농업에 종사하고 도박 등을 하지 마라. 3월에는 파종을 하고 농업에 게을리 하지 마라. 4월에는 뽕을 키우고 놀지 마라. 5월에는 법을 지키고 소송을 함부로 하지 마라. 6월에는 도둑들이 자주 드나드니 힘을 합쳐 잡아라. 7월에는 서로 감독하고 도둑을 감춰줘서는 안 된다. 8월에 는 곡식이 익어가니 제때에 거둬라. 9월에는 가을걷이를 하여 쌓아두어라. 10월에 는 날이 추워지니 서둘러 밀을 심어라. 11월에는 법을 지키고 나쁜 일을 하지 말라"고 심방(沈榜)의 《완서잡기(宛署雜記) 1권》에 기록돼 있다. 선유는 장기간 동안 부단히 제도화되어 민풍을 바로 잡고 사회의 안정을 유지하는 효과를 거두었다.

청 왕조 강약(講約)제도는 청나라 통치자가 백성들에게 홍보교육을 진행해 사회의 기풍을 바로 잡으려는 일종의 사회관리 조치였다. "성주현향촌거보 및 범재토사가 있는 지방에서는 강약장소를 설치하고, 능숙한 자를 뽑아 약정(約正)을 시켜라. 또 소박하고 조심성이 있는 사람 3, 4명을 뽑아 직월(直月)을 시켜라. 매월마다 유력인사 등을 모아 《성유광훈(聖諭廣訓)》을 선독하고, 법률을 전달하되 반드시 모든 사람들이 알아듣도록 강연해야 한다. 주현교관이 수시로 다니면서 감독할 것이니 만약 지방관리가 제대로 못할 시에는 독무가 보고하라"고 《흠정대청회전사례(欽定大淸會典事例, 권397, 예부(禮部), 풍교(風敎)》에 기록돼 있다. 순치 1년(1659년) "향약을 설립하고 향정(鄕正), 부(副)

를 뽑을 때 토호(土豪), 노예(仆隶), 하급 벼슬아치를 뽑아서는 안 된다. 향인이고 60명 이상이 추천해야 하며 언행에 실수가 없고 덕망이 높고 60세 이상이 된 평민이어야 한 다. 매번 법률과 어명을 알리고 선과 악을 가르치고 책에 기록하고 서로 알리고 지키도 록 해야 한다"고 《흠정대청회전사례, 권397, 예부, 풍교》에 기록돼 있다. 향약이 백성들 에게 황제의 "선유"를 강연하는데 이에 대한 집행을 감독함으로써 향약제도는 기본적으 로 확립되고 보급됐다. 백성들에게 황제의 "선유"를 강연했기에 백성들이 본업에 종사 하고 법률과 규칙을 지켜 사회기풍이 바로 잡히고 국가가 장기적으로 안정하게 되었다.

중국 고대의 법제홍보는 관방과 민간의 결합을 중요시 했다. 봉건통치 계급 자신 내 부의 법제 홍보교육을 중시했을 뿐만 아니라, 관리의 법률 소질도 강조했다. 그리하여 자신의 통치능력과 수준을 제고했을 뿐만 아니라, 광대한 노동인민에 대한 법제홍보교 육도 중시했으며, 그들에 대한 법률적 통제도 강하고 여러 가지 수단을 사용해 봉건 법제에 대한 홍보교육을 추진함으로써 봉건 정통사상을 보급하려는 최초 목적을 이룬 셈이었다. 동시에 중국의 고대는 유가사상의 영향을 받아 윤리도덕을 강조했기 때문에 법제 홍보과정에도 법제홍보와 윤리교화를 결합시키는데 많은 힘을 썼다. 양자는 상호 작용하여 고대정권의 안정과 법제의 건설을 추진했다. 고대 중국은 예와 법이 혼일체가 된 사회였다. 예를 핵심으로 하는 행위 규범 체계를 건립하여 관원들도 보통 도덕교화 의 형식으로 법제 홍보를 강화했다.

4편. 중국 전통법률문화의 이념과 사상

중국은 세계에서도 유명한 문명국가이고 법제문명도 역사가 유구하여 내용이 풍부하고 특징이 분명한 법제 전통을 형성해 세계 법제문명에 대해 기여했다. 중국의 법제문명에는 제도문명과 풍부한 법률이념 및 사상이라는 두 가지 영역이 포함된다. 이념과 사상이라는 두 개념은 서로 연계되기도 하고 또 구별되기도 한다. 이념은 철학적 개념이고 광의와 협의의 구별이 있는데, 광의에는 의식, 정신의 뜻이 포함되고 협의는 사상과 같은 의미이다. 사상은 관념이라 불리기도 하는데 사람의 의식이 현실에 대한 반응을 통해 사유 활동으로 나타나는 결과이다. 때로는 모종의 이론체계를 가리키기도 한다.

본편에서 개괄하고 종합한 중국의 전통법률이념은 중국 전통법률문화 중에 내포된 정신가치를 가리킨다고 할 수 있다. 이런 정신가치는 중국 전통법률제도의 건립에 방향을 제공해 주어 점차적으로 현 사회에서 공동으로 인식하는 법률관념과 의식으로 변화해 결국은 법률문화로 형성된 것이다. 중국의 전통법률사상이란 중국 전통법률제도의 출현과 변화과정을 동반하고 다른 역사시기에 출현한 이론체계를 가리킨다.

---

1) 본편을 작성하면서 주석 중에 직접 인용한 자료 외에, 현재 존재하는 중국 법률사상사연구와 기타 관련 연구에 대한 논저를 참고했다. 그 외 상해사범대학에서 법률사를 전공하는 연구생 徐歌陽, 黃華兵, 周娟娟, 張偉 등이 창작에 큰 도움을 주어 감사의 뜻을 표한다.

14장.
전통법률문화의 이념

중국 전통법률문화의 이념에 대해 중서(中西)의 입장을 비교할 때, 내용적으로 우열이 있어 오늘날의 가치 기준으로 평하게 되면 시대변화의 요구에 의해 포기해야 할 부분이 있지만, 견지해야 하고 발양해야 할 것들도 많이 있다. 그것들이란 바로 화해(和諧), 공정, 질서, 권선징악 등과 같은 법률이념이다.

1절. 화해(和諧)

몇천 년이나 되는 중국역사를 보면 선진시기부터 명청시기에 이르기까지의 역사는 늘 우리에게 대란과 대치가 서로 교체하는 화면들을 보여주고 있다. 하지만 여러 차례의 내무 분쟁과 외족의 침입 및 대분열과 대통일을 겪었으면서도 중화민족 자신의 독특한 문명을 계속해서 유지해 왔다. 결과적으로 중화민족의 완강한 생명력은 시종일관 연계되어 온 화해사상과 떼어놓을 수 없음을 알게 된다. 중국의 전통문화는 오래전부터 성숙된 화해이념을 갖고 있었는데, 즉 군경지수(群經之首), 삼현지관(三玄之冠) 등과 같은 화해라는 사유가 있었던 것이다.[1] 《역경》 중의 천인합일(天人合一), 거정득중(居爭得中), 반복기도(反復其道) 등도 모두 소박한 화해관념을 보여주고 있다. 이 밖에 《상

---

1) 《易經》

서》,《주례》중에도 많은 집중(執中)에 관한 관념이 있었다.[2] "비록 화해라는 단어가 선진문헌에서 보이지는 않지만 화해이념을 대표하는 충, 화 등의 사상관념은 여러 저술 속에서 많이 볼 수가 있다. 중화문화의 발전에 따라 화해라는 이 이념은 점차 더욱 풍부한 내용을 내포하게 되었다"고 했다.[3]

해(諧)는 평온하고 질서가 있음을 의미하고 부족안강(富足安康)을 내포하고 있으며, 수천 년간 축적된 중국문화의 정수이기도 하며, 백성들이 마음속으로 바라는 요구이기도 하다.[4] 화해라는 이 두 글자는 "질서공정(秩序公正), 이인위본(以人爲本), 의법보장권리(依法保障權禮)" 등의 여러 의미를 포함하고 있다. 서방의 전통문화가 쟁(爭)에 대해 각별한 사랑을 준 것과는 선명한 대조를 이룬다. 중국의 전통문화는 화를 정의로 여겼다.[5] 화해는 중국에서 많은 지사들의 꿈이고, 이 꿈을 실현하기 위해 그들은 인간과 신, 인간과 자연, 인간과 인간, 법률과 도덕 등 여러 면에서 방법을 모색하고 실천하였다. 그들은 우리에게 정치 법률사상의 재부를 남겨주었고, 중화민족으로 하여금 몇천 년 동안 지속되도록 했다. 각각의 역사시기에서 끊임없이 나타났던 화해사상에 대해 그것의 의미와 영향을 우리들은 계속적으로 검토하고 연구해야 할 것이다.

1. 선진법률사상 중의 화해사상

선진은 하 · 상 · 서주와 춘추전국 등의 기기로 나눌 수 있는데, 하 · 상 · 서주는 중국 법률사상의 맹아시기이고, 춘추전국은 중국법률사상이 발전하는 시기로서 중국 고대법률사상의 기초를 닦아놓은 시기였다고 할 수 있다. 화해법률사상도 바로 이런 시기에 출현해 몇 천 년 동안 부단히 발전하고 완성되어 가는 과정을 거쳤다. 하 · 상 · 서주의 신권법(神權法)과 예제(禮制)는 인간과 신, 인간과 인간 사이의 관계를 조정하는 화해사상을 보여주었다. 춘추전국시대는 "백가쟁명" 각 학파들의 사상가들이 더욱 체계적으로 자신의 화해사상을 논했다.

---

2) 孫光姸, 桑東輝.《法律視野下先秦和諧思想硏究》代緖論,, 2-3쪽, 북경, 법률출판사, 2006.
3) 위의 책, 3쪽.
4) 葛洪義,〈法律與和諧社會〉,《法學》, 2005(5).
5) 王立民,〈中國古代大治時期的法制和諧與社會和諧〉, 2005(5).

1) 하·상·서주의 신권법사상과 예제

신권법사상은 원시사회의 종교에서 발전했다. 하·상의 노예주 귀족은 원시종교를 개조하여 군권신수(君權神授)와 대천행벌(代天行罰)설을 만들어 그들의 통치에 합리적인 근거를 찾으려고 노력했다. 하·상시기의 통치자들은 이미 신권사상을 이용해 자신의 통치를 유지했다. "하나라는 천명을 받고 존재한다"고 《상서》에 기록돼 있다. "유호씨가 힘으로 5행을 모욕했으니 내가 천명을 받고 징벌한다. 좌측 병사가 싸움을 잘못하면 명을 따르지 않는 것이고, 우측 병사가 싸움을 잘못해도 명을 따르지 않는 것이며, 가운데 사람이 말을 잘 다루지 못해도 명을 따르지 않는 것이다. 그러므로 나는 조상에 너의 죄를 아뢰고 처벌하거나 노예로 만들거나 죽이거나 하겠다"고 《상서·감서》에 기록돼 있다. 이는 당시 인간과 신의 관계에 대한 상황을 기록한 것이다. 사람들에 대한 처벌의 근거는 천명이었다. 상나라의 통치자들도 천명에 대한 미신과 신권사상을 널리 알려 노예주 귀족이 지상 최고 통치자인 상왕(商王)을 모범으로 해서 인격이 있고 의지가 있는 상제(上帝)를 만들어 낸 동시에 상왕은 상제의 자손이기에 "제입자생상(帝立子生商)"이라고 《시경·상송·장발》에서는 말했다. 상왕이 상제의 자손이기에 상제의 의지에 따라 인간을 통치함으로서 그들의 통치는 신성하여 침범할 수 없다는 것이었다. 이러한 상황은 당시 인간과 신, 군과 민의 화해관계를 조정하는 사상을 보여주었고, 군왕의 의지는 상제(上帝)의 의지이므로 군왕의 뜻을 어기면 상제의 뜻을 어긴 것이라는 점을 보여주었다. 이런 사상은 비록 통치방법과 수단에 불과하지만 당시의 생산력 수준과 사람들의 인식 수준이 낮은 조건 하에서 사회의 통일안정을 유지하는데 유리하고 통치자와 피통치자 사이의 모순을 완화해 주었기에, 하·상 두 나라는 몇 세기 동안 통치를 유지할 수 있었다. 이는 인간과 신의 합일(合一) 사상과 떼어놓을 수 없는 것이었다.

주나라가 신하의 신분으로 하늘의 아들인 상의 통치를 대체한 후 의식형태 영역에서 어려운 점에 무딪히게 됐나. 천명을 빈은 싱이 이렇게 천명을 받지도 않은 주에게 질 수 있다는 것일까? 주공(周公)을 대표로 하는 서주의 귀족 통치그룹은 백성들 힘의 무서움을 알고 상나라의 패배 원인에 결부시켜 천불가신(天不可信)[6], 민불가경(民不可輕)의 도리를 깨닫고 천명을 오래도록 보유하려면 반드시 덕이 있어야 하고, 천하 백성들의 지지를 얻어야 한다는 것을 알게 됐다. 그리하여 이덕배천(以德配天)"[7], 경천보민(敬天

---

6) 《尙書·君奭》
7) 《尙書·蔡仲之命》

保民), 명덕신벌(明德慎罰)[8]이라는 법률사상을 형성해 통치자와 백성들 사이의 모순을 크게 완화시켰다. 동시에 이 이론은 인간과 신 사이의 거리를 크게 단축시켰다. 그 후 사람들은 귀신보다는 사람들에 관한 일에 더 관심을 가지게 되었고, 중국 고대 법률사상 중에 중민(重民), 중덕(重德), 인정(仁政) 등 화해사상의 기초를 닦아놓았다. 동시에 하 · 상 두 나라의 장기적인 발전을 거쳐 서주시기에 와서는 예가 중국고대사회의 질서를 조정하는 가장 중요한 수단으로 확대 발전하게 되었다. 예치는 당시 정치생활의 가장 중요한 준칙이었다. 법제분야에서 반영된 것은 법률규범의 종법화이고 종법 윤리도덕을 위반한 자는 엄격한 처벌을 받아야 함을 주장해 윤리도덕과 법률규범을 동일화시켰다. 예는 "친친(亲亲), 존존", 남녀유별 및 "하인에게는 예의를 차릴 필요가 없다", "특권을 가진 대부는 처벌을 받지 않는다" 등의 내용이 포함되었다. 가정의 내부관계에 대한 조정으로부터 국가와 사회계급의 순서관계에 대한 조정까지 모두 그에 상응하는 규범이 있었는데, 그것은 모두 중국 고대사회에서 가장 전면적이고 가장 광범위하고 가장 핵심적인 화해사상을 체현해 냈던 것이다. 예에 대한 전면적인 규범과 조정을 통해 당시 사회 여러 면의 발전 수준에 부합되었고, 서주사회로 하여금 평화 속에서 몇 백 년 동안의 통치를 유지해 춘추전국시기까지 이르게 했다. 아직도 많은 사상가들이 서주시기의 질서정연한 사회상황을 그리워하는데 이는 예치사상의 거대한 영향력의 체현이었다. 그 후 예사상은 사회가 발전함에 따라 부단히 발전하고 완성되어 점차 중국 사람들의 마음속에 스며들어 몇천 년 동안이나 중국역사에 영향을 미쳤던 것이다.

2) 춘추전국시기 백가쟁명 속의 화해사상

춘추전국시기는 중국이 사회적으로 충돌이 많아 불안정하고 분화된 시기여서 정치, 경제, 사회 등 면에서 각종 모순이 격화된 시기였다. 강한 자가 약한 자를 괴롭히고, 부자가 빈자를 괴롭히고 빈부 차이가 심하고 극히 화목하지 않은 시기였다. 하지만 또한 전례 없이 참신한 사상이 나타났고 대변혁을 가져왔던 시기이기도 했다. "백가쟁명" 중 중요했던 유, 법, 도, 묵 등의 각 학파는 모두 화해라는 법률사상을 제시했고, 그들은 인간과 인간, 인간과 자연 등 다른 입장에서 화해사상에 대한 이해를 논했다.

---

8) 《尚書 · 廉誥》

(1) 유가 법률사상 중의 화해 내용

화(和)는 유가사상 중에서 중요한 범주이다. 화이부동(和而不同), 화위귀(和爲貴)는 모두 그 구체적인 설명이다. 그 외에 유가는 예락제도(禮樂制度)로 인간과 인간 사이의 화합질서를 유지했고, 천인합일을 주장하여 인간과 자연의 화합을 추구했으며, 심지어 이상적인 사회상태를 그려내기도 했다. 유가는 가족관계에서 사회의 안정을 유지하기 위해 사람들로 하여금 효도를 중요시하고 "부자자효, 형우제공(父慈子孝, 兄友弟恭)"이라는 가족 내부의 장유유서, 즉 상하융합인 화합국면을 조성했다. 통치방법 면에서 위정이덕(爲政以德)이라는 덕치와, 이덕복인(以德服人)이라는 인정(仁政)을 제창했다.

법률과 도덕의 관계에서 도덕의 감화작용을 중시했다. 백성들의 저항을 피하기 위해 그들은 형법과 세금을 줄이게 하는 "법에 따른 형 집행을 줄이고, 세금 거두는 일을 줄여야 한다(省刑法, 薄稅斂)"는 것을 주장했다. 그리고 가혹한 정치와 폭정, 엄한 형벌도 반대했다. 유가는 비록 교화를 중시하고 형벌을 줄일 것을 주장했지만 형벌의 필요성을 부정한 적은 없었다. 교화가 역할을 못할 때 폭력은 사용하지 말고, 형벌을 주장해 덕주형보(德主刑補)라 했다. 공자, 맹자, 순자는 각자 자신들만의 화해를 주장하며 논했다.

공자는 중국 유가사상의 대표자이다. 사회등급 면에서 예를 일련의 사회규범으로 보고 사회로 하여금 일종의 화해상태에 달하게 하는 것이 자신의 역할이라고 공자는 말했다. 모든 행위는 크고 작고를 막론하고 모두 예를 준칙으로 상하급, 존비, 장유를 대해야 한다고 명확하고 엄격하게 규정했다. 등급질서 중에서 매 사회의 구성원은 자신의 위치를 찾아야 화이부동을 실현할 수 있고 화해 공존할 수 있다고 강조했다. 재산분배 면에서 "적게 분배 받을까를 걱정하지 말고 불공평하게 분배할까를 걱정해야 한다. 백성이 적을까 걱정하지 말고 불안정할까를 걱정해야 한다"고 《논어·계씨》에 기록돼 있다. 이는 균(均)을 강조한 것인데, 이렇게 해야만 각 이익 그룹 사이에 화해 공존할 수 있고 싱하 인정을 찾을 수 있다고 했다. 대인관계 면에서 인자애인(仁者愛人)을 강조했고, 사람과 사람 사이에는 서로 관심을 두어야 하고 성실해야 한다고 요구했다. 이렇게 해야만 백성들은 화목하고 안정적이고 즐겁게 생활할 수 있다고 공자는 강조했다.

공자의 뒤를 이어 맹자는 사회는 화해하여 안정해야 하는데 결정적인 것은 통치자가 인정(仁政)을 실시해야 한다고 했다. 그리고 이민위귀(以民爲貴)하고 "은혜를 세상에 베풀어야 한다"고 했다. 이는 맹자가 공자의 대인관계의 원칙인인의 확장이었다. 그는 공자의 덕정(德政)사상을 계승했다. 민심을 얻고 교화의 역할을 발휘시키려면, 가장 근본적인 방법은 경제면에서 백성들에게 추은(推恩)하여 백성들로 하여금 부유해지게 해야 한다는 것이었다. 더욱 중요한 것은 민유항산(民有恒産)을 실현해야 하다고 맹자는 주장했다. 맹자는 이미 도덕, 법률과 경제의 관계를 인식하고 있었던 것이다.

순자는 유법합류(儒法合流)를 제기한 선행자였다. 그는 유가의 예치를 발전시키고 수정했을 뿐만 아니라, 법가의 법치를 계승하고 발전시키고 수정해 예와 법을 통일시켜 진한 이후 봉건통치 법률사상의 방향을 제시해 주었다. 순자는 인지성악(人之性惡)을 주장했다.9) 사람의 본성이 악하다는 사상을 기준으로 해서 "사회가 화해하려면 예에 따라 사람을 다른 군체(群體)로 나누고 매 사람은 사회에서 자신의 역할에 따라 행동해야 한다. 각 계급은 사회적 지위에 상응하는 차별적인 보답을 받아야 하고 다른 등급과 지위에 따라 도량분계(度量分界)해야만 사회의 분란을 일으키지 않고 사회가 화해하는데 이롭다"고 주장했다.

(2) 법가 법률사상에서의 화해 내용

법가의 법률사상 중에도 화해내용이 포함되어 있다. 다른 명가의 화해 이념과는 달리 유일하게 법과 벌로 화해를 체현했다. 법가의 입장에서는 사회질서를 유지하고 금간지폭(禁奸止暴)해야 하는데, 이를 위해 가장 좋은 방법은 법치를 실시하는 것이라고 주장했다.10) 법은 모든 일을 처리할 때 가장 적합한 표준과 규범이고 양형이 적당하면 화해라고 주장했다. 법가는 "범죄를 방지하는 방법 중에 중형을 사용하는 것이 가장 좋은 방법이다"라고 주장했다.11) 유가의 덕치를 반대하고 경한 죄에 대한 처벌을 가중시켜야 "백성이 감히 잘못을 저지르지 않고, 사람들이 모두 선해질 수 있다"고 했다. 그래야만 화해사회로 만들 수 있다고 주장했다.

법가의 화해이념은 법률제도의 신의성을 중시하는 데서도 체현됐을 뿐만 아니라, 법의 공정성과 "명분을 정하여 분쟁을 막는다"는 정분지쟁(定分止争)의 기능 등을 강조하는 방면에서도 체현됐다. 법률제도의 신의성에 대해 법가는 법령이 반포된 후 반드시 신(信)을 중시해야 하고 신상필벌을 요구해 법령의 규정대로 상을 줘야 할 때는 반드시 상을 주고 벌을 줘야 할 때는 반드시 벌을 줘야한다고 주장했다. 이렇게 해야만 백성들의 믿음을 얻을 수 있으므로, "백성이 상을 믿으면 일이 성공하고 형벌을 믿으면 사고가

---

9) 《荀子·性惡》
10) 《韓非子·問辨》
11) 《商君書·賞刑》

생기지 않는다"고 《상군서 · 수권(修權)》에 기록되어 있다. 법의 공정성과　정분지쟁의 기능에 관한 내용은 후에 구체적으로 논할 예정이다.

(3) 도가사상에서의 화해사상

도가는 노자와 장자를 대표로 하는 학파이다. 도를 만물의 근원과 자연계와 인류사회의 최고 주재자라 하여 도가로 불리게 되었다. 도가의 화해사상은 주로 인간과 자연의 관계에서 체현되는데 무위이치(無爲而治)를 숭상하였다.

노자의 화해사상의 핵심은 자연적인 고요한 평형상태이지 움직이는 상태에서의 평행이 아니다. 노자는 경쟁을 반대하고 전쟁을 반대하고 충돌을 반대하며 화해하는 유기적 통일을 주장했다. "분규가 없기 때문에 걱정이 없다"거나 "능력 있는 사람을 존중하지 않으면 백성들 사이에 다투게 되고, 진귀한 물건을 모두가 진귀하게 생각하지 않는다면 도둑이 생기지 않을 것이다. 남들이 욕심낼 만한 것을 자랑하지 않는다면 사람들의 정신이 혼란해지지 않을 것이다"라고 《노자》는 기록하고 있다. 그는 후덕하게 사람을 대해야 한다는 보원이덕(報怨以德)을 또한 주장했다.[12] 나아가 사회의 공정성을 추진할 것을 주장했다. 그가 추구하는 이상적인 사회모형은 소국과민(小國寡民)으로 조직의 규모가 작고 자급자족 할 수 있으며 "정태화해"적인 안정적 사회이기에 평화적이고 느슨하지만 자연스럽게 돌아가는 사회였다.

장자는 인간이 자연에 대하고 싶은 대로 하는 것을 반대하고, 인간은 자연계의 일부분이기에 인류사회의 가장 합리적인 상태는 자연에 가까운 상태라고 했다. 이런 상태에서 인간과 동물이 평화롭게 공존할 수 있어 인간과 자연의 정도 높은 화해를 이룰 수 있다고 주장했다. 장자가 구상한 이상적인 사회에서 사람들은 풍족하고 근심걱정 없고 평화적으로 공존한다는 것이었다. 즉 "재산은 많고 양식은 풍부하다"고 《장자 · 천지》에 기록돼 있다. 이런 이상적인 사회는 소박하고 조용하고 파장이 일지 않는 사회이다. 이런 사회는 소극적인 화해사회이고 진정한 의미에서의 화해는 아니다. 하지만 그는 처음으로 인간과 자연의 화해를 인정했는데 이런 화해는 어떠한 사회에서도 없어서는 안 되는 화해였다.

---

12) 《노자》

(4) 묵자사상에서의 화해사상

묵자는 묵가의 창시자이고 대표인물이다. 하층 노동자의 대변인으로서 그의 이상적인 모델은 상현(尙賢), 겸애(兼愛), 비공(非攻)이 특징이다. 인재 임용제도에서 묵자는 상현은 정치의 근본이라고 했다. "고귀하고 현명한 자가 어리석고 천한 자를 다스리면 국가는 안정적이지만, 어리석고 천한 자가 고귀하고 현명한 자를 다스리면 국가는 동란에 빠진다. 그러기에 현명한 자를 임용하는 것이 정치의 근본이다"라고 《묵자 · 상현 중》에 기록돼 있다. 그는 한 사회가 질서정연하고 안정적이려면 반드시 현명하고 지혜가 많은 사람이 나라를 다스려야 하고 그렇지 않으면 사회의 혼란을 일으킬 수 있다고 주장했다. 그래서 현명한 자를 선택할 때 문제(門弟)를 구별하지 말고 "친족을 두둔하지 말고, 돈 많고 세력 있는 사람을 편들지 말고, 총애 받는 사람에게 굴복하지 말라"고 《묵자 · 상현 중》에서 말했다. 묵자의 상현 정치사상의 귀중한 점은 등급제도와 계급에 대한 편견을 허물고 하층 민중들이 사람마다 기회가 평등하고 사회정치활동에 공적으로 참여하려는 화해사상을 보여주었다. 묵자의 화해사상은 대인관계를 처리할 때 "두루 사랑하는 것과 서로 이로움을 나누는 것(兼相愛, 交相利)"이라는 사상 및 나라 사이의 관계를 처리할 때의 비공사상에서도 체현돼 애무차등(愛無差等)을 주장하고 등급을 나누지 말 것을 요구했다. 그는 무차별적으로 모든 사람을 사랑하고 매 사람마다 남을 사랑하고 남에게 이롭게 하면 자신도 나중에 사랑을 받고 이익을 얻을 수 있다고 주장했다. 그는 나라 사이에도 서로 사랑하고 전쟁을 일으키지 않을 것을 희망했다. 그는 전쟁을 반대했는데 전쟁은 "백성들을 학대하는 것이고 전쟁은 백성들의 재산을 빼앗아 사용하는 짓", "왕공대인은 즐겨서 전쟁을 치르지만 백성들은 즐기는 자들에 의해 죽어가니까 반대해야 할 것이 아니냐"라고 《한비자 · 비공 하》에서 말했다. 이 말은 그가 안정된 화해사회에 대한 추구와 희망을 충분히 보여주는 것이라고 할 수 있다.

(5) 《여씨춘추》에서의 화해사상

여불위가 편찬한 《여씨춘추》는 잡가(雜家)에 속한다. 책 속에 화해에 관한 사상적 논술이 적지 않게 나와 있다. 첫째는 치국공평(治國公平)이다. 책에서 "천하는 한 사람의 천하가 아니라 천하의 천하다"라고 했다. 공이 있으면 평이 있기 마련이고 천하는 천하의 백성들이 공유하기 때문에 군주 한 사람의 것이 아니다. 그래서 "옛날 성왕(聖王)이 나라를 다스릴 때는 우선 공평정대할 것을 택했다. 공평정대하게 나라를 다스리니까 평화로웠다. 평화로운 사회는 공평정대의 덕이다"라고 《여씨춘추 · 맹춘기》에 기록돼 있다. 공정심으로부터 출발해 군자를 임용하니 국가가 번창해졌고, 사심으로부터 출발해 소인을 친절하게 대하니 나라가 망했다고 예를 들어 설명했다. 둘째는 위민모이(爲民謀 利)로 "인자한 사람은 백성들에게 이로운 일이라면 반드시 한다"고 《여씨춘추·개춘 론》에 기록돼 있다. 백성들에게 이로운 일이라면 행해야 한다. 이렇게 하면 지공(至公) 무사한 것이다. 군자가 천하의 권리를 담당하고 있는데 마치 주방장이 주방을 담당하는 권리와 같다. 자신을 위한 것이 아니라 다른 사람들을 위한 것이어서 "포인(조리사)이 국수를 조리하고 먹지 않으므로 포인이다. 만약 포인이 국수를 조리하고 먹으면 포인이 아니다. 왕백이란 군주도 마찬가지로 폭도들을 죽여도 사심이 없으니 천하의 현자라 불 리고 왕백이 된 것이다"라고 《여씨춘추·맹춘기》에 기록돼 있다.

춘추전국의 사상가들은 화해사상에 대해 여러 가지 주장을 했다. 그들은 여러 면에서 화해에 대한 이해와 꿈을 논했는데, 이는 춘추전국사회의 모순을 반영한 것이기도 했다. 비록 소극적이고 낙후하거나 실제에 부합되지 않은 면도 있지만, 우수한 면은 후세에서 계승하고 발전시키는 과정에서 부단히 융합되고 완성되어 몇 천 년 동안이나 전통사상 에 영향을 주었다. 이는 앞으로도 대일통(大一統)을 이루는데 튼튼한 사상적 기초가 될 것으로 믿어 의심치 않는다.

2. 봉건 정통법률사상에서의 화해사상

진나라 영정이 기원전 221년에 중국을 통일하여 전국시기의 불안하고 분열된 국면을 끝내고, 중국에서 처음으로 다민족, 독재주의 중앙집권제 통일국가인 진나라를 세웠다. 그리하여 중국은 2천여 년간 독재주의 중앙집권제 국가통치의 역사단계에 진입하게 됐 다. 비록 신나라는 2세 때에 멸망했지만, 그의 통일은 봉건 정통법률사상의 형성과 발전 에 영양분을 제공했고, 한나라의 대일통 법률사상의 형성을 위해 정치적인 기초를 닦아 놓았다.

1) 한나라 법률사상에서의 화해사상

춘추전국과 진나라 말까지 몇 백 년 동안의 끊이지 않은 전쟁을 거쳐 서한 건국 초기 에는 경제가 쇠퇴하고 나라가 흉작이 들고 국고가 비었으며 재원이 말랐다. 진나라가 멸망한 교훈을 되새겨 서한 초기의 통치자들은 유방으로부터 혜제, 여후, 문제와 경제에 이르기까지, 육가(陸賈)부터 가의(賈誼), 조착(晁錯)에 이르기까지 모두 황로학파(黃老學派)의 지도를 주장했다. 황로학파는 선진시기 도가의 한 지류로서 정치면에서 청정무위(淸靜無爲), 여민휴식(與民休息)을 주장했고, 법률 면에서는 "약법성금, 경형경벌(約法省禁, 輕刑輕罰)"을 주장했다. 법률사상에서는 초기에 황로법률사상은 각 학파사상의 합류와 과도적 성격이 선명하게 나타나 법률사상이 상법(尚法)이 상유(尚儒)로 전환하는 중요한 역할을 했다. 문무병용, 덕형상제(文武並用, 德刑相濟)는 초기 황로사상의 중요한 내용 중의 하나였다. 황로사상은 도가의 무위를 강조하고, 또한 법가의 법치도 강조했으며, 동시에 유가의 예치도 숭배해 덕과 형과 화해의 병용을 실현했다. 황로학파의 입장에서 도는 만물의 근본이고 덕형(德刑)은 치국의 수단이며, 다른 수단은 다른 역할을 수행해야 한다고 주장했다. 법률의 기능은 위협하는 기능과 사후 징벌의 기능이 있고, 예 도덕의 역할은 교화와 회유(懷柔)에 있다. 그리하여 덕과 형은 모두 치국안민에 있어서 없어서는 안 될 방법이라고 주장했다. 덕과 형은 대립적인 입장이 아니고 양자는 서로 작용한다고 했다. 형은 범죄를 처벌할 수 있고, 덕은 범죄를 예방할 수 있다. 통치자는 두 가지 수단을 같이 사용해야 국가를 오래도록 안정되게 다스릴 수 있다고 했다. 그들은 입법은 반드시 명확하게 공개해야 한다고 강조하면서 입법을 공개해야만 백성들이 법률내용을 알 수 있어 무엇을 하면 되고 무엇을 하면 안 된다는 것을 분별하고, 자신의 행위를 조정할 수 있다고도 강조했다. 백성들은 법을 준수하고 통치자들도 법을 준수해야 한다. 한나라에서 국군(國君)은 전체 정권을 통제하고 있어 나라의 흥망성쇠는 국군의 도덕품성에 달려 있다고 해도 과언이 아니다. 그러기에 국군은 반드시 앞장서서 법에 따라 행사하고 자각적으로 법을 지켜야 한다고 강조했다. 황로학파는 진나라의 멸망한 교훈을 고려하여 진나라의 경죄중벌(輕罪重罰)사상을 반대하고, "형불염경(刑不廉輕), 형불환박(刑不患薄)"이라 하여 처벌이 반드시 너그럽고 경해야 한다고 주장했다. 위의 사상지도로 한나라 초기의 통치자들은 일부 성형제가(省刑除苛)적인 조치를 사용했다. 한 혜제 때에 "민간이 책을 간직해서는 안 된다는 금지령을 폐지하고 이민(吏民)에게 편리와 자유를 부여해야 한다"고 《한서 · 혜제규》에 기록돼 있다.

그래서 유가 경서 등을 보존하는 것은 불법이 아니었다. 여후(呂後)는 또 "삼족을 멸하는 연좌제와 유언비어 등의 가혹한 형벌을 폐지한다(除三族罪, 妖言令)"고 주장하여 실제로 형벌도 완화되었다. 이후에는 형벌제도를 더욱 개혁하여 잔혹한 육형(肉刑)을 폐지했다. 황로법률 사상에서 약법성금사상(約法省金思想)은 국가 정치생활에서 실시했는데 서주 초기 사회질서의 안정을 유지하고 사회적 모순을 완화시키는 데 중대한 역할

을 했다. 그리하여 문경 때의 대치(大治)국면이 나타났고 동시에 중국 정통법률사상도
서막을 열게 됐다.

　정통법률사상은 한 무제 때 확립한 것인데 유가사상을 위주로 음양가, 법가, 도가 등
각 학파의 논설을 흡수한 법률사상을 말한다고 마소홍은 《중국고대법률사상사》에서 말
했다. 이러한 기틀을 세운 사람은 서한 중기의 유가학파 대가였던 동중서였다. 동중서
의 법률관은 유가사상을 기본원칙으로 하여 공자의 위정재덕(爲政在德)을 신봉하고 덕
주형보로 발전시켰다. 동시에 음양학설을 통해 신비하게 만들었고 천인감응(天人感應)
설을 제기해 하늘의 뜻이라고 생각했다. 유가법률관은 천의에 부합되는 진리였다. 한
무제는 70년간의 발전을 거쳐 경제가 회복되어 "도성 곳곳에 곡식이 찼고, 집에는 재산
이 남아 있었다고 《한서·식화지》에 기록돼 있다. 정치면에서 중앙집권은 공고해져 대
일통의 국면을 실현했다. 문화면에서 한 무제는 "백가를 폐지하고 유가만 사용하라"는
조치를 실시해 정통법률 사상이 유가학의 부흥으로 인해 통치적 지위를 차지하게 하였
다. 이 사상은 황제에게 지고 무상한 지위를 부여했고, 황제는 하늘이 인간에서의 대변
인이고, 하늘을 대신해 상을 주고 벌을 줄 수 있어 황제의 권리는 인간세상에서 아무런
속박도 받지 않는다고 했다. 사회에서 군, 신, 민이라는 등급제도는 상제 뜻의 체현이라
고 했다. "군위신강, 부위자강, 부위부강"이라는 3강과 "군인신충, 부자자효, 형우제공,
부의처순, 붕우유신"이란 5강도 하늘이 인간에게 부여한 미덕으로 여기고, 이를 위반한
자는 범죄자이고, 황제는 "하늘을 대신해 벌을 준다(代天行罰)"고 했다. 법제는 황제의
권위를 보호했을 뿐만 아니라 하늘의 뜻도 유지하게 됐다. 정통법률사상은 이런 신권사
상을 이용하여 황제의 권위를 합법화하는 동시에 등급제도도 합법화시켰다. 덕주형보는
정통법률사상의 핵심이다. 주요 내용은 나라를 다스릴 때 교화를 주요수단으로 하고 법
률적 제재를 보조수단으로 해 덕과 형의 정통관계를 명확히 했고, 정통법률사상이 나아
갈 방향을 확립했다. 물론 덕주형벌 사상은 비록 덕의 중요한 역할을 강조했지만, 동시
에 법률의 역할을 경시하지 않았고 양자는 하나도 없어서는 안 된다고 강조했다.

　실천과정에서 정통법률사상은 전통적인 예를 법률 속에 접목시켜 예율융합(禮律融
合)시키고, 법은 등급 차이가 있다는 사상체계를 형성시켰다. 한나라 중기에 흥행한 춘
추결옥은 예와 법을 융합시킨 구체적인 표현형식이고 정통법률사상 중 예의 지위가 법
의 지위보다 높다는 관점을 보여주었다. 이상의 법률사상 및 각종 통치를 강화하려는
조치는 당시 사회발전 상황에 적합하고 상호 화해적이었다. 정통법률사상의 지도와 조
정으로 서한의 왕조는 부단히 발전하고 장대해져 민족의 대융합을 실현했고 영토도 부

단히 넓어져 역대 통일된 다민족 중앙집권제 국가를 건설하는데 기초를 닦았다.

2) 위진, 수당 법률사상에서의 화해사상

봉건 정통법률사상에 기초를 닦은 양한 정권이 끝난 후 중국은 다시 한 번 대분열, 대 동란의 시기에 들어섰다. 하지만 국가의 분열을 보통 사상의 번영, 경제의 번영과 민족의 융합을 초래해 문화의 발전, 사상 발전에 필요한 환경과 시기를 제공해 주었다. 이 시기의 정통법률사상은 더욱 발전했고 율학(律學)이 흥성하는 국면이 나타났다. 율학의 주요 내용은 유가의 경전으로 법률을 연구하고 해석해 예와 법을 융합시켰고,[13] 예로 율을 해석하기 시작했다. 율학의 출현과 발전 및 흥성은 위진시기의 현학(玄學)과 밀접히 관련되어 있었다. 현학의 법률사상에 대한 영향은 아주 컸다. 그는 도가학설로 유가이론의 합리성을 논증하였다. 왕필(王弼), 혜강(嵇康)을 대표로 하는 현학가들의 이론은 정통법률사상에 영원한 자연을 접목시켰다. 즉 "도로써 유가를 이해하고, 도가와 유가가 결합해야 한다"는 사상이 법률에 대해 준 가장 큰 영향이라면, 바로 복잡한 법률 규정과 잔혹한 형벌을 반대하고 법령의 간략화를 주장했다는 점이다. 그리하여 장비(張斐), 두예(杜預)를 대표로 하는 율학가(律學家)들은 입법간길(立法简洁), 집법평등(執法平等), 의법단안(依法斷案)을 제기했다. 그들이 예법관계에 대한 깊은 연구, 입법심판원칙에서의 독창적인 견해는 정통법률사상에 새로운 내용을 주입해 주었다. 그리고 법률에 대해 정확히 해석하고 사람들의 법률조문에 대한 이해를 통일시켰으며, 곧 다가올 봉건성세의 대통일, 대 화해에 대해 법제 면에서의 준비를 완성했다. 사실이 증명하듯이 유학가들은 정통법률사상을 계승하고 발전시키는데 제몫을 다했다. 이 시기의 법률사상이 큰 발전을 가져와 봉건사회의 전승기와 봉건 정통법률사상의 최고봉을 맞이했다.

수당은 위진시기의 입법간약(立法简約), 집법관정(執法寬正)인 법률사상을 이어 받았다. 국가가 통일되면서 이런 우수한 사상이 더 넓은 영역에서 대단한 발전을 하게 되었다. 수당시기 법률사상의 주요 특징은 정통법률사상의 법전화(法典化)였다. 특히 당 왕조에서는 예와 법이 완벽한 조합을 이룬 중화법계의 대표적 법전인 《당률소의》를 완성했는데, 그 중에는 대량의 화해에 관련된 법률사상이 포함되어 있었다. 당나라 초기의 통치그룹은 예법겸용(禮法兼用), 예본형말(禮本刑末)을 강조했고, 법가의 상과 벌로 나라를 다스리려는 권술사상을 버렸으며, "점차 인덕으로 나라를 다스리고 형벌을 조심해

---

13) 마소홍, 《중국고대법률사상사》 참조.

서 사용하자"고 《신당서 · 형법지》에 기록돼 있다. 상과 벌은 인의(仁義)의 범주에 넣고 유가사상의 지도하에서 진행했다. 장손무기는 《당률소의》에서 《당률》은 덕주형보를 원칙으로 하고 예법융합을 내용으로 한 법전이라고 말했다. 그는 "덕과 예는 도덕교화의 근본이고, 형벌은 도덕교화를 위해 사용된다. 양자를 잘 배합해서 사용해야 한다"[14]고 말해 법률의 기능과 예의도덕의 역할을 유기적으로 결합시켰다. 《당률소의》는 중국 고대 예치의 법률화 성공을 상징하고 돌출된 성과는 유가가 제창한 "군위신강, 부위자강, 부위부강"을 법률화시켰으며, 봉건특권사상도 법률화시켰다는 점이다.

　　당나라 이전의 우수한 법률사상을 발양시켜 법률형식으로 확립됐고, 실천 중에 이를 관철시켰다. 게다가 당나라 초기 통치자들도 군과 신, 군과 민, 군과 법률의 관계에 관심을 가졌기에 당나라 사회에 정관의 치, 개원성세(開元盛世)등 전례 없는 통일되고 안정적이고 풍족한 화해시대를 출현시킬 수 있었던 것이다. 그래서 《당률소의》는 중국법률사상 최고의 성과를 이룬 경전이 되었던 것이다.

3) 송명 이학과 계몽사상에서의 화해사상

　　당나라의 전성기를 이어 중국 역사는 또 한 번 분열과 전쟁으로 휩싸인 5대10국시기에 들어섰다. 분쟁과 전쟁이 많은 시기는 사상 면에서의 발전을 초래했다. 활발한 사상은 피곤하기 그지없는 구식제도에 새로운 활력소를 주입시켜 주었고, 중화문명은 그들을 받아들여 빛을 뿌리게 했다. 북송이 중국을 통일하면서 사상영역에서는 이학(理學)이 출현해 중국을 7백여 년간 통치했고, 그 후 법률사상의 발전에 깊은 영향을 남겼다. 이학은 실제로 불교철학 및 도교사상을 융합시킨 새로운 유가학파였다. 대표인물은 주희, 육구연(陸九淵), 왕수인(王守仁) 등이 있었다. 이학은 중국법률사상이 정체되는 추세를 초래했지만, 화해사상을 반영한 내용은 적지 않았다. 자본주의 맹아의 출현에 따라 계몽사상가들도 새로운 화해사상을 탐색해 부단히 변화하는 사회에 적응하려고 노력했다.

　　주희가 선인들의 사상을 집대성해 확립한 객관유심주의적 이학체계는 사변(思辨)적인 이론형식으로 허술한 천인합일설을 대체했다. 그리고 유학으로 하여금 기타 사상보다 더욱 완벽한 이론체계를 갖추게 해 진정한 독존적 지위를 받아 정통법률사상이 새로운 발전단계에 진입하도록 했다. 주희는 법치와 인치의 관계에서 입법보다 인치를 중시

---

14) 《당률소의 · 명례》

해야 한다고 했다. 그는 선진시기 유가의 인치사상을 계승 받아 군주의 자율(自律)은 법률보다 중요하고 인재 선택이 체제건립보다 중요하며 입법에 대해서는 그다지 중요하게 생각하지 않았다. 그는 집행자가 원활한 수단으로 사회모순을 해결하고 사회질서를 유지하기를 희망했다. 덕과 형의 관계에서 주희의 이론은 3가지 특징이 있었다. 첫째, 덕, 예, 정, 형은 모두 명확한 상대가 있기에 목표가 있게 일을 해야 한다. 둘째, 덕, 예, 정, 형은 동시에 사용하고 순서가 없다고 하면서 4자는 모두 "천리를 보존하고, 욕심을 없애야 한다(存天理, 滅人欲)"는 수단이라고 했다. 셋째, 특정된 조건하에서 우선 정령으로 형벌을 대체하고 예로써 정령을 대체하고 다시 덕으로써 예를 대체해야 한다고 했다. 덕, 예, 정, 형은 "천리를 보존하고, 욕심을 없애야 한다"는 사상의 지도하에 시간과 공간적으로는 화해 통일을 이루었다. 그리하여 정통법률사상 중의 선덕후형(先德後刑), 이덕거형(以德去刑) 등 실제에 부합되지 않는 사상을 개조했던 것이다.[15]

명나라의 왕수인은 이전 시기의 입법자와는 달리 법률의 적정성을 별로 논술하지는 않았지만, 입법은 시간과 장소에 맞게 제정해야 한다고 했다. 입법에서 그는 시대의 특수성을 강조했을 뿐만 아니라 지역의 특수성도 강조했다. 그는 법률제도의 설립은 반드시 현지의 구체적인 상황에 근거해 다른 지역에서 다르게 입법해야 한다고 주장했다. 덕과 형의 관계에서 선후 순서와 주보(主輔)문제에 대해서는 별로 논술하지 않았고, 그들의 역할에 대한 연구에 치중했다. 좋은 사회기풍은 나라를 다스리는 전제 조건이라고 여겼고, "옛날에 나라를 잘 다스린 자 중에 어느 사람이 풍속을 가장 중요하게 여기지 않았던가"라는 말도 했다.[16] 형벌도 풍속을 개조하는 기능이 있는데 힘으로 사람을 다스릴 수 있을 뿐만 아니라 사람들로 하여금 치욕을 느끼고 개과천선하도록 했다. 국가에서 제정한 법률은 보통 교화를 실시하는 필수조건이고, 덕과 형의 관계는 실제로 겉과 속의 관계이며, 법률과 사회풍습교화를 결합시켜야 한다고 주장했다. 그래서 명나라에서 사회관계를 조정하는 방법과 수단 중에서 민간교화가 중요한 부분을 차지했고, 통치자들도 법률의 기초 위에서 풍습교화 역할을 완벽히 하려고 노력했는데 사회의 화해 안정화에 일정한 공헌을 했다.

명말청초에는 상품경제가 발전해 자본주의 맹아가 출현했고 고대사회의 경제적 주체 즉 자급자족 자연경제가 흔들리기 시작해 봉건 정통법률사상도 궁지에 빠지게 됐다. 계

---

15) 마소홍, 《중국고대법률사상사》 참조.
16) 《오명양전집·오진록》

몽사상이 나타나 황종의(黃宗羲), 고염무(顧炎武), 왕부지(王夫之) 등 대표적인 인물들도 출현했는데, 그들은 대체로 비슷한 법률 주장을 내세웠다. 그들은 "나라가 파괴되면 가정도 망한다(國破家亡)"는 주장을 내세워 2천 년간 지속된 봉건 독재제도에 대해 깊이 되짚어 봤다. 법률사상 면에서 그들은 민주, 평등의 성향을 띤 법치를 주장해 정통법률사상의 기반을 흔들어 놓았다는 획기적인 의미가 있다. 기본 내용은 군권을 제한한다든가 인민평등권리를 보장한다든가 지방자치 및 분권 등의 내용이 포함되어 있었다. 이는 신생 자산계급이 경제와 정치면에서의 요구를 보여준 것이고, 당시 사회경제발전의 요구도 보여주었다는 점에서 진보성향을 가지고 있었다고 할 수 있어 봉건 정통법률사상의 쇠락을 가속화시켰다. 이 시기의 계몽사상은 비록 발양할 기회는 없었지만, 사람들의 사상을 해방시키고 후세의 변법과 개혁에 큰 영향을 남겼다.

화해적인 상태는 전 인류의 아름다운 꿈이고 인간과 인간, 인간과 자연관계에서의 최고 경지이다. 옛날부터 어떠한 사회변혁을 지나더라도 화해는 시종일관 중국 사상가와 인민들이 포기하지 않고 추구하던 목표였다. 몇 천 년 이래 화해사상은 사회질서를 유지하고 부단히 사회진보를 추진하는 동시에 부단히 각 학파의 학설을 융합시켜 혼연일체가 되게 했는데, 그 과정 또한 부단히 진보하는 노정이었다. 화해사상의 지도 하에 역대왕조는 부단히 성세(盛世)적인 화해사회가 출현했지만, 유감스러운 것은 "극성하면 쇠한다"는 국면이 계속해서 성세(成歲) 뒤에 나타났다는 것이다. 고대의 성세, 번영, 안정적인 국면이 길지 못했던 주요 원인은 고도집권적인 인치로 인해 사회의 화해를 오랫동안 유지하기 어려웠다는데 있었다.

그리하여 현재의 사람들도 여전히 화해를 동경하지만, 이런 화해는 법 치하에 있는 모든 사람들의 뜻이 담긴 장구한 화해여야 한다. 믿어야 할 것은 우리의 선조들이 천백 년 동안 추구한 장치구안(長治久安)은 오늘날 우리의 법치모델 안에서 반드시 실현될 것이라는 점이다.

2절. 공증

고대 중국에서는 예(禮)와 법을 핵심으로 하여 계급질서가 삼엄한 사회를 건립하였는데, 전통법률은 이러한 계급사회를 옹호하고 통치 질서를 유지하는 수단이었다. 그런데 현실 속에서 법률이 이 기능을 실현하고자 할 때, 한편으로는 국가 강제력의 힘을 빌려야 하고, 다른 한편으로는 법률 그 자체도 사회로부터 인정을 받는 내부조건을 반드시 지녀야 했다. 이 조건은 법률이 가지고 있고 법률로 체현되는 어느 정도의 공정성을 말한다. 즉 "법률은 외적으로는 강제성과 내적으로는 어느 정도 공정성을 동시에 갖추었을 때라야 효율적으로 국가를 통치하고 사회질서를 안정시키고 사회관계를 조정하는 역할을 할 수 있다"고 했던 것이다.[17]

비록 중국 고대사회에서 법의 공정성의 체현과 현대 의미상에서의 법률의 공정성은 큰 구별이 있지만, 중국 전통문화에서 공정(公正)이념에 대한 내용은 풍부했다.

1. 법(法)자 자체가 부여한 공정(公正)의 이념

중국의 고대 원시사회 단계에서 인류가 최초의 상형문자를 만들 때부터 "입법공정(立法公正), 집법위공(執法爲公)"의 법이 나타났다. 그러다가 계급사회에 들어선 후부터 중화민족의 법률정신은 입법위공이란 전통을 답습했다.

중국 고대 공(公)관념에 대한 논쟁이 비교적 빨리 등장했던 《예기(禮記)》에서는 공의 의미는 자신을 초월하고 사리와 사심이 없는 것이라고 말하고 있다.[18] 《예기 · 예운(禮運)》에서는 "큰 도가 행해지면 천하가 널리 공정(公正)해진다"고 하여, 나라를 다스리는 큰 도를 널리 시행하려면 공에 달렸다고 했다. 이는 입국위공(立國爲公) , 입법위공(立法爲公), 입업위공(立業爲公) 등을 포함한다고 했다. 즉 공정하게 법을 제정하고, 공정하게 법을 집행해야만, 인민들의 신임을 얻을 수 있고 장기적인 사회의 안정을 이룩할 수 있다는 것이었다.

선진시기의 순자(荀子)도 "공평한 마음은 밝음을 낳고, 편협한 마음은 어둠을 낳는다"[19]는 관점을 제기하여, 공과 맑고 바른 정치와의 밀접한 관계를 강조하였으며, 이는 후세에 영향이 비교적 컸다. 공정(公正)을 사적인 정에 치우치지 않고 정직한 것으로 이해하고, 공과 정(正)을 최초로 연결시킨 것은 한나라 때 반고(班固)의 《백호통론(白虎

---

17) 朱勇 主编, 《中國法制史》, 8쪽, 北京, 法律出版社, 1999.
18) 《淸华大學學报(哲學社會科學版)》 2003 (2)에 게재한 高其才, 肖建國), 胡玉鸿 공저, 〈司法公正 觀念源流略论〉 참조.
19) 《荀子 · 불순(不苟)》

通论)》으로 보인다. 그 중에는 "공평이라 말함은 바르고 사심이 없음을 말한다"고 기록
되어 있다. 《회남자(淮南子)》에도 이와 비슷한 내용이 있는데, "공평하고 사심이 없으면
한 마디를 하더라도 만민이 따른다"고 하였다.

법률의 공정성 요구를 체현하기 위해 중국의 고대 사상가들은 물의 공평성을 예로
들어 법률의 특징을 묘사했다. 법(法)을 고대 글자체에서는 법(灋)이라고 썼다. 동한 때
허신의 《설문해자》에서 이 글자에 대한 해석은 "법(灋)은 바로 형법이다. 법을 집행하려
면 물처럼 공평해야 하므로 이 글자는 물(氵)을 부수로 하고 있으며, 해태[廌]는 의사범
(擬似犯) 중에서 진범(眞犯)을 만나면 그를 궤멸시키는 동물이라는 뜻에서 거(去)를 부
수로 한다"고 했다. 오늘날의 법이라는 글자에서는 해태(廌)라는 자를 생략하여 쓰고 있
다. 비록 사람들은 허신이 말한 법(灋)자에서의 부수 물(氵)을 "물처럼 공정하다"고 해석
한 것에 의문을 갖기는 하나 이러한 해석은 사람들이 법을 공정하다는 것을 체현해 보
이고 있다는 것을 반영하는 것이라고 보고 있다.

《역경》에서는 법과 관련된 개념들을 감괘(坎卦)로 귀속시킨다. 감괘는 물을 나타내
며 물은 공평하므로 법률 역시 공평한 것이 기본 특징이다. 법률은 물과 비슷하여 공정
하고 치우치지 않는 성격을 지니고 있기에 선악을 판단하고 옳고 그름을 명확히 가리는
기준으로 사용해야 하는 것이다.

2. 선진 제자백가의 공정(公正)이념

중국 선진시기 뭇 학파들이 각자의 법률사상을 해석할 때 여러 가지 방면으로 법률의
공평성에 대해 논하였다. 법률을 제정할 때 사심을 버리고 공정해야 하고, 공을 세우면
상을 주고 죄를 지으면 벌을 내릴 것을 주장했다. 사법에서는 법을 집행할 때 반드시
믿어야 하고, 법을 주관할 때 반드시 공평해야 하며 무릇 법을 위반한 자들에 대해서는
일체 법으로 다스려야 한다.

1) 유가학설에서의 공정이념

공자와 맹자를 시조로 한 유가사상과 이와 어깨를 견줄 수 있을 만한 순자의 유가사
상은 달랐다. 공자와 맹자의 유가학설은 예의로 나라를 다스리는 예치(禮治)와 덕으로
나라를 다스리는 덕치(德治), 그리고 사람으로 나라를 다스리는 인치 이념을 핵심으로

했고, 가까이 할 사람을 가까이 하고 존경할 사람을 존경해야 함을 강조하여 계급통치의 위아래 질서를 유지하였는데, 공정이념은 주로 인민이 근본이란 사상과 평등이란 이념 속에 존재하였다. 맹자는 "인민이 먼저고 나라가 다음이며 왕은 마지막이다"[20]라고 하였는데, 이는 나라의 왕이라 하여 마음대로 할 수 없다고 한 것으로, 이것이 발전하여 "폭군방벌 : 예전에 중국에서, 학정을 하는 군주는 마땅히 퇴위시키고 덕이 있는 군주로 바꿔야 한다는 역성혁명을 지지한 사상"으로 발전하였다. 그는 주(紂) 왕을 예로 들어 "인애(仁愛)를 파괴한 자는 적(賊)이고, 도의를 파괴한 자는 잔(殘)이라 한다. 이러한 사람을 일컬어 우리는 폭군(獨夫)이라 한다. 우리는 주의 무왕(武王)이 폭군 은수를 벌하여 죽였다는 것을 들었을 뿐, 그가 신하로서 군왕을 시해했다는 소리는 못 들었다.[21] 동시에 법률의 원칙에 있어 공자는 "예악이 홍하고 형벌로 바로 잡는다"를 주장하였다. 《좌전·소공십사년(昭公十四年)》에 기록에 의하면 숙향(叔向)의 동생 숙어(叔魚)가 뇌물을 받아 법을 어겨 재판을 받을 때 숙향은 "법에 따라 죽여야 마땅하다"고 주장하였다. 공자는 숙향을 "나라를 다스림에 있어 법으로 다스리고 친척이라 하여 죄를 숨기지 아니하고, 친척을 죽여 번영에 이롭게 하니, 가히 역사에 길이 남을 것이다"라고 칭찬하였다. 그중에서 가장 두드러진 것은 공자가 제기한 "그 누구나 교육을 받을 수 있다"는 교육사상 이상의 것은 없다. 전목(錢穆)은 이에 대해 다음과 같이 해석한 적이 있다. "사람은 구별이 있다. 예를 들면 귀천 , 빈부, 지우(智愚), 선악(善惡) 등이다. 단지 교육에 있어서만은 처한 환경과 교육대상의 상황에 따라 "부축하여 앞으로 전진하고 감화시시키고 성공하게 만들어야 하는데 중복됨이 없이 다 다르다"고 했다. 공자의 문하에서 배우는 제자 가운데 염유(冉有)와 자공(子貢)이 부유하고, 안연(顔淵)과 원사(原思)가 가난하며, 맹의자(孟懿子)는 노나라의 귀족이고, 자로(子路)는 변(卞)씨 성을 가진 시골사람이었고, 증삼(曾參)은 둔하고, 고시(高柴)는 어리석은데 모두 고제(高第)의 제자인 연고로 동곽혜자(東郭惠子)는 "'공자의 문하생들은 왜 이렇게 복잡할까?'라는 의문이 들기도 했다"고 했다.[22] 이 해석은 바로 교육문제에 있어 제자의 출신이나 빈천에 따라 차별하지 않는 공자의 공정한 이념을 설명하기 위함이었다.

전국시기의 순자는 부분적으로 전 시기 법가의 법치에 대한 많은 관념을 비판 계승하

---

20) 《맹자·진심 하》

21) 《맹자·양혜왕하(梁惠王下)》

22) 錢穆, 《論語新解》, 396쪽, 成都, 巴蜀書社, 1985.

였다. 문자로 된 법전을 편찬 반포할 것을 주장하여, 관리들로 하여금 "전진과 후퇴함에 있어 규율이 있게 하였다"고 하였다.[23] 순자는 법을 집행함에 있어 공평해야 하고 죄와 형, 공과 상이 적당해야 하며, "공정(公正)은 정사(政事)를 처리하는 준칙(准則)이고, 관대하고 엄한 것이 정당한 것은 나라 일을 처리하는 표준이다"라고 했다.[24] 소위 말하는 공평(公正)과 중화(中和)란 죄의 양형을 제정함에 있어 너그러움과 엄격함을 잘 화해시켜 마땅하게 해야 한다는 것이었다. 그는 또 "공을 세우면 상을 내리고 과실에는 벌을 내릴 것"을 주장하여 반드시 "밖으로는 적을 숨기지 않고 안으로는 친한 사람을 감싸지 않아야 한다"고 했고,[25] 동시에 "종족에 따라 죄를 논하는 것"을 반대하였다.

순자는 현실사회에서 공정의 근본은 도의를 지키는 국군(國君)의 행동에 있다고 보았다. 즉 "법으로 나라를 다스리는 과정"에서 국군은 시종 핵심적 위치를 차지하였는데, 국군으로서 사회적 공정성을 보장해야 할 것을 강조하였다. "군주가 사람을 등용함에 있어 공정하지 못하면 신하가 군주에게 충성을 하지 않는다. 군주가 현명한 자를 배척하고 사적인 정에 치우쳐 발탁한 사람은 신자가 지위쟁탈로 인해 현명한 사람을 질투하게 되고 이는 그들이 서로 협력하지 못하게 되는 까닭이다. 군주는 어찌하여 인재를 널리 등용하지 않는가? 친분이 있고 없고를 따지지 아니하고 귀천을 따지지 않고 진정 어질고 재능 있는 사람을 구하려 하지 않는가? 만약에 정말 이렇게 한다면 신자는 지위를 중하게 여기지 아니하고 어질고 재능 있는 사람에게 양보할 것이며 진심으로 달갑게 그들의 뜻을 따를 것이다. 이렇게 된다면 순·우의 시대가 다시 열릴 것이며, 왕을 천하라 부르는 대업을 이룰 수 있게 될 것이다"라고 했다.[26] 공정의 실현을 군주에게 기탁한 이념은 현대의 법치사상에 부합되지는 않지만, 고대사회에서는 선택의 여지가 없었던 문제이기도 했다.

2) 묵가학설에서의 공정이념

묵가는 원시적 공정과 평등정신의 찬송자였다. 그들은 신권의 색채를 띤 천지(天志)설을 빌어 평등을 주장하였다. 그들은 천지정신이 바로 겸애라고 여겼다. 그 결론은 "하

---

23) 《荀子·成相》
24) 《荀子·王制》
25) 《荀子·成相》
26) 《荀子·王霸》

늘은 사람들이 서로 사랑하고 서로 이롭기를 희망하지 사람들이 서로 혐오하고 해치는 것을 바라지 않는다."27) 이는 하늘이 모든 것에 대해 다 "사랑하고 먹을 것을 전부 제공하기 때문"이라고 했다. 그래서 "하늘 아래 크고 작은 나라를 막론하고 모두 하늘의 나라이며, 사람이 나이가 많고 적고 부귀하고 천하고를 떠나서 모두 하늘의 신하이고 인민이다."28) 여기서 매우 귀한 것은 묵자의 평등관념이 노동민중을 출발점으로 하였다는 점이다. 벌률 면에서 묵자는 "형법을 바르게 세워야 한다(刑法正)"는 주장을 제기했다.29) 묵자는 형법을 사용하는 것을 반대하지는 않았지만 형벌을 내리기에 앞서 반드시 신중해야 하고 첫째는 "어질고 착한 자는 상을 내리고 포악한 자는 벌을 내리되 죄가 없는 사람은 죽이지 아니 하고 죄를 지은 자는 놓쳐서는 안 된다"는 것을 강조했다.30) 둘째는 "어질고 착한 자는 상을 내리고 포악한 자는 벌을 내리되 부모형제라 하여 두둔하지 않아야 한다"고 하여,31) 사사로운 정에 얽매어 불법적인 일을 행하는 것을 반대했다. 동시에 묵가는 타인의 재산을 약탈하고 무고한 자를 잔인하게 해치는 범죄행위에 대해서는 마땅히 처벌을 내려야 하며 심지어 사형에 처할 수도 있으며 "사람을 죽인 자는 죽여야 하고 사람을 헤친 자는 형을 받아야 한다"32)고 하는 소박한 공정이념을 제기하였다.

인재를 등용함에 있어 묵가는 "부모 형제라 하여 좋다고 여기지 않고", "능력 있는 사람을 발탁할 것"을 주장하였다. 묵자가 말하기를 "고대의 성스러운 임금님은 착하고 어진 사람을 존중하여 유능한 사람을 임명하였다. 부모 형제라 하여 사사로이 두둔하지 않고 돈 있고 신분이 귀한 사람을 역성들지 않았으며 미색이 뛰어나다 하여 총애하지 않았다. 무릇 현명한 자이면 선발하여 높은 자리에 앉혔고, 그들에게 부귀를 누리게 하여 오래도록 관직에 머물게 하였고, 하찮은 사람들은 직함을 해임하여 가난하게 하고 노비가 되게 하였다. 그리하여 사람들은 서로 상을 바라고 벌을 두려워하여 다투어 현명한 사람이 되려고 노력하였고, 따라서 현명한 사람은 많아지고 하찮은 사람은 적어졌는데, 이를 현명하고 능력 있는 사람을 천거하여 쓴다고 하였다."33) "고대의 성스러운

---

27) 《墨子·法儀》
28) 《墨子·法儀》
29) 《墨子·尚同 中》
30) 《墨子·尚同上》
31) 《墨子·兼愛》
32) 《呂氏春秋·去私》

임금은 정치를 함에 있어 덕을 높이 사고 현명한 사람을 존경하였다. 농업이나 수공업, 상업에 종사하는 사람일지라도 능력이 있으면, 선발하여 높고 귀한 직위를 주고 봉록을 후하게 주고 임무를 주고 권력을 주었다. …… 따라서 관리직에 있는 사람은 영원히 부귀를 누릴 수 없고 민중도 영원히 빈천한 것은 아니었다. 능력이 있으면 뽑아서 등용하고 능력이 없다면 해임시켰다. 대중의 이익을 높이 여기고 개인적인 원한은 피했는데 말한 것이 바로 이 뜻이다."³⁴⁾ 묵자의 상현(賞賢)사상은 빈부귀천과 가깝고 먼 사이의 경계선을 타파하여 중국 역사상 처음으로 "능력 있는 사람을 등용하자"는 현명함을 보자는 원칙을 내세웠다. 사람들은 출신이나 사회적 지위를 불문하고 "농사나 공업에 종사하는 사람"일지라도 현명한 사람이면 동등한 권리를 향유하고 관리가 될 수 있고 나라의 정사에 참여할 수 있다는 것은 공정한 인재 선발사상을 표현해 낸 것이다.

동시에 묵자는 공평지덕을 천지의 덕으로 말하고 있어 공정, 공평 도덕의 신성성을 강화하였다. 《묵자·상동(墨子·尙同)》에 말하기를 "때문에 선왕의 책이나 노인들이 말하기를 나라를 세우고 도읍을 건설할 때 천자제후를 세우는 것은 그들의 생활이 사치하고 황음무도함이 아니라, 벼슬을 주는 것도 그들이 방탕하고 안락함을 누리라는 것이 아니라, 그들로 하여금 직책을 나누어 분담하여 공평한 하늘의 도로 인민을 다스리라는 것이다"라고 했다. 이 말은 곧 상제와 귀신이 나라를 세우고 도읍을 건설할 때 바르게 세워야 오래 통치할 수 있다는 말이었다. 즉 "관직이 높고 봉록이 많아 부귀방탕하지 않고, 만민의 이익을 도모하고 해로움을 제거하자"는 것이었다. 묵자는 천균(天均, 저울)이란 개념을 사용하였는데, "천균이란 곧 저울로서 하늘 아래 모든 것이 공평지도를 가지고 있다"는 것이었다.³⁵⁾

3) 도가(道家)학설에서의 공정이념

도가학설은 천지만물의 최고 주재자인 도(道)를 핵심으로 하는데, 그 사상은 당시나 후세의 법률에 명확하게 직접적인 영향을 미치지는 못하였으나, "깨끗하고 욕심이 없어야 한다(淸靜無爲)"는 생각으로 인민에게 되도록 간섭하는 듯한 주장을 줄여 주어야 한다고 했는데, 이는 자연법에서 평등개념을 실현한 것이었다. 동시에 도가는 그 때 당시

---

33) 《墨子·賞賢 中》
34) 《墨子·賞賢 上》
35) 李振宏, 〈先秦时期, 社會公正思想探析〉《廣东社會科學》2005 (6) 참조.

집권자들에게 협력하지 않는 태도를 보였고, 예제에 체현되는 계급제도에 대해 비판하였다. 예를 들면 장자(莊子)는 "갈고리를 훔친 자는 사형에 처해지고, 정권을 찬탈한 자는 오히려 제후가 된다"36)는 관점은 통치자들이 선양하는 인의도덕을 비판한 것이며, 도가사상 중의 공정이념을 표현한 것이었다.

인재를 등용하는 면에서 도가는 묵가와 마찬가지로 능력 있는 사람을 발탁할 것을 주장하였다. 《장자·천운(天運)》편에서 말하기를 "도덕수양이 높은 사람은 만물을 똑같이 대하며 멀고 가까운 구별이 없다"고 했다. 무친(無親)이란 일가친척을 구분하여 따지지 않고 멀고 가깝고 현명하고 둔하고를 따지지 않으며, 똑같이 대하여 하늘 아래 모든 사물을 공평하게 대하고 이렇게 해야만 인의 극치에 도달할 수 있다"고 했던 것이다37)

도가는 또 국가적인 견지(公心)에 기초한 사회 공공이익을 강조했다. 《장자·측양》편에서는 "낮고 작은 구릉이 잇닿아 부단히 커져 높은 산봉우리를 이루고 무수히 많은 실개천이 한 곳에 흘러들어 큰 하천을 이루며 여러 사람들의 장점을 두루 배워야 가장 지혜로운 사람이 된다. 따라서 도리라는 것은 다른 사람한테서 자기 마음속으로 흡수한 것이며, 주된 견해는 가지고 있되 고집이나 편견이 없고, 자기 마음속으로부터 말한 것이 정확하나 다른 사람의 의견을 마다하지 않는 것이 도리이다. 사계절마다 기후가 다르듯이 어느 한 계절을 특별히 좋아하지 않았기에 시간이 흐름에 따라 계절이 순서대로 교체되고 다섯 관직은 각기 다른 기능을 지니고 있기에 군주는 사심으로 그 어느 한 관직을 특별히 대우하지 않아야 국가를 다스릴 수 있다. 문신과 무신은 각자 다른 재능을 지니었기에 그 어느 하나의 편을 들지 않아야 문치와 무공을 겸비할 수 있다. 모든 사물은 다른 규칙을 지녔고, 천도가 어느 한 사물에 대해 사심이 없어야 사물의 형태를 형언할 수가 없다. 사물의 형태를 형언할 수 없다는 것은 하는 일이 없다는 것이고, 하는 일이 없다는 것은 하지 않는 일이 없다는 것이다. 그는 특별히 편애하지 않고 사심이 없어야 공정하게 처사할 수 있고 사회를 다스릴 수 있으며, 편애와 사심은 공정의 큰 적임을 강조하였다."38)

---

36) 《庄子·胠箧》
37) 李振宏, 앞의 책, 참조.
38) 李振宏, 앞의 책, 참조.

4) 법가사상에서의 공정이념

선진시기 초기 법가의 대표적인 인물은 노예제 법의 계급특권제도를 반대하고 입법위공(立法爲公)의 법률정신을 제창하였다. 초기 법가 중 자산(子産), 등석(鄧析), 이회(李悝) 등이 법전을 만들고 문장으로 된 법률을 반포할 때 법의 공개성과 공정성에 대해 공시하였는데, 법가사상 가운데서 공평한 법률원칙을 표현한 것은 다음과 같이 개괄할 수 있다.

(1) "법을 근본으로 한다"는 것은 곧 모든 것을 법률로 판단한다는 것이다

법률은 반드시 "반포하여 백성에 알려야 하고" 널리 선전하여 백성이 알게 해야 하며 "경내에 비천한 사람도 듣지 않은 사람이 없어야 한다"고 했다.[39] 법을 근본으로 하려면 법률이 마땅히 공정성을 지닐 것을 요구하고 법률의 공정성에 대해 법가의 많은 사람들이 여러 모로 언급하였다.

춘추시기 제나라의 관중(管仲)은 그의 책 《관자(管子)》[40]에서 가장 먼저 "법에 의해 나라를 다스린다"고 하는 주장을 하였다. 《관자》에는 "법률이란 사회의 각종 행위를 규범화하고 이로서 옳고 그름을 판단하고 백성들의 생명과 재산을 보장하는 기본 수단이다."[41] 그는 "군주나 신하, 상층계급이나 하층계급, 존귀하거나 비천한 자를 물론하고 모두 법을 지켜야 한다"고 했다.[42] 관자는 법은 공정무사의 표현이라고 여겨 "모든 일을 법에 따라 처리하고 마치 만물을 대하듯 사심이 없어야 한다"고 여겼다.[43] 공(公)은 법의 영혼이고 공이 없으면 법도 없는 것이다. 그렇기 때문에 군주를 포함한 통치자들이 사사로운 정에 치우쳐 법을 어기는 것을 반대해야 한다. 춘추시기 정(鄭)나라의 등석(鄧析)은 "군주도 일을 처리함에 있어 반드시 법에 의거해야 한다"고 주장하였다. 그는 "법을 세우고도 마음대로 하면 법과의 전쟁이 가져오는 혼란함이란 법이 없는 것보다 더 심하다"고 했다.[44]

---

39) 《韓非子 · 難三》

40) 학계에서는 《管子》라는 책은 한 사람이 쓴 것이 아니라 선진시기 관중학파의 저작을 집성한 것이라고 보고 있다. 전국 중후기에 책으로 나왔고 내용은 방대하고 복잡하며 유가, 도가, 법가, 농사 사상이 담겨 있다. 楊鶴皋 편저, 《新編中國法律思想史》, 136쪽, 合肥, 安徽大學出版社, 1997.

41) 《管子 · 禁藏》

42) 《管子 · 任法》

43) 《管子 · 任法》

상앙(商鞅)이 보기에 법률은 공정무사의 표현이었다. 그는 임법거사(任法去私)를 주장하고석법임사(釋法任私)를 반대했다. 그는 법의 공정성이란 통치자들의 "법을 세워 인민을 위한다"는 것으로 표현된다고 했다. "나라에서 사리를 도모하기 위한 것이 아니라 나라를 위해서 나라를 다스리는 것이다"라고도 했다.[45] 나라와 사회의 전반적인 이익을 수호하기 위하여 법은 마땅히 보편적으로 적용되는 평등성을 지녀야 하고, 상앙은 마땅히 "형벌에는 계급이 없고 재상 장군에서 사대부 서민에 이르기까지 왕의 명을 따르지 않고 국가에서 금기하는 것을 범하고 제도를 혼란하게 하는 자는 죽을죄를 면하지 못한다"[46]고 생각하였다. 여기서 상앙의 벌률 앞에서는 "귀천을 가리지 않고 평등하다"는 사상을 보여주고 있음을 알 수 있다.

법의 공정성 면에서 한비(韓非)는 "법을 세움은 사심을 버리기 위함이고, 법을 실행하면 사심은 자연히 버리게 된다"고 하였다.[47] 따라서 그는 "법을 임의로 해석하여 사사롭게 행사하는 것(釋法任私)"을 반대하였던 것이다. 한비는 또 법은 마땅히 평등성을 지녀야 함을 강조하였다. "법률은 권력이 있고 부유한 사람들의 편을 들지 않는다. 필묵은 꼬불꼬불한 곳으로 기울지 않는다. …… 형벌을 내림에 있어 대신이라 하여 피하지 않고 상을 줌에 있어서는 학식과 지혜가 없는 사람이라 하여 놓치지 않는다.[48]"즉 법률은 귀천 계급을 구분하지 않고 사람에 따라 달라지지 않으며 법률 앞에서는 사람마다 평등하다는 것이었다.

(2) 상과 벌을 잘 내려야 한다

주로 "공로가 있으면 꼭 상을 줘야 하고 죄가 있다면 꼭 벌을 내려야 한다"는 것과 "상은 후하게 주고 벌은 중하게 내린다"를 관철시켜야 한다는 말이다. 상을 줘야 할 것은 반드시 상을 주고 내려야 할 벌을 반드시 내려서 인민들의 신임을 얻어야 하는데, 이는 법률의 공평성에 대한 구체적인 표현이었다. 예를 들면《여씨춘추》에서는 "공을 세웠으면 당연히 상을 받아야 하고 죄를 지었으면 응당 벌을 받아야 한다"고 하면서 "상벌이 분명하지 않으면 인민들은 쉽게 법을 범한다"고 경고했다.[49]

---

44)《鄧析子·轉辭》
45)《鞅君書·修權》
46)《鞅君書·賞刑》
47)《韓非子·詭使》
48)《韓非子·有度》

(3) 대중을 위하고 사심을 버린다

법은 공평성을 가치로 해야 하는데, 법을 세움에 있어 법가는 대중을 위하고 사심을 버린다는 것을 지도원칙으로 한 것이다. 신자(愼子)는 "대중이 준수하는 법률은 반드시 나라가 공인하는 이치를 준칙으로 하고 법은 공정해야 하기에 법률을 제정함에 원칙과 표준이 있어야 한다"고 했고,[50] "시구(蓍龜)로 길흉화복을 점쳐 공정한 인식을 확립하고 저울로 물건의 무게를 달아 공정의 표준을 확립하고, 문서 계약으로 공정의 신용을 확립하고, 도량으로 물체의 길이를 재어 공정의 심사표준을 확립하고, 예의 법전으로 공정의 도의를 확립하고, 무릇 공정의 준칙을 확립하는 것은 모두 사심을 짓밟아 없애기 위함이다"라고 하였다.[51] 한비자의 《궤사(詭史)》에도 "법을 세움은 사심을 버리기 위함"이라는 기록이 있다. 그렇기 때문에"모두의 이익을 흥하게 하기 위해서는 멀고 가까움을 따지지 않고 귀천을 구별하지 않는 법치"를 실행해야 한다고 했다.

구체적으로 말하면 공심력이 사회 공공이익 면에서의 기초임을 강조하면서도, 법가는 법이 이익을 조정하는 면에서의 작용을 더욱 중요시했던 것이다. 《관자 · 판본해(版本解)》에서 "성인이 법을 행함이란 법령에 따라 행하고 사물을 다스리는 것이다. 무릇 법에 종사하는 자는 마음가짐이 바르지 않으면 안 되고 불공정하게 처사하면 불평을 듣게 되고, 불평을 듣게 다스리는 것은 이치에 어긋남으로 최선을 다해 일을 처리할 수 없다. 도리에 따라 다스리지 않으면 소원하거나 비천한 자는 아뢸 곳이 없고, 최선을 다해 일을 처리할 수 없게 되면 공리를 들을 수 없게 된다. 공리를 들을 수 없으면 나라는 가난하게 되고, 소원하거나 비천한 자는 아뢸 곳이 없어 용서를 구하게 된다. 천관(天棺)이 바르면 사심으로 친자식을 가까이 하지 않고 서자를 소원케 하지 않는다. 친자식을 가까이 하지 않고 서자를 소원하게 하지 않으면 "비바람을 거스르지 않고, 멀고 가깝고 높고 낮고를 가리지 않고 각자 후임자를 얻는다"고 했다. 《한비자 · 식사(飾邪)》에도 "현명한 군주가 되는 원칙에는 반드시 공과 사를 구별할 줄 알아야 하고, 법의 제도에 대해 세상에 알려지지 않았던 것을 드러내 밝혀야 하며, 개인적인 은혜는 버려야 하고 강령이 있으면 반드시 따르고, 금기가 있으면 반드시 멈추는 것은 군주의 공의(公義)이다"라고 했다.

---

49) 《呂氏春秋 · 离俗览》

50) 《愼子 · 佚文》

51) 《愼子 · 威德篇》

3. 봉건 정통법률사상에서의 공정이념

봉건 정통적 법률사상은 대부분 선진시대의 제가사상에서 만들어졌다. 유가, 묵가, 도가, 법가 등 대립되는 유파는 봉건사회의 정치 법률을 실천하는 가운데 점차 융합되어 본질적인 속성과 가치를 갖게 되었다. 또한 그들의 법률 공평관의 이면에는 여전히 통치계급 소수인의 공평성이 나타났다. 봉건 전통사상 중 공평 · 공정사상에 관한 내용은 주로 다음과 같다.

1) 인민을 근본으로 하는 사상

봉건사회에서 한나라에 들어서면서 봉건 법률제도는 더욱 많은 민본주의 사상을 나타냈다. 예를 들면 법을 제정하여 농업생산을 보호하고 부역(徭役)을 줄이고 부세(賦稅)를 삭감하여 백성들로 하여금 숨을 돌리게 하는 정책이 그러했다. 한나라의 통치자들은 농업의 발전을 촉진시키기 위하여 진나라 때의 토지세를 10%에서 5%로 낮추었는데, 이는 중국 역사상 토지세 중 가장 싼 시기 중의 하나였다. 형사법률 규범 면에서 한나라의 형법은 관용에 가까웠다. 또한 한 문제와 경제 때의 형법제도에 대한 개혁이 나타났다. 노역(勞役)과 태형(笞刑)으로 원래의 육형을 대체하여 더욱 많은 범인들로 하여금 신체의 온전함을 지키게 하기 위해 스스로 살길을 찾을 수 있게 하였으며 이로써 사회발전을 진일보적으로 추진하게 되었다.

수당 양국은 중국의 봉건사회가 바야흐로 한창 흥성하던 시기였다. 민본주의 사상도 전에 없는 중시를 받고 실천을 하게 되어 사회발전을 추진하는데 영향을 주었다. 특히 수당시기 통지자들은 수나라가 멸망한 교훈을 종합하여 민본주의 사상이 입법과 사법을 실천하는 가운데서 운용되는 바를 더욱 중시하게 되었다. 입법에 있어서 당나라 초기에 중요한 신하인 위징(魏徵)이 왕조를 유지하기 위한 장기적인 치안을 고려하여 "공정은 법으로부터(公之于法)"라는 주장을 제기하였다.[52] 당 태종도 위징의 주장에 찬성하였다. 당 태종이 통치하던 초기에는 "공정은 법으로부터"라는 정신을 견지하고 법률은 권위나 적서를 구분하지 않는다는 원칙을 견지하였다. 그는 법에 의해 진왕부(秦王府) 부장의 위법행위를 처리하였을 뿐만 아니라, 동시에 고종사촌 동생 이도종(李道宗)의 탐오행위에 대해서도 "관직을 면하고 봉읍을 절감하는"[53] 벌을 내렸다.

---

52) 《貞觀致要 · 公平》

군주와 민중의 관계를 처리함에 있어서 당 태종 이세민(李世民)은 "군주의 도리라 함은 먼저 백성들이 잘 살게 해야 한다"고 했는데,[54] 이는 인민을 근본으로 하여 나라를 다스려야 한다는 주장이었다. 이러한 사상의 지도하에 당나라 초기에는 일련의 통치 조치를 조정하였다. 경제면에서 균전제(均田制)를 실시하고 세금을 낮추고 부역(徭役)을 줄이고 부세(賦稅)를 삭감하여 농민들의 부담을 줄였고, 정치면에서는 폭정을 방지하고 과거제도를 실시하여 통치기초를 확대하였으며, 법률제도 면에서는 "덕본형용(德本刑用), 입법관간(立法寬簡), 수법획일(守法划一)"의 지도사상을 확립하였다. 단 현종(玄宗) 때에는 한동안 사형을 폐지하고 민본사상의 최고봉에 이르렀다.

수당 이후 봉건 법률제도는 차츰 쇠퇴의 길로 들어섰으나, 민본사상만은 부단히 발전하였다. 북송시기 개혁가인 범중엄(范仲淹)의 "먼저 하늘 아래의 걱정을 근심하고 후에 하늘 아래의 기쁨을 기뻐하라"가 바로 봉건시기의 민본사상을 실천한 것이다. 명 말기 황종의(黃宗羲)는 민본으로써 군본(君本)을 대체할 것을 제기 했는데, "임금과 신하(君臣)"가 같이 다스리는 자본주의 색채를 띤 민주정치사상을 실행하며, 정치면에서 "하늘 아래 사람들이 주인이고 임금은 객"이라는 국가관을 제기하였다.[55] 황종의는 군주가 독단적으로 행동하는 것을 비판하면서 이는 백성들로 하여금 그 해를 입게 할뿐만 아니라, 자기 자신과 가족에게도 회멸성적인 재난을 가져오게 할 것이라고 여겼다. 그는 봉건법률을 "한 집안을 위한 법, 법이 아닌 법"이라고 비판했다. 그는 임금과 그 가족의 이익만을 실현한 법률은 기필코 천하대란을 일으킬 것이라고 여겼다. 황종의의 민본사상은 단순히 임금에 대한 규탄일 뿐만 아니라, 전반적인 봉건제도에 대한 폭로이자 봉건 법률제도에 대한 비판이었다.

2) 덕으로 다스리고 형벌은 보조수단으로 하며, 상벌은 적절히 행하며, 신중하게 형을 내리고, 옥살이 하는 사람을 가엾이 여긴다

서한의 동종서(董仲舒)는 선진시기 유가사상의 핵심을 계승하였고, 공자와 맹자의 유가사상을 개조하여 자연계의 음양오행의 변화 규칙으로써 유학의 "덕예정형"을 논증하는 신유학사상을 제기하였다. 동종서는 "하늘은 음을 권(權)으로 하고, 양을 경(經)으로

---

53) 《舊唐書》권60.

54) 《貞觀致要 · 君道》와 《貞觀致要 · 務農》

55) 《夷特訪錄 · 原君》

한다"면서,[56] "덕이 먼저이고 나중에 형을 가한다"는 추론을 했다. 덕과 형의 관계에서 동종서는 명확하게 덕이 먼저이고 형을 보조로 함을 주장하였던 것이다. "하늘의 운동 변화 규율은 음양에 있다. 양은 덕치이고 음은 법형이다."[57] 덕과 형은 마땅히 병존해야 함을 논증했을 뿐만 아니라, 형은 덕을 반대하는 것이 아니라 덕을 순응하는 것이라 여겨 먼저 덕이 있고 나중에 형이 있음을 제창하였다. 동중서는 여러 학설에 대한 융합과 개조를 통하여 체계적인 덕치형덕(德治刑德)의 이론을 주창하였다. 이 이론은 황권이 나날이 강화되고 봉건정권이 공고해짐에 따라 점차 형태가 고정되어 갔다. 후세의 형덕 론자들은 비록 구체적인 내용에 있어서는 각자 다르고 겉으로 나타내는 것에서 차이가 있었으나, 이론체계에 있어서는 기본상 큰 변화는 없었다.

당나라 초기 통치자들은 수나라가 폭정으로 인해 빨리 멸망한 역사적 교훈을 제때에 받아들여 "덕과 예는 정치와 교육의 근본이고, 형벌은 정치와 교육을 위해 사용한다"는 입법사상을 확립하여 《당률소의》를 제정 반포하였으며, 전통적으로 형벌의 적용을 신중히 할 것을 제도화, 법전화 시켰고, 덕을 위주로 하고 형벌을 보조로 하며 형벌이 적절해야 한다는 원칙을 실현시켰다. 형옥의 실천에 있어서 "중하게 형을 내리는 것을 반대하는 기본원칙을 강조하여 유가의 윤리도덕과 강상예교, 종교 등을 법첩에 써 넣어 예법합일을 실현하였으며, 법률의 유가화 과정을 완수하였다. 이후 역대 봉건왕조에서는 모두 유가사상과 《당률》을 나라를 다스리는 근본적인 지도상으로 높이 샀고, 모방할 수 있는 전범으로 여겼다. 비록 율법의 조목에 있어서는 일부 삭제하거나 고쳤지만, 형을 실천함에 있어서 신중해야 한다는 기본 사상만은 고치지 않고 그대로 전해져 내려왔다.

3) 굴법신정(屈法伸情)

굴법신정이란 소송 가운데서 삼강오상의 윤리에 관련된 것을 법에 따르지 않고 심판하는 표준으로, 법률에 정해진 규칙을 변환하여 실제적인 정의를 보여주려는 것이었다. 이는 중국의 봉건 통치자들이 덕형을 적용함에 있어 서로 모순되는 상황에서 자주 사용하던 방법이었다. 중국 봉건사회에서 황제가 사법적 공정(公正)에서의 중요한 지위를 가지고 있음을 돌출적으로 나타냈던 것이다. 황제는 굴법신정"을 통하여 최고 재판자로서의 작용을 발휘했다. 특히 중국 고대사회 후기에 와서 굴법신정을 더욱 중시하여 이

---

56) 《春秋繁露·陽尊陰卑》
57) 《漢書·董仲舒传》

를 모방하여 인정(仁政)"을 시행하였다. 그러나 일부 왕조의 황제들은 굴법신정을 주장하지 않고, 이는 자기 스스로 법을 훼멸케 하는 위해성을 지니고 있음을 인식하고 이를 반대하였다.[58] 예를 들면 금 세종 완안옹(完顏雍)은 "법이란 나라를 평안하게 다스리는 무기이다. 친척이 법을 범했다고 하여 벌을 줄여주면, 적지 않은 사상가, 정치가도 굴법신정에 대해 비평할 것이다." 예를 들면 송나라의 이름 있는 신하 범중암(范仲淹)도 군주의 굴법신정에 견주어 "군주와 신하가 공동으로 천하를 다스리는 중요한 방도"는 법을 공평하게 집행하고 상과 벌이 실현해야 함을 강조하였다. 또 명나라 전기의 유규(劉球)도 군주의 사법적 독단에 대해 비평하였다. 유구는 《상서(尙書)》를 인용하여 고대부터 군주는 사법에 간섭하지 않는다는 전통이 있음을 증명하였고, 이는 사법이 적당하고 공정함을 보증해주는 것이라고 하였다. 그는 군주가 사법에 개입하게 되면 만약에 그것이 잘못된 것이라고 해도 법사는 감히 논쟁할 수 없다고 하면서, 심판 중 눈치를 보고 군주의 뜻을 따르다 보니 법대로 안건을 심판하지 않는 폐단을 형성할 수 있다고 하였다. 그렇기 때문에 그는 모든 안건을 모두 법에 의거하여 판결하고 군주는 간섭하지 않을 것을 건의하였다. 만약에 법사가 안건을 잘못 판단하여 실수를 범하면 그의 법률적 책임을 물었던 것이다.[59]

4. 법률제도와 체계 속의 공정

중국 봉건사회에서 일부 현명한 통치자들은 통치계급의 이익을 수호하고 안정적인 통치질서를 유지하기 위해서, 사법의 공정문제에 대해 비교적 중시하였고, 이에 상응하는 보장제도를 건립하였다. 이러한 제도는 집중적으로 다음과 같은 몇 가지 방면에서 나타났다.

1) 관원이 심판에서의 책임제도를 엄격히 한다

사법의 공증을 실현하자면 좋은 법률이 있어야 할 뿐만 아니라 법률을 엄격하게 집행하는 관리가 있어야 한다. 관원이 심판에서의 법률적 책임을 명확히 하여 사사로운 정

---

58) 〈司法公正觀念源流略論〉, 앞의 논문 참조.
59) 〈司法公正觀念源流略論〉, 위의 논문 참조.

에 얽매여 불법적인 일을 범하거나 법을 왜곡하거나 무책임한 행동을 하는 것을 단절해야 한다는 것은 고대 관리를 다스리는 중요한 내용이었다. 일찍이 서주(西周)《여형(吕刑)》에는 투옥자를 가르치는 관리들이 재물을 탐하여 법을 위반하거나 뇌물을 받고 범인을 놔주는 것을 방지하기 위한 오과지자(五過之疵)"라는 조항이 있었다. 즉 전옥관들이 어느 한 조항을 범해도 범인과 같은 죄를 묻는다는 것이었는데, 진나라 법률에도 너무 크거나 가볍게 벌을 내리는 등의 형벌을 부당하게 내리는 실형(失刑)죄, 죄가 큰데 가볍게 판결하거나 벌이 약한데 크게 판결하면 불직(不直)죄, 마땅히 물어야 할 죄를 묻지 않거나 봐주거나 고의적으로 범인을 제재에서 벗어나게 할 경우의 종수(縱囚)죄 등이 있었다. 한나라의 법률에도 사사로운 정에 얽매여 불법적인 일을 범하거나 법을 왜곡하거나 번연히 알면서도 방종하거나 정직하지 못하거나 국옥부실(鞫獄不實)한 행위에 대해서 죄의 성질에 따라 다른 형벌을 내렸다. 당나라 법률은 사법책임을 더욱 법률화 계통화하였는데, 주로 다음과 같은 몇 가지를 포함했다. ① 사법관이 심문 중 마땅히 피 심문자의 언사, 표정, 진술이유를 자세하게 고찰하여 반복적으로 비교하고 검정하여 사실 안건의 실체를 해명해야 하고, 고문을 해야 할 경우 관련인원과 회동하여 고문하며 이를 어길 시 처벌한다. ② 사법관이 안건을 판단할 때 반드시 엄격하게 율, 령, 격식에 의해 단죄하며, 이를 인용하지 않고 잘못 단죄할 경우 고의적인 것에 해당함으로 과실의 오차에 따라 처벌한다. ③ 과실의 오차를 엄하게 단속하며 무죄를 유죄로 단중하거나 가벼운 죄목을 큰 죄로 단정 짓는 것을 금한다. 과실의 오차를 저지른 죄는 고의적이거나 과실이거나를 막론하고 모두 법률책임을 지어야 한다. ④ 사법관이 친척이나 원수관계 때문에 고의로 과실의 오차를 범하는 것을 방지하기 위하여, 또는 사사로운 정에 의하여 오판하는 것을 방지하기 위하여 법관의 회피제도를 규정하였다. 송나라의 법관책임제는 또 안건을 판단하는 기한을 지켜야 하는 책임을 부가하였다. 안건 심판 기일을 초과한 사법관리는 마땅히 법률책임을 져야 한다. 법률로서 관리의 집법행위를 제약함으로서 일정한 정도에서 사법심판에서 나타나는 기형적으로 가볍거나 중한 현상을 피도록 하였다. 역사에서 볼 때 법관책임제를 비교적 잘 실행한 왕조는 왕왕 정치가 맑고 바르며 사회가 안정된 왕조였다. [60]

---

60) 林明, 〈中國古代司法公正保障制度略論〉, 《법학논단(法學論壇)》, 2000 (5), 참조.

2) 녹수(錄囚 : 죄인의 죄를 조사하는 것) 복심제도(復審制)

녹수는 다른 말로 여수(慮囚)라고 했다. 죄인의 죄를 조사하는 녹수제도는 중국 고대에 군주나 지방 관리들이 옥살이를 하게 판결한 정황을 알아보는 것으로 하급 사법기완이 옥정(獄政)의 정황을 감독 검사하여 잘못 판결하여 원통하게 옥살이를 하게 된 것을 바로 잡아주는 제도였다. 이 제도는 제일 먼저 서한에서 나타났다. 《한서·전부의전(雋不疑傳)》의 기록에 의하면 청주자사(青州刺史)는 "전부의(雋不疑)는 가는 현마다 죄인의 죄를 조사하여 돌아왔다." 당시의 주 자사 또는 군 태수는 매년 정기적으로 자기가 관할한 범죄자를 순시하였다. 《후한서(後汉書)·백관지(百官志)》의 기록에 의하면 "한 무제 때 주 자사는 늘 8월에 속한 부군국을 순행하면서 죄인의 죄를 조사했다."동한(东汉)에서부터 어떤 때에는 황제가 직접 조사하기도 했다. 녹수제도는 후세 봉건통치자들이 이어받아 사용했으며 위명제(魏明帝), 진무제(晋武帝), 수고조(隋高祖), 당태종(唐太宗) 등은 직접 죄인을 조사한 적이 있다는 기록이 있다. 이 제도는 명청 때까지 연속되었는데 이것이 진일보하게 발전하여 조심(朝審), 추심(秋審) 등의 제도로 되었다. "감옥에 가둔 범죄자의 죄를 조사하는 것을 통해 심녹(審錄, 재심)하고 이것의 기초 위에서 잘못 판결하여 원통하게 옥살이를 하게 된 것을 바로 잡아주는 제도로 안건을 심사하는 질을 제고할 수 있고 원통하게 옥살이를 하는 것을 줄일 수 있다. 죄를 조사하는 것을 통해 판결이 지체된 안건을 독촉하여 처리할 수 있고, 옥정(獄政)상황에 대해 감독 검사할 수 있으며 옥정 관리를 개선할 수 있고 안건이 지체되는 것을 방지할 수 있어서 사법 진압 기능을 제때에 발휘하는데 유리하다. 죄를 조사하는 것을 통해 하급기관의 심판활동을 감독 격려하고, 군·현 행정장관의 업적을 심사하여 사법상황을 개선하는데 유리하고 비 사형수의 죄를 줄이거나 가벼운 범죄자의 죄를 용서해주어 이를 통해 통치자들의 소위인정(仁政)을 널리 알릴 수 있었다."[61]

3) 어사감찰제도(御史監察制度)

중국 고대의 어사는 백관을 감찰하고 실직을 사찰하여 적발하는 책임을 지고 있을 뿐만 아니라, 봉건국가의 법률 집행을 감독하는 기구로 역대의 어사는 모두 심판권을 겸하여 가지고 있었다. 한나라의 어사대(御史台) 및 경사백관(京師百官), 그리고 관할

---

61) 〈中國古代司法公正保障制度略論〉, 앞의 논문, 참조.

부근의 각 군을 사찰하여 적발하는 사예교위(司隸校尉), 지방을 순찰하는 부자사(部刺史)는 모두 부분 심판권을 가졌다. 당나라의 어사대는 대리사와 형부의 사법 심판활동을 감독하는 것을 책임지고, 그 외에도 직접적으로 중대하거나 의문스럽거나 판결이 어려운 안건에 참여하고 행정소송 안건을 수리하였다. 송나라는 사법심판 감독제도가 비교적 완전한 시기였다. 사법심판 내부에 위아래 좌우를 불문하고 논박하는 규정이 있어 무릇 녹문 혹은 재심하는 관리는 부당하게 감옥에 넣도록 처리한 관리를 논박할 책임이 있으며, "마땅히 반박해야 하나, 반박하지 못하여 바로 잡지 못해 죄인이 생기게 했을 경우"에는 모두 법적책임을 져야 했다. 심판계통 외에 전문기구가 있어 사법심판 실시를 감독했다. 예를 들면 경사에는 사찰하여 적발하는 경형옥사(京刑獄司)를 세우고 남송시기에는 이를 경기형옥(京畿刑獄)으로 바꿔 원통하거나 함부로 판결하는 것을 줄이기도 했다. 명청시기의 감찰기관은 도찰원으로서 형부의 심판과 대리사의 재심을 감독할 수 있을 뿐만 아니라 부분 안건을 직접 심리할 수 있는 권리를 가지고 삼법회심 활동에 참가할 수 있었다.[62]

4) 신소(申訴)와 사형복합제도(死刑復核制度)

원통하거나 잘못된 안건을 바로잡기 위해 역대 왕조에서는 모두 정상 절차와 특수 절차의 신소제도(申訴制度)를 설립하였다. 예를 들면 진한시기의 걸국(乞鞫), 송나라의 번이별감(翻異別勘), 이설(理雪) 등의 제도가 그것이었다. 특수 절차로는 직소(直訴)가 있었다. 직소는 중국 고대 법률에서 제정한 특별한 신소제도로서 일부 안건이 크거나 원통함을 당한 자는 일반 소송절차와 소송관할의 제한을 넘어 직접 최고 통치자에게 신소할 수 있었다. 일찍이 서주(西周)시기에 노고(路鼓)와 폐석(肺石)제도가 있었다. 노고제도란 천자가 정사를 처리하는 궁문 밖에다 노고를 세워 두어 이곳에 와서 북을 치는 평민에게 관원을 파견하여 상황을 알아보고 주왕(周王)에게 보고하는 것이다. 폐석(肺石)"이란 조정밖에 폐석을 두어 백성이 억울한 일이 있으나 하소연할 곳이 없을 때 그 위에 서서 윗사람에게 아뢰는 것이다. 직소는 서진(西晉)시기에 형성되었다.[63] 진무제(秦武帝)가 조당 밖이나 도성 내에 밟고 오를 곳을 만들어 북을 매달아 백성들이 북을 쳐서 원통함을 호소하면 관리가 그 소리를 녹취하여 소장으로 만들어 위에다 보고했

62) 〈中國古代司法公正保障制度略論〉, 위의 논문 참조.
63) 张兆凯 主编,《中國古代司法制度史》, 97쪽, 長沙, 岳麓書社, 2005 참조.

다.[64] 후에 청나라에 이르기까지 모두 이러한 제도가 있었다.

사형재심절차는 위진남북조시기에 시작되었다. 위명제(魏明帝) 때에 "정위(廷尉) 및 천하 옥관(獄官)들은 반역을 꾀하거나 사람을 죽이지 않았다면, 성은을 베풀기를 구하려는 자에 한해 아뢸 수 있게 하라"고 규정했다.[65] 수나라에서 사형은 삼복심제를 실시한다고 규정하였고, 당나라 때에는 경사판처(京師判處)의 사형은 오복심제를 실시하였다. 사형복심제를 설립한 것은 황제가 사법심판의 통제를 강화하기 위함이었으며, 이 또한 형을 신중하게 내리는 하나의 표현이었다.[66]

5) 법사회심제(法司會審制)

고대의 회심제는 《예기·왕제(王制)》의 기록에 의하면 은주시기 옥송(獄訟)심판 절차에서 기원되었다. 당나라에 이르러 회심제도는 더욱 완전해졌다. 당나라에서는 특별히 중대한 안건에 부딪치면 대리사경(大理寺卿)이 형부상서(刑部尙書), 어사중승(御史中丞)과 함께 공동으로 심사 처리하였는데, 이를 삼사추사(三司推事)라고 하였다. 이는 처음으로 정식 설립된 회심기구였다. 명청의 회심제도는 녹수제의 기초 위에서 더욱 완전해졌다. 명나라에는 중앙에 전문적으로 삼법사의 연합회심기구를 설립하였는데, 형부, 대리사와 도찰원으로 구성되었고 중대안건이나 의심스럽고 판단하기 어려운 안건에 대해 회동하여 심사 처리하였는데, 이를 일컬어 삼사회심(三司會審)이라 했다. 또 하나 특별히 중대한 안건일 경우 삼법사가 각 부서의 상서 및 통정사(通政使)들을 회동하여 공동으로 심사 처리하였다. 아홉 관리가 고개를 숙이고 토론하는 것을 원심이라고 했다. 청나라에 와서는 구경회심(九卿會審)이라 바꿔 불렀고 명나라의 조심제(朝審制)에 기초하여 추심(秋審), 조심(朝審), 열심(熱審) 등 3가지 형식으로 발전하였으며 각각 각성에서 보고한 감옥에서 사형이나 교수형을 기다리는 안건이나 형부판결 안건 및 경성 부근의 사형안건을 다시 심사하였다. 명청시기에 이르러 회심제도는 비교적 발달하고 완전하게 되었다. 이는 봉건사회 말기 황권이 통제하는 심판이 날로 완벽해졌다는 표현이고 동시에 이러한 방식의 실현은 각 계급의 사법기관의 활동 시행에 대해 검사 감독할 수 있어서 잘못 판결한 안건이나 원통한 안건을 바로 잡는 외에 봉건 법률이 통일적으로

---

64) 《晋書·世祖武帝本纪》
65) 《三國志·(魏書·明帝本纪)》
66) 〈中國古代司法公正保障制度略論〉, 위의 논문 참조.

적용되는데도 유리하였다. 신중히 형을 내리는 측면에서 볼 경우 이러한 방식을 통해 일부 사형수들이 살 길을 획득하였다. 예를 들면 추심과 조심을 거친 사형안건은 이미 아뢰어 집행한 경우를 제외하고는 미루어 판결하거나 불쌍히 여기거나 사형 또는 유배 형의 죄인이 부모를 부양할 처지에 있거나 제사를 모셔야 할 경우에는 모두 사형을 면 해주었다.[67]

5. 예와 공정

앞에서 우리는 이론과 역사사실 면에서 전통적인 법과 공정 평등이념의 경합에 대해 다시 한 번 정리해 보았다. 그들 사이에 일치되는 부분이 있는 것은 우연만은 아니다. 법이 진보하고 발전하는 데는 일정한 규율의 지배를 받으며 동시에 질서를 유지하고 화합을 도모하는 것은 중국의 고대사회에서 위로는 황제에서 아래로는 관리에 이르기까 지 노력을 아끼지 않고 추구해온 것이기 때문이다. 그런가 하면 질서, 화합의 실현은 반드시 공정, 평등한 이념과 밀접히 연관되었다.

중국의 고대사회는 예법사회였다. 예법은 고대법의 기본 형태였고, 그의 기본특징은 예를 국가의 입법과 집법과 사법의 기본원칙과 지도사상으로 하며, 예로써 법을 주재하 고 예로써 법을 섭렵하여 예와 법은 하나로 어울어지기도 하고 공존하기도 하면서 서로 보완하고 침투하고 융합하여 사회를 규범화하고 민중을 관리하고 나라를 다스리는데 사 용되었다. 예법이 융합된 것은 고대 법가와 유가사상과 밀접한 연계가 있으며, 역대의 통치자들은 이를 정통으로 받들었다. 때문에 고대 법학은 다시 말해서 예법을 핵심으로 하는 유가법학이라고 할 수 있는 것이다. 하지만 "예와 법을 지키지 않고", 등급제도를 강조하는 고대사회는 필연적으로 공정, 평등과 위배되고 모순되었다. 고대사회에서 현 대적 의미의 평등이란 손꼽아 헤아릴 수 있을 정도라고 해도 과언이 아니며, 유가 법학 과 공정, 평등 간의 모순은 필연적으로 존재하게 된다. 전통적인 예(禮) 문화는 중국사 회의 고질적인 황권사상과 등급관념의 근원이었다. 중국 고대의 예법사회에서 사회의 공평이념은 실질적으로 등급제도가 존재하는 기초 상에서의 공평이었다. 사회의 존재와 발전은 일정한 질서가 있는 전제하에서 이루어져야 한다. 또한 질서에는 일정한 정도의

---

67) 〈中國古代司法公正保障制度略論〉, 앞의 논문 참조.

공평의 뜻이 포함돼 있다. 예를 핵심으로 하는 등급사회에서 공평이란 자원에 대한 평균분배와 권리, 의무를 동일체로 대한다는 뜻이 더 많이 내포돼 있다.《회남자 주술훈(主術訓)》에서는 "법은 천하세상의 도량의 기준이고 군주가 장악하고 있는 법칙이기도 하다. 형법을 제정하고 반포 실행하는 것은 법을 위반한 자를 법에 따라 처벌하기 위한 것이다. 장려제도를 통해 실행하는 것은 공로가 있는 자를 장려하기 위해서이다. 이러한 형법과 제도가 제정되면 장려제도에 부합되는 자는 표창과 장려를 받게 되고, 법률을 위반한 자는 처벌을 받게 된다. 존귀한 신분을 가진 자가 법률을 위반했다고 해서 처벌을 경감시켜서는 안 되고, 비천한 신분을 가진 자가 법률을 위반했다고 해서 가중 처벌을 해서는 안 된다. 법률을 위반한 자가 현명하고 능력이 있다 할지라도 엄벌해야 하고, 법을 지키는 자가 무능하다고 해서 이유 없이 죄를 물어서는 안 된다. 따라서 공정하게 법률을 집행하는 사회기풍이 성행하면 사사로운 정에 얽매여 법을 어기는 자는 설 자리가 없게 될 것이다"라고 주장했다. 이는 법률은 사회 성원 매 사람을 차별 없이 대해야 한다는 각도에서 등급제도가 존재하는 사회에서의 법률의 공정성에 대해 한층 더 논증했던 것이다.

등급제도 하에서의 법률의 공정성에 대한 요구는 다음과 같은 면에서 주로 구현되었다. 첫째, 동일한 등급에 처해 있는 사회 구성원에 대해서는 동등한 권리를 부여하고 구체적인 의무를 이행할 것을 요구함으로써 등급 내부의 상대적인 공정을 실현한다. 둘째, 다른 사회적 지위와 다른 등급에 처해 있는 사회성원을 포함한 모든 사회 성원에 대해서는 일부 권리와 의무 면에서 차별 없이 대할 것을 요구함으로써 등급 간의 차별화가 희미해지거나 또는 고려하지 않도록 했다. 중국에서 등급제도가 수천 년간 전해 내려오면서 등급관념이 사회 여러 면에 침투됐으며, 이러한 특정된 사회 배경 하에서 법률은 등급 내부에서는 균등하고 등급 간에는 동일하게 대하는 것으로 그 상대적 공정성을 실현하면서 제한된 방식으로 사회적 공정성을 실현하는 기준 역할을 했다. 종합적으로 중국의 선통 법률사상은 진한시기에 형성되어 위진수당(魏晉隋唐)시기에 성숙했고, 송·원·명·청시기에 변화 발전했으며, 사상이 풍부하고 발전 맥락이 뚜렷해 사람들의 감탄을 자아냈다. 공정의 이념은 전통법이 탄생되면서부터 그 가운데서 잉태되고 성장, 성숙되고 완벽화됐다. 전통법 중에 공정성과 평등성이 없고 민주와 자유가 없다고 맹목적으로 주장해도 안 되고 등급과 전제를 맹목적으로 강조해서도 안 된다. 우리가 전통법이 발전하는 구체적인 역사 배경에 근거해 전통법의 정신을 구체적으로 분석하고 이해하면 전통법의 공정이념이 사실상 매우 풍부하다는 것을 발견할 수 있으며,

어떤 각도에서 이해하는가 하는 것이 중요하다. 중국 전통법의 공정이념을 발굴하는 것은 역사를 재조명하기 위해서만이 아니라 우리가 현재와 미래에 이를 참고하기 위해서이다.

3절. 질서

이상적인 사회질서는 중국 전통 사상가들이 공동으로 추구해온 주제이다. 선진시기 중국사회는 장기간의 분열과 전란상태에 처해 있어 무질서로 인한 사회 불안정과 자원 손실, 민중이 유리걸식하는 등 쇠퇴현상이 보편적으로 나타났다. 이로 인해 질서가 우선이란 관념이 각 유파 사상가들에게 깊이 각인되었고, 질서를 모색하는 것이 중국 고대 사상가들의 사상체계와 가치 추구에 있어서 중심적 위치를 차지하게 되었다. 다만 각 유파의 사회질서에 대한 견해와 이상적인 질서에 이르는 방법은 각각 달랐다. 사회질서는 인류사회의 생존과 발전의 기본조건이다. 중국 고대사회의 질서관은 서방사회와는 전혀 달리 예와 법이 사회질서를 유지하는 주요 자원이 되었으며, 덕치, 교화, 정부 법령, 형벌(德禮政刑)과 종합적으로 다스리는 것이 사회질서를 유지하는 효과적인 수단으로 간주했다. 이에 대해 중국 역대 사상가들은 통찰력 있는 논술을 수 없이 쏟아냈던 것이다.

1. 중국 고대 사회질서 구축과정에서 예치의 기능과 역할

예는 고대 중국사회의 가장 기본적인 사회현상이고, 중국 전통문화의 핵심이며, 법문화의 주요 구성부분이기도 하다. 중국 문화사에서 예는 내용이 아주 광범위하고 가장 복잡한 범주이기도 하다. 중국의 고유 문화체계에서 예의 중요성에 대해 어느 학자는 "세계 역사상에서 그 어느 문화와 제도의 생명력도 중국의 예와 함께 거론할 수는 없다"[68]고 평가했다. 예는 중국의 전통문화에서 떼놓을 수 없을 만큼 밀접했으며, 중국 전체의 고대문화에 관통돼 있다. 장진번(張晋藩)은 중국 전통문화에서 예가 차지하는

---

68) 마소홍, 《禮與法》, 13쪽, 북경, 경제관리출판사, 1997.

위치에 대해 체계적으로 서술했다. 그는 이렇게 말했다. "개인에서 가정에 이르기까지, 사회에서 국가에 이르기까지, 생산에서 생활에 이르기까지, 언론에서 행위에 이르기까지 어느 것 하나 예문화에 포함되지 않는 것이 없었으며, 예문화에 의해 조정되지 않는 것이 없었다. 진나라 때의 벽돌과 한나라 때의 기와, 편종, 악무(樂舞), 궁궐, 천단환구(天壇圜丘)는 예의 물질적 유물이고, 한·당·명·청시기의 예전(禮典)은 예의 정신적 유물이며, 일을 행함에 있어서 예의 규범에 따르고, 예의 규범에 따라 스승을 존중하는 것은, 예의 규범이 전해져 내려온 것이다. 비록 세월이 많이 흐르고 큰 변화가 일어났지만, 예에서 가치가 없는 것을 벗겨 버리고 나면, 여전히 섭취할만한 예의 정수는 남아 있다. 이는 중화민족문화의 중요한 구성부분으로서 중국의 전통 국정, 사회상황, 민심을 파악하는 키워드이기도 하다."[69]

1) 중국 고대 예의 성질

사서의 기록에 의하면 하·상시기의 말과 행동규범으로서의 예는 이미 존재했음을 알 수 있다. 서주 초기 "주공이 예를 제정한 후, 주례(周禮)는 방대한 예치체계"를 형성했다. 선진시기 이후부터 많은 중국 고대문헌 전적들은 모두가 예의 성질과 역할에 대해 논술하였다. 고대 중국의 예에 관한 여러 가지 평론들을 종합해보면 예의 성질을 아래와 같은 몇 가지 방면으로 나눌 수가 있다.

(1) 예는 종교성을 띠며 국가의 의식형태로 부상했다

예자의 어원을 보면, 예의 기원과 핵심은 바로 존경과 조상에 제사를 지내는 것이다.[70] 옛날 사람들은 제사를 지낼 때 옥(玉)은 신을 모시고 복을 비는 제물로 삼았다. 이른바 "옥으로 예를 행하는 것"이라고 했다. 이 같은 사실은 고고학 연구를 거쳐 고대 문화유적에서 발굴된 옥기를 통해 입증됐다. 곽말약은 "예는 신에게 제사를 지내는 데서 기원했다. 그러므로 예자는 귀신에게 제사지낸다는 데서 유래했는데, 이것이 후에 시(示)라는 변이 붙게 되었고, 그 후에는 의미가 넓혀져 사람에게까지 확대됐으며, 또한 그 후에는 길(吉)례, 흉(凶)례, 군(軍)례, 빈(賓)례, 가(嘉)례의 여러 의제의 의미로 넓혀

졌다고 했다.[71] 이른바 주례는 그 특징이 신(조상)에 제사를 지내는 것을 핵심으로 하던 원시적인 예의였는데, 이것이 개조되어 새롭게 제정되면서 체계화 되고 기능이 확장되는 과정을 거친 후 완전한 종법제의 통치법규가 되었다고 보는 것이다[72]. 유가경전인 《예기》에는 종교제사에 관한 대량의 내용이 기록되어 있다. 《예기》에서 종교와 관련된 논술은 두 개의 큰 유형으로 나눌 수 있다. 첫 번째 유형은 교사종묘(教社宗廟)와 장례제도, 예의에 관한 규정이고, 두 번째 유형은 이러한 제도, 예의에 관한 의미의 설명이다. 《예기》 중의 이 부분은 유가 이학의 중요한 내용을 형성했을 뿐만 아니라, 한 왕조와 그 이후 역대 왕조가 종교제사의 전제를 수립하고 수정하는 이론적 근거가 되기도 하였다[73]. 서한 중기 이후, 유학이 정부의 지도이념으로 받들어짐에 따라 예도 최고 행위규범으로써 받들어지게 됐다. 예의 기능과 역할을 강화하기 위해, 유가는 예를 하늘, 땅과 결합시켜 예를 더욱 신비화시켰으며, "예는 하늘이 정한 원칙이고 땅의 이치이며, 백성이 따르고 행해야 할 행동의 근거"[74]라고 주장했다. 또 "예는 선왕이 하늘의 뜻을 따르고 인간 만물을 다스리는데 쓰이는 것"[75]이라고 주장했다. 송·명시기 이학 사상가들은 한 걸음 더 나아가 사회질서의 예를 천례(天禮)와 동일시했다. "이른바 예란, 하늘의 이치로서 규칙이 정해져있으므로 이를 어기면 안 된다. 그러므로 예라고 한다"고 했다.[76] 이(理)는 바로 부자관계, 군신관계의 원칙과 봉건 등급질서를 강조하고 있고, "하늘은 위에 있고 늪은 아래에 있어야 하며, 위아래는 구별되어야 하고 존귀와 비천은 구별이 있어야 한다. 그것이 바로 마땅한 이치이고 예의 근본이다"[77]라고 강조했다. 사람들이 영원히 변함없이 봉건적인 삼강오상을 지킬 수 있다면, 이는 천리를 체현한 것으로 보았다. 주희(朱熹)는 이(理)를 인류사회에 널리 보급시켰으며, 이(理)는 "삼강오상"으로 체현됐다. 그는 "삼강오상"을 천리라는 높은 단계로까지 끌어올렸다. "삼강오상은 천리(天理)요, 인륜도덕 법칙의 기강이며, 천하를 다스리는 근본이다"라고 했다.[78] 그리

---

71) 郭沫若, 《十批判書 · 孔墨的批判》, 82~83쪽, 북경, 인민출판사, 1954.
　　李澤厚, 《中國思想史》(상), 14쪽, 合肥, 安徽人民出版社,1999.
72) 李澤厚, 《中國思想史》(상), 14쪽, 合肥, 安徽人民出版社,1999.
73) 牟鐘鑒, 張踐, 《中國宗教通史》(상), 239~244쪽, 북경, 사회과학문헌출판사, 2000년.
74) 《左傳·昭公二十五年》
75) 《禮記·禮運》
76) 《宋元學案》 권50, 《南軒學案》
77) 《周易程氏傳》 권1.
78) 《朱子全書·戊申延和奏札一》

하여 종교적 색채가 짙은 예와 통치자들이 선양하는 천명신앙(天命信仰), "왕권은 신이 내린다(王權神授)"는 사상이 결합되어, 군주전제의 합리성을 논증하고 정신적으로 사람들의 사상을 통제하는 통치의 의식형태로 승화되었던 것이다.

(2) 외부 형태로 볼 때, 예는 복잡한 예의제도이고 종법 혈연관계와 종법등급제도를 수호하는 정신적 원칙과 언행 규범의 총칭이었다

첫째, 예는 사회 등급질서를 반영하는 복잡한 예의제도였다. 예의 핵심은 귀천상하, 존비, 장유, 남녀유별의 등급질서를 수호하는 데 있었고, 이러한 등급질서는 또 많은 복잡한 전장, 제도, 규칙, 예의범절을 통해 반영되었다. 구체적인 예의 형태면에서 보면 예에는 일반적으로 5례와 6례, 9례가 있었다.[79] 중국 고대사회에서 사회적 지위가 서로 다른 사람들 사이에는 생활방식이 서로 다르며, 서로 다른 예의제도가 반영되었다. 이러한 예의제도의 역할은 등급제도를 명백히 밝히는 것으로 사회의 조화와 안정을 유지하는 것이다. 예를 들면 향음주례란 바로 "어른을 존중해야 하고, 노인을 봉양해야 하며, 백성들은 어른을 존중하고, 노인을 봉양해야 한다는 도리를 알고 난 뒤에야 비로소 효성과 우애를 갖출 수 있다"고 했던 것이다.[80] 일상생활의 의식주행(衣食住行)에서도 존비귀천의 등급질서가 곳곳에서 표현되었다. 청나라 때에 이르기까지 의복과 장신구에 대한 제한은 존비귀천을 구분하는 중요한 하나의 표식이 되었다. 제왕, 후궁, 각급 관리에서부터 서민 백성에 이르기까지 의복의 형태, 색깔, 무늬, 원단 등 여러 방면에서 등급에 따른 엄격한 규정이 있었는데, 그 규정을 어겨서는 안 되었다. 이를 통해 신분이 존귀한 자의 우월성과 가난하고 천한 자의 비천함을 구별했다. 거주환경에서는 가옥의 크기와 방의 개수와 양식, 그리고 인테리어 등에 대해 모두 정해진 제도가 있었으며, 제멋대로 함부로 사용하면 안 되었다. 황궁과 왕족의 저택은 한눈에 알아볼 수 있고,

---

79) "5례(5禮)"에는 길(吉)례, 가(嘉)례, 빈(賓)례, 군(軍)례, 흉(凶)례 등 5개 방면의 예가 있는데 그 가운데 길례는 제사의 예를 가리키고, 가례는 관혼의 예를 가리키고, 빈례는 영빈의 예를 가리키고, 군례는 행군작전의 예를 가리키며, 흉례는 상장(喪葬)의 예를 가리킨다. "6례(六禮)"에는 일반적으로 관(冠)례, 혼(婚)례, 상(喪)례, 제(祭)례, 향음주(鄕飮酒)례, 상견(相見)례 등 6개 면의 예가 있다. 관례는 성인의 예를 가리키고 향음주례는 고을의 선비들이 모여 읍양하는 절차(節次)를 지키어 술을 마시고 잔치하던 행사(行事)를 가리킨다. "9례(九禮)"는 관(冠)례, 혼(婚)례, 조(朝)례, 빙(聘)례, 상(喪)례, 제(祭)례, 빈주(賓主)례, 향음주(鄕飮酒)례, 군(軍)례 등 예의가 있다. 이 가운데 조례(朝覲)는 제후들이 천자를 알현하는 예를 가리키고, 빙례는 제후들 사이의 상호방문 예의를 가리킨다.

80) 《禮記·鄕飮酒義》

왕공 제후 관리(公侯品官)들의 저택 격식도 일반 백성들의 가옥과는 달랐다. 출행 면에서도 등급이 다름에 따라 서로 다르다. 일반적으로 사대부는 차나 말을 타고 외출하고 서민이나 천민들은 보행하거나 지정된 교통수단만 이용할 수 있다고 규정했다. 한편 서로 다른 등급의 관리들이 사용하는 교통수단의 장신구와 의장과 호위의 구별 점에 대해서도 각각 다른 규정이 있었다.[81] 이로부터 알 수 있듯이 사회적 지위가 서로 다른 사람은 옷차림과 신발, 기물에 이르기까지 그 어느 것 하나 구별되지 않는 것이 없다. 그래서 "옷차림을 보면 귀천을 알 수 있고 표지를 보면 그 권세를 알 수 있다"고 했다.[82] 한 사람의 사회적 지위는 겉모습만 봐도 한눈에 확연히 알 수 있었다. 이러한 예의제도가 있기에 귀천을 구별할 수 있었고, 낮은 지위에 있는 사람이 높은 지위에 있는 사람을 능멸하지 못하도록 규정되어 있어 기대하는 사회질서를 유지할 수가 있었다. 그러므로 역대 제왕들은 신하들의 여복(輿服, 수레와 관복)에 대해 조서를 내려 명확하게 금지시켰으며, 관리들도 늘 이 일로 제왕에게 상소를 올려 제지시킬지에 대해 문의하곤 했다. 생활방식에 관한 예의제도가 이렇게 중요한 만큼 사회질서와도 밀접한 관계가 있었다. 그렇기 때문에 고대 사람들은 이러한 제도는 마땅히 엄하게 지켜져야 하며 절대 파괴해서는 안 된다고 여겼다. 그렇지 않으면 필히 존귀와 비천의 구별이 없어지고 지위의 높음과 낮음의 질서가 깨지게 된다고 주장했다. 이러한 사소한 규정은 예서(禮書)에서만 규정지은 것이 아니라 법전에도 편입시켰다. 당나라 이후의 법률은 옷차림과 기물에 관한 예의를 어긴 자에 대해서 엄하게 처벌한다고 규정했다. 《당률》과 《송률》에는 저택, 여복, 기물 등에 관한 규정을 위반한 자에 대해서는 곤장 100대를, 옷차림 규정을 어긴 자는 40대를 친다고 규정했다.[83] 원, 명, 청시기의 율에도 저택, 여복, 기물 등에 관한 전문적인 규정이 있었으며, 그 규정을 어긴 자에 대해서는 관직에 있는 자든 관직이 없는 자든 누구를 막론하고 모두 죄를 물었다.

둘째, 예는 법적 성질을 띠며 중국 고대사회에서 사회질서를 수호하는 주요 규범이었다. 서주시기 예의 정신과 예의 규범은 국가기구와 사회질서의 정상적인 운행을 확보하는 주요 방법이었다. 이 시기의 주례(周禮)는 사실상 사회 전반에 대해 법률적 조율 역할을 했으며, 전적으로 법적 성질을 갖췄지만 또한 법에 국한되지는 않았다. 국가의 행

---

81) 瞿同祖,《中國法律與中國社會》, 제3장 "階級" 139쪽 및 이하 각 쪽을 참고. 북경, 중화서국, 1981.

82) 賈誼,《新書 · 服疑》

83) 《唐律疏議》,《宋刑統》

정, 사법, 군사, 종교, 교육 나아가 논리도덕, 가정생활 등 여러 면에 이르기까지 모두 예의 조율과 규범이 있기 때문이었다. 또 나라 정치의 성패와 사람들 언행의 공과와 시비, 죄와 무죄 등 모든 것은 다 예를 그 판단의 근거로 삼았다. 이때 예는 법률, 도덕, 종교, 습속 등 여러 가지 규범의 종합적 표현이라고도 말할 수 있었다. 진한 이후, 언행 규범으로서의 예는 법률의 유기적인 구성부분이었을 뿐 아니라, 봉건사회 법률제도의 최고 지도원칙이기도 했다. 예는 사회에서 법적 규범의 기능을 발휘했으며, 그 기능의 발휘는 예를 법에 편입시켜 예와 법을 합류시키는 수단으로 실현됐다. 예와 법은 비록 각자 독립적으로 존재하지만, 예는 사람들의 행위를 규범화시키고, 사회질서를 조정하는 특수기능을 갖고 있기 때문에 예를 법에 편입시키는 것은 필요할 뿐만 아니라 가능한 일이었다.[84] 예를 법에 편입시킨 것은 한나라부터였으며, 한나라 유학자들은 경서를 송사 판결의 근거로 삼게 되기 전까지는 줄곧 유가학설을 지도사상으로 하여 법률을 해석했다. 위진남북조시기의 발전을 거쳐 당나라에 이르러 "덕과 예를 정치와 교화의 근본으로 하고 형벌을 정치와 교화의 수단으로 한다"는 입법의 지도 원칙을 확립해 법과 예의 결합을 완성시켜 중국의 봉건사회를 절정기에 올려놓았다. 유명한 당나라 법전인 《당률》은 "유가 예교의 삼강오상을 입법의 지도 원칙으로 삼아 예와 법의 합일을 실현해 역대 율전과 마찬가지로 경중이 적절하고 원만한 것"으로 세상에 널리 알려졌다.[85] 그 후 청조 말기에 이르기까지 줄곧 등급사회의 예의규범을 유지하는 기초가 되었다. 예를 들면 팔의제도, 상주제도, 감(減), 속(贖), 관당(官當), 면관(免冠) 등 제도를 유지해오면서 중국 봉건사회 법률의 유기적인 구성부분으로 되었으며, 봉건 입법, 사법을 지도하는 기본원칙이 되었다.

셋째, 예는 정치제도, 법률규범에서만 반영되었던 것이 아니라, 사람들이 일상생활에서 보편적으로 준수하는 논리규범이기도 했다. 예는 논리도덕의 형태로 사람들의 사상의식을 지도했고, 사람들이 마음속으로 예의 정신을 받아들여 예의 규범이 요구하는 바에 부합되도록 했다. 이것이 바로 유가가 선도하는 "예악으로 사람들을 교화한다"는 사상이었다. 주나라 초기 주공은 예를 정하고 악률을 만들어 덕으로 예를 보충했다. 춘추 말기 공자는 어질 인(仁)을 통해 예를 설명하고, 인을 가장 완벽한 논리도덕으로 간주했다. 인의 본뜻은 아끼고 사랑한다는 것으로, 인으로 부자간, 형제간의 관계를 규정했다.

---

84) 張晉藩,〈論禮〉, 《社会科學戰線》, 1998 (3).
85) 《四庫全書總目·政書類》

즉 부모는 자식에게 인자하고, 자식은 부모에 효도하며 형은 아우를 사랑하고 아우는 형을 공경해야 한다는 것이 그것이었다. 또한 임금과 신하 사이의 관계에 대해 "임금은 신하를 대함에 있어서 예의를 갖추고, 신하는 임금을 섬김에 있어서 충성을 다해야 한다"고 했다.[86) 항렬이 같은 사람 사이의 관계를 처리함에 있어서는 "자신이 업적을 쌓으려면 먼저 다른 사람이 업적을 쌓도록 도와주어야 하고, 자신이 성과를 얻으려면 먼저 다른 사람이 성과를 얻도록 도와주어야 한다"고 했고[87), "자신이 원치 않는 일은 다른 사람에게 억지로 강요하지 말라"고 했다.[88) 곧 인과 예의 관계에 있어서 공자는 인으로써 예를 충실하게 보충할 것을 주장했다. 그는 주례는 가장 완벽한 논리규범과 제도라고 하면서 인은 가장 완전무결한 논리적 관념이며 품덕이라고 주장했다. 또한 인은 예의 실질적인 정신이라고 하면서 "인덕을 쌓지 않은 사람이 어찌 예의를 갖출 수 있겠는가?" 하고 주장했다.[89) 즉 인의 정신이 없는 사람은 예의가 있어도 쓸모가 없다는 것이었다. 이와 같이 예의 내용 중에서 도덕적인 요소가 점차 발전하면서 후에 "인의도덕은 예의를 벗어나면 갖춰질 수 없다"는 관념에까지 이르게 되었다.[90)

동중서(董仲舒)는 선진시기에 나타난 삼강오상(綱常) 사상을 종합하고 여러 가지 논리규범을 삼강오상으로 개괄했다. 삼강오상은 예교의 원칙이기도 하고 도덕규범이기도 했다. 삼강오상은 사회등급의 존귀와 비천을 절대화시켰으며, 사람들이 반드시 준수해야 할 신성한 도덕준칙이 되었다. 송명시기 이학이 흥기한 후에는 천리(天理)의 높이까지 승화되었다. 정주이학(程朱理學)은 천리를 삼강오상의 준칙과 완전히 동일시했다. 주희(朱熹)는 "내가 도라고 말하는 것은 유가사상의 행동규범에는 임금과 신하 사이, 부자 사이, 부부 사이, 형제 사이, 친구 사이 등과 같이 매 개인은 모두 여러 가지 관계가 있으며, 매 관계는 모두가 다르게 처신해야 하는 원칙이 있는 것이다"라고 말했다.[91) 이러한 예는 사람들이 반드시 준수하고 복종해야 하는 도덕 율령이었다. 이학자들은 천리와 예를 동일시했는데 이는 봉건윤리사상을 형이상학적으로 논증해 사람들이 삼강오상에 복종하는 것은 천리로서 자연스러운 일이라는 것을 마음속으로부터 느끼게 하려는

---

86) 《論語·八佾》
87) 《論語·雍也》
88) 《論語·衛靈公》
89) 《論語·八佾》
90) 《禮記.曲禮 》
91) 《論語或問》 권4.

데 목적이 있다. 이로부터 알 수 있듯이 예는 삼강오상의 명교로써 굳어졌으며, 봉건사회의 등급질서를 수호하는데 매우 중요한 역할을 했던 것이다.

2) 중국 고대사회를 통치함에 있어서 예의 기능과 역할

예의 기능과 역할에 관해 장진번은 고대 사람들의 논술과 역사적 사실을 종합해 체계적으로 종합한 바 있다[92]. 사회 통제의 각도에서 보면 내용이 풍부하고, 중국 문화 특징의 규범체계를 충분히 표현한 예는 중국 고대의 사회질서를 수호하는 매우 중요한 수단이었다. 그 기능과 역할은 주로 아래와 같은 방면에서 반영되었다.

(1) "귀천을 구별하고 존비의 질서를 정하는 것"으로 사회 등급질서를 수호했다

예의 사회질서적 수호기능과 역할은 "귀천을 구별하고 존비의 질서를 정하는" 등급제도를 확립하는 것을 통해 실현되었다. 사회정치의 등급규범을 강화하는 것은 예제의 중요한 기능이었다. 중국 고대사회 역사의 뚜렷한 특징 중의 하나가 바로 등급의 장기적인 존재와 견고함이었다. 중국 고대 등급사회의 등급체계는 복잡하고 다양했기에 각기 다른 기준에 따라 각기 다른 사회등급으로 나눌 수 있으며, 매 등급 내부에 또한 각기 다른 등급이 있었다. 중국 고대 등급제도는 주로 종법등급, 작위와 녹봉의 등급, 관료의 품계와 직위의 등급, 호등(戶等)등급, 직업등급, 종족등급 등으로 나뉜다. 이렇게 하여 중국 등급제도의 특징인 다양성이 형성됐던 것이다[93]. 유가는 가족에게서 존재하는 친소, 존비, 장유의 구별과 사회에서 존재하는 상하귀천의 구별이 사회질서를 수호하는데 필요하다고 주장했다. 만약 존비, 장유, 상하귀천의 구별과 차별이 없으면, 사회 분공이 파괴되고 사회질서에 혼란이 생기게 된다. 상하귀천이 매 개인의 사회적 지위와 행위를 결정하며, 존비, 장유, 친소는 매 개인의 가족 내에서의 지위와 행위를 결정하기 때문이다. 예는 이러한 사회적 구별을 유지하는 수단이다. 예의 내용에는 많고 적음, 풍부함과 빈약함, 번잡함과 간소함, 그리고 의식상에서 여러 가지 구별이 있으며, 예의 역할은 이러한 구별을 통해 귀천, 존비, 장유, 친소에 대해 구분하는 것이다. 즉 "이른바 예는 사람과 사람 사이의 관계의 멀고 가까움을 정하고, 사물의 애매모호함을 명백히 판단하며, 사건을 동일시해야 할 때와 구별해야 할 때를 구분하며, 시비를 명백히 가리는 것이다"

---

92) 張晉藩, 《論禮》, 《社會科學戰線》, 1998 (3).

93) 劉澤華, 《中國傳統政治哲學與社會整合》 45쪽. 북경, 중국사회과학출판사, 2000.

라는 것이었다.[94] 또한 "마땅히 가까이해야 할 사람을 가까이함에 있어서도 친소의 구별이 있고 현명한 사람을 존경함에 있어서도 귀천의 구별이 있다. 예라는 것은 객관적인 형세에 따라 생겨난 것이다"라고 했고,[95] "고로 고대의 현명한 제왕들은 예의를 제정해 사람의 귀천을 구별하고, 장유의 순서를 뒀으며, 총명한 자와 우매한 자를 가리고, 유능한 자와 무능한 자를 구분함으로써 매 사람마다 각자 자기가 맡아서 해야 할 일을 하고, 자기가 있어야 할 자리에 있도록 했다."[96] 그러므로 "예의를 제정해 빈부귀천의 등급을 두었다"고 했다.[97] 한편 "예라고 하는 것은 존비를 구별하고, 귀천의 차이를 두는 것이다."[98] 또 예란 "존비, 귀천, 대소의 구별을 정하고 내외, 친소, 신구의 등급을 두는 것이다."[99] 그리고 "상하 사이에는 지켜야 할 의가 있고, 귀천은 구별해야 하며, 장유는 차례가 있고, 빈부에는 법도가 따른다. 이 여덟 가지가 예의 법도이다"라고 했다.[100] 이는 예 자체가 목적이 아니라, 예의 최종 목적은 구별해야 할 것을 명확히 함으로써 등급질서의 안정을 수호하기 위한 데 있다고 했던 것이다. 따라서 "예의 요구에 따라 한 나라에서는 임금과 신하 사이, 존귀와 비천의 등급이 삼엄하고, 상하 사이에는 지켜야 할 예의범절이 있다. 가정에서는 부모와 자식 사이, 형제 사이, 부부 사이에 존비의 차례가 있다"고 하며,[101] 예가 없으면 존비 상하 차례가 없으며 등급 차이가 있는 사회질서가 유지될 수 없다고 했다. 즉 "예가 실행되지 않으면 상하가 혼란에 빠지게 된다"고 한 것이 그것이었다.[102] 《예기》에서 말한 것처럼 "사람의 일생에서 가장 중요한 것이 바로 예이다. 예가 없으면 일정한 규칙에 따라 천지간의 귀신을 정성스레 모실 수가 없고, 예가 없으면 군주와 신하 사이, 상하 사이, 장유의 지위를 명백히 구별할 수 없으며, 남녀간, 부자간, 형제간의 친속관계, 그리고 인척관계, 친구 사이 친분의 깊고 얕음을 구분할 수도 없다. 그렇기 때문에 군주는 예에 대해 말할 때면 아주 공경스러운 태도를 보여야 한다"고 했던 것이다.[103] 이로부터 알 수 있듯이 예는 등급질서와 구

---

94) 《禮記 · 曲禮上》

95) 《中庸》

96) 《荀子 · 榮辱篇》

97) 《荀子 · 王制篇》

98) 《淮南鴻烈解》 권11, 《齊俗訓》

99) 《春秋繁露·奉本》

100) 《管子 · 五輔》

101) 張晉藩, 《論禮》, 《社會科學戰線》, 1998 (3).

102) 《左傳 · 僖公十一年》

조의 합리성을 논증하는 것을 통해 고정화되고 영구화됨으로써 사회질서를 유지하고 사회를 통합하는 목적을 달성했던 것이다.

(2) 나라를 다스리고 사직을 안정시키는 것으로 왕권의 특수한 지위와 권력의 합법성을 확인했다

"예는 종법등급제를 기반으로 한 독재왕권을 정치적 토대로 하고 법률과 행정기관을 지탱하며, 존존(尊尊, 마땅히 존경해야 할 사람을 존경하는 것)과 군위신강(君爲臣綱, 임금과 신하 사이에 의를 지키는 것)을 구체적인 목표로 한다. 예는 정치철학으로서 내성외왕(內聖外王)의 피라미드식 권력구조를 수호하고, 관제(官制), 관복(官服), 관등(官等), 관법(官法), 관잠(官箴) 등의 수립을 지도하며, 중국 관료사회에서 사회의 안정적인 가치 실리에 대한 추구를 이행한다"고 하여,104) 왕권의 특수한 지위를 확인하고 왕권의 통치 질서를 수호하는 것이 예치 질서의 중요한 기능이었다. 왕권 수호에 있어서 예는 첫째로 교제(郊祭), 봉선(封禪) 등 제사 예의를 통해 군주 권력의 합법성이 등급사회를 초월하는 권위를 합법적으로 인정받도록 함으로써 왕권의 신성성(神聖性)을 수립하게 하였다. 둘째로는 사회정치의 등급규범을 강화해 군주의 특권적 지위를 수립케 하였다. 예치 자체가 정치적 등급의 산물이었던 것이다. 군주와 그 통치집단의 등급질서는 여러 가지 예제에 의존해 유지되고 있으며, 군주의 특수지위와 권위도 예제의 규범을 통해 보장되었다. 고대 중국에서 예는 "국가의 정치기준으로서, 예가 있음으로 해서 국가 정치가 정상적인 궤도에 따라 운행될 수 있고, 예가 없으면 정치적 기준이 없어져서 사회가 혼란에 빠지게 되었던 것이다."105) 예는 사람들의 욕망을 절제시키고 전란을 두절시킬 수 있으며, 또한 귀천, 존비, 장유, 친속 등의 구별을 추진해 유가의 이상적인 사회질서를 수립할 수 있게 했다. 따라서 중국 고대 사상가와 정치가들은 모두 국가를 다스리고 사회질서를 유지하는 면에서 예의 기능과 역할에 대해 매우 중시했던 것이다. 공자는 "군주의 마음을 안정시키고 나라 백성을 다스리는 데는 예법보다 더 좋은 수단은 없다"106)고 했다. 숙향(叔向)은 "예는 천자가 봉행하는 중요한 규칙이다"107)고도 했다. 안

---

103) 《禮記·哀公問》

104) 張晉藩, 《論禮-中國法文化的核心》, 《政法論壇》, 1995(3).

105) 張晉藩, 《論禮》, 앞의 책.

106) 《孝經·廣要道章》

107) 《左傳·昭公十五年》

영(晏嬰)은 제왕(齊王)에게 "예로써 나라를 다스릴 수 있게 된 것은 유래가 깊은 일입니다"108)라고 말했다. 순자(荀子)는 "예는 나라를 다스리는 최고의 원칙이고, 나라를 강성케 하는 근본적인 조치이며, 군왕의 위력을 확장시키는 효과적인 수단이고, 업적과 명성을 떨칠 수 있는 요령이다. 천자와 제후들은 예를 따랐기에 천하를 얻을 수 있었고, 또 그 뒤 예를 따르지 않아 나라의 정권을 잃게 되었다"109)고 했다. 예가 있음으로 해서 "나라를 다스릴 수 있고, 사직을 안정시키며 백성들이 질서를 지키도록 하고 후대에 이롭도록 할 수 있다"고 했다.110) 그래서 《예기》에서는 "정치를 함에 있어서 예를 우선시해야 하며, 예는 정치의 근본이다"111)라고 했던 것이다. 순자(荀子)는 "나라의 운명은 예교를 실행하는데 있다"112)고 했고, 숙향(叔向)은 "예는 정무의 수레이고 정무는 몸의 의탁이다. 예의를 경시하면 정무를 그르치게 되고, 정무를 그르치면 사회에 발붙이기 어렵게 된다. 그러면 사회의 동란이 발생할 수 있다"113)고 했다. 즉 나라를 다스리는데 있어서 예가 빠지면 사회 정치질서를 유지할 수 없으며, 국가가 혼란에 빠지게 된다는 것이었다. 따라서 "사람은 예의가 없으면 생존할 수 없고, 예의 없이 일을 처리하면 일을 성사시킬 수 없으며, 예의가 없는 나라는 안정이 있을 수 없다"고 했으며,114) "군주가 예법을 숭상하고 도의를 중요시하면, 그 나라는 사회가 안정되고, 군주가 예법을 게을리하고 도의를 가볍게 여기면, 그 나라는 혼란에 빠지게 된다"고 하였고,115) "예를 중요시하면 백성들을 잘 다스릴 수 있고, 예의를 가볍게 여기면 백성들이 반란을 일으키게 된다"고 하여,116) 나라가 안정에 이르느냐 혼란에 빠지느냐는 것은 전적으로 예의 흥망에 달려있다고 했던 것이다.

(3) 사람들 일상의 행위규범과 시비를 판단하는 기준이었다

예는 엄격한 정치등급제도였을 뿐만 아니라, 엄격한 일상의 행위규범이기도 했다. 폐

---

108) 《左傳 · 昭公二十六年》
109) 《荀子 · 議兵篇》
110) 《左傳 · 隱公十一年》
111) 《禮記 · 哀公問》
112) 《荀子 · 強國篇》
113) 《左傳 · 襄公二十一年》
114) 《荀子 · 修身篇》
115) 《荀子 · 議兵篇》
116) 《禮記 · 仲尼燕居》

이샤오퉁(費孝通)은 이렇게 말했다. "중국의 향토사회가 바로 예치사회이다. 이러한 사회에서 예는 사회적으로 공인하는 행위규범이다. 예에 부합될 경우에는 이러한 행위는 올바른 행위라고 말한다."117) 공자는 사람들이 스스로 예의 규범을 지키도록 하기 위해 사람들에게 일상생활에서 "예에 어긋나는 것은 보지 말고, 예에 어긋나는 것은 듣지도 말며, 예에 어긋나는 것은 말하지도 말고, 예에 어긋나는 것은 하지도 말 것"을 요구했다.118) 그는 사람들의 행위가 "예를 배워 자립하고",119) "예의 단속을 받을 것"120)을 요구했다. 공자는 또 예의 규범을 모르는 위해성에 대해 지적했다. 그는 "예의에 대한 지도가 없이 공경만 하는 것은 공연히 헛수고만 하고 성과를 낼 수 없으며, 예의를 모르고 신중만 기하게 되면 나약해지며, 예의를 모르고 용맹하기만 하면 막무가내로 행동하게 되고, 예의를 모르고 솔직하게 말하면 매몰차게 말하게 되어 상대방에게 상처를 줄 수 있다"121)고 했다. 예는 또 행위의 옳고 그름을 판단하는 기준이기도 했다. 예를 들면 공자는 서주의 문왕과 무왕시기의 예치성세를 크게 찬양했다. 그는 나라를 다스리려면 반드시 먼저 정명(正名, 명분을 바로잡다)해야 한다고 주장했다. 이른바 정명이란 주례를 척도로 삼아 등급에 대한 명분을 확정하고, "군주가 군주답지 못하고 신하가 신하답지 못하며 부모가 부모답지 못하고 자식이 자식답지 못하다"고 하는 것은,122) 임금과 신하, 부모와 자식 간의 등급관계에 어긋나는 현상을 바로잡아야 하고, 예의 등급제도를 엄격하게 준수해야 한다는 것을 가리키는 것이라고 했다. 사람의 행위가 정당한지를 판단함에 있어서의 관건은 그 행위가 예에 부합되느냐 아니냐 하는 것이었다. 춘추 말기 주나라가 수립한 종법등급제도가 갈수록 해이해짐에 따라 정치적 권리가 점차 아래로 이동해, 제후, 대부가 예악정벌(禮樂征伐)의 대권을 장악하고, 참월(僭越)하는 일이 끊이지 않았다. 이른바 "예법이 파괴되는(禮崩樂壞)" 국면이 나타났던 것이다. 공자는 예의 등급제도에 어긋나는 이러한 행위를 매우 증오했으며, 이를 대역무도한 행위로 간주했다. 예를 들면 노(魯)나라 대부 계씨(季氏)는 천자의 예악을 참용(僭用)해 "64명으로 구성된 무악대가 자신의 저택 뜰 안에서 악기를 연주하고 춤을 추게 했다." 그 소문을

---

117) 費孝通, 《鄕土中國》49~50쪽, 북경, 三聯書店, 1985.
118) 《論語 · 晏淵》
119) 《論語 · 泰伯》
120) 《論語 · 雍也》
121) 《論語 · 泰伯》
122) 《論語 · 顏淵》

들은 공자는 "이런 일마저도 용납이 된다면 더 이상 용납되지 못할 일이 없을 것이다. 따라서 절대 용납할 수 없는 일이다"[123]라면서 격분했다. 진나라 때의 주형정(鑄刑鼎)에 쓰인 글은 성문법을 대중들에게 널리 공포해 귀족의 특권을 제한하고자 한 것이었는데, 공자는 이에 반대했다. 그는 "진나라가 멸망할 때가 됐나보다. 법도를 벗어나는 걸 보니……." "귀천의 차별이 파괴되지 않으면 그것이 바로 법도인데…… 지금 그 법령을 폐하고 형정(刑鼎)을 주조해 백성들도 다 청동기에 새겨진 법조문을 볼 수 있게 됐으니, 이제 무엇으로 신분이 귀한 사람들을 존중하게 된단 말인가? 신분이 귀한 사람들은 이제 또 무슨 가업이 있어 지킨단 말인가? 귀천의 차별이 없는데 어떻게 국가를 다스린단 말인가?"[124]라고 했다. 그는 그렇게 하는 것은 귀천의 등급질서를 심각하게 파괴하는 것으로, 그로 인해 귀족들이 더 이상 존중을 받을 수 없게 되어 통치를 할 수 없게 된다고 주장했다. 그는 송사 중에서 부자가 서로 숨겨주는 것은 하나의 미덕이라고 주장했다. 즉 "아버지가 아들을 위해 숨기고 아들이 아버지를 위해 숨기니 그 가운데 정직함이 있다"고 했던 것이다.[125] 즉 나라 임금의 예를 벗어난 행위에 대해서는 감싸주고 숨기는데, 존귀한 자들과 관련되는 일은 숨기고 회피하는 것은 주례에 부합된다고 주장했던 것이다. 예는 그 뒤에도 "오랜 세월 동안 끊임없이 변화 발전하는 과정에서 민족의 정신으로 내재화되어 사람들이 보고 듣고 말하고 행동하는 것을 지배해, 예를 벗어나는 행동을 하게 해서는 안 될 뿐 아니라 생각하는 것조차 피하도록 했다." 또 "예에서 형성된 중국 고대의 도덕정치관은 항상 한 왕조의 흥망성쇠와 존망을 도덕의 정화 여부와 인심의 야박함의 여부에다 결부시켰던 것이다."[126]

3) 예와 중국 고대사회질서의 수호

예는 이러한 기능을 갖췄기 때문에 사회 안정을 실현하고 사회통합의 목적에 이르는 가장 이상적인 수단이었다. 그래서 역대 통치자들은 사회 등급질서를 수호하는 과정에서 예의 기능과 역할을 크게 중시했다. 역사적으로 보면 매번 전란이 지난 후 새로 일어나는 왕조가 제일 먼저 한 큰일이 바로 예약을 정돈하는 일이었다. 이로써 사회관계를

---

123) 《論語·八佾》
124) 《左傳·昭公二十九年》
125) 《論語·子路》.
126) 張晉藩, 《論禮》, 앞의 책.

사리에 맞게 정돈해 효과적인 통치를 실현했던 것이다. 예의 체계화, 규범화와 모종의
정도에서의 법률화는 서주의 주공이 예악을 제정한 때부터 시작됐다. 서주가 상나라를
전복시킨 뒤 안정된 주나라를 건립하고 넓은 영토 내 여러 민족과 여러 부락의 사상과
행동을 통일하기 위해 주공은 예전(禮典)을 수정하기 시작했으며, 마침내 주나라의 예
악성세를 이루고 서주 수백 년의 통치를 유지할 수 있었다. 춘추전국시기는 사회 대변
혁의 시기였다. 이 시기에는 예악제도에도 매우 큰 변화가 일어났으며, 예악이 파괴되
는 국면이 나타났다. 그러나 실질적으로 이러한 현상은 예의가 철저하게 무너져가고 있
음을 의미하는 것은 아니었으며, 중국 고대 예악문화 발전단계에서 전환하는 시기에 이
르렀음을 의미하는 것이었다. 겉보기에는 서주 이후 수립된 종법등급제도가 이 시기에
이르러 무너진 것처럼 보였지만, 다른 한 방면으로 보면 "이는 다만 제후, 경대부(卿大
夫)들이 예전에 천자, 제후들만이 사용할 수 있었던 예의를 그대로 옮겨와 자신들의 권
력과 세력을 두드러지게 드러냈으며, 주천자(周天子)의 통치가 쇠약해진 것 이외에도 그
본질에는 별로 큰 변화가 없었다. 예악제도의 모식은 사회변화의 발전과정에서 파괴되지
않았으며, 예제는 여전히 각 왕조가 통치를 이어갈 수 있는 효과적인 수단이었다."127)

진나라가 중국을 통일한 후 법가사상을 지도사상으로 하고 "법률 조문에 따라 나라를
다스렸으며, 나라를 다스리는 방법이 관철 이행되고 여러 가지 생산이 적절하게 배치됐
으며, 모두가 일정한 규칙을 갖추었다."128) 그러나 진나라는 6국을 통일한 후 예제에
대해서 매우 중시했다. "6국의 예의제도를 모두 모아놓고 그 중 우수한 것을 선택해 채
용했다. 이는 비록 선대 성군이 제정한 제도와는 부합되지 않았지만, 군왕을 떠받들고
신하를 관리할 수가 있어 조정의 위엄을 세우고 장엄하고 숙연한 분위기를 조성한 것이
고대와 비슷했다."129) 진나라 말기 동란을 거친 뒤 한나라 초기의 우선 과제 중의 하나
가 바로 숙손통(叔孫通)을 임용해 "조정의 예제를 제정했던 것"이다. 《사기·숙선통예
전史記·叔孫通列傳》에는 이에 대한 상세한 기록이 있다. 한고조 유방(劉邦)은 숙손통
에게 닝해 종묘예악(宗廟禮樂)을 제정할 것을 명했으며 《방장(傍章) 18편》130)을 제정하
고, 한례기제도(漢禮器制度)를 정하게 하는 등 한대의 예악제도를 끊임없이 보완했다.
한 무제 때는 예악제도에 대해 중대한 조치를 취했다. 장탕(張湯)을 임용해 《월궁률(越

---

127) 劉澤華, 《中國傳統政治哲學與社會整合》, 74쪽, 북경, 중국사회과학출판사, 2000.
128) 《史記·秦始皇本紀》
129) 《史記·禮書》
130) 《晉書·刑法志》

宮律) 27편》을 제정하고, 조우(趙禹)를 임용해 《조율(朝律) 6편》을 제정케 함으로써 예의제도를 보완했다. 이로써 궁금(宮禁)의 예와 조정의 조빙(朝聘)의 예를 엄격히 하여 황실의 안전을 확보하고 황제의 존엄을 지켰다.

당나라 초기 사회가 안정되기 시작한 후, 당 태종은 정관(貞觀) 초년에 《정관례(貞觀禮》를 제정했고, 당 고종은 또 《현경례(顯慶禮》를 제정해 두 예제를 병행시켰다. 당 현종 때에는 전대 왕조의 예제를 바탕으로 더 큰 규모의 《대당개원례(大唐開元禮》를 제정했다. 이 《대당개원례》에 규정된 예의 형태는 전대 왕조의 예제를 대집성한 것으로 사회생활 여러 방면의 내용을 모두 포함시켰으며, 여러 관계를 조율했는데 이는 개원성세의 기반이기 되기도 했다. 명나라 초기 "명 태조는 왕조를 건립한 후 다른 정무를 처리하는 데는 서두르지 않고, 제일 먼저 예제부터 제정하고 그 다음 악률을 정정케 했으며, 연로한 유학자들을 널리 불러 관서별로 나누어 연구 토론하게 했다. 홍무(洪武) 원년에 중서성과 한림원, 태상사에 명해 사전(祀典)을 제정했다. …… 홍무 2년 유학에 조예가 깊은 여러 신하들에게 명해 예서(禮書)를 제정했다. 이듬해 예서가 완성됐는데 《대명집례(大明集禮》라고 이름을 달았다. 《대명집례》는 오례에 대해 제정했는데 관복, 수레(車輅), 의장(儀仗), 노부(鹵簿, 의장을 갖춘 거둥의 행렬), 자학(字學), 음악, 승진과 면직의 예의범절, 명세와 지위 관련 예의제도에 대해 모두 상세하고 치밀하게 명확히 밝혔다."[131] 천하가 막 평정되자 명나라 통치자들은 제일 먼저 예악을 진흥시키는 계획부터 세웠다. 이를 통해 예를 얼마나 중시했는지를 알 수 있다. 그 뒤 명나라는 예서에 대해서도 수정했는데, 그 번잡한 정도가 한·당시기를 훨씬 초월했다. 역대 왕조들은 모두 "예악을 제정하고, 예서를 수정하는 것"을 나라를 잘 다스려 안정시키는 데 가장 중요한 대사로써 간주했다. 이는 예의제도가 현실 생활가운데서 여러 사회관계를 조절할 수 있어, 임금에게는 "임금의 존귀함을 알도록 하고," 신하와 백성들을 각각 등급으로 구별해 각자의 등급질서 내에서 자기의 본분을 지키도록 함으로써, 조화롭고 질서 있는 사회질서를 유지할 수 있도록 하였던 것이다.

중국의 고대사회는 유학의 영향을 많이 받은 한족정권이 예의제도의 속박에서 벗어나지 못했을 뿐만 아니라, 소수민족이 수립한 정권까지도 예의제도 방면에서 한족을 많이 본받아 짙은 한화(漢化)적인 색채를 보였다. 동진 16국시기 북방소수민족들이 수립한 정권도 예악제도를 크게 중요시했다. 예를 들면 북위(北魏) 효문제(孝文帝)는 즉위한

---

131) 《明史·禮志一》

후 많은 예의에 대해 한화(漢化)하는 개혁을 실시했다. 북제시기에는 《북제의주(北齊儀注》를 제정했는데, 이는 예의에 관해 집대성한 저작이었다. 그 뒤 소수민족이 수립한 정권의 예를 들면 요, 금, 원, 청시기에는 한편으로는 본 민족의 일부 풍속을 보존하는 동시에, 다른 한편으로는 한족의 예의를 대량 받아들이는 예의 이원화 제도를 실행했다. 그들은 광범위한 중원지역을 잘 다스리려면 예악제도가 최상의 선택이라는 사실을 인식했기 때문이다. 그렇게 되면 사회질서를 정돈할 수 있을 뿐만 아니라 동시에 중원 민중들의 인정을 받을 수 있어 통치의 합법성을 얻을 수 있었기 때문이었다. 이로부터 알 수 있듯이 중국 고대의 역대 왕조들은 소수민족이 수립한 정권과 농민봉기를 거쳐 세운 정권[132]을 포함해 모두 정치적으로 예의 속박에서 벗어나지 못했으며, 정권의 모델이 예의제도의 제약에서 벗어나지 못했다. 이는 근본적으로 예가 중국 고대의 등급사회와 서로 적응하면서 효과적인 통치를 유지하는데 중요한 역할을 했기 때문이었다.

2. 사회질서를 유지하는 데 있어서 법률의 기능과 역할

사회질서를 유지하는 중요한 수단으로서의 법률 및 기타 사회규범은 어떻게 생겨났을까? 사회질서를 유지하는데 있어서 법률의 기능과 역할은 어떤 것일까? 이에 대해 고대 중국인들은 많이 탐구해 왔으며, 유가, 묵가, 법가 등 주요 학파의 법률사상 중에는 모두 이와 관련한 대량의 주장이 있었다. 도가는 예악붕괴(禮崩樂壞)의 추세는 만회하기 어렵다는 것을 알았을 때, 유가학파가 주장하는 예치사상에 반대해 나섰으며, 동시에 "법령이 많고 뚜렷할수록 도적은 더 많아진다"[133]고 주장했다. 따라서 도가도 역시 법치를 반대하고 가장 이상적인 치국방식은 아무것도 하지 않고 그저 자연에 순응하여 천하를 다스리는 무위이치(無爲而治)를 주장했다. 그러나 도가는 형살(刑殺)을 일률적으로 반대하지는 않았다. "만약 백성들이 정말로 죽음을 두려워한다면 (나쁜 짓을 저지르는) 특이한 자들에 대해서 우리는 잡아다 사형시켜야 한다. 그러면 그 누가 감히 나쁜 짓을

---

132) 중국 고대 농민운동 초기에도 "존귀와 비천의 등급 차이와 빈부차이를 없애자"는 등 봉건 등급제도를 없애자고 하는 구호와 주장을 제시했다. 하지만 그들은 정권을 세운 후에는 여전히 예제의 정치모식에서 벗어나지 못했으며, 예악이 여전히 그들의 정치수단으로 되었다. 진나라 말기 진승, 오광의 농민봉기, 당 말기의 황소의 난으로 부터 근대에 발생한 태평천국까지 모두 예외가 아니었다. 劉澤華, 앞의 책, 74~75쪽.

133) 《老子》 제57장

저지르겠는가?"라고 말했다.[134)

1) 법률질서에 대한 유가의 사상

법률질서에 대한 유가의 사상은 주로 순자의 관련 논술 중에 집중돼 있다. 순자는 법과 국가의 기능에 대해 자세히 설명하면서 "분공합작하면서 더불어 살아야 한다는 명분사군(明分使群)", 성인의 예의와 법도로 "인간의 본성을 개조해 도덕관념을 수립토록 해야 한다는 화성기위(化性起僞)설"을 제시하고 법률의 기능과 역할에 대해 상세히 분석했다.

(1) 명분사군(明分使群)

순자는 인류가 생존하고 자연을 전승하기 위해서는 반드시 사회를 구성하고 분공 합작하면서 각자의 본분을 지켜야 한다고 주장했다. 그 주장이 곧 명분사군(明分使群), 즉 "(인류)의 생존은 사회 군체를 떠날 수 없고, 사회 군체는 또한 등급의 분명한 구별이 없으면 다툼이 일어나게 되며, 다툼이 있으면 혼란이 일어나게 되고 혼란이 일어나면 곤경에 빠지게 된다. 그러므로 우환을 구제하고 재앙을 제거하는 데에는 직분과 등급차별을 분명히 하여 더불어 살아가는 것, 즉 명분사군(明分使群)의 도리보다 더 좋은 것은 없다"고 했다.[135) 순자는 사회군체를 떠나 개인은 생존할 수 없고 직분과 등급(分)이 없으면 사회질서가 유지될 수 없다고 주장했다. 그는 예와 법 그리고 임금과 신하의 관계는 바로 명분사군을 위해 생겨난 것이라고 주장했다. 순자가 말하는 분(分)은 바로 "귀천의 차별, 장유의 구별, 총명한 자와 우매한 자의 구별"[136)이 있는 등급명분을 가리킨다. 순자가 말하는 명분은 실질상 봉건적인 등급명분과 통치 질서를 확립하려는 데 그 목적이 있다. 순자는 "인류사회는 분공합작을 위해 사·농·공·상을 구분해야 할 뿐만 아니라, 귀천의 등급도 나누어야 하며, 그렇지 않을 경우 사회질서를 유지할 수 없게 된다고 주장했다. 때문에 사회를 구성하려면 반드시 등급을 나누어야 한다. 인간의 본성이 악한 만큼 사람들에게 분공 합작하고, 명분사군하면서 서로 다투지 않게 하기 위해서는 반드시 이러한 분공합작을 수립하고 유지하는 데 필요한 예와 법이 있어야

---

134) 《老子》, 제74장
135) 《荀子·富國》
136) 《荀子·榮辱》

한다"고 주장했다.

(2) 화성기위(化性起僞)

순자는 예법 기원의 목적은 화성기위(化性起僞)라고 주장했다. 위(僞)는 인위적, 허위적이라는 뜻이다. 순자는 인간의 본성은 악하다고 주장하면서 "인간의 본성은 악한 것이다. 인간의 선량한 행위는 인위적이다. 인간은 태어날 때부터 사리사욕을 탐하는 본성을 갖는다. 이러한 본성에 따르기에 인간과 인간 사이에는 다툼이 발생하게 되고 겸손하고 사양하지 않게 된다. 인간은 태어날 때부터 질투와 원망하는 본성을 지닌다. 이러한 본성에 따르기에 충후(忠厚)함과 선량함을 망치는 일이 발생한다. 그래서 충성스러움과 성실함을 잃게 된다. 인간은 태어날 때부터 소리와 빛깔을 좋아하는 본성을 지니므로 듣기 좋은 소리를 듣고 보기 좋은 것은 보기를 좋아한다. 이러한 본성에 따르기에 음란한 일이 발생하게 되며 예의제도와 도덕규범을 잃게 된다. 그러므로 인간의 본성을 방종해 인간의 본능적인 욕망에 따르게 되면, 반드시 쟁탈이 발생하게 되고 등급 명분에 어긋나고 예의 제도를 어지럽히게 되므로 반란이 일어나게 된다"고 설명했다. 인간은 "이득을 좇고 손해를 기피하는(好利惡害)" 천성이 있기 때문에 이러한 욕망을 방종할 경우 서로 쟁탈을 벌이게 돼 사회의 혼란을 초래하게 될 것이다. 따라서 사람들이 사악한 마음을 거두고, 착한 사람이 되게 하기 위해서는 반드시 배움과 교화 등의 경로를 통해 "본성을 개조해 도덕관념을 수립하도록 해" 사람에게 예의를 알게 해야 한다. 이 또한 성인군자가 예법 교화를 통해 사회질서를 구축하는 원인이기도 하다. 때문에 "성인은 악한 본성을 개조하기 위해 인위적으로 노력하고, 인위적으로 노력한 결과 예의가 생겨났으며, 예의가 나타난 후 법도를 제정하게 됐다. 따라서 예의와 법도는 모두 성인이 만들어낸 것이다"라고 했다.[137] 순자는 범죄를 예방하고 사회질서를 유지하려면 반드시 군주의 권력을 수호하고 사람들의 도덕적 자각을 제고시키며, 법률규범의 단속을 강화하고 범죄를 엄벌하는 등의 수단을 통해 실현해야 한다고 주장했다. 그러므로 예의와 국가, 법률은 "화성기위"를 위한 것이며, 인간의 악한 본성을 변화시키기 위해 생겨난 것이라고 했던 것이다.

---

137) 《荀子·性惡》

(3) 법률의 역할을 중시했다

순자는 법의 역할을 중시하면서 통치자는 반드시 법률을 적용해 공적을 포상하고 범죄를 징벌해야 한다고 강조했다. 그는 중죄에 대해서는 엄한 형벌로 징벌해야 한다고 주장했다. 그렇지 않을 경우 필연코 "중죄를 범한 자에게 경한 형벌을 준다면 일반인들은 범죄에 대해 증오할 줄 모르게 되므로, 이보다 더 큰 재앙은 없을 것이다"라고 했다.[138] 그는 "대체로 사람을 징벌하는 근본 목적은 폭행을 금지시키고 악하게 행동하는 것을 반대하며 미연에 방지하기 위한 것이다. 살인자를 사형에 처하지 않고 타인을 해친 자를 징벌하지 않는다면, 이는 폭도를 우대하고 강도를 용서하는 것이며 악하게 행동하는 것을 반대하는 것이 아니다"[139]라고 지적했다. 그는 법률의 장려하는 역할, 즉 "장려하는 것으로써 격려한다"고 주장하고, 법률의 금지하는 역할, 즉 "엄한 형벌로써 범죄를 금지시킨다"고 주장했으며, 법률은 잘못을 바로잡는 역할, 즉 "엄한 형벌로써 잘못을 바로 잡는다"고 주장하고, 법률은 예방 역할, 즉 "엄한 형벌로써 범죄를 예방한다"고 주장했다.

2) 법률질서에 관한 묵가의 사상

(1) "천하통일(一同天下之義)" 국가기원론

묵가의 법률관은 사회 모든 구성원들이 다 같이 서로 사랑해야 한다는 겸상애(兼相愛)와 다 같이 서로 이롭게 해야 한다는 교상리(交相利)를 핵심으로 그들의 사회이상을 위해 봉사하는 것에 있었다. 그들은 법, 법의(法儀), 법도(法度)[140]의 역할을 크게 중시했다. "겸상애, 교상리"의 원칙을 실현하기 위해 묵가는 사람들의 의견은 상급에 통일시켜야 하며, 최종적으로 하늘에 통일시켜야 한다는 상통(尙通)이라는 주장을 제기해 반드시 "천하를 통일할 것"[141]을 요구했다. 그들은 국가와 법률이 생겨난 것은 바로 "천하통일을 위한 것"이라고 주장했다. 묵가는 또 국가와 법률이 생겨나기 전에 "고대에 인류가 갓 탄생해서 아직 형법과 정치가 없을 때", 모든 사람이 자신의 시비 판단기준이 있었다고 주장했다. 즉 "한사람이면 한 가지 도리가, 열 사람이면 열 가지 도리가, 백 사람

---

138)《荀子·性惡》
139)《荀子·正論》
140)《墨子·法儀》
141)《墨子·尙同中》

이면 백 가지 도리가, 천 사람이면 천 가지 도리가 있기 때문에"142), 사람마다 의견이 서로 달라 서로 쟁탈하고 서로 상대방을 해롭게 하며, 한 가정 내부에서도 "부자 사이, 형제 사이에 서로 원망하고 증오했으며" 천하가 혼란에 빠져 "인류사회가 마치 동물의 세계처럼 혼란스러웠다"고 했다.143) 그 원인은 천하에 통일된 법률과 도덕, 시비 판단 기준이 없고, 겸애의 도리를 몰랐기 때문이라고 했다. 이러한 자연 상태를 변화시키려면 반드시 성품이 좋고 재능과 식견이 있는 사람을 선택해 천자에 올리고, 그 아래에는 차례로 각급 정장(正長)을 세워야 한다. 그런 다음 천자가 "천하를 통일하고", "천하 백성들에게 헌령을 내려"144) 모든 신하와 백성이 엄하게 준수하도록 함으로써 "천하 통치"의 목적을 달성토록 해야 한다고 했다. 이로부터 묵가의 "천하통일(一同天下之義)"의 국가와 법률기원론은 "겸상애, 교상리"의 원칙을 국가의 법률로 승화시켜, 국가의 강제력이 위로부터 아래에 이르기까지 관찰 실행되도록 해 사람들의 사상을 통일하고 사회의 혼란을 피하려 했음을 알 수 있다.

(2) 노동자의 권익 수호와 사유재산권 보호

묵가는 소생산자의 이익을 대표하여 노동과 노동자의 이익을 보호하는 것과 사유재산권을 보호하는 것을 중시했다. 묵가는 스스로 힘 들이지 않고 "남이 손해를 보게 하고 스스로 이익을 챙기는 행위"에 대해 법률로써 징벌할 것을 주장했다. 묵가는 "타인의 성과를 훔치고," "타인의 가금과 가축을 훔치며," "타인의 말과 소를 훔치는" 등의 도둑, 강도행위는 모두 "의롭지 못한 것"이며, 범죄행위로서 반드시 죄행의 경중에 따라 징벌하여,145) 사유재산권을 보호하고 사회질서를 수호하는 목적에 도달해야 한다고 주장했다.

3) 법률질서에 관한 법가사상

사회질서를 수호하는데 있어서 법률의 기능과 역할은 상대적으로 말하면 선진시기 제자백가들 가운데서 법가의 논술이 가장 체계적이고 전면적이었다.

---

142) 《墨子·尚同下》
143) 《墨子·尚同上》
144) 《墨子·尚同下》
145) 《墨子·非攻上》

(1) 법률은 사회질서를 수호하는 중요한 규범이다

법가는 국가의지를 반영하는 법률은 보편적인 구속력이 있으며, 국가권력 관할범위 내의 모든 사람이 반드시 준수해야 하는 행위규범으로서, 사회의 전반 구성원들에게 언행의 옳고 그름을 가리는 기준에 대해 명백히 밝혀줘야 한다고 주장했다. 춘추시기의 관자(管子)는 법률에 대해 군주가 "백성의 행동을 통일하고 아래 사람을 부리며, 백성의 행동을 통일시키고 민중을 다스리는 준칙"이라고 말했다. "법은 사회의 여러 가지 행위를 규범화시키는 원칙이고, 난제를 해결하고 시비를 명백히 가리는 수단이다"라고도 했으며,[146] 법률 정령은 "백성을 다스리는 기준과 법칙이다"고도 주장했다.[147] 관자는 법률은 사회생활의 도량형이며 사람들에게 보편적으로 적용되는 객관적 준칙이라고 지적했다. 또 "척도(尺寸), 표준(繩墨), 법칙(規矩), 저울(衡石), 용량을 재는 도구인 두와 곡(斗斛), 비교와 관찰 분석을 뜻하는 각을 재는 도구인 각량(角量) 등을 규범이라고 부른다"고 했다.[148] 관자는 법률은 획일적으로 사람들의 행위를 규범화시키는 기준으로서 이 기준이 있어야만 비로소 사람들의 행위를 규범화시킬 수 있다고 주장했다. 법가의 주요 대표인물인 상앙(商鞅)은 법률의 이러한 규범성에 대해 특별히 강조했다. 상앙은 "법률은 나라의 저울이다"[149]라고 말했다.

신불해(申不害)도 법률의 규범역할에 대해 크게 강조했다. 그 이유는 다음과 같았다. "군왕은 반드시 법률을 명백히 제정하고 바른 예의범절을 정해야 한다. 마치 저울로 무게를 달듯이 법률과 예의의 규범으로 신하들을 통일시켜야 한다. 요(堯) 임금 때 태평성세를 이룰 수 있었던 것은, 모두가 법령이 명백하고 구체적이었기 때문이다. 현명한 군왕은 주관적인 지략이 아닌 객관적 법도에 따른 것이고, 의론이 아닌 정책에 의거해 사무를 처리한다. 황제(黃帝)가 천하를 다스리는 수단이 바로 법을 제정한 다음 변함없이 법을 적용함으로써 백성들이 법에 따라 일을 행함에 습관이 되도록 한 것이다"라고 했다.[150] 법률은 사람들의 행위규칙과 규범이다. 법은 하나의 기준으로서 모든 신하와 백성들이 반드시 엄격하게 준수해야 한다는 것이었다.

신도(愼到)도 역시 "법에 따라 일을 처리할 것"을 강조했다. 즉 "대중이 따르고 지켜야

---

146)《管子 · 禁藏》
147)《管子 · 七臣七主》
148)《管子 · 七法》
149)《商君書 · 修權》
150)《申子 · 佚文》

할 법률은 반드시 천하가 공인하는 도리를 준칙으로 삼아야 하며 법률의 공정성은 법률 규범을 제정하는 원칙이고 기준이다. 고로 지혜로운 자는 법을 벗어나 제멋대로 일을 계획해서는 안 되고, 이론가는 법을 벗어나 제멋대로 이론을 펼쳐서는 안 되며, 선비는 법을 어기고 유명해져서는 안 되고 신하는 법을 어겨 공을 세워서는 안 된다”고 했 다.151) 그는 모든 신하와 백성들은 모두 법률의 규정을 엄격하게 준수해야 하며, 법률을 위반한 행위는 부정적인 사회의 평가를 받아야 한다고 주장했다. 그는 유가와 묵가가 선양하는 인치(人治)를 반대하고 법치(法治)를 주장했으며, 법을 시비와 공과를 판단하 는 기준으로 간주하면서 “법에 따라 일을 처리하는 것은 나라를 다스리는 큰 도리”152)라 고 주장했다. 신도는 법은 저울이나 자 (尺)와 마찬가지로 객관적이고 공평하기 때문에 사람들의 시비와 공과를 판단하는 객관 기준으로 될 수 있다고 주장했다. “저울을 가진 자는 무게를 달 때 눈속임을 해서는 안 되고, 자를 가진 자는 길이를 잴 때 길고 짧음의 차이가 나서는 안 되며, 법도를 운영하는 자는 교묘하게 속임수를 써서는 안 된다”고도 했다.153) 따라서 군왕은 모든 일을 처리할 때 반드시 법에 의해 처리하고 상여와 징벌을 알맞게 해야 한다는 것이었다.

한비는 법의 중요성에 대해 논하면서 법의 규범성에 대해서도 강조했다. 그는 “저울 대를 걸어봐야 수평을 이루는지 여부를 알 수 있고, 그림쇠를 설치해야 원이 둥근지의 여부를 알 수 있다. 이것이 빈틈없이 행할 수 있는 길이다. 영명한 군주는 백성에게 법 도에 따라 스스로를 정돈하도록 하므로, 힘을 들이지 않고도 공을 쌓을 수 있다. 규범은 버리고 기교에만 의존하는 것과 법도를 버리고 지략에만 의존하는 것은 혼란으로 가는 길이다”라고 하여,154) 이로써 법은 널리 적용되는 행위 규범임을 설명했던 것이다.

(2) 법은 명분을 명확히 정해 분쟁을 막는 “정분지쟁(定分止爭)”의 기능이 있다

법가는 국가와 법률은 명분을 명확히 정해 분쟁을 막는 “정분지쟁”에서 기원했다고 매우 통찰력 있게 논술했다. 상앙은 인류사회 초기에는 국가와 법률이 없었다고 주장했 다. 그는“신농씨가 천하를 다스릴 때는 남자들이 농사문제를 해결하고 여성들이 천을 짜는 문제를 해결했으며, 형법과 정령을 사용하지 않고도 사회가 안정되고, 군대를 동원

151) 《愼子 · 佚文》
152) 위의 책.
153) 위의 책.
154) 《韓非子 · 飾邪》

하지 않고도 천하를 통치할 수 있었다"155)고 했다. 그 후 가까운 사람만 아끼고 개인의 이익만 챙기는 "친친이애사(親親而愛私)"156), "자신의 강한 세력을 믿고 약자를 깔보고 사람이 많고 세력이 강한 종족이 사람이 적은 종족을 억압하는 쟁탈과 혼란 국면"157)이 나타났다. 이에 "천자는 귀천을 구분하고, 작위를 제정하고 칭호를 붙여 임금과 신하 간의 등급관계를 구별시켰다. 사람이 많으면 간사한 일이 발생할 수 있으므로 법을 제정해 행위기준으로 삼음으로써 간사한 일이 발생하는 것을 방지했다."158) 한비자는 국가와 법률은 "난폭하고 흉포한 세력을 억제하고, 혼란스러운 국면을 다스리는 과정에서 기원했다"고 주장했다. 그는 다음과 같이 말했다. "고대에 남자들이 농사를 짓지 않아도 야생 과일로 충분히 배를 채울 수 있었고, 여성들이 천을 짜지 않아도 짐승의 가죽으로 충분히 옷을 지어 입을 수 있어, 힘을 들이지 않아도 충분히 살 수 있었다. 그리고 사람이 적고 재물이 많아 사람들 사이에 서로 쟁탈할 필요가 없었다. 따라서 포상과 중벌제도를 실행하지 않았어도, 백성들은 자연스레 안정된 생활을 할 수 있었다. 현재는 매 가정에 아들이 다섯 명이 있는 것은 많은 축에도 못 든다. 그 아들들이 또 각각 자식 다섯 명씩 낳으면 조부가 아직 생전이라면 손자가 25명이나 된다. 따라서 인구는 많고 재물은 부족하므로 힘들여 일을 해도 먹을 것과 입을 것이 부족하다. 그래서 사람들 사이에 쟁탈전이 벌어지게 된다. 배로 포상하고 끊임없이 징벌을 줘도 결국 혼란이 발생하는 것은 피하기가 어렵다"고 했다.159) 이러한 사회변화에 적응하기 위해서는 반드시 국가는 법률로써 "난폭하고 흉포한 세력을 억제하고, 혼란스러운 국면을 다스려" 사회질서를 수호해야 한다고 했던 것이다.

《관자 · 칠신칠주(七臣七主)》에는 "법률은 정분지쟁(定分止争)의 수단"이라고 기록되어 있다. 이로써 법률은 명분을 명확히 정하고 쟁탈을 방지하기 위한 수단이라는 사실을 명확히 밝혔다. 이른바 정분(定分)은 권리와 명분을 명확히 정하는 것으로서 그 실질은 봉건 사유제와 등급제를 법령형식으로 규정시킬 것을 요구했던 것이다. 권리와 명분을 명확히 정해두어야 사람들 간에 쟁탈과 혼란이 일어나지 않고, 그래야만 봉건사회의 통치 질서와 사회질서가 유지될 수 있다는 것이었다. "군주는 반드시 군주와 신하의 직

---

155)《商君書 · 畫策》
156)《商君書 · 開塞》
157)《商君書 · 畫策》
158)《商君書 · 君臣》
159)《韓非子 · 五蠹》

분을 명백히 밝혀두어야 국가의 안정을 실현할 수 있으며 간사하고 비도덕적인 행위가 나타나는 것을 방지하고 더러운 냄새가 풍기는 악역이 발생하지 못하도록 할 수 있다"가 그것이었고,160) "귀속이 이미 확정된 이상 사람들은 자신의 지위가 비천해도 쟁탈하려 하지 않는다. 그러므로 천하와 나라를 다스리는 것은 직분을 구분하는데 달렸을 뿐이다"라고 했던 것이다.161)

법률의 정분지쟁(定分止爭) 기능에 관한 법가의 논술에서 가장 유명한 것은 "토끼를 쫓는 이론(逐免理論)"이었다. 법가의 대표인물인 상앙은 이런 예를 들었다. "토끼 한 마리가 달아났는데 백 사람이 떠들썩해하면서 그 한 마리의 토끼를 잡으려고 쫓아가는 것은 토끼 한 마리를 붙잡아 100분의 1씩 나눌 수 있어서가 아니다. 왜냐하면 토끼의 소유권이 아직 확정되지 않았기 때문이다. 시장에 그처럼 많은 토끼를 내놓고 팔고 있지만 도둑이 그 토끼를 감히 훔쳐가지 못하는 것은 시장에 있는 그 토끼들의 소유권이 확정돼 있기 때문이다. 그래서 사물의 명분(소유권)이 확정되기 전에는 요, 순, 우, 탕 등 어진 임금들도 집오리처럼 떼 지어 어지럽게 달려가며 토끼를 쫓아갔었다. 그러나 명분(소유권)이 확정되면 탐욕스러운 도둑도 감히 훔쳐가지를 못한다. 현재는 법령이 명확하지 않고 명분이 확정되지 않아 천하 백성들은 모두 의논을 하고 있으며, 그 의논도 사람마다 달라 정론이 없다. 군주가 위에서 법령을 제정했지만 백성들 사이에서 의견이 분분한 것은 법령이 확실치 못해 아랫사람이 윗사람 행세를 대신하기 때문이다. 이를 두고 명분이 바로 서지 않았다 하여 명분불정(名分不定)이라고 하는 것이다."162)

상앙은 법과 재산 간의 관계를 직접 연결시키고 법률로써 사유제를 확정지을 것을 주장했다. 그는 그래야만 쟁탈을 제지시키고 범죄를 예방하고 제지시킬 수 있으며, 나아가 사회질서의 안정을 확보할 수 있다고 주장했다. 이밖에 상앙은 한걸음 더 나아가 봉건 등급의 명분을 법률로 확정지어 봉건통치의 장기적인 안정을 확보할 것을 주장했다. "고대 사회에서 군주와 신하 사이에 상하의 등급차이가 없을 때 사회가 무질서하고 혼란스러웠다. 그래서 군주는 귀천등급을 나누고 작위를 정하고 명호를 세워 군주와 신하 사이의 상하 등급관계를 구별했다."163)

---

160) 《呂氏春秋 · 審分覽》
161) 《呂氏春秋 · 審分覽》
162) 《商君書 · 定分》
163) 《商君書 · 君臣》

(3) 법은 부국강병과 반란 제지의 흥공금폭(興功禁暴)의 기능이 있다

법률이 사회질서를 유지하는 면에서 다른 하나의 중요한 기능은 부국강병과 반란을 제지하는 흥공금폭 기능이다. 즉 사람들이 반드시 무엇을 해야 하고 무엇을 금지해야 한다는 것을 규정하고, 그에 상응하는 상벌(賞罰)수단으로 공명과 이익을 추진하고 폭란을 방지하는 것이다.

흥공(興功)은 나라를 부강하게 하고 군대를 강성케 하는 부국강병을 가리킨다. 이 목적에 도달하는 가장 효과적이고 가장 직접적인 방법은 상벌을 주요 내용으로 하는 법치를 실행해 농업과 전쟁에 공로가 있는 사람에게 상을 내리는 방식으로 격려하고 농업과 전쟁을 파괴하는 사람에게는 징벌을 내리는 방식으로 제재(制裁)하는 것이다. 상앙은 "현명한 군주는 나라를 다스림에 있어서 나라 안에서는 백성들에게 농업에 예속되도록 하고 대외적으로는 백성들이 적과 싸울 준비를 하도록 한다. …… 나라 안에서는 백성들에게 농사짓는데 진력하도록 해 황무지가 더 이상 나오지 않도록 하며, 대외적으로는 백성들에게 적국과 목숨을 걸고 싸워 전승할 수 있도록 했다. 적국에 이기고 황무지를 개간하면 부국강병은 쉽게 실현할 수 있다"[164]고 했다. 《관자》에서는 "법도는 군주가 천하를 통치하고 간사한 것을 금지시키는 수단이다"[165]라고 했다.

금폭(禁暴)은 바로 법률, 형벌의 위험을 통해 피 통치계급이 통치계급의 통치에 감히 저항하지 못하게 함으로써 통치 질서를 유지하는 목적을 달성하는 것을 말한다. 상앙은 "법은 백성을 다스리는 근본"으로서 나라를 잘 다스리려면 반드시 법으로써 피통치자들의 반항을 진압해야 한다고 주장했다. "예로부터 천하를 잘 다스리는 자는 우선 백성을 잘 다스리는 자였다. 강적과 싸워 이긴 사람은 반드시 백성부터 제압하는 자였다. 그러므로 백성을 제압하는 근본은 백성을 잘 다스리는 것이다. …… 따라서 천하를 잘 다스리는 자는 법률로써 백성을 다스린다."[166] 그리고 "영명한 군주가 다스리는 나라에서는 법도와 법률이 실행되고 있다. …… 어진 자는 격려를 받고 반란을 일으키는 자는 평정시킨다. 어진 자가 격려 받고 반란자가 평정되니 업적은 자연스레 이루어진다"고 했다.[167] 또 "법령은 나라를 다스리는 원칙이며, 난폭한 행위를 제지시키고, 사람들을 선량한 반향으로 이끄는 수단이다"라고 했다.[168] 이러한 주장은 모두 금폭에 대한 법률의

---

164) 《商君書 · 算地》
165) 《管子 · 明法解》
166) 《商君書 · 畫策》
167) 《管子 · 法法》

역할을 강조한 것이었다.

고대사회에서 현명한 군주는 신하와 백성이 선한 마음을 가지고 부국강병의 길로 나가도록 이끌며, 난폭함을 제지하고 악한 마음을 버릴 수 있도록 통치하려 했다. 공(功)과 선(善)은 사회의 안정에는 이롭지만, 폭력과 악은 사회의 안정에는 불리하기 때문이다. 그렇다면 어찌해야 부국강병의 길로 나가며 선한 마음을 가질 수 있도록 권하고 격려하는 한편, 난폭함을 금지시키고 사악함을 응징할 수 있다는 것이었을까?《관자(管子)》는 전자는 작위와 녹봉에 의거하고, 후자는 형벌에 의거해야 한다고 주장했다.《관자·명법해(管子·明法解)》에는 "현명한 군주는 나라를 다스릴 때 작위와 녹봉을 걸고 백성들을 권하고 격려함으로써, 백성들은 군주로부터 이득을 얻을 수 있음을 알게 하여, 이로써 군주는 백성들을 부릴 수 있게 된다. 형벌을 제정해 백성을 위세로써 굴복시키는 것은 백성들이 군주를 두려워하게 되어 이로써 군주는 그들을 통치할 수 있게 된다. 따라서 작위와 녹봉이 없으면 군주는 백성들을 격려할 수 없고, 형벌이 없으면 군주는 백성들을 위세로 굴복시킬 수가 없다"고 했다. 관중(管仲)은 "법은 백성의 생사를 결정하는 근거로 쓰인다. 백성의 생사를 결정하는 것이므로 면밀하고 신중하게 형벌을 적용해야 한다"고 했다.[169]

선함을 격려하고 악함을 응징하는 권선징악의 목적에 도달하려면 공이 있는 자에게는 반드시 상을 주고, 죄가 있는 사람에게는 반드시 벌을 주어야 한다. "나라의 혼란스러운 국면을 다스리려면 상벌을 구분하는데 주력하는 것이 급선무다."[170] 상벌제도를 활용하고 관철시키려면 첫째, 상벌의 기준을 명확히 하고 포상해야 할 것은 포상하고 징벌해야 할 것을 징벌해야 한다. 그래야만 사회질서가 바로설 수 있다. 둘째, 상벌은 공정해야 한다. 개인의 공과득실에 엄격하게 따르며 사적인 공로는 장려해서는 안 되고, 사적인 원한으로 징벌해서는 안 된다. "상벌정책은 선을 포상하고 악을 징벌하는 것을 말한다. 포상은 공을 세운 자를 격려하기 위한 것이고 징벌은 간사한 행위를 두절시키기 위한 것이다. 포상은 공평해야 하고 징벌도 평등해야 한다. …… 상벌이 공정하지 않으면 충신들은 억울하게 죽어갈 것이며 간신배들은 허위적인 전공으로 중용되게 될 것이다."[171] 셋째, 상벌이 적절해야 한다. 법치수단으로서의 상벌은 반드시 적절하게 적

168)《史記·孝文本紀》
169)《管子·權修》
170)《韓非子·制分》
171)《諸葛亮集·賞罰》

용해야 상벌의 목적에 도달할 수 있고 질서를 유지하는 효과를 볼 수 있다. "공로가 없는 자를 포상하면 재력이 달리게 되고, 백성이 원망하게 될 것이며, 재력이 달리고 원망의 목소리가 높아지면 백성들은 군주를 위해 최선을 다하지 않을 것이다. 때문에 포상이 적절하지 못하면 민심을 잃게 되고 징벌이 적당하지 않으면 백성들이 더는 두려워하지 않게 될 것이다."172) 상과 벌이 적당하지 않으면 법률의 권위성을 수립할 수가 없고, 따라서 사람들도 믿고 따르지 않을 것이다. 통치자들은 포상하는 수단으로 시범과, 격려 등의 효율성을 형성해 선하고 이로운 사람과 일이 사회적인 기풍이 되도록 하고, 징벌을 이용한 폄하와 억압, 진압 등 수단으로 악하고 해로운 사람과 일이 생겨나고 존재할 수 있는 토양을 파괴해 사회에 발붙일 수 없게 해야 한다. 나라를 다스림에 있어서 포상과 징벌을 떠날 수는 없다. 이는 강력한 체제이다. 그 근본 목적은 이로운 것을 선양하고 해로운 것은 없애며, 사납고 포악한 무리를 제거해 선량한 백성을 평안하게 해줌으로서, 사회 운행에서 가장 기본적인 질서를 확보하는 것이다. 이세민(李世民)이 말했듯이 "나라의 대사는 오직 포상과 징벌뿐이다"라는 것과 같은 말이었다.173)

3. 덕 · 예 · 정 · 형의 종합적인 다스림과 사회질서의 유지

중국은 세계에서 문명이 가장 일찍 발달한 국가 중의 하나로서 유구한 역사와 찬란한 문화가 있을 뿐만 아니라, 나라를 다스리는 면에서도 민족 특색이 짙고 독특한 사회통제 유형을 수립했다. 사회의 통치 질서를 수호하기 위해 덕치(德) · 교화(禮) · 정령(政) · 형벌(刑) 등을 수단으로 종합적으로 다스리는 유형을 채용했다. 이는 고대 중국이 나라를 다스리고 백성을 다루는 데 있어서 독특한 특색이 있는 중요한 경험이라고 말할 수 있다.174) 하 · 상 · 주에서 서한 초기에 이르기까지의 사회통치를 살펴보면, 어떤 나라고 언제나 사회를 규범화시키고 사회질서의 정상적인 운행을 수호할 수 있는 고정불변의, 그리고 제도화된 조치가 필요했다. 한 무제 이후 역대 봉건왕조도 당연히 예외가 아니었다. 앞에서 이미 서술했듯이 한 무제 때는 중국 역사에서 중요한 사회적 전환기였으며, 이 시기에 이르러 중국의 대 통합사회가 건립되어졌던 것이다. 그 후의 중국

---

172) 《韓非子 · 飾邪》
173) 《貞觀政要 · 封建》
174) 張晉藩, 《中國古代法律制度》, 3쪽, 북경, 중국라디오텔레비전방송출판사, 1992.

역대 봉건왕조는 왕권을 중심으로 한 천하 통치를 확보하기 위해 정치제도, 의식형태 등 면에서 왕권을 수호하고 공고히 하는 일련의 조치를 취하는 외에, 사회질서를 유지하는데 운용한 사회 통제수단의 주요 특징이 바로 덕치·교화·정령·형벌 등의 수단을 종합적으로 활용했던 것이다.

예(禮)와 형(刑)의 관계는 서주의 주공이 예를 제정한 때로 거슬러 올라갈 수 있다. 예와 형은 서주시기 사회통제의 두 가지 수단이었다. 주공은 예를 제정하고 덕치에 대해 명백히 정한 후 형벌을 신중히 적용할 것을 강조했다. 예의 교화기능과 형의 강제적 효과를 교묘하게 결부시켰던 것이다. 예는 교화를 통해 "사람의 사상을 교화해 나쁜 짓을 저지르는 것을 미연에 방지하도록 하되, 일으키는 변화가 아주 미묘해 백성들이 저도 모르는 사이에 점차 선량해져 범죄를 멀리하도록 하게 한다"고 했다.[175] 예교(禮敎)는 사람들이 그 영향을 받아 은연중에 혹은 무의식중에 감화됨으로써 예교의 모든 요구에 따르도록 했다. 형은 예의 필요한 보충이고 범죄를 징벌하는 필요한 수단이다. 《예기·악기(禮記·樂記)》에는 "(고대의 현명한 군주는) 예(禮)로써 사람들의 의지를 인도하고, 악(樂)으로써 사람들의 성품과 감정을 다루며, 정령(政令)으로 사람들의 행동을 통일시키고 형벌로서 사람들이 나쁜 짓을 하는 것을 예방했다. 예·악·정·형은 비록 수단은 다르지만, 그 목적은 하나로서 민심을 통일시켜 나라를 태평성세에 이르게 하기 위함이다"라고 설명했다. 또 "예·악·형·정 등 4가지 방면에서 모두 막힘이 없이 관철된다면 나라를 잘 다스릴 수 있는 조건이 구비된 것이다"라고 했다. 이는 종합적인 다스림에 대해 가장 일찍이 체계적으로 논술한 것이고, 통치 경험에 관한 고도의 종합으로서 실천과정에서 매우 중요한 역할을 하였다. 때문에 후세의 통치자들은 이러한 통치수단을 줄곧 답습했다. 중국 고대의 개명한 통치자들은 모두가 한편으로는 법제의 강제력으로 국가통치를 유지했고, 다른 한편으로는 도덕교화를 운용해 백성들을 정신적으로 "바른 길"을 가도록 이끎으로써, 정치, 법률, 경제, 교육 등 다양한 수단을 종합적으로 겸용하면서 나라를 다스렸다.[176]

선진시기의 사람들은 법과 덕, 또는 법과 예의 관계를 잘 처리하지 못했다. 덕을 중시하고 형을 소홀히 했는가 하면, 법을 중요시하고 예를 소홀히 하며 양자를 잘 통일시키지 못했던 것이다. 전국시대 말 사람인 순황(荀況)은 예와 법을 모두 중시했던 사상가였

---

175) 《大戴禮記·禮察》.
176) 張晉藩, 앞의 책, 3쪽.

다. 그는 "예는 나라를 다스리는 지도원칙으로서 나라를 다스림에 있어서 반드시 예에 의거해야 한다"고 주장했다. 그는 "백성을 통치하는 군주는 예의를 숭상하고 현명하고 재능이 있는 사람을 존중할 줄 알아야 천하의 군왕이라 칭할 수 있다. …… 예는 정치의 지도원칙이다. 정치를 함에 있어서 예의에 따르지 않으면 정책을 실행할 수 없게 된다"[177]고 했다. 또한 오직 "예의를 숭상하고 현명하고 재능이 있는 사람을 존중할 줄 아는 군주여야만이 천하의 왕으로 자처할 수 있다"고도 했다. 이른바 "나라의 운명은 예법에 달려 있다"[178]는 말처럼 순자는 예의를 숭상한 동시에 법도 강조하면서 "법은 정치의 발단"이며, "예의를 숭상하고 법제를 우선시하면 나라는 정상적인 운행 관례를 갖추게 된다"[179]고 했다. "나라를 다스리는 이치는 예법과 형벌을 겸용하는 것이다"라고 하면서,[180] 순자는 예와 법은 모두 봉건통치를 수호하고 공고히 하는 수단이며 나라를 다스리는 데는 반드시 예와 법을 겸용해야 한다고 주장했다. 그는 유가가 선도하는 예와 법가가 선도하는 법에 대해 비판하는 동시에, 또한 적극적으로 수정함으로써 새로운 역사 배경에서 예를 위주로 예와 법을 통일시켜 겸용하는 본보기가 되었다.

한나라 초기에는 황로사상을 신봉하고 자연에 순응하여 아무것도 하지 않아도 천하가 스스로 잘 다스려진다는 무위의 치(無為而治)를 정치 강령으로 삼았었다. 그러나 통일된 왕조에 있어서 유가와 법가사상은 빠질 수 없는 필수적인 것이었다. 그래서 한나라 초기부터 시작해 한 왕조는 한편으로 황로사상의 깃발을 내걸고 형벌을 줄이며 조세를 삭감함으로서 백성들의 부담을 경감시켰고, 다른 한편으로는 황로사상의 명성을 빌어 유가사상과 법가사상를 실시했다. 이는 한대 초기의 중요한 책략가인 육가(陸賈)와 가의(賈誼)가 조정에 올린 상소에 반영되어 있다. 육가는 유방(劉邦)에게 "문치(文治)와 무공(武功)을 겸용하는 것이야 말로 나라를 장기간 안정시킬 수 있는 가장 좋은 방법이다"[181]라고 건의했다. 그는 저서 《신어(新語)》에서 통치자는 인의(仁義)를 베풀어야 하며, 형벌에 의지(恃)해서는 안 된다고 거듭 강조했다. 가의는 순자의 예의를 숭상하고, 법을 중시하는 융례중법(隆禮重法) 사상을 더한층 발전시켜 예와 법을 결부시킬 것을 주장했다. 그는 예는 "나라의 통치를 공고히 하고 사직을 안정시키며, 군주가 민심을

---

177) 《荀子 · 大略》
178) 《荀子 · 強國》
179) 《荀子 · 君道》
180) 《荀子 · 成相》
181) 《史記 · 酈生陸賈列傳》

잃지 않게 하는"[182] 중요한 수단이고, 법은 사람들이 반드시 준수해야 하는 규칙, 이른
바 "법도와 이치를 따르는 것이 법칙"이라고 주장했다.[183] 예와 법의 역할은 각자 치중
하는 점이 다르며 서로 대체할 수 없는 것이다. 가의는 한 문제에게 상소를 올려 "일반
사람들의 지혜로는 이미 발생한 것만 볼 수가 있고, 앞으로 발생할 것에 대해서는 볼
수가 없다. 예는 사람들의 행위가 발생하기 전에 적용되고 법률은 사람들의 행위가 발
생한 뒤에 적용되기 때문에, 사람들은 법률의 기능은 쉽게 알 수 있지만 예의 기능은
알아내기 어렵다"[184]라고 말했다. 그는 예는 교화에 치중해 사람들이 선한 행동을 하게
함으로써, "나쁜 행위를 미연에 방지하고", 법은 나쁜 행위를 징벌하는 데 치중해, 사람
들이 두려움을 느끼게 하며 응징은 후에 따르는 것이라고 주장했다. 예와 법의 역할은
서로 다르지만 통치자들에게는 모두 백성들을 통치하는 유력한 수단으로서, 반드시 서
로 결부시키고 서로 보완하면서 공동으로 역할을 발휘하도록 해야 한다고 했다. 때문에
가의는 백성을 통치하는데 있어서 단순하게 형벌에만 의거해서는 안 되며, 마땅히 예의
교화를 위주로 해야 한다고 주장했다. 그러나 한대 초기 유가와 법가사상은 단지 황로
사상의 보충이었을 뿐 국가의 의식형태로 통일시키지는 못했다. 한 무제 때에 이르러서
야 예와 법이 비로소 통일되었다. 이는 주로 "제자백가의 학설을 배척하고 유가학설만
을 숭상하는 주장"이 제시된 후에, 유가 독존(獨尊)의 전제하에서 덕과 형의 겸비를 강
조하는 가운데 반영되었다. 동중서는 성삼품(性三品)설[185]에 근거해 형벌의 필요성에
대해 논증하고 공자 이후의 "덕치를 위주로 하고 형벌로써 보충하는(德主刑輔)" 사상을
답습하면서 이를 발전시켜 일련의 완전한 양덕음형(陽德陰刑)의 덕주형보(德主刑輔)론
을 형성케 했다.

　유가의 덕주형보(德主刑輔) 사상은 동중서 때 이미 기본적으로 완성됐으며, 이후의
봉건사회에서 일관되게 적용하였다. 이러한 덕례정형(德禮政刑)이라는 종합적인 다스림
(綜合爲治)의 치국방략은 동중서에 이어 역대 일부 유명 사상가, 정치가들에 의해 추앙

---

182) 《新書·禮》

183) 《新書·道術》

184) 《漢書·賈誼傳》

185) 동중서는 "사람은 하늘의 뜻을 받들며 선과 악의 본성을 가지고 있다"고 하면서 선과 악의 두 가
　　지 본성에서도 또 다시 세 등급인 삼품(三品)으로 나누어지는데, 즉 "성인의 본성", "중등인의 본
　　성", "미천한 본성"으로 나뉜다고 했다. "성인의 본성은 천성적으로 선하고", "중등인의 본성은 교
　　화를 통해 선해질 수 있으며", "미천한 본성은 악인의 본성에 속하는 것으로 교화를 통해 선해지
　　기 어렵기 때문에 형벌로 제재할 수밖에 없다"고 했다. 《春秋繁露·實性》

되었다. 이는 그들의 치국 주장에서 충분히 반영되었다. 동한시기 유명한 유물주의 사상가인 왕충(王充)은 "문무를 고루 설치하고" 예와 법을 병행할 것을 주장했다. 그는 예의 덕교는 치국의 근본이지만 예의 덕교만 있어서는 안 되며, 반드시 법으로 보충해야 한다고 주장했다. 그는 "고대사회에는 예제 조문이 3백 조례가 있고, 예절의식에 관한 구체적인 규정이 3천 조례에 이르며, 형법도 정형강목(正刑綱目)이 3백 조례나 있었고, 과조(科條)가 3천 조례에 이른다. 예의 조례를 어기면 형벌을 받으며 예에 어긋나면 법의 징벌을 받는다. 때문에 예와 형의 조목 수는 같았다[186]고 말했다. 즉 그 뜻은 사회를 다스리는 데 있어서 예와 법을 병용해야 하며 예와 법은 서로 의존하고 서로 보완하며 상부상조해야 한다는 것을 뜻하는 말이었다.

위진(魏晉)시기의 저명한 율학가 장비(張斐)는 모든 법률 조목은 반드시 예악(禮樂)에 좇아야 한다며, "예악과 서로 부합돼야 한다"는 사상을 제기해 예악이 법률을 제정하는 지도원칙이라고 간주했다. 예악과 형법의 관계에 대해 그는 "예악은 통치자들에게 떠받들려 형법을 반포 시행할 때 반영되고, 형법은 아래 사람들의 행위를 규범시켜 아래 사람들을 방어하기에 법률제도를 보충하는 역할을 한다."[187]고 했다. 그는 "통치자들에게 떠받들려 지고 있는 예"를 수호하기 위해서는 반드시 법률을 제정해 아래의 백성들을 단속해야 하기 때문에 법률은 치밀하고 완전함을 갖춰야 한다고 주장했다. 장비는 예와 법을 결합시킨 유가사상을 발전시키고 위진남북조시기의 봉건법률의 유가화 진척을 가속화시켰다.

예와 형을 병행하는 사상은 양한, 위진시기를 거쳐 충실해지고 발전되었으며, 당나라 때 새로운 단계에 이르렀다. 당나라 초기에 치국전략을 확정할 때 이세민(李世民)의 주도하에 열띤 토의가 있었다. 봉덕이(封德彝)를 비롯한 일부 사상가들은 "엄한 형벌로 천하를 다스려야 한다"[188]고 주장했다. 봉덕이는 "인의로 천하를 다스려야 한다"고 주장하는 위정(魏征)을 질책했다. 위정을 비롯한 사상가들은 "인의는 나라를 다스리는 근본이고 형벌은 나라를 다스리는 마지막 보조 수단이다"[189]라고 주장하면서 봉덕이의 비난에 대해 반박했다. 당 태종 이세민은 위정의 의견을 받아들였다. 이세민은 나라를 잘 다스리려면 반드시 예를 정하고 형법도 세워야 한다고 주장했다. 이세민은 예를 벗어나면

---

186) 《論衡 · 謝短》
187) 《晉書 · 刑法志》
188) 《新唐書 · 刑法志》
189) 《貞觀政要 · 公平》

형벌을 받아야 한다고 강조했다. "예의 규범에 금지된 사항은 형서에 기록되어야 하며," [190] 그는 형의 역할은 예를 벗어나는 행위를 금지시키는 데에 있다고 강조했다. 당나라의 사상가이며 정치가인 한유(韓愈)는 유가 학술사상의 도통(道統)의 계승자로 자처하면서 치국문제에서 "덕과 예를 우선시하고 정령과 형벌을 부차적인 수단으로 할 것"을 주장했다. 그는 "인의를 초월하는 도는 있을 수 없고, 예악과 형벌, 정령보다 더 올바른 교화는 있을 수 없다. 이를 온 천하에 시행할 때 만물이 서로 조화를 이루게 되며 이를 스스로 행할 때 몸도 건강하고 평화롭게 된다"고 했다. [191] 그는 나라를 다스림에 있어서 예악과 형벌, 정령(刑政)은 없어서는 안 되는 수단이라고 주장했다. 그의 뒤를 이어 유종원(柳宗元), 백거이(白居易) 등도 모두 비슷한 주장을 했다.

송·원·명·청시기에는 사회정치, 경제, 문화가 발전함에 따라 의식형태 각 면에서 봉건사회 전기와 다소 다른 특징이 나타났는데, 유가사상을 철리화한 송명이학이 봉건사회 후기 정부의 지도사상으로 되었으며, 중국의 정치, 법률과 문화의 발전을 지배하기 시작했다. 이때도 "덕례정형(德禮政刑), 종합적인 다스림(綜合為治)"의 사상은 여전히 주류사상으로 떠받들어졌다. 북송시기의 유명한 개혁가 왕안석(王安石)은 예악과 형벌, 정령은 모두 나라를 다스리는 수단으로서 마땅히 "병행해야 하며" [192] 어느 것 하나라도 소홀히 해서는 안 된다고 주장했다.

사마광(司馬光)은 유가의 예치론(禮治論)을 답습하고 발전시켰으며, 예를 봉건국가의 최고 준칙으로 하여 나라를 다스리는 기강으로 삼았다. 그는 "천자의 직책 가운데서 가장 중요한 것은 예교를 수호하는 것이고, 예교를 수호함에 있어서 가장 중요한 것은 지위를 구분하는 것(分)이며, 지위를 구분하는데 있어서 가장 중요한 것은 명분을 바로 세우는 것(名)이다. 예란 무엇인가? 기강(紀綱)을 말한다. 지위를 구분하는 것(분)이란 무엇인가? 군주와 신하를 구분한 것을 가리킨다. 명분을 바로 세우는 것(명)이란 무엇인가? 공(公), 후(侯), 경(卿), 대부(大夫)를 구분하는 것을 가리킨다"고 했다. [193] 사마광은 "몸과 마음을 수련하고 나라를 다스리며 천하를 평정시킴에 있어서 모두 예를 떠날 수 없다" [194] 고 주장했다. 사마광은 비록 예를 나라를 다스리고 사회를 안정시키는 근본으

---

190) 《全唐文·薄葬詔》 권7.

191) 《韓昌黎集·送浮屠文暢師序》

192) 《臨川集·三不欺》

193) 《資治通鑑》 권1. 《周紀》 1.

194) 司馬光, 《資治通鑑》 권11 《漢紀》 3에서 이와 관련해 상세하게 논술했다.

로 삼았지만 법과 형의 역할에 대해서도 부정하지 않았다. 그는 "선대 현명한 군주들이
뭇 신하와 만 백성을 잘 다스릴 수 있었던 것은 예와 법 어느 한쪽도 버리거나 소홀히
하지 않았기 때문이다"라고 했다.[195] 따라서 나라를 잘 다스리려면 예를 중요시해야 할
뿐만 아니라 법과 형을 활용해야 하며 예와 법을 병행해야 한다면서, 사회질서를 유지
하려면 엄한 형벌이 있어야 한다고 주장했다.

양송시기 이학의 대가 주희(朱熹)는 덕례정형(德禮政刑)의 관계에 대해 더한층 논증
했다. 그는 "정령은 나라를 다스리는 수단이고, 형벌은 그 보조 수단이다. 덕과 예는 나
라를 다스리는 근본이고, 덕은 예의 근본이다. 나라를 다스림에 있어서 이들을 떠나서
는 할 수 없다. 비록 어느 한쪽만 소홀히 할 수 없지만 정령과 형벌은 백성들에게 죄를
멀리 하게 할 수 있다. 덕과 예의 역할은 백성들이 저도 모르는 사이에 무의식중에 점차
선량해지게 하는 것이다. 고로 백성을 다스리는 그 마지막 부차적인 것에 의지할 것이
아니라 근본적인 것을 깊이 탐구해야 한다"[196]라고 했다. 주희는 여기서 사실상 덕과
예, 정령, 형벌은 나라를 다스림에 있어서 서로 갈라놓을 수 없는 것이며, 그 어느 하나
도 없어서는 안 되는 치국의 수단임을 논했던 것이다.

명나라의 개원 황제 주원장(朱元璋)도 역대 제왕들과 마찬가지로 예와 법은 "나라의 기
강"이라는 것을 인정했다. 홍무(洪武) 30년(1370년)《대명률》이 완성되었을 때, 그는 여러
신하들에게 "짐은 옛날의 경험을 본받아 나라를 다스리고자 한다. 예를 명확히 정해 백성
을 인도하고 율을 제정해 나쁜 행위를 단속하며 영을 저서로 편찬할 것이다"[197]라고 말했
다. 주원장은 예치의 역할을 매우 중시했다. 그는 "다스림의 근본은 마음에서 시작된다.
마음에 근본을 둔 자는 도덕과 인의를 갖췄기에 아무리 써도 무궁무진하다. 그러나 법에
의해 다스려진 자는 권모술수를 쓰기에 때론 더 이상 쓸 수 있는 방법이 없어진다"[198]고
했다. 따라서 "예는 나라의 규범이요, 인간으로서 지켜야할 도리의 기강으로서 조정에서
이를 우선시해야 하며 하루라도 없어서는 안 된다"고 했다.[199] 주원장은 "예의로써 백성
들을 인도하는" 한편 "율을 제정해 나쁜 행위를 단속하는 것"을 특히 중시했으며, 일련의
법률 법령을 제정해 엄격한 법규로써 나라를 다스려 "다섯 가지 혹형 관련 법률을 제정해

---

195)《傳家集》권75.

196)《四書集注·論語·爲政》

197)《明史·刑法志》

198)《明太祖實錄》권66.

199)《明太祖實錄》권80.

백성들이 이를 두려워해 범죄를 저지르지 못하도록 예방하는 목적"을 달성했다.[200]

청나라 초기, 통치방법 상에서 강희(康熙)는 유가의 덕치를 위주로 하고 형벌을 보조적 수단으로 하는 덕주형보(德主刑輔)와 교화우선(敎化優先)의 사상을 답습했다. 그는 "짐이 나라를 다스려 태평성세에 이르게 하는데 있어서, 법령을 제정하는데 급급해하지 않고 교화를 우선시했다. …… 법령은 일시적인 금지 역할만 하지만 교화는 오랫동안 안정을 유지할 수 있게 한다. 만약 법령에만 의지하고 교화를 우선시하지 않는다면, 근본적인 것을 버리고 지엽적인 것만 취하는 격이 된다"고 했다.[201] 그는 "현명한 군왕이 다스리는 천하에는 예도 있고 형벌도 있다. 예가 있기에 백성을 격려해 선한 방향으로 이끌 수 있고 형벌이 있어 백성들이 법도에 어긋나는 행위를 하지 않도록 금지시킬 수 있다"고 주장했다.[202] 따라서 "형벌로써 단속해 백성들이 법망이 두려워 조심하며 간신히 죄를 짓지 않는 것을 다행스럽게 여기게 하기보다는 덕으로 감화시켜 백성들이 나날이 선해지게 해 차마 나쁜 짓을 저지를 수 없게 하는 것이 훨씬 낫다"고 주장했다.[203] 그는 나라를 다스릴 줄 아는 자는 덕정을 베풀고 형벌을 줄이며, 덕정으로 백성들을 안정시키는 것을 중시하는 않는 이가 없으며, 백성에게 예의교화를 실행했다.

"덕례정형, 종합적인 다스림"의 사상은 구체적인 실천과정에서 한편으로는 통치자들이 나라를 다스리는 가운데 덕례교화의 기능과 역할을 크게 중시했고, 다른 한편으로는 입법과 사법 면에서 예를 법에 도입하고 예와 법을 융합시키는 데서 반영되었다. 덕을 위주로 하고 형벌을 부차적인 수단으로 하는 덕주형부(德主刑輔)의 봉건 정통법률사상이 확립됨에 따라, 한 무제 때 시작된 예를 법에 도입하고 예와 법을 융합시키는 법률실천은 위진남북조시기에 더한층 발전했으며, 유가사상은 법률에 끊임없이 침투됐다. 《진률(晉律)》은 유가사상을 명확하게 입법의 지도원칙으로 삼았다. 진인각(陳寅恪)이 말한 바와 같이 "고대사회에서는 예와 율 간의 관계가 밀접했는데, 동한 말기의 유학 명문대가인 사마씨(司馬氏)가 진실(晉室)을 세우고 중국을 통치하면서 제정한 형률이 특히 유교적이다"라고 했다.[204] 귀족 관리들의 특권을 수호하기 위해 《조위율(曹魏律)》은 "팔의(八議)"[205]를 법률에 도입시켰으며, 《북위율》에는 관당(官當)제도가[206] 나

---

200) 《大明律·序》

201) 《聖祖仁皇帝聖訓》 권6.

202) 《淸聖祖御制文集》 권17.

203) 《淸聖祖聖訓》 권7.

204) 陳寅恪, 《隋唐制度淵源略論稿》 330쪽, 북경, 중화서국, 1977.

타났다. 《북제율》은 봉건 전제통치를 위해하고 윤리강상에 어긋나는 행위에 대한 진압을 강화하기 위해 중죄10조(重罪十條)를 정식으로 법률에 도입시켰다. 이 중죄10조는 봉건종법제도의 여러 방면이 포함되어 있었으며, 예와 법을 한층 더 결부시켰고, 군권(君權), 부권(父權), 부권(夫權)에 대한 수호를 강화했다. 《수당률》은 이를 토대로 발전해 십악(十惡)을 제정했고 송, 원, 명, 청 역대 왕조도 이를 답습했다.

"예주형보(禮主刑輔), 예법융합(禮法融合)"의 사상은 《당률》에 충분히 반영됐다. 《정관률(貞觀律)》중 원래 예에 속했던 많은 규범들에는 법의 형태가 부여됐다. 이세민의 유훈을 계승한 것으로 유명하고, 정관 유습을 많이 이어받은 고종 이치(李治)는 정권을 세운 후 제정한 《영휘율소(永輝律疏)》에서 "덕례는 정치 교화의 근본이고, 형벌은 정치 교화의 수단이다. 마치 밤과 낮이 서로 합쳐 일주야를 이루고 봄날의 햇살과 가을날의 햇살이 한데 합쳐져 한 해를 이루는 것과 같다"[207]고 명확히 선포했다. 《당률소의》를 종합해보면, 예의 정신이 이미 율문(律文) 속에 완전히 융합되었으며, 예가 허용하는 것은 율도 허용하고, 예가 금지하는 것은 율도 금지하였다. 게다가 "존비귀천 등급이 서로 다름에 따라 적용되는 형벌과 형벌의 경중 정도도 분명하게 달랐다."[208] 이로부터 당나라 때에는 예와 법의 융합이 중국 봉건시대 중 가장 절정기에 도달했다고 말할 수 있다. 이는 중국 고대 예제의 법률화가 성공한 것이며, 이로써 서한 무제 때부터 위진남북조 시기까지 700년간이나 이어온, 국법을 떠나 유가경전을 사건판결의 의거로 삼아오던 경의결옥(經義決獄)의 사법 활동이 끝났음을 의미하는 것이 되었다. 예와 법의 결합이 국가기관의 운행을 효과적으로 추진하고, 사회의 안정을 수호할 수 있기 때문에 "예주형보, 종합적인 다스림"은 역대 봉건왕조의 기정정책으로 되었으며, 이러한 정책이 반영하는 도덕과 법률의 결합, 가족애 의무와 법률 의무의 통일은 광범위한 영향을 일으킴으로서, 중국 고대 법제문명의 주요 특징이 되었던 것이다."[209]

---

205) "팔의(八議)"설은 《周禮》 "八辟"에서 왔다. "八議"는 8가지 부류의 권세 있는 존귀인물들이 죄를 저질러 재판을 받게 될 경우 특수 혜택을 받는 것을 말한다. 8가지 부류에는 친(親), 고(故), 현(賢), 능(能), 공(功), 귀(貴), 근(勤), 빈(賓) 등이 포함된다.

206) 《魏書 · 刑法志》: 《北魏律 · 法例》의 규정에 따르면 공(公), 후(侯), 백(伯), 자(子), 남(男) 등 5가지 등급의 작위가 있는데 매 등급으로 3년 도형을 대체할 수 있다. 관품은 제5품부터 한 개 등급에 도형 2년을 대체할 수 있고 면직 당한 자는 3년이 지난 후 원래 관품 등급보다 한 급 낮은 등급의 관직에 복귀할 수 있다.

207) 《唐律疏議 · 名例篇》

208) 《唐律疏議 · 賊盜律》

  역사적 각도에서 연구 토론해 보면, 중국 고대사회에서 장기적으로 채용했던 덕례와 형벌을 함께 사용하는 사회통제 유형이 2천 년간 변하지 않고 지속될 수 있었던 그 근본 원인은, 첫째 명확하고 통일된 이론적 토대, 즉 유가학설이 있었기 때문이고, 둘째 지속적이고 일관된 정책적 보장이 있었기 때문인데, 구체적으로 덕치를 위주로 하고 형벌을 보조 수단으로 하는 덕주형보, 형벌을 명확히 하고 교화를 돕는 명형필교(明刑弼敎)가 나타나 일관성과 안정성을 유지할 수 있었기 때문이었다. 셋째, 여러 방면에서 법률의 확인과 보장을 얻었다. 예를 들면 각종 예의규범, 인륜도덕, 문화소양, 사회풍조 등이 혹자는 법률조문으로 규정되었거나 혹자는 법을 빌어 추진됐으며, 혹자는 일정한 범위 내에 제한되었거나 또는 사회적으로 널리 퍼졌기 때문이었다. 넷째는 이에 상응하는 제도건설이 보조를 맞추었기 때문인데, 예를 들면 효(孝)로 천하를 다스리는 이효치천하(以孝治天下)를 제창하여, 부모에 효도하고 형에게 공손한 효제역전(孝悌力田)하는 사람을 관리로 선발하기 위해 찰거(察擧), 징벽(征辟)제도를 세웠고, 관리들이 청렴하고 국가와 사회를 위해 기여하며(廉洁奉公), 성실하게 정무를 보고 국민을 위하도록(勤政愛民) 감독 격려하기 위해 일련의 고과(考课)제도와 휴치(休致)제도를 세웠기 때문이었다. 또한 정상적인 사회기풍을 선양하기 위해 모함하는 것을 징계(懲治誣陷)하는 제도를 제정했기 때문이었다. 도덕교화, 법제건설, 제도건설의 3자가 서로 연결하여 교차하며 밀접한 관계를 형성했기 때문에, 중국 역사에서 성강의 치(成康之治), 문경의 치(文景之治), 정관의 치(貞觀之治) 등 유명한 태평성세가 나타날 수 있었던 것이다.[210]

  중국 고대 봉건통치자들이 수호하는 질서는 그 본질이 "존비의 구별이 있는" 등급질서였다. 하지만 중국 고대사회의 많은 관념들은 여전히 광범위한 국민의 마음속에 쌓이게 되어 계속 좋거나 또는 나쁜 영향을 일으켰다. 이로써 현대 사회질서를 구축하는데 있어서, 마땅히 중국 고대사회의 사회질서 이론에 대해 역사적으로 되짚어보면서 중화민족특색의 현대화의 길을 모색해야 한 것이다.

---

209) 張晉藩, 《中華法制文明的演進》, 2쪽, 북경, 중국정법대학출판사, 1999.
210) 張晉藩, 〈略論中國古代精神文明建設與法治建設〉, 《法史鑒略》. 72쪽 및 이하 쪽 내용, 북경, 군중출판사, 1988.

4절. "선을 선양하고 악을 징벌하다(懲惡揚善)"

정의란 무엇일까? 이는 맞게 말하기가 어려운 문제이다. 예로부터 지금에 이르기까지 정의에 대한 해석은 부지기수였지만 설득력이 있는 답은 없는 듯하다. 그러나 한 가지 만은 긍정할 수 있다. 그것은 즉 정의는 일정한 시대에 사람들에 의해 정당성을 대표한 다고 인정받는 이념, 원칙, 목표와 평가기준이며, 정의는 또 도덕과 법률이 항상 영원히 추구하는 존재라는 사실이라는 점이다. 도덕은 일관적인 여론과 상대적으로 안정된 풍 속으로 어느 한 시대의 정의감에 대한 추구를 표현하고, 법률은 특유의 강제력으로 정 의에 관한 이념을 널리 보급한다. 때문에 도덕과 법률이 수호하는 계급질서는 시대별 국가별로 서로 다르며 정의의 내용도 완전히 다를 수 있다. 신칸트학파의 대표인물인 루돌프 슈탐러는 사회 정의는 보편적 또는 절대적인 것이 아니며, 사회 정의는 사회 발 전에 따라 발전한다고 말했다.211) 이 의미에서 보면 정의의 내용은 역사의 변화에 따라 변화하고 서로 다른 사회형태와 서로 다른 통치계급이 주장하는 정의관이 어느 정도 차이가 있음을 알 수 있다. 고대 중국의 입장에서 보면 정의의 내용은 오늘날과 다르며 혹은 같은 시대 서방 나라의 가치체계와도 다른 것이다.

중화의 법계는 시간적 간격, 공간적 범위, 그리고 내용의 직접적인 계승 면에서 모두 세인을 놀라게 한다. 그러나 오랜 세월 동안 봉쇄되어 상대적으로 협소한 영토 내에서 스스로 만족을 느껴오던 봉건법계는 보다 넓은 현대 서방문명과 맞닥뜨리게 되면서 중 화 법계의 보수적이고, 협애하고, 폐쇄적이고 전제적인 본성이 낱낱이 드러나게 되었다. 이에 따라 세계를 널리 내다본 사상가와 개혁가들은 중국의 전통법제를 사회발전의 걸림 돌로 간주했으며 개혁의 대상 혹은 보다 철저하고 급진적인 혁명의 대상으로 간주했다.

만약 청조 말기 체제개혁과 신해혁명이 형태상에서 중화법계의 면모를 변화시켰다고 한다면, 새 중국이 창립되고서부터 문화대혁명이 끝난 약 30년 동안, 법률 허무주의가 유행하면서 근본적인 면에서 전통 중화법계의 마지막 명맥을 끊어버렸다고 할 수 있다. 그 결과 우리는 내재적인 전통문화 중 마지막으로 남아 있는 것마저도 잃어버렸으며, 게다가 외부의 선진이념에 대한 정신적 준비가 부족했던 탓에 양쪽을 다 잃는 비정상적 인 궁지에 빠지게 되었다. 30년간의 열광적인 사상의 조류가 빠져 나가고, 이성적인 사

---

211) 何勤華,《西方法律思想史》236쪽, 상해, 復旦大學出版社. 2005.

유를 되찾게 되자 법학 전통에 대한 계승과 비판을 어떻게 볼 것인가 하는 문제 또는
재평가가 필요한 현실 문제로 떠올랐다. 그래서 중국 고대법에 관한 정의적 가치의 유
무가 학자들이 우선 해결해야 할 급선무로 되었던 것이다.

장중추(張中秋)는 다음과 같은 관점을 제기했다. "중국의 고대사회에는 율학만 있고
법학은 없었다. 법학은 정의를 핵심으로 하고 있으나, 율학 중에는 정의의 위치가 없다.
정의를 둘러싸고 전개된 여러 문제들을 제외하면 법학이라고 말할 수 있는 것이 없
다"212) 양치평(梁治平)도 이와 비슷한 관점을 갖고 있다. 하근화(何勤華) 교수는 법학에
대한 정의(定意)의 역사성, 문화성, 철학성 등 방면에서 위의 관점을 반박했다. 그러나
그 역시 중국 고대사회에 정의라는 것이 있었는지에 대한 여부 문제는 회피했다213).

세계 법제사 중에서 중요한 법계 중의 하나인 중화 법계는 기타 여느 법계와 마찬가
지로 특정된 시대의 정의가치, 질서가치를 수호하는 것을 주요 내용으로 했다. 그러나
중국 고대사회의 정의가치 실현 방식에 대해 연구 토론하기 전에 우리는 이러한 정의
실현방식이 나타나게 된 역사적 배경에 대해 이해할 필요가 있다고 본다.

전반적으로 볼 때, 중국의 고대사회는 상대적으로 폐쇄되고 보수적인 농경사회였다.
상품경제의 결함과 대외무역의 부족, 수공업의 억제, 게다가 국토면적이 끝없이 넓은
상황으로 인해, 중국의 고대사회에서는 사회 구석구석에 침투되는 그러한 관료체제를
구축할 수가 없었다. 비록 그 체제가 사실상 매우 치밀하고 완벽하다고 할지라도 ……
이미 구축된 체제를 놓고 보더라도 관리들이 다중 신분을 동시에 갖고 있었다는 사실을
더 많이 보여 진다. 예를 들면 중국 고대의 지방관리는 행정관리이면서도 사법관리이기
도 했다. 이는 모종의 의미에서 입법자의 역할을 담당하고 있었던 것이다. 자연경제는
그 방대한 국가기관을 부담할 수가 없었고, 지나치게 세밀한 분공도 감당할 수가 없었
다. 이로 인해 경제이익과 소모 절약이 고대 중국사회에서는 반드시 고려해야 하는 중
요한 점이 되었다. 물론 통치자의 근본이익을 건드리면 징벌을 받기 마련이다. 예를 들
면 상앙은 "왕의 명령을 따르지 않는 자, 국가의 금지령을 위반한 자, 군주가 제정한
법률을 어긴 자는 사형에 처하며 사면하지 않는다"214)고 하는 명령을 내렸다. 더욱 많은
분야에서 통치자들은 형벌을 제외한 기타 방식으로 정의를 실현하기를 원했다. 이런 방

---

212) 張中秋, 《中西法律文化比較硏究》 231~234쪽, 남경, 남경대학출판사, 1996.
213) 何勤華, 《中國法學史》 제1권, 24~25쪽, 북경, 법률출판사, 1999.
214) 《商君書·賞刑》

식에는 통치자들이 자신들의 생각에 따라 가공을 거친 윤리, 도덕과 기타 의식형태가 모두 포함된다. 이러한 이념은 물질자원을 매우 적게 소모하거나, 혹은 기본상 소모하지 않고도 통치자의 힘을 비러 실현할 수 있기 때문이다. 이 모든 것들은 우리가 고대 중국사회의 정의가치의 실현에 대해 분석할 때 반드시 고려해야 할 요소들이다.

이상의 내용을 토대로 분석해보면, 중국 고대사회의 정의가치의 실현은 특유의 특징을 나타낸다. 실체적인 정의, 즉 사회생활의 권익과 책임에 대한 법률적 공유와 부담을 포함한 법률의 실체 권리와 의무 분배상에서의 정의가 있을 뿐만 아니라, 절차적인 정의, 즉 사회충돌을 해결하는 방식, 방법, 절차의 정의도 있었다. 그러나 우리는 오늘날의 관점, 또는 같은 시기 서방의 관점을 기준으로 고대 중국사회의 정의의 유무를 판단해서는 안 된다. 고대 중국의 특정적인 경제조건과 문화전통에 따라 아래와 같은 형벌, 비 형벌, 복수 등 세 가지 방면에서 중국 고대사회의 정의가치의 실현방식에 대해 알아보고자 한다.

1. 형벌의 방식

형벌의 방식으로 사회정의를 실현하고 선을 선양하고 악을 징벌하며, 사회 안정을 수호하는 것은 옛날부터 현재에 이르기까지 줄곧 채용해온 방식이다. 《이아 · 석명(爾雅 · 釋名)》에 이르기를 "법은 강제적 수단이다. 무제한적으로 개인의 자유와 의지에 따라서는 안 되며, 경계를 정해 강제적으로 지키도록 해야 한다. 율은 애쓰게 하는 것이다. 즉 백성에게 마음으로부터 애쓰게 해 그 행위를 정해진 규범에 따라 통일시키도록 하는 것이다"라고 했다. 법률은 강제적(逼) 그리고 '애쓰게 하는(累)' 수단으로 사람들의 행위를 제한함으로서, 개체의 행위가 국가에서 제정한 제한 범위에 부합되도록 하는 것이다. 개체의 행위가 법률 규칙을 어기고 제한된 경계를 넘어섰을 경우 법률을 침범한 행위이므로, 반드시 국가 강제력의 제재를 받게 된다. 여기서 말하는 제재는 국가의 강제력이 받쳐주는 형벌을 말한다.

"규칙을 위반하고, 경계를 벗어나" 제재를 받는 것은 크게 비난할 바가 못 된다. 그러나 중국 고대사회에서는 형사 범죄행위이거나 민사 불법행위이거나를 막론하고 모두 "규칙을 위반하고, 경계를 벗어난" 범주에 속하므로 반드시 형벌의 조정을 받게 해 피해자 또는 피해자가 기대하는 정의의 가치를 실현해야 했다. 이에 대해 오늘날의 법률사학자들은 습관적으로 "민법과 형법을 구분하지 않은 것"이라고 개괄했다. 실제로 이러한 개괄은 정확하지 못했다. 민법과 형법을 구분하는 기준은 각자가 조정하는 사회관계이지 정의를 조정하고 실현하는데 이용하는 수단은 아니었다. 중국 고대의 율전에서는 민법과 형법을 통합해 편찬했으며, 이들을 분리해 독립된 부문법을 형성케 하지는 않았다.

법률 형성 초기 하, 상, 서주시기에는 국가 공권력이 창립 초기단계에 처해 있어 성문법이 여전히 완전히 형성되지는 않았지만, 여전히 정의를 수호하는 기능을 했다. 《좌전(左傳)》에는 "혼(昏)·묵(墨)·적(賊)은 사형(殺)"이라는 기록이 있다. 다시 말하면 본인이 나쁜 일을 저지르고 타인의 명예를 훔친 자, 탐욕스러워 관료적 기풍을 더럽힌 자, 아무런 거리낌 없이 제멋대로 살인한 자 등은 모두 사형에 처해야 한다고 규정했다. 하나라 때에 이미 불효죄가 생겨났으며, 게다가 가장 악랄한 행위규범에 귀속시켰다. 서주 초기 주공을 비롯한 통치집단은 자발적으로 형성된 원래 있던 일련의 사회습관을 정리하고 개조했다. 즉 "주공이 예의제도를 제정한 것(주공제례)"으로서 "친친(親親), 존존(尊尊)"을 핵심으로 하는 종법제를 확립했다. 예의 핵심내용은 강제적인 압력 하에 정의의 범주 속에 융합시켰다. "예의에 어긋나면 형벌을 적용한다"고 규정했던 것이다. 이처럼 강제력을 동반한 예의 보급방식은 후세에 이르러서는 원래 도덕윤리에 의해 조정되던 사회관계를 형벌로써 속박하는 기원이 되었으며, 왕조가 바뀔수록 그 정도는 점점 더해갔다.

춘추전국시기 사회에 큰 변화가 일어나고 전통 예제가 와해되면서 "예악이 붕괴되는(禮崩樂壞)" 국면이 나타났다. 각 제후국은 형벌이 갈수록 잔혹해졌으며 "편(鞭, 채찍으로 매질함), 능지(脯, 사지를 찢음), 포(醢, 소금으로 절임), 팽(烹, 삶아 죽임), 육시(戮尸, 시신을 다시 벰), 멸족(族, 삼족을 멸함), 효수(梟首, 죄인의 머리를 잘라 장대에 매닮), 추근(抽筋, 힘줄을 뽑아버림)" 등의 혹형을 빈번하게 사용했다. 극단적인 국가 폭력으로 정의의 기치를 실현해 사회 안정을 수호하려고 시도했다. 이러한 수단은 지금에 와서 보면 그야말로 상상조차 못할 일이다. 하지만 당시 사람들에게는 공평과 정의를 보장하는 효과적인 수단이 아닐 수 없었다. 《좌전·소공14년(左传·昭公十四年)》에 기록된 숙향논죄(叔向論罪)에 관한 이야기가 이 점을 잘 설명해준다. 숙향은 당시 매우 유망한 대부(大夫)로서 형후(邢侯)와 이미 죽은 옹자(雍子)와 숙어(叔魚)에게 각각 공개처형과 육시(戮尸)한다는 판결을 내렸다. 이러한 판결은 당시 많은 사람들에 의해 공평과 정의를 반영했다는 인정을 받았다.

기원전 361년 상앙은 《법경(法經)》을 진(秦)나라에 가져갔으며, 진나라는 그때부터 대국으로 향하는 길에 들어섰다. 상앙은 강권과 질서 수호에 있어서의 법의 역할에 대해 극단적으로 맹신하면서 진나라를 이끌고 법치의 길을 걸었다. 상앙은 많은 효과적인 수단으로 경제발전과 정치개혁을 추진하고 많은 구체적이고 치밀한 법률조문을 제정해 긍정적인 효과를 얻었다. 진나라 역대 군주의 노력을 거쳐 진시황에 이르러서는 사회 구석구석에 미치는 법제망이 이미 구축되었다. 게다가 진시황 본인과 이사(李斯)는 특별히 법치에 열중해 진나라의 법제는 강렬한 형벌을 중하게 정하는 중형(重刑)주의의 색채를 띠게 되었다.

그 당시의 사회 상황은 그처럼 엄밀한 법제체계를 뒷받침할 수 있는 자연경제조건이 부족했으므로, 그 법률조문들이 사람들에게 널리 알려져 준수할 수 있는 상황은 아니었다. 그래서 법률조문을 집행함에 있어서 "죄를 범한 자들이 길을 메울 정도로 많고, 감옥이 시장의 수량만큼이나 즐비했다"고 했다. 그러니 "천하 백성들은 근심과 원한이 쌓여 진나라를 배반하기에 이르렀다"[215]고 했다. 고압 폭력이 통제하는 사회에서 정의가치 실현에 대한 사람들의 소망은 눈에 띄지 않는 한쪽 모퉁이로 밀려나가 있었으며, 결국 사회적 분노를 불러일으켰다. 이로 인해 강대한 진나라 제국은 순식간에 도처에서 반란이 일어나 멸망하기에 이르렀던 것이다.

진나라 말기 한나라 초기, 유방이 거느린 군사가 진나라 수도 함양에 쳐들어간 후 군대의 기율을 바로잡고 진나라의 엄한 법률과 가혹한 형벌을 폐지시켰으며, 진나라의 백성들과 "살인자는 사형에 처하고, 타인을 상해했거나 도둑질한 자는 그에 상응하는 죄값을 치르게 한다"[216]는 《약법삼장》을 약속했다. 이 《약법삼장》에서 유방은 가장 간단 명료한 언어로 실현이 가능한 정의를 표현했는데, 이는 진실되고 실행이 가능해 혼란한 형세 하에서 민심을 얻고 정치적 영향력을 확대하는 데 중요한 역할을 하였다. 한나라의 통치자들은 비록 "한 가정을 거느리는 데 매질이 없어서는 안 되고, 한 나라를 다스리는데 있어서는 형벌을 폐지할 수 없으며, 정벌전쟁이 세상에서 사라질 수 없다"[217]는 도리를 통찰하고 있었지만, 진나라의 엄격한 형벌정책으로 멸망을 초래한 교훈을 받아들여, "전적으로 형벌에만 의지"해서는 안 되며, 형벌의 권위만 맹신해서는 안 된다는 도리를 인식했다. 한 고조로부터 경제에 이르기까지, 모두 황로사상을 위주로 하여 "노

---

215) 《漢書 · 刑法志》
216) 《漢書 · 刑法志》
217) 《漢書 · 刑法志》

역을 경감하고 세금을 줄였으며, 혹형을 폐지하고 백성들의 마음을 다스려 안정시키는" 정책을 널리 실시했다. 한 무제는 동중서의 주장을 받아들여 유가이론을 받아들여 "제자백가를 배척하고 유가만을 숭상하기 시작했다." 이때부터 봉건정통사상이 기본적으로 확립하게 되었고, 덕과 형을 병용하는 치국전략이 후세에까지 전해지게 되었던 것이다.

"한나라 건립 초기, 비록 《약법삼장》이 있었지만 배를 삼킬 수 있을 정도로 큰 물고기가 그물을 빠져나간 격으로 소홀히 해 아주 중요한 것 중에 빠뜨린 부분이 많으며 사형 중에 삼족을 멸한다는 법령이 여전히 남아 있었다."[218] 통치 정권을 수호하는 것이 여전히 통치자들이 제일 먼저 생각해야 할 대사였다. 한나라 초기 분봉제를 실시하고 점차 제후들의 권력을 약화시키고 중앙집권을 강화하기 위해 일부 죄의 적용범위를 확대했거나 관련 죄명을 특별히 설치했다. 예를 들면, 아당(阿黨, 대신들이 서로 결탁해 서로 비호하는 것), 부익(附益, 중앙 조정 대신과 제후들이 결탁하는 것), 좌관(左官, 조정 관리직을 맡는 것을 꺼리고 제후국 관직을 맡기를 원하는 행위), 출계(出界, 제후들이 제멋대로 제후국을 떠나는 행위) 등에 대해 모두 작위를 박탈하는 처벌을 가했다. 무제 때는 해마다 전쟁이 일어나 국내질서가 혼란에 빠졌다. 그래서 도적들을 진압하기 위한 일부 법률을 제정했다. 예를 들면, 통행음식죄(通行飲食罪, 농민 봉기군에게 정보를 알려주거나 안내해주거나 음식을 제공하는 행위), 견지고종죄(見知故縱罪, 특히 도둑과 같은 범죄 행위를 발견하고도 신고하지 않고 방종하는 행위)와 같은 죄를 단속하기 위한 것이다. 이로써 법률의 권위로 통치효력과 사회 안정을 확보하고자 했다. 동시에 한나라 통치자들은 정의가치를 실현하고 백성 개인의 권리를 보호하는 방면에서도 크게 노력했다.

한나라 《적률(賊律)》 일문(逸文)에는 "아무 이유도 없이 남의 집에 함부로 들어가거나 남의 교통수단을 함부로 이용한 범법자에 대해서는 때려 죽여도 무죄이다"라고 했는데, 즉 이유 없이 남의 가택에 침입하거나, 혹은 남의 배에 올라 다른 사람을 태우는 등 불법 침해행위를 저지르러 시도할 경우 당장에서 죽여 버려도 죄를 묻지 않는다는 것이었다. 이는 현대 형법 중의 "정당방위"와 비슷한 의미였다. 모종의 의미에서 말하면, 한나라 때 정의의 내용을 통해서 그 지도사상의 영향과 실체법의 실행으로 인해 전대에 비해 매우 큰 변화를 가져왔다고 할 수 있을 것이다.

당나라에 이르러 중국의 고대사회는 절정기에 이르렀다. 정통적인 유가사상을 위주로 하고, 여러 파벌의 사상을 통합한 사상의식이 형성됐으며, "덕례를 정치와 교화의 근

---

218) 《漢書·刑法志》

본으로 삼고 형벌을 정치와 교화에 응용"하는 치국이념이 이미 확립되었으며, 삼강오상
의 관념이 사람들의 마음속에 깊이 침투됐다는 점이다. 《당적》은 예교에 의거해 제정한
것으로서 그 기본 원칙은 엄격하게 쌍방의 사회 귀천등급과 혈연 존비관계에 따라 죄를
정하고 형벌을 가하는 것이었다. 귀천등급과 존비관계에서 벗어나거나 파괴하려고 시도
하는 행위는 모두 엄중한 범죄행위로 간주했다. 이와 상응해서 정의의 내용도 보다 풍
부해졌다. 모든 사람들은 신분이 다르면 그 권리도 당연히 다르다는 것을 깊이 의식하
고 있었다. 예를 들면 가정의 윤상질서는 법률의 중점 보호 대상이었다. 이러한 상황에
서 가정의 윤상질서가 침해를 받을 경우 정의의 가치는 실현될 수 없기 때문에 반드시
형벌로 이를 수호해야 한다고 했다. 《당률》의 앞부분에 버젓이 열거된 "열 가지 악(十
惡)" 중에서 가정의 윤상질서와 직접 관련되는 조목이 악역(惡逆), 불효(不孝), 불목(不
睦), 불의(不義), 내란(內亂) 등 다섯 가지나 되는데, 지금에 와서 보면 완전히 도덕 교화
방면에 속하는 관계를 그때 당시에는 매우 과장되고 엄한 수단을 이용해 수호하고 조정
했으며, 이는 사회정의를 지키는 중요한 방법이었음을 알게 해준다.

　《구당서·두건덕전(舊唐書·竇建德傳)》의 기록에 따르면 "화주(滑州)의 자사인 왕궤
(王軌)가 종에게 살해당했다. 그 종이 왕궤의 머리를 베어 들고 두건덕(竇建德)에게 의
탁하고자 찾아갔다. 건덕이 이르기를 종이 상전을 죽인 것은 대역죄로서 용납할 수 없
다. 상을 내리지 않을 것이다. 대역죄인에게 상을 내리면 도덕규범을 어기는 것이 되는
데 그래서야 되겠는가? 그리하여 명을 내려 종의 목을 베게 하고 왕궤의 머리를 돌려보
냈다. 이에 화주의 백성들이 덕으로 여겨 두건덕에게 항복했다. 연주(兗州)에 사는 도둑
서원랑(徐圓朗) 역시 그 소문을 듣고 재물을 보내왔다."[219]

　참으로 흥미로운 사례가 아닐 수 없다. 두건덕은 덕을 무기로 삼아 상대방을 무너뜨
렸으며, 심리적으로 철저하게 정복해 상대방이 고분고분 순응하도록 했다. 여기서 덕은
바로 정통적인 강상예교, 등급질서, 유가교의에 따르는 것이었다. 덕이 있는 두건덕이
뜻밖에 덕으로써 적을 감복시켜 "(화주의 백성들을) 귀순시켜서", "연주의 도적 서원랑
이 그 소문을 듣고 재물을 보내오도록 한 것"은, 무력으로 무력에 대항하는 전쟁은 치열
하지 않을 수 없다는 점에서 볼 때, 무의식중에 서로 소통할 수 있는 덕을 발견하고 덕
에 대해 깊이 공감함으로써 전쟁 국면을 바꿔놓았다는 것은 특별한 의의가 있는 것이
다. 그 덕은 일방적으로 의도적인 소행이 아니며, 그 당시 사회가 표방하는 고상한 품질

---

219) (청) 胡文炳, 《折獄龜鑒補》, 앞의 책, 35쪽.

과 이상적인 면모를 보여주었기 때문이다. 유가의 교의, 등급질서관념의 침투력은 심각한 것이라고 말하지 않을 수 없다. 전장에서 무기와 칼날을 서로 맞댄 적수라 할지라도 이러한 관념의 영향으로 깃발을 내리고 북소리를 멈추고 대항을 중단하고 달갑게 복종할 수 있다. 당연히 이러한 환경에서는 "이를 어기는 자는 스스로 불의라는 것을 인정하게 된다." 이러한 정의를 실현하기 위해 법률은 반드시 명확하고 세밀한 규정을 정해야 하는 것이다.

《당률》은 인신권리를 보호하는 면에서도 전대에 비해 보다 상세하게 규정했다. 《당률소의》는 사람의 건강과 생명을 해치는 것과 관련해 명확하게 분류했다. 《당률소의·적도(賊盜)》에는 "살인을 꾀한 자는 3년 도형에 처하고 이미 타인을 상해한 자는 교수형에 처하며 살인자는 참수형에 처한다"고 했다. 또 "독약을 남에게 먹이거나 독약을 매매한 자는 교수형에 처하고 독약을 매매했지만 사용하지 않은 자는 2천 리 밖으로 귀양을 보낸다"고 했다. 이 외에도 "시신에 손상을 입히거나 시신을 물에 버린 자는 각각 살인죄에서 한 등급 감형해 처리한다"거나, "시신을 땅에 묻지 않았거나 무덤 안에 숨어든 여우나 살쾡이를 잡기 위해 관을 불태우는 자는 2년 도형에 처하고 시체를 불태우는 자는 3년 도형에 처한다"거나, "밤중에 이유 없이 남의 집에 침입하는 자는 곤장 40대를 친다. 집 주인이 당장에서 침입자를 살해했을 경우에는 죄를 묻지 않는다. …… "는 등이 있었다.

한편, 《당률》은 예전의 법률을 답습하고, 이를 토대로 보고제도(保辜制度)를 완벽화했으며, 일정한 기한이 지난 후 피해자의 부상 상태에 따라 가해자의 죄명을 확정한다고 했다. 사법절차 방면에서, 《당률》은 법관이 심문할 때 반드시 기정의 원칙을 준수할 것을 요구했고, 증거, 증언의 사용과 증인 심문 등 면에서도 모두 규정을 정했으며, 법관에 대해서도 법에 따라 사건을 판결하고 직업도덕을 엄격하게 준수할 것을 요구했다. 당조에 이르러 중국의 법률제도기 절정에 달했으며 과학적이고 엄밀한 사법체계가 기본상 구축됐으며, 정의 실현에 대한 대중의 요구도 보장됐다. 이로써 당나라의 백성들은 자유롭고 안전한 사회에서 자신감을 갖게 되었다. 결국 당나라가 중국 역사상 가장 찬란한 왕조가 될 수 있었음은 정해져 있었던 것이다.

송에서 청에 이르기까지 각 왕조의 입법은 모두 《당률》의 정의에 대한 수호를 바탕으로 약간의 변화가 있었다. 사회모순이 격화됨에 따라 지나치게 치열한 수단이나 군주전제통치를 보호하는 수단들이 잇달아 통치자들에 의해 채용되었다. 예를 들면 송나라의 도둑에 대해 엄벌해야 한다는 규정이 그것이었다. 《송형통(宋刑統)》에 따르면, "강도라면 장물이 있거나 없거나를 따지지도 않고 모두 사형에 처했고", "도둑이라면 오관문(五貫文, 그때 당시 현령의 반달 월급에 해당함), 족맥을 훔쳤을 경우에는 사형에 처한다"고 했다. 명나라 때 탐관오리는 엄벌했고, 관리에게도 엄한 법규로 다스렸는데, 이 과정에서 관리들을 대대적으로 죽였다. 명 태조는 호원(胡元)이 너그러워서 천하를 잃게 됐으므로 짐은 나라를 수복한 뒤 엄격하지 않으면 안 된다고 했는데, 즉 "형벌은 그 당시의 사회적 실제 상황에 따라 경하고 중하고, 엄하고 느슨함을 결정해야 한다"고 주장했다. 청나라 때는 문자옥(文字獄)을 크게 발전시켰는데, 사대부들의 각 유형 별 문학작품 중 일부 문자나 어구를 죄증으로 삼아 큰 사건으로 꾸며서 연좌죄를 물어 문화사상의 공포적인 정치를 널리 시행했다. 그러나 그 입법의 기본정신을 따져보면 여전히 "덕과 형을 병행"하는 틀 안에서 조금씩 변동했음을 알 수 있다. 이처럼 사법심판절차의 규정은 갈수록 성숙하고 갈수록 치밀해졌다. 과학수준의 진보는 정의를 실현하고 악을 징벌하고 선을 선양하는데 있었기 때문에 사법을 대체할 수 있는 역할은 하지 못했던 것이다.

송나라 때는 "불필요한 병사와 관리"들로 인한 현실 부담 때문에 상품경제 발전을 자극했다. 이는 중국 역사상 예외라고 할 수 있는 상황이었다. 이와 상응해서 송나라 정부는 비교적 치밀한 민사 법률제도, 예를 들면 계약제도, 전권(典權)제도, 계승제도 등을 제정했다. 이는 사회질서를 안정시키고 사회관계를 조율하며 사회모순을 완화시키는데 적극적인 의미가 있었다. 더구나 경시할 수 없는 것은 송나라의 사법제도가 매우 완벽했다는 사실이다. 예를 들면 국언분사(鞫讞分司, 심리와 판결을 분리하는 제도), 번이별감제(翻異別勘制, 범인이 진술을 번복했을 경우 재심사하는 제도), 사형재심제(死刑複核制) 등의 사법제도가 있었는데, 이는 억울한 사건, 허위로 조작한 사건, 오심사건을 줄이고, 사법의 효율을 제고하며 공평정의를 실현하는데 중요한 역할을 했다.

즉 "옥사(獄司, 감옥의 일을 맡아보던 관리)가 사건을 추국(推鞫)하고, 법사(法司)가 검단(檢斷)하는 등 각각의 임무에 따라 관장하고 있기에 간사한 짓을 못하게 막을 수 있다"거나, "추국과 논죄(심판)를 각 담당 부서가 관장하도록 해 서로 조화를 이루어 어느 한 부서의 독단적인 판단에 의해 실수가 생기는 일이 없도록 했다"고 했다.[220] 송나라 때 통치자들은 이미 국언분사(鞫讞分司), 상호제약(相互制約), 독립적인 사건수사(獨立辦案) 등 사법제도는 사법의 공정성을 보장하고 정의를 실현하는데 있어서 중요한 의

---

220) 《歷代名臣奏議》 권217.

의가 있다는 사실을 깊이 인식하고 있었다. 더욱 중요한 것은 송나라의 법의학이 매우 큰 성과를 거두었다는 점이다. 《검험격목(檢驗格目)》, 《세원집록(洗寃集錄)》등이 세상에 나온 것은 송나라의 법의학이 그때 당시 이미 세계적으로 높은 수준에 이르렀음을 의미한다. 이러한 과학기술의 진보는 사건을 정확하게 판별하고, 범죄를 단속하며, 공민의 인신권리를 보호하고, 악을 징벌하고 선을 선양하는데 있어서 중대한 역할을 했다.

명·청 두 왕조에는 사건을 한 급 한 급씩 층층이 엄격하게 재심리했으며, 여러 관리들이 사건을 공동으로 심리하는 회심(會審)제도를 발전시켰다. 이론적으로 말하면 이러한 조치는 사법의 공정성을 보호하고 실체적 정의와 절차적 정의의 결합을 실현하는데 이로웠던 것이다. 그러나 중앙집권통치의 극단적인 강화와 보수적인 심리상태의 지나친 팽창으로 인해 원래는 자발적으로 싹이 트고 생겨났던 상품무역과 대외교류를 억제해 세계와 융합하고 소통할 수 있는 자연적인 맥락을 끊어버려 자체의 제한된 시야 속에서 점점 깊이 빠져들었다. 따라서 정의를 실현하는 것은 점점 모호해졌으며 봉건사회는 필연적으로 멸망에 이르게 될 수밖에 없었던 것이다.

2. 형벌 외의 기타 수단

앞에서 언급했듯이 중국 고대사회의 제한된 자연경제는 방대한 사법행정 네트워크의 지탱이 되어주지 못했으며, 형벌의 효력이 민중들에게까지 미칠 수 없었다. 정의가치의 실현에 있어서 형벌의 소모가 너무 컸기 때문이다. 모든 분규를 해결하고 질서를 유지하는데서 사법적인 수단에만 의지하려 한다면 더 많은 관료들을 보충해야 하며 거대한 지출이 필요했다. 이는 자연경제의 역량으로는 감당하기 어려운 것이다. 그러나 사회안정에 대한 추구와 정의를 실현하기 위한 수요에서 출발해 통치자들은 다른 경로를 찾지 않으면 안 되었다. 예교가 등장하고 발전해 널리 보급되고 또 대대로 전해져 내려오면서 최종적으로 이 모순을 해결할 수가 있었다. 경제 이익 측면에서 통치의 비용과 소모를 고려하기 시작한 것이다. 이는 매우 현명한 구상이라는 것을 인정하지 않을 수 없는 것이다.

중국 전통사회에 존재하는 예는 멀고 먼 씨족습관에서 온 것이라는 것을 발견할 수 있다. 그런 의미에서 예는 법률과 국가보다 먼저 나타났다고 할 수 있다. 예의 존재와 영향은 중화법계의 특징 중의 하나였다. 서주시기 "예제를 위반한 행위에 대해 형벌을 적용한다"는 규정은 예와 형의 관계가 평범하지 않다는 것을 충분히 설명해주고 있다. 게다가 그 뒤로 예의 규범은 법에 의지해 유지됐다. 따라서 예의 정신에 대해 이해해야만이 중화법계의 다양한 특수성에 대해 깊이 있게 이해할 수 있는 것이다.

예와 그 기능에 대해서는 앞에서 이미 서술했지만, 여기서 주목할 것은 가법 족규(家法族規), 민간풍속·규약(鄕俗民約), 즉 형벌에 의지해 수호하지 않아도 되는 부분이다. 가법 족규와 민간 풍속·규약은 "예제를 어기면 형벌을 적용한다는 출례입형(出禮入刑)"의 범주에는 속하지 않지만, 고대사회의 정의가치를 실현하는 중요한 부분인데도 사람들은 흔히 경시하고 있는 상황이다.

정의가치를 실현하는 면에 있어서 가법 족규와 민간 풍속·규약의 중요성은 결코 우연한 것이 아니며, 중국 전통사회의 기본 틀과 농경경제의 존재와 연관되어 있다. 부계사회의 가장(家長)과 족장(族長)의 특권을 기반으로 한 중국 고대사회에서 가법 족규는 가정의 질서와 등급명분을 유지하는 조절수단이었고 통제망이었으며, 국가와 법률의 힘으로는 실현할 수 없는 사회적 기능역할을 했다. 이러한 기능은 가정의 내부질서를 유지하고, 가족과 가족 간의 관계를 조절하는 등 면에서 반영되었다. 가법 족규는 지도적 수단으로 이웃 간의 관계를 처리하고, 논밭 경계, 수리, 임목, 교통, 매매, 관혼상제 등 민사활동 과정에서 발생하는 분규를 적절하게 해결함으로써 공동의 안정과 정의가치를 실현하였다. 일부 경미한 인신 상해, 형사범죄 면에서도 가법 족규는 중요한 역할을 했다. 가법 족규는 멀고 먼 부락시기 때부터 이미 그러한 기능이 나타났던 것이다.

《상서·순전(尙書·舜典)》에는 상형(象以典刑)에 관한 기록이 있다. 《진서·형법지(晉書·刑法志)》에서는 이에 대해 다음과 같이 해석했다. "경(黥)형에 해당하는 죄를 지은 자에게는 검은색을 칠한 두건을 두르게 했고, 코를 베는 의(劓)형에 해당하는 죄를 지은 자에게는 붉은색을 칠한 옷을 입게 했으며, 무릎 쪽 슬개골만 절단하여 걸어 다니지 못하게 하는 빈(臏)형에 해당하는 죄를 지은 자에 대해서는 그의 두발을 검은색으로 칠하고, 생식기를 거세하는 궁(宮)형에 해당하는 죄를 지은 자에게는 두 발에 각기 다른 신을 신게 했으며, 사형을 받아야 하는 죄를 지은 자에 대한 형벌이 제일 가혹했는데, 천으로 옷자락을 만들되 동정을 달지 않은 옷을 입혀 저잣거리로 내몰아 모든 사람이 그에게 침을 뱉게 했다." 이와 같이 특정된 부호로써 범죄를 표시하고 형벌을 채용하지는 않았다. 이러한 방식은 생산력이 극히 낙후하며, 개체가 군체를 떠나 생존할 수 없고, 스스로 보호하기 어려운 부락시대에는 범죄를 징벌하고, 정의를 실현하는데 효과적인 수단이었다. "모든 사람이 침을 뱉게 하는 것"은 비록 육형적 징벌은 아니지만, 부락

내부의 배척을 받게 함으로써, 심리적인 압력과 생존 시의 시련을 매우 엄중하게 받게 했다고 하지 않을 수 없다. 또한 이렇게 해야만 부락의 질서를 보장하고 정의가치의 실현을 확보할 수 있었다. 많은 학자들은 이는 치욕형으로서 괜찮은 것이라고는 말하지만, 이를 최초의 가법 족규와 민간 풍속·규약으로 간주해도 안 될 이유는 없다고 본다.

비록 일찍 나타난 것이지만 이러한 민간의 풍속 습관으로 분규를 해결하는 방식은 정부의 기록 속에 남지 않았으며, 기껏해야 그 효력을 방임 또는 묵인했을 뿐이었다. 현재 겨우 보존되어 있는 자료는 분산돼 있어 책자로 편찬하기가 어려우며 상세하게 탐구할 방법도 없다. 그러나 그렇다고 하여 우리는 그 존재를 부인할 수는 없는 것이다. 우리는 여전히 가법 족규와 민간 풍속·규약의 맹아, 발전, 성숙의 역사과정을 거쳤음을 판단할 수 있다. 민간 풍속·규약과 가법 족규를 진정으로 체계적으로 정리하고 정부의 비준을 받았던 것은 송나라 때였다.

송 인종(仁宗) 때 여러 명문 귀족들은 종족의 족보(이는 위진시기 문벌제도와는 전혀 다른 것임)를 수정하고 가족 산업을 진흥시켰으며, 각 종족의 규정제도와 가법 족규를 제정했는데, 많은 분야가 포함되었다. 이러한 규정은 주로 가족 내에서 유전하는 것, 예교의 의식과 국가 법률에서 나왔다. 종족 통치자들은 국가법률 가운데서 통치의 수요에 적합한 가법과 족규를 제정했는데, 이는 국가 법률에 대한 중요한 보충이고, 사회의 정의가치를 실현하는데 있어서 소홀히 할 수 없는 수단이기도 했다. 종족 내부 구성원 사이의 분쟁을 해결하는 면에서 족규는 종족 통치자들에게 상당한 권력을 부여했고 국가도 이를 묵인했다.

명 태조 주원장은 민간에서의 교화를 강조했다. 이른바 "예를 명백히 정해 백성을 유도하는 것"[221]으로써, 예교에 대해 명확하고 자세히 설명해 백성들에게 교화시키는 일을 진행했다. 홍무 5년(1672년), 주원장은 전국 도시와 농촌에 신명정(申明亭)을 설치할 것을 명령하여, 민간에서 연로하고 덕망이 높은 현지 사람을 천거해 노인(老人)으로 칭하게 하고, 신명정에서 노인의 주재로 민간의 사소한 분규를 해결하고 악을 징벌하고 선을 선양하며 정의를 주장하고 질서를 유지하도록 했다. 동시에 민간 호혼(戶婚), 전토(田土), 전채(錢債), 사소한 싸움 등의 분규는 일률적으로 직접 소송해서는 안 되며, 반드시 먼저 현지 노인의 주재 하에 중재를 거쳐야 한다고 규정했다. 그 뒤 명 성조(成祖) 때에는 또 민간규약제도를 실행했다.

---

221) 《明史·刑法志一》

청나라 때에는 송나라 이후부터 역대로 입법한 것을 바탕으로 종족에 대한 보호를 강화하고 종족 및 향신(鄕紳)의 제한적인 자치를 묵인했으며, 종족 구성원들 간의 분규를 판결 처리할 수 있는 권력을 갖도록 해, 의식적으로 가법과 족규·민족의 풍속·규약이 전반 법제체계의 구성부분이 되게 했다. 뿐만 아니라 청나라의 법률은 기소시간과 절차에 대해 엄하게 규제했으며, 중재를 통해 소송을 하지 않는 조처식송(調處息訟) 원칙을 특히 강조했다. 통치자의 이익을 심하게 침해하지 않았고 통치 질서를 위협하지 않은 민사사건과 형사사건에 대해서는 흔히 중재를 통해 분쟁을 가라앉히고 안정시키는 목적을 달성했다. 관부의 유도 하에 처리하는 극소수의 사건 외에 대다수는 하부 조직의 보갑(保甲), 이웃, 족장이 중재해 처리토록 했다. 여러 가지 민간 분규는 형벌 외의 방식으로 해결하도록 함으로써 정의의 가치를 실현했다. 이러한 방식은 지방 사법의 압력을 상당히 경감시켰다. 이에 따라 원래 필요했던 방대한 소모도 물론 줄일 수 있었다. 민간의 규정, 비 형벌 방식으로 정의를 실현하는 것은 봉건시대 중국에서는 매우 필요했던 것이다.

3. 정의의 난감함 - 복수

국법과 가법 족규를 결부시키고 형벌과 민간 중재를 병행하는 방식으로 사회관계를 조절해 통치자들은 저들의 영향력을 행사하기 어려운 구석구석에까지 자신들의 의지를 널리 알릴 수 있도록 했다(가법 족규는 줄곧 통치자들의 의도적인 유도 하에서 형성됐다). 이로써 정의가치를 실현하고 사회질서를 안정시켰으며 매우 뚜렷한 효과를 거두었다. 그러나 한편 고대 중국의 통치자들이 애써 추구해온 사회 안정과 통치계급 이익에 대한 수호는 그들이 유일한 준칙으로 삼아온 강상윤리와 함께 같은 방면에서 난감한 입장에 처하게 됐다. 그것이 바로 복수이다.

복수는 원시사회의 습관이다. 본 종족의 구성원이 기타 종족에게 상해를 입었을 때모두 피해자를 위해 복수하려고 한다. 계급사회가 형성된 후 복수의 습관은 여전히 답습되었으며, 이 점은 중국이나 외국이나 모두 마찬가지이다. 그러나 중국 고대사회는 종법윤리를 기본이념으로 사회의 기본구도가 형성됐다. 때문에 한편으로 통치자들은 사회 안정에 대한 통제수요에서 출발해 복수를 금지시켰으며, 다른 한편으로는 역대 통치자들이 선도하는 강상윤리는 사람들에게 "반드시 복수해야 하며 그렇지 않으면 사회의 배척을 받게 된다"고 인도했다. 《예기·전례상(禮記·曲禮上)》에 이르기를 "아버지의 원수와는 같은 하늘을 이고 살 수 없고, 형제의 원수를 보고는 무기를 가지러 갈 시간이 없으며, 친구의 원수와는 같은 나라에서 살 수가 없다"고 했다. 《주례(周禮)》는 복수에 대해 비교적 세밀하게 규정했다. 즉 "복수는 법에 정해진 절차를 밟아야 하며, 복수 관련 업무를 전담하는 관리가 있었으므로 복수를 하려는 자는 미리 조사처(朝士處)에 가 복수할 원수의 이름을 등록한 후 원수를 살해하면 무죄로 처리한다"는 규정이었다. 전국시기에 이르러서도 맹자는 "한 사람의 부친을 살해한 자에 대해서는 그 사람이 그 자의 부친을 살해할 수 있고, 한 사람의 형제를 살해한 자에 대해서는 그 사람이 그 자의 형제를 살해할 수 있다"고 말했다. 이로부터 선진사회에서 복수가 허용됐다는 것은 의심할 나위가 없는 사실임을 알 수가 있다.[222]

복수를 모순의 극점에까지 끌어올렸으며, 통치자들의 사고를 필요로 했던 시기는 한나라 때였다. 이 시기에는 "유가만을 숭상(獨尊儒術)"했기 때문에 예와 법을 겸용하고 충효를 숭상했으며, 복수의 기풍이 매우 성행했다. 한 영제(靈制) 광화(光和) 2년(179년)에는 유명한 조아복수사건(趙娥復仇案)이 있었는데, 이것이 이를 충분히 증명해준다. 당시는 지방 관료, 사대부이거나 평민 백성, 연약한 여자이거나를 막론하고 모두 복수에 대해 깊이 공감했다. 그러나 앞에서 서술했듯이 복수의 풍조가 갈수록 성행하게 되면 필연코 사회의 안정에 영향을 미치게 되고, 이로 인해 통치의 안정성을 위협하게 되어 국가정권의 권위성이 자연적으로 떨어지게 되어 이로부터 통치자들은 복수를 제한하고 통제하지 않을 수 없게 됐다.

한 화제(和帝) 때의 대신 장민(張敏)은 "죽이고 살리는 판결은 위에서 내리는 것이 적합하며", "서로 죽이는 선례는 열지 말 것"[223]을 건의했다. 그는 복수의 권리와 의무를 국가정권에 귀결시키고, 정부가 법률을 적용해 살인자에 대해 형벌을 가하는 것으로서 사회관계를 조정하고 공평 징의를 실현할 것을 주장했다. 그 뒤 각 왕조에서는 모두 복수를 금지하는 것에 관한 규정을 두었다. 예를 들면 위율(魏律)은 복수자에게 심지어 멸족(誅族)이라는 형벌까지 적용하며 엄하게 처벌했다. 북주의 법률에도 복수한 자를 사형에 처한다고 규정했다. 《당률》에는 복수에 관한 특별한 규정은 없지만, 복수를 위해 살인한 자는 모두 모살죄나 고의살인죄를 적용해 사형에 처한다고 규정했다. 송나라

---

222) 瞿同祖, 앞의 책, 72~77쪽.

223) 《後漢書·張敏傳》

때에 이르러서도 당나라 때의 관습을 답습했다.

물론 국가가 강제적으로 복수를 금지시켰다고 해서 복수 현상이 실제로 아주 적게 나타나거나, 혹은 복수 행위가 발생하면 곧바로 법률에 따라 가차 없이 사형에 처하거나 한 것은 아니었다. 특히 윤리강상이 지고지순한 지위를 점하고 있던 중국의 전통사회에서는 더욱이 그러했다. 따라서 엄격한 엄형준법으로써 위협을 하면서도 사법실천 과정에서는 흔히 복수한 자에게 살 길을 열어주었으며, 사회여론도 복수한 자를 깊이 동정했다. 앞에서 서술한 "조아복수사건(趙娥復仇案)"에서는 사건을 담당할 관리들이 잇달아 사직하는 방식으로 조아의 효행을 지지했다. 결국 황제가 그의 죄를 사면한다고 발표하고, 그녀를 위해 '열녀비'를 세워주기에까지 이르렀다. 유사한 사건으로는 측천무후 때의 서원경복수사건(徐元慶復仇案)과 그 뒤의 양열복수사건(梁悅復仇案) 등등 …… 일일이 다 열거할 수 없을 정도로 많았다. 여기서《제서(齊書)》에 기록된 복수호살(復仇互殺) 사건을 예를 들어 살펴보기로 하자.

"주겸지(朱謙之)가 어렸을 때 어머니가 세상을 떠났는데, 가족들은 어머니 시신을 논밭 옆에 묻었다. 그 뒤 동족인 주유방(朱幼方)이 불을 질러 무덤을 태워버렸다. 당시 주겸지는 상중에서처럼 크게 슬퍼했다. 주겸지는 어른이 된 후 주유방을 칼로 찔러 죽이고 스스로 관부에 가 자수했다. 현령은 그 일을 상소문으로 작성해 올렸다. 별가(別駕, 州府의 모든 사무를 총괄하는 총무) 공치규(孔稚珪) 등이 의논을 한 끝에 자사(刺史)인 예장왕(豫章王)에게 글을 올려 아뢰기를 예제에는 복수 관련 규정제도를 설치해 효의를 선양할 것을 명시하고, 법률에는 살인을 금지한다는 조항이 있어 권위적인 제도로 명백히 밝혀져 있사옵니다. …… 죄인 한 사람을 죽인다고 법령을 널리 알릴 수 있는 것은 아니옵니다. 그러나 효자 한 사람을 살려주면 확실히 도덕교화를 널리 보급할 수 있사옵니다라고 했다. 그러자 예장왕은 이 일을 황제에게 아뢰었다. 황제는 주겸지의 의기를 치하하면서, 그가 보복을 당할까봐 우려되어 주겸지에게 서부 정벌군을 따라 가도록 파견했다. 주겸지는 군대가 막 떠나려 할 무렵 주유방의 아들 주운(朱惲)에게 살해당했다. 이에 주겸지의 형 주선지(朱選之)가 또 주운을 찔러 죽였다. 유사(有司, 관직명)가 이 일을 상부에 고하기를 이 모든 일들이 다 의로운 일이니 더 이상 추궁할 필요 없이 이들 모두를 사면해주는 것이 마땅하옵니다라고 했다."[224]

전통 예제사회에서 부모가 타인에게 살해되어 그 자녀가 복수심을 가지게 된 것은

---

224) (청) 胡文炳,《折獄龜鑒補》, 26쪽, 북경, 북경대학출판사, 2006.

동정 받을 수 있는 일일 수도 있겠지만, 이미 사망한 가족의 무덤을 불태웠다고 불을 지른 자를 칼로 찔러 죽인 행위가 떠받들리게 된다는 것은 쉽게 인정할 수 없는 일이다. 적어도 오늘날의 시각으로 볼 때는 불을 지른 자를 꼭 죽여야만 할 짓은 아니었다. 그런데 그러한 지나친 행위가 그 당시 유명 인사인 공치규(孔稚珪)와 예장왕(豫章王)의 연민과 동정을 받았으며, 더구나 "황제가 그 의기를 크게 치하(上嘉其義)"하기에까지 이른 것이다. 주겸지(朱謙之)는 군대를 따라 떠나기 전에 또 불을 지른 자의 아들 주운(朱惲)에 의해 살해되고, 주운은 또 주겸지의 형 주선지에 의해 살해된다. 양쪽 다 정확한 사유에 따라 정의를 실현하려고 애썼으나 정의는 이로 인해 헤어 나올 수 없는 딜레마에서 빠져들고 말았다. 통치자들도 이러한 모순 속에서 갈팡질팡하게 된다. 그들은 한편으로는 예교의 정신을 선양하면서도 다른 한편으로는 또 사회의 안정을 지키기 위해 애를 썼다. 그래서 "유사가 이 일을 알고 상부에 고하기를 이 모든 일들이 다 의로운 일이니 더 이상 추궁할 필요 없이 이들 모두를 사면해주어 마땅하옵니다라고 했던 것이다." 이는 실제로 논리적인 면에서 허점이 많지만, 그때 당시의 상황에서는 어찌 할 도리가 없는 종심판결이었던 것이다.

원나라 때부터 복수 금지에 대한 규정이 어느 정도 변하였다. 《원률(元律)》에는 "아버지가 타인에 의해 살해되었을 경우, 그 아들이 아버지를 살해한 자를 때려죽여도 죄를 묻지 않을 뿐만 아니라, 먼저 아버지를 죽인 가족은 반드시 은자 50냥을 장례비용으로 지불해야 한다"라는 규정이 있었다. 명·청시기의 율은 《원률》을 토대로 약간 융통시켜, "조부모, 부모가 타인에 의해 살해되었을 경우, 그 자손들이 너무 비통하고 분한 마음에 당장에서 흉수를 살해하는 건 면죄받을 수 있다. 그러나 사후 뒤늦게 흉수를 살해했을 경우에는 이 율의 조항이 적용되지 않으며 죄를 물어 곤장 60대를 친다"라고 규정했다.[225]

이토 볼 때, 강상예교를 치국 진략으로 삼으면서도, 또한 권위로써 사회 안정을 지키려는 것을 지극히 중시하는 이러한 나라에서 복수사건을 잘 처리한다는 것은 영원히 불가능한 일이었다. 그래서 아무리 현명하고 공정한 판결일지라도 모두 모순된 양자를 고루 살필 수 없었으며, 항상 완벽하지 못하고 미흡한 점이 있을 수밖에 없었던 것이다. 정의의 가치를 실현하려는 소원은 이러한 딜레마에 빠져 이러지도 저러지도 못하는 처지였던 것이다.

---

225) 瞿同祖, 《中國法律與中國社會》, 80쪽. 북경, 중화서국, 2003.

종합적으로 볼 때, 정의는 하나의 상대적인 역사적 개념으로서 끊임없이 발전하고 변화하고 있을 뿐만 아니라, 일정한 시대적 조건의 제약을 받는다. 중국의 고대사회도 기타 나라의 모든 시대와 마찬가지로 악을 징벌하고 선을 선양하며 정의를 실현하는 것이 사람들이 줄곧 애써 추구해오고 있는 최종 가치의 목표였다. 그리고 중국 고대사회 특유의 문화전통과 자연경제의 생산방식으로 인해 정의를 실현하는 방식이 기타 나라와 완전히 달랐다. 예를 들면 중국 고대사회에서는 형벌로써 징벌하는 방식으로 정의를 실현하는 것을 특히 강조하는 한편, 예교의 윤리방식으로 사회를 통치하면서 가법 족규에 적당한 권력을 부여해 민간적인 방식으로 정의를 실현하고 악을 징벌하고 선을 선양하도록 한 이유가 여기에 있던 것이다. 이는 사법행정이 이르지 못하거나 또는 관련 규정이 있어도 실행할 수 없는 넓은 범위의 사회통치문제를 많은 부분에서 해결해주었다. 그리고 이러한 이념이 장기간 가족과 연결되면서 비교적 안정된 계승공간을 얻어 일종의 문화적 자각을 형성케 했다. 이 또한 중화문명이 오랜 시기 동안 번영한 원인 중의 하나일 수도 있었다. 그러나 이러한 정의 실현방식도 해결할 수 없는 자체 모순이 존재하였던 것이니, 바로 그런 모순 충돌의 결과가 그것이었다. 중국 전통법률 사상문화를 고찰해 보면서 이러한 것들은 우리가 개관적으로 대하지 않으면 안 되는 모습들이다.

15장.
전통적인 사조와 법률학설

중국 고대에는 상주시기 특히 서주 때부터 시작해 이미 비교적 체계적이고, 후세에 중요한 영향을 미친 법률사상이 형성됐다. 춘추전국시기에는 백가쟁명이 일어나고 유파가 잇달아 생겨났으며, 법률사상의 성과가 고대 로마시기에 비해 전혀 손색이 없었다. 한 무제 이후 "백가를 배척하고 유가만을 중시"하는 것을 통해 봉건 정통 법률사상이 확립되고 주류 법률사상으로 되었으며 청나라 말기까지 쭉 이어졌다. 본 장은 법률에 대한 선진 제자들의 논술과 주장, 주류 법률사상의 내용과 특징 및 중국 전통 법률문화의 형성에 중요한 영향을 가져다준 일부 사상가들을 중점적으로 소개한다.

1절. 법률에 대한 선진 제자의 논술과 주장[1]

춘추전국시기에 백가쟁명이 일어났으며 법률사상 방면에서 제자(諸子)들은 주로 법의 사회적 역할과 법의 근원 등을 둘러싸고 각자 자기의 견해를 발표했다. 후세에 비교적 큰 영향을 준 것으로는 유(儒), 법(法), 음양, 도(道), 묵(墨) 제가이다. 각자의 사상에는 서로 첨예하게 대립되는 면이 있는가 하면 서로 받아들이고 융합되는 면도 있었다. 그리고 전국시기 중·후기로 갈수록 서로 간에 융합되는 추세가 점점 더 뚜렷해졌다.

---

1) 본 절의 유가와 법가의 법률사상 부분은 馬小紅이 서술했다.

춘추전국시기 제자의 대립과 융합은 그 후 중국 전통적인 대일통문화에 기반을 다져주
었다.

1. 도가(道家)

도가는 춘추전국시기 노자와 장자를 대표로 하고 도를 사상체계의 핵심으로 하는 학
파였다. 도가라는 명칭은 한나라 사마담(司馬談)의 《육가의 요지를 논함(論六家之要
指)》에서 처음으로 나오며 "도덕가(道德家)"라고 불렀다. 《한서·예문지》에서는 도가라
고 불렀는데 "도가학파는 사관에서 발전 변화되어 온 것이다. 도가는 역대 성패흥망과
화복의 도리를 문자로 기록하고 종합하여 근본적인 문제를 해결해야 함을 인식하고, 청
정하고 허무한 태도로 스스로의 절개를 지킴과 아울러 겸허함으로 자신을 보호하는 것
이 바로 군왕의 통치 기술이라고 했다. …… 예의를 모두 버리고 인의마저 포기하고 단
지 청정허무만으로 천하를 태평스럽게 할 수 있다고 했다" 했고, 또한 그들을 구류(九
流)의 하나로 분류했다.

도가의 법률사상은 "도법자연(道法自然)"의 자연법을 숭상했고, 도는 "만물의 근원"과
"만물의 주재"라고 했으며, "무위로 통치할 것", "훌륭하다는 사람을 떠받들지 않으면 사
람들 사이에 다투는 일이 없어진다"는 것을 주장했다. 도가는 인간이 자연을 위반하면
서 만든 법을 반대했고, 유가가 수호하는 예와 법가가 창도한 법을 비판했다. 전국 초기
에 책으로 나온 《노자》와 전국 후기의 《장자》는 도가의 대표작으로 각기 선진 도가사상
을 "도가의 법률사상에는 두 가지 뚜렷한 특징이 있는데 하나는 자연을 숭상하고 자연법
칙을 본위로 한다는 것이고, 다른 하나는 매우 강한 비판성을 가지고 있어 유, 묵, 법
등 제가의 학설이 궁극적인 진리(大道)에 어긋난다고 한 것이다. 그리고 대도에 어긋난
것이 바로 천하가 크게 혼란스러워진 원인이다"라고 두 가지 측면으로 말했다.

도가의 창시자인 노자는 성이 이(李), 이름은 이(耳), 자는 담(聃)이며 노담(老聃)이라고
도 불렸다. 초(楚)나라 고현(苦縣, 지금의 하남 鹿邑) 사람이며 생몰시기는 분명하지 않
다. 서한의 사학자 사마천의 《사기》는 노자 즉 이담의 시대는 공자보다 약간 앞섰고,
공자가 노자에게서 고대의 예제 등 방면에서 가르침을 받았다고 했다. 두 번째 견해는
노자가 바로 노채자(老菜子)로 공자와 같은 시대 사람이라는 것이고, 세 번째 견해는

노자는 공자 시대에서 백여 년 후인 주태사담(周太史儋)이라는 것이다. 그러나 《사기》에서 사마천은 첫 번째 의견에 치우쳤고, 후세 학계에서도 거의 다 첫 번째 의견을 통설로 여겼다. 도가의 저작인 《노자》(《도덕경》이라고도 부름)의 출판 시간도 사학가들이 많이 논쟁하고 있는 문제이다. 본서에서는 현재 학계의 주된 관점을 채용했는데, 즉 《노자》라는 책은 노자의 유설을 발휘한 것이며, 그것이 책으로 나오기까지는 매우 오랜 시간이 걸렸을 것이라는 것, 또한 그중 일부 내용은 노자가 친히 집필한 것일 가능성을 배제하지 않았다는 것이다. 따라서 이 책이 나온 시간은 장자의 시대보다 늦지 않았을 것으로 생각한다.

장자(기원전 약 369~기원전 286년)는 이름이 주(周)이고 송(宋)나라 몽[蒙, 지금의 하남 상구(商丘) 동북쪽] 사람이며 전국시기 도가사상을 집대성한 사람이다. 그는 한때 칠원(漆園)을 관리하는 작은 관리로 있었으나 얼마 지나지 않아 퇴임했다. 그는 평생 빈곤하게 살았고 공명과 관록을 경멸했으며 초위왕(楚威王)이 많은 돈을 주면서 초빙하려 했으나 거절하고 오랫동안 은거생활을 했다. "그의 주된 사상은 노자의 말에서 근원한 것"이었지만,[2] 노자보다는 소극적이었으며 모든 것을 개의치 않는다는 태도를 보여줬다. 그의 저서 《장자》는 춘추전국시기 다른 사상가의 저서와 마찬가지로 장자 본인의 작품이 들어있는가 하면 문생 후학들이 장자의 사상에 근거해 쓴 것도 들어있다. 대체로 말하면 《장자》는 장학을 한데 모아 집대성한 것이라 볼 수 있다.

1) "도는 자연의 순리에 따른다(道法自然)"는 자연법 학설

중국 법률사상사에서 노자는 처음으로 "도법자연"의 자연법 관점을 제시했다. 그는 도는 우주의 본체이고 천지만물을 주재하며 보편적이고 사심이 없으며 자기의 운행규칙이 있어서 그 누구의 의지의 영향도 받지 않는다고 했다. 예와 법과 비교해볼 때 도는 최고의 원칙이었다. 인류의 생활은 자연의 무위의 법칙에 부합될 때만이 정상적이고 건강한 것이다. 통치자는 "오로지 도에 복종해야만" 자기의 통치를 유지할 수 있다고 보았다.

도가는 도를 기본으로 한다고 주장했다. 그러나 도가 무엇인지에 대해 도가는 그것을 설명하기는 어려운 것이라고 했으며, 그래서 "도를 도라 할 수 있으나 그것은 상도가 아니다. 이름을 지을 수는 있으나 그것이 언제나 같은 이름은 아니다"라는 논리를 폈던 것이다.[3] 《노자》 제25장은 우리가 도를 이해하는데 가장 도움이 되는데 그 내용은 다음

---

2) 《사기 · 노자한비열전》

과 같다.

　　"어떤 물건이 자연스럽게 생겨났는데 그것은 하늘과 땅이 형성되기 전에 벌써 존재했다. 그것은 소리도 없고 형태도 보이지 않으며 조용하고 공허할 뿐이다. 그것은 그 어떤 외력에도 의지하지 않고 독립적으로 장기적으로 존재하면서 영원히 멈추지 않는데 끊임없이 움직이면서 영원히 쇠진하지 않으니 만물의 근본이라 할 수 있다. 나는 그것의 이름을 모르기 때문에 도라고 불렀고 또 그에게 대(큰 것)라는 이름을 지어주었다. 그것은 넓고 커서 끝이 보이지 않으며 끊임없이 움직이고 있는데, 그런 움직임은 매우 먼 곳으로 뻗고, 먼 곳으로 뻗으면서도 본원으로 돌아온다. 때문에 도는 크고 하늘도 크고 땅도 크고 사람도 크다고 한다. 우주 사이에는 4가지 큰 것이 있는데 사람이 바로 그중 하나이다. 사람은 땅을 본받고 땅은 하늘을 본받고 하늘은도를 본받으며 도는 자연적으로 생겨난 것이다."

　《노자》 중 이 장에 근거해 우리는 도의 특징을 엿볼 수 있다. 첫째, 도는 만물의 본원이고 천지에 앞서 생겨났으며 시공을 초월하는 것이다. 둘째, 도는 끊임없이 순환하면서 영원히 멈추지 않는 운동규칙으로 그 어떤 힘도 도의 운행을 막지 못한다. 도에 순응하는 자는 창성할 것이고, 거역하는 자는 멸망할 것이다. 셋째, 도는 소리와 형태 없이 만물을 낳으며 그것은 우주에서 "큰 것"이다. 넷째, 우주 속에는 네 가지 큰 것이 있는데, 인간, 땅, 하늘, 도이다. 그러나 도는 지고 무상한 것이다. 이 지고 무상한 도의 원형이 바로 자연이고, 그것은 만사와 만물의 규칙이었던 것이다.

　　도에 의해 생겨난 자연법칙을 도가는 가장 완벽하고 가장 권위적인 것이라고 여겼다. 그것은 첫째, 자연법칙은 가장 공정하고 사심이 없는 것이기 때문인데, "하늘의 이치에는 친하고 친하지 않고가 없으며, 오직 선한 사람 편에 설 뿐이다"라고 했다.[4] 《장자 · 대종사》에는 또 "하늘은 사사로이 자신을 위해 뒤덮지 않고 땅은 사사로이 자신을 위해 뭔가를 저장하지 않는다"라고 기록하고 있다. 둘째, 자연법칙은 만물이 화해의 균형을 이루게 한다. "높은 것은 억누르고 낮은 것은 추켜세우고 남은 것이 있는 자는 덜어주고 부족한 자는 채워준다. 하늘의 법칙은 여분을 덜어내고 모자라는 것을 채워준다"고 했다.[5] 셋째, 자연의 법칙은 영원한 것이다. 그것은 도에 부합되기 때문에 시작과 끝이

---

3) 《노자》 제1장.
4) 《노자》 제79장.
5) 《노자》 제77장.

없으며 영원히 효력을 잃지 않는다. 모든 인위적인 법칙은 다 이런 경계에 도달하지 못한다. 넷째, 자연법칙은 넓고 크고 끝이 없으며 만물과 만사는 모두 그 제약을 받는다. 때문에 도는 소리와 형태가 없지만 또한 최고의 권위를 가지고 있다. "자연의 법칙은 싸우지 않고도 잘 이기고, 말하지 않아도 잘 허락하고, 부르지 않아도 스스로 오고, 천연덕스럽게 잘 도모하는 것이다. 하늘의 범위는 넓고 끝이 없어 성글어도 빠뜨리는 것이 없다"고 했다.[6]

여기서 우리는 도가의 도 또는 천도를 묵가의 천 또는 천지(天志)와 구별해야 한다. 그것은 두 가지가 서로 다른 개념이다. 도가의 도 또는 천도는 만물의 근원으로 지각은 없지만 규칙이 있는 객관적인 존재이다. 그렇기 때문에 어떤 의미에서 말하자면 묵가의 "하늘을 법으로 삼는다(以天爲法)"는 사상에는 농후한 신권법 특색이 있으나, 도가의 "도는 자연을 본받는다(道法自然)"에는 자연법의 특징이 더 많이 담겨 있다고 하겠다.

2) "무위이치(無爲而治)"의 치국론

도를 숭상한 이유로, 도가는 통치자가 나라를 다스릴 때는 반드시 자연을 본받아 무위의 정치를 실시해야 하고, 그것을 장구하게 지켜나가야 한다고 주장했다. 자연을 본받아 대도에 맞추는 것은 도가의 치국원칙이며 도가의 법률원칙이기도 했다.

도가는 자연의 천도는 무위이고 사람들이 천도에 따라 행사하려면 자연적이고 무위적이어야 한다고 여겼다. "하늘과 땅은 어질지 않아서 만물을 풀강아지로 여길 뿐이다. 성인은 어질지 않아서 백성을 풀강아지로 여길 뿐이다. 하늘과 땅 사이는 마치 대장간의 풀무와 같다. 속은 비었지만 굴복하지 않고 움직일수록 힘은 낸다"고 했다.[7] 즉 천지는 추호도 사적인 정에 치우치지 않고 만물이 자연적으로 생장하게 내버려두고, 성인도 사적인 정에 치우치지 않고 백성들이 자유롭게 발전하게 내버려둔다는 것이다. 이는 자연의 무위에 관한 《노자》의 설명이었다.

도가는 "무위로 다스릴 수 없는 것이 없다"[8]고 했다. 노자에게 가장 이상적인 치국방법은 바로 무위이며 한걸음 나아가무위이치의 경지에 이르는 것이었다. 즉 "군자는 어쩔 수 없이 통치자의 지위에 오르게 됐으니 모든 것을 순리에 따르는 것이 낫다"는 것이

---

6) 《노자》 제73장.
7) 《노자》 제5장.
8) 《노자》 제73장.

다.9) 그러면 무위란 무엇일까?《노자》는 "성인은 무위의 방식으로 일하고 무언으로 가르쳐야 한다. 만물은 스스로 자라나는 법이며 간섭할 필요가 없다. 생육했더라도 자기 것으로 소유해서는 안 되며, 공을 이루어도 그 공을 차지하지 않는다"고 했다.10) 무위를 하려면 어떻게 해야 하는 것일까? 무위는 바로 자연에 순응하고 사물의 발전법칙을 따르고 모든 것을 자연법칙의 지배에 따르면서 세상 만물이 자연적으로 생장 발전하게 하는 것이다. 무위이치를 실시하게 되면 천하는 자연히 태평무사하게 된다. "내가 무위로 대하면 백성들은 감화되고, 내가 고요히 있는 것을 좋아하면 백성들은 바르게 되고, 내가 무위무사하면 백성들은 저절로 풍족해지고, 내가 욕심을 부리지 않으면 백성들은 통나무처럼 순박해진다."11) 이런 무위의 이론에 근거해 도가는 통치자는 적게 간섭하고 적게 뭔가를 해야 한다고 주장했다. 국가를 다스림에 있어서 마치 생선을 굽듯이 너무 자주 뒤집지 말 것, 즉 백성의 생활에 과도하게 간섭하지 말고 자연에 맡겨버려야 한다는 것이었다. 도가는 집정을 함에 있어 대범해야 하고 냉혹해 하지 말 것을 주장하였는데, 곧 "정치가 너그러우면 백성들이 순박해지고 정치가 가혹하면 백성들이 불만을 가지게 된다"는 것이었다.12)

　도가는 천하가 혼란스럽고 인민을 통치하기 어려워진 원인은 바로 통치자가 유위(有爲)를 좋아해서라고 여겼다. 즉 "백성을 다스리기 어려운 것은 지배자의 간섭이 심하기 때문이다. 그래서 다스리기 어려운 것이다"고 했다.13) 따라서 도가는 통치자의 유위를 극력 반대했던 것인데, 그렇게 반대한 것은 주로 아래의 몇 가지 방면에서 표현되었다.

(1) 통치자의 교만하고 사치스러우며 방탕하고 태만함을 규탄했다

　도가는 당시 사회현실 속의 통치자의 교만하고 사치하고 방탕하고 태만함과 탐욕스럽고 부패한 것에 큰 불만을 가지고 맹렬하게 비난했다. 곧 "조정이 극도로 부패하여 논밭은 황폐해지고 창고는 텅 비어 있다. 그러나 임금은 화려한 비단 옷을 입고 날카로운 보검을 차고 맛있는 음식을 싫도록 먹으면서 나머지 재물을 긁어모은다. 이러한 것을 도적의 두목이라고 한다"고 했다.14)

---

9) 《노자》 제5장.
10) 《노자》 제2장.
11) 《노자》 제57장.
12) 《노자》 제58장.
13) 《노자》 제75장.

(2) 가혹한 정치와 세금을 반대했다

도가는 통치자가 가혹한 정치와 가렴잡세로 국민을 착취하는 것을 반대했다. "백성이 굶주림에 시달리는 것은 세금을 지나치게 많이 거두기 때문이다. 그래서 굶주림에 시달리는 것이다. …… 백성이 죽음을 가볍게 여기는 것은 지배자가 혼자 잘 살기 위해 백성의 고혈을 너무 깨끗이 빨아냈기 때문이다. 때문에 백성은 죽음을 가벼이 여기는 것이다."[15] 여기에서 도가는 인민이 굶주림과 빈곤에 허덕이고 목숨을 가볍게 여긴 것은 통치자가 가중한 조세를 부과하고 과분하게 향락을 추구한 탓이라고 했다.

(3) 전쟁을 반대했다

도가는 전쟁은 상서롭지 못한 것으로 토지를 황폐해지게 하고 생산을 파괴하기 때문에 도를 가진 사람은 전쟁을 멀리 해야 한다고 했다. 무릇 도로 군주를 섬기는 사람은 무력으로 천하를 정복하면 안 된다고 했다. "도로 군주를 섬기는 자는 무력으로 나라를 강하게 만들려 하지 않는다. 무력은 반드시 업보를 불러오기 때문이다. 군대가 머물렀던 곳에는 가시나무가 자라고 큰 전쟁이 있은 후에는 반드시 흉년이 들게 된다."[16] 도가는 전쟁이 인민에게 재난을 가져다준다는 것을 알았으며 이는 정확한 것이었다. 그러나 정의로운 전쟁과 비정의적 전쟁을 구분하지 않고 일률적으로 물이라고 했는데 그것은 잘못된 것으로 볼 수 있다.

(4) 상현(尙賢)을 부정했다

도가는 춘추시기에 널리 시행된 상현정치가 귀족 통치에 매우 큰 위험을 가져다준 것을 보고 불상현을 주장했다. 곧 "불상현하여 백성들이 다투지 않게 한다"고 했던 것이다.[17]

3) 인의성지(仁義聖'智')를 버려야 한다는 주장

도가는 "천도자연, 무위이치"의 사상에서 출발해 인위적으로 "인의성지"를 제창하는 것을 반대하면서, 이런 것들은 모두 병폐적인 사회의 비정상적 현상이라고 여겼다. 도

---

14) 《노자》 제53상.

15) 《노자》 제75장.

16) 《노자》 제30장.

17) 《노자》 제3장.

가는 인의, 성지, 효자, 충신 등은 인간의 자연 본성에 부합되지 않는 것으로서, 통치자
가 그것을 애써 제창하게 되면 사회를 혼란스럽게 할 뿐이라고 여겼다. "자연의 도를
버리자 인의가 있게 되었고, 인간의 지혜가 나타나자 엄청난 속임수가 있게 되었으며,
육친이 서로 화합하지 못하게 되자 효도와 자애를 강조하게 되었고, 나라가 혼란해지자
충신이 있게 되었다"는 것이었다.[18] 도가는 대도가 상실된 후에야 이른바 덕이 생긴다
고 여겼다. 덕이 효과를 보지 못하게 된 후에야 이른바 인이 있게 되고, 인을 제창해
실패한 후에는 또 의가 있게 되었으며, 의가 통하지 않은 후에야 또한 예가 있게 되었다
고 했다. 즉 예가 가장 나쁜 것이라고 했다. 곧 "예법이란 것은 믿음이 부족해 생긴 것이
요, 또한 화근의 시작이다"라는 것처럼 통치자가 제창하는 인의는 때로는 정권을 찬탈하
는 큰 도적에게 도구로 사용될 수도 있다고 본 것이다. 또한 "허리띠의 고리를 훔친 자
는 처형당하지만 나라를 훔친 자는 제후가 된다. 제후의 문에만 인의가 있다"고 보았기
때문에,[19] 도가는 "인(仁)과 의(義)를 버려라.", "성(聖)과 지(知)를 버려라.", "교(巧)와
이(利)를 버려라"고 주장하면서, 이렇게 해야만 사람들은 "자연의 본색을 유지하고 사욕
과 잡념을 줄일 수 있고"[20] 순박한 천성을 유지할 수 있다고 보았던 것이다.

4) 인간이 법을 정하지 말아야 한다고 주장했다

도가는 자연을 숭상하고 자연법을 추앙했으며 인간이 법을 정하는 것을 반대했다. 도
가는 통치자가 법률 명령을 만든 본의는 도적을 방지하기 위한 것이었으나 도적은 오히
려 많아지고 있다고 했다. 왜 이런 현상이 나타났을까? 그 근본적인 원인은 법률에 있으
며 법령이 자연의 화해를 파괴했다는 것이다. 모든 법률과 법령을 없애야만 천하가 태
평스러워질 것이라고 했다. 즉 "천하에 금지 사항이 많을수록 백성은 더욱 가난해지고,
백성에게 예리한 무기가 많을수록 국가는 더욱 혼란스러워지며, 사람들에게 지혜가 많
아질수록 사악한 기풍과 이상한 일이 점점 더 늘어나게 된다"고 보았던 것이다.[21] 따라
서 통치자들이 인위적으로 법률과 법령을 제정해도 소용없을 뿐만 아니라 막심한 해독
을 남기게 된다면서, "법령이 삼엄해질수록 도적은 점점 더 많아지게 된다"고 했던 것이

---

18) 《노자》 제18장.
19) 《장자·거협》
20) 《노자》 제19장.
21) 《노자》 제57장.

다.[22] 즉 법률과 법령이 다양하고 면밀할수록 도적이 더 많아지게 된다는 것이었다.

도가는 통치자가 번다한 법과 엄한 형벌을 사용했기 때문에 도처에 감옥이 생기고 시체가 쌓이는 비참한 국면이 나타나게 되는 것이라고 주장했다. 그렇게 된 것이 통치자의 죄가 아니란 말인가 하며 문제를 제기했으며, 그렇게 된 결과로 인해 백성들의 집단적인 저항이 반드시 있게 될 것이라고 경고했다. 그리하여 "지금 이 시대에는 형벌과 살육만이 막을 수 있을 뿐이다"[23]라고 하면서 "백성이 통치자의 위압을 두려워하지 않는다면 무서운 재난과 변란이 생기게 될 것이고"[24] 나중에는 통치자의 생존을 위협하게 될 것이기 때문에 모든 법도와 규장제도를 폐지할 것을 주장했다. 즉 "옥을 내던지고 구슬을 부수면 작은 도적이 사라질 것이고, 부적을 태우고 인장을 부숴버리면 백성들이 소박하고 성실해질 것이다. 두곡을 부숴버리고 저울대를 끊어버리면 백성들 사이에는 싸움거리가 없어질 것이고, 천하 성인의 법을 몽땅 없애버려야만 백성들이 시비와 곡직을 논의할 수 있을 것이다"[25] 또한 "백성들이 죽음을 두려워하지 않는데 어찌 죽음으로써 그들을 위협한단 말인가? 백성들이 죽음을 두려워 할 경우, 감히 누가 나쁜 짓을 하고, 하늘의 뜻을 거스르는 사람을 잡아와 죽인다면 누군들 감히 경솔하게 행동할 수 있겠는가? 백성들이 죽음을 두려워한다면 전적으로 주살을 책임진 사람을 죽여야 한다. 주살을 전적으로 책임진 사람을 대신해 백성을 죽이는 것은 훌륭한 목공을 대신해서 나무를 벌채하는 것과 같다. 훌륭한 목공을 대신해 나무를 벌채한다면 대부분의 경우 손을 다치게 될 것이다"라고 했던 것이다.[26]

"관리가 핍박하면 백성은 반란을 일으킨다"는 것은 자고로 중국 봉건사회에서 논쟁할 여지가 없는 사실이었다. "백성이 죽음을 두려워하지 않는데 어찌 죽음으로 위협할 수 있겠는가?"라고 하면서, 군왕이 백성을 죽음도 두려워하지 않을 정도로 핍박을 한다면 살육으로 그들을 겁주는 것은 통하지 않는다고 했던 것이다. 그렇기 때문에 "백성들이 한 결 같이 죽음을 두려워한다면", 만약 정부가 깨끗하고 법을 시기며 백성들은 잘 살면서 삶을 아끼는데 "잘못한 사람이 있다면 내가 그를 잡아 죽일 것이다"라고 했던 것이다. 즉 누군가 간계를 부리고 반란을 일으키고 사회를 교란시킨다면 내가 그를 잡아 죽

---

22) 《노자》 제57장.

23) 《장자·인간세》

24) 《노자》 제72장.

25) 《장자·거협》

26) 《노자》 제74장.

일 것이므로 그러면 누군들 두려워하지 않을 것인가? 이런 모진 말을 하고나서 노자는 한마디를 더 보탰다. "언제고 사람 죽이는 일을 맡은 이가 있게 마련이므로 사람을 죽이게 된다.", "국가에서 형을 감행하거나 죽일 때는 반드시 사법 부문에서 집행해야 한다." "만약 당신이 사법 부문을 대신해 형벌을 내리거나 죽이게 되면, 그것은 목수를 대신해 나무를 찍으러 가는 것과 같고, 만약 당신이 목수를 대신해 나무를 찍는다면, 자기 손을 찍지 않을 가능성이 적다"고 했던 것이다.

고대의 군왕은 생살여탈권을 가지고 있었다. 그러나 노자는 형벌을 가하거나 죽일 때는 전문적인 사법 부문이 형벌과 사살을 결정해야만 형살이라고 할 수 있으며, 군왕이 함부로 결정하면 안 된다고 했다. 바로 여기에 절차와 사법 독립의 필요성이 언급됐던 것이다.

5) "통치자의 지배술(君人南面之術)"

이른바 "남면지술"이라고 하는 것은 바로 최고 통치자가 신하를 지배하고 인민을 통치하는 일련의 방법과 권술을 가리킨다. 광의적인 면에서 보면 위에서 언급한 "무위이치", "인의예법 폐기" 등이 모두 "통치자의 지배술"이고, 협의적인 면에서 보면 "통치자의 지배술"에는 "부드러움으로 강한 것을 이기는 것", "얻기 위해 먼저 주는 것", "우민정책" 등이 포함되어 있다.

(1) 부드러운 것으로 강한 것을 이긴다(以柔克强)

《노자》는 "세상에서 가장 유연한 물건이 가장 견고한 물건을 꿰뚫는다. 보이지 않는 힘이 틈 없는 물건을 통과하니 이로써 나는 무위의 이로운 점을 알게 됐다"[27]고 했다. 《노자》는 또한 "세상에서 가장 부드러운 것은 물이지만 낙수 물이 돌을 뚫는 능력은 그 어떤 사물도 따르지 못한다. 그것은 끈덕지게 변하지 않는 의지력이 있기 때문이다"[28]라고 했다. 낙수 물이 돌을 뚫는다. 즉 세상에서 가장 부드러운 것이 가장 견고한 물건을 뚫으면서 이리저리 오갈 수 있다. 이 보이지 않는 힘은 틈이 없는 물건을 통과할 수 있다는 말이다. 무위의 좋은 점은 부드러운 것으로 강한 것을 이긴다는 이치를 보여준 것이다.

---

27) 《노자》 제43장.
28) 《노자》 제78장.

《노자》는 통치자는 마땅히 부드러운 척 하면서 사람과 다투지 않는 것으로 천하무적을 갈구해야 한다고 주장했다. 곧 "다른 사람과 다투지 말아야만 이 세상에서 누구도 그와 다투려 하지 않게 된다"[29]고 했다. 《노자》는 또 "나에게는 세 가지 보배가 있는데 이를 계속 가지고 있을 것이다. 그 중 첫째는 자애로움이고 두 번째는 검소함이고 세 번째는 네 거니 내 거니 하고 서로 빼앗기를 하지 않는 것이다"라고 했다.[30] 자(慈)는 퇴수하는 것을 가리키고 검(儉)은 검약한 것을 말하며, 앞에 나서지 않고 물러서는 것으로 앞날을 도모함을 말한다. 앞장서지 않고 다투지 않으면 승리를 취할 수 있고 자기 지위를 공고히 할 수 있다는 뜻이다.

(2) "얻으려면 먼저 주어라(欲奪先與)"

도가는 통치자의 가렴주구를 반대했다. 도가는 또 "그것을 거두려면 먼저 펼쳐야 하고, 그것을 약화시키려면 먼저 강화해야 하며, 그것을 없애려면 먼저 치켜세워야 하고, 그것을 얻으려면 먼저 내주어야 한다. 이런 것을 두고 미묘하지만 뚜렷하고, 부드러운 것으로 강한 것을 이기는 것"[31]이라고 주장했다. 이른바 미명(微明)이라는 것은 음모와 수단을 가리킨다. 통치자는 인민을 착취할 때 먼저 인민에게 작은 은혜와 혜택을 주어 그들이 살아갈 수 있게 해야만 더 많은 것을 착취할 수 있다는 것이다. "빼앗으려면 먼저 주어라"는 것은 부드러운 것으로 강한 것을 이기는 것처럼 통치자가 인민을 통치함에 있어서의 한 가지 음모권술이다. 즉 "가지고도 채우는 것은, 알맞을 때 그치는 것만 못하고, 날카로움을 드러내면 오랫동안 유지할 수 없다. 금과 옥을 집에 가득 쌓아 두어도 지킬 수가 없다. 부귀하면서 교만하면 스스로 허물을 남기게 된다. 공을 이루면 스스로 물러나는 것이 자연의 법칙이다"라고 했다.[32] 《노자》는 통치자들에게 인민에 대한 착취가 너무 과하면 안 되고 절대로 "넘치면(盈)" 안 된다고 경고했다. 그렇게 되면 자기 재산을 "오랫동안 지킬 수 없는 위험"이 생기게 된다는 것이다. 부귀하면서 교만하다면 "스스로 화근을 자초하게 된다"고 했다. 공을 이루게 되면 제때에 물러서야 하는데 이것이야말로 "자연의 법칙(天之道)"이라고 했다.

---

29) 《노자》 제22장.
30) 《노자》 제67장.
31) 《노자》 제36장.
32) 《노자》 제9장.

(3) 우민정책(愚民政策)

《노자》는 "문화와 학문을 버려야만 우환을 피할 수 있다(絶學無忧)"라고 여겼다. 도가는 인민을 다스리기 어려운 것은 그들에게 지혜가 너무 많기 때문이라고 여겼다. 인민은 지혜가 많아지게 되면 반란을 일으킨다. 따라서 통치자가 재난을 미리 방지하려면 가장 좋은 방법은 우민정책을 실시하여 인민을 무지무욕하게 만드는 것이라고 했다. 즉 "성인의 다스림은 백성의 마음에 아무런 욕심도 없어지게 하고 그들의 배를 든든하게 채워주고 그들의 의지를 약화시키고 그들의 골격을 튼튼해지게 하는 것이다. 항상 백성으로 하여금 아는 것도 없고 욕심도 없게 하여 아는 자로 하여금 잔꾀를 부리지 못하게 한다."[33] 인민이 아는 것이 많아지면 통치하기 어렵다. "백성을 다스리기 어려운 것은 그들에게 지혜가 많기 때문이다." 때문에 통치자는 반드시 우민정책으로 인민의 저항사상을 없애고 인민의 투지를 마비시켜야 한다. 성인이 천하를 다스리려면 "옛날에 무위의 도를 잘 닦은 사람은 백성들을 총명해지게 만들지 않고 그들을 순박해지게 만들려고 했다"고 했다.[34] 반드시 백성의 두뇌를 간단해지게 만들어 영원히 우매하고 무지한 상태에 처하게 하고 의지가 박약해져 "무지무욕"의 상태에 있게 하고, 사념을 없게 해야 한다. 이렇게 해야만 그들은 통치에 복종할 것이며 천하가 태평무사해질 것이다.

《노자》가 추구하는 것은 사람들이 자유자재로 생활하는 소국과민(小國寡民)의 이상적인 사회였다. "작은 나라에 적은 백성이 살아 수많은 도구가 있어도 사용하지 않게 하고, 생명을 소중히 여기도록 하여 먼 곳으로 떠나는 일이 없도록 하면 배와 수레가 있어도 타는 일이 없을 것이고, 갑옷과 무기가 있어도 그런 것을 쓸 일이 없을 것이다. 사람들에게 새끼줄을 묶어서 약속의 표시로 사용하게 하고, 음식을 달게 여겨 먹게 하고, 의복을 아름답게 여겨 입게 하고, 사는 곳을 안식처로 여기게 하고, 그 풍속을 즐기게 하면 바로 앞에 이웃나라가 있고 닭과 개의 소리가 서로 들리는 곳에 있을지라도 늙어 죽을 때까지 서로 왕래하는 일이 없을 것이다."[35] 이런 무지무욕(無知無欲)의 사회는 사실 분봉제와 작은 나라가 많은 서주 초기의 노예사회의 성세(盛世)를 미화했던 것이다.

---

33) 《노자》 제3장.
34) 《노자》 제65장.
35) 《노자》 제80장.

6) 유, 묵, 법 등 제가 학설에 대한 비판

앞에서 논술한 도가 법률사상의 내용에는 유, 묵, 법 제가에 대한 도가의 비판 내용도 들어있다. 내용에 중복된 것도 있겠지만 도가가 어떻게 비판을 했는지 사람들에게 명확하게 알려주기 위해 이 부분의 내용에 대해 단독적으로 종합 정리할 필요가 있다.

도가의 "무위이치"라는 법률관은 유가의 예, 법가의 법치와 묵가의 "상현" 등의 주장을 상대로 제시한 것이었다. 도가는 도의 권위를 강조하고 집정자들이 자연을 따라 배울 것을 주장했으며, 인류의 출로는 "본연의 참되고 순박한 마음으로 돌아가는 것[返璞歸眞]"이라고 여겼다. 때문에 인위적으로 제정한 규칙, 법령에 대해 도가는 일반적으로 부정적인 태도를 가졌으며, 인위적인 것이 많을수록 인류는 대도(大道)와 더 멀리 동떨어지게 되며, 사회는 더욱 혼란스러워질 것이라고 여겼다. 때문에 《노자》에는 "성인은 무위의 관점으로 세상사를 대하고 불언(不言)의 방식으로 가르침을 실시한다"[36]라는 훈계성 말이 들어 있는 것이다. 도를 수호하는 입장에서 도가는 유, 묵, 법 제가의 구세지론은 마치 끓는 물을 퍼냈다 다시 부어 끓는 것을 막으려 하고, 섶을 지고 불속에 들어가는 것과 같다고 여겼다.

우선 도가는 유가가 제창한 인, 의, 예, 지, 신, 충, 효 등의 원칙은 도를 잃어버린 후 사회와 가족이 불화를 이루고 서로 암투를 벌이고, 질서가 혼란스러워지는 등 사회 속의 비정상적인 현상 속에 나타난 것이라고 여겼다. 그것은 그것들이 인간의 본성에 부합되지 않고 더구나 도의 취지에 부합되지 않는 것이기 때문이라고 했다. 즉 "대도가 무너지자 인의가 생겨나게 되었고, 지혜가 나가자 큰 거짓이 생기게 되었고, 육친이 화목하지 못하니 효도와 자애가 있게 되었고, 국가가 혼란스러워지니 충신이 생겨났다"고 보았던 것이다. 유가가 제창한 인의가 도가에게는 인간의 본성을 잃어버린 것으로 보였으며, 유가의 설교는 마치 인체에서 "엄지발가락과 두 번째 발가락이 붙고, 손가락이 하나 더 자라난 것"[37]과 같이 쓸모없고, 혐오스러운 것으로 보였던 것이다. 더 중요한 것은 도가는 인의가 진실하게 존재하는 것이 아니라 그것은 허위적으로 큰 죄악을 덮어 감추기 위한 한 가지 도구라고 여겼던 것이다. 인의를 법으로 하면 사회모순의 충돌과 사회의 불공평함을 조성한다는 것이 그것이었다. 《장자 · 거협(胠篋)》에서는 "허리띠의 고리를 훔친 자는 사형을 당하고 나라를 훔친 자는 제후가 된다. 제후의 문에는 인의가

---

36) 《노자》 제2장.
37) 《장자 · 변모》

존재한다"고 했다. 때문에 도가는 유가의 예치, 삼강오상(三綱五常)을 기반으로 하는 "팔병, 팔통, 팔의(八柄, 八統, 八議)" 원칙을 반대했음을 알 수 있다.

다음으로 묵가의 "겸애(兼爱), 천지(天志), 상현(尚贤)" 등 관점에 대해 노자는 하늘은 의지가 없고, 겸애의 마음은 더욱 있을 수 없으며, 백성들이 투쟁의 마음을 갖지 않게 하려면 불상현(不尚贤)해야 한다며, 묵가가 제창한 상현 역시 대도에 어긋나는 것이라고 주장했다. 이른바 상현이란 재덕을 겸비한 사람을 숭상하는 것이다. 도가는 바로 상현 때문에 백성에게는 쟁탈하려는 마음이 생기게 된 것이라고 여겼다. 진정한 성인은 종래 자기 재능을 드러내지 않는다는 것이다. 즉 "성인은 도 하나만을 천하를 대하는 기준으로 삼는다. 스스로 드러내지 않기 때문에 더욱 밝게 빛나고, 스스로 옳다고 내세우지 않기 때문에 더욱 두드러지게 나타나고, 스스로 과시하지 않기 때문에 오히려 더욱 공이 드러나고, 스스로 자만하지 않기 때문에 오히려 더욱 오래 지속될 수가 있다"고 했다.[38] 도가는 상현이 인류사회를 도와 점점 동떨어지게 만든다고 여겼다.

그 다음으로 도가는 법가가 제창한 법치를 반대했으며 천하 대란과 범죄 증가의 원인은 바로 법제를 너무 많이 너무 번잡하게 제정했기 때문이라고 여겼다. 노자는 번다하고 가혹한 법률을 규탄하면서 이는 통치자들이 "사람을 죽이기 좋아한다는 것"을 보여주고 또한 형벌과 살인을 위엄으로 하는 통치자는 "천하에 뜻을 이루지 못한다"[39]고 했다. 그것은 "사람들이 죽음을 두려워하지 않는데 어찌 죽음으로 위협하려 하는지?"[40] 모르기 때문이다. 만약 단순히 형벌과 살인으로 백성을 협박하려 한다면 백성들은 더 이상 죽음을 두려워하지 않을 것이며, 필연코 이판사판으로 행동하고 필사적으로 반항하게 되어 통치자들의 통치 질서에 큰 위협이 된다는 것인데, 즉 "사람들이 통치자의 위압을 두려워하지 않을 때는 무서운 재난과 변란이 곧 닥쳐올 것이다"[41]라고 했다.

《노자》 제57장은 이렇게 법치를 비판했다. "올바름으로 나라를 다스리고, 기이함으로써 군대를 사용하며, 일을 없앰으로써 천하를 취한다. 나는 어찌 그것의 그러함을 아는가 하면 이로써 그런 것이다. 천하에 꺼리는 것이 많으면 백성의 가난은 더해지고, 백성에게 이로운 그릇이 많으면 국가의 어두움이 더해지며, 사람이 지혜가 많으면 기이한 사물의 나음이 더해지고, 법령의 드러남이 더해지면 도적이 많이 있게 된다. 그러므로

---

38) 《노자》 제22장.

39) 《馬王堆汉墓帛書·노자》(갑본), 북경, 문물출판사, 1976.

40) 《馬王堆汉墓帛書·노자》(을본), 북경, 문물출판사, 1976.

41) 崔永東, 〈帛書"老子" 甲乙本中的法律思想試析〉, 《政法論壇》, 1999 (4).

성인이 이르길, 내가 속박 당함이 없으면 백성은 스스로 변화하고, 내가 고요함을 좋아하면 백성은 스스로 올바르게 되며, 내가 일을 없애면 백성은 스스로 부유해지고, 내가 무욕하면 백성은 스스로 소박해진다."

《노자》가 말한 "법령의 드러남이 더해지면, 도적이 많이 있게 된다"는 것은 법치의 부작용을 지적한 것이다. 즉 사회의 모순을 격화시켜 백성을 "두려운 것이 없게" 만든다는 것이다.[42]

위에서 말한 노자의 이런 논점은 사실 신벌(愼罰, 처벌을 신중히 내려야 한다) 사상을 반영한 것이다.[43] 노자의 신벌사상은 냉혹한 형벌을 비판하는 한편 도의 적인 법률에 부합되는 법률을 인정하는 것이 된다. 그는 형벌은 국가의 유용한 무기이며 함부로 사용하지 않는 것이 좋다고 했다. 즉 "나라의 유용한 무기는 함부로 보여주지 말아야 한다"는 것이었다.[44]

그러나 노자가 반대한 법률은 야만적이고 잔혹한 법률이고 자연의 무위의 도리에 부합되지 않는 법률이며, 도에 부합되는 법률에 대해서는 인정했다는 것을 알아야 한다. 그는 형벌과 살인을 남용하는 것은 반대했지만 필요한 형벌과 살인은 인정했다. 그는 "백성들이 항상 죽음을 두려워하게 해놓고 죄를 지은 자를 내가 잡아서 죽인다면 어느 누가 감히 죄를 짓겠는가? 그러나 항상 죽이는 일을 맡은 자는 따로 있다. 죽이는 일을 맡은 자를 대신해서 죽이는 것은 목수를 대신해서 나무를 자르는 것과 같은 일이다. 그러나 목수를 대신하여 나무를 자르는 자 중 그 손을 다치지 않는 자는 드물다"[45]라고 했다.

이 말에는 적어도 아래와 같은 몇 가지 뜻이 담겨져 있다. 첫째, 형살의 전제는 백성들이 죽음을 두려워하는 것이다. 현대 법률학 이론에 따르면 형살의 목적에는 특별 예방과 일반 예방이 있는데, 형살(刑殺)의 예방기능을 발휘하려면 죽음에 대한 사람들의 공포심리를 전제로 해야 한다. 만약 걸핏 사람을 주인다면 사람들은 그것을 흔한 일로 생각할 것이며 더 이상 죽음을 두려워하지 않게 된다. 죽음을 두려워하지 않는다면 사형이 일반적인 예방의 작용을 더 이상 할 수 있겠는가? 둘째, 형살은 함부로 사용하지

---

42) 《노자》 제72장.
43) 노자의 "신벌" 사상에 관해서는 최영동, 위의 논문을 참조.
44) 《마왕퇴한묘백서(노자)》(갑본), 북경, 문물출판사, 1976. 을본에는 "國之利器不可以視人"이라고 쓰여 있음. 왕필 본에는 "시(視)"를 "시(示)"라고 썼음.
45) 《마왕퇴한묘백서(노자)》(을본)을 참고할 것. 46쪽, 북경, 문물출판사, 1976.

말고 반드시 확실하고 정확하고 단호하게 사용해야 한다. 형살의 대상은 온갖 나쁜 짓을 다 한 극소수 사람 즉 "나쁜 짓을 한 사람"이어야 한다. 셋째, 형살은 반드시 사법 부문이 집행해야 한다. 사법 부문은 반드시 법에 따라 죄범의 죄와 형을 확정해야 한다. 군주는 절대 참견하여 사법기구의 공정한 법 집행을 방해하는 일이 없어야 하며, 그렇지 않을 경우 후환이 끝이 없다. 이것은 원시적인 사법 독립사상이기도 하다. 이로부터 "법률 허무주의(法律虛無主義)"의 모자를 노자의 머리에 씌워놓는 것은 타당하지 않다는 것을 알 수 있다. 노자는 혹독하고 엄중한 형벌을 반대했을 뿐 법률은 배제하지 않았다. 그가 요구한 것은 무위자연의 이치에 부합되는 느슨하면서도 간단한 법률이었다. 즉 "도는 법의 기초이고 법은 도에서 생긴 것이다. 법은 사람들이 세상 만물의 득실과 곡직을 판정하는 기준이다. 도치(道治)를 실시하는 사람은 도에서 생겨난 법을 위반하지 말아야 한다. 법은 일단 확정하면 한 사람의 좋아함과 싫어함에 따라 폐지될 수 없는 것이기 때문이다. 따라서 천하를 바르게 하고자 하는 사람은 도에 부합되는 법도에 따라 자신을 속박하고 그 다음에 세상 사람들에게 그 표준을 알려 사람들이 곤혹스러워 하지 말게 해야 한다"는 것이었다.[46]

자연법칙을 숭상하고 현실사회를 비판하는 도가의 학설은 후세의 정치와 법률에 영향을 미쳤다. 중국 고대사회에서 정치가든 사상가든 법률을 언급할 때마다 간결함을 강조하곤 했으며, 법제의 소극적인 면을 최대한 억제하는 것을 중시했다. 이는 도가사상의 영향을 깊이 받았음을 알려주는 것이다.

7) 장자는 노자사상을 계승하고 발양했다

법률사상 방면에서 《장자》는 예와 법을 부정하는 《노자》의 주장을 발전시키고 《노자》 중의 허무적 경향을 발전시켰으며, 중국 최초의 도덕 허무주의와 법률 허무주의를 제시했다.

(1) 절대적인 무위를 주장하고 인의예법을 부정했다.

《장자》는 《노자》와 마찬가지로 도를 천지만물의 근원과 주재자라고 여겼다. 그러나

---

46) 《황로백서 · 도법편》 도에 부합되는 법률은 이런 두 가지 특징으로 표현된다. 첫째는 간단하고 빽빽하지 않은 것, 둘째는 가볍고 가혹하지 않은 것. 최영동의 《백서 "노자" 갑을본 중의 법률사상 시석》, 《정법논단》, 1999(4).

그는 도의 허무성을 소극적인 방면으로 발전시켰다. 우선 그는 도의 권위, 보편성과 주재적 지위를 인정하는 것을 토대로 도의 신비성과 자주성을 뚜렷하게 강조했다. "도는 진실하고 믿을 만한 것이며 또한 무위적이고 형태가 없다. 도는 느낄 수는 있지만 말로 형용할 수는 없고 깨달을 수는 있지만 볼 수는 없는 것이다. 도의 본신이 바로 근원이고 천지가 형성되기 전의 원고시대에 벌써 존재해 있었다. 도는 신령의 귀신이고 신령의 제왕으로 천지를 낳았다."[47] 도는 영원히 존재하며 모습과 형태가 없고 귀신과 하느님을 만들고 천지 만물을 창조했으며 세계 만물의 근원이고 주재자이다. 그러나 《장자》는 《노자》와 달리 도를 주관적으로 과장했으며 "천지는 나와 함께 생존하고 만물은 나와 하나가 된다"[48]고 주장했다. 즉 세계 만물과 인간의 주관적인 정신을 하나로 합쳤으며 그것을 주관적인 유심주의로 발전시켰던 것이다.

다음 《장자》는 《노자》의 무위의 법칙을 허무로 밀고 나갔으며 절대적인 무위를 주장했다. 무위는 도의 기본 속성이며 천지만물 특히 사회인이 따라야 할 규칙이다. 《장자 · 천도(天道)》에는 이렇게 기록되어 있다. "제왕의 덕행은 천지를 근본으로 하고 도덕을 중심으로 하며 무위적인 통치를 관례로 하는 것이다. 무위는 천하를 이용하면서도 여유롭고 남음이 있게 하고, 유위는 천하에 이용되면서도 급속하고 부족함을 느끼게 한다. 때문에 옛 사람들은 임금의 무위의 태도를 귀하게 여겼다. 위에 있는 임금이 무위를 실시하고 아래에 있는 신하도 똑같이 무위를 실시한다면 신하는 임금과 태도가 같아진다."

《장자》는 무위를 근본으로 삼았기 때문에 반드시 인위적인 것을 가하지 말고 자연에 순응해야 한다고 했다. 《장자》는 자연은 가장 완벽한 것으로 만약 인위적으로 변화시킨다면 사물의 본성을 파괴하게 된다고 주장했다.

천하를 다스림에 있어 무위는 가장 좋은 방법이다. 군주는 지혜와 기지에 의지하거나 공을 세워 이름을 떨칠 것이 아니라 겸허해야 하며 무위로 통치해야 한다. 즉 "군자가 부득이 천하에 군림한다면 무위보다 더 좋은 것은 없다. 무위만이 사람들의 본심을 안정시킬 수 있기 때문이다"라고 했다.[49] 그러나 《장자》가 주장하는 무위는 《노자》가 주장하는 것과 다 일치한 것은 아니다. 《노자》는 무위로 할 것(爲)을 주장했으니 상대적인 무위였다. 그러나 《장자》는 절대적인 무위 즉 진정으로 "자연에 복귀"할 것을 주장했으

---

47) 《장자 · 대종사》
48) 《장자 · 제물론》
49) 《장자 · 재유》

며 인간의 모든 것을 부정하고 "짐승과 함께 살고 만물과 함께 병존"하는 "지덕지세(至德之世)"《장자·마제》를 주장했다.

《장자》는 세 방면으로 유가의 예치(禮治)를 폭로하고 비판했다. 첫째, 인, 의, 예, 지는 인간의 자연적인 본성을 파괴하는 것이다. 인간의 자연적인 본성은 바로 생존과 기본적인 배부름과 따스함만을 추구하고 스스로의 노동으로 그런 욕망을 만족시키는 것이며 이밖에 다른 요구는 없다. 이는 군자와 소인의 차별, 친(親)과 당(黨)의 구별을 근본적으로 부정한 것이다. 즉 "우주 속에는 …… 봄에는 땅에 씨앗을 뿌리는데 몸은 그런 노동을 감당할 만하고, 가을에는 수확하여 저장하는데 스스로 필요한 것을 장만할 수 있다. 날이 밝으면 밭에 나가 일하고 해가 지면 집으로 돌아와 휴식하면서 하늘과 땅 사이에 자유롭게 살고 있으니 마음속의 쾌적함은 나 혼자만이 알고 있으리"라고 했다.[50] 이런 인성론은 바로 사회의 모든 속박에서 벗어난 개체 생명의 자유로움과 만족스러움을 뚜렷하게 드러낸 것이다. 장자는 모든 인위적인 성지(聖智)와 인의 및 모든 문화의 산생은 다 소박한 인성을 위배한 것이며 무위자연의 도덕을 파괴하는 것이라고 여겼다. 《장자·병무(騈拇)》에서는 "갈고리나 먹줄이나 곱자나 그림쇠를 써서 바르게 하려는 것이, 실은 그 자연스러운 본성을 해치는 것이다. 새끼로 묶고 갖풀과 옻을 써서 단단하게 고정하려는 것이, 실은 자연스런 그 본성을 침해하는 것이다. 예악을 좇아 행하고, 인의를 좇아 천하 사람들의 마음을 기쁘게 하는 것도, 실은 그 변함없는 본래의 모습을 잃는 것이다"라고 지적했다. 장자는 사람들이 자기 본성대로 자연스럽게 살아가게 하고 인위적으로 간섭하지 말기를 주장했다. 만약 인간의 자연적인 본성을 위반하고 인의와 예법으로 그들을 구속한다면 결과는 사회의 혼란을 조성할 뿐이라는 것이다. 이런 것을 기반으로 장자는 더 나아가 "도와 덕이 무너지지 않았다면 어찌 인의를 주장하겠는가? 본성과 진실함에서 떠나지 않았다면 어찌 예의와 음악을 쓸 필요가 있겠는가! …… 소박함을 훼손하여 기구를 만드는 것은 공인의 죄이다. 도덕을 무너뜨리고 인의를 내세우는 것은 성인의 잘못이다"[51]라고 했다. 그는 사회와 인류의 순박함을 회복하기를 주장하면서 예악, 인의로 인간성을 속박하면서 사회질서를 재정립하려는 것은 육지에 배를 띄우는 것처럼 기필코 뜻하는 대로 되지 않을 것이라고 했다.

다음, 인의예악은 사회의 분화와 혼란을 조성하는 근원이라고 여겼다는 점이다. 장자

---

50) 《장자·양왕》
51) 《장자·마제》

는 인의예악을 비판했으며 그것들은 인간성을 파괴하는 정당하지 못한 수단이고 죄악이 집결되는 곳으로 반드시 배척해야 한다고 여겼다. 그 이유는 "인애라는 것은 사람의 자연적인 상태를 교란시키는 것이고, 도의라는 것은 사물의 일반적인 이치를 거스르는 것이고, 예의라는 것은 번거로운 기교를 조장하는 것이고, 음악이라는 것은 음탕한 소리가 생기게 하는 것"[52]이기 때문이다. 장자는 노자의 말을 인용하여 이와 같은 것들은 인류에게 방향을 잃게 하고 사람들이 내심적으로 격동하게 되기 때문에 천하대란의 근원이라고 주장한 바 있다. 《장자·천운(天運)》편에는 "공자는 노담을 만나 인의를 토론하고자 했다. 노담이 말하기를 날리는 겨가 눈에 들어가도 천지사방이 뒤바뀌고, 모기 같은 작은 벌레가 피부를 물어도 밤새 잠을 이루지 못한다. 인의가 사람에게 주는 해독은 더욱 커서 사람들을 어리석게 만들며 사람을 혼란스럽게 만들기를 인의보다 더 심각한 것은 없다"라고 기록되어 있다.

그는 노자의 입을 빌어 공자의 인의 주장이 인성을 교란했다고 질책했다. "아! 인의는 인간이 원래 가지고 있는 진정이 아니겠지? 인의를 창도한 사람들에게는 웬 근심이 그리 많단 말인가? 발가락이 붙어 자란 사람은 두 발가락을 분리하면 울게 되고, 손가락이 곁으로 자란 사람은 손가락을 물어뜯으면 비참하게 울 것이다. 이런 두 가지 상황은 정상적인 손가락 수보다 많거나 정상적인 발가락 수보다 적지만, 그것들이 가져다준 근심은 같은 것이다. 현재 세상의 어진 사람들은 눈길을 먼 곳에 돌리고 인간세상의 우환거리를 걱정하고 있고, 어질지 못한 사람들은 인간의 참답고 자연스러운 면을 버리고 부귀를 쫓는다. 아! 인의란 아마도 사람들이 원래부터 가지고 있는 진정한 것은 아니지 않은가? 그래서 하, 상, 주 3대 이후 천하가 그리 시끄러워진 것이 아니었던가?"[53] 그는 "공자 등이 창도한 인의는 인체에 붙은 육손(손가락 여섯 개)처럼 기형적이고 불필요한 것으로 아무런 쓸모도 없을 뿐만 아니라 거추장스럽기만 하여 사회에 불안을 가져다주게 된다고 여겼다. 통치지들은 에써 인의를 널리 시행하고 예악을 추진하면서 인류의 순박한 본질을 모두 망치고 있는데 그것은 바로 그들의 죄악이다!" 라고 했다.

장자는 "엄지발가락과 둘째발가락이 붙은 병무(騈拇)와 육손이는, 나면서부터 있는 것이지만, 이는 보통 사람들보다 많은 것이다. 사마귀나 혹은 형체가 생긴 뒤에 붙은 것이지만, 바탕에서 볼 때는 역시 많은 것이다. 인의를 지나치게 쓰려고 하는 것은 비록

52) 《장자·재유》
53) 《장자·편무》

그것이 사람의 오장(五藏)에 뿌리를 두고 있다 할지라도 진정한 도덕이라고 할 수 없는 것이다. 그러므로 발가락이 붙은 변무는 쓸모없는 군살을 덧붙인 것이고, 손에 가지를 친 육손은 쓸데없는 손가락이 붙은 것이다. 오장의 진실한 모습에 다시 군더더기를 붙이는 것과 같이 인의(仁義)의 행위에 지나치게 치우치는 것은 총명한 체하는 데 불과하다"54)고 했다.

이로 보면 장자는 인의예악을 강도 높게 비판했으며 그것은 국가를 다스리는 데 아무런 쓸모도 없을 뿐만 아니라, 오히려 사회에 혼란을 가져다주게 된다고 주장했다는 것을 알 수 있다.

세 번째로 인의예악은 대도(大盜)들이 "나라를 훔치는" 도구라고 여겼다. 《장자·거협(胠篋)》에는 이렇게 쓰여 있다. "세상을 위해 말과 되를 만들어 물건의 양을 계산하게 하니 말과 되를 함께 도둑맞았다. 세상을 위해 저울추와 저울대를 만들어 물건의 무게를 달게 하니 저울추와 저울대마저 함께 잃어졌다. 세상을 위해 부신과 도장을 만들어 그것을 믿게 하니 부신과 도장을 함께 도둑맞았다. 세상을 위해 인의를 만들어 사람들의 도덕과 행위를 규범화하려 하니 인의마저 함께 도둑맞았다. 그렇다면 그것을 어찌 알았는가? 바로 허리띠의 고리를 훔친 자는 처형을 당하지만, 나라 전체를 훔친 자는 오히려 제후가 되는데, 이는 제후의 문에만 비로소 인의가 존재한다는 것인데, 이것이 인의와 성지를 도둑질 한 것이 아니고 무엇이란 말인가?" 성인이 인의를 정한 것은 본시 세상사를 바로잡기 위한 것이었으나 대도들이 인의마저 훔쳐갔다. 나라를 훔친 자가 제후가 되니 인의는 그들의 것이 되었다. 이로 보아 인의는 나라를 훔치는 도적들의 손에 들어 있는 도구에 불과한 것이라고 할 수 있는 것이다.

《장자》는 법가의 법치 역시 혼란을 조성한 근원이고 형벌을 사용한 결과 천하가 크게 혼란스러워졌다면서 이렇게 법가를 질책했다. "세상의 모든 힘을 동원해 사람들에게 착한 일을 하게 격려해도 모자라고 세상의 모든 힘을 동원해 악한 것을 징계해도 모자란다. 때문에 세상은 매우 크지만 착한 것을 장려하고 악한 것을 처벌하기에는 부족하다. 하, 상, 주 3대 이후 착한 것을 장려하고 악한 것을 처벌하는 것이 정사의 급선무라고 끊임없이 주장해왔지만, 그들은 언제 인간의 자연적인 본성과 진실한 감정을 안정시킬 생각을 해봤던가!"55) 법가가 강조한 상벌은 실제에 부합되지 않는 것으로 다스릴수록

---

54) 《장자·편무》
55) 《장자·재유》

혼란스러워지게 하는 조치이다. 법가가 숭상하는 명주(明主), 성왕(聖王)은 상인지국(喪人之國)이고 백해무익하다. 때문에 그는 "허무와 조용한 것, 사리사욕이 없는 것, 적막한 것과 무위는 만물의 근본이다. …… 장려와 처벌로 징계함과 아울러 여러 가지 형법을 실행하는 것은 쇠퇴하고 있다는 것을 설명한다. 예의와 법규로 계산하고 사물의 실체와 명칭을 비교해 정하는 것은 통치가 쇠퇴하고 있음을 보여준다. …… 때문에 고대에 대도를 깨달은 사람은 먼저 자연의 규율을 설명한 다음에야 도덕을 논하고 그 다음이 인의이다. …… 시비가 밝혀지고 난 후에야 상벌은 준다"56)라고 했다. 장자는 비록 법과 형의 작용을 완전하게 부정하지는 않았지만, 사람이 제정한 여러 가지 법은 인간성을 파괴하고 죄악을 조성하는 것이기 때문에 무위로 다스리는 것이야말로 인간의 정확한 도리라고 여겼다.

《장자》는 묵가의 겸애, 상현의 주장에 대해서도 비판했으며 그것은 영원히 실현될 수 없는 것이라며 "겸애라고 함은 너무 진부한 것이 아닌가? 다른 사람에게 사심이 없다고 함은 사심이 있는 것이다"57)라고 지적했다. 묵가의 겸상애(兼相愛)는 언제나 교상리(交相利)와 함께 제기된다. 상애는 상리를 목적으로 하기 때문에 당연하게 사(私)적인 것이라는 것이다. 현명하고 지혜로운 자는 하늘이 준 인간성을 파괴하여 사람과 사람 사이에 서로 질투하고 미워하고 서로 해치면서 매일같이 싸우다가 결국 쌍방이 모두 피해를 보게 된다는 것이다. 때문에 "명성은 서로 간에 알력이 생기게 되는 원인이고 지혜는 서로 간에 투쟁하는 도구이다. 양자는 모두 흉기이며 그것을 세상에 보급해서는 안 된다"고 했다.58) 상현은 백성에게 쟁탈하고 싶은 욕망을 불러일으킨다." 그대로 발전하게 내버려둔다면 반드시"사람이 사람을 잡아먹는 경지"59)에 이르게 된다는 것이었다.

(2) 절대적인 자유를 주장하고 그 어떤 구속이나 제한도 반대했다

《노자》에 비해 《장자》는 인생철학을 밝히는데 여점을 더 많이 두면서 자신의 법률관을 개인 본위의 기초 위에 세웠다. 《장자》는 인생의 고통에 입각해 "사람은 날 때부터 근심을 가지고 태어난다"고 여겼다. 《장자 · 제물론(齊物論)》에는 이렇게 쓰여 있다. "일단 몸을 받고 태어났으면 손상시키지 말고 그것이 다하기를 기다려야 한다. 밖의 물건

---

56) 《장자 · 천도 》
57) 《장자 · 천도》
58) 《장자 · 인간세》
59) 《장자 · 경상초》

들과 서로 맞서서 다투며 인생을 내달리듯 살아 그 발길을 멈추지 못한다면 슬픈 일이다. 평생을 발버둥 치면서도 이룬 공은 하나도 없고, 일에 지쳐 녹초가 되었어도 그의 귀결을 알지 못한다면 참으로 가여운 일이다. 사람들이 그를 보고 죽지 않았다고 말한다 해서 무슨 이득이 있겠는가?" 인간은 태어난 후부터 사기, 투쟁과 살육의 소용돌이 속에 빠지게 되고 세 가지 슬픔에 빠지게 된다. 세 가지 슬픔이란 첫째는 물질적인 이익을 추구하기 위해 끝없이 죽을힘을 다 해 일을 하는 것이고, 둘째는 "기진맥진 해봤자 귀착점을 찾지 못하는 것"이고, 셋째는 형체가 사라지고 정신이 훼멸되어 연기와 구름처럼 흩어지니 아무 것도 남는 것이 없게 되는 것이다. 특히 오늘날 정치가 암담하고 세상이 어지러우니 "수치를 모르는 자가 부자가 되고, 말이 많은 자가 출세한다."[60] 그리하여 워낙 슬픈 인생을 더 힘들게 하고 있다. 때문에 《장자》는 슬픈 운명에서 벗어나 자유로운 생활을 향수할 수 있기를 바랐던 것이었다.

《장자》는 인간은 자연의 한 부분이자 자연의 한 가지 존재형식이라고 여겼다. 즉 "나는 마치 작은 돌이나 작은 나무가 큰 산에 있는 것처럼 하늘과 땅 사이에 존재한다."[61] 또한 자연이 창조한 한 가지이고 "그것은 하늘과 땅에 부속되어 있는 형체"[62]라고 했다. 때문에 인간의 본성과 인생의 목적은 모두 천지 자연 속에서 찾아야 하며, 천지동체, 대도혼일의 생명의 정 즉 자유롭고 무지무욕한 자연의 정이야말로 인간의 본성이라며 "생사존망과 곤궁함과 영달, 가난과 부유함, 현명함과 어리석음, 낮춤과 높임, 배고픔과 목마름 그리고 추위와 더위, 이러한 것들은 사물이 변화하는 것이고 운명이 행해지는 것이다"[63]라고 했다. 바꿀 수 없기 때문에 침착하고 태연자약해야 한다. "사람의 힘으로는 어찌할 수 없음을 알고 마음을 편히 운명에 따라야 한다."[64] 그리하여 외계의 간섭을 없애고 깊은 침묵 속에서 생명의 경지인 생명의 정을 찾으면서 세상의 정과 인정을 완전하게 초월한 그런 생명의 자유를 찾아야 한다는 것이다.

《장자》의 자유관은 그가 제기한 소요유(逍遥游)에서 집중적으로 표현되었다. 《장자》는 그의 소요유를 심유(心游), 유심(游心), 심유천유(心有天游) 등으로 개괄해냈는데, 그것은 사회현실을 이탈한 추상적인 내심의 자유였다. 《장자》는 많은 지면을 할애하여 소

---

60) 《장자 · 도척》
61) 《장자 · 추수》
62) 《장자 · 지북유》
63) 《장자 · 덕충부》
64) 《장자 · 인간세》

요유의 내용을 묘사했으며, 그것을 인생의 최고 경지로 여겼다. 예를 들면 "구름을 타고 용을 부려 사해 밖에서 노닐고",[65] "이 세상 밖으로 가서는 아무 것도 없는 곳에서 노닐고"[66], "그들은 지금 조물주와 벗이 되어 하늘과 땅의 한 기운 속에 노닐고 있는 것이라고 했던 것이다. 그들은 삶을 군살이나 혹처럼 여기고, 죽음을 고름을 짜거나 종기를 찢는 것으로 여기고 있다. …… 아득히 티끌 같은 세상 밖을 왕래하면서 하는 일 없는 무위의 일에 종사하면서 노닐고 있다"[67]라고 했다. 장자는 생명을 기의 응결로 보고 몸의 사마귀처럼 생각한다면, 죽음을 종기가 터진 것으로 생각한다면 생과 사는 무슨 차별이 있겠는가? 때문에 사람들은 마땅히 여유롭게 속세 밖을 떠돌면서 아무런 구속도 받지 않고 자연에 사는 경지에 이르러야 한다고 했다. 장자에게는 세속 밖, 사해의 밖, 허황한 곳은 종교에서 말하는 천국이나 선경이 아니라 개인의 내심 세계에 존재하는 정신적인 왕국이었다. 때문에 독립된 개인의 자유와 추상적인 정신 자유, 절대적인 끝 없는 자유를 강조한 것이 장자 자유관의 특징이었으며, 또한 그의 법률 허무주의를 보여주는 중요한 대목이었다.

《장자》의 자유관은 시공을 초월한 절대성으로 표현되기도 하다. 그가 묘사한 자유의 경지에는 시간의 흐름이 없는 "옛날도 없고 지금도 없으며 시작도 없고 끝도 없다"[68], 공간의 제한이 없는 "무한한 대도를 체험하면서 무아의 경지에서 노니는 것"[69]이다. 하지만 천지만물과 동체이고 절대적인 도와 하나로 되며 "천지는 나와 함께 생존하고, 만물은 나와 하나로 합쳐진다"면서,[70] 아울러 만물에 어울리면서 만물에 다치지 않는 능력이 있다고 했다. 즉 "불은 그들을 태우지 못하고 장마는 그들을 잠겨버리지 못하고, 심한 추위는 그들을 괴롭히지 못하고, 짐승들도 그들을 해롭게 하지 못한다"고 했다.[71] 이런 자유가 완전하게 마음속에 스며들어 그 어떤 현실 조건에도 의지하지 않으며, 자연 역시 당연히 세속의 예법제도에 구속되지 않는다고 했다.

《장자》는 정신적 자유를 충분하게 긍정하고 나서 그런 자유에 도달하는 경로와 방식

---

65) 《장자 · 소요유》
66) 《장자 · 응제왕》
67) 《장자 · 대종사》
68) 《장자 · 지북유》
69) 《장자 · 응제왕》
70) 《장자 · 제물논》
71) 《장자 · 추수》

을 제시했는데, 주로 3가지 방면이다. 첫째는 제물(齊物) 즉 자신을 자연에 융화시켜 도와 하나가 되고 사물에 동화되게 하는 것이다. 방법은 좌망(坐忘), 즉 앉아서 모든 것을 잊어버리고, 현실의 예법제도에 대해 회피하고 인정하지 않는 태도를 취하는 것이다. 둘째는 무위, 즉 명성을 추구하지 않고 이득을 바라지 않으며 법도나 상벌에 매이지 않고 예의와 법도에 의지하지 않는 것이다. 물질적인 이익, 정신적인 향수와 권력의 이해관계를 무시하는 태도였다. 셋째는 현실에 만족해야 하며 슬픔과 즐거움은 사람에 의해 좌지우지되지 않으니 외재적인 세계의 모든 것에 대해 참고 견디고 안주하고 되는대로 내버려두면서 무슨 일에든 마음을 어지럽히지 말아야 한다는 뜻이다. 종합적으로 모든 외재적인 의탁을 없애버리고 최종적인무아의 정신적인 경지에 이르러야 한다는 것이었다.

이로부터 볼 때《장자》는 명정론(命定論)을 기반으로 현대의 자유관과 완전히 다른 개인적이고 절대적이고 정신적인 자유를 제기했던 것이다.

종합적으로 보면 비록 도가는 일반적인 의미에서의 법률과 도덕의 역할을 부정했지만, 중국 고대 법률사상과 법률제도의 발전에 소극적인 영향을 일으켰다. 그러나 도가가 당시의 예, 법에 대해 폭로하고 비판한 것은 당시에는 적극적인 의미가 있었다. 그는 과도하게 인민을 착취하고 압박하는 것을 반대하고 청정 무위 등을 주장함으로써 전국 중 · 후기에 법가의 일부 관점과 합쳐져 황로학파를 형성하기도 했으며, 한나라 초기와 당나라 초기에 좋은 사회적 역할을 일으키기도 했다. 이밖에 양계초의 관점에 따르면, 한편으로 도가는 인류의 결점을 무정하게 한껏 폭로하여 사람들로 하여금 반성하면서 새로운 생명을 찾아보게 하여, 도가의 주장은 오랜 폐단을 답습해온 인류문명에 대해 몽둥이로 쳐서 잠에서 깜짝 놀라 깨어나게 하는 역할을 했다고 했으며, 다른 한편으로 도가는 비천한 물질문화를 버리고 고상한 정신문화를 추구케 하여 사람들에게 외적인 생활을 떠나 내적인 생활을 완성할 것을 가르쳤다. 도가는 생활을 그 어떤 목적 위한 수단으로 생각하지 말고, 생활이 바로 목표라고 강조하면서 모든 것을 다 "아무것도 하지 않는 것이 바로 하는 것이다"라는 생활태도를 가질 것을 건의했다.[72] 그의 이러한 주장은 지금도 배울 것이 많은 것이다.

---

72) 양계초의 《선진정치사상사》, 134~136쪽, 북경, 동방출판사, 1996. 李貴連 편집, 《중국법률사상사》, 100쪽, 북경대학출판사, 1999.

3. 유가

유가는 중국 고대의 법률제도와 법률사상에 가장 큰 영향을 준 학파이다. 선진(先秦) 유가는 춘추시기 공자가 창립한 학파이다. 전국시기의 주요 대표적 인물에는 맹자와 순자가 있다. 유(儒)라고 하면 서주시기에는 일정한 문화지식을 장악하고 주례를 알고 교육과 상례(相禮)에 종사하는 사람들을 가리켰다. 사료에는 공자가 일찍이 이 직업에 종사한 적이 있다고 기록되어 있다. 아울러 그는 문생을 모집하고 지식을 가르치면서 "유" 중의 걸출한 인물이 되었다. 때문에 그가 창립한 학파는 후세에 의해 유가라고 불렸다. 공자가 죽은 후 유가는 8파로 나뉘어졌다. "공자가 죽은 다음에 자장(子张), 자사(子思), 안씨(顔氏), 맹씨(孟氏), 칠조씨(漆雕氏), 중량씨(仲良氏), 손씨(孙氏), 악정씨(樂正氏) 등의 유자(儒者)가 있었다.[73] 비록 8별로 나뉘어졌지만 그중 맹씨 일파(즉 사맹학파)와 손씨 일파(손씨는 손경, 즉 손자를 가리킨다)만 후세에 전해졌다. 이 두 가지 파는 선진 유가 중 영향력이 비교적 컸던 파별이었다. 맹자와 손자는 공자 이후 선진유가를 계승한 두 명의 저명한 대표적 인물이다. 유가는 발전과정에서 두 가지 단계를 거쳤다. 즉 선진유가와 진한 이후 봉건 정통유가이다. 두 가지는 연계되면서도 구별된다.

간단하게 말하자면 유가 특히 후세에 성인으로 인정받은 공자와 그 다음 성인인 맹자는 당시의 사회 변혁을 크게 우려했으며, 새로 일어난 변법사조와 전국시기 법가가 제창한 법치에 부정적인 태도를 가졌다. 공자와 맹자가 법치를 부정한 것은 가혹한 정치를 반대하는 입장에서 출발한 것이었다. 그들은 엄격한 법률은 통치자의 불인(不仁)과 피통치자의 불의(不義)를 조성하게 된다고 여겼다. 때문에 유가는 전통에 대해 온화하게 개량해야 한다는 태도를 취했으며, 나라를 다스리는 방식에는 예치, 덕치, 인치가 법치보다 훨씬 낮다고 여겼다. 전국 말기에 생활한 순자는 유가학설의 일부 시대에 맞지 않는 사상을 버리고 법가의 법치사상을 유가의 사상 체계에 유입시켜 융례(隆禮), 중법(重罰)의 치국이론을 형성했다. 실제적으로 그는 유를 위주로 예와 법을 통일시킨 선행자였다.

1) 선진 유가의 대표적 인물

유가 학파의 창시자는 중국 역사에서 유명한 춘추말기의 사상가인 공자이다. 맹자와

---

73) 《한비자·현학》

순자는 공자 이후 전국시기 중후기 선진유가의 대표적 인물들이다. 선진유가의 이 세 대표적 인물은 생활한 시대가 각기 다르기 때문에, 그들의 사상과 주장에도 매우 큰 차이가 있고 각자 자기 특징을 가지고 있다.

공자는 춘추 말기 노예제가 와해되고 봉건제도가 점차 흥기하던 시대에 살았다. 당시는 예붕악괴(禮崩樂壞) 즉 노예사회의 예법이 파괴되고 있던 시기였으며 공자는 이런 국면을 매우 애석해 했다. 그는 한편으로 여전히 예치를 유지할 것을 주장했으며 보수적 사상을 많이 가지고 있었다. 다른 한편으로는 주례를 개혁하여 통치자와 백성 및 귀족 내부의 모순이 완화되기를 바랐으며, 이를 위해 많은 적극적인 의의를 가진 사장 주장을 제기했다.

맹자는 전국 중기에 살았으며 어느 정도 시대의 변화에 적응하면서 공자의 사상을 발전시켰다. 그는 체계적인 성선론(性善論, 인간의 본성은 착하다)과 민위귀(民爲貴, 백성은 귀하다)를 주장했으며, 완전한 인정(仁政) 학설을 내놓음으로써 유가의 도통 즉 공맹지도를 형성했다.

순자는 전국 말기에 살았는데, 당시는 신흥 봉건제도가 이미 거의 확립되고 통일적인 중앙집권제가 곧 형성될 때였으며, "제후들이 할거하여 군림하는 봉건국가"에서 점차 "전제주의 봉건국가"로 발전하기 직전이었다. 그는 시대의 요구에 부응해 유가학설에서 일부시기에 맞지 않는 내용을 버리고 제가의 알맹이를 비판적으로 받아들였다. 특히 법가의 법치사상을 유가사상 체계에 포함시켜 융례와 중법의 치국 이론을 형성케 했다.

2) 선진유가의 "나라는 예로 다스려야 한다(爲國以禮)"[74]는 예치사상

예치는 선진유가 법률사상의 주요한 내용의 하나이며, 그 근원은 서주의 전통적인 치국방식이다. 선진유가는 전통적인예치는 개혁을 거쳐 세상을 구하고 혼란을 막을 수 있다고 여겼다. 유가의 예치사상에는 예의 합리성을 확인하고 예제가 수호하는 도덕 윤리 규범이 법률보다 높다는 것을 확인하는 내용이 포함돼 있다.

(1) 예치의 합리성

서주의 예제가 수호한 것은 종법등급제였고, 유가는 인간에게 존비귀천이 존재하는 것은 당연한 일이라고 여겼다. 공자는 늘 군자, 소인으로 인간의 등급을 구분했다. 맹자

---

74) 《논어 · 선진》

의 "마음을 쓰는 자는 남을 다스리고, 힘을 쓰는 자는 남에게 다스림을 받는다"는 말은 지금에도 부녀자와 어린이들까지도 다 알고 있다. 그러나 인간의 등급은 도대체 어떻게 형성된 것일까? 이에 대해 유가는 상세하게 논술하지는 않았다. 유가에게 아마 이런 것은 문제가 아니었는지도 모른다. 존비귀천을 나타내는 예는 천지에서 생긴 것이고 인정에서 나온 것이기 때문이라고 여겼기 때문이다. 후세 사람들은 유가학설을 종합할 때 공자의 말을 빌어 예는 천지와 인정에서 나온 것이라고 그 속성을 밝혔다. 《예기·악기》에는 "예는 천지의 순서이다"라고 기록했고, 《예기·방기(坊記)》에서는 "예란 사람의 정으로 인하여 예절의 규정을 삼았다"고 했다. "천지인정에서 생긴 예를 더 이상 어찌 의심할 수가 있는가? 때문에 예를 위반하면 불멸의 진리(天經地義)"를 위반한 것이기 때문에 나라가 반드시 혼란스러워질 것이다. 공자는 "윗사람에게 예법이 없고 아랫사람에게 학문이 없으면 도적 같은 백성이 일어나서 나라가 망한다"[75]라고 했다. 통치자가 예에 따라 나라를 다스리지 않으면 백성들이 교화를 받지 못하게 되고 나라를 어지럽히는 불충한 무리들이 반드시 창궐하게 되며 국가는 멀지 않아 멸망될 것이라는 것이다.

이로부터 공자는 예를 사람들의 언행의 최고 준칙이라고 여겼음을 알 수 있다. 예에 어긋나는 행동, 예를 들면 대부(大夫)가 천자만이 향유할 수 있는 팔일(八佾)을 향수했거나, 천자만이 제사를 지낼 수 있는 태산에 제를 지냈다면 공자는 "이를 보고 그냥 참아 낸다면, 무엇인들 참지 못하리요!"[76]라고 엄하게 꾸짖었을 것이다. 공자는 공묘(孔廟)를 집에 모시는 것(대부가 제후의 종묘에 제를 지내는 것), 사사로이 팔일무를 구경하는 것 등이야말로 가장 큰 범죄라고 여겼다.

(2) 예와 법의 관계
(ㄱ) 예는 법의 영혼이다

유가는 전통적인 예치가 구현한 것은 충, 효, 절, 의라고 했다. 예제가 수호하고 있는 "군주는 군주다워야 하고 신하는 신하다워야 하며 아버지는 아버지다워야 하고 아들은 아들다워야 한다"는 것은 사람들의 언행과 사상의 최고 준칙이다. 예제는 마땅히 법률보다 높아야 한다. 예와 법의 관계에서 유가는 예를 법의 길잡이와 영혼이라고 주장했다. 법은 예치 정신과 일치할 때만이 가치가 있는 것이다. 예치와 어긋나는 법은 아무런

---

75) 《맹자·이루》
76) 《논어·팔일》

가치도 없을 뿐만 아니라 천하가 크게 혼란스러워지는 원인이다. 때문에 "예악이 흥성하지 못하면 형벌이 바르게 실행하지 못하고 형벌이 바르게 실행되지 못하면 백성들은 어찌할 바를 모르게 된다"[77]고 했다.

공자는 "아버지가 자식을 위해 숨기고 자식이 아버지를 위해 숨기면 정직함이 그 중에 있다"[78]고 했다. 그는 또 "한쪽 말만 듣고 송사를 판결할 수 있는 사람은 중유(子路)뿐이겠지?"[79]라고도 했다. 공자의 이 말은 법률과 정직함, 공정함에는 필연적인 연관성이 없으며, 법률을 수호하는 자가 꼭 정직한 것은 아니라는 뜻이다. 인지상정에 의해 일을 처리하기만 하면 정직하다고 말할 수 있으며 공정함은 인정에서 나타난다는 것이다. 이른바 인지상정은 예교가 제창한 "친한 사람을 친하게 여기고, 높은 사람을 존경하고, 어른을 어른으로 여기고, 남녀 간에 구별이 있다"[80]는 것이다. 공자는 자기 가족을 아끼는 것, 상급자를 존경하는 것, 연장자에게 공경하는 것, 남존여비는 자연이 인간에게 부여한 영원한 본성이며 인간은 살면서 자기가 처한 사회적 역할에 따라 적절하게 아버지로서, 자식으로서, 임금으로서, 신하로서, 연장자로서, 연하자로서, 남편으로서, 아내로서 책임과 정분을 다 해야 한다고 주장했다. 누군가 국법을 어긴 아버지나 가족을 고발한다면 이런 행동은 인정에 위반되는 것이므로 제창할 수 없다고 했다. 즉 "아버지가 자식을 위해 숨기고, 자식은 아버지를 위해 숨겨야만" 인정에 부합된다고 여겼던 것이다. 아버지가 법률을 위반했을 경우 자녀는 모든 것을 제치고 그것을 숨기는 것으로 효도해야 한다. 자녀가 죄를 범했을 때 부모로서 똑같이 숨기는 것으로써 자애로운 정을 다해야 한다는 것이다. 인정에 부합되는 것이 공자에게는 가장 큰 공정함이었다. 공자는 예치가 국법보다 중요하다고 확고하게 믿었기 때문에 법률의 결정을 무시할 수 있었다. 공자의 학생 공야자(公冶子)가 감옥에 갇혔지만 공자는 그에게 죄가 없다고 했다. 그는 "(공야자는) 감옥에 있지만 그의 죄가 아니다"라고 하면서 자기 딸을 공야자에게 시집보냈다. 공자는 법률 조례를 딱딱하게 지킨다면 관리들은 더 가혹해지고 백성들은 더 교활해지게 된다고 했다. 법률은 인정에 부합되어야 하며 관리들이 사건을 심사할 때 인정을 봐줘야만 민심이 순박해지고 공평한 것이라고 했다. 공자는 자로를 치하했는데, 이는 관리들에게 진지한 인정으로 백성들을 감화시키게 하여 백성들이 진심으

---

77) 《논어·자로》
78) 《논어·자로》
79) 《논어·안연》
80) 《예기·대전》

로 영원히 후회 없이 법률의 속박과 제재를 받으려고 하는 마음이 들게 해야 한다는 것이었다. 법률과 충돌될 때 정인군자는 정의를 위해 목숨을 바쳐야 하며 법률을 위반해도 된다는 것이었다.

맹자는 공자의 사상을 계승해 유가의 정법관(政法觀)을 더 투철하게 논증했다. 만장(万章)이라고 부르는 한 사람이 맹자에게 이렇게 질문했다. "순(舜)은 공공(共工)을 유주(幽州)에 귀양보내고, 환도(驩兜)를 숭산(崇山)으로 쫓아내고, 삼묘(三苗)를 삼위(三危)에서 죽이고 곤(鯀)을 우산(羽山)에서 처형했습니다. 이 네 사람을 처벌하자 천하가 기꺼이 복종했는데, 그것은 악한 사람을 징벌했기 때문입니다. 상(象)은 지극히 악하였는데도 유비(有庳)에 봉해 주었으니 유비 사람들은 무슨 죄가 있겠습니까? 어진 사람도 본래 그리 할 수 있습니까? 다른 사람의 경우 처벌하고 동생의 경우에는 이를 봉해주었으니 말입니다." 맹자는 이렇게 대답했다. "어진 사람은 동생을 대함에 있어 노여움을 감춰 두지 않고 오직 친근하게 여겨 사랑할 따름이다. 친근하게 여긴다면 그가 귀해지기를 바라게 되고, 사랑한다면 그가 부유해지기를 바라게 되는 법이다. 순이 상에게 유비를 봉해준 것은 그를 부유하고 귀하게 해준 것이다. 자기는 천자이면서 동생을 필부로 버려둔다면 어떻게 동생에게 친근하게 굴고 사랑하는 것이라고 할 수 있겠는가?"라고 답해주었다.[81]

맹자는 동생에 대한 형의 우애를 가장 큰 인정(仁政)이라고 여겼다. 순의 동생이 천하 사람들에게 "매우 악한 사람"으로 알려졌지만, 순은 공공, 환도, 삼묘, 곤 등을 처벌했던 것처럼, 자기 동생을 처벌하지 않았으며 여전히 형의 우애로 그에게 부귀를 누리게 했다. 행동이 바르지 못한 동생을 법에 따라 처벌하지 않았을 뿐만 아니라, 계속 아끼면서 봉지를 나누어주었다. 맹자는 이를 두고 순이 너그럽고 의리가 있다고 했다. 맹자는 자기 가족을 법에 따라 처벌하는 것을 도리에 어긋나는 것이라고 여겼다. 자기는 천자이지만 형제는 필부라면 이런 사람은 천하의 주인이 될 수 없다. 맹자는 법률뿐이 아니라 유가가 생명처럼 여기는 예라고 할지라도 인정과 충돌이 생긴다면 아무런 주저 없이 인정을 첫자리에 두었던 것이다. 누군가 맹자에게 "남녀 사이에 직접 물건을 주고받지 않는 것은 예입니까?" 하고 물었다. 맹자는 "예가 맞다"고 딱 잘라 대답했다. 그는 또 물었다. "형수가 물에 빠졌을 때 구해주면 이는 예에 어긋나는 것입니까?" 맹자는 "물에 빠진 형수를 구하시 않는 것은 늑대이다." "남녀 사이에 직접 물건을 주고받지 않는 것

81) 《맹자·만장》

은 예이고, 물에 빠진 형수를 구하는 것은 임기응변의 술책이다"라고 대답했다.[82]

(ㄴ) 융예(融禮)와 지법(至法)

융예, 지법은 순자의 주장으로 "유가를 기본으로 하고 각 가의 주장을 채용"한 순자의 사상체계의 특징을 보여준다. "융예"는 예치를 떠받든 것으로 유가사상을 계승하고 발양한 것이다. 그러나 순자의 예는 공자와 맹자의 예와 완전히 같지는 않았다. 중법(重法) 즉 법률의 작용을 중시한 것은 순자가 법가의 이론을 받아들인 것이고 현실사회의 수요를 기반으로 유가사상을 적당히 개량한 것이라고 할 수 있다.

전통적인 예제에는 두 가지 가장 중요한 특징 즉 종법제와 세습제가 있다. 이 제도에서 각급 귀족들은 경제, 정치, 법률적으로 세습할 수 있는 특권을 가지고 있다. 전국시기의 법가는 세습제와 분봉제를 수호하는 이런 예치를 반대하면서 "친한 사람과 소원한 사람을 가리지 않고, 귀한 사람과 천한 사람을 구분하지 않고, 한결같이 법에 따라 판단하여" 법치로 그것을 대체할 것을 요구했다. 순자는 시대의 요구에 부응해 유가의 예를 개조했다. 그는 전통적인 예제가 군주 직계 이외의 각급 귀족에 세경세록제(世卿世祿制)를 실시하던 것을 취소하고 원래의 종법 등급제도를 비세습적인 관료 등급제로 변화시켰다. 이렇게 하니 귀족 출신이 아닌 사람도 여러 가지 경로를 통해 귀족과 평등한 지위를 얻고 국정에 참가하고 벼슬을 할 권리를 가지게 됐다. 이밖에 순자는 각급 관리들을 국가에서 직접 임면하는 것으로 군주의 권리를 강화해야 한다고 주장했다. 그리하여 순자는 예전의 國(나라)과 家(집안)가 하나로 합쳐진 일원화의 예를 국과 가가 분리되는 2원화의 예로 전환시켰다. "가까운 사람만을 임용"하던 종법세습제 하의 낡은 예를 "현명하고 능력 있는 사람을 임용"하는 새로운 예로 바꾸었다. 순자는 "비록 왕공과 사대부의 자손이라 할지라도 예의의 인물에 속하지 못한다면 서민으로 돌아가야 하며, 비록 서민의 자식이라 할지라도 학문과 바른 행동을 쌓아서 예의의 인물에 속하게 된다면 경상과 사대부가 될 수 있다"[83]고 했으며, 그래서 "덕이 없으면 귀해질 수 없고 능력이 없으면 벼슬을 하지 못하고 공이 없으면 상을 받지 못하고 죄가 없으면 벌을 받지 않는다"[84]고 했으니, 이는 법가의 "모든 것은 법에 근거해 판정한다(一斷于法)"는 사상과 비

---

82)《맹자·이루》
83)《순자·왕제》
84)《순자·왕제》

숫했다. 순자의 예는 "친한 사람을 친하게 여기는 것"을 핵심으로 하는 예에서 "홀륭한 사람을 존경하는 것"을 핵심으로 하는 예로 변했던 것이다.

순자는 예의 작용에는 두 가지가 있다고 여겼다. 첫째는 양인지욕(養人之欲)이었다. 그는 다음가 같이 말했다. "사람은 욕망을 타고 난다. 욕망이 만족되지 못하면 그것을 추구하게 되고 추구함에 있어서 제한이 없으면 다툼이 일어나게 된다. 다툼이 있으면 혼란이 생기게 되고 혼란이 생기면 막다른 상황에 이르게 된다. 고대 성왕은 혼란을 싫어해 예의를 세우고 등급을 만들어 사람들에게 욕망을 절제하게 하고 그들의 요구를 만족시켜주었다. 그리하여 사람들의 욕망이 물건의 부족함 때문에 충족되지 못하는 것을 방지했고 또한 물건이 사람들의 욕망을 만족시키기 위해 소진되는 것을 방지했으며 물건과 욕망 두 가지가 서로 제약하면서 장기적으로 화해롭게 발전하도록 했는데 그것이 바로 예의 기원이다."[85]

이 뜻은 예의 작용은 사람들이 마땅히 얻어야 할 "바라는 물건"의 "양의 한도"를 제한하여 사람들이 적당히 절제를 하면서물건과욕망이 장기적으로 화해롭게 발전하도록 하는 것이다.

둘째, 등급과 귀천을 구분했다. 순자는 "이런 차별은 무엇인가? 귀한 것과 천한 것의 등급이 있고 어른과 아이의 등급이 있고 가난과 부유함, 비천함과 존귀함에도 그에 따른 규정이 있는 것이다"[86]라고 했다. "두 사람이 똑같이 귀하면 서로 섬기지 못하고, 두 사람이 똑같이 비천하여 서로 부리지 못하기" 때문에 반드시 등급과 귀천의 차별이 있어야 하며 "젊은 사람은 연장자를 섬기고 비천한 사람은 고귀한 사람을 섬기고 현명하지 못한 사람은 현명한 사람을 섬기는 것은 천하에 통하는 보편적인 원칙"[87]이라고 했다. 예가 이토록 중요하기 때문에 통치자들은 반드시 예치를 중시해야 한다고 해서 융예라고 했다.

그러나 순자는 예치가 매우 중요하긴 하지만 만능은 아니라고 주장했디. "디스리는 길은 예와 형벌이다."[88] 예와 법을 똑같이 중시해야만 나라를 다스릴 수 있다고 해서 "법은 통치의 첫 순서이다"[89]라는 명제를 제기했으며, 법을 국가를 다스리는 첫째 조건

---

85) 《순자 · 예론》
86) 《순자 · 예론》
87) 《순자 · 중니》
88) 《순자 · 성상》
89) 《순자 · 군도》

으로 삼았다. 그것이 바로 중법이다. 이런 관점에서 순자는 법가의 법치사상에 대해 무조건 반대한 것이 아니라 선택적으로 비판하고 흡수했다. 예를 들면 그는 성문법(成文法)을 만들어 발표하여 "나아가고 물러나는 것이 법칙이 있고", "죄와 재앙에 법이 있게"[90] 만들어 법을 국가를 통치하는 기준과 상벌의 표준으로 삼으려 했다. 그는 "상과 벌을 공정하고 엄격하게 한다." "공이 없으면 상을 주지 않고 죄가 없으면 벌하지 않는다"는 것을 주장했으며 공로와 상이 부합되지 않고, 처벌과 죄가 부합되지 않는 것을 반대했다. 그는 죄와 형이 어울릴 것을 주장하는 한편, "예의를 따르지 않는 악한 사람의 우두머리를 먼저 처형할 것"을 주장했다.

순자의 융례, 지법(至法)의 사상은 유가와 법가가 합류되는 선례를 열었다.

3) 선진유가의 "덕으로써 나라를 다스린다(爲政以德)"[91]는 덕치사상

"위정이덕"은 선진유가의 법률사상에서 핵심적인 내용으로 서주의 "덕을 밝히고 형벌을 삼가한다(明德愼罰)." 사상을 계승한 것으로는 "이형보덕(以刑輔德), 이덕거형(以德去刑), 휼형신살(恤刑愼殺)"을 주장했다. 덕치의 주요 내용은 통치자가 "힘으로 사람을 굴복(以力服人)"시키는 패도를 반대하고 통치자의 가렴주구와 혹독한 형벌, 엄격한 법률을 반대하고 교화시켜 도리로 설복시키는 통치법을 주장했다.

(ㄱ) 공자의 "수치를 알고 바른 길에 들어선다(有恥且格)"의 사상

공자는 단순하게 법률로 나라를 다스리고 형벌로 백성을 속박하면 절대로 나라를 잘 다스릴 수 없으며 오히려 민풍이 더러워지고 수치심을 잃어가게 된다고 여겼다. 공자는 이렇게 말했다. "제도와 형벌로 백성을 속박하게 되면 백성은 범죄를 피면할 수는 있으나 수치심을 잃게 되고 예와 도덕으로 백성을 감화시켜야만 백성들이 수치심을 가지게 되어 죄를 범하지 않는다. 나라를 다스리는 방법에 대해 공자는 덕과 예로 교화시키는 것을 정치와 형벌로 다스리는 것보다 우선시해야 한다고 잘라 말했다. 그것은 덕과 예가 백성들을 피동적으로 법을 지키던 데로부터 자각적으로 도의를 지키도록 변화시킬 수 있기 때문이다. 그렇게 하면 사회가 근본적으로 잘 관리될 수 있다는 것이었다.[92]

---

90) 《순자 · 성상》
91) 《순자 · 위정》
92) 《순자 · 위정》

유치차격(有恥且格)의 뜻은 범죄가 수치스럽다는 것을 알고 죄를 범하지 않는다는 뜻이다. 이것이 바로 공자가 실현하려는 이상인 "송사가 없다(無訟)"였다. 《논어·언연》에는 이렇게 쓰여 있다. 공자께서 말씀하시기를 "송사를 듣고 판단하는 일은 나도 남에게 뒤지지 않는다. 하지만 송사 같은 일은 애당초 벌어지지 않도록 해야 한다."

유치차격(有恥且格)에는 이런 몇 가지 의미가 포함되어 있다. 첫째, 서주의 "예는 서인에게 닿지 않는다(禮不下庶人)"는 전통을 타파하고 예와 덕으로 백성을 감화시킬 것을 주장했다. 둘째, 덕과 예를 정치와 형벌에 비겨볼 때 덕과 예가 주요한 통치 수단으로 되어야 한다. 셋째, 나라를 다스리는 최고의 이상은 무송이라고 했는데 이덕거형(以德去刑)의 뜻을 담고 있다.

그러나 공자의 무송과 "유치차격"이 형벌 또는 제도의 역할을 부정한 것은 아니며 일부 특수한 시기에 가혹한 조치를 취해 법으로 백성을 다스리는 것을 반대하지 않았던 것이다. 《좌전(左傳)》에는 이렇게 쓰여 있다. 정나라를 관리하던 자산(子産)이 죽은 후 통치자가 너그러운 정책을 펼치자 정나라에는 많은 도적이 생겨났다. 그리하여 정나라 통치자는 군사를 풀어 그들을 진압하고 "모조리 죽여버렸다." 공자는 이 소식을 듣고 나서 잔혹하다고 생각한 것이 아니라 오히려 "잘 했도다! 정사가 관대하니 백성들이 태만해지고, 태만해진 것은 엄격함으로 시정해야 한다. 엄격함에 백성들이 다치게 되고, 다치게 되면 관대함을 베풀어야 한다. 관대함으로 엄격함을 조절하고 엄격함으로 관대함을 조절하니 정사가 화해롭게 되었도다"[93]라고 말했다고 한다. 때문에 무송이라는 이상을 선양한 공자지만 그에게도 현실주의적인 면이 있었다는 것으로, 예는 법보다 높지만 법을 대체하지는 못한다는 것이었다. 이른바 "예악이 흥성하지 못하면 법률은 적절하게 적용되지 않는다. 중(中)은 경하지도 중하지도 않음을 의미한다." 이는 곧 예의 지도하에 법률을 정확하게 적용해야 한다는 것이었다.

(ㄴ) 맹자의 "덕으로 사람을 감복시켜야 한다(以德服人)"는 사상

맹자의 인정학설은 인성선의 관점에서 보나 중민(重民)의 관점에서 보나 법가의 학설에는 동의하지 않았음을 알 수 있다.

① "국민의 생업을 안정시켜(制民之産)" 범죄를 두절시킨다. 맹자는 인간의 본성은 착한 것이며, 범죄는 인간 고유의 본능이 아니라 환경의 영향을 받아 생긴 것이라고 여겼

---

93) 《좌전·소공이십년》

다. 맹자는 이렇게 비유했다. 물이 낮은 곳으로 흐르는 것은 물의 본성이며, 그것을 후려치면 물보라를 일으키면서 사람의 키를 넘는다. 물을 퍼 올려 거꾸로 흐르게 할 수는 있지만, 물보라가 일거나 거꾸로 흐르는 것은 물의 본성이 아니다. 사람도 마찬 가지이다. 착한 것은 인간의 본성이다. 그러나 환경이 사람을 "나쁜 일을 하게(爲不善)"[94]고도 할 수도 있다고 했다. 그런 환경이란 통치자가 실시한 정책 즉 통치자의 가렴주구이며 백성들이 생업을 가질 수 없게 하니 그것이 바로 백성이 죄를 범하게 되는 근원이라는 것이었다. 장자는 생계를 유지할 수 있는 산업이 없으면서도 죄를 범하지 않는다는 건 군자만이 할 수 있는 것으로 평범한 사람은 그렇게 하기 어렵다고 했다. 곧 "장기적으로 유지할 수 있는 산업이 없으면서 착한 마음을 계속 가진다는 것은 뜻이 있는 사람만이 할 수 있는 것이다. 백성들이라면 고정된 산업이 없게 된다면 오랫동안 변하지 않는 마음을 가지지 못한다. 오랫동안 변하지 않는 착한 마음이 없다면 속박에 불복하고 아무런 거리낌 없이 제멋대로 나쁜 짓을 할 것이다"라고 했던 것이다. [95]

실제적으로 범죄의 근원은 "고정된 생업이 없는 것(無形産)"에 있다는 맹자의 주장은 범죄의 책임을 통치자에게 따져 묻는 것이 된다. 때문에 범죄를 예방하려면 통치자 자신으로부터 시작해서 백성에 대한 착취를 줄이고 "국민의 생업을 안정시켜(制民之産)"[96] 범죄를 철저히 막아야 한다고 주장했다. 인민이 안정된 생활을 누리면서 즐겁게 일하게 하고 인민의 어려움을 헤아려주는 것이 바로 덕치의 표현이다. 《맹자·등문공》에는 "성인이 천하를 다스리게 되면 콩과 조를 물과 불처럼 넉넉하게 만든다"라는 말이 있다. 즉 성인은 천하를 다스림에 있어 생산을 중시하는 것이 가장 중요한 일이다. 그렇게 해야만 백성들이 굶주리지 않게 된다. 백성은 배불리 먹고 따뜻하게 입게 되면 "어찌 착해지지 않을 수 있겠는가?" 맹자는 혹독한 형벌과 엄한 법으로 백성을 다스리는 것은 백성을 해치는 행위라고 했다. "죄를 범하게 한 후에 형벌로 그들을 처벌한다면 그물을 쳐 백성들을 해치는 것이다"라고 했던 것이다[97]

② "덕으로써 사람을 감복시킨다(以德服人)"는 방식으로 통치해야 한다. 맹자는 공자의 "덕으로 정사를 돌보는 사상"을 계승했다. 맹자는 이렇게 말했다. "무력과 실력을 믿고 거짓 인의로 패권을 쥔 자는 반드시 강대한 국력을 기반으로 삼아야 한다. 그러나

---

94) 《맹자·고자》
95) 《맹자·양혜왕》
96) 《맹자·양혜왕》
97) 《맹자·양혜왕》

덕으로 인의를 널리 시행한 자는 강대한 국가의 기반이 없어도 천하를 귀순하게 할 수 있다. 예를 들면 상나라 탕은 70리의 봉지 밖에 없었고, 주 문왕은 백 리의 봉지 밖에 없었지만, 그들은 모두 천하를 얻었다."98) "힘으로 굴복시키는 것"과 "덕으로 복종시키는 것"의 구별은 여기서 그치지 않는다. 더욱 중요한 구별 점은 천하를 얻은 다음이다. 그리하여 "힘으로 사람을 정복하게 되면 천하가 혼란에 빠지는 것을 막을 수 없다. 그것은 사람들이 마음속으로 불복하기 때문이다. 어느 날 갑자기 누군가에게 충분한 힘이 생겼다면 똑같이 힘으로 싸우려 할 것이다. 반대로 덕으로 사람을 정복해야만 전쟁이 그칠 새 없는 재난을 없앨 수 있다. 그것은 사람들이 내심으로 기쁘게 탄복하기 때문이다. 마치 공자의 학생들이 공자에게 귀복하는 것과 마찬 가지이다."99) 맹자는 "인심을 얻어야만" 천하를 얻을 수 있고 덕치를 실시해야만 인심을 얻을 수 있다고 여겼다.

공자는 사람들이 내심 탄복할 수 있는 덕치에는 적어도 3개 방면의 내용이 포함된다고 여겼다. 첫째는 무고한 자를 함부로 죽이지 않는 것, 즉 "신벌(愼罰)"이다. 그것은 "한 죄 없는 생명을 죽인 것은 어질지 못한 것"100)이기 때문이라는 것이었다. 통치자가 무고한 자를 한 명이라도 죽이기만 한다면 어진 정치를 파괴하게 된다. 이로 비추어 보면 맹자는 전국시기에 실시한 연좌(連坐), 족주(族誅) 등 법률제도를 반대했고, 주 문왕 시기에 실시한 "죄는 본인에게만 해당되며 처자식에게 연루되지 않는다(罪人不孥)"는 《맹자·양혜왕》의 원칙을 찬양했다. 이른바 "죄인불노"는 죄가 일신에게만 그치고, 범죄자만 징벌할 뿐 다른 사람에게 연루되지 않음을 의미한다. 한 사람이라도 무고하게 죽이지 않기 위해 통치자는 형벌을 가할 때 반드시 옛 법을 본받아 신중을 기해야 된다. 맹자는 통치자는 사형을 판결할 때 반복적으로 심사숙고하면서 여러 방면의 의견을 수렴해야 한다고 주장했다. 즉 "임금을 보좌하는 신하들이 죽이는 것이 옳다 하여도 듣지 말고, 모든 대부들이 죽이는 것이 옳다 하여도 듣지 말고, 모든 백성들이 죽이는 것이 옳다고 한 때 그 행실을 살펴어 죽여야 하는지를 판단히어 죽인디"는 것이었다.101) 둘째는 법률의 창끝을 악한[不仁] 사람에게 돌렸는데, 즉 "악한 사람을 죽여야 한다"는 것이었다. 백성들에게 "너그러운 정책[寬政]" 즉 성형(省刑)을 실시해야 한다고 주장했다. 맹자는 이렇게 해야만 민심을 얻을 수 있다고 여겼다. 맹자는 "순은 공공을 유주에 유배 보

---

98) 《맹자·공손추》
99) 《맹자·공손추》
100) 《맹자·진심》
101) 《맹자·양혜왕》

내고, 환도를 숭산에 쫓아버리고, 삼묘를 삼위에서 죽이고 곤을 우산에서 죽였다. 네 악한 사람을 처형하니 천하가 감복한 것은 나쁜 사람을 죽였기 때문이다"라고 하면서,[102] 만장이 맹자에게 물은 이 말을 인용했다. 아래와 위의 문장을 보면 맹자는 이 말에 동의했거나 혹은 이 말은 만장이 맹자의 말을 인용한 것이 라는 이 말이 바로 "악한 사람을 죽인다[誅不仁]"는 사상에 기초한 것이다. 맹자는 인성선(人性善)을 주장했으며 통치자들이 인간의 본성에 따라 백성을 교화해야 한다고 주장했다.

교화의 내용은 주로 인륜(人倫)이었다. 그것은 인륜이 사람의 착한 성질을 발양하게 할 수 있기 때문이라는 것이었는데, 구체적으로 말하면 백성들에게 "부모와 자식 사이에는 친함이 있고, 임금과 신하 사이에는 의리가 있으며, 부부 사이에는 구별이 있고, 나이 든 사람과 어린 사람 사이에는 차례가 있고, 친구 사이에는 믿음이 있어야 한다"[103]는 것을 가르친 것이었다. 이렇게 "사람마다 부모를 부모로 대접하고 나이든 사람을 우대하면 천하는 평화로워진다"고 했다.[104] 인간의 본성은 착하다고 여겼기 때문에 맹자는 백성이 죄를 범한 책임은 통치자가 "가르치지 않은 것"에 있다고 여겼다. 맹자는 동시에 "먼저 가르치고 후에 처형할 것"을 주장했다. 즉 교화를 받아도 여전히 잘못을 고치지 않는 사람들에게 형벌을 가해야 한다는 것이었다.

(ㄷ) 교화를 실행할 것을 주장하고 "가르치지 않고 죽이는 것"은 반대했다

교화는 형벌과 비교되는 한 가지 통치 수단으로 통치자가 집정할 때 도덕을 내용으로 하면서 온화한 교육방식으로 사람들에게 잘못을 고치고 착한 길에 들어서도록 권고하는 것을 가리킨다. 교화와 형벌의 관계에 대해 유가는 마땅히 먼저 교화를 실행한 후에 형벌을 내려야 하며 교화가 주요한 것이고 형벌은 부차적인 것이라고 여겼다.

교화를 중시하는 것은 선진유가의 공통된 특징이었다. 그러나 교화에 관해 맹자와 순자의 이론적 기초는 오히려 첨예하게 대립되었다. 맹자는 인성선을 기반으로 교화는 인간의 본성을 유지하고 선양할 수 있게 하기 때문에 교화를 중시해야 한다고 주장했는데, 순자는 인성악을 기반으로 해서 교화는 인간의 본성을 덮어 감추고 개조할 수 있기 때문에 교화를 중시해야 한다고 했다. 양자의 주장은 이유는 다르지만 결과는 같은 것

---

102) 《맹자·만장》
103) 《맹자·등문공》
104) 《맹자·이루》

이었다.

(a) 공자와 맹자의 교화사상

공자는 인간의 본성은 거의 비슷하지만 이런 본성은 변할 수 있는 것이라고 여겼다. 후천적인 교화와 계발은 본성이 변하는 원인 즉 "타고난 본성은 서로 비슷하나 습관에는 서로 차이가 많다"[105]고 여겼다. 이로부터 공자는 범죄의 근원은 사회에 있고 습관은 사람들의 차이를 조성하는 원인이기 때문에, 범죄는 교화를 통해 예방할 수 있다고 주장했음을 알 수 있다. 공자는 교화가 형벌보다 훨씬 중요하다며 형벌은 범죄를 징벌할 수는 있지만 범죄를 예방할 수 없다고 했다. 교화의 내용은 주로 종법윤리도덕 즉 백성들이 부모에게 효도하고 형제간에 우애하라고 교육하는 것이었다. 공자는 부모에게 효도하고 형에게 공손한 사람은 죄를 범하지 않는다고 딱 잘라 말했다. "그 사람됨이 부모님께 효성스럽고, 형에게 공손하면서도 윗사람의 마음을 거스르기를 좋아하는 사람은 드물다. 윗사람의 마음을 거스르기를 좋아하지 않으면서 난동을 일으키기를 좋아하는 사람은 아직 없었다."[106] "타고난 본성은 서로 비슷하나 습관에는 서로 차이가 많다"는 이론에서 출발해 공자는 통치자들이 법률로 백성을 위협하기만 하는 것을 반대했다. 그는 "가르치지 않고 죽이는 것은 잔인한 것"[107]이라는 주장을 펼쳐 폭정을 비난했던 것이다.

맹자의 교화사상은 앞의 문장에서 이미 서술한 바처럼 맹자는 공자의 사상을 계승함과 아울러 공자보다 교화에 관한 논술을 더 완벽하게 했다. 그것은 다음과 같이 표현되었다. 공자의 "타고난 본성은 비슷하다(性相近)"를 "인간의 본성은 착하다(人性善)"로 확정하여 교화의 필요성과 실 행가능성을 더 한층 인정하면서 교화에 관환 내용을 전면적으로 논술했는데 "사람들에게 인륜을 가르쳐야 한다"고 주장했다. 그것인 "충(군신 간에 의리가 있어야 하고), 효(부자간에 친함이 있어야 하고), 절(부부 간에 구별이 있어야 하고), 의(연장자와 어린 사람 사이에 차례가 있고, 친구 간에 믿음이 있이야 한다)"가 있어야 한다는 것이었다. "가르치지 않고 죽이는 것"을 비평하고 "가르치기만 하고 징계하지 않는 것"도 부정했다.

---

105) 《논어 · 양화》
106) 《논어 · 학이》
107) 《논어 · 요왈》

(b) 순자의 교화사상

순자가 교화를 주장한 이유는 맹자와 전혀 반대였다. 그는 "인간의 타고난 본성은 악한 것이고, 착한 것은 인위적인 것이다"[108]라고 주장했다. 인간의 본성은 충, 효, 절, 의 등 이런 착한 본성을 갖추지 못했으며, 이른바 선은 선천적인 것이 아니라 인위적인 노력을 거쳐 도달한 것이라는 것, 선은 다만 사람들이 후천적으로 꾸며낸 것이라는 것이었다. 순자는 성왕 대우와 폭군 하걸의 본성은 별로 다르지 않다고 여겼다. 모든 사람은 다 "배고프면 먹고 싶고, 추우면 따뜻해지고 싶고, 일하고 나면 쉬고 싶고, 이익을 좋아하고 해로운 것을 싫어한다"고 하면서,[109] 만약 인간의 본성을 억제하지 않는다면 천하는 반드시 큰 혼란에 빠질 것이라고 했다. 즉 "인간의 본성을 그대로 내버려두고 인간의 정욕을 그대로 따르게 한다면 반드시 서로 쟁탈이 일어날 것이고, 등급과 명분을 위반하고 예의와 법도에 어긋나는 행위가 유행될 것이며 최종적으로 폭란에 빠져버릴 것이다"라고 했다.[110] 그렇기 때문에 도덕을 교화하고 법률적 수단으로 사람들이 악한 본성을 고치게 해야 한다는 것이었다. 이른바 "인간의 타고난 악한 본성을 선함으로 바꾸어 나가야 한다(化性起僞)"는 것이었다. 이렇게 하여 순자의 "성악론" 중 인간의 본성은 마땅히 개조되어야 하며 개조될 수 있다는 것과, 어떻게 개조해야 할지 등의 이론이 나오게 되었던 것이다. 그것은 바로 위(僞)에 관한 학설로 나타났다. 위라고 하는 것은 인위적인 것으로서 "마음이 생각하여 능히 움직이게 하는 것을 위라고 이른다. 생각이 쌓여서 능히 습관이 된 후에야 그것을 위라고 할 수 있다"[111]고 했다. 더한층 해석해 보면 "배워서 얻을 수 없고 노력해서 얻을 수 없으며 그것이 하늘에 있는 것을 본성이라고 한다. 배워서 할 수 있고, 노력해서 이룰 수 있는 것으로 그것이 사람에게 있는 것을 인위라고 한다. 이것이 본성과 작위의 차이인 것이다"[112]이로 볼 때 위(僞)는 인류가 생각을 거친 후 악한 본성을 개조하여 선한 쪽으로 변하기 위해 취한 자각적이고 능동적으로 취한 행위인 것이다. 이는 순자의 성악론에서 중요한 이론이며 순자의 성악론이 유가의 기본 속성을 가지고 있다는 것, 그것은 인간의 질곡, 인간에 대한 징벌이 아닌 인간성을 개조할 것에 초점을 맞추었다는 것을 보여준다. 종합적으로 이른바 "본

---

108) 《순자 · 성악》
109) 《순자 · 영욕》
110) 《순자 · 성악》
111) 《순자 · 정명》
112) 《순자 · 성악》

성을 개조해나간다(化性起僞)"는 것은 바로 배움과 교육을 통해 개조하고, 사람들의 악한 본성을 절제하고 인위적인 노력으로 사람들이 점차 착해지게 다듬어야 한다는 것이다. 이로 보아 순자는 교화의 작용을 긍정했다고 볼 수 있다. 만약 맹자의 "인성선"이 교화의 실행가능성을 중점적으로 설명했다면, 순자의 인성악은 교화를 반드시 실행해야 한다는 것을 강조한 것이라고 하겠다. 맹자의 교화는 사람들이 죄를 범하는 것을 예방하는데 역점을 두었으나 순자의 교화는 사람들의 범죄를 억제하는데 역점을 두었던 것이다.

순자의 교화사상은 "인성악"을 기반으로 했기 때문에, 교화의 작용에 대한 인식도 비교적 현실적이었다. 즉 교화는 만능이 아니라는 것이다. 통치자는 마땅히 교화와 법률 두 가지 방식으로 나라를 다스려야 한다는 것이었다. 이에 순자는 공자의 "가르치지 않고 죽이는 것은 잔인한 것이다"라는 주장에 찬성하여 가르치지 않고 죽이는 것을 반대하고 "가르친 후 (죄를 범하면) 죽이지 않는 것"도 반대했으며, 또한 "죽이기만 하고 상을 주지 않는 것"도 반대했다. 그는 "가르치지 않고 처벌하게 되면 형벌을 아무리 많이 사용한다 하더라도 여전히 사악한 것을 잠재울 수 없고, 교육만 하고 처벌을 하지 않는다면 사악한 사람들은 징계할 수 없을 것이며, 처벌만 하고 상을 내리지 않는다면 부지런한 사람들이 격려를 받지 못하게 될 것이다"[113]라고 했다. 순자는 교(教), 주(誅), 상(賞)을 병행할 것을 주장했다. "예의를 따르지 않는(不順禮義)" "간악한 사람들의 우두머리(奸人之雄)"에 대해서는 "즉시 죽여 버릴 것(現誅)"을 주장했다. 교화와 형벌 두 가지 수단에서 순자의 주도적 사상은 여전히 유가 쪽이었다. 때문에 그는 교화의 우월성을 크게 강조했고 백성들에게 예치를 가르치면 "백성들이 상을 내리지 않아도 근면해질 것이고, 형벌을 내리지 않아도 백성들이 스스로 복종할 것이다"[114]라고 주장했던 것이다.

선진유가의 사상은 서주 종법제 사회의 명덕신벌(明德愼罰)의 정치적 주장에서 비롯된 것이다. 한 무제 이후 이 사상은 또한 정통적인 법률사상의 핵심이 되었다. 어기에 이런 문제가 생긴다. 즉 종법제 하에서의 통치방식과 사상형태는 무엇 때문에 관료제 사회에서도 여전히 계속 사용되어 왔을까 하는 문제이다. 분석해보면 대체로 두 가지 원인이 있다. 첫째, 유가는 전통을 고수한 것이 아니라 전통적인 "명덕신벌" 또는 사상을 개조하고 갱신했다. 예를 들면, 교화 문제에서 유가는 서주의 "관아에서 배우는(學在

---

113) 《순자 · 부국》
114) 《순자 · 군도》

官府)" 제도를 타파하고, "누구에게나 차별 없이 교육시키는 것(有教無類)"115)을 제창했다. 이런 개조와 갱신은 전통적인 것이 사회의 발전에 적응할 수 있게 했다. 둘째, 사상에는 찌꺼기가 있지만 알맹이도 있었다. 이런 알맹이는 인류사회의 발전에서 보편적인 의의를 가지고 있으며 왕조의 교체와 역사의 변화 발전에 따라 소실되지 않았다.

여기서 학계에서 오해하고 있는 점을 시정하고자 한다. 많은 교과서에서는 유가의 교화사상이 서주의 절민유형(折民惟刑)의 전통을 변화시켰으며, 그것은 한 가지 "중대한 돌파"라고 했는데 사실은 그렇지 않은 것이다 절민유형(折民惟刑)의 출처는 《상서 · 여형》이다. 역대 통설에 따르면 折(절)의 뜻은 哲(철)로서 총명하다는 뜻이다. 惟(유)의 뜻은 止(지, 멈추다)이다. 따라서 절민유형의 뜻은 "백성들을 현명케 하여 죄를 범하지 않게 한다"는 뜻이다. 이 사상은 서주 사회의 문화적 배경과 통치자의 법률사상과 매우 일치하기 때문에 유가의 사상은 이 사상을 계승하고 발전시킨 것이라고 이해해야지, 돌파 또는 전변이라고 이해해서는 안 된다는 것이다. 돌파 또는 전변이라는 오해는 우리가 현대 언어로 간단하게 글자의 뜻에서 "절민유형"을 "백성들이 굴복시키는 것은 형벌뿐이다"고 해석한 것으로 매우 큰 잘못인 것이다.

4) 선진 유가의 인치사상

선진유가는, 국가의 안위는 통치자 특히 나라 임금의 도덕과 자질에 달렸다고 여겼다. 우리는 그것을 인치사상 또는 현인정치라고 말한다. 유가의 인치에는 두 가지 내용이 있는데, 하나는 군주 언행의 본보기 역할이 입법보다 더 중요하다는 것이고, 다른 하나는 나라를 다스림에 있어서 덕재를 겸비한 사람을 선발하는 것이 제도를 건설하는 것보다 더 중요하다는 것이다. 후세 사람들은 공자의 말을 비러 이렇게 종합했다. "문왕과 무왕 같은 사람이 존재하게 되면 인정이 실시되고 성왕이 사라진다면 인정은 따라서 사라지게 된다." 즉 "정치는 사람에게 달렸다"116)는 것이다. 유가의 인치사상이 법률 방면에 체현된 내용 중 핵심적인 것은 사람과 법의 관계를 논증한 것, 즉 국가를 통치하는 과정에 통치자의 도덕 품성이 더욱 중요한가, 아니면 법률이 더 중요한가 하는 것이다. 유가의 대답은 사람(주로 통치자를 가리킴)의 품성과 자율이 더 중요하다는 것이었다.

---

115) 《논어 · 위령공》
116) 《예기 · 중용》

(1) 공자의 위정재인(爲政在人)

공자는 국가를 다스림에 있어서 최고 통치자의 언행과 희로가 직접 국가의 안위, 사회 치란, 인민의 고락과 관계된다고 여겼다. 그것은 윗사람이 모범을 보이면 아랫사람이 본을 받는 것이 보편적인 규칙이기 때문이었다. 그는 "군자(일반적으로 통치자를 가리킴)의 품행을 바람에 비한다면, 소인(일반적으로 백성을 가리킴)의 품행은 풀과 같다"[117]고 했다. 즉 바람이 어느 쪽으로 불면 풀은 어느 쪽으로 눕는 것처럼 어떤 통치자가 있으면 어떤 백성이 있게 마련이다. 그렇기 때문에 법령을 집행하는 가장 좋은 방법은 통치자 특히 군주가 스스로 "몸가짐을 바르게" 하는 것이라고 했다. 공자는 통치자가 몸가짐을 바르게 하기만 하면 법령이 없다 해도 사람들은 통치자를 본받아 그리 할 것이며, 국가는 여전히 잘 돌아갈 것이라고 여겼다. 반대로 통치자 자신이 바르지 못하면 엄격한 법령이 있다 해도 백성들은 그것을 준수하지 않을 것이라고 했다. 그것이 바로 "위정자 자신이 올바르면 명령을 내리지 않아도 저절로 시행되고, 자신이 올바르지 않으면 명령을 내려도 시행되지 않는다"[118]는 것이다.

맹자는 공자의 "신정령행(身正令行)"의 사상을 계승해 "오로지 어진 사람이 마땅히 높은 지위에 있어야 한다"[119]고 했다. 군과 법의 관계에서 맹자는 군주는 중요하고 핵심이며 한 군주의 품덕이 일국의 풍기를 결정한다고 여겼다. 즉 "군주가 어질면 모든 사람이 어질지 않을 수 없고, 군주가 정의로우면 모든 사람이 정의롭지 않을 수가 없으니, 한번 군주의 마음을 바로잡으면 나라가 안정하게 될 것이다"[120]라는 것이었다.

공자와 맹자의 위정재인은 주로 통치자가 자율적으로 행할 것, 자신의 언행으로 백성의 본보기가 될 것을 요구한 것이었다.

(2) 순자의 "다스리는 사람은 있지만 다스리는 법은 없다(有治人, 無治法)[121]

순자는 사람이 법보다 중요하다는 주장을 공자나 맹자보다 더 완벽하게 논했다. 그의 기본 관점은 아래와 같았다.

첫째, 법은 사람이 제정한 것이다. 그래서 그는 " 다스리는 사람은 있지만 다스리는

---

117) 《논어 · 안연》
118) 《논어 · 자로》
119) 《맹자 · 이루》
120) 《맹자 · 이루》
121) 《순자 · 군도》

법은 없다"고 한 마디로 말했던 것이다. 뜻은 국가를 잘 다스리는 관건은 사람이지 법이 아니라는 것, 반드시 좋은 통치자가 있어야만 나라를 잘 다스릴 수 있다는 것이었다. 나라를 다스림에 있어서 법은 매우 중요하고 "통치의 시작"이라고 하지만, 법은 결국 통치자인 사람이 만들어낸 것이기 때문에 "군자는 법의 근원이다"[122]라고 했던 것이다. 법의 좋고 나쁨은 완전하게 통치자인 사람의 좋고 나쁨에 의해 결정된다는 뜻이었다.

둘째, 법은 사람이 집행하는 것이다. 좋은 법이 있다 하더라도 사람이 장악하고 관철해야지 그렇지 않으면 한 장의 백지장에 불과한 것으로 그 작용을 발휘하지 못하게 된다. 즉 "원래 법은 홀로 설 수 없고 사회는 스스로 행하여지는 법은 없다. 그 사람을 얻으면 계속 유지되지만, 그 사람을 잃으면 망하게 되는 것이다"라는 것이었다.[123]

셋째, 법은 복잡다단하여 국가대사, 사회생활을 남김없이 요약한 것이다. 그리고 법은 일정한 안정성이 있어 완전하게 임기응변을 할 수 없으며 법의 허점은 사람이 메워야 한다고 했다. 즉 "법률을 제정해놓고 신하들과 의논하지 않는다면 법률에 언급되지 않은 일은 방치된 채 처리할 수 없게 될 것이고, 각급 관리들의 직권 범위를 제정해놓고 서로 간에 소통하지 않는다면, 직권 범위가 닿지 못하는 곳에는 공백이 생기게 된다. 때문에 법률을 제정한 후 신하들과 논의하고, 각급 관리들의 직권 범위를 정해놓고, 또 서로 사이에 소통을 한다면 숨은 음모나 발견되지 못할 선행이 없을 것이요, 여러 가지 업무에도 실수가 없을 것이니 이런 것은 군자가 아니면 할 수 없는 것이다"라고 했다.[124] 군자가 있으면 법이 미치지 않는 곳이 있고 직책이 닿지 않는 곳이 있더라도 "예법이 있는 것은 법으로써 행하고, 예법이 없는 것은 비슷한 것을 인용한다." "법이 아무리 간단해도 모든 방면에 다 사용할 수 있다." 그러나 군자가 없으면 "법률이 아무리 완벽해도 실시하는 순서를 잃게 되어 여러 가지 변화에 대처할 수 없게 될 것이며, 혼란을 조성하게 될 것이다"고 했다. 이로부터 이런 결론을 얻어낼 수 있다. "좋은 법이 있어도 천하가 혼란스러운 경우는 있었지만, 덕재가 겸비한 군자가 있으면서 나라가 혼란스러워졌다는 것은 지금까지 들어본 적이 없다."[125] 순자가 인치를 중시한 것은 법률이 필요하지 않아서가 아니라, 법과 사람을 비교할 때, 사람을 더 중시했기 때문이었다.

유가 법률사상의 특징을 개괄해보면 예치를 수호하고 덕치를 제창하고 인치를 중시

---

122) 《순자 · 군도》
123) 《순자 · 군도》
124) 《순자 · 왕제》
125) 《순자 · 왕제》

했다는 것이다. 유가는 법률의 역할을 부정하지는 않았지만, 법률이 나라를 다스림에 있어서 주도적인 역할을 하지 않으며, 법률의 가치는 반드시 예치, 덕치, 인치 등을 통해 체현된다고 여겼다. 일부 학자는 이런 법률사상을 "윤리법 사상"이라고 종합한 후 이런 사상에는 세 가지 뜻이 담겨있다고 주장했다.

첫째, 유가 윤리법은 종법가족윤리를 근본적인 원칙과 법규로 하는 법률문화 체계를 이루었다. 둘째, 이 체계 속에서 종법가족윤리를 법의 근원, 법의 최고 가치로 여겼으며, 윤리가 법률을 압도하고, 윤리가치가 법률 가치를 대체하며, 윤리 평가가 법률 평가를 통솔했으며, 입법과 사법은 반드시 윤리를 중심으로 움직였고, 윤리가 그 취사선택을 결정한다. 셋째, 현실 사회생활과 정치생활에서 윤리로 법률을 대체했고, 윤리와 법률 간에 명확한 경계가 없다. 종법윤리도덕에는 직접 법의 성질이 부여돼 있고, 법의 효력을 가지고 있었다. 이로써 법률의 윤리화와 윤리의 법률화라는 두 가지 경향이 형성되었다.[126]

작자는 이어 윤리법에는 이중성이 있으며, 그것은 유가의 최고법과 이상법일 뿐만 아니라, 중국 역사에서 서방의 자연법, 신법과 같은 역할을 일으킨 바 있으며, 아울러 그것은 또한 실재법으로 인간에게 확실하고 의탁할 수 있는 준칙과 언행 규범이기도 하다고 했다. 때문에 그것은 순수한 사변성을 지닌 이상법은 아니었다. 이런 이중성을 가진 법은 스스로의 특징을 가지고 있었던 것이다.

그중 첫째가 세속성이다. 그것은 고대의 종법 혈연적인 가정과 자연경제, 가정농업을 기반으로 하는 농업사회의 깊은 토양 속에 뿌리박고 있다는 점이다. 그 윤리는 신비한 신앙이 아니라 확실하고 생동적인 세속 윤리이며, 의탁할 수 있는 준칙이고 생활의 실천 규범인 것이다. 둘째는 종법성이다. 유가의 윤리법은 혈연적인 정분을 심리적 기초로 하고, 종법과 인륜을 주요 내용으로 했다. 예의 본원이란 종법 윤리에 불과하며 이로써 혈연적인 존비, 정치적 지위, 신분의 귀천을 결정하고 재산과 권력의 분배를 결정한 것이다. 종법이 없다는 것은 예의가 없다는 것이었다. 셋째는 "법이 왕보다 우선"이라는 사유방식이었다. 유가는 "요임금과 순임금을 조종으로 잇고, 문왕과 무왕의 법도를 밝힌다"라는 것을 표방하면서, 요, 순, 문무, 주공은 윤리가치를 법률가치와 융합시키고 천도를 인정과 하나로 융합시킨 최고의 본보기이며, 완벽하게 도덕과 훌륭한 법률을 창조한 사람이고, 또한 이런 도덕의 화신과 이런 법률의 집행자이기도 하다고 주장했다. 바로

---

126) 俞荣根,《유가법사상론》134~136쪽, 계림, 광서인민출판사, 1992.

이런 사유방식이 이상법을 실재법으로 연결시켰다. 넷째는 광범위하고 강제적인 체제였다. 유가 논리법은 이상법과 실재법의 이중 기능을 가지고 있기 때문에, 그것이 사법절차에 들어가려면 반드시 보증시스템이 있어야 했다. 이런 보증시스템은 고대국가, 종법혈연 가정조직 및 그 문화심리 등이 공동으로 창조한 것이다. 그것은 우선 국가라는 시스템의 폭력을 주요 수단으로 하면서 직접적으로 실시하는 정치적인 강제이며, 이밖에 가정의 강제, 종족의 강제 등을 보조로 하면서 윤리법이 효과적으로 실시될 수 있게 보장 한 것이다.[127)]

3. 법가

법가는 춘추전국시기에 흥기한 학파의 하나로 역시 전국시기에 개혁을 가장 많이 하고 진취정신이 가장 많았던 학파였다. 법가는 제자들 가운데 법의 작용을 가장 중시했으며, 그 핵심적인 사상은 역사의 발전에 순응해 "법으로 나라를 다스려야 한다"는 것이었다. 춘추시기의 관중, 자산은 법가의 선구자라고 할 수 있다. 전국 초 · 중기의 이회(李悝), 상앙(商鞅), 신도(慎到), 신불해(申不害)는 전기의 법가로 불리 우며 당시 통치자들에게 중용되면서 각국에서 변법활동을 주재하고 새로운 법률을 널리 시행했다. 전기 법가의 특징은 법치의 실천에 관심을 두었고, 법치의 합리성을 논증하고 전통적인 예치를 부정하고 유가 학설을 비판한데 있었다. 이회는 각국의 변법 경험을 종합한 후《법경(法經)》을 제정했고, 상앙은 또《법경》을 기반으로 진나라에서 법치를 실행했으며,《진률》을 만들어냈다.《진률》은 진나라 이후 2000년 동안의 중국 고대 법률의 원조이다. 법률사상 입장에서 말하면 전국 후기 법가의 대표 인물은 한비이며, 후기 법가로 불렸다. 한비 사상의 특징은 법가 각 파를 집대성한 것이라 할 수 있다. 그는 비록 한때 유가의 제자로 있었지만 형명법술을 즐겼으며 "이법치국(법으로 나라를 다스릴 것)"을 주장하고 "법을 근본으로 할 것", "법, 세, 술이 결합"된 군주집권을 옹호하는 완정한 이론을 제시했다. 법가의 법치이론은 춘추전국의 사회변혁과 중국 고대 법률시스템의 형성과 발전에 적극적인 역할을 했다.

법가는 인간의 본성은 "이로운 것을 좋아하고 해로운 것을 싫어한다(好利惡害)"고 명

---

127) 俞荣根,《유가법사상론》, 위의 책.

확히 밝히면서 거리낌 없이 패도를 선양하고 중형으로 나라를 다스릴 것을 선양했기 때문에, 대다수 사람들에게 받아들여지지 못했다. 또한 사회모순을 완화시키는 데도 불리했기 때문에 진나라가 멸망한 후 한 학파로서 법가는 계승자가 없었고, 정통 사상가들의 비판을 받았다. 통치자는 인정을 표방하기 위해 법가의 주장을 우회적으로 채용하는 방법을 취했으며, 겉으로는 폄하하고 비난하는 것처럼 하면서 실제적으로는 채용했는데, 이것이 바로 이른바 "겉으로는 유가, 실제적으로는 법가의 주장을 채용했다(外儒內法)"는 말이 나오게 된 연유였다.

법가의 법률사상을 논술하기 전에 우리는 몇 가지 문제를 간단하게 설명할 필요가 있다. 첫째, 선진법가가 말한 법은 군주집권제를 수호하기 위한 법을 가리키기 때문에 법가가 제창한 법치는 지금의 법치와는 근본적인 구별이 있으며, 그것에는 민주의 정신이 구현되지 못했을 뿐만 아니라, 법률에게 최고의 권위가 있다는 것을 인정하지도 않았다. 반대로 법가의 법치가 필요로 한 것은 통치자에 대한 백성의 절대적인 순종이었다. 둘째, 법가가 말한 법에서 법률은 다만 그중의 중요한 내용일 뿐 전부의 내용은 아니었다는 점이다. 특히 후기 법가는 세(勢)와 술(術)을 더욱 중점적으로 논술했다. 법가의 학설에서 군주와 법의 관계란 군주가 법률 위에 군림하는 것이고, 법은 군주가 사용하는 도구였다. 물론 군주도 법의 제약을 받지 않는 것은 아니었지만, 이런 제약은 극히 제한적이고 무력한 것이었다. 셋째, 법가의 법과 군주전제가 밀접히 관련되어 있기 때문에, 고대사회에서 만약 법치를 과분하게 강조하면 폭정을 초래할 수가 있었다. 마치 《한서·예문제》에서 법가의 학설을 "냉정한 사람이 와서 실행하게 되면 교육을 하지 않고 인애를 포기하고 오로지 형법을 실행하는 것만으로 태평한 세상을 만들려고 하니, 육친에게 해가 되고 은혜를 원수로 갚게 된다"고 한 것과 같다. 넷째, 우리는 법가의 학설이 역사와 현실사회에서 소극적인 역할을 했다 하여 춘추전국시기 사회발전에 대한 법가의 공헌을 부정해서는 안 된다는 점이다. 또한 그것이 역사적으로 적극적인 역할을 한 적이 있다 하여 현실생활에 소극적인 역할을 한 것도 부정해도 안 된다. 다섯째, 현재 학계에서는 법가를 분류하는데 여러 가지 의견을 가지고 있다. 이론적으로는 법, 세, 술 세 가지 파로 나누고 지역적으로는 제법가와 진법가로 나누며, 시간적으로는 전기법가와 후기법가로 나눈다. 그러나 이 책에서는 법가의 일부 공통된 사상과 관점만을 다루고자한다. 그것은 바로 법가가 법치를 널리 시행하기 위해 만든 이론인 법치의 필연성, 법가의 법률관인 법치의 필요성, 법가가 법치를 널리 시행한 방법인 법치의 실행가능성을 논하고자 하기 때문이다.

1) 법가의 대표적 인물

(1) 이리(李悝)

이리는 이극(李克)이라도 부르며 위나라 사람이다. 생몰연대는 알 수 없으며 대략 위 문후 때의 사람인 것으로 알려졌다. 그는 위 문후의 스승으로 위나라에서 변법을 시행 하여 위나라를 부유하고 강성하게 만들었다. 이회의 변법은 옛 귀족의 경제적, 정치적 특권을 박탈하고 "일을 한 사람에게 밥을 주고 공이 있는 사람에게 녹봉을 주고 능력이 있는 사람을 등용해야 하며 상을 정하면 반드시 실행하고, 벌을 정했으면 반드시 적절 하게 실행해야 한다"[128]고 주장했다. 즉 공로에 따라 등급을 제정하고 상벌이 합당해야 한다는 것이었다. 이회의 변법에서 가장 주목되고 가장 효과가 있으며 후세에 가장 큰 영향을 준 성과는 춘추 이후 각국의 법률개혁에 관한 경험을 수집하고 정리해서 《법 경》을 편찬했다는 것이다.[129] 《법경》은 산실된 지 오래지만 《진서 · 형법지》에는 《법 경》의 편명이 보존되어 있다. 즉 〈도법(盜法)〉, 〈적법(賊法)〉, 〈수법(囚法)〉, 〈포법(捕 法)〉, 〈잡법(雜法)〉, 〈구법(具法)〉 등 여섯 편이다. 여기서 〈도법〉이란 경제적으로 공과 사의 재산을 침범한 것을 가리킨다. 〈적법〉이란 정치적인 범죄와 인신을 침범한 것을 가리키며 여기에는 살인과 상해가 포함된다. 〈수법〉은 안건을 심리, 판결하는데 관한 법률이다. 〈포법〉은 도주범을 추포하는 데 관한 법률이다. 〈잡법〉의 주요 내용은 등급 제도 및 통치 질서를 수호하는 것이다. 〈구법〉은 구체적인 상황에 따라 형벌을 늘리거 나 감소하는데 관한 규정이다. 《법경》은 여러 가지 법을 모은 책이며 형을 위주로 하는 법전이다. 《법경》은 내용과 형식에 모두 뚜렷한 특징이 있다. 그중 첫째는 "왕도의 정치 에서 도둑과 도적을 징벌하는 것을 중요시 할 것"을 지도사상으로 한 것이다. 처음의 《〈도〉》, 《〈적〉》 두 편에 《〈잡법〉》을 더하면 그것이 사유제, 등급제와 통치질서를 수호 하는 법전이었다는 것을 알게 된다. 둘째는, 여섯 편은 "모두가 죄명에 대한 제도"이며 예전의 이형통죄(以刑統罪)"라는 낡은 전통과 반대되게 이죄통죄(以罪統罪)로 변화됐 다. 이런 것들은 그 후의 법전 양식을 만들어주었다. 《진서 · 형법지》에서는 "상군은 그 것을 배워 진나라를 보필하는데 사용했다. 한나라는 진나라의 낡은 제도를 답습했는데, 소하는 율령을 만들어 참이연좌(參夷連坐)라는 죄명을 없애고, 부주견지(部主見知)의 조례를 증가하고, 사율인 《흥(興)》, 《구(厩)》, 《호(戶)》 3편을 합쳐 9편으로 만들었다"고

---

128) 《설원 · 정리》
129) 《위서 · 형벌지》, 《형서 · 형법지》, 《당률소의》

했다. 그 후의 《위율(魏律)》, 《진률(晋律)》도 《법경》에서 발전해온 것이다. 이로부터 《법경》이 후세에 매우 큰 영향을 주었음을 알 수 있다.

(2) 상앙

상앙(기원전 약 390~기원전 338)은 성이 공손이고 이름이 앙이며 위나라 귀족이기 때문에 공손앙 또는 위앙이라고도 불렀다. 그는 진나라에 공을 세워 상(지금의 섬서 상현 일대)을 분봉 받았기 때문에 역사적으로 상앙이라고 한다.

상앙은 전국시기의 유명한 정치가, 법학가이며 법가 이론의 주요 창시자의 한 명이다. 한비자는 상앙이 같은 시대의 신불해, 신도와 각각 하나의 파벌을 이루었다고 했다. 상앙은 법을 중히 여기고, 신불해는 술을 중히 여기고, 신도는 세를 중히 여겼다. 상앙은 "어릴 때부터 형명지학을 좋아했으며"[130] 위나라로 가서 위나라 재상 공손좌의 문객으로 있었다. 공손좌는 임종 전에 위혜왕에게 상앙을 추천한 적이 있지만 위혜왕은 그를 등용하지 않았다. 후에 상앙은 진 효공이 현인을 찾으라는 명을 내렸다는 말을 듣고 위나라를 떠나 진나라로 갔다. 상앙은 법치 주장을 진 효공에게 바쳐 진 효공의 신임을 크게 얻었다. 그리하여 법제를 개혁하여 진나라를 강성해지게 만들고자 했다. 상앙은 진나라에서 두 번의 변법을 시행하여 모두 성공했으며, 진나라도 이 때문에 부강해졌다. 기원전 338년 진 효공이 죽자 진나라의 구 귀족들은 모반죄로 상앙을 모함하여 거열(車裂)이라는 극형에 처했다. 그러나 상앙이 만든 법은 여전히 진나라에서 실행되었다. 《상군서》는 상앙 및 후학의 대표작이며 또한 상앙 일파의 법률사상을 연구하는 주요한 자료이다.

전국 후기에 상앙의 학설은 세상에 널리 알려졌다. 한비는 이렇게 말했다. "현재 온 나라 백성들이 다 어떻게 나라를 다스려야 할지 논의하고 있으며 집집마다 상앙과 관중의 법전을 소장하고 있다."[131] 상앙의 사상은 이미 보편적으로 받아들어졌다고 할 수 있었다. 한비는 군주의 치국의 방도를 논할 때 "예를 들면, 상앙은 집에 있을 때나 외출할 때나"[132]라고 하였는데, 한비가 상앙 학설의 영향을 매우 많이 받았음을 보여주고 있다.

---

130) 《사기 · 상군열전》
131) 《한비자 · 오두》
132) 《한비자 · 남면》. 내외, 《상군서》의 내편과 외편을 가리킴.

상앙이 진나라에서 실시한 첫 변법의 주요 내용은 다음과 같다.

(a) 연대로 고발하는 법을 실행했다. 즉 진나라 백성을 십(什), 오(伍)로 호적을 만들고 서로 감독하게 했다. 한 사람이 죄를 범하면 같은 십과 오의 사람들은 반드시 고발해야 하며 그렇지 않을 경우 함께 법률적 책임을 지게 된다. 그리고 고발한 자는 상을 받게 된다.

(b) 농사와 전쟁을 격려했다. 열심히 농사를 짓는 자에게는 부역을 경감해주고 전공이 있는 사람에게는 작위를 주었다. 반대로 빈둥거리며 농사에 게을리 하여 빈곤하게 된 자에게는 벌을 내려 노예로 만들었다. 종실이라도 군공이 없으면 귀족이 될 수 없었다.

(c) 법령을 내려 대가족을 작은 가정으로 나누어 국가의 세수를 증가시켰다.

상앙의 두 번째 변법의 내용은 다음과 같다.

(a) 현제를 실시했다. 현관은 중앙에서 직접 임명하고 파견하여 지방에 대한 중앙집권을 강화했다.

(b) 도량형을 통일했다.

(c) 경작지를 나누어 주고, 세금을 골고루 내게 했으며, 농민들이 토지를 개간하는 것을 격려했다.

상앙이 진나라에서 첫 번째 변법을 실시할 때 새 법을 따르지 않는 사람이 수없이 많아 변법이 큰 저애를 받았다. 그러나 새 법이 실행된 10년 후 "진나라 백성들은 매우 기뻐했으며 길거리에 재물이 떨어져도 주워가는 사람이 없어졌다. 산에는 도적이 없고 집집마다 넉넉하여 일손이 많아졌다. 사람들이 용감하게 전쟁에 참가하고 사사로운 투쟁을 두려워하니 마을마다 태평해졌다."[133] 상앙의 정치적 업적은 그의 법치 이론을 위해 좋은 해석을 해주었다. 진나라의 강성은 법가가 법치 이론을 널리 시행하는데 길을 닦아주었다.

상앙의 법치 이론을 체계적으로 파악하기 위해 그의 법률사상 체계에 대해 정리하면 다음과 같다.

(a) 변법 이론 : 상앙은 법치를 실행하는 것은 시대의 요구라고 했다. 그것은 사회는 발전하는 것이고, 치국의 방도 역시 역사의 발전에 따라 끊임없이 변해야지 고정불변해서는 안 되기 때문이라고 했다.[134] 하, 상, 주 3대의 예가 서로 다르지만 모두 천하를

---

133) 《사기 · 상군열전》
134) 《상군서 · 갱법》

통일했다. 춘추시기 제(齊), 진(晋), 진(秦), 초(楚), 송(宋)(혹은 제, 진, 진, 오, 월)은 비록 서로 제도가 달랐지만 모두가 제후로 패권을 쥘 수 있었다. 상앙은 더 나아가 변법은 나라를 흥성하게 하는 길이며 옛 법에만 얽매이고 변통을 할 줄 모르는 것은 나라를 망치는 길이라고 했다. "탕과 무는 왕으로 있을 때 옛 법을 따르지 않았지만 흥성해졌고, 은나라와 하나라는 예법을 변화시키지 않았지만 멸망했다."[135]

(b) 법치의 토대 : 상앙은 법치를 실행하는 것은 역사의 발전과 인간의 "호리오해(好利惡害)"의 본질에 의해 결정된 것이라고 여겼다. 《상군서 · 개색(商君書 · 开塞)》에는 "상고시대에는 가족을 아끼고 사적인 이익을 추구하였고, 중세시대엔 현인을 숭상하고 어진 행동을 즐겼으며, 근세에는 신분을 소중히 여기고 관리를 존중하게 되었다"라고 쓰여 있다. 하세라고 하는 것은 전국시기를 가리키며, 입금(立禁, 금지사항을 내온 것), 입관(立官, 관직을 설치한 것), 입군(立君, 임금의 자리를 만든 것)을 특징으로 하며, 이것 또한 상앙이 강조한 법치의 특징이었다. 대견한 것은 상앙이 역사의 발전을 서술할 때 옛 것을 중시하고 현재를 경시하여 상세, 중세의 친친, 상현이 하세의 입금, 입관, 입군보다 낫다고 여긴 것이 아니라, 하세의 정치가 중세의 폐단을 개혁했고, 중세의 정치가 상세의 난을 돌려세웠다고 여긴 것이다. 그것은 바로 "상현의 원칙은 현명한 사람을 추천하는 것이다. 그러나 군주의 자리를 설치하니 현명한 사람을 추천하던 원칙이 쓸모없게 되었다. 친한 사람을 가까이 하는 것은 이기적인 원칙이고 어느 한쪽도 치우치지 않는 것은 공정한 것으로 이기적인 행동이 통하지 못하게 한다. 이 세 가지 다른 시대에 한 일들은 서로 위배되는 것이 아니라 사람들이 원래 따르던 규칙에 문제가 있었던 것이다. 때문에 사람들은 원래 중시하던 것들을 변화시켰는데 이는 사회형세가 변했기 때문이고, 사람들이 실행하고자 하는 표준도 달라졌기 때문이다"[136]라는 것이었다. 법치의 실행은 상현의 도를 시정하기 위한 필연적인 산물이었다. 이밖에 상앙은 법치를 실행하는 것은 인류의 "호리오해"이 본성에 부합된다고 주장했다. 이른바 "호리오해"란 바로 인간의 본성이며 성인이든 평민 백성이든 예외가 아니라는 것이었다. 그것은 바로 사람의 본성이기 때문이라고 했다. 때문에 형벌과 상은 인간의 언행을 통일시키는 역할을 하게 된다고 했다. 《상군서 · 착법(商君書 · 錯法)》에는 이렇게 쓰여 있다. "백성의 좋아함과 싫어함은 포상과 형벌을 사용하는 근본적인 원인이다. 작위와 녹봉을 좋아하고

---

135) 《상군서 · 갱법》
136) 《상군서 · 개색》

형벌을 싫어하는 것은 인지상정이다. 때문에 군주는 이 두 가지로 백성의 지향에 맞춰 가면서 그들이 좋아하는 작위와 녹봉을 설치한 것이다." 군주에게 실행하고 싶은 것이 있으면 작위와 녹봉을 설립하면 된다. 사람들은 작위와 녹봉의 이득을 좋아하니 자연스레 다투어 모여들 것이다. 군주에게 금지하고 싶은 것이 있으면 형벌을 정하라. 사람들은 형벌의 피해를 싫어하기 때문에 피하는데 급급할 것이다. 때문에 군주의 좋아함과 싫어함, 국가의 좋아함과 싫어함이 바로 평민백성의 좋아함과 싫어함이 될 것이다. 따라서 상벌은 법치의 주요 내용이다. 때문에 법치는 예치, 덕치, 인치에 비해 인성에 더 잘 부합되는 것이라고 했던 것이다.

(c) 법치를 추진하는 방법에는 이런 것이 있었다. 우선 법, 신, 권 3자가 유기적으로 결합되어야 한다. 법은 국가가 반포한 법령을 가리킨다. 상앙은 법은 "나라의 권형(國之權衡)"[137)이라고 했다. 때문에 법을 반포할 때 반드시 완벽하고 정확하고 실행가능토록 해야 한다. 신은 신용을 지키는 것을 말한다. 법은 일단 발표되면 따라야 하고 바뀌지 말아야 하며, 여론, 혈육 간의 정 등 기타 요소의 간섭을 받아서는 안 된다. 신은 법의 권위성을 강조한 것이다. 권은 군주만 가지고 있는 모든 권력을 한몸에 지닌 지고무상의 지위를 가리킨다. 상앙은 이런 지고무상의 권력이야말로 법치를 추진하는 뒷심이라고 여겼다. 그리하여 법, 신, 권은 법치를 추진하는데 반드시 필요한 방법과 조건이 되었던 것이다.

다음으로 "일교, 일형, 일상"을 실현해야 한다고 했다. 일은 통일시킴을 이르는 말이다. 일교는 법으로 사람들의 선악 관념을 통일시키고 여론을 통일시키고 풍속을 통일시켜야 하며, 법을 어긴 언행은 그 어떤 이유든 막론하고 반드시 금지되어야 한다는 뜻이다. 일형에는 두 가지 뜻이 있다. 하나는 법률은 통일되고 권위가 있어야 한다는 것이고, 다른 하나는 법령 앞에서 군주를 제외하고 사람마다 평등해야 한다는 것, 즉 "형벌 앞에는 등급이 없다"[138)는 것이다. 일상이란 국가는 농사와 전쟁에 공이 있고 법률을 준수하는 사람에게만 상을 내린다는 것이다. "일교, 일형, 일상"의 중심사상은 법률로 사람들의 언행을 통일시키고 사람들의 행위 및 사상을 모두 국가의 법치 궤도에 넣는다는 것이었다.

그 다음 형법의 위협 작용을 충분히 발휘하여 법을 위반한 자에게 중형을 가해야 한

---

137) 《상군서 · 수권》
138) 《상군서 · 상현》

다는 것이었다. 상앙은 형벌을 실시하게 되면 사회적으로 두 가지 서로 다른 효과를 가져 오게 된다고 했다. 한 가지는 형벌을 사용한 후 하나를 죽여 백 명을 경계하는 것이 되어 사람들이 형벌이 무서운 줄 알게 되어 감히 쉽게 죄를 범하지 못하거나 죄를 범하지 못하게 된다는 것이다. 형벌은 범죄자를 엄하게 징벌하고 범죄를 예방하는 두 가지 기능이 있으며 국가는 이로써 태평해질 것이다. 다른 한 가지는 형벌을 사용한 후 사람들은 오히려 법률을 경멸하는 마음이 생겨나면서 '형벌이란 이런 것에 불과하구나'라고 생각하게 된다는 것이다. 이런 형벌의 사용법은 죄를 범한 자를 징벌할 수도 없고, 또 다른 사람을 경계할 수도 없으며, 국가는 이로써 크게 혼란스러워질 것이라고 했다. 상앙은 "형벌로 형벌을 예방하면 나라가 태평스러워지고 형벌로 형벌이 생기게 하면 나라가 혼란스러워진다"[139]고 날카롭게 지적했다. 이형거형(以刑去刑)의 가장 좋은 방법은 중형을 내리거나 심지어 "경한 죄에도 중한 벌을 내리는 것"으로, 만약 아주 가벼운 죄를 범했는데도 중형에 처해진다면 감히 중죄를 범할 사람이 없을 것이라고 했던 것이다. 이형거형의 목적은 중형에 의해야만 완성된다는 것이었다.

상앙의 법률사상은 기본상 한비에 의해 계승됐다. 상앙의 법률사상의 체계에서 상앙이 주장한 법치는 군주전제와 서로 상부상조하는 것임을 알 수 있다. 만약 현재 우리의 안목으로 평가한다면, 상앙의 법률사상 가운데 진화된 역사관, 법은 국가를 위해 봉사해야 한다는 것, 형벌에는 등급이 없다는 것 등의 사상은 아직도 참고할 만한 점이 있다. 그러나 그는 군주독재 전제제도를 강조하여 법률이 임금의 도구로 사용되게 했고, 또 법은 도덕을 고려하지 않아도 된다고 강조했으며, 법을 언행과 여론, 선악 등 모든 사물을 판단하는 유일한 표준이라고 여겼다. 그리하여 법률이 강권의 도구로 전락되도록 했다. 중형사상은 법률의 위협작용을 극치로 발휘했지만, 그것이 현실 속에 일으키게 되는 부정적인 역할을 경시했다. 중형은 위협작용을 발휘하는 동시에 사회의 각종 모순을 더 크게 격화시켰다. 노자는 이렇게 지적했다. "백성들이 죽음을 두려워하지 않는데 이찌 죽음으로 위협한단 말인가?"[140] 상앙의 법치의 취지는 권력이지 권리가 아니었다. 이는 우리가 법가사상을 참고로 할 때 가장 경계해야 할 점이다.

---

139) 《상군서 · 거강》
140) 《노자》 제74장.

(3) 신불해

신불해(기원전 약 385~기원전 337)는 정나라 사람이며 한 조후 때 재상을 지낸 적이 있다. 신불해는 도가와 법가의 학설을 융합시켰다. 《사기》는 그의 주장을 "황로의 학에서 근원했다고 하면서 형명지학을 주로 사용했다"[141]고 했다. 선진 법가들 가운데 신불해는 술을 중시한 것으로 알려졌다. 신불해의 저술은 산실된 지 오래며 《군서치요(群書治要)》에 그의 산실된 작품들이 보존되어 있다. 후세 사람들은 그것을 편찬하여 《신자(申子)》라고 했다.

술은 오늘날의 방법 혹은 수단으로 풀이할 수 있다. 그러나 신불해가 말한 술은 주로 군주가 나라를 다스리는 방도를 말했다. 우선 신불해는 군주는 일련의 공개된, 실행가능하고 효과적인 상벌제도를 가지고 나라를 다스려야 하며, 특히 관리를 다스려야 한다고 여겼다. 이런 공개지술은 사실 군주의 "법률에 따른 통치(緣法而治)"를 주장한 것이다. 이 또한 학계에서 신불해를 법가로 분류한 원인이기도 하다. 《한비자 · 정법》은 신불해의 이 사상을 정리하여 이렇게 요약했다. "이른바 술(術)이라고 하는 것은 군주가 대신들의 재능에 따라 관직을 주고, 또한 관직의 직능에 따라 대신이 적임할 수 있는지를 고찰하는 것이다. 아울러 신불해는 관리는 각자 자기가 맡은 직무에 충실해야 하며 월권을 하여 다른 관리의 직책을 간섭해서는 안 되며 월권자에게는 중형을 내려야 한다고 주장했다. 즉 실직해서도 안 되고 월권해서도 안 된다는 것이다. 《한비자 · 이병(二柄)》에는 이런 이야기가 수록되어 있는데 여기에는 신불해의 그런 사상을 반영하고 있다. 한 조후가 술에 취해 눕자 한 조후의 왕관을 보관하는 책임을 맡은 전관이라는 관리가 한 조후가 바람이라도 맞을까봐 옷을 덮어주었다. 한 조후는 깨어난 후 매우 기뻐하면서 좌우 시종들에게 "누가 나에게 옷을 덮어주었는가?" 하고 물었다. 시종은 전관이 덮은 것이라고 대답했다. 한 조후는 전관과 전의 두 사람을 다 책벌했다. 전의가 벌을 받은 것은 실직했기 때문이고, 전관이 벌을 받은 것은 월권을 했기 때문이었다. 이러한 술은 군주가 신하들에게 좋아하는 것과 싫어하는 것, 기뻐하는 것과 슬퍼하는 것을 알리지 말 것을 요구한 것이었다. 그래야만 신하들이 군주의 의도를 추측하고 비위를 맞추는 것으로 어부지리를 꾀하는 것을 막을 수 있다고 했다. 신불해는 군주와 신하의 관계를 이렇게 분류했다. "임금은 큰 것을 처리하고 신하는 세부적인 것을 처리한다", "임금은 방도를 알아야 하고 신하는 처리할 줄 알아야 한다.", "임금은 근본적인 것을 설치

---

141) 《사기 · 노자한비열전》

하고 신하는 자질구레한 것을 처리한다.", "군주는 권력을 휘두르고 신하는 그가 만든 법을 따른다."[142]

신불해의 술은 법치의 실행에 길을 열어주었으며, 법가의 법치 이론이 실제와 더욱 가까워지게 했다. 그러나 술의 역할을 너무 강조했기 때문에 군주의 법률 관념을 약화시키기 쉬웠다. 그리하여 한나라의 변법을 보면 신불해도 "그 법을 제대로 사용할 줄 몰랐다(不擅其法)"고 했다. 그리하여 한나라는 "옛 법이 사라지기 전에 새로운 법이 또 생겨났으며", 법령이 일치하지 않아 패업을 이룩할 수 없었다고 했다.[143]

(4) 신도

신도(기원전 약 395~기원전 315)는 조나라 사람이다. 일찍이 "황로 도덕의 술을 배웠다"고 했으며,[144] 그의 사상체계는 상법과 중세였다. 《한서 · 예문지》에는 그의 저작을 법가로 분류했다. 《한서 · 예문지》에 따르면 신도의 저작 《신자》에는 42편이 수록되어 있다. 우리가 지금 볼 수 있는 《신자》에는 7편밖에 없으며 후세 사람들이 편집한 것이다. 신도는 오랫동안 제나라 직하학궁(稷下學宮)에서 강의하면서 법가사상이 제나라에 전파되는데 중요한 역할을 했다. 그의 중세사상은 법가 이론에도 중대한 보충이 되었다.

이른바 세라고 하는 것은 지위, 위치를 가리킨다. 신도가 주장하는 세는 군주가 가지고 있는 지고무상의 권세를 가리켰다.

신도가 상법과 중세사상을 가지게 된 것은 유가의 인치사상을 비판하던 것에서부터 시작됐다. 신도는 법치가 인치보다 우위라는 주장을 명확히 제시했다. "군주로서 법제를 포기하고 자기 마음대로 나라를 다스린다면 주살과 포상은 모두 군주의 마음에서 출발하게 된다. 이렇게 되면 상을 받은 사람은 적당하기는 하나 만족을 모를 것이요, 처벌을 받은 사람은 마땅하기는 하나 더 경하게 처벌받기를 바랄 것이다. 군주가 법제를 포기하고 자기 내심에서 출발해 경중을 정한다면 똑같은 공로가 똑같은 상을 받지 못하게 되고, 똑같은 죄행이 똑같은 처벌을 받지 못하게 되니 이로써 원한이 생기게 될 것이다."[145] 반대로 군주가 "법에 따라 일을 처리(事斷與法)"하고 법에 따라 사람들에게 마땅한 상벌을 내리고, "법을 실행하여 각자의 상황에 맞춰 적절하게 처리할 수 있다면,

---

142) 《신자 · 대체》
143) 《한비자 · 정법》
144) 《사기 · 맹자순경열전》
145) 《신자 · 군인》

원망이 생기지 않고 상하가 화목해질 것"이라고 했다.

그 뜻은 즉 군주가 법치를 하지 않고 개인의 좋아함과 싫어함에 따라 국가를 다스린
다면, 상벌의 기준이 군주의 마음에서 생겨나게 되니 사실은 심치(心治)가 된다는 것이
다. 이런 상벌은 공정하게 실시될 수 없으며 불공정하게 되면 사람들의 원망을 피하지
못하게 된다. 반대로 법을 기준으로 하는 상벌에는 통일적인 객관적 표준이 있기 때문
에 사람들은 불만이 없을 것이다. 신도는 법률에 완벽하지 못한 점이 있고 부작용이 있
더라도 법이 있는 것은 없는 것보다는 낫다며 법이 인심을 통일시키기 때문이라고 했
다. "법에는 완벽하지 못한 곳이 있지만 없는 것보다는 낫다. 그것은 법이 인심을 통일
시킬 수 있기 때문이다"라고 한 것이 그것이었다.146) 유가의 인치에 대한 비판에서 신도
의 비판이 가장 설복력이 있었다. 신도는 유가와 묵가가 제창한상현은 혼란을 조성하는
방법이라고 여겼다. 그것은 상현은 군주의 권세를 강화하는데 불리할 뿐만 아니라 오히
려 군주의 지위를 약화시키기 때문이라고 보았다. 즉"군주가 상현하면 현인이 백성들
속에서 명망을 얻게 되고, 백성들이 임금보다 현인을 더 존경하게 될 것이며,임금이 없
을 때보다 더 혼란스러워질 것이다"고 했다.147)

신도의 인치에 대한 비판이 상법사상을 확립했고, 상현에 대한 비판이 중세사상을 만
들었다. 그리고 신도는 또 법과 세의 관계를 논증했다. 그는 군주가 법치를 실행하려면
반드시 법령이 관철 집행되게 할 수 있도록 권세를 장악해야 한다고 여겼다. 군주는 권
세를 가지게 되면 걸(桀)과 주(紂)라 하더라도 "명을 내리는 즉시 실행하거나 제지시킬
수 있다"148)는 것이었다. 만약 권세가 없다면 요와 순이라도 아무런 소용이 없다는 것이
었다. 때문에"요가 만약 필부였다면 세 사람도 다스리지 못했을 것이요, 걸은 임금이
되니 천하를 혼란스럽게 만들었다. 그리하여 나는 세력과 지위는 의지할 바가 못 되지
만 현명한 것은 부러워할 필요가 없다는 것을 알았다"149)고 했다. 이것을 기반으로 신도
는 "현명한 자는 대중을 굴복시킬 수 없지만 세력 있고 지위가 높은 자는 현명한 자를
굴복시킬 수 있기 때문"이라고 했다. 즉 법률과 국가 정권의 관계에서 신도는 법률의
실행은 반드시 국가의 정권을 뒷심으로 해야 한다는 것을 인식한 것이다. 신도는 세를
중시했지만 군권지상주의자는 아니었다. 그는 천자, 국군 및 각 급 관료들은 반드시 "법

---

146) 《신자 · 위덕》
147) 《예문유취》 권54.
148) 《한비자 · 난세》
149) 《한비자 · 난세》

에 의지하고(任法)", "법을 지켜야 하며(守法)", "오로지 법만이 존재한다"고 했고, 또한 군주와 관료는 모두 천하를 위해 봉사하라고 나라가 설치해준 것이라고 했다. 즉 "옛사람들이 천자를 세워 그를 존귀하게 만든 것은 그 한 사람을 귀하게 하고자 함이 아니다.", "때문에 천자를 세워 천하를 다스리게 하려는 것이지 천하를 세워 천자의 것으로 만들자 함이 아니다. 나라 임금을 세워 나라를 다스리게 하려는 것이지 나라를 세워 임금을 위하게 하고자 함은 아니다. 관직을 세운 것은 직무를 더 잘 수행하게 하기 위함이지 관직이 관리의 향락을 만족시키게 하기 위함이 아니다"라고 했다.[150] 나라 임금이 사사로이 행동하는 것을 방지하기 위해 "군주는 나라를 다스림에 있어 법제에 의해야지 개인의 주관적인 생각으로 하면 안 된다."[151] 더 구체적인 방법은 "군자의 도리는 무위이고 신하의 도리는 유위"라고 했다. 나라의 군주는 무슨 일이나 몸소 할 필요 없이 포법(抱法), 처세(處勢)하기만 하면 "무위이치"의 경계에 도달할 수 있다는 신도의 이런 법과세가 결합된 사상은 법가가 법치를 널리 시행하는 근거로 되었을 뿐만 아니라, 법리학의 발전에도 중요한 역사적 의의를 가지고 있는 것이다.

(5) 한비

한비(기원전 약 280~기원전 233년)는 한나라의 공자이며 순자의 제자였다. 《사기·노자 한비열전》에서는 한비를 "형명법술의 학문을 좋아했으나 그의 학문은 황로학파로 분류된다"고 했다. 《한서·예문지》는 한비의 저작 《한자》 55편을 법가류로 분류했다. 한비는 전국 말기에 살았기 때문에 춘추전국 이후 형성된 각 학파를 계통적으로 종합할 수 있는 조건을 갖추게 되었다. 특히 법가 학설에 대해 한비는 각 방면에서 그것의 좋은 점과 나쁜 점을 연구하여 끝내 완정한 법치 이론 체계를 형성했으며 법가의 집대성자가 되었다. 한비의 법률사상은 여전히 법치를 핵심으로 하였다. 이는 선진법가들이 공동으로 지닌 특징이었다. 그러나 한비는 상앙의 "법만 있고 술이 없는 것", 신불해의 "술만 있고 법이 없는 것" 등 전기 법가의 부족한 점에 대해서도 자기 견해를 밝혔다. 한비는 전기 법가의 법, 세, 술 3파의 경험을 종합하여 법을 근본으로 하면서 법, 세, 술을 결합시켜야 한다는 사상을 제기해 법가의 이론이 더 잘 활용될 수 있게 했다.

한비의 법률사상 체계는 전기 법가사상의 내용을 요약하고, 그것을 어느 정도 발전시

---

150) 《신자·위득》
151) 《신자·군인》

킨 것이었다. 간단하게 말하면 첫째는 역사의 발전, 인성의 좋아함과 싫어함, 인구의 성장 방면에서 법치의 필연성을 논술했다. 둘째는 법의 본질, 특징, 작용 등 방면에서 법치의 필요성을 논술했다. 셋째는 법, 세, 술 3자를 결합시키는 방면에서 법치의 실행가능성을 논증했다.

한비는 기원전 233년에 한나라 왕의 파견을 받고 진나라로 갔다. 진나라에서 재상 이사(李斯)의 모함을 받아 옥안에서 죽었다.

2) 법치의 필연성

법가는 법치의 형성과 발전은 사람의 의지에 따라 변하는 것이 아니며, 법치는 사람들의 본성에 가장 적합하고 역사의 발전에 가장 적합하고 현실의 치국 방법에 가장 잘 적용되는 것이라고 했다. 예치, 덕치와 인치가 어떤 효과가 있었고 어떻게 사람을 황홀하게 만들었던 간에 이는 모두 과거가 되었거나 또한 과거로 될 것이라고 했다.

(1) 법치는 "당금지세"의 필연적인 산물이다

법가는 사회의 발전에 긍정적이고 낙관적인 태도였다. 법가는 사회의 모든 발전과 변화는 다 필연적이고 합리적이고 되돌릴 수 없는 것이라고 여겼다. 이른바 성인이란 사실은 시대의 발전에 순응해 법과 제도를 제정하여 사회발전에 적용하고 추진하는 사람일 뿐이었기 때문에, 법가는 옛 것을 되돌리려는 보수적인 사람이나 전통에 대해 온화한 개량만 할 것을 주장하는 사람은 모두 "나무 그루터기를 지키며 토끼를 기다리는 어리석은 사람이라고 여겼다."152)

상앙은 법가의 변법 이론에 기반을 다져놓았다. 우선 상앙은 서로 다른 시대에는 서로 다른 통치방식이 있다고 여겼다. 《상군서·갱법(商君書·更法)》에는 진효공이 세상사가 많이 변하게 되자, 상앙, 감룡(甘龙), 두지(杜挚)에게 "법을 바로잡는 근본"과 "백성을 통치하는 방법"을 물었다고 했다. 상앙은 모든 것은 세상사의 변화를 표준으로 해야 한다며, 나라를 부강하게 하고 백성에게 이로운 것이라면 원래의 낡은 제도를 버려도 된다고 했다. 즉 "굳이 나라를 튼튼히 할 수 있는 경우에는 구태여 전례를 본뜨지 않으며 애써 백성을 이롭게 하려는 데는 구태여 예제를 좇지 않는다"고 했던 것이다. 이 주장은 감룡과 두지의 반대를 받았다. 그들은 "법고(옛 것을 본받는 것)"와 "순례(예를 따

152) 《한비자·오두》

르는 것)"만이 나라를 다스리고 백성을 다스리는 가장 적절한 방법 즉 "옛 것을 본받으
면 허물이 없고, 예법을 따르면 잘못될 것이 없다"고 주장했다. 상앙은 이렇게 반박했
다. 고대 성왕의 특징은 모두 당시 사회의 상황에 근거해 제도를 제정하고 사건의 발전
에 따라 예제를 제정한 것이다. 그렇기 때문에 예도 좋고 법도 좋고 뭐든 고정 불변하는
것은 아니었다. "예법제도는 시대상황에 맞추어 결정해야 하고 법제와 명령은 제각기
시대의 필요에 따르는 것"야말로 나라를 다스리는 근본방법이라고 했다. 그런 다음 상
앙은 법치는 당세의 요구에 가장 부합되는 치국의 방도라는 것을 더한층 논증했다. 상
앙은 역사의 발전을 세 가지 단계로 나누었는데, 즉 상세, 중세, 하세였다. 하세의 특징
은 예전과 달랐는데 "옛날 백성은 순박하고 후했지만, 지금의 백성은 영리하지만 위선적
이다." 영리하고 위선적인 백성들에게는 법치를 실행해야지 덕정을 베풀면 안 된다고
했다. 그래서 옛 사람들은 덕으로 천하를 태평하게 했지만, 지금에는 법치를 실행해
야 만이 천하가 태평해질 수 있다고 했던 것이다.

한비는 이러한 상앙의 변법 이론에 대해 보충을 했다. 우선 한비도 정치, 법률 등 각
방면을 포함한 치국의 방도에는 옛 제도를 고수하면 안 되고 옛 사람의 시비로써 옳고
그름을 가리면 안 되며, 세상사가 변화하는 바에 따라 변화시켜야 한다고 했다. 그것이
바로 "백성을 다스리는 데는 고정 불변하는 관습이 없고, 오로지 법도만이 세상을 다스
리는 법보이다. 법도가 시대의 변화에 순응하면 나라를 다스릴 수 있고, 통치방식이 사
회의 상황에 적응되면 효과를 볼 수 있다"는 것이었다.153) 만약 시대가 변했는데도 통치
자는 여전히 옛 것에 얽매여 낡은 제도를 변화시키지 않는다면 국가는 반드시 혼란스러
워질 것이다. 그런 다음 한비는 역사의 발전 단계를 구분하여 인류사회의 발전은 상고
지세, 중고지세, 근고지세를 겪었다고 여겼다. 전국시기를 "당금지세"라고 하면서 다른
시대와 성인의 다른 공헌을 상세하게 논술했다. 상고지세의 성인에는, 소(巢)씨가 사람
들에게 나무에 둥지를 틀어 야수의 침입을 피하는 법을 가르쳤고, 수인씨(燧人氏)가 사
람들에게 부싯돌로 불을 내어 음식물의 비린내와 노린내를 없애는 방법을 가르쳤다. 중
고지세에는 홍수가 크게 나자 곤과 우가 강을 소통시켰다. 근고지세에는 하왕 걸과 상
왕 주가 폭정을 했으나 상왕 탕, 주왕 무가 토벌을 했다. 더 나아가 한비는 만약 하나라
(중고지세) 때 누군가 상고의 성인을 본받아 나무 위에 둥지를 틀어 살고 나무를 문질러
불씨를 얻는다면 틀림없이 상왕 탕과 주왕 무의 비웃음을 사게 될 것이라고 했다. 같은

---

153) 《한비자 · 심도》

도리로 당금지세에 상고, 중고, 근고의 성인의 방법을 찬미하고 본받는 사람은 필연코 당대 성인의 웃음거리가 될 것이라 했다. 한비는 "성인은 모든 것을 고대로 본받으려 하지 않으며, 고정불변의 낡은 규정을 지키는 것이 아니라, 당대의 상황을 연구 의논하여 그것으로 대응하는 방법을 찾는다"[154]고 잘라 말했다.

시대의 조류에 순응하는 성인은 원고 시대를 부러워하거나 고정불변한 법도를 지키는 것이 아니라 시대에 따라 제도를 만들어야 한다는 것이었다. 이런 "사물의 변화에 따라 대응하는 방법이 변한다"[155]는 사상에 근거해 한비는 당장 처리해야 할 급선무는 시대의 특징을 잘 파악하여, 그에 따른 제도를 만드는 것이라고 여겼다.

한비는 당금지세는 이미 유가가 숭상하는 상고, 중고, 근고지세가 아니라고 했다. 공자는 여러 나라를 두루 돌아다니면서 인의를 널리 알렸는데, 그를 추종하는 사람이 약 70명쯤밖에 안 되었다. 이로부터 인의를 소중하게 생각하는 사람이 너무 적다는 것을 알 수 있다. 때문에 덕으로 사람을 탄복하게 하는 왕도는 당세에 실행되기 어려운 것이다. 반대로 별로 출중하지 못한 노애공(魯哀公)에 대해 노나라 사람들은 누구든 감히 순종하지 않는 자가 없었다. 이는 절대다수의 사람들이 권력에 복종하거나 굴복한다는 것을 설명한다. 때문에 한비는 이렇게 단언했다. "상고시대에는 도덕으로 우열을 가리고, 중고시대에는 모략으로 높낮이를 가리고, 당금지세에는 야만적인 무력으로 문제를 해결해야 한다"는 것이었다.[156]

덕치와 인치의 시대는 이미 지나갔고 기치(氣治)로 사람을 굴복시키는 패도의 시대가 다가왔다. 힘으로 사람을 굴복시키는 패도의 시대에 법치는 국왕이 부국강병하고 천하를 통일하는 가장 좋은 치국방도이다. 그것은 법치만이 통치자의 힘을 충분히 체현하고 세상 사람들이 보편적으로 굴종할 수 있게 하기 때문이라고 했다. "지금의 성인들은 나라를 다스림에 있어서 사람들이 스스로 자신을 단속하기를 바라지 말아야 하고, 통치자는 나라를 통치함에 있어서 사람들이 나쁜 짓을 저지르는 범죄를 금지하는데 중점을 두어야 한다. 스스로 자신을 단속할 수 있는 사람은 전국적으로 열 명도 안 되기 때문에 덕치와 인치로 감화할 수 있는 사람도 매우 극소수일 뿐이다. 그러나 법률로 사람들이 나쁜 짓을 하는 것을 금지한다면, 국내 모든 사람들이 그것을 지키지 않을 수 없다. 나

---

154) 《한비자·오두》
155) 《한비자·오두》
156) 《한비자·오두》

라를 다스리는 사람은 마땅히 다수의 사람들에게 효과적인 방법을 채용하고 소수의 사람들에게만 효과적인 조치를 버려야 한다. 이것이 바로 법치에 힘쓰고 덕치를 버려야 하는 원인이다."[157]

법가는 역사발전의 필연성으로 법치시대가 왔음을 논증했다. 그중에는 세 가지 뜻이 담겨 있다. 첫째는 나라를 다스리는 것에는 정해진 법이 없고 법률도 반드시 시대의 변화에 따라 변해야 한다. 둘째는 역사의 발전에는 다른 시기 즉 상고, 중고, 근고, 당세가 있다. 덕으로 사람을 복종시키는 덕치와 인치는 이미 모두 역사로 돼버렸으며, 당세의 시대적 특징은 힘으로 사람을 굴복시키는 것 즉 "힘이 있으면 다른 사람이 알현하러 찾아올 것이고, 힘이 없으면 다른 사람을 알현하러 가야 한다"[158]는 것이다. 셋째는 힘으로 사람을 굴복시키는 시대에 법치는 국가를 다스리는 가장 좋은 방법이라는 것이었다.

(2) 법치는 인성에 부합하는 치국방도이다

형상이 두 글자는 법가의 법치사상의 중심내용이었다. 법치가 체현한 힘은 모두 형상에 의해 실현된다고 보았기 때문에 상앙은 "무릇 포상은 문치이고 징벌은 무치이다. 상벌은 법도의 강령이다"[159]라고 했다. 국가는 사람들이 국가가 제창한 일을 했을 때 상으로 격려하고, 국가에 불리한 일을 했을 때는 형벌로써 금지시켜야 하며, 상과 형은 법치의 정신을 체현해야 한다고 했다. 상과 형의 관계에서 전기 법가든 후기 법가든 모두 다 형은 중하게 내리고 상은 경하게 줄 것, 형을 많이 사용하고 상을 적게 내릴 것을 주장했다. 이렇게 해야만 법의 위엄을 보여주고 힘으로 사람을 굴복시킬 수 있기 때문이라고 했는데, 유가가 폭정, 가정이라고 생각하는 이런 이론을 법가는 오히려 인성에 부합되는 치국 방도라고 주장했던 것이다.

(7) 법가 인성론과 유가 인성론의 차이점

유가는 인성을 논증함에 있어 두 가지 다른 견해가 있었는데, 앞에서 이미 설명했듯이 맹자가 주장한 인성선, 순자가 주자한 인성악이 그것이었다.

인성에 대한 법가의 논증은 맹자와도 다르고 순자와도 다소 구별된다. 법가는 인간의

---

157)《한비자 · 현학》
158)《한비자 · 현학》
159)《상군서 · 수권》

본성은 "호리오해"라고 하여 고대 성현들도 마찬가지였다고 주장했다. 요, 순, 우가 선양을 한 것은 고대의 임금에게는 다른 사람보다 더 많은 이득이 있지 않았을 뿐만 아니라, 오히려 먼저 고생하고 후에 향유해야 했기 때문이다. 임금은 노예처럼 일했으나 얻은 것은 문지기와 같은 보잘 것 없는 보수였다. 요, 순, 우 시대에 임금이 되면 치러야 하는 대가가 얻는 것보다 훨씬 더 많았다. 천자의 자리를 내놓는 것은 "문을 지키는 노복의 부담과 노예와 같은 힘든 노동에서 벗어났을 뿐"이었다. 잃어버린 것은 보잘 것 없는 보수이지만, 얻은 것은 노예처럼 일하던 고통스러운 환경에서 벗어난 것이었다. 요, 순, 우의 선양은 바로 인간성이 이득을 쫓고 해로운 것을 피해간다는 것을 보여준 것이지, 인의효제(仁義孝悌)를 반영한 것은 아니라고 했다.[160] 성왕도 이러니 하물며 일반 사람은 생각만 해도 뻔한 일이기 때문에 법가는 맹자가 주장한 인성선을 믿지 않았던 것이다. 법가는 충, 효, 절, 의 등 유가들이 영원히 변하지 않는 인지상정이라고 한 것들을 인성에 위배되는 것이라고 여겼다.

법가의 인성론은 순자의 인성악과 출발점은 같지만 다른 결론을 가지고 있다. 순자와 법가는 모두 "호리오해"가 인간의 본성이라고 여겼다. 순자는 이런 본성은 나쁜 것 즉 악한 것이라고 여기고 그것이 악하기 때문에 개조하고 억제해야 한다고 주장했다. 순자는 교화와 사람들의 자기반성으로 "악한 본성을 변화시켜 선하게 만든다"고 하여, 악한 본성을 제거하여 군자로 수양할 것을 요구했으며, 교화와 자율이 효과를 잃은 상황에서만 형벌을 사용해야 한다고 했다. 그러나 법가는 "호리오해"의 본성을 악이라고 생각하지 않았으며, 인간의 "호리오해"의 본성은 변화될 수 없는 것이라고 여겼다. 때문에 법가는 화성기위(化性起僞)의 교화를 실시할 것을 주장하지 않았다. 법가가 중시한 것은 인성을 이용해 나라와 백성을 다스리는 것이었다. 인성을 이용하는 가장 좋은 방법은 상벌이라고 보았다. 이른바 "인간의 좋아하는 것과 싫어하는 것은 상벌을 제정하는 근본이다"라는 것이었다.[161] 인간의 본성에는 좋아하는 것과 싫어하는 것이 있기 때문에, 상벌은 사람들의 언행과 사상을 통일하는 목적에 도달할 수 있다는 것이었다.

(ㄴ) 법치와 인생

법가들 가운데 "법치와 인성" 관계에 대한 한비자의 논증이 가장 투철하다. 그는 상앙

---

160) 《한비자 · 오두》
161) 《상군서 · 착법》

의 사상을 계승하고 또한 당금지세의 "사람은 많지만 재화는 적다"라는 "인구론"으로 인성이 다른 사회환경 속에서 다른 정도로 나타나게 된다는 것을 논증했으며, 덕치, 인치가 왜 고대에는 실행이 가능했는지, "당금지세"에는 왜 역사의 무대에서 퇴출할 수밖에 없는지를 원만하게 해석했다.

한비는 조금도 숨김없이 인성을 논증했다. 한비의 붓끝에서 사람과 사람간의 관계는 이해관계이며, 사람의 모든 언행은 다 자신의 이익만을 생각하는 "자위심"으로 해석할 수 있다고 했다. 예를 들면 다음과 같다.

첫째, 부모와 자녀간의 관계 : "사람이 갓난아기일 때 부모가 잘 키워주지 못하게 되면 아들은 커서 부모를 원망하게 된다. 아들이 커서 어른이 된 다음 부모를 잘 공양하지 못한다면 부모는 노하여 아들을 질책하게 된다. 부자간은 가장 친한 골육간인데도 때로는 노하여 질책하고 때로는 원망하게 되는데 그것은 서로 의지하려는 마음이 있으나 상대방이 세심하게 자신을 돌봐주지 못하기 때문이다."[162] 사람은 어린 시절 부모님께서 잘 키워주지 못하면 커서 어른이 된 다음 부모를 원망하게 된다. 아들이 커서 부모를 잘 부양하지 못한다면 부모는 화를 내면서 아들을 책망하게 된다. 부자간은 가장 친한 혈육 간인데도 이렇게 서로 원망하고 책망하게 되는 것은 양측이 모두 상대방에게 의지하고 싶은 마음이 있는 한편 상대방이 자기를 잘 보살피지 못했다고 생각하기 때문이다. 같은 이치로 사람들은 남자아이를 낳게 되면 좋아하고 여자아이를 낳게 되면 나무라고 걱정하게 된다. 남자아이가 효도를 더 잘 해서가 아니라 부모된 자가 자기 향후의 이익을 생각해 남자아이를 낳는 것이 여자아이를 낳는 것보다 더 이득을 볼 수 있다고 생각하기 때문이다. 즉 "남자아이를 낳으면 서로 축하해주고 여자아이를 낳으면 죽여버리는" 원인은 부모가 자녀를 대함에도 "자기 이해관계를 따지는 마음으로 상대하고, 앞으로의 이익을 고려하고 앞으로의 이익에서 계산된 것"[163]이라고 했다.

둘째, 임금과 신하의 관계 : 대신은 지혜와 목숨으로 군주에게서 직위와 녹봉을 얻어내고, 군주는 작위와 녹봉으로 대신의 지혜와 목숨을 얻어낸다. 인자한 임금과 충성스러운 신하는 근본적으로 존재하지 않는다고 했다.[164]

셋째, 고용과 피고용의 관계 : 주인이 맛있는 음식으로 피고용자를 접대하고 그들에

---

162) 《한비자 · 외저설좌》
163) 《한비자 · 육반》
164) 《한비자 · 난일》

게 돈을 주는 것은 자애로운 마음으로 그런 것이 아니라 이렇게 해야만 피고용자가 열심히 농사일을 하기 때문이다. 마찬 가지로 피고용자가 전심전력해서 농사일을 하는 것도 주인을 존경해서가 아니라, 이렇게 해야만 주인에게서 맛있는 음식과 재물을 얻을 수 있기 때문이라고 했다.[165]

넷째, "사람들의 모든 행위는 자신을 위해서이다"고 했다. 한비는 이기적인 것은 인간의 본성이며 이런 본성을 착하다고 할 수 없고 악하다고도 할 수 없다고 했다. 가마를 만드는 사람은 사람들이 벼슬하고 부자가 되기를 바라는데, 그것은 착한 마음이 있어서가 아니라, 사람들이 벼슬하고 부자가 되어야만 이득이 생기기 때문이며, 또 부귀하지 않으면 가마를 사지 않기 때문이다. 같은 도리로 관을 만드는 사람은 오히려 사람들이 죽기를 바란다. 관을 만드는 사람들이 누구나 다 음험하고 잔인해서가 아니라 "사람이 죽지 않으면 관이 팔리지 않고, 사람이 죽어야 이득이 생기기 때문이다"[166]라고 했다.

한비의 인성론은 유가가 숭상하는 충, 효, 절, 의가 의존할 기반을 잃게 했고, 덕치, 인치를 허황된 공상으로 만들었으며, 정인군자들이 진땀을 빼게 했으나 오히려 법치에 근거를 찾아주었다. 즉 "무릇 천하를 다스리려면 반드시 인정을 근거로 해야 한다. 인정에는 좋아하는 것과 싫어하는 것이 있기 때문에 장려와 형벌을 사용할 수 있다. 상벌을 사용할 수 있기 때문에 금지령을 세울 수 있고 통치의 방도가 구비될 수 있다"고 보았던 것이다.[167]

여기까지 말하고 보면 새로운 문제가 생기는데, 그것은 "인성이 법치의 근거라면 왜 다른 시대에는 다른 통치방법이 존재할까? 상고에는 왜 "도덕으로 우열을 가릴 수 있었고[竟于道德]" 중고에는 왜 "모략으로 높낮이를 가릴 수 있었을까?" 하는 것이었다. 이에 대해 한비는 "인구론"으로 이 문제에 대해 다음과 같이 대답했다. "고대에는 남자가 경작을 하지 않았는데 그것은 초목의 열매만을 먹고도 살 수 있었기 때문이다. 또 부인은 직물을 짜지 않았는데 그것은 짐승 가죽을 입는 것만으로도 충분했기 때문이었다. 노동을 하지 않아도 생활 물자는 충족되었고, 백성은 적고 물자는 많았기 때문에 사람들은 물자 때문에 싸우는 법이 없었다. 그 때문에 큰 상을 주거나 무거운 벌을 가하지 않더라도 사람들을 자연히 다스릴 수 있었다. 그러나 오늘 날은 다섯 명의 자식을 가지고 있어

---

165) 《한비자 · 외저설좌》
166) 《한비자 · 비내》
167) 《한비자 · 팔경》

도 전혀 많다고 생각하지 않는다. 그 다섯 명의 자식이 각자 다섯 명의 자식을 낳는다고 하면, 조부의 생존 중에 스물다섯 명의 손자가 있는 셈이 된다. 그 결과 인구는 많아지고 물자는 부족하게 되며, 따라서 심한 노동을 하게 되었지만 생활물자는 여전히 부족하기 때문에 사람들은 싸우지 않을 수 없게 된 것이다. 그리하여 상을 곱으로 주고 몇 번이고 처벌을 해도 난이 그칠 줄 모르게 된 것이다."[168]

고대에는 물질 공급이 풍부하고 인구가 많지 않은 상황에 사람들의 이해 충돌이 상대적으로 적었기 때문에, 덕치는 "백성들 간에 서로 다투지 않고", "백성들이 스스로 관리할 수 있는 것"에 대한 실행이 가능했다. 그러나 "당금지세"에 한비의 주장대로 계산해 보면 한 집안에 거의 40명의 식구가 있는데 "백성은 많지만 물건과 재물은 적은 것"이 분명하다. 인구가 증가하고 재부가 상대적으로 감소되어 사람이 많고 물건이 적은 상황에서 사람들끼리의 이해 충돌은 격화되었으며, 사람들의 "자기를 위하는 마음"과 "호리오해"의 본성이 점차 남김없이 폭로되었기 때문에 덕치가 효과를 잃게 된 것이라고 진단했다.

한비의 "인구론"은 법가의 법치 이론을 더욱 합리화시켰다. 이런 "인구론"은 "호리오해"적인 인간의 본성을 보충했다. 즉 부유하고 안일한 사회환경에서 사람들의 본성은 자연스레 자제되고 숨겨지게 된다. 그러나 빈곤하고 경쟁이 있는 사회 환경에서 사람들의 본성은 충분하게 폭로된다. 그리고 이런 인성은 도덕적으로 설교를 해서는 변하지 않으며 형벌과 상으로 잘 이끌어야만 쟁란(諍亂)을 멈출 수 있고 질서를 확립할 수 있다. 때문에 한비는 통치자에게 "임금이 신하에게 인애를 행하지 않고 신하가 임금에게 충성을 논하지 말아야만 왕의 패업을 이룩할 수 있다"[169] 라고 충고했던 것이다.

3) 법치의 필요성

법가의 법치이론은 진화하는 역사관과 인성의 "호리오해"를 기반으로 형성되었다. 그러나 법가는 법치가 막무가내 한 선택은 아니라고 여겼다. 법치가 유가의 예치, 덕치와 인치를 대체할 수 있는 것은 역사의 발전과 인성의 필연적인 결과이며, 또한 법치가 예치, 덕치와 인치에게 없는 장점을 가지고 있기 때문이라고 했다. 그리하여 법가는 법치를 피동적인 적응이 아니라 주동적인 선택이라고 생각했다. 법가는 법치의 장점에 대해

---

168) 《한비자 · 오두》
169) 《한비자 · 육반》

아래와 같이 논했다.

(1) 법은 국가가 발표한 강제력을 가진 규범이다

법가의 법에 대한 논술은 유가의 예에 대한 논술과 마찬 가지로 법을 국가의 권형이고, 사람들의 언행을 규범화한 것이라고 여겼다. 그러나 법가의 법은 유가의 예와 덕에 비해 개념이 더욱 명확했는데, 그 공로는 한비에게 돌려야 한다. 한비는 이렇게 말했다. "법이란 문장으로 만들어 관아에 설치한 다음 백성들에게 알리는 것이다."170), 또 "이른바 법이라고 하는 것은 관아에서 명문으로 공표하여 상벌제도가 사람들의 마음속에 깊이 새겨지게 한 다음, 법령을 준수하는 사람에게는 장려해 주고, 법령을 위반한 사람에게는 징벌을 내리는 것이다."171) 이 두 마디에서 법가의 법에 대한 개념에는 두 가지 뜻이 있음을 알 수 있다.

첫째, 법은 관아(국가)가 제정하고 발표한 것으로 이미 규정한 형벌은 마음대로 변하게 할 수 없으며 백성들의 마음속에 법은 반드시 준수해야 할 규범이어야 한다. 둘째, 법이란 법을 준수하는 사람들에게 상을 내리고 법과 령을 어긴 사람들은 징벌하는 것이다. 법가가 법에 대해 내린 정의를 보면 법가가 실시하려는 법률이 유가의 인의도덕보다 더 통제하기 쉬웠다는 점을 알 수 있다. 법가가 법치를 시행하는 방법인 상벌도 유가의 교화보다 훨씬 간단했다. 때문에 사람들이 쉽게 이해하게 하고 집행하기 편리한 방면에서만 봐도 법치는 예치와 덕치보다 퍽 더 우월했던 것이다.

(2) 예에 비해 법은 더 보편적인 구속력을 가지고 있다

법가는 법은 사회의 규범이고 보편적인 구속력을 가지고 있다고 여겼다. 법가는 거의 똑같은 언어로 법의 이러한 특징을 논했다. 《관자 · 칠법(管子 · 七法)》에서는 법을 잣대, 먹줄, 규구(規矩), 저울(衡石), 두곡(斗斛), 교량(角量)과 같은 것이라고 비유했다. 상앙은 권형(저울)이 없으면 물건의 무게를 잴 수 없고, 잣대가 없으면 물건의 길이를 알 수 없으며, 아무리 똑똑한 상인이라도 물건의 무게와 크기에 차이가 나지 않게 할 수 없다며, 법률은 임금이 나라를 다스림에 있어서 "권형"과 같은 역할을 한다고 했다.172)

---

170) 《한비자 · 난삼》
171) 《한비자 · 정법》
172) 《상군서 · 수권》

한비는 전기 법가의 사상을 계승해 법을 사람들의 언행을 통일시키는 표준이라고 했으며, 또한 군주에게 법이 있게 되면 마치 목공에게 먹줄과 규구가 있고, 상인에게 권형과 두석(斗石)이 있는 것과 같이 큰 공을 들이지 않고도 쉽게 백성들의 언행을 통일시킬 수 있다고 여겼다. 한비가 한 말은 다음과 같다. "때문에 먹줄을 곧게 당겨야 나무를 곧게 벨 수 있고, 수평기를 제대로 놓아야 울퉁불퉁한 목재를 반듯하게 깎을 수 있고 저울추와 저울대를 들어야 무거운 것은 덜어내고 가벼운 것은 보충할 수 있고, 말과 섬이 있으니 많은 것은 덜어내고 적은 것은 보충해줄 수 있다. 때문에 법으로 나라를 다스리는 것은 사람들을 규제하는 조치를 만들어 널리 시행하는 것일 뿐이다." "그러므로 윗사람의 잘못을 바로 잡고 아랫사람의 사악함을 응징한다. 난을 다스리고 오류를 해결하고 사특한 것을 물리치고 잘못을 가지런히 바로잡으니 백성의 나갈 길에 법만 한 것이 없다. 관리를 복종시키고 백성을 두려워하게 하고 음란함과 위태로움을 물러나게 하고 거짓과 위선을 막아내는 것은 형벌만 한 것이 없다"고 했던 것이다.173)

(3) 예에 비해 법은 공개적이고 공정하고 평등한 특징을 가지고 있다

법가의 법은 전통적인 법과 형식적으로 근본적인 구별이 있다. 즉 하, 상, 서주의 법은 통치자들에 의해 신화시 되었으며, 형서(刑書)의 격식은 이형통죄(以刑統罪)였다. 국가는 법을 반포하기만 하고 어떤 죄에 어떤 형벌을 사용할지는 통치자들이 의논해서 결정했다. 같은 살인죄라도 논의를 한 결과 어떤 것은 사형에 처해지지만 어떤 것은 유형살이, 심지어 어떤 죄는 용서받기도 한다. 이처럼 "의논해서 처리"하는 집법체계는 입법을 할 때, 사람을 삼육구등으로 나누었을 뿐만 아니라 법 집행 과정에도 평등적으로 하지 않았다. 이런 불평등은 예치의 체계 속에서는 완전히 합리적인 것이었다. 같은 귀족끼리 같은 죄를 범했거나, 또는 같은 평민끼리 같은 죄를 범했어도 받는 처벌은 다를 때가 있었으며, 이런 다름은 사회등급에 의해 결정된 것이 아니라, 군주의 좋아함과 싫어함, 의논하는 사람의 성격, 심지어 일시적인 기분에 의해 결정되기도 했다. 법가는 논의에 의해 죄를 판결하는 전통을 크게 못마땅해 했다. 그들은 법률을 공개할 것, 즉 성문법으로 공개할 것을 주장했다. 이치의 《법경》을 보면 춘추전국시기에 성문법의 형식은 이형통죄(以刑統罪)에서 이죄통형(以罪統刑)으로 변화됐으며, 어떤 죄에 어떤 형벌을 내릴지 명확한 규정을 내렸다. 입법에서의 불평등은 여전했지만, 집법에서의 불평등

---

173) 《한비자·유도》

은 제약을 받았던 것이다. 이런 "이죄통형"의 성문법이 나타난 것은 법가의 법치이론이 실천된 성과에서 비롯된 것이었다.

《상군서·정분》편은 법의 공개성과 공정성에 대해 이렇게 서술했다. "우선 법은 공중에 공개되어야 하며 법은 사람들 언행의 준칙이라는 것을 명확하게 알리고 감히 사사로이 법을 고치거나 삭제하는 자는 반드시 제재를 받아야 한다. 다음, 국가는 법관을 설치해야 하는데 그 직책은 법률을 홍보하고 보급하는 것이다. 관리와 백성은 법에 대해 잘알지 못하는 것이 있으면 누구나 법관에게 물어볼 수 있으며, 법관에게는 해석하고 알려줄 의무가 있다. 이렇게 하여 천하의 관리와 백성은 법을 모르는 자가 없는 상황에이르게 해야 한다. 그 다음, 법은 공개되고 확정된 것이기 때문에 공정한 것이며 관리와백성들은 서로 감독을 할 수 있다. 관리는 불법적인 수단으로 백성들을 대하지 못하고백성들은 법을 어기면서 관리를 거스르는 일이 없어야 할 것이다. 세상의 관리와 백성들 가운데 덕행과 재능이 뛰어나거나 말재주가 좋고 교활한 사람이 있다 하더라도 법에어긋나는 말을 한마디라도 하면 안 된다. 설사 천금을 가진 부자라 하더라도 법에 어긋나는 돈은 한 푼이라도 써는 안 된다. 관리든 백성이든, 부유하든 빈곤하든 법을 어기기만 하면 반드시 제재를 받아야 한다. 더 중요한 것은 전 국민이 법을 알고 있는 이런환경에서 최고 통치자인 군주마저 반드시 사욕을 억제해야 하며 대신들의 사사로운 공론에 흔들리지 말고 법률에 따라 일을 처리해야 한다. 그것은 군주와 신하가 법도를 버리고 사사로운 이익만 챙긴다면 천하가 반드시 혼란스러워지기 때문이다."[174] 라고 했다. 법률을 발표하고 나서 지키지 않는다면 반드시 국가의 혼란을 조성하게 될 것이라고 경고했던 것이다.

한비는 전기 법가의 사상을 계승하여 "법령을 만든 이유는 사사로운 것을 폐지하기위함이다"[175]라고 했다. 군주의 공정함은 명법(明法)에서 체현된다. 즉 법률을 관리에게상과 벌을 내리는 유일한 표준으로 삼아야 하고, 기타 요소에 의해 흔들리지 말아야 한다. 즉 "군주는 신하에게 비록 지혜와 재능을 가졌다 하더라도 법을 위반하고 권력을독점하는 일이 없게 하고, 비록 현명하고 능력 있는 행동을 하더라도 공을 세우기 전에상을 주지 말아야 하며, 충성스럽고 믿음직한 품성을 가졌다 하더라도 법도의 규제에서벗어나지 못하게 해야 한다. 이를 두고 법도를 명확히 하는 것이라고 한다"고 했던 것이

---

174) 《상군서·수권》
175) 《한비자·궤사》

다.[176] 법 집행자의 공정함은 사사로운 정 때문에 법을 해치지 않는데 있다. 한비는 공자의 "아버지는 혈육의 정을 봐서 아들이 지은 죄를 비호해주고, 아들은 혈육의 정을 봐서 아버지의 죄를 숨겨준다. 이렇게 서로 숨겨주는 것이 바로 공정한 것이다"라는 사상에 의문을 제기했다. 그는 "부자간에 서로 비호해주는 것은 인정에는 부합되지만, 법도에는 어긋나는 것이라며 법을 집행하는 자가 수호해야 할 것은 국가의 법도이지 사사로운 정은 아니라고 했다." 대견스러운 것은 한비는 중형을 주장하기는 했지만 법을 떠나 형벌을 사용하는 것은 주장하지 않았다는 것이다. 그 때문에 그는 인(仁人, 어진 사람)이 재위하는 것을 반대했을 뿐만 아니라 폭인(暴人, 잔폭한 사람)이 재위하여 무고한 사람을 죽이는 것도 반대했다. 한비자는 "어진 사람이 재위하게 되면 신하는 제멋대로 굴면서 함부로 법률을 어기고 요행을 바라면서 임금의 은총을 받으려 할 것이요, 조폭한 사람이 임금의 자리에 오르게 되면 터무니없는 법령을 실시하여 임금과 신하 간에 알력이 생길 것이며, 백성의 원망소리가 그칠 새 없고 반란을 일으킬 마음이 생기게 될 것이다. 그리하여 인애를 가진 사람과 잔폭한 사람은 모두 나라를 망하게 한다"고 했던 것이다.[177]

법가의 법치사상은 고대사회의 법 집행이 도달할 수 있는 최고 범위의 평등에 도달하게 했다. 이 점은 세계 기타 고대문명에서 보기 드문 것이었다. 상앙이 말한 일형(형벌을 통일하는 것)은 바로 "형법에는 등급이 없으며 언제나 장군에서 대부와 평민 백성에 이르기까지 왕의 명령을 듣지 않거나, 국가의 법령을 위반하거나, 국가의 금지령을 위반하거나, 왕이 제정한 법률을 파괴한 자는 죽을죄에 처하고 사면하지 않아야 한다"고 했던 것이고, 일상(통일된 장려)이라는 것은 "이익, 녹봉, 관직, 작위 등은 한결같이 전쟁에서 세운 공에 따라 하사하고, 기타 다른 은혜를 베푸는 일은 없다"는 것을 말하고 있는 것이다.[178] 한비는 상앙의 이일형, 일상의 사상을 종합하여, "법은 귀한 사람은 봐주지 않으니 먹줄에 굽음이 없는 것과 같다. 법은 행해짐에 지혜 있는 자라도 바다할 수 없고 용감한 자라도 감히 다툴 수 없다. 과오를 벌함에는 대신도 피할 수 없으며 선행을 상 줌에는 필부도 빠뜨리지 않는다"[179]고 했다. 법률이 제정된 후 누구든 그것을 어기면 꼭 징벌을 내려야 하고 공이 있는 자는 누구든 상관없이 상을 준다. 귀족이라 하더라도

---

176) 《한비자 · 남면》
177) 《한비자 · 팔설》
178) 《상군서 · 상형》
179) 《한비자 · 유도》

법을 어기면 반드시 벌을 받아야 하고,[180] 평민이라도 공을 세우면 반드시 상을 줘야한다고 했던 것이다.

법가는 법의 보편성, 규범성, 공개성, 공정성과 평등성에 대한 논술에서 어느 정도 법이 가지고 있는 공동적인 특징을 종합해냈다. 이는 법에 관한 법가의 연구가 상당한 수준에 이르렀음을 보여준다.

(4) 법의 작용

법가는 법이 이토록 중요한 원인은 "명분을 정하고 분쟁을 멈추게 하고", "부국강병하고 반항을 제지하는" 방면에서 거대한 역할을 하기 때문이라고 했다. 그런 작용은 덕치와 인치가 비할 수 없는 것이라 생각했던 것이다.

(ㄱ) 정분지정(定分止争)

이른바 정분이라고 하는 것은 바로 사물의 명분과 그에 따른 권리를 확정하는 것을 가리킨다. 법가는 천하가 혼란스러워진 이유는 명분, 권리가 명확하지 않은 것이라고 여겼다. 상앙은 이런 예를 들었다. "토끼 한 마리가 들에서 달려가고 있는데 백 명이 그것을 잡겠다고 따라가고 있다. 사람들은 그것을 백 등분으로 나누어서 가질 생각이 아니라, 토끼가 누구의 것이라는 명분이 정해지지 않았기 때문이다. 시장에 파는 토끼가 가득하지만 도둑들은 마음대로 가져가지 못하는데 그것은 토끼에게 임자가 있고 명분이 정해져 있기 때문이다."[181] 이로 볼 때 "명분을 정해야만(정분)" "분란을 멈추게 할 수 있다(지쟁)"는 것이니, 상앙과 같은 시대에 살았던 신도 역시 거의 똑같은 비유로 "정분"의 중요성을 설명했다.[182]

사실 유가도 명분을 논하고 명분의 중요성을 강조했다. 이 점에서 유가와 법가는 다른 점이 없었다. 그러나 대체 무엇으로 명분을 확정할 것인지에 대해서는 유가와 법가의 입장은 대립되어 있다. 유가는 예로 명분을 정할 것을 주장했지만 법가는 법령으로 정할 것을 주장했다. 《상군서 · 정분》에는 "현재 법령을 명확하게 하지 않으면 명분을 확정할 수 없다", "성인은 반드시 법률에 법관을 설치해야 하며 법관을 설치해 천하의 스승이 되게 한 것은 명분을 정하기 위한 것이다"라고 했다. 법은 예보다 더 규범화되어 있고 더

---

180) 《한비자 · 오두》
181) 《상군서 · 정분》
182) 《여씨춘추 · 신세》

정확할 뿐만 아니라 공개적이고 평등하기 때문에 정법, 지쟁 방면에서의 역할도 더욱 뚜렷한 것이었다.

(ㄴ) 흥공금폭(興功禁暴)

공(功)은 농경과 전쟁을 가리킨다. 즉 법가가 말하는 농전(農戰)이다. 농사를 열심히 짓고 용감하게 싸워야만 나라가 강성해질 수 있다는 게 법가의 일관적인 주장이다. 폭(暴)은 개인끼리 싸우는 것과 법령을 어기는 언행을 가리킨다. "흥공금폭"은 농사와 참전을 격려하여 나라를 부유해지게 하고 군대를 강하게 하며 사사로이 싸우거나 법을 어기는 행위를 금지시킴을 이른다. 한비는 법치는 선을 권하고 악을 징벌하는 가장 좋은 방법이라고 여겼다. 군주가 만약 법에 따라 처사하지 않는다면 백이[183]와 같은 군주를 만났다 하더라도 위험과 곤란에 빠지지 않을 수 없다. 만약 도척[184]과 같은 사람을 만난다면 틀림없이 화를 면치 못할 것이다. 반대로 만약 법치를 견결하게 실행해나간다면 좋은 사람은 당연히 착하게 되고 악한 사람도 감히 나쁜 짓을 못하게 될 것이다. 이것이 바로 "법률의 기준으로 확고하게 사건을 처리한다면 백이는 훌륭함을 잃지 않을 것이고, 도척도 나쁜 짓을 할 수 없을 것이다. 법이 분명하면 현명한 사람은 불초한 사람을 수탈하지 못하고 강한 자는 약한 자를 괴롭히지 못하고 많은 사람이 적은 사람을 괴롭히지 못한다"는 것이다. 한비는 또한 법을 짐승을 가두는 우리에 비유하고, 법을 지키는 사람을 쥐에 비유했으며 법을 어기는 사람을 호랑이에 비유했다. 한비는 법치가 있게 되면 평범한 군주도 난폭한 백성을 다스릴 수 있다고 주장했다. 따라서 "우리를 만든 것은 쥐를 잡기 위해서가 아니라 겁이 많고 약한 사람도 호랑이를 굴복시킬 수 있게 하기 위해서이다.", "…… 그리하여 평범한 군주라도 도척을 제지할 수 있는 것이다."고 했다.[185] 즉 짐승을 가두는 우리를 만든 것은 쥐를 잡기 위해서가 아니고, 짐승우리의 역할은 나약하고 겁 많은 사람도 호랑이를 제압할 수 있게 하기 위해서이다. 법의 작용은 또한 재주가 평범한 군주가 탁과 같은 악한 사람을 제압할 수 있게 하기 위해서이다.

---

183) 백이는 상나라 말기 고죽국 왕의 큰 아들로 임금의 자리를 양보하기 위해 은거했다. 상나라가 망한 후 그는 주나라에서 나는 곡식은 먹으려 하지 않고 죽었으므로 옛사람들은 그를 군자라고 칭찬했다.

184) 도척은 춘추 말기 사람으로 알려지고 있다. 이름은 척이며 도적으로 지낸 적이 있다고 하여 도척이라고 불렸다.

185) 《한비자 · 수도》

법은 위에서 상술한 특징과 기능을 가지고 있기 때문에, 법가는 법치가 유가의 덕치, 묵가의 "현인지치"보다 우월하고 도가의 "무위이치"보다도 우월하며 법치를 실행하는 것은 필연적이고 필요한 것이라고 여겼다.

4) 법치를 널리 시행하는 방법

법가의 법치 이론은 유가와 다소 다르며 현실주의적 색채로 가득 차 있었다. 법가는 법치가 실행 가능하도록 만들었으며, 이 또한 전국시기 각 나라 군주들이 대부분 법가 이론을 접수하게 된 중요한 원인이다. 법치를 추진하는 방법에 대한 법가의 논술은 법치 이론이 실행가능성과 활용성을 가지게 했다.

(1) "법을 근본으로 하다"

법을 근본으로 한다는 것은 법을 통치의 근본으로 한다는 것을 말한다. 한비는 "법이 치국의 근본이 될 수 있는 원인은 그것이 국가의 흥망과 성쇠와 관련되기 때문"이라고 했다. "법을 집행하는 사람이 강하면 나라가 강할 것이요, 법을 집행하는 사람이 약하면 나라가 약해진다"[186] 아울러 법률 또한 군주의 지위와 밀접한 관계가 있다고 했다. 군주가 법치를 신봉하면 지존의 자리를 가지게 되고 반대이면 지존의 자리를 잃게 된다. 한비는 "법을 근본으로 하고 법을 엄명하게 하면 군주의 자리가 존귀해진다"[187]고 했다.

(ㄱ) "법을 근본으로 하는" 전제 조건은 따를 법이 있어야 한다는 것이다

법가가 주장하고 반포한 성문법의 의의는 바로 여기에 있다. 법가가 말하는 법은 시대의 변화에 적응하고 규범성, 공개성, 공정성, 평등성이 있는 법이다. 이 점은 앞의 문장에서 이미 논술한 바 있다. 종합해보면 법가의 입법 원칙에는 4가지가 있다.

첫째, 법령은 시세와 인성에 부합되어야 한다. 둘째, 법령은 간단하고 알기 쉽고 대중에 공개해야 한다. 셋째, 법령은 국민들이 공동으로 준수해야 할 행위규범이기 때문에 제정할 때 반드시 보편적인 의의가 있는 사실을 근거로 해야지 단편적인 특수한 사건을 근거로 해서는 안 된다. 넷째, 법률을 제정하고 발표할 때는 반드시 통일되고 완벽해야 한다. 새로운 법은 반드시 옛 법을 폐지한 후 제정하여 법령의 조례 간에 모순이 생기는

---

186) 《한비자·유도》
187) 《한비자·식사》

것을 방지해야 한다. 신불해가 한 조후를 보필할 때 원래 법을 폐지하지 않은 채 새로운 법을 반포하여 옛 법과 새 법 사이에 모순이 생기자 수많은 간악한 사람들이 그 틈을 탔으며, 한나라는 충족한 병력을 가지고 있음에도 패업을 이루지 못했다. 한비는 이 사실을 비평한 적이 있었다.[188]

(ㄴ) "법을 근본으로 하는" 관건은 법의 권위를 확립하는 것이다

법가는 법의 권위를 확립해야만 법이 진정으로 사람들의 시비와 잘잘못을 판단하는 유일한 표준이 될 수 있다고 여겼다. 그리하여 한비는 육반, 팔설, 오두(五蠹)에서 유가가 높이 평가하는 도덕군자 및 모든 법에 어긋나는 언행에 대해 비판을 했으며, 그런 사람들은 사람들의 존중을 받을 만한 "문학지사", "유능지사"가 아니라 국가의 좀벌레라고 했다. 한비는 "유가는 글로써 법을 혼란스럽게 하고 협객은 폭력으로 법이 금지하는 일을 한다. 그러나 임금은 오히려 예로써 그들을 대하니 이것이 바로 국가가 혼란스러워진 근원이다"[189]라고 했다. 유생은 도덕으로 설교하면서 법률을 경시하고 협객은 용기와 힘으로 법망에 저항한다. 만약 나라 임금이 이런 사람들을 귀히 여긴다면 법의 권위는 크게 폄하될 것이고, 나라는 틀림없이 혼란에 빠지게 될 것이다. 유가는 도덕을 법의 영혼으로 삼았지만 반대로 법가는 사람의 도덕관념은 국가의 법령과 일치할 때만이 가치가 있다고 여겼다. 국법만이 공의를 체현했고 국법에 위배되는 모든 언행과 사상은 모두 공의에 어긋나는 사사로운 행위이기 때문에 국가는 그것을 금지하고 제재해야 한다. 이에 한비는 군주는 우선 "사욕을 버리고 국법을 따라야 하고", "사행을 없애고 국법을 행해야 한다"라고 했다.[190] 그런 다음 법령으로 사람들의 사상을 통일하고 사람들의 언행을 지도하여 전국 상하의 말과 행동이 "반드시 법에 부합되게" 해야 한다고 했다.[191] 한비는 《오두》에서 법가 학설을 최고 권위로 할 것을 주장했다. 즉 "인의를 멀리하고 덕치를 버려야 한다"고 했다. 이른바 이법위교(以法爲教)는 법령을 교육의 중점으로 삼는 것이고 이른바 이리위사(以吏爲師)는 관리를 스승으로 모시고 법령을 배우는 것을 말한다. 이것이 법가가 법의 권위를 문화 독재의 기반 위에 건립하게 했으며, 이런 권위가 최종 군주의 독단과 전행을 초래할 수밖에 없었다는 것을 이를 통해 알

---

188) 《한비자 · 정법》
189) 《한비자 · 오두》
190) 《한비자 · 유도》
191) 《한비자 · 오두》

수 있는 것이다.

이법위본(以法爲本)은 법 집행자가 법을 집행함에 있어서 반드시 법률을 근거로 할 것을 요구하는 말이다. 즉 귀족이라 하여 법을 무시하지 말고 필부라 하여 상을 빠뜨리는 일이 없어야 한다는 것인데, 이 점은 앞의 문장에서 이미 논술한 바 있다. 사실 법의 평등성과 법의 권위성은 밀접하게 연결된 것이다. 법은 권위성을 가져야만 법 집행자가 "무릇 법률의 정신에 부합되지 않는 말은 듣지 않고, 법률에 부합되지 않는 행동은 추앙하지 않고, 법에 부합되지 않는 일은 하지 않게 된다"고 했던 것이다. 192)

(2) 상벌을 이용해 법의 권위를 확립하다

법가는 법률은 상과 벌을 통해 집행하고 체현되는 것이라고 여겼다. 뿐만 아니라 상과 벌은 국민에게 국가는 무엇을 수호하고 무엇을 금지하는지, 그리고 국가가 제창하고 허락하는 것은 무엇이고 허락하지 않는 것은 무엇인지를 알려준다고 했다. 상과 벌은 일단 실행하기 시작하면 거대한 지도적 역할을 하게 되기 때문에 한비는 그것을 나라를 다스리고 민심을 안정시키는 이병라고 했다.193) 그렇다면 대체 어떻게 해야만 상과 벌을 정확하게 활용할 수 있다는 것일까? 이에 대해 법가는 아래와 같은 원칙을 제기했다.

(ㄱ) 신상필벌(공이 있는 자에게는 반드시 상을 주고, 죄가 있는 사람에게는 반드시 벌을 내린다)

이른바 "신상필벌"은 법 집행자가 법령에 규정된 대로 상을 줘야 할 사람은 반드시 상을 주고, 벌을 줘야 할 사람은 반드시 벌을 줘야 함을 말한다. 이렇게 상과 벌로 백성의 신임을 얻어야만 법령을 널리 시행할 수 있다. 《사기·상군열전》에는 이런 이야기가 쓰여 있다. 상앙은 변법을 실시하기 전에 새 법을 집행하는 것에 대한 결심을 보여주기 위해서 "길이가 3장 쯤 되는 나무"를 시장의 남문에 세우고 이 나무를 북문으로 옮기는 자에게 금 열 냥을 준다고 알렸다. 사람들이 의심이 들어 누구도 그 나무를 옮기지 못하자 상앙은 또 천하에 포고문을 내어 상금을 오십 냥으로 올렸다. 큰 상을 내걸자 한 사람이 그 나무를 북문으로 옮겼으며 상앙은 그 사람에게 금 오십 냥을 상으로 내주었다. 그때부터 진나라 사람들은 상앙이 말하면 말한 대로 한다는 것을 알게 됐으며 이를 신상(信賞)이라고 했다. 변법 초기에 태자가 법을 위반하자 태자는 사군이기 때문에 그

---

192) 《한비자·군신》
193) 《한비자·이병》

에게 형을 내릴 수 없으니 상앙은 명을 내려 태자의 스승인 공자건, 공손가에게 형벌을 내렸다. 그리하여 진나라 백성들은 법을 위반한 자는 반드시 제재를 받을 것이라는 것을 알게 됐는데, 이를 필벌(必罰)이라고 했다. 상앙은 "백성이 군주가 장려할 것이라는 것을 믿으면 일이 성사될 것이고, 군주가 징벌한다는 것을 믿으면 범죄가 일어나지 않을 것이다"[194]라고 했다.

한비는 상앙의 이 사상을 계승했다. 그러나 한비는 상벌을 법률의 권위를 세우는 수단으로 삼았을 뿐만 아니라 군주가 여러 신하들을 지배하는 도구로도 삼았다. "공이 있는 자는 반드시 상을 주어 사람들이 자기 능력을 다 하게 하고, 죄가 있는 자는 반드시 벌하여 사악한 일을 금지케 한다."[195] 즉 상을 미끼로 삼아 대신들이 각자의 능력을 다 발휘하게 하고 벌로 대신들을 속박하여 그들이 감히 법을 위반하거나 제도를 어지럽히지 못하게 한다는 뜻이다.

(ㄴ) 후하게 상을 주고, 엄중하게 벌을 준다(厚賞重罰)

후상중벌은 상과 벌이 사람의 마음을 움직일 수 있게 해야 한다는 것을 말한다. 후상은 상금이 주는 이득이 사람들로 하여금 앞 다투어 모여 모든 수고를 아끼지 않으면서 할 수 있게 할 정도는 되어야 한다는 것이다. 중벌은 형벌의 위엄이 사람들로 하여금 생각만 해도 두려울 정도여야 한다는 것이다. 법가는 이렇게 해야만 상벌이 법의 권위를 확립할 수 있는 정도에 도달해 사회를 이끌어가는 목적에 도달할 수 있다고 여겼다. 만약 상이 주는 이득이 사람들을 선한 곳으로 이끌지 못하고 벌의 위엄이 사람들이 악한 일을 하지 않도록 막지 못한다면, 집법 과정에 신상과 필벌을 한다 해도 사람들의 사상을 통일하기 어려울 것이며 오히려 사람들이 법령을 무시하게 할 것이라고 해서 한비는 이렇게 말했다. "상은 받는 사람이 이득을 봤다는 느낌이 들 정도로 발급해야 하고, 표창은 사람들이 영예삼을 느낄 수 있는 정도로 해야 하며, 징벌은 사람들이 두려운 느낌이 들 정도로 해야 하며, 비평은 사람들이 수치스러움을 느낄 수 있는 정도로 해야 한다는 것"이었다.

그러나 주의해야 할 것은 법가가 제창한 "후상, 중벌"은 형벌과 상을 마음대로 사용하는 것이 아니라는 것이다. 법에 없는 형벌을 사용한 것을 법가의 잘못으로 돌린 것은

---

194) 《상군서 · 수권》

195) 《한비자 · 외저설좌하》

후세 사람들이 법가를 곡해해서 그런 것이다. 사실 법가의 "후상중벌"은 입법을 말하는 것이고 집법 과정에서는 "신상필벌"을 강조한 것이다. 후기 법가인 한비도 군주가 법률을 어기고 중상중벌을 단행하는 것을 반대했다. 한비는 "법령에 따라 상을 내리지 않으면 후한 상을 내걸어도 국민의 신임을 얻을 수가 없고, 법령에 따라 형벌을 내리지 않으면 중형이 있다 해도 국민들이 법령을 두려워하지 않는다는 것이다." 법령대로 하지 않으면 상은 사람들을 착한 쪽으로 이끌지 못하고 형벌은 악한 행위를 금지하지 못하게 되며 큰 나라에도 위기가 도처에 도사리게 된다는 것이었다.

(ㄷ) "포상과 칭찬을 통일하고 비난과 징벌을 병행한다"

법가는 제도가 완벽한 나라에는 국법과 대립되는 도덕이 존재하지 않는다고 주장했다. 국법이 신상하는 것은 반드시 여론이 칭송하는 것이고, 국법이 징벌하는 것 또한 반드시 여론이 규탄하는 것이다. 《한비자·팔경》에는 전통적인 예교가 덕이 있다고 찬미하는 8가지 부류의 사람을 나라의 도둑이라고 했다. 즉 불기(不弃) : 친지와 친구들과의 정분을 위해 법을 어기는 사람, 인인(仁人) : 국가의 재산으로 백성들에게 혜택을 주어 명성을 얻어내는 사람, 군자(君子) : 국가의 위임을 받아들이지 않고 청렴 고고한 척하는 사람, 유행(有行) : 가족들 간의 정을 위해 법령을 어기는 사람, 유협 : 의리를 위해 무력으로 죄를 범하는 사람, 고오(高傲) : 재능과 지혜가 있음에도 나라를 위해 일을 하지 않고 은거해 사는 사람, 강재(强才) : 일시적인 우열을 가리기 위해 법률도 아랑곳하지 않고 사사로이 싸우는 사람, 득민(得民) : 인심을 사기 위해 불법적으로 백성에게 혜택을 주는 사람 등을 말한다. 법가는 국법과 도덕 앞에서, 국법은 절대적인 권위를 가져야 하며 아무리 재능과 지혜, 공훈, 도덕이 높은 사람이라 할지라도 법률을 위반할 권력은 없다고 했다. 누가 법률을 어겼든 간에 엄격한 제재를 받아야 하며 또한 여론의 비난을 받아야 한다고 했던 것이다.

(3) 법, 세, 술의 결합

한비는 전기 법가의 학설을 종합하여 법, 세, 술 3자의 관계에 대해 더욱 깊게 논했다.

(ㄱ) 법과 세의 관계

전기 법가, 특히 신도는 세의 역할을 크게 강조했다. 신도는 군주를 용으로 비유하고, 세를 운무로 비유하면서 운무가 있어야 용이 하늘로 오를 수 있고, 세가 있어야 군주가 높은 자리에서 신하와 백성들을 통치할 수 있다고 주장했다.

한비는 전기 법가의 사상을 종합하여 법과 세의 관계는 "법도를 장악하고 권세를 가지면 세상을 태평스럽게 만들 수 있고, 법도를 등지고 권세를 버리게 되면 천하를 혼란스럽게 만들게 된다"[196]고 했다. 즉 법과 세는 일치한다는 것이다. 군주는 법에 근거해 통치해야 만이 군주가 가져야 할 지고무상의 권력을 가질 수 있고, 또한 지고 무상의 권위를 가져야만 법치를 널시 시행할 수 있기 때문에 처세는 법치의 필요한 조건이고, 보법은 군주가 권력을 한 몸에 가질 수 있는 보장이라는 것이었다.

법과 세의 관계를 논증할 때 한비는 신도의 중세사상을 보완했다. 그는 신도가 세로써 천하를 다스릴 수 있다는 것만 알았지, 세가 천하를 혼란스럽게 할 수도 있다는 것은 보지는 못했다고 했다. 만약 요와 순과 같은 성군이 천자의 자리에 있다면 천하에 걸과 주와 같은 포악한 사람이 열 명이 있다 해도 천하를 혼란스럽게 만들 수 없는데 이것이 세치(勢治)이고, 반대로 만약 걸과 주와 같은 사람이 천자의 자리에 있게 된다면 천하에 요와 순과 같은 사람이 열이 있어도 천하를 다스릴 수 없는데 이것이 세란(勢亂)이라는 것이다. 한비는 한걸음 더 나아가 "인간의 본성으로 보면 현명한 사람은 적고 품성이 나쁜 사람은 많다"는 것이기 때문에 세만 따른다면 나쁜 사람이 "세로 천하를 혼란스럽게 하는 경우"가 많아질 것이며, 현자가 "세로 천하를 태평스럽게 하는 경우는 적을 것"[197]이라고 했다.

그렇다면 세치는 반드시 현인만이 실현할 수 있다는 것이었나? 한비는 꼭 그런 것은 아니라고 했다. 여기서 한비는 또 유가의 인치사상을 비판했던 것이다. 한비는 요와 순과 같은 성군과 걸과 주와 같은 폭군은 흔한 것이 아니며 심지어 "천세에 한 번 나타나는 것"이라고 했다. 대부분의 군주는 "위로는 요와 순보다 못하고 아래로는 걸과 주보다는 나은 사람들"이다. 이런 군주들은 덕과 재능이 평범하며 그들은 "법도를 장악하고 권세를 가지면 세상을 태평스럽게 만들 수 있고, 법도를 등지고 권세를 버리게 되면 천하를 혼란스럽게 만들게 된다"고 보았기 때문에, 법치와 세치를 같이 실시하게 되면 걸과 주가 살아서 천자로 있을 때만이 천하가 혼란스러워질 것이며, 이는 "천세일난(천세에 한번 일어나는 혼란스러운 세상)"이라고 했다. 그러나 인치를 실시하게 되면 요와 순이 살아서 천자로 있을 때만이 천하가 태평무사해지게 되는데 이것이 "천세일치(천세

---

196) 《한비자 · 난세》
197) 《한비자 · 난세》

에 한번 나타나는 태평한 세상)"이기에, 한비는 "보법처세(법도를 장악하고 권세를 가진 것)"가 인치보다 낫다고 주장했던 것이다.

(ㄴ) 법과 술의 관계

한비는 전기법가의 이론을 종합할 때 상앙이 부족했던 점은 "법만 따르고 술을 사용하지 않았던 것(徒法而無術)"이고, 신불해의 결점은 "술만 사용하고 법을 따르지 않았던 것(徒術而無法)"이라고 했다. 한비는 법과 술의 관계를 "먹을 것"과 "입을 것"의 관계로 비유하면서, 이 두 가지가 다 통치자에게는 꼭 필요한 것이라고 했다. 《한비자 · 정법》에는 이렇게 쓰여 있다. "사람이 열흘 먹지 않으면 죽고 추운 날에 옷을 입지 않으면 역시 얼어 죽는다. 옷과 음식 중 어느 것이 사람에게 더 절박한가 묻는다면, 하나도 없으면 안 되는 것이고 둘 다 생명을 유지해나가는데 필수 조건이다.", "군왕이 술(術)을 모르면 아랫사람들이 기만할 것이고, 신하에게 법령이 없으면 난을 일으킬 것이다. 이 중 한 가지라도 없으면 안 되므로 제왕은 반드시 온전히 갖추어야 한다"고 했다.

한비의 "술치사상"은 인성의 "호리오해"를 기반으로 삼은 것이었으며, 임금과 신하의 모순은 해결될 수 없는 것이라고 여겼다. "임금과 신하는 하루에도 백 번은 싸운다"며 신하들은 수시로 임금의 자리를 노리고 있다고 했다. 때문에 임금은 술이 없으면 신하들에게 기만당하고 권세를 잃어버리게 되므로, 임금에게는 뭇 신하를 다스리는 방법을 장악하는 것이 매우 중요하다고 했던 것이다. 한비의 술치사상은 거의 다 신불해의 주장을 계승한 것으로 군주는 "명성이 사실과 부합되는지 확인하는 공개지술"과 "마음속에 숨겨두는 은비지술"로써 국가의 법도와 군주의 권위를 수호해야 한다고 주장했다.

4. 명가(名家)

명가는 춘추전국시기 사회의 대변혁 과정에서 생긴 하나의 학파로, 명실(사물의 개념과 실질) 관계를 중요시한 것으로 유명했다. 《한서 · 예문지》에는 이렇게 쓰여 있다. "명가의 학파는 대개 예의를 과장하던 관리로부터 나왔다. 옛날에는 명호와 지위가 다르면 예우 또한 달랐다."명가의 중점적인 논제는 이른바 명(名, 개념)과 실(實, 존재)의 논리적 관계에 관한 문제이며, 그 때문에 명가라고 불렸고, 또한 변자(辯者), 찰사(察士)라고도 불렸다.

명가는 제자백가들 가운데서 매우 큰 영향력을 가진 하나의 학파로 그 대표적 인물은 주로 춘추전국시기의 등석(鄧析), 전국시기의 윤문자(尹文子), 공손룡(公孫龍), 성공생(成公生), 혜시(惠施), 황공(黃公), 모공(毛公), 전파(田巴), 환단(桓團) 등이 있었다.

춘추 말기, 정나라 대부 등석(기원전 545~기원전 501년)은 "형명지학을 즐기고, 양가의 설을 이용하여 끝없는 변설을 폈으며"[198] 명가의 창시자이며 선구자였다. 전국시기 명가의 주요 대표자 중 한 사람은 혜시(혜자, 기원전 약 370~기원전 310년)인데, 전국시기 송나라 사람으로 장자와 같은 시대에 살았으며, 두 사람은 친한 친구이기도 했다. 장주는 《장자》라는 책에서 "혜시의 학설은 여러 방면에 걸쳐 있고, 그의 저서는 다섯 수레에 실어야 할 정도"라고 했다. 이로부터 우리는 혜자가 학문이 박식한 학자라는 것을 알 수 있다. 다른 한 사람은 공손룡(기원전 약 325~기원전 250년)으로, 조나라 사람이며 평생 사적은 알려진바 없다. 《사기 · 중니제자열전》에서 태사공은 공손룡을 공자의 제자이고 자는 석, 초나라 또는 위(卫)나라 사람이라고 했다. 소문에 따르면 공손룡은 여러 나라를 돌아다니면서 다른 사람과 변론하여 늘 이겼다고 한다.

혜자와 공손룡은 각각 명가의 두 파별을 대표하고 있다. 전자는 만물의 서로 다른 점을 합친 합이동(合異同), 후자는 이견백(离坚白)에 치우쳤다. 명가는 정치적으로 거존(去尊), 언병(偃兵)을 주장했다. 거존은 혜자가 제기한 것이지만 구체적인 내용은 전해지지 않았으며 대략적인 의미는 "사람마다 평등하다"는 것으로 추정된다. 이런 거존의 평등관은 중국 사상사에서 극히 드문 것이다. 혜자와 공손룡은 또한 언병을 제기해 폭력으로 천하를 통일하는 것을 반대했다.

《한서. 예문지》에 따르면 명가의 주요 저작에는 《등석자》, 《윤문자》, 《혜자》, 《공손룡자》 등이 있다. 혜자의 작품은 이미 유실되었으며 《한서 · 예문지》의 《혜자》 편도 유실되었다. 현재 《장자》, 《순자》, 《한비자》, 《예씨춘추》 등의 책에 조금 남아있을 뿐이다. 공손룡은 14편의 저작을 세상에 남겼으나 당나라 때 대부분 산실되었으며, 현재 《공손룡자》 한 책만 남은 것으로 추정된다. 후세에 전해진 《등석자》, 《윤문자》등은 다 위조된 작품이다.

명가의 가장 유명한 명제는 공손룡의 "백마는 말이 아니다"라고 하는 백마비마론(白馬非馬論)이다.

---

198) 유흠, 《등석자 · 서》

백마비마론은 논리학과 인식론에서 큰 의미를 가지는데 일반과 개별의 차이를 발견하고 그것을 매우 크게 과장한 것이었다.

명가는 전국시기에도 유명한 학파였으며 매우 큰 지명도를 가지고 있었다. 명가의 대표자 혜자와 공손룡은 철학가였다. 그들은 논증 과정에 사물의 모순과 통일 현상을 밝혔고 변증법 사상을 가지고 있었으며 고대 논리사상의 발전에 매우 큰 공헌을 했다.

명가는 두 갈래로 나뉘는데 한 갈래는 성문법과 함께 발전하면서 법조 술어를 강구한 이른바 "형명지학" 쪽이고, 다른 한 갈래는 논리적 관계를 전문 연구하는 "형명지학" 쪽이다.

명가의 중요한 한 갈래인 "형명지학"은 성문법과 밀접하게 연결된 것이다. 이 갈래의 주요한 대표적 인물은 신불해, 등석, 상앙 등이 있다. 일반적으로 신불해는 형명지학의 대표로 알려지고 있다. 《사기·노장신한전》은 "신자(申子)의 학문은 황로의 학에서 근원했으나 형명지학을 위주로 한다"고 했고, 《한서·원제기》의 "이형명승하(以刑名繩下)"는 유향의 《별록》을 풀이하여 "신자는 형명의 학술을 좋아했다"고 했다. 그러나 신불해의 형명지학은 원시적인 의미에서의 형명지학이 아니었다. 진정한 의미에서의 형명지학을 처음으로 창조한 것은 춘추시기의 등석이었다. 등석의 공적은 전통을 부정하고 "법에 따라 일을 처리해야 한다"는 법치를 주장하고, 또한 형명지학을 처음으로 창조한 데 있다. 그것은 원시적인 형명지학 또는 정통적인 형명지학이라고 불리고 있다.

1) 등석

춘추 말기, 정나라 대부 등석은 명가의 선구자였다. 후세 사람들의 위작인 《등석자(鄧析子)》는 그를 "양가지설(兩可之说)을 이용하여 끊임없는 변설을 늘여놓았다"고 했다. 그는 명에 대한 분석을 시작했으며, 또한 가장 일찍 역사에 기록된 송사(변호사)의 한 사람이었다.

(1) "고대 선왕을 본받지 말고 예의를 반대한다"

춘추 후기에 신흥 봉건세력이 발전하면서 사회적으로 전통적인 예치를 반대하는 사상이 생겨났다. 등석은 당시 가장 급진적인 개혁파였으며 정나라의 낡은 예제와 금령을 비판했다. 순자는 그를 "고대 성왕을 본받지 않고 예의를 찬성하지 않았으며 기담괴설을 즐기고 이상한 언어를 사용했다. 통찰력이 있었지만 아무 쓸모도 없었고, 웅변이 그럴 듯했지만 실제와는 동떨어져 있었으며, 많은 일을 했지만 효과는 매우 적었으니 나

라를 다스리는 강령으로 사용할 수 없었다. 그러나 그들의 논점은 근거가 있고 논점을
해설할 때 또한 매우 일리가 있어 우매한 백성들을 속이기에 충분했다. 혜시와 등석은
바로 그런 사람이었다"199)고 했다. 이른바 "불사예의"라는 것은 예의를 반대한다는 뜻이
다. 등석은 "법선왕"은 정치적 혼란만을 조성할 뿐 시대의 수요에 부합되지 않는다며
선왕의 제도를 법으로 하면 안 된다고 했다.

등석은 완고하게 예치를 고수하는 옛 귀족을 반대했을 뿐만 아니라 자산처럼 예치의
전통을 계승한 새로운 봉건 귀족도 반대했다. 그는 백성들의 소송을 도우면서 낡은 예
와 크게 맞섰으며 "그른 것을 옳다 하고, 옳은 것을 그르다고 하라"라는 주장을 제시했
다. 《여씨춘추》에는 이렇게 기록되어 있다. "자산이 정(鄭)나라의 관리를 할 때 등석은
갖은 방법을 다 해 그를 애먹였다. 그는 큰 송사(大獄)가 있는 사람은 상의를 가져오고
작은 송사(小獄)가 있는 사람은 짧은 상의나 바지를 가져오게 했다. 상의나 짧은 상의
또는 바지를 들고 소송하러 오는 사람들이 부지기수였다. 잘못된 것을 옳은 것으로, 옳
은 것을 잘못된 것으로 만드니 옳은 것과 그른 것이 기준이 없었으며 할 수 있는 것과
할 수 없는 것이 매일 마다 바뀌었다. 그는 소송에서 이기게 하려면 이기게 하고, 누군
가 벌을 받게 하고 싶으면 벌을 받게 하였다. 정나라는 큰 혼란에 빠져버리고 백성들이
시끌시끌했다."200)

등석은 당시 정나라 자산이 실시한 일부 철저하지 못한 개혁에 대해 불만을 가졌다는
것을 알 수 있다. 그래서 "여러 번이나 자산의 통치를 괴롭혔고"201) "백성들을 시끌시끌"
하게 만들어 귀족이 통치하는 사회질서에 충격을 주었던 것이다.

등석과 그 후학들은 유가의 예의도덕을 반대하는데 힘을 아끼지 않았던 것이다.202)

(2) 옛 제도를 개혁하고 사사로이 《죽형(竹刑)》을 만들었다

등석은 춘추 말기에 형법을 개혁하고 법제를 실행할 것을 주장한 대표적 인물이었다
그는 《죽형》을 편저해 낡은 예제에 대항해 나섰다. 《열자·역명》에는 이렇게 기록되어
있다. "등석은 양가의 설을 이용하여 변설을 잘 했다. 자산이 왕이 된 후 그는 《죽형》을
만들어 정나라에서 사용하면서 번번이 자산을 애먹였다." 진나라의 두예는 《좌전》의 주

---

199) 《순자·비십이자》
200) 《여씨춘추·이위》
201) 《열자·역명》
202) 《등석자·전사》

석에 "등석은 정나라 대부로 옛 법을 개혁하려 왕의 명을 따르지 않고 사사로이 형법을 만들었으며 그것을 죽간에 적었기 때문에 《죽형》이라 했다"고 했다.[203] 여기서 등석이 "왕의 명을 따르지 않고 사사로이 형법을 만든 것" 즉 《죽형》을 편저한 것은 정나라 정부에서 권한을 부여받거나 허락을 받은 것이 아니라 개인적으로 강의를 하는 방식으로 발표한 것이라는 것을 알 수 있다. 이는 중국 고대 법제사에서는 한 가지 창의적인 것이라고 할 수 있으며 등석의 용감함과 혁신 정신이 반영된 것이기도 했다.

등석이 국가 정치를 비판하고 《죽형》을 홍보하는 방식도 매우 특별했다. 《여씨춘추》에는 이렇게 기록되어 있다. "정나라에서는 많은 사람들이 잇달아 나라의 정치를 비판하는 선전문(揭帖)을 붙이자 자산은 명을 내려붙이지 못하게 했고, 등석은 그것을 밖으로 내돌렸다. 자산이 명을 내려 선전문을 돌리지 못하게 하자 등석은 또 그것을 다른 물건 속에 숨겨 돌렸다."[204] 등석은 선전문을 붙이고 돌려보게 하고 비밀리에 배포하는 방식으로 자기의 혁신사상과 법률주장을 홍보한 것이었다. 이는 정나라의 봉건세력을 발전시키고 강대해지게 하는데 적극적인 역할을 했다.

등석은 또한 법률을 이용하여 백성들의 소송을 빈번히 도왔으며 그들의 옹호를 받았다. 《여씨춘추》에는 이렇게 쓰여 있다. "유수에 홍수가 나 정나라의 한 부자가 물에 빠져 죽자 누군가 그 부자의 시신을 건졌다. 죽은 부자의 가족들은 이를 알고 찾아가 돈을 내고 시신을 가져가려 했으나 시신을 찾아가는데 엄청난 돈을 요구했다. 그리하여 부자의 가족은 등석을 찾아와 방도를 물었다. 등석은 부자의 가족에게 "걱정하지 말고 돌아가라, 그 사람들은 시신을 당신들에게만 팔 수 있을 것이다. 다른 사람들은 누구도 사가지 않을 것이다"고 대답했다. 그리하여 부자의 가족들은 더 이상 시신을 사러 찾아가지 않았다. 이번에는 시신을 건진 사람이 조급해져서 등석을 찾아와 방도를 물었다. 등석은 그들에게 "걱정 말라, 부자의 가족들은 당신이 아니면 다른 누구에게서도 시신을 사갈 수 없을 것이다."라고 말했다. 여기서 보면 등석은 고대의 변호사와 매우 흡사했다. 그는 "양가의 설"을 이용하여 같은 사건에 대해서 "그렇다"와 "아니다"를 같이 사용했으며 앞에 말한 시체를 찾아오는 사건에서도 그러했다.

등석은 또한 "관아에서 배우는" 전통을 타파하고 사람들을 모아놓고 강의를 하면서 법률 지식을 전수하고 소송을 담당했다. 《여씨춘추 · 이위》에는 이렇게 쓰여 있다. "백

---

203) 《좌전 · 정공구년》 두예주.
204) 《여씨춘추 · 이위》

성들과 약속을 하고, 큰 송사가 있는 사람은 상의를 가져오고, 작은 송사가 있는 사람은 짧은 상의나 바지를 가져오게 하니, 상의와 바지를 들고 소송을 도와달라고 찾아오는 사람이 부지기수였다." 많은 학자들은 등석을 개인적으로 법률 지식과 소송 방법을 전수한 첫 사람이라고 했다.

아울러 역사 자료의 기록에 따르면 등석은 "잘못된 것을 옳은 것으로, 옳은 것을 틀린 것으로 만드니 옳은 것과 틀린 것의 기준이 없었으며, 할 수 있는 것과 할 수 없는 것이 매일 마다 바뀌었다. 소송에서 이기게 하려면 이기게 하고 누군가 벌을 받게 하고 싶으면 벌을 받게 하였다"고 했다.

등석은 또한 변론에 능한 소송 능수였다. "법문을 논하고 변론술을 잘해 춘추시기에 이름이 있었다"[205]고 했다.

이밖에 등석은 또한 법으로 일을 처리한다는 사단우법(事斷于法)[206]의 주장을 제시했다. 즉 법률을 사람들의 언행이 옳은지 그른지 판단하는 표준으로 삼아야 한다는 것이다. 이런 "사단우법"의 주장이 바로 후에 법가가 예치를 반대하고 법치를 요구했음을 알게 해주는 것이다.

등석의 《죽형》이 백성들의 환영을 받고 정나라에서 영향력이 매우 컸기 때문에 정나라 집권자들의 정령이 널리 시행되기 어려워졌다. 그 결과 "자산이 등석을 죽이니 백성이 그제야 복종했고 시비가 이에 정해졌으며 법률은 이에 행해졌다"고 했다.[207] 정나라의 사전(駟顓)은 "등석을 죽일 때 그의 《죽형》을 이용했다"[208] 사전이 등석을 죽일 때 《죽형》을 사용한 것을 보면, 등석의 입법이 자산의 "형서"보다 진보했던 것이었음을 보여준다. 애석하게도 《죽형》은 실전되어 그의 사상을 알 수 없게 됐다.

2) 혜시(惠施)와 그의 법률 활동

혜시(기원전 370년? 기원전 310년)는 등석 이후 명가의 대표적인 인물이나. 상자는 그를 "궤변술로 우쭐거린다(以堅白鳴)"[209]라며 "다른 사람이 꼭 알고 싶어 하는 것도 아

205) 양계초, 《선진정치사상사》 본론, 제2장, 80쪽, 북경, 동방출판사, 1996.
206) 《鄧析子·轉辭》
207) 《여씨춘추·이위》
208) 《좌전·정공9년》.
209) 《장자·덕충부》

닌데 가르치려 하다가 견백론이라는 어리석음으로 결론이 났다"[210]고 비판했다. 그의 저서 《혜자(惠子)》는 이미 실전되었으며 《장자 · 천하》에만 그의 10가지 주요한 명제가 보존되어 있다.

혜시의 법률사상에 관한 사료는 많지 않다. 《여씨춘추》에는 혜시의 입법에 관환 기록이 있다. 《여씨춘추 · 음사》에는 이렇게 기록되어 있다. "혜자가 위 혜왕을 위해 법을 만들었다. 법이 만들어지자 사람들에게 보였다. 사람들이 모두 좋다고 하였다. 그것을 혜왕에게 헌상하니 혜왕도 좋아하였다. 그래서 적전(翟翦)에게 보였다. 적전이 말하였다. "좋습니다." 혜왕이 말하였다. "시행할 만한가?" 적전이 말하였다. "불가합니다." 혜왕이 말하였다. "좋으면서도 시행할 수는 없다고 하니 무엇 때문인가?" 적전이 대답하였다. "이제 큰 나무를 들 때에는 앞에서 '영차'라고 하면 뒤에서도 그것에 호응을 하니 이것이 큰 나무를 드는 데에 좋은 것입니다. 정(鄭)나라와 위(衛)나라에 아름다운 음악이 없겠습니까? 그렇지만 그런 것은 여기에는 적당하지 않습니다. 나라라는 것도 큰 나무와 같습니다." 《회남자 · 도응훈(道應訓)》에도 이에 대한 기록이 있으나 문장 상에서 약간의 차이가 있다. 이상의 사료를 보면 혜시의 법은 후세에 전해지지 못했을 뿐만 아니라 실행된 적도 없다는 것을 알 수 있다.

3) 공손룡(公孫龍)

등석의 뒤를 이어 후래 명가의 대표적 인물인 공손룡도 명가의 사상을 계승했다. 환담의 《신논(新論)》에는 이렇게 기록되어 있다. "공손룡은 전국시기 유명한 논리학자였다. …… 백마는 말이 아니라고 했다. …… 사람을 굴복시킬 수 없었다. 후에 흰 말을 타고 부전(符傳)을 소지하지 않은 채 관문을 지나려 하니 관문을 지키는 관리가 막아나섰으며 그의 허언은 통하지 않았다." 이는 공손룡이 진나라와 조나라 간의 약속을 해석함에 있어 등석의 정신을 이어받았다는 것을 보여준다. 그가 관문을 지키는 수문장에게 "흰 말은 말이 아니다"고 한 것도 법령을 짓밟기 위한 궤변이었다. 그러기에 《장자 · 천하》에는 "변사의 무리들은 사람의 마음을 꾸미기도 하고, 사람의 뜻을 바꾸기도 했다. 그들은 사람들의 이론은 이겨낼 수 있었지만 사람들의 마음을 굴복시키지는 못했다. 그것이 변사들의 한계인 것이다"라고 했던 것이다.

---

210) 《장자 · 제물론》

4) 명가의 법률사상211)에 대한 평론

선진 명가는 철학 관념과 사변 기교에 대한 토론에 치우쳤으며 직접 법률문제를 논한 것은 많지 않다. 종합적으로 보면 그 법률관의 핵심적인 정신은 비표준적인 상대주의와 법률 실천 중의 놀이 방법이었다. 이런 법률관과 그 해로운 점에 대해 고대의 일부 서적에도 논평을 한 것이 있다. "예를 들면 《순자·유효》에서는 "견백(堅白)이나 동이(同異)의 구분이다. …… 왕공들이 좋아하게 되면 법이 어지러워지고, 백성들이 좋아하게 되면 세상이 어지러워진다……"고 했고, 《한비자·문변》에는 "견백과 무후(無厚)의 궤변이 유행되기 시작하면 헌장과 법령이 파괴되고 사라져버릴 수 있다"고 했다. 《회남자·전언훈》은 "공손룡은 변설에 능해 명실관계를 교란했고, 등석은 변설을 교묘하게 하여 법률을 어지럽혔다"고 했다. 《여씨춘추·이위》는 "이렇게 되자 할 수 있는 일과 할 수 없는 일을 구분할 수 없게 되었다. 할 수 있는 일과 할 수 없는 일을 구분할 수 없으면서 상과 벌을 실시하니 상벌을 많이 할수록 혼란스러움이 더해졌다. 이는 나라를 통치함에 있어서 금기이다. 때문에 변설에 능하나 사리에 부합되지 않는 것은 간교함이라 하고, 지혜롭지만 사리에 부합되지 않는 것은 교활함이라 한다. 간교하고 교활한 자는 선왕이 징벌하고자 하는 사람이다. 사리는 시비를 판단하는 근본이다.", "지금 세상의 사람들은 다 자기 나라를 잘 다스리려고 하지만 등석과 같은 사람을 죽이지 않는다면 그것은 나라를 잘 다스리고자 하나 더욱 혼란에 빠져버리게 되는 원인이 된다"고 했다.

명가의 저명한 인물들은 모두 다 변론 능력이 뛰어난 변사였다. 그들은 법률의 개념과 조문은 다 일정한 영민성과 가변성이 있어 교묘하게 전개하기만 하면 원래 규범한 내용에서 벗어나거나 심지어 정반대되는 뜻을 얻을 수도 있다는 것을 알고 있었다. 명가는 사건을 처리할 때 법률 조문의 문구를 지나치게 따지면서 다른 사건(또는 다른 조건하에)에 제멋대로 다른 해석을 달아 법률을 마음대로 왜곡하고 짓밟는 것이 특기와 애호였다.212) 등석이 유수의 시체 사건을 처리한 것이 비로 전형적인 예증이다. 명가 인물들은 늘 이런 원칙으로 법률 조문을 해석하고 분석했다. 그들은 종래 조문의 정신

---

211) 이 부분의 내용을 창작할 때 주로 호욱성의 《선진명가 학파의 법률관에 대한 논술-이론과 논리에 대한 분석을 주체로 한다》는 글의 관점을 참조하였다.(《법학연구》, 1996(6)) 이 글에서는 명가에게는 진정한 법률사상이 없고 법률 이론은 더욱 없으며, 거칠고 조잡한 법률관만 가지고 있을 뿐이라고 주장했다.

212) 胡旭晟, 《先秦名家學派法律規闡釋-以理論邏輯的分析爲主體》, 《法學硏究》, 1996(6).

과 실질에 관심을 두지 않았고, 조문과 사실 사이의 연계에 대해서도 관심이 없었다. 그 때문에 고대의 사서들은 명가를 이렇게 평가했다. "자질구레한 것을 잡고 늘어져서 사람들이 그 뜻을 돌아보지 못하게 한다."213) "사람의 마음을 미혹시키고, 사람의 뜻을 변화시키고, 말로는 사람을 이기지만 사람의 마음은 굴복시키지 못한다."214) 그러나 명가의 "이름을 따라 실질을 책한다(循名責)"고 하는 것은 중국 고대 법률 해석의 발전을 촉진시킨 것이라 할 수 있으니, 그들의 법률사상도 중국 법률사상 발전사에서 한 자리를 차지하고 있음은 분명한 사실이라고 할 수 있다.

5. 음양가

음양가는 음양오행가라고도 불리며 전국시기의 중요한 한 학파로서 "음양오행설"을 중심사상으로 했기 때문에 가진 이름이다. 《한서 · 예문지》에 따르면 음양가는 고대에 천문 역법을 관리하던 관리들로부터 변화 발전되어 온 것이라 한다. 음양가들은 음양오행의 변화 발전으로 천상(川象) 및 자연계의 변화를 해석했다. 음양오행가의 대표적 인물은 추연(鄒衍, 기원전 305~기원전 240)으로, 제나라 사람이다. 그는 처음에는 유(儒)술로 세상사를 처리했지만 후에는 점차 유가와 묵가 두 파의 학문이 다 똑같이 "천지가 얼마나 광대한지를 모르고 심원한 도리를 모른다"고 하면서 "대성종시(大聖終始)설을 주장하며 제후 왕공들을 깨우쳐주었다."215) "만물의 음양과 소장을 깊이 관찰하여 괴이하고 신비한 변화를 기록했다."216) 이러한 그의 사상은 당시 매우 큰 반향을 일으켰으며 각 나라의 통치자들의 중시를 받았다.

전국시기 음양오행설이 널리 유행했다. 《예기 · 월령》, 《여씨춘추 · 십이기》 등은 음양오행론으로 사계절의 변화를 설명했다. 추연을 대표로 하는 파는 음양오행설로 왕조의 교체를 해석했다. 음양가의 이론에는 고대의 과학지식과 미신적인 점복무술(占卜巫術)이 섞여 있었다. 한편으로 고대의 천문 운행변화와 농작물 생장 규칙에 대한 지식을 종합하고 음양소장, 오행생극으로 만물의 변화를 해석한 소박한 변증법사상을 가지고

---

213) 《사기 · 태사공자서》
214) 《장자 · 천하》
215) 《鹽鐵論 · 論鄒》
216) 《사기 · 맹자순경열전》

있었다. 그러나 다른 한편으로는 천문현상의 변화를 사람 일에 억지로 맞춰 하늘과 인간이 서로 감응하는 유심주의 관념을 선양했다. 후세에 대한 음양가의 영향도 복잡했다. 음양가는 왕충 등의 천도자연관을 계발하는데 영향을 주었고, 동중서 등이 도참 미신을 논증하는데도 사용됐다. 음양가의 저술은 대부분 산실되었으며 전해져 내려온 것은 제자들의 저작에 있는 것뿐이다.

　음양은 중국 고대철학의 기본범위로 고대 사람들이 보편적으로 존재하는 두 가지 상호 대립하고 상호 의존하며 끊임없이 발전 변화하고 있는 사물을 표하는데 사용됐다. 예를 들면, 천지, 일월, 주야, 한서, 수화, 자웅, 남녀 등을 가리켰다. 오행은 토, 목, 금, 화, 수를 가리키는데, 고대 사람들은 이 5가지 물질이 만물을 구성하는 기본 요소라고 여겼으며, 이 5가지 요소의 변화 즉 "상생상승"에 음양 두 가지 기운의 소장(消長)을 결합시키면 자연계가 정상적으로 돌아간다고 여겼다. 예를 들면 봄에 나오고 여름에 자라고 가을에 수확하고 겨울에 저장하는 식이다. 만약 음양오행의 운행이 순조롭지 못하면 천재가 일어난다고 여겼다. 예를 들면 "양기가 잠복해 있으면서 나오지 못하고, 음기가 양기를 압박해 솟구쳐 오르지 못하게 하면 지진이 일어난다"[217]는 것이 그것이었다.

　추연은 인류사회의 화복, 왕조의 흥망성쇠도 음양오행의 변화로 해석했다. 그리하여 오덕종설(武德終始)[218]이라는 말이 생겨났다. 그것의 주요 내용은 자연계 오행은 인류사회의 "다섯 가지 덕"과 서로 증감하고 상생 상극한다는 것이다. 추연은 이로써 순, 하, 상, 주의 흥망을 해석했다. 즉 순에게는 토덕, 하에게는 목덕이 있어 자연계 속의 "목극토"와 대응되며 하가 순을 이겨 통치자가 되었다고 했다. 또 상은 금덕이고 금은 목을 극(克)하니 하가 상을 멸망시킨 것이고, 주는 화덕이고 화가 금을 극하니 상이 주를 멸망시켰다는 것이다. 이런 오득종시의 이론은 왕조의 흥쇠에 신의 색채를 부여한 것이라 통치자들의 큰 환영을 받았다. 진시황은 천하를 통일한 것은 오득상극지설에 따라 수덕이 있어 주나라를 대체한 것이라고 했다. 왕조의 흥쇠가 일어날 때마다 새로운 왕조는 꼭 "오득종시"의 이론으로 낡은 왕조는 천운을 다 한 것이고, 새 왕조는 천명에 의해 생겨난 것이라는 것을 증명하곤 했다.[219]

　음양가의 법률사상에는 주로 두 가지 방면의 내용이 들어있었다. 첫째는 "시령설"을

---

217) 《국어 · 주어》
218) 《여씨춘추 · 응동》
219) 《문선》 권6, 심휴문의 《고안륙소왕비》, 이선이 《추자》를 풀이한 것

창립한 것이다. 음양가는 통치의 방식인 덕과 형에 양과 음을 억지로 들이 맞춰 덕은 양, 형은 음이라고 했다. 또한 통치자가 천지사시음양의 변화에 순응해 덕정을 실시하거나 또는 형치를 실시해야 하며, 시기를 거슬러 하면 안 된다고 했다. 음양가 사상을 반영한 《예기 · 월령》은 이렇게 때에 따라 통치자의 정무를 배치했다. 봄철은 양기가 자라고 음기가 가라앉는 시기이고 만물이 소생하므로, 통치자는 마땅히 춘령을 내려 음양오행의 변화에 순응해야 한다. 봄철에는 반드시 덕정을 펼쳐 양기를 부추겨야 한다. 이럴 때에는 토벌을 금지하고 토목을 다치지 않으며 경상교화(慶賞教化)를 많이 하여 백성들이 하늘의 생령을 아끼는 품덕과 통치자의 인자한 마음을 체험할 수 있게 한다. 범죄자에 대해서도 연민과 동정의 마음을 가져야 한다. "유사에게 명령하여 옥에 수금된 자를 살펴보고 수갑과 족쇄를 제거하며 함부로 고문하지 말며 옥송을 그치게 하도록 한다." 여름에는 양이 성하고 음이 쇠하며 만물이 생장하기 때문에 하령을 매려 봄철의 덕정을 계속 이어나가면서 작은 죄는 사면해주고 중죄는 가볍게 처벌해야 한다고 했다.

즉 "백관들은 마땅히 조용히 자기 직책을 지키면서 형벌을 실시하지 말고 음양의 변화를 안정시켜야 한다"는 것이었다. 가을철에는 음기가 자라고 양기가 소실되기 때문에 만물이 소슬해지면서 스산한 기운이 든다. 통치자들은 추령을 실시해 음양오행의 변화에 순응해야 한다. 가을철에는 음으로 양을 보완하고 형으로 덕을 보완해야 한다. 그렇기 때문에 "관료에게 명하여 엄격히 법제를 행하고 감옥을 수리하며 족쇄와 수갑을 준비케 하고 위법행위를 근절케 한다. 흉악하고 범죄를 저지르는 자들을 감시하고 이들을 반드시 체포한다. 옥관에게 명하여 수형으로 인해 불구가 된 자들을 살피게 한다. 반드시 공정하게 안건을 판결하며 법에 엄격히 의거하여 죄가 있는 자들을 징벌한다." 그리고 "엄격하고 명확하게 각종 형벌을 집행케 해야 한다"며 형살로 하늘의 숙살 기운을 빌어 통치자의 권위를 세워야 한다고 주장했다. 겨울철은 음이 성하고 양이 쇠하니 동령을 실시하여 위엄을 유지하고 범죄자를 가차 없이 엄하게 처벌해야 한다. 후세 사람들은 음양가의 집정 원칙을 다음과 같이 종합했다. 봄과 여름에는 축하와 상을, 가을과 겨울에는 형과 벌을 내린다. 정통적인 법률사상 중의 "사법시령"설은 여기에서 직접 기원한 것이었다.

둘째는 재이견고(災異譴告)설을 주창한 것이다. 즉 통치자가 시령에 따라 정사를 돌보지 않으면 음양이 실조되고 오행의 변화가 혼란스러워지면서 자연계에 재이(재해와 이상한 현상)가 나타나게 될 것이라는 것이다. 이렇게 된다면 자연계 속의 재이가 인류에 대한, 특히 제왕에 대한 하느님의 경고와 징벌로 변해버린다는 것이다. 예를 들면

《월령》에는 다음과 같이 기록되었다. "춘삼월에 동계의 정령을 실행하면 한기가 시시각각 발하여 초목이 마르니 나라 안에 두려운 일이 발생할 것이다. 하계의 정령을 실행하면 민중에 지병과 온병이 발생할 수 있고 우수가 적당한 시기에 오지 않아 고지의 농작물은 수확할 수가 없다. 추계의 정령(秋令)을 실행하면 날씨가 자주 흐리고 우기가 미리 도래하며 전쟁이 일어날 수 있다"고 한 것 등이다. "재이견고"에는 신비한 색채가 들어있으나 그것은 날로 강대해지고 있는 군권을 제약하는 힘이 되기도 했다. 음양가의 학설은 후세 통치자들에게 채용됐으며 원인은 그것이 통치자의 통치를 신화하고, 또한 등급제의 합리성과 영원함을 음양으로 증명했기 때문이다. 한나라 이후 입법의 지도사상인 "삼강오상"은 사실 음양오행설을 사람 일에 억지로 맞추어 형성한 것이다. 그러나 음양가의 학설은 통치자를 신화하는 동시에 통치자를 속박하는 역할을 하기도 했다. 《사기 · 태사공자서》는 "6가지 요지"의 말을 비러 음양가는 "사람을 속박하고 두렵게 했다"라고 했다. 《한서 · 예문지》는 "고집스럽고 융통성 없는 사람이 음양가의 학술을 실행한다면 금지사항에 묶이고, 점복 같은 자질구레한 것에 구애되어 사람 일을 버리고 귀신을 미신하게 될 것이다"라고 했다. 더 중요한 것은 중국의 고대 정치는 왕권을 중심으로 하는 대일통 집권정치였는데, 그런 문화적 배경 속에 천도, 귀신 등은 모두 "인사(사람 일)"를 위해 복무했으며, 귀신을 존경하면서도 멀리하는 것이 특징이라는 것이었다. 그렇기 때문에 진한 이후 음양가 학설은 통치자들에게 사용되기는 했지만 한 개의 독립된 유파가 되어 고상한 자리에 오르지는 못했던 것이다.

6. 기타

춘추전국시기는 중국 고대사회가 종법노예제에서 봉건지주제로 과도하는 대변혁의 시대였다. 생산력의 제고가 상층구조를 크게 조정했으며, 신권예제(神權禮制)가 전례 없는 도전을 맞이했으며, 사상 학술이 번영하여 백가쟁명을 형성했다. 유, 묵, 도, 법 4대가 외에도 음양가, 명가, 종횡가, 잡가, 농가, 소설가, 병가, 의가 등이 나란히 선진(先秦) 12가로 불렸다. 도가, 유가, 법가, 명가와 음양가의 법률사상은 앞에서 중점적으로 소개했으므로, 여기서는 묵가, 잡가와 병가의 법률사상을 상세히 논술하고자 한다.

1) 묵가의 법률사상

묵가는 전국 초기에 묵적 즉 묵자(기원전 약 490~기원전 403)를 창시자로 한 학파였다. 묵자는 노나라 사람(송나라 사람이라는 주장도 있음)으로 평민 출신이며 수공예에 능하여 천인(賤人)이라고 자칭하기도 했다.[220] 그는 공자 후, 맹자 전 시대에 살았다.

묵자는 원래는 유가의 학생이었다. "묵가의 학설을 배우고, 공자의 사상을 받아들다."[221] 후에 묵가는 유가가 주장하는 주례에 폐단이 많다고 생각되어 "주나라의 정치를 등지고 하나라의 정치를 채용하여" 묵가학파를 창설했다.[222] 모종의 의미에서 말한다면, 묵가는 가장 일찍이 예치를 반대하면서 유가와 대립한 학파였다. 당시 묵가의 영향은 유가에 손색이 없었다. 그리하여 맹자는 "양주, 묵적의 학설이 없어지지 않으면 공자의 학설은 유명해지지 않는다"[223]고 했으며, 한비도 유, 묵을 나란히 현학이라고 불렀다.[224] 묵가의 저술은 현재 보존된 것이 《묵자》 53편이다. 고증한 바에 따르면 그중 어떤 편목은 묵자 본인이 쓴 것이고, 어떤 편목은 묵자의 문생 제자 및 후세 묵가 학파들이 쓴 것인데, 그중에는 매우 적은 분량이지만 유가와 도가의 학설이 섞여 있다고 보고 있다. 따라서 《묵자》를 이용하여 묵가사상을 연구할 때는 먼저 그것의 진위를 구분해야 한다. 학계에서는 《묵자》 중의 《친사(親士)》는 도가의 학설이고, 《수신》은 유가의 주장으로 묵가 학설의 취지에 부합되지 않는다고 인정하고 있다. 간단하게 말하자면 묵가의 법률사상에는 아래와 같은 내용이 들어 있다.

묵가는 자기가 처한 시대는 강한 자가 약한 자를 괴롭히고 많은 사람이 한 사람을 괴롭히고 부유한 자가 가난한 자를 괴롭히고 귀족들이 천민을 업신여기는 크게 혼란스러운 세상이라고 여겼다. 묵가는 유가의 군불군(君不君), 신불신(臣不臣), 부불부(父不父), 자불자(子不子)의 주장은 혼란스러운 현상일 뿐이며, 난세를 다스리려면 중요한 것은 혼란스러운 근원을 찾는 것이라고 여겼다. 때문에 "모든 사람이 다 같이 서로 사랑하고 다 같이 서로를 이롭게 한다(兼相愛, 交相利)"[225]는 원칙을 제기해 사회문제를 해결하는 근본적인 방침으로 삼았다. 묵가의 법률사상은 바로 이런 "겸상애, 교상리"의 원칙을 에워싸고 전개

---

220) 《묵자 · 귀의》
221) 《회남자 · 요략훈》
222) 《회남자 · 요략훈》
223) 《맹자 · 등문공》
224) 《한비자 · 현학》
225) 《묵자 · 겸애중》

된 것이다.

(1) "겸상애, 교상리"의 법률관

묵가는 혼란스러운 근원은 사람들이 "상애(서로 사랑하는 것)"할 줄 모르기 때문이라고 여겼다. 《묵가·겸상애》에는 이렇게 쓰여 있다. "성인은 천하를 다스리는 것을 일로 삼는 자이니, 혼란이 일어나는 원인을 살피지 않으면 안 된다. 일찍이 혼란이 어디에서부터 일어나는 것인가를 살핀 적이 있다면, 서로 아끼지 않는 데서 일어난다." 묵가는 고대 성왕들은 "겸상애, 교상리"를 실행했으나 근세에 와서 사람들은 오히려 서로 해치고 있기 때문에 천하가 큰 혼란에 빠졌다고 여겼다. "지금 만일 나라와 나라가 서로 공격하고, 가문과 가문이 서로 빼앗고 있으며, 사람과 사람사이에 서로 도둑질하고, 임금과 신하 사이에 은혜와 충정이 없고 부자간에 자애로움과 효도가 없고 형제간에 화목하지 못한다면, 그것이야말로 천하의 큰 해악이다."[226] 부모 자식 간과 형제간에 서로 사랑하지 않는 것이 가정이 화목하지 못한 원인이고, 임금과 신하 간에 서로 사랑하지 않는 것이 국가가 혼란에 빠진 원인이고, 제후국 간에 서로 사랑하지 않아 침략과 전쟁을 멈추지 않는 것이 천하가 대란에 빠진 원인이다. 범죄도 서로 사랑하지 않아 생긴 산물이다. "천하에 도적이 생기는 원인도 바로 그러하다. 도둑은 제 집만 아끼고 다른 집은 아끼지 않으므로, 다른 집을 훔침으로써 제 집을 이롭게 한다. 강도는 제 몸만 아끼고 남은 아끼지 않으므로, 남을 해침으로써 제 몸을 이롭게 한다."[227] 즉 도적이 생긴 원인도 바로 이런 것이다. 물건을 훔치는 사람은 자기 집 이익만 생각하고, 다른 집의 이익은 아끼지 않기 때문에 다른 집 물건을 훔친다. 살인과 약탈을 하는 사람은 자기 목숨만 아끼고 다른 사람의 목숨은 아끼지 않기 때문에 살인과 강도질을 한다. 종합적으로 천하의 모든 혼란은 어느 하나 사람들의 "불상애(서로 사랑하지 않는 것)"에서 생겨나지 않은 것이 없다. 그리하여 묵가는 혼란을 멈추는 근본적인 해결방법은 "세상 사람들이 서로 사랑하고, 자기 몸을 사랑하는 것처럼 다른 사람을 사랑하는 것" 즉 사람들이 서로 우애롭게 지내고 자신을 아끼듯이 타인을 아끼는 것이라고 여겼다.

"겸상애"는 묵가의 이상이었으며, 이런 이상이 실현되려면 사람들 사이에 "서로를 이롭게 하는 것(相利)"을 실현해야 한다고 했다. 국가의 통치자들은 "반드시 세상을 위해

---

226) 《묵자·겸애중》
227) 《묵자·겸애상》

이로운 것을 흥하게 하고 해로운 것을 제거해야 한다"고 하면서 사람들 사이에 서로 사랑하는 것을 실현할 수 있도록 해야 하는데, 이것이 바로 "교상리"라고 했다.[228]

그리하여 "겸상애, 교상리"는 묵가가 주장하는 입법원칙과 표준이 되었다. 다른 각 가(家)들과 다른 것은 묵가는 법률을 통치자가 나라를 다스리는 도구로 생각하지 않았던 것이고, 법률이 등급과 특권을 보호해준다는 사실을 인정하지도 않았다는 점이다. 묵가는 법률의 보편성과 공정성을 강조했으며, 법률의 확립은 반드시 세상 사람들이 서로 사랑하고 서로를 이롭게 하도록 추진하는 것을 목적으로 해야 하며, 이런 원칙을 어기게 되면 어질지 못한 것 즉 "어질지 못한 것을 본받으면 법도로 삼을 수 없다"고 했다.[229] "겸상애, 교상리"의 표준에 근거해 묵가는 현실 속의 법률을 비판했다. 《묵자·비공상》은 통치자들이 의(義)의 기치를 들고 진행하는 전쟁을 가장 큰 범죄라고 여겼다. 그것은 묵가들은 전쟁이야말로 인류의 "상애, 상리" 원칙에 가장 크게 위배되는 것이라고 여겼기 때문이다. 그러나 현실 중의 법률은 다른 집 과수원에 뛰어들어 과일을 훔친 자, 다른 사람의 개나 돼지, 닭, 소, 말 등 짐승을 훔친 자, 무고한 사람을 죽인 자 등에 대해서는 징벌을 하면서도, 유독 공국(攻國, 전쟁)만은 죄로 인정하지 않았다. 묵자는 이를 "검은 것을 조금 보고 검다고 하고, 검은 것을 많이 보고서는 희다고 한다.", "쓴 것을 조금 맛보고 쓰다 하고, 쓴 것을 많이 맛보고 달다 하는 것"이라고 했다. 이 관점은 도가의 "고리를 훔친 자는 죽고 나라를 훔친 자는 제후가 된다"는 주장과 매우 비슷했다. 묵가들은 "겸상애, 교상리"를 원칙으로 하는 법률이 우선 징벌해야 할 것은 통치자의 거죄(거대한 죄)인 전쟁이라고 여겼다.

(2) 천자의 발헌포령(發憲布令)과 "천하의 의견을 통일시킨다(一同天下之義)"

묵가는 국가와 법이 생기기 전에 모든 사람에게는 자기의 스스로의 시비 표준이 있다고 여겼다. "한 사람에게는 한 가지 견해가 있고, 열 사람에게는 열 가지 견해가 있고, 백 사람에게는 백 가지 견해가 있고, 천 사람에게는 천 가지 견해가 있다"고 했다.[230] 사람마다 의견이 다르고 표준이 같지 않으면 말다툼이 생기고 심지어 싸우기까지 한다. 한 집안에서 "부자 형제간에 반목하게 되고", 천하가 혼란스럽기를 "짐승과 같다"고 했

---

228) 《묵자·겸애》
229) 《묵자·법의》
230) 《묵자·상동하》

는데,[231] 그 원인은 사람들에게 통일적인 시비 표준이 없고 겸애의 도리를 모르기 때문이라고 했다. 따라서 사람들은 현자를 선택해 천자(왕)로 삼고 그 아래로 한 급 한 급씩 각 급 행정장관을 설립한다. 그런 다음 천자가 "헌령을 세상 백성들에게 발포"하여 위에서부터 아래로 "세상의 의견을 통일시키고"[232] 명령을 내리고 형벌을 제정하였으며 사람들이 한 급 한 급씩 위로 선과 악에 관한 상황을 보고하게 한다. 천자는 좋은 사람에게 상을 주고 나쁜 사람에게는 벌을 내린다. 백성들은 반드시 각 급 행정장관에게 복종해야 하며 결국에는 반드시 천자에게 복종해야 한다. "천하 백성들은 모두 천자와 일치해야 한다"[233]고 했다. 묵가가 제기한 "천하의 의견을 통일시키기 위함"이라는 국가와 법률 기원론은 "겸상애, 교상리"의 원칙을 국가의 법률로 승격시켜 국가의 강제력을 이용해 위에서부터 아래로 관철시켜 사람들의 사상을 통일하여 사회의 혼란을 피하려는데 있었던 것이다.

(3) 이천위법(以天爲法)의 자연법사상

이 세상에 "상애, 상리"의 법률을 어떻게 세울 것인지에 대해서도 묵가에게는 많은 논술이 있었다. 우선 묵가는 입법자(천자)는 "하늘을 법으로 삼아야 하고, 무슨 일이든 반드시 하늘의 뜻에 따라야 한다. 하늘이 원하는 것은 하고 하늘이 싫어하는 것은 하지 말아야 한다"[234]면서, "이천위법"을 해야 하는 원인은 하늘의 모든 행위에 "겸상애, 교상리"의 정신이 체현되어 있기 때문이라고 했다. 예를 들면 하늘이 세상만물을 창조하여 백성에게 이롭게 했으며, 하늘이 만물을 차별 없이 똑같이 대하였기 때문이다. "사람은 어린 자와 연로한 자, 귀한 자와 천한 자의 구별이 없이 모두 하늘의 백성이다."[235] 묵가의 하늘은 하, 상, 주의 통치자가 선양하는 통치자의 이익을 전문 지켜주는 하늘이 아니었다. 묵가는 하늘에는 의지가 있고 좋아하는 것과 싫어하는 것이 있다고 여겼다. "하늘은 사람들 사이에 서로 아끼고 이롭게 하는 것을 좋아하지 서로 미워하고 훔치는 것을 좋아하지 않는다." 더욱 중요한 것은 묵가가 하늘은 천자에 대해 구속력을 가지고 있다고 여긴 것이다. "천자가 어질면 하늘은 그에게 상을 내리고, 천자가 난폭하면 하늘

---

231) 《묵자 · 상동중》
232) 《묵자 · 상동중》
233) 《묵자 · 상동상》
234) 《묵자 · 법의》
235) 《묵자 · 법의》

은 그에게 벌을 내린다."[236] 이것은 또한 천자가 반드시 "이천위법"해야 하는 원인이기
도 했다. 다음으로 묵가는 천자는 "이천위법"해야 하며 신하와 백성은 천자를 법으로
해야 한다고 주장했다. "무릇 나라의 백성이라면 반드시 위로 천자와 뜻을 같이해야지
아래 것과 결탁해서는 안 된다. 천자가 옳다고 생각하는 것은 모두들 반드시 옳다고 생각
해야 하며, 천자가 그르다고 하는 것은 모두가 다 반드시 그르다고 생각해야 한다."[237]
법률을 구체적으로 실행하는 과정에서 묵가는 공정함으로 "천지(하늘의 의지)"를 체현
하여 범죄를 억제해야 한다고 강조했다.

(4) 공정한 사법 주장

묵가의 공정함은 주로 형을 적당하게 사용할 것을 주장한데 있었으며, 여기에는 4가
지 방면의 내용이 들어있다. 첫째, "사람을 죽인 자는 죽이고 사람을 다치게 한 자는
형벌을 받는다."《여씨춘추 · 거사》편에는 이렇게 쓰여 있다. "진 혜왕 때에 묵가들 중
복곽(腹䵍)이라고 부르는 한 수령(묵가거자)이 있었는데, 그의 아들이 사람을 죽였다.
진 혜왕은 복곽이 나이가 많다는 이유로 그의 아들을 사면해주었으나, 복곽은 오히려
묵가의 법에 사람을 죽인 자는 죽고 사람을 다치게 한 자는 형벌을 받아야 한다는 이유
로 진 혜왕의 호의를 거절하고 자기 아들을 죽였다." 둘째, 묵가는 무고하게 사람을 죽
이는 것을 반대했으나 "도둑을 죽이는 것은 사람을 죽이는 것이 아니다"[238]라는 주장을
했다. 묵가는 도둑 행위가 범죄를 구성하는 것은 그 행위가 "힘든 농사일을 하지 않고
성과를 차지했으며 자기에게 속하지 않는 물건을 가졌기 때문이다"라고 했던 것이
다.[239] 묵가는 도둑 행위란 "악인(惡人), 적인(敵人), 도인(盜人)"이 다른 사람에게 손해
보게 하고, 자기가 이득을 챙겼기 때문에 실은 죄인이라고 할 수 있으며 마땅히 징벌을
받아야 한다고 했으며 심지어 도둑은 죽여도 된다고 주장했다. 때문에 "도둑을 죽인 것"
은 하늘의 의지에 위배되지 않는 것이라 했던 것이다. 셋째, 상벌이 공정해야 하며 "상
을 받는 자는 현인이어야 하고, 벌을 받는 자는 흉악한 사람이어야 한다"[240]면서 이들이
"친척이나 형제라도 감싸주지 않아야 한다"고 했다.[241] 넷째, "법률 조목에 금지되지 않

---

236) 《묵자 · 천지》
237) 《묵자 · 상동중》
238) 《묵자 · 소취》
239) 《묵자 · 천지하》
240) 《묵자 · 상동중》

는 행위는 무죄로 처리한다"면서,[242] 일부 나쁜 언행들은 사회에 해를 끼치게 되지만 법률에 금지되어 있지 않으면 범죄로 취급하지 않는다고 했다. 이런 주장에는 "죄형법정(罪刑法定, 죄와 형벌은 법률이 결정한다)"의 냄새가 다분하게 풍기고 있으며 통치자들이 마음대로 죄명을 뒤집어씌우는 것을 방지하는 적극적인 역할을 했다.

《묵자》를 보면 묵가가 법률에 대해 계통적인 논술은 하지 않았으나 묵가의 법률관과 주장에는 매우 큰 특색이 있음을 알 수 있다. 묵가는 평민과 소생산자의 이익을 수호했으며 이는 그의 법률사상에서 충분하게 체현되었다. 과거에 통치자의 이익을 수호하던 하늘이 묵가의 학설에서는 백성을 보호하고 통치자를 제약하며 특히 천자를 제약하는 하늘이 되었다. 법률도 백성을 제약하여 통치자의 이익을 수호하는 도구에서 "하늘의 뜻"을 체현하여 세상 사람들이 서로 사랑하고 서로 이득을 보도록 하는 도구로 변했다. 이런 특색 때문에 묵가의 학설은 통치자를 위해 복무하는 "대일통" 문화 속에서 자리를 굳히지 못한 것으로 추정된다.

2) 잡가의 법률사상

잡가는 제자들 가운데서 매우 뚜렷한 파벌로 전국 말기에서 한나라 초기까지 각 파의 학문을 수집하여 채용한 종합적인 학파이며, 각 파의 우수한 주장을 널리 채용하는데 능했다. "유가와 묵가를 겸하고, 명가와 법가를 합친 것"을 특징으로 하며 "백가의 도리를 통달하지 않은 것이 없었다."《한서 · 예문지》는 그들을 구류의 하나로 분류했다. 잡가가 나타난 것은 통일된 봉건국가가 형성되는 과정에 사상문화가 융합된 결과였다. 잡가의 대표적인 저술로는 진(秦)대의 《여씨춘추》와 서한의 《회남자》가 있으며 각기 진나라 재상 여불위와 한나라 회남왕 유안이 문객들을 소집하며 편찬한 것으로, 제자백가를 전부 받아들여 수록한 것이라 조금 번잡하다는 결함도 있다. 또한 잡가의 저술에는 도가사상이 포함되어 있기 때문에 잡가기 실은 새로운 도가 학파라고 주장하는 사람도 있다.

전국 말기의 격렬한 사회변혁을 거쳐 봉건제 국가가 잇달아 나타났으며, 신흥 지주계급은 정치적, 사상적으로 통일되기를 바랐다. 이런 여론 속에서 학술사상 적으로 각 파의 사상을 융합하여 하나로 만든 잡가가 나타났으며, 잡가의 출현은 대체적으로 전국

---

241) 《묵자 · 겸애》
242) 《묵자 · 경설》

말기 학술문화가 융합되는 추세를 반영했다.

잡가의 특징은 "유가와 묵가의 우수한 점을 채용하고 명가와 법가의 중요한 점을 모은 것"이었다. 잡가는 비록 여러 학파의 주장을 모으고 보존한 것에 불과하지만 각 학파의 주장을 수집하는 것을 통해 자신의 정치적 의도와 학술 주장을 관철하였기에 역시 한개 학파로 인정받았다. 《한서 · 예문지 · 제자략》에는 이렇게 기록되어 있다.

"잡가의 저술에는 《반우》 26편, 《대우》 37편, 《오자서》 8편, 《자만자》 35편, 《유여》 3편, 《위료》 29편, 《시자》 20편, 《여씨춘추》 26편, 《회남내》 21편, 《회남외》 33편 등이 있다. 그중 《여씨춘추》, 《회남자》(그러나 어떤 사람들은 《회남자 · 내편》은 도가를 위주로 여러 학파의 주장을 받아들였으니 도가의 저술이라고 해야 한다고 주장하고 있다. 《회남자》는 고대에 도가로 분류된 적이 있다)를 대표적인 저술로 한다. 잡가의 저술은 현재 《여씨춘추》, 《회남자》, 《시자》(원본은 산실되고 후세 사람들이 편찬한 것만 남음) 3권만이 보존되어 있다."

잡가의 대표적인 인물인 여불위(기원전 약 290~기원전 235)는 위나라 복양(濮陽, 현재의 하남성 복양) 사람이다. 그는 진나라 재상으로 있던 기간에 3천여 명의 문객을 끌어 모았으며 그들과 함께 10년이란 시간을 들여 《여씨춘추》를 편찬했다. 《여씨춘추》가 각 파의 주장을 널리 채용했기 때문에 학술계에서 선진 잡가의 대표작[243]으로 인정받고 있다. 《여씨춘추》는 모두 26편이며 "천지 만물과 고금의 사건을 담은" 조직적이고 계통적인 작품이며, 내용은 경제, 정치, 군사, 법률, 철학, 음악, 농업 등 여러 방면을 아우르고 있다. 그러나 그 중에서 법학사상도 상당한 지위를 차지하고 있었으며, 아래 몇 가지 방면에서 나타나고 있다.[244]

(1) 법천지(法天地)의 도가 법학관

잡가의 대표작인 《여씨춘추》는 도가의 사상을 많이 흡수하였으며 하늘과 땅의 이치를 본받고 자연계의 운행 규칙에 따라 나라를 다스리고 처세할 것을 강조했다. 예를 들면 《여씨춘추 · 정욕》편에서는 이렇게 말했다. "고대에 도를 얻은 사람은 장수를 하면서

---

243) 곽말약의 《십비판서》, 422쪽. 侯外盧 등의 《중국사상통사》 제1권 656쪽, 북경, 인민출판사, 1957.

244) 아래의 잡가의 법학사상에 관한 내용은 주로 하근화의 《선진경전중의 법학사상 평술》(《하남성 정법관리 간부학원》, 1999(5))을 기초로 하면서 기타 관련 자료를 참고로 하여 개작한 것임.

도 상쾌한 소리와 아름다운 색깔과 좋은 맛과 향기를 오랫동안 즐길 수 있었으니 이는 어찌 된 연고인가? 생을 귀하게 여기려는 신념을 일찌감치 가졌기 때문이다. 그런 신념을 가졌기 때문에 일찌감치 아낄 줄 알게 되었고, 일찌감치 아낄 줄 알았기 때문에 정기(精氣)가 고갈되지 않았다. 가을에 일찍 추워지면 겨울은 반드시 따뜻할 것이요, 봄에 비가 많으면 여름에는 반드시 가뭄이 든다. 천지도 양쪽을 두루 돌볼 수 없으니 하물며 사람이야 더 말할 것이 있겠는가? 이 점에서 사람은 천지와 마찬가지이다. 만물의 모양은 서로 다르지만 그들의 존재방식은 같은 것이다. 때문에 고대의 몸과 마음을 수련하고 천하를 다스리는 사람은 반드시 하늘과 땅을 본받았다."

《여씨춘추·서의》편은 여불위의 말을 빌어 한마디 더 했다. 문신후 여불위가 말하기를, "'황제가 전항을 가르치는 말을 들은 적이 있는데 황천이 위에 있고 대지가 아래에 있으니 너희들은 그것을 따라 배우면 백성의 부모가 될 수 있다'라고 했다. 듣자니 고대의 깨끗한 세상은 천지를 본받았기 때문이라 한다."

잡가는 하늘과 땅을 본받고 자연의 법칙을 따르려면 군주는 반드시 정허(靜虛)해야 한다고 여겼다. 여기에서 정은 군주로 하여금 형체가 자연의 경지에서 조용하고 편안함을 얻게 된 것"[245]을 말한다. 허는 군주를 불패의 지위에 오르게 하는 보장이다. "천자는 일을 완벽하게 하지 않고 극단적으로 하지 않고 넘치게 하지 않는다. 완벽한 것은 결함으로 변해버리고 극단적인 것은 반대로 가게 되고 넘치면 줄어들게 된다"[246]라는 것이다. 때문에 군주는 반드시 "상상과 추측을 버리고 조용히 시기를 기다려야 한다.", "천성에 따라 일을 처리해야 하며 좋아함과 미워하는 마음을 버리고 허무를 근본으로 해야 한다"고 했다.[247]

이밖에 군주는 나라를 다스림에 있어서 지(智)를 요구하지 말아야 하며, 나라를 다스리는 데는 "많은 사람의 지혜와 재능으로 지켜가야" 하며, 한 사람의 한 가지 지혜의 힘에 의지해서는 안 된다고 했다.[248] 군주가 만약 이런 이치를 이해할 수 있다면 "집문 밖을 나서지 않고서도 천하의 일을 알 수 있고, 창문 밖을 내다보지 않고서도 천도를 알 수 있다"[249]고 할 수 있다. 군주는 아무 일도 하지 않고 모든 것을 신하에게 맡겨

---

245) 《여씨춘추·심분람》
246) 《여씨춘추·박지》
247) 《여씨춘추·지도》
248) 《여씨춘추·군수》
249) 《여씨춘추·군수》

처리하면 되고, 군주는 신하들을 부리기만 하면 된다.[250]

잡가는 "황로의 학"을 나라를 다스리고 처세하는 지도사상으로 삼았으며, 그것은 당시 통치자들에게 받아들여지지는 못했으나 한나라 초기의 통치자에게 모범으로 떠받들렸다.

(2) 통일적인 군주제도를 건립하고 천하위공(天下爲公) 사상을 창도했다

잡가는 인류사회 초기에는 도덕이 없고 이익이 없고 법률도 없었다고 주장했다. 인간은 탐욕을 타고 났기 때문에 함께 생활하는 사람들끼리 서로 죽이기를 내기하는 현상이 나타났다는 것이다. 잡가는 "천자가 없는 것보다 더 혼란스러운 일은 없다. 천자가 없으면 강자가 약자를 이기고, 많은 사람이 적은 사람을 괴롭히고 군사로 죽이기 내기를 하니 잠잠할 새가 없다"[251]라고 했다. 때문에 "국가에 반드시 군주가 있어야 함은 전국을 통일하기 위함이요, 천하에 반드시 천자가 있어야 함은 천하를 통일하기 위함이다. …… 통일하면 천하를 잘 다스릴 수 있고 통일하지 못하면 천하가 큰 혼란에 빠져버리게 된다."[252] 인류가 서로 싸우다가 멸망하는 것을 막기 위해, 세상 사람들의 앞날의 이익을 위해 성인들은 군왕을 설치하고 법률을 제정한 것이다.

잡가는 세상이 혼란스러운 원인은 폭군에게 있으며, 그들은 "하늘이 죽이고자 하는 자이고, 사람들의 공동의 원수이니 군주가 될 자격이 없는 사람"[253]이라고 했다. 의병을 조직해 폭군을 죽이기 위해 반드시 개명한 군주의 권력을 강화해야 한다. 때문에 법가는 폭군을 반대함과 아울러 존군사상을 제기하기도 했다. "지위가 존귀한 사람이 가르침을 실시하면 받아들여지고, 위엄을 세우면 간사함을 멈추게 할 수 있다. 이는 사람을 다스리는 원칙이다"라고 했던 것이다. 왕이라는 것은 권세를 말한다."[254] 그러나 잡가의 존군(尊君) 주장은 "천하위공"을 전제로 제기된 것이었다. 군주가 생겨난 것이 세상 사람들의 이익을 위해서이기 때문에 군주는 마땅히 천하를 중히 여기고 한 사람의 사사로운 이익을 도모하지 말아야 한다. 잡가는 "천하는 한 사람의 천하가 아니라 천하의 천하이다.", "무릇 왕을 세운 본의는 공정 무사함에 있다.", "옛날에 선대 성왕이 나라를 다스릴

---

250) 張國華, 饒鑫賢 주편, 《중국법률사상사강》(상), 252~253쪽. 난주, 감숙인민출판사, 1984.

251) 《여씨춘추 · 근청》

252) 《여씨춘추 · 집일》

253) 《여씨춘추 · 회총》

254) 《여씨춘추 · 신세》

때 반드시 공정 무사함을 첫자리에 놓았다. 공정무사하게 처사하니 천하가 안정되었다"[255]라고 여겼다. 이런 사상은 천하라는 것은 사람들이 함께 공유하는 것이지 통치자가 천하를 자기 사적인 소유로 만들어서는 안 된다는 것을 강조했다. 통치자는 마땅히 공심(公心)에서 출발해 천하를 다스려야 하며 이렇게 해야만 천하가 안정되고 질서가 서게 된다고 했던 것이다.

(3) 덕치와 법치를 결합한 사상을 제창했다

선진시기에 유가는 이덕치국을 주장하고, 법가는 이법치국을 주장했다. 잡가는 그들의 사상을 계승했으며, 이 두 가지의 관계에 대해 더 구체적이고 더 충분한 토론을 하여 덕치와 교화에 관한 일련의 주장을 펼쳤다.

잡가는 가장 고명한 통치수단은 덕과 의로 천하를 다스리는 것 즉 "좋은 군주는 언어와 풍속이 서로 다른 여러 가지 부류의 사람을 귀순시킬 수 있는데, 그것은 은덕이 깊은 연고이다. 물이 깊으면 고기가 모여들고, 나무가 무성하면 새들이 날아들고, 여러 가지 풀이 무성하면 짐승들이 모이며, 군주가 현명하면 호걸들이 귀의하게 된다. 때문에 현명한 군주는 생각을 귀순한 사람에게 두는 것이 아니라 사람들이 귀순하게 되는 조건을 마련하기 위해 노력해야 한다. "억지로 웃는 웃음은 즐겁지 않고, 억지로 우는 울음은 슬프지 않으며 강제적인 명령은 허명은 남길 수 있으나 대업은 이룩하지 못한다"[256]고 했다.

통치자가 만약 덕과 의로 나라를 다스린다면 상을 내리지 않아도 사람들은 점차 순화될 것이며 징벌하지 않아도 천하가 사악한 것을 버리고 제자리로 돌아올 것이다. 덕정을 펼쳐야만 민중들이 마음속으로 탄복하고 귀속되고 부림을 당할 것이다. "무릇 백성을 이용함에 있어 올바른 도리가 최상책이고 그 다음은 상벌이다. …… 백성들이 부림을 당하는 것도 이유가 있는 것이다. 그 이유를 알고 나면 백성들은 시키는 대로 할 것이다. …… 장려와 징벌이 다 실현된다면 백성들은 시키는 대로 하지 않는 자가 없을 것이다. …… 망국의 군주는 대다수가 위엄으로 백성들을 부린다. 때문에 위엄은 없으면 안 되지만 단지 그것에만 의지해서는 안 된다. 그것은 마치 맛에 대한 소금의 영향과 같다. 무릇 소금을 사용할 때는 반드시 의거할 물건이 있어야 한다. 사용량이 적당하지

---

255) 《여씨춘추·귀공》
256) 《여씨춘추·공명》

않으면 의거할 물건을 파괴할 수 있고 그래서 먹지 못하게 된다. 위엄도 그런 것으로 반드시 의거할 것이 있어야 하며 그런 다음에야 위엄을 내세운 수 있다. 무엇에 의거할 것인가? 사랑과 이익에 의거해야 한다."257) 이렇게 해야만 최종 인심을 얻어 천하를 귀순시킬 수 있다.

잡가는 덕치, 교화를 실행해야 한다는 도리를 더한층 설명했다. "현명하고 덕이 있는 사람과 품성이 좋지 못한 사람을 부리는 방법은 다른 것이다. 품성이 나쁜 사람을 부릴 때는 상벌을 이용하고 현명하고 덕이 있는 사람을 부릴 때는 도의를 사용한다. 때문에 현명한 군주는 자기 신하들에게 반드시 도의에 근거하여 상벌을 신중하게 시행하라 이르며, 그렇게 되면 현명하고 덕 있는 사람과 품성이 나쁜 사람을 다 부릴 수 있게 된다."258)

덕치와 서로 호응하여 잡가는 법률의 중요성을 부정하지 않았으며 신중하게 형벌을 내리고 공정하게 형벌을 사용하는 것을 비교적 중시했다. 법에 대한 잡가의 해석은 "상벌이 법이다"259)라는 것이며 상과 벌이 치국의 주요 수단임을 인정했다. 즉 "나라를 다스림에 법도가 없으면 혼란에 빠진다"는 것이었다.260)

《여씨춘추 · 맹추기》편에 명법제(明法制), 선영어(繕囹圄), 심죄벌(愼罪罰) 및 평정용형(平正用刑)의 사상이 제기돼 있다. "이 달에는 일을 맡은 관리에게 명령하여 법과 제도를 정비하고 감옥을 수선하고 형구들을 갖춘다. 간악한 행동을 막고 죄를 저지르는 것을 삼가도록 만들며 죄인들을 붙잡아 들이는데 힘을 기울이게 한다. …… 소송을 판결하는데 반드시 엄정하고 공평하게 하여 죄 있는 자를 처단하고 형벌을 엄격하게 집행하도록 한다."

잡가는 상벌은 반드시 적당할 것 즉 첫째는 신상필벌 할 것, 둘째 포상은 반드시 크게 할 것, 셋째, 형벌은 신중하고 적당하게 내릴 것을 주장했다. 만약 적당히 할 수 없다면 상을 많이 주더라도 벌은 과분하게 내리지 말 것을 주장했다. 즉 "상은 과하게 내리지 말고 형벌은 소홀히 하지 말라. 상을 과하게 내리면 간사한 자가 이득을 보고 형을 소홀히 하면 군자가 다치게 된다. 부득이하게 과하게 행해야 할 경우에는 상을 많이 주어 간사한 자기 이득을 보게 하더라도 형벌을 과하게 내려 군자가 다치게 해서는 안 된다"고 했다.261)

---

257) 《여씨춘추 · 용민》
258) 《여씨춘추 · 지분》
259) 《여씨춘추 · 분직》
260) 《여씨춘추 · 찰금》
261) 《여씨춘추 · 개춘》

잡가의 이와 같은 사상은 법가의 사상과 뚜렷하게 다른데 법가는 중형으로 경한 죄를 다스릴 것을 주장했다. 이는 잡가가 단순하게 상나라와 한나라의 법학사상을 취한 것이 아니라 유가의 학설도 채용했다는 것을 반영한다.

(4) 정명심분(正名審分)의 등급 질서관

선진 사상가들은 명분을 매우 중시했다. 잡가도 명분을 바로잡아야 할 중요성을 매우 상세하게 논술했으며 명분을 시비선악을 확정하는 표준과 상법의 근거로 삼았다. "명분이 정당하면 천하가 태평스럽고, 명분을 잃게 되면 천하가 대란에 빠진다.", "무릇 혼란이 생기는 것은 다 형명이 부당하기 때문이다."[262], "무릇 군주라면 반드시 군신의 직책을 명확히 해야 한다. 그렇게 해야만 국가가 안정되고 간사하고 사악한 자들의 길이 막히고 악한 기운과 질병이 다가오지 못한다. …… 도술을 갖춘 군주는 신하들을 군림함에 있어 고삐를 가지고 있는데 그 고삐란 무엇일까? 명분을 바로잡고 직책을 구분하는 것이 바로 고삐이다. …… 명분을 바르게 하지 않고 직책을 구분하지 않고 형벌만 빈번하게 사용한다면 이보다 더한 혼란이 어디 있겠는가. …… 그러므로 국가의 태평스러움은 명분을 바르게 하는데 있다.[263] 나라를 다스림에 있어 반드시 명분을 세워야 한다." "임금과 신하, 아버지와 자식, 부부는 각자 자기 자리를 지켜야 한다. 그렇게 되면 지위가 낮은 사람은 예법을 넘어서는 일이 없을 것이요, 지위가 존귀한 사람은 마음대로 행동하지 않을 것이며, 손아랫사람은 횡포하게 굴지 못하고 연장자는 태만하고 소홀하지 못할 것이다."[264]

이밖에 잡가는 법률, 풍속, 교화는 반드시 인성에 순응하여 사람의 기본적인 수요를 만족시켜야 한다고 주장했으며, 법은 안정적이어야 할 뿐만 아니라 또한 형세 발전에 부합되어야 한다고 논술했다.

3) 병가(兵家)의 법률사상[265]

병가는 춘추전국시기부터 서한 초기까지 사이에 군사이론 및 그와 관련된 여러 가지

---

262) 《여씨춘추 · 정명》

263) 《여씨춘추 · 심분》

264) 《여씨춘추 · 처방》

265) 이 부분의 내용을 저술할 때, 심복림이 주편한 책 《병가사상연구》(북경, 군사과학출판사, 1988)와 장소유의 글 《선진병가법률사상개요》(《법학연구》, 2000(5))를 참조함.

문제를 연구한 학술 학파로 제자백가의 하나이다. 《한서. 예문지》에 따르면 병가는 또한 병권모가(兵權謀家)와 병형세가(兵形勢家), 병음양가(兵陰陽家)와 병기교가(兵技巧家) 등 네 가지로 나뉜다. 병가라는 단어는 춘추 말기의 《오손자·계편》에 최초로 등장했다. "지휘관의 이 승전 방안을 먼저 발설하면 안 된다." 병가의 대표적 인물에는 춘추시기의 손무(孫武), 사마양저(司馬穰苴), 전국시기의 손빈(孫臏), 오기(吳起), 위료(尉繚), 공손앙(公孫鞅), 조사(趙奢), 백기(白起), 한조 초기의 장량(張良), 한신(韓信) 등이 있다. 병가사상을 담은 것은 주로 병서이며 그 내용은 군사를 위주로 하고 있었지만 그것에만 그친 것은 아니었다. 보존된 선진병서만 해도 《무경칠서(武經七書)》에 들어 있는 《손자병법》(《오손자(吳孫子)》), 《사마법(司馬法)》, 《무자(無字)》, 《육도(六韜)》, 《위료자(尉繚子)》, 《삼략(三略)》 및 죽간본 《손빈병법》(《제손자(齊孫子)》) 등이 있다.

선진시기의 법률사상을 연구할 때 주로 유, 묵, 도, 법 4대가를 언급하게 되고 병가의 법률사상에 대한 연구는 매우 적다. 사실 현재 대량의 역사자료가 보여주듯이 병가는 풍부한 법률사상을 가지고 있었으며 그들은 군법에 대한 인식에서 독창성을 가지고 있었다. 덕교(德敎)와 상벌, 장군의 위엄과 법치, 법령과 인심 및 군법과 국법 등 여러 가지 관계에 대해 모두 비교적 깊은 인식을 가지고 있었다. 선진 병가는 춘추전국 수백 년의 경제, 정치 생활과 군사기술, 제도 등 방면의 거대한 변화를 거쳤으며 몇 세대 사람들의 생각을 거쳐 상대적으로 독립된, 치병문제 해결을 중심으로 하는 법률사상을 형성했다.

(1) 군사를 다스림에 있어서 법치의 기능과 역할을 중시했다

(ㄱ) 병가 법치의 내용

전기 병가와 후기 병가는 모두 법리학의 각도에서 법률에 대해 명확한 논술을 하지 않았다. 손무는 두 가지 의미에서 법의 개념을 사용했다. 하나는 작전 지도의 규칙이라는 의미에서 사용했는데 이를 병법, 전법과 용중지법(用衆之法, 병사들의 군중심리를 이용하는 방법)이라고 한다. 다른 하나는 사람이 정한 여러 가지 제도를 규범화한다는 의미에서 사용하는 것인데, 곧 오사칠계(五事七計)가 말하는 법과 법령 등이다. 군중의 분수형명(分數刑名)과 속박도 두 번째 의미에서의 법에 속한다. 그에 이어 오기, 손빈의 핵심은 장령에게 있다는 논술이 주장하는 법령필행(法令必行, 법령은 반드시 실행되어야 한다)은 사실 장령필행(將令必行, 장수의 명령은 반드시 관철되어야 한다)는 것을 가리킨다. 《사마법》의 법에 대한 정의는 비교적 복잡했으며 사용한 단어도 비교적 많았다. 예를 들면 "예와 법, 표와 리", "예악법도", "재군법(在軍法)", "약법(約法)상벌" 등이다. 이런 서술을 보면 법에는 병법, 병제, 입법, 집법(執法) 등 여러 가지 뜻이 있었고 취법(取法), 효법(效法), 강제의 뜻도 있었다. 《위료자》는 군제에 대해 사고를 가장 많이 했으며 그가 말하는 제도가 사실은 바로 법이었다. 개괄해 말하자면 병가가 말하는 법은 주로 군대의 조직 편제, 군관의 직책, 군대 관리에 필요한 여러 가지 지출, 명령 집행, 상벌 방법 등 방면의 제도와 규범을 가리킨다.

(ㄴ) 법(제도)에 의해 군대를 엄격하게 관리한다

병가는 군대에 엄격한 법 제도가 있어야 한다고 주장했는데 이 점에서 주요 대표적 인물들의 관점은 일치했다. 손무는 법령숙행(法令執行)은 전쟁의 승부에 관계되는 중요한 요소의 하나라고 강조했다. 그리하여 군중에 엄격한 규율을 세워야 하며 누구든지 지위가 아무리 존귀한 사람이라 할지라도 반드시 집행해야 한다고 주장했다. 오궁살희(吳宮殺姬)가 바로 생동적인 예이다. 손빈의 군대는 이신위본(以信爲本, 오로지 신용을 기본으로 삼는다)하였으며 《오자》의 이치위승(以治爲勝, 법치로 승리를 도모한다)과 《위료자》의 제론(制論)은 손무의 이법치군(以法治軍, 법으로 군사를 다스린다) 사상을 심화하고 계통화한 것이다.

병가는 "이치위승"을 주장하고 실행했다. 병가는 군대에서 법치의 역할은 군대 내부와 군사 활동 중에 질서를 조성해 혼란스러운 병사들을 일체로 만들고 전투력을 형성케 한다는 것을 인식한 것으로, 이것이 바로 군중(軍中)의 제(制) 또는 치(治)이다. 이런 질서가 있어야만 모래알 같은 백성들을 "깃발을 왼쪽으로 휘저으면 병사들은 왼쪽으로 이동하고, 깃발을 오른쪽으로 휘저으면 병사들은 오른쪽으로 이동"하는 군대로 조직할 수 있으며, 군관의 지휘 의도가 순조롭게 관철될 수 있다. 만약 군대가 흩어진 모래알 같아 "법령이 분명치 않고 상벌이 규정된 대로 실행되지 않는다면, 징을 쳐도 멈추지 않고 북을 울려도 나아가지 않을 터이니 백만 명이 있다 해도 무슨 소용이 있겠는가?" 하였다.[266]

대중들을 관리하고 다스리기 위해 군대는 분수형명(分數刑名), 즉 범립제(范立制)를 실시하여 대중들을 조직했으며 통일적인 규율과 통일적인 지휘를 가지고 통일적으로 행동하게 했다. 손무는 "대체로 많은 무리를 다스리는 것이 소수를 다스리는 것과 같은

---

266) 《오자·치병》

것, 이것이 분수(편제를 나눔)다. 많은 무리와 싸우는 것이 소수와 싸우는 것과 같다.
형명(깃발과 북)이 이것이다."²⁶⁷⁾라고 주장했다. 《사기》본전(本傳)에는 손무가 규제를
세우고, 오관(吳官)이 국왕이 총애하는 희(嬉)를 죽이고, 오기가 전투를 앞두고 재간 있
는 병사를 죽이고, 사마양저(司馬禳苴)가 장가(庄賈)를 죽인 것은 모두 다 군령의 위엄
을 지켜 부대가 정연하고 일치하게 장교의 배치대로 작전할 수 있게 하기 위해서였다고
쓰여 있다. 손무는 이를 용중지법(대중을 다스리는 방법)이라 했으며, 오기는 이를 치
(治)라고 불렀다. 《위료자 · 무의(武議)》에는 오기가 법을 엄격하게 집행한 사례가 기록
되어 있다. "오기가 진나라와 싸우게 됐는데 두 나라의 군사는 아직 싸움을 시작하지
않았다. 한 사람이 스스로 용맹을 자처하면서 혼자 앞으로 돌진해 적군의 두 병사의 머
리를 베어 가지고 돌아왔다. 오기는 그를 즉시 죽이려 했다. 그러자 한 군관이 "이 자는
재간이 있는 자이니 죽이지 말라"고 간청했다. 오기는 "그는 비록 재간은 있지만 나의
명을 어겼다"고 말하고 나서 결국 그를 죽여 버렸다.

(ㄷ) 덕교를 우선으로 하고 사랑과 위엄을 겸한다

병가의 법치관은 법가의 "엄격하고 은혜를 적게 베푼다"와 "형벌로써 형벌을 예방한
다"는 냉혹한 태도와는 달리 덕과 교육을 결합시켰으며 민심을 중시하고 "군사의 정서"
를 중시하는 비교적 온화한 특징을 가지고 있었다. 병가는 형벌로 대중을 위협할 것이
아니라 병사를 사랑하는 것을 우선으로 할 것을 주장했으며, "명령은 부드러운 말로 하
고, 통제는 위력으로 해야 하는 것(令文齊武)"하고, "사랑과 위엄"을 병행해야 하며, 사
랑을 기초로 해야 한다고 했다. 아울러 "병사를 자식처럼 사랑해야 한다"고 하여 전사를
"아기, 사랑하는 아들"처럼 생각해야 한다고 여러 차례나 말했다.

손무는 이렇게 말한 적이 있다. "사병들과 아직 친근하기도 전에 징벌을 하면 그들은
심복하지 않을 것이요, 심복하지 않으면 부리기가 어렵다. 또 이미 친근해졌음에도 불
구하고 마땅한 징벌을 행하지 않으면 부리기 어렵다. 그러므로 명령은 부드러운 말로
하고, 통제는 위력으로 해야 하는 것이다. 그리하여 싸우면 반드시 승리한다. 평소에
법령이 잘 시행되고 이로써 백성을 교육한다면 백성들은 복종하지만, 평소에 법령이 잘
시행되지 않은 채 백성들을 교육하면 백성들은 복종하지 않는다. 평소에 법령이 잘 시
행된다는 것은, 백성들과 더불어 신뢰가 이루어져 있음을 의미한다."²⁶⁸⁾ 또 이렇게도

---

267) 《손자 · 병세》

말했다. "모름지기 장수는 사병을 갓난아기처럼 아껴야 하며, 그럼으로써 그들과 함께 위험한 지형에도 들어갈 수 있다. 사병들을 사랑하는 자식처럼 대하면 그들도 생사를 같이할 것이다. 그러나 사랑이 지나쳐 명령하지 못하고 너무 후대하여 부릴 수 없고 문란해도 다스릴 수 없다면 버릇없이 키운 자식 같아 쓸 수 없게 된다."[269] 영문제무(令文齊武) 즉 먼저 교육하고 후에 강제적 조치를 취하는 것으로, 병가의 이런 인식을 하게 된 것은 부대의 전투력은 인심이 뭉치는데서 나온다는 것이다. 즉 "상하동심, 중상득(衆相得), 졸친부(卒親附)" 등을 바탕으로 했다. 이런 응집력이 있어야만 전사들이 자각적으로 싸우고 "생사를 같이하고", "앞장서 적진으로 돌격하고 달갑게 목숨을 바치려 한다"는 것이었다. "영문제무"라는 방법은 손무가 가장 먼저 제기한 것이며 오기, 손빈, 위료 등이 그에 대해 상세히 논술했다.

병가는 병사를 정의로운 전쟁에 몸을 바치라고 교육하는 것 외에 가장 중요한 것은 장령이 병사를 "아껴주는 것"이라는 걸 인식했다. 오기는 덕애의 역할을 매우 중시했으며 병사를 사랑하고 군사를 격려하는 방법으로 사기를 돋구어주어야 한다고 했다. 《사기》 본전에는 오기가 병사를 사랑한 이야기가 기록돼 있다. "오기는 장군이 되어 언제나 하급 병졸들과 의식을 같이 했고 누울 때도 자리를 까는 법이 없었으며 행군할 때도 수레에 타지 않았다. 또한 자기가 먹을 양식은 자기가 가지고 다니는 등 사졸들과 노고를 나누었다. 언젠가 병졸들 가운데 종기를 앓는 사람이 생기자 오기는 그를 위하여 고름을 입으로 빨아내었다." 이런 사랑은 후한 상보다 더 큰 역할을 할 때가 많았으며 많은 용사들이 임금과 장군의 사랑에 보답하려고 죽는 것을 두려워하지 않았다는 것이다.

(ㄹ) 장교의 위엄을 세우다

병가는 법치를 논할 때 언제나 장교의 위엄과 결부시켰다. 근본적으로 말하면 군중의 법치는 장군의 위엄에 종속돼 있으며, 이는 병가의 공통된 관점이다. 병가는 《손자》를 권위로 하는데, 《손자》는 통솔자를 중심으로 해야 하고, 통솔의 중점은 바로 지휘관의 위엄을 지키는 것이라고 했다. 그는 지휘관과 법을 5사(事)의 한 가지로 분류했으며, 군령은 군대에서 가장 높은 권위라고 주장했다. 병가는 전시에 지휘관의 권력은 상대적으로 독립되어 있으며 군주의 권력의 제한을 받지 않는다고 했으며, 장군은 군중에 있으

---

268) 《손자 · 행군》
269) 《손자 · 지형》

면 임금의 명을 받들지 않아도 된다고 주장했다. 《손자 · 구변(九變)》에는 이렇게 기록
되어 있다. "무릇 군사를 사용하는 방법은 장수가 군주의 명령을 받아 백성을 징집하여
군대를 편성하되 …… 군주의 명령에도 들어서는 안 되는 것이 있다." 손빈은 장군은
전제 특권을 가지며 군주의 명령은 군중에 들어오지 않는다고 여겼다.

(2) 법치를 운용하는 방법을 중요시했다

병가는 군대를 다스림에 있어 법치를 실시할 것을 주장하고 법치를 어떻게 운용할
것인지에 대한 연구를 했다. 병가 모두가 군대에서 법치를 실행하는 방법을 매우 중시
했다. 제일 먼저 손무가 그에 대한 논술을 시작했고 위료가 그것을 집대성했다.

**(ㄱ) 군중의 입법은 간결하고 안정적이고 통일되고 대중의 심리에 부합되는 원칙을 따
라야 한다.** 병가는 입법의 간결성을 주장했다. 《오자 · 논장》은 군중의 법은 "약(간단)"
해야 한다고 주장했다. "간단하면 법령이 알기 쉽고 번거롭지 않다." 《사마법 · 정작》도
법률은 간단하게 만들고 적게 벌할 것을 요구했다. "무릇 전쟁을 함에 있어서 …… 법령
을 간소화하고 형벌을 적게 사용해야 한다."

군령은 반드시 안정적이고 통일적이어야 한다. 손빈은 "군령이 자주 변하면 사병들이
게으름을 피우고 실패를 초래하게 된다"[270]라고 했다. 군령이 너무 빨리 변하면 부대가
산만하고 해이해져 실패하게 된다. 군령의 중요한 역할은 군대를 통일시키는 것이다.
《손빈병법 · 장실(將失)》에서는 "군령이 집행되지 않고 사병들의 행동이 일치하지 않으
면 실패한다"라고 했다. 즉 군령은 반드시 집행되어야 하고 전군의 행동이 일치해야 한
다는 뜻이다.

입법은 많은 사람들의 인심에 부합되어야 한다. 즉 병사들의 심리에 부합되어야 한
다. 법은 인심과 정세와 부합되어야 한다. 이런 견해는 상벌에 관한 병가의 인식을 뚜렷
하게 반영한 것이다. 그들은 법의 강제성은 벌로 실현되지만 벌칙을 제정하고 사용할
때는 반드시 "사병의 마음"과 "세변지리(勢變地利)"를 주의해야 한다고 했다. 이 점에
대해 손무, 손빈의 논술이 가장 많고 가장 충분하다. 손무는 군령은 "병사의 심정"을 고
려해야 한다고 했다. 손빈도 민심에 부합되어야만 "군령이 순조롭게 진행될 수 있다"고
강조했다. 《사마법 · 정작(定爵)》에는 이렇게 쓰여 있다. "무릇 사람에게 지킬 것을 요구

---

270) 《손빈병법 · 장실》

하는 규장제도는 모두 다 대중의 요구에 의해 나온 것이어야 한다. 시행하는 과정에 그 것이 명실에 부합되는지, 큰 효과가 있는지 검증받아야 하며, 최대한 타당하고 철저하게 집행해야 한다. 할 수 있으면서 하지 않은 것에 대해 장수(將帥)는 직접 솔선적으로 해 야 한다. 만약 모든 것을 다 했다면 군대에 이 준칙을 똑똑히 기억하게 하고, 여러 번의 반복적인 집행을 거쳐 규장제도를 형성한다. 사람들의 요구에 부합되는 이런 규장제도 를 법이라고 한다고 했다. 즉 "여러 가지 구체적인 규정은 사람들의 요구에 부합되어야 한다. 즉 인생지의이다. 규정은 명칭과 이름이 일치하여야 하는데 즉 실천 중에 집행할 수 있는 것이어야 한다. 여러 가지 규정에 대해 장수는 반드시 솔선적으로 지켜야 하며 반복적인 실천을 거쳐 이 규정이 실행 가능한 것인지 검증받은 후 규장제도로 정해야 한다. 사람들의 심리 요구와 실제 능력에 알 맞는 규정만이 법이라고 할 수 있다"고 했다.

(ㄴ) 군법은 공개되어야 하며 또한 널리 홍보하여 병사들이 명확히 알게 해야 한다. 손무는 군중 규율을 사병들에게 수차례에 걸쳐 명령하고 훈계할 것을 주장했다. 만약 "약속이 분명치 못하고 명령 전달이 충분치 못한 것은 장수의 죄이다. 이미 약속이 분명 히 전달되었는데도 병졸들이 규정대로 움직이지 않는다는 것은 곧 우두머리 된 자의 죄"271)라고 했다. 오기는 진나라와 싸울 때 전군에 군령을 똑똑히 밝혔는데 이 역시 그 가 그런 주장을 가지고 있다는 것을 보여준다.

(ㄷ) 법을 집행할 때 엄격하게 규정대로 집행해야 한다. 손무는 "장수는 지혜와 신뢰, 어짊, 용기, 위엄을 갖춰야 한다272)고 했다. 즉 통수는 법을 제대로 집행하고 군기를 엄격하게 해야 하며, 지혜와 신뢰, 어짊, 용기, 위엄은 장수의 다섯 가지 덕이라는 것이 다. 그것은 "장수가 나약하여 위엄이 없고 부하에 대한 훈련 방법이 분명치 못하다 면…… 혼란할 수밖에 없다. 이 여섯 가지는 패배의 법칙이다."273), 오기는 군중의 법은 반드시 엄격하고 신용을 지켜야 하며 "진격하여 공을 세우는 자에게 상을 크게 주고, 뒤로 물러난 자에게 무거운 형벌을 내려야 하며 법령을 집행함에 있어 신용을 지켜야 한다"라고 주장했다.274) 병가는 또한 장령은 솔선수범할 것을 주장했다. 손빈은 "장령은

---

271) 《사기 · 손자동오열전》
272) 《손자 · 시계》
273) 《손자 · 지형》
274) 《오자 · 치병》

신용을 지키지 않으면 안 된다. 장령이 신용을 지키지 않으면 그의 명령은 집행되지 않고 군령도 집행되지 않을 것이며 군대는 집중통일을 할 수 없고 군대가 명성을 잃게 된다"275)라고 했다. 장군이 신용을 지키지 않으면 군령은 관철될 수 없으며 부대는 해이해진다. 《사마법》은 군법에서 "장령은 친히 앞장서서 해야 한다"고 했고, 오기는 사병들과 함께 먹고 고생을 같이 했다고 했다.

(ㄹ) **법 집행은 평등하고 공정해야 한다.** 손무는 상선시천(賞善始賤), 벌악시귀(罰惡始貴)를 주장했다. 《손빈병법·장덕》에는 집법은 평등해야 된다고 했다. 즉 "상과 벌은 사람에 따라 달리 집행하지 말고 반드시 차별 없이 똑같게 대해야 한다. 이는 장군이 반드시 가져야 할 품성이다"라고 했다. 아울러 공정해야 한다. 즉 "민력을 이용해 작전하는 문제는 반드시 심사숙고해야 한다. 심사숙고함은 덕과 재능을 겸비한 사람을 선발하기 위함이다."276) 사마양저가 장가 등을 죽인 것이 바로 그의 그런 주장을 설명해 준다. 형벌의 목적은 사람들로 하여금 두려움이 생겨 복종하게 하는 것이기 때문에 공정해야 한다. 《위료자·전위》에는 이렇게 기록되어 있다. "…… 형벌이 적당하지 못하면 대중들은 두려움을 모른다." 대중들이 두려워하지 않으면 위엄을 세우는 효과를 보지 못하게 된다는 의미였다.

(ㅁ) **적당한 상벌, 이는 사랑과 위엄의 가장 주요한 수단이다.** 손무는 특수한 상황에서 "법에 없는 상을 내리고 군정에 없는 명령을 할 수도 있다"277)고 했다. 제멋대로 상과 벌을 내리지 않으며 "자주 상을 주는 것은 군색해졌기 때문이요, 자주 벌을 주는 것은 곤궁하기 때문이다. 사병들을 난폭하게 다루고, 이반을 두려워하여 달래는 것은 무능한 지휘자이다."278) 손빈은 병사를 다스림에 있어서 "엄하면서도 이익을 보여줘야" 하지만, 상벌로써 급한 일을 해결하려 해서는 안 된다고 했다.

(3) 의전(義戰)과 신전(愼戰)의 전쟁관

전국시기 제후들이 서로 패권을 다투고 있어 세상에는 전란이 끊이질 않았다. 전쟁이

---

275) 《손빈병법·장의》
276) 《손빈병법·행찬》
277) 《손자·구지》
278) 《손자·행군》

정의로운 것인지 비정의적인 것인지 하는 것은 당시 많은 학파가 관심을 갖고 토론하는
문제였다. 병가는 도의적인 전쟁관을 견지했으며, 전쟁은 정의로운 정치에 소속되어야
한다고 여겼다. 손무는 전생의 승부를 결정하는 5가지 요소는 도(道), 천(天), 지(地),
장(將), 발(發)이라고 했다. 그는 "상하가 같은 마음"이 되어야 한다는 것을 5사(事)의
한 가지로 분류하고, 전쟁을 일으키는 것은 반드시 민심에 순응돼야지 민심과 민력을
고려하지 않고 병력을 남용하여 전쟁을 일삼거나 경솔하게 군사를 사용해서는 안 된다
고 했다. 손빈은 천도와 민심을 알아야만 군사를 일으킬 수 있다고 하면서 "이익용병(利
益用兵)"할 것을 주장했다. 오기는 국가의 안녕은 "나라의 안전은 임금의 덕에 달린 것
이지, 지형의 험준함에 있지 않다(在德不在險)"[279]고 했다. 《사마법》은 "인본, 예치, 무
덕"을 주장했다. 《위료자》는 "전쟁의 목적은 폭란을 평정하고 나쁜 행동을 금지하기 위
해서이다"라며 "잘못이 없는 나라는 공격하지 않고 죄가 없는 사람은 죽이지 않는다"고
주장했는데, 이것들은 모두 이런 관념을 표현해 낸 것이다. 이런 관념은 전쟁에 일종의
정의로운 성격을 부여한 것이었는데, 즉 전쟁은 단지 좋은 정치를 펼치기 위한 부득이
한 수단이라는 것이었다.

의전의 관념에서 출발해 병가는 신중하게 전쟁을 해야 한다는 주장을 제기했다. 손무
는 "전쟁의 해로움을 다 알지 못하면 전쟁의 이로움도 알 수 없다"고 하면서 "병력을
손실보지 않으면서 전면적인 승리를 거둘 것"을 요구했다. 전쟁은 전례 없는 파괴력을
가지고 있기 때문에 교전하는 쌍방에게 모두 좋은 점이 없다. 때문에 병가는 가급적으
로 외교, 모략 등 수단으로 갈등을 해결하고, 무력을 사용하지 말기를 주장했으며 상병
벌모(上兵伐謀, 상책의 용병은 계략으로 공격하는 것, 전쟁 없이 상대를 굴복시키는 것)
를 상책으로 삼았다.

손빈도 전쟁을 신중히 할 것을 주장했는데 그것은 부득이한 경우에만 전쟁을 발동해
야 한다는 것이었다. "군사를 사용함에 있어서 신중을 기하지 않으면 안 된다. 경솔하게
군사를 동원한 자는 늘 실패하고 승리를 탐하는 자는 늘 굴욕을 당하게 된다. 그렇기
때문에 군사는 경솔하게 사용하지 말아야 하고 승리도 욕심에 의해 얻어지는 것이 아니
다. 군사를 사용함에 반드시 충분한 준비를 하고나서 움직여야 한다. …… 현재 어떤
사람들은 공덕이 오제(五帝)에 못 미치고 삼왕(三王)보다 못하고, 지혜가 주공(周公)보
다 못하면서 인의를 축적하고 예악을 실행하여 무력을 사용하지 않고 쟁탈을 멈추게

---

279) 《사기·오기열전》 권65.

할 것이다라고 말한다. 사실 요와 순은 그런 방법을 실행하기 싫어서가 아니라 이런 방법이 통하지 않고, 전쟁만이 그것을 멈추게 할 수 있기 때문이었다"[280]고 했고, "세상에는 사람보다 더 소중한 것이 없다. …… 천시, 지리, 인화 세 가지가 두루 갖춰지지 않으면 전쟁에서 승리를 거둔다 해도 후환을 남기게 된다. 때문에 반드시 이 세 가지 조건이 모두 구비된 다음에 싸워야 한다. 이 세 가지 조건이 구비되지 못할 경우 부득이한 경우를 제외하고는 절대로 싸우지 말아야 한다."[281] 그렇기 때문에 그는 궁병(窮兵), 이승(利勝), 악병(樂兵)을 반대했고, 민력과 민심을 고려하지 않고 발동하는 전쟁을 반대했다. 부득이한 경우에 어쩔 수 없이 전쟁을 치러야 한다고 해도 될수록 전쟁을 일부분 지역에 제한시키고 짧은 시간 내에 끝내버려야 한다고 했다. 진정한 병가는 "예로부터 군사는 전쟁을 좋아하는 것이 아니고", 폭력 남용을 가장 많이 반대해왔다는 것이다.

의전관(義戰觀)에서 출발해 병가는 "정의로운 법률관"을 논리에 맞게 끄집어냈다. 즉 법률에는 정의로운 성질과 가치 취향이 있어야 한다는 것이다. 동시에 신전관(愼戰觀)으로부터 신중하게 형벌을 내려야 한다는 법률관을 만들어냈다. 도의, 무덕, 민심, 상하동심 등 가치의 요구에서 출발해, 대다수의 병가는 치군 수단은 사랑을 위주로 하고, 덕교를 위주로 해야 하며, 형벌을 집행함에 있어서 관용스러운 태도를 취해 함부로 죽이거나 형벌을 내리지 말아야 할 것을 주장했고, 교육도 하지 않고 죽여버리는 것은 더욱 반대했다.

(4) 병가의 법률사상에 대한 간단한 평가

(ㄱ) "이법치군" 이론을 제일 먼저 제기했다. 손무는 군사 활동에는 법이 있어야 한다는 관점을 제기했으며, 분수형명(分數刑名)을 제정하여 군대를 관리할 것, 구속력을 만들어 부대를 통제할 것, 영문제무(令文齊武)로 군령을 관철케 할 것, 장수는 군주의 권력에 상대적으로 독립돼 있다는 등 여러 가지 원칙과 방법을 통해 최초의 군사법 이론을 구성했다. 그 후 오기, 손빈, 사마양저와 위료 등은 서로 다른 측면에서 손무의 사상을 발전시켰으며, 서한 중기에 완정한 고대의 이법치군 이론을 형성했으며, 후세의 근 2000년의 봉건 군대 관리에 법률사상의 기반을 닦아주었다.

---

280) 《손빈병법 · 견위왕》
281) 《손빈병법 · 월전》

(ㄴ) "이법치국"의 이론을 풍부히 했다. 법률사상의 근원으로 보면 법가와 병가의 일부 견해는 같은 뿌리에서 난 것이며, 병가가 법가보다 이른 것일 수도 있다. 예를 들면 법령은 간단하고 명확해야 하며 공개적으로 홍보하여 사람들이 알게 해야 하며 교육하지도 않고 죽이면 안 된다는 것이었다. 손무는 춘추말기에 모범을 보였다(오관이 병사를 떠 본 사건). 이 사실은 광범위하게 알려졌다. 법가가 "명법", "이법위교" 등을 주장한 것은 모두 다 그 후의 일이며 병가의 실천 경험에서 나온 이론을 종합한 것이다. 이밖에 법가의 세, 술 등 관점도 병가에게서 계발을 받고 발전한 것으로 알려졌다.

법률사상의 특수성에서 보면 병가의 관점에 편파적인 것이 가장 적다. 병가는 "부드럽게 가르치고 엄하게 법을 집행하며, 애정과 위엄을 함께 사용할 것"과 이 두 가지를 함께 장악할 것을 주장했는데 이는 가장 적절하고 효과적인 방법으로 나라를 통치하는 사람과 군사를 다루는 사람도 예외가 아니라고 했다. 전국 말기에 각 파의 이론의 우점을 융합하고 서로 보완하는 붐이 일어난 것은 그 사유방식의 근원을 찾아보면 사실은 춘추 말기에 흥기한 병가에게서 온 것임을 알 수 있다.

종합적으로 병가의 법률사상은 선진 제자들 가운데서 나름대로의 선명한 특색을 가지고 있었다. 병가의 "이법치군" 사상, 의로운 전쟁을 근본으로 하고 덕애를 우선으로 하는 관념, 상벌에 대한 심각하고 계통적이고 또한 실용주의적인 논술은 중국 고대의 법률사상을 풍부히 했으며, 후세 역대 군사가들에게 중요한 영향을 일으켰다.

2절. 주류 법률사상의 내용과 특징

1. 주류 법률사상의 내용

1) 하, 상, 주 및 춘추전국시기의 주류 법률사상

하, 상, 서주에서 노예제 국가가 형성되고 발전한 시기는 국가형성의 초기단계였다. 이 단계는 원시적 종교의 신권지상 관념을 계승했으며, 신권과 왕권이 결합하는 국가적 형태를 형성했다. 의식형태 면에서 통치자는 주로 신권과 종교사상을 이용해 통치를 해왔다. 법률사상 역시 양자의 지배를 받았는데, 그중 중요한 사상은 노예주 귀족의 수명

어천(受命于天), 공행천벌(恭行天罰, 하늘의 지시를 받고 징벌을 내리다)의 신권법사상과 "친친, 존존"의 종법등급 원칙인 "서민은 예우를 받을 자격이 없으며, 대부는 형벌을 받지 않을 특권이 있다"282)는 예법사상이 통치적 지위를 차지했다.

춘추전국시기는 중국의 노예제가 와해되고 봉건제도가 확립되는 시기로서 중국 역사상 가장 혼란스럽고 가장 불안한 시기였다. 노예사회가 와해되고 봉건제도가 일어나면서 기존의 노예주 귀족들의 통치를 수호하던 신권법과 예치사상이 충격을 받았다. 신권이 흔들리고 예의가 붕괴되는 시기, 기존의 여러 계급과 계층의 요구와 소망을 반영해 오던 사상가, 정치가들이 사회변혁에서 나타나는 중대한 문제들을 상대로 의견을 발표하고 자신들의 나라를 다스리는 방안을 제기했다. 이 시기 여러 학파들이 연이어 출현했고, 여러 가지 사조가 일기 시작했으며, 백가쟁명 중 중국 고대사상이 번창하는 국면이 나타났다.

이른바 백가는 학파가 많았음을 뜻한다. 예를 들면 유가, 묵가, 도가, 법가, 음양가, 명가, 농가, 종횡가, 병가, 잡가 등이 그들이었다. 여러 가지 학설과 파벌 중 가장 영향력이 컸던 것은 유가, 묵가, 도가, 법가였다. 그중에서도 유가와 법가가 법률 면에서 가장 많은 영향을 주었다.

법률사상에서 유가는 예치를 주장하고, 도가는 자연법칙을 숭상하며, 무위이치(無爲而治)를 주장했다. 묵가는 겸애(兼愛, 가리지 않고 모든 사람을 똑같이 두루 사랑하는 것)와 상현(尚賢, 대량의 인재를 모아 시대의 수요에 적응하는 것)을 주장했다. 서로를 사랑하고 서로에게 이익을 주는 "겸상애, 교상리"의 원칙을 입법의 지도적 사상으로 할 것을 주장하며, 귀족의 종법세습제를 반대했다. 한편 법가인 전국말기의 순자는 유가의 또 다른 대표자였지만, 그는 융례(隆禮)와 중법(重法)을 결합한 예법통치를 가장 먼저 제시했다. 예를 위주로 하며, 예와 법의 통일을 주장했던 선행자였다. 진한 이후, 봉건정통의 법률사상은 순자의 계발과 영향을 가장 많이 받았다.

2) 진한에서 명 · 청까지의 주류 법률사상

진한에서 아편전쟁에 이르기까지 기나긴 봉건사회 속에서 봉건정통사상은 장기간 동안 주류적 지위를 점했다. 그러한 봉건정통사상의 형성은 처음에는 법가를 위주로 하던 것에서 유가를 위주로 하는 변화과정을 겪었다. 기원전 221년, 진나라가 전국을 통일한

---

282) 《禮記 · 典禮上》

후, 진나라의 통치자들은 통치사상에 음양가들의 오덕순환설을 함께 적용했다. 정치적 실천 속에서 전제 군주제를 수호하는 법가사상을 통치사상으로 정했으며, 문화적으로는 전제제도를 실행하고 "이법위교(以法爲敎), 이리위사(以吏爲師)"만을 허용했다. 한편 사학(私學)을 엄격히 금지하고 다른 여러 사상을 엄격히 단속했다. 진나라를 대체하고 일어선 서한 초, 사회경제가 쇠퇴하고 인구가 감소됐으며, 상업이 불황을 겪고 국력이 쇠약했다. 한나라 초기 통치자들은 형세의 핍박과 진나라 멸망의 역사적 교훈을 빌어 사회경제의 복구와 통치 질서의 안정을 가장 우선시했다. 현실적 수요에 적응하기 위해 한 고조에서 한 경제에 이르기까지 그들은 자연에 순응하여 아무것도 하지 않아도 천하가 저절로 잘 다스려 진다는 무위이치, 여민휴식을 주장하는 황로사상을 받아들였다. 황로사상은 황학(황제)과 노학(노자)의 통칭으로서 내용이 상당히 풍부했다. 도를 최고 표준으로 하였고, 통치자의 자연의 순리를[淸靜無爲] 강조하며 큰 변혁을 반대했다. 정치와 법제를 실천하는 과정에서도 여전히 이 방침을 실행했다. 육가(陸賈)는 한 고조에게 천하는 "바로 얻을 수 있지만 통치는 바로 실현되지 않으며, 문무를 겸용하는 것이야 말로 장기적인 술책"이라고 조언한바 있었다.[283] 이에 한나라 초기 통치자들은 무력으로 정권을 얻을 수는 있지만, 무력으로 유지할 수는 없으며, 문무를 겸비해야 한다는 것을 인식하고, 법령을 제정하고 형벌을 감소함으로써 황로사상의 덕형겸시(德刑兼施, 덕을 베푸는 동시에 형벌을 가하다)의 주장을 한층 더 명확히 했다. 황로사상은 유가와 법가의 장점을 받아들였다. 유가의 군신명분(君臣名分), 인정덕치(仁政德治) 사상은 사회의 안정과 상하가 마음을 일치하게 하는데 유리했다. 그러나 반면에 과거에 연연하며 주나라의 예를 부활시키는 것을 취지로 했다. 법가는 법으로 나라를 다스리는 것과 중앙정부의 권위를 강조하고 국군(國君)의 지위를 높이는 것을 주장했다. 이는 물론 사회를 다스리는데 유리했지만, 중법경덕(重法輕德, 법을 중히 여기고, 덕을 경시하는 것)은 대중과의 거리를 멀게 했다. 황로학의 창시인은 유가와 법가의 이해득실을 보면서 이들을 도가학에 포함시켰는지 모르고, 혹은 도가학설이 양자를 합쳐서 전설 속의 황제를 비로 권위성을 표방했던 것인지도 모른다.[284]

한나라 초에서 한 무제에 이르기 까지 봉건경제가 발전했으며, 중앙집권은 한층 강화되었다. 이 시기 무위이치의 황로사상으로는 더 이상 수요를 만족시킬 수는 없었다. 한

---

283) 《漢書·陸賈傳》
284) 啓良, 《中國文明史》, 上册, 576~577쪽, 廣州, 花城出版社, 2001.

나라 초 이래의 정치와 경제 대일통 국면을 수호하고 발전시키기 위해, 사람들의 사상을 통일시키는 것이 무엇보다 절박했다. 이러한 시대적 수요에 부응하여 춘추공양학파인 동중서가 한 무제에게 "백가를 배척하고 유가만 남겨야 한다(罷黜百家, 獨尊儒術)"는 정책을 제안했다. 동중서는 《춘추》대일통의 이론을 빌어 봉건사회의 전제통치를 강화할 것을 제안했다. 정치를 통일해야 할 뿐만 아니라 사상 역시 통일할 것을 주장했다. 동중서는 "《춘추》는 통일을 추중하는 것은 영원하고 불변의 원칙이며, 옛날이나 지금이나 공통된 도리라고 했다. 그러나 스승이 말씀하는 도리가 서로 다르고 사람들의 의견도 서로 다르며, 제가 학설의 연구 방향도 다르고 의향도 다르기에, 상위의 자리에 있는 사람은 통일의 표준을 알 수가 없다. 게다가 법령제도가 여러 차례 바뀌어 백성들은 어떻게 따라야 할지 어쩔 줄을 모른다. 이에 신은 6예의 과목인 공자학과 달리하는 모든 학설은 일률적으로 금지하고, 발전을 하지 못하도록 해야 한다고 생각한다. 비도덕적인 학설이 사라지고 학술 계통을 통일하면 법령제도가 확실해 질 것이므로, 백성들은 복종해야 할 상대를 알 수 있게 될 것이다"라고 주장했다.[285] 그로부터 유가학설을 중심으로 유가와 법가가 합류하고, 도가, 음양오행설, 그리고 천명신권(하늘이 신의 권리를 정하다) 등 여러 가지 봉건통치사상에 유리한 사상요소를 받아들인 신유학이 중국을 2천년 넘게 통치하는 국가의 통치사상으로 자리매김하게 되었다. 한편 이는 청나라 말기 이전의 중국봉건사회에서 주도적 지위를 차지했던 법제지도사상이기도 했다. 그리고 "충, 효, 인, 의" 설에서 발전해 온 삼강오상 이론 역시 봉건사회의 도덕준칙이자 봉건사회 입법의 기본원칙이었다.

3) 봉건 정통법률사상

정통법률사상은 한 무제 때 확립되었으며, 유가법률사상을 중심으로 음양가, 법가, 도가 등 여러 학설의 법률사상을 두루 겸하여 채용했다. 봉건정통법률사상은 중국이 봉건사회에 들어선 후, 진나라와 서한 초기 80년간의 통치를 거친 뒤, 한 무제 때부터 차츰 형성되었다. 봉건정통법률사상은 진나라 이전(선진시기)의 학설을 지도원칙과 주요 내용으로 하면서 중국 봉건사회의 법률사상에서 통치적 위치를 차지했다. 봉건정통법률사상은 덕주형보(德主刑輔, 덕을 위주로 하고, 형벌을 부차적으로 한다), 군권지상, 예율융합(禮律融合, 예의와 법률을 융합하다), 법유등차(등급에 따라 법도 차이를 둔다) 등을

---

285) 《漢書·董仲舒傳》

주요 내용으로 하였다. 한편 근본적으로 이런 사상들은 진나라 이전 시대(선진시기)의 사상을 다시 다듬어 낸 것에 불과했던 것이다. 이런 사상 중 일부는 상호 대립되었지만 봉건사회의 정치법률 실천하는 중에서 하나로 융합되어 공존하게 되었다.

정통법률사상은 중국고대 법률사상의 중요한 구성부분이며, 중화법계의 여러 특징을 형성하는 결정적 요소였다. 정통법률사상은 한 무제 이후 중국 고대사회의 입법과 사법 활동을 장기적으로 지도하고 지배했을 뿐만 아니라, 반식민지 반봉건사회에 큰 영향을 일으켰다. 정통법률사상은 형성과정이 비교적 복잡하고 굴곡적이었던 것이다.

(1) 봉건 정통법률사상의 형성
① 전임형벌(專任刑罰, 오로지 형벌만 강조하는 것), 진망한흥(秦亡漢興, 진나라가 망하고 한나라가 일어서다)

기원전 221년, 진시황이 법가사상의 도움으로 중국에서 처음으로 중앙집권제 군주전제국가를 건립하고, 법가사상을 진나라의 통치사상으로 수립했다. 입법에 있어서 진나라는 이형거형(以刑去刑, 형벌로써 형벌을 다스리다), 이살지살(以殺止殺, 준엄한 법률로써 범죄를 막는 것)의 가혹한 형법과 법령정책을 실시했다. 사법상 전인어리(專人御吏, 전문적인 감옥관리인)를 두고, 문화독재를 실행하며 이법위교(以法爲教, 법률 조항을 교육 내용으로 하는 것), 이리위사(以吏爲師, 관을 스승으로 삼고 법률 지식을 배우는 것)를 주장했다. 1975년 호북성 운몽에서 출토된 진간(진나라 때의 죽간)을 통해 한층 더 확인되었다. 진나라의 법률은 율, 령, 식, 법률 답문, 정행사, 과 등 여러 가지 형식으로 되어 있었으며 내용이 광범하고 상세했다. 정치에서 경제에 이르기까지, 생산에서 생활에 이르기까지 모두법식이 있었다고 할 수 있었다. 《염철론》에서 논했듯이 "진나라의 법률은 가을의 씀바귀처럼 무성했고, 응고된 지방처럼 빈틈이 없었다"고 했다.[286] 그러나 진나라 통치자들은 집권 독단주의의 강제적 규범을 봉행하고 사상을 억압하며 신하들이 명령만 따르는 도구가 될 것을 강요했다. 《한서·형법지》는 진시황은 "형벌을 전적으로 이용하다.", "허리가 아플 정도로 문서를 읽다.", "죄수복을 입은 범인이 길을 넘치고 감옥은 시장처럼 사람이 많다"라고 기록하고 있다. 진 2세가 정권을 잡을 때는 "법령으로 처벌하는 것이 갈수록 심했다"고 했다.[287]

---

286) 《鹽鐵論·刑德》
287) 《史記·李斯列傳》

진나라는 형벌을 더욱 가중시키는 것에 유난히 관심을 두어 "범죄 발생을 방지하는 데는 형벌을 가중시키는 것이 최고"[288]라고 믿을 정도였다. 한편 문화 전제정책을 적극적으로 추진하며, 법가 이외의 다른 여러 학파들의 존재를 불허함으로써 사상과 문화에 대한 독재가 전에 없이 심각한 정도에 이르렀다. 진나라는 법가의 법치사상을 극단으로까지 몰고 갔다. 이와 함께 진시황은 토목공사를 크게 벌였다. 장성을 쌓고 황릉과 아방궁을 지으며 민력(백성의 재력)을 과도하게 소모했다. 진시황이 폭력을 앞세워 가렴주구하고 민력을 남용하며 가혹한 형벌과 법령을 실행하고 잔혹한 형벌을 가하는 바람에 백성들의 원망이 하늘 끝까지 빗발치게 되자 진나라는 건립한지 십여 년 만에 위태로워지기 시작했다.

당시의 자연경제조건은 이처럼 엄밀한 법제시스템을 받쳐줄 수가 없었다. 엄밀한 법률조문은 백성들에게 보편적으로 인식되고 지켜질 수가 없었다. 이에 법률이 실행되는 순간 "감옥이 시장을 이루는 현상"[289]이 나타났고, "백성과 신은 저마다 위태로움을 느끼게 되어" 사람마다 불안에 떨었고, "천하에는 원망이 하도 많고 깊어 썩은 강물과도 같아 결국 백성들은 이에 저항하게 되었다"고 했다.[290] 강대한 진 제국은 조치를 취할 때마다 지나친 횡포로 말미암아 결국 기강이 무너지고 신속히 멸망의 길목에 접어들게 되었던 것이다.

② 황로지학을 숭상하고 무위이치(無爲而治)를 주장하다

진나라의 폭정은 전국적인 인민봉기를 야기했다. 기원전 206년, 진나라 왕자 영은 유방의 봉기군에 결국 투항하고 말았다. 그 뒤 4년 동안 초한(楚漢)의 다툼이 있었는데, 기원전 202년에 일어난 해하전투(垓下之战)에서 항우가 전패한 후 자살을 하면서 유방은 정식으로 황제에 오르고 한나라를 건립하였으니, 이를 역사에서는 서한이라고 불렀다.

장기간의 전쟁으로 사회생산은 발전을 가져오지 못했다. 전국시기 수백 년 동안 벌였던 혈전의 뒤를 이어 잔혹한 진나라의 폭정이 등장했고, 특히 진나라 말년에는 전쟁이 끊이질 않았는데, 대규모 전쟁이 70차례, 소규모 전쟁이 40차례나 달했다. 사회경제의 쇠퇴와 인구 감소, 상업 불황으로 백성들은 남는 것이 없었고, 정부 재정은 텅 비게 되

었다. 《한서》는 "토지를 잃은 백성은 수확이 없어 기근에 허덕였고, 전국에는 5천 석의 쌀 밖에 없었으며, 사람이 사람을 잡아먹는 등 절반이 죽어 나갔다"고 했으며, "천하를 통일시킨 초기에 백성들은 전란으로 몸 둘 곳이 없었고, 황제가 출행할 때도 색상이 같은 말이 끄는 마차를 탈 수 없을 정도였다"고 당시의 상황을 설명하였다.[291] 정치적으로 중앙이 직접 통제하는 범위는 15개 군에 거쳤고, 나머지는 모두 초한전쟁에서 항우를 연합 공격했던 제후와 왕들에게 분봉하는 바람에 중앙의 지위는 공고하지를 못했다.[292]

진나라의 이러한 교훈을 경험 삼은 한나라 초기의 통치자들은 사회경제의 복구와 통치 질서의 안정을 회복하는데 주력하였으며, 이때부터 황로사상을 중심으로 하는 정책이 나타났던 것이다.

황로학은 전국시기에 나타났던 도가의 한 갈래였다. 황은 황제를 가리키고, 로는 노자를 말하며 도가의 시조로서 청정무위(마음을 비우고 순리를 따른다)를 주장했다. 서한정권이 전반적인 집권전재를 이어받은 만큼 방대한 관료시스템을 조절하려면 법가의 법치가 아니고서는 효과를 볼 수가 없었다. 한편 경제적인 어려움으로 백성과 함께 휴양생식하며 사회를 안정시키고 국력을 발전시켜야 했는데, 이 또한 도가의 청정무위가 아니면 불가능했다. 그러나 황로학파는 법제를 중시하는 한편 완화정책을 주장했다. 이런 특징은 마침 서한 초기 통치자들의 요구와도 맞아 떨어졌다.

황로학파 법률사상의 내용과 특징은 다음과 같다. 문무겸용(文武幷用), 덕형상제(德刑相濟)를 주장하고, 명구법령(明具法令), 진퇴순법(進退循法)을 강조했다. 한편 약법성형(約法省刑), 존주안민(尊主安民)을 견지했고, 형부염경(刑不廉輕), 벌불환박(罰不患薄)을 요구했다. 이런 주장은 당시 경제생산의 회복과 발전에 유리했고, 사회 안정에도 유리했으며, 한나라 통치를 공고히 하는데도 유리했다. 법제 면에서 진나라의 가혹한 법령과 육체에 가하던 형벌인 육형은 이런 문화를 배경으로 사라지게 되었다.

한나라 초기의 황로학은 진나라의 전임형벌정책을 일부 바로 잡는 한편, 유학의 회복과 발전에 조건을 마련해 주었다. 유학은 이런 완화정책 덕분에 회복되고 크게 발전 할 수 있었다.

---

291) 《漢書 · 食貨志》
292) 《漢書 · 李斯列傳》

③ 백가를 배척하고 유가만을 중시하다

한나라 초기 고조에서 경제에 이르기까지 60여 년 동안 추진했던 청정무위(淸静無爲), 백성의 휴양생식 정책과 일련의 약법성형(約法省刑, 법령을 수립하여 형벌을 줄인다)의 구체적 조치로 인해 다년간의 전쟁을 겪고 심각한 파괴를 당한 사회생산이 복구되면서 장족의 발전을 가져왔다. 한 문제와 한 경제 때의 사회는 번영하는 모습을 보였으니 이 시기를 문경의 치라고 부른다. 한 무제에 이르면 경제적 실력이 쌓이면서 국고도 든든해졌다. 기록에 따르면 "한 무제 초기, 국가는 70년간 전쟁이 없었다. 가뭄이나 홍수가 없을 경우 모든 백성들은 먹을 것이 있었고, 집집마다 풍족했는데, 도성과 국경의 창고마다 식량이 넘쳤다. 경성에는 동전을 꿴 끈이 썩어 돈을 셀 수가 없었다. 조정의 창고에는 식량이 넘쳐 둘 곳이 없어 창고 밖에까지 쌓였는데 썩어서 먹을 수가 없었다. 거리마다 말을 볼 수 있었고 시골에도 말이 떼를 이루었는데 암말을 탄 사람은 배척을 받아 아예 모임에 참석하지 못하게 했다."293)

정치적으로는 토지를 분봉 받은 왕들 중 황족과 다른 성씨를 쓰는 이성의 왕들을 동성의 왕으로 바꾸었다. 한 경제 때에는 "오초7국의 난"을 평정해 토지를 분봉 받은 제후국들이 각자 정치를 하던 국면을 바꾸어 놓으면서 중앙집권의 통치를 공고히 했다. 한편 장기적인 무위이치 정책은 여러 가지 사회문제를 낳았고, 토지 겸병이 심각했으며, 부유한 귀족들의 생활은 날로 사치스러워졌고, 무법천지였다. 진나라로부터 이어받은 법제는 여러 가지 구체적인 제도적 규정으로 인해 여전히 잔혹한 부분이 남아 있었다. 일부 관리들은 혹형을 가하는 것을 능력으로 생각했고, 가혹한 형벌이 머리를 들기 시작했다. 이와 동시에 사상 문화적으로 여러 학파가 활약하기 시작했다. 이런 학파들은 자기 나름대로의 사상과 관점으로 시사와 정치를 평론했다. 이러한 시대의 흐름은 객관적으로 존재하는 사회문제를 해결하고, 여러 가지 사상 간의 모순을 완화하며, 차츰 안정적으로 나아가고 있는 통일제국에 부응하는 사상체계의 건립을 요구하게 되었다.

이 시기의 법가사상은 진나라가 지나친 포학함으로 말미암아 일찍 멸망한 탓에 그 지위는 바닥에 떨어졌다. 묵가는 "관리와 백성의 지위 귀천은 장기적으로 불변하는 것이 아니라, 능력이 있으면 관리가 되고 능력이 없으면 관리에서 떨어져 일반 백성이 되어야 한다"고 주장했다.294) 또한 "일은 하지 않고 노동의 성과를 가져가는 착취행위"에

---

293) 《史記·平准書》
294) 《墨子·尚賢上》

대해서는 반대했다.295) 이러한 주장은 당시의 통치계급에게는 부합되지 않는 주장이었다. 한편 청정무위, 약법성형296)을 주장하는 황로학은 어느 정도 효과는 보았지만, 지나치게 소극적이어서 할거세력을 약화시키고 중앙정권을 공고히 하며 부국강병을 통해 외환을 방어하는 데는 불리했다. 통치계급은 결국 유학에 눈길을 돌렸다. 유가는 "예악과 정벌을 명령하는 권력은 황제에게 있다"고 주장하고 있었던 것이다.297)

한나라는 대일통 왕조를 건립할 것을 주장하는 한편, "군주와 신의 상하관계와 신분 귀천의 순서"를 강조했다. 다시 말해 덕정교화(德政教化)를 중시하지만 법률형벌의 역할을 배제하지 않음으로써 왕조의 근본적 이익과 사회의 안정을 수호하는데 유리하도록 했다. 때문에 동중서가 제기한 국가권력이 개입하는 방식으로 유학의 발전을 격려하고 다른 학설을 억제하는 주장이 통치자들의 호감을 사게 되었다. 동중서의 정치 법률적 관점은 주로 두 가지였다. 첫째는 천인합일의 군권천수설이었다(왕의 권한은 하늘이 준다). 즉 "황제는 하늘의 아들로서 하늘의 의도에 따라 천하를 다스리며 황제가 실수하고 형벌을 함부로 시행하면 하늘이 반드시 자연 재해를 내려 이를 질책하고 경고한다"고 했던 것이다. 이는 군권을 신화하고 중앙집권체제를 강화하려는 제왕의 요구를 만족시키는 한편, 군주전제를 제한하는 유가의 전통적인 주장을 지지해주었다. 둘째는 대덕소형(大德小刑, 덕을 크게 베풀고 형벌은 경하게 내린다)을 주장했다. 즉 천도에는 음양이 있는데, 양을 위주로 하고 음은 부차적인 것이며, 양은 덕을, 음은 형벌을 뜻한다. 나라를 다스리는 데는 덕을 주로 해야 하고 형벌은 부차적으로 사용해야 한다는 것으로, 이는 유가가 주장하는 중덕경형(重德輕刑, 덕을 중시하고 형벌은 경시한다)의 전통적인 주장을 신화하는 한편 형벌을 신성한 위치로 높여 주게 되어, 점차 새로운 법제 지도사상이 형성되기 시작하는 환경을 조성해 주었다.

이러한 일련의 법률사상은 서한 중기부터 형성되기 시작했으며, 그 뒤를 이은 역대 왕조가 법제를 실천하면서 끊임없이 발전하고 완벽해져 갔다. 이때부터 새로운 법제지도사상은 청나라 말기 이전까지 중국 전통사회에서 주도적 지위를 차지했으며, 법제 사상의 주류를 이루게 되었던 것이다.

---

295) 《墨子・尚賢下》
296) 《淮南子》〈詮言訓〉, 〈原道訓〉등 諸篇.
297) 《論語・季氏》

(2) 봉건 정통법률사상의 근원

정통법률사상은 진나라 이전(선진시기)의 여러 사상을 정치와 법제의 실천 속에 융합
시킨 산물이다. 그중 진나라 이전 시기(선진시기)의 유, 법 두 사상이 가장 중요했다.
선진시기 유가는 공자의 이덕치국(덕으로 나라를 다스리다)을 강조하며 도덕적 감화력
을 상당히 숭상했다. 맹자는 어진 정치를 사상의 핵심으로 하고 어진 사람만이 가장 높
은 자리에 앉을 수 있다고 주장했다. 이런 사상은 모두 도덕과 형벌 간의 관계 해결에
중요한 근거를 제공했다. 유가의 여러 제반 학자들은 현인정치를 강조하고 사람의 역할
이 가장 중요하다고 주장했다. 순자는 사람과 법의 역할을 주장하며 《유치인, 무치법
(有治人, 無治法)》[298]을 제시했다. 이런 뿌리 깊은 인치관념은 정통의 법률사상에 깊은
영향을 가져다주었다. 유가는 보편적으로 예를 중시했다. 예는 "친친, 존존"의 유별을
핵심적 정신으로 하고 있다. 친친은 가족의 입장에서 유별한 것이며, 가족 성원들의 다
른 지위를 규범화함으로써 가족의 단결과 화목을 유지한다는 것이고, 존존은 사회등급
입장에서 유별을 강조하는데, 천자, 제후, 여러 급의 귀족과 평민이 계층사회에서 차지
하는 지위와 권리 및 의무 관계를 말한다. 이런 가족윤리와 사회등급 관념은 후대의 법
률 사상에 근본적이고 지도적 의의를 갖는 것이었다.

정통법률 사상이 법가로부터 이어받은 사상은 전제군권의 절대화와 군권에 대한 특
수 보호에서 드러난다. 선진시기 공자는 군신관계의 상대성 즉 "왕은 예의에 맞게 신하
를 임용하고, 신하는 충심으로 왕을 모셔야 한다"는 것을 주장했다.[299] 맹자 역시 이
상대성을 한층 더 발전시켰다. 선진시기 유가는 비록 입법의 권력이 중앙에 속한다고
강조하고 정벌을 명령하는 권력은 황제에게 있다는 것을 요구했지만, 군신관계에서 특
히 맹자의 사상에서 군주는 절대적 전제지위를 차지하지 못한다고 했다. 한편 법가의
한비자는 모든 정치는 군주전제의 중앙집권을 근본적 출발점으로 하고 여기에 모든 것
을 귀속시켜야 한다고 주장했다. 한비자는 군주가 법(法), 술(術), 세(勢)등 여러 가지
수단을 이용해 신하를 통제하고 다스려야 하며 군주의 지위는 존엄하고 이익은 지고
무상해야 한다고 했다. 한비자는 특히 장상대신((將相大臣)이 군주를 위하는 일을 뒤로
하고 개인의 세력을 키우는데 전념하는 것은 안 된다며 반대했다. 그리고 군신관계에서
명령에만 복종하는 신하는 통치도구에 불과하다고 했다. 이밖에 법가가 선양하는 관료

---

298) 《荀子 · 君道》
299) 《論語 · 八佾》

등급제도, 부자, 부부관계와 유가가 주장하는 예의 차등성은 모두 정통법률사상의 특색인 법유등차에 영향을 끼쳤다.

선진시기의 유가, 법가 사상가 외에도 정통법률사상은 다른 학파의 영향도 받았다. 예를 들면 정통법률사상이 형성하던 시기, 음양오행가의 사상체계가 이론적 틀을 제공했던 것을 들 수 있다. 음양오행학파의 시령관(時令觀)은 후세 사법시령설의 중요한 근원이 되었다. 황로학파의 문무장이(文武張弛), 덕형상제(德刑相濟)의 사상과 유, 법 양가는 모두 교류가 있었으며, 진나라 법가사상이 정통법률사상으로 과도하는데 다리가 되어주었다. 한나라 때 홍하기 시작한 금문경학, 예를 들면 춘추공양학은 춘추대의를 명백히 함으로써 후세 법제의 여러 가지 중요한 원칙을 확립했다. 예를 들면, "군주와 부모의 권위를 범하려는 의사가 있는 자에 대해 모두 엄한 형벌을 내릴 것"을 주장했단 것이 그것이다. 이 원칙은 후세 법전에서 역모(逆謀) 등 중요한 죄명을 정하는 이론적 근거가 되었다. 또 "착한 사람을 우대하여 혜택이 그 자손에게 미치도록 하고, 악한 사람에게는 형벌이 그에 한해서만 그치게 해야 한다"는 것 등의 사상도,[300] 후세에 큰 영향을 주었던 것이다.

(3) 봉건 정통법률사상의 기본내용

유학은 봉건정통법률사상의 지도원칙과 주요 내용을 제공해 주었는데, 이 시기의 유학은 선진시기의 유학과는 달랐다. 이 시기의 유학은 선진시기 유학의 내용을 신성화시켰고, 신비화시켰다. 한편, 유가의 기본이념과 종교적 신학을 결합시켰고, 땅위의 군권과 하늘의 신권을 결합시켰으며, 인간사회와 자연현상을 결부시켰다. 또한 기존에 정치사회사상만 표하던 진나라 초기 유가학자들의 일가지언(一家之言)을 정권의 힘을 통해 정치, 사회, 가정생활의 최고준칙으로 부상시켰다. 다른 한편으로는 유학을 중심으로 하는 것 외에 다른 학설, 특히 이 시기의 통치에 유리한 학설들을 받아들였다. 위, 진 이후 유가, 불교, 도가가 합류되면서 불가, 도가의 일부 사상들이 받아들여져 내용을 보완하였고, 이를 통해 봉건정통법률사상을 적응력 강한 정신무기와 통치도구로 거듭나게 했다. 봉건정통법률사상의 내용을 종합하면 다음과 같다.

---

300) 《春秋公羊傳·昭公二十年》)

① 황권지상, 법자군출(皇權至上, 法自君出)

진한 이후, 유가와 법가가 합류했다. 봉건정통의 유가법률사상에는 법가의 절대적인 군권사상이 포함되어 있다. 한나라 때의 유가사상은 선진시기의 예제와 유가사상 중의 존군(군주 존중)의 전통을 받아들였으며, 군주의 절대적 권위를 수호할 것을 주장하는 선진시기의 법가사상과 춘추공양학이 선양하는 군권에 대한 추종과 보호 등을 섭취하기도 했다. 한편 법률 제정과 운행은 모두 전제체제를 바탕으로 군주의 인신안전과 정치의 통치권위 보호를 중심으로 건립할 것을 요구했다. 황제는 최고의 입법자이고 재판관으로서 입법의 권리가 있을 뿐만 아니라, 법률 위에 존재하는 권리를 갖고 있는 법률 이상의 존재인물이다. 때문에 서한의 두주(杜周)는 "국가의 법률이라 할지라도 황제의 이름으로 반포해야 하며 중앙사법기관이 심리한 사건이라도 황제가 최종 판결을 내려야 하니, 어찌 법률이라 할 수 있는가?"라고 한탄했다.[301] 서한 중기부터 봉건정통사상이 형성됨에 따라 신권 종법사상이 어느 정도는 부흥했지만, 이 시기의 신권은 황권을 위한 존재이고, 주로 황권을 신화하는데 이용되었다. 중국 봉건전제주의 통치 하에서 신권은 서방 중세기에서의 신권처럼 왕권과 대립하거나 혹은 왕권을 넘어서는 신권은 될 수 없었다. 그리고 유가 정통사상에는 이미 신권이 포함되었기에 황권은 유교 이외의 종교가 더 필요 없었다. 이와 동시에 종법사상 역시 황권의 가천하(한 집안의 천하, 제왕이 국가를 자기 일가의 재산으로 간주하여 대대로 물려주는 제도)를 수호했기에 황제가 제정한 여러 가지 법령은 근본적으로 모두 일가지법이었다. 이른바 "황제의 일언은 곧 천하의 법이고, 삼척(三尺, 법)의 최고 지배자다. 조, 령, 격, 식, 예 등은 모두 황제가 발표하고 허락했다. 황제는 임의로 법률을 제정할 수 있고, 또 임의로 법률을 폐할 수 있다. 이밖에 법률을 벗어나 은혜를 베풀 수 있고, 법률 외의 형벌을 가할 수도 있다."[302] 그러니 신하들은 "오로지 황제의 뜻에 따라서 판결을 했다."[303] 이는 곧 군주의 말이 법이고, 군주는 말 한마디로 입법이 가능하며, 말 한마디로 법률을 폐할 수 있고, 말 한마디로 법률을 수정할 수 있는 법적 제약을 받지 않는다는 의미였다. 신하는 군주에 조금도 반란의 마음을 가져서도 안 되고, 반란의 생각이 있을 경우 엄벌을 받게 된다. 사법 실천 속에서 군주를 범했다는 이유로 임의로 감옥을 세운 사례는 적지 않다. 후세의

---

301) 《史記 · 酷吏列傳》

302) 韓愈, 《韓昌黎文集注釋》, 閻琦校注, 19쪽, 西安, 三秦出版社 2004.

303) 《史記 · 酷吏列傳》

법률 조항에는 여러 가지 반역, 대반역, 대불경 등의 죄명을 규정했고, 군주의 인신 안전과 정치적 권위를 보호했다. 천백 년 동안 군주의 권위에는 조금의 의심도 둘 수 없었으며 법률은 기껏해야 이를 위해 복무하는 하나의 통치도구에 불과했다.

황권지상의 이유로 고대 법률은 왕권 혹은 황권을 둘러싸고 전면적이고 주도면밀하게 보호를 해왔다. 예를 들면 "임금의 지친(至親)에게는 장래가 없으니, 장래가 있으면 반드시 베어야 했다"와 이와 관련한 "마음속으로 비방한 죄(腹誹罪)"를 규정해 놓았다. 그 후 《당률》이 열거한 10대 죄악에는 황권을 범한 "역모, 대역모, 대불경"이 3대 죄악으로 등장했다. 심지어 역대적으로 적지 않은 사람들이 촉망(觸望), 복비(腹誹), 비소의언(非所宜言) 등 터무니없는 죄로 인해 사형을 당했고, 이족(夷族, 중국고대에 가족 중한 사람이 죽을죄를 지으면 친속이 형벌을 받는 제도)을 당했으며 나아가 문자옥을 행하기도 했다. 특히 황제의 조령은 반드시 엄격히 지켜야 하고, 사적으로 의논을 하지말아야 했다. 이를 어길 경우 엄벌을 받게 되었다. 이처럼 자연경제를 바탕으로 형성된 황권지상의 사상은 형성에서 내용에 이르기까지 종법사상보다 더욱 집중되었고, 더욱 권위적이고 장기적으로 입법과 사법활동을 지배해왔다. 송나라에 와서 이학(理學)이 출현한 후, 동중서의 "도리의 근원은 하늘에서 나온다"는 이론을 기초로 이학이 "천리화육류행설(天理化育流行說)"로 발전하였다. 이로써 "하늘이 이치를 따르고 인간의 욕망을 말살한다(存天理, 滅人欲)"는 이론이 당대 정치법률의 지도원리로 자리했고, 천리의 실질적 내용인 봉건적 강상명교는 입법과 사법의 최고 준칙으로 거듭났다.

② 예율 결합, 법유 차등

유가사상은 서주의 예치에서 비롯되었다. "예는 종비귀천을 중히 여긴다. 하늘에는 10간이 있고, 사람에게는 10등(等)이 있다"고 했고,[304] 귀족 내부 역시 등급이 다름에 따라 누리는 특권도 달랐다. 즉 "제 제후의 관직이 같지 않을 경우에는 예물도 차이가 있다"고 한 것이 그것이다.[305] 급이 높을수록 특권도 많았다. 등급제와 종법제가 결합해 "사람의 능력과는 관계없이 자신에게 가까운 사람만 임용한다"는 세습제가 이루어졌다. 유가가 "하늘은 높으므로 존귀하고, 땅은 낮으므로 비천하다"거나, 음양오행, 인성선악을 거론하는 주요한 목적은 등급제도의 합리성과 영구성을 증명하려는 데 있었다. 선진

---

304) 《左傳·昭公七年》)
305) 《左傳·庄公十八年》

시기 법가는 군주 이외 여러 계층의 귀족세습제를 극구 반대했지만, 등급제도는 여전히 반대하지 않았다. 다만 여러 등급의 귀족들이 특권을 독점하는 것만은 반대했다. 상앙은 진나라의 변법에서 군공작(君公爵) 20급을 새로 정하고 각 등급은 서로 다른 특권을 갖도록 했다. 이 중에는 상경하중(上輕下重, 등급이 높은 사람은 경하게 처벌하고 낮은 신분은 엄하게 처벌하는 것), 동죄이벌(同罪異罰, 같은 죄라 하더라도 신분에 따라 다르게 처벌하는 것)의 특권도 있었다. 이른바 형무등급(형벌에는 등급이 없다)은 사실 대부가 죄를 지어도 형벌을 받지만 그렇다고 등급제도를 취소한 것은 아니었다. 진한 이후, 유가 정통법률사상의 중요한 임무는 "존비(尊卑)와 장유의 순서"[306]를 새롭게 확립하고, 봉건귀족과 관료, 가장, 족장에게 특수한 법률적 지위를 부여하고, 여러 가지 법률이 정한 규정과 관습의 특권을 누리게 했다. 한편 주례의 팔벽(八辟)을 여러 다른 등급에 따라 의(議), 청(請), 감(減), 속(贖), 관(官)에 의한 죄형을 감면받는 특권을 누린다고 했다. 관리의 등급에서도 역시 "상경하중, 동죄이벌"의 특권을 누리도록 했다. 이런 극단적인 불평등한 특권법은 역사가 오래되고, 뿌리가 깊어 청조말년의 예교파(禮敎派)들까지 여전히 존비장유지서(尊卑長幼之序)를 이유로 동죄동벌의 법리파들 주장에 맞섰다.

예가 봉건사회에서 중시된 것은 유학이 중시되었기 때문이었다. 치왕도(致王道)의 근본은 위정선례(爲政先禮, 예는 정치의 근본이다)라고 인식했다. 예와 법의 관계는 "예의는 일이 발생하기 전에 역할을 발휘하지만, 법령은 사건 발생 후에 작용을 일으킨다"는 것으로 압축되었다.[307] 동중서는 "신하에게 벼슬과 녹봉을 주는 것은 인덕을 유지하도록 하기 위함이고, 신하를 처벌하는 것은 옥박지르기 위한 것이다"라고 하여 "백성이 예를 알고 조정을 거스르고 반역을 꾀하지 않도록 한다"는 것을 요구했는데,[308] 중요한 것은예와 법을 결합하는 것이라고 했다.

백호관회의(白虎觀會議)[309] 후, 통치자들은 동중서의 신학논리관점을 "군위신강, 부위자강, 부위처강"[310]로 체계화하고 3강을 영원한 도덕규범으로 하여 이를 봉건법률의

---

306) 《禮記 · 樂記》

307) 《漢書 · 賈誼傳》

308) 《漢書 · 董仲舒傳》

309) 백호관회의는 한 장제(79년) 때의 대부, 박사, 의랑, 낭관과 제생을 소집해 백호관에서 유경의 동이를 토론한 회의이다. 회의 후, 한 장제가 반고에게 명해 편성한 토론 결과인 백호통의를 정부 서적으로 발표하여 그 영향이 컸다.

310) 《禮緯含文嘉》

기본 구성요소로 지정했다.

3강은 "존존, 친친"의 원칙을 중심으로 귀천, 친소, 존비, 상하, 장유의 등급 순서를 확립하고 지킬 것을 요구했다. 옥송(獄訟)에는 우선 이 등급관계를 이해해야 경중의 순서를 얻어 낼 수 있고 깊고 낮음을 잴 수 있다고 했다.[311] 법률 앞에서의 차이와 등급은 존군이 우선이고 황권의 신성함을 수호하는 것은 범할 수 없는 일이었다. 다음은 다른 여러 가지 존자의 특권을 수호하는 것이었다. 마지막으로 가족범위 내에서의 불평등관계와 가장의 특권을 수호하는 것이었다. 이는 여러 가지 봉건특권과 법률의 불평등을 수호하는 봉건정통법률사상의 원칙적 특성을 뚜렷하게 보여주었다.

③ 덕주형보, 선교후형(德主刑辅, 先教后刑)

선진시기의 유가는 예를 강조하는 동시에 덕정(어진 정치)을 강조했다. 이른바 "덕을 중심으로 정치를 하면 북극성처럼 주변 국가들의 섬김을 받을 수 있다"는 것으로,[312] 덕정은 도덕으로써 교육하여 감화시킨다는 것을 말했다. 덕정은 나라를 다스리는 덕, 예, 형, 정 4가지 방법 중 덕과 예를 가장 중요한 방법이라 했다. 한편 형벌을 사용하는 면에서는 명덕신벌(明德慎罰, 군주의 공명한 덕행과 벌을 줄 때의 신중함), 명형필교(明刑弼教, 형법을 밝게 함으로써 오륜의 가르침을 도움), "교화를 강화하고, 쉽사리 죽이는 것을 삼가야 한다"고 했다.[313]

한나라에서는 진나라의 전임형벌(傳任刑罰)의 교훈을 거울삼아 덕의 주도적 역할을 특별히 강조하여, 우선 덕으로 감화시키고 뒤에 형을 가해야 한다고 주장했다. 동중서는 이런 사상을 자신의 신학목적론의 범주에 포함시키고, 음양지설을 비러 덕주형보의 관계를 해석했으며 하늘은 생령을 아끼고 살육을 일삼지 않는다는 것을 믿으며, "하늘의 운동변화는 음과 양에 있으며 양은 덕치이고 음은 형벌이다. 형벌은 살생을 주장하고 덕치는 사람을 살리는 것을 주장한다"고 하여,[314] 하늘은 "덕으로 다스릴 것을 허락하지 형벌은 허락하지 않는다"고 주장했다. 이때부터 덕주형보의 원칙이 줄곧 지배적인 위치를 차지했다. 양한 이후 덕형관계에 대해 논란이 일어나기도 했지만, 종합적으로 논란의 중심은 형위인좌(刑爲仁佐), 즉 당나라 이후 손무기 등이 "덕과 예는 행정교화의 근

---

311) 《朱子全書·治道·論刑》
312) 《論語·爲政篇》
313) 《尚書·酒誥》
314) 《漢書·董仲舒傳》)

본이고, 형과 벌은 행정교화의 표현이다"라는 관점을 실행했다. 송명은 이학을 지도적 사상으로 했다. "3강5상"은 "천리와 민의를 원칙으로 해야 한다"면서,315) 동시에 "법도금령(法度禁令)"은 표면적으로만 다스리는데 사용하고, 도덕제례(道德齊禮, 덕으로써 이끌고 예로써 가지런하게 함)로써 통치해야 격기심(格其心, 염치를 느끼고 바르게 한다)을 갖기 때문에, "백성들에게 법을 알려 법이 두려워 법을 지키도록 하여 교화시키지 못하는 효과를 가져오는 것"을 더욱 중요시하여 도덕교화를 가장 중요한 자리에 두었던 것이다. 이러한 이덕통형(以德统刑), 선교후형(先教后刑)의 상태는 줄곧 봉건사회 말기까지 이어졌다. 심지어 반봉건 반식민사회 이후의 청나라 말년에도 법률을 개정하는 과정에서, 심가본을 대표로 하는 파와 장지동, 노내선을 대표로 하는 또 다른 파와 사이에서 예법에 대한 다툼이 일어났으니, 그 영향력이 얼마나 컸는지를 알 수가 있다.

덕주형보의 사상에는 인민에 대한 지나친 착취와 압박을 반대하는 내용이 있다. 이는 사회생산과 백성들의 생활에 유리할 뿐만 아니라, 사회질서를 안정시키는데도 유리해 어느 정도 합리적인 요소를 구비했으므로, 후세에 입법하는데 있어서 양호한 역할을 일으키기도 했다. 즉 덕을 중시하다 보면 반드시 교화를 중시하게 되어 있었던 것이다. 유가는 교화를 "미연에 방지하는 것"으로 인정하고, 엄형준법이 가져올 수 없는 역할을 일으킬 수 있다고 주장했던 것이다. 다시 말해 교화는 인민의 투지를 마비시키는 한편, 통치계급의 사상이 사회의 통치사상으로 신속히 자리 잡도록 하는데 유리하다는 것이었다. 통치자들은 전통적으로 형벌을 중시했지만, 일반적으로 형세의 필요와 계급 역량 간의 관계변화에 따라 덕과 형의 두 가지 수단을 모두 취했다. 그러나 덕주형보적 설교는 언제나 법률을 경시하는 부작용을 가져왔다.

청나라 정부에서 펴낸 《사고전서(四庫全書)》에는 "세상이 태평성세하더라도 형벌은 없앨 수 없으며, 그렇다고 형벌을 숭상하고 모든 일을 형벌만으로 처리 할 수도 없다"고 하는 관점을 보이기도 했다.316) 이는 중덕경형의 영향이 어느 정도였는지를 잘 알려주는 것이라고 볼 수 있다. 한편 중덕경형사상은 형법사상이 종횡으로 발전하도록 촉진해주는 면도 있었다. 중덕경형은 통치자들에게 형벌만이 유일한 통치수단이 아님을 알려주었다. 형벌의 객관적 효과를 따져야 하고 분열과 와해에 주의를 돌려야 하며, 단속 범위를 축소함으로써 저항력을 최소한으로 줄여 효과적으로 통치를 수호해야 한다는 것

---

315) 《晦庵集》 卷十四 "戊申延和奏札一"
316) 《四庫全書政法類 · 法令之屬按語》)

을 인식시켜 주었다. 이는 중국 형법사상이 일찍부터 고의와 실수, 누범(累犯), 우발적 범죄(偶犯)를 구분했고 "상형(上刑)이라도 가볍게 해야만 적당한 범죄를 하형에 처할 수 있다"는 것을 인식시켜 주었던 것이다.[317] 공죄(公罪), 사죄(私罪), 수범(首犯), 종범(從犯), 자수감면, 노유폐질감형(老幼廢疾減刑) 등 일련의 규정을 내리게 한 중요한 요소가 되었으며, 이렇게 함으로써 형법사상이 비교적 높은 수준에 오르게 되었던 것이다.

④ 범인의 범죄 동기와 경위에 따라 죄행을 판정하는 것(應經合義, 論心定罪)

유가사상이 통치적 지위를 점하고 3강을 입법, 사법의 근본적 원칙으로 함에 따라 이를 바탕으로 한 유가경전의 몸값이 배로 뛰어 올랐다. 유가경전이 구두로 전해지거나 혹은 한발 진보하는 등 경학의 큰 진흥을 가져와 차츰 입법, 사법의 영역에까지 영향을 미쳤다. 서한 중기 이후부터는 입법과 사법을 물론하고 응경합의를 요구하게 되었다. 유가의 경의(經義)는 입법, 사법을 지도할 뿐 아니라 심판의 기준이 되기도 했다. 동중서 등 사상가들부터 끊임없이 춘추를 잣대삼아(決獄) 심리(판단)를 해왔다. 《춘추》 뜻은 법률의 부족한 점을 대신하기도 했으며, 심지어는 법률을 넘어서는 효력을 발휘했다. 동중서를 비롯한 일부 사상가들은 심리(決獄)에서 논심정죄(論心定罪)의 동기론(動機論)을 제안했다. 그들은 "사건을 재판할 때는 사실을 근거로 행위자의 동기를 연구하여 동기가 사악한 자는 범행 미수일지라도 책임을 면할 수 없다. 두목은 큰 벌을 내리고 주관적으로 악의가 없었지만 실수로 범행을 저지른 경우 경한 처벌을 내린다"고 주장했다.[318] 그 뒤로는 "《춘추》 사건 심리에서 죄를 정할 때, 의도는 착했으나 법을 어겼을 경우, 죄를 면해주고 법에 어긋나지는 않았으나 의도가 나빴으면 벌을 받아야 한다"는 인식으로까지 발전시켰다.[319]

그렇기 때문에 사건을 심리하는데 있어서 가끔 법률의 제제를 벗어나는 사건이 있었으며, 이는 죄형을 독단적으로 판결하는데 편리함을 제공했으며, 법률을 경의(經義)에 종속시켰다. 경의를 기준으로 사건을 심리하는 기풍은 6, 7백 년 동안 지속되었으며 수당시기에 와서 봉건법제제도가 완벽해지면서 수그러들기 시작했다. 하지만 인경단옥(引經斷獄, 재판을 함에 있어서 기본적으로는 성문법을 적용하지만, 유교경전에 명시된 원

---

317) 《尚書 · 呂刑篇》
318) 《春秋繁露 · 精華》
319) 《鹽鐵論 · 刑德》

칙에 위배되는 경우에는 유교경전의 원칙에 따라 재판하고, 성문법을 적용하지 않는다)
도 장점이 있었다. 예를 들면 일부 사람들은 "악한 사람은 미워하되 형벌이 그 사람에게
만 미치게 해야 한다"[320]는 것을 끊임없이 주장하면서 족주연좌(族株連坐)를 반대했던
것이다.

양한(서한, 동한)에서 시작된 인경단옥(引經斷獄), 인경주률(引經注律)은 납례입률(納
禮入律)에 목적을 두고 유가의 경의(경서의 뜻)를 법전으로 거듭나도록 했다. 유가의 경
의가 법전화한 것은 《당률소의》가 제정되면서 완성되었다. 한때 떠들썩하던 율학은 사
실 유가경학의 한 가닥에 불과했다. 그러나 유가경학의 이론기초인 천인감응, 천인합일
의 천명신권사상 체계는 허술하고 어설퍼서 끝내 경의의 법전화와 발전을 같이하지는
못했다. 오히려 불교, 도교와 위진 현학의 충격과 침범을 받게 되었다. 수당시기에 들어
서 불교와 도교의 세력이 장대해지며 유교, 불교, 도교 3개 교가 패권을 다투는 국면이
형성되었다. 나아가 불교와 도교는 유가가 이론과 법률 영역에서 쌓아 온 정통적 지위
를 위협했다. 그러나 여러 학파의 장점을 받아 봉건통치 수호에 익숙해 있던 유가사상
의 생명력은 쉽게 시들지 않았다. 이는 5대에 걸친 분쟁 끝에 고도의 집권을 요구하는
송나라의 봉건독재주의에 적응했다. 한편 유가사상은 또 불교와 도교로부터 이용 가능
한 요소를 가져와 기존의 체계를 사변화, 철리화하도록 하는 작용을 했다. 나아가 비교
적 정교하고 더욱 체계적인 위심주의 체계를 새롭게 형성해 경학에다 이학이라는 모자
를 얹어주었으며, 이로부터 법률사상을 포함한 유가사상이 더욱 통치적 지위를 유지하
고 공고히 하게 되었다.

⑤ 균형화해, 측천순시(均衡和諧, 則天順时)

중국고대의 전통문화는 대립 면과 조화를 이루거나 전환하는 것을 중시하며 대립 면
과의 관계에서 균형을 강조했다. 《상서홍범(尚書洪范)》은 "처사에 있어 공정하고 편향
하지 않으면 임금이 가는 길은 넓고 끝이 없다. 처사가 공정하고 편향하지 않으면 국가
통치는 질서 정연할 것이다. 처사가 일관적이면 임금의 길은 곧고 막힘없을 것이다"라
고 했다.

《노자》는 "모순이 있는 쌍방의 대립과 통일은 대천세계의 객관적이고 자연적인 존재
이다"라고 했다. 특히 유가의 이론은 "중용지도(中庸之道)"를 강조하고 대립 쌍방 사이

---

320) 《后漢書 · 劉凱傳》

에서 어느 쪽으로도 기울거나 치우치지 않고 공정할 것을 강조했다. 공자는 "정치를 함에 있어 백성이 부족한 것을 걱정하지 말고, 백성이 불평등한 것을 걱정하며, 백성이 가난한 것을 걱정하지 말고, 백성이 불안한 것을 걱정하라"고 했으며, "균등하면 가난(재물 부족)을 모르고, 화이부동(和而不同)하면 적음을 모르고, 편안하면 기울어짐을 의식하지 않는다"321)고 했다. 유가 역시 후에는 "지나친 부유함과 지나친 가난함은 인생에 무익하고 오히려 해가 되기에 빈부는 모두 한도가 있어야 국가의 안정을 수호하는데 유리하다"고 했다.322)

균형을 강조하는 이런 제도는 전통적인 민사입법과 사법에서 특히 뚜렷했다. 한편 대립 쌍방의 어느 한쪽만의 이익을 보호하려하지 말고, 대립 쌍방이 충돌하지 않도록 양자의 이해관계를 조정해야 한다고 강조했다. 예를 들면 채권관계에서 채무이자를 제한하고, 채무 담당방식에도 여러 가지 제한을 두었다. 균형원칙은 또 가족혼인관련 법률에서도 반영되었다. 남존여비와 3종4덕 외에도 중국 고대 부녀의 가정에서의 지위는 상대적이었다는 것에 눈길을 돌릴 필요가 있다. 아내는 남편에 비해 상대적으로 비천하고 종속적이었지만 자녀에게 있어서 부인은 남편과 동등한 웃어른이다. 자녀는 재산 분배, 가산처리, 결혼 성가 등 면에서 여전히 모친의 동의를 받아야 했다. 계승 면에서 본처가 낳은 장자(적출장자)의 계승제는 이미 서주시기에 확립되었으며 후세들은 이를 장기적으로 답습하며 줄곧 신분(종묘 및 작위)계승 원칙이 되어왔다. 그러나 진한 이후, 재산 계승 면에서는 제자균분(諸子均分, 여러 자식이 똑같이 나누다) 원칙을 실행하며 적출, 서출에 관계없이, 장유에 관계없이 유산을 평등하게 분배했다. 한편 아들이 일찍 사망했을 경우, 자손들이 월위계승(아버지를 제치고 아들이 계승하는 것)할 수 있게 함으로써 직계후손이 사망한 계승인이 받아야 할 배당액과 똑같은 유산을 계승할 수 있도록 보증했다. 이는 중국사회의 민사관념 형성에 큰 영향을 가져다주었다.

이밖에 중국고대의 통치자들은 측천순시(則天順时)의 사상을 강조하며 통상적으로 천시와 형덕 간의 관계를 해석했다. 뿐만 아니라 법률을 구체적으로 집행함에 있어서도 약간의 준칙을 따를 것을 규정했다. 즉 "측천순시"는 천지간의 양과 음은 각기 춘하추동 4계절을 대표한다고 하는 주장인데, 봄과 여름은 만물이 깨어나고 성장하는 계절로서 인덕만 실행해야 한다고 했다. 가을과 겨울은 위축되고 약해지는 계절로서 이 계절에는

---

321) 《論語·季氏》
322) 《春秋繁露·度制》

형벌집행이 가능하다고 했다."[323]

(4) 봉건 정통사상의 발전과 변화
① 유교, 불교, 도교의 충돌과 융합

위진남북조시기, 불교, 도교가 급속히 발전하면서 서로 우열을 비기며 마찰을 일으키기도 했다. 이는 또 유가, 도가와 전통 유학 간의 모순을 야기했으며 끝내는 유교, 도교, 불교의 충돌을 일으켰다. 충돌은 결국 3자가 합류되는 결과를 가져왔다. 이 시기 유학은 현학과 범람하는 불교, 도교의 충격을 받았다. 하지만 통치자들은 그 어느 학파나 종교도 국가통일과 사회질서 면에서 유학의 역할을 대체할 수 없다는 것을 인정했기에, 유학의 정통적 지위는 시종일관 흔들리지 않았다. 위진남북조시기 수백 년 동안 사회적 동란을 거치면서 유학자와 통치자들은 민중을 위로하고 사회질서를 수호하는 면에서 종교가 유학이 대체할 수 없는 역할을 발휘하고 있다는 것을 알게 되었다. 이로부터 통치자들은 유학의 통치적 지위를 확립하는 동시에 불교, 도교에 관용하는 태도를 취하기 시작했다.

이들 3교는 충돌하는 한편 서로 받아들이고 서로에게 침투하며 각자의 모습에 변화를 가져왔다. 3교가 충돌하는 과정은 3교가 융합하는 과정이기도 했다. 3교 융합의 이론은 주로 세 가지로 분류할 수 있다. 첫째는 본말내외론이다. 불교, 도교는 모두 출세주의 입장에 서서 현세의 통치기술을 중시하는 유가를 외와 말로 간주했다. 그리고 천국을 탐구하는 종교는 내와 본으로 여겼다. 그러나 유가의 입장은 이와 반대였다. 유가는 사회공용(功用, 몸과 입과 뜻으로 짓는 행위, 말, 생각 따위를 이르는 말)의 시선으로 3교 간의 관계를 연구하고 유학을 국가통치의 기본으로 했다

3교는 기본에 대한 이해가 서로 다르고 모두 자아중심적 경향이 있지만 중심의 외곽에서 다른 교들이 보조 역할을 하고 있다는 점을 인정했다. 둘째는 모두가 선하고 모두가 성스럽다는(均善均聖論) 지론이다. 균선균성론은 3교가 모두 각자 장점과 단점이 있으며, 상호 보완이 가능하고 모두 존재의 필요성이 있다는 점을 인정했던 것이다. 3교는 종법제도를 공고히 하는 면에서 모두가 다른 역할을 했다. 즉 "유가는 등차에 따라 존비의 등급 관계를 구분했고", "도가는 손발과 몸을 늘어뜨리고 귀와 눈의 소식을 물리치고 몸을 잊고 지식을 버릴 것을 주장했으며", "불가는 고통을 끊고 열반을 증득하며, 인과

---

323) 《春秋繁露 · 阳尊阴卑》

를 밝혀 거룩하게 된다"고 했다.[324] 3교는 길은 다르지만 이르는 목적지는 같다는 것이다. 사람들은 3교의 최종 선행을 권장하고 속세 사람들을 교화시키데 목적이 있다고 했다. 종법등급제도를 공고히 하는 큰 목표와 유가의 강상명교의 깃발 아래 3교는 결국 서로를 받아들이고 서로 보완하며 융합할 수 있는 기반을 찾았던 것이다.[325]

3교가 융합하는 과정에서 도교는 유가에 업혀 장대해갔으며, 불교를 받아들이며 발전해갔다. 정치적으로 도교는 직접 유가의 강상명교를 자신의 사회정치 이론에 흡수시키고, 유교와 도교의 연맹을 수립했다. 한편 정통의 화하(華夏)를 표방함으로써 통치자의 정치적 지지를 얻었다. 이론적으로 도교와 불교사상은 서로 소통하고 불교의 교의와 종규, 예의제도를 가져와 자신의 계율, 규율과 과초의제(科醮仪制, 도교의 여러 가지 의식)를 형성했다. 불교가 한층 발전하는 과정에서 승려들은 반드시 주류문화인 유학과 결합해야 한다는 것을 인식하고 "군위신강(君爲臣綱)"을 승인하며 봉건왕권에게 머리 숙여 신하가 되었다. 3교의 융합으로 유학은 넓은 문화적 시야를 갖게 되었으며, 도교는 이론적 역량을 높였고, 중국적 형식을 갖추게 되었다. 위진남북조시기에 시작된 3교 충돌과 융합은 수당을 거쳐 봉건사회 후기에 와서는 이미 "유학을 위주로 하고, 불교와 도교를 부차적"으로 하는 문화 국면이 형성되었다. 불교와 유학이 전면적으로 융합하면서 송명이학이 나타나게 되었고, 송명이학은 봉건사회 후기의 정부철학으로 자리잡게 되었다.

② 이학의 형성과 발전

도학이라고도 부르는 이학은 송명시기의 학술사상으로 송명이학이라고 통칭한다. 이학은 중국 봉건사회 후기 정부의 통치사상이며 중국의 정치, 법률 및 문화의 발전을 지배했다. 이학은 사회발전의 수요에 적응하기 위해 유학을 신학의 굴레에서 해탈시키고 이를 철리화(哲理化)시킨 산물이었다. 이학의 형성과 발전과정은 다음과 같았다. 당나라의 한유(韓愈)에서 싹이 텄고, 북송의 주돈이, 정호, 정이를 거쳐 남송의 주희에 와서 모양을 갖추었으며, 남송의 육구연과 명나라 왕수인의 심학에 의해 이학은 한층 발전되었다. 이학의 철학적 사상은 이(理)가 우주의 근원이고, 사물이 먼저 존재한 후 천지만물이 창조됐다고 주장하였다. 이는 영원히 불변하며, 천리(하늘의 도리)[326]라고 했다.

---

324) 《梁書·王規傳》
325) 牟鍾監, 張踐, 《中國宗教通史》(上), 461~462쪽, 北京, 社会科學文献出版社, 2000.
326) 《二程遺書》卷二, 卷一八.

이학은 봉건통치자가 선양하는 3강오상을 하늘보다 먼저 존재했던 천리로써 높이 받들어졌다. 한편천리의 주요 내용인 "인, 의, 예, 지, 신"을 천성으로 떠받들었다.

송명이학은 줄곧 유가정통으로 간주되어 중국 봉건사회 후기 6, 7백 년 동안에 줄곧 관학의 지위를 차지하면서 정부의 통치이면이 되었다. 송명이학이 정식 관학이 된 시기는 이족이 통치하던 원나라 때였다. 원 인종 황경 2년(1313년)에 과거시험을 회복시키라는 조서를 내렸다. 원 인종은 조서에서 "명경(明經)과 경의(經疑) 두 문제는《대학》, 《논어》, 《맹자》, 《중용》에서 출제하고, 주씨의《장구집주》327)를 이용할 것을 명했다. 이와 동시에 원 인종은 또 정호, 정이, 주희 등 유명한 이학가들에게 공묘에 제사를 지낼 것을 명했다. 이로부터 이학은 공식적으로 관방 철학의 보좌에 오르게 되었다. 주희의《사서장구집주》는 명청 때 봉건지식인들의 필독교과서로 지정되었고, 주희의 주해는 정통 관점의 표준 답안이 되었다. 이 시기의 이학은 봉건법제의 지도사상이 되었다.

2. 주류 법률사상의 특징

1) 예법 결합의 법률전통328)

법률전통은 법률의 실천 활동을 지도하는 기초적인 가치였다. 법률전통은 법률 실천 활동의 내용, 특징과 발전방향을 결정했다. 일반적으로 한 민족의 법률전통은 일원적이었다. 그러나 무수신(武樹臣)의 관점에 따르면, 중국봉건시대의 법률전통은 2차원적이었다. 즉 "예치와 법치"가 병행되었던 것이다.

무수신의 주장대로라면 예치는 원고시대에 시작된 종법가족의 행위규범과 윤리 관념이었다. 법치는 춘추전국시기 신흥지주계급 군주독제의 관료정체를 말한다. 춘추전국시기 "예치와 법치"는 대립했었다. 그러나 "예치와 법치"의 전반적인 대립은 국부적인 통일을 배제하지 않았다 이런 국부적 통일은 주로 두 가지로 표현되었다. 첫째, 계급적 속성에서 유가와 법가는 모두 봉건계급을 대표했다는 점이다. 전자는 노예주 귀족으로부터 전환한 봉건귀족을 대표했고, 후자는 평민에서 일어선 지주계층을 대표했다. 둘째, 법가는 등급특권을 아주 부정했다. 법가는 군주 일가의 동성 세습특권을 수호할 뿐 아

---

327)《元史 · 選擧一》
328) 武樹臣,〈中國"混合法"引論〉《河北法學》, 2010 (1).

나라, 각급 관리의 특권을 수호하기도 했다. 이는 예의 차별성 정신과 조금도 다르지 않았다. 셋째, 양자는 모두 자연경제와 종법사회를 수호했다. 다만 방법이 달랐을 뿐이다. 유가는 도덕설교 방법을, 법가는 상과 벌을 이용했다. 넷째, 의식관념 면에서 유가는 법률과 형벌의 역할을 부정하지 않았을 뿐만 아니라 종법도덕관념을 부정한 것도 아니었다. 다만 실현방식이 달랐을 뿐이었다. 유가는 충효인애의 내적 윤리감정을 강조했기에 교화를 중요시 했고, 법가는 외적 표현을 강조했기에 법률을 숭상했다. 법가의 전국 초부터 말까지의 발전과 유가의 공자, 맹자에서 순황(荀況)에 이르기까지의 발전에는 미묘한 조화로움이 있었다. 유가, 법가는 모두 이상형에서 실무형으로 바뀌었다. 유가는 집권전제를 용납했고, 법가는 종법등급을 수호했다. 그들은 모두 예법대립을 강조하던 것에서 예법합일을 강조하는 것으로 바뀌었다. "예치와 법치"는 자연경제와 종법사회의 산물이었다. 차별점이라면 유가는 종법사회를 수호하던 데서 봉건자연경제를 수호했고, 법가는 봉건자연경제를 수호하던 데서 종법사회를 수호했던 것이다.

서한 이후, 유학은 정부의 정종 학술로 봉해졌다. 이는 형태를 갖춘 유형의 선언이라 할 수 있었다. 한편 지속적으로 존재하는 중앙집권의 군주전제정체는 무형의 선언이라고 할 수 있었다. 종법가족사회 세포의 생존과 발전은 예치의 건실한 기초가 되었고, 집권관료정체의 공고화와 장대화는 법치를 이어나갈 것을 요구했다. 유가사상의 법전화와 법가법률의 유가화는 양자 결합을 도출했다. "예치와 법치"의 결합은 《당률》의 십악에서 집중적으로 반영되었다. 오랜 역사를 자랑하던 예는 마침내 국가로부터 법조로 승격되었고, 나아가 가족사회에서 위력을 발휘했다. 한편, 법가의 법은 방대한 관료기구를 지휘하는 면에서 독특한 효력을 발휘했다. 법률과 법률제도의 구절마다에는 존비, 장유, 친소, 남녀, 귀천 간의 불평등 정신이 침투되어 있었고, 이는 중화법계가 다른 법계와 구별되는 중요한 요소가 되었다.

2) 덕형병용의 치국방책

춘추전국시기, 유가가 주장한 "위정이덕", "이덕복인"의 "덕정"과 "인정"은 법가가 주장하는 "이법치국", "이형거형", "이력복인(힘으로 복종시키는 것)"과 완전히 대립했다. 유가의 주장은 실천이 어려워 지나치게 이상적이었고, 법가의 주장은 실천경험이 부족해 지나치게 간단했다. 진한 이후, 봉건통치자들은 진나라의 폭정으로 인한 망국의 교훈을 받아들여 덕정에 신경썼다. 그러나 법률의 형벌수단을 이용하지 않고는 대국을 지배하기가 어려웠다. 덕정을 중시하지 않으면 인민이 일어 날 것이고, 형벌을 하지 않으면 지방 분열세력들이 힘들어지는 법이었다.

한 무제가 동중서의 건의를 채택한 것은 역사적 선택이라고 할 수 있다. 동중서의 신비주의 "덕주형보"론은 유가의 덕정을 첫자리에 두는 한편, 법가의 형벌 "실행정책"에 게도 입지의 여지를 줌으로서, 신성(神性)을 갖추도록 했다. 역대의 봉건왕조는 국책을 제정할 때, 덕정을 표방하며 민심을 얻었다. 그러나 교화조치는 늘 인민들의 범죄를 예방하기 위한 최전선의 방어선이었다. 덕정은 통치자들의 자숙에 적극적인 역할을 일으켰고, 그 목적은 장기간의 안정과 태평을 유지하기 위함에 있었다. 형벌의 정치적 가치는 인민들의 저항투쟁을 진압하고, 통치계급 내부의 범상작란(犯上作亂, 조정을 거스르고 반역을 꾀하는 것)을 방지하는데 있었다. 황권과 족권을 신으로 선언하는 순간부터 그 어떤 반 황권, 족권의 행위도 모두 신을 모독하는 행위가 되었다. 이런 반역자들에게 혹형을 가하는 것은 합법적일 뿐만 아니라 합리적인 일이었다. 특히 당대 이후, 일준호례(一准乎禮, 예를 법으로 하다)의 봉건법전이 천리에 부합된다고 발표되는 순간, 모든 범죄행위에 대한 제재는 모두 정의적인 것이 되어 형벌을 사용할 때는 조금의 머뭇거림을 드러낼 필요가 없었던 것이다.

덕형관계를 연구하는데 있어서 공자와 동중서 외에도 남송의 주희 역시 대표적인 인물이었다. 주희는 "기품(氣稟)"의 차별을 바탕으로 한 덕예정형(德禮政刑, 덕은 예로 나타내고, 정치는 형으로 한다는 것), 상위표리(相爲表裏, 서로가 표리를 이루는 것), 상위종시(相爲終始, 서로에게 시말이 되는 것) 등의 학설을 내세웠는데, 이는 덕형관계에 대한 인식 수준이 가장 높았음을 보여주었다. 한편, "태평성세 시기라도 형벌을 폐하면 안 되고, 태평성세 때에 형벌을 숭상해서도 안 된다"고 하는 형벌에 대한 봉건 사대부(선비)와 사회여론의 일반적 견해를 종합했다. 시정에서는 아무런 거리낌 없이 형벌을 사용했지만, 사회여론은 형벌을 찬양하지 않았던 것이다. 이로써 통치자들의 행위는 다소 견제를 받았음을 알 수 있다. 그러나 다른 한편으로 법률을 경시하는 부작용이 일어나기도 했다. 성현들에게 법률, 법학을 연구하는 것은 입 밖에 내기 창피한 일이 되었으며, 송사(소송 대리인, 변호사)는 "소송 막대기(訟棍)"라며 멸시받았다. 이런 편견은 법률사상과 법학의 정상적인 발전을 가져오는데 불리하게 작용했다.

3) 인과 법이 공존한 법체이론[329)]

무수신(武樹臣)은 중국 혼합법의 기본특징 중, 법체를 법률 실천활동(입법, 사법)의 업무절차 혹은 방식이라고 말한다. 예를 들면 성문법, 판례법 혹은 양자 결합한 혼합법이라는 것이다. 법체에 관한 사상과 관점은 법률사상이자 중국법률사상사의 중요한 내용이기도 하다.

법리학 입장에서 법은 입법절차를 거친 법전화된 통치계급집단의 법률의식이다. 인은 늘 개인평판을 표현형식으로 하는 완전한 법전화를 실현하지 못한 통치계급 개체의 법률의식이었다. 법은 국가가 모든 행위를 규범화하는 거시적인 설계이고 인은 구체적 사건 사실에 대한 미시적인 평판이다. 예와 법이 대립하던 춘추전국의 특수한 배경에서 인과 법의 관계는 서로 다른 정체(귀족정체와 중앙집권정체)에 속했기에 조화롭기보다는 대립해 있었다. 예법 통일, 유법(儒法) 합통의 선행자인 순자는 그들의 내재적 연계에 착안점을 두었다. 순자는 "법제는 정치의 시작점이고 군자는 법제의 근본이다", "법규는 단독으로 존재할 수 없으며, 율례는 자체적으로 실행 될 수 없다"[330)], "예법은 따르지만 그 의미를 모르면 불안할 것이다"[331)], "다른 사물을 판별할 때 실수가 없고 사물의 종류를 추론할 때 인정과 도리에 어긋나지 않는다. 이로써 의견을 청취할 때 예법에 어긋나지 않고 사물을 판별할 때 일의 원인을 명확히 밝힐 수 있다"고 하면서,[332)] 엄격히 법에 따라 일을 처리해야 할 뿐만 아니라, 특수한 상황에서도 법의 역할과 인의 역할을 통일할 것을 제안했다.

중국 고대에 탁견을 가진 사상가, 정치가들은 모두 법률지상의 유치한 편견을 갖지만은 않았다. 그들은 모두 법의 전체적 통제역할을 중시했을 뿐만 아니라 인의 미시적 조정역할도 중시했다. 이런 법과 인이 결합하는 사상은 중국 전통법률사상의 중요한 기둥이 되었다. 이런 사상은 법률 실천 활동에서 곧 성문법과판례법(判例法)이 결합하는 혼합법으로 반영되었다.

혼합법의 기본 특징에 대해 순자는 이렇게 말한 적이 있다. 즉 "법률적 근거가 있는 사건은 법률에 따라 처리하고, 법률적 조문이 없는 사건은 유사한 사례를 바탕으로 사

---

329) 武樹臣, 앞의 책.

330) 《荀子 · 君道》

331) 《荀子 · 修身》)

332) 《荀子 · 正名》

건을 처리해야 한다"고 했다.333) 즉 사법재판에서 법률적 명문규정이 있는 것은 법적 판결을 하고, 법률적 명문규정이 없는 것은 이왕의 재판 사례 혹은 통치계급의 법률의식에 따라 판결한다. 이런 재판사례는 사법 결과이기도 하고, 새로운 입법이기도 하다. 기능적인 면에서 재판사례는 입법과 사법 간의 연계를 통해 소통시켰던 것이다. 정적인 면으로 볼 때, 재판의 사례내용이 비교적 구체적이고 비교성이 강해 주석을 달면 법률 조례로도 사용할 수 있었던 것이다. 이에 봉건시기 후반에 와서는 율문, 판례합전을 자주 사용하곤 했다. 중국의 혼합법은 서방의 대륙법(성문법)과도 다르고, 영미법(英美法, 판례법)과도 달랐다. 혼합법은 양자의 장점을 모두 갖고 있는 한편 다른 독특한 부분도 있었던 것이다.

서한 이후 봉건사회의 법체는 성문법과 판례법이 결합한 혼합법이었다. 사회가 안정될 때 성문법이 지배적인 위치에 있게 되지만, 사회생활의 발전 변화가 빨라져 기존의 법전이 적응되지 않을 때는 판례법이 지배적 위치를 점하게 되는데, 그렇지만 판례는 늘 법전에 흡수되게 마련이다.

중국의 혼합법과 이론은 고대 선민들의 총명함과 지혜로움을 반영하는 한편, 법률 실천활동의 내재적 규율성을 나타내기도 했다. 혼합법과 이론은 중화법계의 중요한 특징이자 중화법계의 우월성을 나타내고 있는 것이다.

---

333)《荀子 · 王制》

5편. 중국 전통법률문화의 제도구조

중국 전통법률문화의 제도 구성에서 법가의 이론과 실천이 중요한 역할을 했다. 한나라 이후 역대 통치자들이 법가학설의 실용주의 책략을 채택한 데다, 1960~70년대의 문화대혁명이 의식형태 면에서 의도적으로 법가와 법가학설을 강조시켰기에 그 뒤로 학술계에서는 법가학설을 그리 중시하지 않았으며 객관적이고 공정한 평가와 평판을 하지 않았다.

　　역대 왕조들은 법가와 법가학설을 널리 보급시켰다. 이는 법가와 법가학설에 합리적 요소가 있었기 때문이다. 법가사상과 법가정신에도 정수가 있었으며, 이는 오늘날 중국의 의법치국과 사회주의 법치국가 건설에 본보기로 삼을 부분이 없지 않다. 법가사상과 정신에는 거칠고 투박한 점이 있지만, 중국이 법제건설의 길에서 하루빨리 이런 점들을 인식해 내는 것은 법치 실행과정에서 존재하는 장애물들을 없애는데 유익한 것이다. 이런 이유로 특별히 제5편에서는 법가와 법가학설이 중국 법률제도에 미친 영향을 설명하는데 중점을 두었다. 이로서 과거 중국 전통법률문화 제도의 형성을 살펴보는 가운데서 유가의 법률문화만 고찰했던 점에 대해 보충하고자 한다.

16장.
"이형위주(以刑爲主)"의
성문법전(成文法典) 전통

중국의 성문법전에는 역대로 이형위주의 전통이 있었다. 이에 대해 일본에서 처음으로 중국 고대법전의 편찬에 대해 연구를 한 일본학자 아사이 도라오(淺井虎夫)[1]는 이미 1911년 "춘추시기에 정지형정(鄭之刑鼎), 죽형(竹刑), 진지형정(晋之刑鼎) 등 형벌이 이미 중국 법전에 오르기 시작했고", "전국시기 위나라의 이회가 《법경》6편을 편찬하여, 이는 중국에서 법전편찬이 시작되었음을 알리는 쾌거였다"고 했다. 그러나 그 뒤로 "진, 한, 위, 진, 당, 송, 명, 청 등의 왕조를 거쳐 현대에 이르기 까지 새로운 법전을 편찬하지는 않았다"고 지적했다. 그리고 문장의 체제로 보아, 중국법전은 각 왕조마다 율을 형법전으로 하는 특색이 있었다고도 했다. [2]

1절. 주형정과 법률의 반포

1. 치우(蚩尤)가 법을 만들다

전하는 바에 따르면 상고시기에는 민풍이 순박했다고 한다. 하지만 치우의 난을 시작으로 풍기가 차츰 나빠지고, 왜적들이 무리를 지어 살인을 하고 재물을 빼앗는 등 온갖

---

1) 李孝猛, 《点校序言》,(일) 淺井虎夫著, (枣陽) 陳重民 譯, 李孝猛点校, 《中國法典編纂沿革史》, 2쪽 (点校序言), 北京, 中國政法大學出版社, 2007.

2) 淺井虎夫 : 《支那於法典編纂沿革》, 京都法學会, 明治44年(1911). 2007, 6, 262쪽.

못된 짓을 하기 시작했다고 한다. 그 뒤로 치우가 거느린 동이족 백성들이 차츰 오만무
례했으며, 치우의 명령까지 듣지 않았다고 한다. 이에 사회질서를 유지하기 위해 치우
는 하는 수 없이 5가지 혹형을 설정하여 범죄를 막았다고 한다. 5가지 형벌은 법으로
불렸는데,[3] 이는 서주 초기 널리 유행되었던 치우제법에 관한 전설이다.

주나라 사람들은 전신(전쟁의 신), 형신(형벌의 신)으로 불리는 치우가 최초로 법을
만들었다고 생각하고 있다. 그러나 과연 치우가 진정으로 법을 만든 것인지는 알 수가
없으며 중요하지도 않다. 그러나 이 전설은 치우의 법이 완전한 형식을 갖춘 법률이 아
니라, 다만 5가지 형벌이었을 뿐임 말해준다고 하겠다.

이로 미루어보아, 형을 위주로 한 것은 처음부터 중국 고대법률의 특징이었고, 나아
가 중국 법률체계의 전통으로 자리를 굳히게 되었다.

문헌의 기록에 따르면, 하나라에는 《우형(禹刑)》이 있었고 상나라에는 《湯刑》[4]이 있
었다. 주나라 초기 성왕 때에는 《구형(九刑)》[5]이 있었다. 이는 중국고대 조기의 법률에
이미 형법이 있었다는 것을 설명해 주는 것이며, 하, 상, 주가 법률을 모두 "어떠한 형
(모형)"이라고 불렀던 점이 이를 잘 증명하고 있다.

치우가 법을 만들었다고 하는 전설의 신비스러운 면사포를 벗기면 형을 위주로 했던
중국 고대 법률의 참모습을 엿볼 수가 있는 것이다.

2. 주형정(鑄型鼎)과 법률의 반포

춘추말기, 정나라와 진나라에서는 두 차례의 큰 법률사건이 발생한다. 바로 한때 세
상을 놀라게 한 "주형정[죄인을 징벌하는 형벌과 법률을 금속 정(솥)에 새겨 전국 백성
들에게 공포한다]"이 그것이었다.[6]

기원전 536년, 정나라의 집권자인 자산(子産)이 통치하는 동안 법률 3편을 제정하고
법률조항을 형정에 새겨 전국에 반포했다. 진나라 귀족 숙향(叔向)이 이를 알고 서한을
보내 자산을 호되게 꾸짖었다고 한다.

---

3) 《尚書 · 呂刑》
4) 《左傳 · 昭公六年》
5) 《尚書 · 呂刑》
6) 《左傳 · 昭公六年》, 《左傳 · 昭公二十九年》

23년 후인 기원전 513년, 진나라에도 이와 같은 사건이 발생했다. 진나라 대신 조앙 (趙鞅), 순인(荀寅)이 백성들로부터 48근의 철을 징수해 여수하(汝水河)에서 정(가마)을 만들어 진나라의 조순(趙盾)이 제정한 법률 조항을 형정에 새겨 백성들에게 반포했다. 노나라의 공자 역시 이를 맹렬히 비난했다고 한다.

숙향과 공자가 보기에 '주형정'은 정권의 존망에 관계되는 일이었다. 이에 앞서 법률 은 비밀리에 존재하는 상황이었으며, 맹부(盟府, 충훈부를 달리 이르던 말)에 숨겨둔 공 개되지 않은 비밀로서 소수의 귀족만 아는 일이었다. 사건 재판 시 사건의 엄중성에 따 라 비밀리에 존재하는 법률로 죄명을 결정하고 형벌을 내렸다. 법률을 공포하지 않는 이유는 백성들이 법률을 알고 난 뒤에는 쟁심(爭心)이 생겨 앞으로 예가 확정한 존비귀 천 등의 제도를 파괴할까 두려웠던 것이다. 귀천의 질서가 없으면 국가를 어떻게 다스 릴까? 이는 숙향과 공자가 주형정 사건을 질타하는 근본적 원인이었다.

춘추 말기에는 중국 고대사회가 노예제로부터 봉건제로 전환하는 시기였다. 주의 천 자(주나라 국왕)는 이미 지난날 제후를 거느리던 권세를 상실했고, 왕권 역시 다른 사람 의 손에 넘어갔으며 여러 제후국은 패권 쟁탈에 여념이 없었다. 여러 제후국 내부의 경 대부(卿大夫)는 권력을 독점하고 횡행하였으며, 신구세력 간의 모순이 치열했다. 이른 바 예법이 파괴되는(禮崩樂壞) 국면에 접어들었던 것이다.

여러 제후국은 정치경제적 발전이 불균형해, 이들이 봉건제국가로 들어서는 시기도 서로 달랐다. 정나라와 진나라는 특수한 역사적 배경으로 다른 제후국보다 한 걸음 빨 리 봉건제국가로 들어섰다. 이런 연유로 해서 주형정사건이 정, 진 두 나라에서 가장 먼저 일어났던 것이다.

춘추 말기 주형정이 나온 시기와 거의 같은 시각에 지중해에 위치한 서방 고대국가에 서도 성문법이 출현했다. 기원전 594년, 고대 그리스의 도시국가인 아테네의 정치가 솔 론이 일련의 개혁을 진행하고 법률을 제정했다. 솔론의 법률은 시구(詩句)로 서술되었 으며, 모든 조항을 16조각으로 된 회전 가능한 백색 목판에 새겼다고 한다. 이 목판을 아티카지역의 시장에 세워 놓음으로서, 모든 관리와 백성들이 볼 수 있도록 했다고 한다.

기원전 454년 고대 로마의 원로원은 민중대회에서 법전에 대한 제정 결의를 승인하 고, 10명으로 구성된 법전 편찬위원회를 만들었다. 한편 3명의 위원을 그리스로 파견해 법제상황을 시찰하고, 특히 솔론입법에 대해 알아보도록 했다. 기원전 451년에 고대 로 마의 첫 성문법전이 제정되었으며 총 10장에 달했다. 모든 조항은 10개의 구리동판에 새기고, 로마광장에 세워 대중에게 공개했다. 이듬해에 또 내용을 2장 보충하고 역시 구리동판에 새겼다. 이 구리 동판에 새겨진 법률을 "12동판법"이라고 불렀다.

고대 그리스와 고대 로마가 제정한 법전 역시 백성에 공개되자 반대를 받았다. 고대 그리스 작가의 저서에는 솔론의 법률을 "부자들은 불만을, 가난한 사람들은 실망"을 들어냈으며 여러 면에서 오는 비판을 받았다고 기록했다. 그러나 사실 기원전 462년, 고대 로마의 평민보민관(고대 로마시기 평민의 이익을 수호하는 특수 관직) A. G. Terentilie 이 민중대회에서 평민들의 강렬한 요구를 반영하여 성문법전을 편찬할 것을 제기했다가 귀족관료들의 끈질긴 반대를 받았다. 평민들은 성문법을 제정하기 위해 치열한 투쟁을 벌였고, 사회적 소동을 일으키기도 했다. 당시 로마는 대외전쟁 중이었고, 내외적으로 어려운 국면에 처하게 되자 귀족들은 하는 수 없이 한 발 양보하고 법전을 제정해 백성들에게 공개했다.

고대 중국이나 고대 서방을 물론하고 법전을 제정해 백성에 공개하는 것은 우연이 아닌 평민과 귀족 간 투쟁의 결과이며, 목적은 귀족의 특권을 제한하려는데 있다. 이 사건은 관습법에서 성문법으로 전환하는 전환점이 되기도 했다. 이로부터 인류의 법률문화가 시작되고 성문법 시대가 열리게 되었다.

고대 동서방 국가가 법률, 다시 말해 성문법을 공개함에 있어서의 구별점은 중국 고대의 성문법은 봉건사회 특유의 산물이지만, 고대 그리스와 고대 로마의 성문법은 노예사회에서 출현되었다는 점이다.

중국 고대 노예사회의 법률, 예를 들면, "우형, 탕형, 구형, 여형" 등은 비밀적이고 공개되지 않았었다. 따라서 주형정 즉 성문법 사건의 발생은 제도의 근본적 변화를 상징했다. 이런 변화를 중심으로 낡은 것을 고집하는 노예주귀족들은 역사 무대에 방금 오르기 시작한 신흥세력의 봉건귀족들을 비난했던 것이다. 그 대표적인 인물들이 숙향, 공자였고, 그들은 모두 성문법 사건을 국가의 존망과 관계되는 대사로 간주했던 것이다.

정나라, 진나라가 법률을 발표하고 법률의 조항을 형정에 새긴 것은 정이 중국 고대에서 권력을 상징했기 때문이었다. 문헌의 기록에 따르면 하나라는 9개의 정을 만들었다고 한다. 후에 왕조가 바뀌면서 상나라로 옮겨졌다가 다시 주나라로 옮겨졌다. 기원전 606년 초 장왕은 병사에게 주의 정이 무거우냐고 물었다는 기록이 있다. 정은 왕권을 상징했다. 정의 크기, 무게를 묻는 것은 주왕의 권력 정도를 알아보려는 것으로서 초나라가 주 왕실을 대체해 천하를 통치하려는 의도를 드러낸 것이었다. [7] 왕권을 상징

---

7) 《左傳·宣公三年》)

하는 정에 대한 연민이 있었기에, 정나라, 진나라의 신흥세력들은 정치무대에 등장한 후, 새로 제정한 법률이 더욱 큰 권위성, 안정성, 위협성을 구비하도록 했고, 신흥지주계급이 취득한 정권의 합법성을 과시하려는 의미에서 법률조항을 형정에 새겨 백성들에 공개했을 가능성이 높은 것이다.

주형정은 법률을 비밀적 존재에서 공개적 존재로 전환시켰다. 이는 형식적인 변화에 불과했지만 그 의미는 매우 컸던 것이다. 주형정을 시작으로 새로운 법률적 형태인 봉건제 법률이 시작되었던 것이다.

2절. '이형위주'의 봉건왕조 법전

1. 분명치 않은 《법경》

일반적으로 중국의 봉건 법전은 전국시기의 《법경》[8], 춘추말기의 주형정의 뒤를 이어 여러 제후국들이 너도나도 변법개혁을 하고 법전을 제정했다. 전국시기는 성문법 운동이 활기차게 일어났으며 많은 법전이 출현했다. 그중 가장 유명했던 것이 《법경》이다.

기원전 5세기, 위 문후가 이회(李悝)를 중용해 재상의 자리에 앉히고 변법개혁을 단행하도록 했다. 이회는 춘추 말기 이래 여러 제후국들의 입법을 종합하고 《법경》 6편이라는 형법전을 저술했다. 《법경》 6편에는 "도법(盜法), 적법(賊法), 수법(囚法), 포법(捕法), 잡법(雜法), 구법(具法)"이 포함되었다.

구성 면에서 앞의 5편은 현대법전의 분칙 부분에 해당한다. 그중 도법은 개인 재산을 침범하는 행위에 대한 규정이고, 적법은 정치적 범죄와 인신 침해에 대한 규정이다. 수법은 안건심리에 대한 규정이며, 포법은 범인 체포와 관련한 규정이다. 잡법은 앞의 4편 이외의 사건사례에 대한 규정이며, 구법은 현대 법전의 총칙부분과 비슷해 형벌을 가중하거나 감형하는 원칙 등을 규정했다.

이회는 "왕이 국정을 살피는 일에서 도적문제 해결이 급선무이다"[9]고 주장했다. 때문

---

8) 정수덕, 《구조율고》(중화서국, 1963)의 《한률고》에서는 《법경》을 율계표의 앞자리에 두었다. 이유는 가장 오래되었기 때문이라고 했다. 《진서·형법지》, 삼국시기 진군, 류소작의 《위율서략》에서 가장 먼저 《법경》이 제기되었다. 그러나 문자로 적은 것은 아주 간단하다. 이어 《진서·형법지》의 저자는 조, 위의 입법을 진술할 때 《法经》에 대해 상세히 논술했다.

에 "도법, 적법"을 6편 중 가장 앞에다 두었던 것이다. 현대법학의 입장에서 볼 때《법경》은 형법, 형사소송법 등을 위주로 하는 법전이라고 할 수 있다.

그러나 아이러니하게도 선진의 역사서에는 이회의《법경》을 올리지 않고 있다.《진서·형법지》에 와서야《법경》을 논했으며《당률소의》에서도 논한 바가 있다. 당나라는 전국 초기와 천 년의 시간적 거리가 있는데, 갑자기《법경》이 이 시대에 와서 나타난 것은 확실히 이상했다. 따라서 1930년대부터 일본학자 니이다 노보루(仁井田陞)를 비롯한 일부 동서학자들은《법경》의 존재를 극력 부인했다. 이런 관점은 일본학계에서 30여 년 동안 지배적 위치를 점했다. 그러나 오늘날 이런 관점은 갈수록 학자들에게 받아들이지 않고 있다. 그러나 관련 사료가 비록 적다고는 하지만 그렇다고 이를 부정할 충분한 근거와 사례도 없기 때문이다. 따라서 이런 추측을 할 수 있다.《법경》이 일찍이 전쟁으로 인해 없어졌다가 어떤 원인이 계기가 되어 삼국시기 조위의 명제 이후부터 진서 행법치(晉書行法治)의 작자에 의해 다시 발견된 것으로 추정할 수 있다.

명나라 말기에 또 다시 이상한 일이 나타났다. 동설(董說)《칠국고(七國考)》라는 책에 갑자기 한나라 환담(桓譚)이 쓴《신론(新論)》이 인용한《법경》을 발췌한 내용이 있는데 그 내용이 더욱 상세했다.

《칠국고》가 인용한 발췌문의 진위 문제를 두고 국내외 학자들이 수십 년 동안 논쟁을 벌였다. 어떤 학자들은 환담의《신론》은 이미 남송 때 없어졌기에 동설이 인용한다는 것이 불가능하다고 주장했고, 또 어떤 학자들은《신론》이 명나라 말기까지 존재했었기에 동설이 이를 읽고 인용했다고 주장하고 있다. 누구의 말이 맞고 틀리는지 판단하기는 어렵지만, 또 다른 고증에 따르면 한나라 때의 환담은《신론》에서《법경》을 인용하지 않았으며, 해당 발췌문은 동설이 명나라 때 유행했던 위조(허위적으로 지어내는 것이 유행이었다)에 의한 영향으로, 동설이 이색적인 것으로써 이목을 끌기 위해 위조한 것이라고 했다.[10]

세계 법률사상에서 아마도《법경》처럼 말이 많고 종잡을 수 없는 법전은 더는 없을 것이다. 하지만 그렇다고 할지라도 중국의 최초 봉건법전인《법경》이 창조한 이형위주의 법전체계는 그 후의 여러 왕조가《법경》을 법전으로써 계속 사용해 왔다. 그렇기 때문에《법경》을 진한 이후 봉건법전의 원천이라고 말하는 데는 부정할 방법도 없는 것이다.

기원전 4세기 상앙이《법경》을 갖고 진나라에 가서 변법활동을 주재했고, 상앙은《법

---

9)《晉書行法治》

10) 李力,《從幾條未引起人們主意得史料辨析〈法经〉》,《中國法學》, 1990(2)

경》을 바탕으로 하여 진나라의 법률을 제정했다. 그 후 상앙이 제정한 진나라 법률은 끊임없이 보충 수정되어 진나라가 천하를 통일한 후에도 계속 사용되었다.

한대 초기, 소하가 진나라의 법률을 참고해 《구장률》을 제정할 때도 《법경》 6편 외에 구율(厩律, 소말 등 목축과 역전에 관한 율), 호율(호적, 혼인, 조세관련 율), 흥률(요역, 도시 방어, 수비, 징발 관련 율) 등 3편을 증보했다.

삼국시기 이후, 한나라의 《구장률》을 바탕으로 역대조정의 법전은 모두 이형 위주의 《법경》 체계에 따라 발전을 했으며, 이는 당나라에 와서 최종 완성되었다.

2. 《당률소의》와 실무적인 《대명률》

당나라는 중국 봉건법률이 가장 발전된 시기였다. 300년 가까운 통치 기간 동안 거의 모든 황제들이 입법을 실시했다. 특히 당 태종 정관 연간에 제정된 《정관률》은 대표적 법전이었으며 12편으로 작성되었다. 12편은 《명례》, 《위금》, 《직제》, 《호혼》, 《구고》, 《천흥》, 《적도》, 《두송》, 《사위》, 《잡율》, 《포망》, 《단옥》으로 구성되었고, 500조항이나 제정했다.

당시에는 아직 율학에 대한 법정 해석이 없었기에, 매년 진행하던 과거에서는 통일된 표준답안이 없어 어려움을 겪었다. 이에 652년 당 고종이 장손무기 등 율학에 관한 인재들에게 명을 내려 《영휘율》의 모든 구절구절마다 주석을 달고 내용을 해석해 핵심을 밝힐 것을 요구했다. 653년 《율문주소》 30권을 편집 완성하고 당 고종의 비준을 받은 뒤 세상에 공포했다. 율문은 법률과 동등한 법적 효율을 갖고 있었으며 《율소》라고도 했다. 그 후 《율소》는 각기 《영휘율》의 율문 아래에 부가하여 《영휘율소》라고 통칭했다. 원나라 이후에는 《당률소의》라고 불렸으며 오늘날까지 전해지고 있다.

《당률소의》는 중국 법률사에서 획기적인 한 획을 그은 저서였다. 문장 격식은 물론이고 주소(奏疏) 역시 봉건사회 전기에서 최고 수준이 입법이었다.

중국 고대 법전의 문장 격식은 전국 초기의 《법경》 6편을 시작으로, 진한 이후 장기간의 분리와 화합 발전을 거쳐 《북제율》, 수나라의 《개황률》에 와서야 12편의 격식으로 고정되었다. 이와 동시에 법전의 기본원칙과 형벌체계 역시 기본적으로 정형화(규격화, 표준화)되었다.

당나라 초기 무덕연간에 《개황률》을 원본으로 하여 《무덕률》이 제정되었으며, 정관 연간에는 10년에 거쳐 《정관률》을 제정했다. 《정관률》에 비해 《개황률》과 《무덕률》은 모두 조금씩 개혁함으로서, 《영휘율》 제정을 위해 기초를 닦았다고 할 수 있다.

《당률》 12편 중 제1편 명례는 기본원칙과 형벌체계를 규정했는데, 이는 현대 형법의 총칙과 비슷하다. 제2편부터 11편은 현대 형법의 분칙 부분에 해당하며, 여러 가지 범죄의 구성과 그 범죄에 적용되는 형벌을 구체적으로 규정했다. 이밖에 현대의 민법, 혼인법, 행정법과 같은 형식의 여러 가지 내용이 포함되었다.

중국 고대에서 처음으로 공식적인 법률주석이 있게 된 것은 진나라 때였다. 1975년 출토한 《수호지진묘죽간(睡虎地秦墓竹簡)》에서 법률답문을 볼 수 있는데, 이는 《진률》의 주체를 이루는 형법에 대한 진나라 관아의 해석이었다. 한대에 와서 율학이 일어나고 발전하기 시작하면서 법률 해석이 율학으로 주류를 이루었다. 특히 동한시기 10여 명의 법률 주해(주석)가 나타남으로서 정부는 하는 수 없이 정현(鄭玄)의 해석을 기준으로 할 것을 규정했다. 당나라 영휘 연간의 《율소》는 정부가 인력을 조직해 통일적으로 저술한 것인데, 앞서 율학이 크게 흥성하며 법률을 발전시켰기에 이를 집대성한 저작이 나올 수 있었던 것이다. 율학 발전사에서 이는 확실히 창의적인 장거였다. 법률을 주석하는 일 역시 국가의 입법 활동의 하나로서 자리매김했던 것이다.

당나라 이전의 법전은 오래전에 실전되었기 때문에 《당률소의》는 중국 봉건사회 나아가 세계적 범위 내에서도 현존하는 법전 중 가장 오래되고 보존이 가장 잘된 것으로, 세계 4대 유명 법전 중 하나로 꼽히고 있다. 《함무라비법전》, 고대 로마의 《유스티니아누스 법전》, 1804년의 《프랑스 민법전》과 이름을 나란히 하면서 여러 나라 한학자들의 연구 관심사가 되고 있다.[11]

《당률소의》는 중국 봉건사회 전기의 법률을 집대성했을 뿐 아니라, 당대 이후 여러 왕조의 입법의 본보기였다.

5대와 송나라의 법률은 거의 《당률소의》를 그대로 베낀 것이었다. 역사에 따르면 명 태조 주원장은 《당률소의》에 관심을 갖고 홍무 원년(1368년)에 대신과 형관에게 매일

---

11) 《당률소의》는 아시아 여러 나라에서 큰 영향을 일으켰다. 일본 메이지유신 이전의 봉건법률은 모두 《당률소의》와 《대명률》을 원본으로 했다. 베트남, 조선의 고대 법률 역시 《당률소의》를 원본으로 했다. 여러 나라 한학자들은 《당률소의》 연구에 지칠 줄 모른다. 특히 일본학자들은 《당률소의》를 지극히 떠받든다. 그들은 중국 당조 법률을 동아시아 법률의 중심으로 확정하고 동아시아 법제사에서의 《당률소의》의 지위가 서양법제사상에서 로마법이 차지하는 지위와 대등하다고 했다. 楊鴻烈, 《中國法律在東亞諸國之影響》, 北京, 中國政法大學出版社, 1999.

《당률소의》 20조를 해석해 줄 것을 요구했다고 한다.[12] 홍무 6년(1373년)《대명률》을 제정했는데 편명은 《당률》을 기준으로 했다고 한다. 그러나 호유용(胡惟庸)사건 발생 후, 중서성(中書省)을 폐지한 후부터 명나라는 승상관직을 두지 않았으며, 황제가 직접 이, 호, 예, 병, 형, 공 6부를 거느렸는데, 결국 《명률》에 대한 격식에 대변혁을 불러왔다. 홍무 22년(1389년) 6부가 중서성의 직권을 분담하는 상황을 바탕으로 여러 부가 법률을 장악하고 실시하기 편리하도록 체제를 편찬했는데, 명례를 첫 머리에 두었고, 그 뒤에 6부 관제에 따라 이, 호, 예, 병, 형, 공율을 설치했다. 6부에 따라 편목을 나누고 《당률》 12편을 7편으로 바꾼 조치는 명나라의 창조였다. 수당 이래 800년을 이어 내려온 법전의 격식은 이로부터 큰 변화를 가져왔다. 그러나 《대명률》의 정신적 실질과 주요 내용은 여전히 《당률》을 본보기로 한 것이었다. 청나라의 《대청률례》는 《대명률》을 근본으로 했다 1910년 《대청현행형률》에 와서야 6부를 바탕으로 편명을 나누던 법전격식을 바꾸게 되었는데, 그로부터 이형위주의 전통법전의 유형이 없어지게 되었던 것이다.

3절. 법전 근대화 과정에서의 이형위주 전통의 체현

1. 중서법률의 마찰과 화합

1841년 위원(魏源)이 임측서(林則徐)의 부탁을 받고, 《해국도지(海國圖志)》 편찬을 시작했다. 이듬해 연말에 총 50권에 달하는 이 책이 양주(揚洲)에서 간행되었다. 이 책은 1847년에 60권으로, 1852년에는 다시 100권으로 대폭 늘어났다.

위원은 《해국도지·서》에서 이 책의 저술 목적에 대해 "이적의 장점을 배워 적을 제압하고자 한다"고 했다. 위원은 비판적 눈길로 강대하고 낯선 서방열국을 주시하면서 비판하면서 과거 강성했던 천조제국이 왜 서방의 이적(夷狄)들에게 패했을까를 생각했다. "이족을 스승으로 하다"라는 조목에서는 천조가 지존의 지위를 내려놓고 싶지 않지만 그러나 하는 수 없이 이(夷)를 스승으로 모셔야 하는 모순되는 심리를 반영했다.

중국 외에 존재하는 문명의 세계를 과감하게 승인하는 것은 위원의 초인간적인 면에서 이루어진 것이다. 그러했기에 《해국도지》가 두 차례나 재판할 수 있었던 것이고, 57

---

12) 《明太祖實錄》 권3, 4 참조.

만 자에서 80만 자로 늘릴 수 있었던 것이다. 1850년대에 일본으로 넘어 간 뒤에도 큰 인기를 받으며 여러 차례 인쇄 발행 됐지만 공급이 달렸다고 했다. 《해국도지》는 메이지유신 이전의 일본이 세계를 내다본 중요한 계몽서적이었다.

1860년대에 양무운동이 시작되면서 서방의 법률, 법학이 중국에 들어와 뿌리를 내리고 법률 방면의 변혁을 일으켰다. 이 모든 것은 바로"이족을 스승으로 한다(師夷)"는 설이 발전한 결과였다.

제2차 아편전쟁 후, 외교상의 필요에 의해 청 정부는 국제법을 받아들이고 이를 실천에 옮겼다. 이어서 국제법학이 중국에 들어왔다. 서방의 근대법률 체계는 국제법으로 중국의 전통법률체계의 문을 활짝 열어놓았다.

위원의 "이족을 스승으로 한다(師夷)"설이 등장해서 부터 국제법이 들어오기까지 20년이 걸렸지만, 중서 법률 간의 접촉은 시작에 불과했다. 중국 법률은 그제야 근대화를 향해 어려운 한걸음을 내딛었지만 제2차 아편전쟁이라는 침통한 대가를 치러야 했다.

국제법의 수용과 실천은 중국 국내의 큰 반향을 불러 일으켰다. 조정과 민간에는 국제법을 미신하는 현상이 나타나기도 했으며, 국제법으로 구국하자는 사조까지 일어났다고 한다. 믿음성이 강하지는 않지만 확실히 중국 전통의 법률관에 커다란 충격을 가져다주고 부문별 법 체계의 인입에 기초를 마련한 것은 틀림없었다.

서방법률이 전해 들어오는 과정은 중국 법률이 서방의 것을 학습하고 현대화로 나아가는 과정이었다. 하지만 서방법률에는 두 가지 패턴 즉 대륙법계와 영미법계가 있었는데, 중국인은 후에야 이를 알게 되었다. 그 때문에 중국은 법률 근대화 길에서 우선 선택의 수순을 밟게 되는데, 대륙법계를 스승으로 할 것인지 영미법계를 본받을 것인지 양자택일의 문제였다.

영미법은 중세 게르만의 관습법에서 기원되었으며, 판례를 주요 특징으로 한 것이다. 전형적 국가로는 영국, 미국이었다. 대륙법계는 고대 로마법에서 기원된 것으로 성문법이 전통이다. 전형적인 국가로는 프랑스, 독일이었다.

1840년 영국이 중국을 침략하는 전쟁을 시작되고, 아편으로 청나라 제국의 군게 닫힌 대문을 열게 되면서 일어난 중국에 대한 아편무역이 결국 아편전쟁을 일으키는 결과로 이어졌다.

영국의 뒤로는 미국이 바짝 따르고 있었다. 이런 요소가 있었기에 중국에 먼저 들어온 것은 영미법계였다. 가장 먼저 들어 온 국제법 역시 영미의 선교사들이 번역 소개해 들어온 영미학자들의 저작이 위주였다.

1864년 경사동문관이 처음으로 완전한 국제법 저작물인 '만국공법'을 중문판으로 출판했다. 이는 미국선교사 정위량(丁韙良)이 미국학자 위튼의 《국제법원리》를 번역한 것이었다. 양계초의 《서학서목표》의 서술에 따르면 정위량은 이외에도 4부의 국제법 관련 저작물을 번역했으며, 그중 두 부는 영미학자의 것이었다고 했다. 이밖에도 동서방의 문화교류에 힘을 써온 유명한 인물이 있었는데, 바로 강남제조국에서 22년 넘게 편역을 담당해온 영국 선교사 존 프라이어(John Fryer)였다. 그는 143 종의지 영문 원작을 번역해 중국 선교사 중 가장 많은 서방의 서적을 중국에 소개했던 사람이었다. 《강남제조국기》의 서술에 따르면 존 프라이어가 번역한 서방 저작 중에는 《공법총론》, 《각국교섭공법》, 《각국교섭편법》, 《비국고찰범인기략》, 《서법세원록(書法洗冤錄)》 등 5권의 법률서가 있었고, 그중 앞의 3권은 영국학자들의 저서였다고 한다.[13]

1895년 이전에 번역되어 중국에 소개된 서방의 법률서적은 18종에 달했으며, 그중 대부분이 국제법 관련 책이었고, 나머지가 군사법, 형법, 법의학 등이었다. 한편 이런 서적들은 영, 미의 것이 다수였고 개별적으로 스위스, 벨기에, 프랑스, 독일의 것이 있었다.[14] 이로 볼 때 중국이 가장 먼저 접촉하고 이해, 학습한 것은 영미법계의 법률과 법학이었다는 것을 알 수 있다.

19세기 말 20세기 초에 대륙법계의 법률이 이미 들어오고 있었지만 이때 중국인들은 아직 어떤 법률패턴이 중국 국정에 적합한지를 확정하지 못하고 있었다. 당시 번역한 법률서적을 보면 이런 상황을 엿볼 수가 있다.

1896년부터 1905년까지 중국에 들어온 서학서적 중 법률서적이 매년 73종씩 늘어나 가장 많았다. 번역자는 거의가 유학을 마치고 돌아온 중국 유학생들이었다. 한편 나라별도 갈수록 다양했는데 영국, 미국, 프랑스, 독일, 이탈리아, 벨기에, 네덜란드, 스웨덴, 일본, 러시아 등 20여 개 국가에 달했으며, 양대 법계의 주요 국가들은 모두 포함되어 있었다. 법률 부문에도 여러 가지 부문의 법과 단행법이 모두 포함되었는데, 총 20여 종에 달했다고 했다.[15] 1901년 장지동, 유곤일이 연합으로 상소한 강초회주변법삼절(江楚會奏變法三折)은 "서양의 법을 받아들일 것"을 가장 먼저 제기했으며, 영미법계와 대

13) 《淸末法律 `法學的輸入及影响》, 載 《法律史論丛》第三輯, 179쪽, 北京, 法律出版社, 1983.

14) 云岭, 〈淸末法律 `法學的輸入及影响》, 《法律史論丛》第三輯, 183~185쪽, 北京, 法律出版社, 1983.

15) 云岭, 위의 책, 183-185쪽.

류법계 국가의 법률을 따라 배울 것을 주장했다.

1905년 5명의 대신이 해외 시찰을 마치고 귀국하자, 청 정부는 곧바로 일본, 독일의 정체(政体)를 본보기로 한 헌정개혁을 실시하기로 했다. 이와 동시에 대륙법계, 특히 독일, 일본의 법률패턴으로 법률개혁을 진행하기로도 했던 것이다.

이런 선택을 하게 된 데는 세 가지 방면을 고려했기 때문이었다. 첫째, 대륙법계의 법전은 따라 하기가 쉬웠고 옮기기가 쉬웠던 것이다. 19세기 세계적인 법률 발전은 자본주의 발전의 필요에 적응하고, 체계가 완벽한 프랑스, 독일의 법전을 들여오는 것이 당시의 조류였다. 2천 년의 성문법 전통을 갖고 있지만 법률 개혁으로 위기의 왕조를 구하려는 절박한 마음의 청 정부에게 있어서는, 법률 본신의 역사적 연속성을 고려하지 않고 무턱대고 판례를 주로 하는 산만한 영미법계의 법을 받아들여 근대화 발전의 필요에 적응하는 새로운 법률체계를 건립하는 일은 어렵고도 현실적이 되지 못한 상황이었다. 따라서 이미 기성의 법전이 있어 그대로 베끼고 옮겨 올 수 있는데도 힘들게 영미 판례의 전통을 배우고 들여올 필요가 없었던 것이다. 둘째, 19세기 후반, 메이지유신 이후 일본이 일약 동아시아에서 강국으로 발돋움했는데, 일본은 먼저 청일전쟁에서 청나라 군대를 대패시킨 뒤 다시 러시아와의 전쟁에서 승리를 거두며 중국이 아시아에서 지니고 있던 강국이라는 지위를 빼앗아버렸다. 이에 청 정부는 큰 타격을 받았고, 일본은 메이지유신을 통해 근대화의 길을 걷게 되면서 대륙법계 중의 독일법 체계를 전면적으로 들여와 개혁의 성과를 보장했으므로, 이는 청 정부의 본보기가 되기에 충분했던 것이다. 사실 5명의 대신이 해외로 시찰 나가기 전에, 이미 일부에서는 일본의 법률 변혁을 따라 배우자는 목소리를 높이고 있었다. 셋째, 중일 양국의 정치, 문화배경은 비슷한 점이 많았다는 것이다. 일본은 입헌을 통해 천황의 권력을 헌법의 방식으로 공고히 했고, 군주의 권한은 과거와 다를 바가 없었다. 5명의 대신이 해외로 시찰을 나간 첫 번째 이유는 바로 입헌 후 독재정체에 어떤 영향을 끼치는지 여부를 알아보는 것이었다. 그러나 영국 군주의 권력은 아주 큰 제한을 받고 있었다. 이와 비교해 장기적으로 독제체제를 이어나가려는 중국의 요구에 적합했던 것은 일본의 정체였다. 따라서 청 정부는 영미법계의 법을 선택하지 않고, 대륙법인 일본법을 따라했던 것이다. 이밖에 다른 이유라면 중일 양국이 이웃 나라이고 왕래가 편리했으며, 다 같은 한자를 사용했기에 일본 법률서적을 번역하기가 영문을 번역하기보다 쉬웠기 때문일 수도 있었다. 19세기 말에서 20세기 초에 일본에 유학하는 붐이 일어나자 일본 법률 서적이 대량으로 중국에 들어와 번역되었는데, 이 역시 유리한 객관적 조건을 제공했던 것이다. 아마 그때의 중국인들은 일본 법률과 일본 법률이 본받은 대륙법계가 중국의 법률 개정에 도움이 될 것이라고 생각했을 것이다.

1860년대부터 제3차 외래문화 진입이 시작되고, 중서법률문화는 반세기가 넘는 긴 시간의 적응기를 시작했다. 20세기 초에 와서야 중국은 법률개혁에서 대륙법계를 주로 하는 일본, 독일 법률을 참고로 했다. 이는 어떤 의미에서 청말 나아가 중화민국시기의 법률 근대화의 길에 큰 영향을 미쳤다고 할 수 있고, 그 후로 중국의 근대 법률, 법학, 법학교육이 일본과 갈라놓을 수 없는 인연을 맺게 된 것이다.

2. 치외법권과 청 말의 법률개정[16]

19세기 중엽, 세계열강들이 연이어 중국을 침략하고 치외법권을 행사해 중국의 사법 주권에 피해를 주었다. 치외법권은 영사재판권을 말한다. 다시 말해 다른 한 나라의 영토에 체류하고 있는 본국 국민에 대해 해외 거주 영사를 통해 자국의 사법관할권을 행사하는 제도를 말한다. 이는 서방열강이 대외확장을 하는데 있어서 유력한 도구가 되었다.

1843년, 영국이 중영오구(五口)통상장정을 통해 먼저 중국에서 영사재판권을 획득했다. 이어 미국이 1844년 중미 망하(望厦)조약에서 영국을 본받아 똑같은 특권을 가져갔으며 이를 한층 확대했다. 그 뒤를 이어 프랑스, 러시아, 독일, 일본, 이탈리아, 벨기에, 스페인, 포르투갈, 덴마크, 노르웨이, 네덜란드, 페루, 스웨덴, 스위스, 브라질 등 20여개 국가들이 연이어 중국에서 영사재판권을 행사했다.

1901년 1월 29일, 안팎으로 궁지에 몰린 가운데 위태로운 상황에 있던 청 정부는 하는 수 없이 개혁의 태세를 취하고 신정을 행하기로 선언했고, 조정과 재야에서 앞 다투어 개혁을 제창했다. 같은 해 7월 양강총독 유곤일(劉坤一), 호광총독 장지동(張之洞)이 연합으로 그 유명한 강초회주변법삼절(江楚會奏變法三折)을 상주했다. 그 중 제3절에서는 가장 먼저 서영의 법을 도입할 것을 주장했다.

장, 유 두 사람은 청 정부가 높은 월급으로 서방 여러 국가의 법률 전문가를 초청하고, 여러 국가의 법률을 다양하게 응용해 광산률(鑛律), 도로율(路律), 상업률(商律), 교섭형률(交涉刑律)을 편찬해 줄 것을 제안했다. 유곤일, 장지동은 양무를 펼칠 때의 필요

---

16) 李貴連, 《沈家本傳》, 北京, 法律出版社, 2000.

성을 고려해 중국 고대에 없던 네 가지 법률을 제정할 것을 호소했다. 이와 동시에 서방 법률을 참작해 중국의 전통법제를 개진하고 정리할 것에 대한 여러 가지 제안을 내놓았다. 비록 전면적으로 서방법률을 도입하고 낡은 법률을 개혁할 것을 주장하지는 않았지만 그들의 동기가 청말 법률 개혁의 서막을 여는데 큰 기여를 했다.

유, 장 2인의 제안은 청 정부의 허락을 받았다. 1902년 3월 12일, 청 정부는 법률개정령을 공식으로 반포하고, 원세개, 유곤일, 장지동에게 중서 법률에 익숙한 사람을 선정해 법률 개정을 주재할 것을 요구했다. 이에 원, 유, 장 3인은 보거형부좌시랑(保擧刑部左侍郞) 심가본(沈家本)과 외교사절로 미국을 다녀 온 오정방(伍廷芳)에게 법률개정을 주재할 것을 제안했다. 직예총독 원세개, 양강총독 유곤일, 호광총독 장지동은 그 시기 세력이 가장 컸던 총독이었던 한편 조정의 특명을 받았던 터라, 2개월 뒤 청 정부는 바로 심가본, 오정방에게 법률개정을 맡을 것을 지시하고 법률개정관 설립을 준비토록 했다.

청 정부의 법률개정을 공개적으로 반대하기가 불편했던 서방 열강들은 청 정부를 협조해줄 수 있다고 했다. 예를 들면, 1902년 9월 5일 중영속의통상행선조약(즉 마개조약) 제12조항에는 "중국이 본국의 율례를 정돈하기를 매우 바라므로 서양 각국의 율례와 같이 영국은 협조할 의향이 있다. …… 그리고 영국은 치외법권을 포기할 것을 허락할 것이다"라는 말까지 했다.[17]

이 조항을 조약에 넣도록 작용한 사람이 장지동이었다. 1901년 9월, 무창방직공장에서 중영상약(중국 영국 간의 상업조약)을 담판지을 때, 장지동이 직접 통역을 통해 영국 측 대표 마개(馬凱)에게 "우리 측이 법률을 수정할 것이니 법률 수정 후 외국인은 일률적으로 중국법률의 관할을 받아야 한다"고 전했다. 이에 마개는 동의를 표하고 영국 정부에 이를 조약에 포함시킬 것을 요구했다. 이른바 "마개조약"은 실천에 옮겨지지는 않았지만, 치외 법권을 포기시키려했던 의도는 상당한 영향을 일으켰다. 미국, 일본, 포르투갈 3국은 후에 청 정부와 개정한 관련 상약에서 청 정부에게 똑같은 약속을 했다.

이런 상황은 청나라 사대부 계층에서도 큰 관심을 일으키게 되고 법률 개정을 통해 치외법권을 회수할 수 있을 것이라고 인정하면서 변법이 자강할 수 있는 관건이 될 것이라고 확신했다. 법률 수정을 맡은 심가본은 일본이 메이지유신 후 법률을 개정하고 1890년에 가장 먼저 치외법권을 폐지한 것을 예로 들며 청 정부 역시 법률을 서양 법으로 개정한 후 영사재판권을 회수할 수 있을 것이라고 단언했다. 이로서 치외법권을 회

---

17) 王鐵崖 編, 《中外旧約章汇編》, 第二册, 109쪽, 北京, 三联書店, 1959.

수하고 사법주권을 수호하는 것이 청조 말기 법률 개정의 중요한 원인이 되었음을 알 수 있다.

1840년 이래 서방의 열강들이 불평등조약을 이용해 중국에서 치외법권을 절취하고 중국의 주권을 침범했다. 이는 갈수록 많은 사람들의 최대 관심사가 되었으며 청조 말기의 법률개혁가들은 법률에 대한 수정을 통해 이 치욕의 특권을 회수하려 했다. 서방의 열강들은 애초 중국의 법률이 너무 낙후하고 참혹하다는 것을 이유로 특권을 절취했던 것이다. 그러나 일단 특권을 획득한 후에는 중국에서 자신들의 이익을 더욱 잘 담보하기 위해서 하는 수 없이 특권 포기를 조건으로 청 정부의 법률개혁에 대한 지지를 표시해야 했던 것이다. 그러나 청말 법률 개혁 후에도 치외법권을 바로 회수하지는 못했다. 1943년에 와서야 치외법권이 법에서 폐지되었다.

3. 청말 법률 개정과정에서의 예와 법의 다툼[18]

1906년 법률개정대신 심가본, 오정방이 〈진정소송률의청선행시판절(進呈訴訟律拟請先行試辦折)〉를 상주하고 중국법률은 여러 가지 다른 사회관계의 법률을 하나의 법률로 (諸法合體)하고, 실치법과 절차법을 분리하지 않았다고 지적했다. 한편, 이런 법률체제는 문호개방 후의 새로운 형세의 수요에 적응할 수 없다는 의견을 제시했다.

서방법률에서 소송법은 또 민사, 형사로 나눈다. 전하는 바에 따르면 아편전쟁 이래 중국과 서양 국가 간의 소송사건은 날이 갈수록 많았다고 한다. 그러나 외국인은 중국의 재판이 자국과 다르다며 자주 중국법률을 무시했다고 한다. 한편, 중국 상인들은 외국법제에 익숙하지 않아 한쪽을 비호한다고 의심했기에 양자의 누적된 불만을 수습하기가 쉽지 않았으며, 종종 간단한 소송이 외교문제를 야기하곤 했다. 때문에 법률 수정은 우선 소송법을 변화시켜야 했고, 여러 국가의 통례를 채택해야 했다. 이와 동시에 《대청형사민사소송법》 초안을 작성해 첨부했다. 이는 중국 근대의 첫 번째 소송법전 초안이었다. 또 중국 고대 법률에는 전혀 없던 배심제도와 변호제도를 채택했다. 심, 오 두 사람은 이는 치외법권을 회수하는 중요한 방법이라고 주장했다.

18) 張國華, 饒鑫賢 主编,《中國法律思想史綱》(下), 蘭州, 甘肅人民出版社, 1987. 張國華,《中國法律思想史新編》, 北京, 北京大學出版社, 1998. 李貴連,《沈家本與中國法律現代化》, 北京, 光明日報出版社, 1989. 李貴連,《沈家本傳》,北京, 法律出版社, 2000.

새롭게 창조해낸 소송법 내용과 체계는 모두 중국의 전통법률에는 없었던 것이었다. 이에 광서제는 "대청형사민사소송법" 초안을 각 지방에 내려 보내고, 여러 성의 장군독무(將軍督撫), 도통(道統)들이 세심히 연구, 고찰하여 중국의 풍속습관에서 실행이 가능한지를 가늠해 볼 것을 요구했다. 그러나 초안은 여러 성의 장군독부와 도통들의 반대를 받았으며, 그중 호광총독 장지동의 반대가 특히 심했다고 한다.

장지동은 1907년 9월 3일 〈준지핵의신편형사민사소송법절(遵旨核議新編刑事民事訴訟法折)〉에서, 심가본과 오정방의 입법을 두 가지 이유로 반박하고 상주문 뒤에 해당 초안에 대한 반박 의견 59조를 첨부했다고 한다. 장지동은 첫째, 260조에 달하는 소송법이 대체적으로 서양 법을 채용했기에 중국의 국정과 맞지 않으며 중국법률의 본질인 유가의 강상예교에 어긋난다고 했다. 특히 배심원, 변호사, 증인 등 제도를 받아들이는 것은 치외법권을 회수하는데 불리할 뿐만 아니라, 소송을 야기시킨다고 했다. 다음은 서방 여러 나라들은 모두 먼저 형, 민법이 있은 뒤 형사, 민사 소송법이 있었다고 했다. 일본 역시 소송법을 먼저 반포하지 않았기에 법률을 편찬하려면 선체후용(先体后用)하여 실체법을 정한 뒤 소송법을 정해야 한다고 주장했다. 이로부터 청조 말기 법률수정의 예와 법의 다툼이 서막을 열게 되었던 것이다.

중국법률 발전사를 돌아보면 두 번의 중대한 법률개혁을 거치게 된다. 첫 번째는 전국시기 초기 이회와 상앙의 변법 이후 진행된 대규모의 입법이었다. 다음은 1902년에서 1911년 청 정부가 신정(新政)과 방행입헌(仿行立憲) 추진을 명목으로 서방의 근대 법률을 들여오고 전통법률을 개혁하는 법률의 수정활동이었다. 이 두 번의 중대한 법률개혁은 모두 치열한 논쟁을 초래했다는 공동점이 있다. 전국시기의 백가쟁명에서는 법률문제가 상당히 많이 거론됐다. 그러나 청말 때는 2천여 년의 봉건 강상예교의 등급 명분을 수호했던 법률사상이 뿌리 깊었던 터라, 심가본, 오정방이 서방 자산계급의 법률이론과 법률체계의 형태로 법률수정을 하려하자 충돌이 일어나며 예법다툼이 폭발하게 된 것이다.

예는 예교를 말했다. 다시 말해 봉건법률로 법전화한 유가의 강상명교를 말한다. 예교를 주장하는 파는 예교파, 국정파, 가족주의파들로서 장지동, 노내선(勞乃宣)을 대표로 했다. 법은 법리로서 서방자산계급의 법학원리를 말했다. 법리를 주장한 파로는 법리파, 반국정파, 국가주의파로서 심가본, 오정방, 양도(楊度)가 대표였다.

1907년 10월3일, 심가본이 〈형률초안고성분기선단정람병진수정대지절(刑律草案告成分期膳單呈覽竝陳修訂大旨折)〉을 올리고 형률 총칙 목록과 설명을 부연했다. 같은 해

12월 30일, 또 〈진정형률분칙초안절(進呈刑律分則草案折)〉과 분칙 조문을 올리고 형법전이 서방의 근대격식을 채용해 총칙, 분칙으로 나눌 것을 주장했다. 1908년 초, 〈대청신형률초안〉을 부원(部院)에 내려 보내 독부대신들의 의견을 수렴했다. 군기대신 겸 관학부(管學部) 대신인 장지동이 반기를 들고 "대청신형률초안"이 예교를 훼방하고 강상을 경시했다며 전면적으로 반박하는 글을 올렸다. 직예(直隷), 양광(兩廣), 안휘 등의 독무대신 역시 이를 따랐다. 이어 청 정부는 새로운 형률을 개정한다는 조서를 내렸다. 청 정부의 조서는 심가본 등이 신형률을 개정하던, 독무대신들이 신형률에 대한 의견을 내든 간에 모두 이 조서에 따라야 한다고 했다.

심가본은 하는 수 없이 윤상과 관련된 조항을 한층 강조하여 법부에 올렸다. 예교파의 대표인물인 법부상서 정걸(廷杰) 역시 본문에 부칙 5조를 부연해 10악, 친속용은(親屬容隱) 등 윤기(倫紀)예교와 관계되는 여러 가지 범죄행위는《대청률》에 따라 처리해야 한다고 명확히 규정하면서 본문의 규정을 부정했다. 이 수정안은《수정형률초안》이라 이름하고 1909년 정걸, 심가본이 공동으로 올렸다.

1910년,《수정형률초안》이 헌정편사관에 넘겨져 심사한 후 결정됐다. 헌정편사관 참의 및 평가전과 총판인 노내선이 먼저 반기를 들고, "구율관련윤기예교각조"를 직접 신형률 본문에 적어 넣었다. 예교파들도 들고 일어나 이를 따랐는데 신형률을 뒤엎을 태세였다고 한다. 이에 심가본은 문장을 써서 이에 반박했고, 법률개정을 협조한 청 정부 법률고문인 일본 법학박사 오카다 아사다로(岡田朝太郞), 마츠오카 마사요시(松岡正義)와 헌정관, 법률관 법리파 대표인물들이 심가본의 의견을 지지했다.

예교파와 법리파 양측은 신형률의 구체적 조문을 놓고 갑을논박 했다. 결국 헌정편사관의 조정으로《수정형률초안》을《대청신형률》로 상정하고, 부칙 5조를《잠행장정(潛行章程)》으로 바꿔 자정원(資政院)에 올려 의결하도록 했다.

자정원은 청정부가 입헌을 기획하고 준비하기 위해 1910년 9월 23일 설립한 의획성질의 기구로서 법률에 관한 의결을 할 때 삼독법(三讀法)을 채용했다. 11월 4일, 헌정편사관 특파원인 양도가 친히 의결장에 와서 연설하면서 신형률을 제정하는 국가주의 입헌 취지를 설명하고 구율(舊律)의 가족주의 원칙을 비판했다. 구율에 대한 비판에 자정원이 떠들썩했고, 양도는 뭇 사람들의 공격대상이 되었다. 예와 법 두 파는 자정원의 의결장 내외에서 논쟁을 벌였다. 당시 자정원 기록에 따르면 의결장에서의 논쟁은 뜨겁게 달아올랐고 질서가 혼란스러웠다고 했다. 노내선은 직접 글을 써 법리파를 반박했을 뿐 아니라, 105명의 동조의원을 동원해 자정원에《신형률개정안》을 제출하고《대청신형률》의 예교관련 조항을 13조 넘게 추가로 수정했다. 예법의 다툼이 절정에 이르자 결국 양대 파벌은 조정이 불가능하다는 것을 알고 투표로 정하기로 했다. 하지만 자정원의 법정회의 기간이 지나 신형률의 전문을 의결장에서 완전하게 논의하지는 못했다. 한편 광서 말년에 기초한 주비(籌備) 헌정목록에는 이미 신형률 반포 연한을 더는 연장할 수 없다고 선포하고 있었으므로 신형률은 그대로 반포해야 했다.

예와 법양파의 논쟁은 일단락 그쳤지만 다툼은 끝나지 않았다. 얼마 뒤 예교파의 탄핵으로 심가본이 개정법률대신과 자정원 부총재직에서 물러나며, 10년에 가까운 법률개정의 생애를 마쳤다. 5년에 가까운 예와 법의 다툼도 마침내 막을 내리게 되었던 것이다.

예법의 다툼은 주로《대청신형률》초안에 집중되어 있었다. 논쟁의 구체적 내용은 간명범의(干名犯義)였다. 즉 ① 범죄존류양친(犯罪存留養親. 죽을 죄를 범한 자가 일반 사면령(赦免令)으로 사면되지 못하는 종류의 범죄를 저지르지 않은 경우, 그 조부모, 부모가 늙고 병들어 부양해야 할 처지에 있으면서 부양할 만한 다른 성장한 남자가 없으면, 임금에게 주청(奏請)하여 장(杖) 1백 대 형을 집행하고 나머지 죄는 속전(贖錢)을 바치고 집에 남아 부양하게 하는 것 ② "친속상범(親屬相犯), 친속상간(親屬相奸), 친속상도(親屬相盜), 친속상구(親屬相毆), 고살자손(故殺子孫), 살유복배비유(殺有服杯卑幼), 부처상구(夫妻相毆), 무부간(無夫奸), 자손위범교령(子孫違違犯敎令)" 등이었다. 그 중 무부간과자손위범교령의 논쟁이 가장 치열했다.

무부간(無夫奸)에 대해 법리파는 이를 신형률 본문에 넣을 수 없으며, 범죄로 논할 수 없다는 주장을 견지했다. 이런 행위는 도덕교육 범주 내에 포함되는 행위이며 더욱이 서방 여러 국가 형벌 역시 이를 범죄행위로 하지 않기 때문이라고 했다. 이를 본문에 넣을 경우 외국인들이 치외법권을 견지하려 할 것이며, 사법을 실천하는 과정 속에서 사건에 대한 판단이 어려워 사법기관에 많은 번거로움을 가져다 줄 것이라고 했다. 예교파들은 무부간을 범죄로 할 것을 주장했다. 이유는 중국인의 보편적 심리로써 가늠할 때, 이는 범죄행위가 분명하며 도덕과 법률은 사실 동일한 것으로 도덕에 어긋나는 행위는 불법행위로서 형벌을 받아야 한다고 주장했던 것이다. 중국과 서방의 가정관계가 다르듯이 무부간을 범죄로 다스리지 않으면 분쟁이 일어날 수 있으며, 이는 사회의 치안을 방해할 것이라고 했다. 나아가 이는 중국의 예교가 결정한 것이라며, 중국의 입법은 외국인의 비난에 따라 바뀌지 말아야 하며, 오히려 국내 치안의 주요 내용으로 해야 한다고 주장했던 것이다.

자손위범교령에 대해 예교파는 이를 본문에 넣는 것은 자손의 범죄를 다스리는 권리를 웃어른에게 넘기는 것과 같다고 주장했다. 이는 사실 효도에 대한 요구로서, 자손은 이에 정당방위를 취하지 못한다고 했다. 법리파는 이는 완전히 가정교육문제로서 형벌과 무관하기에 형법에 포함시킬 필요가 없다고 주장했다. 더욱이 법률 원리적으로 어떤 행동이 범죄행위에 해당되는지의 여부는 법률규정을 표준으로 해야지 당사자의 신분을 기준으로 결정해서는 안 되며, 국가는 모든 불법행위를 법률 범위에 포함시켜야 한다고 강조했다. 웃어른이 마음대로 입법권 사법권을 행해서는 안 된다는 것이었다.

표면적으로 보아 예법 간의 논쟁은 신규 형률 조문을 어떻게 쓸 것인가를 두고 다투는 것이지만, 사실은 청말 법률개정에서의 두 가지 법률사상 간의 교전이었다. 예교파는 봉건적 법률사상을 대표하고, 봉건 군주독재와 종교가족제도의 수호를 취지로 하며, 나아가 봉건제도를 수호하려는 목적이었다. 법리파는 근대 자산계급의 법률사상을 대표하고, 인권수호를 취지로 하였으며, 개인을 본위로 하는 국가이익을 가족 이익보다 중요하다는 것을 강조했다. 이는 이를 통해 자본주의 발전을 추진하자는 것이 목적이었다. 논쟁하는 쌍방의 초점은 당시의 국정을 바탕으로 신법률을 제정함에 있어 근대자산계급의 법률 원리와 원칙을 지도사상으로 할 것인지, 아니면 봉건 예교를 지도사상으로 할 것인지의 차이였다. 이러한 논쟁의 실질은 봉건법률을 개혁하고 근대화로 나아갈 것이냐 아니냐 하는 것이었다. 이런 의미에서 예법의 다툼은 서방 근대법률문화가 중국에 들어온 후, 반세기 동안 중국 전통 법률문화와 충돌하고 서로 마찰하는 과정에서 펼친 한 차례의 결전이었다고 할 수 있었다. 물론 이는 서로 융합하는 결전이기도 하다. 사실상 논쟁에서 예법 쌍방은 절대적인 예법을 주장하거나 절대적인 법리를 주장한 것은 아니었다. 특히 법리파의 경우 서방법률원리와 원칙으로 신형률을 제정할 것을 요구했지만, 사실 법리파의 사상 역시 예교를 완전히 이탈하지는 않았으며 완전히 이탈할 수도 없었다. 대청신형률 초안 작성에 참여했던 일본 법학박사 오카다 아사다로는 신형률은 여전히 예교를 중시했다고 《대청신형률》을 평가했다.

예와 법의 다툼은 법리파의 양보로 끝났지만, 이번 논쟁은 2천여 년 이래 유가의 강상예교를 핵심으로 하던 봉건법률이 천하를 주관하던 국면을 타파했다는 점에서 역사적 의의가 있었던 논쟁이었다. 한편 대륙법계의 개입과 서방 근대 법률학설이 중국에서 전파되도록 추진하는 역할도 했다. 심가본 등 청말 법률개혁가들의 노력으로 청 정부는 하는 수 없이 법률의 근대화라는 길을 힘겹게 걸어갈 수밖에 없었다. 최초의 상법, 도로법, 광산법, 교섭법을 제정해 중국법률의 부족한 점을 채우는 것에 그치려했었지만, 봉건 법률을 대수술하고 서방 근대 법률체계를 전면적으로 들여오는 발전을 가져왔다고 종합할 수 있을 것이다.

4. 세계 근대 법률의 행렬에 들어서다

1) 형법과 민법이 분리되고 민법과 상법을 분리해서 입법하다

1904년 5월 15일, 2년 동안의 준비를 거쳐 법률수정관이 문을 열고 업무를 개시하며 직책을 이행하기 시작했다. 법률수정관의 첫째 업무는 《대청률례》를 개혁하는 것이었다. 1년의 노력 끝에 구율 344조를 삭제했다. 청조 역대의 조례 수정 범위를 초과하지 않았기에 상주하자 얼마 뒤 윤허가 떨어졌고 실행에 들어갔다.

1906년 심가본이 《신형률초안》의 편찬 교정을 주도하기 시작하면서 일본 법학박사 오카다 아사다로가 초안 작성을 책임지는 가운데 1908년에 초고를 완성했다. 신형률은 공식 입헌 후 반드시 실시해야 할 법률이었다. 그러나 청 정부의 입헌 공식 선포는 9년 뒤에 이루어졌고, 낡은 법률 또한 예비입헌기간 동안 효력이 발생할 수 없게 될 것이므로, 무법국면을 방지하기 위해 심가본은 조정에 현행형률을 편찬해 임시용(과도기에 사용할 법전) 법전으로 사용할 것을 제기했다. 한편, 임시용 법전은 신형률의 기반이 될 수 있다고도 주장했다.

1910년 5월 《대청현행형률》이 반포, 실시되었다. 변혁의 주요 내용은 ①《대청률례》의 이, 호, 예, 병, 형, 공 등 6률을 취소해 관제 개혁 이후 하나 같이 정리한다. ② 《대청률례》의 계승, 재산 분할, 혼인, 전택(밭과 주택), 전채(돈과 채무) 등 민사에 속하는 부분을 분리하고 판결을 내리지 않음으로써 민사와 형벌이 유별하다는 것을 나타낸다. ③ 능지, 효수, 육시, 자자 등의 혹형을 폐지하고, 벌금, 도형, 유형, 견형(遣刑), 사형 등을 설치한다. ④ 낡은 조문을 삭제한다. 예를 들면 동성혼인 금지, 양반과 쌍놈 혼인을 금지하는 조항을 취소하고 새로운 죄명을 증설한다. 전기선로와 전신을 파괴하거나 사적으로 돈을 만드는 등의 행위는 범죄에 속한다고 정했다.

이러한 내용을 보면 형벌을 중시하고 민사를 가볍게 다루는 중형경민(重刑輕民)과 여러 가지 법률을 하나로 합치는 제법합체(諸法合體)의 법률체제를 철저히 타파하지는 못했지만, 《대청신형률》과 비교해 볼 때 과도기의 법전은 여러 가지 새로운 법률 정보를 받아들였음을 엿볼 수 있다. 이로써 과도기 법전은 청말 법률개혁의 큰 성과로 불러일으키며 봉건 법전 중 가장 진보된 법전으로 간주되면서 근대 법률체계를 건립하는데 기반을 마련했다고 평가받고 있다. 특히 분리해 나온 민사부분은 청 말에 민법전이 없었기에 줄곧 효력을 발휘했으며, 민국 초기까지 사용되었다.

1911년 1월 25일, 청 정부는 하는 수 없이 준비헌정목록에서 선포한 기일에 맞춰 예와 법의 다툼을 통해 나온 중국 근대사의 첫 형전인 《대청신형률》을 반포하고 실시했다. 이 법전은 서방 근대 형법체제를 채용했으며, 일련의 서방 근대 형법원칙과 형벌체계를 끌어들였다. 동시에 부록으로 붙인 잠행장정 5조는 농후한 봉건적 요소가 남도록 보류하는 역할을 했다. 반세기 가까이 진행된 중서의 법률 충돌과 적응과정의 결과물은 법률형식에서 체현되었다.

고대 중국의 중형경민의 법률전통과 반대로 고대서방에서는 오래 전에 이미 상품생산자 사회의 첫 세계적 법률인 로마법이 출현했다. 고증에 따르면 현대 민법이란 단어는 고대 로마의 시민법[19]에서 기원되었다. 로마법 중의 사법부분은 후에 자본주의 민법체계에서 상당히 중요한 영향을 일으켰다. 근대 서방 대륙법계의 민법개념에는 여전히 시민 법률과 공민 법률의 뜻이 포함되어 있었다. 19세기 이후, 세계 첫 민법전인 1804년의 《프랑스민법전》과 1900년의 《독일민법전》은 모두 로마법을 원본으로 근대 민법부문과 민법학 이론과 체계를 건립했으며, 세계 여러 국가의 민법에 광범위한 영향을 일으켰다.

중국 고대에는 민법과 민법관념이 없었다. 중문의 민법은 일본에서 기원되었다. 메이지유신 후, 일본은 민법전을 제정할 때 프랑스의 "Droit Civil"을 들여와 처음으로 민법이라고 한자로 표기했고, 청말 이후 중국으로 전해왔다[20]. 중국 고대에 전량(돈과 양식), 채(빚), 전토(밭과 토지), 호혼(호적 혼인) 등 근대민법의 법률규범에 해당하는 법률은 모두 각 왕조의 율례에 포함되어 있었다. 그러나 1840년 아편전쟁 후 서방의 법률문화가 들어오면서 "형벌을 위주로 하면서, 민형을 분리하지 않던 전통법률 체계"가 와해되기 시작했고, 민법관념이 상품경제의 발전과 함께 청조 말기에 나타나기 시작하면서 민법 제정이 이루어지게 되었던 것이다.

1907년 민정부 대신 선기(善耆)와 대리원(大理院) 정경(正卿) 장인보(張仁黼)는 각기 조정에 민법을 제정할 것을 건의했다. 이와 동시에 헌정편사관 역시 민법을 편찬 수정할 방안을 제기했다. 이로써 1907년부터 법률수정관이 인원을 조직해 민법전 초안을 작

---

19) 佟柔 主编, 《民法原理》, 2쪽, 北京, 法律出版社, 1983.
20) 王利明, 郭明瑞, 方流芳, 《民法新論》上, 1~2쪽, 北京, 中國政法大學出版社, 1988.

성하기 시작했다. 일본법학가 마츠오카 마사요시 등[21]이 대륙법계인 스위스, 독일과 일본의 민법원칙을 채용해, 총칙, 채권, 물권 초안을 작성했다. 친속과 계승에 관련한 법률은 법률수정관이 예학관(禮學館)과 공동으로 초안을 작성했으며, 중국 전통의 법률원칙을 답습했다. 1911년 9월 초안이 작성되고 《대청민률초안》이라고 명명했다. 그러나 얼마 뒤 청 정부가 무너지는 바람에 반포되지는 못했다. 하지만 근대 중국의 첫 민법초안은 그 후의 민사 입법에 있어 형식과 내용에서 모두 큰 영향을 주었다.

고대 중국은 중농억상의 정책을 실시해왔기에 상사 입법은 필요가 없었다. 그러다가 아편전쟁 후 서방 근대 상법관념과 상법이 중외무역의 발전과 함께 중국으로 들어왔다.

1903년 4월, 청 정부는 재진(載振), 원세개, 오정방을 파견해 상률을 편찬수정하고 통상혜공(通商惠工)의 수용에 적응할 것을 명령했다. 같은 해 7월, 상무와 철도, 광무 등 여러 사항을 진흥시킬 책임을 질 상부(商部)를 설치하고 법률을 편찬, 수정하도록 했다. 그러나 상률에 포함되는 내용이 넓어 일시적으로 완성하기 어려워 시간을 나눠 작성하기로 했다.

1904년 1월, 청 정부가 〈상인통례(商人通禮)〉, 〈공사율(公司律)〉을 공포 시행한데 이어 〈파산률(破産律)〉 등 일련의 단행 법규를 반포했다. 1908년 법률수정관이 일본법학가 다요로이다로(田鉀太郞)를 초청해 《대청상률초안》 작성을 협조해 달라고 했으며 1910년에 완성했다. 하지만 공포하기 전에 청 정부가 멸망하고 말았다. 노력 끝에 형을 주로 하던 전통법률체계는 차츰 민상(民商) 법률을 중심으로 하는 근대 체제로 대체되게 갔던 것이다.

2) 절차법(程序法)과 실체법의 분리

서방은 고대부터 소송절차를 중시했는데 입법에서 항상 질서가 실체보다 우선이었다. 예를 들면 기원전 5세기 고대 로마의 첫 성문법인 12동표법에서 이미 절차법을 실체법보다 우선시했다. 고대 로마 법학가들은 기소하고 소원할 권리인 소(訴)권이 우선이고 다음에 권리(權利)가 따른다고 주장했다. 기원전 2세기, 유명한 법학가 Gaius는 《법학계단(The Institutes of Justinian)》을 발표하고 법과 학생들의 교과서가 되었다. 이 책에서는 법률을 3가지 내용으로 나누었다. 인법, 물법, 소송법이다. 이런 법학 분류이론은 후에 Justinianus I의 《법학총론》에 채용되었다. 고대 로마 역시 여러 법이 합쳐진 것이었지만, 절차법의 분류이론과 입법실천은 서방 근대법률 체계에 큰 영향을 일으켰다.

---

21) 일본학자 田鉀太郞도 참여함.

근대 자산계급 혁명이 폭발한 후, 계몽사상가들은 민주, 평등, 인권보장 등의 구호를 외치고 새로운 소송제도를 건립할 것을 요구했다. 19세기 초, 나폴레옹 집권 시기 5부의 법전을 제정했는데 그중 2부가 소송법전이었다. 1807년 《프랑스민사소송법전》은 세계 첫 민사소송법전이며 첫 소송법전이기도 했다. 1808년 《프랑스형사소송법전》은 근대사의 첫 형사소송법전이었다. 이 두 부의 소송법전은 반세기 가까이 사용되었으며, 그 후 독일, 일본 등 대륙법계 국가의 소송법체계 형성에 기반을 마련해 주었다. 이는 민주, 평등, 박애, 인권을 주장하는 자산계급의 근대 소송 법률제도를 체현해 낸 것이었으며, 봉건독재의 소송 법제를 대체하고 소송법 역사의 중대한 비약을 실현했던 것이다.

현대학자들은 중국이 서주 때 이미 민사소송과 형사소송이 구별되었다고 주장하고 있다. 《주례추관대사구(周禮秋官大司寇)》에 이미 옥(獄)과 송(訟)의 개념이 나타난 것을 근거로 한 것이다. 이로부터 볼 때 고대 중국인은 "이재화상고자(以財貨相告者)"를 송으로, "상고이죄명자(相告以罪名者)"를 옥으로 불렀던 듯하다. 한편 오랜 사법재판이 실천되는 과정에서 민사사건 처리를 청송(聽訟)으로 형사사건 처리를 절옥(折獄)으로 불러왔다. 그러나 고대 로마와 비교하면 한 수 아래였다. 고대 중국에는 독특한 법률 분류이론이 없었으며, 법률체계에도 소송법 부문이 명확하게 드러나지 않았다. 비록 《원사·형법지(元史·刑法志)》에 처음으로 소송이라는 단어가 나와 일부 학자들이 이를 바탕으로 원조법률에 소송편이 단독으로 있었으며, 사법 실천과정에서 민사사건과 형사사건이 구별되었을 것으로 추측했다. 하지만 이런 변화는 명, 청의 법제에 별로 큰 영향을 일으키지는 못했다. 한편, 부정할 수 없는 부분은, "제법합체", "이형위주"를 하던 중국 고대 법률에서 절차법과 실체법이 초보적으로나마 분리되는 추세를 보인 것은 부정할 수 없는 사실이다.

1840년 이후 서방의 근대 소송관(訴訟觀)과 소송절차가 영사재판제도와 함께 중국에서 형성되면서 조계지의 영사법정에 반영되기 시작했다. 얼마 뒤 또 "회심공해(會審公廨)"가 중국정부가 조계지에 설치한 재판기구에도 반영되기 시작했다. 특히 조계지 내의 화양(중국과 서양) 사이에 서로를 고소하는 사건과 전적으로 중국인에게만 관계되는 사건은 모두 서방의 소송절차에 따라 심사 처리했으며, 그 중 공개재판제, 배심제와 변호사제를 모두 채용했다. 《신보(申報)》 등 신문은 일부 큰 사건을 추적보도하고 평론을 했는데, 이는 서방 근대 소송법률문화가 중국에서 더 빨리 전파하도록 추진하는 역할을 했다. 이로써 중국전통의 소송법제는 서방 근대 소송법제의 충격을 받게 되었던 것이다.

19세기 말에서 20세기 초에 해금(海禁)이 풀림에 따라 중국과 외국 간의 상업무역은 날로 빈번해졌고 화양(중국과 서양)의 분쟁 소송사건도 갈수록 늘어나 새로운 형세에 적응할 수 있는 소송법전의 제정이 급박해졌다.

소송법을 제정할 것을 가장 먼저 제기한 사람은 심가본과 오정방이었다. 1905년 초, 조정이 유곤일, 장지동에게 〈의복강독등회주휼형옥절(議覆江督等會奏恤刑獄折)〉을 올리게 한 뒤 형신(刑迅)을 조건부로 폐지했다. 그러나 얼마 뒤, 어사(御使) 유팽년(劉彭年)이 일부 폐지한 형신을 회복할 것을 제기했다. 이유는 중국이 형법전 제정을 이제 막 시작하고, 다른 여러 가지 법률 역시 준비되지 않았으며 특히 소송법이 없는 상황에 형신을 금지한다면 사건을 빠른 시일 내에 판결하기가 쉽지 않아 사건이 누적되는 상황이 벌어질 것이라고 했다. 조정은 이 상소문을 심가본과 오정방에 넘겨 의논하도록 했다. 심가본과 오정방은 유팽년의 의견을 반박하면서, 사건이 누적되는 원인이 중국 고대 법률이 실체법과 절차법을 분리하지 않고, 민사소송과 형사소송을 분리하지 않았기 때문이라고 하면서, 하루 속히 민사, 형사 소송법을 제정해 전국 여러 지역에 사건판결을 추진할 근거를 제공해야 한다고 주장했다.

심가본은 서방 근대 여러 부문 법 중 소송법을 특히 중시했다. 심가본은 전통적인 체용(体用, 本体와 作用을 말함) 관계로 실체법과 절차법의 관계를 분석하고 실체법을 체라 주장하고, 절차법은 용이라 주장하며[22] 양자는 서로를 추진하되 어느 한 방면도 경시하지 말아야 한다고 했다. 이로부터 볼 때, 심가본은 서방 근대소송법의 독립적 법률형식을 아주 선호했으며, 중국이 근대 서방의 최신 학설을 채용할 것을 주장하면서 반드시 소송법을 활용할 것을 강조했다. 이는 중국 전통 소송관념이 변화를 가져오고 있다는 것을 의미하는 것이라고 할 수 있다.

심가본의 주도로 1906년 초 《대청형사민사소송법초안》이 완성되었다. 총강, 형사규칙, 민사규칙, 형사민사 통용규칙, 중외교섭사건 등 5개 장절, 260조로 나누었으며, 별도로 3조를 추가 공포 시행했다. 이는 체제적으로 제법합체의 전통을 깬 것이며, 처음으로 서방자산계급 민주, 평등의 소송원칙과 배심제, 변호사제를 채용한 것이었다. 그러나 이 초안은 장지동을 대표로 하는 '예교파'의 극구 반대로 폐기되어야 했다. 그렇지만 심가본, 오정방 등 청 말의 개혁자들은 소송절차에서 봉건전제제도를 타파하려고 시도했으며, 이는 법제의 근대화에서 전례 없던 최초의 행동이었다.

방행입헌(仿行立憲)의 필요에 의해 얼마 뒤 소송법은 또 다시 형사와 민사 두 부분으

---

22) 沈家本, 俞廉三, 《大清刑事诉讼律奏折》

로 새로이 개정되었다. 1911년 1월, 독일, 일본의 소송법전을 거의 그대로 베껴 온 《대청형사소송률 초안》과 《대청민사소송률 초안》이 완성되었다. 하지만 시행되지 못한 채 청 정부의 멸망으로 폐기되고 말았다.

1928년 7월, 남경 국민정부가 중국근대사에서의 첫 형사소송법전인 《중화민국형사소송법》을 반포했다. 1930년 말에서 1931년 초에 중국근대사의 첫 민사소송법전인 《중화민국민사소송법》을 반포했다. 이로써 청말 법리파의 개혁 소원이 이루어졌고, 소송법이 진정으로 실체법에서 분리되게 되었다.

청 말의 소송관념이 바뀌고, 1930년대 쯤 근대 소송법 부문이 건립되기까지 수십 년의 시련을 겪게 된다. 과거 청말 예와 법의 다툼을 서막으로 한 소송법초안이 수십 년의 난산기를 거쳐 마침내 제법합체의 모체에서 이탈해 세상에 나옴으로서 중서법률문화 간의 충돌에 잠시나마 마침표를 찍게 되었던 것이었다.

17장.
"육형(肉刑) · 도형(徒刑)"을 위주로 한
오형체계 및 그 변천

"로마인은 민법 앞에서는 거인이 되고 형법 앞에서는 난쟁이가 된다."[1]

거인과 난쟁이로 굳이 중국 고대 법률의 발전상황을 비유하자면 "중국인은 형법 앞에서는 거인이 되고, 민법 앞에서는 난쟁이가 된다"고 말할 수 있을 듯싶다. 고대 로마법 중 사법은 훗날 서방 법률체계에 큰 영향을 미쳤다. 특히 대륙법은 민법 당국이 형성되는 원리이기도 한데, 대다수가 로마 사법을 기반으로 하고 있다. 고대 로마에서 조금 뒤진 형법은 체계성과 이론성에서 뒤처지기 때문에 후세에 대한 영향이 미미했다.

중국의 고대 법률은 형(刑)을 위주로 했다. 형법제도에서 형성된 오형(五刑) 체계인 "육형(肉刑)-도형(徒刑)"에서 주로 보였다. 역사가 유구한 중국의 오형체계는 세계 형법사에서도 독특한 특색을 갖추었던 것이다.

1절. 중국 고대의 오형

1. 전설 속의 오래된 상형(象刑)

동 · 서방 문명국과 인류문명의 발상지에는 풍부한 신화와 전설이 전해내려 오고 있다. 그러나 형과 관련된 전설은 중국이 다른 문명고국보다 더 많은 것으로 알려져 있다.

---

1) 유명한 이탈리아 학자가 남긴 명언으로 널리 알려졌다. 黃風, 《貝卡利亞及其刑法思想》, 11쪽, 北京, 중국정법대학출판사, 1987.

특히 한나라 이전에 형과 관련된 전설이 더욱 성행했다. 그 가운데서 상형설과 오형설의 영향력이 크고 유명하기로 이름났다. 전국시기의 학자들은 인류사회의 가장 이른 형법이 바로 상형이라고 믿었다. 요순시기에 이미 이 같은 상징적인 형법이 나타났던 것이다.

범죄인이 착용하는 복장, 그리고 관의 장식이나 색깔을 일반인과 차별화하는 방법으로 죄를 지은 자들이 받게 될 형벌을 알게 했다. 이는 백성들이 잘못을 저지르지 않도록 주의를 주는 작용을 했다. 그중 신도(慎到)가 묘사한 요순시기의 상형이 가장 대표적이다. 검정 수건으로 머리를 감싸면 묵형(墨刑, 먹물로 얼굴에 글을 새겨 넣는 것)을 의미했고, 풀줄기를 모자 장식품으로 하면 비형(鼻刑, 코를 베는 것)을 의미했으며, 짚신은 월형(刖刑, 발뒤꿈치를 자르는 형벌)을 의미했다. 그리고 앞자락을 자르면 궁형(宮刑, 생식기를 거세하는 형벌)을 뜻했고, 옷깃이 없는 옷을 입으면 대벽(大辟, 사형)을 의미했다.[2]

한나라 학자나 제왕도상형설을 굳게 믿었다. 예를 들면 한나라 초학자 복생(伏生)의 《상서대전(尚書大傳)》에는 "당우가 상형을 실시하니 백성들은 두려워 감히 죄를 저지르지 못했다. 반면 묘족은 형벌을 내리니 두려워하기는커녕 오히려 더욱 창궐해졌다"고 기록되어 있다. 복생이 얘기한 상형은 3개 등급으로 나뉜다. 상형은 적갈색의 죄수복을 입어야 하고, 중형은 마포로 만든 신을 신어야 하며, 하형은 검은 수건으로 복면을 해야 한다. 동한의 반고(班固)가 정리한 《백호통》은 상형을 다섯 등급으로 나누었다. 묵건으로 복면하고 적갈색 옷을 입고 바짓가랑이 무릎 부위에 묵권을 그리고, 천신을 신고 옷깃이 없는 윗옷을 입는 것은 묵, 비, 월, 궁, 대벽을 상징했다. 전국시기에는 신도의 설을 기본적으로 이어갔다. 이밖에 유향(劉向)의 《신서(新序)》, 양웅(楊雄)의 《법언(法言)》도 상형설을 주장했다. 심지어 한 문제 유향(劉恒), 한 무제 유철(劉徹)도 조서에서 상형설에 대해 대서특필했다. 전국시기의 순황(荀況)부터 상형설을 꾸준히 반대했다. 순황은 상형이 "세속적인 설에 불과하다며 근거로 삼을 수 없다고 주장했다. 상징적인 형벌을 실시하는 것이 겉으로는 "형벌을 낮추는 것처럼 보이지만 실은 "살인자가 죽지 않고 가해자가 형벌에 처해지지 않는 현상"이 초래되었다며, 이로 인해 천하대란을 불러올 수 있기 때문에 고대에는 절대로 이 같은 상형이 있었을 리 없다고 여겼다.[3]

---

2) 《太平御覽》이 인용한 《慎子》 일문 참조.

3) 《荀子·政論》

그 후 한나라의 마융(馬融), 그리고 송나라의 유학자들은 모두 상형설을 다루지 않았다. 오늘날까지도 학자들은 고대에 이른바 상형이 있었는지의 여부를 두고 의견 차이를 보이고 있다.[4] 상형설을 지지하는 학자들은 상형에 드리운 옛 전설의 모습을 파헤치며 먼 옛날 전설시기, 부계씨족사회에 중국 고대의 가장 원시적이고 오랜 형벌이 있었다고 판단했다. 혈연관계를 기반으로 씨족 내부의 습관을 어긴 성원들에게 이 같은 상징적인 형벌을 적용했다는 것이다. 초기에는 습관을 어긴 씨족 내부의 성원들을 한데 집중시켜 낮에는 노역을 시키고 밤에는 잘못을 뉘우치도록 했다.

범죄자에게 특수한 복장, 의관을 착용시켜 처벌의 경중 등급을 차별화했다. 일반인의 복장과 차별화를 뒀기 때문에 수치심을 안겨줬을 뿐만 아니라, 빨리 잘못을 뉘우치게 하는 데도 유리했다. 훗날 사회가 분화하고 발전하면서 오형을 다른 외족 성원들에게만 적용하던 데서 점차 씨족 내부 성원들에게까지 적용하기 시작했으며, 빠르게 상형을 대체했다. 하지만 오랜 시간 동안 오형은 상형과 함께 존재했다. 상형은 옛날부터 전해져 내려온 제도로서 그중 일부분만 보존되어 내려왔다. 《주례》에는 주나라 때 이른바 파민(罷民)이 있었는데 반드시 환토(圜土, 감옥)에 들어가 노역을 해야 했으며, 검은 수건으로 복면하고 관에 장식을 할 수 없다고 기록했다. 또 석방된 후에도 "수치스러운 복장"을 입어야 했는데, 모자의 끈을 일반인의 것보다 5촌이 더 길게 해 치욕을 안겼다.

1975년 산시(陝西) 치산(岐山)현 동가(董家)촌에서 청동 예기(禮器) 짐이(𤴁匜)가 출토됐다. 고증을 거쳐 명문은 현재까지 가장 이른 2천 8백 년전의 판결문으로 확인됐으며, 그 중에는 피고인에게 묵형을 부과함과 동시에 검은 수건으로 복면하는 형벌까지 부과했다고 선포하는 내용이 포함된 것으로 알려졌다.[5]

1975년 호북(湖北) 운몽(雲夢)에서 출토한 《수호지진묘죽간(睡虎地秦墓竹簡)》에는 진나라의 죄수들이 적갈색 죄수복을 입고 있었다고 기록했다. 이는 한나라 이후 줄곧 이어져 내려왔다.

위의 3가지 역사자료를 바탕으로 일부 학자들은 전설 속의 상형을 더욱 믿게 됐다. 반면 반대하는 학자들도 있었다. 학자들도 풀지 못하고 있는 상형의 미스터리가 결국에는 만족스러운 해석을 얻기 힘들지도 모른다. 하지만 이 같은 법률 문화이슈현상이 최

---

4) 程武, 〈一篇重要的法律文獻-讀𤴁匜銘文札記〉, 《文物》, 1976 (5). 唐蘭, 〈用青銅器銘文來研究西周史〉, 《문물》, 1976년 (6). 李衡梅, 〈象刑辨〉, 《社會科學戰線》, 1985 (1). 莊春波, 〈象刑解〉, 《江漢論壇》, 1986, (12). 吳榮曾, 〈試論先秦刑法規範中所保留的氏族制殘留〉, 《中國社會科學》, 1984년 (3).

5) 唐蘭, 〈陝西省岐山縣董家村新出土西周重要銅器銘辭的譯註和注釋〉, 《文物》, 1976년 (6).

소한 중국인들이 이른바 거인문화에 대해 독특한 미련을 갖고 있다는 점을 여실히 보여주고 있다. 상형이 3등인지, 5등인지는 이제 중요하지 않다. 하지만 다양한 전설은 일부 역사적 사실의 그림자를 조금은 보여줬다.

자연경제, 종법제를 기반으로 하던 중국 고대사회에 상징적인 형법이 확실히 있었을지도 모른다. 최소한 중국 고대의 형법이 혈육 간의 정과 밀접한 관계가 있었고, 이 또한 중국 고대 형법제도의 독특한 특성이었다는 점은 긍정할 수 있다.

아름답고 오래된 형법전설에는 고대 철학인들이 생사지로에서 문명과 야만적인 선택에 대해 표현한 철학적인 의미가 담겨 있다. 현실생활에서 잔혹하고 야만적이고 후진적인 육형, 사형을 깊이 증오하지만 이에 속수무책이었기 때문에 이들은 형법제도 개혁에 대한 희망을 아름다운 전설에 의탁했을 따름이었다. 한(漢)나라 초기 문제(文帝)가 육형 폐지 개혁을 추진하기 위해 상형을 근거의 하나로 삼았다.

위의 모든 것들은 중국 고대 형법이 야만에서 문명의 길로 나아가려면 많은 우여곡절을 겪어야 했다는 것을 예시하는 듯하다.

2. 오형의 전설과 변화 발전

오형은 중국 고대 다섯 가지 형법의 총칭이다. 상형설처럼 오형설도 유래가 깊다. 하지만 중국 고대 형법제도에 대한 영향력이 상형설에 비해 오형설이 훨씬 크다. 오형의 기원과 포함된 형법 내용에 대해서는 각기 의견이 다르다.

《국어·노어(國語·魯語)》에는 오형이 황제(黃帝)시기에 이미 있었는데, 갑병(甲兵), 부월(斧鉞), 칼과 톱(刀鋸), 천착(鑽鑿), 편복(鞭撲) 등이 포함되었다고 기록되어 있다. 중국 고대에서 가장 오래된 사서인 《상서·여형(尚書·呂刑)》에 따르면 오형은 먹물을 들이고, 코를 베고, 다리를 자르고, 귀를 베고, 혀를 자르는 형벌이 포함됐다고 했다.

처음에는 동이족(東夷族) 수령인 치우(蚩尤)가 창설하였다. 그러나 훗날 순임금이 고요(皋陶)를 대법관에 임명하자, 사회질서를 지키기 위해 고요는 치우가 창설한 오형을 그대로 받아들였고, 그 후부터 고대의 중원 지역에 오형 형벌이 생겨났다는 것이다.

위의 두 가지가 여러 가지 설 가운데서 가장 대표적이다. 위의 두 가지 오형설의 구체적인 방향은 다르지만 양자 간에는 일정한 연관이 있다. 전자는 "형법은 전쟁에서 생겨났고, 전쟁과 형법은 떼어놓을 수 없다"는 특성을 반영했는데 형벌이 군사정벌과 줄곧 연관이 있다는 것을 의미한다. 반면 후자가 반영한 형법(刑)은 이미 전쟁(兵)에서 독립됐다. 먼 옛날의 형벌이 규범화되지 않았다는 점만은 확실하다. 형벌을 오로 귀납 개괄한 것은 그 훗날의 일이다.

현재의 역사자료를 보면 오형은 가장 먼저 서주 때 생겨났다. 《상서 · 여형》에는 서주 초기 목왕(穆王)이 대신 여후(呂侯)에게 명을 내려 성문법전인 여형을 제작하게 한 것으로 기록돼 있다. 형벌에는 오형, 오벌, 오과 등 3가지 유형이 포함됐다. 그중에서 가장 중한 형벌이 오형이고, 그 다음이 오벌, 가장 경한 형벌이 오과였다.

오형에는 먹물을 들이고 코를 베고 다리를 자르고 귀를 베고 혀를 자르는 형벌이 포함됐는데 그 유형이 총 3천 개에 이르는 것으로 전해졌다. 이 같은 추측에 과장된 부분이 없지는 않을 것이다. 오형이 한 문제 이전에 성행했기 때문에 전 오형 혹은 조기 오형이라고도 불린다. 이는 사지를 상해하는 육형을 주로 하는 특성을 나타냈는데 갓 생겨난 법률의 잔혹성과 야만성을 여실히 보여줬다.

전국시기, 사회제도에 큰 변혁이 자주 일어나면서 그때의 법률제도에도 큰 변화가 뒤따랐다. 형벌제도가 낡은 체계를 타파하기 시작한 것이 주된 변화였는데 다음과 같은 2가지 면에서 표현되었다. 첫째, 여러 제후국들은 서주의 오형을 계속 사용함과 동시에 자형(貲刑, 범죄자가 조정에 일정한 금액의 돈을 내도록 강박하는 것)과 같은 새로운 형벌을 만들었다. 둘째, 노역 형이 독립적인 형벌의 종류가 됐다. 예를 들면 성단(城旦, 남성 범죄자는 주로 성을 쌓고 벽을 수리하는 노동에 종사하는 것), 용(舂, 여성 범죄자일 경우 절구질하는 노동에 종사하는 것), 괴신(鬼薪, 남성 범죄자일 경우 주로 사찰에서 나무를 베는 노동에 종사하는 것), 백찬(白粲, 여성 범죄자일 경우 도정하는 노동에 종사함) 등이다.

노역 형의 규범화는 수당 이후 신 오형의 확립에 기반을 마련했다. 삼국 · 양진 · 남북조시기에는 한 문제와 경제의 형벌 개혁방향에 따라 형벌제도 개혁을 간소화하고 감량하는 목표를 향해 나아갔다. 이로써 새로운 오형제가 탄생했다. 예를 들면 위나라의 《신률》은 형벌을 7개 등급으로 나누었고, 반면 《진률(晉律)》은 5개 등급으로 간소화했다. 《북위율》, 《북제율》에서는 또 오형을 도(徒)와 유(流)를 주요 내용으로 바꾸었다. 이는 새로운 형벌체계를 완벽화하는 데 큰 영향을 미쳤다. 수나라는 개황(開皇) 초년(581-583년)에 《개황률》을 발표했다. 전 왕조의 잔혹한 형벌을 폐지하고 사(死), 유, 도, 장(杖), 태(笞)를 포함한 새로운 오형체계를 형성했던 것이다. 이는 전 오형, 구 오형에 비해 후 오형 혹은 신 오형으로 불렸다. 《당률》이 이런 형벌 계를 계승했는데 《대명

률》,《대청률례(大淸律例)》등이 모두 이런 맥락을 이어갔다. 육형을 주체로 하는 '전
오형'에 비해 '후 오형'은 주로 사, 유, 도, 장, 태를 주체로 했으며 사형을 교수형과 참수
형 두 가지 종류로 나누었다.

이 같은 변화는 인류사회가 야만에서 문명으로 나아가듯이 형벌제도도 예외는 아니
라는 점을 의미한다. 중국 고대의 오형이 근대문명에 들어선 시점은 20세기 초인 청나
라 말기로, 이때 법률을 제정하는 과정에서였다. 그때 개혁의 첫 번째 임무가 바로《대
청률례》의 혹형을 개혁하는 일이었다. 1910년에 발표된《대청현행형률(大淸現行刑
律)》은 "벌금, 도, 유, 견(遣), 사형"으로 된 새로운 형벌체계를 수립했다. 훗날 발표한
《대청신형률》은 서방의 현대 형벌제도를 도입했는데 형벌을 주형(主刑), 종형(從刑)으
로 나누었다. 주형에는 벌금, 단기 징역형, 유기도형, 무기도형, 사형, 공권력 박탈, 몰수
등이 포함됐다. 하지만 전 오형이나 후 오형 한 가지만으로는 그때 존재했던 모든 형벌
을 대변할 수는 없다.

중국 고대의 여러 시기에는 오형 외에 기타 형벌도 있었다. 하지만 왜 서주부터 형벌
을 오로 총칭하기 시작했고, 후세의 형벌체계가 줄곧 이를 답습하며 오래도록 이어갈
수 있었는가에 대해서는 아직 더 많은 연구가 필요하다.

3. 오형과 오행(五行)

1930년 고사변파(古史辨派)의 창시자인 고힐강(顧頡剛)은 "오행은 중국인의 사상 법
률이자 중국인의 우주체계에 대한 신앙이다. 2천여 년간 막강한 세력이 있었다"고 했는
데, 이 같은 판단은 아주 정확한 것이었다.[6]

중국의 고대 형벌은 오를 수로 하고 체계를 오형으로 규범화했다. 중국의 고대 형벌
은 오행설이라는 사상률이 성행한 결과 중의 하나였다. 오행은 바로 금, 목, 수, 화, 토
5가지 물질을 가리킨다. 처음에는 이런 물질을 인류생활에서 없어서는 안 될 필수품 정
도로만 여겼다. 하지만 고대 사상가들은 세계 만물을 구성하는 기본 원소(元素)라고 생
각했다. 예를 들어 서주 태사(太史) 사백(史伯)이 전에 한 말로 "지난날의 제왕들은 토와
금, 목, 수, 화가 한 데 결합시켜 만물을 창조했다"고 했던 것이다.[7]

---

6) 顧頡剛,《古史辨》, 제5권, 404쪽, 上海, 上海古籍出版社, 1982.

고대 그리스 철학자인 아리스토텔레스는 만물은 화, 수, 토, 기로 구성됐으며 이런 원소들이 각기 다른 비율로 결합되어 만물을 형성했지만, 다섯 번째 원소인 에테르(以太)가 천체를 구성했다고 주장했다.[8]

동 · 서방 사상가들의 구체적인 주장에 서로 다른 부분도 있었지만 큰 차이는 없었다. 훗날 중국의 고대 철학가들은 간단한 원소설(元素說)에만 그친 것이 아니라 오행 사이의 상호관계, 그리고 오행과 만물 사이의 관계에 갈수록 주의를 기울였다. 즉 물질적인 차원에서 벗어나 점차 추상적인 방향으로 나아가기 시작했다. 예를 들면 춘추전국시기, 오행의 상생상극설이 성행했으며, 이를 반대하는 것이 사회적인 기풍으로 됐다. 이로부터 그 시기 오행설의 발전상황을 볼 수 있는 것이다.

오행으로 세계 만물을 해석하는 학자들은 오행을 세계의 본원으로 간주했으며 만물은 이로부터 변화 발전됐다고 주장했다. 복잡한 사물을 오행에 포함시키려는 의도는 법률에서도 여실히 보여졌다. 그 결과 오행이 중국 고대의 법률제도와 연결됐으며 형벌을 적용하는 근거가 됐다.

《상서 · 감서(尚書 · 甘誓)》에는 "하 나라 왕이 감(甘) 땅에서 유호씨(有扈氏)와 전쟁을 치르기 전에 두 가지 죄명을 선포했는데, 그 중 하나가 "오행을 무시하는 것"이었기 때문에 "하늘의 명을 받고 징벌하려는 것이다"고 기록돼 있다. 이는 오행이 형벌과 연관된 가장 빠른 기록이었다.

서주 때의 성문법전 여형은 형벌체계를 오행의 구조에 귀결시켰으며 오형, 오벌, 오과의 형벌체계를 수립했다. 한나라는 이 같은 형벌 체계를 더욱 이론적으로 발전시키고 신비함을 부여했다. 반고의 《한서》에 특별히 오행지(五行志)를 기록했는데, 그 중에서 《백호통》은 "오행의 상생상극 이론으로 "오형법 오행을 논증했다. 이런 학설은 훗날에 크게 영향을 미쳤으며 널리 전해졌다. 이로서 입법 가운데서 오행설과 형벌체계를 한데 연결시키고, 여러 가지 형벌에서 다섯 가지를 선택해 정한 형벌을 법정형(法定刑)이라 했다. 수당시기 오행설이 한층 법률화로 나아갔는데 특히 수나라 때의 《개황률》과 《당률》의 《명례율》은 후 오형을 결정했고 《당률소의》는 오형 체례를 확정한 근거가 바로 오행이라는 점을 논술했다.[9] 이처럼 중국 고대의 형벌은 오행설을 빌어 독립적인

---

7) 《國語 · 鄭語》

8) 北京師範大學 유럽철학사편저소조, 《歐洲哲學史》, 51쪽, 광서인민출판사, 1980.

9) 《唐律疏義 · 名例》

체계를 구축했으며 자연과 하나로 융합된 특징을 보였다. 이는 서방국의 고대 형벌에서는 찾아볼 수 없는 부분이다.

오를 수로 한 형벌 체계는 형벌을 간소화하고 줄이는 길로 나아가는데 기존의 모델과 이론을 제공했으며 형벌이 야만에서 문명으로 발전하도록 추진했다. 하지만 단순히 오행설로 형벌체계를 확정지음에 따라 현실이탈로 모순이 초래되기도 했다. 예를 들면 수당시기는 오행에 따라 후 오형을 확정지었는데, 그 결과 유형과 사형의 차이가 너무 커져 공백이 생기기도 했다. 이 때문에 당 태종은 명령을 내려 가역류(加役流)를 정했다. 이를 생형과 사형 사이의 형벌로 간주함으로써 오형의 부족한 점을 보완했다.

송나라 이후 율전에 오형체계에 대해 규정하긴 했지만 기타 법률 형식에도 능지(凌遲), 충군(充軍) 등 이른바 법외형(法外刑)을 꾸준히 규정했다. 이처럼 다른 법률 형식을 꾸준히 규정한 것 또한 오형의 부족한 점을 보완하려고 했던 것이 아닌가 한다.

2절. 중국 고대의 육형 및 폐지

1. 육형 및 폐지

《한비자·화씨(韓非子·何氏)》에 따르면 춘추시기, 초나라 때 변화(卞和)가 초산에서 옥덩어리(玉璞)를 발견하고는 초 여왕(厲王)에게 바쳤다. 여왕은 옥장(玉匠)에게 감정하게 했다. 옥장은 "옥돌이 아니라 그냥 돌입니다"고 말했다. 여왕은 변화가 군주를 속인다고 생각하여, 형벌로 그의 왼발을 잘랐다. 여왕이 죽고 무왕(武王)이 즉위하자, 변화는 또 그 옥돌을 무왕에게 바쳤다. 무왕도 옥장에게 감정하게 했다. 옥장이 말했다. "돌입니다." 무왕 역시 변화가 속인다고 생각하여, 형벌로 그의 오른발마저 잘라버렸다. 무왕이 죽고 문왕(文王)이 즉위했다. 변화는 그 옥돌을 품고 초산의 기슭에서 소리 내어 울었다. 3일 밤낮을 울자 눈물이 마르고 눈에서 피가 나왔다. 문왕은 이 말을 듣고 사람을 보내 그 이유를 물었다.

"세상에는 형벌로 발이 잘린 자가 많은데, 왜 유독 그대만이 그렇게 슬피 우는가?" 변화가 답했다. "저는 형벌 때문에 슬픈 것이 아니라, 저의 옥을 돌이라고 하는 것이 슬프고, 지조가 있는 선비에게 거짓말을 했다고 하는데 이것이 바로 제가 슬픈 이유입니다." 이 말을 듣고 문왕은 즉시 옥장을 보내 그 옥돌을 다듬게 하자, 그 속에서 진귀한 옥(玉)을 찾아낼 수 있었다. 그리하여 마침내 이 옥은 화씨지벽(和氏之璧)이라는 이름으로 불리게 됐다.

중국 고대에서는 "팔다리를 자르고 피부에 새기고 평생 이처럼 참혹한 고통을 견뎌야 하는 형벌을 육형이라 했다. 육형에는 묵, 비, 월, 궁 등 4가지 형벌이 포함되어 있었다. 육형은 유래가 깊다. 가장 이른 것으로는 치우가 창설한 오학지행(五虐之行)이다. 하상 시기 이를 그대로 이어받아 사용했다. 상나라 때 갑골문에서 육형에 관한 자형을 찾아 볼 수 있다.[10] 서주시기 육형을 오형체계에 포함시켰다. 여형에 3천 개의 형벌이 있었 는데 그 중 육형과 관련되는 것만 2천 8백여 개나 됐다. 육형이 고대에서 광범위하게 적용되었다는 점을 알 수 있다.

《좌전 · 소공 3년(昭公三年)》에 기록된 구절이다. 기원전 539년, 제나라 대부 안영(晏 嬰)이 진나라에 사신으로 파견됐을 때 말했다. "도성의 수많은 시장에서 파는 신은 가격 이 저렴했지만 가짜 발은 아주 비쌌다." 당시 월형을 당한 사람들이 얼마나 많았는지를 알 수 있다. 《염철론》에는 진나라의 모습을 이렇게 묘사했다. "베어낸 코가 많아 둘 곳 조차 없었고 잘라낸 다리가 너무 많아 수레에 차고 넘쳤다. 명을 받고 황하 이서 지역에 서 범죄자를 받아들이고 있긴 하지만, 천하의 모든 범죄자를 수용할 수는 없었다.

선진시기 육형을 반대하지는 않았다. 이 뿐만이 아니라 일부는 죄형 대칭의 원칙을 운운하며 상형 반대를 빌미로 육형을 옹호하고 나섰다. 하지만 한나라 초기 순우의(淳 于意) 사건이 발생하면서 이런 상황이 변화될 조짐을 보였다. 《한서 · 형법지(漢書 · 刑 法志)》에 따르면 순우의는 한나라 초기 임치(臨淄, 현재의 산동성 즈보) 사람이다. 제 나라 태창현(太倉縣)의 현령을 지냈기 때문에 태창공(太倉公), 순우공(淳于公)이라고도 일컫는다. 그는 특히 의술에 능했다. 기원전 167년 순우의는 제후에게 고발당했다. 법 에 따라 육형이 처해졌으며 장안으로 압송됐다. 장안으로 압송되는 과정에 딸은 다섯이 나 되어도 사내아이를 낳지 못해 쓸모가 없다는 욕까지 먹었다. 이 말을 들은 막내딸 제영(緹縈)은 마음이 너무 아팠다. 의연히 아버지를 따라 장안에 도착한 그녀는 한 문제 에게 상서를 올렸다. "아버지가 태창현 현령을 지냈을 때 현지 백성들은 모두 청렴하고 공평하다고 치하했습니다. 그런데 지금 그는 법을 어겨 육형에 처해야 마땅합니다. 하 지만 소녀가 비통한 것은 사형을 받고 죽은 자는 다시 살아날 수 없고, 육형을 받은 자

---

10) 李力, 《出土文物與先秦法制》, 43~50쪽 참고, 鄭州, 大象出版社, 1997.

는 신체 부위가 다시 전처럼 회복될 수 없다는 것입니다. 허물을 고쳐 스스로 새롭게
하고자 하나 그렇게 할 방법이 없으니 끝내 기회를 얻을 수 없을 것입니다. 소녀는 관청
의 노비가 되어 아버지가 지은 죄를 속죄하겠습니다. 아버지에게 잘못을 고치고 새롭게
태어날 수 있는 기회를 주시기를 간청합니다."

이 글을 읽은 문제는 진실한 마음과 충분한 이유가 있음을 듣고는 그의 마음을 측은
하게 여겨 육형법을 폐지한다는 조서를 내렸다. 제영이 관청의 노비가 되어 아버지의
죄를 속죄하겠다고 상소를 올린 사건은 효도를 고양하는 본보기로 되고 있다. 세인들은
한 문제가 육형을 폐지한 것에 대해 얘기할 때면 늘 연약한 여성의 목소리가 일으켰던
역할을 기억하곤 한다. 하지만 육형 폐지가 우연하게 이뤄진 것은 아니다. 한나라 초기
의 통치자들이 진나라가 멸망한 교훈을 받아들여 황로학파(黃老學派)의 법률사상을 기
본으로 정책을 편 결과였던 것이다.

2. 육형의 폐지와 회복 그리고 논쟁[11]

《한서·형법지》에는 승상 장창(張蒼), 어사대부 풍경(馮敬)이 한 문제의 조서에 따라
《한률》과 관련된 조항을 수정해 문제에게 허락을 간청하는 상소를 올렸다는 기록이 남
아 있다. 구체적인 개혁 조치는 다음과 같았다. 경형(黥刑)을 곤겸(髡钳)하여 성단용(城
旦舂, 도형의 하나, 형기 5년)으로 바꿨다. 곤장 3백 대로 비형을 대신하고 곤장 5백
대로 왼쪽 발목을 자르는 형벌(월형)을 대신했다. 오른쪽 발목을 자르는 형벌은 사형과
폐시(廢市)로 등급을 올렸다.

문제가 육형을 폐지한 것은 형벌을 줄이기 위한 데 있지만 실행 과정에서 일부 실제
적인 문제에 부딪지기도 했기 때문이었다. 첫째는 오른쪽 발목을 자르는 형벌을 폐시로
등급을 올렸기 때문에 사형의 범위가 넓어졌다. 둘째는 태형의 경우 곤장 3백 대, 5백
대를 때리기도 전에 죄인들이 죽어 나갔다. 그리하여 그때 사람들은 "겉으로는 형벌을
줄인다고 주장하지만 실은 사람을 죽이고 있다"고 개혁에 불만을 품었던 것이다.

이러한 문제점을 바로 잡기 위해 기원전 156년 한 경제는 조서를 내려 법률을 수정했

---

11) 楊鴻烈, 《中國法律思想史》, 하권, 北京, 상무인서관, 1998년. 張國華, 《新編中國法律思想史》,
   北京, 北京大學出版社, 1998.

다. 곤장 5백 대를 3백 대로, 곤장 3백 대는 2백 대로 줄였다. 하지만 여전히 태형으로 사망하는 문제를 효과적으로 해결하지 못했다. 그리하여 기원전 151년 경제가 또 다시 조서를 내렸다. 이번에는 곤장 3백 대를 2백 대로, 곤장 2백 대를 백 대로 줄였으며, 추령(箠令)을 정해 태형을 실시하는 도구의 규격과 행형(行刑) 부위 등에 대해 구체적으로 규정했다. 한나라 초기 이러한 문제와 경제의 형벌 개혁은 중국 법률 역사에서 획기적인 사건으로 진보적인 의미가 있다고 할 수 있다. 법률 차원에서 상·주시기부터의 육형을 폐지함으로써 형벌제도가 야만에서 문명으로 한 발 더 나아갔다. 이로써 수·당 시기 후 오형으로의 과도를 위한 초석이 마련됐던 것이다.

역사자료에는 문제 이후 육형 회복과 폐지가 반복되면서 완전히 없어진 적은 없다고 기록돼 있다. 이는 형벌이 문명으로 나아가는 진척이 어렵고 육형을 대체한 조치들이 적절하지 않아 사법 집행에 어려움을 가져다 줬다는 점을 설명해준다. 동한시기부터 육형법 폐지와 회복에 대한 논쟁이 끊이지 않았으며 대립이 절정으로 치닫기도 했다.

첫째는 동한 초기 광무제(光武帝) 건우 연간이었다. 일부 대신들이 신율은 형벌이 경해 간사한 사건을 방지할 수 없다며 육형 회복을 요구했다. 하지만 두림(杜林)은 극구 반대했는데 결국 광무제는 그의 의견을 받아들였다.[12] 둘째는 동한 말년의 한헌제(漢獻帝) 때였다. "천하가 곧 대란에 빠지려는 국면"에 대해 최식(崔寔), 정현(鄭玄), 순열(荀悅), 중장통(仲長統) 등 유명한 유학자들은 "난세에는 많은 제도가 완벽하지 않아 일반적인 수단으로는 통제하기 어렵고 중한 형벌로 위협해야만 안정을 유지하는 역할을 한다"는 전통적인 사상을 기반으로 육형 회복을 주장했다. 하지만 천하가 대란에 빠지면서 또 수포로 돌아갔다. 얼마 후 조조(曹操)가 협정하자 육형 회복을 주장하는 대신들이 많았다. 그때 유독 공자 20대 손인 공융(孔融)만이 단호히 반대했는데 조조는 그의 주장을 받아들였다.[13] 셋째는 3국시기 조위(曹魏) 초기였다. 위 문제가 즉위한 후 대신 종요(鐘繇), 진군(陳群)이 또 육형 회복을 제기했다. 하지만 왕랑(王朗)이 반대했다. 그때 논쟁에 참여한 사람이 백 명에 이르렀는데 그 가운데 대다수가 왕랑의 견해에 찬성한 것으로 전해진다.[14] 네 번째는 조위 정시 연간에 동한 이후 최대 규모의 논쟁이 벌어졌다. 이승(李勝), 하후현(夏侯玄) 등의 논쟁은 16차례에 이르렀다. 특히 하후현은 육형 회복

---

12) 《後漢書·杜林傳》
13) 《後漢書·名傳》
14) 《三國志·魏志·鐘繇傳, 陳群傳》

을 주장하는《한서·형법지》의 논점에서 출발해 육형 회복논자에 대해 비판하는 등 육형 회복을 단호히 반대했다.15) 동한부터 위나라 말기까지 육형 회복과 폐지에 대한 논쟁이 여러 번 극에 치달았지만 전반적으로 볼 때 육형 회복논자가 열세에 처했기 때문에 육형이 다시 추진되지는 않았다. 다섯째는 서진, 동진시기에 육형 회복과 폐지에 대한 논쟁이 크게 벌어졌다. 사법 중신으로 40년간 지내던 서진의 유명한 법학가 유송(劉頌)은 "형벌로 형벌을 없애는 이형거형(以刑去刑)"이라는 선진 법학가의 중형주의를 지지하면서 육형으로 사형을 대신할 것을 주장했지만 결국 외면당했다. 동진 때 왕도(王導), 하순(賀循), 갈홍(葛洪)이 육형 폐지와 회복을 두고 논쟁했는데 동진 말기에도 계속 이어졌다.16) 수당 이후 이 같은 큰 논쟁은 거의 없었지만 그대로 소소한 논쟁은 계속됐다. 예를 들면 당나라의 저명한 시인 백거이(白居易)는 글《의육형(議肉刑)》을 지어 육형은 폐지할지언정 회복해서는 안 되는 것이라며 육형 회복에 대한 견해를 피력했다.17) 그때에도 육형 회복을 주장하는 사람들이 있었다는 점을 설명하는 대목이다. 남송의 이학가 주희(朱熹)가 육형 회복18)을 지지하면서 조정 내외로 육형 회복에 대한 논쟁이 한동안 이어졌다. 하지만 영강학파(永康學派) 대표자인 진량(陳亮)이 이를 강하게 비난했다.19)

종합적으로 육형 회복논자의 이유는 다음과 같았다. ① 육형은 고대 성왕의 제도이므로 바꿔서는 안 된다. ② 왼쪽 발목을 자르는 형벌을 사형으로 등급을 올리는 것은 너무 과중하기에 육형을 반드시 회복해야 한다. ③ 사형과 생형 간의 경중 차이가 크기 때문에 육형을 중간형으로 해 과도해야 한다. ④ 육형은 죄를 다시 짓는 생리조건을 없앨 수 있어, 특수한 방지 효과가 있다. 또한 다른 사람들에게도 경고 수단이 되어 방지 효과가 있다.

반면 육형 회복을 반대하는 자의 이유는 다음과 같았다. ① 육형이 너무 잔혹하고 야만적이어서 어진 정치를 펼치고 덕으로써 나라를 다스리는 깃과 서로 모순되기 때문에 쉽게 대란이 생긴다. ② 육형은 범죄자가 범죄를 뉘우치고 새롭게 살아갈 수 있도록 인도하고 교육하는데 불리하다.

---

15)《通典》권168.
16)《晉書·刑法志》
17)《白居易集》권64《策林四》의 "議肉刑",《中國法律思想史資料選篇》, 483쪽, 北京, 法律出版社, 1983.
18)《朱子大全》문37《書》의《答鄭景望》,《中國法律思想史資料選篇》위의 책. 551~552쪽.
19)《陳亮集》권4의《문답하(問答下)》(7) 참조,《중국법률사상사자료선편》, 앞의 책, 574~576쪽.

육형 회복논자들이 치열한 논쟁을 펼치긴 했지만 그 주장이 인류사회의 형벌제도가 야만에서 문명으로 나아가는 발전 추세를 거스르는 것이었기 때문에 결국에는 외면당했다. 논쟁의 결과는 육형 대신 도형을 실시하는 것이 이미 거스를 수 없는 추세로 됐다는 것을 의미한다. 한편 한 문제의 육형 폐지가 형벌 개혁의 시작을 알렸다는 점도 설명해 준다.

수백 년 이어진 이러한 논쟁은 중국의 고대 개혁자들이 형벌제도를 개혁하려는 이상과 이를 실천하는 과정이 매우 어렵다는 점을 잘 보여주고 있다.

3. 육형의 폐지

서양의 고대와 중세기 형법 체계를 보면 사형과 사지를 해하는 신체형을 중심으로 실시했다. 하지만 중국의 오형 체계에는 뒤졌다. 이른바 신체형은 신체에 대하여 고통을 주는 형벌인데 혀를 자르거나 혀에 구멍을 뚫거나 입술, 코를 자르거나, 혹은 손발을 자르거나 불에 태우는 것 등이 포함됐다.[20]

중국 고대의 육형과 비교해 큰 차이가 없었음을 알 수 있다. 17, 18세기 유럽 자산계급 혁명이 일어난 후 계몽주의 사상이 전파되고 인도주의 사상의 영향을 받음에 따라 자유, 평등, 정의를 내세운 형벌 관념이 생겨났다. 그 결과 서방에서는 형벌제도를 개혁하는 열조가 일어났는데 중세기 반인도주의적인 잔혹형 즉 신체형과 중형을 겨냥한 개혁이 주를 이뤘으며 자유형과 경형을 적극적으로 제창했다. 그 후 여러 나라에서는 자유형을 주로 한 형벌 체계를 수립했으며, 신체에 대해 고통을 주던 신체형이 법률적으로 완전히 폐지됐다.

1840년 아편전쟁 이후 경형 열조가 점차 동양에까지 불었다. 영사재판권 제도를 실행하던 중국 여러 지역의 조계지(租界)에서 서방 열강의 영사법원 혹은 영사법정이 설치되었고, 서방의 근대형법에 따라 외국인에게 벌어진 형사사건을 처리했다. 그때의 형벌은 자유형(도형 혹은 감금)을 주로 했으며, 신체에 잔혹하게 고통을 주던 육형은 폐지됐다. 얼마 후에는 경형 열품이 조계지 밖에서도 일어났다.

---

20) 林榕年 주필, 徐軼民 부주필, 《國外法制史新編》, 北京, 군중출판사, 1994년. 林榕年 주필, 葉秋華, 王雲霞 부주필, 《外國法制史》, 北京, 중국인민대학출판사, 1999년.

1970년대 상해에서 국내외에 큰 파문을 일으킨 사건이 발생했다.[21] 서로를 사랑하게 된 경극 명배우 양월루(楊月樓)와 상인의 딸인 위아보(韋阿寶)가 양가 부모의 허락을 받고 결혼했지만 결혼 첫날밤에 큰 화가 닥쳤던 것이다. 웨이야바오의 친족이자 광동 출신인 웨이모가 상해의 지현(知縣)에게 양월루가 여성을 유괴했다고 고발했던 것이다. 그 때문에 양월루 부부는 신혼 첫날밤 신혼방에서 체포됐다. 심문을 받는 동안 양월루는 엄한 형벌로써 고문을 당했다. 위아보는 여성들이 연극쟁이(戱子)에게 시집가지 말아야 한다는 지현의 경고를 듣지 않고 양월루와 결혼했다는 이유로 따귀 2백 대를 맞았다.

사건 발생 후 상해 공공조계지에서 영국인들이 창설한 《신보(申報)》는 "경극배우 양월루 박해당해"라는 제목으로 이 사건을 보도했고, 약 1년간 양월루 편에서 추적 보도를 했다. 사건 발생 후 얼마 지나지 않아 〈중서문답(中西問答)〉이란 글을 실어 양월루가 참혹한 형벌을 받은 상황과 서방 각국 인사들이 참혹한 형벌에 대한 비난을 상세하게 보도했다. 그리고 〈영경신보 양월루 사건 논평(英京新報論楊月樓事)〉이란 글을 실었는데 양월루가 참혹한 형벌을 당한데 대한 영국 런던 《신보》의 논평을 인용 보도했다.

그리하여 서방 근대 인도주의 형벌사상인 경형이 《신보》를 무대로 널리 알려지게 되면서 중국의 전통적인 형벌은 비난을 받았고 두 가지 사상이 서로 부딪치기 시작했다. 훗날 명목상으로는 청 정부를 위해 조계지 내에 재판기구를 설립했다. 하지만 실은 중국 관리와 외국 영사가 공동으로 관리하는 회심공당(會審公堂) 판결에서는 중국의 비인도적인 형벌이 아닌 서방의 형벌을 도입해야만 했다. 예를 들면 1903년 소보안(蘇報案)이 외국 영사의 참여로 최종 판결에서 장태염(章太炎)에게는 징역 3년, 추용(鄒容)에게는 징역 2년의 형벌이 내려졌다.

1904년 수정 법률관이 개관된 후의 첫 번째 업무가 바로 외국 법전번역이었는데, 독일, 러시아, 일본, 프랑스, 영국과 미국의 형법이 포함됐다. 서방의 근대 형벌 체계, 원칙, 경형사상이 비교적 완벽하게 중국에 소개됐다. 1905년 청나라 말기 법률을 수정하던 심가본(沈家本), 오정방(伍廷芳)이 함께 "법례 내 중법을 없애는 것에 관한 주절(主節)"이라는 내용의 첫 상소를 올렸다. 중국과 서양의 법률을 비교해 형벌이 "중국에서는 중하고 서방은 경한 부분이 많다"고 제시했다. 서방국은 또 이를 구실로 삼아 중국 형벌의 불인(不仁)한 부분을 비난했으며 치외법권을 주장했다.

따라서 세계 각국의 근대 경형주의에 보조를 맞춰 중국 법률에서 가장 잔혹하고 야만

---

21) 徐載平, 徐瑞芳, 《淸末四十年申報史料》 252~256쪽, 北京, 신화출판사, 1988년.

적이며 가장 후진 형벌 3가지, 예를 들면 "자자(刺字, 죄인의 신체에 상처를 내고 먹물로 글자를 새기는 형벌)" 등을 개혁하는 것이 포함됐다. 자자는 상주시기의 묵형이었다. 한 나라 때는 경으로 불렀으며, 한나라 초기 문제가 폐지한 육형에도 경형이 포함됐었다. 위 · 진 · 남 · 북조시기에는 육형을 폐지하고 회복하기를 반복했으며 수 · 당시기에는 자 자라는 형벌이 없어졌다. 오대 이후 진천복(晉天福) 연간 석경당(石敬瑭)이 지나친 형벌을 함부로 시행했다. 그는 경형을 자자로 이름을 바꾸고 유형과 결부시켜 시행해 자배 (刺配, 죄인의 얼굴에 자자해서 먼 곳에 유배시키는 형벌)라 불렀다. 송 · 원 · 명 · 청시기에도 위의 형벌을 계속해서 사용했다. 하지만 자자의 대상, 부위와 주체, 형태는 서로 달랐다.

송나라는 처음에 자자의 부위를 얼굴로 정했지만 훗날에는 도둑죄를 지으면 귀 뒷 부위에 고리모양을 새겨 넣었고, 도형과 유형은 방형, 장형은 원형을 새겼다. 장형을 세 번 판결 받으면 얼굴 부위에 자자했는데 직경은 5푼(12.7mm)을 넘기지 않았다. 요나라 때에는 얼굴 대신 목, 팔에 자자했다. 원나라 때에는 몽골인을 제외하고 한인, 남인이 도둑죄를 범하면 왼팔과 오른팔, 목 부위에 모두 자자했다. 명나라 때는 물건을 훔친 초범은 오른발에 자자했다가 다시 범하면 왼팔에 자자했다. 게다가 만약 낮에 재물을 약탈하면 오른쪽 팔꿈치에 도둑(盜)이란 글자를 새겨 치욕을 주었다.

청나라 때 만주족들에 대해서는 중한 죄를 지은 죄인에게만 팔에 자자했지만, 한인은 경과 중을 떠나 모두 자자해야 했다. 팔에 자자할 경우에는 팔목 위와 팔꿈치 아래 부위를 선택했고, 얼굴에 자자할 경우에는 귀밑 아래 볼 위를 선택했는데 크기는 일촌오분 (약 4.5cm)의 방형으로 일푼반(一分半) 정도였으며, 죄명과 유배지는 양 볼에 나눠서 새겼다. 게다가 옥리(獄吏)는 자자로 공문을 대신했는데 묵자로 새겨 넣어 잘못된 형벌을 내려도 고칠 수 없는 상황이 나타나는 경우가 많았다.

심가본과 오정방은 육형이 오래 전에 폐지됐지만 유독 자자라는 형벌이 남았다며, 이는 형(刑)을 명확히 하고 교화를 돕는 효과는커녕 비도덕적이라는 나쁜 명성만 남겼으니 응당 폐지해야 한다고 주장했다. 이들의 간청을 청 정부가 받아들였다. 《대청률례》에서 자자 등 조항은 법률 수정 초기에 폐지하도록 명확히 규정했던 것이다. 1910년 5월 청 정부는 《대청현행형률》을 반포했다. 과도성을 띤 법전의 중대한 개혁은 바로 새로운 형벌체계를 구축한 것이다. 이때부터 자자 등 혹형은 법률에서 정식으로 자취를 감췄다.

형벌을 최대한 적게 적용하던 데서 형벌을 시행하지 않는 것은 인류 법률문화가 추구하는 영원한 목표이다. 이 같은 사상의 주창자는 바로 서방 자산계급 형법 이론에서의 근대파 교육형론자들이었다. 고대의 중국인들도 오래 전부터 이런 염원을 가지고는 있었다.

《상서·대우모(大禹謨)》에는 순 임금이 고요를 작사에 임명해 형사사건에 대한 재판을 책임지게 하고, 형기우무형(刑期于無刑, 형벌을 만드는 까닭은 악인을 징계하여 또다시 죄를 지어 형벌을 받는 일이 없도록 하기 위한 것)을 실현하도록 요구했는데, 형벌의 목표는 궁극적으로 형벌을 없애는 것이라고 기록돼 있다. 전국 시대 이후 학자들은 이 문제를 두고 깊이 의견을 주고받았다. 유학자들은 "덕을 행해 범죄를 막고 없애자"고 주장했고, 법학가들은 "형벌로써 형벌을 없애자"는 주장을 견지했다. 유학자와 법학자들의 수단과 방법이 다르긴 했지만 목표는 하나였다. 결론적으로 실천 과정에서 "형벌로 형벌을 없애자"고 주장하는 법학가의 중형이론은 진나라가 빠르게 망하면서 그대로 끝나고 말았다.

한나라 초기 문제와 경제는 유가의 "어진 정치", "바른 정치"의 원칙에 따라 형벌을 개혁했기 때문에, 일정한 수준에서 문명을 향해 한걸음 더 나아갔다고 할 수 있다. 하지만 그 후의 이론과 입법 과정에서 오랫동안 논쟁이 이어졌으며 실천에서 퇴보 현상이 나타나 송나라 이후 자형 등 혹형이 이른바 법외형으로 다시 회복됐다. 유가가 제창한 경형 이론이 시행되는 데도 어려움이 많았다는 것을 의미한다. 형기우무형은 전통 문화의 영향을 받아 영원히 중국 고대 법률가들이 이루지 못한 꿈으로 됐다.

20세기 초 만약 서방의 근대 형벌사상 및 경형주의 사조의 전파와 충격을 받지 않았다면, 중국의 전통형벌사상과 형벌체계가 짧은 시간 내에 빠르게 없어지지 못했을 것이다. 이런 결과는 형벌을 추구하는 것에 대한 중국 고대와 서방 근대 사이의 거리를 설명해준다고 하겠다.

3절. 중국 고대의 도형 및 그 변화

1. 중국 고대의 도형

중국 고대에 이미 도형이 있었다는 점은 모두가 인정하는 부분이다. 하지만 도형이 중국에서 언제부터 시작되었는지에 대해서는 의견이 서로 다르다.

당나라 때 "주나라 때부터 시작되었다"[22]고 추측하는 사람들이 있었다. 근대 학자들은 빠르면 상나라,[23] 늦으면 진나라 때[24]부터 생겨났다고 주장하고 있다. 고대 중국의 유일한 문명 형벌로서의 도형이 학술계에서 주목을 받은 것만은 사실이라는 점을 보여준다. 중국 형벌의 근·현대 여정을 알아보려면 도형을 빼놓고는 말할 수가 없다. 현대의 학자들은 중국 고대에서 가장 이른 도형은 춘추 중·말기의 서미지형(胥靡之刑)이라고 하는 연구결과를 해놓았다.[25] 이 죄에 해당되는 범죄자들은 강제로 노역형에 종사해야 했으며 서미라 불렀다는 것이다.

춘추시대 중기, 현재의 하남성 언사현(偃師縣) 동쪽 일대는 서미노역형에 처해진 범죄인을 모아 강제로 복역시키는 전문적인 곳이었다. 그리하여 훗날 이 일대를 서미라고 부르게 된 것이다. 도형의 이름이 지명으로 변화된 데서 형벌이 그때 이미 제도화됐고 상당한 규모를 갖췄음을 알 수 있다. 전국시기에도 여러 제후국들이 모두 이 같은 형벌 종류가 있었는데, 제나라의 법률에 도(徒)라는 단어까지 생겨났다는 데서 알 수 있다.

춘추전국시기 농업생산력이 크게 향상되고 사회의 생산방식이 노예제에서 봉건제로 전환됐으며, 봉건 개체경제가 갈수록 주도적 지위를 점하고 있었다. 만약 노예사회의 조기처럼 범죄인을 노예로 등급을 매겼다면 생산력의 발전을 저해하고 봉건 생산관계가 수립되고 공고해지는 것을 파괴했을 것이다. 따라서 범죄인에게 도형을 내리는 법률규정과 사례가 나타났을 것으로 보인다. 그러면 범죄인을 처벌할 수 있고 조정을 위해 무상으로 일하도록 요구할 수 있었기 때문에 국가의 수입을 늘릴 수 있었기 때문이다. 또한 범죄인들에게 자유를 되찾을 수 있다는 희망을 가지게 함으로써 그들의 노동 적극성을 떨어뜨리지는 않았을 것이기 때문이다.

게다가 당시는 여러 해 동안 지속되던 합병전쟁으로 인해 여러 제후국의 인력과 물력 소모가 매우 컸던 터라 다른 나라를 합병하고 천하를 통치하기 위해 여러 제후국은 본국의 경제발전에 총력을 기울였으며 정치개혁에 주력했었던 시기였다. 새로 생겨난 도형이 경제를 발전시키고 안정적으로 정치를 펼치는데 추진역할을 했기 때문에, 여러 제후국들이 전제 왕권을 건립하고 공고히 하는데 이로웠다고 볼 수 있다. 이 때문에 도형은 춘추 말기 혹은 전국 초기에 창설된 후 여러 제후국에 빠르게 보급됐다고 유추할

---

22) 《당률소의 · 명례》

23) 楊鴻禮, 《中國法律發展史》, 25쪽, 上海, 商務印書館, 1930.

24) 張金鑒, 《中國法制史概要》, 183쪽, 臺北, 三民書局, 1978.

25) 吳榮曾, 〈胥靡試探〉, 《中國史研究》, 1980 (3).

수 있다.

노예사회가 범죄인을 관청의 노비로 만들던 데서 노역을 특징으로 하는 도형으로 대체하기까지의 변화는 형벌사상이 진화하고 있었고, 또한 이는 역사발전의 필연적인 추세였다고도 말하고 있다. 이는 형벌제도가 야만에서 점차 문명으로 나아가고 있다는 상징하는 것이기도 했다. 진한 이후 도형은 봉건 법전에 그대로 답습됐으며 봉건 형벌체계의 중요한 구성부분이 됐다. 이러한 도형의 발전은 대체로 두 단계로 나누어진다.

첫째 단계는 춘추전국시기부터 진·한·위·진·남·북조시기인데, 이때는 형성·발전 단계였다. 도형의 명칭과 형기 변화가 서로 다른 것이 주요한 특징이었다. 둘째 단계는 수·당부터 명·청시기까지인데, 성숙되고 일정한 형태를 갖춘 단계였다. 정해진 명칭인 도형이 생겨났고 형기도 정해진 것이 가장 큰 특징이었다.

중국 고대 도형의 발전이 복잡하고 종류가 많은 중형을 시행하던 것에서 종류가 간단한 경형으로 형벌이 발전한다는 일반적인 규칙에 부합되는 흐름이었다는 사실을 볼 수 있을 것이다.

중국 고대의 도형은 형벌 체계 중에서 유일하게 문명화된 형벌로 손꼽힌다. 춘추 전국시기에는 육형을 주로 하던 전 오형에서 강제 노역형을 특징으로 한 도형이 나타났다. 한나라 초기 문제는 도형으로 육형을 대체하는 형벌개혁을 추진했다. 이는 형벌제도가 문명으로 나아가는 것을 상징하는 형벌이 도형적 성격이 있었다고 하는 것을 확실하게 보여주고 있다. 이는 후에 오형에서 도형제도가 건립되고, 육형이 법률에서 없어진다는 점에서 이를 더욱 입증해 주고 있다.

2. 도형에서 자유형으로의 전환

근대 서방의 자유형은 범죄인의 인신자유를 박탈하는 형벌을 가리킨다. 여기에는 일반적으로 도형(유기도형, 무기도형)과 감금 두 가지 유형이 포함됐다. 경계가 삼엄한 감옥이 이 같은 형벌이 집행될 수 있었던 물질적 토대가 됐다. 자유형 체계의 형성 과정은 부대시설인 집행 장소 즉 감옥이 갈수록 완벽해지는 과정이기도 했다.

1525년 영국은 가장 먼저 오래된 블라이 성에다 이 같은 새 형벌을 도입했는데 범죄인들을 강제로 노역에 종사시켰다. 1595년 네덜란드는 수도 암스테르담에서 남성 범죄인을 상대로 노역장을 설치했으며, 2년 후에는 여성 범죄인들을 상대로 방직소를 설치했다. 그 후 여러 국가에서 답습했는데 모두 일정한 규모의 완벽한 시설을 갖췄다.

예를 들면 1615년 독일은 함부르크에다 범죄인 노역장을 개설했다. 하지만 이 시기 자유형은 아직 형벌 체계에서 중심적인 위치를 점하지는 못했다. 18세기 말, 19세기 초에 계몽주의 사상의 영향을 받아 발발한 자산계급 혁명은 천부인권과 자유평등을 주장했다. 자산계급 인도주의 사상 영향을 받은 계몽사상가들은 봉건전제 하의 잔혹한 형벌과 죄형에 대해 마음대로 판단을 내리는 행위를 반대했으며, 법에 따라 형벌을 정할 것을 강조하고 죄형에 어울리는 자유형을 시행하는 것에 대해 주장했다.

자본주의 경제가 발전함에 따라 인구가 밀집된 도시에서는 실업, 빈곤과 굶주림 현상이 나타났다. 여러 가지 사회모순이 격화되고 형사 범죄현상이 갈수록 다양해짐에 따라 범죄율이 급격하게 상승했다.

중세기에는 신체형, 생명형(生命刑)을 중심으로 한 형벌 체계가 자본주의 중상사상과 자유관, 인권사상의 요구에 어울리지 않았을 뿐만 아니라 범죄율을 효과적으로 낮추지도 못했다. 이런 상황에서 중세 말기, 서방 여러 국가에서는 점차 자유형을 도입하기 시작했으며 신체형과 생명형을 대체해 근대 형벌체계의 주요 내용으로 삼았다.

형벌의 성격을 보면 자유형을 중심으로 하는 근대 서방의 형벌체계를 고대, 중세기에 신체형을 중심으로 하던 형벌체계와 비교해볼 때, 형벌이 가벼워지고 문명화와 인도주의 방향으로 나아갔다는 점을 볼 수가 있다.

19세기 중엽부터 자유형을 중심으로 한 경형체계를 구축하려는 열풍이 치외법권에 따라 점차 동양으로 불어왔다. 1911년 1월 청 정부는 중국 근대의 첫 형법전인 《대청신형률》을 반포했다. 이 법전은 처음으로 자유형을 중심으로 한 서방 근대의 형벌체계를 도입했으며 주형, 종형으로 구성됐다.

주형에는 사형, 무기도형, 유기도형, 감금과 벌금이 포함됐다. 사형과 벌금을 제외하고 나머지는 모두 자유형에 속했다. 무기도형은 종신형으로 법정 노역에 종사해야 했지만 법에 따라 형벌을 줄일 수 있었다. 유기도형은 5개 등급으로 나뉘는데 짧게는 2개월, 길게는 15년으로 형기가 서로 달랐다. 징역은 단기형인데 노역에 종사해야 했다. 형기는 하루에서 2개월 이하였다. 이 같은 형벌 체계가 육형, 사형을 주로 하던 중국 전통의 오형체계를 대체했으며, 그 후 중화민국시기의 형법에서도 이를 계속 사용했다.

청나라 말기 사형제도를 개혁하는 과정에서 예법논쟁(禮法之爭)이 아주 치열했다. 이에 비해 중국의 고대 도형이 서방 근대 자유형으로 전환했던 것은 조용한 특징을 나타내고 있다. 중국의 고대 도형은 '오형'에서 유일하게 문명화된 형벌이었고, 자유형은 서방 근대 형벌 체계에서 문명의 상징이었기 때문이다. 두 가지 형벌이 서로 다른 차원의 문명을 대변하고는 있지만, 모두 문명에 속한 형벌인 것만은 확실하다. 그렇기 때문에 두 가지 형벌문화가 만나도 강한 쇼크현상이 일어나지는 않았다. 이는 중국 고대형벌이 문명화된 경형으로 나아가는 추세였기에 세계의 대세와도 일치했던 것이다.

하지만 엄격히 말하자면 중국 고대의 도형이 서방 근대의 자유형과 관념상에서는 본질적인 차이가 있다. 중국 고대의 도형은 처벌형 노역에서 출발했으며 보복형(報復刑), 치욕형(恥辱刑)과 서로 결부시켰던 것이다. 이는 《당률소의》 중 도에 대한 해석에서 정확히 찾아볼 수 있다. 《명례》에서는 "도란 바로 노비이며, 범죄인을 노비로 삼아 함부로 부리고 치욕을 안긴다"고 해석했다.

중국의 고대 도형은 사상적으로 범죄인을 관청의 노비로 삼던 그림자에서 완전히 벗어나지는 못했다. 도형의 사상적 토대는 바로 유가 전통의 인자(仁慈), 관대(寬厚)였다. 오형에서 중국 고대의 도형이 중요한 위치를 점하지 못했고 종류도 단일했다.

반면에 서방의 자유형은 비록 노역형을 요구하기는 했지만, 근대 자유, 평등, 인권사상을 바탕으로 건립되었고 자유권 박탈을 특징으로 했다. 또한 보복형에서 교육형으로의 발전 결과였으며, 종류가 더욱 풍부해 형벌체계에서 중심적 위치를 차지했다.

심가본 등은 형벌이 경형으로 발전하는 세계적인 추세를 보았지만 자유형의 진정한 의미에 대해서는 잘 알지를 못했다. 비록 그가 전통 유가의 관대함과 인자함으로써 자유형을 해석했지만, 결코 이 부분이 중요한 것은 아니다. 객관적으로 볼 때 중국인들은 독특한 방식으로 서방 근대문명의 형벌을 받아들였기 때문이었다.

18장.
전통 법제에 대한 법가 이론의 영향[26]

전국시기에 생겨난 법가는 의법치국(依法治國)을 강조했으며 뭇 제후국은 변법 개혁을 추진해 중앙집권제의 국가를 건립했다. 기원전 221년에 건립된 진나라는 법가 이론의 지도를 받아 통일된 왕조를 세웠다. 하지만 강대한 세력을 자랑하던 진나라가 단 2세대 만에 멸망하고 만다. 후세의 역사학자와 통치자들은 연구를 거쳐 진나라 정권이 10여 년 밖에 존재하지 못한 원인이 법가의 정치 책략을 실시하고 엄격하고도 잔혹한 형벌을 시행했으며 교화를 경시한 데 있다고 분석했다.

서한의 유학자들은 법가를 비난하는 반면 유가를 숭상했다. 하지만 한나라가 진나라의 제도를 그대로 따르고 진나라의 법을 전승했다는 객관적 상황에서 그들은 유학을 표방하는 한편 실천과정에서 법가의 치국방법을 추진했기 때문에 실제로는 이른바 외유내법(外儒内法, 외부적으로는 유가를 내부적으로는 법가를 표방한 것), 양유음법(陽儒陰法, 겉으로는 유가를 암암리에는 법가를 표방한 것)의 국면을 초래했다. 유학과 법학이 점차 한 데 어우러졌기 때문에 2천년 동안 지속된 군주제 시대에서 법학이론과 법가의 사상이 전통정치와 법제에서 중요한 역할을 발휘할 수 있었다. 이런 영향을 어떻게 인식하고 평가할지는 오늘 우리가 반드시 생각해 봐야할 문제이다.

---

26) 武樹臣, 李力,《法家思想與法家精神》, 北京, 중국라디오텔레비전출판사, 2006.

1절. 법가학파 및 그 주요 법률사상

1. 법가 및 그 사상 원천

법가는 전국시기 신흥 지주계급의 이익을 대변하고 의법치국을 주장하는 학파였다. 시조는 전국 초기의 이회(李悝)였다. 춘추전국시기의 성문법(成文法)운동은 법가가 생겨날 수 있은 사회적인 토대이자 법가사상이 실천될 수 있었던 원천이었다. 성문법 운동이 법가학파를 양성했다고 해도 과언이 아니다. 또한 법가학파 대표자의 사상과 활동이 성문법 운동의 발전을 추진했다.

법가의 대표자 중 대다수가 제후국의 정치가, 군사가로 변법운동을 직접 이끌었으며 법을 주장하는 상징으로 간주되었다. 따라서 한나라 때부터 변법을 주장하고 의법치국, "모든 일을 법을 근거로 판단 할 것(一斷于法)을 요구하는 사람들을 법가라 총칭했다.

2. 법가학파의 분류 및 그들의 주장

다양한 기준에 따라 법가 유파를 가르는 방법은 대체로 3가지다.

첫째는 시간을 기준으로 전기 법가와 후기 법가로 나눈다. 전기 법가는 전국 초기, 중기의 법가 즉 신흥 지주계급이 변법을 통해 제후국 내에서 정권을 잡은 법가를 가리킨다. 이회, 오기(吳起), 상앙, 심도, 신불해가 대표적이다.

그들은 전통적인 예치(禮治)를 비난하고 변법의 중요성과 정의성을 논쟁하는 것 외에도 신흥 지주계급이 제후국의 정권을 빼앗는 경로를 연구·토론해 의법치국의 정치적 청사진을 그리는 것이 이들의 핵심적인 사상이었다. 다만 역사적 조건의 원인으로 인해 전기의 법가들은 전통사상의 영향을 받았기 때문에 다른 제후 사상의 색채를 조금씩 띠고 있다.

전기의 법가들은 정치적 실천을 중시했으며 정치가이자 사상가로 활약했다. 특히 법치의 실천에 대해 더욱 주목하고 이를 적극적으로 추진했다. 그렇기 때문에 전기 법가의 법률사상은 실천의 색채가 다분했다.

후기의 법가는 전국 후기의 법가 즉 신흥 지주계급이 합병전쟁을 통해 전국통일을 실현한 시기의 법가를 가리킨다. 한비와 이사가 대표적이다. 풍부한 정치경험을 쌓은 후기의 법가는 변법으로 정권을 빼앗고 공고히 했던 경험을 종합하며 전기 법가의 법률사상을 토대로 비교적 완벽하고 체계적인 법치이론을 제기해 신흥 지주계급의 통치이론이 되었다. 후기의 법가는 일련의 중대한 이론 문제에 대해 깊이 연구·토론할 수 있는 조건을 갖췄기 때문에 사상의 이론적인 색채가 더욱 뚜렷했다.

따라서 전기 법가와 후기 법가에게는 확연한 차이점이 있었다. 전기의 법가는 도덕교육의 역할을 완전히 배제하지 않았다. 반면에 후기의 법가들은 사람들의 "이로운 것을 좋아하고 해가 되는 것을 싫어하는(好利惡害)" 본성은 바꿀 수 없다고 주장하면서 도덕교육의 역할을 완전히 부정했으며, 법률의 역할을 지나치게 과대평가함으로서 법가의 법치이론을 극단으로 발전시켰다. 두 번째는 지역적으로 진(晉) 법가(法家)와 제(齊) 법가로 나뉘었다. 비슷한 역사시기에 법가 내부의 주장에도 차이점이 있었는데 이는 상당한 정도에서 다른 지역의 문화전통에 따라 결정되었다. 진법가를 진진법가(晉秦法家)라고도 부르는데, 삼진(한, 조, 위) 문화와 진의 문화를 기초로 생겨난 법가학파로서 이회, 오기, 상앙, 심도, 신불해, 한비, 이사 등이 대표적이다.

이들은 모두 삼진과 진나라의 변법과 법제 건설에 참여했다. 그 중에서도 상앙과 한비의 영향력이 가장 컸는데, 진법가 법치이론의 창시자와 집대성자로 불린다. 법가의 주체인 진법가는 전국 법가사상의 주류이자 대표였다. 진법가는 농업을 중시하고 상업을 홀시하며, 엄격하고 가혹한 형벌과 법령을 시행했으며, 도덕교육의 역할을 부인하는 반면 형벌의 역할을 지나치게 과장했다.

제 법가는 제국문화를 기초로 생겨난 법가의 일파로 관중(管仲)이 쓴 《관자(管子)》라는 저서에서 그 법률사상이 보인다. 《관자》를 살펴보면 법가사상은 관중의 기치 하에서 발전했다. 즉 관중이 정치 경제개혁을 하는 가운데서 변화·발전하였는데, 이 같은 조치는 이론 차원에서 발전된 것이다. 따라서 관중의 사상이 발휘되었다고 할 수 있는 것이다. 제 법가는 농업을 중시하였지만 상업의 발전을 억제하지 않았으며 법을 중시하면서도 도덕교육의 역할을 완전히 부인하지 않는 것이 가장 큰 특징이었다. 그 원인은 제나라의 지리적인 환경과 역사문화 전통에까지 거슬러 올라갈 수 있다.

세 번째는 이론적으로 법파(法派), 세파(勢派), 술파(術派)로 나뉘었다. 한비의 견해에 따라 전기 법가를 3개 파로 나눴는데 상앙은 중법파(重法派), 심도는 중세파(重勢派), 신불해는 중술파(重術派)였다. 상앙은 법치를 추진해야 하는 중요성을 논증했고, 심도와 신불해는 법치를 시행할 수 있다는 가능성을 논증했다.

후기 법가의 집대성자인 한비는 "법을 근원으로 하는(以法爲本) 법파, 세파, 술파가 서로 어우러진 종합적인 이론 체계를 제시했다.

2절. 법가사상의 개요

1. 존군과 상법

《사기·진시황본기》에는 기원전 221년, 진나라가 천하를 통일하는 전쟁이 끝난 지 얼마 지나지 않아 진시황이 정위 이사, 승상 왕관(王綰) 그리고 어사대부 풍겁(馮劫) 등에게 "다른 호칭을 제안하도록 했다"고 기록했다.

이사 등은 "의로운 군사를 일으켜 잔적들을 토벌하고, 천하를 평정해 전국에 군·현을 설치하였으며, 법령을 하나로 통일시켰다. 이는 상고 이래 없었던 일로 오제라고 할지라도 미치지 못할 것이다"며 진시황을 높이 칭송했다. 또한 "고대에는 천황(天皇) 지황(地皇), 태황(泰皇)이 있었는데, 그 중에서도 태황이 가장 존귀하다고 했다. 이에 신들이 죽을 각오로 존호(尊號)를 지어 올리니, 이제부터 대왕은 태황(泰皇)이라 칭하며 명(命)은 제(制)라 하고 영(令)은 조(詔)라 하고 스스로를 일컬으실 때는 짐(朕)이라 하시기 바란다"라고 했다.

진시황은 이들의 건의를 받아들여 태자를 없애고 황자를 남기며, 또 상고 시대의 제(帝)란 호칭을 골라 황제(皇帝)로 할 것이라고 했다. 1세, 2세, 만세까지 이르도록 이어가라는 의미에서 스스로를 시황제(始皇帝)라 칭했다. 그리하여 진 제국은 왕을 황제로 고쳤으며 황제의 명(命)을 제(制)로, 영(令)을 조(詔)라고 정했다. 최고 통치자의 칭호를 바꾸려는 것도 있었지만, 존호를 높이고 황제의 호칭을 바꾸는 것으로써 봉건 군주의 법률적 지위를 높이고 권위를 강화함으로써 선제통치를 공고히 하려는데 목적이 있었다.

황제의 명령을 법률의 기본형식으로 정한 것은 황제의 법률적 지위를 한층 높이기 위한 수단이었다. 이때부터 전제주의 황권이 법률차원에서 확립됐다. 이로부터 법가가 제창하는 존군(군주를 귀히 여기는 것)과 상법(법률을 숭상하는) 사상이 집중적으로 표현됐다.

법가사상의 가장 중요한 부분으로서의 존군과 상법은 줄곧 법가사상에 융합되었다. 법가들은 존군이 법가의 최고 정치적 목표라 여겼고, 이 목표를 이루는 유일한 효과적인 수단이 상법이라고 주장했다. 상앙에서 이사에 이르기까지 법가 대표들은 존군과 상법, 그리고 실행에 대해 다양하게 연구·토론했다.

상앙은 일찍이 존군을 주장했으며 상법을 강조하는 사상과 긴밀하게 연결시켰다. 상앙은 군주의 명령과 국가의 법령이 지고지상하기 때문에 무릇 이를 어기는 사람이라면 그 누구도 예외 없이 모두 처벌해야 한다고 주장했다. 그는 군주의 법령을 순조롭게 추진하려면 반드시 군주를 존중해야 한다고 여겼다. 반면 군주를 귀히 여기고 명령한 그대로 잘 통하게 하려면 반드시 군주가 모든 정권을 잡아야 한다면서 《상군서·수권(修權)》에서는 "권력은 군주가 독자적으로 통제한 것이고", "군주가 독자적으로 권력을 장악하여 백성을 다스리면 위엄과 신용을 수립하게 된다"고 했다.

여기서 말하는 권리는 사실상 국가의 정권이며, 근본은 군주전제 정체의 집권에 있었다. 그래야만 군주의 지위가 지고지상할 수 있게 되고, 이런 배경 하에서 만이 신흥 지주계급의 법치를 추진할 수 있다는 것이었다. 《상군서·일언(壹言)》에서는 "백성을 잘 다스리지 못하는 것은 군주의 정치적 조치가 현명하지 못해서이다. 국가의 법규가 명확하게 집행되지 못하는 것은 군주가 사회동란을 일으킨 원인을 부추겼기 때문이다. 따라서 현명한 군주는 통치를 완화하면 안 되고 동란을 일으키는 요소에 부채질 하는 역할을 해서도 안 된다. 군주는 대권을 장악하고 조정을 주도해 법률에 따라 나라를 다스려야 한다"고 했다. 이로부터 알 수 있듯이 권력은 법의 조건이고, 법을 이행한 결과는 권력을 공고히 하게 되었던 것이다. 《상군서·산지(算地)》에서도 이에 관한 내용을 찾아볼 수 있다. "그렇기 때문에 군주가 반드시 대권을 잡아야 하고, 정책을 통일시켜 방법을 만들어야 한다. 관리를 설치하고 작위를 내리는 데서 경중을 잘 파악해 한쪽으로 치우치지 말아야 한다. 관리를 임용할 때에는 공로와 성적을 따지고 공훈을 근거로 해야 한다. 그래야만 상급과 하급을 가늠하는 저울이 균형을 이룬다. 이 저울이 평행을 이뤄야만 신하와 백성은 최선을 다해 충성할 수 있고 군주도 대권을 확실히 장악할 수 있다."

신불해는 존군상법을 특히 강조했다. 그는 《신자》에서 "군주는 법령으로 인해 존귀해진다. 법령을 시행하지 못하는 군주는 무능한 군주이다. 때문에 현명한 군주는 법령의 실시를 중시한다.", "현명한 군주는 계략이 아닌 법에 의거한다"고 기록했다. 하지만 중점을 세력에 두었으며, 군주의 전제를 위한 세력을 지키는데 최선을 다했다. 군주가 모든 대권을 장악하면서 대신들이 참여하지 못하도록 했기 때문에 법의 한계를 뛰어넘었을 가능성이 있다.

심도는 법뿐만이 아니라 군주의 권위에 대해서도 숭상했다. 그는 법치를 실시하려면 반드시 군주를 귀히 여기고 법을 숭상해야 한다고 주장했다. 《심도》에는 "백성과 백관은 군주의 법령에 복종해야 하고 할 일은 법을 통해 결단되니 이것이 나라의 큰 도인 것이다"라고 기록했다. 즉 군주를 귀하게 여겨야만 법령을 통일할 수 있고, 법치를 실시할 수 있다는 뜻이었다. 군주를 귀히 여기는 목적을 이루기 위해 그는 상호 대립하는 귀족뿐만 아니라, 유가, 묵가들이 제창하는 현인을 존중하고 숭상하는 것을 반대했다. 반면 국가의 직능을 법률화해서 개인의 지혜와 충성이 아닌 법률제도로써 신흥 지주계급의 전반적인 이익을 지키고자 했다. "백성과 백관은 군주의 정령에 복종해야 한다"가 법률에서는 한나라의 군주만이 법을 제정하고 바꿀 수 있는 권리가 있으며, 각급 관리는 법령을 엄격하게 집행하고 이를 지킬 수밖에 없으며, 일반 백성은 법령을 받아들여 노역을 할 수밖에 없는 것으로 풀이된다.

심도는 세의 각도에서 존군과 상법을 논술하였는데, 그런 과정에 권세를 첫째 자리에 놓았으며, 권세가 존군과 상법의 전제라고 주장했다. 또한 대신과 백성들을 법령에 절대적으로 복종하게 하려면 군주는 반드시 지고지상의 지위를 가져야 하고 법령을 철저히 집행할 수 있는 권력을 가져야 한다고 여겼다. 이런 주장은 심도의 독특한 견해라 할 수 있다. 군주는 하나밖에 없기 때문에 권력은 반드시 집중되어야 하고 군주의 "권리가 중요하고 지위가 존귀해져야만, 명령하면 시행하고 금하면 그칠 수 있다"는 것이었다. 이로부터 심도가 군주의 집권을 주장하고 군주집권의 법치수호를 제창했다는 점을 알 수가 있다. 하지만 그는 군권 지상 논자가 아니기 때문에 존군의 집권을 주장했어도 전제를 반대하고 군주는 반드시 법령을 근거로 해서 일을 처리해야 한다고 여겼다.

제법가들도 중령(重令, 법령이 엄한 것)과 존군(군주를 존경해 귀히 여기는 것)을 주장했다. 법령이 실행되게 하려면 우선 반드시 "법령이 엄격해야 한다"고 강조했다. 즉 법령이 엄청난 권위가 있게 해야 한다는 것이다. 《관자·중령(管子·重令)》에는 "무릇 국가를 다스리는 중요한 수단에서 법령보다 중요한 것은 없다. 법령이 위중(威重)하면 군주에게 존엄이 있고, 또 그래야만 나라가 안정된다. 법령이 힘이 없으면 군주는 비천하고 군주가 약하면 나라는 위험에 빠진다. 따라서 나라를 안정시키려면 군주를 귀히 여겨야 하고, 군주를 귀히 여기려면 명령을 행해야 하고, 명령을 행하려면 형벌을 명확히 해야 한다"고 했다. 군주를 존경해야만 법이 시행될 수 있고, 그러려면 반드시 군주에게 지고무상하고 독단적으로 결정할 수 있는 권리를 부여해야 한다는 것이었다. 이를 바탕으로 제 법가는 한비에 앞서 법, 세, 술을 서로 결부시켜 존군 목적에 이르는 사상으로서 제기했다. 군주가 존귀해지고 명령하여 곧바로 시행되게 하려면, 군주에게 반드시 권력이 있어야 한다고 주장했다. 《관자 · 임법(管子 · 任法)》에는 "영명한 군주가 장악해야 할 6가지 부분에는 사람을 살게 하고 죽게 하고 부유하게 하고 가난하게 하며 귀하게 하고 천하게 하는 등의 내용이 포함된다. 이런 6가지 권력은 군주가 장악해야 한다. 군주가 장악해야 하는 4가지 면도 있다. 학문과 법령으로 나라를 다스리고 군사를 장악하며 형벌로 위엄을 쌓고 덕을 베풀어야 한다. 이런 4가지가 바로 군주가 장악해야 하는 부분이다. 자신이 장악한 권리를 남에게 넘기면 권리를 잃는 것이고, 마땅히 자신이 관리해야 하는 분야를 남에게 넘기는 지위를 잃는 것이라고 한다. 권력과 지위를 잃은 상태에서 법령이 추진될 수 있기를 바라는 일은 이뤄질 수 없다"고 했다. 더불어 권세는 군주만이 가질 수 있음을 명확히 했다. 그러려면 군주는 반드시 모든 권리를 장악해야 한다. 권력을 잃는 것을 막으려면 군주는 반드시 술이 있어야 한다. 계책(術數)이 있는 군주는 대신들에게 속고, 기만당하는 일이 없다. 계책에는 대신의 언행일치 여부를 판단하는 방법과 군주가 반드시 여러 측의 의견을 모두 들어 상향적 의사소통이 이뤄지게 하며, 최종 결정권을 완전히 장악해야 한다는 내용이 포함돼 있다.

법가사상의 집대성자인 한비는 군주를 존중하고 법을 숭상하는 진 법가와 제 법가의 사상을 계승해 발전시켰을 뿐만 아니라, 영, 세, 술을 서로 결부시켜 법가의 이 같은 사상을 절정으로 발전시켰다. 한비는 군주가 지고 무상의 지위와 유일한 권력을 갖고 있다고 강조했다. 또한 군권의 절대화를 주장하며 무릇 대신은 군주에게 무조건 복종해야 하고 어떤 조건에서도 정권을 빼앗으면 안 된다고 요구했다. 존군이 여기서는 군주에 대한 절대적인 충성이 됐다. 따라서 법은 군주의 명령으로 됐고, 또 군주만이 제정할 수 있었다. 한비 이후로 법은 군주 명령의 대명사가 되었다. 한비는 법이 술의 기준이고, 술은 법의 수단이라고 여겼다. 만약 군주의 권력을 지키고 신흥 지주계급의 법치를 추진할 수 있는 술이 없다면, 법은 실현될만한 근거가 없어진다고 주장했다. 반면에 법의 기본요구를 벗어나 술을 마음대로 시행한다면, 법의 기본방향을 위배한 것이나 마찬가지이기 때문에 결국에는 "행동으로 나라를 다스리고(身治)", "주관적인 의지로 나라를 다스리는(心治)" 국면이 초래된다는 것이었다.

이사가 법가의 존군 집권사상을 절정으로 이끌었다. 그는 극단적인 군주전제제도를 실시하라고 주장했으며 이를 실행에 옮겼다. 그는 군주는 그 어떤 제한도 받지 말고 독단적으로 천하를 통치해야 하며 제멋대로 행동해도 반대하는 사람이 없어야 한다고 여겼다. 또 그래야만 백성은 순순히 통치를 받아들이고 군주도 존귀한 지위에 오래도록 앉아 지고무상의 권력을 누릴 수 있으며, 천하의 모든 이익을 제멋대로 움켜질 수 있다고 판단했다. 이 때문에 그는 황제와 황제가 내린 명령을 지고 무상한 위치로까지 끌어올렸던 것이다.

법가가 강조하는 존군과 상법사상의 실질은 정권과 법률의 관계를 논하는 것이다. 법가들은 신흥 지주계급의 의지가 법률로 되어야만 제도화 될 수 있다고 주장했다. 이를 실현하려면 국가의 정권을 장악해야 하고 국가의 정권형식은 군주가 모든 권력을 장악할 수 있는 군주전제여야 한다고 했다. 신흥 지주계급의 법률이 시행될 경우 오히려 정권은 공고해진다. 이 또한 법가의 존군과 상법사상의 현대적인 해석이라고 할 수 있다.

2. 공법과 사정(私情, 개인의 정)

법가 이전에 공은 공유나 정직을 가리키고, 사는 사유나 이기를 뜻했다. 재산을 점유하는 의미나 도덕적인 의미에서 이런 단어를 주로 사용했다. 예를 들면《시경·소아·보전(小雅·甫田)》에는 "비가 내려도 먼저 국가 소유의 논밭에 내리고 후에 개인 소유의 논밭에 내린다"라고 했고,《묵자·상현상(尙賢上)》에는 "정직하고 사심이 없으며 정의로운 사람을 선발해야지, 개인적인 이익을 챙기기 위해 서로 원한을 쌓을만한 사람은 뽑지 말아야 한다"고 기록돼 있다.

법가학파가 생겨서야 공(公)과 사(私)가 정치·법률의 전문용어로 자리매김했다. 법가들은 이른바 공이 신흥 지주계급의 전반적인 의지를 대변하는 국가이익을 대표하기에 공을 지키는 법령이 바로 공법(公法)이라고 주장했다. 반면에 사는 군주 및 각급 관리를 포함한 개별 혹은 소수 성원들의 개인이익을 가리키는데, 개인이익만 추구하면서 공법을 파괴하는 행위를 "개인이익을 도모(行私)"하는 것이라고 여겼다. 공은 사보다 차원이 높기 때문에 법이 사보다 높으며 양자는 서로 대립되는 존재다.

중국 법리학사와 중국 법률사상사에서 공과 사의 사상은 오기(吳起)가 가장 먼저 제기했다.《전국책·진책삼(秦策三)》은 오기가 "개인이 국가의 이익에 해를 줘서는 안 된다"며 법치를 추진해야 한다고 주장했다. 다시 말해서 각 계층의 관리들이 개인의 이기적인 생각으로 신흥 지주계급의 공을 방해하지 말아야 하며, 공무에 충실하고 법을 잘 지킬 것을 요구했다. 훗날 심도가 이를 바탕으로 공과 사의 사상을 더 일층 계통화시켰으며, 보편적인 형식으로 신흥 지주계급의 공과 사의 사상을 제기했다. 즉 "개인의 이익을 버리고 국가의 이익을 추구하는" 이른바 공법론을 제기했으며, 이를 근거로법에 대해 토론했다.

법가는 묵가의 묵구론(墨瞿論)에서 말한 천지(天志)와 유가의 순황론(荀況論)에서 말한 예와 법의 방식을 참고로 하거나, 도량형 등 일상도구로 법을 비유해 법의 성질을 밝혀냈다. 법가들은 무릇 가늠해야 할 사물이라면 공정하고 공평하게 대해야 하는데, 이는 보편적인 기준이기 때문에 공정(公), 공평(平)이 법의 주요한 속성으로 되었다고 주장했다.

그중 신도(愼到)가 대표적이다. 신도는 지공(至公, 더없이 공평함)의 준칙이 법이라고 했으며, 모든 사람들의 행위를 규범화하는 가장 공평한 준칙이 법이라고 간주하면서, 법이 지고 무상한 권위가 있다고 주장했다. 신도는 "법이라는 것은 그것으로써 천하의 움직임을 가지런하게 하는 것이고, 제도가 정해진 상태를 공적이게 하는 상태에 도달하는 것이다"라고 했다. 바로 그렇기 때문에《장자·천하(天下)》에서는 신도가 말하는 "공평하고 겸손하고 사리사욕을 챙기지 않아야 한다"는 것으로 개괄했다. 한편 신도는 법이 공평하고 사심이 없으면, 이를 근거로 공과 죄를 판단하고 처벌과 장려를 한다면 원한이 없어 논쟁이 일어나지 않을 것이라고 했다. 이것이 바로 법의 최대 역할인 "개인의 이익을 버리고 공공의 이익을 도모하는 것"이라 했다. 그렇기 때문에 신도는 재산의 사유권을 확인하고 보호하는 법률의 역할을 아주 중시했으며, 누구나 재산 사유권을 소유하게 하는 것은 "인간의 감정에 따르고, 하늘의 도리(天道)"에 부합되기 때문에 법을 세워 개인이 아닌 공공의 이익을 위한 것이라고 주장했다. 반면 만약 일부 귀족들에게 장려를 받고 사유재산을 소유할 수 있는 권리를 부여한다면 "공공의 이익을 도모하는 것"이 아니라 "개인의 이익을 추구하는 것"이라고 여겼다.

이 또한 신흥 자산계급이 세습 특권을 반대하고 공로를 따져 상을 주는 한편, 그들의 재산 사유권을 보호해주기를 바라는 표현이었다.《신도·위덕(慎到·威德)》은 "법령제도와 예의전장으로 공정한 도의를 수립한다. 무릇 공정한 준칙을 세우는 것은 모두 사리사욕을 버리기 위해서이다"라고 했다. 이로부터 공과 사는 서로 대립되는 두 가지 면이 있음을 알 수 있다. "공공의 이익을 추구하려면" 반드시 "개인의 이익을 버려야 한다." 반대로 "개인의 이익을 챙기면" 반드시 "공공의 이익에는 해가 된다"고 했다. 공의(公義)를 대표하는 법과 개인의 행위를 표현하는 사가 서로 대립되기 때문에, 법의 최대 역할은 "공공의 이익을 추구하고 개인의 이익을 버리게 하는 것이다"라고 했던 것이다.

신도는 공과 사를 정치 법률의 개념으로 간주했다. 그는 군주는 "공공의 이익을 위해서는 개인의 이익을 버려야 한다"고 강조했다. 즉 천하와 국가를 위해 최선을 다하며 개인의 이익을 포기해야 한다는 것이었다. 그리고 법은 군주가 공의에 따라 제정한 것이기 때문에 공무에 충실하고 법을 지켜야만 국가의 이익을 보호하고 더 나아가서는 군주의 권위를 보장할 수 있다고 주장했다. 반면에 만약 군주가 "개인의 이익을 추구한다"면 법령의 효력이 떨어져 법령이 없는 것과 같게 되고, 국가의 이익에 손해를 줘 천하가 어지러워진다고 했다. 따라서 신도는 "법의 공로는 사적인 것이 이뤄지지 못하게끔 정하는 데 있고, 군주의 공로는 백성이 다투지 못하게끔 정하는 데 있다. 오늘날 법을 세우고 나서도 사적인 것을 행하는 경우가 있는데, 이 경우는 사적인 것이 법과 더불어 다투는 것과 같으며, 그 혼란함은 법이 없는 것과 같은 정도다. …… 나라를 다스리는데 근거가 될 만한 법률제도가 없다면 천하가 대란에 빠진다. 옛 법만 고수하고 변혁을 하지 않는다면 현실을 위배하게 되기 때문에 법률이 없거나 옛 법만 고수하면 나라를 잘 다스릴 수 없다"고 했던 것이다.

"공공의 이익을 추구하고 개인의 이익을 포기하는" 목적을 실현하기 위해 신도는 두가지 구체적인 조치를 제시했다. 첫째는 "법을 근거로 판단을 내릴 것", 즉 엄격히 법령에 따라 일을 처리해야 한다는 것이었고, 둘째는 법으로써 "신분관계를 확립해야 한다"는 것이었는데, 즉 여러 가지 직책과 행위, 권리, 의무의 경계선을 확정지어야 한다는 것이었다.

신도와 같은 시기의 상앙은 추상적인 형식으로 공과 사의 사상을 제기했는데, "법을 근거로 하는 것"은 공을 위하는 것이고, "법을 위배하는 것"은 사를 추구하기 위함이라고 주장했다. 신흥 지주계급은 신흥 지주계급의 개인 이익 특히 귀족, 대신들의 개인적인 이익을 도모하기 위해 애썼다. 따라서 상앙은 공과 사를 명확히 구분할 것을 요구했고, "법을 근거로 개인의 이익을 버릴 것"을 주장했으며, "법을 위배하며 개인의 이익을 위하는 행위"를 반대했다.

제 법가는 신도의 공과 사의 사상을 이어받아 법이 공정하다고 여겼으며, 심지어 법을 공법이라 일컬었다. 《관자 · 명법해(明法解)》편에서는 이렇게 말했다. "공법을 위배하고 개인의 이익을 챙기는 것은 간사한 사람들에게 조건을 마련해주고 폭란을 부추긴 것과 같다." 개인의 이익을 버리고 공공의 이익을 추구하게 하는 것이 법의 중요한 역할이라는 것이다. 따라서 법은 공공이익을 숭상하는 것을 취지로 해야 한다면서, 공을 근거로 법을 집행했다. 《관자 · 판법해(版法解)》편에서는 이렇게 말했다. "무릇 법도와 관계되는 일은 제대로 파악하지 않으면 안 된다. 제대로 파악하지 못한다면 불공평한 판단을 내리게 되고 판단이 공평하지 못하면 사건 조사가 합리성을 잃게 되기에 사건처리가 적절하지 못하게 된다." 제 법가들도 공과 사를 대립시키면서 사의 발전이 공을 파괴한다고 여겼다. 《관자·금장(禁藏)》편에서는 이렇게 말했다. "공법에 따라 일을 처리하면 중한 형벌을 내려도 아랫사람들은 불만이 없다. 하지만 개인의 의욕에 따라 처리한다면, 상을 많이 준다고 해도 병사들에게는 격려가 되지를 않는다. 법령을 집행함에 있어서 합리적이지 않으면 민중들은 따르지 않을 것이며, 조치가 타당하지 않으면 민중들은 그에 따라 행하지 않을 것이다." "나라에는 암암리에 다투는 사람들이 많으면, 병력이 약화되고 개인의 지혜를 주장하는 관리가 많으면 법도가 혼잡해지며, 사리사욕을 챙기는 개인이 많으면 국가가 갈수록 가난해진다." 《관자·군신하(君臣下)》편에서는 이렇게 말했다. "군주 된 자가 군주의 도리를 벗어나 법제를 무시한 채 사리사욕을 챙기는데 열중한다면 난이 일어난다." 그렇기 때문에 군주가 사사로운 감정을 버리고 공법을 시행하기를 애써 권유했다. 《관자·임법(任法)》편에서는 "현명한 군주는 지혜가 아닌 법도를 근거로 하고 의논이 아닌 정책을 근거로 해야 하며, 개인의 이익이 아닌 국가의 이익을 근거로 하고 사소한 일보다는 마땅히 지켜야 할 큰 도리를 근거로 해야 한다"고 했다.

한비는 전기 법가의 공법론을 계승하고 발전시켜 신흥 지주계급의 법은 공의 체현이라고 주장했다. 사람마다 갖고 있는 "개인을 위한 마음"을 법의 범주에 포함시킬 수 있고, 법과 정반대일 수도 있다고 했다. 공과 사는 처음부터 대립되는 것이기 때문이라는 것이다. 《한비자·오두(五蠹)》편에서는 "옛날에 창힐이 문자를 만들 때에 스스로 다스린다는 문자를 사라 하고, 이 사에 배반함을 공이라 했다. 공과 사가 서로 대립된다는 점을 창힐은 일찍부터 알고 있었다"고 했다. 그래서 법의 요구에 부합되는 "개인을 위한 마음"이 공으로 됐고, 반대로라면 사가 된 것이다. 한비는 공과 사가 중요한 것은 신흥 지주계급의 근본적인 이익과 의지를 대변했기 때문이라고 주장했다. 국가의 의지를 대변한 법을 누구나 반드시 조건 없이 지켜야 하는 강제적인 행위 규범이다. 사람들이 할 수 있거나 할 수 없는 부분과 그로 인한 후과를 명시했다. 그래서 한비는 명법(明法)을 주장했다. 《한비자·남면(南面)》편에서는 "군주는 신하가 아무리 재능이 있다고 할지라도 법을 무시하고 독단적으로 행동하지 못하게 해야 하며, 신하에게 어진 행동이 있었다 하더라도 공로가 있는 자의 위에 두어서는 안 된다. 충성스러운 모양을 보이더라도 비합리적인 행위일 경우에는 법을 떠나 그것을 금지시키지 않을 수 없는 것이다. 이를 법을 엄정히 하는 것이라고 한다"고 했다. 즉 명법이란 바로 법률을 사람들의 시비와 공과를 판단하고 상과 벌을 주는 유일한 준칙으로 만드는 것이다. "명확히 획분(明分)"하는 법률의 특성으로, 우선 공과 사를 가려야 한다고 주장한 것이 한비의 가장 독특한 견해였다. 《한비자·식사(飾邪)》편에서는 "공과 사의 구별을 분명히 하고 법제를 명시하며 사사로운 일을 떠나야 한다. 명령은 반드시 이행하게 하고 금지시키면 반드시 중지해야 하는 것이 군주로서의 공의(公義)인 것이다. 이와 달리 어디까지나 사사로운 의견을 관철하며 동료 간에는 신의를 지키고, 은상이 있을 것이라 하여 열심히 일하지 않으며, 처벌을 받을 것이라고 해서 위축되지 않는 것은 신하들의 사의(私義)이다. 이 사의가 행해지면 나라는 혼란해질 것이며, 공의가 행해지면 나라는 무사해진다. 그러므로 공사를 명확히 구별하지 않으면 안 된다"고 했다. 그는 군주가 "법을 위배하고 개인적인 이익을 근거로 하는 것"을 단호히 반대했다.

공법과 사정(개인의 정)에 대해 토론하는 과정에서 법가는 법의 본질적인 문제까지 언급했다. 이는 중국 고대 법리학에 대한 법가의 중요한 기여로 적극적이고 진보적인 의미가 있다. 하지만 신흥 지주계급의 전반적인 이익을 전 사회의 이익이라고 얘기하는 것은 법률의 진정한 본질을 위배했다고 볼 수 있다.

3. 명법심령

명법심령(明法審令, 법령을 명확히 해 사람마다 지키게 하고 신중하게 명령을 발표해 착오가 생기는 것을 막아야 한다는 뜻)은 법가가 법 집행 주장에 관철시킨 기본사상으로 착오 없이 법령을 알고 숙지하며, 장악함과 동시에 법령을 엄격히 지키고 법에 따라 일을 처리해야 한다는 것이다. 법령의 공정성을 보장하자는데 목적을 뒀다.

이 사상은 전국 초기의 법기 대표자인 오기가 처음 제기했다. 오기가 초나라 변법에서 "남아도는 부분은 줄이고 모자라는 부분을 보충하자"는 기본원칙을 제기했다. 위에서 아래로 순조롭게 집행될 수 있기를 바라는 마음에서 그는 '명법심령'을 단호히 주장했던 것이다. "개인의 이익을 위해서 국가의 이익에 해를 끼치지 않으며 이간질하는 말로 충절을 숨기지 않는다. 반드시 시행해야 하는 큰일에 부딪히면 명예를 실추시키는 일도 마다하지 않고 적극적으로 나서도록 하는 데"[27]에 목적을 두었다.

---

27) 《戰國策·秦策三》

군주와 각급 관리가 통치계급의 전반적인 이익을 대변하는 공에 복종하고 개인의 이익을 추구하는 사를 극복하여, 공무에 충실하고 공무에 충실하고 법을 지키며, 명예를 망치고 개인 이익의 득실을 따지지 않으며 법령을 집행할 수 있도록 최선을 다할 것을 요구했다.

상앙은 명법을 주장했는데 《상군서 · 화책(畫策)》에는 "현명한 군주는 인정보다는 법도를 중시하고, 법률을 엄격하게 제정하며, 반포한 법령은 반드시 명확히 하고 영은 반드시 실행한다"고 했다.[28] 상앙은 명법심령을 실현하는 데는 3가지 조건이 있다고 주장했다.

첫째, 군주가 법을 지켜야 한다. 상앙은 군주가 각오를 단단히 하여 신흥지주계급의 전반적인 이익에 마음을 쓸 것을 요구했다. 또한 "공과 사의 구분"을 명확히 하고 "법률을 확정짓고 사리사욕을 버리는 것"도 강조했다. "법령이 제대로 집행되지 못하는 것은 법 집행자에게 범법행위가 있기 때문이고[29], "국가의 법규가 엄격하지 않고 제대로 집행되지 못하는 것은 군주가 동란을 야기하는 요소를 부축인 탓"이기 때문에,[30] 군주는 반드시 법에 따라 일을 처리해야 한다고 주장했다.

《상군서 · 군신(君臣)》에는 "그래서 현명한 군주는 법도를 중시하고 법도에 어긋나는 의견을 듣지 않으며 법도에 어긋나는 행위는 추앙하지 않으며 법도에 어긋나는 일은 하지 않는다"고 했다. 군주가 법률을 정하고 나면 반드시 엄격히 집행해야 하고 개인의 사사로운 정을 고려해 법제를 파괴해서는 안 되며, 관계가 멀고 가까운데 따라 상과 벌을 내려서는 안 된다. 심지어 상앙은 삼왕, 오패가 "친자식을 멀리하고 혈연관계가 없는 사람을 가까이 한 것은 국가를 다스리는 도리를 알았기 때문이었다"고 하며 칭송했다.[31] 즉 군주는 반드시 법을 지키는데 앞장서야 한다고 했다.

둘째, 신하는 법을 지켜야 한다. 《상군서 · 수권(商君書 · 修權)》에는 "법도는 군주와 신하가 함께 지배하는 것"이라 했다. 군주도 법을 지켜야 하는데 하물며 신하로서는 더욱 법을 지켜야 한다고 했다. 《상군서》에서는 여러 번 관련 문제에 대해 논했다. 예를 들면 《상형(賞刑)》에서는 "법령을 집행하는 관리나 현직을 맡은 관리가 군주의 법령을 집행하지 않는다면 죽을죄를 짓는 것으로 절대 사면하지 않는다. 게다가 사형은 아버지,

---

28) 《戰國策 · 秦策三》
29) 《史記 · 商君列傳》
30) 《商君書 · 壹言》
31) 《商君書 · 修權》

어머니, 아내에게까지 내려진다"고 했고,《정분(定分)》에서는 또 "지역별로 법령을 관리하고 백성이 그 지역의 법령 조항을 지키는 것을 잊어버렸다면 잊어버린 법령 조항으로 그 자를 처벌한다." 또 "감히 법령을 수정해 한 글자라도 줄이거나 보태면 죽을죄를 짓는 것이나 다름없기에 사면 받을 수 없다"고 했다.

셋째, 백성들도 법을 지켜야 한다. 상앙은 성문법을 제정하고 반포할 것을 주장했으며 법률은 "쉽게 알아볼 수 있게 해야 하고 가가호호, 누구나 알 수 있도록 널리 알려야 한다"고 강조했다. "만백성들이 무엇을 피해야 하고 무엇을 가까이 해야 하는지를 알도록 해야 하며, 우환을 피하고 행복을 찾을 줄 알며, 스스로를 다스리는 방법을 터득하게 하는데"[32] 목적을 두었다. 그러면 "관리는 불법수단으로 백성을 대하지 못하고 백성은 법을 어겨 법관과 저촉하는 일을 감히 하지 못하게" 된다고 했다.[33] 상앙은 이렇게 주장했으며 또 이를 실행에 옮겼다.

《전국책 · 진책1(戰國策 · 秦策一)》에는 "현재 진나라의 여성과 어린이들마저 상군의 법령을 얘기하고 있다"고 기록했다. 《한비자 · 오두》에는 "현재 전 국민이 치국에 대해 얘기하고 있으며, 가가호호 상앙과 관중의 법전이 수장돼 있다"고 했다. 상앙은 명법심령의 경로를 깊이 연구했다. 그는 법률을 반포한 후 실질적으로 효과를 보려면 반드시 신용(信)에 힘써야 한다고 주장했다. 《상군서 · 수권》에는 "신용은 군주와 신하가 함께 쌓는 것"이라고 했다. 신용은 법률 차원의 신용이다. "공을 세우면 상을 주고 죄를 지으면 벌을 내려야 한다." 다시 말해 상을 줘야 한다면, 관계가 가깝고 먼 것을 벗어나 반드시 상을 줘야 한다는 것이었다. 그리고 벌을 내려야 할 경우에는 지위의 높고 낮음을 떠나 반드시 벌을 내려야 한다고도 했다. 또 그래야만 백성들에게서 신용을 얻을 수 있다는 것이었다. 《사기 · 상군열전(商君列傳)》에는 "상앙이 변법지령을 반포하려 했지만 혹여 백성들이 새 법령을 믿지 않을까 하여 세 발 남짓한 나무를 도성 남문에 세워놓고 백성들을 불러 모은 후, 이 나무토막을 들이대기 북문에 옮기는 자에게는 현상금으로 10금을 주겠다고 선포했다. 그러나 백성들이 이를 괴이하게 여겨 아무도 실행하는 자가 없자, 다시 선포하기를 이 나무토막을 옮기는 자에게는 50금을 주겠다고 했다. 이에 어떤 한 사람이 헛걸음한 셈치고 이 나무토막을 남문에서 북문으로 옮겨 놓자, 약속대로 50금을 줌으로써 나라에서 백성들을 속이지 않는다는 것을 분명히 보여준 후 새 법령을

---

32) 《商君書 · 定分》
33) 《상군서 · 정분》

하달했다"고 기록했다.

한비도 명법을 강하게 주장했다. 《한비자·식사》에도 "법을 명시하는 나라는 강대해 지지만 법제를 소홀히 하는 나라는 약해진다"고 명확히 제기했다. 또한 명법에 대해 전문적인 해석까지 내놓았다. 《한비자·남면》에는 "군주는 신하가 아무리 재능이 있다고 할지라도 법을 무시하고 독단적으로 행동하지 못하게 해야 하며, 또 신하에게 어진 행동이 있었다 하더라도 공로가 있는 자의 위에 두어서는 안 되며, 충성스러운 모양을 보이더라도 비합리적인 행위일 경우에는 법을 떠나 그것을 금지시키지 않을 수 없는 것이다. 이를 두고 법을 엄정히 하는 것이라 한다"라고 기록했다. 법률의 절대적인 권위를 수립하는 외에도 언행의 옳고 그름을 판단하고 상과 벌을 내리는 유일한 기준으로 적용해야 한다고 요구했다. 때문에 법령을 벗어나 인의, 사랑을 얘기하는 것을 반대했으며, 특히 "법령을 위배하고 개인의 이익을 챙기는 것은" 더더욱 반대했다. 명법을 실현하기 위해 그는 3가지 요구를 제시했다.

첫째, 법률을 성문형식으로 백성에게 반포하고 언행을 가늠하는 기준과 반드시 지켜야 하는 규범으로 간주하게 한다. 《한비자·난삼(難三)》에는 "법이란 문서에 기록하여 관청에 비치하며 백성에게 공포하는 것을 말한다"고 했다. 법률을 더욱 뚜렷하고, 명확하게 한 것이다. 《한비자·난삼》에는 "그러므로 법은 분명히 밝히는 것이 좋고…… 군주가 법을 말하면, 나라 안의 신분이 낮은 자라도 그것을 널리 듣고 있기 때문에 알고 있다"고 했다. 그는 상앙의 견해에 찬성하면서 법률을 반포하면 백성들로 하여금 지키게 할 수 있어야 뿐만 아니라 더구나 관리가 독단적이며 사리사욕에 눈이 멀어 행하는 불법 행위를 막을 수 있다고 주장했다. 법령을 통일할 것도 요구했다. 그는 지역적으로 법령을 통일시켜야 한다며 입법권은 군주에게만 있기 때문에 지방관리가 법을 제정하는 것을 반대해야 한다고 주장했다. 한편 시간적으로 통일할 것을 요구하며 앞뒤가 모순되어서는 안 된다고 했다.

둘째, 법률을 반포한 후 상과 벌을 통해 조치를 취하는 것이 근본적으로 법률을 집행할 수 있는 유일한 효과적인 방법이다. 앞서 그는 이런 차원에서 법에 대한 정의를 내렸다. 《한비자·정법(定法)》에는 "법이란 관청에서 명시하고 있는 법률이며, 그 형벌에서 빠져나갈 수 없다고 백성들이 믿고 있는 것이며, 법을 지키고 있는 자에게는 상을 주고, 명령을 위반하는 자에게는 법을 가한다"고 했다. 한비는 군주가 법령을 실행하고 통치를 이어갈 수 있는이병(二柄, 형벌과 덕)이 바로 상과 벌이라고 했다. 그는 상과 벌이 유일한 효과적인 방법이라고 하는 것은 이익을 좋아하고 손해를 싫어하는 인간의 본성에 맞기 때문이라고 주장했다.

셋째, 사상을 통일시키고 문화를 통한 전제정치를 실시하며 법령과 맞지 않는 모든 사상, 견해 특히 유가들이 주장하는 "어진 정치"와 덕치(덕으로 다스림)를 금지해야 한다.

법가의 명법심령 사상은 당시의 사회에서 적극적이고 진보적인 역할을 했다. 따라서 어느 정도에서는 현재의 법제를 수립하는데 참고가 될 수 있다고 하겠다.

4. 권귀(權貴)를 피해서는 안 된다. 형벌에는 등급이 없다

《사기 · 진본기(秦本紀)》,《상군열전》의 기록에 따르면 전국 초기 진 효공(기원전 약 358년) 때 큰 파문을 일으킨 진태자사안(秦太子駟案)이 발생했다.

상앙이 진나라에서 첫 변법을 진행할 때 연좌법(連坐法) 등 일련의 법령을 반포했었다. 그러나 법령이 온 나라에 시행된 지 만 1년이 되자 진나라 백성들은 새로 만든 법령이 불편하다고 아우성을 쳤다. 수구파 귀족들의 반대도 만만치 않았다. 특히 진 효공의 아들 태자사의 스승인 공자건(公子虔)과 공손가(公孫賈)를 위수로 한 일부 수구세력들이 태자사를 충동질하는 바람에 진나라 왕의 태자가 그만 범법 행위를 저질렀다. 사건이 발생한 후 직접 조사에 나선 상앙이 말하기를, "법이 시행되지 않는 것은 위에서부터 범법행위를 저지르기 때문이다"고 하면서 태자를 법대로 처리하려고 했다. 그러나 막상 임금의 아들인 태자를 처벌하기란 쉬운 일이 아니었다. 할 수 없이 태자사의 스승에게 형벌을 내리기로 했다. 공자건(公子虔)에게는 코를 베는 비형을 내리고, 공손가에게는 얼굴에 글을 새기는 경형을 가했다. 이렇게 하여 진나라 백성들은 모두 새로운 법을 따르게 됐다. 이 때문에 상앙은 태자사 등 수구세력들의 비위를 크게 거슬리게 됐다. 태자사가 즉위한 후 상앙은 결국 기열형(車裂刑)으로 죽임을 당했다.

"진 태자사건"은 권세와 지위가 높은 자를 피하지 않고 평등하게 법으로 다스려 형벌에는 등급차별이 없다는 법가사상을 보여줬다. 이는 귀족과 평민과 함께 공평무사하게 형벌을 적용할 것을 요구한 것이었다. 중국 법률사에서 상앙은 이를 주장한 첫 사람이었다.

상앙은 이런 사상을 일형이라 표현했다.《상군서 · 일형》에는 "소위 일형이라고 하는 것은 형벌에 등급이 없다는 것을 말한다. 재상, 장군에서부터 대부, 서인에 이르기까지 왕명에 복종하지 않고 법령을 범하여 제도를 혼란시키면 죽을죄로써 관결하며 용서하지 않는다. 전에 공이 있어도 후에 패하면 형이 경감되지 않고 전에 잘했어도 후에 잘못을 저지르면 법을 훼손시켜 가면서까지 용서하지 않는다. 법령을 집행하는 관리나 현직을 맡고 있는 관리가 군주가 제정한 법령을 실행하지 않으면 사형을 면치 못한다. 뿐만 아니라 그들의 아버지, 어머니, 아내도 똑같이 형벌이 적용된다"라고 했다.

일형은 형벌을 통일하는 기준을 가리킨다. 형벌에는 등급차별이 없고 공을 세웠다 해서 죄가 감면되지 않으며, 법 집행자가 법을 어기면 과중하게 처벌하고 연좌법을 시행할 것을 요구했다. 군주를 제외한 모든 사람은 법률 앞에서 평등하다고 주장했다. 상앙은 "법이 시행되지 못하는 것은 위에서부터 범법행위를 저지르기 때문"이라는 역사적인 교훈을 종합해 "형벌은 위로 대부에게 미치지 않고(刑不上大夫)", "가족끼리는 죄가 있어도 서로 숨기고 고발하지 않는다"는 유가의 전통 사상을 반박했다. 상앙이 제시한 상공(尚公)사상은 법을 집행하는 과정에서 법의 평등성을 반영했다. 즉 귀족과 서민에게 평등하게 법률을 적용해야 한다는 것이다. 그는 존군으로써 법치를 추진하려는 데 목적을 뒀다. 일형의 주장은 "형벌이 대부에게 미치지 않는다"는 법제 원칙을 타파했는데, 이는 역사적인 진보가 아닐 수 없다. 하지만 이 주장에는 제한성도 있었다. 평등하게 법률을 적용하는 대상에서 군주를 제외시켰기 때문에, 법가의 법치이론의 치명적인 약점이 됐다. 그는 무조건 등급을 반대한 것이 아니라 봉건 등급을 주장했다. 상앙의 일형은 "법률 앞에서는 사람마다 평등하다"는 서방 근대 자산계급의 주장과는 본질적인 차이점이 있었다. 전자는 봉건중앙집권의 군주 정체와, 후자는 근대의 민주 정체와 한데 연결돼 있었다.

"형벌에는 등급차별이 없다"는 법가의 공통된 주장이었다. 제 법가는 법률이 제정되면 모든 사람들이 반드시 지켜야 한다고 강조했다. 《관자·임법》에는 "군주와 신하, 백성을 포함해 모두 법을 지켜야 하는데 이를 대치(大治)라 한다"고 했다. 또 《칠신칠주(七臣七主)》에는 "군주도 신하도 모두 법을 지켜야 한다. 법에 따라 판단을 내리는 신하는 비방이나 칭찬이 따르지 않는다. 그렇기 때문에 군주가 법을 장악하면 지위가 확고해지며, 법에 복종하면 뇌물수수가 없어지고 간사한 백성들도 사라진다"고 했다.[34] 법가사상의 집대성자인 한비도 예외는 아니다. 《한비자·유도》에는 "먹줄이 휘어진 나무를 따라 굽지 않듯, 법도 귀인에게 아첨하지 않아야 한다. 법을 시행함에 있어 똑똑한 사람이라도 이를 피할 수 없고, 용감한 자라도 감히 저항할 수 없다. 대신이라고 해서

---

34) 《상군서·일언(商君書·壹言)》

법을 피할 수 없고, 필부라고 해서 상에서 제외되지도 않는다"고 했다.

권세와 지위가 높은 자를 피하지 않고 평등하게 형벌을 적용하고 형벌에는 등급차별이 없다는 법가사상은 후세에 큰 영향을 미쳤다. 서한의 역사가인 사마천은 《사기·논육가요지(論六家要旨)》에서 "죄를 범했을 때는 친소와 귀천을 막론하고 일률적으로 벌로 다스려야 한다"고 위의 사상을 개괄했다.

5. 수시로 변하는 법과 낡은 풍속·습관을 바로 잡는다

《사기·상군열전》,《상군서·경법》에는 전국 초기 상앙이 진나라 변법을 실시하기 전에 수구세력의 대표인 감룡(甘龍), 두지(杜摯)와 "법을 바꿀지", "예를 바꿀지" 여부를 두고 진 효공 면전에서 열띤 논쟁을 펼쳤다.

진 효공은 법(法)을 고쳐 나라를 다스리고, 풍속과 예절을 바꾸어 백성을 가르칠 생각이었지만, 세상 사람들의 비난을 받을까 두려워했다. 상앙은 진 효공에게 빨리 법을 바꾸라고 설득했다. 그는 법을 바꿔야만 나라가 강해지고 백성이 이익이 돌아간다며 "법이란 백성을 사랑하는 것이다. 예란 일을 편하게 하는 것이다. 그러므로 성인은 나라를 강하게 할 수 있다면 옛날 법을 사용하지 말아야 하고, 백성을 이롭게 할 수 있다면 옛날의 예를 따르지 않아야 한다"고 했다. 진 효공은 상앙을 적극적으로 지지했다.

하지만 감룡은 단호히 반대하며 성인(聖人)은 풍속과 예절을 바꾸어 백성들을 가르치지 않고, 지혜로운 자는 법을 바꾸어 나라를 다스리지 않는다고 주장했다. 또한 백성들에게 익숙한 풍속과 관습을 좇아 가르치면 애쓰지 않아도 공을 세우고, 이미 시행하고 있는 법에 따라 백성들을 다스리면 관리도 익숙하고 백성도 편안해 할 것이라고 했다. 하지만 만약 예로부터 전해오는 진나라의 법을 따르지 않고, 법을 바꾸고 또 풍속과 예절을 고쳐 백성들을 다시 가르친다면, 백성들이 반대하게 된다고 주장했다.

상앙은 감룡의 주장에 강하게 반박했다. "감룡 대부께서 하시는 말씀은 보통 세상 사람들이 자주 하는 말 가운데 하나이다. 대개 평범한 사람은 옛 풍속과 관습에 익숙해져 편안하게 지내려 하고, 학자들 또한 자신들이 배운 것에만 빠져 있을 뿐이다. 이 두 부류의 사람은 벼슬자리에 있으면서 법을 지키게 하는 사람들이지, 법을 바꾸는 변법에 관해 함께 의논할 사람들은 아니다. 하·은·주 시대에는 풍속과 예절이 같지 않았다. 그럼에도 제국(帝國)을 건설하고 왕업(王業)을 시행했다. 춘추, 오패(五覇)들은 법(法)이 같지 않았으나 제후들의 우두머리 노릇을 했다. 따라서 지혜로운 사람은 법을 만들고, 어리석은 사람은 그 법에 따라 다스림을 받는다. 어진 사람은 풍속과 예절을 고치고, 평범한 사람은 그 풍속과 예절에 얽매이게 마련이다. 풍속과 예절에 얽매이는 사람은 함께 일을 의논하는 것이 적당하지 않다."

상앙은 역사적인 사실을 근거로 시대가 다르기 때문에 통치자들은 구체적인 변화에 따라 수시로 법을 고쳐야지 옛날 제도에 얽매이지 말아야 한다는 명확한 방향을 제시했다.

두지는 상앙 변법을 강하게 반대하며 "옛 법을 본받으면 허물이 없고 예절을 좇으면 사악함이 없다"고 하면서 옛 법과 예절을 지키고 함부로 고치지 말 것을 주장했다.

상앙은 두지의 반대에 날카롭게 맞섰다. "옛 세상의 교육이 같지 않았는데, 두지 대부는 어떤 옛 법을 말하는 건가요? 옛 제왕들은 각자 다른 예절을 사용했는데, 두지 대부는 어떤 옛 예절을 따르겠다는 것인가? 상고 시대의 제왕인 복희씨(伏羲氏)나 신농씨(神農氏)가 세상을 다스릴 때는, 백성들을 교육만 하고 형벌을 가하지는 않았다. 황제나 요·순임금이 세상을 다스릴 때는, 죄를 범한 당사자만 처벌했을 뿐 연좌(連坐)하여 처벌하지는 않았다. 주(周)나라의 문왕(文王)과 무왕(武王)이 세상을 다스릴 때는, 각각 당시의 시대에 맞는 법(法)을 만들고, 예절을 정했다. 예절이나 법(法)은 시대의 변화에 맞게 만드는 것이다. 처벌과 명령은 그 시대의 변화에 맞추어 하는 것이고, 군대의 병기와 갑옷 그리고 제사에 사용하는 기물들 역시 각각 사용하기에 편리하도록 바꾸는 것이다. 신은 예부터 세상을 다스리는 방법은 한 가지만 있는 것이 아니고, 나라를 편안하게 한다면 구태여 옛 법을 따를 필요가 없다고 말하고 싶다. 은(殷)나라의 탕왕이나 주나라의 무왕은 옛 법을 따르지 않고도 번영을 누렸고, 하나라의 걸왕과 은나라의 주왕은 옛 법을 바꾸지 않았는데도 멸망했다. 이렇게 보면, 옛 법을 버린다고 무조건 옳지 않다고 하는 것은 잘못된 것이고, 옛날 예법을 따른다고 해서 무조건 옳다고 하는 것은 틀렸다고 할 수 있다."[35]

역사적 경험을 종합한 상앙은 인류사회가 꾸준히 앞으로 발전하기 때문에 법률, 예법도 시대의 발전에 따라 바뀌어야 한다고 강조했다.

상앙은 "법고(法古, 옛 것을 본받음)뿐만 아니라 오늘의 것을 따르는 것(循今)"도 반대했다. 그는 "덕치, 예치, 교화" 등의 치국수단은 이미 시대에 뒤떨어졌다며 유일하게 정확한 방법은 변법을 실시하고 법치를 실현하는 것이라고 했다.《상군서 · 개새(開塞)》는

다음과 같이 말하고 있다. "성인은 옛 것을 본받지도 않고 오늘날의 것을 따르지도 않는다. 옛 것을 본받으면 시대에 뒤떨어지게 되고, 오늘날의 것을 따르면 시세에 막히게 된다. 주나라는 은나라를 본받지 않았고 하나라는 순 임금의 우나라를 본받지 않았다. 하·은·주 삼대는 시세가 달랐는데도 모두 천하의 제왕이 되었다. 때문에 왕업을 세우는 데는 원칙이 있어야 하지만 왕업을 지키는 방법은 서로 달랐다. 주 무왕은 반역으로 정권을 탈취했지만 군주의 원칙에 따라 나라를 다스렸다. 그리고 무력으로 천하를 얻었지만 인덕사상을 펼쳤다. 주 무왕은 폭력으로 천하를 얻었지만 예제로 왕업을 지켰다. 현재 강국은 무력으로 다른 나를 합병하느라 정신이 없고, 나약한 국가는 방어하기에 급급해 옛날의 우·하 두 왕조를 따르지는 못하지만, 근고 시대는 상 탕, 주 무왕의 치국원칙을 따르지 않았다. 상 탕, 주 무왕의 방식을 포기했기 때문에, 무릇 만대의 전차가 있는 국가는 전쟁을 도발하고, 무릇 천 대의 전차가 있는 국가라면 모두 방어하고 있다. 상 탕, 주 무왕이 천하를 통일하는 방식은 이미 시대에 뒤떨어졌지만 지금의 군주는 이를 포기하지 않았다. 그러므로 하·상·주와 같은 네 번째 왕조가 생겨나지 않은 것이다. 현명한 군주가 아니라면 소신의 이 말이 마음에 와닿지 않을 것이다."

이 때문에 《상군서·일언》에서는 "사회 발전의 구체적인 상황에 따라 적절한 정책을 제정하고 사회풍속에 대한 조사를 바탕으로 법령을 제정해야 한다"고 했다.

상앙의 변법은 진 효공의 지지를 얻어냈다. "옛 것을 본받지 않고 새 것을 따르지도 않는 사상이" 진나라 변법의 지도원칙이 되었던 것이다.

상앙과 감룡, 두지의 논쟁은 풍속과 예절을 바꾸는 법가의 사상에서도 보여졌다. 이같은 사상은 사실상 법가가 주장하는 역사관과 법가론이 변법 실천에서의 구체적인 실현이다. 즉 신흥지주계급의 이익을 대변한 법률로서 옛 도덕과 풍속을 통일시키려는 것이었다.

《관자》를 대표로 한 제법가도 풍속과 예절을 바꾸는 사상을 제창했다. 그들은 사회가 변화·발전함에 따라 임금도 이런 규칙에 보조를 맞춰야 하고 시대의 변화에 따라 법을 고쳐야 한다고 주장했다. 《관자·임법》에서는 이렇게 말했다. "전에 요 임금이 나라를 다스릴 때 백성들은 부르면 오고 밀어내면 바로 갔기 때문에, 그들을 노역에 참가시키면 임무를 완성할 수 있었고, 그들을 금지시키면 제때에 제지할 수 있었다. 요 임금이 관리하는 방법은 어떻게 해야 되고, 하지 말아야 하는 법령을 명확하게 발표하는 요령을 잘 알고 있을 뿐이다. 황제가 천하를 다스릴 때는 백성을 부르지 않아도 왔고, 밀어내지 않아도 갔기 때문에 노역을 강요하지 않아도 일이 성사되고 금지시키지 않아도

자동적으로 중지됐다. 황제가 천하를 다스리는 방법은 법을 정하면 고치지 않고 백성이 법에 따라 행사하도록 하는 것이다."

《관자 · 정세》에는 "옛날에 현명한 군주는 한 사람뿐이 아니다. 공을 세운 자에게 상을 많이 주거나 적게 줬으며, 법을 세워 금지하는 정도에도 경중이 있었고 작법도 서로 달랐다. 하지만 일부러 서로 다른 정책을 펼친 것이 아니라 시세의 발전과 기풍에 따라 바꿨을 뿐이다"라고 했다.

서로 다른 역사시기에 임금의 치국방법이 서로 달랐고 도덕과 풍속이 시간의 흐름에 따라 바뀌었던 것이다. 오늘이 고대의 상황과는 크게 다르기 때문이었다. 《관자 · 임법》에는 "현재 천하의 일은 바로 이러하다. 기존의 우수한 법도를 견지하지 못한다. 때문에 능력 있고 법률을 알며 박식한 사람들은 지혜를 빌어 법도를 교란시켜 군주를 미혹시킨다. 권세가 높고 부귀하고 용감한 사람들은 위세를 빌어 법도를 파괴하며 군주를 침범한다. 이웃 나라의 제후들은 권력을 이용해 태자를 폐지하거나 앉히고 상국을 임용한다. 국내의 대신들은 행사(行私)로 백성들을 자기편으로 끌어들이고 공공재산을 가로채며 사당을 키운다"고 기록돼 있다. 때문에 옛 법으로 오늘의 세상을 다스릴 수 없으며 예치와 덕정을 버리고 변법을 실시해 풍속과 예절을 바꿔야 한다고 했다. 《관자 · 정세》에는 이런 구절이 있다. "성인이라면 어지러움을 다스리는 규칙을 파악하고 인간 사회에서 일어나는 일의 시작과 끝을 잘 알아야 한다. 백성을 다스림에 있어서는 그들에게 유리한 것만 추구하면 된다. 따라서 그가 적절한 정책을 제정할 때 고대를 맹신하지 않았고 현재에도 얽매이지 않았으며 세사와 백성들의 기풍 발전에 따라 변화했다."

상앙의 역사관과 변법론을 전승한 한비는 "법도가 시대의 변화에 순응해 나라를 다스려야 한다"는 역사관을 제시했다. 《한비자 · 심도》에는 "백성을 다스림에는 일정한 법이 없으며 오직 다스리기만 하면 법이 된다. 법이 때와 함께 바뀌면 다스려지고 다스림이 세상과 들어맞으면 공이 있다. 그러므로 백성이 순박했을 때는 이름으로써 금하면 다스려졌으나 세상의 지혜가 늘었을 때는 형벌로써 잡아야 따르게 된다. 때는 옮겨가더라도 법이 바뀌지 않을 경우에는 어지러워지고 재간이 많아지더라도 금제가 변하지 않을 경우에는 깎여 버린다. 그러므로 성인이 백성을 다스림에 있어서 법은 때와 함께 옮기고 금제는 재간과 함께 변해야 한다"고 했다. "법도가 시대의 변화에 순응해 나라를 다스려야 한다"는 역사관의 지도하에 한비는 법률수단으로써 옛 도덕여론과 풍속습관을 통일시킬 것을 요구했다. 예를 들면 《한비자 · 오두》에서는 "오늘날 유가나 묵가들은 한결같이 이렇게 말한다. 선왕은 천하 사람을 가리지 않고 평등하게 사랑하기 때문에 백성을 부모가 자식 대하듯 한다. …… 군신관계를 부자 관계처럼 하면 세상은 반드시 잘 다스려진다고 한다. 그들의 말대로라면 화목하지 않는 부자는 없어야 한다. …… 또 법에 의해서 법을 집행하고 군주가 그 때문에 눈물을 흘린다는 것은 그 사실 자체는 인의를 나타내고 있지만 정치를 하고 있다고 볼 수는 없는 것이다. 눈물을 흘리며 형을 집행하고 싶지 않다는 것은 어진 일이기는 하지만 형을 중지시킬 수 없는 것은 법 때문이며, 선왕이 그 법을 없애지 않고 눈물을 문제시하고 있지 않은 점으로 보더라도 인(仁)만으로는 정치를 할 수 없었던 것이다"고 했다. 또한 "가령 형제가 타인에게 해를 입었다고 하여 그 해를 입힌 자를 공격하는 것을 도리에 맞는 일이라 하고, 친구가 치욕을 당했다 해서 곧 복수를 하는 것도 마음이 바른 사람의 소행이라 하고 있다. 이와 같이 도리를 찾거나 마음의 바른 점을 과시하는 사적 행위가 행하여진다는 것은 군주의 법률이 침범당하고 있다는 뜻이다. 군주가 그러한 사적 보복행위를 존중하며, 법률을 침범한 죄를 잊고 있으면 백성은 다투어 용기를 내어서 결투를 하게 되고, 관리는 그것을 막지 못하게 될 것이다. 노동을 하지 않고 의식(衣食)을 취하는 자를 유능하다고 하며, 전공이 없는 데도 존경을 받게 되면 현자라 해서 존경을 받는다고 한다. 그와 같은 풍조가 있는 한 군대는 약화될 것이며, 농토는 황폐해질 것이다." 또한 "유학자는 학문으로 법률을 문란하게 하고 있고, 협객은 무력으로 금제를 범하고 있다. 군주가 그 양쪽을 함께 예우한다면 그것은 곧 반란이 일어날 계기가 되는 것이다. 법을 위반한 자는 처벌을 당하고 있는데 유학자들은 법을 어겨도 학문이 깊다고 해서 임용된다. 금제를 어긴 자는 벌을 받고 있는데 많은 협객들은 자신들의 검의 위력으로써 대우를 받고 있다. 그러니 열 명의 황제가 나타난다 해도 다스리지 못할 것이다. 그러므로 인의를 행하는 자를 칭찬해서는 안 된다. 그들을 칭찬하면 군주가 공을 세우는 데에 방해가 된다. 문장학술에 종사하는 자를 임용해서도 안 된다. 그들을 임용하면 법치를 파괴한다." 또 "현재 문장과 학술에 능하고 말만 살 한나면 힘들게 밭일을 하지 않아도 풍족한 재산을 얻을 수 있고, 죽을 각오로 전쟁에 참여하지 않아도 존귀한 관직과 작위를 얻을 수 있으니 누가 하지 않겠는가? 이런 까닭에 백 사람이 지혜를 다듬고 한 사람만이 일하게 된다. 지혜를 익히는 자가 많으면 법이 무너지고 일을 하는 자가 적으면 나라가 가난해진다. 이것이 세상이 어지러워지는 원인이다. 그러므로 현명한 군주의 나라에서는 책에 쓰인 글이 없고 법만을 가르침으로 삼으며 신왕의 말은 없고 관리만을 스승으로 삼으며 개인의 칼부림은 없고 목을 베는 것만을 용맹으로 삼는다. 이런 까닭에 나라 안의 백성 가운데 담론하는 자는 반드시 법에 따르고 일하는 자는 그것을 공적에 돌리며 용맹한 자는 그것을 군에서 다하게 된다. 이 때문에 일이 없으면 나라가 부하고 일이 있으면 군대가 강하다. 이것을 왕의 자질이라고 한다."

3절. 법가사상이 전통 중국법률문화에서의 관통과 표현

1. 법가사상과 집권정치

기원전 247년 진나라 장양왕(庄襄王)이 죽자 그의 13살 난 아들 영정(嬴政)이 왕위에 올랐다. 하지만 진왕 영정이 어렸기 때문에 조정은 태후와 상국 여불위(呂不韋)가 장악했다.

전국시대 말기 정치가인 여불위는 위나라 복양(濮陽, 현재의 하남성)의 서남쪽 사람이다. 전에는 양구(陽翟, 현재의 하남성 禹縣)의 대상인이었는데, 조나라 도성인 한단에서 장사를 하다 우연히 그곳에 인질로 잡혀와 있던 진나라 공자(公子) 이인(異人, 훗날 子楚로 개명)을 발견하고는 그를 곁에 두며 앞으로 크게 쓸모가 있을 기화가거(奇貨可居)로 보고 진나라 효 문왕의 애첩인 화양부인(華陽夫人)을 설득하여 이인을 태자로 세우게 했다. 후에 진나라 효 문왕이 죽고 이인이 즉위해 진나라 장양왕으로 됐으며 여불위는 상국으로 임명돼 문신후(文信侯)에 봉해졌다. 영정이 즉위하자 여불위는 중부(仲父)의 신분으로 계속 상국을 맡아 조정을 보좌했다. 사실상 진나라의 태상황이 된 셈이었다. 이후 영정이 어른이 되면서 직접 정사를 돌보려 했다. 여불위가 태후와 사통한 일이 진왕 영정에게 들킬까봐 두려워 문객인 노애(嫪毐)를 태후에게 추천했다. 얼마 지나지 않아 노애는 총신을 받게 됐으며 장신후에 봉해져 태후과 함께 조정의 전권을 쥐고 흔들었다.

기원전 238년, 22살인 진왕 영정이 성인식을 치르고 친정을 펴게 되자 노가 틈을 타 군사를 일으켜 변란을 꾀했지만 영정에게 진압 당했다. 노애의 반란이 여불위와 연관이 있었기 때문에 이듬해 영정은 여불위의 상국 직위를 파면하고 그를 촉으로 유배시켰다. 결국 여불위는 우울증과 두려움에 시달리다가 자살하고 말았다. 친정 2년 만에 진왕 영정은 양대 세력인 노애와 여불위를 없애고 정권을 잡았다. 한편으로는 이사, 위료(尉繚) 등 법가의 대표자를 중용해 진나라를 다스리는데 참여시켰다. 그 후 영정은 진나라의 명실상부한 군주가 되었을 뿐만 아니라, 법가 대표자들의 보좌 하에 법가사상을 실천에 옮겨 천하를 통일함으로서 통일된 봉건제국의 첫 황제인 진시황으로 등극했다.

천하를 통일하는 과정에서 진시황은 이사, 상앙, 한비 등 전국시기 법가 대표자들의 사상적 기초 위에서 새로운 형세에 맞춰 발전을 구가했는데, 이로부터 독특한 법률사상을 형성하게 되었다. 이들은 법가의 대표자가 됐을 뿐만 아니라 전국시기 법가사상의 실천가이기도 했다. 법률사상 면에서 이사는 군주만이 존귀하다는 사상을 주장했으며, 군주의 법률적 지위를 향상시키고 군주전제를 실시할 것을 주장했다. 또한 군현제(郡縣制)를 실시하고 중앙집권의 통일된 국가를 건립할 것을 주장했다. 법률수단으로 나라를 다스리고 전제주의 중앙집권 통치에 유리한 법률질서를 건립할 것을 주장했다. 그리고 법령에 능숙한 관리를 스승으로 모시고 법을 교화의 주요한 내용으로 해 사상문화 전제주의 정책을 추진하고 중형주의를 실시할 것을 주장했다. 전국 후기, 진나라의 저명한 정치가로서 진시황은 임금이고 이사는 신하였다. 대다수 법률사상은 진시황이 제기하고 이사가 상세하게 논술했으며 진시황이 다시 인정하면 이를 조서로 발표해 실시했다. 천하를 통일시킨 후 진시황은 일련의 조치를 취해 법가사상을 빌어 집권정치를 실현했다.

진시황이 세상을 통일한 후 부딪힌 문제가 바로 어떻게 강대한 세력의 대국을 통치할 것인가 하는 문제였다. 분봉제를 채용할지 아니면 군·현제를 실시할지? 서주부터 분봉제가 줄곧 주도적인 지위를 차지했다. 하지만 진나라가 상앙 변법을 실시할 때 중앙집권제의 통치형식인 군현제가 나타났다. 이는 상앙의 군주전제 존군사상의 실현이자 분봉제에 대한 가장 이른 부정이었다. 미흡한 점도 있었지만 상앙 변법 이후로 군권이 꾸준히 확대되고 정권체제가 군주전제의 길을 따라 발전했다. 진시황, 이사는 역사경험을 종합하고 나서 분봉제와 법도가 명확하지 않은 것이 국가가 분열되고 제후가 혼전을 일으킨 근원이라고 분석했다. 이들은 의견이 분분한 가운데서도 승상 왕관, 박사 순우월(淳于越) 등이 분봉제를 다시 실시하자는 의견을 부정했으며 법가의 전제 군권을 주장하고, 군·현제를 실시해 중앙집권을 강화할 것을 강조했다. 그리하여 법령을 반포해 전국을 36개 군으로 구분하고 군 아래에 현을 설치했다. 황제가 군수(郡守), 현령(縣令)을 선발해 그들이 황제를 대표해 지방에서 직접적으로 통치하도록 했다.

존군상법은 법가의 일관적인 사상이었다. 진시황은 법가의 이 같은 사상을 높이 평가했으며 군주권력의 다소와 지위의 안정여부가 국가 정권, 사회의 안정과 직접적으로 관계된다는 점을 깊이 깨달았다. 또한 안정된 통치를 실현하려면 법률 차원에서 군주의 지위를 강화하고 높여야 한다는 점도 깨달았기 때문에 이사의 지지를 받아 일련의 조치를 취했다.

그는 명호를 고치고 황제라 불렀다. 천하를 통일한 초기 진시황은 이사 등 군신을 불러들여 명호를 고쳐오라고 했다. 황제라는 존호를 쓰기로 결정하고 스스로 시황제라 불렀으며 장양왕을 태상황이라고 했다. 그리고 "후세에는 수를 세어(後世以計数)" 2세, 3세라고 하며 만세에 이르기까지 무궁하게 전해 내려가도록 규정했다. 그 후부터 역대 왕조의 봉건군주가황제란 존호를 사용하게 되었다.

명(命)을 제(制)로, 영(令)을 조(詔)로 고쳤다. 이사 등에게 존호를 지어 올리게 하고 스스로 시황제로 칭함과 동시에 황제의 명을 제로, 영을 조로 고치는 것에 대한 이사 등의 건의를 받아들였다. 그렇기 때문에 명을 제로, 영을 조로 고친 후 황제와 기타 관리의 명과 영을 차별화했으며, 제와 조의 발표가 황제가 전적으로 갖는 권리가 됐으며, 황제의 명과 영의 법률적인 지위가 향상됐다. 그 후부터 제, 조가 역대 봉건황제가 국가를 지휘하는 중요한 법률적인 형식으로 됐다.

삼가야 하는 제도도 규정했다. 황제의 지고 무상한 지위를 나타내기 위해 다양하게 규정했다. 신하와 백성들이 주고받는 말이나 상서 및 기록 과정에서 진시황과 그 선조의 이름을 직접 불러서는 안 되었다. 문서, 법률 등 행문에서 황제의 이름이 반드시 언급되어야 할 경우에는 발음이 다르고 뜻이 같은 단어로 대체해야 했다. 진시황 영정의 이름에 나오는 글자를 피하기 위해 정(政), 정(正)을 단(端)으로 고쳤으며, 그 후부터 정월(正月)을 단월(端月)이라 불렀다.

봉건 중앙집권의 관료체계를 구축함과 동시에 감독관리와 통제를 강화했다. 중앙에서 전국시기부터 장상(將相, 장군과 재상)제도를 그대로 사용했으며 진시황은 황제를 중심으로 하는 삼공(三公), 구경(九卿)의 관료기구를 구축했다. 삼공은 태위, 승상, 어사대부가 포함된다. 태위는 최고의 무관으로 전국의 군정을 관리한다. 승상은 최고의 문관으로 황제를 보좌해 전국의 정무를 처리한다. 어사대부는 승상 다음으로 지위가 높은데 백관과 조령 및 군신의 상소문을 감독·관리한다. 구경은 삼공 아래 중앙 여러 행정기관에 대한 총칭인데 봉상(奉常), 낭중령(郎中令), 위위(衛尉), 태박(太仆), 정위(廷尉), 전객(典客), 종정(宗正), 치조내사(治粟内史), 소부(少府)가 포함된다. 이들은 종묘를 관리하고 궁문을 지키고 궁궐을 보위하며 차마, 사법, 의빈, 친지, 재정 및 조정에서 운영하는 수공업 등 분야를 관리했다. 지방은 전국을 36개 군으로 나누었다. 군에는 군수를 최고의 책임자로 내세웠으며 군위(郡尉), 감어리(監御吏)를 설치해 군정, 감찰 분야를 각각 관리하게 했다. 군 아래에는 현을 설치했다. 현에는 현령, 현승(縣丞)을 뒀으며 그 아래에는 이(吏)와 영리(令吏)를 설치했다. 진나라 법률 규정에 따라 전국의 관리는 황제가 임명하고 면직할 수 있었다. 감찰어리의 지위를 높이고 백관에 대한 감찰과 통제를 강화했다. 그러면 중앙과 지방관리가 황제에게 충성할 수 있도록 보장할 수 있었다. 진나라가 확립한 전제주의 중앙집권 관료체제를 훗날의 역대 봉건왕조가 계승하고 발전시켰다.

법률을 통일시키고 법률수단으로 나라를 다스릴 것을 강조했다. 진시황은 법가의 이 법치국사상을 주장했으며 천하를 통일시킨 후 전국시기 진나라의 《진률》을 근거로 6국의 법률을 통일시켰다. 역사학자들은 진시황을 "법에 따라 판단을 내린다"고 평가했으며,[36] 이를 진시황의 공덕(公德)으로 칭송했다. 즉 진시황 28년(기원전 219년), 태산(泰山)의 정상에 올라 세운 비석에는 "황제가 임금의 보위에 오른 후 제도를 세우고 세상의 법도를 밝게 했으며 신하들은 마음을 닦고 근신했다." "치국의 방법이 집행되고 여러 가지 생산적인 배치가 적당하게 된 것은 일정한 규칙이 있다"라고 적혀 있다. 낭야(琅琊)의 비석에도 "법도가 바르게 정비되었는데 이는 천하만물의 준칙이다"고 적혀 있다.[37]

봉건법제로 중앙집권의 정치체제를 보장하고 군주전제 제도 하의 "존비귀천의 차별을 두고 순서를 파괴하지 못하도록 하는" 등급질서와 "관직에 있는 신하들은 다 자신의 본분을 알고 자신이 해야 할 바를 알도록 하는 관료질서를 구축"하는 데 목적을 두었다.

중앙집권 군주전제제도를 공고히 하기 위해 진시황은 문자, 도량형, 궤도, 화폐를 통일시켰으며, 유학을 엄금하고 분서갱유 등 문화전제주의를 실시하는 일련의 조치를 취했다.

한나라 학자인 동중서는 "신불해, 상앙의 방법을 본받고 한비자의 학설을 실천에 옮겼다"며 진시황을 평가했다.[38]

중국 역사의 첫 봉건황제로서 진시황은 법가사상과 봉건사회의 집권 정치를 긴밀하게 하나로 연결시켰는데, 이는 봉건전제주의 중앙집권 정치의 상징이기도 했다. "천하의 일은 크고 작고를 막론하고 모두 황제가 결정하고", "모든 일은 법에 따라 판단을 내린다"가 법가사상과 집권정치의 핵심이었다.[39] 진나라 이후의 역대 봉건 통치자들은 모두 진시황의 의발(衣鉢)을 계승해 집권정치를 발전시켰던 것이다.

---

36) 《史記·秦始皇本紀》
37) 《史記·秦始皇本紀》
38) 《漢書·董仲舒傳》
39) 《史記·秦始皇本紀》

2. 법가사상과 역대 변법

전국시기의 법가 대표는 변법이론을 제기했을 뿐만 아니라 이 같은 이론을 제후국에서 실천에 옮겼다. 그 중 위나라 이회의 변법과 진나라 상앙의 변법이 가장 대표적이다. 법가의 변법이론과 변법 실천 가운데서 보여지는 법가사상은 중국 역사상의 변법운동에 큰 영향을 미쳤으며 널리 발전됐다. 그 중 1069년에 시작된 북송의 왕안석 변법, 명나라 장거중의 개혁이 가장 대표적이다.

왕안석(1021~1086년)은 북송의 저명한 정치가이자 사상가이다. 자가 개보(介甫), 호가 반산(半山)이며, 무주(撫州) 임천(臨川, 지금의 강소성 撫州市 서쪽) 사람이다. 관료 지주 가정에서 태어난 그는 아버지를 일찍 여의는 바람에 생활이 가난했다. 어려서부터 글 읽기를 좋아한 왕안석은 경력 2년(1042년) 진사 출신으로 회남첨판(簽判淮南), 지근현(知鄞縣), 서주통판(通判舒州), 지상주(知常州), 제점강동형옥(提點江東刑獄) 등의 벼슬을 했다. 지방관으로 있는 동안 수리를 건설하고 대출을 실시했으며 학교를 건설하는 등 상당한 실적을 남겼다. 그는 백성들의 질고와 토호들의 악행을 잘 알고 있었다. 가우 4년(1059년) 중앙에서 삼사도지판사에 올랐을 때 〈상인종황제만언서(上仁宗皇帝言事書)〉를 올려 변법개혁을 제기했지만 중용되지 못했다. 강녕 원년(1068년) 신종이 즉위한 후 개혁을 시도했다. 이듬해 왕안석을 참정지사(초보로 상으로 정함)로 부임돼 변법을 실시했다. 가우 7년에 수구파 귀족들은 강녕신법이 하늘의 노여움을 사 가뭄에 시달리게 됐고, 이로 인해 백성들의 불만이 많아져 굶주린 백성들이 떠돌이 생활을 한다면서 왕안석의 사직을 압박했다. 가우 8년에 상에 복직되었다가, 가우 9년에는 또 상에서 파면돼 판강녕부(判江寧府)로 발령되는데 그 후에는 다시 임용되지 않았다. 만년에는 강녕(현재 남경)에 은거해 살면서 글을 가르쳤다. 형국공(荊國公)으로 봉해져 그를 형공(荊公)이라고 부른다. 현재 남은 저서로는 《임천집(臨川集)》, 《임천집습유(臨川集拾遺)》, 《주관신의(周官新義)》 잔권 등이 있다. 중국 11세기의 개혁가인 왕안석은 변법을 주장하고 법치를 숭상했다. 변법 실천과 변법사상은 모두 선진법가의 영향을 받았다. 왕안석은 변법을 실천하면서 주로 2가지 조치를 취했다.

1) 삼사조례사(三司條例詞)의 설치

삼사는 당시의 중앙재정기구였는데 호부(戶部), 도지(度支), 염철(鹽鐵)이 포함됐다. 새로 설치한 변법 기구는 왕안석과 추밀부사(樞密副使) 진승지(陳升之)가 맡았는데 새로운 재정경제정책의 계획과 제정을 맡아 옛 법을 고치는 것 외에 신법을 제정·발표하고 실시했다. 사실상 전문적인 입법기구인 셈이다. 삼사 위에 이 같은 입법기구를 설치했다는 것은 왕안석의 변법이 이재(理財)를 중심으로 부국강병(富國強兵)정책을 추진하려 했다는 점을 보여준다.

일련의 부국강병 법령을 제정 및 반포한 것에 대해 역사에서는《강녕신법(康寧新法)》이라 한다. 그 주요 내용은 다음과 같다.

(1) **균수법**(均輸法). 세금 징수에서의 나쁜 풍속을 바로잡기 위한 제도이다. 정부에서 발운사로 파견해야 하고 동남 육로의 재부를 총괄하며 통일적으로 물자를 구입해 부자 상인(大賈)이 시장을 쥐고 흔드는 현상을 막는다.

(2) **청묘법**(青苗法). 가난하고 나약한 자를 구제하고 호상들이 고리대를 이용하여 합병하는 것을 막기 위한 제도이다. 매년 봄여름 춘궁기 때마다 정부가 돈이나 양식을 백성에게 대출해 주고 이자는 10분의 2였다. 봄에 빌리면 여름에 갚아야 하고 여름에 빌리면 가을에 갚아야 했다.

(3) **농전수리법**(農田水利法). 즉 농전이해조약(農田利害條約)은 여러 지역에서 황폐한 논밭을 개간하고 수리를 건설하며 제방을 수리하고 어전(淤田)과 우전(圩田)을 확대하는 것을 통해 농업생산에 유리하게 한다. 대규모 수리건설 프로젝트를 추진할 경우 정부에서 돈을 빌려줬다.

(4) **면역법**(免役法). 농민들의 부담을 줄이기 위한 제도이다. 국가에서 돈을 내 고용한 사람들을 노역에 종사시켰는데 가정의 등급에 따라 노역비용을 면제해 주었다. 향촌 4등 이하의 가정에서는 징수하지 않았다. 기존에 차역을 하지 않았던 부호들도 등액에 따라 절반은 납부해야 했는데 이를 조역금(助役錢)이라 했다.

(5) **방전균세법**(方田均稅法). 즉 방전균세조약(方田均稅條約)이다. 논밭 생산량이 허위로 날조되고 세금부담이 균일하지 않은 폐단을 바로잡기 위한 제도이다. 해마다 9월이면 현 정부에서 토지 점유 수량을 조사하는데 동서남북 각 1천 보 남짓한 면적을 1방(方)으로 하고 토지의 비옥도에 등급을 매겨 세금을 부과했다.

(6) **시역법**(市易法). 상업에 대한 호상, 대고들의 독점을 없애기 위한 제도이다. 경사 개봉에 시역무(市易務)를 설치해 일백만(一百萬)을 유동자금으로 사용했다. 상업무역을 통제하고 물자를 수매하거나 판매하는 방식으로 물가를 조정했다. 중소상인은 시역무에서 화물을 외상으로 살 수 있으며 대출도 받을 수 있는데 연간 이자는 10분의 2였다.

(7) **병장법**(兵將法). 즉 "군을 강하게" 해 군의 전투력을 향상시키려는 제도이다. 늙고

약한 병사를 줄이고 군영을 합병하는 외에 무예가 출중하고 작전 경험이 풍부한 무관을 뽑아 훈련을 담당토록 한다.

　(8) 보갑법(保甲法). 사회질서를 지키고 농민들의 저항을 막으려는 제도이다. 10호(戶)를 보(保), 50집을 대보(大保), 10대보를 도보(都保)로 정했다. 지주가 보장, 대보장, 도보정을 맡았다. 매 호의 두 장정 이상은 한 사람을 뽑아 보정으로 삼았다. 보정은 농사일이 한가할 때마다 연병되며 평소에는 순찰, 초소, 치안 유지에 참여케 했다. 만약 같은 보 내에서 강도를 발견하고도 보고하지 않을 경우 보 내의 사람들에게 연좌제를 적용했다.

　왕안석은 선진 법가의 변법이론과 법가사상을 계승했으며 자신의 변법을 주장했다.

　첫째, 삼부족(三不足)의 변법이론.

　북송은 내외 정세가 어려웠다. 대내적으로는 계급모순이 격화되면서 농민봉기가 자주 발발해 재정이 위기에 빠졌다. 대외적으로는 요나라와 서하의 침략을 받아 민족 간 모순이 깊어졌지만 북송의 군사력으로는 방어를 제대로 하지 못했다. 이런 국면을 바꾸기 위해 왕안석은 변법을 진행할 뜻을 세웠으며 삼부족 변법이론을 제기했다. "자연현상과 사람은 관계가 없기 때문에 천변은 두려워할 필요가 없다." 즉 인간의 일과 하늘의 일 모두 각자의 법칙이 있어 서로 관계가 없기 때문에 자연재해 등은 두렵지 않다는 것이다. 시대의 변화에 따라 임기응변하는 것이 중요하며 선조가 제정한 법규제도가 시대의 발전에 못 미쳐 부족하면 따를 필요가 없이 폐지하면 된다. 법률을 제정하는 목적은 천하가 태평하고 국가의 부강을 실현하기 위해서이다. 하·상·주 3대는 나라의 형세와 백성의 형편에 따라 법을 세웠으며 전대의 법률에 대해서는 다소 수정했다. 때문에 법률제도를 수립하는데서 상황과 시기에 맞게 적당한 방법을 취하는 것을 취지로 삼았으며 선조의 법을 고수할 필요는 없다고 주장했다. 선조의 법을 본받는다면 법률을 제정하는 취지만 본받을 수 있을 뿐이다. "풍속과 이론(異論)을 버리고 인언(人言, 여론)은 고려하기에 부족하다." 변법 초기 수구파는 "거침없이 용감하게 간언하는" 충신의 자세로 황제에게 간언을 올리며 신법 폐지를 요구했다. 만약 이를 받아들이지 않는다면 의견을 무시하고 자기 고집만 부리는 것이며, 백성의 뜻을 거스르고 인언(人言)을 고려하지 않는 것이라 했다. 왕안석은 이런 여론에 결코 겁먹거나 굴복하지 않았다. 그는 인언에도 좋고 나쁨이 있기 때문에 받아들이거나 무시해버리는 두 가지 태도를 취할 수 있다고 주장했다. 왕안석의 이 같은 주장은 첫째는 국가의 입법이 인언에 의해 좌우지되어서는 안 되고, 국민의 이익을 기준으로 해야 하며, 둘째는 만약 인언을 고려한다면 선법(善法)을 제정할 수 없다는 두 가지 요소를 고려한 것으로 보인다.

왕안석의 삼부족(三不足) 변법이론은 선진 법가 변법사상에 대한 종합이자 이를 승화시킨 것으로 아주 철저하고 완벽했다. 이 또한 왕안석 법률사상에서 가장 핵심적인 부분이라 하겠다. 왕안석은 "풍속을 바꾸고 제도를 세울 것"을 주장했으며,[40] "제도와 법규를 엄격하고 명확하게 할 것(大明法度)"도 요구했다.[41]

즉 옛 법과 폐법(弊法)을 없애고 신법과 선법을 세우는 것을 가장 우선시해야 한다는 뜻이었다. 이로부터 나라를 다스리는 가운데서 법률제도의 지위가 아주 높다는 점을 볼 수가 있다.

둘째, "법 집행자가 죄를 판결함에 있어서 오로지 법률에 의거해야 한다."[42]

왕안석은 법률의 역할을 아주 중시했으며 엄격히 법에 따라 일을 처리할 것을 요구했다. 우선 군주가 법을 알고 법을 지켜야 한다고 주장했다. 군주는 신중하게 법을 집행해야 할 뿐만 아니라 법률을 배우고 알아야 한다는 것이다. 다음 법률수단을 빌어 권세와 지위가 높은 자들의 특권을 억제해 일반 백성들처럼 법을 지키고 명령을 따르게 해야 한다고 주장했다. 때문에 법을 어기고 범죄를 저지르는 군주의 친족과 대신을 엄하게 처벌해야 한다고 했다. 그리고 사법의 통일을 수호하고 법관이 재판과정에서 법률을 벗어나 제멋대로 판단을 내리는 것을 반대한다며 사법의 감독관리를 강화할 것을 건의했다.

장거정(張居正, 1525-1582년)은 명나라의 정치가이자 사상가였다. 자는 교대(敎大)이고, 호는 태악(太岳)이며, 강릉(江陵, 현재의 호북성 강릉현) 출신이다. 가정 연간 진사에 급제했으며 이후 한림원 편수(翰林院編修), 시강학사(侍講學士), 예부우시랑(禮部右侍郎), 이부좌시랑(吏部左侍郎), 동각대학사(東閣大學士), 예부상서(禮部尙書) 겸 무정전대학사(武英殿大學士)를 지냈다. 신종이 즉위한 후 중관 풍보(馮保)와 힘을 합쳐 고공(高拱)을 쫓아내고 10년간 수보(首輔) 자리에 앉았으며 명나라 최고 권력인 승상이 됐다. 저서로는 《태악집(太岳集)》이 있고 그외 많은 글은 청나라 시절 《장문충공전집(張文忠公全集)》으로 묶였다.

장거정이 승상을 지낼 때 명나라의 군정이 흐트러지고 재정이 파산됐으며 농민봉기가 자주 발발해 전반 사회가 심각한 위기에 빠졌다. 갈수록 쇠퇴해지는 추세를 막고 봉

---

40) 《宋史·王安石列傳》

41) 《臨川文集》 권39, 上時政疏

42) 《文獻通考·形考九》

건통치를 지키기 위해 장거정은 당시의 정치를 개혁하고 기율강령을 바로 잡는데 주력했다. 만력 6년(1578년) 명을 내려 토지를 자세하게 측량하게 했으며 대지주가 숨겨둔 논밭을 철저히 조사하게 했다. 만력 9년(1581년) 전국적으로 일조편법(一條鞭法)이 실행됐다. 각 주와 현의 전부(田賦)와 요역(徭役) 그리고 기타 잡세를 하나로 하여 토지에 따라 은으로 징수하도록 함으로써 일정한 정도에서 정부의 재정상황이 호전됐다. 정치적으로는 시대적인 폐단을 겨냥해 개혁했는데 내각과 육부의 권력을 강화하고 관리의 치적과 품행을 바로잡았으며, 남아도는 인원을 줄여 조정의 모습을 일신시켰다. 하지만 수구파 귀족의 저항과 공격으로 결국에는 또 실패했다.

　장거정은 선진 법가의 법치주의를 숭상하고 예의를 공론하는 것을 반대했다. 그의 법률사상은 법가의 실무적이고 준엄한 사상이 녹아 있었다. 첫째, 최대한 중앙으로 집권시키고 법률정령으로 천하를 규범화할 것을 주장했다. 그는 가정 이후부터 조정의 부패가 심한 주요한 원인 중 하나가 바로 호족의 세력이 지나치게 강하고 방자한 모습을 보이며 법을 지키지 않음으로써 중앙의 정령이 백성들에게서만 적용되고 호족들은 제외되었기 때문에 상하의 지위가 바뀌고 조정의 지휘가 원활하지 않아 모두 정권을 잡으려 한 것이라고 여겼다. 때문에 중앙집권을 실현해 조정의 기강을 바로잡고 호적의 세력을 꺾어야 한다는 것이었다. 장거정은 진시황의 혹독한 형벌과 엄격한 법률을 높이 평가하면서 역사적 경험을 종합하고 법치를 주장했으며 국가의 법률에 따라 사람들의 언행을 엄격히 규범화 할 것을 요구했다. 명 태조 초년에 제정한 법률에 따라 집행해야 한다며 이래야만 쇠퇴의 추세를 막을 수 있다고 여겼다. 둘째, 개혁을 추진하기 위한 조치로 변법의 필요성을 특히 강조했다. 그는 사회제도가 꾸준히 변화 · 발전하고 있기 때문에 국가 법률제도도 따라서 바뀌어야 하고 법률제도를 제정함에 있어서도 백성들의 형편에 어울리는 것을 원칙으로 해야 한다고 주장했다. 셋째, 큰 죄를 저지른 범죄자는 반드시 혹독한 형벌로 처벌해야 한다고 했다. 그는 느슨한 정책은 자애심으로 우환이 생기게 되지만 엄격한 법률제도는 천하의 안정을 보장할 수 있다고 여겼다. 그리하여 그는 "발표된 법률은 반드시 그대로 집행해야 하고 간사한 사람은 절대 형벌을 면제해줘서는 안 된다"고 하는 주장을 제기했다.[43]

---

43)《張文忠公文集 · 書牘九 · 答憲長周松山言弭盜非全在不欲》

3. 법가의 사상과 역대 율전

법가의 선구자인 자산(子產), 등석(鄧析)에서 법가의 창시자인 이회에 이르기까지 모두 입법 가운데 법과 원칙을 지키는 법가사상을 녹여내는 것을 크게 중시했다. 법치를 숭상하고 법을 효과적인 통치수단으로 해야 한다는 사상은 신흥지주 계급의 의지를 담은 일련의 법률을 통해 반영됐다. 진한 이후 법가들이 학파로서는 존재하지 못했지만, 봉법(법과 원칙을 준수하는)원칙과 법치를 숭상하는 사상은 역대 봉건 율전에 모두 일관되게 관철되었다.

중국의 법학자 정수덕(程樹德)은 《구조율고·한률고서(九朝律考·漢律考序)》에서 법가의 창시자 이회의 《법경(法經)》이 "기원이 가장 오래되었다"고 평가했으며 율계표(律系表)의 첫 자리에 올려놓았다. 《법경》은 춘추전국시기 성문법 운동 발전에 대한 종합이자 진나라 입법의 근거이기도 하다. 또한 진 《한률》을 통해 역대 봉건 법제에 영향을 미쳤다. 이런 의미에서 《법경》은 중국 봉건 법전의 원본이라고 할 수 있다. 정수덕의 평가는 아주 정확했다. 《법경》에 나오는 글이나 격식, 입법 지도사상은 모두 후세의 봉건 율전 제정에 큰 영향을 미쳤다.

《진률》은 춘추전국시기부터의 성문법 운동의 발전을 집대성한 것이다. 상앙 변법시기에 처음으로 창설됐으며 상앙은 《법경》의 내용을 그대로 빌려 《진률》을 제정했다. 이것이 바로 가장 이른 《진률》이다. 훗날 점차적으로 완벽해지면서 1975년에 출토된 《수호지진묘죽간(睡虎地秦墓竹簡)》에서 볼 수 있는 《진률》이 형성됐다. 출토된 《진률》은 봉건 율전체계의 대표적인 표본이다. 출토된 《진률》로 보면 진나라에 율명이 30여 개 있었지만 모두 《법경》 6편의 체계를 넘어서지 않았다. 이밖에 법률 문답, 영(令), 정행사(廷行事), 정(程), 식(式), 과(課) 등 법률 형태가 포함됐다.

한나라에서 진나라의 제도를 이어받았다. 한나라 초기 소하(蕭何)는 《진률》을 기초로 하여 《법경》의 여섯 편에 "구(厩), 호(戶), 흥(興)" 3편을 더해 《구장률》을 제정했다. 1983년 말에서 1984년 초, 호북 강릉(江陵) 장가산(張家山) M247 서한 전기 고분에서 죽간 《한률》이 출토됐다. 이미 정리해낸 율명(律名)과 출토된 《진률》에서 같은 부분에는 금보율(金布律), 요율(徭律), 치리율(置吏律), 효율(效律), 전식률(傳食律), 행서률(行書律) 등이 있고, 다른 부분들로는 잡률(雜律), 시율(市律), 균수율(均輸律), 이율(吏律), 고율(告律), 전률(錢律), 사율(賜律) 그리고 노비율(奴婢律)과 만이율(蠻夷律) 등이 있었다.[44)

《구장률》에서는 숙손통(叔孫通)의 《방장(傍章)》 18편, 서한 중기, 궁정 경위와 연관된 장탕(張湯)의 《월궁률(越宮律)》 27편, 조회 제도와 관련된 조우(趙禹)의 《조회율(朝會律)》 6편을 더해 《한률》이라고 했다. 이밖에 영, 과(科), 비(比) 등의 법률 형태도 포함됐다.

삼국 이후 봉건 율전이 조정과 발전시기에 들어섰다. 229년 조위(曹魏)가 지은 《신률》 18편은 《진률》과 《한률》을 개혁한 것이다. 체제적으로 한나라의 《구율》을 형명(刑名)으로 바꾸고 편수를 지어 여러 편을 총괄했다. 내용적으로는 목차와 어울리지 않는 내용을 조정하고 삭제해 구조가 더욱 엄밀해지게 함으로써 《진률》의 제정에 직접적인 영향을 미쳤다.

267년, 《진률(태시율)》이 총 20편으로 제정됐다. 그 중 《위율》의 형명을 형명과 법례로 나눴으며, 일부 편장을 증가하거나 삭제해 총 620조항으로 제정했다. 체제, 조목이 간략하고 명확한 것으로 널리 알려진 《진률》은 양진 남북조시기에 가장 영향력 있는 법전으로 됐으며 남조에서 이를 계속 사용했다.

남조와 비교해 북조의 통치자들은 적극적으로 법전을 편찬했는데 혁신적인 부분이 많다. 그 가운데서 《북위율》, 《북제율》은 위로는 한나라, 위나라, 진나라를 계승했고 아래로는 수나라와 당나라에 영향을 미쳐 위와 아래를 연결시키는 역할을 했다. 특히 564년에 수성된 《북제율》은 총 12편, 949조로 되어 있으며 "법령이 명확하고 조항이 핵심을 간결하게 열거한 것"으로 널리 알려졌다. 《북제율》은 한나라, 위나라, 진나라에서 법전을 편찬하는 경험교훈을 종합했으며 체제적으로 크게 개혁했다. ① 《북위율》의 형명, 법례를 명례로 합치고 편수를 달아 전반 율전을 이끄는 총칙 역할을 함으로써 법전이 더욱 과학성을 띠게 했다. ② 정률 12편은 진한부터 봉건 율전이 복잡하던 데서 간단명료한 데로의 진화 과정을 실현했으며 수당율의 편장 구조에 선례를 제공했다. 또한 한나라, 위나라, 진나라 율전의 사상을 이어받고, 수당의 율전을 열어주는 중요한 법전으로 됐다. 정수덕은 《북제율》을 "남북조의 수많은 법령 가운데서 북조가 남조보다 우수한데 북조에서도 《제율》이 최고다"라고 평가했다.[45]

583년, 유명한 수나라의 《개황률》 총 12편, 502조가 완성됐다. 목차와 기본내용은 《북제율》을 원본으로 했다. 위로는 《한률》의 근원을 이어받고 아래로는 《당률》의 선하를 개척해 중국 법제 역사에서 중요한 위치를 차지하고 있다.

---

44) 〈江陵張家山漢簡槪述〉, 《문물》, 1985 (1).

45) 정수덕, 〈九朝律考〉, 《北齊律考序》, 393쪽, 北京, 中華書局, 1963.

당나라의 입법 성과는 현존되어 있는 《당률소의》에서 보여지고 있다. 《당률소의》는 총 12편, 502조로 되었는데, 목차로는 "명례(名例), 위금(衛禁), 직제(職制), 호혼(戶婚), 구고(廐庫), 천흥(擅興), 적도(賊盜), 투송(鬪訟), 사위(詐僞), 잡률(雜律), 포망(捕亡), 단옥(斷獄)"이다. 이회 《법경》부터 역대 봉건왕조가 쌓은 풍부한 입법, 사법 경험을 종합한 《당률소의》는 중국 봉건사회, 정치, 경제, 문화를 절정으로 발전시킴에 따라 생긴 산물이다. 또한 세계 법제역사에서는 《로마법》, 《중국민법전》과 어깨를 나란히 할 수 있다. 당나라 이후의 봉건왕조 입법에 견본을 제공했을 뿐만 아니라 일본, 조선, 베트남 등 아시아 국가의 법률제도 발전에도 중요한 역할을 했다.

963년 《송형통(宋刑統)》이 반포됐다. 중국 역사상 간판 형식으로 인쇄 발행한 첫 봉건법전이다. 체례(體例)는 당나라 말기의 《대중형률통류(大中刑律統類)》를 답습했으며 형률을 주로 했다. 기타 형사 성질의 칙(敕), 영, 격, 식을 각 율문 뒤에 실었는데 목차에 따라 분류해 편집했다. 하지만 조문은 《당률소의》의 복제판으로 목차는 여전히 《당률소의》와 같아 12편, 502조로 되어 있다. 다른 점이라면 문(門)을 추가 설치한 것이다. 송나라 봉건전제주의 중앙집권이 고도로 발전했기 때문에 황제의 조서가 최고의 법률효력을 갖고 있었다. 칙을 편집하는 것이 송나라에서 가장 중요하고 경상적인 입법 행사로 됐는데 최종 "칙으로 율을 대체하는" 전통을 형성했다.

명나라 초기 《대명률》을 제정할 때 여전히 《당률》을 기준으로 했다. 하지만 1389년 수정하면서 체례를 크게 개혁했다. 육부(六部)를 줄거리로 해 12편을 "명례(名例), 이율(吏律), 호율(戶律), 예율(禮律), 병률(兵律), 형률(刑律), 공률(工律)" 등 7편, 460조로 고쳤다. 이는 명나라 전제주의 중앙집권이 고도로 강화된 결과이다. 조문으로 보면 《당률》을 적용한 것이 61% 이상을 차지했다. 이로부터 대명률의 편장, 내용이 《당률》을 바탕으로 했지만 《당률》과는 차이점이 있다는 것을 알 수 있다. 이밖에 대고, 예 등 법률 형식이 있었다.

1740년 약 백 년의 수차 수정을 거쳐 중국 역사상 마지막 봉건 율전인 《대청률례》가 완성됐다. 구조는 《대명률》과 같아 7편으로 됐으며 율문은 436조로 되었다. 부록으로 상소를 올려 비준을 받은 조례 1,049조가 첨부됐다. 전제주의 중앙집권이 강화됨에 따라 예의 법률적 지위가 높아지고 수가 많아졌다.

《법경》에서 《당률》, 《대청률》에 이르기까지 율전의 체례가 전제주의 중앙집권의 발전에 따라 꾸준히 변화하고 완벽해졌지만, 《법경》에서 확립된 선진 법가의 봉건 법전체례 핵심과 입법 취지, 봉법 원칙, 그리고 법률을 숭상하고 법을 효과적인 통치수단으로 활용한 법가사상은 줄곧 이어졌다.

3. 법가사상 및 역대 혹리

혹리(酷吏)는 서한 이후 중국 봉건사회의 특유한 정치현상이었다. 역사가는 엄격하고 가혹한 형벌과 처벌로써 백성을 강압하는 사법관리를 혹리라 불렀다.

한나라 초기에는 혹리가 드물었다. 《사기·혹리열전》에는 "고후 때, 가혹한 관리로 후봉이라는 자가 있었는데, 황족들을 가혹하게 능멸하고, 공신들은 멋대로 욕보였다. 여씨 일족이 패망하자 조정에서는 후봉과 그 일족을 몰살했다"라고 기록되어 있다. 하지만 한 경제, 특히 한 무제 이후부터 혹리가 점차 많아지기 시작했는데 한나라 중앙집권 관료체제에서 독특한 풍격을 갖춘 관료로 나타났다. 사마천은 《사기》에다 처음으로 《혹리열전》을 썼다. 그 가운데서 《태사공자서》에는 "근본을 포기하고 허위적이고 사기치며 불법 영리에 종사하는 사람들은 가르칠 수 없다. 착한 사람들은 그들을 교화할 수 없기 때문에 오직 엄한 처벌로 다스려야 한다. 이들에 대해서는 《혹리열전》 제62에 기록했다"고 했다. 24사(史) 중 《사기》 이후, 《한서》, 《후한서》, 《위서(魏書)》, 《북제서(北齊書)》, 《수서(隨書)》, 《북사(北史)》, 《신당서(新唐書)》, 《구당서(舊唐書)》, 《금사(金史)》 등에 모두 《혹리전》이 포함돼 있다. 그 중 한 무제, 당나라 측천무후 통치시기 혹리가 가장 많았는데, 당시의 혹리 정치가 가장 유명했다.

혹리의 특징을 《사기·혹리열전》에는 이렇게 묘사했다. "정치 사무를 처리함에 있어서 잔혹하고 난폭하고", "법에 따라 정치를 행하며 귀족과 황족을 회피하지 않는다", "포악하고 난폭하며 교만한 사람", "백성을 다스림에 있어서 마치 늑대가 양을 치듯이 참혹하게 억압한다", "마음속으로는 심각하게 간절하다", "가혹하게 처벌할 것을 요구했다." 《후한서·혹리열전》에는 "참혹함으로 간사함을 다스린다", "맹렬하고 신속하게 처리한다", "엄격하고 극렬한 정치를 펴고 신불해와 한비의 법을 좋아한다", "형벌을 근거로 한다", "가혹하고 악랄하게 남의 것을 취하며 은혜를 베풀지 않는다", "독단적으로 처리한다", "강직한 기풍이 있다", "엄한 법률을 제정하고 함부로 죄목을 가한다" 등으로 기록돼 있다. 종합적으로 "참혹함과 엄격함으로 사람을 굴복시키는 데" 그 취지가 있다고 했던 것이다. 한나라의 혹리들은 중앙집권의 군주전제 정체와 사회기초를 수호하는 정치적 사명을 짊어졌다. 전제 황권을 지키는 흉악한 혹리들의 정치적인 역할은 다음과 같은 몇 가지 면에서 표현되었다.

첫째, 백성의 저항을 진압했다. 서한 때, 조정의 잔혹한 통치로 자주 봉기가 발발했고, "도적만 늘어갔기" 때문에 "도적을 없애는 것"이 당시 지방 행정장관의 중요한 임무였다. 예를 들면 《사기 · 혹리열전》에는 "정양의 관리와 백성들은 마음이 어지럽고 풍조가 문란해져 조정은 의종을 정양 태수로 파견했다. 의종이 부임한 후 정양 감옥에서 형구를 쓰지 않은 중범죄자 2백 명을 체포했으며, 동시에 사적으로 감옥으로 드나들며 죄인들을 면회한 2백여 명도 구속했다. 의종은 이들을 전부 체포해 심문했는데 죄목은 죄수 탈옥 시도죄였다. 이날 중으로 4백여 명을 전부 죽였다. 이후 군 내의 사람들은 춥지 않아도 벌벌 떨었고, 교활한 자들도 알아서 관리에게 협력해 공무를 도왔다"고 기록했다. 《후한서 · 혹리열전》에는 "구장의 많은 산 중에 도둑이 판을 치고 있는데 몇 개월이 지나도 평정하지 못했다"고 기록돼 있다. 도적을 잘 다스리기로 이름난 양구(陽球)가 구장 태수에 오른 이후를 언급하면서 "양구가 부임된 이후 계략으로 도적을 없앴으며 군에서 법을 어기고 사악한 짓을 한 관리를 전부 체포해 사형에 처했다"고 했다. 이로부터 무력과 형벌의 위엄으로 백성들의 봉기를 진압해 사회 안정을 보장하는 것이 혹리의 정치적 직능임을 볼 수 있다.

둘째, 지방 호족의 세력을 뿌리 채 뽑았다. 한나라 초기 왕국(王國)과 군은 지방의 고급 행정기관이었다. 제왕들은 군대를 보유해 자신의 지위를 강화하고 화폐를 주조했기 때문에 중앙정권에는 위협적인 존재였다. 제왕 일족이 마을을 횡행하고 법도를 지키지 않는 것이 늘 백성들이 봉기를 일으키는 원인이었다. 그렇기 때문에 지방 호족의 세력을 뿌리 채 뽑아버리는 것이 중앙정권을 지키는 필수였다. 《사기 · 혹리열전》에는 서한 때, "당시 제남에는 간 씨라는 부족이 3백여 호 집단을 이루어 호족행세를 하며 살고 있었는데, 폭행을 일삼고 교활해 제남태수조차도 그들을 다스릴 수가 없었다. 그래서 한 경제는 질도(郅都)를 제남태수에 봉했다. 제남태수에 부임된 질도는 간 씨 종족들의 가장 악질적인 자와 그 가족들을 체포하여 모조리 죽였다. 나머지 간 씨들은 모두 놀라서 다리를 후들후들 떨었다. 그리고 1년이 지나자 제남군은 길거리에 떨어진 물건들을 주우려고도 하지 않을 정도로 잘 다스려졌다." 질도는 "결코 권세 있고 지위가 높은 자들뿐만 아니라 심지어는 황실의 종친까지도 두려워하여 피하지 않고 법을 집행했다. 열후나 황족들은 질도를 만나면 똑바로 바라보지 못하고 곁눈질로 대해 그를 송골매라고 불렀다"라고 기록돼 있다. 《후한서 · 혹리열전》에는 "동한 초기, 이장을 양평령으로 부임했다. 이때 조씨, 위씨 호족들이 한데 모였는데 조강이라는 자가 현 경계선에서 담을 쌓고 무기를 만들어 지방을 위협했다. 이장이 부임된 후 연회를 베풀어 조강을 청했다. 조강이 검을 들고 우의를 걸치고 병사 백여 명을 거닐고 참가했다. 이장이 그와 술잔을 나누다가 그의 목을 베었다. 사전에 매복해 있던 병사들이 나와 조강의 부하를 전부 죽였다. 그리고 경계선에 쌓은 담을 습격해 파괴했다. 이로써 관리와 백성은 무사한 생활을 되찾았다." 지방 혹리를 없애는 과정에서 혹리는 형관과 군관의 역할을 발휘했던 것이다.

셋째, 사회의 치안을 수호했다. 《한서 · 혹리열전》에는 이런 구절이 있다. 엄연년(嚴延年)이 탁군(涿郡) 태수로 지낼 때 불량한 무리들이 현지 명문대가의 권세를 등에 업고 온갖 못된 짓을 다 저질렀다. 그 때문에 "행인들은 칼과 활을 들고서야 길거리를 다닐 수 있었다." 연년이 부임한 후 "그들의 사악하고 간사한 죄행을 낱낱이 파헤쳐 두 집안에서 수십 명을 처단했다. 군내의 백성들이 모두 크게 놀랐으며 그 후부터 경내에는 길거리에 떨어진 물건도 줍는 일이 없어졌다." 윤상(尹常)이 장안령으로 있을 때 당시 "장안성에는 도둑과 사악한 백성들이 아주 많았고 저잣거리에서 돌아다니는 소년이 힘을 합쳐 관리를 죽였다. 일부는 뇌물을 받고 대신 복수하기도 했다. 그들은 홍, 흑, 백 3가지 색깔의 탄알을 만들어 사람마다 배치했는데 붉은색 탄알을 가지면 무사를 죽여야 하고, 검은색 탄알을 가지면 문사를 죽여야 하며, 흰색 탄알을 가지면 조난당한 일족을 위해 장례를 치러줘야 한다. 삽시간에 성에는 검은 연기가 피어올랐고 도적들이 행인들의 물건을 빼앗았으며 길거리는 시체가 앞길을 가로막았고 성에는 북소리가 끊이지 않았다." 그러자 윤상이 "경박한 소년과 교육에 굴복하지 않는 악랄한 자제" 수백 명을 체포했으며 땅을 사방으로 깊게 각각 두어 길씩 판 다음, 벽돌로 구덩이의 사방을 돌려 쌓아 관처럼 만들고 큰 돌로 그 입구를 덮게 하여 호혈(虎穴)이라 하였다. 범인을 구덩이에 넣고 큰 돌로 아가리를 덮게 했는데 "며칠 후 사람들이 돌을 열고 들어다보니 아래 시체가 무질서하게 널려 있었다." 혹리들은 잔혹한 형벌수단으로 사람들에게 위협을 주며 이형거형의 목적을 이루려 했던 것이다.

넷째, 간사한 무리와 반역자를 없앴다. 혹리들은 심문과 간사한 사람을 처리하는데 능하기 때문에 간사한 무리와 반역자를 처단하는데서 성과가 뛰어났다. 《사기 · 혹리열전》에는 장탕이 "진 황후의 무고사건에 대한 옥사의 책임자가 되어 사건을 철저하게 조사해 잔당들을 모두 색출해 잡아들였으며", "회남왕, 형산왕, 강도왕 모반사건의 심리를 맡아 사건을 철저히 추궁해서 밝혀냈다"고 기록했다. 《후한서 · 혹리열전》에는 양구가 사예교위로 지낼 때, 진나라 환관 양보를 투옥시키고 "양구가 직접 심문에 나섰으며 편,

추, 작, 휘, 묵 등 다섯 가지 형구를 모두 사용했으며", "곤봉이 오가는 가운데 부자가
모두 죽었다"고 기록돼 있다.

전반적으로 한나라 혹리는 중앙집권의 봉건왕조를 지키는 것을 사명으로 여겼으며,
"참혹과 엄격함으로 백성을 굴복시키는" 방침과 참혹한 수단으로 전제황권의 "사악함을
처단하는 중임"으로 삼았다.[46]

삼척(三尺) 율령을 위배했지만 봉건왕조의 근본적인 이익에 부합되었기 때문에 조정
의 인정을 받았다.

한나라에서 혹리가 나타난 것은 결코 우연이 아니었다. 가치관은 춘추전국시기 진나
라 법가의 문화에서 원형을 찾을 수 있다. 혹리는 한나라 정치 법률 실천의 산물이자
선진 법가사상의 실천자라고 할 수 있다.

서주 춘추시기, 종법 혈연 유대가 당시의 정치생활에서 상당한 역할을 발휘했다. "덕
치, 인정, 예교"는 가장 기본적인 치가치국의 방략이었다. 하지만 춘추 중·후기, 사회의
대변혁으로 통치방법이 바뀌면서 이른바 관대와 엄격 두 가지 통치방략이 나타났다. 창
시자는 바로 법가의 선구인 자산(子産)이었다. 자산은 "백성을 양육함에 혜택을 주고
백성을 부림에는 의로움으로 해야 한다"[47]는 사상과 "향교를 파괴하지 않고,[48] "덕을
바탕으로 정치하며",[49] "관대한 태도로 백성을 복종하게 하는" 정책을 실천에 옮겼다.

또한 형법 조문을 청동 정(鼎)에 주물로 새겨 주형서(鑄型書)를 만들었고 "경대부 가
운데서 성실하고 소박한 사람은 그의 말을 따르지만 교만하고 사치스러우면 그를 뒤엎
는다"와 "사악함으로 백성들을 복종하게 하는 방침"을 실천했다.[50] 그는 임종 전에 후계
자인 자태숙에게 "내가 죽게 되면 님이 집정하게 될 것이다. 덕행이 있는 자만이 관대함
으로 백성들을 복종하게 할 수 있다. 그 다음은 엄격함이다. 불길이 세면 백성들은 보는
것만으로도 두려워하기 때문에 불에 죽는 사람은 아주 적다. 수성은 나약하기에 백성들
은 이를 우습게보고 장난치곤 하기 때문에 많은 사람들이 물에 빠져 죽는다. 때문에 관
대함이 결코 쉬운 것은 아니다"라 했다.[51]

---

46) 《후한서·혹리열전》
47) 《論語·公冶長》
48) 《左傳·襄公三十一年》
49) 《史記·政世家》
50) 《左傳·襄公三十年》
51) 《左傳·昭公二十年》》

자산의 유언은 전통 치국방법에 대한 불만과 탄식 그리고 새로운 치국방략에 대한 기대를 보여주고 있다. 공자는 가치관의 차원에서 자산의 두 가지 정책을 비난했다. 《논어·위정》에는 이런 구절이 있다. "법과 형벌로 다스리면 백성이 수치심을 모르지만, 덕과 예로 다스리면 염치를 알게 된다. 덕으로 백성을 인도하고, 예법으로써 다스리면, 백성들이 부끄러움도 알고 또 마음이 바르게 된다." 정령 형벌은 엄격한 면을 보여주고 덕정에 의한 교화는 관대한 면을 보여주었다. 전자가 일시적으로 효과를 볼 수 있지만 사람들의 도덕적 면모를 근본적인 차원에서 바꿀 수는 없었다. 그렇기 때문에 나라를 다스림에 있어서는 후자를 택해야 한다. 하지만 공자도 정령 형벌의 역할을 무조건 부인한 것이 아니라 구체적인 필요에 따라 양자를 결부시킬 것을 주장했다. "정치를 너그럽게 하면 백성들이 태만해진다. 태만해지면 엄히 다스려 바로잡아야 한다. 정치가 엄하면 백성들은 상해를 입게 되고 상해를 입게 되면 관대함을 베풀어 이를 어루만져야 한다. 관대함으로 백성들이 상처 입는 것을 막고 엄정함으로써 백성들의 태만함을 고친다면 정치는 화해를 이루게 되는 것이었다.[52]

훗날의 혹리는 "엄격함으로 백성들을 따르게 하는" 역할을 했다.

전국시기, 법가는 상과 벌을 바탕으로 하는 이법치국 방략을 추진했는데 "엄격함으로 백성을 따르게 한" 특수한 표현이라고 할 수 있었다. "이로움을 좋아하고 해로운 것을 싫어하며", "이로움을 추구하고 해로운 것을 피하는" 인성론의 지배를 받아 은혜, 유예, 교화 등이 무용지물로 됐으며, "힘으로 사람을 복종하게 하고", "형벌로써 형벌을 없애는 것"이야말로 유일한 효과적인 수단이라고 주장했다. 이런 차원에서 볼 때 전국시기의 관리는 모두 "참혹한 성질을 띠고 있었다. 진나라 때 절정에 이르렀는데 괴통(蒯通)이 범양령(范陽令)에게 이런 말을 했다. "당신이 범양의 현령으로 지낸 10년간 다른 사람의 아버지를 죽이고 그 아들을 고아로 만들었으며 다리를 베고 얼굴에 자자했는데 그 수가 많아 헤아릴 수조차 없다."[53] 진나라 관리의 참혹한 정도를 잘 설명해주는 대목이다. 하지만 이는 개인 품격에서 한 것이 아니고 나라의 정치 때문이었다.

서한 이후, 진나라가 확립한 중앙집권의 군주전제 정체가 그대로 계승됐다. 때문에 기존에 진나라 집권 정체를 수호하기 위해 사용했던 일련의 관료기구, 관리대오와 치국방법을 그대로 이어받았던 것이다. 이 또한 한나라의 혹리가 생존할 수 있었던 정치적

---

52) 《좌전·소공 20년》
53) 《史記·張耳陳餘列傳》

토양이기도 했다. "법률조항을 교육 내용으로 하고…… 관리를 스승으로 하는(以法為教……以吏為師)"54) 조치를 실행한 진나라 관리들은 "법률조항으로 백성들을 가르치는" 정부 측 스승과 "법률로써 백성을 다스리는" 행정장관이라는 두 가지 직책을 짊어졌다.

그때 남군 군수 등이 발표한 문고에는 이런 구절이 있다. "무릇 법률 령은 백성을 타일러 나쁜 행위를 단속하고 나쁜 풍속을 버리게 해 그들이 착한 일을 하도록 이끌어준다. …… 무릇 좋은 관리(良吏)는 법률령을 잘 알고 처리하지 못하는 사무가 없다. …… 그러나 악리(惡吏)는 법률령을 잘 모르고 사무를 처리하지 못한다.55) 법률조문을 잘 알고 엄격하게 법에 따라 일을 처리하는 관리는 양리(良吏)라고 했다. 반면에 "충성스럽지 못하고", "맡은 업무를 충실히 해내지 못하며", "첨렴하지 못한" 관리는 혹리(酷吏)라고 했다. 그들은 조정의 법령을 추진하기 위해서라면 참혹한 형벌을 가하고 사람을 죽이는 것조차 서슴지 않았다. 그때의 관리들이 조정을 우러러보고 민간의 질고는 전혀 안중에도 없었다는 점을 엿볼 수 있다. 이런 차원에서 볼 때 형벌을 근거로 하는 진나라 관리가 훗날 "법령을 스승으로 삼아 관리가 되고"56), "삼척 법률 조령을 받들어 사무를 처리하는"57) 사상을 지닌 한나라의 "문사법률 관리"58)와 일맥상통했다는 점을 발견할 수 있다. 이런 관리를 유가 지식인들은 속리 혹은 혹리라 폄하했다. 한나라의 혹리가 산생된 사회적인 원인은 아주 복잡한데 총체적으로는 다음과 같은 몇 가지 원인이 포함되었다.

첫째, 사상 근원으로 볼 때 진나라가 멸망하긴 했지만 치국의 근본적인 방도인 이법치국의 영향은 후대에 아주 크게 미쳤다. 이런 치국 방법은 중앙집권과 관료 정체(政體)를 긴밀하게 연결시켰다. 한나라가 이런 정체를 계승하고 이어갔기 때문에 치국 방법을 계승하는 것도 불가피했다. 특히 백성들의 저항투쟁과 지방 호족세력이 봉건왕조의 통치를 직접적으로 위협하고 있을 때는 폭력과 형벌을 근거로 할 수 밖에 없다. 이는 혹리가 생기고 존재하는 사상조건이었다.

둘째, 사회경제 차원에서 볼 때 전란 이후, 백성들의 생활이 고달팠기에 모든 일들이 새롭게 시행되기를 기다렸다. 백성과 조정은 모두 휴양생식하고 경제를 다시 발전시킬 수 있기를 기대했다. 하지만 지방의 호족들은 특권을 이용해 백성들의 재산을 빼앗았고

---

54) 《한비자·오두》
55) 《睡虎地秦墓竹簡·語書》 15, 19쪽, 北京, 문물출판사, 1978.
56) 《史記·薛宣傳》
57) 《漢書·朱博傳》
58) 《漢書·兒寬傳》

온갖 횡포를 부렸기 때문에 백성들은 그들을 뼈 속까지 증오했다. 일부 백성 봉기가 바로 이로부터 생겨난 것이다. 때문에 이런 호족들을 붙잡아 법의 심판을 받게 하는 것은 민심을 크게 얻는 일이었다. 이런 차원에서 혹리들이 일으킨 역할은 빠르게 나타났다.

셋째, 정체적으로 볼 때 군수, 현령은 중앙 조정의 대표로 행정범위 내에서 독립적인 권리를 상당히 소유하고 있었다. 당시 사람들이 말한 것처럼 "현재 군수의 지위가 고대의 제후보다도 중요하다."[59), "지금의 군대 태수의 권력은 진나라 육경(六卿)에 훨씬 못미친다. 천리가 넘는 토지가 있다 한들 옛날의 골목길에도 미치지 못하고 갑옷과 병기, 무기가 많다지만 옛날의 창과 칼보다도 역할을 발휘하지 못한다. 이런 유리한 조건에서 천하대란이 생긴다면, 어떤 국면이 나타날지 솔직하게 얘기할 필요가 있다. [60)

이런 환경에서 군수, 현령의 개인 소질과 풍격이 고스란히 표현됐다. 때문에 같은 도적에 대해 혹리들은 과단성 있게 처리해 위세를 경내에 널리 알렸다. 군·현의 치세와 난세 그리고 풍모는 상당한 정도에서 행정수장에 의해 결정되었다.

넷째, 그때 법률제도가 완벽하지 못했다. 특히 감찰기구가 충분히 직능을 발휘하지 못함으로 인하여 군수, 현령은 제멋대로 형벌을 내렸다. 예를 들면 《한서·혹리열전》에는 엄연년이 "친필로 주청서를 작성하고 문서의 주무를 장악해 피가 몇 리를 흘러내려 하남군 사람들은 그를 도백이라 불렀다"고 기록했으며, 윤상은 호혈을 이용해 수백 명을 죽였다고 했다. 《후한서·혹리열전》에는 이런 구절이 있다. 번엽은 "사악하게 정치를 했고 신불해, 한비의 법을 좋아했으며, 선과 악에 대해 즉각 판단을 내렸다. 누군가 그의 금령을 어겼다면 감옥에서 살아나올 생각은 하지 말아야 했다"고 했으며, "임직한 5년 동안 1만여 명을 살해했으며 가혹하게 남을 해치거나 해를 입힌 경우는 더욱 헤아릴 수조차 없이 많았다." 이로부터 한나라 군수, 현령이 죄와 형벌의 정도를 정하는데 주관적인 임의성이 아주 강했음을 알 수 있다. 이는 진나라의 "모든 일을 법에 따라 판단하고"[61), 법사의 형벌처단이 적합하지 않을 경우 "심사하지 않음", "정직하지 않음", "죄인을 석방함"등의 죄로 처단했던 사상과는 달랐던 것이다.[62)

서한 초기 유방이 《약법삼장》을 제시하고, "진나라의 법을 모두 제거함에 따라"[63) 법

---

59) 《漢書·王嘉傳》

60) 《漢書·嚴安傳》

61) 《사기·진시황본기》

62) 《수호지진묘죽간》, 165, 191, 201쪽, 北京, 문물출판사, 1978.

63) 《史記·高祖本紀》

망이 점차 느슨해져 관리들이 스스로 처단할 수 있는 권리가 생겼다. 예를 들면《사기 · 혹리열전》에는 이런 구절이 있다. 주양유가 군수로 지낼 때 "그가 좋아하는 사람은 비록 죽을죄를 지었더라도 살렸지만 미워하는 자는 법을 왜곡해서라도 죽였다." 왕온서가 중위로 지낼 때는 "권세가 있는 집안은 사악한 일을 수없이 저질렀어도 가만히 나뒀다. 하지만 권세가 없으면 고귀한 황족이라도 그들을 능욕했다." 이처럼 임의로 처단하는 상황을 진나라에서는 절대 용납하지 않았다.

역사로 볼 때 "혹리, 속리"는 늘 여론의 비난을 받았다. 예를 들면 서한 때 동중서는 이렇게 말했다. "현재 관리들은 백성을 교육하지 않거나 군주의 법령을 실행하지 않는다. 오직 백성들을 포학하게 대하고 악당들과 어울려 나쁜 짓을 하면서 개인적인 욕심을 챙긴다. 이로써 빈곤하고 나약한 백성들이 억울함을 당하고 떠돌이 생활을 하게 되는데 이는 폐하의 염원과는 어울리지 않는다."[64]

가의는 "나쁜 풍속과 습관을 고쳐 세상 사람들의 마음을 바로잡는 일을 평범한 관리는 해낼 수가 없다. 평범한 관리는 공문이나 쓰고 돈이나 받아먹을 수 있을 뿐 치국의 근본은 모른다"[65]고 말했다.

왕길은 "현재 백성을 다스리는 무능한 관리들은 대대로 통할 수 있는 예의규범으로 그들을 교화시키는 것이 아니라 형률법령을 근거로 목적을 이루려 한다. 뭔가를 하고 싶은 관리들도 전장제도, 예의규범을 열심히 고찰하지 못한다"[66]며 임금에게 글을 올렸다.

광형은 상소에서 "오늘의 속리들은 겸손과 양보의 원칙에 따라 국가를 다스리는 것이 아니라 포악함으로 이기는 것을 숭상하고 재물을 탐내며 권세에 아부하기 때문에 범죄를 저지르는 사람이 아주 많아 사악함을 저지할 수 없다. 가령 엄한 형벌로 다스린다고 해도 여전히 이런 상황을 바로잡지는 못한다"고 했다.

동한 이후 비난은 갈수록 커져만 갔다.

한편 혹리는 다양한 제한을 받았다. 첫째, 승진에서 혹리는 나쁜 이미지로 관직을 잃는 경우가 많았다. 예를 들면 한나라의 혹리 엄연년, 구양이 바로 그러하다. 둘째, 혹리가 제멋대로 죄를 판단하던 권리가 갈수록 법률의 제한을 받았다. 봉건 법제가 점차 완벽해짐에 따라 혹리의 독단적인 행동을 제약하게 된 것이다. 셋째, 천일합일의 재이견

---

64)《漢書 · 董仲舒傳》
65)《漢書 · 賈誼傳》
66)《漢書 · 王吉傳》

고설(災異譴告說)의 영향을 받아 역대 통치자들은 재이가 생기면 온 나라의 죄인을 사면하곤 했다. 이 또한 혹리의 독단적인 행위를 제한했다. 봉건사회가 발전됨에 따라 위의 여러 가지 제약요소가 꾸준히 많아져 혹리의 생존과 발전이 어려워졌다.

《사기》, 《한서》의 《혹리열전》에는 현재 알 수 있는 한나라 혹리가 총 14명이라고 기록했다. 질도(郅都), 하동양(何東陽, 현재 산시성 洪洞縣 동남쪽) 출신이다. 경제 때 제남(濟南) 태수(太守)로 지내다가 중위(中尉)로 옮겼는데 법을 집행하는 것이 엄격하고 가혹하여 귀척(貴戚)과 열후(列侯)들이 그를 창응(蒼鷹)이라 불렀다. 나중에 안문태수(雁門太守)가 되었는데, 두태후(竇太後)의 미움을 사 결국 살해됐다.

영성(寧成), 남양 양현(南陽 穰縣, 현재의 河南省 鄧縣) 출신이다. 경제 때 제남 도위(都尉)를 지냈으며 질도가 죽은 후 중위(中尉)에 올라 질도를 그대로 본받았다. 법을 집행하는 것이 엄격해 종실, 호강들조차도 그를 두려워했다. 무제 때, 내사(內史)로 지내다가 범법 행위가 있어 수감됐지만 훗날 도망쳤다. 그 후 관도위로 지내기도 했다. 제남에 있을 때 백성들은 "남목양처럼 참혹하게 법을 집행한다"고 그를 평가했다. 관도위에 오른 1년간, 출입관자들은 "새끼에게 물린 호랑이를 만날지언정, 영성의 노여움을 사지 말라"고 말했다.

주양유(周陽由), 진정(真定, 현재의 河北正 定縣 남쪽) 사람이다. 경제 때 군수(郡守)를 지냈으며 무제 때에는 "가장 참혹한 혹리"로 널리 알려졌다. 훗날 하동 도위로 지낼 때는 쟁권 피고죄로 기시(棄市, 죄수들의 목을 벤 후 저잣거리에 내다버리는 형벌)에 처해졌다.

조우(趙禹)는 태현(斄縣, 현재의 陝西省 扶風縣) 사람이다. 경제 때 승상리(丞相吏)를 지냈는데 청렴하고 공평하지만 법을 엄격하게 집행했다. 무제 때 공을 쌓아 점점 승진하면서 훗날 어리(御吏), 태중대부(太中大夫)에 올랐다. 장탕과 여러 가지 율령을 논의하고 만들었다.

장탕(張湯)은, 두현(杜縣, 현재의 陝西省 西安 동남쪽) 사람이다. 어려서부터 재판과 심문을 좋아해 아버지를 따라 법률을 배웠다. 장안리(長安吏)의 벼슬에 올랐다가 무제 때에는 태중대부, 정위(廷尉), 어사대부(御史大夫) 등을 지내면서 조우와 율령을 제정했다. 재판 과정에 제후, 귀족, 호강, 호상들에 대해서도 법을 엄격하게 집행해 속으로 비방하는 복비(腹誹)치죄의 형을 열었다. 진 황후무충옥(巫蛊獄), 그리고 회남왕(淮南王), 형산왕(衡山王), 강도왕(江都王)의 반역 등 굵직한 사건을 주재로 심사했는데 많은 사람들이 연좌됐다. 하지만 죄를 짓는 백성들에 대해서는 법을 관대하게 집행했다. 훗날 모함을 받아 결국 자살했다.

의종(義縱), 하동(河東, 山西省 夏縣 남북쪽 禹王城) 사람이다. 무제 때 치적이 있어 장릉(長陵)과 장안(長安)의 영(令)이 되었다. 법대로 일을 처리하면서 권귀(權貴)를 두려워하지 않았다. 하내도위(河內都尉)로 옮겨 감옥 내의 중한 죄와 경한 죄를 지은 범죄자 2백여 명을 체포했다. 그리고 사적(私)으로 감옥에 드나들며 죄인들을 면회한 범죄자 가족 등 2백여 명을 죄수 탈옥 기도죄로 구속했다. 그 후 의종은 "이 자들은 사형수들을 탈옥시키려 하였다"라고 판결하고, 그 날 중으로 전부 사형시켰다. 남양태수(南陽太守)로 옮겨 혹리(酷吏)인 관도위(關都尉) 영성(甯成)을 징계하고 집안을 궤멸시켰다. 나중에 우내사(右內史)로 옮겼다. "고민령(告緡令, 상인에게 배나 수레를 기준으로 조세를 부과하고, 재산을 허위로 신고하는 자를 엄벌)"을 방해하다가 기시되었다.

왕온서(王溫舒), 양릉(陽陵, 현재의 陝西省 咸陽市 동북쪽) 사람이다. 무제 때 어리, 광평도위(廣平都尉), 하내 태수, 중위, 소부(少府), 우내리(右內史) 등으로 지냈다. 도적을 잘 감찰해 극히 흉악하게 다스리고 많이 죽였다. 특히 호족을 단속하는데 더욱 흉악했다. 속리를 숨겨주고 뇌물을 받고 법을 왜곡했다는 고발로 족형에 처했으며 결국 자살했다.

윤제(尹齊), 치평(茌平, 현재의 산동성 치평현 서남쪽) 사람이다. 무제 때 어리, 관내도위(管內獨衛), 중위을 역임했으며 도적을 감찰하는데 능했으며 권귀를 두려워하지 않고 법을 집행했는데 명성이 영성을 능가했다.

양부(楊僕)는 의양(宜陽, 현재의 하남성 宜陽縣 남쪽) 사람이다. 무제 때 어리로 지내면서 도둑을 심사하는데 일가견이 있었다. 훗날 주작도위(主爵都尉), 누선장군(樓船將軍)으로 옮겨졌으며 양후(梁侯)로 봉해졌다. 군을 이끌고 조선으로 출정했지만 결국 패배해 백성으로 강등됐다. 훗날 병으로 사망했다.

간선(減宣)은 하동양(何東陽) 사람이다. 무제 때, 어리, 중승(中丞)으로 지냈으며 주보언(主父偃)과 회남왕의 반역사건을 재판했다. 법 적용을 가혹하게 하여 수많은 범법자들을 죽였다. 훗날 좌내리(左內史), 우부풍(右扶風)으로 옮겨졌다. 대역죄로 족형이 내려졌으며 결국 자살했다.

두주(杜周)는 남양군(南陽郡) 두연(杜衍) 사람이다. 무제 때, 어리, 중승, 정위, 집금오(執金吾), 어사대부로 지냈다. 재판에 능하고 법을 가혹하게 적용했는데 황제의 명령을 받고 처리하는 일이 더욱 많아졌으며 전문적으로 조옥을 책임지고 판결했다. "날카롭고 참혹"하기로 왕온서 등 혹리를 능가한다. "그는 장탕을 모방하여 정치를 했으며 법 적용에 앞서 황제의 마음속을 잘 살폈다."

전광명(田廣明), 자는 자공(子公)이고 정(鄭, 현재의 섬서성 華縣) 사람이다. 무제 때 하남 도위, 회양태수(淮阳太守)로 지냈는데 공손용(公孙勇), 호청(胡倩)의 반역사건을 해결하는 데서 공을 세워 대홍려(大鸿臚)에 올랐다. 선제 때 죄를 지어 자살했다.

전연년(田延年), 자는 자빈(子賓)이다. 조상은 전국, 제국시기의 전 씨이며 한나라 초기 양릉(陽陵)으로 옮겨왔다. 무제 때 하동태수를 지냈는데 호강을 제거하는 데서 공을 세워 대사농(大司農)이 됐다. 소제가 위독할 때 무릉(茂陵)의 대상인인 초씨, 가씨가 수천만을 들여 상장 용품을 투기해 폭리를 챙겼다. 선제가 즉위하자 대농사 전연년은 바로 이 사실을 골자로 한 상소를 황제에게 올려 처리할 것을 간청했다. 이로써 큰 손실을 본 대상인들은 그에 대한 원한을 품고 전연년의 불법행위를 은밀히 알아보고 나서 그가 장물을 숨기고 부도죄(不道罪)를 범했다고 고발했다. 조정은 조서를 내려 그 사건을 조사하게 했으며 그 소식을 듣고 전연년은 자살했다.

엄연년(嚴延年), 자는 차경(次卿)이고 동해 하비현(东海下邳縣, 현재의 강소성 비현 남쪽과 가까운 곳) 사람이다. 어려서부터 아버지를 따라 법률을 배웠다. 선제 때, 탁군(涿郡)태수로 지냈다. 가혹한 형벌로 호족 동고씨, 서고씨를 진압했다. 훗날 하남군수에 오른 후 호족들에게 가혹한 형벌을 가해 수많은 범죄자들을 죽여 도백(屠伯)이라 불렸다. 조정 비방죄로 사형에 처해졌다.

이밖에 《후한서·혹리열전》에는 북위에 혹리가 동선(董宣), 번엽(樊曄), 이장(李章), 주운(周紆), 황창(黃昌), 양구, 왕길(王吉) 등 7명 있다고 기록했다.

《위서·혹리열전》에는 북위에 혹리가 우락후(于洛侯), 호니(胡泥), 리홍지(李洪之), 호준(高遵), 장사제(張赦提), 양지(羊祉), 최섬(崔暹), 역도원(酈道元), 곡개(穀楷) 총 9명 있다고 기록했다.

《북제서·혹리열전》에는 북제에 혹리가 저진(邸珍), 송유도(宋遊道), 노비(盧斐), 필의운(畢義雲) 등 총 4명 있다고 기록했다.

《수서·혹리열전》에는 수나라에 혹리가 사적사문(厙狄士文), 전식(田式), 연영(燕榮), 조종칭(趙仲卿), 최홍도(崔弘度), 최홍승(崔弘升), 원홍사(元弘嗣), 왕문동(王文同) 등 총 8명 있다고 기록했다.

《구당서》, 《신당서》의 《혹리열전》에는 당나라에 혹리가 내준신(來俊臣), 주흥(周興), 부유예(傅遊藝), 구신적(丘神勣), 소원례(索元禮), 후사지(侯思止), 만국준(萬國俊), 내자순(來子珣), 왕홍의(王弘義), 곽홍패(郭弘霸), 길욱(吉頊), 요소지(姚紹之), 주리정(周利

貞), 왕욱(王旭), 길온(吉溫), 왕균(王鈞), 엄안지(嚴安之), 노현(盧鉉), 나희석(羅希奭), 최기(崔器), 모약허(毛若虛), 경우(敬羽), 배승(裴升), 필요(畢曜) 등 총 24명 있다고 기록했다.

《금사·혹리열전》에는 금나라에 혹리가 고려산(高閭山), 포찰합주(蒲察合住) 2명이 있었다고 기록했다.

5. 법가사상과 엄격한 이치(吏治)

관리는 국가 직능을 수행하는 중요한 도구이다. 한 나라의 이치는 그 국가의 통치 효능에 직접적인 영향을 미친다. 때문에 선진의 법가들은 줄곧 관리에 대한 이치를 중시했다. 전국 초기 신흥 지주계급이 정권을 탈취하는 임무를 완성한 후 통치그룹 내부의 권력 다툼이 갈수록 불거졌다. 군주의 지위에 대해서는 백성에 비해 관리의 영향이 더욱 직접적이고 위협적이었다. 이 또한 치(治)를 중시하게 된 근본적인 원인이다. 따라서 중앙집권의 군주전제 정체를 공고히 하는 것이 법가 앞에 주어진 첫 번째 문제였다. 신불해는 군신관계를 연구하면서 술치(術治)설을 제기했다. 한비 때에 이르러서는 "현명한 군주는 관리를 다스리지 백성을 직접 다스리지 않는다"는 유명한 판단으로 발전했으며, "법, 세, 술"과 결부시켜 일련의 구체적인 치리 방법을 제시했다.

한비는 군신관계를 맨 첫 자리에 놓았다. 법은 군주가 "신하를 제어하는" 효과적인 수단이지만 치리(治理)와 "사악함을 금지"하는 것은 법의 주요한 내용이라고 주장했다. 군신 간에는 일일백전의 대립관계가 있다. 군주는 신하의 보좌를 받아 함께 백성을 다스려야 하고 백성에 대한 군주의 통치는 반드시 관리를 통해 실현되기 때문에 관리의 좋고 나쁨은 군주의 이익에 직접적으로 영향 준다. 따라서 "관리를 다스리는 것"이 "백성을 다스리는 것"보다 더욱 긴박하고 중요해졌다. 이로부터 한비가 제기한 "현명한 군주는 관리를 다스리지 백성을 직접 다스리지 않는다"[67]는 유명한 판단은 법의 역할이 "관리를 다스리는 것임"을 강조했다는 것을 알 수 있다.

이치에 엄한 법가의 사상은 진나라부터 줄곧 역대 봉건 입법에 통달됐다. 진나라 통치자들은 법으로 관리를 다스렸으며, 이를 통해 백성을 다스리는 목적을 이뤘다.《진

---

67)《韓非子·外儲說右下》

률》은 봉건 관료체제가 건립되기 시작해서부터 이치를 중시했는데, 관리가 반드시 먼저 법을 알아야 한다고 요구했다. 이 또한 양리(良吏)와 악리(惡吏)를 구분하는 기준이기도 했다. 《수호지진묘죽간》을 보면 《진률》의 다수가 관리를 겨냥해 제정됐다. 예를 들면 "감당하지 않는다.", "청렴하지 않다.", "죄인을 용서하고 석방한다.", "정직하지 않다.", "형벌의 원칙을 잃었다"는 등의 구체적인 죄목이 있었으며, 범령, 폐령이라는 죄목도 있었다. 《진률》에는 관리를 겨냥한 금지성 규범과 명령성 규범이 많은데, 그중 대다수는 구체적인 죄목이 없고 범령, 폐령죄로 총칭했다. 금지성 규범을 위반하면 범령죄로 처벌하고 명령성 규범을 위반하면 폐령죄로 처벌했다. 이밖에 관리들에게만 적용하는 형벌 원칙도 세웠다.

① 책임 처벌제 원칙 : 같은 관부에 임직하고 있는 관리는 각자 주관하고 있는 부분에 대해 책임을 맡는다. 관리가 맡은 책임을 근거로 처벌을 내리고 책임이 없으면 처벌을 면한다. 진나라에서 실행한 관리책임제와 고찰제를 이 원칙의 근거로 적용했다. 이런 제도는 법률형식으로 각급, 각 부서 관리의 직권, 직책을 정한 후 관리가 맡은 바 임무를 완수하고 책임질 것을 요구했으며, 정기적으로 검사해 상과 벌을 내리도록 했다. ② "형법에서 규정한 사법기관이 범죄인의 형사책임을 추궁할 수 있는 유효기한" 원칙 : 관리들이 면직되거나 전근된 후에도 직책을 맡고 있을 때 지은 죄나 혹은 부하가 지은 죄에 대해서는 책임을 져야 한다. 면직되거나 전근되었다고 해서 형사적 제재를 피할 수는 없다는 뜻이었다.[68]

관리가 죄를 지었다면 직무를 맡고 있는지의 여부를 떠나 살아 있는 한 반드시 형사 책임을 추궁하게 된다.

진한 이후의 율전은 이치에 엄한 《진률》의 입법사상을 계승하고 발전시켜 관리의 직사를 특별히 글로 작성해 규정했다. 예를 들면 《진률》에는 《위제(違制)》편이 있는데 북제에서 이를 계속 사용했다. 수나라의 《개황률》은 《직제율(職制律)》편으로 고쳐져 《당률》과 《송률》이 이를 연용했다. 《직제율》의 내용은 관리가 편제를 넘거나 다른 사람을 공거(貢擧)하거나 직무를 소홀히 하거나 기밀을 누설하거나 상소를 올릴 때 금기를 행하거나 제소할 때 착오가 있거나 빗대어 욕하거나, 뇌물을 챙기고 법을 어기는 등이 포함된다. 명나라는 새로운 단계로 발전했다. 첫째 명나라 초기 주원장이 재상제를 폐지하고 육부를 황제의 통령에 직속시켜 고도로 집중된 전제주의 중앙집권의 발전적 수요

---

68) 《수호지진묘죽간·법률문답》, 117, 96쪽, 北京, 문물출판사, 1978년.

에 적응하게 했다. 《대명률》은 《당률》의 체제를 고치고 《원전장(元典章)》을 모방해 6부의 관제 면목을 "명례, 이율(吏律), 호율(戶律), 예율(禮律), 병율(兵律), 형율(刑律), 공률(工律)"이라고 했다. 그 중 《사율》은 두 권으로 직제 15조와 공식 18조로 나눴다. 청나라 율전이 이를 계승했다. 둘째, 주원장이 제기한 "법을 중시하여 어지러운 난세를 다스린다"는 입법지도사상에는 "치리, 치민"이 포함되었는데 첫째가 치리이다. 치리는 전제주의 중앙집권을 수호하고 관료기구의 통치효능을 최대한 발휘했을 뿐만 아니라, 더욱 효과적으로 "백성을 다스리기" 위하는 데 목적이 있었다. 주원장은 직접 《대고(大誥)》를 지도 편찬했는데 법을 중시해 관리를 다스리는 것을 강조한 것이 가장 큰 특징이었다. ① 《대고》에서 열거한 사건 중 80% 이상은 관리를 처벌한 것이었다. 《대고서편》의 경우 총 87조로 되어 있었는데 관리의 탐오와 호족의 악행을 처벌하는 사건이 약 70조를 차지했다. ② 주원장이 제시한 훈도는 대다수가 관리를 겨냥해 만든 것이었다. ③ 법을 벗어나 처벌을 내리고 경한 죄에도 엄하게 벌을 내린다는 원칙에 따라 관리의 범죄행위를 다스렸다.

훗날의 봉건 개혁자들도 이치에 엄한 선진 법가의 사상을 계승하고 발전시켰다. 북송의 왕안석, 명나라의 장거정이 가장 대표적이었다.

유능한 인재를 적절히 등용하고 이치를 강화한다는 것은 왕안석의 법률사상에서 중요한 구성 부분이었다. 변법 실천을 거친 왕안석은 천하대치를 실현하려면 반드시 두 가지 방법을 근거로 해야 한다는 점을 깊이 깨달았다. 첫째는 "법률제도를 엄격히 하는 것이다." 즉 옛 법과 폐법을 없애고 신법과 선법을 혁신한다. 둘째는 "유능한 인재를 등용한다." 즉 옛 것을 고수하고 무능한 관리를 면직시키는 한편, 진취적이고 유능한 인재를 관리로 등용한다. 전자가 당연히 변법 개혁에서 가장 시급한 부분이었다. 하지만 선법만으로는 국가를 잘 다스릴 수 없기 때문에 훌륭한 법을 집행할 수 있는 관리가 선법을 집행해야 한다고 했다. 때문에 관리가 법을 지키고 집행할 수 있을지 여부는 국가의 안위와 직접적으로 연관되었다. 따라서 왕안석은 법제 수단으로 관리를 선발하고 등용할 것을 적극적으로 주장했던 것이다.

첫째, "관리가 임명된 후에는 오래도록 관직을 맡고 있어야지 쉽게 인사이동을 해서는 안 된다. 그래야만 재능이 충분히 발휘될 수 있어 이를 성적을 평가하는 방법으로 할 수 있다."[69]

---

69) 《臨川文集·上仁宗皇帝言事書》 권39.

왕안석은 그때 관리를 선발하고 임용함에 있어 재능을 중시하지 않았는데, 이는 임명된 관리가 "한 가지 직무를 오래 맡지 않는 두 가지 폐단"이 있다고 여겼다. 전자에 대해 그는 짧은 시간에 시험을 쳐 선발하는 것뿐만 아니라 능력이 아닌 자력만 보는 것과 세습제를 반대했다. 그는 시험과 추천을 결부하는 방법으로 진정한 재능을 가진 관리를 선발할 것을 주장했다. 후자에 대해 그는 임관이 "한 가지 직무를 오래 맡을 것"을 주장했다. 그래야만 전문기능을 얻을 수 있고 본직의 업무를 잘 해낼 수 있다는 것이었다. 이런 기초 위에서 고적(考績, 인사고과)의 방법으로 관리를 심사해 감당할 만한 자를 남기고 공이 있는 자를 승진시키는 한편 감당할 수 없는 자는 사퇴시킬 것을 주장했던 것이다.

둘째, 명법과를 설치해 법 집행의 관리를 육성했다.

왕안석은 당시 재판의 질이 낮은 것은 과거제도에 명법과가 없기 때문이라고 여겼다. 그래서 명법과를 회복하고 "율령, 형통대의"와 사건재판을 시험 내용으로 해 합격하면 사법관리로 임명할 것을 건의했다. 무릇 진사와 여러 시험에 참가하여 합격하면 반드시 율령, 대의와 사건재판 시험에 참가해야 하고 합격자에게만 관직을 위임해야 한다는 것이었다. 명법과 시험 합격자에게는 진사보다 높은 등급을 주어 장려했다. 이런 조치는 전통적인 옛 사상에 큰 영향을 미쳤다. 즉 "옛날에는 형벌을 빌어 처벌을 내리는 자를 속리라 했다.", "옛 명법은 가장 하과(下科)였다.", 한나라는 "율학이 육학 가운데의 하나이다. 훗날의 관리들은 율학을 업신여겼다. 옛 명법과를 숭상하는 자들은 이를 읽기는 했지만 그 참뜻을 꿰뚫는 자는 극히 적었다"[70]고 했던 것이다. 역사적인 차원에서 볼 때 법률교육과 관리 선발 임면제도의 융합을 이처럼 중시한 자는 오직 왕안석뿐이었다.

이치(吏治)에 대한 정돈은 명나라 정치가 장거정이 추진한 개혁의 유력한 조치 가운데 하나이자 법률사상의 중요한 구성부분이기도 했다. 그는 법을 집행하는 것과 나쁜 법의 관건은 관리에 있다고 여겼다. 오랫동안 "엄숭은 정치가 부패해 뇌물을 주지 않으면 일을 처리해주지 않았으며, 관리들은 백성들의 피와 땀을 갈취해 권력을 가진 자에게 아부했다."[71]

이로써 재정지출이 늘었을 뿐만 아니라 행정 효율도 크게 떨어졌다. 장거정은 관리에 대한 고찰방법을 엄격히 하고 등용과 축출제도를 엄격히 하였으며, 관리의 공과 시비를

---

70) 《宋史 · 選擧志》
71) 《張文忠公全集 · 書牘六 · 答應天巡撫宋陽山論均糧足民》

전면적으로 고찰해 공을 세우면 상을 주고 잘못이 있으면 벌을 내리는 제도가 명실상부해야 한다고 주장했다. 만력 원년(1573년), 장거정은 고성법(考成法)을 실시했다. 그리하여 "각급 관리는 집행 조령을 관철시키고 내각에 정기적으로 집행상황을 보고해야 한다. 고과는 적임, 보통, 부적임 등 3개의 등급으로 나눈다. 인재를 선발하는 과정에서 헛된 명성만 추구하지 말고, 자격만 따지지 말고 전면적으로 심사해 정치실적을 기준으로 해야 한다"고 했다.

6. 법가사상과 율학 전통

춘추 말기, 법가의 선구자인 등석은 형명지학(刑名之學)을 창설했다. 내용은 훗날의 《상군서·정분》에서 말한 "법령의 명목"이었다.

전국시기의 법가 대표자로는 상앙, 신불해, 한비가 있었다. 이들은 형명지학 혹은 형명법술지학(刑名法術之學)을 주장했는데 명학 이론을 법률 실천과 법학연구에 운용함으로써 중국 고대 법학의 형성에 이론적인 기초를 마련해줬다. 또한 훗날 율학의 발전 방향을 제시했다. 실천에서 출발해 법률의 조작성에 중점을 뒀다. 구체적으로는 어떻게 죄를 판단하고 형벌의 정도를 결정할지와 같은 형법문제를 두고 토론했다. 법률개념, 명사의 정확한 해석과 명제의 논리적인 논증에 중점을 뒀는데 이로써 중국 고대 율학의 전통인 법률 주해설을 형성했다.

이런 법률 주해설의 학풍이 백가쟁명이 나타난 전국시기에 고대 법학의 형성을 추진했다. 하지만 진나라는 "법을 교육 내용으로 하고, 관리를 스승으로 하는"[72] 문화 전제주의 정책으로 인해 이런 학술활동은 민간에서의 학술 자유공간을 잃었으며 전부 조정에 의해 독단적으로 움직였다.

1975년에 출토된 《수호지진묘죽간》의 《법률답문》이 바로 진나라 조정의 형명지학을 집대성한 대표작이다. 《법률답문》은 죽간 210매로 내용은 총 187조이며 대다수가 문답형식으로 되어 있는데, 《진률》의 일부 법률 조항, 전문용어, 그리고 율문의 의도에 대해 명확하게 해석했다. 간결하고 명확한 문자는 《법률답문》의 가치를 잘 보여주고 있다. 내용으로 볼 때 해석한 《진률》의 주체 부분은 형법이었다.

---

72) 《한비자·오두》

보편적으로 율학 연구는 한나라 때 흥기한 것으로 보고 있다. 정수덕이 《구조율고》, 《한률고 · 율가고》에 열거한 한나라 율가에는 다음과 같은 이들이 포함된다.

소하(蕭何), 숙손통(叔孫通), 장창, 동중서, 가의, 오공(吳公), 장숙(張叔), 조착(晁錯), 장회(張恢), 송맹(宋孟), 유대(劉帶), 장탕, 조우, 두주, 두연년, 공손홍(公孫弘), 한안국(韓安國), 전생(田生), 우공(於工), 우정국(於定國), 노온서(路溫舒), 정빈(鄭賓), 정창(鄭昌), 정홍(鄭弘), 황패(黃霸), 엄연년, 공광(孔光), 진탕(陳湯), 병길(丙吉), 설선(薛宣), 윤옹귀(尹翁歸), 하비간(何比干), 홍공(弘恭), 석현(石顯), 왕금(王禁), 회양헌왕흠(淮陽憲王欽), 조경숙왕팽조(趙敬肅王彭祖), 광릉사왕형(廣陵思王荊), 왕패(王霸), 양통(梁統), 양송(梁松), 곽홍(郭弘), 곽궁(郭躬), 곽질(郭晊), 곽진(郭鎭), 곽정(郭禎), 곽희(郭僖), 곽민(郭昞), 곽하(郭賀), 진함(陳鹹), 진총(陳寵), 진충(陳忠), 왕회(王渙), 오웅(吳雄), 오소(吳訴), 오공(吳恭), 장우(張禹), 후패(候霸), 진구(陳球), 종호(鐘皓), 양구, 번화, 주운, 주수(周樹), 서치(徐徵), 응소(應劭), 황창 (黃昌), 동곤(董昆), 노맹(盧孟), 순계경(荀季卿), 숙손선(叔孫宣), 곽령경(郭令卿), 마융(馬融), 정현(鄭玄), 장호(張皓) 등이었다.

위의 율학 연구가들은 대체로 두 가지 유형으로 나눌 수 있다. 한 부류는 유학자다. 이들은 율학을 연구하고 사건을 재판하는 과정에서 유학의 경의(經義, 경서의 뜻)를 이론적인 근거로 해야 한다고 주장했다. 율학에 대한 유학자들의 해석은 유가학설을 율문에 주입한 것이기 때문에, 그 중에는 억지로 갖다 붙인 부분도 적지 않았다. 또 다른 부류의 율학가는 문사 출신이었다. 그들은 법률 해석에서 조항의 본뜻을 서술하고 법률 명사, 법률 용어의 뜻을 연구하는데 치중점을 뒀다. 후자는 서한 중기에 시작돼 동한 후기에 절정에 이르렀다. 하지만 서한부터 위의 두 가지 율학이 점차 융합되기 시작했다.

동한 말기, 사가(私家)가 법률을 주석(註釋)하는 기풍이 성행했다. 많은 유학 대가들은 유학 경전 장구설(典章學)을 연구하는 방법을 택했다. 문장과 구절을 분석하는 것으로 내용을 해석해 법률을 주석했으며, 법률 조항의 본의와 입법 취지를 중점적으로 서술했다. 때문에 주가(注家)들이 곳곳에서 일어나 각자의 의견을 얘기하며 자체로 문호를 형성했다. 《진서 · 형법지》에는 이런 구절이 있다. 숙손선, 곽령경, 마융, 정현 등 10여 명의 유생이 가장 유명한데 매 한 명의 "유생이 작성한 장구가 수십만 자에 달한다. 무릇 죄를 재판할 때 응당 지켜야 할 조율은 총 26,272조, 7,732,200여 글자이다. 자수가 갈수록 많아져 이를 읽는 난이도도 갈수록 커져만 갔다."

하지만 한나라의 대다수 율학 저서가 산실됐으며 현재 고찰할 수 있는 저서는 서한 무제 때 두주, 두연년 부자의 《대두율(大杜律)》, 《소두율(小杜律)》뿐이다. 이밖에 그때

주가의 《율서》, 현재 《사기》와 《한서》에서 볼 수 있는 주석 인용자 8조가 남았다.[73]

위진시기 율학이 크게 발전했다. 조위 초기 동한의 역사가 주율이 사법 재판에서 혼잡함을 초래한 현상을 겨냥해, 각급 사법 관리들이 재판 과정에서 "정씨의 장구를 제외하고는 다른 사람의 장구를 쓰지 말아야 한다"[74]는 조서를 조 명제가 내리도록 했다. 조서가 내려지면서 역사가의 법률 주석이 법률 효력을 가진 정부 차원의 지위를 얻게 됐는데 이로써 진나라에 큰 영향을 미쳤다.

정수덕이 《구조율고·위율고·위율가》에서 열거한 조위(曹魏)의 율학자로는 다음과 같다. 유소(劉劭), 유의(庾嶷), 순선(荀詵), 진군(陳群), 노육(盧毓), 고유(高柔),종요(鐘繇), 종육(鐘毓), 종회(鐘會), 왕랑(王朗), 위기(衛覬), 유이(劉廙), 정의(丁儀), 완무(阮武) 등이었다. 이때의 법가는 법전의 편장, 체제를 연구하기 시작했다. 그중 최고의 성과가 바로 위나라의 《신률》이 한나라의 《구율》을 형명으로 고치고 율전의 첫 머리에 놓았던 것이다.

《구조율고·진율고·진율가》에서 열거한 《진률》 학자로는 다음과 같다. 가충(賈充), 정충(鄭沖), 순욱(荀勗), 배개(裴楷), 성공수(成公綏), 순휘(荀煇), 순의(荀顗), 양고(羊祜), 왕업(王業), 두우(杜友), 두간(杜預), 주권(周權), 곽기(郭頎), 유궤(柳軌), 영소(榮邵), 장비(張斐), 위관(衛瓘), 고광(高光), 유송(劉頌), 서함(續咸), 고영(顧榮), 왕탄지(王坦之), 이충(李充), 서활(徐豁) 등이었다.

진나라 때 율학이 전성기를 맞았는데, 율주가 아주 높은 수준에 이르렀다. 그때 진율을 주석하는 전문적인 저술이 아주 많았는데, 그중 대표적인 것이 바로 장비의 《한진율서주(漢晉律序注)》 1권, 《잡율해(雜律解)》 21권,[75] 《율해(律解)》 20권[76] 등이었다. 이들 원서는 이미 실전됐고 현재의 《진서·형법지》에 《율주요략(律注要略)》 1편만 남았다.[77]

《신당서·예문지(新唐書·藝文志)》에는 두예의 《형법률본(刑法律本)》 21권이 보존되어 있다. 장비, 두예의 율주가 진무제의 허락을 받고 천하에 반포됐다. 그때부터 율주는 《진률》과 하나로 간주되어 법률 효력이 생겼다. 남조 때에도 계속 이를 사용했는데 백년이나 지속됐다. 후세에서는 이를 《장두율(張杜律)》이라 불렀다.

---

73) 정수덕 저, 《九朝律考》, 178~191쪽, 北京, 중화서국, 1963.
74) 《晉書·刑法志》
75) 《隨書·經籍志》
76) 《新唐書·藝文志》
77) 고항, 〈張斐的"律注要略"及其法律思想〉, 《中國法學》, 1984 (3).

장비, 두예의 율주는 선진 이래의 형명지학 율학 전통을 계승하고 발전시켰으며 율전의 체제구조를 연구하는데 중점을 뒀다. 또한 법률 원리로부터 율문의 함의를 연구하고 논리사유를 운용할 데 대해 제창했다. 법률명사와 전문용어를 추상적으로 개괄함과 동시에 간결하고 정확하게 해석해,[78] 진한 이후 형명지학의 뛰어난 대표작으로 됐다.

당나라에서 현존된 가장 완벽한 《형명지학》대표작인 장손무기(長孫無忌)의 《당률소의》가 위의 성과를 계승했는데 중국 고대 율학 발전의 최고 수준을 보여주고 있다

당나라 이후에도 율학을 연구했지만 더 큰 발전을 가져오지는 못했다. 명·청시기, 봉건전제주의 중앙집권이 고도로 발전한 수요를 만족시키기 위해 통치자들은 법률의 실제 역할을 아주 중시했으며 율례를 강의하는 제도를 내와 관리들 가운데서 율학을 제창하고 관리가 율학을 배울 것을 요구하는 것으로 사법 재판의 수준을 향상시키고자 했다. 때문에 이 시기 법률을 주석하고 율령을 강의하는 율학이 크게 발전하면서 이와 관련된 저술이 점차 많아졌다. 《대명률》이 반포된 후 정부의 율주에는 《명률찬주(明律纂注)》가 있었다. 민간에서 이에 주석을 다는 사람들이 많아졌다. 《명사·예문지(藝文志)》에는 이런 구절이 있다. 장개의 《대명률해(大明律解)》12권, 응가(應槚)의 《대명률석의(大明律釋義)》30권, 고거의 《대명률집해부례(大明律集解附例)》30권이 있다. 이밖에 왕초(王樵), 왕긍당(王肯堂)부자가 각각 써낸 《독률사전(讀律私箋)》, 《율례전해(律例箋解)》도 있다.

청나라의 수많은 율학 저서는 응용에 중점을 뒀는데 그 중 왕명덕의 《독률패휴(讀律佩觿)》가 가장 대표적이다. 편폭이 긴 주율 저서로는 심지기(沈之奇)의 《대청률집주(大清律輯注)》, 만풍강(萬楓江)의 《대청률례집주속편(大明律例集注續編)》이다. 이밖에 간결한 도서도 있었다. 예를 들면 호봉단교(胡鳳丹校)의 《독률요략(讀律要略)》, 양영서(楊榮緒)의 《독률제강(讀律提綱)》, 유항(劉衡)의 《이소찰요(理訴撮要)》이다. 심지어 백화문과 도표로 율례를 해석하는 통속적인 도서까지 나타났다. 예를 들면, 지하(志和)의 《대청형률택요천설(大清刑律擇要淺說)》, 소춘도(邵春濤)의 《법도도존(讀法圖存)》이다. 노래형식으로 된 통속적인 도서로는 《대청률례가결(大清律例歌訣)》, 《대청률칠언집성(大清律七言集成)》이다. 이외에도 청나라는 고증, 비교연구, 사례 편집 등에서 옛 인을 뛰어넘는 성과를 거뒀다.

---

78) 고항, 위의 책, 참조.

7. 법가사상과 법률교육

역사 자료에는 춘추 말기, 정국대부, 법가 선구자 자산이 제자를 모아놓고 법률지식을 전수했다고 기록돼 있다. 이는 중국 법률 교육사에서 전례 없는 조치로 개인이 법률지식을 전수하는 선하를 개척했다.

이에 앞서 "조정에서 배우는" 기풍이 성행하고 정신생산 분야는 오랜 세월동안 귀족과 성직자들이 독점하고 있는데다 법률이 백성들에게 공개하지 않았기 때문에 법률 연구가 거의 이뤄지지 못했으니 이른바 법률교육은 더욱 운운할 수 없었다. 춘추 말기 이후 사회가 대변혁의 단계에 들어서면서 교육제도에도 변화가 생겼다. 이로써 "조정에서 배우는" 국면이 깨져 사학이 발전하기 시작했다. 이때부터 민간에서 문화교육이 보급됨에 따라 개인이 법률지식을 가르치기 시작했다.

전국시기 제자백가 가운데서 법치를 주장하는 법가학파들의 법률교육 관련 모형 및 사상이 훗날 봉건사회의 법률교육에 가장 큰 영향을 끼쳤다. 법가는 법치를 추진하기 위해 "법을 교육내용으로 하고", "관리를 스승으로 하자"[79]는 법률교육의 모식과 사상을 제기했다.

이른바 "법을 교육내용으로 한다는 것"은 관리, 백성들이 모두 법률을 학습하는 것에 대해 요구한 것으로 풀이된다. "관리를 스승으로 하자"는 것은 무릇 법률을 배우려는 사람들은 모두 법령을 주관하는 관리에게 배워야 하며, 법관사가 법률을 해석하고 강의해야 한다는 뜻이었다. 이밖에 법가는 사법관리가 반드시 법률의 조문에 통달한 자가 맡아야 한다는 것 외에도 반드시 질문이 있으면 답변하고 답변하면 무조건 정확해야지 그렇지 않을 경우 잊어버린 법령의 이름으로 처벌을 받아야 한다고 주장했다.[80]

법학가이자 정치가인 법가학파 대표자들은 법률 교육사상을 실천에 옮겼는데, 이로써 진나라 법률교육이 "정부 차원이기도 하고 개인 차원이기도 한 특징"을 나타내게 됐다. 결론적으로 "진나라의 여성과 어린들이마저 상군의 법령을 얘기하는"[81] 수준에 이르렀을 뿐만 아니라 "전국의 백성들이 치국에 대해 얘기하고 있으며 집집마다 상앙과 관중의 법전을 두는 국면"이 형성됐다.[82] 이는 법치의 실시를 유력하게 추진했다.

---

79) 《韓非子 · 五蠹》
80) 《商君書 · 定分》
81) 《戰國策 · 秦策一》
82) 《韓非子 · 五蠹》

진나라 때 천하를 통일한 후 법가 대표자인 이사의 건의를 받아들여 사학을 금절시켰으며 "법을 교육내용으로 하고", "관리를 스승으로 삼는" 조치를 취해 점차 법률교육을 독점했다. 유일한 공립 문화교육인 법률교육이 실제로는 국가사법행사의 부속물로 돼 법률교육 내용과 형식이 좁아지고 단일해졌다. 사학을 금절했기 때문에 풍부한 제가 법률사상이 이단으로 됐다. 이로써 법가를 포함해 법률사상과 법률 교육활동의 정상적인 발전이 저애를 받았는데, 법률 교육이 정체상태에 빠지는 후과가 초래됐다. 따라서 진나라의 법률교육은 각급 법관에 대한 중앙정부의 사법지도, 업무양성을 중심으로 전개됐다.

진나라 법률교육의 주요 내용은 구체적으로 다음과 같았다.

1) 사법업무교육

진나라에서 명법률령은 양리가 반드시 갖춰야 하는 조건이기 때문에 각급 법관의 업무수준을 특별히 강조했다. 중앙정부는 각급 사법기관에 율문의 내용, 명사, 전문용어 등을 포함해 문제를 제기했는데 모두 명확한 해석과 답변을 내놓았으며, 법률효력이 있는 법률형식을 구성해 관리가 학습하고 장악하도록 했다. 1975년에 출토된 《수호지진묘죽간》의 법률답문이 바로 그러했다. 이밖에 사건 조사, 현장 검증, 재판 등에서의 주의사항, 법률문서 제작 등도 업무 양성의 중요한 내용으로 포함됐다. 《수호지진묘죽간》의 《봉진식(封診式)》이 바로 이런 유형의 교과서였다.

2) 사법도덕교육

진나라는 법관에 대한 품행교육을 아주 중시했다. 예를 들면 《수호지진묘죽간》의 《어서(語書)》는 양리와 악리를 구분함에 있어 명법률령 외에도 법관의 품행을 기준으로 적용해야 한다고 강조했다. 즉 "양리는 청렴하고 결백하게 일을 처리하고, 공심(公心)으로 매사에 임한다. 성실하고 솔직하며 잘못을 제때에 바로잡는다. 반면 악리는 바르고 공정한 마음이 없고 건성으로 일을 처리한다. 구질구질하게 살면서 게으름을 피우고 일이 터지면 회피하기에 급급하며 거짓말을 밥 먹듯이 한다. 게다가 늘 자기를 내세우려 하고 분란을 일으키는 걸 좋아한다"고 했다.

《수호지진묘죽간》의 《관리의 법도(爲吏之道)》는 사법 도덕교육 관련 교과서이다. 형식은 4글자가 한 구절로 돼 암기에 편리했다. 예를 들면 "철저하게 알고 사적인 정에 얽매이지 말아야 하고(審悉毋私)", "분노에 따라 판단을 내리지 말아야 하며(毋以忿怒決)", "부유함을 좋아하고 가난함을 싫어해서는 안 되며(毋喜富, 毋惡貧)", "신용을 지키고 공경하며(中信敬上)", "신하라면 충성해야 하고(為人臣則忠)", "자식으로서는 효도해야 한다(為人子則孝)"는 등과 같은 도덕설교가 바로 그러했다. 각급 사법관리는 상급자에 대해 절대적으로 복종시키는 외에도 법을 왜곡하고 사리사욕에 눈이 멀어 불법행위를 저지르는 현상을 막기 위하는데 목적을 두었다.

"법을 교육내용으로 하고", "관리를 스승으로 하는" 법가사상의 법률교육 모식은 진나라 이후의 역대 왕조에 의해 지속적으로 발전됐다.

한나라가 진나라 제도를 계승했다. 한나라 초기, 법률을 배우는 자를 승상부에 집중시켜 법률지식을 특별히 가르치고 있으니, 각 군·현에서 법률을 배우려는 자들은 경사(京師)에서 특별훈련을 받아야 한다는 조서를 내렸다. 한 문제 때, 오군 태수 문옹(文翁)은 사법관리 양성을 특별히 중시했는데, 총명하고 민첩하며 재능이 있는 군·현 관리 10여 명을 뽑아 경사에서 "박사를 따라 유가경전을 배우거나 문사에게서 법률 조령을 배우게 했다." 다 배우고 돌아오면 "군에서 고급 직무를 맡게 했다." 또한 "늘 청년학생을 선발한 후 군부에서 정무를 처리하도록 함으로써" 그들이 조정의 정무를 보면서 법률을 학습하도록 했다.[83]

무제 때, 지방에 조서를 내려 유능한 인재를 추천하라고 했다. 4개 과로 나누돼 세 번째 과는 "법령을 명확히 알고 있으며. 이를 근거로 판단을 내릴 수 있는 자"를 모집해 사법관리로 임명하라고 했다. [84]

이는 사람들이 법률지식을 배우고 법률교육 활동을 추진하도록 했다. 하지만 한나라의 법률교육은 자체의 특색을 갖췄다. 첫째, 법률지식이 유가화로 나아가면서 춘추결옥(初秋決獄)식의 법률교육이 나타났다. 처음으로 제기한 사람은 동중서였다. 그는 대교육가로서 제자가 아주 많았다. 일부는 만날 수조차 없었기 때문에 나이 많은 학생이 신입생을 가르치는 방법을 취했으며, 춘추결옥식의 재판방법을 받아들였다. 이런 작법은 한 무제의 중시를 불러일으켰는데, 무제는 심지어 아들에게 이를 배우도록 요구하기도 했다. 둘째, 율학이 형성되고 발전함에 따라 사가 주율자(注律者)가 제자를 받고 가르친 것이 당시 민간 법률교육의 주요 형식이 됐는데, 언제나 "아들은 아버지의 뒤를 잇는다"

---

83) 《漢書·循吏傳》
84) 《宋史·百官志》

는 형식으로 표현됐다. 《남제서·최조사전(南齊書·崔祖思傳)》에는 "한나라부터 법률 연구가 가정에서 이루어지는 특징을 보였고, 자손이 대대손손 이를 직업으로 삼았다. 제자를 받아 강의하곤 했는데 제자가 수백 명에 이르렀다"고 기록돼 있다. 예를 들면 서한의 두주, 두연년 부자, 동한의 우공, 우정국 부자, 곽홍, 곽궁, 곽질 등 몇 세대가 국가의 사법관리를 지냈는데, 대다수가 정위, 어사대부(御史大夫)까지 올랐다. 만약 법률세가에서 생활한다면 후배들은 어려서부터 가업을 배울 수 있어 은연중에 감화되거나 혹은 의식적으로 양성하는 가운데서 법률에 밝아지게 했던 것이다.

위·진부터 당나라 때에 법률교육이 점차 "정상궤도에 들어섰다. 위 명제 때, 사람들이 유경만 중시하고 법률을 홀시하는 풍속을 바로잡기 위해 위개(魏凱)는 상소를 올려 "구장형률은 옛날부터 전해 내려온 것이다. 형벌을 판단하는 기준과 개념은 아주 세밀해 쉽게 파악할 수 없다. 때문에 이를 주관하는 관리는 법률을 잘 알아야 한다. 형법은 한나라에서 가장 보귀한 제도지만 제대로 중시되지 못하고 있다. 형법을 주관하는 관리는 백성들의 생사와 쇠락, 번영을 장악하고 있는 중요한 인물이지만, 그들에게 부여된 관직은 지위가 아주 낮다. 국가 정치의 폐단이 이로부터 생긴 것인지도 모른다. 명을 내려 형률 박사를 설치하고 그들이 관련 부서의 관리에게 형률분야의 지식을 가르치게 해야 한다"고 했다.[85]

이 건의가 수락되면서 율박사가 지방 사법관리 양성을 책임지는 전임 관직이 됐으며, 관학 가운데서 한 자리를 차지하게 됐다. 진나라 때 비록 주율이 높은 수준에 이르렀지만 청담(清談, 맑고 고상한 이야기)이 유행됨에 따라 경전을 연구하고 법률을 배우는 것을 천한 것으로 생각했기 때문에, 일반 지식인들이 법률지식을 연구하고 배우는 적극성을 떨어뜨렸다. 북위례 율박사는 정위에 속한다. 북제전은 대리사에 속하는데, 사법재판에 참여하고 자문에 해답하며 사법인원을 양성하고 관리의 자제를 교육하는 직책을 맡았다. 당나라의 법률교육은 점차 정상적인 궤도에 들어섰는데 법률교육, 관학, 고시제도가 관리 선발제와 한데 연결시킨 데서 주로 보여 지고 있다. 당나라 때는 학교가 크게 흥기됐다. 정관 연간에 국자감 아래에 율학관을 세우고 그 아래에 율박사 한 사람, 조교 한 사람을 배치해 교습을 주로 책임지게 했다. 8품 이하 관리 자제와 평민 자제 50명을 받았는데 나이는 18살부터 25살 사이였다. 그 당시의 율, 영, 격, 식의 주요내용을 배웠으며 학제는 최고 6년이었다. 율학관은 해마다 시험을 치르는데 합격자는 상서성 예부

---

85) 《三國志·魏志·魏凱傳》

의 시험에 참가할 수 있었다. 여기서도 합격되면 관리에 임명될 수 있었다. 반면 합격하
지 못하면 율학관에 남아 계속 공부해야 했다. 연속 3년 불합격한 자와 스승에 복종하
는 않는 자, 방학이 지났는데도 돌아오지 않는 자는 학제를 없앴다. 당나라의 과거시험
은 중앙 예부에서 주최했는데 수재, 명경, 진사, 명법, 명사, 명산 등 여섯 과로 나뉘었
다. 수험생은 주, 현의 시험에 합격된 공생(貢生)과 중앙, 지방학교에서 졸업한 생도(生
徒)들이었다. 명법과는 율학관에서 문제를 내고 답안지를 채점했다. 지방학교에 율학
전공을 개설하지 않았기 때문에 율학관의 학생들이 더욱 유리했다. 시험문제가 총 10문
제였는데 그중 율학이 7문제이고 영(令)이 3문제였다. 문제를 다 맞히면 갑등이고 8문
제를 맞히면 을등이었다. 이밖에 이부는 신(身), 언(言), 서(書), 판(判) 4개 조항을 기준
으로 관리를 선발했다. 구체적으로 "신은 용모가 훌륭한가를 보는 것이었고, 언은 언사
가 분명한가를 보았고, 서는 해서법이 준수하고 아름다운가를 보았으며, 판은 문리가
우수한가를 보는 것" 등이었다.[86)

《문원영화(文苑英華)》에는 판독 20여 권이 있고《백씨장경집(白氏長慶集)》에는 갑 ·
을 판이 있었는데 보편적으로 비고의 범문으로 간주됐다.

송나라의 법률교육은 당제를 계승해 발전시켰다. 율학관 입학자는 품관 자제에만 제
한을 두지 않아 여러 지역의 거인들도 입관해 배울 수가 있었다. 학습내용은 율령과 단
안(斷案) 2가지였다. 그 중 율령에는 조정에서 새로 반포한 법률과 법령도 포함됐다.
달마다 일공식(一公試, 집체 시험), 삼사식(三私試, 단독 시험)을 치렀다. 졸업할 때 율
령을 배운 자들은《형통(刑統)》대의(大義)를 골자로 한 다섯 문제를 시험을 쳤다. 반면
에 단안을 배운 자는 사건 한 문제를 시험 치게 하였는데 이중에는 형명의 내용을 포함
한 작은 문제 5~7개가 포함됐다. 합격자는 예부의 시험에 참가했다. 송나라 과거시험에
는 진사, 명경, 명법 등 과목을 설치했다. 명법의 시험내용은 율령 40조였다. 경, 전 여
러 과목도 "답안지를 뽑아 율령을 물었다." 975년 진사의 여러 과목은 율을 내용으로
열 문제를 뽑아 시험을 쳐야 했다. 990년, 명법 시험을 일곱 마당으로 나눠 치렀는데,
각각 율, 영과 육경소의를 시험 쳤다. 왕안석 변법 때 신과명법을 새로 설립했으며, 시
험과목은 율령,《형통》대의, 단안이었다. 무릇 진사시험을 보지 않았다면 모두 시험에
참가할 수 있었다.[87)

---

86) 洪邁,《容斎随筆》, 唐書判조 참조.
87)《文献通考》의 학교고(學校考)와 선거고(選擧考)를 근거로 함.

명법시험을 거쳐 모집된 자는 이부에 의해 예비 행렬의 인원 명단에 이름을 올리게 되는데 서열은 진사 위였다. 훗날 무릇 진사와 여러 과목의 시험에 참가해 모집된 자는 율령, 《형통》 대의, 단안의 시험에 참가해야 하며, 이 시험에 합격된 자에게만 관직을 임명한다고 규정했다. 하지만 사마광이 재상으로 지낼 때 명법신과를 폐지했다. 인종 때, 서판(書判) 발췌과(拔萃科)가 있었는데 소시(召試)가 서판자보다 우위였다. 《명공서판청명집(名公書判清明集)》이 바로 서판의 본보기였다.

고종 건염 연간, 한동안 명법과를 회복했지만 얼마 지나지 않아 또 다시 폐지됐다. 명청시기 모두 다시 회복되지 못했다. 이때에는 율박사, 율학관도 없었다. 명청시기에 제창한 법률교육 방법이 한, 위, 당, 송 때와 서로 다른 것이 근본적인 원인이었다. 한 · 위 이후 법률인재 양성학교(율학관)를 개설하고 율학를 주관하는 관서(율박사)와 개과취사(명법과 및 기타 여러 과목)를 설치하는 방법을 취해 세상의 사자(士子)들이 이 방향을 따라 발전하도록 격려했다. 반면 명청시기에는 율령을 강의하는 제도를 설립하여 관리들이 법률지식을 배우도록 했다.

《명률》과 《청률》에서는 "율령을 강의하고 해석하는" 면에서 백관은 반드시 법률을 익숙히 알고 율의를 뚜렷하게 설명할 줄 알아 사무를 명확하고 빠르게 판단하는데 유리하도록 해야 한다는 전문적인 규정을 세웠다. 또한 매년 연말이면 경내와 경외 여러 부서의 상사들은 아래 관리들에 대해 심사하는 것으로써 관리들이 법률을 학습하도록 다그쳤다. 만약 법률의 뜻을 제대로 해석하지 못하고 잘 알지 못하는 관청에서는 한 달 녹봉을 벌금으로 제하고 관리에게는 태형 40대가 내려졌다.

명나라 국자감(國子監)이 학습한 과목에는 경의 외에 《대고》 및 그 법령이 있었다. 과거시험의 내용은 서판(書判)과 관련된 것이었는데 총 다섯 문제였다. 청나라의 학교 제도는 기본적으로 명제를 계승했으며 국자감 및 지방학교 가운데서 《어제율학연원(御制律學淵源)》에서만 유일하게 법률을 언급했다. 하지만 과거시험은 서판마저 없앴다.

명청시기 민간의 법률교육 방식은 주로 향규민약(鄕規民約)과 가법족규(家法族規)에 의존했는데, 봉건 도덕교화와 법률교육을 한데 연결시켜 사람들을 국가의 법률에 복종시킴으로써 소송을 평정하고 범죄를 막도록 이끌었다. 이로써 국가에서 관리에 대해 법률교육을 주로 하는 조치의 부족한 점을 보완했다. 이 또한 명청시기 법률교육의 특징이기도 했다.

8. 법가사상과 법률 예술

1) 법가사상과 법률예술의 확립

이른바 법률예술이란 입법, 사법 등 법률 실천행사에 종사하는 능력, 기술과 방법을 가리킨다. 법률예술에는 입법예술, 사법예술, 법률문헌 관리예술 등이 포함된다. 이는 입법과 사법 활동이 정상적으로 이뤄질 수 있도록 보장하는 주관적인 조건이었다.

서주, 춘추 말기 이전 법률 실천 활동은 분산성이 강했다. 그 당시 제후가 할거하고 사대부가 권력을 독점하고 있었기에, 입법과 사법 통일은 불가능한 일이었다. 이밖에 중대한 법률정책, 원칙과 법령을 제정하는 것 외에 입법과 사법활동은 여전히 분리되지 못했다. 법관은 사법자이자 입법자이며 판례가 주요한 법률 규범으로 됐다. 법률의 실천 활동은 법률예술에 더 많은 요구를 제기하지 않았다.

하지만 전국시기 진나라 때 입법과 사법은 우선 제후국(훗날 전국 범위에서) 영역에서 통일됐다. 그리고 입법, 사법 활동이 2개 과정으로 분리돼 입법기구는 법정 절차에 따라 성문 법률을 제정하고, 사법기구는 성문 법률을 근거로 재판했다. 모든 활동은 엄격히 법에 부합되고 정확해야 했다. 이런 상황에서는 입법자와 사법자가 전문적인 법률 기술과 방법을 터득하는 것이 요구되었다. 따라서 이때 법률예술이 장족의 발전을 가져왔다. 법가학파의 대표자들은 변법을 주장하는 시기를 빌어 법률사상에 관철된 법가사상을 실천에 옮김으로써 이 시기 법률예술의 기반을 다졌다. 전반적으로 볼 때 이 시기 확립된 법률예술은 법가사상을 관철시키고 충분히 반영했으며 한나라 이후의 법률예술 발전에 큰 영향을 미쳤다.

종합하면 전국시기 진나라 때 확립한 법률예술에는 다음과 같은 내용이 포함되었다. ① 입법예술 : 입법 조직, 절차와 법률규범의 표현방법에 두 가지 면이 포함되었다. 군주와 주요 대신들이 중내한 입법문제를 함께 도론하는 깃이 이미 일상적인 규정으로 되었다. 군주와 신하가 함께 입법사항을 토론했지만 나중에는 군주가 결정했는데, 이는 그 당시 입법의 정해진 모식이었다. 법률을 규범화하는 데는 "명확하고 쉽게 알아야 하며", 간결하고 정확해야 한다는 기술적인 요구가 있었다. ② 사법예술. 심판방법, 사법 검사기술과 법률자문이 포함되었다. 재판방법에 대해서도 2가지 요구사항이 있었다. 첫째는 심문과정에 형벌에 따른 자백 강요가 아닌 피고인에게서 약점이나 단서를 발견해 추적조사를 하고 사건을 철저하게 파헤치는 것이 상책이었다. 형벌 심문으로 진실을 알게 되는 것은 하책이었다. 둘째, 심문하는 과정에는 피고인의 진술을 듣고 난 후에 기록

해야 한다. 거짓말을 하고 있다는 것을 발견해도 수시로 반박해서는 안 된다. 피고인이 진술을 마치고 난 후 의문을 제기해야 하며 피고인이 진술하는 과정에 다시 모순되는 점을 찾아내야 한다. 이때 피고인이 앞뒤를 맞추지 못하고 이치가 닿지 않아 말문이 막힌다면 결국 진실을 얘기하게 된다. 《수호지진묘죽간 · 봉진식》의 《적사(賊死)》, 《경사(經死)》, 《혈도(穴盜)》, 《출자(出子)》는 현재까지 볼 수 있는 가장 이른 형사 검사 기록이다. 이런 법률 문서로부터 진나라의 사법 검사제도가 이미 초보적인 규모를 갖췄음을 알 수 있다. 즉 사건 발생 후 사법인원은 즉시 현장으로 향해 물증을 수색해 확보하고 증인을 심문하는 외에도 최대한 상세하게 현장상황을 파악하고 기록할 것을 요구했다. 《봉진식》에서 진나라 사법자가 이미 비교적 풍부한 사법 검증기술을 장악했다는 것을 알 수 있다. "경사(목매여 자살함)"사건에서는 자살과 타살을 구별하는데 주의했을 뿐만 아니라 감별 방법까지 종합했다. 예를 들면, 혀를 내밀지 않았고 목 부위에 피가 나지 않은데다 머리를 고리에서 꺼낼 수 없으면 타살 의혹이 있는 것으로 간주했다. 폭행으로 인한 여성들의 유산사건, 문둥병 등에 대해서도 일련의 검사방법을 종합해냈다. 이런 검사기술은 비록 과학적이지는 않았지만 오랜 세월의 실천을 거쳐 얻어낸 경험이었다. 후세에 이런 기술과 지식을 계승하고 발전시킴으로써 중국 고대 법의학의 번영을 추진했다. 법률 자문기술도 비교적 성숙됐다. 법관의 직책 중 하나가 신하와 백성의 법률 자문에 답하고 관련 내용을 좌우권(左右券)에 기록하는 것 외에도 좌권은 자문자에게 주고 우권은 법관이 남겨뒀다. ③ 법률 문서의 관리 예술 : 법률 문서의 제작, 전달, 학습과 정리가 포함된다. 진나라는 법률 문서의 제작에 아주 엄격한 규정이 있었다. 내려 보낸 법률 문서는 반드시 상급의 비준을 얻어야 하고, 긴급 문건은 제때에 내려 보내야 할 뿐만 아니라, 법률문서를 접수하고 내려 보낼 때는 반드시 날짜를 기록해야 한다. 관리는 직책 범위 내의 법률을 익숙히 알아야 하며, 신법은 법정 기한 내에 익숙해야 한다. 관리는 해마다 어사처에 가서 법률을 대조하고 국가는 금실(禁室)을 세워 매년의 법령을 특별히 수장해야 한다. 관리가 법률문제에 해답할 때 기록한 우권은 금실에 수장된다.

한나라 이후의 법률예술은 전국시기와 진나라 때의 법가사상을 주도로 한 법률 예술의 정화를 계승했으며, 이를 바탕으로 봉건 전제주의 중앙집권이 고도로 발전한 수요에 적응해 전에 없는 발전을 이루었다.

2) 법률 예술의 주요 내용

(1) 입법 예술

국가에서 법률규범을 제정하고 인가하며 반포하는 기술이나 방법을 가리킨다. 다음과 같은 몇 가지 면이 포함되었다.

① 입법기구의 조직과 업무 절차

황제가 최고의 입법권을 장악하고 있어 중대한 입법 활동은 황제가 직접 주도한다. 구체적인 방법은 다음과 같다. 황제는 법률연구가 깊은 대신들로 구성된 입법 기구를 임명해 법전 초안을 작성하고 편집하는 직무를 맡긴다. 만약 해결하기 어려운 문제가 있으면, 대신을 모아 문의하고 집단적으로 토론한다. 토의하여 결정된 후 황제의 비준을 거쳐 반포된다. 이밖에 역대 봉건왕조는 임시적인 입법 업무기구를 구성해 법령, 판례의 심사와 제정을 전문적으로 책임지게 했다.

② 입법원칙의 확정

입법은 조직적으로 목적성 있게 진행되는 활동으로 필연코 통치 집단 법률정책의 지도와 지배를 받게 된다. 이런 법률정책은 바로 입법이 지켜야 할 원칙이다. 그 중에서도 계승과 혁신을 서로 결부시키고, 법률의 통일성과 실용성, 다양성을 서로 연결시키는 것이 가장 중요하다.

③ 입법시기의 판단과 선택

중대한 입법시기의 판단과 선택에서 옛 사람은 풍부한 경험을 쌓았다.

첫째, 새로운 왕조가 건립되면 백성과 함께 새 정치를 펼친다. 사회가 대변혁이나 대동란을 거치고 나면 제때에 새로운 법전을 제정해야 한다.

둘째, 사법이 혼란해지면 낡은 것을 없애고 새 것을 세운다. 옛 법은 실시된 지 오래되면 율령이 번잡하고 조목이 혼잡하며 앞뒤가 모순돼 사법이 혼란해진다. 때문에 제때에 법을 세우고 기준을 통일시켜야 한다.

셋째, 편차가 생기면 그것을 바로잡는다. 입법, 사법에 보편적인 방향성 차이가 생겼을 때에는 입법을 근거로 제때에 바로잡아야 한다.

넷째, 실제상황이 성숙되지 않았다면 임시적인 방편을 내온다. 대규모로 법을 세울 수 있는 시기가 성숙되지 않았다면, 일시적인 권의(權宜)를 따라야지 성급하게 법을 세워서는 안 된다. 구체적인 방법은 옛 법률을 그대로 사용하고 고치거나, 판례를 만들거나 적용해 임시 법령을 발표하는 것이다.

④ 법률 규범의 체재와 양식

한나라 이후의 법전체제는 다음과 같은 특징을 나타냈다. 여러 가지 법률을 한데 융합시키고 형을 주로 했다. 《명례》가 우선이었고 제율(諸律)이 그 다음이었다. 율, 주, 소, 영, 예를 하나의 법전에 통합시켰다. 역대에 모두 단행 법규와 판례 총집이 있었다.

⑤ 법률규범의 서술방법

입법자의 입법 취지를 명확히 서술해 법 집행자와 수법자가 법률조항의 뜻을 정확히 이해하도록 하기 위해 법률조항의 서술방법을 강조했다. 논리가 뚜렷하고 구조가 엄밀해야 한다. 또한 언어가 간결하고 정확한 외에도 다른 해석이 없어야 하며 알기 쉽고 통속적이어야 한다.

⑥ 법률의 해석예술

한나라 이후 법률 주석을 주로 하는 율학이 크게 발전했다. 이런 주석은 내용상 6개 유형으로 나뉘었다. 첫째, 전문용어에 대한 주석으로 법률에 사용되는 전문용어를 특별히 해석한 것이다. 둘째, 경과에 대한 주석으로 위법 범죄 경과의 내용과 범위를 설명한 것이다. 셋째, 제재에 대한 주석으로 제재의 범위와 확정 짓는 제재의 원칙을 설명한 것이다. 넷째, 절차에 대한 주석으로 법률조항에 적용되는 특정절차를 제기한 것이다. 다섯째, 법리에 대한 주석으로 법률조항 입법의 본뜻을 설명한 것이다. 여섯째, 연혁에 대한 주석으로 법률 조항의 근원과 변화를 소개해 사법자가 뜻을 알게 한 것이다.

⑦ 법률의 선전방법

주로 다음과 같은 3가지 경로를 통해 알려졌다. 첫째, 정규적인 교육경로, 즉 관학, 사숙 등 교육기구를 통해 법률지식을 가르쳤다. 둘째, 행정경로, 즉 정부기관에서 법률조항과 고시문을 현시해 백성들이 법을 지키도록 했다. 셋째, 민간 경로, 즉 가정 계통을 통해 소속 성원에 대해 법을 지키는 교육을 진행한다.

(2) 사법예술

재판, 검사, 법률적용 등이 포함된다. 즉 다음과 같다.

① 재판예술

법관이 사건을 심사하는 방법과 기술은 다음과 같다. 초기 법정을 중히 여기고 첫 상황과 검증, 증거를 중히 여기며 정사를 관찰하고 형사심문에 신중하며 시비를 가린다.

② 법의의 검험예술

중국 고대에서는 살인사건을 가장 중요한 사건으로 간주했다. 사망원인을 확정짓는 것이 사건을 결정짓는 관건적인 요소였기 때문에 법의 검험기술이 아주 발달했다.

한나라부터 당나라에 이르기까지 사망[88]을 감별하는 초보적인 경험을 쌓았고, 여러 가지 유형의 중독(금속 중독, 식물 중독, 기체 중독, 음식 중독) 증세를 파악했으며 친자 확인 방법인 적골법(摘骨法)을 발명했다.

송나라 이후 법의 검험기술이 전에 없던 번영단계에 들어섰다. 첫째, 법 검험이 점차 제도화되어갔다. 법의 검험은 이미 사법재판의 필수적인 절차가 됐으며, 법률 규범에 의해 확정됐다. 둘째, 법 검험에 종사하는 전문 일꾼이 나타났다. 이들은 사법직관의 구성부분으로 일상적인 법의 검험업무에 종사했다. 셋째, 법의 검험 관련 저술이 많아졌다. 예를 들면, 《내서록(內恕錄)》, 《검험법》, 《평원록(平冤錄)》, 《무원록(無冤錄)》, 《검험시상지남(檢驗尸傷指南)》 등이었다.

송나라 법의학 문헌인 《결안식》에는 법의 검험을 시(尸), 상(傷), 병(病), 물(物) 4개 유형으로 나누었다. 시는 시체를 검시하는 것이고, 상과 병은 생체 검험이며, 물은 물증 검험이다. 그중 검시 기술이 가장 발달했는데 송자(宋慈)의 《세원집록(洗冤集錄)》이 가장 대표적이다. 위의 검험 기술은 법률 문화성과로 여러 국가에 널리 전파됐다.

③ 법률의 적용예술

재판에서 법관은 반드시 다음과 같은 원칙을 지켜야 한다. 법률에는 명문규정이 있으며 법에 따라 죄와 형벌의 정도를 정해야 한다. 법률에 명문규정이 없을 경우에는 가장 유사한 법률조항을 인용한다. 유사한 법률조항이 없으면 상응하는 판례를 적용한다. 상

---

88) 사망에는 질식사(窒息死), 소사(燒死), 동사(凍死), 아사(餓死), 뇌격사(雷擊死), 급사(急死) 등이 있었다.

응하는 판례가 없으면 가장 유사한 판례를 예로 적용한다. 적용할 만한 법률조항과 판례가 없거나 있지만 시대에 뒤떨어졌을 경우에는 통치계급의 현행 법률의식, 정책을 근거로 재판하고 판결을 내린다.

이 방면에서 고대의 법관은 풍부한 경험을 쌓았다. 첫째, 법률조항의 정확한 뜻을 알아야 한다. 둘째, 《명례》의 사상을 중점적으로 파악해야 한다. 셋째, 쉽게 혼돈되는 죄명, 특히 고의살인과 고의상해죄 양자의 핵심을 파악해야 한다. 넷째, 상급의 허가서를 주의 깊게 음미해야 한다. 다섯째, 판례를 증거로 인용할 때 신중해야 한다.

(3) 법률문서의 제작과 관리예술

법률문서는 시정문서와 사법문서 2가지 유형으로 나뉜다. 시정문서는 또 하행문과 상행문으로 분류된다. 하행문서는 상급이 하급에 전달하는 지령인데 그 중 황제의 조령이 가장 중요하다. 명칭은 제(制), 소(詔), 책(策), 칙(敕), 책(冊), 고(誥), 지(旨), 영(令), 유(諭) 등이다. 상행문서는 관료가 상급 관리와 황제에게 올리는 주장인데 주(奏), 장(章), 표 (表), 계(啟), 상(狀), 전(箋), 의(議), 게첩(揭貼), 제대(制對), 제본(題本), 주본(奏本), 주절(奏摺) 등이다. 국가기관 사이의 상행문서에는 첩(牒), 신(申), 정(呈), 상(詳), 품(稟)이 있고, 하행문서에는 부(符), 첩(帖), 패(牌), 표(票), 격(檄)이 있으며, 평행문서에는 관(關), 사(刺), 이(移), 자(諮), 첩(牒), 조회(照會)가 있다.

사법문서는 일반문서와 전문문서로 분류됐다. 일반문서는 소송문서이고 전문문서는 법관의 판결문, 그리고 재판과 관련된 증거를 기록한 문서를 가리킨다. 중국 봉건사회는 전문문서를 특히 중시했다. 송홍매(宋洪邁)의 《용재수필(容齋隨筆)》에는 당나라에 관리를 선발하는 "신·언·서·판(身言書判)" 4가지 기준이 있는데 그 중에서도 판을 중히 여겼다고 기록돼 있다. 송나라 이후 《용근봉수판(龍筋鳳髓判)》, 《갑을판(甲乙判)》 등 사람들의 재판을 지도하는 전문적인 저서가 많아졌다. 일부 사법관은 장기간의 재판을 실천하는 가운데 일련의 기록, 판사와 관련된 경험을 종합해냈다. 예를 들면 청나라 왕조휘(汪祖輝)의 《학치설췌(學治說贅)》가 그것이었다.

한·당 이후 조정에서 군·현에 이르기까지 모두 전문기구나 전문인원을 선발하여 법률문서를 관리하도록 했으며, 법률문서와 관련된 제작, 옮겨 쓰기, 서명, 배달, 등록, 보관, 비밀 등 제도와 방법을 형성했다. 왜곡하거나 보충하고 줄이거나 잘못 쓰거나 잘못 전하거나 기한을 넘기거나 비밀을 누설하면 모두 형벌에 처했다.

9. 법가사상과 역대 청관(淸官)

이른바 청관이란 중국 고대 민간에서 품행이 청렴하고 공정하며 법을 잘 지키고 정의로우며 강직하여 아첨하지 않으며 엄격하게 법을 집행하는 사법관리에 대한 미명이었다. 그중 송나라의 포공(包公)과 명나라의 해서(海瑞)가 가장 대표적이다.

고대의 청관에게서 보여진 이 같은 품행은 선진 법가사상에서 공정하게 법을 지키고 엄하게 법을 집행하며 나쁜 것을 원수처럼 증오하고 권세와 직무의 높고 낮음에 얽매이지 않는 법가사상을 계승하고 고양시킨 것이다. 진나라의 통치자들은 이런 법가사상을 실천에 옮겼는데 이는 사법관리의 기본요구가 됐다.

1975년에 출토된 《수호지진묘죽간》의 《위리지도(관리의 법도)》는 51매로 되어 있는데, 관잠(官箴)과 유사한 독물(讀物)로 간주되고 있다. 개편의 첫 머리에는 관리가 반드시 갖춰야 하고 지켜야 하는 도덕품행, 행위규범이 적혀 있다.

관리는 반드시 청렴·결백해야 하며 자신이 맡은 바 직무에 충실해야 한다. 사적인 정에 얽매여 직무를 남용하지 않으며 빈틈없이 치밀하고 침착하고 가혹하지 않으며 상법을 합당하게 적용할 줄 알아야 한다. 엄격하고 난폭하지 말아야 하며, 정직하고 청렴해야 하지만 관통성이 없으면 안 되고 반복적으로 좋은 일만 생기기를 기대해서는 안되며, 화가 난다고 해서 판결을 내려서도 안 된다. 너그럽고 충성하며, 화해하여 원한을 품지 말아야 하며, 아랫사람을 시기하지 말고 윗사람을 존경해야 한다. 관리로서 아랫사람들의 간청에 귀를 기우여야 한다.

이밖에 관리의 다섯 가지 선행을 열거했다. 충성과 신의를 다하며 공경하는 것, 청렴하고 남을 헐뜯지 않는 것, 결단력을 가지고 단시간 안에 소임을 완수할 것, 주위 사람들을 적극적으로 도울 것, 서로 배려하고 겸양할 것 등이다. 한나라 이후의 역대 왕조에서 모두 이를 계승했다. 한·당 무렵, 혹리라 불리는 사법관리 가운데도 청관이 적지 않았다. 예를 들면 서한의 질도는 정직하고 공평하며 청렴하고 법을 집행하는 과정에서 권세와 지위가 높은 자를 회피하지 않았다. 장탕은 삼공의 벼슬에 올랐지만 모함을 받아 죄를 뒤집어쓰고 결국 자살했다. 그가 죽은 후 가정의 재산은 총 5백금에 불과했는데 모두 하사받은 것이었다. 윤제는 병으로 죽은 후 총 재산은 50금도 되지 않았다.

북송시기 유명한 청관은 바로 포공, 즉 포증(包拯, 999~1062년)이었다. 여주(廬州) 합비(合肥, 현재의 안휘성) 사람으로 자는 희인(希仁)이었다. 30여 년간 관리로 있으면서 지현, 지주, 지부 등 지방관으로 지냈으며, 간의대부(諫議大夫), 감찰어사(監察御史), 어사중승(御史中丞) 등 중앙감찰관으로도 있었다. 훗날 천장각대제(天章閣待制), 용도각 직학사(龍圖閣直學士)로 있다가 추밀부사(樞密副使)에 임명됐다. 죽은 후 그를 예부상 서로 추정했다. 민간에는 권세와 지위가 높은 자를 회피하지 않고 엄격하게 법을 집행 하며 탐관을 엄하게 처벌하고 백성들의 억울함을 풀어주며 청렴하게 사건을 재판하는 포공의 사적을 다룬 신곡, 소설 등이 많이 전해졌는데 세인들은 그를 포청천(包靑天)이 라 불렀다.

포증은 일련의 입법, 사법에 관한 주장을 제시했으며 이를 실천에 옮겼다.

첫째, 입법, 법 집행을 주장해 백성을 구제하는 것을 근본으로 했다. 관리들은 백성을 너그럽게 대하고 사랑해야 한다는 내용으로 여러 번 조정에 상소를 올려 백성들의 입장 에서 군주에 청원했다. 또 조정에서 남아도는 관리를 줄이고 통제 관리하는 외에 옛 법 수정에 대해서도 건의했다.

둘째, 공평하게 법을 집행하고 상과 벌이 명확했다. 이를 법 집행의 가장 큰 특징으로 간주하면서 법은 반드시 집행하는 것이 중요하고 법에 따라 일을 처리하며 엄격하고 함부로 재판하지 말아야 한다고 주장했다. 한편 탐관오리는 반드시 엄하게 처벌을 내리 고 단호히 없애야 한다고 강조했다. 예를 들면 장가구(張可久) 사건이 바로 그러했다. 회남 전운사인 장가구가 임기 동안 밀매 소금 1만여 근을 팔았다. 사건 발행 후 대리사 는 관련 규정에 따라 재판하고 그에게 벌을 내렸다. 국가에서 금지하는 물자를 함부로 판매했기 때문에 조사해낸 수량을 근거로 처벌을 내려야 했다. 하지만 장가구가 밀매소 금을 이미 다 팔아버렸기에 이런 규정을 근거로 처벌을 내리면 기필코 경한 처벌이 내 려질 것으로 판단하자, 포증은 장가구가 법을 알면서 고의로 법을 어겼기에 엄한 처벌 을 내려야 한다고 주장했다.

셋째, 권세와 지위가 높은 자를 회피하지 않고 엄격하고 공정하게 법을 집행했다. 이 는 포증에게서 가장 돋보이고 가장 칭송을 받아야 할 부분이다. 장요좌(張堯佐) 사건에 서도 이 같은 포증의 성품이 그대로 반영되었다. 인종 황제 귀비의 백부, 온성황후의 오라버니, 재정을 주관하는 삼사사인 장요좌가 임기하는 동안 국고가 빚을 지고 재물이 거덜 나는 바람에 백성들이 극도로 가난에 시달리게 되었다. 이에 포증은 수차례 상소 하여 탄핵을 간청했다. 하지만 인종 황제는 줄곧 장요좌를 비호했다. 비록 삼사사의 직 무를 해임하긴 했지만 여전히 그에게 요직 4개를 맡겼다. 포증은 연속 네 번이나 상소 해 탄핵을 간청하면서 황제를 비난했다. 결국 장요좌가 2개의 직무에서 물러났다.

넷째, 공평하고 청렴한 관리를 선발하고 억울하게 감옥 가는 것을 막았다. 포증은 사법감찰, 억울한 재판을 받은 사건을 바로잡는 실천에서 억울한 재판이 생기는 주요한 원인이 청렴하고 공정한 법 집행관리가 적기 때문이라는 점을 깨달았다. 그래서 그는 청렴하고 실제로 일하는 자를 사법관리로 선발할 것을 주장했으며, 그래야만 관리가 법률을 지키고 사건을 정확하게 재판할 수 있다고 여겼다. 특히 훌륭한 감찰관리를 선발함으로서 법과 규정을 어기는 백관의 행위를 찾아내 바로잡고 억울한 재판을 바로잡아주는 한편, 법률의 집행을 감독해야 한다고 강조했다. 포증은 이를 힘써 실천에 옮겼다. 그는 억울한 재판을 막기 위해 소송에서 최대한 백성들에게 편리를 도모해줬으며, 재판할 때 깊이 사고하면서 억울한 재판이나 잘못된 사건을 바로잡아 백성들의 억울함을 벗기는데 최선을 다했다.

봉건사회의 사법관리 가운데서 포증은 공정하게 법률을 집행하는 본보기였다. 법을 지키고 공평하게 재판하는 과정에서 자신에 대한 요구 또한 아주 엄했다.《송사·포증본전(宋史·包拯本傳)》에는 포증이 청렴함을 추구하기 위해 모든 일을 법에 따라 처리하고 심복과 한편을 만들지 않았으며, 모든 뇌물수수를 거절했기 때문에 맑은 황하를 보는 것만큼이나 웃음을 보기가 어렵다고 하여, 그때 사람들은 그를 소비황하청(黄河清)이라고 했다.

중국 고대에서 가장 이름난 청관은 명나라의 해서(海瑞)이다. 해서(1514~1587년)는 회족으로 광동(廣東) 경산(瓊山, 현재의 海南省 海口) 사람으로 자는 여현(汝賢)이고, 자호는 강봉(剛蜂)이었다. 관료가정 출신인 그는 어려서 아버지를 여의였기에 생활이 궁핍했다. 가경 연간에 거인(擧人)에 급제해 복건성(福建省) 남평(南平) 교유(教諭)에 임명됐다가 훗날 지현(知縣), 호부 주사(戶部主事)를 지냈다. 상소를 올려 황제를 비난했다가 체포되어 투옥됐다. 융경 3년(1569년), 응천순무(應天巡撫)가 되어 호족을 단속하고 합병을 억제하는 정치적 법률 조치를 추진했다가 면직 당했다. 그 후 10여 년간 일반인으로 생활했다. 만력 13년(1585년)에 나시 기용됐는데 남경 이부 우시랑(吏部右侍郎), 남경우첨도옥리(南京右僉都獄吏)에 임명됐다. 그는 명나라가 전성기에서 쇠망에 이르고 정치가 부패하며 탐관이 성행하던 시대에 살았다. 관리로 지낸 18년간 그는 근검절약하고 오래된 폐단을 바로 잡기로 유명했다. 또한 정직하고 청렴하게 살았으며 강권에 두려워하지 않고 엄격하게 법을 집행하기로 널리 이름을 알렸다. 명나라 말기 그의 성품이 널리 알려져 모두 그를 해청천(海青天)이라 불렀다.

관료사회가 부패하고 뇌물을 받아먹고 법을 어기는 현상에 대해 해서는 탐관을 엄한 처벌로 다스릴 것을 주장하며 임직기간 능력 범위에서 탐관을 엄하게 단속하는데 최선을 다했다. 예를 들면 백성들의 재산을 사기 쳐 갈취한 총독 호헌종(胡憲宗)의 아들에게 엄한 처벌을 내렸다. 또한 법에 따라 향에서 횡행하고 백성들의 등을 쳐 먹는 재상 서계(徐階)의 동생 서척(徐陟)도 처벌했다. 이밖에 해서는 법 집행에 훌륭한 관리가 있어야 한다는 점을 깨닫고 법규를 제정해 관리의 품행과 치적을 바로잡아야 한다고 주장했다.

순안 지현을 지낼 때 해서는 《흥혁조례(興革條例)》를 제정했다. 조례는 관리가 전근될 때 영접하고 환송하지 못하며, 연회를 베풀거나 선물을 줘도 안 된다고 했다. 또 하급자가 상급자를 배알함에 있어 돈을 많이 써서는 안 되고 경성으로 가서 배알하는 과정에서 예물을 줘도 안 된다고 정했다. 그리고 예부상서는 농민을 공갈 협박해서는 안 되고 순도관원, 예부상서에게 은량을 뇌물로 줘서도 안 된다고 했다. 이밖에 《금궤송고시(禁餽送告示)》를 반포했다. 규정은 이러했다. "관리에 오른 자가 선물을 받으면 태형 40개를 가하고, 선물을 주는 자에게는 태형 30대를 가한다. 돈이나 먹을 것을 들고 현문으로 들어오는 자에게는 벌을 엄하게 내린다. 문지기가 검사하지 않아 선물을 주려는 자가 현문으로 들어올 경우 엄하게 책임을 추궁하고 가쇄를 채운다"고 했다.

응천순무로 지낼 때 해서는 《독무조약(督撫條約)》을 제정했는데 총 35조가 포함됐다. 규정은 다음과 같다. 영접과 환송 행사, 관사 수리와 건축, 그리고 방탕한 생활을 금지한다. 무릇 공가의 물건을 선물로 주는 자, 비호하는 자, 뇌물을 주는 자는 모두 법에 따라 죄를 묻는다. 그리고 만약 관청이 권세를 빌어 백성들에게 노역을 많이 시키거나 "인간의 정을 고려해 법정 노역자를 면제해줄 경우 뇌물죄를 적용한다. 법 집행 과정에 소송을 제기해 중상 모략하는 것을 반대하고 중상 모략자를 엄하게 처벌할 것을 요구했다. 공정하게 사건을 재판하고 법을 공평하게 집행할 것을 요구했다. 살인사건의 진상을 밝히기 전에는 용의자를 무죄로 대할 것을 주장했다. 박방(博訪)과 증거를 중시하고 억울한 사건을 적지 않게 바로잡았기 때문에 민간에서는 《대홍포(大紅袍)》등의 전설이 전해졌다. 공정하게 법률을 집행하고 억울한 누명을 쓰고 감옥에 간 사람들의 사건을 바로잡았다는 치적이 민간에서 널리 전해져 내려왔다.

10. 법가사상과 죄형 법정

근대 형법의 비조인 독일 형법학자 포이어바흐(Feuerbach, 1775-1833년)는 1801년 출간한 《형법교과서(刑法敎科書)》에서 라틴어로 죄형법정주의라는 법률 과학전문용어를 처음으로 제시했다. 유럽 봉건 죄형 천단주의(擅斷主義)를 겨냥하여 제시한 것으로 기본사상은 "법률이 없으면 형벌이 없고 법률이 없으면 범죄는 성립하지 않는다"는 것이었다. 현재까지 세계의 다수 국가가 이를 적용하고 있다. 1997년의 중국의 《형법》도 이 같은 원칙을 적용했다.

선진시기의 법가는 죄형법정이라는 전문용어를 제시하지는 않았지만 선진시기의 법가사상은 이미 죄형법정의 기본사상은 갖추고 있었다.

죄형법정주의는 형벌의 법정화와 실정화, 조문 규정의 명확화라는 두 가지 기본적인 요구가 있다. 이런 기준으로 가늠할 때 선진시기 법가의 죄형 법정사상은 춘추 말기 법가의 선구자인 정나라 자산이 발표한 조형서우정(鑄刑書于鼎)에서 이미 생겨났던 것이다. 자산은 죄와 비죄(非罪), 죄명과 양형 규정을 정(鼎)에 새겨 대중들에게 공포했다. 이는 법률이 예전의 "법률을 공포하지 않으면 위력이 무궁무진하던" 임의의 상태에서 국가 상법(常法)차원으로 상승해 대신과 백성 모두가 이를 지켜야 함을 의미했다. 이는 일정한 정도에서 귀족이 법률과 죄형을 독점해 함부로 특권을 행사하는 행위를 부정했기 때문에, 수구세력의 강한 반대를 받았다. 《좌전·소공6년(昭公六年)》에 따르면 진나라 대부 숙향(叔向)이 자산에게 편지를 보내 심하게 규탄했다. "옛날 선왕은 사건의 경중을 가늠해 죄를 판결하고 형법을 정하지 않았다. 백성들에게 논쟁하는 마음이 생길까 두려워서였다. 백성들이 법률이 있다는 걸 알게 되면 군주를 공경하지 않는다. 사람마다 논쟁하려는 마음이 있기 때문에 형벌을 근거해 성공할 수는 있겠지만, 더는 다스릴 수가 없게 된다. 백성들이 논쟁할만한 근거를 알게 되면 예의를 버리고 형서만 들고 얘기한다. 형서의 한 글자, 한 구절 모두에 대해 명확히 논쟁하려 할 것이다." 즉 전에 선왕이 법률을 공포하지 않고 사건에 부딪힌 후에야 형벌을 정하고 사건의 경중에 따라 벌을 내렸는데 백성들이 미리 법을 알고 대항할 것을 우려했다. 법률을 공포하면 백성들이 어떤 일을 저지르면 죄가 있고, 어떤 형벌을 받을 수 있을지를 미리 알게 되기에 통치자를 두려워하지 않고 형벌을 피하는 방법을 알아 대항하는 마음이 생기기 때문에 통치할 수 없게 된다는 것이다. 따라서 백성들은 예(습관법 등)를 버리고 법에 따라 일을 진행하고 조그만 일에서도 법을 근거로 논쟁할 것이라 생각했다.

이로부터 춘추 말기 성문법 운동이 시작됨에 따라 법률 공포는 이미 죄형법정으로 죄형천단을 대체하는 의미가 생겨났음을 알 수 있다. 전국 시대 이후 성문법 운동이 발전했다. 법가들은 실천 가운데서 죄형법정의 사상을 종합했으며 이를 《진률》에 관철시켜 진한 시대 이후의 봉건 법제에 영향을 미쳤다.

선진시기 법가의 법률사상에 죄형법정의 기본 내용과 기본 사상이 포함되었다는 것은 다음과 같은 몇 가지 면이 있기 때문이었다.

첫째, 법가의 법치사상, 즉 《상군서》에서 제기한 이른바 "법도에 근거하여 다스리고"(〈군신〉), "법에 따라 나라를 다스린다"(〈일언〉)는 어구에는 법률의 명문규정을 근거로 죄를 정하고 형벌을 내려야 한다는 사상이 포함돼 있다.

둘째, 죄를 정하고 형량을 정함에 있어 법가는 일련의 주장을 제기했다.《상군서 · 금사》에 따르면 "군주가 비리를 금하고 신민을 부리는 열쇠는 상벌에 있다. 포상은 전공에 따르고, 형벌은 죄질에 따른다." 즉 법률의 명문규정에 따라 범죄와 형벌은 갈라놓을 수 없다는 것이다.《한비자 · 궤사(詭使)》에는 "명실상부하며, 규칙에 따라 못된 자를 벌한다"고 기록돼 있다. 즉 법률의 명문 규정에 따라 죄명과 형벌은 반드시 일치해야 한다는 것이었다.

셋째, 법치를 추진하기 위해 군주가 나라를 다스리고 관리가 직책을 다하며 사람들의 언행과 시비를 판단하는 것 외에도 상을 내리고 벌을 주는 유일한 기준으로 법률을 적용해야 한다고 주장했다. 그리하여 명법, 임법, 일법, 종법의 주장을 제기했다. 사실 이 또한 죄형법정의 기본 내용이기도 하다. 명법은 법을 명확하게 세우고 모든 백성이 지킬 것을 요구했으며, 성문의 형식으로 법률을 세상에 공포할 것을 주장했다. 백성들이 어떤 행위가 합법적인지를 알게 하며 관리가 함부로 죄형을 내리고 권력으로 개인적인 이익을 도모하는 것을 방지하기 위하는 데 목적을 두었다. 임법은 어질고 지혜로움을 멀리 하고 사사로운 견해를 버리며 반드시 법을 근거로 하고, 법 집행 과정에는 반드시 믿을 것을 요구했다. 일언은 입법권, 법률 내용을 통일시킴으로써 사람들의 사상을 통일시키려 한 것이다. 종법은 법률이 절대적인 권위성을 가져야 하기 때문에 모든 사람들이 법에 따라 일을 처리하기를 요구한 것이었다.

법가의 대표자는 죄형법정의 기본내용, 기본사상을 법률 실천에서 관철시켰다. 이는《진률》에 집중적으로 반영되었다. 1975년에 출토된《수호지진묘죽간》을 보면 진나라의 형률이 아주 구체적으로 규정돼 있음을 알 수 있다.《법률답문》은 이런 율문을 해석하고 서술했는데, 죄가 다름에 따라 내려지는 처벌도 다르다는 점을 알려주기 위해서였다. 이밖에 법 집행 관리들에게 반드시 법에 따라 엄격히 죄를 판결하고 형량을 정할 것을 요구했다. 아니면 형사책임을 추궁해야 한다고 주장했다. 예를 들면《진률》은 법관들에게만 적용하는 "실형죄, 불직죄(不直罪), 종수죄(縱囚罪)"를 제정했다. 실형죄는 사법관리의 과실로 형벌을 타당하게 내리지 못하는 경우다. 불직죄는 고의적으로 형벌을 타당하게 쓰지 않은 경우다. 엄한 죄를 저질렀지만 고의로 경한 처벌을 내리고 경한 처벌을 내려야 할 경우 오히려 엄하게 처벌하는 것을 말한다. 종수죄는 처형해야 하지만 일부러 처형하지 않을 뿐만 아니라, 사건을 가볍게 해 형벌 기준에 이르지 못하게 함으로써 범죄인에게 무죄를 선고하는 경우다. 이런 것들은 법관이 법 집행 과정에 죄형법정의 기본사상을 위반했다는 점을 의미한다.

한나라 이후의 역대 봉건법제는 선진시기 법가의 죄형법정의 기본내용과 기본사상을 계승했다. 역대 왕조에서 모두 법률을 반포해 법에 따라 죄명을 결정하고 형벌 정도를 정하는 등 형벌로써 죄형법정을 보장할 것을 요구했다. 예를 들면, 《한률》의 규정에 따라 "법을 어긴 자들은 모두 법을 어겼을 때의 법률을 적용해 처벌을 내렸다"는 것이다.[89]

진나라의 유송(劉頌)은 "율법으로 죄행을 단정지을 때는 법률에서 정한 정문을 적용해야 한다. 만약 정문이 없으면 명례를 근거로 단정을 내리고 정문 명례가 언급하지 않은 부분은 처벌을 내리지 않는다"고 주장했다.[90]

《당률소의》의 〈단옥률(斷獄律)〉에서 "죄를 단정할 때 율령격식을 인용해야 한다"는 조항에는 "무릇 죄를 단정할 때는 반드시 율령격식의 정문을 인용해야 하고, 이를 어길 경우 태형 30대가 내려진다"고 규정했다.

4절. 법가의 법률 문화유산에 대한 비난과 계승

1. 법가의 법률 문화유산의 분류

법가 대표자들의 법률 실천성과인 법률문화 유산은 전국시기의 특정된 사회역사적 조건 하에서 나타난 필연적인 산물로서 역사적인 합리성을 갖고 있었다. 역사 발전과정에서 볼 때 법가의 법률 문화유산을 다음과 같은 세 가지 유형으로 나눌 수 있다.

첫 번째 유형은 법가 법률문화의 장점적 유산을 가리킨다. 즉 그 당시 사회발전에 진보적인 역할을 했으며 후세의 사회발전에 적극적인 영향을 미쳤다.

두 번째 유형은 법가 법률 문화의 단점적 유산을 가리킨다. 즉 그 당시 사회발전을

---

89) 《漢書 · 孔光傳》
90) 《진서 · 형법지》

저애하고 훗날의 사회발전에 소극적인 영향을 미쳤다.

세 번째 유형은 법가 법률문화에서 이중성을 띤 유산을 가리킨다. 즉 위의 두 가지를 성질을 모두 띠고 있어 진보적인 역할을 하기도 하고 걸림돌이 되기도 했으며 적극적이고 소극적인 영향을 미치기도 했다.

이렇게 분류한 것은 단지 아래의 서술에 편리하도록 하기 위함이다. 엄격히 얘기하자면 어떤 문화유산이든지 모두 철학적 의미상에서의 합리성과 역사적인 국한성이 있기 때문에, 양자는 늘 옳고 그름이 반반을 차지했다.

역사문화 유산에 라벨을 붙이는 것은 아주 위험한 짓이고, 과학적이지 못하다. 하지만 우리는 여전히 한 역사적 문화성과가 그 당시 사회 심지어 후세의 사회에 대한 역할이 대체로 적극적, 소극적, 그리고 적극적이면서도 소극적인 3가지 유형으로 개괄할 수 있다고 믿고 있다. 더욱 골치 아픈 것은 구체적인 모종의 유산을 어떤 유형에 포함시킬 것인가 하는 문제이다. 따라서 이 같은 분류는 늘 일정한 주관성을 띠고 있다. 사실상 가장 우수한 문화유산이라 할지라도 국한성이 있기 마련이고, 후진적 문화유산이라 할지라도 일정한 정도에서는 합리성이 있는 것이다.

2. 선진 법가 법률문화의 양성적(良性的) 유산

1) 순박한 유물주의, 변증법적 요소와 무신론 사상

무릇 오래된 민족은 모두 신권이 주재하는 시대를 겪었다. 이런 시대는 늘 신권이 정권보다 높고 신의 뜻인즉 법률이며 신의 뜻을 기준으로 재판했다. 중국 상대 때 신권법 사상의 발전이 절정에 이르렀다. 하지만 서주 때부터 신권법 사상이 꾸준히 약화되기 시작하고 중민사상과 덕이 있는 자만이 천명을 받을 수 있다는 중덕 사상이 갈수록 주도지위를 차지하면서 중국 고대 사회에 귀신이 아니라 인간사를 중시하는 전통적인 기반을 형성하게 됐다.

선진 법가사상에서 소박한 유물주의, 변증법 요소와 무신론 사상이 특히 두드러졌는데 주로 다음과 같은 두 가지 면에서 표현된다.

첫째, 입법 분야. 법가들은 법률이 하늘의 뜻을 대변하는 것이 아니라 사회 현실 생활의 수요를 기반으로 제정된 행위 규범이라는 점을 똑똑히 깨달았다. 이 같은 사상의 지도하에 법리학에서 법가들은 법률의 기원과 본질, 역할 그리고 법률과 사회경제, 시대요구, 국가정권, 논리도덕, 풍속습관, 자연환경 심지어 인구 등과의 기본 관계에 대해 모두 독특한 견해가 갖고 있었다. 예를 들면 법률 기원에서 그들은 법률은 재산의 사유제와 사회분공을 지키고 "토지, 재산, 남녀구분", "몫을 분명히 하여 더불어 모여 살게 하는"을 확인하기 위해 생겼다고 주장했다. 또한 "옛 것을 모범으로 삼지 않고, 오늘의 것에 구애 받지 않는" 역사관과 "시대의 흐름에 따라 그에 맞는 정책을 세우고 나라를 다스리는" 변법이론을 제기했으며 물질생활 자료와 인구의 비율관계로부터 법률의 본질과 역할을 논술했다. 때문에 역대 봉건 통치자들은 자발적으로 현실 생활의 수요와 가능성을 근거로 하고 오래 전의 법률 실천 경험을 참고로 해 법률을 제정했다. 소극적으로 신에게서 계발을 받기를 희망하지는 않았다.

법가에게는 인생이 바로 죄라는 속죄감과 금욕주의 경향이 없었다. 인간의 물질적 욕망은 법가사상에서 일정하게 긍정을 받았고 법가도 범죄를 신에 대한 모독이라는 관념을 갖고 있지 않았다. 이로써 귀신이 입법에서의 지위를 완전히 배제하게 됐다. 진나라 이후 역대의 법률은 모두 이러하다. 반면 한나라 이후의 역대 봉건통치자들은 현실사회에 대해 냉정하게 사고한 후 법률을 제정해 봉건통치에 유리한 사회질서를 지키려 했다. 입법 차원에서 유제비제(惟齊非齊, 형벌은 때의 형편에 따라 경중을 알맞게 하여야지, 시세를 무시하고 천편일률적으로 부정(不正)을 바로잡으려 하는 것은 참된 길이 아니라는 뜻), "세상에 따라 처벌을 가볍게 하고 무겁게 해야 한다(世輕世重)"는 원칙을 종합해내 계승과 혁신의 관계를 정확히 처리했다.

법가는 입법에서의 소박한 유물주의, 변증법 요소와 무신론 사상은 줄곧 귀신에게 발 붙일 여지를 내주지 않았다. 이로 하여 훗날의 입법 예술, 즉 입법시기의 선택, 입법기구의 구성, 입법절차, 입법원칙, 법률규범의 체제와 법률해석 등이 더욱 발전했다.

둘째는 사법 분야이다. 법가학파의 대표자들은 사법 실천 활동에서 신중하고 실무적인 것을 추구하는 과학적인 자세를 형성했다. 법가는 순명책실(循名責實)를 주장했다. 예를 들면, 《등석자·무후(鄧析子·無厚)》에는 "관직의 직명(職名)에 해당되는 실적을 내도록 하고 법도를 수정해 위엄을 세운다"라 했다. 《신자·대체(申子·大體)》에는 "신하로서 법률공문을 근거로 명실상부한지를 보아야 한다"라 씌어져 있다. 《한비자·간겁시신(韓非子·奸劫弑臣)》에는 "명목과 실제가 부합하는가에 따라 시비를 판정한다"고 기록돼 있다. 여기서 "법을 명확히 했는데 예를 들면 "살인하면 죽어야 한다"고 했다. 개개의 사건을 언급했는데 예를 들면 "누가 누굴 죽였다"고도 했다. 무릇 모종의 법률을 위반한 사건은 모두 법의 규정대로 처벌을 내려야 한다"고 규정했다.[91]

실무적이고 신중한 자세는 《수호지진묘죽간》에서도 찾아볼 수 있다. 예를 들면 《봉진식 · 치옥》에는 "형벌 심문을 거치지 않고 피고자 유죄인지, 무죄인지를 증명할 수 있는 것이 최상의 심사방법이다. 그 다음은 형벌 심문의 방법을 사용한 것이며 최악의 심사 방법은 형벌심문뿐만 아니라 참혹한 수단까지 동원하는 것이다. 이토록 공포스럽고 참혹한 수단으로 심사하면 진실을 알아낼 수 없기 때문에 실패된 심사 방법이라고 했다.[92]

또한 증거를 수집하고 검사하는 진나라의 제도, 기술에서도 구체적으로 나타나고 있다. 이는 한나라 이후의 사법예술의 발전에 결정적인 역할을 일으켰다.

법가가 법률 실천에서 소박한 유물주의, 변증법적 요소와 무신론 사상을 주장함으로 하여 중국 고대 법률 예술이 비교적 과학적인 세계관과 방법론의 지도를 받게 됐으며 2천 년간 지속적으로 이어나가면서 중국 고대 법률 예술이 갈수록 성숙해졌다. 일정한 정도에서는 세계적으로 영향을 미쳤다고 볼 수 있다.

2) 통일된 중앙집권제의 국가 구조 형식

전국 말기, 제후 분할 국면을 끝내고 통일된 중앙 집권제 국가를 건립해 안정된 사회 질서를 구축하기를 바라는 것이 전반적인 추세로 됐으며 민심이 바라는 바이기도 했다.

법가 대표들은 예리하게 이 같은 시대 맥락을 파악하고 부국강병의 통일된 방략을 제기했다. 진시황은 법가사상을 지도로 합병과 전쟁을 통해 통일 대업을 이뤘으며 중국 역사상 처음으로 통일된 중앙집권제 국가를 건립했다. 진나라 이후부터 중국은 줄곧 통일된 중앙집권제를 실행했다. 분열과 전쟁 상태가 잠깐 있었지만 그래도 통일이 주도적이었다. 그 동안 소수민족이 일부 지역성 국가정권을 건립하고 여러 번 중원으로 들어와 통치자 자리에 올랐다. 하지만 한족이던, 국경의 소수민족이 건립한 왕조든지를 막론하고 봉건 중국은 정통이라 자칭하며 중화 여러 민족을 왕조의 판도에 포함시켰다.

3) 이법치국(以法治國)의 법치사상

선진 법가의 저명한 주장이자 치국이론, 치국방략인 이법치국은 그때 유가의 인치(人治)에 대응해 제기한 것이다. 법가는 국가의 치란과 흥쇠를 실현하는 관건은 군주의 현

---

91) 胡適, 《中國哲學史大綱》(상), 378~379쪽, 北京, 상무인서관, 1987.
92) 《수호지진묘죽간》, 245~246쪽, 北京, 문물출판사, 1978.

명함이 아닌 법률제도의 유무와 호괴(好壞)에 달렸기 때문에 이법치국을 실시하면 나라를 잘 다스릴 수 있다고 강조했다. 이런 인식을 바탕으로 법가는 법률 공포를 주장하고 "형벌에는 등급이 없음"을 강조했으며 "군주와 신하, 위와 아래, 귀하고 천박하든지를 막론하고 모두 법률을 근거로 해야 한다(君臣上下貴賤皆從法)"고 요구했다.[93]

법가의 법치는 전국시기 신흥지주계급의 이익을 대표할 것으로 요구했는데 이는 개혁에 대한 희망을 보여주고 있다. 전반적으로 볼 때 법치는 사회발전의 수요에 적응됐다. 법률은 사회관계를 조정하는 수단으로, 법치는 치국의 방법으로 법가의 법치이론의 실질적인 내용이자 전통 법률 문화유산의 핵심이기도 하다. 때문에 한나라 이후 역대 봉건 통치자들이 법치란 두 글자를 단 한 번도 언급하지 않았지만 실천 과정에 법치사상의 실질적인 내용을 계승하고 관철시킴으로써 사회의 발전을 추진했다. 서한 문경지치(文景之治), 당나라 초기의 정관의 치(貞觀之治)는 모두 법가의 법치사상과 큰 연관이 있었다. 법가가 제창한 법치와 봉건 군주전제가 한데 연결되었기 때문에 중국 역사에서 진정한 의미의 법치국가는 건립되지 못했고 건립될 수도 없다.

법가의 법치사상은 심지어 1980년대의 중국에까지 영향을 미쳤다. 1979년부터 1982년 사이, 법학계가 법치와 인치를 둘러싼 학술 논쟁이 이를 설명해주는 대목이다. 주요한 관점에는 "법치론, 결합론, 취소론"이다. 법치론은 이법치국은 역사경험에 의해 종합해낸 것이라고 여겼다. 그래서 국가가 장기적으로 안정된 국면을 유지하려면 완벽한 법률제도를 건립해야 하고 실천에 옮겨야 한다고 주장했다. 또 치국 원칙으로 간주해 법률이 지고무상의 권위를 가질 것을 요구했으며 어떤 조직과 개인 모두 법률을 능가해서는 안 되며 엄격하게 법에 따라 일을 처리해야 한다는 것이다.[94]

모종의 의미에서 볼 때 개혁개방 초기에 일어난 논쟁이 사실은 중국 역사상 법치, 인치 논쟁에 대한 연장이며 중국 정치, 법제 현실상황에 대한 진실한 반영이다. 실질적으로는 권리가 큰지" 아니면 법률이 큰지"를 둘러싼 논쟁이다. 이론적으로는 2천 년간의 봉건 군주전제와 그에 따른 영향에 대한 총결산이라 할 수 있다. 현재에 이르러 위의 논쟁은 결과가 생겼다. 1996년 3월 17일에 소집된 제8차 전국인민대표대회 제4차 회의에서 "국민 경제와 사회를 발전시키는데 관한 5개년계획과 2010년 목표 강요"를 통과시켰다. 이로써 "의법치국, 사회주의 법치국가 건설"을 전략적인 목표로 규정했다. 이는

---

93) 《管子 · 任法》
94) 《法治和人治問題討論集》, 北京, 사회과학문헌출판사, 2003.

법치가 나라를 다스리는 방법으로, 법률은 사회관계를 조정하는 수단으로 계급성이 없기 때문에 봉건사회, 자본주의 사회, 사회주의 사회 모두 적용할 수 있다는 점을 상징한다.

4) 이치(吏治)에 엄했던 사상

법가 대표자는 이치를 바로잡을 것을 강조했으며 법치를 추진하는 근본적인 조건으로 간주했다. 관리는 "덕과 재능"을 겸비해야 할 뿐만 아니라 공정·청렴·신중한 품행 외에도 양호한 업무 자질을 갖출 것을 요구했다. 또한 일련의 감찰제도를 건립하는 외에도 관리를 감독하고 관리하는 일련의 법률 조치를 내올 것을 주장했으며 관리가 자신에 대한 요구를 높이고 권세와 지위가 높은 자를 회피하지 않으며 엄하게 법 집행할 것을 요구했다. 진한 이후의 역대 봉건 통치자들은 법도가 있다고 한들 저절로 집행되지 않으며 높은 자질의 법 집행대오 이른바 청관을 육성하는 외에도 법률로 치리를 제도화해야 된다는 점을 명확히 깨달았다. 때문에 수당 이후 관리를 선발하는 과거시험제도가 크게 발전돼 서방 근대 문관제도에도 계발적인 영향을 미쳤다.

3. 선진 법가 법률문화의 열성적(劣性的) 유산

1) 극단적인 군주전제주의

법가 대표들은 군주전제를 강조했는데 특히 후기의 법가 대표들은 이를 적극 발전시켰다. 군주가 나라의 모든 권력을 장악하고 나라를 좌지우지했으며 "법, 세, 술"로써 봉건 관료기구를 통제했다. 또 마땅히 존경해야 할 사람을 존경하는 존존으로 봉건등급을 구축했는데 법률이 공개된 등급의 법률로 되었다. 진시황은 법가의 군주전제 이론을 극단화, 법제화해 "짐이 국가이고(朕即國家)", "군주 일가를 위한 법인 일가지법(一家之法)"의 황권주의를 형성했다. 때문에 봉건 전제주의가 중국을 통치한 2천 년 동안, 황권 지상, 개인의 권력과 의무 관념이 모호하고 민주적 전통이 부족한 국면이 초래되어 각급 대귀족, 대관료, 환관, 외척 등의 여러 가지 법정적, 습관적, 법외적, 불법적인 등급 특권을 양산시켜 결국 국민들은 권력이 법의 권위보다 높다는 본위사상을 형성하게 됐다. 봉건 군주전제 정체와 황권주의 사상은 봉건 통치그룹 내부의 활력을 말살시켰다. 이 때문에 왕조는 변혁의 계기를 잃었고, 왕조 교체라는 피바람이 부는 것이 불가피하게 됐다. 1911년 봉건 전제왕조를 뒤엎었지만, 유독(流毒)이 줄곧 중국 법제의 근대화 진척에는 걸림돌이 되었다.

2) 극단적인 중형주의

법가는 "전적으로 형벌 따르기"로 널리 알려졌다. 이들은 엄한 형벌로 부국강병정책을 추진하고 형벌의 최종 목적은 법률을 없애는 것이라고 주장했다. 법률에서도 특히 형법의 역할이 모든 것을 결정할 수 있다고 과장하면서 도덕적 감화의 역할을 무시하거나 완전히 부정했다. 때문에 법가는 경한 죄에 엄한 법을 내릴 것을 주장했고 후기의 법가는 심지어 법치를 극단적인 형치(刑治)로 발전시켰는데 이는 서둘러 정치를 펼치고 백성들을 잔혹하게 다스린 것에서 반영되었다. 이는 법가 이론의 치명적인 약점이었다.

진나라는 치명적인 약점을 오히려 더 크게 발전시켜 결국 진 제국의 멸망을 불러왔다. 이 때문에 훗날 옛사람들은 법과 폭정, 잔혹한 형벌을 한데 연결시켜 법치가 폭정의 상징으로 되었다. 공개적이지만 평등하지 못한 전제 특권제도를 지키는 데서 잔혹한 형벌수단을 제외하고는 더 나은 조치가 없었다는 것으로 이해된다. 때문에 진한 이후의 역대 왕조는 건국 초기 관대한 형벌을 실시하다가 중·후기부터는 혹형이 범람했다. 중형주의가 발전하면서 민법보다는 형법을 중시하고, 민사재판보다는 형사재판을 중시하는 형사법 위주의 결과를 초래했다. 비록 중국 고대형법의 발전이 야만에서 문명에로 나아가기는 했지만, 전반적으로 볼 때 형망(刑網)이 번잡하고 형벌이 가혹해 모르는 사람이 없을 정도였다. 역대의 혹리들에게는 "권세와 지위가 높은 자를 회피하지 않는" 기풍이 있었지만, 엄한 형벌을 실시하기로 유명했다. 규거식(糾擧式)재판과 자백을 중히 여기는 편견, 잔혹한 형사 심문으로 수많은 사람들이 억울한 원혼이 됐다. 탐욕스러운 서리(胥吏), 음탕한 옥정(獄庭)으로 수많은 무고한 사람들이 법 밖에서 사형을 당했다. 관부 아문이 높은 위치에서 독단적이고 포악한 기세로 일관했기 때문에 당사자들은 바라만 보아도 두려워하는 정도였다. 지속적인 재판, 끝없는 협박으로 인해 백성들 사이에는 "억울함을 품고 죽는 한이 있어도 소송은 하지 않겠다"고 하는 격언이 생길 정도였다.

3) 문화전제주의

법치를 추진하기 위해 법가는 사상과 인식을 통일시키는 외에 "법을 교육내용으로 하고", "관리를 스승으로 해야 한다"고 요구했다. 신흥 지주계급의 의지를 대변하는 법에 어긋나는 "인의도덕, 시, 서, 예, 악"은 모두 반드시 금지해야 했다. 그 결과 상앙의 번시서(燔詩書)에서 진시황과 이사의 분서갱유에 이르기까지 사상문화 분야에서 집권전제주의를 실시했고, 사학을 금지했으며 민간의 학술과 교육활동을 없애는 데 목적을 두었다. 전국시기 발달한 고대의 법학도 다시 흥하지 못했으며, 이는 중국 고대 학술사상의 발전을 말살시켰던 것이다.

4. 선진시기 법가의 법률화의 중성적(中性的) 유산

1) 사회의 제반 이익은 집단본위사상에 입각했다

본위란 실제적인 지배가치가 있는 기본원칙을 말한다. 법률 실천활동에서 본위의 의미는 모종의 특정한 사회질서를 확인하고 수호하며, 이런 전제 하에서 사람들의 권리와 의무를 정하는 데 있다. 중국 전통법률문화의 종합적인 사상처럼 법가의 법률문화에서도 집단본위사상이 반영되었다. 간단하게 말하면 개인의 권리와 의무를 확인한 것으로 모종의 사회질서를 수호하는 것이 아니라, 사회의 제반 이익을 확인한 기초 위에서 개인의 권리와 의무를 정했던 것이다. 이런 사상의 지도를 받아 중국의 고대사회는 전국시기부터 명 · 청시기에 이르기까지 줄곧 집권전제정체와 종법 가족구조가 서로 결합된 집단본위였다. 이 같은 사회구조가 존재함으로서 시대를 불문하고 통치자들은 가족이 국가정권의 사회적 기초이고, 국가는 가족의 확대이며, 개인은 가족의 축소판이라는 점을 깊이 깨닫게 되었다.

국가와 가정을 중심으로 한 집단본위사상으로 인해 개인의 권리와 자유는 늘 경시되었다. 개인은 가족의 성원이자 국가의 신하이며 백성이었다. 특히 상품경제가 시작되던 봉건사회 후기의 집단 본위는 일방적이었으며 대다수 사람들의 권리를 박탈하고 극소수인의 이익을 수호했다. 그렇다고 해서 전혀 본받을 만한 합리적인 핵심이 없었던 것은 아니었다. 사회의식 상태인 집단본위는 중국 고대사회의 산물로서 중화민족의 단결과 통일을 수호했다. 특히 민족이 위험과 재난에 처했을 때 "천하의 흥망은 일개 필부에게도 그 책임이 있다"거나 "천하의 걱정을 누구보다 먼저 걱정한다"는 등 "충성을 다 바쳐 나라에 보답하는" 원대한 포부가 사람들을 감동시켰으며, 사회 전체성원이 추호의 후회도 없이 민족을 위해 목숨을 바쳤던 것이다. 또 집단이 개인보다 중요하다는 가치관도 출현했다. 개인과 집단의 이익이 서로 모순될 때 사익을 버리고 공익을 위해 힘써야 한다는 것이 그것이었다.

이런 도덕관념이 현대의 사회생활에 옮겨진다면 강대한 사회적인 여론을 형성하게 될 것이다. 따라서 극단적인 개인주의가 침범해 들어오는 것을 억제하고, 주인공다운 자부심을 키우도록 격려하며, 여러 가지 나쁜 기풍을 억제하는데 나름대로의 역할을 하였던 것이다.

2) 완벽한 법률시설을 건립했다

법률시설은 법률 활동이 정상적으로 진행되도록 보장하는 객관적인 조건이자, 국가가 법제를 실현하고 법률 활동을 지도하기 위해 건립된 일련의 전문적인 업무 기구의 총칭이다. 법률시설이 없다면 법률이 규범화 되고 실시될 수도 없다. 그런 점에서 법가는 입법, 사법에 대해 신중하고 중시하는 차원에서 법률시설의 건설을 매우 중시했다.

법치를 더욱 효과적으로 추진하기 위해 전국시기의 변법 실천에서 입법 특히 전문적인 사법기구를 설치하기 시작했다. 그때 제후국은 중앙에서 지방에 이르기까지 각급 사법기구를 건립했다. 예를 들면 진나라에는 정위(廷尉), 초나라에는 정리(廷理), 제나라에는 대리(大理), 위나라에는 사구(司寇)가 있었다. 지방 재판은 군, 현 행정에서 조직하고 겸해서 관리했다. 진나라가 천하를 통일한 후 입법과 사법기구를 통일했다. 황제가 최고의 입법, 사법재판권을 장악했다. 그 아래에는 최고 사법재판기구인 정위가 있었는데, 황제의 조령(詔令)을 받고 심사하는 사건이나 해결하기 어려운 지방의 중대한 사건에 대한 심사를 책임졌다. 지방의 사법재판은 군수, 현령이 겸해서 맡았는데, 관할지역 내에서의 일반적인 사건을 책임졌다. 현 아래의 향에는 색부(嗇夫), 삼로(三老)와 유요(游徼) 등을 설립하고 간단한 모순을 직접적으로 처리하게 했다. 법률시설이 갈수록 완벽해졌는데 입법, 사법 외에 감찰, 고찰, 감옥, 법률교육, 법률홍보, 법률문헌관리 등의 전문 기구를 설치했다. 한나라 이후의 법률시설은 기본적으로 진나라의 기초 위에서 발전시키고 완벽히 했다. 시설이 완벽하고 운행이 치밀했던 것은 세계사에서도 극히 찾아보기 어렵다.

3) 법률예술과 관련된 사상과 실천

법률예술은 법률문화에서 연속성과 적용성이 가장 강한 요소로 입법예술, 사법예술과 법률문헌관리예술이 포함된다. 입법예술은 국가에서 법률을 제정하고 인정하고 반포하는 방법과 기술을 가리키는데, 입법조직 및 업무절차, 입법 지도원칙, 입법시기의 판단과 선택, 법률의 반포방식, 법률규범의 표현방법, 입법의 해석예술 등의 내용이 포함된다. 사법예술은 전문적인 법률조직에서 법률을 실시하는 방법과 기술을 가리키는데, 사법기구의 설치와 조율, 심판예술, 증거 검사, 법의 검사기술, 법조 적용, 판례 적용과 법률의식 적용예술, 사법 해석예술, 조해 예술, 옥정 관리 기술 등의 내용이 포함된다. 법률문헌 관리예술은 법률 문헌자료를 보관하고 정리하는 방법과 기술을 가리키는데 입법예술, 사법예술과 서로 떼어놓을 수 없다.

중국 고대의 법률예술이 아주 발달했던 원인은 주로 3가지였다. 첫째, 중국 고대 사회가 수천 년간 끊이지 않고 이어감으로써 법률예술을 전파하고 계승하고 발전시킬 수 있는 안정적인 환경을 조성했던 것이다. 둘째, 법가의 법률사상과 법률실천을 하는 가운데 소박한 유물주의, 변증법 요소와 무신론 사상으로 인해 법률예술이 과학적인 세계관과 방법론의 지도를 받게 됐던 것이다. 셋째, 중국 특유의 혼합법(混合法, 즉 성문법과 판례법 체계)은 법률예술에 대해 여러 방면에서의 요구를 제기시켰을 뿐만 아니라 역할을 발휘할 수 있는 기반까지도 마련해줬다.

법가의 법률예술사상은 춘추시기 이전의 법률예술의 축적과 종합, 그리고 전국시기 법률예술의 실천에서 얻어낸 것이다.

《관자》,《상군서》와《한비자》는 법률예술에 대한 법가의 사상을 보존해 주었다. 예를 들면, 입법, 사법, 법률 선전교육, 법률 해석, 법관 양성 등 풍부한 내용이 포함되었다. 《수호지진묘죽간》의《봉진식》은 법가 법률예술의 실천정보를 보류했다. 예를 들면 "형벌 심문을 거치지 않고 피고자 유죄인지, 무죄인지를 증명할 수 있는 것이 최상의 심사방법이다. 그 다음은 형벌 심문의 방법을 사용하는 것인데, 최악의 심사방법은 형벌심문뿐만 아니라 참혹한 수단까지 동원하는"[95] 재판 사상, 그리고 범죄 현장에 대한 조사와 문서 작성제도, "적사(賊死), 경사(經死), 혈도(穴盜), 출자(出子)"사건의 현장검증 방법 등이다.

법률예술에 대한 법가의 사상과 실천은 중국 고대 법률예술에 기반을 두었다. 이로서 중국의 고대 법률예술이 갈수록 성숙되고 세계 법률예술의 발전에 영향을 미쳤을 뿐만 아니라, 현재 중국 특색의 사회주의 법제건설을 추진하는데도 참고적 의미가 있는 것이다.

---

95)《수호지진묘죽간》, 245쪽, 北京, 문물출판사, 1978.

5. 법가의 법률 문화유산을 대하는 태도

전국시기 한때 크게 성행하던 법가와 법치학설이 중국 역사상 처음으로 통일된 중앙집권왕조가 건립됨에 따라 큰 성공을 거뒀다. 하지만 빠르게 멸망하면서 일락천장(一落千丈)했다. 한나라는 진나라의 제도를 계승함과 동시에 법가 및 그들의 학설을 심각하게 비난했다. 한나라 이후의 역대 봉건통치자들은 법가학설에 대해 주로 실용주의적 태도를 취했다. 법가를 언급하지 않거나 심지어 법가를 비난했다. 그러나 실천면에서는 법가학설의 성과를 누리고 법가의 주장을 관철했다.

1949년부터 1978년 문화대혁명 때 "법가사상을 찬성하고 유가사상을 비판하는" 투쟁에서 법가와 그 학설이 돌출적으로 나타났다. 전반적으로 볼 때 정치 분야나 학술분야에서 법가와 그들의 학설은 마땅한 중시를 받지 못했으며, 심지어는 학술분야에서의 금지구역으로 간주되기도 했다. 그래서 엄숙하고 깊이 있게 관련 분야를 연구해 공정하고도 객관적으로 평가하는 학자가 극히 적었다.

1978년부터 의법치국이 현대 중국의 기본방침으로 됐으며, 더구나 이는 부강, 민주, 문명한 사회주의 현대화 국가를 건설하는 데서 중요한 목표가 됐다. 30년간, 민주와 건전한 법제를 강화하는 일련의 중대한 조치를 실시함으로써 중국 현대의 법률문화 건설은 전에 없는 성과를 거뒀으며 중국은 사회주의 법치국가 건설의 방향을 향해 발전하고 있다.

현재 중국 법률문화의 최고봉에 올라선 중화민족은 냉정하게 과거를 종합하고 미래를 사고하며 중국 법률문화의 미래를 위해 청사진을 그려나가고 있다.

의법치국을 치국방략으로 간주하고 있는 현재, 선조가 남긴 법가의 법률 문화유산에 대해 우리는 어떤 태도를 가져야 할까?

첫째, 역사와의 연결을 끊지 말아야 한다. 역사 발전의 긴 과정은 끊으려야 끊을 수 없다. 현재 중국은 역사상 중국의 하나의 발전단계에 처해 있다. 역사와는 구별되지만 역사와 얼기설기 연결되어 있다. 예로부터 지금까지 중국 특색의 법률문화 건설은 자국의 국정에서 출발했기 때문에 반드시 중국 현실의 국정을 기반으로 법률문화 건설의 종합 방안을 제정해야 한다.

둘째, 중국 법률문화의 장점을 잊지 말아야 한다. 지난 세기 초, 근대 중국 제1진의 법률학자들은 청나라 말기의 법률 개혁에서 교훈을 남겼다. 청나라 말기 서방의 견고한 선박과 예리한 대포의 공격을 받으며 법률 변혁을 진행할 때는 서방 기존의 법률 모델을 참고로 할 수밖에 없었기 때문에, 중국 전통의 법률문화가 늘 잊혀 져야 하는 상황에 놓여 있었다. 우리는 중국 전통의 법률문화에 법치의식이 박약하고 법학이 발달하지 못한 치명적인 약점이 있다는 점을 부인할 수는 없다. 심가본은《법학성쇠설(法學盛衰說)》에서 중국 고대 법학의 흥성 · 쇠퇴와 정치의 관계를 종합했다. 또 법학과 정치가 긴밀하게 연관되어 있고, 법학의 흥성이 정치의 필연적인 흥성과 이어질 수는 없지만, 법학의 쇠퇴는 반드시 정치의 쇠퇴를 야기한다고 언급했다. 그렇기 때문에 심가본 등 법학가들은 전통 법률제도와 법률체계의 변혁으로부터 착수해 법률사상과 법학이론을 깊이 개혁하고 전통 법률문화체계와 전혀 다른 체계를 구축하려 했다. 하지만 유감스럽게도 청나라, 민국 초기 서방의 법률 모델이 중국에 옮겨지고 있을 때 현실사회에서는 사람들의 법률사상, 법률의식이 여전히 박약했기 때문에 법학은 쇠락을 면치 못했다. 중국과 서방이 제도 차원에서는 격차가 작은 반면, 사상적으로는 차이가 아주 컸다. 법률문화의 배경은 바뀔 수 없었으며, 자국 법률문화의 장점은 더더욱 버려서는 안 된다는 점을 보여주었던 것이다. 따라서 현재 중국의 법치건설은 반드시 본 민족의 우수한 법률문화 전통을 충분히 구현해 나가야 할 것이다.

셋째, 역사를 거울로 삼아 전적으로 부정하거나 긍정하는 두 가지 그릇된 경향을 반대해야 한다. 개조에 중점을 두고 그대로 옮겨오거나 베끼는 것을 반대해야 한다. 우리는 역사경험을 그대로 옮겨오고 베껴 쓰는 것을 반대해야 하며, 경험을 고쳐 자국을 위해 봉사한다는 점을 주장한다. 따라서 현대의 중국과 역사 속의 중국은 긴밀한 연계성은 있지만 본질적인 차이점도 있다. 역사의 일부를 분석도 하지 않은 채 국수주의적으로 간주하고 적극적으로 추앙하거나 선택하지 않고 찌꺼기라 생각하고 전부 버리는 것은 비과학적이고 경솔한 행동이다. 정확한 방법은 비판적으로 계승하는 것이다. 즉 과학적으로 분석하고 바꾸는 과정을 거쳐 찌꺼기는 버리고 이치에 맞는 내용은 받아들여 오늘날 중국 법률문화의 건설에 유리한 영양분을 제공토록 해야 할 것이다.

예와 법 중국 전통법률문화 총론

초판 1쇄 인쇄	2015년 6월 20일
초판 1쇄 발행	2015년 6월 30일
주 필	정센이, 마샤오훙
번역자	채복숙, 전영매 외
발행인	김승일
펴낸곳	경지출판사
출판등록	제 2015-000026호
판매 및 공급처	도서출판징검다리 / 경기도 파주시 산남로 85-8
	Tel : 031-957-3890~1 Fax : 031-957-3889
	e-mail : zinggumdari@hanmail.net

ISBN 979-11-955508-1-4   03320

집필 및 번역자 소개

주 필

정셴이(曾憲義) : 법학자, 법학교육자, 일본 명예박사, 프랑스 명예박사, 중국인민대학 일급교수, 중국인민대학 법학원 명예원장, 박사연구생 지도교수 ; 교육부 사회과학위원회 부주임, 교육부 고등학교 법학학과 교학지도위원회 명예주임, 전국 법률석사전업학위 교육지도위원회 제일부주임, 국가박사후 관리위원회 소집인 ; 중국법학회 법학교육연구회 회장, 중국해협양안법학교류촉진회 부이사장 ; 최고 인민검찰원 전문가 자문위원회 회원, 사법부 국가사법고시협조위원회 위원 ; 중국인민대학 학위평정위원회 부주석, 중국인민대학 학술위원회 부주석, 《법학가》 잡지사 사장 겸 주편.

마샤오홍(馬小红) : 중국인민대학 법학원 교수, 박사생 지도교수, 중국인민대학 법률문화연구중심 부주임. 현재 중국법률사학회 상무이사, 중국법률사상사연구회 부회장, 북경시 법학회 상무이사, 북경시 중국법률문화연구회 상무부회장 겸 비서장, 동필무(董必武)법률사상연구회 이사, "유학과 법률"문화연구회 이사, 명덕(明德)법률문화논단 책임자, 《법률문화연구》 주편, 중국인민대학 "역사와 사회" 고등연구소 겸직교수. 중국법률사학회 비서장 역임(2004年), 《법률사론집》 부주편, 편집부 주임 역임(1998-2004). 주요 연구방향은 "중국법률사"와 "중국전통법률문화"임.

집 필

권두언 정셴이(曾憲義)
1편 판중신(范忠信)
2편 자오샤오껑(趙曉耕), 류우토오(劉濤)
3편 마샤오홍(馬小紅), 류우팅팅(劉婷婷), 위여우(于游)
4편 장촨광(蔣傳光)
5편 리리(李力)

번 역

권두언 김승일
1편 김승일
2편 채복숙
3편 전영매, 이인선
4편 장성복, 김선화
5편 김미란, 차호걸

감 수 : 김승일